COMPTABILITÉ ET FISCALITÉ
Du résultat comptable au résultat fiscal

Arnaud de Bissy
Professeur à l'université Toulouse 1 Capitole

3e ÉDITION

COMPTABILITÉ ET FISCALITÉ

Du résultat comptable au résultat fiscal

LexisNexis

LexisNexis SA
141, rue de Javel – 75015 Paris

Avertissement de l'Éditeur

Toute utilisation ou traitement automatisé, par des tiers, de données personnelles pouvant figurer dans cet ouvrage sont formellement interdits.

DANGER
LE
PHOTOCOPILLAGE
TUE LE LIVRE

Le logo qui figure sur la couverture de ce livre mérite une explication. Son objet est d'alerter le lecteur sur la menace que représente pour l'avenir de l'écrit, tout particulièrement dans les domaines du droit, de l'économie et de la gestion, le développement massif du photocopillage.
Le Code de la propriété intellectuelle du 1er juillet 1992 interdit en effet expressément la photocopie à usage collectif sans autorisation des ayants droit. Or, cette pratique s'est généralisée dans les établissements d'enseignement supérieur, provoquant une baisse brutale des achats de livres au point que la possibilité même pour les auteurs de créer des œuvres nouvelles et de les faire éditer correctement soit aujourd'hui menacée.

Siège social : 141, rue de Javel – 75015 Paris

ISBN 978-2-7110-3894-7

ISSN 2117-847X

Liste des abréviations

A.	Arrêté
AAG	Acte anormal de gestion
ACCIS	Assiette commune consolidée à l'impôt sur les sociétés
act.	actualité
aff.	affaire
AGEC	Association de gestion et de comptabilité
AMF	Autorité des marchés financiers
ANC	Autorité des normes comptables
ann.	annexe
ANSA	Association nationale des sociétés par actions
art.	article
BA	Bénéfices agricoles
BCF	*Bulletin comptable et financier Francis Lefebvre*
BDCF	*Bulletin des conclusions fiscales Francis Lefebvre*
BF	*Bulletin fiscal Francis Lefebvre*
BIC	Bénéfices industriels et commerciaux
BJE	*Bulletin Joly Entreprises en difficulté*
BJS	*Bulletin Joly* (mensuel d'information des sociétés)
BNC	Bénéfices non commerciaux
BOCD	*Bulletin officiel des contributions directes et du cadastre*
BODACC	*Bulletin officiel des annonces civiles et commerciales*
BOFiP-impôts, BOI	*Bulletin officiel des finances publiques-impôts*, nouveau Bulletin officiel des impôts (depuis le 12 septembre 2012)
BOI	Bulletin officiel des impôts (jusqu'au 12 septembre 2012)
BRDA	*Bulletin rapide de droit des affaires Francis Lefebvre*
Bull. civ.	*Bulletin des arrêts des chambres civiles de la Cour de cassation*
Bull. CNCC	*Bulletin du Conseil national des commissaires aux comptes*
CA	Cour d'appel
CA	Chiffre d'affaires
CAA	Cour administrative d'appel
CADF	Comité de l'abus de droit fiscal
CAE	Conseil d'analyse économique
Cass. 1re civ.	Cour de cassation, première chambre civile
Cass. com.	Cour de cassation, chambre commerciale
Cass. crim.	Cour de cassation, chambre criminelle
CCH	Code de la construction et de l'habitation
C. civ.	Code civil
C. com.	Code de commerce
C. comptes	Cour des comptes
CDE	*Cahiers de droit de l'entreprise (Les)*
CDI	Commission départementale des impôts directs et des taxes sur le chiffre d'affaires

CE	Conseil d'État
CEE	Communauté économique européenne
C. envir.	Code de l'environnement
CEPC	Commission d'examen des pratiques commerciales
CET	Contribution économique territoriale
CFE	Contribution foncière des entreprises
CGA	Centre de gestion agréé
CGI	Code général des impôts
chron.	chronique
CIBS	Code des impositions sur les biens et services
CICE	Crédit d'impôt compétitivité emploi
CIR	Crédit d'impôt recherche
Circ.	Circulaire
CJCE	Cour de justice des Communautés européennes
CJUE	Cour de justice de l'Union européenne
C. mon. fin.	Code monétaire et financier
CNC	Conseil national de la comptabilité
CNCC	Compagnie nationale des commissaires aux comptes
CNIL	Commission nationale de l'informatique et des libertés
CNOEC	Conseil national de l'Ordre des experts-comptables
COB	Commission des opérations de bourse
coll.	collection
comm.	commentaire
Comm. UE	Commission européenne
comp.	comparez
concl.	conclusions
Cons. const.	Conseil constitutionnel
Cons. UE	Conseil de l'Union européenne
Contra	En sens inverse
Contra legem	Contre la loi
Convention EDH	Convention européenne de sauvegarde des droits de l'homme et des libertés fondamentales
C. pén.	Code pénal
CRC	Comité de réglementation comptable
CRDS	Contribution pour le remboursement de la dette sociale
CSG	Contribution sociale généralisée
CSS	Code de la sécurité sociale
C. trav.	Code du travail
CVAE	Cotisation sur la valeur ajoutée des entreprises
D.	Décret
D.	*Recueil Dalloz-Sirey*
DC	Décision de constitutionnalité
DDHC	Déclaration des droits de l'homme et du citoyen (1789)
Defrénois	*Répertoire du notariat Defrénois*
Délib.	Délibération
Dir.	Directive
D.-L.	Décret-loi

Doc.	Document
Doc. adm. DGI	Direction générale des impôts, Documentation administrative de base
Doc. fisc. Lefebvre	*Feuillet de documentation pratique fiscal Lefebvre*
doctr.	doctrine
Dr. & patr.	*Revue Droit et patrimoine*
Dr. fisc.	*Revue de droit fiscal*
Dr. sociétés	*Revue Droit des sociétés*
EARL	Exploitation agricole à responsabilité limitée
Ebitda	*Earnings Before Interest, Taxes, Depreciation and Amortization* (Bénéfice avant intérêts, impôts, dépréciation et amortissement)
EEE	Espace économique européen
EI	Entrepreneur individuel
EIRL	Entrepreneur individuel à responsabilité limitée
ETNC	États et territoires non coopératifs
EURL	Entreprise unipersonnelle à responsabilité limitée
FCP	Fonds commun de placement
FIFO	*First in, first out*
FR	*Feuillet rapide fiscal-social Francis Lefebvre*
FRC	*Feuillet rapide comptable Francis Lefebvre*
Gaz. Pal.	*Gazette du Palais*
GES	Gaz à effet de serre
GFA	Groupement foncier agricole
GIE	Groupement d'intérêt économique
HT	Hors taxes
IAS	*International accounting standards*
IASB	*International accounting standards board*
IASC	*International accounting standards committee*
IASCF	*International accounting standards committee foundation*
IFA	Imposition forfaitaire annuelle des sociétés
IFRIC	*International financial reporting interpretation committee*
IFRS	*International financial reporting standards*
inf.	information
infra	ci-dessous
INPI	Institut national de la propriété industrielle
Instr.	Instruction
IR	Impôt sur le revenu
IS	Impôt sur les sociétés
ISF	Impôt de solidarité sur la fortune
JCl.	*JurisClasseur* – Encyclopédies
***JCP* E**	*JurisClasseurpériodique* (Semaine juridique), édition Entreprise et affaires
***JCP* G**	*JurisClasseurpériodique* (Semaine juridique), édition Générale
***JCP* N**	*JurisClasseurpériodique* (Semaine juridique), édition Notariale et immobilière
JEI	Jeune entreprise innovante
JEU	Jeune entreprise universitaire
JO	*Journal officiel* de la République française
***JOAN* Q**	*Journal officiel* (Assemblée nationale), réponses ministérielles à questions écrites

JOCE	*Journal officiel* des Communautés européennes
JO Sénat Q	*Journal officiel* (Sénat), réponses ministérielles à questions écrites
JOUE	*Journal officiel* de l'Union européenne
L.	Loi
L. const.	Loi constitutionnelle
L. fin.	Loi de finances
L. fin. rect.	Loi de finances rectificative
Lebon	*Recueil Lebon des décisions du Conseil d'État*
LFSS	Loi de financement de la sécurité sociale
LGDJ	Librairie générale de droit et de jurisprudence
LIFO	*Last in, first out*
L. org.	Loi organique
LPA	*Petites affiches (Les)*
LPF	Livre des procédures fiscales
Mél.	*Mélanges*
mod.	modifié(e)
(na)	Pourvoi en cassation non admis
NB	*Nota bene*
Ndlr	Note de la rédaction
NF	*Nouvelles fiscales (Les)*
NIFO	*Next in, first out*
obs.	observations
OCDE	Organisation de coopération et de développement économiques
OEC	Ordre des experts-comptables
OGA	Organisme de gestion agréé
op. cit.	ouvrage précité
OPCVM	Organisme de placement collectif en valeurs mobilières
Ord.	Ordonnance
PCG	Plan comptable général
PEE	Plan d'épargne entreprise
PEPS	Premier entré, premier sorti
PERCO	Plan d'épargne pour la retraite collectif
PME	Petites et moyennes entreprises
préc.	précité(e)
QE	Question écrite
QPC	Question prioritaire de constitutionnalité
Rapp. AN	Rapport de l'Assemblée nationale
RCS	Registre du commerce et des sociétés
RD bancaire et fin.	*Revue de droit bancaire et financier*
Recomm.	Recommandation
Règl.	Règlement
Rép. com. Dalloz	*Répertoire de droit commercial* Dalloz
Rép. min.	Réponse ministérielle
Req.	Requête
RES	Décision de rescrit
Rev. adm.	*Revue administrative*
Rev. proc. coll.	*Revue des procédures collectives*

Rev. sociétés	*Revue des sociétés*
RF compt.	*Revue française de comptabilité*
RFDA	*Revue française de droit administratif*
RFFP	*Revue française des finances publiques*
RFN	*Revue fiscale notariale*
RFP	*Revue fiscale du patrimoine*
RJ com.	*Revue de jurisprudence commerciale*
RJDA	*Revue de jurisprudence de droit des affaires*
RJF	*Revue de jurisprudence fiscale*
RO	*Recueil officiel de jurisprudence fiscale édité par la DGI*
RTD com.	*Revue trimestrielle de droit commercial et de droit économique*
SA	Société anonyme
SARL	Société à responsabilité limitée
SAS	Société par actions simplifiée
SASU	Société par actions simplifiée unipersonnelle
SCA	Société en commandite par actions
SCI	Société civile immobilière
SCM	Société civile de moyens
SCP	Société civile de portefeuille
SCR	Société de capital risque
SCS	Société en commandite simple
SE	Société européenne
SELARL	Société d'exercice libéral à responsabilité limitée
SICAV	Société d'investissement à capital variable
SICOMI	Société immobilière pour le commerce et l'industrie
SLP	Société de libre partenariat
SNC	Société en nom collectif
SOFICA	Société de financement d'œuvres cinématographique et audiovisuelles
spéc.	spécialement
ss dir.	sous la direction de
Sté	Société
supra	ci-dessus
TA	Tribunal administratif
TFUE	Traité sur le fonctionnement de l'Union européenne
TIAP	Titres immobilisés de l'activité de portefeuille
Traité CECA	Traité instituant la Communauté européenne du charbon et de l'acier
TTC	Toutes taxes comprises
TVA	Taxe sur la valeur ajoutée
UE	Union européenne
URSSAF	Union de recouvrement des cotisations de sécurité sociale et d'allocations familiales
US GAAP	*United States Generally Accepted Accounting Principles*
V.	Voir
ZFU	Zone franche urbaine
Zone AFR	Zone d'aide à finalité régionale
ZRD	Zone de restructuration de la défense
ZRR	Zone de revitalisation rurale

Préface

Horreur ! Le commerçant, l'artisan doivent s'astreindre à des règles comptables qui les assujettissent à des obligations dont ils ne maîtrisent généralement pas la technique et ne perçoivent pas le fondement.

Désespoir ! La fiscalité s'en mêle et exige le maniement de nouveaux concepts en même temps qu'elle ajoute des contraintes spécifiques.

Abomination de la désolation ! Alors que l'entrepreneur croyait percevoir une convergence des concepts, des techniques et des contraintes, il perçoit très vite l'illusion de son appréhension initiale. Malgré une apparente communauté se présentant sous la forme de concepts semblables appliqués à des documents identiques, le résultat de son entreprise diffère selon qu'il se définit en vertu des règles comptables ou des règles fiscales. Comment peut-il se faire que le résultat de la même entreprise puisse différer selon la norme utilisée pour le définir ?

Montrer cette divergence, tenter de l'expliquer et en exposer ses conséquences sur la vie des entreprises, tel est l'objet principal de l'ouvrage d'Arnaud de Bissy.

La plupart des différences entre la comptabilité et la fiscalité sont « techniques » en ce que leur justification ne réside dans aucune politique fiscale ou économique, mais ne sont que les conséquences d'une nécessaire prise en compte de la réalité. L'exemple type peut être celui des plus-values à long terme. Si la plus-value réalisée sur le long terme révèle bien pour partie un gain en capital réel, elle est également la simple conséquence d'une dépréciation monétaire, ce qui justifie une taxation à taux réduit. Taxation à taux réduit qui emporte la nécessité de soustraire la plus-value à long terme du bénéfice comptable de l'entreprise afin de la faire bénéficier du régime spécial d'imposition.

Au-delà, ce sont les nécessités d'une politique fiscale ou économique qui brisent la convergence naturelle de la comptabilité et de la fiscalité. Il suffit pour en rendre compte de faire allusion aux nombreux cas d'exonération prévus par le Code général des impôts. Dans certains cas, l'exonération ne traduit pas la renonciation de l'État à imposer le produit exonéré, car celui-ci peut avoir déjà été imposé. Il ne s'agit alors que d'éviter une double imposition. On peut ici citer tous les produits ayant supporté un prélèvement libératoire ou encore faire référence aux conséquences des règles d'application territoriale de l'impôt. Pour d'autres hypothèses, l'exonération traduit le souci de faire échapper le profit à l'imposition, même si l'exonération n'est que partielle prenant alors la forme d'un abattement.

Des dernières manifestations des distorsions entre la comptabilité et la fiscalité trouvent leur origine dans le souci de lutter contre la fraude fiscale. Ainsi, il ne suffit pas d'inscrire en comptabilité certains frais effectivement supportés par l'entreprise pour qu'ils soient déductibles du bénéfice imposable. Encore faut-il que cette dépense ait été faite dans l'intérêt de l'entreprise, c'est-à-dire pour l'acquisition ou la conservation du bénéfice. Dans le cas contraire, le droit fiscal refuse totalité ou partie de la dépense.

Ainsi, si le résultat comptable est en principe la base du résultat fiscal, la définition fiscale spécifique du résultat oblige à une correction du résultat comptable sous les formes opposées de réintégrations ou au contraire de déductions.

Le professeur de Bissy analyse avec précision les divergences de la comptabilité et de la fiscalité et en indique les conséquences pratiques. À ce titre, son livre constitue un outil de gestion essentiel pour l'entrepreneur, qu'il soit individuel ou en société. Mais la richesse de son étude ne se limite pas à cet aspect. Par une réflexion sur la convergence de départ de la comptabilité et de la fiscalité sous la forme du principe de connexion entre fiscalité et comptabilité et par une étude complète et argumentée de leur influence réciproque, Arnaud de Bissy renouvelle la vision des rapports des deux disciplines en démontrant que si la comptabilité et la fiscalité peuvent se séparer par la mise en œuvre de besoins spécifiques, elles retrouvent largement leur unité dans leur souci commun d'utiliser des concepts permettant d'appréhender avec exactitude la situation économique et financière des entreprises.

Au service de sa plume l'auteur a mis sa double compétence acquise par sa formation initiale et sa pratique professionnelle. Il y a ajouté des qualités d'analyse, de travail et de sérieux que l'auteur des présentes lignes connaît bien pour l'avoir accompagné depuis sa thèse de doctorat jusqu'à la consécration du concours d'agrégation de droit privé.

On peut donc souhaiter une longue vie à cet ouvrage, même si celle-ci devra passer comme pour le Phénix par de multiples renaissances nécessitées par l'actualisation constante de disciplines en permanente évolution.

Patrick SERLOOTEN
Professeur émérite
de l'université Toulouse 1 Capitole

Avant-propos

Cet ouvrage est à jour des textes juridiques, fiscaux et comptables au 1er septembre 2023.

Il intègre les dernières évolutions juridiques et comptables, et notamment la *loi n° 2022-172 du 14 février 2022 en faveur de l'activité professionnelle indépendante*, et *le projet de règlement de l'ANC n° 2022-06, sur la modernisation des états financiers.*

Il intègre également, dans sa dernière version, la doctrine administrative qui figure désormais dans la nouvelle base documentaire de l'administration fiscale (A. 10 sept. 2012 : *JO* n° 0211, p. 14519), mise en ligne le 12 septembre 2012 (*BOFiP-Impôts*, http://bofip.impots.gouv.fr).

L'administration fiscale (Instr. 7 sept. 2012 : *BOI* 13 A-2-12) a précisé que :

– *la nouvelle base documentaire est unique et exhaustive.* À compter du 12 septembre 2012, seuls les commentaires de la nouvelle base administrative sont opposables à l'administration fiscale. La doctrine administrative antérieure à cette date, quel qu'en soit le vecteur (documentation de base, instructions publiées au bulletin, réponses ministérielles, rescrits publiés), est donc rapportée. Le Conseil d'État a confirmé qu'une doctrine administrative non reprise dans le *BOFiP* est considérée comme ayant été rapportée (CE, 8e et 3e ss-sect., 27 févr. 2013, n° 357537 : *Dr. fisc.* 2013, n° 15, comm. 241, obs. Th. Jacquemont) ;

– *la nouvelle base documentaire sera actualisée de façon permanente.* Les nouveaux commentaires administratifs ou les évolutions doctrinales ne feront plus l'objet d'instructions autonomes, mais seront directement intégrés dans la nouvelle base administrative. Toutefois, les instructions ministérielles continueront d'être publiées au *Journal officiel* et seront donc opposables dans les conditions habituelles, indépendamment de leur intégration au *BOFiP*.

Sommaire

PRÉSENTATION DE L'OUVRAGE

POURQUOI UN OUVRAGE DE COMPTABILITÉ ET DE FISCALITÉ ?

1. – Il est habituel de dire qu'il n'est pas possible de faire de fiscalité sans faire de comptabilité. L'affirmation est exacte, mais elle ne concerne que la fiscalité des entreprises. En effet, seules ces dernières sont astreintes à la tenue de comptes sociaux. Si l'on comprend le droit fiscal comme étant le droit de l'impôt, et que ce dernier permet à la puissance publique d'appréhender une partie de la richesse ou de l'enrichissement des contribuables, alors la comptabilité est cet outil qui permet de mesurer l'enrichissement des entreprises. Certes, le bénéfice n'est pas la seule assiette fiscale possible pour les entreprises, et il présente certains inconvénients (notamment, il tend à favoriser l'évasion fiscale par la multiplication des charges déductibles), mais il a pour lui l'équité et, malgré tout, l'efficacité[1].

2. – Le but fiscal : taxer l'enrichissement des entreprises. En application du critère économique, il existe trois variétés d'impôts : ceux qui frappent la consommation de biens ou de services (droits indirects), ceux qui frappent la détention de richesses (impôts sur le capital) et ceux qui frappent l'enrichissement des contribuables (imposition des revenus)[2]. La notion de revenu est elle-même très protéiforme, tant au regard de ses sources que de ses titulaires.

• *Aussi paradoxal que cela puisse paraître, la notion de revenu n'est pas définie par le Code général des impôts (CGI) qui lui consacre pourtant ses deux cent quatre premiers articles !* Plusieurs conceptions ont été défendues en doctrine[3] : une conception étroite ou civiliste d'après laquelle le revenu s'identifie à un fruit civil, une conception large ou économique qui prend en compte toutes les variations positives du patrimoine, et une conception intermédiaire ou juridique qui ne retient que les gains générés par une activité professionnelle. Si le législateur tend à élargir la notion de revenu pour y inclure certains gains en capital, tels que les plus-values de cession par les particuliers[4], alors que naturellement les pures libéralités ne constituent pas un revenu imposable[5], la jurisprudence n'a jamais clairement pris position, même si elle a écarté assez nettement la conception intermédiaire du revenu en jugeant que peuvent être

(1) H. Lehérissel, *Le bénéfice des entreprises reste-t-il l'assiette optimale d'imposition des entreprises ? : Dr. fisc.* 2012, n° 14, étude 248.

(2) P. Serlooten, *Introduction au droit fiscal*, Dalloz, coll. « Connaissance du droit », 2e éd. 2000.

(3) P.-F. Racine, *Réflexion sur la notion de revenu : BF 2/84*, p. 67.

(4) V. à ce sujet la généralisation de l'imposition des plus-values privées (L. n° 76-660, 19 juill. 1976).

(5) V. sur la distinction, parfois subtile, entre revenu et libéralité (notamment s'agissant de subsides), C. Louit, *La notion de libéralités dans la jurisprudence du Conseil d'État : JCP* E 1984, II, 14372, p. 653.

soumises à l'impôt sur le revenu (IR) les sommes qui n'ont pourtant pas pour contrepartie la fourniture d'une prestation ou l'accomplissement d'un acte professionnel[6].

• *Pour les entreprises néanmoins, la notion de revenu se confond avec celle de résultat.* Qu'elles soient individuelles (avec ou sans patrimoine affecté) ou sociétaires (avec ou sans personnalité morale), qu'elles possèdent une activité commerciale ou civile, qu'elles relèvent de l'IR ou qu'elles soient soumises à l'impôt sur les sociétés (IS), le résultat de l'entreprise constitue son revenu imposable. Cette présomption fiscale, qui possède sa part d'artifice, élimine le problème des qualifications ; seront pris en compte tous les actes de l'entreprise qui induisent une variation du patrimoine professionnel. L'objectif est ainsi de mesurer l'enrichissement de l'entité afin d'en prélever une partie pour financer la dépense publique. Reste à savoir comment sera calculé cet enrichissement ; c'est le rôle de la comptabilité.

3. – **L'outil comptable : les comptes sociaux.** La comptabilité est la technique qui constate et enregistre dans un langage quantitatif homogène les signes qui traduisent une activité afin d'en conserver la mémoire, en exprimer les résultats et en permettre le contrôle. Cette définition permet de mesurer toute la richesse de la comptabilité au travers de ses fonctions :

• *La comptabilité est un moyen de preuve entre commerçants*[7]. L'ordonnance de Colbert de 1673 imposa aux commerçants la tenue de livres de comptes ; ces derniers faisaient foi au cas de litiges entre commerçants. Le Code de commerce de 1807, refondu en 2000[8], a repris cette exigence. La comptabilité représente la mémoire de l'entreprise, et les documents comptables ainsi que les pièces justificatives doivent être conservés pendant dix ans (C. com., art. L. 123-22, al. 2). Sa force probante reste néanmoins relative. Aux termes de l'article L. 123-23, alinéa 1er du Code de commerce en effet :

> « La comptabilité régulièrement tenue peut être admise en justice pour faire preuve entre commerçants pour faits de commerce ».

Ainsi, une comptabilité même régulière ne lie pas le juge judiciaire qui reste libre de refuser d'y trouver la preuve des prétentions d'un commerçant[9]. En outre :

> « Les registres des marchands ne font point, contre les personnes non marchandes, preuve des fournitures qui y sont portées » (C. civ., art. 1329 ancien).

En définitive, à l'image d'un aveu judiciaire, ce n'est que quand elle fait foi contre celui qui l'a tenu que la force probante des livres de comptes est la plus élevée. Selon l'ancien article 1330 du Code civil en effet :

> « Les livres des marchands font preuve contre eux ».

Ces principes ont été globalement repris et modernisés par l'ordonnance du 10 février 2016 portant réforme du droit des contrats, du régime général et de la preuve des obligations[10]. Aux termes du nouvel article 1378 du Code civil en effet :

> « Les registres et documents que les professionnels doivent tenir ou établir ont, contre leur auteur, la même force probante que les écrits sous signature privée ; mais celui qui s'en prévaut ne peut en diviser les mentions pour n'en retenir que celles qui lui sont favorables ».

(6) CE, 30 oct. 2001, n° 221004, *Camus : Dr. fisc.* 2002, n° 5, comm. 69, concl. F. Séners.
(7) Ch. de Lauzainghein, J.-L. Navarro et D. Nechelis, *Droit comptable*, Précis Dalloz, 3e éd. 2004, nos 329 et s.
(8) Ord. n° 2000-912, 18 déc. 2000.
(9) Cass. com., 18 mars 1969 : *Bull. civ.* IV, n° 103 ; *JCP* 1969, IV, p. 117.
(10) Dispositions applicables depuis le 1er octobre 2016.

• *La comptabilité constitue un moyen d'information financière.* Quelles sont les personnes qu'il faut informer ? L'entrepreneur lui-même, les associés, les créanciers, les bailleurs de fonds et les salariés. Grâce aux documents comptables que sont le bilan, le compte de résultat et l'annexe, chacun peut être renseigné sur la situation financière de l'entreprise. Mais encore faut-il que l'information parvienne jusqu'aux intéressés. C'est la raison pour laquelle les comptes des sociétés doivent être approuvés par l'assemblée générale annuelle et déposés au greffe du tribunal de commerce. S'il existe un comité d'entreprise, les comptes doivent également lui être communiqués. Enfin, pour les sociétés les plus importantes, la comptabilité doit être certifiée par un ou plusieurs commissaires aux comptes et pour celles qui sont cotées, les comptes doivent être publiés au *Bulletin des annonces légales obligatoires* (*BALO*).

• *La comptabilité est un moyen de calcul des différents impôts.* Sous réserve des régimes simplifiés d'imposition qui reposent sur un calcul forfaitaire du bénéfice fiscal, l'impôt sur les bénéfices s'applique sur une base fiscale constituée par le résultat comptable de l'exercice tel que corrigé en fonction des exigences fiscales. Ces retraitements sont portés sur un imprimé fiscal spécifique qui permet le passage du résultat comptable au résultat fiscal (n° 2058-A-SD). Mais d'autres impositions sont également établies grâce à la comptabilité de l'entreprise ; les assujettis à la TVA doivent tenir une comptabilité permettant de calculer leur chiffre d'affaires et de justifier leurs déductions, et la comptabilité est un outil précieux et nécessaire au moment de calculer la valeur ajoutée soumise à la cotisation sur la valeur ajoutée (CVAE), voire la valeur de certains immeubles soumis à la cotisation foncière des entreprises (CFE).

I. – Un ouvrage pour souligner l'interdépendance entre la fiscalité et la comptabilité

4. – La comptabilité et la fiscalité se nourrissent l'une de l'autre. La comptabilité a besoin de la fiscalité parce que, sans le contrôle fiscal, les obligations comptables ne seraient pas sanctionnées. La fiscalité a besoin de la comptabilité parce que, sans l'appui des comptes, il ne serait pas possible de calculer et de contrôler la réalité de l'enrichissement de l'entreprise.

5. – Sans la fiscalité, la comptabilité ne serait pas sanctionnée[11]. Que vaut une règle de droit si elle n'est pas sanctionnée ? Que vaudraient les règles de droit comptable si elles n'étaient pas sanctionnées fiscalement ? À l'exception du risque pénal, limité puisqu'il correspond à une situation de fraude, les irrégularités comptables ne sont pas autrement sanctionnées que par la rectification fiscale et les pénalités. Ainsi, le juge fiscal (juge administratif) est-il le véritable juge comptable, tant en ce qui concerne les règles de forme que les règles de fond. Toutefois, s'agissant des règles de fond, encore faut-il que l'erreur comptable ait une incidence fiscale, c'est-à-dire sur le résultat imposable[12].

• *Sur la forme, il est patent de constater que beaucoup d'obligations comptables sont prévues par le Code général des impôts, concurremment au Code de commerce.* C'est

(11) A. de Bissy, *La sanction de la comptabilité par la fiscalité : Dr. fisc.* 2007, n° 44-45, étude 938, p. 9.

(12) Le Conseil d'État a ainsi jugé que la requalification en dette certaine figurant au passif du bilan d'une somme inscrite à tort en provision ne peut donner lieu à réintégration dans le résultat imposable ; CE, 17 mars 2016, n° 381427, *Sté Sogetra : Dr. fisc.* 2016, n° 21, comm. 334 (sommes dues par une société au Fonds national pour l'emploi). Dans ses conclusions, le rapporteur public a indiqué qu'il n'appartient pas à l'administration fiscale de rectifier les erreurs de comptabilisation qui n'ont pas d'incidences sur le bénéfice net de la société.

le cas en matière de facturation (C. com., art. L. 441-9 ; CGI, art. 289) ou de délai de conservation des pièces comptables (C. com., art. L. 123-22 ; LPF, art. L. 102-B). Le cadre comptable lui-même est parfois fixé par renvoi aux règles fiscales ; c'est le cas des commerçants personnes physiques ou morales autorisés à tenir une comptabilité simplifiée lorsqu'ils relèvent du régime simplifié d'imposition (C. com., art. L. 123-25), ou qui bénéficient d'une dispense de comptes annuels lorsqu'il s'agit des « micro-entreprises » au sens fiscal du terme (C. com., art. L. 123-28).

• *Sur le fond, il est évident que le juge judiciaire aura peu souvent l'occasion d'appliquer le droit comptable.* Ainsi, sauf lorsque l'irrégularité comptable est destinée à tromper autrui, c'est l'administration fiscale dans un premier temps, puis éventuellement le juge de l'impôt dans un second temps, qui apprécieront la régularité des écritures. Leur lecture des documents comptables reste cependant partielle, voire partiale, dans la mesure où l'administration fiscale, hélas sous le couvert du juge fiscal, fait une lecture « univoque » de la comptabilité en contestant uniquement les écritures qui se traduisent par une baisse du résultat imposable…

6. – Sans la comptabilité, le résultat ne serait pas imposé. Pour être imposé, un résultat doit être connu ; seule la comptabilité donne accès à la connaissance du résultat. Depuis que le régime des « micro-entreprises » a remplacé en 1999 le régime du « forfait », il n'existe plus en droit français de détermination véritablement forfaitaire et négociée du résultat imposable. Même les micro-entrepreneurs sont astreints à des obligations comptables minimales et leur résultat est déterminé de façon rationnelle, en déduisant de leur chiffre d'affaires un forfait de charges. Pour les entreprises soumises à un régime « réel » d'imposition, la comptabilité constitue la matière première de la fiscalité ; non seulement parce que le résultat imposable est un « dérivé » du résultat comptable, mais également au travers de ses définitions.

• Aux termes de l'article 38-1 du Code général des impôts :

« (…) le bénéfice imposable est le bénéfice net, déterminé d'après les résultats d'ensemble des opérations de toute nature effectuées par les entreprises, y compris notamment les cessions d'éléments quelconques de l'actif, soit en cours, soit en fin d'exploitation ».

Cette définition, improprement qualifiée de « juridique », fait en réalité clairement référence aux charges et produits générés par l'activité de l'entreprise. Adoptée lors du vote de la loi du 28 février 1933, cette définition fut d'abord modifiée afin de tenir compte des plus et moins-values de cession (D.-L. 20 juill. 1934). Elle présentait également un handicap né d'une formulation trop restrictive. Le Conseil d'État avait en effet initialement jugé que le terme « opération » impliquait nécessairement une action positive de l'entreprise, ce qui interdisait de prendre en compte les profits passifs dans le résultat fiscal[13], avant néanmoins de changer d'avis[14]. Afin d'éviter toute difficulté d'interprétation, le législateur avait voté une deuxième définition, purement « comptable ».

• Selon l'article 38-2 du Code général des impôts :

« Le bénéfice net est constitué par la différence entre les valeurs de l'actif net à la clôture et à l'ouverture de la période dont les résultats doivent servir de base à l'impôt diminuée des suppléments d'apport et augmentée des prélèvements effectués au cours de cette période par l'exploitant ou par les associés. L'actif net s'entend de l'excédent des valeurs d'actif sur le total formé au passif par les créances de tiers, les amortissements et les provisions justifiées ».

(13) CE, 17 mai 1941 : S. 1943, II, p. 4.
(14) CE, 4 juin 1947 : S. 1947, III, p. 81.

Cette définition « comptable » du bénéfice fiscal, issue d'une loi du 13 janvier 1941, permet la prise en compte de l'enrichissement passif de l'entreprise grâce à la variation de « l'actif net comptable », c'est-à-dire du patrimoine professionnel. Il est désormais entendu que la simple réévaluation d'un actif ou le bénéfice d'une libéralité constituent un enrichissement taxable, tout comme la disparition d'une dette au passif du bilan fait naître un profit imposable[15] (la disparition d'un élément d'actif faisant naître, à l'inverse, une perte déductible)[16].

En revanche, certains garde-fous sont posés afin que le résultat imposable ne soit pas faussé. Ainsi, les prélèvements personnels de l'exploitant (dont sa rémunération) constituent une appréhension anticipée du résultat et ne viennent pas le diminuer. À l'inverse, les suppléments d'apport des associés ne majorent pas le résultat fiscal dans la mesure où ils ne proviennent pas directement de l'activité sociale[17]. Il a par exemple été jugé que le supplément d'apport résultant de l'émission d'actions à bon de souscription d'actions (ABSA) n'entraîne aucune variation de l'actif net susceptible d'augmenter le résultat imposable (hormis l'exception visée au 3° de l'article 38-8 du CGI qui concerne l'absence d'exercice des droits de souscription à la date de péremption de ces droits), y compris lorsque la valeur de la composante « bons de souscription d'actions » de l'ABSA est sous-estimée[18].

• *Depuis les exercices ouverts en 2012, le bénéfice net mentionné à l'article 38 du Code général des impôts est diminué du montant des produits ou des charges qui ne sont pas liés à l'activité professionnelle, à l'exception de ceux pris en compte pour le calcul de la plus ou moins-value professionnelle* (CGI, art. 155-II, 1). Cette nouvelle règle met fin à la « théorie du bilan » qui avait au contraire pour effet de prendre en compte l'ensemble des produits et des charges de l'entreprise dès lors qu'ils se rattachent à un élément du bilan (dont le contenu était librement défini par l'exploitant…) et qu'ils ne constituent pas un acte anormal de gestion.

(15) CE, 10 juin 1983, n° 28291 : *RJF* 8-9/83, n° 990. Il a par exemple été jugé que l'administration peut constater qu'une dette prescrite est sortie du bilan (CAA Bordeaux, 13 oct. 2005, *M. et Mme Pascal d'Audaux : Dr. fisc.* 2005, n° 28, comm. 500). Cette décision a été rendue pour l'application de la prescription des obligations entre commerçants (C. com., art. L. 110-4 ; 10 ans à l'époque, 5 ans aujourd'hui). Elle peut être contestée sur le terrain du droit civil ; selon la thèse « processualiste », la prescription extinctive n'affecte que le recouvrement de la créance et pas son existence (selon la thèse « substantialiste » au contraire, c'est l'obligation qui est éteinte).

(16) CAA Paris, 5 mars 2020, n° 19PA00235, *Sté Alliance Développement Capital (ADC) : Dr. fisc.* 2020, n° 27, comm. 294, concl. O. Lemaire (annulation par une société de ses propres bons de souscription d'actions).

(17) Sauf lorsque l'apport a été volontairement minoré et qu'il dissimule une libéralité au profit de l'entreprise bénéficiaire (CE, plén. fisc., 9 mai 2018, n° 387071, *Sté Cérès : Dr. fisc.* 2018, n° 26, comm. 317, concl. Y. Benard, note F. Donnedieu de Vabres et Y. Chemama. – A.-S. Coustel et Y. Benard, *Financement par le capital : les apports à prix minorés : Dr. fisc.* 2018, n° 39, étude 399).

(18) CE, 21 oct. 2020, n° 429626, *SA Elior Group : Dr. fisc.* 2021, n° 5, comm. 126, concl. R. Victor ; *Dr. fisc.* 2021, n° 5, chron. 124, obs. Cl. Acard, spéc. n° 1 ; *Dr. fisc.* 2021, n° 6, chron. 145, obs. N. de Boynes, n° 2. L'absence d'incidence sur le résultat imposable de l'opération juridique incriminée *même en cas de sous-estimation de l'avantage* accordé semble contredire la position exprimée par le Conseil d'État deux ans plus tôt dans l'arrêt *Sté Cérès* (CE, 9 mai 2018, n° 387071, préc.). Le rapporteur public, Romain Victor, s'en est expliqué dans ses conclusions ; il s'agit en l'espèce d'un apport en numéraire, en dehors du champ de la jurisprudence *Sté Cérés* qui concerne les apports en nature et permet à l'administration fiscale, en présence d'une libéralité, de corriger la valeur d'apport d'une immobilisation minorée pour y substituer sa valeur vénale, augmentant ainsi l'actif net de l'entreprise.

II. – Un ouvrage de comptabilité commerciale et de fiscalité des entreprises

7. – Cet ouvrage ne s'intéresse qu'aux relations qu'entretiennent la comptabilité commerciale et les bénéfices industriels et commerciaux (BIC). Les BIC utilisent les règles de la comptabilité commerciale. Elles seules nous intéressent ; il ne saurait être question d'envisager les règles (il est vrai plus simples) de la comptabilité civile et des catégories fiscales qui les utilisent (bénéfices non commerciaux ou agricoles), sauf à souligner leurs principales différences. Reste que, ici aussi, les règles fiscales vont exercer une influence sur les règles comptables, puisque certaines activités, *a priori* non soumises à la comptabilité commerciale par le Code de commerce, vont y être soumises en application des BIC.

8. – Les caractéristiques communes de la comptabilité commerciale et des BIC. Le bénéfice commercial d'une entreprise se calcule à partir des règles de la comptabilité commerciale ; c'est le principe de connexion entre la fiscalité et la comptabilité (CGI, ann. III, art. 38 quater). La comptabilité commerciale est très différente de la comptabilité civile ; il s'agit d'une comptabilité plus élaborée qui enregistre les créances et les dettes (principe de la comptabilité d'engagement), ce qui pour chaque opération donne lieu à deux écritures distinctes en sens opposé l'une de l'autre (principe de la comptabilité en partie double).

• *À la différence de la comptabilité civile qui n'enregistre que les flux monétaires, la comptabilité commerciale enregistre les créances acquises et les dépenses engagées.* Il s'agit donc d'une comptabilité « juridique » qui nécessite que soit passée une écriture comptable dès que l'entreprise devient créancière ou débitrice d'une obligation, même si elle n'est pas encore payée. C'est la différence majeure avec la comptabilité civile qui est une comptabilité de « caisse », car elle n'enregistre que les dépenses payées et les recettes encaissées.

• *Le principe de la comptabilité d'engagement résulte d'un principe plus général : celui de la comptabilité en partie double.*

Selon l'article 921-1 du Plan comptable général :

« Les écritures sont passées selon le système de la partie double. Dans ce système, tout mouvement ou variation enregistré dans la comptabilité est représenté par une écriture qui établit une équivalence entre ce qui est porté au débit et ce qui est porté au crédit des différents comptes affectés par cette écriture ».

La partie double trouverait son origine dans un traité publié en 1494 par Luca Pacioli, un moine italien mathématicien : *Summa de arithmetica, geometria, proportioni et proportionalita*[19]. C'est la théorie des flux qui permet de comprendre le principe de la partie double. Chaque opération se caractérise par un double flux : flux de biens ou services (« flux réels ») et flux monétaires ou financiers (« flux financiers »). Chaque entreprise enregistre à la fois les flux réels et les flux financiers. On constate que les flux sont inversés et équilibrés : par exemple, si une entreprise achète un bien, l'opération génère un flux réel au profit de l'entreprise et un flux financier à son détriment. Si le matériel est acheté à crédit, cela ne modifie pas l'analyse de l'opération puisque, au lieu de constater une sortie d'argent, l'entreprise constatera une dette. Puisque les deux opérations sont en sens inverse, les deux écritures seront-elles aussi inversées : un compte sera crédité et l'autre débité.

(19) B. Esnault et R. Dinasquet, *La comptabilité financière*, PUF, coll. « Que sais-je », 2008, n° 111, p. 77.

Pour connaître le compte qui doit être crédité et celui qui doit être débité, les comptables font une lecture économique de l'opération, et non pas juridique. Le compte à créditer est celui qui correspond à une *ressource* pour l'entreprise (c'est un moyen de financement), et celui qui doit être débité correspond à un *emploi* de la ressource (il correspond à l'utilisation du financement).

Exemple (hors TVA)

Achat d'un matériel industriel (1 000 €)

N° DU COMPTE	LIBELLÉ DU COMPTE	DÉBIT	CRÉDIT
2154	Matériel industriel (flux réel = emploi)	1 000	
4041	Fournisseur d'immobilisation (flux financier = ressource)		1 000

9. - L'extension de la comptabilité commerciale par les BIC. En principe, la comptabilité commerciale ne s'applique qu'aux… commerçants. Selon l'article 111-1 du Plan comptable général (PCG) :

« Les dispositions du présent règlement s'appliquent à toute personne physique ou morale soumise à l'obligation légale d'établir des comptes annuels… ».

L'article L. 123-12, alinéa 1er du Code de commerce énonce quant à lui que :

« Toute personne physique ou morale ayant la qualité de commerçant doit procéder à l'enregistrement comptable des mouvements affectant le patrimoine de son entreprise ».

Pourtant, si la qualification retenue en droit commercial est essentielle, elle n'est pas suffisante. Le droit fiscal a son mot à dire, car les entreprises qui relèvent des BIC doivent obligatoirement tenir une comptabilité commerciale. Il suffit donc de rappeler le domaine d'application des bénéfices industriels et commerciaux :

• *Les sociétés soumises à l'IS calculent leur résultat imposable en faisant application des règles BIC* (CGI, art. 209-I, al. 1er). Naturellement, il s'agira souvent de sociétés commerciales par la forme, mais il peut également s'agir de sociétés civiles ayant opté pour l'IS.

• L'article 34, alinéa 1er du Code général des impôts dispose que :

« Sont considérés comme bénéfices industriels et commerciaux, pour l'application de l'impôt sur le revenu, les bénéfices réalisés par des personnes physiques et provenant de l'exercice d'une profession commerciale, industrielle ou artisanale ».

Les artisans n'échappent donc pas à la comptabilité commerciale alors qu'ils exercent une activité civile. Les autres professions civiles relèvent des BNC ou des bénéfices agricoles, mais encore faut-il préciser que les professions libérales soumises au régime de la déclaration contrôlée peuvent opter pour la comptabilité d'engagement et que les exploitants agricoles qui relèvent du « réel normal » d'imposition tiennent une comptabilité commerciale.

• *L'article 35-I du Code général des impôts dresse une liste d'activités dont les bénéfices sont obligatoirement imposés comme BIC.* Il s'agit essentiellement : 1) des marchands de biens qui achètent habituellement des immeubles, fonds de commerce ou parts de sociétés civiles immobilières afin de les revendre (la jurisprudence exige l'habitude et l'intention spéculative[20], mais elle a posé une présomption de commercialité des opérations immobilières des marchands de biens)[21] ; 2) des intermédiaires agissant dans le cadre de ces opérations (agents immobiliers) ; 3) des lotisseurs lors de la revente d'une parcelle d'un terrain préalablement acquis (ainsi que les promoteurs, alors qu'ils échappent au droit commercial selon l'article L. 110-1 du Code de commerce) ; 4) des locations d'immeubles à usage professionnel équipés, ou les locations « en meublé » à titre habituel par des particuliers[22], ainsi que des locations de biens meubles et notamment des fonds de commerce (non visés spécifiquement toutefois par l'article 35).

• *L'article 155-I du Code général des impôts est le siège de la théorie de l'accessoire.* Il oblige le contribuable à rattacher à la catégorie fiscale de l'activité dominante les revenus de l'activité secondaire accessoire. Aux termes du 1 de cette disposition, en effet :

« Lorsqu'une entreprise industrielle ou commerciale étend son activité à des opérations dont les résultats entrent dans la catégorie des bénéfices de l'exploitation agricole ou dans celle des bénéfices des professions non commerciales, il est tenu compte de ces résultats pour la détermination des bénéfices industriels et commerciaux à comprendre dans les bases de l'impôt sur le revenu ».

Autrefois, la théorie de l'accessoire était présentée comme une manifestation de « l'effet attractif » des BIC, au même titre que la « théorie du bilan » (V. *supra*, n° 6). Ce n'est plus le cas depuis 2012 ; la théorie de l'accessoire a été « bilatéralisée »[23] et la théorie du bilan abandonnée.

(20) Cette dernière ne se déduit pas de l'habitude d'acheter et elle s'apprécie au moment de l'achat et non au moment de la revente des biens (CE, 2 juin 2006, n° 266507, *Beuvelet : RJF* 8-9/06, n° 983). Peu importe si les transactions ont été menées pour subvenir aux besoins en trésorerie de l'associé majoritaire de la SCI (CE, 19 nov. 2008, n° 291039, *Soppelsa : Dr. fisc.* 2008, n° 51, comm. 632). Peu importe également qu'aucune opération de l'article 35 du CGI n'ait finalement été réalisée (CE, 18 mars 2020, n° 425443, *SCI ESPM : Dr. fisc.* 2020, n° 12, act. 94).

(21) CE, plén., 25 juill. 1975, n° 89522 : *Dr. fisc.* 1975, n° 45, comm. 1442, concl. M.-A. Latournerie.

(22) L. fin. rect. 2016, n° 2016-1918, 29 déc. 2016, art. 114.

(23) Aux termes de l'article 155-I, 2 du Code général des impôts : « Lorsqu'un titulaire de bénéfices non commerciaux étend son activité à des opérations dont les résultats entrent dans la catégorie des bénéfices de l'exploitation agricole ou dans celle des bénéfices industriels et commerciaux, il est tenu compte de ces résultats pour la détermination des bénéfices non commerciaux à comprendre dans les bases de l'impôt sur le revenu ».

INTRODUCTION

LE PRINCIPE DE CONNEXION ENTRE FISCALITÉ ET COMPTABILITÉ

10. – Le résultat comptable sert de support au résultat fiscal. Le lien entre la comptabilité et la fiscalité figure très explicitement à **l'article 38 quater de l'annexe III du Code général des impôts** :

« Les entreprises doivent respecter les définitions édictées par le Plan comptable général, sous réserve que celles-ci ne soient pas incompatibles avec les règles applicables pour l'assiette de l'impôt ».

Issu d'un décret de 1984[1], lui-même pris en application de la loi de finances pour 1984[2] ayant modifié les obligations déclaratives des entreprises, cette disposition pose de façon claire et générale l'alignement des règles fiscales sur les règles comptables. On peut toutefois s'étonner de la référence au seul Plan comptable général. Certes, ce dernier constitue en quelque sorte le « Code de la comptabilité », mais son caractère réglementaire secondaire[3] lui confère une valeur juridique inférieure au Code de commerce, lequel doit donc s'imposer au cas d'incompatibilité, aussi bien dans ces dispositions législatives[4] que réglementaires[5].

11. – Le droit fiscal peut porter exception au droit comptable. *Comme de coutume, le droit fiscal conserve une forme d'autonomie :* conformément à la lettre de l'article 38 quater de l'annexe III du Code général des impôts précité, il est donc toujours possible d'adopter des règles fiscales différentes si les règles comptables ne conviennent pas pour la détermination du résultat imposable. Le législateur ne s'en prive d'ailleurs pas ; c'est l'objet même du Code général des impôts ! L'administration fiscale suit également avec une particulière attention les évolutions du droit comptable. Or, celui-ci fait preuve d'une grande évolutivité, due essentiellement à une volonté d'uniformisation des normes comptables au niveau international[6]. Sous l'influence grandissante des normes comptables internationales (IFRS)[7], et l'impulsion

(1) D. n° 84-184, 14 mars 1984, art. 1.
(2) L. n° 83-1179, 29 déc. 1983, art. 74.
(3) A. 8 sept. 2014 : *JO* 15 oct. 2014, n° 0239, p. 16.959.
(4) Ord. n° 2000-912, 18 sept. 2000 (ancien L. n° 83-353, 30 avr. 1983) ; C. com., art. L. 123-12 à L. 123-31.
(5) D. n° 2007-431, 25 mars 2007 (ancien D. n° 83-1020, 29 nov. 1983), C. com., art. R. 123-172 à R. 123-208.
(6) M. Petitjean, *L'internationalisation de la comptabilité française en 2005* : *JCP* E 2004, 51, 1858.
(7) *International Financial Reporting Standards* (norme internationale d'information financière). Ces normes sont édictées par l'*International Accounting Standards Committee Foundation* (IASCF), organisme de droit privé.

du Conseil des Communautés européennes[8], les autorités comptables nationales[9] ont modifié en profondeur les principes de la comptabilité commerciale[10]. L'administration fiscale a été amenée à commenter ces évolutions[11], voire, bien qu'elle n'en ait pas le pouvoir, y porter exception.

(8) Règl. CEE n° 1606/2002, 19 juill. 2002 : *JOCE* 11 sept. 2002. Ce règlement offre la possibilité aux pays d'imposer, ou d'autoriser la tenue des comptes sociaux conformément aux normes comptables internationales.

(9) Le Conseil national de la comptabilité (CNC), devenu en 2010 l'Autorité des normes comptables (ANC). Les normes rédigées par l'ANC ne deviennent contraignantes qu'après homologation par un arrêté interministériel.

(10) Courant de « normalisation comptable » sur le modèle des normes comptables internationales IFRS. Il s'est traduit, au cours des années 2000, par plusieurs règlements modifiant les actifs et les passifs (V. *infra*, n°s 49 et s.).

(11) *BOI* 4 A-13-05, n° 213, 30 déc. 2005, intégré au *BOFiP-impôts*.

CHAPITRE 1

LA COMPTABILITÉ, PILIER DE LA FISCALITÉ

12. – La comptabilité : droit commun de la fiscalité. D'une part, sauf s'il est prévu une règle fiscale différente, on doit appliquer les règles comptables ; *c'est le caractère subsidiaire des règles fiscales* (Section 1). D'autre part, le droit fiscal doit prendre en compte la réalité comptable de sorte que, sauf exception, seules les écritures comptables peuvent former le résultat imposable ; *c'est le caractère prioritaire des écritures comptables* (Section 2).

SECTION 1

LE CARACTÈRE SUBSIDIAIRE DES RÈGLES FISCALES

13. – Notion de subsidiarité. En droit fiscal international, la subsidiarité est celle des conventions internationales qui ne s'appliquent, subsidiairement mais prioritairement à la règle de droit interne, que si celle-ci était elle-même applicable[1]. Autrement dit, la règle conventionnelle ne peut, seule, servir de fondement à une solution de droit. C'est un peu la même idée qui prévaut dans les rapports entre le droit comptable et le droit fiscal ; avant même de se tourner vers le droit fiscal, il est nécessaire de connaître l'état du droit comptable. Deux règles simples en découlent : faute de règle fiscale, on doit appliquer la règle comptable (§ 1), mais, faute de règle comptable, il est nécessaire de créer la règle fiscale (§ 2).

§ 1. – Faute de règle fiscale, on doit appliquer la règle comptable

14. – Renvoi aux définitions comptables. *Les définitions comptables restent la référence du fiscaliste*[2]. Le Conseil d'État a eu l'occasion de rappeler le caractère prioritaire de la règle comptable pour la notion de profit imposable (A) ou de valeur ajoutée de l'entreprise (B).

(1) M.-C. Bergerès, *Le principe de subsidiarité des conventions fiscales internationales* : *Dr. fisc.* 2005, n° 36, étude 30. – M. Sadowsky, *Le principe de subsidiarité des conventions fiscales internationales* : *Dr. fisc.* 2018, n° 45, comm. 436.

(2) CAA Versailles, 12 févr. 2019, n° 16VE03657, *SA BNP Paribas Personal Finance* : *Dr. fisc.* 2019, n° 16, comm. 235, concl. N. Chayvialle. Les provisions déductibles fiscalement doivent être déterminées selon les règles du droit comptable, sauf les cas dans lesquels les règles propres du droit fiscal y font obstacle.

A. - La notion de profit imposable

15. - **Avec la comptabilité, tout est simple... ou presque.** Si la notion de revenu pour les particuliers soulève encore des difficultés (V. *supra*, n° 2), celle de profit imposable pour les entreprises en pose moins parce qu'elle est indissociable du bénéfice comptable et que toute opération qui entraîne une variation positive d'actif net constitue, par essence, un profit comptable, à l'exception des opérations sur les capitaux propres (CGI, art. 38-2 ; V. *supra*, n° 6). C'est ainsi que les plus-values de cession et que les libéralités reçues par l'entreprise font normalement partie de son enrichissement taxable. La question mérite cependant d'être creusée en ce qui concerne des incidences fiscales d'une modification par l'administration du prix d'acquisition d'une immobilisation (1°) et des libéralités accordées par l'entreprise (2°).

1° Variation sur le prix d'achat des immobilisations

16. - **Présentation.** Seule la cession d'une immobilisation entraîne l'apparition de plus ou de moins-values de cession dans la mesure où le prix de cession ne correspond pas à la valeur comptable nette. *L'acquisition d'une immobilisation n'entraîne, par elle-même, aucune variation d'actif net, même si le bien est payé plus cher ou moins cher que sa valeur vénale.* La plus-value ou la moins-value de cession apparaîtra seulement au moment de la revente du bien. Toutefois, dans le cadre de son pouvoir de contrôle, l'administration peut corriger le prix d'une immobilisation, notamment lorsque l'avantage consenti constitue un acte anormal de gestion[3]. Quelles en sont les conséquences ? Le Conseil d'État est arrivé à la conclusion que, si l'achat d'un bien pour un prix majoré ne peut entraîner aucune variation d'actif net, l'achat d'un bien pour un prix minoré entraîne une variation positive d'actif net imposable[4].

17. - **Surpaiement d'une immobilisation.** Le Conseil d'État estimait traditionnellement que l'administration pouvait redresser le résultat imposable[5] soit par application de la théorie de l'abus de droit[6], soit sur le fondement de la théorie de l'acte anormal de gestion[7].

Il a ensuite jugé que l'administration ne peut rectifier le résultat, car l'achat d'une immobilisation pour un prix majoré n'entraîne par lui-même aucune diminution de l'actif net[8]. La décision fait abstraction de la possibilité pour l'administration de corriger l'écriture comptable mais, ainsi qu'il a été démontré[9], la modification de la valeur d'inscription du bien au bilan n'emporte pas de conséquence fiscale : la variation négative d'actif net issue de la moins-value d'acquisition est compensée par la réintégration dans le résultat imposable de la libéralité consentie. Le résultat est donc

(3) CE, plén., 26 juill. 1982, n° 2533 : *RJF* 10/82, n° 903, chron. p. 439, P.-F. Racine. L'inscription au bilan du prix de revient d'une immobilisation ne constitue pas une décision de gestion opposable à l'administration. Celle-ci est fondée à corriger, à la hausse ou à la baisse, la valeur à laquelle l'immobilisation a été acquise et inscrite en comptabilité, dès lors que cette valeur a été délibérément fixée à un montant autre que la valeur vénale du bien considéré afin de dissimuler l'octroi d'une libéralité à l'une des parties à l'opération de cession.

(4) F. Bereyziat, *Libéralité, comptabilité, fiscalité : variation autour de l'actif net* : *RJF* 5/05, p. 314.

(5) E. Gerbino, *La jurisprudence « Flatto » sur le surpaiement d'actifs, ou le conflit entre le droit et l'opportunité* : *Dr. fisc.* 2000, n° 39, p. 1245.

(6) CE, 19 nov. 1984, n° 35491 : *Dr. fisc.* 1985, n° 9, comm. 453. - CE, 3 févr. 1986, n° 41026 : *Dr. fisc.* 1986, n° 26, comm. 1266.

(7) CE, 2 oct. 1985, n° 37791 : *Dr. fisc.* 1986, n° 19, comm. 942.

(8) CE, 27 avr. 2001, n° 212680, *Sté générale de transport et d'industrie* : *Dr. fisc.* 2001, n° 41, comm. 909.

(9) F. Bereyziat, préc.

exactement celui qu'avait déclaré le contribuable ; la rectification fiscale n'aura lieu que plus tard lorsqu'un appauvrissement aura été vraiment constaté en comptabilité (réintégration des amortissements excédentaires, réintégration d'une provision injustifiée, nouveau calcul de la plus-value lors de la revente du bien…).

Par contre, le versement d'une soulte jugée excessive, par un associé personne morale à un associé personne physique à la suite du partage d'une SCI, n'a pas pour contrepartie un accroissement d'égale valeur de l'actif de la société et constitue de ce fait un acte anormal de gestion, alors même que la soulte est prise en compte dans la valeur d'inscription du bien à l'actif du bilan, dans la mesure où elle n'a pas servi à l'acquisition d'immeubles pour un prix surévalué mais qu'elle est la conséquence d'une sous-évaluation du bien[10].

La représentation comptable de l'opération d'achat d'une immobilisation pour un prix majoré permet de comprendre pourquoi sa rectification n'entraîne aucune variation d'actif net imposable :

BILAN COMPTABLE	
⇓ **Baisse de l'actif**	⇑ **Baisse du passif (de l'actif net)**

RÉSULTAT IMPOSABLE	
⇓ **Moins-value d'acquisition**	⇑ **Acte anormal de gestion**

18. - Comment est imposé l'avantage consenti au vendeur ? Lorsqu'une société à l'IS a surpayé un actif, l'excédent du prix payé sur la valeur réelle du bien constitue un revenu distribué pour le cédant (CGI, art. 108 et s.). Plus précisément, il s'agit d'une distribution « occulte » de bénéfices (CGI, art. 111, c). Il n'est pas nécessaire que la distribution présumée soit la conséquence d'un rehaussement de bénéfices ou que le bénéficiaire soit associé[11], à la différence de l'article 109-1, 1° (qui pose une présomption de distribution à hauteur de la majoration du bénéfice) et de l'article 109-1, 2° (qui pose une présomption de qualification pour les sommes mises à la disposition des associés). En revanche, puisque l'avantage occulte constitue le plus souvent une donation indirecte, l'administration fiscale devra rapporter à la fois l'écart de valeur et l'intention libérale[12].

En principe néanmoins, l'intention libérale est présumée lorsqu'une cession a lieu entre deux membres d'une même famille[13], ou bien lorsqu'ils sont en relation d'intérêt[14], mais, selon le Conseil d'État, cela ne peut résulter simplement du fait que la société qui a acquis des titres pour un prix majoré est détenue à parts égales par un parent du cédant et par deux salariés de la société cédée[15].

(10) CE, 10 nov. 2004, n° 249504, *SA Holding Henri Heuliez : Dr. fisc.* 2005, n° 6, comm. 174.
(11) CE, 28 févr. 2001, n° 199295, *Thérond : Dr. fisc.* 2001, n° 26, comm. 592.
(12) CE, 13 déc. 2002, n° 224975, *SARL Wedge Group-Europe : Dr. fisc.* 2003, n° 11, comm. 201.
(13) V. par ex. CE, 23 juill. 2010, n° 308019, *Marmajou : Dr. fisc.* 2010, n° 44, comm. 541, concl. N. Escaut, note R. Poirier.
(14) V. par ex. CE, 16 oct. 2013, n° 329420, *SAS Adélaide : Dr. fisc.* 2014, n° 7-8, comm. 16, concl. D. Hedary.
(15) CE, 5 oct. 2016, n° 390700, *Baudry : Dr. fisc.* 2017, n° 15, comm. 250, note R. Vabres.

19. – Sous-paiement d'une immobilisation. Selon le Conseil d'État, l'administration peut substituer à la valeur d'inscription de l'immobilisation dans les écritures de la société bénéficiaire la valeur vénale du bien, ce qui a pour effet de créer une variation positive d'actif net imposable, laquelle constitue au demeurant, si le cédant est à l'IS, un revenu distribué au sens de l'article 111, c du Code général des impôts[16]. De son côté, le cédant commet un acte anormal de gestion par renonciation à une plus-value[17], sans pouvoir bénéficier d'un régime de faveur dès lors que la vente à prix minoré constitue une libéralité[18]. La solution est la même au cas d'apport d'une immobilisation pour une valeur minorée ; elle constitue une libéralité qui est imposable chez le bénéficiaire sur le fondement de l'article 38-2 du CGI[19], sauf si l'avantage consenti à la société peut être justifié[20]. La dissymétrie constatée avec l'opération d'achat d'une immobilisation pour un prix majoré s'explique par le fait que, dans cette hypothèse, l'enrichissement caché de l'entreprise n'est compensé par aucun appauvrissement.

La représentation comptable de l'opération d'achat d'une immobilisation pour un prix minoré permet de comprendre pourquoi sa rectification entraîne une variation positive d'actif net imposable :

BILAN COMPTABLE	
⇑ **Augmentation de l'actif**	⇑ **Augmentation du passif (de l'actif net)**

RÉSULTAT IMPOSABLE	
	⇑ **Plus-value d'acquisition**

(16) CE, 5 janv. 2005, n° 254556, *Sté Raffypack : Dr. fisc.* 2005, n° 13, comm. 318, concl. E. Glaser, note A. Bricet et M. Gautier. Pour une application dans un schéma d'optimisation consistant pour une société à l'IS à acquérir l'usufruit temporaire de parts de société civile (CE, 30 sept. 2019, n° 419855, *Hôtel Restaurant Luccotel*, et n° 419860, *Sté VP santé : Dr. fisc.* 2019, n° 42, act. 443, note M. Buchet [1re esp.] ; *Dr. fisc.* 2019, n° 48, comm. 465, concl. E. Bokdam-Tognetti, note P. Fernoux – Affaire où était posé le délicat problème de l'évaluation de l'usufruit temporaire). *Adde* : L. Benoudiz, *L'évaluation d'une SCI par la méthode DCF : tous les flux, rien que les flux ! : Dr. fisc.* 2020, n° 2, étude 52. – Th. Saint-Bonnet, *Un autre regard sur les arrêts du 30 septembre 2019 (Sté Hôtel Restaurant Luccotel et Sté VP Santé) : la reconnaissance implicite de la méthode DCF par la jurisprudence administrative : Dr. fisc.* 2020, n° 25, étude 274. Sur l'application par la cour de renvoi de la méthode d'évaluation de l'usufruit temporaire, V. L. Benoudiz, *Évaluation de l'usufruit par la méthode DCF : rien que les flux et (presque) tous les flux !* note ss CAA Nantes, 26 nov. 2020, n° 19NT03876 : *Dr. fisc.* 2021, n° 13, comm. 196, concl. L. Chollet. Toujours en matière de démembrement de titres, le Conseil d'État a jugé que l'administration est en droit de retenir une valeur de l'usufruit qui est fonction des distributions prévisionnelles de bénéfices, sauf à tenir compte d'éléments susceptibles de les affecter à partir du moment où ils sont invoqués par le contribuable (CE, 20 mai 2022, n° 449385, *Sté civile Ambroise : Dr. fisc.* 2022, n° 25, comm. 257, obs. L. Benoudiz).

(17) CE, 1er juill. 2020, n° 418378, *Sté Lafarge SA : Dr. fisc.* 2020, n° 30-35, act. 254, obs. Ph. Oudenot. – CE, 26 oct. 2021, n° 426462, *Sté Crédit Agricole : Dr. fisc.* 2022, n° 5, comm. 105, concl. C. Guibé, note E. Joannard-Lardant (un écart de moins de 20 % entre le prix de cession des titres et leur valeur réelle suffit).

(18) CE, 15 oct. 2020, n° 425150, *Sté Kerry : Dr. fisc.* 2021, n° 5, comm. 125, concl. C. Guibé (inapplication du régime d'exonération des SIIC, CGI, art. 208 C).

(19) CE, plén. fisc., 9 mai 2018, n° 387071, *Sté Cérès*, préc.

(20) CE, 21 oct. 2020, n° 434512, *Sté Nouvelle cap management : Dr. fisc.* 2021, n° 5, comm. 127, concl. R. Victor. Le Conseil d'État reproche à la cour administrative d'appel de ne pas s'être interrogée, tant sur l'éventualité que la société ait pu majorer le prix payé à l'un des actionnaires pour obtenir que celui-ci quitte rapidement le capital des sociétés du groupe et sa gouvernance, que sur la possibilité qu'un autre actionnaire ait été dans l'obligation de minorer la valeur d'apport de ses propres titres afin de se conformer au souhait de ses deux nouveaux associés d'apporter chacun en numéraire une même somme.

2° Interrogations sur le régime des donations d'immobilisations

20. – Un régime comptable cohérent. Au plan comptable, les donations apparaissent normalement dans un compte de charges qui leur est dédié dans la comptabilité de l'entreprise (selon les situations, compte n° 6713 « Dons, libéralités », ou n° 6238 « Divers, pourboires, dons courants... »). Toutefois, lorsqu'elles portent sur des immobilisations (le cas est certes exceptionnel...), les donations doivent être traitées comme des cessions d'immobilisations (compte n° 675 « Valeur comptable des éléments d'actif cédés »). Simplement, en l'absence de contrepartie, l'entreprise ne constate pas un produit du montant du prix obtenu, si bien qu'elle s'appauvrit à hauteur de la valeur nette comptable de l'immobilisation donnée.

Attention : La donation d'actif doit être soigneusement distinguée du simple retrait d'actif par un entrepreneur individuel. En effet, le retrait d'actif n'a pas d'incidence sur le résultat comptable puisque la disparition au bilan du bien repris par l'entrepreneur dans son patrimoine privé trouve sa contrepartie dans une diminution, de même montant, du capital individuel. Il y a bien une variation négative d'actif net, mais sans incidence sur le résultat comptable[21].

21. – Un régime fiscal incohérent. Là où la comptabilité fait apparaître une moins-value de cession (à hauteur de la valeur comptable du bien)[22], la fiscalité y voit une plus-value (à hauteur de l'excédent de la valeur vénale du bien sur sa valeur comptable) ! Selon l'administration en effet,

« Bien qu'effectuée sans contrepartie, la donation (ou cession à titre gratuit) d'un élément de l'actif immobilisé ou de la totalité d'un fonds de commerce constitue une cession entrant dans les prévisions de l'article 38-1 du Code général des impôts, dès lors que cet article ne fait aucune distinction entre les différentes formes d'aliénations, qu'elles aient lieu à titre onéreux ou à titre gratuit »[23].

La solution est choquante, tant sur le plan de l'équité (l'entreprise doit payer un impôt sur une plus-value imaginaire alors qu'elle s'est appauvrie)[24], que sur le plan des principes (elle méconnaît la règle comptable et obligera à un retraitement fiscal compliqué).

L'administration se prévaut d'une jurisprudence très ancienne[25]. Plus récemment, le Conseil d'État a justifié de façon plus convaincante la solution fiscale dans une affaire où un père de famille avait donné à son fils un immeuble inscrit à l'actif du bilan de son entreprise[26]. Nous reprendrons les commentaires des professeurs Cozian, Deboissy et Chadefaux dans leur *Précis de fiscalité des entreprises*[27] :

« La donation implique que l'immeuble soit dans un premier temps transféré du patrimoine professionnel au patrimoine privé de l'exploitant. La donation est en effet consentie par l'entrepreneur et non par l'entreprise. Et c'est le fait que l'immeuble soit comptablement extrait du bilan qui justifie l'imposition immédiate de la plus-value latente ».

(21) À l'inverse, l'affectation au bilan d'un bien figurant initialement dans le patrimoine privé du contribuable engendre une variation positive d'actif net, également sans incidence sur le résultat comptable de l'entreprise.

(22) Pour un exemple, V. *infra*, n° 615.

(23) *BOFiP*, BOI-BIC-PVMV-10-10-20, n° 440.

(24) Abstraction faite des régimes de faveur qui concernent les plus-values de façon générale (CGI, art. 151 septies, 238 quindecies...), ou la transmission à titre gratuit de l'entreprise individuelle (CGI, art. 41).

(25) CE, 1er juill. 1946, n° 79603 : *RO*, p. 56.

(26) CE, 4 juill. 1981 : *Dr. fisc.* 1981, n° 52, comm. 2363.

(27) M. Cozian, Fl. Deboissy et M. Chadefaux, *Précis de fiscalité des entreprises, LexisNexis*, 47e éd. 2023-2024, n° 595.

L'explication est certes cohérente au regard du régime fiscal des « retraits d'actifs » (V. *infra*, n° 624), mais c'est précisément ce régime qui est contestable en ce qu'il méconnaît la réalité du patrimoine professionnel et de ses variations. En outre, si dans une entreprise à l'IR, où c'est l'exploitant qui est le redevable de l'impôt sur les bénéfices, on comprend bien le caractère « fictif » de son appauvrissement, l'argument disparaît lorsqu'il s'agit d'une société soumise à l'IS... On ajoutera enfin que l'alignement de la fiscalité et de la comptabilité ne préjugera pas du caractère déductible de la perte exceptionnelle, dans la mesure où les libéralités constituent, en règle générale, des actes anormaux de gestion non déductibles du résultat imposable (V. *infra*, n°s 503 et s.).

B. – La notion de valeur ajoutée

22. – Utilité de la valeur ajoutée. La valeur ajoutée constitue l'assiette de la cotisation sur la valeur ajoutée (CVAE), en même temps qu'elle sert au plafonnement de la contribution économique territoriale (CET = CVAE + cotisation foncière des entreprises). La CVAE est égale à 1,5 % du montant de la valeur ajoutée produite par l'entreprise au cours de la période de référence (avant-dernière année précédant celle de l'imposition). Elle est déterminée en fonction du chiffre d'affaires réalisé et de la valeur ajoutée produite au cours de l'année au titre de laquelle l'imposition est établie ou au cours du dernier exercice clos lors de cette même année lorsqu'il ne coïncide pas avec l'année civile (CGI, art. 1586 quinquies). En outre, la CET est plafonnée à 3 % de la valeur ajoutée par l'entreprise (CGI, art. 1647 B sexies).

A noter : La loi de finances pour 2021[28] a divisé par deux le taux de la CVAE à partir des impositions de 2021 (soit 0,75 % au-lieu de 1,5 %) et réduit de 3 % à 2 % le taux de plafonnement de la CET. La loi de finances pour 2023[29] prévoit une nouvelle réduction de moitié de la CVAE en 2023 (soit 0,375 % au-lieu de 0,75 %), *sa suppression définitive en 2024*, et abaisse encore le taux du plafonnement de la CET à 1,625 % en 2023 et 1,25 % à compter de 2024. Toutefois, selon le projet de loi de finances pour 2024[30], la suppression de la CVAE ne serait effective en 2024 que pour les redevables de la cotisation minimum, et en 2027 seulement pour les autres redevables (le taux du plafonnement serait adapté).

23. – Notion de valeur ajoutée. La valeur ajoutée constitue l'un des soldes intermédiaires de gestion, lesquels nous renseignent sur la formation du résultat de l'entreprise (PCG, art. 842-1). Au plan économique, elle représente la rémunération des facteurs de production et s'obtient par addition des salaires et de la marge de l'entreprise. La valeur ajoutée peut également être obtenue de manière « différentielle » ; elle correspond alors à l'excédent hors taxes de la production sur les consommations de biens et services en provenance de tiers. Cette définition avait été retenue par le législateur pour le plafonnement de la taxe professionnelle en fonction de la valeur ajoutée (CGI, art. 1647 B sexies, II ancien). Présentée comme étant parfaitement claire et fiable lors de son adoption en 1980[31], la définition fiscale de la valeur ajoutée

(28) L. n° 2020-1721 du 29 décembre 2020, art. 8.
(29) L. n° 2022-1726 du 30 décembre 2022, art. 55.
(30) Projet de loi de finances pour 2024 n° 1680, art. 8.
(31) L. n° 80-10, 10 janv. 1980, *portant aménagement de la fiscalité directe locale*. V. les propos du ministre du Budget devant l'Assemblée nationale (citées par E. Meier et C. Cassan : *BF* 5/07, p. 375, § 7) « la définition que je vous propose résulte de l'application du nouveau plan comptable [*Ndlr :* PCG 1957]. C'est d'ailleurs celle qu'utilise l'INSEE actuellement (...) on se saurait trouver de définition plus précise ». Et d'ajouter : « parce que la définition que je vous propose est claire et fiable, je vous demande de l'adopter ».

a pourtant montré ses limites, du fait de l'évolution du droit comptable[32]. Si le Conseil d'État a globalement maintenu le principe de connexion, la définition fiscale a été revue à la suite de la réforme de la taxe professionnelle en 2010 (CGI, art. 1586 sexies).

24. - **La connexion (relative) sous la taxe professionnelle.** La taxe professionnelle pouvait, sur demande du redevable, être plafonnée à 3,5 % de la valeur ajoutée de l'entreprise (CGI, art. 1647 B sexies, I ancien). Selon l'administration, celle-ci devait être calculée en tenant compte des définitions du Plan comptable général. La jurisprudence avait validé cette position[33].

Ainsi, le Conseil d'État a jugé qu'un abandon de créance consenti par une filiale à sa société mère constituait une subvention d'exploitation qui doit concourir à la détermination de la production de l'exercice[34]. Ce faisant, il introduit une distinction inconnue en droit comptable au moment de l'adoption de l'article 1647 B sexies (elle fut introduite par le Plan comptable général de 1982) entre les subventions d'exploitation qui font partie de la valeur ajoutée et les subventions d'équilibre qui sont des produits exceptionnels exclus.

En revanche, puisque les subventions d'exploitation se rajoutent au chiffre d'affaires pour le calcul de la valeur ajoutée de l'entreprise, elles ne font pas partie du chiffre d'affaires à prendre en compte au titre du seuil d'assujettissement à la taxe professionnelle[35].

Pour autant, le juge fiscal n'entendait pas subir les évolutions comptables. Tout en réaffirmant le principe de connexion, il a jugé que l'article 1647 B sexies du Code général des impôts fixe « la liste limitative des catégories d'éléments comptables qui doivent être pris en compte dans le calcul de la valeur ajoutée en fonction de laquelle sont plafonnées les cotisations de taxe professionnelle ; que pour déterminer si une charge ou un produit se rattache à l'une de ces catégories, il y a lieu de se reporter aux dispositions du Plan comptable général dans leur rédaction en vigueur lors de l'année d'imposition concernée »[36]. En l'espèce, il juge que les indemnités versées par un constructeur au titre de sa responsabilité décennale n'entrent dans aucune des catégories visées pour définir les consommations de biens et de services en provenance de tiers et qu'elles ne peuvent donc pas être déduites de la valeur ajoutée.

Peu après, il a réaffirmé cette position, au sujet d'une question qui avait profondément divisé les juridictions du fond à l'époque : celle des transferts de charges. Il s'agit de comptes de produits qui permettent d'annuler certaines charges, soit parce qu'elles ont finalement été immobilisées au profit de l'entreprise (transfert vers un compte d'immobilisation, par le compte n° 72 « Production immobilisée »), soit parce qu'elles ont été supportées pour le compte de tiers (transfert vers le compte de tiers concerné, par le compte n° 79 « Transfert de charges »). En pratique, les indemnités d'assurance

(32) Y. Benard, *Taxe professionnelle : controverses autour de la valeur ajoutée* : *RJF* 11/06, p. 962. – E. Meier et C. Cassan, *Plafonnement de la taxe professionnelle en fonction de la valeur ajoutée et référence aux normes comptables : un numéro d'équilibriste...* : *BF* 5/07, p. 375.

(33) Dernièrement ; CE, 30 déc. 2015, n° 366716, *Sté Randstat* : *Dr. fisc.* 2016, n° 12, comm. 239, note B. Toulemont, A. Nikolic et A. Percheron (les sommes versées directement pour la formation des salariés sont déductibles de la valeur ajoutée).

(34) CE, 30 déc. 2002, n° 238030, *Sté Hyper Média* : *RJF* 3/03, n° 311.

(35) CE, 10 juill. 2017, n° 399557, *Sté concessionnaire du transport sur voie réservée de l'agglomération caennaise* : *Dr. fisc.* 2017, n° 43-44, comm. 524.

(36) CE, 4 août 2006, n° 267150, *Sté foncière Ariane* : *RJF* 11/06, n° 1370.

dues à une entreprise sont comptabilisées au compte « Transfert de charges »[37]. Devaient-elles être prises en compte pour le calcul de la valeur ajoutée ? Dans un premier temps, le Conseil d'État avait décidé d'exclure les indemnités d'assurance du calcul de la valeur ajoutée, alors même qu'elles compensent une perte de recettes ou d'exploitation, car le compte de transfert de charges n'était pas prévu en tant que tel par le plan comptable en vigueur au moment de l'adoption de l'article 1647 B sexies du Code général des impôts[38]. Par la suite, il avait considéré que les indemnités qui font suite à un sinistre doivent être prises en compte dans la production de l'exercice parce qu'elles compensent des charges qui ont elles-mêmes été déduites pour la détermination de la valeur ajoutée[39]. Entre-temps, afin de mettre fin à la cacophonie des juridictions du fond, le législateur était intervenu pour inclure les transferts de charges dans la valeur ajoutée fiscale[40].

Une difficulté est également apparue au sujet des dépenses de mécénat (V. *infra*, n° 615). En principe, ces dernières sont analysées comme des libéralités sans contrepartie qui sont comptabilisées dans un compte de charges exceptionnelles[41], ce qui exclut *a priori* toute déduction de la valeur ajoutée de l'entreprise. Le Conseil d'État avait même adopté une position assez radicale en jugeant que « eu égard à la nature des dépenses que la société soutenait avoir engagées au titre du mécénat, et quel que soit le compte dans lequel elles avaient été enregistrées (…) les sommes en cause ne pouvaient venir en réduction de la valeur ajoutée »[42]. Mais, dans une décision rendue en formation plénière, il a ensuite estimé que les dépenses courantes de mécénat comptabilisées en charges d'exploitation sont déductibles de la valeur ajoutée, sans qu'il y ait lieu de rechercher si elles présentent ou non une contrepartie[43]. Il considère également que les dons de marchandises viennent en diminution de la valeur ajoutée dès lors que la société les a portés en variation de stocks, même si le plan comptable prévoit une comptabilisation en charges d'exploitation (n° 6238 – « Divers [pourboires, dons courants…] »), ou en charges exceptionnelles (n° 6713 – « Dons, libéralités »)[44].

Complétant sa jurisprudence, le Conseil d'État a ensuite précisé qu'il convenait de se référer aux dispositions du Plan comptable général lorsqu'elles s'appliquent aux comptes sociaux individuels, et non à celles qui s'appliquent aux comptes consolidés (normes IFRS)[45].

(37) *Mémento Lefebvre Comptable* 2023, n° 45785. Sur le projet de modernisation des états financiers et la suppression de la technique du transfert de charges, V. *infra*, n° 27.

(38) CE, 13 juill. 2007, n° 278414, *SA France-Manche : RJF* 11/07, n° 1262.

(39) CE, 5 mai 2008, n° 293913, *SA Moteurs Leroy Sommer*, et n° 300774, *SAS Polyrey : RJF* 8-9/08, n° 973.

(40) L. fin. rect. 2006, n° 2006-1771, 30 déc. 2006. – J.-Cl. Drie, *Taxe professionnelle, valeur ajoutée et transferts de charges : la fin des incertitudes : Dr. fisc.* 2006, n° 39, étude 58.

(41) Mais elles peuvent être comptabilisées comme des charges d'exploitation dans la mesure où elles présentent un caractère récurrent (en ce sens : *Mémento Lefebvre Comptable*, *op. cit.*, n° 16040).

(42) CE, 21 avr. 2017, n° 398246, *SAS Pierre Fabre Médicament : Dr. fisc.* 2017, n° 41, comm. 498, concl. E. Crépey, obs. crit. O. Fouquet et Cl. Lopater.

(43) CE, plén., 9 mai 2018, n° 388209, *CRCAM de Pyrénées-Gascogne : Dr. fisc.* 2018, n° 44, comm. 433, concl. Y. Benard, note O. Fouquet.

(44) CE, 16 mars 2016, n° 383536, *SA Guyenne et Gascogne : RJF* 6/16, n° 532.

(45) CE, 20 avr. 2021, n° 431224, *Sté Ricoh France : Dr. fisc.* 2021, n° 38, comm. 369, concl. E. Bokdam-Tognetti (en l'espèce, il censure l'arrêt de la cour de Versailles ayant fait application des normes IFRS pour considérer comme des charges financières non déductibles de la valeur ajoutée les loyers rétrocédés par une société à des organismes de financement en vertu d'un contrat de « location mandatée »). Le Conseil d'État n'a pas transmis au Conseil constitutionnel la QPC soulevée par la société « Ricoh France » (CE, 28 févr. 2022, n° 458924, [QPC], 1re esp., n° 458922, 2e esp. : *RJF* 05/22, n° 484).

25. - L'autonomie (apparente) sous la CET. Le législateur a abandonné la définition comptable de la valeur ajoutée, tout en maintenant l'approche différentielle de celle-ci (CGI, art. 1586 sexies). La valeur ajoutée y est présentée comme étant la différence entre le chiffre d'affaires de l'exercice tel que majoré des produits issus de la gestion courante et diminué des charges courantes (CGI, art. 1586 sexies, I, 4). Globalement pourtant, la loi nouvelle ne fait que consacrer l'état du droit positif. C'est notamment le cas dans les matières suivantes :

– les plus-values de cession d'immobilisations corporelles et incorporelles font partie du chiffre d'affaires lorsqu'elles se rapportent à une activité normale et courante[46] (symétriquement, les moins-values viennent en déduction du chiffre d'affaires) ;

– les refacturations de frais inscrites au compte de transfert de charges font partie du chiffre d'affaires, ainsi que les transferts de charges déductibles de la valeur ajoutée (V. *supra*, n° 24) ;

– la production immobilisée est à rajouter au chiffre d'affaires, à hauteur des seules charges qui ont concouru à sa formation et qui figurent parmi les charges déductibles de la valeur ajoutée[47] ;

– les abandons de créances à caractère financier accordés par une entreprise étaient déductibles du chiffre d'affaires à la hauteur déductible de ses résultats imposables[48] (symétriquement, les abandons de créances financiers faisaient partie du chiffre d'affaires, dans la même mesure). Toutefois, depuis que les aides financières entre entreprises ne sont plus déductibles, elles ne sont pas non plus prises en compte dans la valeur ajoutée[49].

26. - Comment est calculée la valeur ajoutée fiscale aujourd'hui ? Selon l'article 1586 sexies, I, 4 du Code général des impôts, la valeur ajoutée est égale à la différence entre le chiffre d'affaires de l'exercice majoré des produits (*a*) et minoré (*b*) des charges qu'il vise.

Chiffre d'affaires	• Ventes de produits fabriqués, prestations de services et marchandises. • Redevances pour concessions, brevet, licences, marques, procédés, logiciels, droits et valeurs similaires. • Plus-values sur cession d'immobilisations lorsqu'elles se rapportent à une activité normale et courante. (1) • Refacturations de frais inscrites au compte de transfert de charges. (8)

(46) CE, 6 déc. 2006, n° 280800, *SA Algeco* : *RJF* 3/07, n° 289.
(47) Légalisation d'une décision de rescrit, 6 févr. 2005, n° 2005/47.
(48) Légalisation d'une décision de rescrit, 6 sept. 2005, n° 2005/08.
(49) L. fin. rect. 2012, n° 2012-958, 16 août 2012, art. 17 (CGI, art. 39-13).

Produits à rajouter au chiffre d'affaires	• Autres produits de la gestion courante non déjà inclus dans le chiffre d'affaires. • Production immobilisée à hauteur des seules charges qui ont concouru à sa formation et qui figurent parmi les charges déductibles de la valeur ajoutée. • Subventions d'exploitation. (2) • Variation positive des stocks. • Transferts de charges déductibles de la valeur ajoutée, autres que ceux pris en compte dans le chiffre d'affaires.
Charges à retrancher du chiffre d'affaires	• Achats stockés de matière première et autres approvisionnements, achats d'études et prestations de services, achats de matériels, équipements de travaux, achats non stockés de matières et fournitures, achats de marchandises, telles que diminuées des réductions de prix obtenues. • Variation négative des stocks. • Services extérieurs, diminués des réductions de prix, tels que les loyers jusqu'à six mois (*NB :* les locations de plus de six mois constituent une richesse pour l'entreprise) (3), ou les frais de personnel extérieur à l'entreprise (*NB :* la rémunération du personnel de l'entreprise participe à la valeur ajoutée) (4), les frais de transport ou de déplacement, les frais bancaires. (5) • Taxes sur le chiffre d'affaires et assimilées. (6) • Autres charges de la gestion courante (redevances…). (7) • Dotations aux amortissements de biens corporels donnés en location pour plus de six mois. • Moins-values de cession d'immobilisations lorsqu'elles se rapportent à une activité normale et courante. (1)

(1) Il s'agit des plus et moins-values de cession d'immobilisations telles que déterminées en faisant application des règles comptables (CE, avis, 26 sept. 2018, n° 421182). Position conforme à la doctrine administrative (*BOFiP*, BOI-CVAE-BASE-20-10, n°s 50 et 350). Les cessions d'éléments de l'actif circulant relèvent en principe de l'activité courante, mais tel n'est pas le cas des cessions de créances (CE, 30 mai 2018, n° 405248, *Sté Rhodia Opérations : Dr. fisc.* 2018, n° 47, comm. 477).

(2) En revanche, les subventions d'investissement ne figurent pas sur cette liste et sont donc exclues de l'assiette de la valeur ajoutée (CE, 20 oct. 2021, n° 450268, *Sté Airbus Opérations : Dr. fisc.* 2022, n° 6, comm. 112, concl. R. Victor, note B. Toulemont et A. Percheron), qui reproche à la cour administrative d'appel d'avoir qualifié de subvention d'exploitation la fraction non remboursée d'une avance remboursable qui fait l'objet d'un abandon de créance « sans rechercher si, comme il était soutenu devant elle, la fraction non remboursée de cette avance avait eu pour contrepartie la création ou l'acquisition d'éléments de son actif immobilisé ou le financement d'activités de long terme et avait par suite le caractère d'une subvention d'investissement »).

(3) Quand bien même ces charges auraient été exposées par le contribuable en exécution d'un contrat de délégation de service public (V. CE, 24 févr. 2020, n° 433881, *Sté de Restauration du musée d'Orsay : Dr. fisc.* 2020, n° 25, comm. 280, concl. K. Ciavaldini).

(4) Y compris lorsque les frais ont été externalisés (CE, 28 nov. 2018, n° 413121, *Sté Lancôme Parfums et*

beauté et Cie : Dr. fisc. 2019, n° 23, comm. 289, concl. K. Ciavaldini).

(5) Ce n'est pas le cas des intérêts de prêts, mais la prise en charge par le vendeur des intérêts de crédits souscrits par ses clients pour acheter ses produits est un avantage tarifaire déductible de la valeur ajoutée, même si elle est comptabilisée comme charge financière (CE, 2 avr. 2021, n° 430364, *Sté Claas France : Dr. fisc.* 2021, n° 38, comm. 368, concl. C. Guibé).

(6) Il s'agit des taxes qui, en application des normes comptables, grèvent le prix des biens et des services vendus par l'entreprise (CE, 29 juin 2018, n° 416346, *SAS Cie exploitation et répartition pharmaceutique [CERP] de Rouen : Dr. fisc.* 2018, n° 50, comm. 503, concl. Y. Bénard). Ce faisant, le Conseil d'État ne fait que reproduire la jurisprudence rendue sous l'empire de la taxe professionnelle (V. CE, 7 juill. 2004, n° 250761).

(7) Les redevances pour licence de brevet n'entrent pas dans la liste limitative d'éléments comptables devant être pris en compte dans le calcul de la valeur ajoutée servant de base à la CVAE lorsqu'elles sont regardées comme rémunérant l'acquisition d'éléments incorporels de l'actif immobilisé (CE, 29 nov. 2021, n° 451521, *SASU Bio-Rad France Holding : Dr. fisc.* 2022, n° 6, comm. 111, note M. Buchet).

(8) La suppression de la technique du transfert de charges (V. *infra*, n° 27) n'aura pas d'incidence puisque les refacturations de frais seront désormais incluses dans le chiffre d'affaires et donc dans la valeur ajoutée.

27. – Les indemnités de transfert des joueurs de football professionnels doivent-elles être prises en compte dans la valeur ajoutée ?

La question présente un intérêt, aussi bien dans le cadre de l'ancienne taxe professionnelle (pour le plafonnement en fonction de la valeur ajoutée) que dans le cadre de la nouvelle CET (pour la détermination de l'assiette).

D'une manière générale, la jurisprudence avait considéré que les produits de cession d'actif ne font pas partie de la valeur ajoutée de l'entreprise[50] sauf s'ils se rapportent à une activité normale et courante[51].

En ce qui concerne les indemnités de transfert de joueurs professionnels, certaines cours administratives d'appel ont jugé que les plus-values réalisées à l'occasion de la cession des droits comptabilisés en immobilisations incorporelles ne constituent pas des produits exceptionnels car elles sont réalisées dans le cadre de l'activité normale et courante de clubs sportifs professionnels[52]. D'autres juridictions ont fait leur choix en analysant le modèle économique du club, soit pour conclure que l'indemnité faisait partie des produits normaux du club[53], soit non[54]. Clôturant le débat, le Conseil d'État a jugé que les cessions de contrats de joueurs présentent pour les clubs de football professionnels un caractère récurrent et génèrent une part significative voire structurelle de

(50) CE, 30 déc. 2002, n° 238030, *Sté Hyper Média : Dr. fisc.* 2003, n° 15, comm. 296, concl. G. Goulard.

(51) CE, 6 déc. 2006, n° 280800, *SA Algeco : RJF* 3/07, n° 289.

(52) En ce sens : CAA Nantes, 9 déc. 2010, n° 09NT02549, *SAS FC Lorient Bretagne Sud : RJF* 2011, n° 317. – CAA Nancy, 20 oct. 2011, n° 10NC01217, *SASP Club sportif Sedan-Ardennes : RJF* 2012, n° 256. – CAA Marseille, 17 nov. 2016, n° 15MA00814, *SASP Olympique de Marseille : Dr. fisc.* 2017, n° 15, comm. 248, note Ch. Tournayre.

(53) En ce sens : CAA Lyon, 17 oct. 2013, n° 12LY02444, *SAOS AJ Auxerre Football : RJF* 2014, n° 459.

(54) En ce sens : CAA Versailles, 19 mai 2016, n° 14VE00407, *Sté Paris Saint-Germain Football Club : Dr. fisc.* 2016, n° 28, comm. 417, concl. Ph. Delage, note E. Bigarre.

leurs recettes. Qu'en conséquence, ils font partie du modèle économique de ces clubs et doivent donc être regardés comme ayant un *caractère habituel*, alors même que le transfert des joueurs n'interviendrait pas toujours au moment où les clubs pourraient en tirer le plus grand profit[55].

Au-delà des indemnités de transfert de joueurs professionnels, afin d'apprécier si une cession comporte un caractère normal et courant, il est nécessaire de s'attacher au *modèle économique de l'entreprise*, c'est-à-dire au mobile économique dans lequel s'inscrit la cession[56].

À noter : Le 3 décembre 2021, l'Autorité des normes comptables (ANC) a approuvé un projet de règlement modifiant le PCG qui va dans le sens de cette évolution jurisprudentielle (*RJ com.* 3/21, p. 263, obs. A. de Bissy). Sur le projet de modernisation des états financiers, V. l'encadré qui suit.

Modernisation des états financiers (projet de règlement n° 2022-06)

L'ANC a définitivement adopté le 4 novembre 2022 le projet de règlement n° 2022-06 visant à modifier le PCG en vue de moderniser les états financiers et la nomenclature des comptes (*RJ com.* 4/22, p. 396, obs. A. de Bissy).

Ce règlement devrait être homologué au cours de l'année 2023. Il s'appliquera de façon obligatoire aux exercices ouverts à compter du **1er janvier 2025** et de façon optionnelle avant cette date.

Le résultat exceptionnel comprendra seulement les produits et les charges directement liés à un événement majeur et inhabituel (par ex. : abandons d'activité, expropriations, cyberattaques, catastrophes naturelles). Les simples cessions d'actifs seront reclassées dans des comptes de gestion courante (V. *infra*, n° 618). La nomenclature des comptes sera retravaillée pour tenir compte de la nouvelle définition du résultat exceptionnel qui est plus restrictive.

La technique du transfert de charges, jugée peu explicite, est supprimée. L'ANC propose de nouveaux schémas d'écritures qui donnent des solutions au cas par cas. Par exemple en ce qui concerne le traitement des indemnités d'assurance (V. *infra*, n° 608), ou la rémunération de l'exploitant (V. *infra*, n° 587).

Au plan formel enfin, il est notamment prévu une nouvelle présentation des informations figurant dans l'annexe, ainsi que la suppression du système de présentation « développé », peu utilisé en pratique (V. *infra*, n° 138). Également, il est prévu de ne conserver qu'un modèle de bilan en tableau avant répartition et un modèle de résultat en liste (en système de base ou abrégé).

§ 2. – Faute de règle comptable, il est nécessaire de créer la règle fiscale

28. – Le « déni de justice fiscale ». Aux termes de l'article 4 du Code civil :

« Le juge qui refusera de juger, sous prétexte du silence, de l'obscurité ou de l'insuffisance de la loi, pourra être poursuivi comme coupable de déni de justice ».

(55) CE, 6 déc. 2017, n° 401533, *Sté Paris Saint-Germain Football Club : Dr. fisc.* 2018, n° 27, comm. 323, concl. A. Bretonneau.

(56) *BOFiP*, BOI-CVAE-BASE-20-10, n° 50. – CE, 10 juill. 2019, n° 412968, *Sté IVG Institutionnal Funds GmbH : Dr. fisc.* 2019, n° 47, comm. 451, concl. É. Bokdam-Tognetti. – CE, 25 sept. 2020, nos 433942 et 436049, *SA Gecina, SA Foncière Inea : Dr. fisc.* 2020, n° 43, comm. 414, concl. K. Ciavaldini, note O. Fouquet. – CE, 16 déc. 2022, n° 448403, *Sté Soval : Dr. fisc.* 2023, n° 25, comm. 223, concl. T. Pez-Lavergne.

La responsabilité de l'État est engagée pour faute lourde et le magistrat peut être poursuivi pour déni de justice (C. pén., art. 434-7-1). Il en va de même en droit fiscal ; le juge de l'impôt ne peut, sous prétexte que le droit comptable est lacunaire, s'abstenir de rendre une décision. Il doit créer la règle fiscale.

29. – Les carences du droit comptable : l'évaluation et la définition des actifs. Le droit comptable pose un certain nombre de règles générales en ce qui concerne la comptabilisation (PCG, art. 212-1 et s.) et l'évaluation des actifs (C. com., art. L. 123-18 et L. 123-19 ; PCG, art. 213-1 et s.). Compte tenu des incidences qu'elles peuvent engendrer sur le résultat imposable, les définitions comptables et les règles d'évaluation des actifs retenues par les entreprises font l'objet d'un contrôle très précis de l'administration fiscale. Or, en ces domaines, le droit comptable est très lacunaire et l'administration a développé des doctrines dont certaines sont à l'opposé des pratiques comptables. Le juge de l'impôt a donc été contraint de prendre position sur des questions parfois très délicates. En dépit des précisions apportées en 2004 par le Comité de réglementation comptable (CRC) dans son règlement relatif à « la définition, la comptabilisation et l'évaluation des actifs »[57], certaines difficultés n'ont pas encore trouvé à ce jour de solution parfaitement fiable.

30. – La taxe professionnelle fait-elle partie du coût de production des stocks ? Aux termes de l'article 38 nonies de l'annexe III du Code général des impôts, le coût de production comprend « les coûts directement engagés pour la production ainsi que les frais indirects de production variables ou fixes… ». Par contre, « les coûts administratifs sont exclus du coût d'acquisition et de production… ». La question qui a été posée au juge de l'impôt est celle de savoir si la taxe professionnelle constituait une charge indirecte de production à inclure dans le coût de la production stockée ou bien une simple charge administrative qui en est exclue.

Constatant que le droit comptable était impuissant à suppléer les carences de la loi fiscale, et que la complexité de l'assiette de la taxe professionnelle lui interdisait d'être rattachée à une activité précise de production, le Conseil d'État en avait déduit que celle-ci devait être rangée parmi les « frais d'administration générale » exclus du coût de production[58]. Les juridictions du fond avaient adopté la même position au sujet de la taxe foncière[59].

Aujourd'hui encore, la question demeure posée avec la contribution économique territoriale (CET). Certes, le droit comptable s'est étoffé, mais le nouvel article 213-32 du PCG 2014[60], qui est précisément relatif au coût de production des stocks, ne détaille pas le contenu de ces coûts « indirects » de production (si ce n'est pour y inclure l'amortissement de l'outil de production). La doctrine comptable quant à elle n'est pas hostile à l'intégration de la cotisation foncière des entreprises (CFE) au sein des charges indirectes de production, à la différence de la cotisation sur la valeur ajoutée des entreprises (CVAE), tout en reconnaissant que, au plan fiscal, les arguments qui avaient été développés par le Conseil d'État à propos de la taxe professionnelle pourraient fort bien être repris dans le cadre de la CET[61]…

(57) Règl. CRC n° 2004-06, 23 nov. 2004, homologué par A. 24 déc. 2004.
(58) CE, 3 nov. 2003, n° 248888, *SA Tuileries Marley Betopan : RJF* 01/04, n° 8.
(59) CAA Paris, 11 juill. 2003, n° 98-1676, *Sté LVMH : RJF* 12/03, n° 1354.
(60) PCG 1999, art. 321-21, issu du Règl. CRC, 23 nov. 2004 préc.
(61) *Mémento Lefebvre Comptable, op. cit.*, n° 21175. Sur la suppression de la CVAE, V. *supra* n° 22).

31. – Les redevances pour concession de licence de brevet ou de marque doivent-elles être passées en charges ou en immobilisations ? La question de « l'activation » des redevances pour concession de licence exclusive de brevet ou de marque a été particulièrement débattue en doctrine ; plus généralement, elle intéresse la notion même d'immobilisation incorporelle[62]. Deux analyses peuvent être soutenues : on peut y voir de simples dépenses d'appauvrissement constitutives de charges (déductibles) ou de véritables dépenses d'investissement (non déductibles).

Appliquant les critères qu'il a lui-même posés, le Conseil d'État a opté pour la qualification de charges[63]. En effet, si le contrat de concession constitue une source régulière de profit et qu'il est doté d'une pérennité suffisante, il ne pouvait être cédé. Après avoir confirmé l'exigence de la cessibilité du droit, tout en l'estimant cette fois remplie s'agissant d'un contrat de concession de licence de brevet dont « aucune clause ne s'oppose à une éventuelle cession »[64], le Conseil d'État avait semblé l'abandonner dans une affaire où il avait considéré qu'une marque viticole acquise pouvait être immobilisée, alors même qu'elle n'était pas cessible indépendamment de l'exploitation agricole à laquelle elle était attachée[65]. Très peu de temps après néanmoins, le Conseil d'État a réaffirmé son attachement au critère de la cessibilité s'agissant des redevances pour concession de sous-licences de brevet dont il a refusé l'inscription à l'actif du bilan, faute pour elles d'être pérennes et cessibles[66]. Aujourd'hui, il ne fait plus de doute que la condition de cessibilité est cantonnée aux redevances pour concession de licences de brevets ou de marques (V. *infra*, n° 389).

En comptabilité désormais, « un actif est un élément identifiable du patrimoine ayant une valeur économique positive pour l'entité… » (PCG, art. 211-1), et une immobilisation incorporelle est identifiable « si elle est séparable des activités de l'entité, c'est-à-dire susceptible d'être vendue, transférée, louée ou échangée de manière isolée ou avec un contrat, un autre actif ou passif ; ou si elle résulte d'un droit légal ou contractuel même si ce droit n'est pas transférable ou séparable de l'entité ou des autres droits et obligations » (PCG, art. 211-5). *A priori*, les règles comptables semblent s'éloigner des règles fiscales en ce que la cessibilité du droit incorporel n'est pas obligatoire. En réalité, ces règles sont la conséquence de l'adoption en droit comptable du critère du « contrôle » ; or, ainsi que l'a rappelé le CNC[67], les contrats de location sont exclus du champ d'application des nouveaux textes. Renvoi doit donc être fait à la jurisprudence du Conseil d'État (V. *infra*, n° 389)[68].

(62) M. Cozian et J.-L. Rossignol, *Les immobilisations incorporelles à la lumière de la jurisprudence SA Sife : arrêt de principe ou arrêt d'espèce ? : Dr. fisc.* 2007, n° 42, étude 914. – Y. de Givre, *Charges et immobilisations incorporelles : les critères jurisprudentiels : JCP* E 1998, 11, p. 406. – P. Legros, *L'activation des redevances : BF* 11/97, p. 693. – J.-L. Medus, *L'incorporel et l'ingénierie financière : Dr. & patr.* mars 1996, p. 52. – D. Villemot, *Existe-t-il une définition fiscale des immobilisations ? : Dr. fisc.* 1998, n° 15, p. 504.

(63) CE, 21 août 1996, n° 154488, *SA SIFE : Dr. fisc.* 1996, n° 50, comm. 1482, concl. J. Arrighi de Cazanova ; *RJF* 10/96, n° 113, chron. p. 634, S. Austry.

(64) CE, 14 oct. 2005, n° 262219, *SA Laboratoires Fournier : Dr. fisc.* 2007, n° 23, comm. 570.

(65) CE, 28 déc. 2007, n° 284899, *SA Domaine Clarence Dillon : Dr. fisc.* 2008, n° 14, comm. 246, concl. L. Vallée, note J.-L. Pierre.

(66) CE, 16 oct. 2009, n° 308494, *Sté Pfizer Holding France : Dr. fisc.* 2010, n° 4, comm. 94, note Y. de Kergos et J. Monsenego. Sur la jurisprudence postérieure, V. *infra*, n° 388.

(67) CNC, avis n° 2004-15, 23 juin 2004.

(68) *BOI* 4 A-13-05, n° 213, 30 déc. 2005 préc., n° 8, repris au *BOFiP*, BOI-BIC-CHG-20-10-10, n° 70. – D. Villemot, *Le régime fiscal des immobilisations incorporelles : Dr. fisc.* 2008, n° 14, étude 243.

Il convient néanmoins de noter la position contraire exprimée par la Commission commune de doctrine comptable qui, pour affirmer que les deux traitements comptables sont envisageables, se fonde exclusivement sur les textes du Plan comptable général[69].

SECTION 2 LE CARACTÈRE PRIORITAIRE DES ÉCRITURES COMPTABLES

32. - Notion. Ce principe de priorité permet de souligner la force des écritures comptables dans la détermination du résultat imposable. Il ne remet pas en cause la primauté de la matière fiscale qui exprime simplement la supériorité de la règle spéciale sur la règle générale (V. *infra*, Chapitre 2). Les manifestations du caractère prioritaire des écritures comptables sont de deux ordres : il exprime une idée *d'opposabilité* des écritures à l'administration fiscale (§ 1), en même temps qu'une idée *de nécessité* pour le contribuable qui veut s'en prévaloir (§ 2).

§ 1. - L'opposabilité des écritures comptables

33. - Valeur probante de la comptabilité et charge de la preuve[70]. Aux termes de l'article L. 123-23 du Code de commerce :

> « La comptabilité régulièrement tenue peut être admise en justice pour faire preuve entre commerçants pour faits de commerce. Si elle a été irrégulièrement tenue, elle ne peut être invoquée par son auteur à son profit ».

Entre commerçants, la comptabilité n'a donc pas plus de valeur qu'un simple « indice », et seulement si elle est régulière. Dans les relations avec l'administration fiscale, la comptabilité a plus de force, car elle constitue le support légal et obligatoire de l'assiette fiscale. Elle bénéficie donc d'une présomption de régularité, laquelle pourra être combattue par l'administration fiscale, sous le contrôle du juge de l'impôt. Ce n'est que si la comptabilité comporte de graves irrégularités et que l'imposition a été établie conformément à l'avis de la commission des impôts que la charge de la preuve incombe au contribuable (LPF, art. L. 192).

34. - Intangibilité des écritures et correction des irrégularités comptables[71]. La comptabilité irrégulièrement tenue par une entreprise n'est pas opposable à l'administration fiscale (le vérificateur peut donc la rejeter). Pour autant, une comptabilité peut être régulière en la forme, mais présenter tout de même certaines irrégularités. La question qui se pose est alors de savoir s'il est possible de corriger ces irrégularités comptables et qui peut le faire.

À la première question, une réponse positive claire s'impose : l'intangibilité des écritures comptables ne saurait s'opposer à leur modification à partir du moment où elles sont irrégulières. La correction des écritures s'opère de façon rétroactive ; l'idée est de faire comme si les bonnes écritures avaient été passées depuis l'origine. En comptabilité

(69) *Bull. CNCC* sept. 2013, n° 171, EC 2012-48, p. 508-512.

(70) Ch. de la Mardière, *La preuve en droit fiscal*, Litec, 2009, n°s 51 et s.

(71) M. Cozian, Fl. Deboissy et M. Chadefaux, *Précis de fiscalité des entreprises*, *op. cit.*, n°s 2909 et s.

toutefois, il n'est pas possible de modifier les comptes annuels une fois qu'ils ont été publiés[72]. Ainsi, l'erreur ne sera corrigée que dans le résultat de l'exercice où elle a été constatée (PCG, art. 122-6). La fiscalité permet au contraire de « remonter dans le temps » et de modifier *a posteriori* les résultats de chacun des exercices concernés. Cette possibilité est toutefois strictement encadrée par la jurisprudence ; si l'irrégularité affecte un poste du bilan, la correction du bilan de clôture impliquera également, dans les mêmes proportions, la correction du bilan d'ouverture (*théorie de la « correction symétrique des bilans »*).

À la seconde question, la jurisprudence apporte une réponse nuancée, car il ne saurait être question de permettre à un contribuable de profiter de sa propre « turpitude comptable » en lui permettant de corriger une écriture qui lui est défavorable *a posteriori*. La jurisprudence fait donc une subtile différence selon qu'il s'agit d'une erreur involontaire ou d'une « erreur » délibérée (*théorie des « erreurs comptables » et des « décisions de gestion »*)[73].

A. – Les erreurs comptables et les décisions irrégulières de gestion

35. – **L'erreur comptable.** Compte tenu du caractère involontaire de l'erreur commise, il est admis que la correction puisse être demandée aussi bien par le contribuable (par le biais d'une réclamation contentieuse) que par l'administration (lors d'une vérification de comptabilité).

En pratique, la dialectique entre les parties est souvent plus subtile ; l'administration corrigera l'erreur et le contribuable opposera la compensation née du caractère rétroactif de la modification comptable. Par exemple, un contribuable qui a passé en charges une dépense d'investissement peut, le cas échéant, compenser le rehaussement de son bénéfice notifié par l'administration avec la déduction des amortissements relatifs au bien considéré. Également, un contribuable qui n'a pas déclaré un produit correspondant à une prestation de services effectuée mais non encore facturée peut opposer la perte née du caractère irrécouvrable de sa créance, à la condition de le démontrer néanmoins[74]. De même, un contribuable qui a passé une provision pour une charge certaine, liquide et exigible commet une erreur, mais il peut demander à ce que les sommes restent déduites du même résultat en tant que dettes[75].

Outre celles qui viennent d'être signalées, il faut réserver le cas des erreurs liées à des choix irréguliers de l'exploitant quant à la composition de son patrimoine professionnel. Notamment, un exploitant ne peut pas inscrire à l'actif de son bilan un immeuble qui ne lui appartient pas, mais qui appartient à son conjoint séparé de biens par exemple. Dans ce cas, si l'administration peut rehausser le bénéfice imposable en réintégrant les amortissements qui ont été déduits à tort, le contribuable est autorisé à corriger cette erreur en retirant ce bien de son bilan sans que cela génère de plus-value de cession[76]. Pour autant, cette possibilité suppose que le conjoint ne participe pas à l'exploitation ; dans le cas d'une « exploitation unique » par deux époux,

(72) *Bull. CNCC* sept. 2000, n° 19, EJ 2000-99, p. 385. Les raisons invoquées tiennent à la nécessité de convoquer une nouvelle assemblée d'approbation (suivie d'une nouvelle publication), et à la sécurité juridique des tiers.

(73) G. Dedeurwaerder, *La distinction des erreurs et des décisions de gestion. – Essai de présentation renouvelée d'une théorie générale : Dr. fisc.* 2014, n° 28, étude 427.

(74) CE, 30 déc. 2002, n° 229072 : *Dr. fisc.* 2002, n° 16, comm. 307.

(75) CE, 14 avr. 1970, n° 78614 : *Lebon*, p. 304 (sol. impl.).

(76) TA Strasbourg, 26 mai 1998, n° 93-2714, *Sandot : RJF* 10/98, n° 1121 (BNC).

il a été jugé que la reprise d'une exploitation par l'épouse qui a maintenu au bilan des biens propres de son époux ne constitue pas une erreur rectifiable[77].

36. - **La décision de gestion.** À la différence de l'erreur comptable, la décision de gestion exprime un choix du contribuable qui, en présence de plusieurs possibilités, opte pour la plus avantageuse. Si la décision est régulière, elle est opposable à l'administration fiscale et le contribuable lui-même ne peut la rectifier (il peut faire une déclaration rectificative, mais seulement si le délai légal de déclaration n'est pas expiré)[78]. En revanche, si la décision est irrégulière (il n'y avait en réalité aucun choix), seule l'administration fiscale peut la rectifier.

L'impossibilité de rectifier une écriture régulière est pleinement justifiée d'un point de vue juridique. Quel crédit accorder à une décision de gestion si son auteur peut librement se raviser ? Quelle sécurité pour les tiers ? Elle peut en outre s'appuyer efficacement sur le principe comptable de « permanence des méthodes ». L'article L. 123-17 du Code de commerce dispose en effet que :

> « Sauf dans des cas exceptionnels, afin de donner une image fidèle du patrimoine, de la situation financière et du résultat de l'entreprise et dans les conditions prévues par un règlement de l'Autorité des nomes comptables, les méthodes comptables retenues et la structure du bilan et du compte de résultat ne peuvent être modifiées d'un exercice à un autre ».

Le juge fiscal a pourtant construit la théorie des décisions de gestion en dehors du droit comptable, mais le fondement moral reste le même : assumer les conséquences, y compris fiscales, de ses choix. La matière des amortissements est parfaite pour illustrer les décisions de gestion. Ainsi, la jurisprudence considère de manière absolument constante que le contribuable qui a opté pour un mode d'amortissement ne peut changer de méthode au cours du plan d'amortissement[79]. De la même façon, un contribuable qui a pris la décision de différer ses amortissements en période déficitaire prend une décision de gestion qui lui est opposable[80].

Le fondement moral de la règle explique également le caractère asymétrique fréquemment relevé dans le traitement fiscal des décisions de gestion irrégulières[81]. Dans une telle hypothèse en effet, si l'administration fiscale a la possibilité de rectifier l'écriture (parce que, justement, elle est irrégulière), le contribuable ne le peut pas (parce que ce serait lui donner la possibilité d'invoquer à son profit une incorrection qu'il a lui-même commise). Le Conseil d'État a réaffirmé avec une certaine force ces principes dans une affaire où une SARL avait décidé de décaler des charges dans le temps (en l'occurrence des frais de déplacement) afin de présenter un meilleur résultat en vue d'une demande de prêt, ce qui avait conduit le vérificateur à les réintégrer dans le résultat imposable de l'exercice d'imputation (pour non-respect de la règle de

(77) CE, 10 janv. 2007, 267012, *Mme Bon : Dr. fisc.* 2007, n° 46, comm. 957.

(78) CE, 27 avr. 2011, n° 322063, *SARL Systèmes Holding : Dr. fisc.* 2011, n° 40, comm. 543. Une société qui, après avoir souscrit dans les délais une déclaration de résultats faisant apparaître une variation d'actif net à la suite d'une réévaluation du bilan décidée par le conseil d'administration, ne peut ensuite valablement déposer une déclaration rectificative au motif que l'assemblée générale n'a pas approuvé les comptes en raison de cette réévaluation, dès lors que la nouvelle déclaration de résultats est déposée après l'expiration du délai légal.

(79) CE, 22 mars 1972, n°s 78830 et 79250 : *Lebon*, p. 237. – CE, 23 mai 1990, n° 47764, *Éts Semanaz et Cie : RJF* 7/90, n° 790. – CE, 2 mars 1994, n° 118710, *SA Cogesat : RJF* 05/94, n° 519. – Plus récemment : TA Paris, 23 mai 2007, n° 01-7544, *Sté Dunlop France : RJF* 11/07, n° 1201.

(80) CE, 10 janv. 1992, n° 80158, *SA Bernard : RJF* 2/92, n° 174-a.

(81) S. Austry, *Une survivance de « moralisme » en droit fiscal : la théorie des erreurs comptables délibérées : RJF* 6/97, chron. p. 359.

spécialité des exercices), sans que le contribuable puisse opposer la compensation au titre de l'année où la charge aurait dû effectivement être rattachée[82].

Pour autant, le juge n'a pas à rechercher le motif pour lequel le contribuable a passé l'écriture irrégulière ; il lui suffit de caractériser une erreur comptable délibérée[83].

Par contre, si l'option irrégulière trouve sa source dans une doctrine elle-même irrégulière, le contribuable reste libre de revenir sur son choix[84]. Pour certains[85], cette jurisprudence marque la fin de la théorie des « décisions de gestion irrégulières » qui ne peut s'appliquer que s'il y a un choix (même irrégulier). Seule demeure la théorie des « erreurs comptables délibérées ». Cette qualification n'est pas non plus idéale ; l'erreur est par essence involontaire et le Conseil d'État ne semble pas limiter son application aux choix comptables. Dans une décision *Tasset*[86], en effet, il a jugé que « l'administration fiscale est en droit d'opposer au contribuable les conséquences du régime fiscal pour lequel il a opté, sans que ce contribuable puisse utilement se prévaloir, ultérieurement, de ce qu'il ne remplissait pas les conditions auxquelles le bénéfice de ce régime est subordonné, ce qui aurait permis à l'administration de le remettre en cause dès les premiers effets de l'option ».

En outre, si l'irrégularité comptable n'est pas celle du contribuable mais de l'un de ses employés ayant outrepassé l'exercice de ses fonctions, le Conseil d'État juge qu'elle ne peut être qualifiée d'erreur comptable délibérée (décision irrégulière) quelles qu'aient été les carences dans l'organisation et dans la mise en œuvre des dispositifs de contrôle ; le contribuable est donc en droit de demander la correction de son résultat fiscal[87]. Le Conseil d'État refuse ainsi de transposer aux erreurs comptables le courant jurisprudentiel relatif à l'acte anormal de gestion selon lequel les détournements commis par les salariés ne sont déductibles que s'ils ont été commis à l'insu des dirigeants ou si ces derniers les ont rendus possibles par leur carence manifeste dans l'organisation du contrôle interne (V. *infra*, n° 519).

B. – La correction symétrique des bilans

37. – Le mécanisme de la correction symétrique des bilans. Elle est la conséquence logique des modifications effectuées à la suite d'une erreur ou d'une décision irrégulière[88].

Lorsque les modifications comptables affectent le bilan de l'entreprise, les corrections opérées sont nécessairement répercutées sur les exercices précédents, et de la même manière[89]. Par exemple, si une méthode d'évaluation des stocks erronée a été

(82) CE, 12 mai 1997, n° 160777, *SARL Intraco : RJF* 6/97, n° 535.

(83) CE, 19 déc. 2019, n°s 419968 et 419970, *Sté Véolia Eau – Cie générale des eaux et Sté Veolia Propreté : Dr. fisc.* 2020, n° 22, comm. 249, concl. M.-A. Nicolazo de Barmon.

(84) CE, 12 juin 1987, n° 41369 : *RJF* 8-9/87, n° 902. – CE, 7 oct. 1987, n° 66210 : *RJF* 11/87, n° 1124.

(85) S. Austry, préc.

(86) CE, 30 juill. 2010, n° 317425, *Tasset : Dr. fisc.* 2010, n° 50, comm. 593, note J.-L. Pierre (application du régime de l'article 151 octies du Code général des impôts). L'auteur y voit une illustration de la théorie de l'apparence par laquelle l'administration, en présence d'une situation irrégulière, peut invoquer la situation réelle ou apparente.

(87) CE, 9 mars 2016, n° 380808, *Sté Arjohuntleigh : Dr. fisc.* 2016, n° 21, comm. 335, concl. E. Bokdam-Tognetti, note J. Ardouin et M. Ferré. – A. de Carlan, *Nouvel éclairage sur la notion d'erreur comptable délibérée : la carence n'est pas un acte de volonté : Dr. fisc.* 2016, n° 17, act. 264.

(88) P. Serlooten et O. Debat, *Droit fiscal des affaires*, Précis Dalloz, 22e éd. 2023-2024, n°s 109 et s.

(89) CE, 14 mai 1965, n° 60867 : *BOCD* 1965, II, 3160. – CE, 16 nov. 1992, n° 84848, *Stevens : RJF* 1/93, n° 49. – CE, 27 avr. 2001, n° 200659, *Lubrano : Dr. fisc.* 2001, n° 43, comm. 987.

utilisée par le contribuable, la correction devra également porter sur les bilans des exercices précédents en appliquant une même nouvelle méthode. L'explication est simple : si l'on veut modifier le bilan d'un exercice (il s'agit du bilan de clôture), il est nécessaire de faire varier dans les mêmes proportions le bilan d'ouverture du même exercice, faute de quoi la rectification se traduirait par une variation positive d'actif net imposable (CGI, art. 38-2)[90].

Cette conséquence n'aurait pourtant rien de choquant si l'irrégularité comptable trouvait sa source dans l'exercice rectifié, mais ce sera peu souvent le cas. Il est alors nécessaire de modifier aussi le bilan d'ouverture de l'exercice. Or, ce dernier correspond au bilan de clôture de l'exercice précédent, lequel ne saurait lui-même être corrigé sans que le bilan d'ouverture le soit aussi, et pour la même raison que précédemment. Il y a ainsi une forme de solidarité entre les bilans qui se crée et qui s'achèvera lorsque sera en cause le bilan au cours duquel l'écriture irrégulière a été passée pour la première fois par le contribuable.

Lorsque les modifications comptables n'affectent que le résultat de l'exercice (ce qui demeure exceptionnel compte tenu du lien entre le résultat et la variation d'actif net), la correction symétrique des bilans ne s'applique pas. Dans ce cas, en effet, il n'y a aucune solidarité entre les résultats des exercices successifs ; chaque résultat est indépendant de ceux qui l'ont précédé et de ceux qui le suivront. Alors que la correction symétrique des bilans permet d'éviter l'imposition d'un enrichissement fictif (puisqu'un même profit sera imposé plusieurs fois au titre de plusieurs exercices), ce risque n'existe pas pour le résultat qui représente le solde de l'activité de chaque exercice (si l'incorrection comptable a été commise plusieurs fois, il convient de la rectifier autant de fois, dans les limites de la prescription).

38. – Les limites de la correction symétrique : l'intangibilité du bilan d'ouverture du premier exercice non prescrit. Comme il ne saurait être question de remonter indéfiniment dans le temps, en violation des règles de la prescription en matière fiscale (LPF, art. L. 169), ce qui avait pour effet de faire échapper le contribuable à sa dette fiscale à partir du moment où l'origine de l'incorrection comptable se situait dans un exercice couvert par la prescription, le Conseil d'État a jugé aux termes d'arrêts de principe que la solidarité entre les bilans devait s'achever au premier jour de l'exercice non couvert par la prescription[91]. Ainsi fut posée la règle de l'intangibilité du bilan d'ouverture du premier exercice non prescrit[92], étant entendu qu'elle ne peut s'appliquer si les résultats de l'exercice prescrit ont été arrêtés d'office par l'administration puisque dans ce cas le résultat est considéré comme étant « parfait »[93].

(90) Pour le calcul de la variation d'actif net, les valeurs d'actif ou de passif sont déterminées par les règles fiscales lorsqu'elles diffèrent des règles comptables. – CE, 30 juin 2008, n° 288314, *Lemoine : Dr. fisc.* 2008, n° 39, comm. 506, concl. E. Glaser. *La solution est logique puisque la règle est purement fiscale.*

(91) CE, plén., 31 oct. 1973, n° 88207 : *Dr. fisc.* 1973, n° 51, comm. 1739. – CE, ass., 13 mars 1981, n° 12508 : *RJF* 4/81, n° 367.

(92) E. Gerbino, *L'intangibilité du bilan d'ouverture : une théorie équitable ?*, thèse droit Aix-Marseille III, PU du Septentrion, 1999. – Y. de Givre, *La théorie des corrections symétriques et de l'intangibilité du bilan d'ouverture du premier exercice non-prescrit : JCP* E 1992, 13, 133.

(93) CE, 2 févr. 1983, n° 33959 : *Dr. fisc.* 1983, n° 42, comm. 1924, concl. Ph. Bissara. De façon très logique, cette dérogation trouve sa propre exception lorsque les rehaussements qui en résultent n'ont pas été fondés sur une réévaluation d'un ou de plusieurs postes du bilan. En ce sens : CE, 26 nov. 2014, n° 360141, *M. Baret : Dr. fisc.* 2015, n° 17, comm. 282, concl. F. Aladjidi, note P. Fumenier.

Cette limite, également appelée « règle du butoir », a fait l'objet d'une critique très appuyée de la doctrine[94]. Particulièrement, le fait qu'un profit qui trouve sa source dans un exercice prescrit puisse être rattaché à un exercice non prescrit contrevient à la fois au jeu normal de la prescription et au principe de spécialité des exercices. En outre, bien qu'elle puisse être invoquée aussi bien par le contribuable (dans l'hypothèse d'une variation négative d'actif net) que par l'administration (au cas de variation positive d'actif net), la règle de l'intangibilité du premier bilan non prescrit profite le plus souvent à l'administration fiscale.

Dans un arrêt *SARL Ghesquière Équipement*[95], le Conseil d'État a jugé que la correction symétrique des bilans ne devait pas être limitée par la prescription fiscale, abandonnant ainsi le principe d'intangibilité du bilan d'ouverture du premier exercice non prescrit qu'il avait lui-même posé trente années auparavant. La conséquence de cette décision est que les contribuables n'ont plus à craindre de rectification si l'erreur comptable a été commise au cours d'un exercice prescrit (en revanche, ils ne peuvent, comme avant, demander le bénéfice de la correction symétrique des bilans s'ils ont pris une décision irrégulière).

La loi de finances rectificative pour 2004 est pourtant revenue sur la jurisprudence *Ghesquière* en donnant une base légale à la règle de l'intangibilité du premier bilan d'ouverture non prescrit (CGI, art. 38-4 bis)[96]. Elle marque donc un retour à la jurisprudence antérieure, sous deux limites : d'une part, la règle ne s'applique pas si les erreurs ou les omissions remontent à plus de sept ans avant l'ouverture du premier exercice non prescrit (soit dix ans en tout, ce qui correspond à la durée de conservation des documents comptables), y compris lorsqu'elles concernent le passif du bilan[97], et d'autre part, elle ne s'applique pas non plus si les erreurs ou omissions résultent d'amortissements excessifs au regard des usages comptables, ou bien de l'inscription en charges du prix d'acquisition d'une immobilisation (sur ce point, V. *infra*, n° 39). Lorsque la règle du butoir joue au profit de l'administration (hypothèse d'une sous-évaluation de l'actif ou d'une surestimation du passif), son exception (« droit à l'oubli » résultant d'une erreur ancienne) ne joue pas pour les erreurs « délibérées » du contribuable[98], ou si elles sont répétées chaque année alors que l'entreprise aurait dû les corriger[99]. Lorsqu'elle joue au profit de l'entreprise (cas d'une dette non déduite), le Conseil d'État a en revanche jugé que la règle du butoir n'est pas subordonnée à la bonne foi du contribuable[100].

(94) Y. de Givre, préc., n°s 18 et s.

(95) CE, 7 juill. 2004, n° 230169 : *Dr. fisc.* 2005, n° 12, comm. 302, note J.-L. Pierre.

(96) L. n° 2004-1485, 30 déc. 2004, art. 43.

(97) CAA Lyon, 13 oct. 2015, n° 14LY00250, *SA Edel Tamp : Dr. fisc.* 2015, n° 51-52, comm. 737, note Th. Besse.

(98) CE, [na], 25 juill. 2013, n° 365679, *Abraham : RJF* 11/13, n° 1062. Preuve à la charge de l'administration. – CE, 15 juin 2023, n° 464997, *SCI Les Hameaux de Mucchiatana : Dr. fisc.* 2023, n° 26, act. 216.

(99) CE, 11 mai 2015, n° 370533, *Sté Stok Promotion : RJF* 8-9/15, n° 716, chron. N. Labrune, p. 635 ; *Dr. fisc.* 2015, n° 41, comm. 621, concl. E. Bokdam-Tognetti, note P. Fumenier (inscription non justifiée d'une provision pendant plusieurs exercices successifs ; elle constitue la répétition d'une même erreur qui ne peut pas être corrigée dans le bilan d'ouverture du premier exercice non prescrit, alors même qu'elle a été commise pour la première fois il y a plus de sept ans). L'analyse est différente dans l'hypothèse d'une dotation aux amortissements erronée du fait d'une surévaluation initiale de l'actif ; il s'agit d'une erreur unique commise lors de l'inscription du bien à l'actif (CE, 29 déc. 2020, n° 429625, *Sté MJ France : Dr. fisc.* 2021, n° 26, comm. 295, concl. E. Bokdam-Tognetti).

(100) CE, plén., 5 déc. 2016, n° 398859, *SA Orange : RJF* 2/17, n° 155, concl. V. Daumas (c 155) ; *Dr. fisc.* 2017, n° 28, comm. 394, concl. V. Daumas, note M. Masclet de Barbarin.

La légalisation de la règle du « butoir » en 2004 devait initialement s'appliquer aux exercices clos depuis le 1er janvier 2005, et, de façon rétroactive, aux impositions établies depuis le 1er janvier 2005 ainsi qu'aux contentieux en cours (à l'exception néanmoins des décisions passées en force de chose jugée). Le Conseil d'État avait jugé que la validation législative rétroactive de la position administrative ne portait pas une atteinte disproportionnée au droit de propriété du contribuable, tel que garanti par l'article premier du Protocole additionnel à la Convention européenne des droits de l'homme, en le privant de l'espérance légitime d'obtenir la restitution d'une somme d'argent[101]. Toutefois, saisi d'une question prioritaire de constitutionnalité, le Conseil constitutionnel a invalidé les dispositions de la loi de finances, faisant échec de façon rétroactive, et au profit exclusif de l'administration fiscale, à la jurisprudence mettant fin au principe d'intangibilité du bilan d'ouverture du premier exerce non prescrit[102].

39. – Que se passe-t-il lorsqu'une immobilisation a été passée en charges ? *Il s'agit d'une erreur comptable classique :* le contribuable a déduit dans un compte de frais généraux le coût d'acquisition d'un élément d'actif destiné à demeurer dans l'entreprise. L'irrégularité est patente : il n'y a eu aucun appauvrissement de l'entreprise et celle-ci ne peut donc déduire sa dépense de son résultat. L'entreprise ne s'appauvrira, le cas échéant, qu'au rythme de la dépréciation du bien, qui sera constatée par la voie de l'amortissement.

Le vérificateur qui constate une telle irrégularité est autorisé à réintégrer dans le résultat imposable le montant de la charge déduite et le contribuable pourra, le cas échéant, opposer la compensation avec les amortissements qu'il n'avait pas déduits ; c'est la conséquence logique de l'effet rétroactif de la correction d'une simple erreur du contribuable (V. *supra*, nos 35 et 36), quoique la jurisprudence n'est pas toujours irréprochable en la matière (V. par ex. une décision malheureuse de la cour de Bordeaux, qui refuse la compensation dans une telle hypothèse, au motif que les amortissements « n'ont pas été effectivement comptabilisés »[103], alors que précisément ils l'auraient sans doute été si le contribuable ne s'était pas trompé !).

Conformément aux règles de la correction symétrique des bilans et du « butoir » (V. *supra*, n° 38), une variation positive d'actif net sera constatée au titre du premier bilan non couvert par la prescription (CGI, art. 38-2), à la suite de l'inscription d'une nouvelle immobilisation au bilan rectifié. Certains auteurs ont contesté l'existence même de ce profit, au motif que l'inscription d'un bien à l'actif immobilisé ne dégage aucun bénéfice taxable[104]. Position sans doute à l'origine de l'exception prévue par la loi à la règle du butoir (CGI, art. 38-4 bis, préc.) ; la variation d'actif ne sera pas imposable si l'erreur a été commise lors d'un exercice prescrit (l'entreprise déduira extra-comptablement le produit constaté dans le tableau n° 2058-A).

Pourtant, si la règle du « butoir » est contestable, la dérogation accordée par la loi aux immobilisations passées à tort en charges n'est pas méritée, car il y a

(101) CE, 19 nov. 2008, n° 292948, *Sté Getecom : Dr. fisc.* 2009, n° 6, comm. 179, concl. N. Escaut, note P. Fumenier.

(102) Cons. const., 10 déc. 2010, n° 2010-78 QPC. – E. Meier et G.-H. Boucheron, *Rétroactivité fiscale : le deuxième rendez-vous aura été le bon : Dr. fisc.* 2010, n° 51, act. 481.

(103) CAA Bordeaux, 19 déc. 2000, n° 97-1896, *SARL Email Diamant : RJF* 4/01, n° 441.

(104) J. Sollier et C. De La Rüe Du Can, *Une application critiquable de la théorie de l'intangibilité : la réintégration au titre du premier exercice non-prescrit du coût d'acquisition d'une immobilisation passée à tort en frais généraux : RJF* 6/04, p. 435.

bien une variation positive d'actif net. Certes, dans le cas d'une acquisition à titre onéreux, il n'y a aucune évolution de la situation nette comptable de l'entreprise puisque l'inscription à l'actif d'un élément est compensée par une augmentation corrélative du passif (inscription d'une dette), ou une réduction de l'actif (diminution de la trésorerie), mais ce principe n'est nullement remis en cause par l'enrichissement constaté lors de l'inscription à l'actif d'un élément passé à tort en charges. Pourquoi ? Parce que, dans ce cas, il s'agit de revenir sur l'appauvrissement qui avait été constaté à tort en comptabilité (par la déduction d'une charge) en constatant à l'inverse un produit (né de la variation positive du bilan), lequel vient en réalité annuler la déduction d'une dépense non déductible. Au final, et c'est cela qui compte, il n'y a eu aucun enrichissement « net » de l'entreprise. *La vérité comptable a été rétablie.*

§ 2. – La nécessité des écritures comptables

40. – Notion. De leur caractère prioritaire, résulte également le principe de nécessité des écritures comptables. Il signifie que seules les opérations effectivement comptabilisées peuvent être prises en compte pour la détermination du résultat fiscal. Au sens premier, il s'agit simplement d'une condition formelle de la déductibilité d'une charge (A). Au-delà, elle intéresse également les comptes du bilan, puisque seuls les produits ou les charges qui se rapportent à un élément inscrit au bilan peuvent être rattachés au résultat de l'entreprise (B).

A. – L'inscription dans un compte de charges

41. – Caractère dissymétrique de la règle. La nécessité de l'inscription d'une dépense dans un compte de charges ne se retrouve pas pour les produits. En effet, une entreprise qui n'a pas comptabilisé un produit qu'elle a pourtant reçu n'en sera pas exonérée pour autant alors que celle qui n'a pas comptabilisé une charge qu'elle a effectivement supportée ne pourra pas la déduire. L'explication du caractère dissymétrique de la règle réside une fois encore dans la théorie des décisions de gestion irrégulières ; en ne comptabilisant pas un produit ou une charge, l'entreprise a commis une irrégularité comptable. Seule l'administration fiscale peut la rectifier, ce qu'elle fera, mais seulement pour les produits… Pour ce qui est des charges, l'erreur comptable ne pourra que très difficilement être plaidée par le contribuable, car le plus souvent, en pratique, elle résulte d'un acte volontaire de dissimulation d'une dépense.

42. – Preuve de la régularité du compte de charges[105]. L'inscription dans un compte de charges est une condition nécessaire, mais non suffisante de la déduction fiscale. Par une décision de principe *SA Renfort service*[106], le Conseil d'État a en effet considéré que le contribuable devait justifier l'écriture de charges dans son principe et dans son montant, à charge pour l'administration de démontrer un acte anormal de gestion le cas échéant[107]. Cette dévolution de la charge de la preuve n'a pas été modifiée par la loi du 8 juillet 1987 qui prévoit que, lorsque la commission des impôts est saisie, l'administration fiscale supporte la charge de la preuve quel que soit l'avis

(105) Ch. de la Mardière, *op. cit.*, n°s 330 et s.

(106) CE, plén., 27 juill. 1984, n° 34588 : *RJF* 10/84, n° 1233, concl. P.-F. *Racine* ; *Dr. fisc.* 1985, n° 11, comm. 596.

(107) O. Fouquet, *Jusqu'où théoriser la charge de la preuve ?* : *RJF* 7/07, p. 631.

rendu ; la justification du compte de charge incombe toujours au contribuable, que la commission ait été saisie ou non[108].

Reste ensuite à déterminer de quelle manière le contribuable peut « justifier » de son écriture de charges. Toujours selon le Conseil d'État, il doit pour cela rapporter l'existence d'une contrepartie[109]. En règle générale, la preuve de la contrepartie reçue résultera d'une facture qui la fera présumer. Bien entendu, l'administration peut, en retour, demander à l'entreprise des éléments d'information susceptibles de justifier la réalité et la valeur des prestations, mais la seule circonstance que l'entreprise n'aurait pas suffisamment répondu à ces demandes ne suffit pas à permettre la réintégration de la dépense litigieuse dans le résultat imposable[110]. En comptabilité commerciale, la preuve du paiement des charges est également indifférente, à partir du moment où le contribuable apporte suffisamment d'éléments sur ces charges et sur l'existence et la valeur de la contrepartie qu'il a retirée de sa dépense[111].

43. - Avantages en nature. Les contribuables imposés selon le régime du réel doivent fournir un état des véhicules de tourisme ayant figuré à leur actif ou dont ils ont assumé les frais (CGI, art. 54 bis, al. 1). Ils doivent également inscrire en comptabilité sous une forme explicite[112] la nature et la valeur des avantages en nature accordés à leur personnel (CGI, art. 54 bis, al. 2 ; véhicule mis à disposition, logement de fonction…). Tel est le cas de la prise en charge des frais de déplacement entre le domicile et le lieu de travail du dirigeant ou du salarié ; elles doivent être comptabilisées et déclarées comme avantages en nature[113], mais ces dépenses ne constituent pas, en tant que telles, des actes anormaux de gestion[114]. Tel est également le cas des frais exposés pour la location de logements pour les besoins des salariés, mais seulement s'il s'agit de véritables logements et non d'hébergements professionnels à caractère temporaire[115].

44. - Relevés des frais généraux, des amortissements et des provisions. Outre l'inscription en comptabilité, la loi fiscale impose aux entreprises de joindre à leur déclaration de résultats un relevé des frais généraux (CGI, art. 54 quater)[116], des amor-

(108) CE, 20 mai 1998, n° 159877, *Sté Véticlam : RJF* 7/98, n° 836.

(109) CE, 20 juin 2003, n° 232832, *Sté Éts Lebreton : Dr. fisc.* 2004, n° 5, comm. 200, concl. Ph. Collin.

(110) CE, 21 mai 2007, n° 284719, *Sté Sylvain Joyeux : Dr. fisc.* 2007, n° 46, comm. 970, concl. E. Glaser, note Ch. de la Mardière ; *RJF* 8-9/07, n° 953.

(111) CE, 24 juin 2009, n° 298582, *M. Maréchal : Dr. fisc.* 2009, n° 44, comm. 520, concl. L. Olléon, note Ch. de la Mardière.

(112) Lorsqu'une entreprise a porté indistinctement dans un compte de frais généraux les avantages en nature servis aux dirigeants, ces frais ne peuvent être déduits de son résultat imposable ; il s'agit de distributions occultes (CE, 12 mai 2003, n° 234811, *Arnaudo : Dr. fisc.* 2003, n° 39, comm. 686, concl. S. Austry. – CE, 24 mars 2006, n° 260787, *SARL ECIOM : RJF* 6/06, n° 666). Mais un avantage en nature ne présente pas un caractère occulte du seul fait de sa sous-évaluation en comptabilité (CE, 29 sept. 2000, n° 198325 : *RJF* 12/00, n° 1457).

(113) CE, 26 déc. 2013, n° 359497, *Sté Centaurod : Dr. fisc.* 2014, n° 13, comm. 242, concl. B. Bohnert, note P. Fumenier.

(114) CE, 29 nov. 2021, n° 452705, *Sté Lorient Football Développement Promotion : Dr. fisc.* 2022, n° 15, comm. 186, concl. R. Victor (même si le dirigeant est domicilié à l'étranger).

(115) CE, 5 déc. 2022, n° 462577 : *Dr. fisc.* 2023, n° 17, comm. 173, concl. M. A, concl. R. Victor, note J.-L. Bédier.

(116) Les frais généraux visés à l'article 54 quater du CGI doivent aussi être communiqués à la plus proche des assemblées générales d'actionnaires sous la responsabilité du commissaire aux comptes (CGI, art. 223 quinquies). En ce qui concerne les difficultés de mise en œuvre de ce texte tel qu'il est actuellement rédigé, V. G. Fabre, *Informations fiscales aux assemblées générales des actionnaires : ou comment une erreur d'alinéa rend inapplicable l'article 223 quinquies du CGI depuis… 1987 : Dr. fisc.* 2018, n° 38, comm. 390.

tissements et des provisions (CGI, ann. III, art. 38-II et III). *Toutefois, l'absence de production de ces documents n'est pas sanctionnée par l'impossibilité de déduire, mais par une simple amende.* Le tableau reproduit ci-dessous résume les obligations et les sanctions applicables aux entreprises.

<table>
<tr><th colspan="2">CHARGES CONCERNÉES</th><th>SEUIL D'INSCRIPTION[117]</th><th>SANCTION APPLICABLE</th></tr>
<tr><td rowspan="5">Relevé détaillé des frais généraux (n° 2067-SD)[118]
V. Annexe 6</td><td>Rémunérations des dix ou des cinq dirigeants ou salariés les mieux payés (selon que l'effectif excède ou non 200 salariés). (1)</td><td>300 000 € ou 150 000 € pour l'ensemble des dirigeants ou salariés (selon que l'effectif excède ou non 200 salariés)
ou
50 000 € individuellement.</td><td rowspan="5">Amende de 5 % du montant des omises ou inexactes.
1 % si ces sommes sont déductibles.
(CGI, art. 1763) (2)</td></tr>
<tr><td>Frais de voyage et de déplacement de ces mêmes personnes.</td><td>15 000 €</td></tr>
<tr><td>Charges relatives aux véhicules et immeubles de ces mêmes personnes utilisés à titre personnel.</td><td>30 000 € au total</td></tr>
<tr><td>Cadeaux, à l'exception des objets publicitaires dont la valeur n'excède pas 73 €[119] par an et par personne.</td><td>3 000 €</td></tr>
<tr><td>Frais de réception, de restaurant et de spectacle.</td><td>6 100 €</td></tr>
</table>

(117) Les seuils exposés sont applicables quelle que soit la durée de l'exercice. Selon l'administration, le dépassement d'un seuil individuel rend la déclaration obligatoire pour toutes les catégories de la déclaration (*BOFiP*, BOI-BIC-CHG-40-60-20, n° 60). Le Conseil d'État est d'un avis différent (CE, 12 janv. 1983, n° 24530 : *RJF* 3/83, n° 372).

(118) Les entreprises individuelles sont dispensées de la production du relevé n° 2067-SD. Elles ne déclarent que les cadeaux et les frais de réception dans un cadre spécial de l'annexe 2031 bis-SD de la déclaration de résultats.

(119) Seuil applicable aux exercices clos à compter du 1er janvier 2021 (A. ECOE2108012A, 9 juin 2021).

CHARGES CONCERNÉES	SEUIL D'INSCRIPTION[117]	SANCTION APPLICABLE
Relevé des amortissements (n° 2055-SD) V. Annexe 1	Aucun	150 € au cas de défaut de production du relevé. 15 € par omission ou inexactitude. (CGI, art. 1729 B)
Relevé des provisions (n° 2056-SD) V. Annexe 1	Aucun	Amende de 5 % du montant des sommes omises ou inexactes. 1 % si ces sommes sont déductibles. (CGI, art. 1763) (2)

(1) Curieusement, le seuil est relevé à 250 salariés lorsqu'il s'agit de l'obligation de tenir à disposition des actionnaires le montant des plus fortes rémunérations (C. com., art. L. 225-115, 4°, mod. L. 22 mai 2019, relative à la croissance et la transformation des entreprises, art. 11).

(2) L'amende n'est pas applicable en cas de première infraction commise au cours de l'année civile en cours et des trois années précédentes, lorsque les intéressés ont réparé leur omission soit spontanément, soit à la première demande de l'administration avant la fin de l'année qui suit celle au cours de laquelle le document devait être présenté (CGI, art. 1763 mod. L. n° 2018-727, 10 août 2018 *pour un État au service d'une société de confiance*, art. 8).

B. – L'inscription dans un compte du bilan

45. - Principe. Les produits et les charges qui se rattachent à des éléments de l'exploitation ne peuvent participer au résultat que si ces derniers sont inscrits au bilan. Ainsi, la prise en compte des revenus d'une créance ou des intérêts d'une dette dépend, pour la première de son inscription à l'actif, et pour la seconde de son inscription au passif[120]. La règle trouve également à s'appliquer pour la déduction des amortissements et des provisions, ainsi que pour le régime des plus-values. Il a par exemple été jugé qu'une société en participation ne peut comptabiliser des amortissements sur un bien qu'elle n'a pas inscrit à l'actif de son bilan ; le contribuable a pris une décision de gestion (régulière) qui lui est opposable[121].

Le Conseil d'État a rappelé avec une certaine sévérité la priorité des écritures comptables dans une affaire *LVMH*[122] où étaient en cause les options de souscription ou d'achat d'actions (« stocks options plans », C. com., art. L. 225-177 et s.). En dépit de l'article 217 quinquies du Code général des impôts, qui précise que « les sociétés peuvent déduire les charges exposées du fait de la levée des options de souscription ou d'achat d'actions consenties à leurs salariés… », le Conseil d'État a refusé à la société le droit de déduire une quelconque perte liée à l'opération de cession d'actions « souscrites »

(120) CE, 10 déc. 1999, n° 164982, *M. Freulon : RTD com.* 2001, p. 999, obs. Fl. Deboissy. Le contribuable ne peut arguer de l'absence de bilan, qui avait justifié une reconstitution de ses résultats.
(121) CAA Lyon, 27 juill. 2006, n° 02LY01297, *M. et Mme Bourgier : Dr. fisc.* 2007, n° 14, comm. 371.
(122) CE, 16 janv. 2006, n° 260150 : *RJF* 4/06, n° 361 ; *Dr. fisc.* 2006, n° 23, comm. 429.

(et non « achetées »), car : « contrairement aux actions acquises par un salarié du fait de la levée d'une option d'achat, qui figurent dans les comptes de la société émettrice avant la levée de l'option pour la valeur à laquelle elles ont été rachetées par la société émettrice à leur précédent propriétaire, les actions acquises par un salarié du fait de la levée d'une option de souscription ne font, avant la levée de l'option, l'objet d'aucune inscription dans la comptabilité de la société émettrice ». Fondée en droit comptable, la solution pouvait être critiquée sur le terrain fiscal dans la mesure où on ne voit plus dès lors très bien quelle peut être l'utilité de l'article 217 quinquies précité.

À la suite de cette décision, le législateur est intervenu pour prévoir, sous certaines conditions et modalités, la déduction extra-comptable de la « perte » de l'entreprise (L. n° 2006-1770, 30 déc. 2006 ; CGI, art. 217 quinquies, II)[123]. En comptabilité en effet, la société ne peut pas enregistrer une charge en l'absence de sortie de ressource et de variation des capitaux propres lorsque les actions cédées ont été émises en augmentation du capital[124].

46. - **Limites.** Il existe des situations dans lesquelles une entreprise doit tenir compte des opérations se rapportant à des actifs ou des passifs non comptabilisés. Une fois, encore l'explication réside dans la théorie des erreurs et des décisions de gestion. Celle-ci trouve à s'appliquer différemment selon que l'entreprise est ou non dotée de la personnalité juridique.

Si l'entreprise est dotée de la personnalité juridique, elle doit obligatoirement faire figurer à son bilan tous les éléments dont elle est propriétaire, puisque le bilan est censé représenter son patrimoine. Par suite, la non-inscription d'un bien au bilan est constitutive d'une décision de gestion irrégulière opposable au contribuable par l'administration fiscale.

Si l'entreprise n'est pas dotée de la personnalité juridique, la liberté d'affectation comptable devrait s'opposer à la prise en compte d'opérations se rapportant à des éléments non inscrits ; il s'agit d'une décision de gestion régulière qui est opposable au contribuable et à l'administration. Pour autant, la jurisprudence a toujours considéré que les éléments qui constituent l'objet même de l'exploitation doivent faire partie du patrimoine professionnel[125] ; leur non-inscription constitue une erreur comptable rectifiable[126]. En outre, la liberté d'affectation comptable est aujourd'hui limitée aux biens simplement utilisés dans le cadre de l'exploitation (entreprise individuelle, avec ou sans patrimoine affecté). Les biens qui sont nécessaires à l'exploitation doivent

(123) Ce dispositif s'applique aux émissions d'actions *autorisées* par les assemblées générales extraordinaires réunies à compter du 1er janvier 2006 (L. 30 déc. 2006 préc., art. 34, III). Lorsque l'assemblée générale délègue sa compétence à un organe de direction conformément à ce texte, l'autorisation à prendre en compte pour l'application de la loi est celle de la décision de principe de l'assemblée générale extraordinaire (TA Montreuil, 18 juill. 2013, n° 1109695, *Sté Bouygues : Dr. fisc.* 2013, n° 50, comm. 550, note V. Restino, et CAA Versailles, 18 nov. 2014, n° 13VE03022, *SA Bouygues : Dr. fisc.* 2015, n° 10, comm. 187, note B. Coudert).

(124) A. Colmet Daâge, *Les nouveautés comptables en 2008 et leurs incidences fiscales : Dr. fisc.* 2008, étude 223, p. 8. Un règlement CNC n° 2008-15 du 4 décembre 2008 a précisé les règles de comptabilisation des stocks options et des attributions gratuites d'actions, mais il ne s'applique qu'aux actions rachetées par la société.

(125) Tel est le cas du fonds de commerce lui-même (CE, 10 juin 1970, n° 75161 : *Lebon*, p. 380), du droit au bail commercial (CE, 17 oct. 1990, n° 56991, *Ahner : RJF* 12/90, n° 1434. – CE, 23 févr. 2000, n° 162659, *SA Seine-et-Oise Automobile : RJF* 4/00, n° 453) ou d'une licence de débit de boisson pour un commerçant ayant cette activité (CE, 28 déc. 2007, n° 271895, *Vuarand : RJF* 3/08, n° 266).

(126) CAA Lyon, 19 déc. 2003, n° 00LY0566, *Barremaecker : Dr. fisc.* 2005, n° 26, comm. 500.

obligatoirement figurer au bilan ; dans le cas contraire, il s'agirait d'une décision de gestion irrégulière et l'administration fiscale pourrait procéder aux rectifications nécessaires lorsqu'elle y trouve avantage, alors que le contribuable ne le pourrait pas (dissymétrie habituellement constatée pour des décisions de gestion irrégulières).

CHAPITRE 2 LA FISCALITÉ, EXCEPTION À LA COMPTABILITÉ

47. – Autonomie juridique du droit fiscal ? Qu'on le veuille ou non, le droit fiscal a sa part d'autonomie. Mais l'autonomie dont il s'agit est davantage liée aux mécanismes mis en place par le législateur fiscal (on songe par exemple au concept de personnalité fiscale) qu'aux qualifications juridiques qui sont uniques (cela est particulièrement vrai dans le domaine des droits d'enregistrement). Dans le domaine de l'imposition des bénéfices également, le Conseil d'État a rappelé son attachement aux qualifications du droit privé[1]. Lorsqu'il s'agit de calculer le résultat imposable, la norme privatiste reste la référence. Pour un juriste, la situation se présente idéalement de la façon suivante : le droit privé commande les écritures comptables qui fondent elles-mêmes le résultat fiscal. Il ne devrait donc pas y avoir de différence entre le droit fiscal et le droit comptable. La réalité est bien différente on le sait ; les éditions Francis Lefebvre ont recensé quelque deux cent quarante divergences majeures entre la comptabilité et la fiscalité[2] ! Pour autant, ces divergences ne peuvent pas conduire à soutenir que, fondamentalement, le droit fiscal est autonome. Nous l'avons dit, le droit fiscal a « sa part d'autonomie », mais celle-ci s'explique essentiellement par des raisons d'efficacité et d'opportunité. Au plan conceptuel, la référence du droit fiscal reste la comptabilité.

48. – Indépendance comptable du résultat fiscal ? Toute la construction juridique actuelle repose sur le triptyque convergent « opération juridique / écriture comptable / résultat fiscal ». Si le droit fiscal est bien un droit « second » ou de « superposition », il devient également, et de ce fait, un droit « dépendant ». Or, précisément, sa dépendance vis-à-vis de la comptabilité a été mise à l'épreuve par le fait que le droit comptable a subi au cours de ces dernières années une profonde mutation sur le modèle des normes comptables internationales « IFRS », ce qui a fait craindre la déconnexion

(1) CE, 31 mars 2010, n°s 304715 et 308525, *Sté Zimmer Ltd : Dr. fisc.* 2010, n° 16, comm. 289, concl. J. Burguburu, note E. Rivière, P. Escaut et E. Bonneaud. Dans cette décision, le Conseil d'État se fonde sur les dispositions du Code de commerce pour juger qu'un commissionnaire ne peut être considéré comme un établissement stable du commettant. La doctrine a souligné son attachement aux concepts du droit privé : G. Blanluet, *L'arrêt Zimmer : une victoire du droit au service d'une plus grande sécurité juridique : Dr. fisc.* 2010, n° 16, act. 127. – D. Gutmann, *La filiale commissionnaire : un établissement stable ?*, in *Écrits de fiscalité des entreprises. Études à la mémoire du professeur Maurice Cozian*, Litec, 2009, p. 537 et s.

(2) *FRC 2/23*, n° hors-série, *« Du résultat comptable au résultat fiscal 2022 »*.

de la fiscalité[3], si ce n'est du droit[4]. À l'image de beaucoup de pays, notamment de *common law*, les entreprises françaises seraient amenées à tenir deux comptabilités : une pour la détermination du résultat comptable et l'autre pour le calcul du résultat imposable. Les pouvoirs publics, en dépit de certaines positions jalousement gardées par l'administration, ont réaffirmé en 2005 le principe de connexion[5].

En définitive, si la tentation de la déconnexion fut grande (Section 1), la raison a commandé le maintien de la connexion[6] (Section 2).

SECTION 1 LA TENTATION DE LA DÉCONNEXION

49. – Normalisation comptable. Après un premier courant de normalisation comptable, qui avait conduit au plan comptable de 1982 (A. 27 avr. 1982 : *JO* 7 mai 1982, p. 4355) et une refonte des dispositions législatives (L. n° 83-353, 30 avr. 1983) et réglementaires (D. n° 83-1020, 29 nov. 1983), le droit comptable s'était quelque peu assoupi. Le réveil fut assez brutal ; si le nouveau plan comptable de 1999 (A. 22 juin 1999 : *JO* n° 219, 21 sept. 1999, p. 14107) fut adopté « à droit constant », le Comité de réglementation comptable, lui-même créé en 1998 (L. n° 98-261, 6 avr. 1998), a très vite adopté plusieurs règlements s'inspirant directement des normes comptables internationales IAS/IFRS. Ces évolutions ont été reprises, à droit constant également, par le nouveau plan comptable de 2014 (A. 8 sept. 2014 : *JO* n° 0239, 15 oct. 2014, p. 16959). Compte tenu du lien de connexité entre comptabilité et fiscalité, les fiscalistes se sont alors inquiétés de la compatibilité fiscale de ces évolutions comptables (§ 1), mais également de la perte de légitimité fiscale du Parlement au profit d'autorités comptables indépendantes (§ 2).

§ 1. – Incompatibilité fiscale de la normalisation comptable ?

50. – Le modèle comptable : les normes IFRS. Les représentants des principales organisations comptables nationales ont fondé en 1973 l'*International Accounting Standards Committee* (IASC). Selon la charte de l'IASC, cet organisme a pour but « d'éla-

(3) Y. Benard, *Fiscalité et comptabilité : convergence + connexion = chaos ? : RJF* 6/07, p. 523. – E. Delesalle, *Les normes comptables internationales : vers quel usage fiscal ? : NF* 1er mai 2003, n° 891, p. 20 ; du même auteur : *Fiscalité et normes comptables internationales : BF* 04/03, p. 247 ; *Comptabilité et fiscalité : je t'aime, moi non plus : Dr. fisc.* 2005, n° 22, étude 19, p. 940 ; avec J.-L. Rossignol, *Fiscalité des normes comptables internationales : « Mais ou et donc or ni car » : Dr. fisc.* 2004, n° 16, p. 739. – G. Gelard, *L'extension des normes internationales aux comptes sociaux et la déconnexion entre fiscalité et comptabilité : Dr. fisc.* 2004, n° 8, étude 7, p. 423. – D. Villemot, *Les conséquences fiscales de l'adoption des normes comptables internationales : Dr. fisc.* 2003, n° 50, étude 45, p. 1581. On se reportera également aux actes du colloque qui s'est tenu à l'Université de Paris-Dauphine le 19 mai 2005, sur le thème « Fiscalité, comptabilité, IAS » : *LPA* 8 sept. 2005, n° spécial.

(4) F. Pasqualini et D. Burbi, *Droit comptable européen et normes IFRS : une scission entre le droit et le chiffre ? : Rev. sociétés* mai 2013, p. 259 et s. Où, en dépit des évolutions comptables, les auteurs soutiennent le caractère « probablement irréductible » de l'interconnexion entre le droit et la comptabilité.

(5) *BOI* 4 A-13-05, n° 213, 30 déc. 2005, préc.

(6) A. de Bissy, *Plaidoyer en faveur du maintien de la connexion entre comptabilité et fiscalité*, in *Écrits de fiscalité des entreprises. Études à la mémoire du professeur M. Cozian*, *op. cit.*, p. 311 et s. – Pour une opinion contraire : F. Pasqualini, *Les chances d'une double rupture : LPA* 8 sept. 2005, n° 179, p. 27.

borer et de publier dans l'intérêt du public, des normes comptables internationales qui devront être respectées lors de la présentation des comptes annuels et des états financiers, ainsi que d'assurer l'acceptation et l'application de ces normes au niveau mondial ». En 2000, celui-ci a fait l'objet d'une réforme importante pour devenir l'IASC « Foundation » (IASCF). Il comporte désormais un conseil exécutif (l'*IAS Board*, dont le siège est à Londres), qui est l'organisme de normalisation comptable de l'IASCF, et un comité permanent d'interprétation, l'*International Financial Reporting Interpretation Committee* (IFRIC). La France est représentée à l'IASCF par la Compagnie nationale des commissaires aux comptes (CNCC) et par l'Ordre des experts-comptables (OEC). Les normes de l'IASCF, anciennement dénommées « IAS », et depuis la réforme « IFRS » (*International Financial Reporting Standards*), ne sont pas obligatoires pour les entreprises, sauf bien sûr si elles sont reprises au niveau communautaire, ou si les autorités comptables nationales choisissent de s'en inspirer…

51. - **Le bon modèle en fiscalité ?** Nous ne discuterons pas de l'efficience du référentiel international en comptabilité. En revanche, compte tenu du principe de connexion entre fiscalité et comptabilité, de sérieuses difficultés sont apparues sur le terrain fiscal. Ces dernières sont liées au processus de convergence de la comptabilité vers les normes comptables internationales (A) et à l'incompatibilité de ces mêmes normes avec la règle fiscale (B).

A. – Le processus de convergence comptable

52. - **Un processus inévitable.** L'évolution du droit comptable français sur le modèle des normes comptables internationales était inévitable. Elle trouve sa source dans un règlement communautaire du 19 juillet 2002 (dit règlement « IFRS »)[7]. Selon ce texte, l'utilisation des normes comptables internationales pour l'établissement des comptes consolidés de sociétés faisant publiquement appel à l'épargne devient obligatoire à compter du 1er janvier 2005.

S'agissant des sociétés non cotées qui établissent de tels comptes, l'ordonnance du 20 décembre 2004 « portant adaptation de dispositions législatives relatives à la comptabilité des entreprises aux dispositions communautaires dans le domaine de la réglementation comptable »[8] autorise, mais sans l'imposer, l'utilisation des normes IFRS[9]. En pratique, beaucoup d'entreprises seront concernées ; la transposition des normes internationales en droit français à compter de 2005 s'est faite pour l'ensemble des entités membres d'un groupe de sociétés dont l'une tient des comptes consolidés, par l'effet du mécanisme des « dominos »[10].

S'agissant des comptes individuels, en revanche, « l'ordonnance ne retient pas la possibilité offerte par le Parlement européen d'autoriser ou d'imposer les normes comptables internationales pour la publication des comptes sociaux » (Min. Économie, communication, 20 déc. 2004). Contrairement à beaucoup d'États européens qui ont permis à leurs entreprises d'utiliser les normes IFRS (Italie, Grande-Bretagne, Pays-Bas,

(7) Règl. n° 1606-2002, 19 juill. 2002 : *JOCE* 11 sept. 2002. Certaines normes comptables internationales et interprétations, telles qu'existant au 15 octobre 2008, ont été adoptées par le règlement (CE) n° 1126/2008 de la Commission.

(8) Ord. n° 2004-1382, 20 déc. 2004 : *JO* 22 déc. 2004, p. 21773.

(9) Les entreprises qui utilisent les normes comptables internationales adoptées par règlement de la Commission européenne bénéficient de dispenses dans le cadre de la consolidation (C. com., art. L. 233-24).

(10) M. Petitjean, *L'internationalisation de la comptabilité française en 2005*, préc.

Danemark…), la France a choisi une voie différente, mais sans doute plus efficace, qui consiste à faire progressivement converger les normes comptables internes vers le référentiel comptable international. Sur cette base, le CRC a effectué un travail conséquent en matière de normalisation comptable.

53. - 2005 : une année charnière. C'est en 2005 que sont entrés en vigueur les principaux règlements comptables… et que sont nées bien des interrogations fiscales.

Le Comité de réglementation comptable n'avait pas attendu le règlement « IFRS » pour commencer son travail de fond. Plusieurs règlements comptables furent adoptés au début des années 2000, dont trois retiendront notre attention : ***un règlement relatif aux passifs*** (notamment les provisions pour risques et charges, Règl. 7 déc. 2000, applicable depuis 2002)[11], puis en 2002 ***un autre règlement relatif à l'amortissement et à la dépréciation des actifs*** (Règl. 12 déc. 2002, applicable depuis le 1er janvier 2005)[12], et en 2004 encore avec l'adoption ***d'un nouveau règlement relatif à la définition, la comptabilisation et l'évaluation des actifs*** (Règl. 23 nov. 2004, applicable depuis 2005)[13].

À ce moment-là, pour beaucoup d'auteurs, le droit comptable a cessé d'être à la remorque du droit fiscal[14]. Pendant longtemps, en effet, le droit comptable était relativement peu étoffé, si bien que le droit fiscal apparaissait prépondérant. Il en résultait que les entreprises passaient leurs écritures comptables en fonction des règles fiscales, d'où l'idée finalement assez répandue en doctrine selon laquelle c'est le droit fiscal qui gouverne le droit comptable, et non l'inverse. Ainsi s'exprimait Dominique Villemot lors d'un colloque consacré à cette problématique en 2005[15] : « C'est ça le mariage fiscalité-comptabilité ; officiellement, dans le couple, c'était le comptable qui était le maître, mais dans la réalité, à la maison, c'était la fiscalité qui décidait… ». À partir de 2005, le visage de la comptabilité a été profondément modifié, tant les nouvelles règles comptables sont différentes des anciennes.

54. - 2013 : nouvelle directive comptable unique[16]. Poursuivant le processus de convergence comptable, la directive comptable unique du 26 juin 2013 (*JOUE* n° L 182/19, 29 juin 2013)[17] rend obligatoire pour les États membres deux principes comptables majeurs directement issus du référentiel international ; le principe de prédominance de la réalité économique sur l'apparence juridique (principe de *substance over form*) (art. 6.1, h), et le principe « d'importance relative » (déjà contenu dans le principe comptable de sincérité ou d'importance significative des informations de l'annexe) (art. 6.1, j). Sur proposition de la France[18], les États membres ont néanmoins la possibilité d'exempter les entreprises de l'application du principe de *substance over form* (art. 6.3) et de limiter l'application du principe d'importance relative à la présen-

(11) A. 17 janv. 2001 : *JO* 19 janv. 2001, n° 16, p. 995.
(12) A. 27 déc. 2002 : *JO* 31 déc. 2002, p. 22238.
(13) A. 24 déc. 2004 : *JO* 1er janv. 2005, n° 1, p. 79.
(14) D. Villemot, *Fiscalité des entreprises : évolution et perspectives : Dr. fisc.* 2007, n° 37, comm. 821, n° 6. – O. Fouquet, *Comptabilité et fiscalité : les vases communicants ? : Rev. adm.* 1er sept. 2006, n° 353, p. 496.
(15) D. Villemot, *Comptabilité et fiscalité : convergence ou divergences ? : LPA* 8 sept. 2005, n° 179, p. 9.
(16) *RF compt.* oct. 2013, n° 409, p. 35. – J.-L. Navarro : *JCP* E 38/2014, chron. 1467, nos 17 à 29.
(17) Dir. 2013/34/UE, 26 juin 2013, relative aux états financiers annuels, aux états financiers consolidés et aux rapports y afférents de certaines formes d'entreprises, modifiant la directive 2006/43/CE du Parlement européen et du Conseil et abrogeant les directives 78/660/CEE et 83/349/CEE du Conseil. *La nouvelle directive devra avoir été transposée en droit national avant le 20 juillet 2015, pour une entrée en vigueur en 2016.*
(18) *FRC* 7/12, inf. 2.

tation des états financiers et à la communication d'informations (art. 6.4). En ce qui concerne l'évaluation à la « juste valeur » (V. *infra*, n° 59).

En ce qui concerne le principe de non-compensation des actifs et des passifs (V. *infra*, n° 355).

En ce qui concerne la classification des entreprises en fonction de leur taille et les conséquences en matière de tenue et de publication des comptes (V. *infra*, n° 164).

Après y avoir été autorisé par le Parlement (L. n° 2014-1662, 30 déc. 2014), le gouvernement a mis en conformité le régime des obligations comptables des commerçants avec la nouvelle directive comptable du 26 juin 2013 (Ord. n° 2015-900, 23 juill. 2015)[19]. Cette ordonnance est complétée par un décret du même jour (D. n° 2015-903, 23 juill. 2015)[20]. *Les modifications sont applicables aux exercices ouverts à compter du 1er janvier 2016* (Ord. préc., art. 4 ; D. préc., art. 5)[21]. Elles touchent essentiellement l'inventaire dont la suppression est confirmée (V. *infra*, n° 97), le contenu des comptes annuels (V. *infra*, nos 106 et s.), le rapport de gestion (V. *infra*, n° 149), le principe de non-compensation (V. *infra*, n° 355), les frais de développement (V. *infra*, n° 396), l'amortissement et la dépréciation du fonds commercial (V. *infra*, nos 428, 429 et 445), ainsi que les comptes consolidés dans les groupes.

La nouvelle directive comptable n'a pas tardé à être confrontée au droit européen. Particulièrement, les dispositions relatives à l'allègement et à la simplification des comptes, ainsi que la possibilité laissée aux États membres d'exempter les entreprises du respect du principe de prééminence de la substance, ont fait l'objet d'un recours en annulation aux motifs, notamment, qu'elles ne seraient pas conformes aux principes de subsidiarité et de proportionnalité du droit de l'Union européenne. Pour écarter ces griefs, la Cour de justice de l'Union européenne a estimé que ces dispositions ne sont pas contraires à la finalité de la directive qui est l'harmonisation comptable et l'allègement des contraintes pesant sur les petites entreprises[22].

55. - 2014 : nouveau Plan comptable général[23]. L'Autorité des normes comptables (ANC, V. *infra*, nos 61 et 62) a élaboré un nouveau Plan comptable général en 2014 (Règl. n° 2014-03, 5 juin 2014, homologué par A. 8 sept. 2014). Le PCG 2014 remplace, à compter du 16 octobre 2014, le PCG 1999 (Règl. CRC n° 99-03, 29 avr. 1999, homologué par A. 28 juin 1999). Comme le PCG 1999 l'avait fait avant lui, il s'agit d'une recodification à droit constant ; seule la numérotation des articles du Plan comptable général est modifiée (celle des comptes ne change pas). En 2014, la réorganisation du Plan comptable général est donc purement formelle. Mais, en 2015, le règlement ANC n° 2014-03 est amendé à plusieurs reprises ; par le règlement n° 2015-05 du 2 juillet 2015 relatif aux instruments financiers à terme et aux opérations de couverture (A. 28 déc. 2015), et plus substantiellement par le règlement n° 2015-06 du 23 novembre 2015 relatif au Plan comptable général (A. 4 déc. 2015).

(19) *JO* 24 juill. 2015, p. 12628.
(20) *JO* 24 juill. 2015, p. 12630.
(21) *RF compt.* sept. 2015, n° 430, p. 9. – J.-L. Navarro : *JCP* E 2015, n° 43-44, chron. 1515, n° 6.
(22) CJUE, 18 juin 2015, n° C-508/13, *République d'Estonie : BJS* oct. 2015, n° 2015114a7, obs. M. Teller.
(23) J.-L. Navarro : *JCP* E 2015, n° 43-44, chron. 1515, n° 1.

Le nouveau Plan comptable général 2014 en bref

56. – *Le PCG 2014 intègre différents règlements du CRC figurant en annexe du PCG 1999 :*

Fusions et opérations assimilées (ancienne annexe 1)

Indemnités de mutation des joueurs professionnels (ancienne annexe 2)

Actifs donnés en garantie (ancienne annexe 3)

Opérations de fiducie (ancienne annexe 4)

Stock options et plans d'attribution d'actions gratuites (ancienne annexe 5)

Le PCG 2014 intègre différents règlements de l'ANC qui n'avaient pas été insérés dans le PCG 1999 : Règl. n° 2011-04, relatif au traitement comptable du dispositif prévu à l'article 1 de la loi n° 2011-84 ; Règl. n° 2012-03, relatif à la comptabilisation des quotas de gaz à effet de serre et unités assimilés ; Règl. n° 2012-04, relatif à la comptabilisation des certificats d'énergie.

Le PCG 2014 comporte neuf titres répartis en quatre livres (PCG, art. 111-1 à 948-89) :

Livre I : Principes généraux applicables aux différents postes des documents de synthèse

Livre II : Modalités particulières d'application des principes généraux

Livre III : Modèles de comptes annuels

Livre IV : Tenue structure et fonctionnement des comptes

B. – Le particularisme des normes IFRS

57. – Philosophie des normes IFRS. Elle est très différente de celle exprimée dans les normes comptables traditionnelles[24]. La comptabilité n'est pas considérée comme « l'algèbre du droit »[25], mais comme un élément d'information financière dans un contexte économique donné. L'idée est qu'une entreprise ne peut être coupée de son environnement économique ; sa comptabilité doit exprimer la réalité économique du moment, même si cela ne correspond pas à sa situation juridique. Deux principes majeurs en découlent : celui de *substance over form*, qui exprime la supériorité de l'analyse économique sur l'analyse juridique, et celui de *fair value market*, qui fonde l'évaluation des éléments d'actif ou de passif du bilan à leur valeur vénale (« juste valeur ») et non à leur valeur d'acquisition (« coût historique »).

58. – Le principe de *substance over form*. Littéralement, il signifie que la réalité économique prime l'apparence juridique[26]. Tel que formulé, il part du principe que la réalité est nécessairement économique alors que le droit ne serait que « forme ». Cette vision des choses est erronée, car la qualification juridique est nécessairement précédée d'une analyse sur le fond. Simplement, ce sont les critères qui changent ; le droit peut être ouvert à de nouveaux critères, mais la « norme », elle, demeure. Contrairement aux « lois de la nature », les lois des hommes ne sont pas universelles, mais dans les deux cas il n'est pas possible d'y échapper…

(24) Ch. de Lauzainghein, J.-L. Navarro et D. Nechelis, *op. cit.* n°s 15 et s. – F. Pasqualini et D. Burbi, préc.

(25) P. Garnier, *La comptabilité algèbre du droit et méthode d'observation des faits économiques*, thèse droit Paris, 1947.

(26) Ch. de Lauzainghein, J.-L. Navarro et D. Nechelis, *op. cit.*, n° 376.

Une excellente illustration de ces principes peut être trouvée dans la nouvelle définition des actifs, issue du règlement CRC du 23 novembre 2004. Aux termes de l'article 211-1 du Plan comptable général :

« Un actif est un élément identifié du patrimoine ayant une valeur économique positive pour l'entité, c'est-à-dire un élément générant une ressource que l'entité contrôle du fait d'événements passés et dont elle attend des avantages économiques futurs ».

Il résulte clairement de ce texte que le critère économique du contrôle s'est substitué au critère juridique de la propriété. Les juristes, qui sont têtus, parleront de « propriété économique »[27].

Au plan fiscal, bien que l'administration n'ait pas repris expressément le critère du contrôle, elle fait valoir une position de neutralité sur les évolutions comptables, qui pour l'heure sont limitées. D'une part, en effet, le critère de propriété n'a jamais eu un caractère absolu ; les biens acquis en réserve de propriété figurent au bilan, sur une ligne distincte (en système de base, abrégé ou développé, respectivement, PCG, art. 821-1, 822-1 et 823-1), tout comme le coût des constructions sur le sol d'autrui (PCG, art. 942-21). D'autre part, parce que le critère du contrôle lui-même n'est pas absolu ; les autorités comptables n'ont pas souhaité étendre à l'ensemble des éléments du bilan la nouvelle définition des actifs[28], laissant en dehors du nouveau critère les contrats de location notamment (à n'en pas douter, ils constituaient le point le plus sensible de la réforme).

59. – Le principe de *fair value market*. D'après ce principe, les éléments d'actif et de passif doivent être évalués à leur « juste valeur ». Celle-ci correspond au « montant pour lequel un actif pourrait être échangé ou un passif éteint, entre les parties bien informées et consentantes dans le cadre d'une transaction effectuée dans les conditions de concurrence normale »[29]. Cette référence très explicite au prix du marché est à l'opposé du « coût historique », toujours de droit positif, qui veut que les éléments figurent au bilan pour leur prix d'achat ou leur valeur d'acquisition (C. com., art. L. 123-18, al. 1er ; PCG, art. 321-1).

Contrairement aux idées reçues, la « juste valeur » n'est pas d'application générale dans les normes comptables IFRS ; elle ne s'applique en fait que pour les actifs financiers (instruments financiers et immobiliers de placement), ainsi que pour la réévaluation des bilans[30]. Il faut dire que, même si elle est censée représenter plus fidèlement la situation économique de l'entreprise, son domaine d'application limité (seules les valeurs issues de « marchés actifs » peuvent prétendre aux qualités d'objectivité et de neutralité nécessaires à une « juste évaluation »), et son caractère très volatil (elle suppose une réévaluation régulière du bilan qui ne reflète pas toujours la réalité économique tant recherchée) sont autant de handicaps à sa généralisation. Elle souffre également d'une triste réputation en temps de crise ; celle d'être un accélérateur et un amplificateur des dépréciations engendrées[31].

(27) M. Cozian et P.-J. Gaudel, *La comptabilité racontée aux juristes*, LexisNexis, 3e éd. 2020, n° 357.

(28) CNC, avis n° 2004-15, 23 juin 2004, § 1.

(29) IAS 32, *Instruments financiers : informations à fournir et présentation*.

(30) A. de Bissy, *Évaluation des immobilisations. Le principe d'image fidèle à l'épreuve de la normalisation comptable*, in *Le droit saisi par la morale*, PU Sciences Sociales de Toulouse, 2005, p. 275 et s.

(31) La question a fait l'objet d'un large débat : O. Dufour, *Les normes comptables et la crise financière : LPA* 29 déc. 2008, n° 260, p. 3. – P. Danjou et G. Gelard, *Crise du « subprime » : la juste valeur n'est pas coupable : Les Échos* 19 févr. 2008, p. 19. – P.-J. Gaudel et J. Deforge, *IFRS : les normes comptables sont-elles un accélérateur de crise ? JCP* E 2009, 23, 1580. – C. Djama, *Les normes IFRS : responsables de la propagation de la crise financière ?*, in *Crise(s) et droit*, LGDJ, 2012, p. 53 et s.

La fiscalité s'en tient au principe du coût historique. Cela se comprend ; les pouvoirs publics ont besoin de certitudes et de recettes stables. Le Conseil d'État a rappelé la prééminence du coût historique dans une décision *Sté Wolkswagen France*[32], en refusant à cette société le droit de déduire une provision pour dépréciation de sa créance (en l'espèce un prêt sans intérêts). Il existe seulement quelques exceptions pour l'évaluation des créances et dettes libellées en monnaie étrangère (CGI, art. 38-4), des contrats à terme d'instruments financiers (CGI, art. 38-6), ou des OPCVM (CGI, art. 209-0 A) (V. *infra*, n°s 600 et s.).

Une directive du 31 mai 2001 a également prévu, à titre optionnel, la possibilité d'évaluer les instruments financiers à leur « juste valeur » pour les sociétés européennes. La directive comptable unique du 26 juin 2013 (V. *supra*, n° 54) prévoit la possibilité pour les États d'autoriser, ou d'imposer aux entreprises, ou à certaines catégories d'entre elles, l'évaluation des instruments financiers, ou de certaines autres catégories d'actifs, à leur juste valeur (cette évaluation peut ne s'appliquer qu'aux états financiers consolidés) (art. 8.1). La France n'a toutefois pas retenu cette possibilité.

§ 2. – Perte de légitimité du législateur en matière fiscale ?

60. – Notion et limites du principe de légalité de l'impôt. Il signifie que l'impôt est une matière réservée au législateur[33]. Il est affirmé par l'article 34 de la Constitution, selon lequel :

> « La loi fixe les règles concernant l'assiette, le taux et les modalités de recouvrement des impositions de toutes natures ».

Compte tenu du principe de connexion et du rôle croissant joué par les divers organismes comptables, les fiscalistes se sont demandé si le législateur national n'avait pas perdu sa légitimité fiscale au profit de simples autorités administratives nationales (A) ou pire, au bénéfice d'institutions internationales sans aucune autorité (B).

A. – Spoliation au profit des autorités comptables nationales ?

61. – Le rôle croissant des autorités comptables nationales. La « partie haute » de la réglementation comptable se trouve dans le Code de commerce, Parties législative (L. 30 avr. 1983 ; C. com., art. L. 123-12 et s.) et réglementaire (D. 29 nov. 1983 ; C. com., art. R. 123-172 et s.). La « partie basse » de la réglementation comptable se trouve dans le Plan comptable général (PCG, A. 8 sept. 2014 ; V. *supra*, n° 55). La sujétion du Plan comptable général au Code de commerce (de par sa valeur normative inférieure), et l'absence de pouvoir réglementaire des autorités comptables (les règlements élaborés par le CRC doivent être homologués par un arrêté interministériel), placent *a priori* ces dernières dans une situation de subordination juridique. En outre, les avis du CNC n'ont pas de valeur normative et le Conseil d'État considère qu'il peut retenir une solution fiscale différente de celle qui résulte de la doctrine comptable[34]. La pratique est toutefois différente ; la doctrine comptable prend de plus en plus d'importance[35] et le *rôle du CNC apparaît primordial : il est le véritable créateur du droit comptable et l'organe*

(32) CE, 13 juill. 2007, n°s 289233 et 289261, *Sté Volkswagen France : RJF* 11/07, n° 1217.
(33) J. Lamarque, O. Négrin et L. Ayrault, *Droit fiscal général*, LexisNexis, 4e éd. 2016, n° 651.
(34) CE, 20 janv. 2016, n° 370121, *BNP Paribas : Dr. fisc.* 2016, n° 13, comm. 251, concl. E. Bokdam-Tognetti.
(35) Cl. Lopater et O. Fouquet, *De la connexion à la convergence fiscalo-comptable : l'importance accrue de la doctrine comptable : FR* 18/16, inf. 7.

de normalisation comptable. Au moyen de plusieurs réformes successives, les pouvoirs publics ont cherché à renforcer ses pouvoirs.

• *Première étape : rénovation du CNC.* Le Conseil national de la comptabilité (CNC) est un organisme consultatif placé auprès du ministre de l'Économie et des Finances. Sa mission et son fonctionnement ont été redéfinis par un décret du 26 août 1996[36]. Initialement, la mission du CNC consistait seulement à émettre des avis sur des questions comptables. Puis, un nouveau pouvoir lui a été reconnu : il est devenu une force de propositions pour améliorer et unifier la réglementation comptable, soit de sa propre initiative (recommandations), soit à l'initiative des entreprises ou de leurs conseils (avis). Les recommandations et les avis doivent être transmis au Comité de réglementation comptable (CRC) qui dispose seul du pouvoir d'élaborer un règlement. Le CRC a été créé par la loi du 6 avril 1998[37], et ses modalités de fonctionnement ont été précisées par un décret du 14 octobre 1998[38]. Le CRC comprend quinze membres : quatre représentants des pouvoirs publics, trois représentants du pouvoir juridictionnel, le président du CNC et sept membres du CNC. Son secrétariat est commun avec celui du CNC. *Le but assigné au CRC est double : améliorer et unifier la réglementation comptable.*

• *Deuxième étape : réforme du CNC.* Le Code de commerce constituerait un obstacle à la normalisation comptable, laquelle requière une forte réactivité[39]. Si les pouvoirs publics ne sont pas allés jusqu'à supprimer le décret comptable de 1983, comme cela a parfois été suggéré (et débattu)[40], ils ont profondément modifié la structure et la composition du CNC « pour lui donner les moyens d'une concertation ouverte orientée vers l'action » (D. 27 avr. 2007)[41]. À mots à peine couverts, il s'agit donc d'en faire un lieu de création des normes comptables et un interlocuteur des instances comptables internationales[42]. Le nouveau CNC comprend un collège de seize membres, trois commissions (celle des normes internationales, des normes privées, et un comité consultatif), ainsi qu'une direction générale.

• *Troisième étape : fusion du CNC et du CRC.* Le nouveau CNC préfigure en fait la nouvelle « Autorité des normes comptables » (ANC) dont la création a été annoncée par la loi du 4 août 2008 de « modernisation de l'économie » (art. 152)[43] et mise en place à compter de l'été 2009. Créée par une ordonnance du 22 janvier 2009[44], l'ANC réalise la fusion du CNC et du CRC. Elle est ainsi à la fois un organisme consultatif et d'élaboration des normes comptables (mais un arrêté d'homologation du ministre de l'Économie reste nécessaire ; Ord., art. 4).

(36) D. n° 96-749, 26 août 1996 : *JO* 27 août 1996, n° 199, p. 12840.

(37) L. n° 98-261, 6 avr. 1998 : *JO* 7 avr. 1998, n° 82, p. 5384.

(38) D. n° 98-939, 14 oct. 1998 : *JO* 21 oct. 1998, n° 244, p. 15937.

(39) R. Obert, *La structuration juridique des textes comptables français : RF compt.* nov. 2007, n° 404, p. 6.

(40) E. Delesalle, *La suppression du décret comptable : une fausse « bonne » idée ? : LPA* 16 juin 2004, n° 120, p. 3. Pour l'heure, le CNC n'a pas donné suite à ce projet (CNC, avis n° 2004-01, 23 juin 2004).

(41) D. n° 2007-629, 27 avr. 2007 : *JO* 29 avr. 2007, n° 101, p. 7635, texte n° 15. – J.-L. Navarro : *JCP* E 2007, 41, chron. 2246, n°s 2 à 7.

(42) G. Heem, *La réforme de la normalisation comptable française : simple modernisation ou rupture profonde ? : LPA* 4 janv. 2008, n° 4, p. 11.

(43) L. n° 2008-776, 4 août 2008 : *JO* 5 août 2008, n° 0181, p. 12471, texte n° 1.

(44) Ord. n° 2009-79, 23 janv. 2009, p. 1428, texte n° 12.

62. – La nouvelle « Autorité des normes comptables » (ANC) en bref. *Quatre missions lui sont assignées* (Ord., art. 1) : 1) élaborer des règlements comptables ; 2) donner son avis sur toute disposition législative ou réglementaire touchant la comptabilité ; 3) donner son avis dans le cadre de la procédure d'élaboration des normes comptables internationales ; 4) veiller à la coordination et à la synthèse des travaux en matière comptable et faire des propositions.

L'ANC reprend l'architecture du CNC rénové (Ord., art. 2) : elle comprend un collège de seize membres (le président désigné par décret pour six ans renouvelable une fois, et quinze membres issus des Hautes juridictions, d'autorités financières, de syndicats représentatifs des salariés et de la société civile pour trois ans renouvelable une fois), des commissions spécialisées et un comité consultatif.

L'entrée en activité de l'ANC n'est pas précisée par l'ordonnance. Les membres du CNC et du CRC sont maintenus en fonction jusqu'à la première réunion de l'ANC. Jusqu'à cette date, le CNC et le CRC continuent de fonctionner avec leurs propres attributions (Ord., art. 6). L'ANC est effective depuis la nomination de ses membres (D. n° 2010-56, 15 janv. 2010)[45].

63. – Selon le Conseil d'État, il n'y a pas de violation du principe de légalité. *La question lui fut directement posée à propos des plus-values d'apport lors d'une fusion de sociétés.*

En comptabilité, la constatation d'une plus-value d'apport dépend de la valorisation des actifs apportés. Jusqu'en 2005, les entreprises choisissaient librement entre une fusion réalisée sur la base des valeurs comptables ou sur la base des valeurs vénales. Depuis le 1er janvier 2005, le droit comptable fixe autoritairement les règles applicables (PCG, art. 743-1 ; V. *infra*, n° 680. Dans la mesure où la comptabilité commande la fiscalité, il était reproché à ce règlement d'empiéter sur le domaine réservé du législateur en matière fiscale.

Saisi d'un recours pour excès de pouvoir, le Conseil d'État s'est prononcé pour la légalité de ce texte[46]. L'arrêt souligne qu'il ne contient aucune disposition à objet fiscal et qu'il ne viole donc pas l'article 34 de la Constitution. Cette jurisprudence n'est en fait qu'une application de la distinction qu'il convient de faire entre une disposition à « objet » fiscal (qui ne peut être prise que par le législateur) et une disposition à « effet » fiscal (qui peut être de nature réglementaire). Au demeurant, la solution n'est pas fondamentalement injuste, puisque le législateur peut toujours adopter une règle fiscale différente s'il le souhaite. On ajoutera que, de toute manière, la fiscalité de la fusion est largement indépendante de son traitement comptable, puisque la loi fiscale prévoit que la fusion emporte « cessation d'entreprise » (CGI, art. 221-2) ; les apports à la société absorbante sont donc réputés être faits à leur valeur réelle.

Quant à l'administration fiscale, elle a estimé qu'il convenait de se conformer à ces règles qui doivent donc être appliquées par les entreprises qui y sont soumises[47].

(45) J.-L. Navarro : *JCP* E 2010, 38, chron. 1822, n° 3.
(46) CE, 8 juin 2005, n° 270967, *SAS Sofinad : RJF* 8-9/05, n° 885, p. 577, concl. L. Vallée.
(47) *BOI* 4 I-1-05, 30 déc. 2005. – D. Villemot, *Quand la nouvelle réglementation comptable sur les fusions reçoit l'onction de l'administration : NF* 15 mars 2006, n° 954, p. 4.

B. – Spoliation au profit des organismes comptables internationaux ?

64. – Le rôle croissant de l'IASCF. Il s'exprime au travers du choix de l'Union européenne en faveur des normes IFRS. Depuis longtemps, les autorités communautaires cherchent à uniformiser les comptabilités des entreprises en Europe ; 4e directive du 25 juillet 1978 sur les comptes individuels et 7e directive du 13 juin 1983 sur les comptes consolidés, aujourd'hui remplacées par la directive unique du 26 juin 2013 qui ne cache pas sa source d'inspiration (V. *supra*, n° 54). Le choix du référentiel international apparaît plus directement encore dans le règlement « IFRS » du 19 juillet 2002 (V. *supra*, n° 52). Cette orientation a fait l'objet de très nombreuses critiques, dont quelques-unes peuvent être ici reprises.

Le choix de normes créées par un organisme privé étranger a été très critiqué par les juristes. Laissons la parole au professeur Blanluet qui s'exprimait ainsi lors d'un colloque consacré à l'évolution de la fiscalité des entreprises[48] :

> « En se ralliant au référentiel des IFRS, la Commission européenne s'en remet à un organisme privé installé à Londres, dominé par les grands cabinets d'audit internationaux, composé d'une poignée d'experts nommés par des *trustees* situés aux USA dans l'État du Delaware. Comment peut-on accepter que notre ordre comptable soit ainsi dans la main d'un législateur privé et étranger qui plus est ? ».

Le choix des normes IFRS, au caractère très évolutif et d'inspiration anglo-saxonne, est extrêmement contraignant pour les entreprises. Une trentaine de projets IFRS ont été au programme de travail de l'IASB entre 2010 et 2012 (« *Big Bang* » *IFRS 2010-2012*), si bien que la quasi-totalité des normes doit être revue ! Les causes de ces réformes sont bien connues ; il s'agit de faire suite aux demandes du G20 pour plus de transparence financière à la suite de la crise financière, de poursuivre le processus de convergence entre les IFRS et les US GAAP, d'améliorer les normes actuelles et de développer les normes environnementales.

Les contraintes les plus fortes reposaient sur les PME. Pour beaucoup, il est nécessaire de prévoir des normes comptables simplifiées pour les petites structures[49]. À cette fin, l'IASB avait publié, le 15 février 2007, un « exposé sondage » pour les PME[50]. À la suite de la publication de la norme « IFRS pour PME » par l'IASB le 9 juillet 2009[51], la Commission européenne avait lancé une consultation publique. En France, l'ANC s'est montrée hostile à la généralisation des normes IFRS pour les PME, eu égard à leur toujours trop grande complexité, aux nouvelles corrections fiscales qu'elles impliqueraient et au contexte normatif fluctuant. Elle est en revanche favorable à la simplification des textes européens pour les PME.

65. – Les avantages du référentiel unique dans la fiscalité de groupe (projets ACCIS/BEFIT). En matière de fiscalité des groupes de sociétés, la normalisation comptable devrait entraîner des effets fiscaux positifs pour les entreprises. On sait en effet que le régime de l'intégration fiscale ne concerne que les sociétés domiciliées en France (CGI, art. 223 A et s.), et que le régime du bénéfice consolidé (CGI,

(48) G. Blanluet, in *Fiscalité des entreprises : évolution et perspectives, Actes du colloque tenu au Sénat sur ce thème le 18 juin 2007* : *Dr. fisc.* 2007, n° 37, comm. 821, n° 2.

(49) J.-C. Scheid, *Des normes comptables spéciales pour les PME ?* : *RF compt.* mai 2005, n° 377, p. 5. – R. Obert, *Des normes comptables pour les PME : l'expérience britannique et canadienne* : *RF compt.* déc. 2007, n° 405, p. 5.

(50) R. Obert, *Des IFRS pour les PME* : *RF compt.* mai 2007, n° 399, p. 5.

(51) *IFRS pour PME*, éd. Lefebvre, 2009.

art. 209 quinquies)[52] ne permettait pas véritablement de détacher un bénéfice de groupe au niveau européen (les sociétés étrangères restant imposées à l'étranger, mais un système d'imputation permettait d'éviter la double imposition).

Un projet de directive prévoit l'élaboration d'une assiette commune consolidée à l'IS des sociétés membres d'un même groupe installées sur le territoire de l'UE (« ACCIS »)[53]. Si le projet précise bien que les règles fiscales retenues seront détachées des normes IFRS, il indique aussi que le processus de convergence engagé dans les différents pays facilitera leur adoption. Techniquement, un résultat unique sera calculé, puis réparti entre les différents pays concernés qui appliqueront ensuite leur propre taux d'IS. Le projet est assez critiqué[54] ; le choix d'une assiette autonome aurait pour incidence de retenir une assiette plus large que celle qui existe actuellement (+ 7,9 % en moyenne, selon la Commission)[55]. Par exemple, les entreprises françaises ne pourraient plus pratiquer un amortissement exceptionnel ou dégressif. Le projet a pris du retard ; le Conseil d'analyse économique voudrait le relancer dans un cadre de « coopération renforcée » ou *via* une initiative *ad hoc* par un groupe de pays volontaires[56]. Une consultation publique, ouverte jusqu'au 8 janvier 2016, a permis de recueillir des avis sur les mesures clés à inclure dans une proposition de directive relative à l'ACCIS[57].

La Commission européenne a rendu public le 18 mai 2021 un ambitieux programme en matière de fiscalité des entreprises[58]. Notamment, tirant les conséquences de l'impossibilité d'harmoniser les taux d'impôt sur les sociétés, la Commission propose de remplacer le projet « ACCIS » par un projet « BEFIT » (*Business in Europe : Framework for Income Taxation*) reposant sur une imposition unique au titre de l'IS, basée sur une formule de répartition et une assiette fiscale commune. L'idée est également de mieux lutter contre les déductions des charges financières et de permettre plus largement la déduction des déficits[59]. *Les nouvelles règles devraient entrer en vigueur le 1er juillet 2028 ;* elles seront obligatoires pour les groupes opérant dans l'UE qui affichent un chiffre d'affaires cumulé annuel d'au moins 750 M€ et dont l'entité mère ultime détient au moins 75 % des droits de propriété ou des droits sur le bénéfice, et optionnelles pour les autres[60].

SECTION 2 LE MAINTIEN DE LA CONNEXION

66. – Un choix rationnel et fidèle à la tradition française. Au caractère certes séduisant mais dangereux de la déconnexion, les pouvoirs

(52) Disposition abrogée à compter des exercices clos depuis le 6 septembre 2011, y compris lorsque la société est en cours d'agrément (L. fin. rect. 2011, n° 2011-1117, 19 sept. 2011, art. 3).

(53) D. Gutmann, in *Dr. fisc.* avr. 2008, n° hors-série, p. 112 ; du même auteur, *L'assiette commune consolidée de l'IS : une réforme profonde de la fiscalité : RFFP* nov. 2011, n° 116, p. 33 ; *FR* 40/07, inf. 8, p. 13.

(54) E. Meier et B. Aubert, *L'ACCIS : réalité proche ou projet trop ambitieux ? : Dr. fisc.* 2011, n° 15, act. 120.

(55) Comm. UE, MEMO/11/171.

(56) CAE, note n° 14, *Rapport sur le renforcement de l'harmonisation fiscale en Europe : Dr. fisc.* 2014, n° 28, act. 387 (disponible sur : www.cae-eco.fr/IMG/pdf/cae-note014.pdf).

(57) Note IP/15/5796, 8 oct. 2015. Les résultats ne sont pas encore connus.

(58) Communication IP/21/2430 ; *JCP* E 2021, n° 21, act. 385.

(59) A. Maitrot de La Motte, *Les propositions de la Commission européenne pour la fiscalité des entreprises au* xxie *siècle : Dr. fisc.* 2021, n° 21, act. 298.

(60) Comm. UE, communiqué, 12 sept. 2023 ; *Dr. Fisc.* 2023, n° 38 ; act. 349.

publics ont préféré les vertus de la comptabilité unique (§ 1), moyennant une évolution mesurée de la norme fiscale (§ 2).

§ 1. - Les vertus de la comptabilité unique

67. - **Éviter l'inflation des normes fiscales.** Nul n'ignore la complexité du droit fiscal et le volume des textes légaux et réglementaires qui lui est consacré. Imaginons un instant que le résultat fiscal se déconnecte du résultat comptable ; il faudrait alors intégrer dans le Code général des impôts un autre plan comptable, à objet fiscal celui-là. Certes, la « double comptabilité » se pratique dans bien des pays (aux États-Unis notamment, où coexistent les « US-GAAP » et les règles de la comptabilité fiscale d'origine jurisprudentielle), mais cela ne correspond pas à la tradition juridique française. En outre, à l'heure de la « simplification du droit » et de la « stabilisation de la norme fiscale », l'éventualité semble difficilement envisageable. Un rapport sur « la sécurité juridique en matière fiscale »[61], remis par Olivier Fouquet au ministre du Budget le 23 juin 2008, souligne l'instabilité et la complexité de la norme fiscale en France (20 % des articles du Code général des impôts seraient modifiés chaque année !).

68. - **Éviter l'inflation des normes comptables.** Le risque de la déconnexion ne se limite pas à la mise en place d'une deuxième comptabilité. En séparant la comptabilité fiscale de la comptabilité commerciale, le législateur mettrait la main dans un engrenage qui pourrait le conduire à multiplier les comptabilités dans les entreprises. Affirmer qu'on ne doit pas calculer le résultat fiscal comme on calcule le résultat comptable revient en effet à admettre qu'il faut autant de comptabilités que d'objectifs à atteindre. Précisément, c'est la force de la comptabilité commerciale que de renseigner les créanciers (prêteurs, fournisseurs, créanciers institutionnels...) comme ceux qui sont intéressés de façon différente à l'entreprise (clients, associés, salariés...), alors que les uns et les autres ne recherchent pas nécessairement et exactement la même information. Les entreprises sont suffisamment sollicitées en matière comptable ; on songe aux sociétés à la tête d'un groupe qui établissent des comptes consolidés (C. com., art. L. 233-16 et s.), ou aux SCI de gestion qui doivent tenir une comptabilité commerciale (BIC), à côté de leur comptabilité civile (revenus fonciers), lorsqu'un associé a inscrit ses parts sociales au bilan de son entreprise commerciale (CGI, art. 238 bis K-I).

§ 2. - L'évolution mesurée de la norme fiscale

69. - ***Bulletin officiel des impôts* du 30 décembre 2005 : une solution de compromis.** Commentant les évolutions comptables dans un important bulletin du 30 décembre 2005 (*BOI* 4 A-13-05), l'administration fiscale a notamment affirmé (n° 1) :

> « Cette évolution comptable a pour conséquence une nécessaire adaptation des règles fiscales, que l'administration a engagée selon trois axes principaux : le maintien de la connexité de la fiscalité avec la comptabilité, la préservation de la neutralité fiscale et la simplicité des retraitements fiscaux ».

L'évolution de la norme fiscale réalise donc un compromis entre un alignement systématique de la fiscalité sur la comptabilité qui serait peu compatible avec la rentabilité de l'impôt et un isolement fiscal peu judicieux au plan juridique. Concrètement,

(61) *Dr. fisc.* 2008, n° 27, étude 403.

si le message officiel des pouvoirs publics est la *neutralité fiscale* au regard des évolutions comptables (A), l'administration des impôts s'est néanmoins réservé un *droit d'inventaire* quant aux évolutions comptables (B).

A. – La neutralité du droit fiscal

70. – L'adaptation du droit fiscal à la comptabilité. Il y a ce qui est implicite et ce qui est explicite. Implicitement, les évolutions du droit comptable (droit commun) doivent entraîner, par ricochet, une évolution du droit fiscal (droit spécial). Explicitement, certaines positions administratives ou certaines dispositions du Code général des impôts ont été modifiées afin de rallier la position comptable. Particulièrement, deux décrets, l'un du 14 novembre 2005[62] relatif à la méthode par composants, l'autre du 28 décembre 2005[63] relatif aux règles d'évaluation, ont été pris.

• Le code intègre la méthode d'immobilisation « par composants ». Selon cette méthode, les entreprises doivent comptabiliser séparément, dès l'origine et lors des remplacements ultérieurs, « les éléments principaux d'immobilisations corporelles devant faire l'objet de remplacement à intervalles réguliers, ayant des utilisations différentes ou procurant des avantages économiques à l'entité selon un rythme différent et nécessitant l'utilisation de taux ou de modes d'amortissement propres » (PCG, art. 214-9, al. 3). La définition fiscale est similaire, puisque sont concernés les éléments « 1° Ayant une durée réelle d'utilisation différente de celle de cette immobilisation ; 2° Et devant être remplacés au cours de la durée réelle d'utilisation de cette immobilisation » (CGI, ann. II, art. 15 bis ; V. *infra*, n° 405).

• Les règles d'évaluation des immobilisations et des stocks sont désormais très proches. Ainsi, le coût de l'emprunt ayant financé l'acquisition ou la production d'une immobilisation ou d'un stock peut être passé en charges ou incorporé à son coût (PCG, art. 213-9 ; CGI, ann. III, art. 38 undecies ; V. *infra*, n° 412). Également, les frais d'acquisition des immobilisations (droits de mutation, honoraires, commissions…) peuvent être rattachés au coût d'acquisition ou comptabilisés en charges (PCG, art. 213-8 et 213-22), ce qui interdit leur immobilisation en tant que frais d'établissement et leur amortissement sur cinq ans (*BOI* 30 déc. 2005, n° 68 ; V. *infra*, n° 413)[64]. Enfin, le coût d'acquisition des stocks est déterminé de la même manière en fiscalité et en comptabilité (PCG, art. 213-31 ; CGI, ann. III, art. 38 nonies ; V. *infra*, n° 452).

71. – Le rapprochement des règles comptables. La situation est plus rare, mais pas exceptionnelle. Certaines pratiques comptables irrégulières n'avaient pas été admises au plan fiscal ; la normalisation comptable a permis d'y mettre un terme. C'est par exemple le cas des provisions qui, en tant que passifs, reposent sur une obligation juridique envers un tiers (PCG, art. 321-1), et doivent de ce fait être fondées sur des événements qui ont donné naissance à la dette au cours de l'exercice, ce qui a pour effet de remettre en cause la tolérance comptable antérieure qui admettait la prise en compte de ces événements lorsqu'ils s'étaient produits après la clôture de l'exercice, mais avant l'arrêté des comptes (V. *infra*, n° 468).

(62) D. n° 2005-1442, 14 nov. 2005 : *JO* 25 nov. 2005.
(63) D. n° 2005-1702, 28 déc. 2005 : *JO* 30 déc. 2005.
(64) Repris au *BOFiP*, BOI-BIC-CHG-20-20-10, n° 140.

B. - Le droit d'inventaire des autorités fiscales

72. - **La doctrine administrative.** En dépit du principe de neutralité fiscale au regard des évolutions comptables, l'administration a adopté un certain nombre de positions contraires au droit comptable, qui sont destinées à éviter une trop grande instabilité de l'assiette fiscale. Des exemples intéressants peuvent être trouvés en matière de dépréciations et d'amortissements.

• Les entreprises doivent obligatoirement effectuer des « tests de dépréciation » lorsqu'il existe un indice de perte de valeur (PCG, art. 214-15). Si tel est le cas, l'entreprise doit comparer la valeur actuelle de l'immobilisation et sa valeur nette comptable (c'est l'objet du test de dépréciation), et passer une dépréciation si la première valeur est inférieure à la seconde (PCG, art. 214-17, al. 1er). Alors que le droit comptable retient une série d'indices pouvant justifier une dépréciation (PCG, art. 214-16), l'administration fiscale se refuse à prendre en compte une simple baisse de performance d'un actif isolé liée à une évolution purement financière, ou une évolution défavorable de l'environnement économique (*BOI* 30 déc. 2005, n° 145 ; V. *infra*, n° 441)[65].

• Un autre point de « friction » traditionnel concerne la durée des plans d'amortissement. En comptabilité aujourd'hui, la référence n'est plus les usages comptables, mais la durée d'utilisation propre à chaque entreprise (PCG, art. 214-13). Devant les risques liés à une trop grande volatilité des résultats imposables, l'administration fiscale a fait savoir qu'elle entendait maintenir la référence aux usages comptables (*BOI* 30 déc. 2005, n° 97)[66]. Compte tenu du principe de nécessité des écritures comptables (V. *supra*, n° 40), cette position a pour effet d'obliger les entreprises à passer des amortissements dérogatoires ou d'effectuer des retraitements extra-comptables (V. *infra*, nos 240 et s.). Aussi, afin de ne pas perturber la gestion comptable et fiscale des entreprises, les autorités comptables ont admis que les PME puissent retenir la durée d'usage dans leurs comptes individuels (Règl. CRC, 3 nov. 2005).

73. - **Les pouvoirs publics.** Il existe dans le Code général des impôts un certain nombre de solutions fiscales dérogatoires jalousement défendues par les autorités fiscales. Passons sur les problèmes de vocabulaire (pourquoi avoir conservé l'appellation générique de « provision », alors que le droit comptable distingue parfaitement les « provisions » qui augmentent le passif et les « dépréciations » qui diminuent l'actif ?), pour souligner deux « originalités » fiscales :

– contrairement au droit comptable qui laisse le choix entre l'activation des frais d'achat de biens et leur déduction en tant que charges (V. *supra*, n° 70), les frais d'acquisition des titres de participation par une société soumise à l'IS ne sont pas déductibles au titre de leur exercice d'engagement, mais sont incorporés au prix de revient (CGI, art. 209-VII ; V. *infra*, n° 413) ;

– alors qu'en comptabilité il faut enlever de la base amortissable la valeur résiduelle du bien (PCG, art. 214-4, al. 1er), le droit fiscal ne le prévoit pas (CGI, ann. II, art. 15 ; V. *infra*, n° 430).

74. - **Conclusion : un dialogue nécessaire entre les comptables et les fiscalistes.** Même si les autorités fiscales ont « sauvé » le principe de connexion entre fiscalité et comptabilité, même si le Conseil d'État à lui-même consacré ce principe et dégagé progressivement des grilles de solutions fiables, il existe encore aujourd'hui trop de

(65) Repris au *BOFiP*, BOI-BIC-PROV-40-10-10, n° 50.
(66) Repris au *BOFiP*, BOI-BIC-AMT-10-40-10, n° 20.

litiges et trop de divergences entre la comptabilité et la fiscalité. À l'occasion d'une chronique publiée à la *Revue de droit fiscal* en 2016 faisant le point sur l'application prétorienne du principe de connexion, MM. Fouquet et Lopater[67] ont regretté, et nous avec eux, le manque de dialogue entre les comptables et les fiscalistes. Les dernières lignes de leur conclusion méritent d'être reprises :

« Alors que la question posée est souvent la même dans son principe, il y a autant de débats différents devant le juge qu'il y a de parties. L'élaboration d'une jurisprudence commune est donc relativement lente. Mais il ne faut plus attendre que vienne la règle jurisprudentielle définitive. Le monde économique actuel va trop vite pour se permettre d'attendre. Nous avons les instruments, servons-nous-en. Il faut que les fiscalistes et les comptables se parlent, au sein de l'entreprise et hors de l'entreprise. Il faut que les entreprises parlent avec leurs commissaires aux comptes. Il faut que les entreprises et experts-comptables parlent avec l'ANC. Il faut que l'ANC et la DLF se parlent. Il faut vouloir régler rapidement les problèmes qui apparaissent. Pour cela, il suffit d'ouvrir les yeux ».

(67) O. Fouquet et Cl. Lopater, *La connexion comptabilité-fiscalité : comment suivre le fil d'Ariane ? Petit inventaire illustré : Dr. fisc.* 2016, n° 6, étude 153.

PREMIÈRE PARTIE

L'UNITÉ DU RÉSULTAT COMPTABLE ET DU RÉSULTAT FISCAL

75. - Influences réciproques des matières comptables et fiscales. Dans le cadre de l'introduction, nous avons souligné la connexion entre la comptabilité et la fiscalité, ainsi que les tensions qu'elle peut engendrer dans un contexte de normalisation comptable. Le processus de convergence comptable sur le modèle du référentiel international n'a pas entraîné la déconnexion entre la comptabilité et la fiscalité. Il a permis, au contraire, de mesurer toute la force du lien de connexion qui ne fait en définitive qu'exprimer la nature commune du résultat comptable et fiscal. Afin de préserver cette unité, les autorités fiscales et comptables ont favorisé leur rapprochement. Ainsi, à côté du processus de convergence comptable dans les comptes individuels sus-rappelé, est née une autre convergence : celle de la fiscalité et de la comptabilité. Il n'est cependant pas possible de dire qu'une matière domine l'autre ; l'influence est réciproque. Par certains côtés, c'est la fiscalité qui influence la comptabilité (Titre 1) ; par d'autres, c'est la comptabilité qui influence la fiscalité (Titre 2).

TITRE 1 L'INFLUENCE DE LA FISCALITÉ SUR LA COMPTABILITÉ

76. - La prééminence du droit fiscal. En tant que véritable sanction de la comptabilité, le droit fiscal exerce une très forte influence sur la comptabilité des entreprises. Non pas que les normes comptables doivent nécessairement évoluer au contact de la fiscalité, puisque le droit comptable reste une matière autonome, mais la comptabilité ne peut ignorer la réalité fiscale. Précisément, la réalité fiscale est que le Code général des impôts prescrit certaines obligations comptables à la charge des entreprises et que ces dernières doivent également intégrer la réglementation fiscale qui est liée soit à des prélèvements fiscaux soit à des régimes spéciaux.

L'intégration de la dimension fiscale dans les comptes de l'entreprise s'opère à deux niveaux :

- sur la forme, au niveau des obligations comptables (Chapitre 1) ;
- sur le fond, au niveau des écritures comptables (Chapitre 2).

CHAPITRE 1 LES OBLIGATIONS COMPTABLES

77. - Rapprochement des obligations comptables et fiscales. Les obligations des entreprises en matière de tenue de comptes figurent à la fois dans le Code de commerce, le Plan comptable général et le Code général des impôts. Cette multiplicité des sources ne facilite pas l'application de la réglementation. Si certaines divergences apparaissent, les entreprises auront tendance à obéir aux prescriptions fiscales compte tenu des sanctions qui s'y attachent. Aujourd'hui néanmoins, les autorités comptables et fiscales se sont entendues pour gommer la plupart de ces différences et il n'est pas rare que le droit comptable s'appuie sur la réglementation fiscale. Cela se vérifie tant en ce qui concerne les obligations comptables communes à l'ensemble des entreprises commerciales (Section 1), que celles qui sont spécifiques à certaines d'entre elles seulement, particulièrement les plus petites (Section 2).

SECTION 1 LES OBLIGATIONS COMMUNES À L'ENSEMBLE DES ENTREPRISES

78. - Organisation comptable. En comptabilité comme en fiscalité, tout part d'une pièce justificative. Grâce à elle (§ 1), le comptable passera les écritures dans les différents livres de comptes (§ 2), avant d'éditer en fin d'exercice comptable les documents de synthèse (§ 3).

§ 1. - Les pièces justificatives

79. - Facture. Tout enregistrement comptable doit préciser l'origine, le contenu et l'imputation de chaque donnée ainsi que les références de la pièce justificative qui l'appuie (C. com., art. R. 123-174 ; PCG, art. 922-1 ; CGI, art. 54). Les pièces justificatives sont multiples ; il peut s'agir de documents internes (par ex., bulletins de salaire) ou externes (par ex., contrats publics ou privés). La référence reste la facture. Au départ, la facture était un simple moyen de preuve des achats et des ventes réalisés par les commerçants. Elle n'avait aucun caractère obligatoire et ne faisait l'objet d'aucune réglementation particulière. Puis, afin de permettre le contrôle des prix et de la TVA, le législateur a rendu obligatoire la délivrance de factures par les commerçants. En outre, la facture est apparue comme un élément de transparence nécessaire à une saine concurrence. Ceci explique que les règles de facturation figurent aujourd'hui à la fois dans le Code de commerce (C. com., art. L. 441-9)[1] et dans le Code général des impôts en ce qui concerne les assujettis à la TVA (CGI, art. 289-0[2] et 289)[3].

80. - Compatibilité de la réglementation commerciale et fiscale ? Compte tenu de leur objet différent, la réglementation économique et la réglementation fiscale ne se recoupent pas nécessairement. Ainsi, il peut exister des différences en ce qui concerne le domaine de la facturation (A), les modalités de la facture (B), et les sanctions applicables (C).

A. - Le domaine de la facturation

81. - Quant aux personnes. Aux termes de l'article 289, I, 1 du Code général des impôts :

« Tout assujetti est tenu de s'assurer qu'une facture est émise, par lui-même, ou en son nom et pour son compte, par son client ou par un tiers : *a)* Pour les livraisons de biens ou les prestations de services qu'il effectue pour un autre assujetti, ou pour une personne morale non-assujettie, et qui ne sont pas exonérées en application des articles 261 à 261 E ».

L'article L. 441-9, I du Code de commerce énonce quant à lui (al. 1er) que :

« Tout achat de produits ou toute prestation de services pour une activité professionnelle doivent faire l'objet d'une facturation ».

Alors qu'en droit privé le domaine de la facture est déterminé par référence à un « professionnel », la loi fiscale le limite à « l'assujetti » à la TVA. En pratique néanmoins, compte tenu du champ d'application de la TVA (CGI, art. 256, I)[4] et de la définition de l'assujetti (CGI, art. 256 A)[5], la plupart des professionnels sont également assujettis à la TVA. Il n'est d'ailleurs pas nécessaire que l'assujetti soit redevable de la TVA, car il peut être exonéré en application d'une disposition particulière. Par exemple, un

(1) Article issu de l'ordonnance n° 2019-359 portant refonte du titre IV du livre IV du Code de commerce relatif à la transparence, aux pratiques restrictives de concurrence et aux autres pratiques prohibées, du 24 avril 2019 (art. 1). L'ordonnance harmonise les dispositions du Code de commerce avec celles du Code général des impôts.

(2) Article issu de la loi n° 2012-1510 du 29 décembre 2012, de finances rectificative pour 2012 (art. 62), fixant le champ d'application territorial des règles de facturation (elles étaient jusque-là déterminées uniquement par la doctrine administrative). Selon ce texte, les règles de facturation françaises s'appliquent aux trois types d'opérations suivants : 1/ celles réputées se situer en France en application des articles 258 à 259 D du CGI, à l'exclusion des opérations qui sont réalisées par un assujetti établi dans un autre État membre de l'UE et pour lesquelles l'acquéreur ou le preneur établi en France doit autoliquider la taxe (sauf si l'assujetti leur a donné mandat pour facturer en son nom et pour son compte), 2/ les opérations réalisées dans un autre État membre par un assujetti établi en France et pour lesquelles la taxe doit être autoliquidée dans cet autre État par l'acquéreur ou le preneur qui y est établi (sauf si l'assujetti leur a donné mandat pour facturer en son nom et pour son compte), 3/ les opérations réalisées dans un pays tiers, non membre de l'UE, par un assujetti à la TVA établi en France.

(3) Article fixant les règles générales de facturation. La loi n° 2002-1576 de finances rectificatives du 30 décembre 2002 (art. 17) avait transposé la directive 2001/115/CE du 20 décembre 2001 (modifiant elle-même la 6e directive TVA, en vue de simplifier, moderniser et harmoniser les conditions de la facturation en matière de TVA). La loi n° 2012-1510 du 29 décembre 2012 (art. 62), préc., transpose la directive 2010/45/UE du 13 juillet 2010 qui a modifié une nouvelle fois la directive TVA en ce qui concerne les règles de facturation.

(4) Selon ce texte : « Sont soumises à la taxe sur la valeur ajoutée les livraisons de biens et les prestations de services effectuées à titre onéreux par un assujetti agissant en tant que tel ».

(5) Selon ce texte : « Sont assujetties à la taxe sur la valeur ajoutée les personnes qui effectuent de manière indépendante une des activités économiques mentionnées au cinquième alinéa, quels que soient le statut juridique de ces personnes, leur situation au regard des autres impôts et la forme ou la nature de leur intervention ».

« micro-entrepreneur », bien qu'exonéré de TVA (CGI, art. 293 B), reste un « assujetti » qui doit facturer ses prestations (HT). Par exception, les assujettis qui effectuent des opérations exonérées de TVA en application des articles 261 à 261 E du Code général des impôts (opérations financières notamment) sont également dispensés de l'obligation de délivrer une facture (CGI, art. 289, I, 1, *a*).

Une autre différence peut être relevée entre les deux matières : alors qu'en droit économique, la qualité de professionnel est requise à la fois chez le client et chez le vendeur ou le prestataire[6], en droit fiscal, la qualité d'assujetti n'est exigée que chez le vendeur ou le prestataire puisqu'une livraison de biens ou une prestation de services au profit d'une personne morale non assujettie reste soumise à l'obligation de facturation (CGI, art. 289, I, 1, *a*). Mais en principe, un particulier ne peut être tenu de facturer une vente ou une prestation de services, même si l'acquéreur est un commerçant, sauf s'il peut être démontré qu'il a agi en véritable professionnel ou en tant qu'assujetti à la TVA pour une opération particulière.

82. - Quant aux opérations. En droit fiscal, le domaine est le plus étendu qui soit, puisque sont soumises à l'obligation de facturation toutes les livraisons de biens et les prestations de services, sachant que ce qui ne peut être qualifié de livraison de biens corporels constitue nécessairement une prestation de services (CGI, art. 256, II)[7]. En droit privé, le domaine de la facture apparaît plus réduit, puisque l'article L. 441-9, I, du Code de commerce précité ne vise que « les achats de produits » et les « prestations de services » (V. *supra*, n° 81). Or, la qualification de « produits » exclut littéralement les « biens » au sens comptable. En d'autres termes, seuls les éléments destinés à être revendus, en l'état ou après transformation, doivent faire l'objet d'une facturation, alors que les autres (immobilisations notamment) n'y sont pas astreints.

La question s'est posée de savoir si l'obligation de facturation s'appliquait aux opérations internationales (importations, exportations). Jusqu'à l'ordonnance du 28 décembre 2019[8], l'obligation de facturation (C. com., art. L. 441-3, ancien) était pénalement sanctionnée (C. com., art. L. 441-4 ancien). Dans la mesure où la loi pénale s'applique lorsqu'une infraction a été commise sur le territoire national (C. pén., art. 113-2 al. 1), et que l'infraction est réputée avoir été commise sur le territoire national dès lors qu'un de ces faits constitutifs a eu lieu sur ce territoire (C. pén., art. 113-2 al. 2), la jurisprudence en a déduit que les règles de facturation doivent s'appliquer dès lors que la transaction a été réalisée sur le territoire français[9]. La solution ne devrait pas être différente depuis que le nouvel article L. 441-9, II du Code de commerce prévoit l'application une simple amende administrative[10] (V. *infra*, n° 88). L'importateur français doit donc réclamer à l'exportateur étranger une facture conforme au droit français. Il en va de même pour les exportations ; l'exportateur français est obligé de facturer sa prestation à un importateur étranger si la transaction est réalisée en France.

(6) *Mémento Lefebvre Concurrence consommation 2023*, n° 59010.

(7) Selon ce texte : « Est considéré comme livraison d'un bien, le transfert du pouvoir de disposer d'un bien corporel comme un propriétaire ».

(8) Ord. n° 2019-359, 24 avr. 2019 portant refonte du titre IV du livre IV du Code de commerce relatif à la transparence, aux pratiques restrictives de concurrence et aux autres pratiques prohibées (art. 1).

(9) Cass. crim., 18 juin 1998, n° 3831 : *RJDA* 11/98, n° 1285.

(10) En ce sens : *Mémento Lefebvre Concurrence consommation, op. cit.*, n° 59090. En ce sens également : CEPC, avis n° 21-9 (applicabilité de l'article L. 441-9 à une vente internationale de marchandises).

En fiscalité, il est expressément prévu que la facturation est obligatoire pour les « ventes à distance » (échanges intracommunautaires au profit d'un non-assujetti), les livraisons ou les échanges intracommunautaires exonérés (exportations à destination d'un pays membre de l'Union européenne), ainsi que les livraisons intracommunautaires exonérées de moyens de transport neufs, quelle que soit la qualité du client (CGI, art. 289, I, 1, *b*).

B. – Les modalités de la facture

83. – Émission de la facture. Deux questions se posent, en ce qui concerne la personne qui doit émettre la facture et en ce qui concerne le moment de l'émission de la facture.

C'est le vendeur ou le prestataire qui a l'obligation d'émettre la facture (assujetti ou professionnel). Si le vendeur ou le prestataire ne délivre pas spontanément une facture, le client doit la lui réclamer (C. com., art. L. 441-9, I, al. 2). Par exception, il est admis que la facture puisse être émise par le client lui-même (« autofacturation ») ou par un tiers (« sous-traitance » de la facturation), sur la base d'un mandat donné par le vendeur ou le prestataire. L'administration économique admet cette possibilité, bien qu'elle ne figure pas dans le Code de commerce[11]. Au plan fiscal par contre, les textes du Code général des impôts prévoient et réglementent précisément cette faculté (CGI, art. 289, I, 2). Les modalités particulières d'application de cette disposition sont fixées par l'article 242 nonies de l'annexe II au CGI. Lorsque le mandataire est établi dans l'Union européenne, les textes n'imposent aucun formalisme particulier ; le mandat peut être tacite mais l'administration fiscale estime qu'il doit être conclu avant que le client ou le tiers concerné ne commence à émettre des factures au nom et pour le compte de l'assujetti[12]. En revanche, si le mandataire est établi dans un pays avec lequel il n'existe aucun instrument juridique relatif à l'assistance mutuelle ayant une portée similaire aux dispositions prévues entre les États membres en matière de recouvrement des créances fiscales, de coopération administrative et de lutte contre la fraude, l'assujetti doit en informer l'administration par écrit en précisant l'identité du tiers ou du client ainsi mandaté, et les factures concernées doivent être émises dès la réalisation de la livraison ou de la prestation (CGI, ann. II, art. 242 nonies, I, mod. D. n° 2013-346, 24 avr. 2013). Dans ce cas, le mandat ne peut être tacite[13].

La facture doit être émise dès la réalisation de la vente ou de la prestation de services au sens de l'article 289, I, 3 du CGI (C. com., art. L. 441-9, I, al. 2). Ce renvoi par la législation économique au droit fiscal, issu de l'ordonnance du 24 avril 2019 précitée, marque l'alignement des deux législations[14]. Désormais, le fait générateur de la facture intervient lors de la livraison du bien ou de l'achèvement de la prestation, comme en droit fiscal[15], indépendamment du transfert de propriété.

La facture doit être émise dès la réalisation de la vente ou de la prestation de services (C. com., art. L. 441-3, al. 2 ; CGI, art. 289, I, 3, al. 1er). Pour les livraisons intracommunautaires de biens exonérées et les prestations de services pour lesquelles la

(11) *Mémento Lefebvre Concurrence consommation*, op. cit., n° 59020.

(12) *BOFiP*, BOI-TVA-DECLA-30-20-10-30, n° 110.

(13) *BOFiP*, BOI-TVA-DECLA-30-20-10-30, n° 260.

(14) V. Fr. Ferragu et E. Cayrel, *Obligations de facturation entre professionnels : pour un meilleur alignement des législations fiscale et commerciale* : *Dr. fisc.* 17 déc. 2020, n° 51-52, act. 456.

(15) Ou du moins, conformément à la position de l'administration fiscale qui assimile le fait générateur de la facture et le fait générateur de l'impôt (V. *BOFiP*, BOI-TVA-DECLA-30-20-10-40, n° 1).

taxe est autoliquidée par le preneur, la facture doit être délivrée au plus tard le 15 du mois suivant le fait générateur (CGI, art. 289, I, 3, al. 2 ; C. com., art. L. 441-9, I, al. 2)[16]. Par exception, les entreprises qui réalisent des opérations fréquentes au profit d'un même client pour lesquelles la taxe devient exigible au cours d'un même mois civil sont autorisées à émettre des factures périodiques ou récapitulatives[17] ; dans ce cas, l'entreprise devra établir la facture au plus tard à la fin du mois considéré (CGI, art. 289, I, 3, al. 3 ; C. com., art. L. 441-9, I, al. 2)[18]. Lorsqu'une vente donne lieu au paiement d'un acompte, il est nécessaire d'établir une facture le constatant, sauf pour les livraisons intracommunautaires de biens exonérées (CGI, art. 289, I, 1, *c*). La règle vaut également en droit privé, étant donné que la vente peut être considérée comme ayant été « réalisée » au moment du versement de l'acompte (simplement, la facture ne comportera pas de TVA puisque l'exigibilité de la TVA pour une livraison de biens se situe au jour de la livraison, CGI, art. 269, 2, *a*). Lorsqu'il s'agit d'une prestation de services, une facture d'acompte devra également être éditée au moment de l'achèvement de la prestation (dans ce cas, la facture comprendra de la TVA, puisque l'exigibilité de la taxe pour une prestation de services se situe au moment du paiement du prix ou de l'encaissement des acomptes ; CGI, art. 269, 2, *c*)[19].

84. - Forme de la facture. Traditionnellement, les factures sont établies sur support papier, mais il est également admis qu'elles puissent être transmises par voie télématique. Il existe désormais une stricte équivalence entre les factures « papier » et « électroniques »[20].

En principe, pour qu'une facture soit une facture électronique, il faut que l'intégralité du processus de facturation soit électronique, mais l'administration admet qu'une facture *créée sur papier puis numérisée pour être envoyée et reçue de façon électronique* (par courriel ou *via* un réseau sécurisé) puisse être considérée comme facture électronique[21], sous réserve d'être sécurisée au moyen d'une signature électronique (LPF, art. A. 102 B-2). L'émetteur sera dispensé de conserver la facture papier dès lors qu'il sécurise et conserve la facture numérisée conformément aux dispositions de l'article A. 102 B-2 du Livre des procédures fiscales[22].

Pour la conservation des factures de vente *créées sous forme informatique et transmises sur support papier*, les entreprises ont deux possibilités : 1/ soit elles conservent un double papier de la facture transmise, ce qui suppose l'impression de deux documents (l'original de la facture destiné au client et son double papier qui doit être archivé par le fournisseur) ; 2/ soit elles conservent les factures de vente créées sous

(16) L. n° 2014-344, 17 mars 2014, relative à la consommation, art. 137.

(17) *BOFiP*, BOI-TVA-DECLA-30-20-10-40, n° 80.

(18) L. n° 2014-344, 17 mars 2014, relative à la consommation, art. 137, préc.

(19) Pour les acomptes encaissés à compter du 1er janvier 2023, la date d'exigibilité de la TVA se situe au jour de l'encaissement (L. fin. 2022, n° 2021-1900, 30 déc. 2021, art. 30).

(20) L. fin. rect. 2012, n° 2012-1510, 29 déc. 2012, art. 62, préc. ; L. Chetcuti et Ph. Neau-Leduc, *Les dernières évolutions en matière de facturation électronique : la facture devient un jeu de piste… : Dr. fisc.* 2013, n° 7, étude 151. – L. Poigt, *Facturation et TVA : de nouvelles perspectives à compter du 1er janvier 2013. Papier ou « zéro » papier : une liberté surveillée ! : FRC* 1/13, p. 7.

(21) Tolérance administrative prolongée jusqu'au 1er janvier 2019 pour les PME et jusqu'au 1er janvier 2020 pour les micro-entreprises, *BOFiP*, BOI-TVA-DECLA-30-20-30-10, n° 95.

(22) Le récepteur de la facture sera, pour sa part, considéré comme ayant reçu une facture électronique. Il devra donc conserver la facture ainsi reçue, uniquement sous format dématérialisé, conformément aux dispositions de l'article 96 F bis de l'annexe III au CGI (*BOFiP*, BOI-TVA-DECLA-30-20-30-10, n° 90).

forme informatique et transmises sur support papier dans les conditions de l'article A. 102 B-2 du LPF précité[23].

Les factures établies sur support papier sont rédigées en double exemplaire, chacune des parties conservant un exemplaire dans la limite de durée prévue par les dispositions applicables du Code général des impôts (C. com., art. L. 441-9, I, al. 3). En fiscalité, l'assujetti à la TVA doit conserver un double de toutes les factures émises (CGI, art. 289, I, 4).

Les assujettis à la TVA peuvent émettre leurs factures sous une forme électronique, quelle qu'elle soit, à condition que le destinataire l'accepte (CGI, art. 289, VI). L'acceptation peut être tacite, par exemple lorsque l'acquéreur et le preneur traitent ou acquittent la facture ainsi reçue ou, à défaut, par l'octroi d'un délai raisonnable pour exiger une facture papier[24]. D'une manière générale, l'authenticité de l'origine, l'intégrité du contenu et la lisibilité de la facture doivent être assurées à compter de son émission et jusqu'à la fin de sa période de conservation (CGI, art. 289, V). S'agissant des factures électroniques, plusieurs solutions techniques sont proposées aux contribuables ; ils peuvent recourir à la « signature électronique qualifiée » émanant d'une personne physique agissant pour le compte d'une personne physique ou morale qu'elle représente (CGI, art. 289-VII, 2° ; CGI, ann. III, art. 96 F et F bis), utiliser la procédure de « cachet électronique qualifié » au sens du règlement (UE) n° 910/2014, dit règlement « eIDAS » (CGI, art. 289-VII, 4°[25] ; CGI, ann. III, art. 96 F ter et F quater[26]), ou créer une facture qui prend la forme d'un message structuré (par ex. : échange informatisé de données, « EDI ») non directement lisible, qui peut être traité automatiquement et de manière univoque par les ordinateurs distants (CGI, art. 289-VII, 3° ; CGI, ann. IV, art. 41 septies). Mais la facture peut aussi être présentée sous forme de fichier (type Word, PDF, HTML ou XML) transmis par voie électronique au moyen de tout procédé assurant son authenticité et son intégrité, dès lors que des contrôles documentés et permanents sont mis en place par l'entreprise et permettent d'établir une piste d'audit fiable entre la facture émise ou reçue et la livraison de biens ou prestation de services qui en est le fondement (CGI, art. 289-VII, 1°).

En ce qui concerne les titulaires ainsi que les sous-traitants admis au paiement direct de contrats conclus par l'État, les collectivités territoriales et les établissements publics, la transmission des factures par voie électronique devient une obligation à compter du 1er janvier 2017 pour les grandes entreprises et les personnes publiques, du 1er janvier 2018 pour les entreprises de tailles intermédiaires, du 1er janvier 2019 pour les petites et moyennes entreprises, et du 1er janvier 2020 pour les micro-entreprises[27]. Ces factures doivent en outre être conformes à la « norme européenne sur la facture électronique »[28].

(23) *BOFiP*, BOI-CF-COM-10-10-30-20, nos 10 et 30.

(24) *BOFiP*, BOI-TVA-DECLA-30-20-30-10, n° 190.

(25) L. fin. 2023, n° 2022-1726, 30 déc. 2022, art. 62. Le cachet électronique consiste en des données sous forme électronique, qui sont jointes ou associées logiquement à d'autres données sous forme électronique pour garantir l'origine et l'intégrité de ces dernières (Règl. « eIDAS », art. 3, pt 25).

(26) D. n° 2023-377, 16 mai 2023. V. Th. Le Boucher, *Signature électronique : mise en conformité avec le règlement européen eIDAS* : *Dr. fisc.* 2023, n° 22-23, act. 181.

(27) Ord. n° 2014-697, 26 juin 2014, relative au développement de la facturation électronique, art. 1er et 3.

(28) Dir. 2014/55/UE, 16 avr. 2014. L'entrée en vigueur est toutefois progressive (V. L. n° 2019-4836, 22 mai 2019, relative à la croissance et la transformation des entreprises, art. 193).

Le 1er janvier 2023 au plus tôt, et le 1er janvier 2025 au plus tard, les factures des transactions entre assujettis à TVA devront être émises sous forme électronique et les données y figurant seront transmises à l'administration aux fins de contrôle[29]. Le calendrier et les modalités d'application de la réforme seront fixés par décret en fonction, notamment, de la taille et du secteur d'activité des entreprises concernées. À cette fin, le gouvernement est habilité à prendre par voie d'ordonnance, dans un délai de neuf mois à compter de la publication de la loi de finances pour 2021, toute mesure nécessaire permettant la généralisation du recours à la facturation électronique (e-invoicing) et la transmission dématérialisée à l'administration fiscale d'informations complémentaires qui ne figurent pas sur les factures (e-reporting)[30]. L'ordonnance n° 2021-1190 du 15 septembre 2021 a défini le cadre juridique de la généralisation de la facturation électronique dans les transactions entre assujettis établis en France (B2B) (e-invoicing), ainsi que de la transmission de données complémentaire (e-reporting)[31]. Le Conseil de l'Union européenne autorise la France à déroger à la directive TVA afin de mettre en œuvre la généralisation de la facturation électronique à compter de 2024[32]. La loi de finances rectificative pour 2022[33] prévoit que tous les assujettis sont tenus à une obligation de **réception** des factures électroniques à compter du 1er juillet 2024. L'obligation d'**émission** de factures électroniques s'applique : le 1er juillet 2024 pour les grandes entreprises et les groupes TVA ; le 1er janvier 2025 pour les entreprises de taille intermédiaire ; le 1er janvier 2026 pour les PME et les microentreprises. Enfin, un décret du 7 octobre 2022[34] et son arrêté d'application du même jour[35] définissent les caractéristiques techniques de la transmission des données ainsi que des factures électroniques, et fixent les conditions et modalités d'immatriculation des plateformes de dématérialisation partenaires (« PDP »)[36].

À noter : L'entrée en vigueur du dispositif, prévue le 1er juillet 2024, serait reportée[37].

Quelle que soit la forme de la facture, « papier » ou « électronique », l'authenticité de l'origine, l'intégrité du contenu et la lisibilité de la facture doivent être assurées à compter de l'émission et jusqu'à la fin de sa période de conservation (CGI, art. 289-V). Lorsque la facture est émise sous forme papier, ou sous une forme électronique autre que celles exposées à l'alinéa précédent, l'entreprise doit mettre en place des contrôles documentés et permanents qui permettent d'établir une piste d'audit fiable entre la facture émise ou reçue et la livraison de biens ou la prestation de services qui en est le fondement (CGI, art. 289, VII, 1°).

(29) L. fin. 2020, n° 2019-1479, 28 déc. 2019, art. 153 : *Dr. fisc.* 2020, n° 1, comm. 37, obs. R. Gouyet. – D. Falco, *Obligation de recourir à la facturation électronique pour les assujettis à la TVA : le préalable à un nouveau dispositif de lutte contre la fraude ?* : *Dr. fisc.* 2020, n° 22, étude 246.

(30) L. fin. 2021, n° 2020-1721, 29 déc. 2020, art. 195.

(31) C. Frackowiak, *Généralisation de la facturation électronique : premier jalon d'un rendez-vous à ne pas manquer* : *Dr. fisc.* 2021, n° 41, étude 386.

(32) Cons. UE, déc. exécution (UE) n° 2022/133, 25 janv. 2022 : *JOUE* n° L 20, 31 janv. 2022.

(33) L. fin. rect. 2022, n° 2022-1157, 16 août 2022, art. 26.

(34) D. n° 2022-1299, relatif à la généralisation de la facturation électronique dans les transactions entre assujettis à la taxe sur la valeur ajoutée et à la transmission des données de transaction : *JO* 9 oct. 2022, texte n° 3.

(35) A. NOR : ECOE2218934A, relatif à la généralisation de la facturation électronique dans les transactions entre assujettis à la taxe sur la valeur ajoutée et à la transmission des données de transaction : *JO* 9 oct. 2022, texte n° 4.

(36) V. C. Franckowiak, *Facturation électronique : patience et longueur de temps…* : *Dr. fisc.* 2022, n° 41, étude 359.

(37) DGFiP, communiqué n° 1073, 28 juill. 2023 ; *Dr. Fisc.* 2023, n° 35, act. 325.

85. – Contenu de la facture. La facture comporte trois parties distinctes : l'en-tête (identification de l'émetteur du document), la « zone de référence » (identification du destinataire de la facture), et le « corps » du document (objet, désignation, conditions). Elle comporte des mentions obligatoires (CGI, ann. II, art. 242 nonies A, I mod. D. n° 2022-1033, 20 juill. 2022, art. 1 ; C. com., art. L. 441-9, I, al. 4 à 6, R. 123-237 et R. 123-238 mod. D. n° 2022-725, 28 avr. 2022, art. 1), qui peuvent le cas échéant être complétées par des mentions facultatives (il s'agit essentiellement des conditions de vente ou de paiement, ainsi que des conditions de transport ou de consignation et de retour des emballages). Afin d'en faciliter la lecture et de permettre la comparaison entre les obligations juridiques et fiscales des entreprises, les mentions obligatoires des factures seront présentées sous forme de tableau.

Ces éléments d'information sont essentiels en matière fiscale ; une facture insuffisamment renseignée ne permettra pas au contribuable de prouver sa dépense, que ce soit pour la détermination du bénéfice imposable ou pour le calcul de la TVA déductible. La jurisprudence est rigoureuse, mais pas fermée. Ainsi par exemple, il a été jugé en matière de TVA que si le nom du débiteur n'apparaît pas sur la facture, l'assujetti ne peut déduire la taxe qui y est mentionnée que s'il apporte la preuve, par tout moyen, de son règlement[38].

De la même manière, il a été jugé que si la facture doit être libellée dans la monnaie nationale de l'État membre où se situe la livraison (Dir. 2006/112/CE, art. 230) – donc en euros s'agissant de la France (CGI, art. 289, IV) –, la seule circonstance que l'assujetti serait en possession d'une facture mentionnant la taxe dans une autre monnaie n'entraîne pas nécessairement la remise en cause de la validité de cette facture pour l'exercice du droit à déduction[39].

MENTIONS OBLIGATOIRES	OBLIGATION JURIDIQUE (OPÉRATIONS ENTRE PROFESSIONNELS)	OBLIGATION FISCALE (OPÉRATIONS PAR DES ASSUJETTIS)
Nom (ou dénomination sociale ou raison sociale) et adresse (ou lieu du siège social) des parties (vendeur ou prestataire, client) (1) (2).	C. com., art. L. 441-9, I, al. 4 C. com., art. R. 123-237, 3° et 8°	CGI, ann. II art. 242 nonies A, I, 1°
Forme sociale du vendeur ou du prestataire (3)	C. com., art. R. 123-238	
Numéro d'immatriculation au RCS (ainsi que la ville où se trouve le greffe du tribunal de commerce) (4)	C. com., art. R. 123-237, 1° et 2°	
Mention d'un « état de liquidation »	C. com., art. R. 123-237, 4°	
Mention d'une location-gérance de fonds de commerce ou d'une gérance par un mandataire	C. com., art. R. 123-237, 6°	

(38) CE, 26 mars 2012, n° 326333, *Sté CERP Lorraine : Dr. fisc.* 2012, n° 22, comm. 318, concl. D. Hédary. La même règle s'applique aux factures rectificatives ou aux notes d'avoir qui sont assimilées à des factures ; elles doivent contenir toutes les mentions obligatoires mais le contribuable peut établir le bien-fondé de sa demande en produisant les pièces qui permettent de l'établir (CE, 12 juill. 2021, n° 433977, *SAS Linpac Packaging Provence : RJF* 11/21, n° 1012, concl. L. Cytermann, C 1012).

(39) TA Montreuil, 16 févr. 2016, n°s 1503203, 1503906, 1503909 et 1503911, *Sté Computacenter AG & Co : Dr. fisc.* 2016, n° 13, comm. 256, note A.-S. Bechade et Ch.-H. Petit.

MENTIONS OBLIGATOIRES	OBLIGATION JURIDIQUE (OPÉRATIONS ENTRE PROFESSIONNELS)	OBLIGATION FISCALE (OPÉRATIONS PAR DES ASSUJETTIS)
Date de délivrance de la facture (facture papier) ou de son émission (facture électronique)		CGI, ann. II, art. 242 nonies A, I, 6°
Date de la vente ou de la prestation	C. com., art. L. 441-9, I, al. 4	CGI, ann. II, art. 242 nonies A, I, 10°
Numéro individuel d'identification à la TVA (5)		CGI, ann. II, art. 242 nonies A, I, 2° et 5°
Mention « Membre d'un assujetti unique » (6)		CGI, ann. II, art. 242 nonies A, I, 5° bis
Mention du bénéfice d'un « contrat d'appui »	C. com., art. R. 123-237, 7°	
Numéro de la facture (numéro unique basé sur une séquence chronologique et continue)		CGI, ann. II, art. 242 nonies A-I, 7°
Pour chaque bien livré ou prestation effectuée, dénomination précise, quantité et prix unitaire HT	C. com., art. L. 441-9, I, al. 4	CGI, ann. II, art. 242 nonies A, I, 8°
Pour chaque bien livré ou prestation effectuée, taux de TVA légalement applicable (ou mention d'une exonération)		CGI, ann. II, art. 242 nonies A, I, 8°
Pour l'ensemble de la facture, montant de TVA à payer et, par taux d'imposition, total HT et taxe correspondante, et : – en cas d'exonération : mention pertinente du CGI ou de la directive 2006/112/CE relative au système commun de TVA du 28 novembre 2006 (5) ; – en cas de régime particulier : mention « Autoliquidation », ou « Autofacturation », ou « Régime particulier – Agences de voyages », ou « Régime particulier – Objets d'art » ou « Régime particulier – Objets de collection et d'antiquité »		CGI, ann. II, art. 242 nonies A, I, 11° à 16°

MENTIONS OBLIGATOIRES	OBLIGATION JURIDIQUE (OPÉRATIONS ENTRE PROFESSIONNELS)	OBLIGATION FISCALE (OPÉRATIONS PAR DES ASSUJETTIS)
Rabais, remises, ristournes ou escomptes acquis et chiffrables à la date de la vente ou de la prestation et directement liés à elle (7)	C. com., art. L. 441-9, I, al. 5	CGI, ann. II, art. 242 nonies A, I, 9°
Date du règlement de la facture	C. com., art. L. 441-9, I, al. 5	
Conditions d'escompte (paiement anticipé)	C. com., art. L. 441-9, I, al. 5	
Taux des pénalités de retard	C. com., art. L. 441-9, I, al. 5	
Mention du bon de commande préalablement établi par l'acheteur (8)	C. com., art. L. 441-9, I, al. 6	
Éco-contribution (9)	C. envir., art. L. 541-10-2	

(1) Les personnes physiques qui ont constitué un patrimoine affecté en application de l'article L. 526-6 du Code de commerce (EIRL) doivent mentionner l'objet de l'activité professionnelle à laquelle le patrimoine est affecté et la dénomination utilisée pour l'exercice de cette activité en incorporant leur nom ou nom d'usage précédé ou suivi immédiatement des mots « entrepreneur individuel à responsabilité limitée » ou des initiales « EIRL » (C. com., art. R. 123-237, 8°). Celles qui relèvent du statut d'entrepreneur individuel défini aux articles L. 526-22 à L. 526-26 du Code de commerce doivent mentionner la dénomination utilisée pour l'exercice de l'activité professionnelle incorporant leur nom ou nom d'usage précédé ou suivi immédiatement des mots : « entrepreneur individuel » ou des initiales : « EI » (C. com., art. R. 123-237, 9°).

(2) La facture mentionnera l'adresse de facturation si elle est différente (C. com., art. L. 441-9, I, al. 4).

(3) Le ministère public ainsi que tout intéressé peuvent demander au président du tribunal statuant en référé d'enjoindre sous astreinte au représentant de la société (SARL, SA, SAS, SCA, SE) de mentionner la forme sociale, la dénomination sociale ainsi que le montant du capital social (C. com., art. L. 238-3).

(4) Depuis le 1er janvier 2023, les commerçants doivent également s'inscrire auprès du Registre national des entreprises (RNE), registre unique et intégralement dématérialisé, confié à l'INPI, via un guichet unique numérique (L. « Pacte » n° 2019-486, 22 mai 2019, art. 2 ; Ord. n° 2121-1189, 15 septembre 2021 portant création du RNE ; D. n° 2022-1014 et n° 2022-1015 du 19 juillet 2022).

(5) Les factures inférieures à 150 € HT sont dispensées de cette mention (CGI, ann. II, art. 242 nonies A, II). Toutefois, cette dispense ne s'applique pas aux factures relatives à des ventes à distance ou à des livraisons intracommunautaires de biens. Elle ne s'applique pas non plus aux opérations visées à l'article 289-0, II, 1° du CGI pour lesquelles le client établi dans un autre État membre doit autoliquider la taxe (elles bénéficient alors d'une mesure de simplification propre : les factures peuvent ne pas mentionner le prix unitaire hors taxe, le taux de la taxe, son montant ainsi que les remises, rabais, ristournes ou escomptes). Le Code de commerce fait le lien avec le CGI (C. com., art. L. 441-9, I, al. 2).

(6) Lorsque la livraison ou la prestation est effectuée par le membre d'un assujetti unique d'un « groupe TVA » (L. fin. 2021, n° 2020-1721, 29 déc. 2020, art. 162 ; CGI, art. 256 C nouveau), les mentions suivantes doivent figurer sur les factures, en sus de celles déjà prévues : la mention « Membre d'un assujetti unique » ; certains éléments afférents à l'assujetti unique (nom, adresse, numéro individuel d'identification) (D. n° 2022-1033, 20 juill. 2022 : *Dr. fisc.* 2022, n° 31, act. 317).

(7) L'obligation de mentionner sur la facture les réductions de prix acquises à la date de la vente n'interdit pas d'y faire figurer les remises conditionnelles (Cass. com., 6 sept. 2011, n° 10-17.963 : *RJDA* 1/12, n° 85).

(8) Les producteurs et distributeurs d'équipements électriques et électroniques ménagers doivent, jusqu'au 1er janvier 2020, faire apparaître, en sus du prix HT, le coût de l'élimination de ces déchets (« éco-contribution ») qu'ils refacturent à leurs clients.

(9) Disposition issue de l'ordonnance n° 2019-359 du 24 avril 2019 (art. 1).

86. - Conservation de la facture. Elle est nécessaire, notamment afin de permettre l'exercice du droit de contrôle des administrations fiscales ou économiques. Deux questions se posent : l'une relative au mode de conservation des factures, l'autre à leur délai de conservation.

Selon le Plan comptable général : « Chaque écriture s'appuie sur une pièce justificative datée, établie sur papier ou sur un support assurant la fiabilité, la conservation et la restitution en clair de son contenu pendant les délais requis » (PCG, art. 922-2, al. 1). Le Code de commerce, qui autrefois ne précisait pas les conditions d'archivage de la facture, renvoie désormais au Code général des impôts pour ce qui est de la durée de conservation (C. com., art. L. 441-9, al. 3), soit six ans[40].

Fiscalement en effet, les pièces justificatives d'origine relatives à des opérations ouvrant droit à déduction en matière de taxes sur le chiffre d'affaires doivent être *conservées pendant six ans dans leur forme et contenu originel* par l'entreprise chargée de la facturation ainsi que par l'entreprise destinataire de la facture (LPF, art. L. 102 B, I, al. 4 ; CGI, ann. III, art. 96, I). Les livres, registres, documents ou pièces établis ou reçus sur support informatique, doivent nécessairement être conservés sous cette forme pendant six ans (LPF, art. L. 102 B, I, al. 2)[41]. Les documents ou pièces établis ou reçus sur support papier peuvent désormais être conservés sur support informatique après avoir été numérisés ou sur support papier, au choix de l'entreprise (LPF, art. L. 102 B, I, al. 3)[42].

Également, les documents permettant de s'assurer d'une *piste d'audit fiable* entre la facture émise ou reçue et la livraison de biens ou la prestation de services (CGI, art. 289, VII, 1° ; V. *supra*, n° 84) doivent être conservés pendant six ans, et l'entreprise reste libre dans le choix du support (papier ou électronique), quelle que soit leur forme originelle (LPF, art. L. 102 B, I bis)[43].

C. - Les sanctions applicables[44]

87. - Sanctions prévues par le Code général des impôts. L'article 1737, I du CGI prévoit que les professionnels qui ont travesti ou dissimulé l'identité ou l'adresse de leurs fournisseurs ou de leurs clients, les éléments d'identification de l'article 289 du CGI ou accepté l'utilisation d'une identité fictive[45], qui se rendent coupables de

(40) Il est toutefois recommandé de conserver les factures pendant dix ans étant donné que le Code de commerce impose de conserver les pièces comptables et les pièces justificatives pendant ce délai (C. com., art. L. 123-22).

(41) L. fin. 2023, n° 2022-1726, 30 déc. 2022, art. 65.

(42) L. fin. rect. 2016, n° 2016-1918, 29 déc. 2016, art. 16. Un arrêté du 22 mars 2017 fixe les modalités de numérisation des pièces justificatives (LPF, art. A. 102 B-2).

(43) L. n° 2014-1545, 20 déc. 2014, de simplification de la vie des entreprises, art. 33 : *Dr. fisc.* 2015, n° 7-8, comm. 149, obs. C. Moroni Seror.

(44) J. Bertrandon, *Les délits liés aux facturations* : *RF compt.* nov. 2006, n° 393, p. 14.

(45) L'administration peut donc mettre l'amende à la charge de la personne qui a délivré la facture ou à la charge de la personne destinataire de la facture (CE, 19 déc. 2019, n° 423263, *Sté DMS* : *Dr. fisc.* 2020, n° 14, comm. 219, concl. L. Cytermann). En revanche, il n'est pas possible de pénaliser le client au seul

fausses factures, ou encore de ventes sans factures, encourent une amende fiscale égale à 50 % du montant de la transaction.

L'amende prévue à l'article 1737, I, 1° du CGI (fausse identité) présente bien le caractère d'une accusation en matière pénale, mais sa fixation en proportion des sommes qui font l'objet de l'infraction ne contrevient pas à l'article 6, § 1 de la Convention EDH[46].

À la suite d'une QPC[47] en ce qui concerne l'article 1737, I, 3° (absence de facture), le Conseil constitutionnel s'est prononcé pour l'inconstitutionnalité de l'amende fiscale, tout en reportant au 31 décembre 2021 la date d'abrogation[48]. Désormais, l'amende fiscale de 50 % du montant de la transaction (5 % si la transaction a bien été comptabilisée) *au cas de défaut de facturation* (ou de la note prévue par l'article 290 quinquies du CGI)[49], est plafonnée à 375 000 € par exercice (37 500 € si la transaction a bien été comptabilisée)[50].

L'absence de facturation ou l'émission de fausse facture constitue, en outre, une circonstance aggravante du délit de fraude fiscale (V. *infra*, n° 99).

De son côté, l'article 1737, II du Code général des impôts précise que toute omission ou inexactitude d'une mention visée à l'article 289 du même code (ou de l'article 290 quinquies) donne lieu à l'application d'une amende de 15 € pour chaque omission ou inexactitude, y compris lorsque la mention est facultative[51], sans toutefois que le montant des amendes dues au titre de chaque facture ou document puisse excéder le quart du montant qui y est ou aurait dû y être mentionné.

Les amendes prévues aux I et II de l'article 1737 du CGI précité ne sont pas cumulables[52]. Le juge ne dispose pas du pouvoir de modulation des sanctions liées aux règles de facturation, mais il peut apprécier leur juste *proportionnalité* sur le fondement du paragraphe 1 de l'article 6 de la Convention EDH[53].

motif qu'il a payé la facture à un tiers qui apparaît comme le bénéficiaire effectif du règlement (CE, 16 juin 2023, n° 454258, *Sté Finrec : Dr. fisc.* 2023, n° 30-34, act. 297, obs. L. Erstein).

(46) CE, 24 sept. 2014, n° 361330, *SARL Baranco : Dr. fisc.* 2015, n° 3, comm. 61, concl. D. Hédary.

(47) CE, 24 févr. 2021, n° 443476, *Sté KF3 Plus : Dr. fisc.* 2021, n° 14, comm. 211, concl. C. Guibé.

(48) Cons. const., 26 mai 2021, n° 2021-908 QPC, *Sté KF3 Plus : Dr. fisc.* 2021, n° 27, comm. 311, note M. Pelletier. Le Conseil constitutionnel a également été saisi d'une QPC en ce qui concerne l'article 1737, I, 1° (fausse identité) (CE, 19 juill. 2021, n° 453359, *Sté Décor Habitat 77 : Dr. fisc.* 2021, n° 37, comm. 362, concl. É. Bokdam-Tognetti). Le Conseil constitutionnel s'est prononcé dans ce cas pour la constitutionnalité de cette disposition (Cons. const., 21 oct. 2021, n° 2021-942 QPC).

(49) Selon ce texte : « Toute prestation de services comprenant l'exécution de travaux immobiliers, assorties ou non de vente, fournie à des particuliers par un redevable de la taxe sur la valeur ajoutée, doit faire l'objet d'une note mentionnant l'adresse des parties, la nature et la date de l'opération effectuée, le montant de son prix et le montant de la taxe sur la valeur ajoutée. L'original de la note est remis au client au plus tard lors du paiement du solde du prix ; le double est conservé par le prestataire dans la limite du droit de reprise de l'administration ».

(50) L. fin. 2022, n° 2021-1900, 30 déc. 2021, art. 142. Selon le Conseil d'État, dès lors que les amendes prévues à l'article 1737, I, 3° du CGI au cas d'absence de facture ont été rendues moins sévères par la loi de finances pour 2022, il appartient au juge de faire application de cette loi répressive plus douce aux auteurs d'infractions commises avant son entrée en vigueur (CE, 7 oct. 2022, n° 443476, *Sté KF3 Plus : Dr. fisc.* 2022, n° 41, act. 373).

(51) CE, 21 mai 2014, n° 364610, *Sté Garage Boileau Lagache : Dr. fisc.* 2014, n° 26, comm. 409, concl. N. Escaut (mention erronée de l'option pour les « débits » en matière de TVA).

(52) CAA Lyon, 5e ch., 26 oct. 2011, n° 10LYO1245, *SARL Allo viandes : RJF* 3/12, n° 267.

(53) CAA Versailles, 6 mars 2014, n° 11VE00625, *Sté Edenred France : Dr. fisc.* 2015, n° 6, act. 76, obs. A. Moraine et R. Dayan.

Les amendes de 5 % pour défaut de facturation (CGI, art. 1737, I) et de 15 € en cas d'omission ou d'inexactitude dans les factures (CGI, art. 1737, II) ne sont pas applicables en cas de première infraction commise au cours de l'année civile en cours et des trois années précédentes lorsque celle-ci a été réparée spontanément ou dans les trente jours d'une première demande de l'administration (CGI, art. 1737, V).

À la suite d'une QPC[54], l'article 1737, II, dans sa rédaction issue de l'article 13 de l'ordonnance n° 2005-1512 du 7 décembre 2005, a été validé par le Conseil constitutionnel[55].

88. - Sanctions prévues par le Code de commerce. Selon l'article L. 441-9, II du Code de commerce, la méconnaissance de l'article L. 441-9, I est punie d'une amende administrative[56] de 75 000 € au maximum pour une personne physique et de 375 000 € pour une personne morale (al. 1). L'amende peut être portée à 150 000 € pour une personne physique et 750 000 € pour une personne morale en cas de réitération du manquement dans un délai de deux ans à compter de la date à laquelle la première décision de sanction est devenue définitive (al. 2). L'article R. 123-237 du Code de commerce prévoit aussi que toute contravention à ses dispositions est punie de l'amende pour les contraventions de la quatrième classe (V. *supra*, Tableau n° 85).

§ 2. - Les livres de comptes

89. - Présentation. Les opérations réalisées par l'entreprise sont reportées quotidiennement sur des livres comptables. Les entreprises commerciales doivent obligatoirement tenir un livre-journal et un grand livre (A), selon certaines modalités et sous la menace de certaines sanctions (B). Ces règles ont dû être précisées et adaptées pour tenir compte des comptabilités informatisées (C). Au plan fiscal, les livres comptables ne doivent pas figurer dans la déclaration de résultats, mais l'administration peut en obtenir communication (LPF, art. L. 85)[57].

A. - Les livres obligatoires

90. - Organisation comptable. Aux termes de l'article R. 123-173, alinéa 1er du Code de commerce, repris à l'article 912-1, alinéa 1er du Plan comptable général : « Toute entité tient obligatoirement un livre-journal et un grand livre ». Le livre d'inventaire est supprimé pour les exercices ouverts depuis le 1er janvier 2016 (V. *infra*, n° 97).

(54) CE, 14 avr. 2023, n° 470761, *Sté Angelini Filliat : Dr. fisc.* 2023, n° 16, act. 138.

(55) Cons. const., 16 juin 2023, n° 2023-1054 QPC : *Dr. fisc.* 2023, n° 25, act. 203.

(56) Depuis le 1er octobre 2019, la méconnaissance des règles de facturation prévues à l'article L. 441-9, I du Code de commerce est passible d'une sanction administrative et non plus pénale (Ord. n° 2019-359, 24 avr. 2019, art. 1). Cette évolution a pour but d'accroître le caractère dissuasif en renforçant l'effectivité de la sanction.

(57) Le droit de communication est conçu largement : « Les contribuables soumis aux obligations comptables du Code de commerce doivent communiquer à l'administration, sur sa demande, les livres, les registres et les rapports dont la tenue est rendue obligatoire par le même code ainsi que tous documents relatifs à leur activité » (LPF, art. L. 85 mod. L. fin. rect. 2014, n° 2014-1655, 29 déc. 2014 [art. 21], applicable aux droits de communication exercés à compter du 1er janvier 2015). Sur l'interprétation extensive du texte par le Conseil d'État avant sa modification : CE, 11 avr. 2014, n° 354314, *Senaux : RJF* 7/14, n° 705. – H. Zapf et J.-P. Laval, *Droit de communication : nature des documents communicables : BF* 11/14, p. 605. Sur le refus de transmettre au Conseil constitutionnel une QPC qui soulevait l'atteinte à la vie privée résultant de la transmission des documents comptables et des justificatifs des charges et des dettes. – CE, 14 oct. 2015, n° 391872, *M. Chognon : Dr. fisc.* 2015, n° 45, comm. 667, concl. N. Escaut.

Cette organisation comptable constitue l'obligation comptable minimum ; elle s'applique quel que soit le système comptable utilisé et le régime fiscal applicable. Les « micro-entreprises » bénéficient d'obligations comptables allégées (V. *infra*, nos 171 et s.). Les livres obligatoires peuvent être tenus sous format électronique, y compris désormais le grand livre (C. com., art. R. 123-173, al. 3)[58]. Dans ce cas, ils n'ont plus à être numérotés mais doivent toujours être identifiés et datés dès leur établissement par des moyens offrant toute garantie en matière de preuve (C. com., art. R. 123-173, al. 3, préc.)[59].

1° Le livre-journal

91. – Journal (unique). Le journal constitue la mémoire de l'entreprise : chaque opération y est systématiquement reportée. Selon l'article L. 123-12 du Code de commerce :

> « Toute personne physique ou morale ayant la qualité de commerçant doit procéder à l'enregistrement comptable des mouvements affectant le patrimoine de son entreprise ; ces mouvements sont enregistrés chronologiquement ».

L'article R. 123-174 du même code, repris à l'article 921-2 du Plan comptable général, ajoute :

> « Les mouvements affectant le patrimoine de l'entreprise sont enregistrés opération par opération et jour par jour pour le livre-journal ».

Bien que le nouveau plan comptable ne le précise plus expressément, les indications suivantes devront, pour chaque opération, figurer sur le livre-journal : le numéro de l'opération (les numéros se suivent chronologiquement), le numéro des comptes débités et crédités, la date et le libellé de l'opération, le montant de l'opération porté au débit et au crédit des comptes mouvementés. Compte tenu du principe de la comptabilité en partie double, le journal doit être équilibré : la somme totale portée au débit doit correspondre à la somme totale portée au crédit.

Exemple (HT)

Opération de vente au détail de marchandises le 23 mars (1 000 €)

NUMÉRO DE L'OPÉRATION	NUMÉRO DU COMPTE DÉBITÉ	NUMÉRO DU COMPTE CRÉDITÉ	DATE ET LIBELLÉ	DÉBIT	CRÉDIT
			23 mars		
1		707	Vente de marchandises		1 000 €
	411		Client X	1 000 €	
2					
etc.					

(58) Mod. D. n° 2014-1063, 18 sept. 2014, relatif à la simplification de certaines obligations comptables applicables aux commerçants et diverses mesures de droit des sociétés, art. 3.
(59) Mod. D. n° 2014-1063, 18 sept. 2014, art. 3, préc.

92. - Journal général et journaux auxiliaires. Si les besoins du commerce l'exigent, l'entreprise peut créer des journaux « auxiliaires » (C. com., art. R. 123-176, al. 1er ; PCG, art. 912-2, al. 2). Le livre-journal ne disparaît pas, mais il est remplacé par plusieurs journaux « auxiliaires » ou « divisionnaires ». Chacun d'eux correspond à un type d'opération : achats, ventes, banque, caisse (il s'agit des recettes), opérations diverses (salaires, charges sociales, déclarations de TVA), etc. Tous les mois, le comptable doit procéder à une centralisation de ces différents journaux sur le journal général (C. com., art. R. 123-176, al. 2 ; PCG, art. 912-2, al. 3). D'une façon générale, chaque fois qu'une opération se renouvelle tous les jours, un journal auxiliaire doit être créé. Si l'opération ne se renouvelle qu'une ou deux fois par mois, elle sera enregistrée dans un journal des opérations diverses. Quels qu'ils soient, les journaux auxiliaires devront comporter certaines informations : date de l'opération, nature et référence de la pièce justificative, numéro et intitulé des comptes mouvementés, montant de l'opération.

Exemple (HT)

Un commerçant détaillant réalise les opérations suivantes au cours du mois de mars :

- 1er mars : ventes à la clientèle : 1 000 €.
- 10 mars : virement client X : 3 000 €.
- 25 mars : encaissement de la traite du client Y : 5 000 €.

Journal auxiliaire « Banque – recettes » (mars)

DATES	LIBELLÉ	MONTANT (DÉBIT)	COMPTES À CRÉDITER		
			VENTES	CLIENTS	EFFETS À RECEVOIR
01/03	Ventes du jour	1 000 €	1 000 €		
10/03	Virement client X	3 000 €		3 000 €	
25/03	Encaissement traite Y	5 000 €			5 000 €
31/03	TOTAUX	9 000 €	1 000 €	3 000 €	5 000 €

Centralisation sur le journal général (mars)

COMPTE	LIBELLÉ	SOLDE ANTÉRIEUR	SOLDE		TOTAL	
			DÉBIT	CRÉDIT	DÉBIT	CRÉDIT
512	Banque	/	9 000 €		9 000 €	
411	Clients	/		3 000 €		3 000 €
707	Vente marchandises	/		1 000 €		1 000 €
413	Clients – effets à recevoir	/		5 000 €		5 000 €

2° Le grand livre

93. - Grand livre (unique). Le « grand livre » est la synthèse de tous les comptes de l'entreprise. Concrètement, chaque opération enregistrée dans le livre-journal de l'entreprise doit être reportée sur le grand livre et ventilée selon le plan des comptes (C. com., art. R. 123-174 ; PCG, art. 912-2, al. 1er). Contrairement au journal, les opérations sont donc classées en fonction de leur numérotation comptable et ensuite seulement, à l'intérieur de chaque compte, de façon chronologique. Les renseignements suivants devront figurer dans chaque compte du grand livre : la date de l'opération, la page du journal où l'opération est inscrite afin d'en retrouver le libellé, le montant de l'opération placé au débit ou au crédit du compte, le nom du compte qui joue en contrepartie. Comme le journal dont il est issu, le grand livre doit être équilibré.

Exemple (HT)

Suite de l'exemple initié au n° 91

Compte n° 707 (Ventes de marchandises)

DATE	NUMÉRO DU JOURNAL	MONTANT		CONTREPARTIE	
		DÉBIT	CRÉDIT	DÉBIT	CRÉDIT
23 mars	1		1 000 €	1 000 € (Clients)	

Compte n° 411 (Clients)

DATE	NUMÉRO DU JOURNAL	MONTANT		CONTREPARTIE	
		DÉBIT	CRÉDIT	DÉBIT	CRÉDIT
23 mars	1	1 000 €			1 000 € (Ventes)

94. – Grand livre général et grands livres auxiliaires. En pratique, le grand livre se subdivise généralement en « grand livre général » et « grands livres auxiliaires ». Le grand livre auxiliaire représente l'ensemble des comptes de tiers individuels (clients et fournisseurs). L'avantage du grand livre auxiliaire est qu'il permet de connaître la position de l'entreprise vis-à-vis de chaque client et chaque fournisseur. Dans le grand livre général, au contraire, les comptes « fournisseurs » ou « clients » sont des comptes collectifs qui ne traduisent que la position générale de l'entreprise vis-à-vis de l'ensemble des fournisseurs ou des clients. En pratique, par conséquent, les écritures du journal affectant les comptes fournisseurs et clients doivent être passées deux fois : dans le grand livre général et dans le grand livre auxiliaire.

95. – La balance. Elle est le résumé du grand livre ; les soldes des comptes du grand livre sont reportés sur la balance et classés en fonction de la numérotation du Plan comptable général. La balance ne constitue pas un document obligatoire pour l'entreprise ; c'est un instrument de contrôle arithmétique dont se sert notamment le commissaire aux comptes. Ainsi, puisque la balance est le résumé du grand livre, qui ne fait lui-même que reprendre le journal, et que toute opération doit comporter deux écritures en sens inverse l'une de l'autre (principe de la partie double), on doit observer les correspondances suivantes :

NUMÉRO DU COMPTE	INTITULÉ DU COMPTE	MOUVEMENT		SOLDE	
		DÉBIT	CRÉDIT	DÉBIT	CRÉDIT
– Total des débits = Total des crédits – Total des mouvements (débits ou crédits) = Total du journal – Total des soldes débiteurs = Total des soldes créditeurs					

3° Le livre d'inventaire (supprimé)

96. - Notion. Contrairement aux deux précédents livres comptables qui sont tenus au jour le jour (ou centralisés tous les mois), le livre d'inventaire n'est établi qu'une fois par an, à l'issue de l'exercice comptable. En droit comptable, l'inventaire peut avoir plusieurs sens :

– il est parfois pris comme synonyme des comptes annuels ou du bilan. Tel est le cas s'agissant du délit de distribution de dividendes fictifs « en l'absence d'inventaire ou d'un inventaire frauduleux » (C. com., art. L. 242-6, 1°, pour les sociétés anonymes) ;

– le plus souvent, en pratique, l'inventaire désigne le recensement et l'évaluation de l'ensemble des éléments de l'exploitation ; c'est l'inventaire « matériel ». Aux termes de l'article R. 123-177 du Code de commerce tel que modifié par le décret n° 2015-903 du 23 juillet 2015 :

« L'inventaire est le contrôle annuel de l'existence et de la valeur de tous les éléments d'actif et de passif à la date de clôture [al. 1]. Les données d'inventaire sont conservées dans les conditions prévues à l'article L. 123-22 et organisées de manière à justifier le contenu et le mode d'évaluation de chacun des postes du bilan [al. 2] » ;

– l'inventaire comptable regroupe les éléments d'actif et de passif relevés lors de l'inventaire matériel, pour leur quantité et leur valeur (C. com., art. R. 123-177, al. 1 ancien ; PCG, art. 912-3, al. 1). Il est suffisamment détaillé pour justifier le contenu de chacun des postes du bilan (C. com., art. R. 123-177, al. 2 ancien ; PCG, art. 912-3, al. 1, préc.). Les données d'inventaire sont regroupées sur un livre d'inventaire (C. com., art. R. 123-177, al. 2 ancien ; PCG, art. 912-3, al. 2 ancien). Si l'entrepreneur n'a pas l'obligation de publier ses comptes annuels, ces derniers doivent également figurer sur le livre d'inventaire (C. com., art. R. 123-177, al. 3 ancien, PCG, art. 912-3, al. 3 ancien).

97. - Suppression. La référence au livre d'inventaire est supprimée dans les textes de loi depuis le 19 mai 2011[60]. Ainsi, les actionnaires de sociétés par actions ne peuvent-ils plus obtenir communication de ce document (C. com., art. L. 225-115 mod.) et l'article 1743 du Code général des impôts, qui réprime l'absence d'écriture ou les écritures inexactes, ne concerne plus que le livre-journal (V. *infra*, n° 99). De façon incohérente, le livre d'inventaire est resté obligatoire dans les textes réglementaires (Partie réglementaire du Code de commerce et Plan comptable général) jusqu'en 2015. *Il est définitivement supprimé à compter des exercices ouverts depuis le 1er janvier 2016* (C. com., art. R. 123-173, mod. D. n° 2015-903, 23 juill. 2015, art. 1er, 1°)[61]. *En revanche, l'obligation annuelle d'inventaire demeure* (C. com., art. L. 123-12, al. 2) et les entreprises sont tenues de présenter à toute réquisition de l'administration fiscale, tous documents comptables, et notamment l'inventaire, à même de justifier l'exactitude des résultats indiqués dans leur déclaration (CGI, art. 54, V. *infra*, n° 454).

B. – Les modalités et les sanctions

98. - Modalités. Outre les détails de présentation exposés aux paragraphes précédents, la régularité de la comptabilité d'une entreprise est liée au respect d'obligations particulières.

(60) L. n° 2011-525, 17 mai 2011 *de simplification et d'amélioration de la qualité du droit* (art. 59). – B. Saintourens et Ph. Erny, *Simplification et amélioration de la qualité du droit des sociétés après la loi n° 2011-525 du 17 mai 2011 : Rev. sociétés* sept. 2011, p. 467, spéc. nos 26 et s. – J.-L. Navarro : *JCP* E 2011, 38, chron. 1669, n° 1.

(61) J.-L. Navarro : *JCP* E 2015, n° 43-44, chron. 1515, n° 2.

• Autrefois, le livre-journal (ainsi que le livre d'inventaire) devait obligatoirement être coté et paraphé par le greffier du tribunal de commerce[62]. La « cote » est l'attestation du nombre de pages du registre, alors que le « paraphe » constate l'existence du livre obligatoire et lui donne date certaine. Cette obligation pouvait déjà être remplacée par la tenue d'une comptabilité informatisée écrite, dans la mesure où le livre-journal (et le livre d'inventaire) peuvent être identifiés, numérotés et datés[63]. Les pouvoirs publics ont supprimé la cote et le paraphe obligatoires[64], mais les entreprises peuvent (« sans frais ») continuer à faire coter et parapher leurs livres comptables si elles le souhaitent (C. com., art. R. 123-173, al. 2).

• Les documents comptables doivent être exprimés en euros (depuis le 1er janvier 2002), et en langue française (C. com., art. L. 123-22, al. 1er). Cela dit, depuis le 1er janvier 1999, les entreprises pouvaient tenir une comptabilité en euros sur option (elle était irrévocable) et la loi fiscale autorisait même l'entreprise à changer de monnaie en cours d'exercice comptable. Si la comptabilité est tenue en langue étrangère, une traduction certifiée par un traducteur juré doit être présentée à toute réquisition de l'administration fiscale (CGI, art. 54, al. 2).

• Tous les documents comptables doivent être conservés pendant dix ans (C. com., art. L. 123-22, al. 2). Ce délai court à compter de la première date inscrite sur le livre[65]. Ceci concerne aussi les pièces justificatives : factures émises ou reçues par l'entreprise, bulletins de paie, actes authentiques ou sous seing privé. On notera que le délai de conservation fiscale est plus court : six ans (LPF, art. L. 102-B, I), y compris pour les comptabilités informatisées si c'est leur support d'origine, et même trois ans lorsqu'il s'agit des déclarations fiscales (délai de reprise). En pratique, le délai légal de conservation est un minimum, mais pour des raisons probatoires, les entreprises devront veiller à conserver leurs documents le temps de la prescription[66].

• Les documents comptables doivent être tenus sans blanc ni altération d'aucune sorte (C. com., art. L. 123-22, al. 3). Ces exigences sont de nature à interdire au comptable de masquer ou d'effacer une écriture et supposent que les écritures soient passées au moyen d'un procédé définitif d'inscription. Le Conseil d'État dénie toute force probante aux comptabilités qui présentent des ratures ou des surcharges, ainsi que des mentions portées au crayon à papier[67].

• Tout enregistrement doit préciser l'origine, le contenu et l'imputation de chaque donnée ainsi que les références de la pièce justificative (C. com., art. R. 123-174, al. 2 ; PCG, art. 922-1).

99. - Sanctions[68]. Les sanctions sont le plus souvent indirectes : les comptabilités irrégulières n'ont aucune force probante et sont donc inopposables à l'administration fiscale (V. *infra*, nos 284 et s.). La plupart des sanctions directes ne condamnent pas les simples irrégularités formelles, mais soit l'inexactitude, soit l'absence de la comptabilité (V. *infra*, nos 160 et s.). Les irrégularités comptables peuvent néanmoins être réprimées

(62) D. n° 83-1020, 29 nov. 1983, art. 2, al. 2.

(63) D. n° 83-1020, 29 nov. 1983, art. 2, al. 3. Les livres obligatoires tenus sous format numérique n'ont plus à être numérotés (C. com., art. R. 123-173, al. 3, mod. D. n° 2014-1063, 18 sept. 2014, art. 3, préc.).

(64) D. n° 2002-312, 26 févr. 2002, art. 1.

(65) Rép. min. Ribadeau-Dumas : *JOAN* 6 août 1966, p. 2737.

(66) Cass. com., 26 oct. 2003, n° 1443 : *JCP* E 2004, 10, 335, note J.-F. Barbièri.

(67) CE, 4 nov. 1981, n° 22403 : *RJF* 12/81, n° 1096. – CE, 27 mars 2000, n° 177371 : *RJF* 5/00, n° 698.

(68) Ch. de Lauzainghein, J.-L. Navarro et D. Nechelis, *op. cit.* nos 458 et s.

sur le fondement de dispositions spécifiques du Code pénal, du Code général des impôts ou du Code de commerce.

• *Délits prévus par le Code pénal.* Il s'agit essentiellement du délit de faux et d'usage de faux en écriture privée (C. pén., art. 441-1). Le coupable personne physique encourt une peine de trois ans d'emprisonnement et 45 000 € d'amende. La personne morale peut aussi engager sa responsabilité pénale (cinq fois l'amende des personnes physiques, soit 225 000 €). La loi pénale réprime également la destruction volontaire ou la dissimulation de documents qui seraient de nature à faciliter la découverte d'un crime ou d'un délit, la recherche des preuves ou la condamnation des coupables (trois ans de prison et 45 000 € d'amende, C. pén., art. 434-4).

• *Délits prévus par le Code général des impôts*[69]. L'usage d'une fausse identité ou de faux documents au sens de l'article 441-1 du Code pénal, ou de toute autre falsification, constitue une circonstance aggravante du délit de fraude fiscale ; le contrevenant s'expose à une amende de 3 M€ et une peine d'emprisonnement de sept ans (CGI, art. 1741, al. 2)[70]. Les peines prévues à l'article 1741 du Code général des impôts précité sont applicables aux personnes qui n'auront pas passé d'écritures ou passé des écritures inexactes ou fictives, sur le livre-journal (CGI, art. 1743)[71]. La fraude fiscale par dissimulation (CGI, art. 1741, préc.) et l'omission d'écritures en comptabilité (CGI, art. 1743, préc.) peuvent être sanctionnées concomitamment[72]. Sont également passibles d'une amende de 4 500 € et d'un emprisonnement de cinq ans, les personnes chargées de tenir la comptabilité de leurs clients (experts indépendants ou salariés) qui auront établi de faux bilans, inventaires, comptes et documents en vue de la détermination des bases d'impôts dus par lesdits clients (CGI, art. 1772-1, 1°). Elles sont en outre tenues solidairement avec leurs clients au paiement des sommes, tant en principal qu'en pénalités et amendes, dont la constatation aurait été compromise par leurs manœuvres (CGI, art. 1772-2). Enfin, quiconque aura opéré sciemment une inscription sous une rubrique inexacte des dépenses supportées par une entreprise, en vue de dissimuler des bénéfices ou revenus imposables au nom de l'entreprise elle-même ou d'un tiers, est punissable d'une amende de 4 500 € et de cinq ans de prison (CGI, art. 1772-3).

(69) Ch. Lopez, *Droit pénal fiscal*, LGDJ, coll. « Systèmes », 2012, p. 41 et s.

(70) Le taux maximum de l'amende applicable aux *personnes morales* est égal au quintuple de celui prévu pour les personnes physiques par la loi qui réprime l'infraction (C. pén., art. 131-38).

(71) La référence au livre d'inventaire a été supprimée (L. 17 mai 2011, préc.).

(72) Selon la chambre criminelle de la Cour de cassation en effet : « … en cas de poursuites concomitantes, le principe *ne bis in idem* n'interdit le cumul de qualifications lors de la déclaration de culpabilité que lorsque les infractions retenues répriment des faits identiques (Cass. Crim., 15 décembre 2021, pourvoi n° 21-81.864, publié au bulletin). Selon la même chambre criminelle : « … les faits réprimés par le délit de fraude fiscale par dissimulation, d'une part, et le délit d'omission d'écritures en comptabilité, d'autre part, sont nécessairement distincts dès lors que l'article 1741 du code général des impôts sanctionne la souscription d'une déclaration fiscale minorée, tandis que l'article 1743 du même code sanctionne l'omission, pour tout contribuable soumis à l'obligation de tenir une comptabilité, de passer ou de faire passer des écritures dans les documents comptables obligatoires » (Cass. crim., 22 juin 2022, n° 21-83.360 : *Dr. fisc.* 2022, n° 37, chron. 314, n° 2, obs. G. Pellegrin). Dans son dernier commentaire, l'Administration reprend cette jurisprudence sans la citer expressément (*BOFiP*, BOI-CF-INF-40-10-20, 20 sept. 2023, § 40 ; *Dr. Fisc.* 2023, n° 39, act. 353). Selon elle : « Les deux qualifications du délit comptable (omission de passation d'écritures/passation d'écritures fictives ou inexactes) peuvent éventuellement se cumuler au titre d'une même période ou d'un même exercice ».

• *Délits prévus par le Code de commerce*[73]. Dans le cadre des procédures collectives (redressement judiciaire ou liquidation judiciaire exclusivement), sont constitutifs du délit de banqueroute et punissables de cinq ans d'emprisonnement et de 75 000 € d'amende : le fait d'avoir tenu une comptabilité fictive ou fait disparaître des documents comptables de l'entreprise ou de la personne morale ou de s'être abstenu de tenir toute comptabilité lorsque les textes en font obligation (C. com., art. L. 654-2, 4)[74], ou d'avoir tenu une comptabilité manifestement incomplète ou irrégulière au regard des dispositions légales (C. com., art. L. 654-2, 5)[75]. Les agissements visés à l'article L. 654-2, 4 et 5 peuvent également entraîner la faillite personnelle du dirigeant ou du commerçant (C. com., art. L. 653-5, 6). Le coupable peut aussi se voir appliquer des peines complémentaires, telles que la privation des droits civiques, l'interdiction de gérer ou d'émettre des chèques, l'exclusion des marchés publics ou la publication de la décision de condamnation (C. com., art. L. 654-5). Enfin, le tribunal peut mettre à la charge du dirigeant d'une personne morale – ou d'un entrepreneur individuel avec patrimoine professionnel affecté (EI ou EIRL) – ayant commis des fautes de gestion à l'origine d'une insuffisance d'actif révélée lors de sa liquidation judiciaire, tout ou partie de cette insuffisance d'actif (C. com., art. L. 651-2). Peuvent notamment caractériser cette faute de gestion : le défaut de convocation des assemblées et de tenue des comptes[76], ainsi que la tenue d'une comptabilité fictive et la poursuite d'une activité déficitaire[77].

C. – La comptabilité informatisée[78]

100. – Systèmes de traitement informatique. Selon l'administration fiscale, le système informatisé est une combinaison de ressources matérielles et informatiques qui permet : l'acquisition d'informations selon une forme conventionnelle, le traitement de ces informations, et la restitution de données ou de résultats sous différentes formes[79].

En fonction de leurs besoins et de leur taille, les entreprises choisiront un système de traitement informatisé des données plus ou moins élaboré (depuis la simple tenue des comptes jusqu'aux fonctions traitant de l'ensemble des opérations de gestion). Les entreprises doivent établir, conserver et présenter une documentation relative à l'ensemble des systèmes d'information concourant à la formation des résultats comptables ou fiscaux et à l'élaboration des déclarations fiscales obligatoires ainsi que sur

(73) Ch. Delattre, *Le chef d'entreprise face à ses obligations comptables dans la loi de sauvegarde* : *Dr. sociétés* oct. 2012, étude 13, p. 6.

(74) Relevant la dissimulation de la comptabilité pour absence de communication au liquidateur : V. Cass. crim., 19 janv. 2000, n° 631 : *RJDA* 6/00, n° 708.

(75) Relevant le caractère irrégulier ou incomplet de la comptabilité : Cass. crim., 12 sept. 2001, n° 01-80.064 : *RJDA* 2/02, n° 185. – Cass. crim., 31 oct. 2007, n° 06-89.045 : *RJDA* 3/08, n° 314. – Cass. crim., 8 oct. 2008, n° 08-81.769 : *RJDA* 6/09, n° 568.

(76) Cass. com., 31 janv. 1995, n° 92-21.548 : *RJDA* 7-8/95, n° 902.

(77) Cass. com., 9 mai 1995, n° 92-21.607 : *RJDA* 8-9/95, n° 1046.

(78) R. Gouyet, *Les pièges fiscaux des systèmes d'information de l'entreprise* : *Dr. fisc.* 2013, n° 14, étude 224. Du même auteur : *Les implications fiscales des ERP (Ndlr : Programme de gestion intégré ou Enterprise Ressource Planning) ou comment le fiscal tient désormais l'informatique en l'état* : *BF* 6/16, p. 317 ; *De la digitalisation du contrôle fiscal* : *Dr. fisc.* 2019, n° 27, étude 313 ; Adde : G. Menu-Lejeune et S. *Desplanques*, *Dossier « Comptabilités dématérialisées »* : *Dr. fisc.* 2020, n° 24, études 262 à 268.

(79) *BOFiP*, BOI-BIC-DECLA-30-10-20-40, n° 170.

la documentation relative aux analyses, à la programmation et à l'exécution des traitements (LPF, art. L. 13, IV ; PCG, art. 911-4, al. 1er).

Bien entendu, la tenue d'une comptabilité informatisée ne dispense pas les entreprises de respecter les prescriptions du Code de commerce ou du Plan comptable général[80]. À cet égard, seule compte l'utilisation que fait l'entreprise de son équipement informatique ; une entreprise qui ne procède à aucune centralisation de ses recettes journalières de manière informatique n'est pas réputée tenir une comptabilité informatisée au sens de la loi fiscale[81].

Il n'est pas nécessaire que toute la procédure soit informatisée. Ainsi, ne fait pas obstacle à la qualification de système informatisé de comptabilité, la totalisation manuelle des recettes journalières lorsqu'elles sont d'abord regroupées dans un « brouillard » de caisse tenu sous fichier de calcul bureautique puis de nouveau saisies dans le progiciel de comptabilité[82].

Et si le contribuable a volontairement supprimé des données informatiques, il fait obstacle au contrôle fiscal, ce qui le place en situation d'évaluation d'office[83].

101. - Valeur de la comptabilité informatique. Elle est, bien sûr, strictement équivalente à celle de la comptabilité « papier ». Simplement, les systèmes de traitement doivent répondre aux exigences liées à la preuve de l'enregistrement et à leur caractère définitif :

– quant à la preuve de l'enregistrement, l'article 911-4, alinéa 2 du Plan comptable général dispose que :

> « Toute donnée comptable entrée dans le système de traitement est enregistrée, sous une forme intelligible, sur papier ou éventuellement sur tout support offrant toute garantie en matière de preuve ».

La preuve dont il est question est celle de la date de l'enregistrement, pour le respect de la chronologie des opérations dans les différents journaux de l'entreprise. En ce qui les concerne, une retranscription écrite est nécessaire. L'article 912-1, alinéa 2 du Plan comptable général énonce ainsi que :

> « (…) Des documents informatiques écrits peuvent tenir lieu de livre-journal et de grand livre s'ils sont identifiés, numérotés et datés dès leur établissement par des moyens offrant toute garantie en matière de preuve ».

De son côté l'article R. 123-173, alinéa 3 du Code de commerce énonce :

> « Des documents sous forme électronique peuvent tenir lieu de livre-journal et de grand livre ; dans ce cas, ils sont identifiés et datés dès leur établissement par des moyens offrant toute garantie en matière de preuve ».

Ces garanties techniques sont en fait le corollaire, en matière de comptabilité informatisée, de l'ancienne obligation de côte et de paraphe dans les comptabilités « papiers » (C. com., art. R. 123-173, al. 2, V. *supra*, n° 98) ;

(80) Sur la pratique (souvent différente), et ses conséquences (au cas de vérification de la comptabilité informatisée), V. P. Seguin, *Le fichier des écritures comptables (FEC) : les raisons des difficultés que ni les entreprises, ni l'administration fiscale n'avaient anticipées : Dr. fisc.* 2014, n° 47, étude 627.

(81) CE, 9 avr. 2014, n° 369929, *Sté Gamboni Restauration : Dr. fisc.* 2014, n° 23, comm. 371, concl. V. Daumas.

(82) CE, 4 mai 2018, n° 410950, *SARL Le Complexe Le Lagon Bleu : Dr. fisc.* 2018, n° 5, comm. 138, concl. B. Bohnert.

(83) CE, 24 juin 2015, n° 367288, *Selas Pharmacie Réveillon : Dr. fisc.* 2015, n° 38, comm. 572, concl. M.-A. Nicolazo de Barmon, note J.-Cl. Gibert ; *RJF* 10/15, n° 812, p. 715, chron. N. Labrune.

– quant au caractère définitif de l'enregistrement, l'article 921-3 du Plan comptable général dispose que :

« Le caractère définitif des enregistrements du livre-journal et du livre d'inventaire est assuré : 1. Pour les comptabilités tenues au moyen de systèmes informatisés, par une procédure de validation, qui interdit toute modification ou suppression de l'enregistrement ».

Cette obligation dans les comptabilités informatisées est le corollaire de l'obligation pour les entreprises de tenir des comptes sans blanc ni rature dans les comptabilités « papier » (V. *supra*, n° 98). Elle peut être à l'origine de difficultés pour les entreprises dans la mesure ou l'administration fiscale exige la validation des écritures au moment de chaque déclaration[84]. La réécriture ou l'écrasement de fichiers au moyen d'une fonction particulière du logiciel comptable a pour effet de supprimer toute valeur probante à la comptabilité[85]. Afin d'éviter les risques d'erreurs, les entreprises enregistrent d'abord leurs opérations dans des journaux provisoires (« brouillard »), ou utilisent une précomptabilisation à l'aide de documents internes (« ticket comptable »). Ce n'est qu'ensuite, lors de l'édition du journal général, que les écritures comptables seront validées (après quoi, les modifications devront faire l'objet d'une contre-passation). Enfin, selon l'article 921-4, alinéa 1er du Plan comptable général :

« Une procédure de clôture destinée à figer la chronologie et à grandir l'intangibilité des enregistrements est mise en œuvre au plus tard avant l'expiration de la période suivante ».

102. – Conservation des données et contrôle fiscal des comptabilités informatisées[86]. Afin de permettre la conservation des documents comptables, et de permettre à l'administration fiscale d'exercer son droit de contrôle, les entreprises doivent sauvegarder leurs fichiers sur des supports informatiques et les archiver dans des conditions optimums de sécurité[87]. Le délai de conservation des documents comptables est le même que pour la comptabilité papier (V. *supra*, n° 98). Fiscalement, c'est donc le délai de six ans qui s'applique (LPF, art. L. 102 B, I, al. 1er), sachant que les entreprises doivent obligatoirement conserver les documents comptables figurant sur support informatique sous cette forme-là pendant six ans (LPF, art. L. 102 B, I, al. 2). D'une manière générale, au cas de contrôle fiscal, le contribuable doit satisfaire à son obligation de présentation des documents comptables à l'administration fiscale[88], y compris, le cas échéant, les comptes consolidés et la comptabilité analytique[89].

(84) M. Lamort de Gail, *L'actualité du FEC et de la comptabilité informatisée* : *RF compt.* déc. 2015, n° 433, p. 9.

(85) CAA Marseille, 13 avr. 2012, n° 09MA01619, *SARL ELVO* : *Dr. fisc.* 2012, n° 45, comm. 509, obs. J. Dubois.

(86) E. Féna-Lagueny, *Comptabilités informatisées, mode d'emploi* : *FR* 13/08, inf. 7, p. 9. – J.-Cl. Gibert et C. Aujoulat, *Contrôle fiscal informatique ; un toboggan pour l'inconnu* : *BF* 8-9/08, p. 692. – R. Gouyet, *Contrôle fiscal des comptabilités informatisées : la nouvelle donne* : *Dr. fisc.* 2008, n° 49, étude 603. – P. Seguin, *L'arbre du fichier des écritures comptables ne doit pas cacher la forêt du contrôle fiscal informatisé* : *Dr. fisc.* 2016, n° 5, étude 140. – Br. Sibilli, *Contrôle fiscal des comptabilités informatisées : aspects juridiques et contentieux* : *Dr. fisc.* 2016, n° 48, étude 606. – Fr. Locatelli et C. Silvestri, *Contrôle des comptabilités dématérialisées : une jurisprudence en construction* : *Dr. fisc.* 2020, n° 24, étude 263. – M. Moirand et M. Billy, *Contrôle des comptabilités informatisées des entreprises : la protection des droits du contribuable est-elle effectivement assurée ?* : *Dr. fisc.* 2020, n° 24, étude 266.

(87) E. Féna-Lagueny, *Archivage des données comptables et fiscales* : *FR* 51/08, inf. 5, p. 7.

(88) Aux termes de l'article 54, alinéa 1er du Code général des impôts : « Les contribuables mentionnés à l'article 53 A [nous précisons : ceux qui sont soumis à un régime réel d'imposition] sont tenus de représenter à toute réquisition de l'administration tous documents comptables, inventaires, copies de lettres, pièces de recettes et de dépenses de nature à justifier de l'exactitude des résultats indiqués dans leur déclaration ».

(89) Au cas de non-présentation des comptes consolidés ou de la comptabilité analytique, l'entreprise encourt une amende de 20 000 € (CGI, art. 1729 E, mod. L. fin. rect. 2014, n° 2014-891, art. 24).

Lorsque la comptabilité est tenue au moyen de systèmes informatisés, la présentation sous cette forme est désormais obligatoire (LPF, art. L. 47 A)[90], y compris pour les succursales françaises de sociétés étrangères[91]. Le non-respect de cette obligation est sanctionné par une amende de 5 000 € ou, en cas de rectification et si le montant est plus élevé, d'une majoration de 10 % des droits mis à la charge du contribuable (CGI, art. 1729 D, I). L'amende ne s'applique qu'une seule fois par contrôle, quel que soit le nombre d'exercices contrôlés[92]. Le contribuable vérifié remettra au vérificateur les données conservées sur support dématérialisé (CD-Rom, clé USB...), et l'administration pourra effectuer certaines opérations sur ces fichiers (classement, tri...), mais elle devra les détruire avant mise en recouvrement (LPF, art. L. 47 A, I)[93]. L'omission de restitution des copies de fichiers en violation de cette dernière règle est susceptible d'entacher la régularité des impositions qui viendraient à être ultérieurement établies sur la base des données qu'ils contiennent ; elle est en revanche sans influence sur les impositions mises en recouvrement après la consultation et l'exploitation des fichiers[94].

Le Conseil d'État a refusé de renvoyer au Conseil constitutionnel, faute de présenter un caractère sérieux, une question prioritaire de constitutionnalité portant sur les dispositions des articles L. 13, L. 47 et L. 57 A du LPF en tant qu'elles concernent les vérifications de comptabilités informatisées et les propositions de rectifications y faisant suite[95].

Lors d'un contrôle inopiné, les vérificateurs sont autorisés à réaliser deux copies des fichiers de la comptabilité informatisée ; l'une est remise au contribuable ou à son conseil, l'autre est conservée par l'administration (LPF, art. L. 47 A, III, a)[96]. Dans son commentaire, l'administration nomme cette procédure « contrôle inopiné informatique »[97]. Elle peut effectuer des traitements informatiques sur ces fichiers, sous certaines conditions et modalités, notamment si les scellés ou les fichiers sont altérés (LPF, art. L. 47 A, III, b et c). Mais, même si tel n'est pas le cas, l'administration peut les consulter et les comparer aux fichiers conservés par le contribuable ; cette comparaison lui est opposable (LPF, art. L. 47 A, III, c, al. 2)[98].

(90) L. fin. rect. 2012, n° 2012-1510, 29 déc. 2012, art. 14, applicable aux contrôles pour lesquels l'avis de vérification est adressé après le 1er janvier 2014. L'administration fiscale a publié plusieurs commentaires sous forme de réponses à des questions pratiques sur « impôts.gouv.fr ». En outre, afin d'accompagner les entreprises dans le cadre du nouveau dispositif, la DGFiP met à leur disposition, sur l'espace dédié au contrôle fiscal et à la lutte contre la fraude ouvert le 16 juillet 2014, un logiciel leur permettant de contrôler le respect des nouvelles normes dénommé « Test Compta Demat ».

(91) *BOFiP*, BOI-CF-IOR-60-40-10, n° 75.

(92) *BOFiP*, BOI-CF-IOR-60-40-10, n° 290.

(93) L. n° 2007-1824, 25 déc. 2007, art. 18, mod. L. n° 2012-1510, 29 déc. 2012, art. 14, préc.

(94) CE, 7 déc. 2016, n° 384309, *EURL Cortansa : Dr. fisc.* 2017, n° 12, comm. 219, concl. B. Bohnert.

(95) CE, 30 nov. 2020, n° 443966, *SARL Financière La rotonde : Dr. fisc.* 2021, n° 15-16, comm. 220, concl. K. Ciavaldini. Il refuse également le renvoi d'une QPC portant sur le VI de l'article L. 16 B du LPF relatif à la saisie d'une comptabilité tenue au moyen de systèmes informatisés (CE, 30 nov. 2020, n° 443967, *SARL Financière La rotonde : Dr. fisc.* 2021, n° 15-16, comm. 220, concl. K. Ciavalidini, préc.).

(96) L. n° 2013-1117, 6 déc. 2013, relative à la lutte contre la fraude fiscale et la grande délinquance économique et financière, art. 14 ; A. 11 mars 2015 : *JO* 18 mars 2015, texte n° 19.

(97) *BOFiP*, BOI-CF-IOR-60-40-40, n° 10.

(98) L. n° 2018-898, 23 oct. 2018, relative à la lutte contre la fraude, art. 4.

Lors d'un contrôle inopiné, les vérificateurs sont autorisés à réaliser deux copies des fichiers de la comptabilité informatisée ; l'une est remise au contribuable ou à son conseil, l'autre est conservée par l'administration (LPF, art. L. 47 A, III)[99].

Lorsque l'administration fiscale a besoin d'effectuer des traitements informatiques, il doit être laissé au contribuable vérifié la possibilité de choisir entre des opérations directement effectuées sur le matériel de l'entreprise (par l'administration ou le contribuable), ou des copies fournies par l'entreprise sur support informatique (LPF, art. L. 47 A, II)[100]. La méconnaissance de ces obligations entraîne l'application d'une amende de 5 000 € ou, en cas de rectification et si le montant est plus élevé, d'une majoration de 10 % des droits mis à la charge du contribuable (CGI, art. 1729 H)[101]. Selon le Conseil d'État, l'administration ne méconnaît pas ces dispositions lorsqu'elle demande seulement une copie de certains fichiers, même si cela a nécessité pour l'entreprise certains traitements informatiques[102]. En revanche, le vérificateur méconnaît ses obligations s'il a utilisé le logiciel de caisse de l'entreprise sans l'informer des différentes options qui lui sont offertes quant aux modalités de traitement informatique[103]. En pratique, la question se pose de savoir si le choix du contribuable a été suffisamment éclairé. Le courrier de l'administration doit l'informer sur la nature des traitements informatiques envisagés, et non se borner à indiquer de manière trop générale que le contrôle porterait sur certaines données[104]. Toutefois, ce degré de précision n'est requis que si le contribuable a fait le choix d'effectuer lui-même tout ou partie des traitements informatiques[105]. Au cas de rectification, si le contribuable a choisi de mettre à la disposition de l'administration les copies des documents, cette dernière doit préciser les fichiers utilisés, la nature des traitements qu'elle a effectués sur ces fichiers et les modalités de détermination des éléments servant au calcul des rehaussements, mais « elle n'a l'obligation de communiquer ni les algorithmes, logiciels ou matériels qu'elle a utilisés ou envisage de mettre en œuvre pour effectuer ces traitements, ni les résultats de l'ensemble des traitements qu'elle a réalisés, que ce soit préalablement à la proposition de rectification ou dans le cadre de celle-ci »[106].

Lorsqu'un contribuable ayant choisi d'effectuer lui-même tout ou partie des traitements informatiques nécessaires informe l'administration qu'il rencontre des difficultés techniques, le défaut de réalisation d'une partie des traitements demandés n'est susceptible de caractériser une opposition à contrôle fiscal justifiant la mise en œuvre de la procédure d'évaluation d'office que s'il a été informé de la possibilité qui lui était ouverte de renoncer à l'option, et si les traitements informatiques non réalisés étaient nécessaires au contrôle de la comptabilité[107]. Ainsi, le Conseil d'État a été amené à

(99) L. n° 2013-1117, 6 déc. 2013, relative à la lutte contre la fraude fiscale et la grande délinquance économique et financière, art. 14 ; A. 11 mars 2015 : *JO* 18 mars 2015, texte n° 19.

(100) V. LPF, art. A. 47 A-1, mod. A. 29 juill. 2013 : *JO* n° 0177, 1er août 2013, p. 13141.

(101) L. fin. rect. 2016, n° 2016-1918, 29 déc. 2016, art. 14.

(102) CE, 23 déc. 2010, n° 307780, *Sté Cyberoffice* : *Dr. fisc.* 2011, n° 15, comm. 303, concl. P. Collin, note R. Gouyet. – R. Gouyet, *Contrôle des comptabilités informatisées : une requête n'est pas une demande de traitement informatique* : *BF* 7/11, p. 535 et s.

(103) CE, 24 août 2011, n° 318144, *SARL le Saint Louis* : *Dr. fisc.* 2011, n° 50, comm. 631, concl. J. Bouchet, note R. Gouyet.

(104) CE, 18 janv. 2017, n° 386458, *Besnier* : *Dr. fisc.* 2017, n° 14, comm. 237, note P. Seguin.

(105) CE, 7 mars 2019, n° 416341, *SELAS Pharmacie Caluire* : *Dr. fisc.* 2019, n° 27, comm. 320, concl. R. Victor.

(106) CE, 4 mai 2018, n° 410950, *SARL Le Complexe Le Lagon Bleu*, préc.

(107) CE, 13 mars 2020, n° 421725, *SARL Pharmacie centrale de la gare* : *Dr. fisc.* 2020, n° 40, concl. E. Bokdam-Tognetti.

juger que l'opposition à contrôle fiscal est caractérisée au cas de refus par le contribuable de renoncer à l'option initiale consistant à laisser l'administration utiliser le matériel de l'entreprise, alors qu'elle ne le pouvait pas sans faire appel à des moyens informatiques complémentaires avec l'accord du contribuable[108].

Enfin, il a été créé un site sécurisé, dénommé « Altoweb », hébergé sur les serveurs de la Direction des vérifications nationales et internationales (DVNI), sur lequel les entreprises peuvent déposer leur comptabilité[109]. Un arrêté du 8 septembre 2015 autorise la DGFiP, à compter du 20 septembre 2015, à mettre en œuvre un traitement automatisé de données à caractère personnel de lecture de la comptabilité informatisée, dénommé « ALTO 2 » ayant pour objet de permettre aux agents de la DGFiP en poste dans les services de contrôle fiscal de lire et d'exploiter les fichiers des écritures comptables remis par les entreprises en application de l'article L. 47 A, I du Livre des procédures fiscales[110].

103. - Contrôle à distance des comptabilités informatisées (« examen de comptabilité »)[111]. Lorsque le contribuable doit tenir et présenter une comptabilité informatisée, l'administration peut examiner cette comptabilité sans se rendre sur place[112] (LPF, art. L. 13 G). Il s'agit d'une nouvelle forme de contrôle fiscal des entreprises à laquelle l'administration peut avoir recours lorsqu'elle considère qu'il n'est pas nécessaire d'effectuer des investigations sur place au regard des enjeux et de la typologie des entreprises[113]. Les garanties et les modalités du contrôle sont proches de celles de la vérification de comptabilité (LPF, art. L. 47 AA). Dans un délai de quinze jours à compter de la réception d'un avis d'examen de comptabilité, le contribuable doit adresser à l'administration une copie des fichiers des écritures comptables sous forme dématérialisée répondant à des normes fixées par arrêté du ministre chargé du budget (LPF, art. L. 47 AA, 1). À défaut, l'administration peut informer le contribuable que l'examen de comptabilité est annulé (bien entendu, elle reste libre d'engager une vérification de comptabilité), et le contribuable s'expose à une amende de 5 000 € (CGI, art. 1729 D, II). Au plus tard six mois après la réception de la copie des fichiers comptables, l'administration envoie au contribuable une proposition de rectification ou bien l'informe de l'absence de rectification (LPF, art. L. 47, AA, 3). Avant la mise en recouvrement des sommes réclamées, ou avant d'informer le contribuable de l'absence de rectification, l'administration est tenue de détruire les copies de fichiers transmises (LPF, art. L. 47, AA, 6).

104. - Logiciels de caisse. Afin de lutter contre la fraude à la TVA au moyen de logiciels permettant la dissimulation de recettes, *il est fait obligation aux assujettis qui effectuent des livraisons de biens et des prestations de services ne donnant pas lieu à facturation d'utiliser un logiciel ou un système de caisse sécurisé certifié à compter de 2018, à l'exclusion des assujettis bénéficiant de la franchise en base ou de ceux réali-*

(108) CE, 23 nov. 2020, n° 427689, *Sté Belart* : *Dr. fisc.* 2021, n° 12, comm. 192, concl. E. Bokdam-Tognetti.

(109) O. Sivieube, *Altoweb, une voie pour moderniser le contrôle fiscal* : *Dr. fisc.* 2010, n° 17-18, act. 140. – R. Gouyet, *La DVNI se dote d'un nouvel outil de contrôle* : *FR* 12/10, inf. 17, p. 16.

(110) A. 8 sept. 2015 : *JO* 19 sept., texte n° 15 ; *Dr. fisc.* 2015, n° 39, act. 526.

(111) J.-L. Menu, *De la vérification de comptabilité à l'examen de comptabilité : la querelle des anciens et des modernes* : *Dr. fisc.* 2017, n° 50, étude 580. – A.-S. Peignelin et S. Laurent-Sorel, *L'examen de comptabilité : garanti sans garantie* : *Dr. fisc.* 2020, n° 24, étude 267.

(112) Même en cas de demande expresse du contribuable. Mais ce dernier peut bien évidemment demander à être entendu par le service de contrôle s'il le souhaite afin de discuter du dossier. Cet entretien a lieu dans les locaux de l'administration (*BOFiP*, BOI-CF-DG-40-20, n° 330).

(113) L. fin. rect. 2016, n° 2016-1918, 29 déc. 2016. Disposition applicable depuis le 31 décembre 2016.

sant uniquement des opérations exonérées de TVA (CGI, art. 286, I, 3° bis)[114]. À défaut, les contrevenants s'exposent à une amende de 7 500 €. La mesure est en outre assortie d'une procédure de contrôle spécifique ; l'administration pourra effectuer dans les locaux de l'entreprise des contrôles inopinés (LPF, art. L. 80 O).

§ 3. – Les documents de synthèse

105. – Comptes annuels. Contrairement aux livres de comptes qui sont tenus journellement par les entreprises, les documents de synthèse ne sont établis qu'une fois par an, à l'issue de l'exercice comptable (A). Le droit comptable et le droit fiscal fixent des normes de présentation quasi identiques (B). Une fois établis et approuvés, les comptes annuels devront être déposés au greffe du tribunal de commerce, sous la menace de sanctions pénales (C).

A. – Le contenu des comptes annuels

106. – Les trois documents indissociables. Selon l'article L. 123-12, alinéa 3 du Code de commerce (V. égal. PCG, art. 112-1) :

« [l'entreprise] doit établir des comptes annuels à la clôture de l'exercice au vu des enregistrements comptables et de l'inventaire. Ces comptes annuels comprennent le bilan, le compte de résultat et une annexe, qui forment un tout indissociable ».

Ces documents se retrouvent dans la déclaration fiscale des contribuables soumis à un régime « réel » d'imposition (CGI, art. 53 A). Ainsi, les contribuables sont tenus de joindre à leur déclaration de résultats : le bilan, le compte de résultat et différentes informations que l'on peut aussi retrouver dans l'annexe comptable (CGI, ann. III, art. 38, II).

1° Le bilan

107. – Définition. Aux termes de l'article L. 123-13, alinéa 1er du Code de commerce (V. égal. PCG, art. 112-2) :

« Le bilan décrit séparément les éléments actifs et passifs de l'entreprise, et fait apparaître, de façon distincte, les capitaux propres ».

Dans la conception classique, le bilan exprime la situation patrimoniale de l'entreprise. Il est, selon la formule consacrée, la « photographie » du patrimoine de l'entreprise à un moment donné (à la clôture de l'exercice comptable et à l'ouverture du suivant). Si le bilan représente bien le patrimoine de l'entité, sa variation entre le début et la fin de l'exercice indique un enrichissement ou un appauvrissement. Avant de voir la variation du bilan, il est nécessaire d'examiner sa structure.

a) Structure du bilan

108. – Actif/Passif. Aux termes de l'article R. 123-181 du Code de commerce :

« Les éléments du patrimoine de l'entreprise sont classés à l'actif et au passif du bilan suivant leur destination et leur provenance ».

Le bilan comporte donc nécessairement un *actif et un passif* ; ce que l'entreprise « possède » (biens et créances) et ce qu'elle « doit » (dettes). En réalité, cette conception

(114) L. fin. 2016, n° 2015-1785, 29 déc. 2015, art. 88, mod. L. fin. 2018, n° 2017-1837, 30 déc. 2017, art. 105 ; BOI-TVA-DECLA-30-10-30, 19 mai 2021, § 30 et 170.

« juridique » du bilan traduit assez mal la réalité comptable, car un bilan ne peut jamais être déséquilibré, de sorte que l'actif doit toujours être égal au passif. L'analyse économique du bilan est ici préférable : au passif figurent les *ressources* de l'entreprise (capital, bénéfices, emprunt...), et à l'actif leurs *emplois* (biens, placements, disponibilités...). Ainsi, un emploi est-il nécessairement financé à partir d'une ressource. D'où :

Actif	=	Passif
Emplois	=	Ressources

1) Le passif du bilan

109. - Définition. Selon le Plan comptable général :

« Un passif est un élément du patrimoine ayant une valeur économique négative pour l'entité, c'est-à-dire une obligation de l'entité à l'égard d'un tiers dont il est probable ou certain qu'elle provoquera une sortie de ressources au bénéfice de ce tiers, sans contrepartie au moins équivalente attendue de celui-ci. L'ensemble de ces éléments est dénommé passif externe » (PCG, art. 321-1.1).

110. - Passif externe. Le passif externe comprend les dettes de l'entité (passif certain dont l'échéance et le montant sont fixés de façon précise, PCG, art. 321-4), et les provisions (passif dont l'échéance ou le montant n'est pas fixé de façon précise, PCG, art. 321-5). Les « dettes » sont généralement classées en dettes financières (emprunt auprès des établissements de crédit ou des associés), les dettes d'exploitation (dettes fournisseurs, fiscales ou sociales), et dettes diverses (non liées au cycle d'exploitation). Quant aux provisions, on distingue les provisions pour risques et les provisions pour charges (les premières ayant un degré d'incertitude plus élevé que les secondes), mais les provisions « réglementées » figurent parmi les capitaux propres, car elles constituent une ressource permanente de l'entreprise. Enfin, les dettes comprennent les « produits constatés d'avance » (passifs qui correspondent à des ventes de biens ou services dont la fourniture ou la prestation interviendra ultérieurement).

111. - Passif interne. Le passif interne se détermine par opposition au passif externe ; il s'agit d'un « faux passif », puisqu'on trouve toutes les ressources qui appartiennent en propre à l'entreprise, d'où le nom de « ressources propres » ou encore de « capitaux propres ». Il ne s'agit pas de « dettes » au sens comptable, dans la mesure où l'échéance n'est pas fixée de façon précise (V. *supra*, n° 110). Au plan juridique, il n'en reste pas moins que les capitaux propres sont « dus » à l'exploitant ou aux associés. Il s'agit en fait de moyens de financement mis à la disposition de l'entreprise de façon permanente, jusqu'à sa dissolution, d'où la qualification de « capitaux permanents ». Ils regroupent principalement le capital (individuel ou social), les réserves (obligatoires, libres ou statutaires), le résultat de l'exercice (positif ou négatif), les subventions d'investissement et les provisions réglementées (V. *supra*, n° 110).

2) L'actif du bilan

112. - Définition. Selon le Plan comptable général :

« Un actif est un élément identifiable du patrimoine ayant une valeur économique positive pour l'entité, c'est-à-dire un élément générant une ressource que l'entité contrôle du fait d'événements passés et dont elle attend des avantages économiques futurs » (PCG, art. 211-1).

Quant à « l'avantage économique futur représentatif d'un actif », il est « le potentiel qu'a cet actif de contribuer, directement ou indirectement, à des flux nets de trésorerie au bénéfice de l'entité » (PCG, art. 211-2, al. 1er).

113. - Notion de contrôle. Contrairement au droit fiscal qui s'attache encore à la propriété des actifs, le droit comptable retient désormais la notion de contrôle pour l'inscription d'un bien à l'actif. La notion de contrôle suppose que l'entité possède la maîtrise des avantages en résultant et qu'elle assume tout ou partie des risques y afférant. Ceci vaut aussi bien pour les immobilisations que pour les stocks. Ainsi, il pourra résulter des différences entre le « patrimoine comptable » et le patrimoine juridique ou fiscal de l'entreprise. En pratique néanmoins, nous avons vu que les conséquences sont peu importantes (V. *supra*, n° 58), sous réserve des situations particulières identifiées par la jurisprudence ou la doctrine comptable (V. *infra*, n° 384) et des incidences fiscales liées à l'abandon de la théorie du bilan (V. *infra*, nos 496 et s.).

114. - Actif immobilisé. Selon le Code de commerce :

« Les éléments destinés à servir de façon durable à l'activité de l'entreprise constituent l'actif immobilisé » (C. com., art. R. 123-181).

Il s'agit donc des biens ou créances destinés à rester durablement dans l'entreprise, afin de servir au cours de plusieurs cycles d'exploitation (plusieurs exercices). Il est distingué entre les immobilisations corporelles (actif physique détenu, soit pour être utilisé dans la production ou la fourniture de biens ou de services, soit pour être loué à des tiers, soit à des fins de gestion interne et dont l'entité attend qu'il soit utilisé au-delà de l'exercice en cours, PCG, art. 211-6), les immobilisations incorporelles (actif non monétaire sans substance physique, PCG, art. 211-5), et les immobilisations financières (participations, prêts…).

115. - Actif circulant. Contrairement aux actifs immobilisés, les actifs circulants n'ont pas vocation à rester dans l'entreprise. Ils s'intègrent le plus souvent dans un cycle d'exploitation. Ils comprennent : les stocks (actif détenu pour être vendu dans le cours normal de l'activité, ou en cours de production pour une telle vente, ou destiné à être consommé dans le processus de production ou de prestation de services, sous forme de matières premières ou de fournitures, PCG, art. 211-7), les créances, les titres de placement, les disponibilités ainsi que les « charges constatées d'avance » (actifs qui correspondent à des achats de biens ou services dont la fourniture ou la prestation interviendra ultérieurement, PCG, art. 211-8).

b) La variation de bilan

116. - Comparaison du bilan d'ouverture et du bilan de clôture. À l'issue d'un exercice comptable, le bilan de clôture diffère nécessairement du bilan d'ouverture, sur deux points :

– **le total du bilan sera différent.** Il peut être plus important ou moins important. Le patrimoine « brut » de l'entreprise a donc augmenté ou s'est au contraire réduit, mais cela n'a rien à voir avec la rentabilité de l'entreprise et notamment avec ses résultats. Simplement, il s'agit d'un des critères utilisés pour classer les entreprises selon leur taille, ce qui n'est d'ailleurs pas sans incidences au niveau de leurs obligations comptables et fiscales ;

– **la différence entre l'actif de l'entreprise et ses dettes a aussi varié.** Il s'agit cette fois de la variation du patrimoine « net », ou variation « d'actif net » (ou des « capitaux propres »). Si elle est positive, c'est que l'entreprise s'est enrichie (cas d'un bénéfice).

Si elle est négative, c'est qu'elle s'est appauvrie (cas d'une perte). On retrouve ici la définition « comptable » du bénéfice imposable (CGI, art. 38-2 ; V. *supra*, n° 6). En principe, la variation d'actif net doit correspondre au résultat du compte d'exploitation (V. *infra*, n° 124). Le bénéfice est une ressource permanente pour l'entreprise ; il figure parmi les capitaux propres. La perte vient en diminution de ces ressources ; elle figure avec le signe « moins » au sein des capitaux propres.

2° Le compte de résultat

117. - Définition. Le compte de résultat récapitule les charges et les produits de l'exercice, sans qu'il soit tenu compte de leur date de paiement ou d'encaissement (C. com., art. L. 123-13, al. 2 ; PCG, art. 112-3, al. 1er). Par conséquent, il représente le solde de l'activité de l'entreprise au terme de l'exercice comptable. À la différence du bilan, le compte de résultat ne doit pas être nécessairement équilibré : un solde débiteur indique une perte, un solde créditeur un bénéfice. En outre, le compte de résultat est périodiquement remis à « zéro » à la fin de chaque exercice comptable, alors que le bilan fonctionne en « continu ». Pour autant, il existe un point commun fondamental entre le bilan et le compte de résultat : le résultat de l'exercice peut aussi bien être calculé à partir du bilan que du compte d'exploitation.

a) Détermination du résultat comptable

118. - Correction du résultat par la variation des stocks. Pour que le résultat de l'exercice soit exact, et qu'il corresponde à la variation d'actif net, il est nécessaire de corriger la différence entre les produits et les charges de l'entreprise par la variation de ses stocks.

1) Élaboration du résultat comptable

119. - Les charges. Elles sont classées en charges d'exploitation, financières et exceptionnelles. Les charges d'exploitation représentent l'ensemble des coûts liés à l'activité « normale » de l'entreprise (achat de biens ou de services, frais généraux, amortissement, provisions...). Les charges financières constatent le coût de son financement (intérêts d'emprunt, escompte financier...). Les charges exceptionnelles ne sont pas liées à l'activité normale de l'entreprise (moins-values de cession, subventions et libéralités accordées...).

120. - Les produits. Ils sont classés de la même façon que les charges. On trouve donc les produits d'exploitation (ressources issues de l'activité normale : ventes de la production ou prestations de services), les produits financiers (revenus des placements financiers, des prêts accordés ou des escomptes obtenus), ainsi que les produits exceptionnels (revenus non liés à l'activité normale de l'entreprise : plus-values de cession, subventions ou libéralités reçues).

121. - Formation du résultat. Selon le Plan comptable général :

> « Les produits et les charges de l'exercice sont classés au compte de résultat de manière à faire apparaître les différents niveaux de résultat » (PCG, art. 513-2).

Le Code de commerce est plus précis :

> « Les produits et les charges de l'exercice sont classés au compte de résultat de manière à faire apparaître par différence les éléments du résultat courant et le résultat exceptionnel dont la réalisation n'est pas liée à l'exploitation courante de l'entreprise » (C. com., art. R. 123-192).

À noter : Sur le projet de modernisation des états financiers et la nouvelle définition du résultat exceptionnel, V. *supra*, n° 27.

S'agissant du résultat « courant » de l'entreprise, il représente lui-même la somme du résultat d'exploitation (différence entre les produits et les charges d'exploitation) et du résultat financier (différence entre les charges et les produits financiers). D'où :

<table>
<tr><th colspan="2">COMPTE DE RÉSULTAT</th><th colspan="3" rowspan="2">FORMATION DU RÉSULTAT</th></tr>
<tr><th>CHARGES</th><th>PRODUITS</th></tr>
<tr><td>CHARGES D'EXPLOITATION</td><td>PRODUITS D'EXPLOITATION</td><td>RÉSULTAT D'EXPLOITATION</td><td rowspan="2">RÉSULTAT COURANT</td><td rowspan="3">RÉSULTAT DE L'EXERCICE</td></tr>
<tr><td>CHARGES FINANCIÈRES</td><td>PRODUITS FINANCIERS</td><td>RÉSULTAT FINANCIER</td></tr>
<tr><td>CHARGES EXCEPTIONNELLES</td><td>PRODUITS EXCEPTIONNELS</td><td colspan="2">RÉSULTAT EXCEPTIONNEL</td></tr>
</table>

2) La variation des stocks

122. – Problématique. Le résultat d'exploitation, ou « résultat net d'exploitation » est issu d'un « résultat brut d'exploitation ». Ce dernier correspond au solde de l'activité primitive de l'entreprise : achat/revente ou prestations de services : c'est le bénéfice commercial. S'il s'agit d'une entreprise d'achat/revente, il faudra tenir compte de la variation des stocks. Pourquoi ? Si tous les biens achetés pendant l'année étaient vendus cette année-là, la variation des stocks serait nulle et la différence entre les achats et les ventes constituerait effectivement le résultat exact de l'activité commerciale. Mais, en pratique, tous les stocks achetés en cours d'exercice n'auront pas été consommés en fin d'exercice, et inversement l'entreprise a très vraisemblablement consommé des stocks qui ont été acquis l'année précédente. De fait, si l'on tenait compte uniquement des achats et des ventes, le résultat serait faussé, puisqu'il ne prendrait pas en compte l'enrichissement ou l'appauvrissement né de ces opérations.

123. – Démonstration. Pour bien comprendre, il faut raisonner par l'absurde. Si l'entreprise n'a vendu que des biens achetés l'année précédente, le prix de vente des marchandises doit être atténué du coût de son appauvrissement consécutif à la diminution de son stock. Si elle n'a vendu aucun bien acheté pendant l'exercice en cours, elle ne s'est pas appauvrie, puisque les biens figurent encore dans son stock ; l'augmentation du stock constitue un enrichissement qui sera en fait absorbé par la dépense. On pourrait faire observer que, dans le premier cas par exemple, l'entreprise compense les ventes de l'année par les achats de l'exercice précédent, mais ce serait contraire au principe de la spécialité des exercices comptables (V. *infra*, n°s 303 et s.).

b) Lien entre le compte de résultat et le bilan

124. – Principe de concordance. Nous savons qu'il y a deux façons de parvenir au résultat de l'exercice : par la variation du patrimoine (c'est le bilan), et par le solde de l'activité de l'entreprise (c'est le compte de résultat). Ces deux résultats doivent correspondre. Ainsi que le rappelle l'article 513-1 du Plan comptable général :

> « Le résultat de l'exercice est égal tant à la différence entre les produits et les charges qu'à la variation des capitaux propres entre le début et la fin de l'exercice, sauf s'il s'agit d'opérations affectant directement les capitaux propres ».

D'ailleurs, à la fin de l'exercice comptable, le solde du compte de résultat doit être viré au bilan : si la comptabilité a été correctement tenue, le bilan doit s'en trouver équilibré.

125. - Démonstration de la concordance. Elle n'est pas difficile à comprendre :

– *les opérations de gestion influencent directement la situation patrimoniale de l'entreprise.* La vente ou l'achat de stocks est constaté à la fois dans le compte de résultat (dans un compte de produits ou de charges) et dans le bilan (par la constatation d'une créance ou d'une dette). En revanche, le règlement de la dette ou de la créance n'affecte pas le compte d'exploitation, mais seulement le bilan sans en modifier l'équilibre puisque l'opération éteint un élément du passif (dette) ou de l'actif (créance) en contrepartie d'un prélèvement ou d'un dépôt ;

– *les opérations patrimoniales n'affectent pas le compte de résultat, mais seulement le bilan.* Mais ici aussi, l'équilibre du bilan n'est pas modifié : l'acquisition d'une immobilisation augmente le compte d'actif immobilisé, mais réduit les disponibilités (paiement comptant) ou le compte fournisseur d'immobilisation (paiement à crédit). Lors du règlement de la dette, la diminution du compte banque sera compensée par celle du compte de dette « fournisseur d'immobilisation ». Par exception, les cessions d'immobilisations ont une incidence sur le compte de résultat comme sur le bilan, car elles génèrent des plus ou moins-values de cession.

126. - Limites de la concordance. En principe, les variations des capitaux propres résultant de l'activité de l'entreprise doivent transiter par le compte de résultat. Toutefois, ainsi que le prévoit le Plan comptable général lui-même, il ne peut y avoir de concordance entre la variation d'actif net et le résultat comptable lorsque les capitaux propres ont été directement affectés par une opération (PCG, art. 513-1 ; V. *supra*, n° 124). Pour les sociétés, on songe aux opérations sur le capital social (amortissement, augmentation, réduction) ou aux distributions de bénéfices (dividendes ordinaires ou exceptionnels). Il n'est cependant pas difficile de trouver d'autres opérations qui, bien que ne portant pas directement sur les capitaux propres, entraînent leur variation sans pour autant modifier le résultat. Il en va ainsi de l'écart de réévaluation, lors d'une réévaluation d'actifs. Dans tous les cas de figure, toute différence entre le résultat et la variation d'actif net devra être justifiée dans l'annexe (V. *infra*, n°s 127 et s.).

3° L'annexe comptable

127. - Rôle de l'annexe ? Aussi fidèles et bien construits soient-ils, les comptes annuels de l'entreprise ne renseignent pas suffisamment leurs utilisateurs. Selon l'article 112-4 du Plan comptable général :

> « L'annexe complète et commente l'information donnée par le bilan et le compte de résultat. L'annexe comporte toutes les informations d'importance significative destinées à compléter et à commenter celles données par le bilan et par le compte de résultat. Une inscription dans l'annexe ne peut pas se substituer à une inscription dans le bilan et le compte de résultat ».

L'annexe est donc un document de synthèse dont le rôle est de compléter et d'expliquer le bilan et le compte de résultat, mais sans pouvoir les remplacer.

128. - Caractère obligatoire de l'annexe ? À l'image des comptes annuels, l'annexe est obligatoire, sauf pour les « micro-entreprises » au sens comptable du terme (V. *infra*, n° 171), ainsi que pour les entreprises individuelles soumises à un régime réel simplifié d'imposition (V. *infra*, n° 173). Fiscalement, l'annexe ne fait pas partie, en tant que telle, des documents comptables devant figurer dans la déclaration fiscale des entreprises (« liasse fiscale », CGI, art. 53 A). En revanche, beaucoup d'informations de l'annexe se retrouvent également dans les tableaux de la liasse fiscale et, en pratique, les entreprises se servent de ces derniers pour établir leur annexe comptable. En outre, l'administration fiscale peut obtenir communication des informations de l'annexe qui ne figurent pas dans leurs déclarations.

129. - Présentation de l'annexe ? Aux termes de l'article R. 123-199 du Code de commerce (al. 1er) : « Les éléments chiffrés de l'annexe sont, sauf exception dûment justifiée, déterminés selon les mêmes principes et les mêmes méthodes que pour l'établissement du bilan et du compte de résultat ». L'article 810-6 du Plan comptable général dit pratiquement la même chose : « Les éléments d'information chiffrés de l'annexe sont établis selon les mêmes principes et dans les mêmes conditions que ceux du bilan et du compte de résultat ». L'annexe, comme tous les documents de synthèse, doit donc être présentée en conformité avec l'un des systèmes suivants : *système de base* ou *système abrégé* pour les entreprises de petite taille qui sont autorisées à adopter une présentation simplifiée de leurs comptes annuels (PCG, art. 810-7, al. 1er). En principe, les informations de l'annexe figurent sous forme de commentaires, mais certaines sont présentées sous forme de tableaux (PCG, art. 841-1 et s. pour le système de base ; art. 842-1 et s. pour le système développé). Par ailleurs, les informations figurant dans l'annexe abrégée des personnes morales soumises au régime réel simplifié d'imposition sont présentées « en règle générale » sous forme de tableaux (PCG, art. 831-2).

À noter : Sur le projet de modernisation des états financiers qui prévoit une nouvelle présentation des informations figurant dans l'annexe ainsi que la suppression du système de présentation « développé », V. *supra*, n° 27.

a) Contenu de l'annexe

130. - Convergence des sources. Alors qu'autrefois le Code de commerce et le Plan comptable général dressaient chacun la liste des informations devant figurer dans l'annexe comptable, la compétence en revient désormais principalement à l'ANC (D. n° 2015-903, 23 juill. 2015, art. 1 ; C. com. art. R. 123-195 mod. ; C. com., art. R. 123-196, R. 123-197 et R. 123-198 abr.). Malgré cela, la concordance entre les deux sources n'est pas encore parfaite ; alors que le Plan comptable général n'oblige les entreprises à renseigner l'annexe que si les informations sont « significatives » (PCG, art. 831-1 et s.), le Code de commerce distingue entre les informations devant figurer dans l'annexe en raison de leur « importance significative » (C. com., art. R. 123-195), et celles qui doivent y figurer en raison de leur nature propre ; peu importe qu'elles soient ou non significatives (C. com., art. L. 123-13 et s.).

1) Les informations obligatoires en raison de leur nature

131. - Une catégorie presque ignorée du plan comptable. Pour les autorités comptables, fondamentalement, le bilan et le compte de résultat doivent se suffire à eux-mêmes. Cela transparaît à l'article 810-5 du Plan comptable général : « Les informations requises déjà portées au bilan ou au compte de résultat n'ont pas à être reprises dans l'annexe ». Ce n'est qu'exceptionnellement que certaines informations doivent obligatoirement figurer dans l'annexe (c'est désormais le cas du mali de fusion ; PCG, art. 780-2, V. *infra*, n° 678). Pour le législateur commercial, le principe d'image fidèle doit primer tout autre ; des commentaires doivent être donnés en ce sens dans l'annexe. Indépendamment du principe d'image fidèle, certaines informations doivent nécessairement figurer en annexe par application de dispositions spécifiques.

• La comptabilité doit donner une image fidèle de l'entreprise, aussi :

– si l'application d'une prescription comptable ne suffit pas pour donner une image fidèle du patrimoine ou de la situation financière de l'entreprise, des informations complémentaires doivent être fournies dans l'annexe (C. com., art. L. 123-14, al. 2) ;

– l'entreprise doit justifier des dérogations aux principes comptables qui se révéleraient impropres à donner une image fidèle (C. com., art. L. 123-14, al. 3) ;

– l'entreprise doit justifier des modifications apportées à la présentation des comptes annuels et aux méthodes d'évaluation (C. com., art. L. 123-17).

• Certaines obligations du Code de commerce sont plus précises :

– les modalités d'amortissement des primes de remboursement d'emprunts doivent obligatoirement être détaillées dans l'annexe (C. com., art. R. 123-185) ;

– le montant des engagements de l'entreprise en matière de pension, de compléments de retraite ou d'indemnités à l'occasion du départ à la retraite des salariés ou associés doit aussi figurer dans l'annexe (C. com., art. L. 123-13, al. 3). L'entreprise peut décider d'inscrire en provision tout ou partie de ces engagements.

• En revanche, ne sont plus obligatoires en tant que telles :

– les explications relatives aux comptes de régularisation (charges et produits constatés d'avance) (abrogation de l'article R. 123-189 du Code de commerce)[115] ;

– les commentaires sur les comptes « Frais d'établissement » et « Fonds commercial » (abrogation de l'article R. 123-186 du Code de commerce)[116].

2) Les informations obligatoires en raison de leur importance significative

132. - Trop d'informations tuent l'information. Il s'agit d'une obligation très relative, puisque l'entreprise n'est tenue de produire ces informations à l'annexe que si elles ont une « importance significative ». Cette notion, qui évoque celle « d'importance relative » contenue dans le principe de sincérité comptable, gouverne les prescriptions relatives à l'annexe, mais elle ne fait l'objet d'aucune définition et les autorités comptables recommandent d'alléger autant que possible les annexes. À l'inverse, le souci de moralisation de la vie des affaires peut conduire les autorités publiques à renforcer l'annexe pour une meilleure information[117].

L'ANC recommande aux entreprises significativement impactées par la crise sanitaire et/ou climatique de donner une information spécifique dans l'annexe[118].

133. - Un contenu adapté à la typologie des entreprises (PCG, art. 810-8). C'est le Plan comptable général qui fixe le contenu de l'annexe, mais il renvoie au Code de commerce pour ce qui est des catégories juridiques. Pour les personnes morales, le contenu de l'annexe sera allégé si elles relèvent du régime simplifié d'imposition (PCG, art. 831-1 et s. ; C. com., art. L. 123-25), ou s'il s'agit d'une petite entreprise (PCG, art. 832-1 et s. ; C. com., art. L. 123-16), en comparaison des autres entreprises (PCG, art. 833-1). Pour les personnes physiques, l'annexe sera moins détaillée pour les petites

(115) D. n° 2015-903, 23 juill. 2015, art. 1, 13°.
(116) D. n° 2015-903, 23 juill. 2015, art. 1, 10°.
(117) Ainsi, compte tenu des abus constatés dans les relations entre les sociétés avec des « parties liées » ou des opérations « hors bilan », les pouvoirs publics ont complété en ce sens la liste des opérations qui doivent figurer dans l'annexe (D. n° 2009-267, 9 mars 2009 : *JO* 11 mars 2009, n° 0059, p. 4475).
(118) AMF, Recomm. 2021-06, relative à l'arrêté des comptes 2021 (www.amf.gouv.fr).

entreprises (PCG, art. 834-1 et s. ; C. com., art. L. 123-16) que pour les autres entrepreneurs (PCG, art. 835-1 et s.). Nous détaillons ci-après les règles de droit commun (la situation des petites structures est étudiée plus loin ; V. *infra*, n°s 169 et s.).

ANNEXE DES COMPTES ANNUELS PAR CATÉGORIES D'ENTREPRISES (PCG, ART. 810-8)		
	PERSONNES MORALES	PERSONNES PHYSIQUES
Micro-entreprises (C. com., art. L. 123-16-1) V. *infra*, n°s 171 et s.	Dispense d'annexe, avec un minimum d'informations à la suite du bilan PCG, art. 810-9	Dispense d'annexe, avec un minimum d'informations à la suite du bilan PCG, art. 810-9
Entreprises soumises au régime simplifié d'imposition (C. com., art. L. 123-25) V. *infra*, n°s 173 et s.	Annexe « abrégée » PCG, art. 831-1 et 831-2	Dispense d'annexe
Petites entreprises (C. com., art. L. 123-16) V. *infra*, n°s 175 et s.	Annexe « allégée » PCG, art. 832-1 à 832-20	Annexe « allégée », avec une exemption pour certaines informations PCG, art. 834-1 et s.
Autres cas (droit commun) (C. com., art. L. 123-12) V. *infra*, n°s 134 et s.	Annexe « normale » PCG, art. 833-1 à 836-20	Annexe « normale », avec une exemption pour certaines informations PCG, art. 835-1 à 835-19

134. – L'annexe des personnes morales (PCG, art. 833-1 et s.)[119]. Les personnes morales mentionnent dans l'annexe les informations suivantes dès lors qu'elles sont significatives. L'annexe comporte les informations relatives aux postes du bilan et du compte de résultat. Les informations sont présentées dans l'annexe des comptes dans l'ordre selon lequel les postes auxquels elles se rapportent sont présentés dans le bilan et le compte de résultat.

1/ Principes et méthodes comptables (PCG, art. 833-2).

2/ Informations relatives aux postes du bilan et du compte de résultat :

– Actif immobilisé (PCG, art. 833-3).

– Réévaluation des immobilisations corporelles et financières (PCG, art. 833-4).

– Précisions sur certains éléments de l'actif immobilisé (PCG, art. 833-5).

– Informations relatives aux filiales et participations (PCG, art. 833-6).

– Titres immobilisés de l'activité de portefeuille (PCG, art. 833-7).

– Actif circulant (PCG, art. 833-8).

– État des échéances des créances à la clôture de l'exercice (PCG, art. 833-9).

(119) Seuls les intitulés des principales informations sont ici donnés ; le format de l'ouvrage ne nous permettant pas de détailler leur contenu. Pour plus de précisions, le lecteur se reportera directement à l'article cité.

– Précision sur la nature, le montant et le traitement comptable des charges constatées d'avance et des écarts de conversion actif (PCG, art. 833-10).

– Capitaux propres (PCG, art. 833-11).

– Passifs et provisions (PCG, art. 833-12).

– Dettes (PCG, art. 833-13).

– Compte de résultat (PCG, art. 833-14).

3/ Informations relatives au régime fiscal (PCG, art. 833-15).

4/ Informations au titre des opérations réalisées avec des parties liées (PCG, art. 833-16) :

– l'entité fournit une liste des transactions, au sens de l'article R. 1.23-199-1 du Code de commerce, significatives effectuées par la société avec des parties liées[120] lorsque ces transactions n'ont pas été conclues aux conditions normales de marché ;

– ces informations ne sont pas requises pour les transactions effectuées avec des filiales détenues en totalité, ou entre sociétés sœurs détenues en totalité par la société mère.

5/ Informations relatives aux opérations et engagements envers les dirigeants (PCG, art. 833-17).

6/ Informations relatives aux opérations et engagements hors bilan (PCG, art. 833-18) :

7/ Informations relatives à l'effectif (PCG, art. 833-19).

8/ Informations relatives aux opérations de nature spécifique (informations optionnelles et conditionnées par la réalisation de l'opération) (PCG, art. 833-20).

135. - **L'annexe des personnes physiques (PCG, art. 835-1 et s.)[121].** Les personnes physiques mentionnent dans l'annexe les informations suivantes dès lors qu'elles sont significatives. Les informations sont présentées dans l'annexe des comptes dans l'ordre selon lequel les postes auxquels elles se rapportent sont présentés dans le bilan et le compte de résultat (PCG, art. 835-1). Les mentions de l'annexe des personnes physiques sont celles qui sont requises pour l'annexe des personnes morales, mais les personnes physiques bénéficient de certaines dispenses d'informations, le plus souvent liées à la forme individuelle de l'entreprise.

1/ Principes et méthodes comptables (PCG, art. 835-2).

2/ Informations relatives aux postes du bilan et du compte de résultat :

– Actif immobilisé (PCG, art. 835-3).

– Réévaluation des immobilisations corporelles et financières (PCG, art. 835-4).

– Précisions sur certains éléments de l'actif immobilisé (PCG, art. 835-5)[122].

(120) Une entreprise est considérée comme liée à une autre lorsqu'elle est susceptible d'être incluse par intégration globale dans un même ensemble consolidable (C. com., art. R. 123-196-9° ; disposition abrogée par D. n° 2015-903, 23 juill. 2015, art. 1er, 17°).

(121) Seuls les intitulés des principales informations sont ici donnés ; le format de l'ouvrage ne nous permettant pas de détailler leur contenu. Pour plus de précisions, le lecteur se reportera directement à l'article cité.

(122) *À noter :* Le PCG ne prévoit pas pour les personnes physiques de commentaires sur le compte « *frais* d'établissement » puisque ce compte est réservé aux constitutions de sociétés (V. *infra*, n° 413).

– Actifs circulants (PCG, art. 835-6)[123].

– État des échéances de créances à la clôture de l'exercice (PCG, art. 835-7).

– Précision sur la nature, le montant et le traitement comptable des charges constatées d'avance et des écarts de conversion actif (PCG, art. 835-8).

– Passifs et provisions (PCG, art. 835-9).

– Dettes (PCG, art. 835-10).

– Compte de résultat (PCG, art. 835-11)[124].

3/ Informations relatives au régime fiscal (PCG, art. 835-12)[125].

4/ Informations relatives aux opérations et engagements hors bilan (PCG, art. 835-13).

5/ Informations relatives à l'effectif (PCG, art. 835-14).

6/ Informations relatives aux opérations de nature spécifique (informations optionnelles et conditionnées par la réalisation de l'opération) (PCG, art. 835-19).

b) Liens entre l'annexe et la liasse fiscale

136. – **Éléments de l'annexe figurant obligatoirement dans la liasse fiscale.** En pratique, les entreprises utilisent la liasse fiscale afin d'établir leur annexe comptable. Bien entendu, les informations figurant dans la liasse fiscale et dans l'annexe doivent être identiques. Quant au contenu de l'annexe, il varie selon le régime fiscal de l'entreprise (réel « normal » ou « simplifié » d'imposition). Les obligations comptables et fiscales des entreprises qui relèvent du « réel simplifié » d'imposition seront examinées plus loin dans l'ouvrage (V. *infra*, n°s 173 et s.). En ce qui concerne les entreprises qui relèvent du régime « réel normal » d'imposition :

– il s'applique de plein droit aux entreprises dont le chiffre d'affaires HT de l'année civile précédant l'exercice comptable (V. CIBS, art. L. 162-4) excède 840 000 € (entreprises de ventes et de fourniture de logement, sauf les locations meublées) ou 254 000 € pour les prestataires de services[126] et sur option aux autres entreprises[127] ;

– l'entreprise qui relève de ce régime doit joindre à sa *déclaration de résultats* (imprimé fiscal n° 2031-SD pour les entreprises à l'IR, **V. Annexe 4**, et n° 2065-SD pour les entreprises soumises à l'IS, **V. Annexe 5**), le bilan, le compte de résultat, le tableau des immobilisations, le tableau des amortissements, le tableau des provisions et l'état des échéances des créances et des dettes (CGI, ann. III, art. 38, I). Les informations sont regroupées sous forme de tableaux (imprimés fiscaux n°s 2050-SD à 2059-G-SD,

(123) *À noter :* Le PCG ne prévoit pas pour les personnes physiques de commentaires sur les *éléments fongibles.*

(124) *À noter :* Le PCG ne prévoit pas pour les personnes physiques d'indications sur la *ventilation du chiffre d'affaires* et le détail des *frais accessoires* (et bien sûr la rémunération des commissaires aux comptes).

(125) *À noter :* Compte tenu de la semi-transparence fiscale des entreprises individuelles, ce poste de l'annexe est moins dense que celui des personnes morales soumises à l'IS (absence de ventilation de l'impôt entre le résultat courant et le résultat exceptionnels, absence de référence au montant et à la nature des crédits d'impôt).

(126) A. ECOE2237323A, 30 déc. 2022, art. 1. Seuils réévalués tous les trois ans, applicables de 2023 à 2025.

(127) L'option d'une micro-entreprise pour le régime du réel normal d'imposition (ou pour le régime du réel simplifié) peut être prise jusqu'à la *date limite de dépôt de la déclaration d'ensemble des revenus de l'année précédente* (L. fin. 2022, n° 2021-1900, 30 déc. 2021, art. 7). Il en va de même de l'option d'une entreprise relevant du régime réel simplifié d'imposition pour le réel normal (D. n° 2022-942, 27 juin 2022). L'option est valable un an, et l'entrepreneur peut y renoncer sous les mêmes conditions et modalités.

V. Annexe 1). Elle doit également joindre à sa liasse fiscale : la liste des filiales et des participations, le tableau de calcul de la valeur ajoutée, une information détaillée sur certains points (dérogations aux prescriptions comptables, modifications affectant les méthodes d'évaluation et la présentation des comptes annuels, produits à recevoir et charges à payer, produits et charges des comptes de régularisation) (CGI, ann. III, art. 38, II).

137. - **Éléments de l'annexe communiqués sur demande de l'administration.** Les contribuables ayant la qualité de commerçant sont tenus de produire, sur demande de l'administration, les éléments de l'annexe comptable qui ne figurent pas obligatoirement dans la liasse fiscale en vertu de l'article 38, II précité (CGI, ann. III, art. 38, II, al. 3). Cette disposition ne concerne que les contribuables relevant du régime « réel normal », mais l'administration peut utiliser son droit de communication pour les autres (LPF, art. L. 85).

B. - La présentation des comptes annuels

138. - **Les systèmes proposés.** Selon le Plan comptable général, les documents de synthèse peuvent être présentés sous une forme « abrégée », « de base » ou « développée ».

Le Code de commerce ne s'enferme pas dans des catégories. Selon lui : « Le bilan, le compte de résultat et l'annexe doivent comprendre autant de rubriques et de postes qu'il est nécessaire pour donner une image fidèle du patrimoine, de la situation financière et du résultat de l'entreprise » (C. com., art. L. 123-15, al. 1er). Toutefois : « Les petites entreprises peuvent, dans des conditions fixées par un règlement de l'Autorité des normes comptables, adopter une présentation simplifiée de leurs comptes annuels » (C. com., art. L. 123-16, al. 1er).

Le système « de base » ou le système « abrégé » constituent l'obligation comptable minimale. L'entreprise utilisera le système abrégé si elle est autorisée, compte tenu de sa petite taille, à adopter une présentation simplifiée de ses comptes annuels (PCG, art. 810-7, al. 1er). À l'inverse, elle a la faculté d'établir des documents comptables plus détaillés en adoptant le système développé qui prévoit des documents mettant en évidence l'analyse des données de base en vue de mieux éclairer sa gestion (PCG, art. 810-7, al. 3).

À noter : Sur le projet de modernisation des états financiers qui prévoit la suppression du système de présentation « développé », V. *supra*, n° 27.

139. - **Les modalités de présentation.** Les comptes annuels (bilan et compte de résultat) peuvent être présentés sous forme de tableaux (présentation « en compte ») ou de liste (présentation « en liste »). Le Code de commerce privilégie la présentation en compte pour le bilan (actif/passif) et laisse le choix aux entreprises s'agissant du compte de résultat (C. com., art. L. 123-13, al. 2). Le Plan comptable général prévoit quant à lui la présentation « en tableau » ou « en liste » aussi bien pour le compte de résultat que pour le bilan (PCG, art. 810-2). Une autre différence entre les deux sources concerne le bilan : alors que le Code de commerce ne prévoit qu'un bilan avant affectation du résultat (puisque les capitaux propres comprennent le résultat de l'exercice, C. com., art. R. 123-190), le Plan comptable général prévoit la présentation d'un bilan avant et après répartition (PCG, art. 821-1 et s.).

À noter : Sur le projet de modernisation des états financiers qui prévoit de ne conserver qu'un modèle de bilan en tableau avant répartition et un modèle de résultat en liste la suppression du système de présentation « développé », V. *supra*, n° 27.

140. - Comparaison avec les obligations fiscales. Le droit fiscal se distingue du droit comptable sur plusieurs points. En premier lieu, le bilan et le compte de résultat qui figurent dans la liasse fiscale varient selon le régime d'imposition de l'entreprise ; réel « normal » (imprimés n°s 2050-SD à 2053-SD, la présentation est finalement celle du système de base, **V. Annexe 1**) ou réel « simplifié » (imprimés n°s 2033-A-SD et 2033-B-SD, la présentation est équivalente à celle du système « abrégé », **V. Annexe 3**), mais il n'est pas prévu de système « développé » dans la liasse fiscale et les plus petites structures (« micro-entreprises ») sont dispensées de comptes annuels (V. *infra*, n° 174). En deuxième lieu, seule la présentation « en liste » est possible dans le compte de résultat, alors que le bilan est nécessairement présenté sous forme de compte (actif/passif). En troisième lieu, comme pour le Code de commerce, mais contrairement au Plan comptable général, le bilan présenté est celui qui précède l'affectation des résultats.

141. - Organisation des documents de synthèse. Nous présentons ci-après les éléments qui doivent figurer dans le bilan, le compte de résultat et dans l'annexe, selon le système de présentation qui leur est applicable ; système « de base » (1°) ou « développé » (2°), à l'exclusion du système « abrégé » qui concerne les petites entreprises (V. *infra*, n°s 176).

1° Le système de base

142. - Présentation du bilan. Le Code de commerce (C. com., art. R. 123-181 et s.) donnait autrefois des indications assez précises en ce qui concerne l'organisation du bilan. *Toutefois, à compter des exercices ouverts depuis le 1er janvier 2016, c'est le rôle de l'ANC* (C. com., art. R. 123-182 mod.)[128]. Le Code de commerce se contente à présent de fournir une liste ordonnée des principales rubriques comptables (le détail des postes de l'actif et du passif a été supprimé)[129]. Le plan comptable fournit quant à lui des modèles de présentation (PCG, art. 821-1 et s.) qui sont identiques à ceux qui doivent figurer dans la liasse fiscale (régime du réel « normal », imprimés n°s 2050-SD et s.).

• L'actif du bilan dont le modèle est établi par un règlement de l'ANC fait successivement apparaître les rubriques suivantes (C. com., art. R. 123-182)[130] :

– au titre de l'actif immobilisé : les immobilisations incorporelles, les immobilisations corporelles et les immobilisations financières ;

– au titre de l'actif circulant : les stocks et en-cours, les avances et acomptes versés sur commande, les créances, les valeurs mobilières de placement et les disponibilités ;

– les primes de remboursement des obligations ;

– les comptes de régularisation ;

– les écarts de conversion.

• Le passif expose successivement les rubriques suivantes (C. com., art. R. 123-190 al. 1er) :

– les capitaux propres ;

– les autres fonds propres ;

(128) D. n° 2015-903, 23 juill. 2015, art. 1er, 7°.

(129) L'article R. 123-183 du Code de commerce a été abrogé (D. n° 2015-903, 23 juill. 2015, art. 1er, 7°, préc.), et l'article R. 123-190 du même code a été modifié (D. n° 2015-903, 23 juill. 2015, art. 1er, 14°).

(130) D. n° 2015-903, 23 juill. 2015, art. 1er, 7°, préc.

– les provisions ;
– les dettes, les comptes de régularisation ;
– les écarts de conversion.

• Les postes du passif distinguent parmi les capitaux propres (C. com., art. R. 123-190 al. 2) :
– le capital ;
– les primes d'émission et primes assimilées ;
– les écarts de réévaluation ;
– le résultat de l'exercice ;
– les subventions d'investissement et les provisions réglementées ;
– les réserves statutaires ou contractuelles et les réserves réglementées.

143. - Présentation du compte de résultat. Le Code de commerce présentait et classait les charges et les produits devant figurer *dans le compte d'exploitation (C. com., art. R. 123-193). Mais pour les exercices ouverts depuis le 1er janvier 2016, le Code de commerce ne détaille plus les comptes de charges et de produits ; il revient à l'ANC d'élaborer un modèle de compte de résultat faisant apparaître les charges, les produits et le résultat de l'exercice*[131]. *Les modèles de présentation* (en « compte » ou en « liste ») figurent dans le Plan comptable général (PCG, art. 821-3 et s.). Le droit fiscal a retenu comme document obligatoire de la déclaration le modèle en « liste » (régime du réel « normal » d'imposition, imprimé n° 2052-SD).

• Le compte de résultat dont le modèle est établi par un règlement de l'ANC fait apparaître successivement, outre les variations de stocks (C. com., art. R. 123-193 mod.)[132] :

1° au titre des charges : les charges d'exploitation, les charges financières, les charges exceptionnelles ainsi que la participation des salariés aux fruits de l'expansion et l'impôt sur les bénéfices ;

2° au titre des produits : les produits d'exploitation, les produits financiers et les produits exceptionnels ;

3° le résultat de l'exercice.

• Le compte de résultat présenté sous forme de liste (V. C. com., art. L. 123-13) permet également de dégager successivement le résultat d'exploitation, le résultat financier, le résultat courant avant impôt et le résultat exceptionnel (C. com., art. R. 123-14).

144. - Présentation de l'annexe. Le contenu et la présentation de l'annexe ne sont plus liés au système d'information retenu par l'entité, mais sont fonction de sa nature juridique (personne physique ou morale), de sa taille et de son régime d'imposition (V. *supra*, n° 133). Dans le système de base, certaines informations figurent sous forme de tableaux (PCG, art. 841-1 et s.) :
– tableau des amortissements (PCG, art. 841-2) ;
– tableau des dépréciations (PCG, art. 841-3) ;
– tableau des provisions (PCG, art. 841-4) ;
– état des échéances des créances et des dettes à la clôture de l'exercice (PCG, art. 841-5) ;
– tableau des filiales et des participations (PCG, art. 841-6) ;
– tableaux du portefeuille de TIAP (PCG, art. 841-7).

(131) D. n° 2015-903, 23 juill. 2015, art. 1er, 15°.
(132) D. n° 2015-903, 23 juill. 2015, art. 1er, 15°, préc.

2° Le système développé

145. – **Caractères généraux.** Le système « développé » est ignoré du Code de commerce ; seul le Plan comptable général y fait référence. Il n'est, en outre, pas obligatoire, ni au plan juridique (pour la tenue des comptes), ni au plan fiscal (pour l'établissement de la liasse fiscale). Selon l'article 810-7, alinéa 3 du Plan comptable général :

« Sous réserve de respecter l'ordonnancement général des rubriques et des postes figurant aux articles précités, l'entité à la faculté d'établir des documents plus détaillés que ceux correspondant à l'obligation minimale à laquelle elle est soumise. Ainsi, elle peut adopter le système développé qui prévoit des documents mettant en évidence l'analyse des données de base en vue de mieux éclairer sa gestion ».

146. – **Présentation des documents comptables.** Puisque le but est une meilleure information financière, les documents annuels présentés sous la forme « développée » contiendront des renseignements supplémentaires par rapport au système « de base ».

• *Le bilan* mentionne les créances et les dettes selon leur nature comptable (d'exploitation, financière ou divers) et non pas en fonction de leur destination (commerciale, bancaire, fiscale, sociale…), ce qui permettra le calcul du besoin en fonds de roulement d'exploitation.

• *Le compte de résultat* comporte des rubriques de regroupement faisant apparaître le coût d'achat des marchandises vendues et les consommations en provenance de tiers (afin de calculer la marge commerciale), et des subdivisions de postes (services extérieurs, dotations aux amortissements, aux dépréciations ou aux provisions, opérations sur le capital…).

• *Le contenu et la présentation de l'annexe* ne sont plus liés au système d'information retenu par l'entité, mais sont fonction de sa nature juridique (personne physique ou morale), de sa taille et de son régime fiscal (V. *supra*, n° 133). Lorsque l'entité relève du système développé (ou abrégé), le Plan comptable général se contente d'indiquer que « le contenu de l'annexe est modifié en conséquence sans qu'il en résulte un amoindrissement de l'information nécessaire pour que les documents de synthèse donnent l'image fidèle recherchée » (PCG, art. 810-7, al. 4). Des informations complémentaires sont données sous forme de tableaux (PCG, art. 842-1 et s.) :

– tableau des soldes intermédiaires de gestion (PCG, art. 841-1) ;

– détermination de la capacité d'autofinancement (PCG, art. 8412-2) ;

– tableau des emplois et des ressources – tableau de financement en compte (PCG, art. 842-3) ;

– tableau des emplois et des ressources – tableau de financement en liste (PCG, art. 842-4).

C. – Les obligations en matière de comptes annuels et leur sanction

147. – **Des obligations strictement encadrées.** Après avoir été arrêtés et approuvés par l'organe compétent, les comptes annuels doivent être publiés. Tant l'absence de publication que l'absence d'établissement des comptes eux-mêmes ou leur inexactitude sont sanctionnées.

1° Les obligations en matière de comptes annuels

a) Établissement des comptes sociaux

148. - Domaine. Les personnes physiques ou morales ayant la qualité de commerçant doivent établir des comptes annuels (C. com., art. L. 123-12, al. 3). Il en va de même pour les personnes morales de droit privé non commerçantes ayant une activité économique lorsqu'elles dépassent certains seuils légaux (C. com., art. L. 612-1)[133]. C'est également le cas des formes spécifiques de « patrimoines d'affectation » : EIRL (C. com., art. L. 526-13 ; V. *infra*, n°s 185 et s.) et fiducies (L. n° 2007-211, 19 févr. 2007, instituant la fiducie, art. 12)[134].

En fiscalité, le domaine est nécessairement plus vaste, puisqu'il englobe l'ensemble des personnes dont l'activité entre dans le champ d'application des bénéfices industriels et commerciaux (CGI, art. 34 et 35) pour peu qu'elles relèvent d'un régime « réel » d'imposition (CGI, art. 53 A). Qui plus est, les groupements qui sont soumis à l'IS (de plein droit ou sur option) doivent obligatoirement calculer leur résultat imposable en faisant application des règles BIC, quelle que soit leur activité (CGI, art. 209-I). Le Conseil d'État a estimé que cela concernait les succursales françaises de sociétés étrangères (établissements stables)[135].

149. - Documents. Aux termes de l'article L. 232-1, I du Code de commerce :

> « À la clôture de chaque exercice le conseil d'administration, le directoire ou les gérants dressent l'inventaire, les comptes annuels… et établissent un rapport de gestion écrit ».

Le rapport de gestion expose la situation de la société au cours de l'exercice écoulé, son évolution prévisible, les événements importants qui se sont produits depuis la clôture de l'exercice, et les activités de recherche et de développement de l'entreprise (C. com., art. L. 232-1, II). Il y est également fait mention des succursales existantes[136]. Les petites entreprises (V. *infra*, n° 175), quelle que soit leur forme (SA, SARL, SAS, SNC, SCA, SCS), sont dispensées du rapport de gestion depuis les exercices clos à compter du 11 août 2018 (C. com., art. L. 232-1, IV mod.)[137]. Les sociétés les plus importantes doivent au contraire établir des documents de gestion complémentaires (C. com., art. L. 232-2)[138].

(133) Il s'agit des personnes morales qui dépassent deux des trois seuils suivants : cinquante salariés, 3,1 M€ HT de chiffre d'affaires ou de ressources et 1,55 M€ de total de bilan (C. com., art. R. 612-1).

(134) A. de Bissy, *Aspects fiscaux de la fiducie. Loi du 19 février 2007* : *JCP* E 2007, 16, 1516.

(135) CE, 13 juill. 2011, n° 313440, *Sté Stanford Research Institute International* : *RJF* 11/11, n° 1133. Ces entités doivent produire les pièces comptables de nature à justifier l'exactitude des résultats indiqués dans leurs déclarations, mais il ne semble pas qu'elles soient astreintes à la tenue d'une comptabilité complète.

(136) Ord. n° 2015-900, 23 juill. 2015, art. 2, 1°. Disposition applicable aux exercices ouverts depuis le 1er janvier 2016.

(137) L. n° 2018-727, 10 août 2018, *pour un État au service d'une société de confiance* (art. 55). Jusque-là, la dispense n'était prévue que pour les sociétés unipersonnelles (EURL ou SASU) dont l'associé unique personne physique assure la gestion. La dispense n'est toutefois pas applicable aux sociétés appartenant à l'une des catégories définies à l'article L. 126-16-2 du Code de commerce (établissements financiers, entreprises d'assurance…) ou dont l'activité consiste à gérer des titres de participations ou des valeurs mobilières.

(138) Elles doivent établir une situation de l'actif réalisable et disponible (valeurs d'exploitation exclues) et du passif exigible, un compte de résultat prévisionnel, un tableau de financement en même temps que le bilan annuel et un plan de financement prévisionnel. Ces obligations concernent les sociétés qui comptent 300 salariés et plus, ou dont le chiffre d'affaires est d'au moins 18 M€ (C. com., art. R. 232-2, al. 1).

Les sociétés anonymes doivent insérer dans le rapport de gestion une ***déclaration de performance extra-financière*** lorsque le total du bilan ou le chiffre d'affaires et le nombre de salariés excèdent des seuils fixés par décret en Conseil d'État qui varient selon que la société est ou non cotée (C. com., art. L. 225-102-1, I)[139]. Cette déclaration regroupe les informations sur la responsabilité sociale et environnementale de l'entreprise (informations dites « RSE »)[140]. Ainsi, aux termes de l'article L. 225-102-1, III du Code de commerce, plusieurs fois modifié[141], dans la mesure nécessaire à la compréhension de la situation de la société, de l'évolution de ses affaires, de ses résultats économiques et financiers et des incidences de son activité, cette déclaration présente des informations sur la manière dont la société prend en compte les conséquences sociales et environnementales de son activité, ainsi que, pour les sociétés cotées, les effets de cette activité quant au respect des droits de l'homme et à la lutte contre la corruption et l'évasion fiscale (al. 1). La déclaration doit également comprendre « notamment des informations relatives aux conséquences sur le changement climatique de l'activité de la société et de l'usage des biens et services qu'elle produit, à ses engagements sociétaux en faveur du développement durable, de l'économie circulaire, de la lutte contre le gaspillage alimentaire, de la lutte contre la précarité alimentaire, du respect du bien-être animal et d'une alimentation responsable, équitable et durable, aux accords collectifs conclus dans l'entreprise et à leurs impacts sur la performance économique de l'entreprise ainsi que sur les conditions de travail des salariés, aux actions visant à lutter contre les discriminations et promouvoir les diversités, aux actions visant à promouvoir le lien Nation-armée et à soutenir l'engagement dans les réserves, aux actions visant à promouvoir la pratique d'activités physiques et sportives et aux mesures prises en faveur des personnes handicapées » (al. 2).

Le conseil d'administration des SA doit également présenter à l'assemblée générale un ***rapport sur le gouvernement d'entreprise*** qui est joint au rapport de gestion (C. com., art. L. 225-37, al. 6)[142]. Ce rapport sur le gouvernement d'entreprise reprend certaines informations relatives aux divers aspects du fonctionnement des organes d'administration et de direction des sociétés qui figuraient autrefois dans le rapport de gestion (C. com., art. L. 225-37-4)[143]. Pour les sociétés cotées, il comprend également

(139) Pour les sociétés dont les titres sont admis à la négociation sur un marché réglementé : 20 millions d'euros pour le total du bilan ou 40 millions d'euros pour le montant net du chiffre d'affaires et 500 pour le nombre moyen de salariés permanents employés au cours de l'exercice (C. com., art. R. 22-10-29, al. 1). Pour les autres sociétés : 100 millions d'euros pour le total du bilan ou 100 millions d'euros pour le montant net du chiffre d'affaires et 500 pour le nombre moyen de salariés permanents employés au cours de l'exercice (C. com., art. R. 225-104, al. 1).

(140) Les informations « RSE » doivent être vérifiées par un organisme tiers indépendant. Un arrêté du 13 mai 2013 (*JO* n° 0136, 14 juin 2013, p. 9861, texte n° 7) précise les modalités d'application du dispositif.

(141) V. dernièrement : Ord. n° 2017-1180, 19 juill. 2017, art. 1 ; L. n° 2018-771, 5 sept. 2018, *pour la liberté de choisir son avenir professionnel*, art. 84 ; L. n° 2018-898, 23 oct. 2018, *relative à la lutte contre la fraude*, art. 20 ; L. n° 2021-1104, 22 août 2021 *portant lutte contre le dérèglement climatique et renforcement de la résilience face à ses effets*, art. 138 ; L. n° 2022-296, 2 mars 2022 *visant à démocratiser le sport en France*, art. 6 ; L. n° 2023-703 du 1er août 2023 *relative à la programmation militaire pour les années 2024 à 2030 et portant diverses dispositions intéressant la défense* (art. 29).

(142) Ord. n° 2017-1162, 12 juill. 2017, préc., art. 1. Les informations correspondantes peuvent toutefois être présentées au sein d'une section spécifique du rapport de gestion.

(143) Aux termes de cet article, plusieurs fois modifié (V. dernièrement : Ord. 12 juill. 2017, art. 3 ; Ord. 19 juill. 2017 préc., art. 3 ; L. 5 sept. 2018, art. 104 ; L. n° 2019-486, 22 mai 2019, art. 198 ; Ord. n° 2020-1142, 16 sept. 2020, art. 3) : « Le rapport prévu au dernier alinéa de l'article L. 225-37 contient les

des informations relatives aux rémunérations et avantages servis aux dirigeants (C. com., art. L. 22-10-8 et 9)[144], ainsi que des informations concernant les éléments susceptibles d'avoir une incidence en cas d'offre publique (C. com., art. L. 22-10-11).

Seront également annexés au bilan : un état des cautionnements, avals et garanties, ainsi qu'un état des sûretés consenties par les sociétés (C. com., art. L. 232-1, II, 1° et 2°).

En fiscalité, la déclaration de résultat devra également mentionner : la récapitulation des éléments concourant à la formation du résultat ainsi que le montant des recettes nettes soumises à la contribution annuelle sur les revenus locatifs (personnes morales uniquement), le nom et l'adresse des comptables ou experts chargés de tenir la comptabilité, éventuellement le nom et l'adresse du centre de gestion agréé auquel le contribuable a adhéré, les renseignements nécessaires à l'établissement et au contrôle de l'impôt (CGI, ann. III, art. 38, I).

Enfin, aux termes du nouvel article L. 232-6 du Code de commerce[145], applicable aux exercices ouverts à compter du 22 juin 2024 : « Toute société commerciale qui ne contrôle ni n'est contrôlée par une autre société au sens du II ou du III de l'article L. 233-16, et dont le chiffre d'affaires excède, à la clôture de deux exercices consécutifs, un seuil fixé par décret[146], établit, publie et met à disposition, à la diligence du conseil d'administration, du directoire ou des gérants, un rapport relatif à l'impôt sur les bénéfices » (C. com., art. L. 232-6, I)[147].

Ce ***rapport relatif à l'impôt sur les bénéfices*** comprend : le nom de la société, une brève description de la nature des activités ; le nombre de salariés employés en équivalent temps plein ; le chiffre d'affaires ; le montant du bénéfice ou des pertes avant impôt sur les bénéfices ; le montant de l'impôt sur les bénéfices dû ; le montant de l'impôt sur les bénéfices acquitté sur la base des règlements effectifs ; le montant des bénéfices non distribués (C. com., art. L. 232-6, II).

Pour les sociétés en nom collectif et les sociétés en commandite simple, seules sont concernées celles dont tous les associés indéfiniment responsables sont des sociétés par actions, des sociétés à responsabilité limitée ou sociétés de droit étranger d'une forme juridique comparable.

informations suivantes : 1° La liste de l'ensemble des mandats et fonctions exercés dans toute société par chaque mandataire social durant l'exercice ; 2° Les conventions intervenues, directement ou par personne interposée, entre, d'une part, l'un des mandataires sociaux ou l'un des actionnaires disposant d'une fraction des droits de vote supérieure à 10 % d'une société et, d'autre part, une autre société contrôlée par la première au sens de l'article L. 233-3, à l'exception des conventions portant sur des opérations courantes et conclues à des conditions normales ; 3° Un tableau récapitulatif des délégations en cours de validité accordées par l'assemblée générale des actionnaires dans le domaine des augmentations de capital, par application des articles L. 225-129-1 et L. 225-129-2, et faisant apparaître l'utilisation faite de ces délégations au cours de l'exercice ; 4° À l'occasion du premier rapport ou en cas de modification, le choix fait de l'une des deux modalités d'exercice de la direction générale prévues à l'article L. 225-51-1 ».

(144) Anciens art. L. 225-37-2 et L. 225-37-3, tels que modifiés par L. n° 2019-486, 22 mai 2019, art. 175 et 187, puis par Ord. n° 2019-1234, 27 nov. 2019, art. 1, et abrogés par Ord. n° 2020-1142, 16 sept. 2020, art. 3.

(145) Ord. n° 2023-483, 21 juin 2023 (*Dr. fisc.* 2023, n° 27, act. 231), prise en application de la loi n° 2023-171 du 9 mars 2023 et assurant la transposition de la directive 2021/2101 (*CBCR public*) qui impose aux entreprises multinationales de divulguer publiquement les impôts sur les bénéfices qu'elles paient (*Dr. fisc.* 2023, n° 16, act. 131).

(146) 750 M€ sur deux exercices consécutifs (D. n° 2023-493 du 22 juin 2023 ; C. com., art. D. 232-8-1).

(147) Ce rapport sera également obligatoire pour toute société consolidante qui n'est pas contrôlée par une autre société (entreprise qualifiée de « *mère ultime* » par la directive) dont le chiffre d'affaires consolidé excède, à la clôture de deux exercices consécutifs, le seuil de 750 M€ (C. com. art. L. 233-28-1, I).

Ne sont pas concernées les sociétés soumises à l'obligation de publication mentionnée à l'article L. 511-45 du Code monétaire et financier qui doivent effectuer une déclaration « pays par pays ». Ne sont pas non plus concernées les sociétés qui ne disposent pas, à l'étranger, d'un établissement stable (C. com., art. L. 232-6, III).

150. - Organes. Les comptes annuels doivent être arrêtés par les organes de direction de la société (conseil d'administration, directoire ou gérant ; C. com., art. L. 232-1). Dans les SA, c'est le conseil d'administration ou le directoire qui présente à l'assemblée générale le rapport de gestion et le rapport sur le gouvernement d'entreprise (C. com., art. L. 225-100). En période de crise sanitaire, les pouvoirs publics permettent aux délibérations de se tenir à distance[148].

151. - Délais. Les délais varient selon la forme sociale de l'entreprise, *mais il faut toujours avoir à l'esprit que les délais fiscaux de déclaration de la liasse fiscale sont plus réduits* (en principe, dans les trois mois de la clôture de l'exercice comptable)[149]. Les pouvoirs publics peuvent également prolonger les délais en période de crise sanitaire[150]. Pour le reste :

– *les commerçants personnes physiques* ne sont pas tenus par un calendrier, mais ils doivent respecter les délais pour leur déclaration fiscale et les EIRL doivent déposer leurs documents comptables dans les six mois suivant la clôture de l'exercice comptable (C. com., art. R. 526-19) ;

– *les personnes morales commerçantes* (ou non commerçantes mais tenues d'établir des comptes annuels), qui emploient au moins trois cents salariés ou dont le chiffre d'affaires HT ou le total des ressources est d'au moins 18 M€ doivent établir les comptes annuels dans les quatre mois de la clôture de l'exercice comptable. En effet, ces entreprises doivent établir un tableau de financement en même temps que le bilan annuel (C. com., art. L. 232-2, préc.), tableau qui doit être établi dans les quatre mois qui suivent la clôture de l'exercice écoulé (C. com., art. R. 232-3) ;

– *les personnes morales commerçantes* (ou non commerçantes mais tenues d'établir des comptes annuels), *qui possèdent un commissaire aux comptes*[151], doivent mettre à la disposition de ce professionnel les comptes sociaux un mois avant la convocation de l'assemblée générale annuelle des associés ou des actionnaires (C. com., art. R. 232-1, al. 1er) ;

– *les personnes morales sans commissaires aux comptes* doivent mettre à la disposition des associés (ou leur envoyer) les comptes annuels au moins quinze jours avant l'assemblée générale d'approbation des comptes (délai de convocation des associés) ;

– *le directoire d'une SA doit présenter au conseil de surveillance* les comptes annuels, le rapport de gestion et le rapport sur le gouvernement d'entreprise dans les trois mois à compter de la clôture de l'exercice (C. com., art. L. 225-68, al. 5 et R. 225-55) ;

(148) En dernier lieu, V. L. n° 2022-46, 22 janv. 2022 « renforçant les outils de gestion de la crise sanitaire », art. 13.

(149) Si l'exercice est clos le 31 décembre ou si aucun exercice n'est clos au cours d'une année, la déclaration est à déposer au plus tard le deuxième jour ouvré suivant le 1er mai (CGI, art. 223-1, al. 2).

(150) V. Ord. n° 2020-318, 25 mars 2020 portant adaptation des règles relatives à l'établissement, l'arrêté, l'audit, la revue, l'approbation et la publication des comptes et des autres documents et informations que les personnes morales et entités dépourvues de personnalité morale de droit privé sont tenues de déposer ou publier dans le contexte de l'épidémie de covid-19 (RJ com. 3/20, p. 199 et s., obs. A. de Bissy).

(151) La loi du 22 mai 2019, relative à la croissance et la transformation des entreprises (loi « Pacte ») a généralisé et relevé les seuils de nomination des commissaires aux comptes (L. n° 2019-466, art. 47 ; D. n° 2019-514, 24 mai 2019, art. 1).

– *les sociétés unipersonnelles* (« SASU » et « EURL ») doivent arrêter leurs comptes sociaux dans les six mois de la clôture de l'exercice (délai d'approbation des comptes).

b) Approbation des comptes

152. – **Régime général (sociétés en général).** Les comptes sociaux doivent être approuvés tous les ans par les associés réunis en assemblée générale, dans les six mois de la clôture de l'exercice comptable. Cela est vrai pour les SA (C. com., art. L. 225-100), les sociétés en commandite par actions (C. com., art. L. 226-1, al. 2), les SARL (C. com., art. L. 223-26, al. 1er), les SNC (C. com., art. L. 221-7, al. 1er), et les sociétés en commandite simple (C. com., art. L. 222-2). Les associés doivent approuver les comptes, dans le délai requis, même si la société n'a eu aucune activité[152]. Il est toutefois possible de demander une prolongation de ce délai au président du tribunal de commerce statuant sur requête (C. com., art. L. 225-100, al. 1er)[153]. Après en avoir été un temps écarté[154], le gérant de SARL peut également demander en justice une prolongation du délai de tenue de l'assemblée générale (C. com., art. L. 223-26, al. 1er)[155]. Aucun délai n'est prévu pour l'approbation des comptes de SAS (celui-ci est donc librement fixé dans les statuts), mais il faut rappeler qu'elles ne pourront distribuer de dividendes que si les comptes ont été approuvés ; or, cette distribution doit avoir lieu dans les neuf mois de la clôture de l'exercice, sauf prolongation accordée par décision de justice (C. com., art. L. 232-13, al. 2).

153. – **Régime simplifié (sociétés unipersonnelles).** Pour les sociétés unipersonnelles dont l'associé unique personne physique est le gérant, le législateur a prévu une procédure simplifiée d'approbation des comptes selon laquelle le dépôt au greffe vaut approbation (C. com., art. L. 227-9, al. 3 pour les SASU et art. L. 223-31, al. 2 pour les EURL), sachant que dans ce cas le dépôt devra lui-même intervenir dans les six mois de la clôture de l'exercice[156].

c) Dépôt et publication des comptes

154. – **Modalités du dépôt.** Les comptes sociaux doivent être déposés au greffe du tribunal de commerce dans le mois qui suit leur approbation par l'assemblée générale, ou dans les deux mois lorsque ce dépôt est effectué par voie électronique[157] (C. com., art. L. 232-21 et s.). Un seul exemplaire suffit désormais (C. com., art. R. 123-111, al. 1er)[158]. En cas de refus d'approbation des comptes, une copie de la délibération est déposée dans le même délai.

Doivent notamment être déposés au greffe : les comptes annuels (bilan, compte de résultat, annexe)[159], la proposition d'affectation du résultat, ainsi que, le cas échéant, les comptes consolidés, les rapports des commissaires aux comptes sur les comptes

(152) CA Paris, 19 févr. 2007, n° 06-9065 : *RJDA* 12/07, n° 1250.
(153) Cette possibilité ne concerne plus les SARL, puisque le texte sanctionnant l'obligation d'approbation des comptes par l'assemblée générale (C. com., art. L. 241-5, mod. L. n° 2012-387, 22 mars 2012, art. 19) n'y fait plus référence.
(154) L. n° 2012-387, 22 mars 2012, art. 19.
(155) Ord. n° 2014-863, 31 juill. 2014, art. 4 ; D. n° 2015-545, 18 mai 2015, art. 4.
(156) Rép. min. Hénart n° 84028 : *JOAN* Q 21 févr. 2006, p. 1920.
(157) Dans ce cas, nécessairement *via* le guichet unique dématérialisé tenu par l'INPI (D. n° 2022-1014 du 19 juillet 2022, art. 2 ; C. Com. art. R. 123-77, al. 1).
(158) D. n° 2012-928, 31 juill. 2012, art. 12.
(159) Les entreprises peuvent déposer la « liasse fiscale » (imprimés fiscaux nos 2050-SD à 2059-SD), mais dans ce cas elles ne doivent pas oublier de joindre à leur dépôt l'annexe comptable, qui n'en fait pas partie.

annuels et les comptes consolidés. Par contre, le législateur[160] a supprimé l'obligation de déposer au greffe du tribunal de commerce le rapport de gestion pour les sociétés commerciales autres que les sociétés par actions dont les titres sont admis sur un marché réglementé ou sur Alternext[161].

À la suite du dépôt, le greffier fait immédiatement insérer un avis au *Bulletin officiel des annonces civiles et commerciales* (*BODACC*) (C. com., art. R. 232-20 et R. 232-21).

155. – **Domaine du dépôt.** L'obligation de dépôt au greffe des comptes individuels ne concerne pas les *entrepreneurs individuels*. Sous cette réserve, les sociétés et les entités concernées par le dépôt des comptes sont principalement les suivantes :

– *les EIRL ;* le bilan ou, le cas échéant, le ou les documents résultant des obligations comptables simplifiées prévues au deuxième alinéa de l'article L. 526-13 sont déposés chaque année au registre professionnel dont ils relèvent (C. com., art. L. 526-14). Le dépôt des documents comptables doit avoir lieu dans les six mois de la clôture de l'exercice (C. com., art. R. 526-19) ;

– *les SNC* dont tous les associés indéfiniment responsables sont des sociétés à responsabilité limitée ou des sociétés par actions, ou d'autres SNC (ou SCS) dont tous les associés indéfiniment responsables sont des SARL ou des sociétés par actions (C. com., art. L. 232-21) ;

– *les SARL* (C. com., art. L. 232-22) *et les sociétés par actions* (*SA, SAS, SCA*, C. com., art. L. 232-23), y compris lorsqu'elles sont unipersonnelles (EURL, SASU)[162]. Les sociétés dont les titres sont admis sur un marché réglementé ou sur Alternext restent aussi tenues de déposer leur rapport de gestion. Curieusement, il en va de même pour les SA à directoire et les SCA alors que cette obligation a été supprimée pour les sociétés commerciales non cotées[163].

156. – **Déclaration de confidentialité[164].** Les sociétés répondant à la définition comptable des « **micro-entreprises** » (V. *infra*, n° 171), à l'exception des entreprises du secteur financier ou qui sont cotées sur un marché financier ainsi que des entreprises dont l'activité consiste à gérer des titres de participation, *peuvent déclarer que* ***les comptes annuels*** *qu'elles déposent ne seront pas rendus publics* (C. com., art. L. 232-25, al. 1er)[165].

Les sociétés répondant à la définition des « **petites entreprises** » (V. *infra*, n° 175) à l'exception des entreprises du secteur financier ou qui sont cotées *peuvent demander que* ***le compte de résultat*** *ne soit pas rendu public* (C. com., art. L. 232-25, al. 2)[166].

(160) L. n° 2012-387, 22 mars 2012, relative à la simplification du droit et à l'allègement des démarches administratives, art. 9.

(161) Mais, afin de satisfaire aux obligations de transparence, le rapport de gestion doit être tenu à la disposition de toute personne qui en fait la demande, dans des conditions à fixer par décret en Conseil d'État (V. D. n° 2014-1063, 18 sept. 2014, art. 6, 7 et 8 ; une copie du rapport de gestion est remise à toute personne, à ses frais, au siège de la société, sur simple demande). L'administration fiscale peut également demander que le rapport lui soit communiqué (LPF, art. L. 85).

(162) Cass. com., 24 juin 2020, n° 19-14.098 : *BJS* oct. 2020, n° 121f9, p. 23, note P.-L. Perin.

(163) *BRDA* 6/12, inf. 26, n° 5.

(164) J.-L. Navarro : *JCP* E 2015, n° 43-44, chron. 1515, n° 4.

(165) Ord. n° 2014-86, 30 janv. 2014, art. 5. Disposition applicable aux exercices clos à compter du 31 décembre 2013 et déposés à compter du 1er avril 2014 : *RF compt.* nov. 2014, n° 421, p. 11.

(166) Loi « Macron » n° 2015-990, 6 août 2015, art. 213, I. Disposition applicable aux comptes afférents aux exercices clos à compter du 31 décembre 2015 et déposés à compter d'un délai d'un an à compter de la

Les sociétés appartenant à un groupe, au sens de l'article L. 233-16, ne peuvent faire usage de cette faculté.

Cette déclaration n'est pas opposable aux autorités judiciaires et administratives[167], ainsi qu'à la Banque de France et aux personnes morales, relevant de catégories définies par arrêté du ministre de l'Économie qui financent ou investissent, directement ou indirectement, dans les entreprises ou fournissent des prestations au bénéfice de ces personnes morales.

La déclaration de confidentialité est exprimée par l'entreprise au moment du dépôt des comptes[168], conformément à un modèle défini par arrêté du garde de Sceaux, ministre de la Justice (C. com., art. R. 123-111-1 ; A. 123-61-1). Le greffier informe les tiers de cette déclaration de confidentialité par le biais d'une phrase[169] ajoutée dans l'avis inséré dans le *BODACC* à la suite du dépôt des documents comptables annuels (C. com., art. R. 232-22).

Lorsque la société est dotée d'un commissaire aux comptes, la CNCC a indiqué qu'elle ne s'oppose pas à ce que le dirigeant d'une petite entreprise souhaitant garder confidentiel son compte de résultat, procède, sous sa responsabilité, au dépôt distinct du compte de résultat et le retire des comptes joints au rapport du commissaire aux comptes[170]. Mais, afin d'éviter de faire reposer une telle décision sur les épaules du dirigeant, la loi a ensuite précisé que lorsqu'une micro-entreprise choisit de rendre confidentielle la totalité de ses comptes ou qu'une petite entreprise opte pour la confidentialité de son compte de résultat, le rapport des commissaires aux comptes ne sera pas rendu public (C. com., art. L 232-26 nouveau)[171].

157. – Demande de présentation simplifiée du bilan et de l'annexe. Les sociétés répondant à la définition des « moyennes entreprises » (V. *infra*, n° 177) peuvent demander que ne soit rendue publique qu'une présentation simplifiée de leur bilan et de leur annexe dans des conditions fixées par un règlement de l'Autorité des normes comptables (C. com., art. L. 232-25, al. 3)[172]. Dans ce cas, la présentation simplifiée n'a pas à être accompagnée du rapport des commissaires aux comptes. Les sociétés appartenant à un groupe, au sens de l'article L. 233-16 du Code de commerce, ne peuvent faire usage de cette faculté.

Lorsqu'il est fait usage de cette faculté, « la publication de la présentation simplifiée est accompagnée d'une mention précisant le caractère abrégé de cette publication, le registre auprès duquel les comptes annuels ont été déposés, si un avis sans réserve, un avis avec réserves ou un avis défavorable a été émis par les commissaires aux comptes, ou si ces derniers se sont trouvés dans l'incapacité d'émettre un avis, et si le rapport des commissaires aux comptes fait référence à quelque question que ce

promulgation de la loi (art. 213, III). V. *Les mesures « comptables » de la loi Macron : RF compt.* sept. 2015, n° 430, p. 15.

(167) Il s'agit des autorités administratives au sens de l'article 1er de la loi n° 2000-321 du 12 avril 2000, relative aux droits des citoyens dans leurs relations avec les administrations, ainsi que la Banque de France.

(168) Elle ne peut être effectuée *a posteriori* ; CA Paris, 6 juin 2023, n° 23/00062, *BRDA* 18/23, n° 5.

(169) « Les comptes annuels sont accompagnés d'une déclaration de confidentialité en application du premier alinéa de l'article L. 232-25. »

(170) CNCC, EJ 2016-46, 21 déc. 2017. Idem en ce qui concerne la confidentialité des comptes annuels (V. Rép. min. justice à Mme V. Duby-Muller, QE n° 14, 4 juill. 2017 : *JOAN* Q 6 mars 2018, p. 1951).

(171) L. n° 2019-486, 22 mai 2019, *relative à la croissance et la transformation des entreprises*, art. 47.

(172) L. n° 2019-486, 22 mai 2019, *relative à la croissance et la transformation des entreprises*, art. 47, préc.

soit sur laquelle ils ont attiré spécialement l'attention sans pour autant émettre une réserve dans l'avis » (C. com., art. L. 232-25, al. 4).

158. - Publication des comptes. Les sociétés dont les actions sont admises, en tout ou en partie, aux négociations sur un marché réglementé doivent publier leurs comptes au *Bulletin des annonces légales obligatoires* (*BALO*) dans les quarante-cinq jours qui suivent l'approbation des comptes par l'assemblée générale des associés (C. com., art. R. 232-11).

La publication concerne les trois documents suivants : les comptes annuels approuvés revêtus de l'attestation des commissaires aux comptes, de la décision d'affectation des résultats et des comptes consolidés revêtus de l'attestation des commissaires aux comptes.

Les émetteurs français dont les titres sont admis aux négociations sur un marché réglementé doivent également publier et déposer auprès de l'AMF leur rapport financier annuel dans les quatre mois qui suivent la clôture de leur exercice (C. mon. fin., art. L. 451-1-2).

159. - Dépôt d'un « document de référence » pour les sociétés cotées. Pour les exercices ouverts depuis le 1er janvier 2017 et pour les documents déposés depuis le 1er avril 2018, les sociétés cotées ont la possibilité de déposer leur document de référence (DDR), au sens de l'article 212-13 du règlement général de l'AMF, au greffe du tribunal de commerce. Ce dépôt, s'il est effectué dans les délais légaux (V. *supra*, n° 151), vaut dépôt des comptes annuels (et du rapport des commissaires aux comptes), du rapport de gestion individuel (ou du groupe), des comptes consolidés (et du rapport des commissaires aux comptes), du rapport du conseil de surveillance, ainsi que de la proposition d'affectation du résultat soumise à l'assemblée générale et la résolution d'affectation votée (C. com., art. L. 232-23, III)[173].

2° Les sanctions applicables[174]

a) Les sanctions prévues par le Code général des impôts

160. - Contrôle fiscal. L'administration fiscale peut s'assurer de l'existence d'une comptabilité, y compris par le biais d'un contrôle inopiné (LPF, art. L. 47).

161. - Variété des sanctions. Il n'existe pas de sanctions fiscales liées à l'absence de comptes annuels, mais le délit de fraude fiscale sera le plus souvent constitué (V. *supra*, n° 99 et *infra*, n° 162). En revanche, il existe des sanctions spécifiques pour les infractions à la législation fiscale en ce qui concerne la déclaration des résultats et la production de relevés fiscaux.

• *Le défaut ou le retard de production d'une déclaration fiscale* entraîne l'application d'un intérêt de retard (0,20 %[175] par mois, CGI, art. 1727), et d'une pénalité fiscale (CGI, art. 1728) :

– 10 % au cas de déclaration tardive spontanée, ou dans les trente jours d'une mise en demeure ;

– 40 % en l'absence de déclaration dans les trente jours d'une mise en demeure ;

(173) Ord. n° 2017-1142, 7 juill. 2017, portant simplification des obligations de dépôt des documents sociaux pour les sociétés établissant un document de référence.

(174) Ch. de Lauzainghein, J.-L. Navarro et D. Nechelis, *op. cit.*, nos 469 et s.

(175) Au-lieu de 0,40 % (L. n° 2018-727, 10 août 2018, art. 5).

– 80 % au cas d'exercice d'une activité occulte[176].

• *Au cas d'insuffisance dans la déclaration*, le législateur fait une différence (CGI, art. 1729) :

– si le manquement n'est pas délibéré, seul est dû l'intérêt de retard ;

– si le manquement est délibéré, on applique en plus une majoration de 40 %, portée à 80 % au cas de manœuvres frauduleuses, d'abus de droit ou de dissimulation de prix.

• Le non-respect de la législation fiscale en ce qui concerne la production des documents fiscaux autres que ceux mentionnés aux articles 1728 et 1729 du Code général des impôts précités (par ex., relevés des amortissements), est sanctionné comme suit (CGI, art. 1729 B ; V. *supra*, n° 42) :

– 150 € au cas d'absence de production ou de production tardive (la pénalité est due autant de fois qu'il y a de documents non produits ou produits tardivement) ;

– 15 € par omission ou inexactitude (le total applicable aux documents devant être simultanément produits ne peut être inférieur à 60 € et supérieur à 10 000 €) ;

– ces amendes ne sont pas applicables s'il s'agit d'une première infraction commise au cours de l'année civile en cours et des trois années précédentes, lorsque le contribuable a réparé l'infraction spontanément ou dans les trente jours d'une demande administrative.

L'absence ou l'insuffisance de réponse en ce qui concerne la production de la liste des personnes détenant au moins 10 % du capital social ou de la liste des filiales et des participations est sanctionnée par une amende égale au plus élevé des deux montants suivants : 1 500 € ou 10 % des droits rappelés (CGI, art. 1763, IV)[177].

L'absence ou l'insuffisance de réponse d'une société relevant de l'article 209 B du Code général des impôts qui n'a pas rempli de déclaration spéciale relative à la structure étrangère qu'elle détient (V. *infra*, n° 547) à une demande d'information de l'administration est sanctionnée par une amende de 1 500 € pour chaque manquement constaté par entité au titre d'un exercice, sauf si l'amende qui résulte de l'application des articles 1728 ou 1729 est supérieure (CGI, art. 1763 A)[178].

162. – L'application cumulée des sanctions pénales et fiscales est-elle conforme à la Constitution ?

Plusieurs questions prioritaires de constitutionnalité (QPC) ont été transmises à la chambre criminelle de la Cour de cassation en ce qui concerne la conformité à la Constitution de l'application cumulée des articles 1729 et 1741 du Code général des impôts (N. Jacquot et P. Mispelon, *La constitutionnalité du délit de fraude fiscale bientôt mise à nue ? : Dr. fisc.* 2016, n° 3, act. 41).

Le Conseil constitutionnel a été saisi en matière de droits d'enregistrement et d'ISF (Cass. crim., 30 mars 2016, n°s 16-90.001 et 16-90.005, [QPC] : *Dr. fisc.* 2016, n° 14, act. 214, obs. N. Jacquot et P. Mispelon ; *Dr. fisc.* 2016, n° 14, comm. 268, note R. Salomon), d'IS et de TVA (Cass. crim., 19 mai 2016,

(176) A. Laumonier, *La notion d'activité occulte : de la loi fiscale à la jurisprudence* : *Dr. fisc.* 2020, n° 2, étude 53.

(177) L. n° 2013-1117, 6 déc. 2013, relative à la lutte contre la fraude fiscale et la grande délinquance économique et financière, art. 61 ; *BOFiP*, BOI-CF-INF-20-10-20, n° 167.

(178) L. n° 2013-1117, 6 déc. 2013, relative à la lutte contre la fraude fiscale et la grande délinquance économique et financière, art. 61, préc. ; *BOFiP*, BOI-CF-INF-20-10-20, n° 169.

n° 15-84.526, [QPC] : *Dr. fisc.* 2016, n° 23, act. 368).

Le Conseil constitutionnel s'est prononcé pour la conformité à la Constitution de l'application cumulée des sanctions pénales et fiscales en formulant toutefois plusieurs réserves d'interprétation (Cons. const., 24 juin 2016, n°s 2016-545 QPC et 2016-546 QPC : *Dr. fisc.* 2016, n° 26, act. 409, obs. N. Jacquot et P. Mispelon ; *Dr. fisc.* 2016, n° 27, comm. 405, obs. St. Detraz). Saisi à nouveau d'une question prioritaire de constitutionnalité portant cette fois sur l'article 1741 du Code général des impôts dans sa version issue de la loi n° 2009-528 du 12 mai 2009, il a encore une fois validé le cumul des sanctions, pour les mêmes motifs et sous les mêmes réserves que ceux figurant dans la décision du 24 juin 2016 précitée (Cons. const., 22 juill. 2016, n° 2016-556 QPC : *Dr. fisc.* 2016, n° 30-35, act. 484).

• D'abord, un contribuable ne saurait être condamné pour fraude fiscale en application de l'article 1741 du CGI dès lors qu'il a été déchargé de l'impôt par une décision juridictionnelle devenue définitive pour un motif de fond. Le juge pénal peut surseoir à statuer s'il y a un risque sérieux de contrariété de décisions (Cass. crim., 11 sept. 2019, n° 18-81.981 : *Dr. fisc.* 2019, n° 38, act. 402). Par contre, le cumul est possible si la minoration des sommes déclarées reste caractérisée pour l'application d'une autre obligation fiscale (Cass. crim., 28 juin 2017, n° 16-81.697 : *Dr. fisc.* 2017, n° 45, act. 587, obs. O. Fouquet et B. Hatoux).

• Également, en application du principe de nécessité des peines, le Conseil constitutionnel juge que les sanctions pénales prévues aux articles 1741 et suivants du CGI ne peuvent s'appliquer qu'« aux cas les plus graves de dissimulation frauduleuse de sommes soumises à l'impôt » (sur le contrôle par le juge pénal de la gravité des faits justifiant le cumul de sanctions fiscales et pénales : V. Cass. crim., 11 sept. 2019, n°s 18-81.067 et 18-84.144 : *Dr. fisc.* 2019, n° 38, act. 401). Selon la Cour de cassation, cette réserve d'interprétation ne s'applique qu'à une poursuite pénale exercée pour des faits de dissimulation volontaire d'une partie des sommes sujettes à l'impôt, et non d'omission volontaire de faire une déclaration dans les délais prescrits, et nécessite qu'il soit justifié de l'engagement d'une procédure administrative de sanction au titre de l'article 1729 du CGI (Cass. crim., 22 févr. 2017, n° 16-82.047 : *Dr. fisc.* 2017, n° 20, comm. 313, note O. Fouquet et B. Hatoux), mais elle a posé une nouvelle QPC sur le cumul des sanctions pénales et fiscales en cas de défaut de déclaration dans les délais prescrits (Cass. crim., 12 sept. 2018, n° 18-81.067, [QPC] : *Dr. fisc.* 2018, n° 41, act. 455). Le Conseil constitutionnel s'est prononcé pour la conformité à la Constitution, avec réserve, de la combinaison des sanctions fiscales et pénales au cas d'omission volontaire de la déclaration (Cons. const., 23 nov. 2018, n° 2018-745 QPC : *Dr. fisc.* 2018, n° 48, act. 516 – La réserve porte sur la sanction pénale, qui ne doit s'appliquer qu'aux cas les plus graves. La gravité peut résulter du montant des droits fraudés, de la nature des agissements de la personne poursuivie ou des circonstances de leur intervention). C'est à tort qu'une cour d'appel considère que la réserve posée par le Conseil constitutionnel tenant à la gravité des faits ne s'applique qu'aux cas de fraude fiscale par dissimulation des sommes sujettes à l'impôt (Cass. crim., 24 juin 2020, n° 19-81.134 : *Dr. fisc.* 2020, n° 27, act. 229).

• Et pour le respect du principe de proportionnalité des peines, la chambre criminelle de la Cour de cassation juge que le montant global des sanctions ne doit pas dépasser la plus élevée de l'une des sanctions encourues par le contribuable. Cette réserve ne peut concerner que des sanctions de même nature, dès lors que sa mise en œuvre suppose, pour le juge qui se prononce en dernier, de pouvoir procéder à la comparaison des maximums de sanctions pénales et fiscales encourues afin de déterminer le montant le plus élevé qui constitue le plafond (Cass. crim., 11 sept. 2019, n° 18-82.430 : *Dr. fisc.* 2019, n° 38, act. 400).

Le Conseil d'État a également saisi le Conseil constitutionnel d'une QPC relative à l'application cumulée des sanctions fiscales et pénales respectivement prévues par les articles 1732 et 1746, 1 du CGI en cas d'opposition à contrôle fiscal (amende fiscale de 100 % des droits rappelés et amende pénale de 25 000 €, ou à un emprisonnement de six mois, en cas de récidive) et sur sa conformité au principe de nécessité et de proportionnalité des délits et des peines (CE, 8 févr. 2022, n° 458277, QPC : *Dr. fisc.* 2022, n° 7, act. 79). Le Conseil constitutionnel s'est prononcé pour la constitutionnalité (Cons. const., 8 avr. 2022, n° 2022-988 QPC).

En ce qui concerne les réserves d'interprétation et leurs conséquences : P. Schiele, Article L. 80 A du LPF et poursuites pénales pour fraude fiscale suite aux décisions du Conseil constitutionnel sur le cumul des sanctions : *Dr. fisc.* 2016, n° 38, act. 531. – St. Detraz, La pérennisation jurisprudentielle du cumul des répressions fiscales et pénales : *Dr. fisc.* 2019, n° 11, étude 201. Sur les arrêts du 11 septembre 2019 : M. Stoclet : *Dr. fisc.* 2019, n° 40, act. 420. – N. Jacquot et N. Guilland, Vers une balkanisation du contentieux fiscal ? Réflexions sur les nouveaux contours de l'office du juge pénal en matière de fraude fiscale : *Dr. fisc.* 2019, n° 43, étude 412.

La Cour européenne des droits de l'homme (CEDH, Gde ch., 15 nov. 2016, n°s 24130/11 et 29758, *A et B c/ Norvège : Dr. fisc.* 2016, n° 47, comm. 603, note M. Pelletier), ainsi que la Cour de justice de l'Union européenne (CJUE, Gde ch., 20 mars 2018, aff. C-524/15, *Menci* ; aff. C-537/16, *Garlsson Real Estate ea* ; aff. C-596/16 et C-597/16, *Di Puma et Zecca : Dr. fisc.* 2018, n° 14, act. 139, note M. Pelletier), ont également admis le principe d'un cumul des sanctions pénales et fiscales.

Dernièrement, la chambre criminelle de la Cour de cassation a saisi la Cour de justice de l'Union européenne afin de vérifier que le régime du cumul des procédures et des sanctions pénale et fiscale, issues des articles 1741 et 1729 du CGI, respecte bien la Charte des droits fondamentaux de l'Union européenne (Cass. crim., 21 oct. 2020, n° 19-81.929 : *Dr. fisc.* 2020, n° 47, comm. 445, note C. Cassan et P. Mispelon). La Cour valide le principe du cumul et ses limites posées par la jurisprudence, mais souligne que l'article 52, § 1 de la charte invoquée « s'oppose à une réglementation nationale qui n'assure pas, dans les cas du cumul d'une sanction pécuniaire et d'une peine privative de liberté, par des règles claires et précises, que l'ensemble des sanctions infligées n'excède pas la gravité de l'infraction constatée » (CJUE, 1re ch., 5 mai 2022, aff. C-570/20, *BV : Dr. fisc.* 2022, n° 20, act. 176, obs. M. Pelletier ; *Dr. fisc.* 2022, n° 27, comm. 276, obs. C. Cassan et P. Mispelon). Sur la position de la Cour de cassation à la suite à cette dernière jurisprudence, V. Cass. crim., 22 mars 2023, n°s 19-81.929 et 19-80.689 : *Dr. fisc.* 2023, n° 14, act. 115 ; sur l'arrêt n° 19-81.929, V. *Dr. fisc.* 2023, n° 24, comm. 218, note G. Goulard et P. Mispelon.

b) Sanctions prévues par le Code de commerce

163. – Inexactitude des comptes annuels[179]. Elle est sanctionnée par le délit de présentation de comptes infidèles et, le cas échéant, par le délit de distribution de dividendes fictifs[180] (C. com., art. L. 241-3 pour les SARL, art. L. 242-6 et L. 242-30 pour les SA, L. 243-1 pour les SCA et L. 244-1 pour les SAS). Aux termes de l'article L. 242-6 du Code de commerce (cas des SA) :

« Est puni d'un emprisonnement de cinq ans et d'une amende de 375 000 € le fait pour : 1°) Le président, les administrateurs ou les directeurs généraux d'une société anonyme d'opérer entre les actionnaires la répartition de dividendes fictifs, en l'absence d'inventaire, ou au moyen d'un inventaire frauduleux ; 2°) Le président, les administrateurs ou les directeurs généraux d'une SA de publier ou présenter aux actionnaires, même en l'absence de toute distribution de dividendes, des comptes annuels ne donnant pas pour chaque exercice, une image fidèle du résultat des opérations de l'exercice, de la situation financière et du patrimoine, à l'expiration de cette période, en vue de dissimuler la véritable situation de la société ».

S'agissant de l'inexactitude des comptes, les irrégularités peuvent être classées en trois catégories[181] : 1) les inexactitudes matérielles (les plus rares car facilement détectables) ; 2) les inexactitudes dans les évaluations (les plus fréquentes et les plus difficiles à détecter, souvent l'absence de provisions)[182] ; 3) les inexactitudes formelles dans la répartition des valeurs entre les postes (les chiffres sont exacts, mais ils ne figurent pas dans la bonne rubrique)[183].

S'agissant de la publication ou de la présentation des comptes, la jurisprudence avait tendance à interpréter de façon extensive la notion de publication (qui avait disparu lors de la codification !), et de présentation (il y a publication, quel qu'en soit le vecteur, et il y a présentation alors même que les documents ont été simplement mis à la disposition des associés). Sur la notion de présentation : il peut s'agir de la présentation lors de l'assemblée générale annuelle d'approbation des comptes, ou lors de toute communication aux associés[184], et même de la décision de présentation des comptes prise lors du conseil d'administration[185].

164. – Défaut d'établissement des comptes annuels. Le fait de ne pas, pour chaque exercice, dresser l'inventaire, établir les comptes annuels et un rapport de

(179) M. Delhomme et Y. Muller, *Comptabilité et droit pénal*, Litec, 1re éd. 2009. – N. Stolowy, *Droit pénal et comptabilité*, thèse Paris I, 1997. Du même auteur, *Les délits comptables*, Economica, 2001.

(180) Y. Bedard, *Comptes sociaux ne reflétant pas une image fidèle et droit pénal*, thèse Paris IX, 2007. – N. Stolowy, *Étude comparative du délit de distribution de dividendes fictifs et du délit de publication ou présentation de comptes annuels « infidèles »* : *JCP* E 2000, 48, p. 1896.

(181) A. Lepage, P. Maistre du Chambon et R. Salomon, *Droit pénal des affaires*, LexisNexis, 6e éd. 2020, n° 796.

(182) CA Pau, 24 nov. 2005 : *JurisData* n° 2005-291355 ; *Dr. sociétés* avr. 2006, comm. 67, obs. R. Salomon (absence de provision pour dépréciation d'une participation). – Cass. crim., 25 févr. 2009, n° 08-85.596 : *Dr. sociétés* juin 2009, comm. 127, obs. R. Salomon (absence de provision suite à un contrôle URSSAF).

(183) Cass. crim., 1er juill. 2009, n° 08-88.308 : *Dr. sociétés* 2009, comm. 234, obs. R. Salomon (enregistrement des prélèvements des associés non pas dans les comptes courants de la société, mais dans les comptes de tiers).

(184) Cass. crim., 30 juin 2004 : *JurisData* n° 2004-024821 ; *Dr. sociétés* janv. 2005, comm. 25, note R. Salomon (tel n'est pas le cas lorsque les comptes sont communiqués aux futurs acquéreurs, qui ne sont pas encore associés).

(185) Cass. crim., 29 nov. 2000, n° 99-80.324 : *JCP* E 2001, pan. p. 688 (condamnation d'un administrateur qui a pris la décision de présentation en connaissance de cause s'agissant de comptes qui comportaient une surestimation des stocks par une absence de provisions conduisant à une augmentation du résultat).

gestion est sanctionné d'une amende de 9 000 €. La sanction s'applique aux gérants de SARL (C. com., art. L. 241-4), aux présidents, administrateurs, directeurs généraux de SA (C. com., art. L. 242-8), ou aux membres du directoire ou du conseil de surveillance de ces sociétés (C. com., art. L. 242-30), aux gérants de sociétés en commandite par actions (C. com., art. L. 243-1), et aux présidents et aux dirigeants de sociétés par actions simplifiées (C. com., art. L. 244-1). Une même sanction s'applique aux membres du directoire, du conseil d'administration ou aux gérants de sociétés, qui n'ont pas établi et adressé aux actionnaires les comptes consolidés dans les délais prévus par la loi (C. com., art. L. 247-1, II). En revanche, l'obligation d'établir un rapport de gestion a été supprimée pour les petites entreprises, quelle que soit leur forme (V. *supra*, n° 149).

165. – Non-présentation des comptes aux fins d'approbation par l'assemblée générale. Le fait pour un dirigeant social de ne pas soumettre à l'approbation de l'assemblée générale ordinaire des associés les comptes annuels et le rapport de gestion est sanctionné d'une amende de 9 000 € et d'un emprisonnement de six mois. Ces sanctions s'appliquent aux présidents ou aux administrateurs de SA (C. com., art. L. 242-10), aux membres du directoire ou du conseil de surveillance (C. com., art. L. 242-30), et aux dirigeants de sociétés en commandite par actions (C. com., art. L. 243-1). Dans les SARL, le fait pour les gérants de ne pas soumettre à l'approbation de l'assemblée des associés ou de l'associé unique l'inventaire, les comptes annuels et le rapport de gestion est punissable d'une amende de 9 000 € (C. com., art. L. 241-5)[186].

Si l'assemblée générale n'a pas été réunie dans ce délai, le ministère public ou tout actionnaire (cas des sociétés de capitaux), ou toute personne intéressée (cas des SARL) peut saisir le président du tribunal compétent statuant en référé afin d'enjoindre, le cas échéant sous astreinte, aux dirigeants ou aux gérants, de convoquer cette assemblée ou de désigner un mandataire pour y procéder (C. com., art. L. 225-100 et L. 223-26)[187].

166. – Absence de dépôt des comptes. Elle est sanctionnée par l'amende prévue pour les contraventions de la cinquième classe (C. com., art. R. 247-3), soit une amende de 1 500 € (3 000 € au cas de récidive). Qui plus est, l'absence de révélation du non-dépôt des comptes sociaux par le commissaire aux comptes constitue elle-même une infraction pénale[188].

Malgré cela, beaucoup de sociétés ne déposent pas leurs comptes. Il existe aujourd'hui un arsenal législatif et réglementaire destiné à faire respecter cette obligation (V. *infra*, n° 167). La chambre criminelle de la Cour de cassation n'est pas sensible aux arguments des sociétés défaillantes ; ni le secret des affaires[189], ni la crainte d'une utilisation malveillante[190] ne peuvent justifier l'absence de dépôt des comptes sociaux[191]. En outre, la chambre commerciale de la Cour de cassation a refusé de transmettre au Conseil constitutionnel une question prioritaire de constitutionnalité (QPC) portant sur la procédure d'injonction de faire (C. com., art. L. 611-2 ; V. *infra*,

(186) La loi n° 2012-387 du 22 mars 2012 « de simplification du droit » a supprimé la peine d'emprisonnement.

(187) Mod. L. n° 2012-387, 22 mars 2012, préc., art. 17.

(188) V. Ch. Delattre, *Non-révélation de délit en lien avec le non-dépôt des comptes sociaux* : *Dr. sociétés* juin 2016, comm. 9.

(189) Cass. crim., 28 janv. 2009, n° 08-80.884 – Ch. Delattre, *La réponse pénale au non-dépôt des comptes sociaux* : *Rev. proc. coll.* 2009, étude 24.

(190) Cass. crim., 1er juin 2005, n° 05-80.351 : *D.* 2005, act. jurispr., p. 1777, obs. A. Liehnard.

(191) Ch. Delattre, *Le secret des affaires – La confidentialité des procédures* : *Dr. sociétés* janv. 2012, étude 2, p. 12, spéc. nos 2 et s.

n° 167), car l'atteinte aux principes de la liberté d'entreprendre et d'égalité devant la loi répond à un motif d'intérêt général de transparence économique[192].

167. – Comment faire respecter l'obligation de dépôt des comptes sociaux[193] ?

• Tout intéressé peut demander au président du tribunal de commerce statuant en référé de désigner un mandataire chargé d'accomplir les formalités de publicité (C. com., art. R. 210-18, al. 2). Il suffit de posséder un intérêt légitime à agir au sens de l'article 31 du Code de procédure civile[194]. Une même procédure s'applique aux EIRL (C. com., art. L. 526-14, al. 2). La loi prévoit également une procédure générale d'injonction de faire à l'initiative de tout intéressé ou du ministère public (C. com., art. L. 123-5-1). L'action est, sauf abus, ouverte à toute personne, sans condition tenant à l'existence d'un intérêt particulier[195]. La demande d'injonction ne peut porter que sur les comptes des cinq derniers exercices clos[196]. Elle peut être dirigée contre le gérant d'une SARL dépourvue d'activité et radiée du RCS, car, malgré sa radiation la société conserve la personnalité morale pour les besoins de la liquidation jusqu'à la clôture de celle-ci, et l'absence d'activité n'a pas mis fin aux fonctions du gérant[197].

• Selon la chambre commerciale de la Cour de cassation, ni l'action spécifique de l'article L. 123-5-1, ni celle prévue à l'article R. 210-18, alinéa 2, ne sont exclusives de celle fondée sur les dispositions de droit commun de l'article L. 232-23 du Code de commerce, qui font obligation à toute société par actions – et non à son dirigeant – de déposer ses comptes[198].

• *Il existe une procédure particulière d'injonction de faire sous astreinte*[199], *à l'initiative du président du tribunal de commerce* (C. com., art. L. 611-2, II ; art. R. 611-13). Cette nouvelle procédure, introduite par la loi de sauvegarde des entreprises du 26 juillet 2005, permet au président du tribunal de commerce de s'informer sur la situation économique exacte de l'entreprise[200]. Le greffier qui constate un défaut de dépôt des comptes doit l'en informer afin qu'il mette en œuvre la procédure légale (L. n° 2012-387, 22 mars 2012, art. 18, I ; C. com., art. L. 232-24). L'ordonnance du président doit, à peine de

(192) Cass. com., 15 janv. 2013, n° 12-40.086, [QPC], *SAS ID Bio : BJE*, mars 2013, n° 36, note N. Borga. – Cass. com., 3 sept. 2013, n° 13-40.033, *Michaud : Dr. sociétés* 2013, comm. 201, obs. D. Gallois-Cochet ; *BJS* janv. 2014, n° 111e6, note M. Roussille.

(193) J.-P. Legros, *L'exécution forcée du dépôt au greffe des comptes des sociétés commerciales : Dr. sociétés* juill. 2013, p. 9 et s.

(194) Cass. com., 6 déc. 2005, n° 04-13.873 : *BJS* avr. 2006, § 96, note P. Scholer, qui valide l'action d'actionnaires de l'ancienne société mère de la société qui n'a pas déposé ses comptes sociaux.

(195) Cass. com., 3 avr. 2012, n° 11-17.130, *SAS Groupe Duclot : JCP* E 2012, act. 263, qui valide l'action d'un ancien salarié de l'entreprise.

(196) ANSA, Comité juridique, 7 févr. 2018, n° 18-004.

(197) Cass. com., 24 juin 2020, n° 18-14.248 : *JCP* E 2020, n° 37, 1337, note B. Receveur.

(198) Cass. com., 3 mars 2021, n° 19-10.086, *Sté Copirel c/ Sté Saint-Priest Meubles et décoration : Dr. sociétés* 2021, n° 7, comm. 96, note J.-P. Legros. L'action peut donc être dirigée contre la société, comme en l'espèce, et non contre le dirigeant.

(199) La Cour de cassation considère que « lorsque le président d'un tribunal de commerce, ayant enjoint sous astreinte au représentant légal d'une personne morale de déposer les comptes annuels, constate le défaut d'exécution et liquide l'astreinte, le représentant légal est condamné à titre personnel » (Cass. com., 7 mai 2019, n° 17-21.047, n° 378, FSP+B+I : *JurisData* n° 2019-007391).

(200) N. Stolowy, *De nouvelles injonctions en matière de publication des comptes par les sociétés : JCP* G 2006, 8, I, 114.

nullité, comporter le nom et la signature du greffier[201]. Si l'injonction de faire n'est pas suivie d'effet, le président du tribunal de commerce pourra obtenir communication de ces renseignements auprès des personnes ou des organismes qui détiennent ces informations (C. com., art. L. 611-II, préc.).

SECTION 2 LES OBLIGATIONS SPÉCIFIQUES À CERTAINES ENTREPRISES

168. – Les pouvoirs publics ont souhaité alléger les obligations comptables et fiscales des « petites » entreprises (§ 1). À l'inverse, pour celles qui bénéficient d'avantages particuliers en raison de leur adhésion à un organisme de gestion agréé, ces obligations sont renforcées (§ 2).

§ 1. – Les obligations allégées des « petites » entreprises

169. – Chacun est bien conscient qu'il n'est pas possible d'avoir les mêmes exigences comptables et fiscales pour l'ensemble des commerçants. Cela se vérifie tant en ce qui concerne la présentation des comptes annuels (A) que la tenue de la comptabilité (B).

En ce qui concerne la déclaration annuelle de résultats, les entreprises qui relèvent du régime simplifié d'imposition remplissent le même imprimé (n° 2031-SD, **V. Annexe 4**, ou n° 2065-SD, **V. Annexe 5**) que celles qui relèvent du réel normal d'imposition (V. *supra*, n° 132).

Simplifications comptables des petites entreprises[202]

La nouvelle directive comptable unique du 26 juin 2013 (V. *supra*, n° 54) a pour ambition de simplifier, harmoniser et moderniser le cadre comptable européen.

Les entreprises sont classées dans l'une des quatre catégories suivantes (art. 3) :

– *micro-entreprises*. Celles qui ne dépassent pas deux des trois limites suivantes : total de bilan (350 000 €), chiffre d'affaires net (700 000 €), nombre moyen de salariés (dix) ;

– *petites entreprises*. Celles qui ne dépassent pas deux des trois limites suivantes : total de bilan (4 M€), chiffre d'affaires net (8 M€), nombre moyen de salariés (cinquante) ;

– *moyennes entreprises*. Celles qui ne dépassent pas deux des trois limites suivantes : total de bilan (20 M€), chiffre d'affaires net (40 M€), nombre moyen de salariés (deux cent cinquante) ;

– *grandes entreprises*. Celles qui dépassent deux des trois limites suivantes : total de bilan (20 M€), chiffre d'affaires net (40 M€), nombre moyen de salariés (deux cent cinquante).

Les états financiers (bilan, compte de résultat, annexe) sont adaptés à la taille de l'entreprise. Les États membres conservent néanmoins la possibilité de demander aux entreprises des informations complémentaires allant au-delà de celles qui sont normalement requises compte tenu de leur taille (art. 5). Les petites entreprises ne

(201) Cass. com., 29 sept. 2009, n° 08-14.146 : *BJS* févr. 2010, § 27, note A. Lecourt.
(202) V. *Le point sur les simplifications comptables des entreprises* : *FRC* janv. 2016, n° 434, p. 9.

sont pas exposées à ce risque, sauf pour des besoins fiscaux (il s'agit de maintenir la cohérence entre les états financiers et la liasse fiscale) (art. 6). À l'inverse, les moyennes entreprises et les grandes entreprises ainsi que les entités d'intérêt public sont astreintes à des informations complémentaires (art. 17 et 18).

En 2014, dans la droite ligne de cette évolution, le législateur français a adopté une loi habilitant le gouvernement à simplifier et sécuriser la vie des entreprises (L. n° 2014-1, 2 janv. 2014). Sur cette base, le gouvernement a pris une ordonnance qui contient divers allègements en faveur des petites entreprises et des micro-entreprises (Ord. n° 2014-86, 30 janv. 2014). Un décret en a précisé les seuils d'application (D. n° 2014-136, 17 févr. 2014)[203]. Ces nouvelles dispositions s'appliquent aux comptes afférents aux exercices clos à compter du 31 décembre 2013 et déposés à compter du 1er avril 2014[204].

En 2015, le gouvernement a mis en conformité le régime des obligations comptables des commerçants avec la nouvelle directive comptable du 26 juin 2013, ce qui a eu, notamment, pour effet d'alléger les obligations comptables des entreprises, particulièrement les plus petites (L. n° 2014-1662, 30 déc. 2014 ; Ord. n° 2015-900, 23 juill. 2015 ; D. n° 2015-903, 23 juill. 2015). Les modifications sont applicables aux exercices ouverts à compter du 1er janvier 2016. La loi « Macron » (L. n° 2015-990, 6 août 2015, *pour la croissance, l'activité et l'égalité des chances économiques* ; D. n° 2016-120, 5 févr. 2016) contient également diverses dispenses au bénéfice des plus petites structures.

En 2019, la loi « Pacte » (L. n° 2019-486, 22 mai 2019, *relative à la croissance et la transformation des entreprises*, art. 47) a prévu des simplifications comptables en faveur des moyennes entreprises.

A. – Présentation des comptes annuels

170. – Unité des critères/variété du contenu. Le Plan comptable général et le Code de commerce parlent désormais d'une même voix pour affirmer que les obligations comptables des entreprises dépendent de la catégorie à laquelle elles appartiennent. Toutefois, chaque matière est dans son rôle : *le Code de commerce détermine les catégories juridiques et le Plan comptable général fixe des normes de présentation.* Si l'on y ajoute les incidences de la réglementation fiscale, la typologie des petites structures conduit aujourd'hui à distinguer entre : les « micro-entreprises », au sens comptable ou au sens fiscal (1°), les entreprises soumises au régime « réel simplifié » d'imposition (2°), et les « petites entreprises » (3°).

1° Simplifications des micro-entreprises

171. – Micro-entreprises au sens du droit comptable. Sont des « micro-entreprises » au sens du Code de commerce les commerçants, personnes physiques ou personnes morales, pour lesquels deux des trois seuils suivants ne sont pas dépassés (C. com., art. L. 123-16-1, al. 2)[205] : total du bilan (350 000 €), montant net du chiffre

(203) M. Teller, *L'allègement des obligations comptables des micro-entreprises et petites entreprises (Ord. n° 2014-86, 30 janv. 2014 et D. n° 2014-136, 17 févr. 2014)* : *BJS* mars 2014, n° 111r1. – J.-L. Navarro : *JCP* E 2014, n° 38, chron. 1467, nos 8 à 12.

(204) Pour les comptes déposés en 2014, il n'est pas fait application des dispositions du 3e alinéa des articles L. 123-16 et L. 123-16-1 du Code de commerce issus de l'ordonnance (sur ces textes, V. *infra*, nos 171 et 175 et s.).

(205) Ord. n° 2014-86, 30 janv. 2014, art. 2. Lorsqu'une entreprise dépasse ou cesse de dépasser deux de ces trois seuils, cette circonstance n'a d'incidence que si elle se produit pendant deux exercices consécutifs (C. com., art. L. 123-16-1, al. 3).

d'affaires (700 000 €), nombre moyen de salariés employés au cours de l'exercice (dix) (C. com., art. D. 123-200, al. 1er, 1°)[206]. Sous réserve qu'elles ne relèvent pas du régime simplifié d'imposition (V. *infra*, nos 173 et s.), les micro-entreprises sont susceptibles de bénéficier des deux allègements comptables suivants :

– *pour toutes les micro-entreprises* (à l'exception de celles dont l'activité consiste à gérer des titres de participation et des valeurs mobilières) : *dispense d'annexe* (C. com., art. L. 123-16-1, al. 1er)[207]. Le Plan comptable général s'aligne sur le Code de commerce, mais un minimum d'informations doit tout de même figurer à la suite du bilan (informations « pieds de bilan » ; PCG, art. 810-9)[208] ;

– pour les micro-entreprises qui n'emploient aucun salarié et qui ont effectué une inscription de cessation totale et temporaire d'activité au registre du commerce et des sociétés (micro-entreprises dites en « sommeil »)[209] : les personnes physiques peuvent ne pas établir de bilan et de compte de résultat (C. com., art. L. 123-28-1), et les personnes morales peuvent établir un bilan abrégé et un compte de résultat abrégé (C. com., art. L. 123-28-2). Toutefois, la dérogation ne s'applique pas lorsqu'il est procédé à des opérations modifiant la structure du bilan au cours de l'exercice considéré (C. com., art. L. 123-28-1 et L. 123-28-2, préc.)[210].

172. – Micro-entreprises au sens du droit fiscal. Sont soumises de plein droit au régime « micro » les entreprises individuelles et les EIRL[211], dont le chiffre d'affaires HT de l'année civile précédente (N-1) ou de l'année civile antérieure (N-2) n'excède pas **188 700 €** pour les entreprises de ventes de marchandises et de denrées à consommer sur place ou à emporter, ou de fourniture de logements (sauf les locations meublées s'il ne s'agit pas de résidences de tourisme ou de chambres d'hôtes), ou **77 700 €** pour les autres prestataires de services (CGI, art. 50-0)[212]. Les EURL dont l'associé unique est une personne physique dirigeant cette société peuvent également bénéficier du

(206) D. n° 2014-136, 17 févr. 2014, art. 1er. Le total du bilan est égal à la somme des montants nets des éléments d'actif (C. com., art. D. 123-200, al. 2), le montant net du chiffre d'affaires est égal au montant des ventes de produits et services liés à l'activité courante, diminué des réductions sur ventes, de la TVA et des taxes assimilées (al. 3), et le nombre moyen de salariés employés au cours de l'exercice est égal à la moyenne arithmétique des effectifs à la fin de chaque trimestre de l'année civile, ou de l'exercice comptable lorsque celui-ci ne coïncide pas avec l'année civile, liés à l'entreprise par un contrat de travail (al. 4).

(207) Ord. n° 2014-86, 30 janv. 2014, art. 2 : *RF compt.* mars 2015, n° 425, p. 8.

(208) Ord. n° 2015-06, 23 nov. 2015, art. 13. Il s'agit notamment : de la référence au règlement de l'ANC appliqué pour l'élaboration des comptes annuels, du montant des engagements financiers et des garanties, des engagements en matière de pension et de retraite, des engagements à l'égard d'entreprises liées ou d'associés, du montant des avances aux dirigeants, et, pour les personnes morales non tenues d'établir un rapport de gestion, du nombre et de la valeur des actions propres.

(209) Loi « Macron » n° 2015-990, 6 août 2015, art. 203. La dérogation est applicable aux deux premiers exercices clos après la date d'inscription de cessation d'activité (D. n° 2016-120, 5 févr. 2016, art. 1 ; C. com., art. D. 123-208-01, III). V. *Les mesures « comptables » de la loi Macron : RF compt.* sept. 2015, n° 430, p. 15.

(210) Sont visées, pour les personnes physiques et les personnes morales : l'entrée ou la sortie significative de trésorerie ainsi que la dotation ou la reprise d'une provision pour risques et charges (D. n° 2016-120, 5 févr. 2016, art. 1er ; C. com., art. D. 123-208-01, I et II). Et pour les personnes morales seulement : l'augmentation et la réduction du capital social ainsi que la distribution de dividendes (C. com., art. D. 123-208-01, II).

(211) Par exception, les entreprises individuelles soumises à l'IS (c'est-à-dire celles qui ont opté pour leur assimilation à une EURL ou une EARL) ne peuvent pas relever du régime des micro-entreprises.

(212) Seuils applicables pour les années 2023 à 2025.

régime « micro BIC » ou « micro BNC » si elles remplissent les conditions de seuil[213]. Comme leur résultat imposable est déterminé de manière forfaitaire, en appliquant sur leur chiffre d'affaires un abattement de 71 % (entreprises de ventes ou de fourniture de logement) ou de 50 % (autres prestataires de services), *les micro-entreprises sont dispensées d'établir un bilan et un compte de résultat* (C. com., art. L. 123-28). Les contribuables doivent porter directement leur chiffre d'affaires sur leur déclaration complémentaire de revenus (imprimé n° 2042 C Pro).

2° Simplifications des entreprises relevant du régime réel simplifié d'imposition

173. – Allègements fiscaux. Aux termes de l'article 302 septies A bis du Code général des impôts : « En ce qui concerne l'imposition des bénéfices industriels et commerciaux, il est institué un régime de bénéfice réel pour les petites et moyennes entreprises qui comporte des obligations allégées ». Ce régime simplifié s'applique aussi bien aux personnes physiques qu'aux personnes morales, quel que soit l'impôt dont elles relèvent (impôt sur le revenu ou impôt sur les sociétés).

• Le régime du réel simplifié d'imposition s'applique de plein droit aux entreprises dont le chiffre d'affaires annuel HT de l'année civile précédant l'exercice comptable (V. CIBS, art. L. 162-4) est compris entre **188 700 €** et **840 000 €** pour les entreprises de ventes de marchandises et de denrées à consommer sur place ou à emporter, ou de fourniture de logement, ou entre **77 700 €** et **254 000 €** pour les autres prestataires de services[214]. Il s'applique aussi sur option aux micro-entreprises dont le chiffre d'affaires n'excède pas les limites du régime « micro »[215]. L'option dure un an[216], et elle est reconduite tacitement pour une même durée. Au cas de franchissement des seuils susvisés, le régime simplifié reste applicable au titre de la première année suivant celle du dépassement.

• La liasse fiscale est plus réduite **(V. Annexe 3)**. On retrouve néanmoins : le bilan simplifié (n° 2033-A-SD), le résultat comptable et fiscal simplifiés (n° 2033-B-SD), les tableaux des immobilisations, des amortissements et des éléments soumis au régime fiscal des plus et moins-values de cession (n° 2033-C-SD), le relevé des provisions, le relevé des provisions non déductibles et l'état des déficits (n° 2033-D-SD), ainsi que, le cas échéant, le tableau des écarts de réévaluation (CGI, ann. III, art. 38-III). Les personnes morales doivent également joindre la liste des personnes détenant au moins 10 % du capital (composition du capital social, n° 2033-F-SD), ainsi que la liste

(213) L. n° 2016-1691, 9 déc. 2016, *relative à la transparence, à la lutte contre la corruption et à la modernisation de la vie économique* (loi « Sapin 2 », art. 124).

(214) Seuils applicables pour les années 2023 à 2025.

(215) L'option peut être prise jusqu'à la date limite de dépôt de la déclaration d'ensemble des revenus de l'année précédente (déclaration n° 2042 ; L. fin. 2022, n° 2021-1900, 30 déc. 2021, art. 7). Pour les entreprises nouvelles, l'option peut être prise jusqu'à la date limite de dépôt de la déclaration d'ensemble des revenus souscrite au titre de la première période d'activité. La renonciation à l'option pour le régime réel simplifié peut intervenir jusqu'à la date limite de dépôt de la déclaration des résultats de l'année précédant celle au titre de laquelle la renonciation s'applique (déclaration n° 2031-SD). Les options antérieures à 2022 devaient être prises avant le 1er février de la première année au titre de laquelle le contribuable souhaitait être soumis à ce régime (l'option devait donc être exercée avant le 1er février de l'année N pour une application en N). Ce délai est intangible ; selon le Conseil d'État, le contribuable ne peut pas régulariser sa situation dans le délai légal de réclamation (CE, 26 nov. 2018, n° 417628 : *Dr. fisc.* 2019, n° 24, comm. 296, concl. R. Victor).

(216) Au-lieu de deux ans (L. n° 2016-1691, 9 déc. 2016, « *Sapin 2* »). La modification est applicable aux options exercées depuis le 1er janvier 2016.

de leurs participations et filiales (n° 2033-G-SD). Enfin, comme dans le régime du réel normal, la liasse fiscale fait état de la valeur ajoutée produite (n° 2033-E-SD).

• Les exploitants individuels et les sociétés civiles de moyens à l'IR sont dispensés d'établir un bilan lorsque leur chiffre d'affaires n'excède pas **176 000 € HT** (entreprises de ventes de marchandises ou de denrées à consommer sur place ou à emporter, ou de fourniture de logements), ou **61 000 €** (autres entreprises)[217].

174. - Allègements comptables. Les personnes physiques ou les personnes morales placées sur option ou de plein droit sous le régime réel simplifié bénéficient des allègements suivants :

– les personnes physiques peuvent ne pas établir d'annexe (C. com., art. L. 123-25, al. 1er) ;

– les personnes morales peuvent présenter une annexe abrégée établie selon un modèle fixé par un règlement de l'Autorité des normes comptables (C. com., art. L. 123-25, al. 2 ; PCG, art. 831-1). Lorsque les entités relèvent du système abrégé (ou développé), le contenu de l'annexe est modifié en conséquence sans qu'il en résulte un amoindrissement de l'information nécessaire pour que les documents de synthèse donnent l'image fidèle recherchée (PCG, art. 810-7, al. 4). Le modèle abrégé de l'annexe comporte toutes les informations d'importance significative sur la situation patrimoniale et financière de l'entreprise, et comprend au moins les informations suivantes présentées en règle générale sous forme de tableaux (PCG, art. 831-2) :

– l'identification de l'entité ;

– l'application par l'entité du règlement comptable ;

– les modes d'évaluation des postes et les modes de calcul des amortissements ;

– les mouvements des postes relatifs aux immobilisations, aux amortissements, aux provisions et aux dépréciations ;

– un état des échéances des créances et des dettes ;

– le montant des engagements financiers (engagements de retraite notamment) ;

– toute information significative nécessaire à la bonne compréhension des comptes annuels (notamment celles relatives aux changements de méthodes comptables).

3° Simplifications des petites entreprises

175. - Définition des petites entreprises. Sont des « petites entreprises » au sens du Code de commerce les commerçants, personnes physiques ou personnes morales, pour lesquels deux des trois seuils suivants ne sont pas dépassés (C. com., art. L. 123-16, al. 3)[218] : total du bilan (6 000 000 €), montant net du chiffre d'affaires (12 000 000 €), nombre moyen de salariés employés au cours de l'exercice (cinquante) (C. com., art. D. 123-200, al. 1er, 2°)[219].

(217) Seuils applicables de 2023 à 2025.

(218) Ord. n° 2014-86, 30 janv. 2014, art. 1 mod. D. n° 2019-539 du 29 mai 2019, art. 1. Lorsqu'une entreprise dépasse ou cesse de dépasser deux de ces trois seuils, cette circonstance n'a d'incidence que si elle se produit pendant deux exercices consécutifs (C. com., art. L. 123-16, al. 3).

(219) D. n° 2014-136, 17 févr. 2014, art. 1er mod. D. n° 2019-539 du 29 mai 2019, art. 1. Le total du bilan est égal à la somme des montants nets des éléments d'actif (C. com., art. D. 123-200, al. 2), le montant net du chiffre d'affaires est égal au montant des ventes de produits et services liés à l'activité courante, diminué des réductions sur ventes, de la TVA et des taxes assimilées (al. 3), et le nombre moyen de salariés employés au cours de l'exercice est égal à la moyenne arithmétique des effectifs à la fin de chaque trimestre de l'année civile, ou de l'exercice comptable lorsque celui-ci ne coïncide pas avec l'année civile, liés à l'entreprise par un contrat de travail (al. 4).

176. - Présentation du bilan et du compte de résultat. Les petites entreprises peuvent, dans des conditions fixées par un règlement de l'Autorité des normes comptables, adopter une présentation simplifiée de leurs comptes annuels (C. com., art. L. 123-16, al. 1er).

• L'ANC a désormais une compétence exclusive pour ce qui est des éléments devant figurer dans le bilan et le compte de résultat simplifiés[220]. Le Code de commerce ne donne aucune indication en ce qui concerne le contenu du bilan et du compte de résultat simplifiés (comp. *supra*, nos 142 et 143 dans le système « de base »). Il s'agit des modèles « abrégés » de bilan et de compte de résultat figurant respectivement aux articles 822-1 et suivants et 822-3 et suivants du PCG (leur présentation correspond au bilan et au compte de résultat simplifiés de la liasse fiscale que remplissent les entreprises relevant du régime simplifié d'imposition ; V. *supra*, n° 173).

• *Les personnes morales établissent une annexe allégée* (PCG, art. 832-1 et s.). Par rapport à l'annexe « de base » des personnes morales (V. *supra*, n° 134), on peut noter, notamment : l'absence de précisions en ce qui concerne les frais d'établissement, les éléments fongibles de l'actif circulant, les dettes garanties par des sûretés réelles, la ventilation du chiffre d'affaires, le montant détaillé des frais accessoires d'achat lorsqu'ils ne sont pas compris dans le compte de charges par nature prévu à cet effet, ainsi que les honoraires des commissaires aux comptes. En outre, les informations relatives au régime fiscal de l'entité sont moins détaillées, tout comme celles relatives aux engagements hors bilan (notamment les engagements en matière de crédit-bail, PCG, art. 832-18). Enfin, les informations au titre des opérations réalisées avec des parties liées ne concernent que les sociétés anonymes (PCG, art. 832-16).

• Les personnes physiques établissent une annexe qui est plus allégée encore que celle des personnes morales, compte tenu de leur forme individuelle (PCG, art. 834-1 et s.). Sont absentes, notamment : les informations relatives aux filiales et participations de l'entité, aux titres immobilisés de l'activité de portefeuille (TIAP), aux capitaux propres (capital, actions propres, variation), aux opérations et engagements envers les dirigeants. Les informations sur les opérations et engagements hors bilan sont également moins détaillées (absence d'autres informations que celles relatives aux engagements financiers et aux contrats de crédit-bail).

4° Simplifications des moyennes entreprises

177. - Définition des moyennes entreprises. Sont des « moyennes entreprises » au sens du Code de commerce les commerçants, personnes physiques ou personnes morales, pour lesquels deux des trois seuils suivants ne sont pas dépassés (C. com., art. L. 123-16, al. 3)[221] : total du bilan (20 000 000 €), montant net du chiffre d'affaires (40 000 000 €), nombre moyen de salariés employés au cours de l'exercice (250) (C. com., art. D. 123-200, al. 2)[222].

178. - Présentation simplifiée des comptes annuels. Les entreprises moyennes peuvent, dans des conditions fixées par un règlement de l'Autorité des normes comptables, adopter une présentation simplifiée de leur compte de résultat (C. com., art. L. 123-16, al. 2).

(220) Les articles R. 123-201 et R. 123-202 du Code de commerce sont abrogés à compter des exercices ouverts depuis le 1er janvier 2016 (D. n° 2015-903, 15 juill. 2015, art. 1er, 19°).

(221) Ord. n° 2014-86, 30 janv. 2014, art. 1, mod. L. n° 2019-486, 22 mai 2019, *relative à la croissance et la transformation des entreprises*, art. 47. Lorsqu'une entreprise dépasse ou cesse de dépasser deux de ces trois seuils, cette circonstance n'a d'incidence que si elle se produit pendant deux exercices consécutifs (C. com., art. L. 123-16, al. 3).

(222) D. n° 2019-539, 29 mai 2019, art. 1.

• Les moyennes entreprises peuvent adopter une présentation « abrégée » de leur compte de résultat visée aux articles 822-3 ou 822-4 du PCG (PCG, art. 810-7 mod.)[223].

• Lorsqu'elles décident de ne rendre publique qu'une présentation simplifiée de leur bilan (C. com., art. L. 232-25, V. *supra*, n° 157), les moyennes entreprises utilisent le modèle de bilan « abrégé » prévu à l'article 822-1 du PCG (PCG, art. 810-7, préc.).

• Lorsqu'elles décident de ne rendre publique qu'une présentation simplifiée de leur annexe (C. com., art. L. 232-25, V. *supra*, n° 157), les moyennes entreprises auront la possibilité de demander que ne soit pas rendue publique l'existence : d'obligations convertibles, de bons de souscription (warrants), d'options et de titres ou droit similaires, avec indication de leur nombre et de l'étendue des droits qu'ils confèrent (PCG, art. 810-8 mod.)[224].

B. – Tenue de la comptabilité

179. – Quasi-unité de la comptabilité et de la fiscalité. En matière de tenue de comptes, le Code de commerce et le Code général des impôts prévoient des allègements significatifs pour les entreprises de petite taille. Aujourd'hui, il n'y a plus guère de différence entre les deux matières. D'ailleurs, le droit comptable renvoie au droit fiscal afin de déterminer le périmètre de la comptabilité simplifiée (1°) ou des obligations comptables des « micro-entreprises » (2°). Le statut comptable des patrimoines affectés doit être envisagé séparément (3°).

1° Les entreprises soumises au régime réel simplifié d'imposition

180. – Domaine. La comptabilité simplifiée est traditionnellement applicable aux commerçants personnes physiques qui relèvent du régime du réel simplifié d'imposition, de plein droit ou sur option (C. com., art. L. 123-25, al. 1er). Désormais[225], elle s'applique également aux personnes morales commerçantes (à l'exception de celles qui sont contrôlées par une société qui établit des comptes consolidés) qui relèvent aussi du régime simplifié d'imposition, de plein droit ou sur option (C. com., art. L. 123-25, al. 2 et 3).

181. – Modalités. La comptabilité simplifiée correspond à une comptabilité de « trésorerie » ou de « caisse ». Comme dans les comptabilités civiles, le commerçant enregistre les paiements reçus ou effectués et non les créances ou les dettes. En revanche, il ne s'agit pas d'une comptabilité en « partie simple », puisqu'il faut indiquer la contrepartie des encaissements ou des décaissements (apport ou prélèvement de l'exploitant, emprunts contractés ou prêts consentis, achat ou cession d'immobilisations, charges ou produits…).

• *En cours d'exercice*, l'entrepreneur ou l'entreprise se contente de tenir une comptabilité de caisse au moyen de journaux auxiliaires (encaissements et décaissements, à partir des relevés bancaires, C. com., art. R. 123-203). Ces journaux auxiliaires sont ensuite centralisés tous les trois mois sur le livre-journal (au lieu d'une fois par mois, C. com., art. R. 123-204). En ce qui concerne la déduction des charges, l'entrepreneur est dispensé de produire les justificatifs de frais généraux accessoires lorsqu'une telle dispense est accordée en matière fiscale (V. *infra*, n° 182). En outre, l'entrepreneur ou l'entreprise peut enregistrer forfaitairement, selon le barème établi chaque année par l'administration fiscale, les frais relatifs aux carburants consommés lors des déplacements professionnels (C. com., art. R. 123-207).

(223) Règl. ANC n° 2019-02, 7 juin 2019, art. 1.
(224) Règl. ANC n° 2020-02, 5 juin 2020.
(225) L. n° 2011-525, 17 mai 2011 *de simplification et d'amélioration de la qualité du droit*, art. 55.

• *À la clôture de l'exercice*, il doit enregistrer les créances et les dettes, mais il est dispensé de compte de régularisation pour les charges (autres que les achats) dont la périodicité n'excède pas un an (C. com., art. L. 123-26). Il procède à une évaluation simplifiée des stocks et des productions en cours (C. com., art. L. 123-27). Par dérogation aux règles d'évaluation habituelles (C. com., art. R. 123-178, 1° et 5°), les personnes physiques autorisées à tenir une comptabilité simplifiée peuvent évaluer leurs stocks en appliquant un abattement, qui correspond à leur marge, sur leur prix de vente, et elles peuvent évaluer leurs travaux en cours en retenant le montant des acomptes réclamés avant facturation (C. com., art. R. 123-208).

182. – Les règles fiscales. Les personnes physiques ainsi que les sociétés civiles de moyens soumises à l'IR relevant du régime simplifié d'imposition peuvent opter pour le régime du réel « super simplifié » qui correspond à la comptabilité simplifiée du Code de commerce (CGI, art. 302 septies A ter A, 1). Il en va désormais de même pour les personnes morales commerçantes si elles relèvent également du régime simplifié d'imposition (L. 17 mai 2011 ; CGI, art. 302 septies A ter A, 1 bis). L'alignement de la situation des personnes morales (à l'exception des sociétés civiles de moyens) sur celles des personnes physiques (et des sociétés civiles de moyens) n'est cependant que partiel : ces derniers bénéficient d'autres allègements (évaluation simplifiée des stocks, évaluation forfaitaire des frais de carburant et des frais généraux payés en espèces, CGI, art. 302 septies A ter A, 1 et 2), qui n'ont pas été étendus aux personnes morales ayant la qualité de commerçant (*Dr. fisc.* 2011, n° 22, comm. 370).

Tableau comparatif des obligations comptables et fiscales (hors documents annuels) des entreprises individuelles et sociétaires autorisées à tenir une comptabilité simplifiée (1)

		ENTREPRISES INDIVIDUELLES		ENTREPRISES SOCIÉTAIRES	
		RÈGLES COMPTABLES	RÈGLES FISCALES	RÈGLES COMPTABLES	RÈGLES FISCALES
En cours d'exercice	Comptabilité de trésorerie ?	Oui (C. com., art. L. 123-25) (2)	Oui (CGI, art. 302 septies A ter A, 1)	Oui (C. com., art. L. 123-25) (2) (3)	Oui (CGI, art. 302 septies A ter A, 1 bis) (3)
	Centralisation trimestrielle des journaux auxiliaires sur le livre-journal ?	Oui (C. com., art. R. 123-204) (4)	Obligation strictement comptable	Oui (C. com., art. R. 123-204) (4)	Obligation strictement comptable
	Enregistrement forfaitaire des dépenses de carburant ?	Oui, selon le barème annuel de l'administration (C. com., art. R. 123-207) (5)	Oui, selon le barème annuel de l'administration (CGI, art. 302 septies A ter A, 2, al. 1er) (5)	Oui, selon le barème annuel de l'administration (C. com., art. R. 123-207) (5)	Oui, selon le barème annuel de l'administration (CGI, art. 302 septies A ter A, 2, al. 1er) (5)
	Dispense de justification des frais généraux accessoires payés en espèce ?	Oui, si une telle dispense est accordée en matière fiscale (C. com., art. R. 123-207)	Oui, dans la limite de 1 ‰ du chiffre d'affaires, avec un minimum de 150 € (CGI, art. 302 septies A ter A, 2, al. 2)	Oui, si une telle dispense est accordée en matière fiscale (C. com., art. R. 123-207)	Oui, dans la limite de 1 ‰ du chiffre d'affaires, avec un minimum de 150 € (CGI, art. 302 septies A ter A, 2, al. 2)

		ENTREPRISES INDIVIDUELLES		ENTREPRISES SOCIÉTAIRES	
		RÈGLES COMPTABLES	RÈGLES FISCALES	RÈGLES COMPTABLES	RÈGLES FISCALES
À la clôture de l'exercice	Enregistrement des créances et des dettes ?	Oui (C. com., art. L. 123-25, al. 1er)	Oui (CGI, art. 302 septies A ter A, 1)	Oui (C. com., art. L. 123-25, al. 2) (3)	Oui (CGI, art. 302 septies A ter A, 1 bis) (3)
	Dispense de compte de régularisation pour les charges ?	Oui (à l'exclusion des achats), si leur périodicité n'excède pas un an (C. com., art. L. 123-26)	Oui, s'il s'agit de frais généraux payés à échéances régulières et dont la périodicité n'excède pas un an (CGI, art. 302 septies A ter A, 1) (6)	Non	Non
	Évaluation simplifiée des stocks et des en-cours de production ?	Oui, selon une méthode fixée par l'ANC (C. com., art. L. 123-27) (7)	Oui, en appliquant sur le prix de vente des marchandises un abattement correspondant à la marge, et en retenant le montant des acomptes réclamés pour évaluer les travaux en cours (CGI, ann. IV, art. 4 LA) (8)	Non	Non (9)

(1) Commerçants personnes physiques ou personnes morales, placées de plein droit ou sur option sous le régime fiscal du réel simplifié d'imposition (V. *supra*, n° 173).

(2) À titre de simplification, il est possible de retenir comme date d'enregistrement des encaissements et des paiements la date figurant sur le relevé bancaire (C. com., art. R. 123-203).

(3) À l'exception des sociétés contrôlées par une société établissant des comptes consolidés.

(4) Cette possibilité est également offerte aux « micro-entreprises » au sens du droit comptable (V. *supra*, n° 171).

(5) *BOFiP*, BOI-BIC-DECLA-30-20-20, n°s 300 et s.

(6) Les charges relatives aux frais généraux (charges constatées d'avance et charges à payer) sont donc déductibles au moment de leur paiement (*BOFiP*, BOI-BIC-DECLA-30-20-20, n°s 250 et s.).

(7) Les stocks sont évalués en appliquant sur le prix de vente un abattement correspondant à la marge pratiquée sur chaque catégorie de biens, et les travaux en cours sont évalués par référence aux acomptes réclamés aux clients (C. com., art. R. 123-208).

(8) S'agissant des produits stockés, l'administration admet une marge moyenne ou une marge par catégorie de biens (*BOFiP*, BOI-BIC-DECLA-30-20-20, n° 210).

(9) L'article 4 LA de l'annexe IV du Code général des impôts vise les « entreprises » sans distinction, mais il procède d'un renvoi de l'article 302 septies A ter A, 1 qui ne prévoit cette possibilité que pour les exploitants individuels.

2° Les micro-entreprises de l'article 150-0 du Code général des impôts

183. - Régime de droit commun. Compte tenu de la détermination forfaitaire de leur base taxable (V. *supra*, n° 172), les micro-entrepreneurs sont seulement astreints à la tenue de deux livres de comptes (CGI, art. 50-0, 5 ; C. com., art. L. 123-28) : *un livre-journal détaillant les recettes*, en distinguant entre les règlements en espèces et les autres règlements, et en précisant la référence à la pièce justificative (C. com., art. R. 123-205-1, al. 1er), *et un registre annuel des achats*, à l'exception néanmoins des entreprises de prestations de services, et en présentant de façon chronologique le détail de ces achats, en distinguant les règlements en espèces, et en indiquant les références des pièces justificatives (C. com., art. R. 205-1, al. 2).

184. - Régime de « l'auto-entrepreneur ». Les exploitants placés sous le régime fiscal de la micro-entreprise peuvent opter pour le statut d'auto-entrepreneur, sous certaines conditions[226] et modalités (L. n° 2008-776, 4 août 2008 ; CGI, art. 151-0). Ce régime permet à l'exploitant individuel de s'acquitter de l'impôt sur les bénéfices (IR), et des cotisations de sécurité sociale personnelles (« micro-social simplifié »)[227], au moyen d'un versement mensuel ou trimestriel auprès d'un seul interlocuteur (l'URSSAF). Le prélèvement fiscal est déterminé en appliquant sur le chiffre d'affaires HT un pourcentage qui varie selon la nature de l'activité : 1 % pour les activités de ventes et 1,7 % pour les prestataires de services (2,2 % en matière de BNC). Les auto-entrepreneurs sont soumis aux mêmes obligations comptables que les micro-entreprises : ils sont dispensés d'établir des comptes annuels, mais doivent tenir les livres de comptes minimums (V. *supra*, n° 175).

(226) L'option pour le régime de l'auto-entrepreneur n'est possible que si les revenus nets du foyer fiscal de l'année N-2 n'excèdent pas, pour une part de quotient familial, la limite supérieure de la deuxième tranche du barème de l'IR de l'année N-1 (*NB :* cette limite est majorée de 50 % ou 25 % par demi-part ou quart de part supplémentaire).

(227) Ce régime s'applique de plein droit aux entrepreneurs relevant du régime fiscal micro (L. n° 2014-626, 18 juin 2014, préc., art. 24, I).

Tableau comparatif des obligations comptables et fiscales des « micro-entreprises » (1)

	RÈGLES COMPTABLES	RÈGLES FISCALES
En cours d'exercice	Tenue d'un livre mentionnant chronologiquement le montant et l'origine des *recettes* professionnelles (C. com., art. L. 123-28) (2). Le livre distingue les règlements en espèces des autres règlements et indique les références des pièces justificatives (C. com., art. R. 123-205-1).	Tenue d'un livre-journal servi au jour le jour présentant le détail des *recettes* professionnelles, appuyé des factures et de toutes autres pièces justificatives (CGI, art. 50-0-5) (3). Les recettes correspondant à des ventes au détail et à des services rendus à des particuliers peuvent être inscrites globalement en fin de journée sur le livre des recettes, lorsque le montant unitaire est inférieur à 76 €. Ce livre est totalisé à l'issue de chaque trimestre et de l'année (*BOFiP*, BOI-BIC-DECLA-30-30, n° 30).
	Tenue d'un registre récapitulé par année, présentant le détail des *achats*, lorsque le commerce principal est de vendre des marchandises, objets, fournitures et denrées à emporter ou à consommer sur place, ou de fournir un logement (C. com., art. L. 123-28) (2). Le registre présente chronologiquement le détail des achats, en distinguant les règlements en espèces et en indiquant les références des pièces justificatives (C. com., art. R. 123-205-1).	Tenue d'un registre récapitulé par année présentant le détail de leurs *achats*, lorsque le commerce principal est de vendre des marchandises, objets, fournitures et denrées à emporter ou à consommer sur place, ou de fournir le logement (CGI, art. 50-0-5) (3).
À la clôture de l'exercice	Aucune obligation : *dispense de comptes annuels* (C. com., art. L. 123-28).	Aucune obligation : le chiffre d'affaires annuel et les plus ou moins-values de cession sont portés directement sur la déclaration de revenus (CGI, art. 50-0-3).

(1) Entreprises individuelles ou EIRL ayant ou non opté pour le régime de l'auto-entrepreneur), dont le chiffre d'affaires annuel HT n'excède pas 82 200 € (entreprises de ventes de marchandises, objets, fournitures et denrées à emporter ou à consommer sur place, de fourniture de logement à l'exception des locations meublées, ou 32 900 € (entreprises de prestations de services).

(2) À titre de simplification, il est possible de retenir comme date d'enregistrement des encaissements et des paiements la date figurant sur le relevé bancaire (C. com., art. R. 123-203).

(3) Les règles TVA, applicables à tous les assujettis (vendeurs ou prestataires), les obligent à tenir un registre présentant le détail des achats ainsi qu'un livre présentant le détail de leurs recettes, même lorsqu'ils sont placés sous le régime de la franchise en base (CGI, art. 286-II).

3° Les patrimoines affectés

185. - Neutralité de la fiscalité et de la comptabilité (EIRL). Le régime de l'EIRL a été conçu comme un patrimoine affecté à une activité professionnelle, sans création d'une personne morale nouvelle (L. n° 2010-658, 15 juin 2010 ; C. com., art. L. 526-6, al. 1er). Les règles juridiques qui gouvernent la composition du patrimoine affecté s'imposent en comptabilité et en fiscalité. En font partie, de façon obligatoire, les biens « nécessaires »[228] à l'activité professionnelle, et sur option ceux qui sont « utilisés »[229] dans ce cadre (C. com., art. L. 526-6, al. 2). Une même neutralité prévaut en ce qui concerne le régime d'imposition : l'EIRL est traitée comme une entreprise individuelle (sauf option pour leur assimilation à une EURL ou une EARL, ce qui équivaut à une option irrévocable pour l'IS ; CGI, art. 1655 sexies, 2 et 3)[230], et se voit appliquer les régimes d'imposition habituels en fonction de son chiffre d'affaires. L'entrepreneur qui exerçait sa profession sous la forme individuelle peut se contenter de reprendre le bilan de son dernier exercice, si celui-ci est clos depuis moins de quatre mois à la date de dépôt de la déclaration ; dans ce cas, l'ensemble des éléments figurant dans le bilan compose l'état descriptif et les opérations intervenues depuis la date du dernier exercice clos sont comprises dans le premier exercice de l'EIRL (C. com., art. L. 526-8, II, al. 2)[231]. Postérieurement à la constitution du patrimoine affecté, l'inscription ou le retrait en comptabilité d'un bien, droit, obligation ou sûreté emporte affectation à l'activité professionnelle ou retrait du patrimoine affecté (C. com., art. L. 526-8-1)[232].

186. - Indépendances des règles fiscales et comptables (EIRL). Les entrepreneurs individuels à responsabilité limitée doivent obligatoirement tenir une comptabilité en la forme commerciale quelle que soit leur activité, civile ou commerciale (C. com., art. L. 526-13, al. 1er), et quel que soit leur régime fiscal : les bénéfices de l'EIRL sont donc soumis à l'IR dans la catégorie des BIC, des BNC ou des bénéfices agricoles (sauf pour les EIRL soumises à l'IS). Comme les règles fiscales de ces catégories n'ont pas été modifiées, le résultat d'un contribuable exerçant une activité non commerciale continuera donc d'être déterminé au vu des seuls encaissements et décaissements, bien qu'il doive tenir une comptabilité commerciale, ce qui impliquera des retraitements extra-comptables pour les besoins de la fiscalité (sauf option exercée pour les « créances acquises » et les « dépenses engagées », CGI, art. 93 A)[233]. Par exception, il est prévu que les micro-entreprises bénéficient d'obligations comptables allégées (C. com., art. L. 526-13, al. 2) ; livre des recettes et éventuellement registre des achats

(228) Les biens, droits, obligations et sûretés nécessaires à l'activité professionnelle s'entendent de ceux qui, par nature, ne peuvent être utilisés dans le cadre de cette activité (D. n° 2012-122, 30 janv. 2012, art. 3 ; C. com., art. R. 526-3-2). Appartiennent à cette catégorie de biens : le fonds de commerce, le fonds artisanal ou le fonds agricole, le droit de présentation de la clientèle d'un professionnel libéral, les outils d'un artisan, le matériel agricole, ou les droits à paiement unique (*BOFiP*, BOI-BIC-CHAMP-70-30, n° 30).

(229) Appartiennent notamment à cette seconde catégorie de biens ceux qui ont un usage mixte, professionnel et personnel, tels qu'un véhicule personnel utilisé pour des trajets professionnels ou un immeuble d'habitation au sein duquel a été aménagée une pièce pour l'exercice de l'activité (*BOFiP*, BOI-BIC-CHAMP-70-30, n° 30).

(230) L. n° 2011-900, 29 juill. 2011, art. 15. Toutes les EIRL sont concernées ; y compris celles qui ont été créées avant cette date (*BOFiP*, BOI-BIC-CHAMP-70-30, n° 410). Jusqu'à cette loi, les EIRL étaient fiscalement assimilées à des EURL, ce qui avait pour conséquence de taxer les plus-values d'affectation ; les impositions constatées jusqu'à cette date ne sont pas remises en cause (*BOFiP*, BOI-BIC-CHAMP-70-30, n° 460).

(231) L. n° 2014-626, 18 juin 2014, préc., art. 34.

(232) L. n° 2019-486, 22 mai 2019, *relative à la croissance et la transformation des entreprises*, art. 7.

(233) Rép. min. Roubaud n° 79162 : *JOAN* Q 17 mai 2011, p. 5106.

(C. com., art. R. 526-10-1). L'entrepreneur individuel à responsabilité limitée est également tenu de se faire ouvrir dans un établissement de crédit un ou plusieurs comptes bancaires exclusivement dédiés à l'activité à laquelle le patrimoine a été affecté (C. com., art. L. 526-13, al. 3).

187. – **Abrogation du régime des EIRL et généralisation du patrimoine affecté.** La loi du 14 février 2022 « en faveur de l'activité professionnelle indépendante »[234] institue un statut unique et protecteur pour l'entrepreneur individuel qui remplace à la fois l'entreprise individuelle classique (sans patrimoine affecté) et l'EIRL (C. com., art. L. 526-22 à L. 526-26, nouveaux). Cette loi est entrée en vigueur trois mois après sa promulgation (soit le 15 mai 2022). Les EIRL existantes ne sont pas remises en cause, mais il n'est plus possible d'en créer de nouvelles (interdiction qui vaut depuis la promulgation de la loi du 14 février 2022, soit depuis le 15 février 2022)[235]. À leur image toutefois, la nouvelle structure repose sur la mise en place d'un véritable patrimoine professionnel, distinct du patrimoine privé. Le patrimoine professionnel comprendra tous les biens, droits, obligations et sûretés utiles à l'activité professionnelle (C. com., art. L. 526-22). Les pouvoirs publics ont précisé la notion de biens « utiles » à l'activité (C. com., art. R. 526-26, I)[236] et posé une présomption selon laquelle les biens inscrits au bilan comptable font partie du patrimoine professionnel (C. com., art. R. 526-26, II)[237]. Fiscalement, l'entreprise relève de l'impôt sur le revenu, sauf option pour son assimilation à une EURL ou une EARL qui vaut option pour l'impôt sur les sociétés (CGI, art. 1655 sexies, 1 et 3)[238]. L'administration fiscale a commenté le nouveau statut

(234) L. n° 2022-172, 14 févr. 2022 *en faveur de l'activité professionnelle indépendante*, art. 1.

(235) L. n° 2022-172, 14 févr. 2022, préc., art. 6 ; D. n° 2022-709, 26 avr. 2022, *relatif à la mise en extinction du régime de l'entrepreneur individuel à responsabilité limitée*.

(236) D. n° 2022-725, 28 avr. 2022, *relatif à la définition du patrimoine professionnel de l'entrepreneur individuel et aux mentions sur les documents et correspondances à usage professionnel*, art. 2. Selon ce texte : « ... les biens, droits, obligations et sûretés dont l'entrepreneur individuel est titulaire, utiles à l'activité professionnelle, s'entendent de ceux qui, par nature, par destination ou en fonction de leur objet, servent à cette activité, tels que :1° Le fonds de commerce, le fonds artisanal, le fonds agricole, tous les biens corporels ou incorporels qui les constituent et les droits y afférents et le droit de présentation de la clientèle d'un professionnel libéral ;2° Les biens meubles comme la marchandise, le matériel et l'outillage, le matériel agricole, ainsi que les moyens de mobilité pour les activités itinérantes telles que la vente et les prestations à domicile, les activités de transport ou de livraison ;3° Les biens immeubles servant à l'activité, y compris la partie de la résidence principale de l'entrepreneur individuel utilisée pour un usage professionnel ; lorsque ces immeubles sont détenus par une société dont l'entrepreneur individuel est actionnaire ou associé et qui a pour activité principale leur mise à disposition au profit de l'entrepreneur individuel, les actions ou parts d'une telle société ;4° Les biens incorporels comme les données relatives aux clients, les brevets d'invention, les licences, les marques, les dessins et modèles, et plus généralement les droits de propriété intellectuelle, le nom commercial et l'enseigne ;5° Les fonds de caisse, toute somme en numéraire conservée sur le lieu d'exercice de l'activité professionnelle, les sommes inscrites aux comptes bancaires dédiés à cette activité, notamment au titre des articles L. 613-10 du code de la sécurité sociale et L. 123-24 du présent code, ainsi que les sommes destinées à pourvoir aux dépenses courantes relatives à cette même activité ».

(237) D. n° 2022-725, 28 avr. 2022, art. 2, préc. Selon ce texte : « Lorsque l'entrepreneur individuel est tenu à des obligations comptables légales ou réglementaires, son patrimoine professionnel est présumé comprendre au moins l'ensemble des éléments enregistrés au titre des documents comptables, sous réserve qu'ils soient réguliers et sincères et donnent une image fidèle du patrimoine, de la situation financière et du résultat de l'entreprise. Sous la même réserve, les documents comptables sont présumés identifier la rémunération tirée de l'activité professionnelle indépendante, qui est comprise dans le patrimoine personnel de l'entrepreneur individuel ».

(238) L. fin. 2022, n° 2021-1900, 30 déc. 2021, art. 13. – V. A. Périn-Dureau, *Les aspects fiscaux de la loi n° 2022-172 du 14 février 2022 en faveur de l'activité professionnelle indépendante* : *RTD* com. 2022, 693.

unique d'entrepreneur individuel[239], en reprenant largement ses commentaires de l'EIRL qu'elle a par ailleurs mis à jour[240]. La loi n'ayant pas apporté de précisions en ce qui concerne les obligations comptables dans le nouveau statut, il faut donc considérer que ce sont les mêmes qui s'appliquaient, avant la réforme, aux entrepreneurs individuels sans patrimoine affecté[241]. Ainsi, les obligations comptables de l'entreprise vont dépendre de la nature de l'activité exercée (civile ou commerciale). Simplement, au cas d'option pour l'assimilation à une EURL ou une EARL, et du fait de l'application de l'impôt sur les sociétés dans cette situation, la comptabilité commerciale devient obligatoire[242].

§ 2. – Les obligations renforcées des adhérents à un organisme de gestion agréé

188. – **Présentation des organismes de gestion agréés.** Les organismes de gestion apportent à leurs membres une assistance en matière de gestion et leur fournissent une analyse des informations économiques, comptables et financières en matière de prévention des difficultés économiques et financières (CGI, art. 1649 quater C). Ils prennent le nom de *centres de gestion agréés* (« CGA ») pour les commerçants, artisans et agriculteurs et *d'associations agréées* (« AGA ») pour les professions libérales, ou encore *d'organismes mixtes de gestion* (« OMG ») regroupant des adhérents qui relèvent des régimes BIC, BNC ou BA. Depuis 2010, les centres de gestion agréés (CGA) doivent avoir séparé leur activité d'assistance à la gestion et leur activité de tenue de comptes, cette dernière devant être transférée à une « association de gestion et de comptabilité » (« AGEC »)[243]. Depuis 2010 également, les organismes de gestion agréés doivent exercer des contrôles de cohérence sur les déclarations fiscales par un rapprochement systématique des déclarations de résultats et de chiffres d'affaires, en faire un compte rendu annuel et le communiquer à l'administration[244].

Les organismes de gestion agréés, ainsi que les « viseurs fiscaux » spécialement autorisés par l'administration, devront s'assurer périodiquement de la sincérité des déclarations de leurs adhérents dans le cadre d'un examen périodique de sincérité des pièces justificatives (contrôle des pièces justificatives pour la déduction des charges notamment)[245].

(239) *BOFiP*, BOI-BIC-CHAMP-70-10, 23 nov. 2022.

(240) BOI-BIC-CHAMP-70-30, 23 nov. 2022.

(241) V. BOI-BIC-CHAMP-70-10, 23 nov. 2022, § 310.

(242) V. BOI-BIC-CHAMP-70-10, 23 nov. 2022, § 320.

(243) L'administration admettait que les organismes de gestion agréés tiennent la comptabilité de leurs adhérents, mais cette tolérance a pris fin en 2020 (*BOFiP*, BOI-DJC-OA-20-10-20, 3 juin 2020).

(244) L'administration a étendu aux « viseurs fiscaux » – experts-comptables et associations de gestion et de comptabilité (AGEC) – autorisés par l'administration à délivrer un visa fiscal, la mission de contrôle des déclarations réalisée par les OGA (*BOFiP*, BOI-DJC-EXPC-20-40-10, n° 70).

(245) L. fin. rect. 2015, n° 2014-1786, 29 déc. 2015, art. 37, préc. Les modalités de l'examen périodique de sincérité – EPS – ont été précisées par un décret n° 2015-1356 du 11 octobre 2016. À la suite d'un recours pour excès de pouvoir formé contre ce décret, le Conseil d'État a jugé que l'examen périodique de sincérité ne constitue pas le début d'un contrôle fiscal (CE, 21 juin 2017, n° 405932, *UNAPL*, et n° 405943, *AMIGA et a. : Dr. fisc.* 2017, n° 51-52, comm. 596).

Pour les adhérents ou clients ayant demandé la réalisation de l'examen de conformité fiscale[246], l'organisme de gestion agréé ou le professionnel de l'expertise comptable est dispensé de réaliser l'examen périodique de sincérité pour l'exercice concerné[247].

189. – Avantages fiscaux liés à l'adhésion. Ils sont répartis en deux groupes, selon qu'ils peuvent ou non aussi être accordés à ceux qui font appel à un professionnel de la comptabilité.

• Les adhérents à un OGA, mais également ceux qui font appel à un expert comptable « autorisé et conventionné »[248], une association de gestion et de comptabilité ou même à une succursale d'expertise comptable, sont dispensés de la majoration de 25 % de leur assiette imposable (CGI, art. 158, 7)[249]. Cette majoration est, à l'origine, la conséquence de l'incorporation dans le barème progressif de l'IR de l'abattement de 20 % dont bénéficiaient les adhérents jusqu'en 2006 ; elle ne constitue pas une sanction et n'a pas à être motivée lorsque l'administration notifie au contribuable une proposition de rectification[250]. Par contre, elle doit figurer sur la proposition de rectification, à peine de nullité de cette dernière[251]. La majoration s'applique uniquement aux revenus soumis au barème progressif de l'IR dans la catégorie des bénéfices commerciaux (BIC), des bénéfices non commerciaux (BNC) et des bénéfices agricoles (BA) ; elle ne concerne pas les plus et moins-values professionnelles à long terme et les déficits[252]. Elle ne modifie pas non plus l'assiette des cotisations de sécurité sociale (CSS, art. L. 131-6). Lorsqu'il s'agit de revenus de source étrangère, l'administration fiscale estimait que la majoration devait s'appliquer dans la mesure ou le centre ou l'expert-comptable ne peut exercer sa mission[253] mais la jurisprudence lui a donné tort[254]. Quoi qu'il en soit, après que la Commission européenne a demandé à la France de modifier sa position[255], le législateur a élargi aux revenus étrangers la compétence des OGA et appliqué la dispense de majoration aux contribuables qui font appel à un certificateur à l'étranger pour leurs seuls revenus de source étrangère provenant de l'UE ou dans un autre État partie à l'accord sur l'EEE ayant conclu avec la France une convention d'assistance administrative en vue de lutter contre la fraude et l'évasion fiscales[256].

(246) D. n° 2021-25, 13 janv. 2021 ; A. 13 janv. 2021. Cette procédure permet, à compter des exercices clos le 31 décembre 2020, de demander à un prestataire indépendant de se prononcer sur la conformité aux règles fiscales de certains points usuels de la fiscalité. La mention dans la liasse fiscale d'un examen de conformité vaut « mention expresse ». Au cas de rappel fiscal sur un point pourtant validé, l'entreprise pourra demander le remboursement de la part d'honoraire correspondante. Le Conseil national des barreaux (CNB) a publié un rapport sur l'examen de conformité (V. CNB actualités, Commissions Droit et Entreprises, *Règles et usages et Exercice du droit, 5 juill. 2021* : *Dr. fisc.* 2022, n° 28, act. 291).

(247) A. 22 juill. 2021 : *Dr. fisc.* 2021, n° 45, act. 552.

(248) Cette autorisation est délivrée après avis favorable du commissaire du gouvernement près le Conseil de l'ordre des experts-comptables et signature d'une convention pour une période de trois ans (CGI, ann. II, art. 371 bis A et s.).

(249) Pour bénéficier de la dispense de la majoration forfaitaire de 25 %, les contribuables doivent avoir été adhérents de l'organisme agréé pendant toute la durée de l'exercice (CGI, ann. II, art. 371 L).

(250) CE, 29 mars 2017, n° 397658, *M. Regourd* : *Dr. fisc.* 2017, n° 30-35, comm. 420, concl. E. Cortot-Boucher.

(251) CE, 26 juill. 2018, n° 408480 : *Dr. fisc.* 2018, n° 36, act. 379.

(252) *BOFiP*, BOI-IR-BASE-10-10-20, n°s 80 et 90.

(253) *Contra* : CAA Paris, 9 mai 2014, n° 11PA03316 : *Dr. fisc.* 2014, n° 36, comm. 504 (BNC).

(254) CAA Paris, 9 mai 2014, n° 11PA03316 : *Dr. fisc.* 2014, n° 36, comm. 504 (BNC). – CE, 10 juill. 2019, n° 412624 : *Dr. fisc.* 2019, n° 47, comm. 446, concl. E. Bokdam-Tognetti (BNC).

(255) Comm. UE, MEMO/14/2130, 26 nov. 2014 : *Dr. fisc.* 2014, n° 49, act. 613.

(256) L. fin. rect. 2015, n° 2014-1786, 29 déc. 2015, art. 37, préc.

• L'adhésion à un OGA emporte deux autres avantages : **1) une réduction d'impôt sur le revenu pour frais de comptabilité et d'adhésion**[257], dans la limite des deux tiers des dépenses exposées pour la tenue de la comptabilité et l'adhésion à un centre, sans que la réduction d'impôt ne puisse excéder ni 915 € ni le montant de l'IR dû pour une année donnée (CGI, art. 199 quater B ; pour une application chiffrée V. l'exemple ci-après)[258], **2) l'autorisation de déduire du résultat le salaire du conjoint sans limitation** (alors que si les conjoints sont mariés sous le régime légal, la déduction est plafonnée à un montant de 17 500 €)[259].

→ Calcul de la réduction d'IR pour frais de tenue de comptabilité et d'adhésion à un OGA

Exemple administratif (*BOFiP*, BOI-IR-RICI-10, n° 340) :

Soit une entreprise qui a versé des honoraires relatifs à l'établissement de la comptabilité au cours de l'année N à un organisme de gestion agréé à hauteur de 1 500 €.

Elle est redevable d'un montant d'IR de 950 € au titre de cette année.

Application de la triple limite prévue au 1er alinéa de l'article 199 quater B du Code général des impôts :

Premier plafond : les dépenses sont plafonnées à : 1 500 € × 2/3 = 1 000 €.

Deuxième plafond : les dépenses sont plafonnées à : 915 €.

Troisième plafond : le montant des dépenses éligibles reste de 915 € (915 € < 950 €).

Le montant de la réduction d'impôt sur le revenu est de 915 €.

Ce montant doit être réintégré pour la détermination du résultat catégoriel.

Les surplus des dépenses (1 500 € – 915 € = 585 €) constituent une charge déductible du résultat.

• *Sur la base d'un rapport très négatif de la Cour des comptes à l'occasion des quarante ans des organismes de gestion agréés*[260], le législateur avait dans un premier temps décidé de supprimer les avantages accessoires liés à l'adhésion, pour ne laisser subsister que la dispense de majoration de 25 %[261]. La mesure a été abrogée avant même qu'elle n'entre en application (le 1er janvier 2016)[262], *à l'exception de la suppression de la minoration de trois ans à deux ans du délai de reprise fiscal au cas d'adhésion qui est entrée en application le 1er janvier 2015*[263].

(257) Dans ce cas, les dépenses prises en compte pour la réduction d'IR ne peuvent être déduites (CGI, art. 39-7).

(258) Pour bénéficier de la réduction d'IR, il faut en outre réaliser un chiffre d'affaires n'excédant pas les limites du régime des « micro-entreprises » et être imposé sur option à un régime réel.

(259) En ce qui concerne la déduction du salaire du conjoint, V. *infra*, n° 589.

(260) C. comptes, Rapport 11 sept. 2014 : *Dr. fisc.* 2014, n° 38, act. 479.

(261) L. fin. 2015, n° 2014-1654, 29 déc. 2014, art. 69, 70 et 80.

(262) L. fin. rect. 2015, n° 2014-1786, 29 déc. 2015, art. 37, préc.

(263) Mais une prescription acquise à cette date ne peut être rallongée par le nouveau texte. Selon l'administration fiscale elle-même : la prescription est acquise au titre d'un exercice clos au cours de l'année 2012 si les conditions de l'ancien dispositif sont réunies, alors que le délai de reprise de droit commun de trois ans est applicable dès 2015 aux exercices clos à compter du 1er janvier 2013 (*BOFiP*, BOI-CF-PGR-10-20, n° 55 ; BOI-CF-PGR-10-30, n° 35 ; BOI-DJC-OA-20-10-30, 4 mars 2015, § 70 ; BOI-DJC-OA-30, n° 1).

• La majoration de 25 % du bénéfice fiscal au cas de non-adhésion à un centre de gestion agréé ou une association de gestion agréée est progressivement réduite : à 20 % (imposition des revenus de 2020), 15 % (imposition des revenus de 2021) et 10 % (imposition des revenus de 2022). **Elle est supprimée à compter de l'imposition des revenus de 2023**[264].

190. – Autres missions. Un décret du 7 octobre 2021[265] a élargi le périmètre des prestations que les organismes de gestion agréés peuvent rendre aux entreprises et professionnels (adhérents, mais également non-adhérents). Les centres bénéficiant de l'agrément prévu par l'article 1649 quater C du CGI peuvent fournir à toute entreprise exerçant dans les domaines de l'industrie, du commerce, de l'artisanat et de l'agriculture des services d'assistance en matière de gestion, notamment dans les domaines suivants :

1° la dématérialisation et la télétransmission de ses déclarations fiscales ;

2° la formation et l'information ayant trait au droit, à la fiscalité, à la comptabilité ou à la gestion ;

3° la restitution de statistiques ;

4° l'examen de conformité fiscale prévu par le décret n° 2021-25 du 13 janvier 2021 portant création de l'examen de conformité fiscale ;

5° l'audit technique lié à son activité ;

6° aux microentreprises au sens de l'article 3 du décret n° 2008-1354 du 18 décembre 2008 relatif aux critères permettant de déterminer la catégorie d'appartenance d'une entreprise pour les besoins de l'analyse statistique et économique, l'aide à la création de micro-entreprise ainsi que l'accompagnement en matière commerciale et dans les domaines de la communication et de la transition numérique (CGI, ann. II, art. 371 A bis).

191. – Obligations des adhérents. En échange des avantages fiscaux et juridiques qui sont liés à leur adhésion, les adhérents doivent respecter trois séries d'obligations :

– ils doivent, le cas échéant, fournir à la personne ou l'organisme qui tient leur comptabilité, tous les documents comptables nécessaires à l'établissement d'une comptabilité sincère ;

– ils doivent, dans tous les cas, communiquer au centre le bilan et le compte de résultat de leur exploitation, ainsi que tous les documents annexes. Les entreprises soumises au régime simplifié d'imposition ne sont plus exonérées de l'obligation de communiquer leur bilan[266] ;

– ils ont l'obligation d'accepter les règlements par chèque, de faire libeller les chèques à leur ordre et de ne pas les endosser, sauf pour leur remise directe à l'encaissement. L'obligation d'accepter les paiements par chèque a été étendue aux paiements par carte bancaire[267].

(264) L. fin. 2021, n° 2020-1721, 29 déc. 2021, art. 34 ; *BOFiP-Impôts*, act. IR-BA-BNC-BIC-DJC, 12 mai 2021.

(265) D. n° 2021-1303 : *Dr. fisc.* 2021, n° 41, act. 514. L'administration distingue entre trois types d'adhérents : les adhérents soumis aux missions légales de prévention fiscale, les adhérents pour les seules prestations facultatives et les non-adhérents des OGA (*BOFiP-Impôts*, BOI-DJC-OA-20-10-70, 22 mars 2023, n°s 40 à 47).

(266) CGI, ann. II, art. 371 E, 3°, *c*, mod. D. n° 2012-470, 11 avr. 2012.

(267) L. fin. rect. 2015, n° 2014-1786, 29 déc. 2015, art. 37, préc.

CHAPITRE 2 LES ÉCRITURES COMPTABLES

192. – Intégration du droit fiscal dans les comptes de l'entreprise. La comptabilité intègre la réglementation fiscale de deux manières : parce qu'elle doit enregistrer les impôts payés par l'entreprise (c'est le principe de « nécessité » des écritures comptables, Section 1), et parce qu'elle doit prendre en compte des régimes fiscaux directement applicables en comptabilité (c'est le principe de « soumission » de la comptabilité à la fiscalité, Section 2).

SECTION 1 LA COMPTABILISATION DES PRINCIPAUX IMPÔTS[1]

193. – Principe de nécessité des écritures comptables. Les entreprises doivent nécessairement comptabiliser leurs charges, y compris fiscales, à partir du moment où ces dernières appauvrissent le patrimoine professionnel. D'emblée, cette exigence exclut l'imposition des bénéfices des entreprises dénuées de personnalité fiscale, telles les sociétés de personnes et les entreprises individuelles, lorsqu'elles relèvent de l'impôt sur le revenu.

Également, la TVA payée par les entreprises n'est pas une charge puisqu'elles peuvent la déduire (§ 1). Ceci vaut aussi pour les recettes qui ne sont pas des produits, telles que la TVA encaissée. Ainsi, le compte de résultat doit être présenté hors taxes (CGI, ann. III, art. 38 A).

Les autres impôts sont à la charge des entreprises (§ 2) ; ils sont normalement comptabilisés dans une subdivision du compte n° 63, à l'exception de l'impôt sur les sociétés qui est comptabilisé dans un compte spécifique n° 695, des rectifications fiscales (des amendes fiscales ou des pénalités) qui sont comptabilisées dans un compte de charges exceptionnelles n° 67, et des droits de mutation qui peuvent sur option être immobilisés avec l'actif acquis.

Quant aux « impôts différés », il s'agit bien de charges de nature fiscale, mais leur particularité tient à ce que leur inscription en comptabilité n'est pas conditionnée par les règles d'exigibilité du droit fiscal, mais par le souci de faire apparaître instantanément l'ensemble des incidences fiscales, même futures, liées à l'activité de l'entreprise (§ 3).

(1) V. Principales taxes et contributions : leur exercice de rattachement : RF compt. 2013, n° 410.

§ 1. – L'impôt qui n'est pas une charge : la TVA

194. – **Mécanisme de la TVA.** Aux termes de l'article 271-I, 1 du Code général des impôts :

« La taxe sur la valeur ajoutée qui a grevé les éléments du prix d'une opération imposable est déductible de la taxe sur la valeur ajoutée applicable à cette opération ».

Ainsi, les *assujettis* à la TVA (professionnels dont l'activité entre dans le champ d'application de la taxe), s'ils sont également *redevables* de la taxe (c'est-à-dire s'ils ne sont pas exonérés), doivent reverser au Trésor public la TVA qu'ils ont perçue de leurs clients (« TVA collectée », A), sous déduction de la TVA qu'ils ont eux-mêmes payée à leurs fournisseurs (« TVA déductible », B). Périodiquement, les assujettis-redevables doivent calculer la différence entre la TVA collectée et la TVA déductible, dans le cadre de la déclaration de leur chiffre d'affaires n° CA3 (C).

A. – La TVA collectée

195. – **Distinction entre fait générateur et exigibilité de la TVA.** *Le fait générateur* d'un impôt représente l'événement qui donne naissance à la créance fiscale. *L'exigibilité* est la date à laquelle le Trésor peut faire valoir ses droits. Ces notions sont essentielles en fiscalité ; c'est en principe au moment du fait générateur qu'on doit se placer pour apprécier le régime de la taxe (notamment le taux applicable, mais la règle ne lie pas le législateur, V. tableau ci-après), alors que c'est lorsque la taxe devient exigible qu'elle doit être reversée au Trésor public. Reste à préciser la date du fait générateur et de l'exigibilité. *Pour les livraisons de biens,* le fait générateur et l'exigibilité se situent au jour de la livraison ou du versement des acomptes (CGI, art. 269, 1-a et 2-a). *Pour les prestations de services,* le fait générateur et l'exigibilité ne coïncident pas ; le fait générateur intervient lors de l'exécution de la prestation et l'exigibilité se situe lors de l'encaissement du prix ou des acomptes (CGI, art. 269, 1-a et 2-c).

TAUX DE TVA APPLICABLES DEPUIS 1ER JANVIER 2014[2]					
CATÉGORIE RÉGIME	SUPER RÉDUIT	RÉDUIT	INTERMÉDIAIRE	NORMAL	SPÉCIFIQUE (CORSE)
TAUX	2,1 % (inchangé)	5,5 % (inchangé)	10 % (au lieu de 7 %)	20 % (au lieu de 19,60 %)	10 % (au lieu de 8 %) (1)
DOMAINE	Publications de presse, médicaments remboursables	Biens et services de première nécessité	Biens et services limitativement énumérés	Biens et services pour lesquels aucun taux spécifique n'est prévu	Travaux immobiliers, matériels agricoles

(2) L. fin. rect. 2012, n° 2012-1510, 29 déc. 2012, art. 68, mod. L. fin. 2014, n° 2013-1278, 29 déc. 2013, art. 6 ; *BOFiP*, BOI-TVA-LIQ-50.

TAUX DE TVA APPLICABLES DEPUIS 1ER JANVIER 2014[2]					
CATÉGORIE RÉGIME	SUPER RÉDUIT	RÉDUIT	INTERMÉDIAIRE	NORMAL	SPÉCIFIQUE (CORSE)
ENTRÉE EN VIGUEUR : CAS GÉNÉRAL	/	/	Opérations dont le fait générateur de la TVA intervient à compter du 1er janvier 2014	Opérations dont le fait générateur de la TVA intervient à compter du 1er janvier 2014	Opérations dont le fait générateur de la TVA intervient à compter du 1er janvier 2014
ENTRÉE EN VIGUEUR : SOMMES ENCAISSÉES AVANT LE FAIT GÉNÉRATEUR	/	/	Application du taux ancien aux sommes versées avant le 1er janvier 2014 pour un fait générateur situé après	Application du taux ancien aux sommes versées avant le 1er janvier 2014 pour un fait générateur situé après	Application du taux ancien aux sommes versées avant le 1er janvier 2014 pour un fait générateur situé après

(1) En Corse, plusieurs taux réduits (0,9 %, 2,1 %, 10 % et 13 %) sont susceptibles de s'appliquer (V. CGI, art. 297). Le taux de 2,1 % s'applique à la place du taux réduit ou intermédiaire.

196. – Caractère dominant du fait générateur en comptabilité. Si, en fiscalité, l'exigibilité est l'événement le plus important dans la pratique[3], la comptabilité s'attachera d'abord au fait générateur de la taxe. En effet, la comptabilité commerciale enregistre les créances et les dettes ; la dette fiscale doit donc être enregistrée au moment de sa naissance. L'intitulé des comptes est à cet égard déceptif ; le compte n° 4457 « TVA collectée » est un compte de dette qui doit être mouvementé au moment du fait générateur de la TVA et non au moment où la taxe est payée par le client. Chez le fournisseur, l'exigibilité de la taxe ne joue aucun rôle en comptabilité ; le reversement de la TVA interviendra à l'issue de la période d'imposition (V. *infra*, C). Ces observations seront précisées en étudiant successivement la comptabilisation de la TVA afférente à des livraisons de biens (1°) et à des prestations de services (2°).

1° Les livraisons de biens

197. – Domaine. Selon l'article 256, II-1° du Code général des impôts :

« Est considéré comme livraison d'un bien, le transfert du pouvoir de disposer d'un bien corporel comme un propriétaire ».

Sont donc exclus les biens meubles incorporels qui sont assimilés à des prestations de services (mais le gaz et d'électricité sont considérés comme des biens meubles corporels), ainsi que toutes les opérations qui ne peuvent pas induire un transfert de propriété, telles les opérations internes à l'entreprise[4]. En revanche, les livraisons

(3) M. Cozian, Fl. Deboissy et M. Chadefaux, *Précis de fiscalité des entreprises*, *op. cit.*, n° 1729 ; Y. Sérandour, *Précis de TVA*, LexisNexis, 1re éd. 2019, n° 556.

(4) M. Guichard et W. Stemmer, *Prestations intra-entreprise et TVA : Dr. fisc.* 2007, n° 11, étude 273.

d'immeubles entrent désormais dans le champ d'application de la TVA[5], tout en suivant un régime particulier (CGI, art. 257, I).

198. – Enregistrement : principes généraux. Deux questions sont à traiter en priorité : quant à la nature des comptes à mouvementer et quant au moment où ils doivent l'être.

• *Sur la nature des comptes*, la TVA perçue par le vendeur constitue une dette envers le Trésor public qui doit figurer dans un compte de tiers n° 4457 « TVA collectée ». Au contraire, la vente (HT) est un produit qui doit figurer au compte n° 70 « Ventes de produits fabriqués, prestations de services, marchandises ». Le montant total de l'opération (TTC) est à porter au compte de créance client n° 4111 « Clients – Ventes de biens ou de prestations de services ».

• *Sur la date de l'enregistrement, le droit comptable est curieusement muet*. La comptabilité enregistre les créances certaines (C. com., art. L. 123-21 ; PCG, art. 512-4). Or, conformément aux principes du Code civil, la vente est parfaite dès l'échange des consentements (C. civ., art. 1583). En pratique néanmoins, c'est la livraison du bien qui constitue le fait générateur de l'inscription en compte. Il n'y a pas de distorsion avec les règles de TVA, puisque le fait générateur de la taxe se situe également lors de la livraison, et c'est à ce moment-là qu'elle devient exigible (V. *supra*, n° 195). Ainsi, la vente est enregistrée HT et la TVA comptabilisée (et due) au moment de la livraison. En pratique, la livraison correspond à la facturation. Si la facture n'a pas été établie avant la fin de l'exercice, le comptable doit passer une écriture de régularisation (« Produits à recevoir ») qui devrait comporter de la TVA collectée (V. *infra*, n° 339 ; crédit du compte n° 4457 « TVA collectée » par débit du compte n° 44587 « TVA sur facture à établir »).

199. – Enregistrement : difficultés d'application. Deux difficultés se posent en pratique : lorsque la vente est annulée ou impayée, et lorsque le vendeur a reçu des acomptes.

• *Lorsque la vente est annulée ou résiliée, ou encore si la créance est définitivement irrécouvrable*, le fournisseur peut demander le remboursement ou l'imputation de la TVA (CGI, art. 272, 1, al. 1er). Le caractère « définitivement irrécouvrable » de la créance ne peut résulter de la seule mise en redressement judiciaire du débiteur[6], mais l'imputation ou le remboursement de la taxe indûment payée peut être effectué dès sa mise en liquidation judiciaire (CGI, art. 272, 1, al. 2). Dans tous les cas, le remboursement ou l'imputation de la taxe est subordonné à la justification d'une rectification préalable de la facture initiale (CGI, art. 272, 1, al. 3)[7]. Elle informera le client qu'il doit reverser la TVA qu'il avait initialement déduite. Comme la loi ne fixe aucun délai pour produire la facture rectificative, celle-ci peut être produite après la liquidation judiciaire du débiteur, devant le juge de l'impôt[8].

De façon incompréhensible en comptabilité, le Plan comptable général n'envisage pas l'hypothèse d'une annulation ou d'une résiliation de la vente. Autrefois, ces événements étaient traités comme des réductions de prix hors facture ; il convenait alors de débiter le compte n° 709 « Rabais, remises et ristournes accordés par l'entreprise », par le crédit du compte client n° 4111 et du compte n° 4457 « TVA collectée ». Dans le nouveau plan comptable, les retours de marchandises sont contre-passés au compte

(5) L. fin. rect. 2010, n° 2010-237, 9 mars 2010, art. 16.
(6) CE, 1er juin 2005, n° 260401, *Sté des Brasseries de Kronenbourg : Dr. fisc.* 2006, n° 8, comm. 194.
(7) CE, 28 mars 2012, n° 320470, *Sté Saint-Germain Automobile : Dr. fisc.* 2012, n° 14, act. 172.
(8) CE, 28 juill. 2011, n° 318872, *Sté Myrys : Dr. fisc.* 2011, n° 44, comm. 574, concl. P. Collin.

de vente n° 707 (PCG, art. 944-41). Il en ira de même en ce qui concerne l'annulation ou la résiliation d'une vente.

S'agissant d'une créance devenue irrécouvrable, cette dernière aura sans doute été préalablement enregistrée au compte n° 416 « Client douteux ou litigieux ». Ce compte sera ensuite soldé par le débit d'un compte de charges exceptionnelles n° 6714 « Créances devenues irrécouvrables dans l'exercice » et du compte n° 4457 « TVA collectée ».

• *Si le vendeur a reçu des acomptes*, ces derniers ne comportent pas de TVA, puisqu'ils sont antérieurs au fait générateur de la taxe. Au plan comptable, l'acompte est traité comme une dette du fournisseur envers son client ; il sera porté au crédit d'un compte n° 4191 « Clients, avances et acomptes reçus sur commande » (en contrepartie, il faut débiter un compte financier). Lors de la livraison des biens, la facture émise par le fournisseur tiendra compte de l'avance qu'il a reçue : elle est libellée pour l'intégralité du prix convenu (montant brut), sous déduction de l'avance reçue (montant net). Les écritures sont d'abord normalement portées comme s'il n'y avait pas eu d'avance, avant que l'avance ne vienne corriger le compte client.

Attention : la Cour de justice de l'Union européenne a jugé que le droit à déduction ne peut être refusé à l'acquéreur lorsque l'acompte a été versé et encaissé et que, à ce moment-là, tous les éléments pertinents de la future livraison pouvaient être considérés comme étant connus par cet acquéreur et que la livraison apparaissait alors comme certaine[9]. La cour administrative d'appel de Nantes a également jugé que les dispositions de l'article 269 du CGI sont incompatibles avec les objectifs de l'article 65 de la directive 2006/112/CE du Conseil du 28 novembre 2006 en ce qu'elles n'ont pas prévu, dans le cas d'une livraison de biens, que la TVA devienne exigible – et par conséquent déductible – au moment de l'encaissement d'un acompte[10]. En conséquence, la loi de finances pour 2022 a modifié l'article 269, 2, *a* du CGI pour avancer la date d'exigibilité – et donc de déductibilité de la TVA – à la date de versement des acomptes[11].

Exemple

Le 1er mai, un client passe commande de marchandises (5 000 € HT).
Il verse immédiatement un acompte de 10 % (5 000 € × 10 % = 500 €).
La facture est établie par le fournisseur le 30 mai de la façon suivante :
5 000 € + 20 % (1 000 €) = 6 000 € – votre avance (500 €) = 5 500 € (net à payer).

N° DU COMPTE	LIBELLÉ DU COMPTE	DÉBIT	CRÉDIT
	01/05		
512	Banque	500 €	
4191	Clients, acomptes reçus		500 €

(9) CJUE, 31 mai 2018, aff. C-660/16, *Finanzamt Göppingen c/ Érich Wirtl : Dr. fisc.* 2018, n° 23, act. 244.

(10) CAA Nantes, 28 mai 2021, n° 19NT03579, *SAS Technitoit : Dr. fisc.* 2021, n° 39, comm. 379, concl. L. Chollet. Les factures d'acomptes, établies conformément aux dispositions de l'article 289 du CGI, doivent comporter l'ensemble des mentions obligatoires prévues à l'article 242 nonies A de l'annexe II au CGI (BOI-TVA-BASE-20-10, § 65).

(11) L. fin. 2022, n° 2021-1900, 30 déc. 2021, art. 30. La nouvelle règle est applicable aux acomptes encaissés à partir du 1er janvier 2023.

N° DU COMPTE	LIBELLÉ DU COMPTE	DÉBIT	CRÉDIT
	30/05		
4111	Clients, ventes de biens	6 000 €	
707	Vente de marchandises		5 000 €
4457	TVA collectée		1 000 €
4191	Clients, acomptes reçus	500 €	
4111	Clients, ventes de biens		500 €

À noter : Si l'acompte versé comporte de la TVA (acomptes encaissés à partir du 1er janvier 2023), il convient de procéder comme en matière de prestation de services (V. *infra*, n° 202).

200. – Absence de facturation de la TVA. Les causes et les effets sont les suivants :

– *le vendeur ne facture pas la TVA, car il n'y est pas soumis.* Ce peut être le cas d'un non-assujetti ou d'un assujetti exonéré. Il n'y a pas de TVA à enregistrer ;

– *le vendeur ne facture pas la TVA, car l'opération est exonérée.* C'est notamment le cas des exportations ou des livraisons intracommunautaires. Il n'y a pas de TVA à enregistrer, mais la vente devra figurer dans un compte spécifique afin de faire apparaître distinctement les opérations soumises à la TVA et celles qui n'y sont pas soumises (CGI, ann. II, art. 209) ;

– *le vendeur ne facture pas la TVA, parce que c'est un détaillant.* Dans cette situation, le vendeur ne constate pas de créance client (la contrepartie de la vente est directement portée dans un compte de trésorerie). En outre, la vente est d'abord enregistrée TTC, puis, à l'issue de la période d'imposition, le vendeur calculera la TVA « en dedans »[12] et portera ce montant au débit du compte n° 70 « Ventes » et au crédit du compte n° 4457 « TVA collectée » ;

– *le vendeur ne facture pas la TVA, car il est imposé « sur la marge ».* Il s'agit notamment des revendeurs de biens d'occasion, œuvres d'art, objets de collection et d'antiquité (CGI, art. 297 A et s.). La vente est enregistrée pour le montant facturé, sans mention de la TVA (CGI, art. 297 E), dans des comptes distincts (CGI, art. 297 F). La TVA est calculée « en dedans » sur la marge, puis enregistrée (elle peut être calculée pour chaque opération ou de façon globale).

2° Les prestations de services

201. – Domaine. Les prestations de services sont définies de manière négative ; il en résulte une catégorie assez hétérogène. Selon l'article 256, IV-1° du Code général des impôts :

« Les opérations autres que celles qui sont définies aux II [*Ndlr* : les livraisons de biens, V. *supra*, n° 197], notamment la cession ou la concession de biens meubles incorporels, le fait de s'obliger à ne pas faire ou à tolérer un acte ou une situation, les opérations de façon, les travaux immobiliers et l'exécution des obligations du fiduciaire, sont considérés comme des prestations de services ».

(12) La TVA est calculée « en dedans » lorsque la base est TTC. Le calcul nécessite l'application d'un coefficient de conversion qui permet de passer du montant TTC au montant HT. Ce dernier est obtenu par la formule : 100 / 100 + T. Ainsi, pour une TVA à 20 %, le coefficient de conversion est de 100 / 100 + 20 = 0,833.

202. - Enregistrement. Les comptes mouvementés pour l'enregistrement des prestations de services et de la TVA y afférant ne sont guère différents de ceux utilisés pour les livraisons de biens (V. *supra*, n° 198), si ce n'est que les acomptes ont toujours été soumis à la TVA.

• *Dans le cas général*, la prestation est portée au compte n° 706 « Prestations de services », au moment de l'achèvement de la prestation, c'est-à-dire lorsque la prestation est rendue. Le fait générateur de la TVA étant également constitué par l'achèvement de la prestation, c'est aussi à ce moment-là que l'entreprise devra la faire figurer dans le compte de dette n° 4457 « TVA collectée »[13]. La dette de TVA envers le Trésor public existe bel et bien dès l'achèvement de la prestation. Le fait que l'exigibilité de la TVA se situe au moment du paiement du prix ou des acomptes ne joue que pour le reversement (n° 44551 « TVA à décaisser », V. *infra*, n° 203).

• *Lorsque l'entreprise a reçu des acomptes*, ceux-ci sont comptabilisés au crédit du compte n° 419 « Clients créditeurs » (V. *supra*, n° 199). Du point de vue de la TVA, la situation devient paradoxale, puisque la taxe est exigible avant même que la dette fiscale ne soit née ! L'entreprise peut remédier à cette situation en optant pour les « débits »[14], mais dans ce cas elle prend le risque d'avoir à reverser une TVA qu'elle n'aura pas encore encaissée… Faute d'option, elle ne doit pas selon nous comptabiliser la TVA dans le compte de dette n° 4457 (puisque le fait générateur de la TVA ne s'est pas encore produit), mais directement au crédit du compte n° 44551 « TVA à décaisser », par le débit du compte n° 44584 « TVA récupérée d'avance ». Lors du règlement du solde, après facturation, la prestation et la TVA y afférant seront enregistrées normalement et les comptes d'attente n° 419 et n° 4458 seront soldés.

Exemple

Reprenons l'exemple initié au n° 199 mais en considérant cette fois qu'il s'agit d'une prestation de services.

La facture d'acompte se présenterait comme suit :

Acompte (500 € HT) + 20 % (100 €) = 600 € TTC.

La facture définitive serait rédigée de la façon suivante :

5 000 € + 20 % (1 000 €) = 6 000 € TTC – votre acompte (600 €) = 5 400 € TTC (net à payer, dont 1 000 € – 100 € = 900 € de TVA).

N° DU COMPTE	LIBELLÉ DU COMPTE	DÉBIT	CRÉDIT
	01/05		
512	Banque	600 €	
4191	Clients, acomptes reçus		600 €
44584	TVA récupérée d'avance	100 €	

(13) *Contra* : *Mémento Lefebvre Comptable*, *op. cit.*, n° 46740, pour qui le vendeur n'est tenu de collecter la TVA qu'au fur et à mesure des encaissements. En pratique, les entreprises peuvent comptabiliser la TVA facturée au crédit d'un compte de « TVA à régulariser » n° 4458 qui sera soldé au moment du paiement par le crédit du compte n° 4457 « TVA collectée » (*Mémento Lefebvre Comptable*, *op. cit.*, mêmes réf.).

(14) L'option pour les « débits » est ouverte aux contribuables pour lesquels la TVA est exigible sur les encaissements (prestataires de services). Comme en matière de livraison de biens, la TVA est exigible lorsque la créance est enregistrée au débit du compte client, même si ce dernier n'a pas encore payé la prestation.

N° DU COMPTE	LIBELLÉ DU COMPTE	DÉBIT	CRÉDIT
44551	TVA à décaisser		100 €
	30/05		
4111	Clients, prestations de services	6 000 €	
706	Prestations de services		5 000 €
4457	TVA collectée		1 000 €
4191	Clients, acomptes reçus	600 €	
4111	Clients, prestations de services		600 €
4457	TVA collectée	100 €	
44584	TVA récupérée d'avance		100 €

B. – La TVA déductible

203. – Lien entre déductibilité et exigibilité. Aux termes de l'article 271, I, 2 (al. 1er) du Code général des impôts :

« Le droit à déduction prend naissance lorsque la taxe déductible devient exigible chez le redevable ».

En clair, la TVA est déductible chez le client lorsqu'elle est exigible chez le fournisseur. Le lien qui unit la TVA déductible et la TVA exigible peut entraîner un traitement dissymétrique dans le traitement comptable chez le client et chez le fournisseur puisque nous avons vu que pour ce dernier c'est le fait générateur qui prédomine en comptabilité (V. *supra*, n° 195). Une telle conséquence peut et doit être évitée (1°). Le même lien explique que le montant de taxe déductible chez l'un doive correspondre au montant exigible chez l'autre. Mais si les conditions du droit à déduction ne sont plus remplies, il conviendra de procéder à des régularisations de TVA chez le client uniquement (2°).

1° Le traitement comptable de la TVA déductible

204. – Déduction de la TVA sur les livraisons de biens. Chez le preneur, la comptabilisation de la TVA est symétrique à celle qui est enregistrée chez le fournisseur. Il peut en outre réunir sur sa tête les deux qualités (hypothèses « d'autoliquidation de taxe »).

• *Dans le cas général*, après avoir enregistré la vente (HT) dans un compte n° 60 « Achat », il convient de porter le montant de la TVA au compte de créance fiscale n° 4456 « Taxes sur le chiffre d'affaires déductibles ». Pour des raisons qui tiennent aux régularisations de TVA (V. *infra*, nos 206 et s.), il est nécessaire de distinguer entre la TVA sur les immobilisations (compte n° 44562) et la TVA sur les autres biens et services (compte n° 44566). Le montant TTC de l'opération d'achat est ensuite porté au compte de dette n° 4011 « Fournisseur, achat de biens et prestations de services ». Ces écritures sont passées lorsque la taxe devient exigible chez le fournisseur, c'est-à-dire lors de la livraison. Si la facture n'a pas été établie avant la fin de l'exercice, le comptable doit passer une écriture de régularisation (« Charges à payer ») qui devrait comporter de la TVA « déductible » puisque le fait générateur s'est produit, mais la pratique comptable semble différente (V. *infra*, n° 335). Si le preneur a versé des acomptes, ces derniers ne comportent pas de TVA ; ils sont portés au débit du compte de créance n° 4091

« Fournisseur, avances et acomptes versés sur commande » (par le crédit d'un compte de trésorerie).

• *Dans les cas « d'autoliquidation » de taxe*, c'est le preneur qui collecte la TVA dont il est également débiteur. Bien que l'opération soit fiscalement neutre pour l'entreprise (pour autant naturellement que son droit à déduction soit total), elle doit tout de même figurer sur sa déclaration de TVA n° CA3[15]. En comptabilité, l'opération sera portée dans un sous-compte du compte n° 4456 et du compte n° 4457. Ce régime s'applique notamment aux « acquisitions intracommunautaires » de biens ; le client français doit déclarer et récupérer en même temps la TVA qui frappe ces opérations. Dans leur cas, en principe, les écritures seront portées dans un sous-compte du compte n° 4456 « TVA déductible communautaire » et dans le compte n° 4452 « TVA due communautaire », au moment de la livraison des biens en France[16].

205. - Déduction de la TVA sur les prestations de services. Dans la mesure où la déductibilité de la taxe chez le client est liée à son exigibilité chez le fournisseur et que ces deux événements ne coïncident pas lorsqu'il s'agit de prestations de services, il y a un risque de dissymétrie dans le traitement comptable chez l'une et l'autre partie au contrat. En effet, le Code général des impôts ne règle pas directement le problème du fait générateur de la créance de TVA chez le client ; le risque est alors de comptabiliser en TVA déductible chez le client (parce que la prestation est achevée) une taxe qui ne l'a pas encore été chez le prestataire (si le paiement n'a pas encore eu lieu). C'est la raison pour laquelle il est habituellement conseillé au preneur de ne faire figurer la TVA due dans le compte de TVA déductible que lorsque le paiement a eu lieu[17]. *Ce n'est pas notre position*. Comme le compte de « TVA collectée » est un compte de dette, le compte de « TVA déductible » est un compte de créance ; il devrait être mouvementé dès que la créance fiscale apparaît, c'est-à-dire au jour de l'achèvement de la prestation (fait générateur de la taxe). À l'image de l'exigibilité à laquelle elle est liée, la déductibilité est une notion qui concerne l'extinction de la créance et non son existence. D'ailleurs, en pratique, les entreprises peuvent utiliser un compte d'attente qui enregistrera la créance fiscale et qui sera soldé au fur et à mesure de la réception des paiements[18].

Exemple

Reprenons l'exemple du n° 202, mais en se plaçant cette fois du côté du client. En outre, la facture n'est réglée qu'un mois après la prestation (soit le 30 juin).

N° DU COMPTE	LIBELLÉ DU COMPTE	DÉBIT	CRÉDIT
	01/05		
4091	Fournisseurs, acomptes versés	600 €	

(15) À défaut, le contribuable s'expose à une amende égale à 5 % de la somme déductible (CGI, art. 1788 A, 4), non déductible fiscalement (CGI, art. 39, 2). Toutefois, cette amende ne s'appliquera pas si le contribuable a déposé une déclaration rectificative avant toute action de l'administration (RES n° 2009/45, 2 juin 2009).

(16) Si la facture est libellée en devises, c'est à ce moment qu'il faut se placer pour effectuer la conversion en euros (CGI, art. 266-1 bis). Les comptes sont en effet obligatoirement tenus en euros (C. com., art. L. 123-22).

(17) V. *Mémento Lefebvre Comptable*, *op. cit.*, n° 46790.

(18) V. *Mémento Lefebvre Comptable*, *op. cit.*, n° 46790.

N° DU COMPTE	LIBELLÉ DU COMPTE	DÉBIT	CRÉDIT
512	Banque		600 €
44551	TVA à décaisser	100 €	
4458 (1)	TVA « versée en avance »		100 €
	30/05		
604	Achats de prestations de services	5 000 €	
4456	TVA déductible	1 000 €	
4011	Fournisseurs, prestations de services		6 000 €
4011	Fournisseur, prestations de services	600 €	
4091	Fournisseurs, acomptes versés		600 €
	30/06		
4011	Fournisseurs, prestations de services	5 400 €	
512	Banque		5 400 €
4458 (1)	TVA « versée en avance »	100 €	
4456	TVA déductible		100 €

(1) Il n'existe pas dans le Plan comptable général de compte symétrique au n° 44584 « TVA récupérée d'avance ».

2° Les régularisations de TVA déductible

206. – La déduction de TVA dépend du coefficient applicable à l'entreprise. Une entreprise ne peut déduire intégralement la TVA qui lui a été facturée que si elle est entièrement assujettie à la taxe, qu'elle n'en est pas exonérée et que la dépense ouvre droit à déduction. À défaut, la déduction ne peut être que partielle ou nulle. Ainsi, la proportion de TVA que peut déduire une entreprise dépend de son « coefficient de déduction ». Il est égal au produit des trois coefficients suivants : le coefficient d'assujettissement (cas des assujettis partiels), le coefficient de taxation (cas des redevables partiels), et le coefficient d'admission (cas des exclusions du droit à déduction). En principe, les entreprises doivent, pour chaque opération, calculer le coefficient qui leur permettra de connaître le droit à déduction.

207. – Une déduction de TVA n'est jamais vraiment définitive. Il se peut que les entreprises aient trop ou pas assez déduit de TVA ; dans le premier cas, elles doivent reverser une fraction de la taxe initialement déduite, alors que dans le second cas, elles ont droit à une déduction complémentaire. Ces situations sont dénommées « régularisations de TVA ». Elles sont d'abord nécessaires au cas de variation dans le temps des coefficients de déduction (*a*). En outre, puisque les entreprises ne peuvent déduire la TVA que « dans la mesure où les biens et les services sont utilisés pour les besoins de leurs opérations imposables, et à la condition que ces opérations ouvrent droit à déduction… » (CGI, art. 271, II, 1, al. 1er), une régularisation sera nécessaire chaque fois que la condition d'affectation a évolué (*b*).

a) Les régularisations au cas de variation des coefficients de déduction

208. - Écart entre les coefficients provisoires et définitifs. Les coefficients définitifs doivent être arrêtés pour le 25 avril de l'année qui suit celle au titre de laquelle l'entreprise a pratiqué des déductions de TVA (nécessairement sur la base d'un coefficient provisoire). Si le coefficient appliqué ne correspond pas à celui qui aurait dû l'être, l'entreprise doit modifier ses comptes afin de faire apparaître son nouveau droit à déduction. De quelle manière ?

Lorsque la déduction porte sur des immobilisations, la régularisation affecte leur valeur d'inscription à l'actif, puisque le coût pour l'entreprise n'est plus le même (CGI, ann. II, art. 209, II). En comptabilité, il convient de modifier le compte d'immobilisation[19] par le débit du compte n° 4456 « TVA déductible » (cas d'une déduction complémentaire de TVA) ou le crédit du compte n° 4457 « TVA collectée » (cas d'un reversement de TVA).

Lorsque la déduction porte sur des biens autres que des immobilisations et des services, la déduction complémentaire et le reversement de TVA sont portés au compte de résultat : crédit d'un compte de produit exceptionnel n° 7788, « Produits exceptionnels divers » et débit d'un compte n° 6788 « Charges exceptionnelles diverses ». Les comptes de « TVA collectée » et de « TVA déductible » sont mouvementés ainsi qu'il est dit ci-dessus.

209. - Variation du coefficient définitif : régularisations « annuelles ». Elles ne concernent que les immobilisations. Elles sont nécessaires si, au titre d'une année, le bien n'a pas été utilisé conformément aux éléments qui lui avaient permis de bénéficier d'une certaine proportion de droits à déduction. Autrement dit, le coefficient de déduction a varié.

La règle est simple : si, au cours de la période de régularisation (vingt ans pour les immeubles, cinq ans pour les autres immobilisations), le produit du coefficient d'assujettissement et du coefficient de taxation varie de plus ou moins dix points par rapport au coefficient de référence, la régularisation est égale au 1/5e ou au 1/20e de la différence résultant de l'application successive de l'ancien et du nouveau coefficient, et ce au titre de chacune des années pour lesquelles les conditions de la régularisation annuelle sont remplies.

La régularisation (positive ou négative) doit intervenir avant le 25 avril de l'année suivante (en pratique, elle figurera sur une ligne distincte de la déclaration n° CA3).

Au plan comptable, l'écart de TVA déductible ne devrait pas entraîner la modification du coût d'entrée de l'immobilisation (celui-ci étant fixé dès le coefficient définitif), mais être enregistré au compte de résultat[20]. Si la variation est positive, la déduction complémentaire est portée au crédit du compte de produits exceptionnels n° 7788, « Produits exceptionnels divers » (par le débit du compte n° 4456 « TVA déductible »). Si la variation est négative, le reversement constitue une charge exceptionnelle qui sera portée au débit du compte n° 6788 « Charges exceptionnelles diverses » (par le crédit du compte n° 4457 « TVA collectée »).

Au plan fiscal, les régularisations de TVA entraîneront une modification de la valeur d'inscription de l'immobilisation (CGI, ann. II, art. 209, II, préc.) et ne sont pas portées

(19) Toutefois, il est admis que l'écart de TVA déductible puisse être porté au compte de résultat (pertes ou produits exceptionnels) lorsqu'il n'excède pas 5 points (*BOFiP*, BOI-TVA-DED-20-10-40, n° 10).

(20) En ce sens, *Mémento Lefebvre Comptable*, *op. cit.*, n° 26785.

au compte de résultat. Toutefois, l'administration fiscale tolère le traitement comptable[21].

b) Les régularisations au cas de variation dans l'affectation de la dépense

210. – Cas des immobilisations : régularisations « globales ». Elles sont nécessaires lorsque, au cours de la période de régularisation (V. *supra*, n° 209), l'affectation de l'immobilisation a évolué de telle sorte que la déduction de la TVA pour les années à venir sera forcément différente. Ces régularisations sont dites « globales » parce qu'elles constituent la somme des régularisations annuelles qui devraient intervenir jusqu'au terme de la période de régularisation s'il était possible d'étaler ces régularisations annuelles jusque-là.

Les principales hypothèses de régularisation « globale » sont les suivantes : 1) cessions ou apports de biens non soumis à la TVA sur le prix total, ou transferts entre secteurs d'activités (la régularisation prendra la forme d'un reversement de TVA) ; 2) cessions ou apports de biens soumis à la TVA alors qu'ils n'avaient pas fait l'objet d'une déduction totale lors de leur acquisition (la régularisation prendra la forme d'une déduction complémentaire de TVA) ; 3) biens désormais utilisés pour des opérations ouvrant droit à déduction (ils ouvrent droit à une déduction complémentaire de TVA) ; 4) biens qui cessent d'être utilisés pour des opérations ouvrant droit à déduction (ils donnent lieu à un reversement de TVA).

En ce qui concerne le traitement comptable et fiscal, ni les autorités comptables ni l'administration fiscale ne se sont exprimées. Il paraît difficile de transposer les solutions retenues pour les régularisations annuelles (V. *supra*, n° 209)[22]. La solution la plus pragmatique consisterait alors à faire prévaloir la position fiscale et modifier le coût d'entrée de l'immobilisation dans le bilan (CGI, ann. II, art. 209, II, préc.), ce qui au demeurant présenterait l'avantage de maintenir la connexion entre la fiscalité et la comptabilité[23].

211. – Cas des autres biens et des services. Contrairement aux régularisations « globales » sur immobilisations, les régularisations sur les autres biens et les services ne sont pas affectées par la date à laquelle survient l'événement qui les fonde. Au cas de reversement, celui-ci doit être opéré avant le 25 du mois suivant l'événement en question (en pratique, il figurera sur une ligne distincte de la déclaration n° CA3 du mois durant lequel l'événement s'est produit).

Les hypothèses de régularisation sont les suivantes : 1) biens devenant utilisés pour des opérations ouvrant droit à déduction (hypothèse d'un complément de déduction) ; 2) biens ou services utilisés pour une opération n'ouvrant pas droit à déduction (cas d'un reversement de TVA) ; 3) disparition[24] de marchandises (hypothèse d'un reversement de TVA).

En comptabilité, la déduction complémentaire ou le reversement de TVA sera porté au compte de résultat. À cet effet, on peut utiliser les comptes de produits exceptionnels n° 7788 ou de charges exceptionnelles n° 6788. En contrepartie, il est possible

(21) *BOFiP*, BOI-BIC-CHG-40-30, n°s 190 et 210.

(22) D'une part, parce qu'il n'y pas de tolérance fiscale et, d'autre part, parce qu'à la différence des régularisations annuelles, les régularisations globales affectent pour l'avenir le coût d'entrée du bien au bilan.

(23) En ce sens, *Mémento Lefebvre Comptable*, *op. cit.*, n° 26785.

(24) Il s'agit d'une disparition injustifiée de marchandises, ce qui exclut les cas de perte, vol ou destruction (CE, 23 févr. 2000, n° 174240, *SA Le Club français du Livre : Dr. fisc.* 2000, n° 25, comm. 507).

d'utiliser les comptes de tiers habituels (« TVA collectée » et « TVA déductible »), ce qui permet de maintenir le lien entre la comptabilité et la déclaration de TVA n° CA3 (il est également possible d'utiliser les comptes n° 4486 « État, charges à payer » et n° 4487 « État, produits à recevoir »).

C. – La déclaration de chiffre d'affaires

212. – Régimes d'imposition. Selon le niveau de chiffre d'affaires, et aussi en fonction des options choisies (il est possible d'opter pour un régime supérieur), les entreprises relèvent du régime de la « franchise en base »[25] ou bien du régime « réel normal » ou « simplifié » d'imposition[26]. Si l'on met de côté le régime de la franchise en base qui se caractérise par une exonération de TVA (CGI, art. 293 B), les entreprises liquident leur TVA périodiquement dans le régime du « réel normal » (1°), ou s'en acquittent au moyen d'acomptes dans le régime du « réel simplifié » (2°).

À noter : Le législateur[27] a découplé le régime « micro-BIC » et de la « franchise en base TVA » ; un entrepreneur peut opter pour la TVA et rester dans le régime des micro-entreprises pour la détermination de son bénéfice imposable.

1° Réel normal d'imposition

213. – Liquidation de la TVA. Tous les mois, en principe[28], les entreprises doivent procéder aux opérations de liquidation de la TVA (imprimé n° CA3), en faisant la différence entre la TVA collectée (comptes n° 4457 et n° 4452) et la TVA déductible (comptes n° 44562 et n° 44566). Le solde de chacun de ces comptes sera ensuite reporté dans le compte n° 44551 « TVA à décaisser » qui marque la position de l'entreprise vis-à-vis du Trésor public : un solde créditeur exprime une dette fiscale et un solde débiteur une créance fiscale. Bien entendu, ce solde doit correspondre à celui qui figure dans la déclaration de chiffre d'affaires[29].

214. – Traitement du solde. Si l'entreprise a collecté plus de TVA qu'elle n'en a payée, elle est en situation de « débit de taxe ». Elle débitera le compte TVA à décaisser par le crédit d'un compte financier. Dans l'hypothèse inverse, elle est en situation de

(25) Ce régime concerne les entreprises dont le chiffre d'affaires de l'année civile précédente n'excède pas 91 900 € par an (entreprises dont le commerce principal est de vendre des marchandises, objets, fournitures et denrées à emporter ou à consommer sur place, ou de fournir le logement), ou 36 800 € par an (autres prestations de services). *Seuils 2023 à 2025.* À noter : Le projet de loi de finances pour 2024 prévoit la transposition de la directive (UE) 2020/285 du 18 février 2020 sur le régime particulier de TVA des petites entreprises, qui modifie le régime de la franchise de TVA à compter du 1er janvier 2025 (projet de loi de finances pour 2024 n° 1680, art. 10).

(26) Les entreprises soumises au régime du réel simplifié sont celles dont le chiffre d'affaires de l'année civile précédant l'exercice comptable est compris entre 91 900 € HT et 840 000 € (entreprises dont le commerce principal est de vendre des marchandises, objets, fournitures et denrées à emporter ou à consommer sur place, ou de fournir le logement), ou 36 800 € et 254 000 € (autres prestations de services). *Seuils 2023 à 2025.* Les entreprises dont le chiffre d'affaires excède ces limites sont soumises au régime réel normal d'imposition (les autres peuvent opter).

(27) L. fin. 2018, n° 2017-1837, 30 déc. 2017, art. 22.

(28) Tous les trimestres si la taxe exigible annuellement est inférieure à 4 000 €. Le seuil de 4 000 € s'apprécie au début de chaque trimestre par rapport au montant total de la taxe exigible les quatre trimestres civils précédents (CE, 17 oct. 2022, n° 458767, *Sté La Lavandière : Dr. fisc.* 2023, n° 10, comm. 121, concl. C. Guibé, note É. Pruvost).

(29) En réalité, compte tenu des règles d'arrondi dans le calcul de la TVA, il se peut qu'il y ait un écart. Cette différence sera portée dans un compte nos 658 ou 758 de charges ou de produits divers de gestion courante.

« crédit de taxe ». Conformément aux règles fiscales, deux hypothèses sont alors envisageables : l'entreprise peut en demander le remboursement au Trésor public (elle soldera le compte n° 44551, par le débit du compte n° 44583 « Remboursement de taxes sur le chiffre d'affaires demandé »)[30], mais elle peut également le reporter sur la déclaration de chiffre d'affaires suivante (elle soldera le compte n° 44551 par le débit du compte n° 44567 « Crédit de TVA à reporter »).

Exemple

Poursuivons l'exemple du n° 205.
Il s'agit de faire la déclaration de TVA du mois de juin.
Reste déductible au titre du mois de juin : 1 000 € – 100 € = 900 €.
On suppose que l'entreprise a collecté 2 000 € de TVA exigible en juin.

N° DU COMPTE	LIBELLÉ DU COMPTE	DÉBIT	CRÉDIT
4457	TVA collectée	2 000 €	
44551	TVA à décaisser		2 000 €
44551	TVA à décaisser	900 €	
4456	TVA déductible		900 €
44551	TVA à décaisser	1 100 €	
512	Banque		1 100 €

2° Régime simplifié d'imposition

215. – Règles fiscales. Les entreprises soumises au régime du réel simplifié d'imposition déposent une *déclaration annuelle de TVA n° CA 12* (CA 12 « E » si l'exercice comptable n'est pas calqué sur l'année civile). Cette déclaration détermine à la fois la taxe due au titre de l'exercice écoulé et le montant des acomptes à valoir sur la TVA due au titre de l'exercice en cours. Depuis le 1er janvier 2015[31], les entreprises dont le chiffre d'affaires n'excède pas les limites du régime simplifié d'imposition (V. *supra*, n° 212), mais dont le montant de TVA exigible au titre de l'année précédente dépasse 15 000 €, sont soumises au régime réel normal de TVA (elles doivent donc déclarer et payer la TVA tous les mois). Celles dont le montant de TVA exigible n'excède pas 15 000 € restent soumises au régime simplifié, mais ce dernier est modifié de telle sorte que les entreprises concernées ne sont plus astreintes qu'au versement de deux acomptes (au lieu de trois), en juillet et décembre, respectivement égal à 55 % et 40 % de la taxe due au titre de l'exercice précédent (hors TVA sur immobilisations).

216. – Règles comptables. Le mécanisme particulier lié au versement d'acomptes nécessite que soit distinguée la situation de l'entreprise en cours d'exercice et à l'issue de l'exercice.

• *En cours d'exercice*, les entreprises accumulent la TVA collectée et la TVA déductible sans la liquider. Chaque trimestre, elles portent leurs acomptes dans un compte

(30) Le remboursement est en principe annuel (si le crédit est au moins égal à 150 €), mais les entreprises qui déposent une déclaration mensuelle ou trimestrielle de TVA peuvent en obtenir le remboursement selon cette périodicité (si le montant est au moins égal à 760 €). Depuis le 1er janvier 2014, ce régime est également applicable aux entreprises qui réalisent des opérations relevant du commerce extérieur (D. n° 2013-1035, 15 nov. 2013). Le remboursement est demandé sur un imprimé n° 3519.

(31) L. fin. rect. 2013, n° 2013-1279, 29 déc. 2013, art. 20.

de créance n° 44581 « Acomptes, régime simplifié d'imposition », par le crédit d'un compte financier.

• *À l'issue de l'exercice*, il conviendra de liquider la TVA comme il est précisé dans le régime du réel normal d'imposition (V. *supra*, n° 213). Il conviendra également de solder le compte provisoire d'acomptes de TVA n° 44581, par le débit du compte de TVA à décaisser n° 44551. Puis, selon que ce compte est débiteur ou créditeur, c'est-à-dire finalement si l'entreprise a payé trop ou pas assez d'acomptes, elle pourra obtenir le remboursement (ou l'imputation) du trop versé de TVA, ou devra payer un complément de TVA (V. *supra*, n° 214).

§ 2. – Les impôts qui sont des charges : les autres impôts

217. – **Imputabilité.** Conformément au principe de spécialité des exercices comptables, les impôts doivent être comptabilisés au titre de l'exercice au cours duquel le fait générateur s'est produit. Si la question du fait générateur d'un impôt est du ressort des fiscalistes, elle n'est que la traduction dans le domaine particulier de la fiscalité des principes de la comptabilité d'engagement. *En comptabilité*, la question se pose de savoir si la charge doit être comptabilisée au titre de l'exercice au cours duquel l'impôt devient exigible (« fait générateur fiscal »), ou au titre de l'exercice de constitution de la base de calcul (en principe, en tant que « frais à payer »). La première solution ayant, *a priori*, pour effet de décaler la déduction de l'impôt et de ne pas permettre son étalement s'agissant des exercices qui ne sont pas calqués sur l'année civile[32]. En pratique, faute de prise de position de l'ANC[33], les solutions varient selon les impôts (V. les § suivants). *En fiscalité*, l'article 39-1, 4° du Code général des impôts énonce que seuls sont déductibles « les impôts à la charge des entreprises, mis en recouvrement au cours de l'exercice »[34]. L'administration fiscale a précisé comme suit la portée de cette disposition[35] :

– les impôts sont déductibles du résultat fiscal de l'exercice au cours duquel ils ont été mis en recouvrement, même s'ils ne sont payés qu'après la clôture dudit exercice ;

– les impôts qui ne font pas l'objet d'un rôle doivent être enregistrés au titre de l'exercice au cours duquel ils présentent le caractère d'une dette certaine dans son principe et déterminée dans son montant, même s'ils ne sont effectivement payés qu'au cours de l'exercice suivant ;

– il est admis la comptabilisation d'une « provision pour impôts » si l'impôt présente un caractère permanent et qu'il est dû à raison de faits survenus au cours de l'exercice.

218. – **Comptabilisation.** Les impôts sont portés dans la subdivision appropriée du compte de charges n° 63 « Impôts, taxes et versements assimilés », à l'exception notable de l'impôt sur les bénéfices (IS) qui devra figurer dans un compte n° 695, et des droits de mutation qui peuvent être immobilisés avec l'actif qui a été acquis (V. *infra*, n° 413). Les rectifications fiscales seront quant à elles inscrites dans un compte de charges

(32) V. *Mémento Lefebvre Comptable*, *op. cit.*, n° 16240.

(33) Dans les comptes consolidés établis selon les normes IFRS, c'est le « fait générateur fiscal » qui est retenu (interprétation IFRIC 21 publiée le 21 mai 2013 par l'IASB).

(34) Pour une illustration récente, V. CE, 14 avr. 2023, n° 459464, *Sté R2L Constructions venant aux droits de la société LSA 57 : Dr. fisc.* 2023, n° 27, comm. 234, concl. É. Bokdam-Tognetti, note J.-L. Bédier (taxe d'aménagement).

(35) *BOFiP*, BOI-BIC-CHG-40-30, n° 40.

exceptionnelles n° 67. En pratique, il faudra également tenir compte des modalités de paiement propres à chaque impôt :

– *les impôts peuvent être payés à titre définitif* (A). C'est la situation la plus simple, mais également la plus rare ; l'entreprise ne paye l'impôt que lorsque celui-ci a été calculé ;

– *les impôts peuvent être payés au moyen d'acomptes* (B). C'est la situation la plus fréquente ; l'entreprise doit s'acquitter de sa dette avant même de la connaître. Les acomptes sont calculés par référence à la période antérieure et font ensuite l'objet d'une régularisation ;

– *les impôts peuvent être payés au moyen de crédits d'impôt* (C). Il s'agit de créances fiscales qui sont accordées par la loi fiscale à certaines entreprises. En pratique, les crédits d'impôt s'imputent d'abord sur l'IS, puis, au cas d'excédent, sont remboursés par le Trésor public ;

– *les impôts peuvent être payés au moyen de versements libératoires* (D). Ici, l'entreprise s'acquitte de son obligation légale non pas en impôt à l'État, mais au moyen d'une subvention versée à un tiers. La charge figurera néanmoins dans une subdivision du compte n° 63.

A. – Les impôts payés à titre définitif

219. – Taxe sur les véhicules de sociétés (jusqu'en 2021). Il s'agit d'une taxe très ancienne qui vise à imposer les véhicules de tourisme non spécifiques[36] utilisés par les sociétés en France ou qu'elles possèdent et qui sont immatriculés en France (CGI, art. 1010 et s.)[37]. Elle est liquidée par trimestre civil sur une période allant du 1er octobre au 30 septembre de l'année suivante (CGI, ann. II, art. 310 E). Elle est due, à hauteur du quart de son montant, pour chaque véhicule possédé ou utilisé au premier jour du trimestre considéré (CGI, ann. III, art. 406 bis). La déclaration et le paiement de la taxe se font dans les deux mois suivant la période annuelle.

La charge fiscale est enregistrée au débit du compte n° 63514 « Taxe sur les voitures des sociétés » (par le crédit du compte Banque). Toutefois, la liquidation de la taxe par trimestre devrait impliquer son rattachement à un exercice dans cette mesure et selon cette périodicité (principe de spécialité des exercices). Aussi, les sociétés qui clôturent leurs comptes à une date différente du 30 septembre doivent comptabiliser une charge à payer (compte n° 448 « État, charges à payer ») au titre du ou des derniers trimestres de l'exercice.

Toutefois, à compter du 1er janvier 2018, la période d'imposition est alignée sur l'année civile (mais la liquidation par trimestre civil n'est pas modifiée). À compter de cette même date, la déclaration spéciale de la taxe est supprimée ; les obligations des entreprises dépendent désormais de leur statut au regard de la TVA.

(36) Les véhicules de tourisme constituent une catégorie fiscale parfaitement identifiée (L. fin. 2011, n° 2010-1657, 29 déc. 2010, art. 24). Il s'agit des véhicules classés dans la catégorie des véhicules particuliers par la réglementation communautaire (familiales, commerciales, break…), et des véhicules à usages multiples qui peuvent également servir à transporter des voyageurs et leurs bagages ou leurs biens.

(37) Les critères de la possession et de l'utilisation sont alternatifs. Un véhicule est possédé par une société dès lors qu'elle en est propriétaire ou locataire ; peu importe son utilisation. Il est utilisé par la société lorsqu'il est possédé par un dirigeant ou un salarié, mais que celui-ci s'en sert dans le cadre de son activité professionnelle.

Au plan fiscal, la taxe sur les véhicules de sociétés n'est pas déductible des résultats des sociétés soumises à l'IS (CGI, art. 1010). Elle devra donc être réintégrée extra-comptablement (tableau n° 2058-A-SD, ligne WG). Pour les sociétés qui ne sont pas soumises à l'IS, la taxe est déductible selon les modalités exprimées au paragraphe précédent.

Le montant de la taxe sur les véhicules de tourisme tient désormais pleinement compte de leur caractère polluant[38]. La loi fixe un tarif par gramme de dioxyde de carbone rejeté (véhicules acquis après le 1er janvier 2006 et mis en circulation après le 1er juin 2004)[39].

Cette première composante de la taxe liée au caractère polluant du véhicule doit être complétée par une seconde composante qui est liée au type de carburant utilisé ; essence ou diesel (périodes d'imposition s'ouvrant le 1er octobre 2013)[40].

À partir de 2022, la taxe sur les véhicules de sociétés est remplacée par deux taxes reprenant chacune la première et la seconde composante (V. *infra*, n° 220).

PREMIÈRE COMPOSANTE (1)	
DIOXYDE DE CARBONE ÉMIS (G/KM)	*TARIF (€/G)*
Inférieur ou égal à 50	0
Supérieur à 50 et inférieur ou égal à 100	2
Supérieur à 100 et inférieur ou égal à 120	4
Supérieur à 120 et inférieur ou égal à 140	5,5
Supérieur à 140 et inférieur ou égal à 160	11,5
Supérieur à 160 et inférieur ou égal à 200	18
Supérieur à 200 et inférieur ou égal à 250	21,5
Supérieur à 250	27

(1) ***Pour l'année 2021***, ce tarif n'est plus déterminé par tranches mais selon le nombre exact de grammes de CO2 par kilomètre émis par le véhicule : de 17 € pour un véhicule émettant 21 g/Km de CO2, à 7 747 € pour un véhicule émettant 269 g/Km de CO2 (L. n° 2020-1721, 29 déc. 2020, art. 55). À partir de 270 g/Km, le tarif est de 29 € par gramme/Km de CO2.

SECONDE COMPOSANTE		
ANNÉE DE PREMIÈRE MISE EN CIRCULATION DU VÉHICULE	*ESSENCE ET ASSIMILÉ (€/VÉHICULE)*	*DIESEL ET ASSIMILÉ (€/VÉHICULE)*
Jusqu'au 31 décembre 2000	70	600
De 2001 à 2005	45	400
De 2006 à 2010	45	300
De 2011 à 2014	45	100
À compter de 2015	20	40

(38) L. fin. 2006, n° 2005-1719, 30 déc. 2005, art. 14.
(39) Les autres font l'objet d'un barème spécifique, en fonction de leur puissance fiscale (CGI, art. 1010).
(40) L. fin. 2014, n° 2013-1278, 29 déc. 2013, art. 30.

220. – Nouvelles taxes sur les véhicules de tourisme affectés à des fins économiques (à partir de 2022). La taxe sur les véhicules de société (TVS) est remplacée par deux nouvelles taxes reprenant les première et seconde composantes de l'ancienne TVS : *1/ la taxe sur les émissions de CO2 et 2/ la taxe relative à l'ancienneté du véhicule* (CIBS[41], art. L. 421-93 et s.)[42].

Le fait générateur de ces taxes est constitué par l'utilisation des véhicules en France pour les besoins de la réalisation des activités économiques du redevable.

Le redevable des taxes est *l'utilisateur* du véhicule : soit le propriétaire, soit le preneur lorsque le véhicule fait l'objet d'une location longue durée, soit la personne qui dispose du véhicule autrement que dans le cadre d'une location longue durée, soit l'entreprise qui prend en charge les frais qu'une personne physique a engagés pour l'acquisition ou l'utilisation du véhicule (CIBS, art. L. 421-98).

Les véhicules taxés sont les véhicules de tourisme définis à l'article L. 421-2 du CIBS : 1/ les véhicules de la catégorie M1, à l'exception des véhicules à usage spécial qui ne sont pas accessibles en fauteuil roulant ; 2/ les véhicules des catégories N1 de la carrosserie « Camion pick-up » comprenant au moins cinq places, à l'exception de ceux qui sont exclusivement utilisés pour l'exploitation des remontées mécaniques et des domaines skiables, dans des conditions définies par voie réglementaire ; 3/ les véhicules à usages multiples de la catégorie N1 qui sont destinés au transport de voyageurs et de leurs bagages ou de leurs biens.

Les véhicules exonérés sont principalement les suivants : les véhicules accessibles en fauteuil roulant ; les véhicules pris en location par le redevable sur une période d'au plus un mois civil, ou trente jours consécutifs ; les véhicules utilisés pour le transport public de personnes ; les véhicules utilisés pour les besoins des activités agricoles ou forestières ; les véhicules utilisés pour l'enseignement de la conduite ou pour l'enseignement du pilotage ou les compétitions sportives ; les véhicules utilisés par les personnes exerçant leur activité en tant qu'entrepreneur individuel ou sous le régime de l'EIRL ; les véhicules dont la source d'énergie est exclusivement l'électricité, l'hydrogène ou une combinaison des deux.

Le montant des deux taxes est calculé en appliquant un tarif tenant compte de la *proportion annuelle d'utilisation du véhicule* (CIBS, art. L. 421-107 et s.). Les tarifs des taxes sont fixés selon les mêmes modalités que les première (barème 2021 dans son cas) et seconde composante de l'ancienne TVS (V. *supra*, n° 219). Quant à la proportion annuelle d'utilisation du véhicule, elle est établie au moyen de la formule : *nombre de jours où le redevable est utilisateur du véhicule / nombre de jours de l'année*, mais le redevable peut opter pour un calcul forfaitaire de la proportion annuelle d'utilisation sur une base trimestrielle.

Comme la TVS, les taxes annuelles sur les véhicules de tourisme ne sont pas fiscalement déductibles lorsqu'elles sont dues par des personnes morales passibles de l'IS (CGI, art. 213). Il convient donc de les réintégrer extra-comptablement.

Pour chacune des taxes dont elle est redevable, l'entreprise doit tenir un état récapitulatif annuel des véhicules qu'elle affecte à son activité (CIBS, art. L. 421-164).

(41) V. Ord. n° 2021-1843, 22 déc. 2021 portant partie législative du nouveau code des impositions sur les biens et services et transposant diverses normes du droit de l'Union européenne.

(42) L. fin. 2021, n° 2020-1721, 29 déc. 2020, art. 55. Une nouvelle « taxe à l'essieu » frappant les véhicules dont le PTAC est d'au moins 12 tonnes est par ailleurs créée en remplacement de la taxe spéciale sur certains véhicules routiers (TSVR) jusque-là régie par le Code des douanes.

Les taxes sont déclarées et liquidées selon des modalités à fixer par décret.

B. – Les impôts payés au moyen d'acomptes

221. - Nature des acomptes. Au plan juridique, les acomptes constituent une partie du prix payé en avance par le débiteur (généralement à la commande). Au plan comptable, les acomptes versés ne peuvent pas être portés dans un compte de charges parce que le fait générateur de l'écriture comptable (la livraison ou la prestation) ne s'est pas encore produit. Dès lors, jusqu'à la facturation, les acomptes figurent dans un compte de créance chez le client « Fournisseur débiteur » (et dans un compte de dette chez le fournisseur « Client créditeur »). En matière fiscale, les acomptes sont portés au débit du compte « État et autres collectivités publiques », qu'il s'agisse des acomptes d'IS (1°) ou des acomptes de CET (2°).

1° Les acomptes d'impôt sur les sociétés

222. - Domaine. L'impôt sur les sociétés est, en quelque sorte, l'impôt de droit commun sur les bénéfices des personnes morales privées ou publiques (CGI, art. 205). Il s'applique de plein droit aux sociétés de capitaux et sur option aux autres groupements à but lucratif.

• *Sont soumis à l'IS de plein droit les groupements dont les membres ne sont pas indéfiniment responsables des pertes sociales* (CGI, art. 206, 1). Ceci concerne les sociétés par actions (SA, SAS, SCA), les SARL (et les EURL dont l'associé unique est une personne morale), les sociétés coopératives (sauf les coopératives artisanales, maritimes ou de transport), ainsi que les établissements publics et les organismes de l'État jouissant d'une autonomie financière.

• *Sont également soumises à l'IS par détermination de la loi*, les sociétés civiles par la forme, mais ayant un objet commercial dans les faits (CGI, art. 206, 2), ainsi que les sociétés en commandite simple pour la part qui revient aux associés commanditaires et les sociétés de personnes dont l'identité n'a pas été révélée à l'administration fiscale (CGI, art. 206-4).

• *Les sociétés à risque illimité peuvent opter pour l'IS*, ainsi que les EURL dont l'associé unique est une personne physique (CGI, art. 206, 3).

• Les entrepreneurs individuels et les EIRL peuvent opter pour leur assimilation à une EURL (CGI, art. 1655 sexies, 1 et 2) ; ceci vaut option irrévocable pour l'IS (CGI, art. 1655 sexies, 3, al. 1). L'entreprise peut cependant renoncer à l'option pour l'IS dans les conditions mentionnées au troisième alinéa du 1 de l'article 239 (CGI, art. 16565 sexies, 3, al. 2).

• *Les groupements à but non lucratif* (associations, fondations…) ne sont soumis à l'IS que sur les résultats de leurs activités financières et leurs participations (CGI, art. 206, 1 *bis*).

• *Enfin, il existe de très nombreux cas d'exonération et de régimes particuliers*, aussi bien pour les groupements privés que pour les personnes publiques[43] (CGI, art. 207 et s.).

223. - Calcul. L'assiette de l'IS est calculée d'après les règles des bénéfices industriels et commerciaux (BIC) « en tenant compte uniquement des bénéfices réalisés dans les entreprises exploitées en France… ainsi que de ceux dont l'imposition est attribuée à

(43) L. Levoyer, *L'assujettissement des personnes publiques à l'impôt sur les sociétés* : *Dr. fisc.* 2006, n° 7, étude 6.

la France par une convention internationale relative aux doubles impositions » (CGI, art. 209, I). L'IS a longtemps été prélevé au taux de 50 % avant d'être progressivement ramené à 33 1/3 %, taux en vigueur depuis le 1er janvier 1993, puis 25 % à compter du 1er janvier 2022 (CGI, art. 219, I, préc.). Également, par l'effet des politiques fiscales et sociales, le poids de l'IS peut être modulé pour certains profits ou certaines sociétés. En pratique, la question se pose de savoir si les profits et les pertes issus de secteurs différents peuvent se compenser entre eux[44].

• La loi de finances pour 2017[45] avait dans un premier temps programmé une baisse de l'IS selon un échéancier qui devait permettre de ramener progressivement son taux de 33 1/3 % à 28 % à l'horizon 2020. La loi de finances pour 2018[46] modifie la trajectoire initialement votée en ramenant le taux de l'IS à 25 % à l'horizon 2022. Mais elle ne modifie pas le taux de l'IS qui avait été prévu pour les exercices ouverts en 2017 ; le taux de 33 1/3 % est ramené à 28 % pour les PME[47] pour la fraction des bénéfices inférieure à 75 000 €. En revanche, elle modifie les taux applicables aux exercices ouverts entre 2018 et 2022, selon l'échéancier suivant :

FRACTION DU BÉNÉFICE IMPOSABLE :	EXERCICE OUVERT EN :				
	2018	2019	2020	2021	2022
Inférieur à 500 000 €	28 %	28 %	28 %	26,5 %	25 %
Supérieure à 500 000 €	33 1/3 %	31 %			
NB : Le taux réduit de 15 % sur la fraction de bénéfice comprise entre 0 € et 38 120 € est maintenu pour les PME au sens de l'article 219, I, b du CGI (sur cette notion, V. plus bas).					

• Le législateur a ensuite retardé la baisse de l'IS pour les entreprises les plus importantes (celles dont le chiffre d'affaires est d'au moins 250 M€). La loi du 24 juillet 2019[48] a d'abord prévu que, pour les exercices ouverts en 2019, le taux d'IS applicable à la fraction des bénéfices qui excède 500 000 € serait de 33 1/3 % (et non de 31 %). La loi de finances pour 2020[49] a ensuite prévu que, pour les exercices ouverts en 2020, le taux d'IS applicable à la fraction des bénéfices supérieure à 500 000 € sera de 31 % (et non 28 %), alors que, pour les exercices ouverts en 2021, le taux d'IS applicable à la totalité du bénéfice sera de 27,5 % (et non 26,5 %).

(44) Le Conseil d'État semble y avoir répondu par l'affirmative lorsqu'il a jugé que, sauf disposition législative contraire (c'est le cas s'agissant des plus-values à long terme), lorsqu'une société réalise des bénéfices et des pertes soumis à des taux d'imposition différents, les produits et les charges sont fongibles (CE, 11 avr. 2018, nos 414489 et 414493 : *RJF* 7/18, n° 730). En l'espèce il est jugé que les plus-values latentes constatées par une SIIC en application de l'article 208 C ter du CGI sont imputables sur les déficits du secteur imposable de la SIIC.

(45) L. fin. 2017, n° 2016-1917, 29 déc. 2016, art. 11.

(46) L. fin. 2018, n° 2017-1837, 30 déc. 2018, art. 84.

(47) Il s'agit des PME au sens de la réglementation européenne : entreprises qui emploient moins de 250 salariés et dont le chiffre d'affaires n'excède pas 50 M€ ou dont le total du bilan est inférieur à 43 M€.

(48) L. n° 2019-759, de simplification du droit des sociétés, art. 4.

(49) L. fin. 2020, n° 2019-1479, 28 déc. 2019, art. 39.

Le tableau ci-après présente le résultat actuel de ces évolutions.

<table>
<tr><th rowspan="2">FRACTION DU BÉNÉFICE IMPOSABLE :</th><th colspan="5">EXERCICE OUVERT EN :</th></tr>
<tr><th>2018</th><th>2019</th><th>2020</th><th>2021</th><th>2022</th></tr>
<tr><td>Inférieur à 500 000 €</td><td>28 % (1)</td><td>28 % (1)</td><td>28 % (1)</td><td rowspan="2">26,5 % (1)
(4)</td><td rowspan="2">25 % (1)</td></tr>
<tr><td>Supérieure à 500 000 €</td><td>33 1/3 %</td><td>31 % (2)</td><td>28 % (3)</td></tr>
<tr><td colspan="6">(1) 15 % sur la fraction de bénéfice inférieure à 38 120 € pour les PME au sens de l'article 219, I, b du CGI (sur cette notion, V. plus bas).
(2) 33 1/3 % pour les entreprises dont le chiffre d'affaires est au moins égal à 250 M€.
(3) 31 % pour les entreprises dont le chiffre d'affaires est au moins égal à 250 M€.
(4) 27,5 % pour les entreprises dont le chiffre d'affaires est au moins égal à 250 M€.</td></tr>
</table>

• Les plus-values à long terme sur cession de titres de participation sont exonérées d'IS, moyennant la réintégration dans les bénéfices d'une quote-part de 12 % (CGI, art. 219, I, a). Sont concernés les titres détenus depuis au moins deux ans et qui sont considérés comme des titres de participation au plan comptable, ou qui ont été acquis en exécution d'une OPA ou d'une OPE par l'entreprise qui en est l'initiatrice, ou encore les actions ou titres qui bénéficient du régime des sociétés mères à condition de détenir au moins 5 % des droits de vote de la société émettrice, s'ils sont inscrits en comptabilité au compte titres de participation ou à une subdivision spéciale d'un autre compte de bilan de l'entreprise correspondant à leur qualification comptable (CGI, art. 219, I, a quinquies).

• *Les produits de la propriété industrielle sont imposés au taux de 10 %* (CGI, art. 238). Ce taux s'applique notamment aux cessions, concessions ou sous-concessions de brevets et de logiciels protégés par le droit d'auteur (V. *infra*, nos 740 et s.).

• *Les bénéfices des PME sont imposés au taux de 15 % dans la limite de 42 500 €*[50] *par période de douze mois* (CGI, art. 219, I, b). Ce taux de faveur est réservé aux sociétés dont le chiffre d'affaires[51] HT est inférieur à 10 M€[52] (hors produits exceptionnels et financiers) et dont le capital est entièrement libéré[53] et détenu pour 75 % au moins par des personnes physiques (ou par de telles PME)[54]. En dépit de la baisse progressive de l'IS entre 2018 et 2022 (L. fin. 2018 ; V. l'encadréci-dessus), le taux réduit de 15 % sur la fraction de bénéfice comprise entre 0 € et 38 120 € est maintenu pour les PME au sens de l'article 219, I, b préc.

• Les sociétés assujetties à l'IS autres que les PME mentionnées au paragraphe précédent sont astreintes au paiement d'une contribution sociale de 3,30 % (CGI, art. 235 ter ZC). Cette dernière est assise sur l'IS au taux plein ou au taux réduit, après imputation des déficits et des moins-values reportables, ainsi que des abattements

(50) Au lieu de 38 120 € (L. fin. 2023, n° 2022-1726, 30 déc. 2022, art. 37).

(51) Il s'agit du chiffre d'affaires réalisé en France (*BOFiP*, BOI-IS-LIQ-20-10, n° 40).

(52) À compter des exercices ouverts en 2021 (L. fin. 2021, n° 2020-1721, 29 déc. 2020, art. 19). Auparavant, la limite était fixée à 7,63 M€.

(53) Selon la cour de Marseille, la libération du capital s'entend de celle du capital proprement dit mais aussi de celle des primes d'émission qui y sont liées (CAA Marseille, 24 mars 2016, n° 14MA03389, *SARL Eygliers Dépannage : Dr. fisc.* 2016, n° 28, comm. 416). Solution qui s'écarte du droit comptable en ce qu'elle tend à assimiler les capitaux propres (dont fait partie la prime d'émission) et le capital social.

(54) Au cas de détention indirecte, par l'intermédiaire de plusieurs sociétés, la proportion de 75 % du capital détenu par des personnes physiques doit se vérifier dans chacune de ces sociétés et non pas globalement (TA Melun, 29 juin 2017, n° 1504632, *Sté Sireine Auto Fresnes : Dr. fisc.* 2018, n° 6, comm. 170).

généraux et d'un abattement spécifique de 763 000 €, mais avant imputation des réductions d'impôt et des crédits d'impôt.

• Les sociétés dont le chiffre d'affaires excède 250 M€[55] (hors produits financiers et plus-values) sont également tenues de s'acquitter, au titre des exercices clos à compter du 31 décembre 2011 et jusqu'au 30 décembre 2016[56], d'une contribution exceptionnelle de 10,7 %[57] (CGI, art. 235 ter ZAA). Les modalités de calcul de cette nouvelle contribution sont les mêmes que celles décrites pour la contribution sociale, sans l'abattement spécifique.

• Les sociétés soumises à l'IS de plein droit ou sur option, autres que les PME[58], sont astreintes au paiement d'une contribution additionnelle à l'IS de 3 % sur leurs revenus distribués (CGI, art. 235 ter ZCA)[59]. Le paiement de la contribution a lieu lors du premier versement d'acompte d'IS qui suit le mois du paiement de la distribution[60]. Tous les revenus distribués, au sens des articles 109 à 117 du CGI, sont concernés (distributions régulières ou irrégulières), sans distinguer selon l'origine des bénéfices distribués[61]. Sont en revanche exonérées : les distributions des OPCVM, les distributions en actions (C. com., art. L. 232-18), ainsi que les distributions entre sociétés membres d'un même groupe intégré, ou entre sociétés qui remplissent les conditions pour être membres d'un tel groupe[62]. Les sommes issues du rachat de titres, qui suivent le régime des

(55) Les sociétés étrangères sont assujetties à la contribution exceptionnelle lorsqu'elles possèdent un établissement stable en France ; dans ce cas, le seuil de 250 M€ s'entend du chiffre d'affaires mondial (CE, 9 déc. 2016, n° 395015, *Sté Seb Investment Gmbh : Dr. fisc.* 2017, n° 12, comm. 214, concl. R. Victor, note L. Leclercq et I. Baxanean). Ce seuil s'apprécie par référence aux recettes tirées de l'ensemble des opérations réalisées par le redevable dans le cadre de son activité professionnelle normale exercée en France et hors de France, quel que soit le régime fiscal du résultat des opérations correspondant à ce chiffre d'affaires. Les produits des cessions d'immobilisations ne sont pris en compte que si elles s'inscrivent dans le cadre du modèle économique de l'entreprise (CE, 10 juill. 2019, n° 412968, *Sté IVG Institutionnal Funds GmbH : Dr. fisc.* 2019, n° 47, comm. 451, concl. É. Bokdam-Tognetti).

(56) Au lieu du 30 décembre 2015 ; L. fin. rect. 2014, n° 2014-891, 8 août 2014, art. 15.

(57) Au lieu de 5 % ; L. fin. 2014, n° 2013-1278, 29 déc. 2013, art. 16, applicable aux exercices clos à compter du 31 décembre 2013.

(58) Il s'agit des PME au sens de la réglementation européenne : entreprises qui emploient moins de 250 salariés et dont le chiffre d'affaires n'excède pas 50 M€ ou dont le total du bilan est inférieur à 43 M€.

(59) L. fin. rect. 2012, n° 2012-958, 16 août 2012, art. 6, applicable aux montants distribués dont la mise en paiement est intervenue à compter de la date de publication de la loi. Le Conseil d'État a refusé de transmettre au Conseil constitutionnel une QPC concernant la contribution de 3 % sur les revenus distribués de l'article 235 ter ZCA (CE, 29 mars 2017, n° 407057, *SAS Sintex France : Dr. fisc.* 2017, n° 17, comm. 289, concl. R. Victor). Toutefois, *la Cour de justice de l'Union européenne a jugé que la contribution de 3 % doit être déclarée contraire au* droit de l'UE en tant qu'elle s'applique aux montants distribués provenant de filiales établies dans un État de l'UE (CJUE, 17 mai 2017, aff. C-365/16 : *Dr. fisc.* 2017, n° 21, act. 305, obs. Ph. Derouin. Il en est de même de la *fairness tax* belge, aff. C-68/15, *X*). L'incompatibilité étant établie, il revient au Conseil d'État de réexaminer les dispositions concernées au regard de la Constitution et de décider de la transmission d'une QPC.

(60) Les sommes réputées distribuées (par ex. : distributions occultes) au titre d'un exercice sont considérées comme ayant été mises en paiement à la clôture de cet exercice. Par conséquent, le paiement de la contribution additionnelle doit être effectué lors du versement du premier acompte d'IS qui suit cette date de clôture.

(61) CJUE, 17 mai 2017, aff. 365/16 : *FR* 25/17, inf. 2.

(62) L'extension de l'exonération prévue par la loi aux distributions entre sociétés qui ne sont pas intégrées fiscalement, mais qui pourraient l'être, résulte de la prise en compte, par le législateur (L. fin. rect. 2016, n° 2016-1918, 29 déc. 2016, art. 95), de la décision du Conseil constitutionnel ayant jugé contraire à la Constitution la différence de traitement entre les sociétés selon qu'elles ont opté ou non pour l'intégration fiscale (Cons. const., 30 sept. 2016, n° 2016-571 QPC, *Sté Layher : Dr. fisc.* 2016, n° 40, act. 567, note Ph. Derouin et M. Pelletier ; *Dr. fisc.* 2016, n° 46, comm. 592, note G. Blanluet – Abrogation

plus-values et non celui des revenus distribués, n'y sont pas soumises[63]. Par ailleurs, la Cour de justice de l'Union européenne a déclaré la contribution de 3 % contraire au droit de l'Union européenne en tant qu'elle s'applique aux montants redistribués provenant de filiales établies dans un État de l'Union européenne[64]. Sur cette base, le Conseil d'État a renvoyé une QPC à raison de la différence de traitement qui résulte de cette dernière décision[65]. Sans surprise, le Conseil constitutionnel s'est prononcé pour l'inconstitutionnalité de la contribution de 3 % sur les revenus distribués[66]. Peu de temps avant, le gouvernement avait déjà annoncé que ladite contribution de 3 % serait supprimée pour les sommes mises en paiement à partir de 2018 et qu'elle ne serait remplacée par aucune taxe pérenne[67]. Simplement, les plus grandes sociétés devront s'acquitter d'une contribution assise sur l'IS, mais uniquement s'agissant des exercices clos à compter du 31 décembre 2017 et jusqu'au 30 décembre 2018 : une première contribution de 15 % pour les sociétés réalisant un chiffre d'affaires supérieur à 1 milliard d'euros, et une seconde de 15 % également, additionnelle à la première, pour celles réalisant un chiffre d'affaires supérieur à 3 milliards d'euros[68]. La contribution sur les revenus distribués est supprimée dans le Code général des impôts à compter des distributions intervenues depuis le 1er janvier 2018[69].

224. - Déclaration. Les entreprises soumises à l'IS doivent déclarer leurs résultats sur un imprimé n° 2065-SD (complété d'une annexe informative n° 2065 bis-SD, **V. Annexe 5**).

La déclaration doit en principe être souscrite dans les trois mois de la clôture de l'exercice (le deuxième jour ouvré suivant le 1er mai si l'entreprise n'a pas clôturé d'exercice au cours d'une année ou qu'elle a clôturé le 31 décembre, CGI, ann. III, art. 344, I-0 bis). À défaut, la société s'expose à une majoration de 10 % (40 % si la déclaration n'a pas été déposée dans les trente jours d'une mise en demeure, CGI, art. 1728, 1), et de l'intérêt de retard (0,20 % par mois).

Depuis le 1er janvier 2013, la déclaration par voie électronique est obligatoire pour toutes les entreprises, quel que soit le montant de leur chiffre d'affaires (CGI, art. 1649 quater B quater, I)[70]. À défaut, l'entreprise s'expose au paiement d'une majoration spécifique de 0,2 % du montant des droits correspondants aux déclarations déposées selon un autre procédé (CGI, art. 1738). Cette pénalité est cumulable avec celle prévue au cas de non-paiement de l'IS par voie électronique[71] (V. *infra*, n° 225).

à compter du 1er janvier 2017). Pour le passé, le Conseil d'État a annulé le BOI-IS-AUT-30, n° 130 commentant l'article 235 ter ZCA du CGI dans sa rédaction résultant de la loi du 29 décembre 2015, de finances rectificative pour 2015, prévoyant l'exonération de la contribution de 3 % en faveur des distributions entre sociétés membres d'un groupe fiscalement intégré (CE, 29 mars 2017, n° 399506, *Sté Layher : Dr. fisc.* 2017, n° 25, comm. 365, concl. R. Victor).

(63) CE, 20 avr. 2016, n° 396578, *Sté BPCE et a. : Dr. fisc.* 2016, n° 40, comm. 533, concl. B. Bohnert, note G. Blanluet, Y. Rutshmann et Y. Aguila.

(64) CJUE, 17 mai 2017, aff. 365/16 : *Dr. fisc.* 2017, n° 21, act. 305, obs. Ph. Derouin.

(65) CE, 7 juill. 2017, n° 399757, [QPC], *Sté SOPARFI : Dr. fisc.* 2017, n° 28, act. 402, obs. N. Jacquot et P. Mispelon ; *Dr. fisc.* 2017, n° 29, comm. 409, concl. R. Victor.

(66) Cons. const., 6 oct. 2017, n° 2017-660 QPC : *Dr. fisc.* 2017, n° 41, act. 539, obs. M. Pelletier ; *Dr. fisc.* 2017, n° 41, note N. Jacquot et P. Mispelon. La déclaration d'inconstitutionnalité s'applique à toutes les affaires non jugées définitivement à la date de la publication de la décision.

(67) Premier ministre, communication 11 sept. 2017.

(68) L. fin. rect. 2017, n° 2017-1640, 1er déc. 2017, art. 1. Ces surtaxes ont été validées par le Conseil constitutionnel (Cons. const., 29 nov. 2017, n° 2017-755 DC).

(69) L. fin. 2018, n° 2017-1837, 30 déc. 2017, art. 37.

(70) L. fin. rect. 2011, n° 2011-1978, 28 déc. 2011, art. 53.

(71) *BOFiP*, BOI-REC-PRO-10-30-10, n° 10.

225. – Paiement. Les sociétés doivent verser quatre acomptes aux dates suivantes : 15 mars, 15 juin, 15 septembre et 15 décembre. À défaut, elles encourent une majoration de 5 % du montant impayé et l'application de l'intérêt de retard (0,20 % par mois). Seules les sociétés dont le montant de l'IS de référence est inférieur à 3 000 € en sont dispensées (CGI, ann. III, art. 359, 3). Les dates des acomptes sont les mêmes, quelle que soit la date de clôture de l'exercice comptable ; seul peut changer l'ordre des acomptes (CGI, ann. III, art. 360 bis).

Le montant de chacun des acomptes est égal à 1/4 de l'impôt se rapportant à l'exercice précédent (mais celui-ci n'étant en pratique connu qu'après la première échéance, le premier acompte est liquidé sur la base provisoire de l'avant-dernier exercice). Le calcul s'effectue sur l'IS brut (1/4 de l'IS brut), mais les entreprises dont une part importante des bénéfices est constituée par des revenus mobiliers sont autorisées à calculer leurs acomptes par référence à l'IS net (1/4 de l'IS net)[72]. Les entreprises nouvelles (ou nouvellement soumises à l'IS) sont dispensées du paiement des acomptes s'agissant de leur premier exercice. En ce qui concerne les très grandes entreprises (celles qui ont un chiffre d'affaires supérieur à 250 M€)[73] dont les résultats ont augmenté de façon significative, le dernier acompte est calculé à partir du résultat estimé de l'exercice en cours (et non par rapport à l'exercice précédent).

Les acomptes d'IS se calculent aussi bien sur le bénéfice imposé au taux plein (4 × 8 1/3 % = 33 1/3 %) que sur le bénéfice imposé au taux réduit des PME ou des produits de la propriété industrielle (4 × 2,5 % = 10 %). La contribution sociale est également payée au moyen de quatre acomptes versés aux mêmes dates (4 × 0,825 % = 3,30 %). En revanche, la contribution exceptionnelle est acquittée intégralement lors du paiement du solde de l'IS.

Compte tenu de la baisse progressive du taux de l'IS à compter de 2017 (V. *supra*, n° 223), chaque acompte d'impôt sur les sociétés sera égal à : 8,1/3 % du résultat taxé à 33,1/3 % ; 7,75 % du résultat taxé à 31 % ; 7 % du résultat taxé à 28 % ; 6,5875 % du résultat taxé à 27,5 % ; 6,625 % du résultat taxé à 26,5 %, et 6,25 % du résultat taxé à 25 %[74]. L'administration a précisé que les entreprises doivent calculer leurs acomptes dus au titre d'un exercice ouvert en année N en appliquant le taux normal applicable au titre de cet exercice[75].

Une fois que le bénéfice fiscal sera connu, les sociétés doivent procéder à la régularisation de l'IS. Deux hypothèses se présentent alors (CGI, art. 1668, 2). Si l'impôt dû (taux normal et taux réduit) est supérieur aux acomptes versés, l'entreprise doit verser le complément avant le 15 du quatrième mois qui suit la clôture de l'exercice (15 mai de l'année suivante si l'exercice est clos au 31 décembre ou si aucun exercice n'est clos en cours d'année). Si l'entreprise a trop versé d'acomptes, le Trésor public doit lui rembourser la différence dans les trente jours de la date de dépôt du relevé de solde et de la déclaration de résultat[76]. Faute d'avoir déposé le relevé de solde, la société

(72) *BOFiP*, BOI-IS-DECLA-20-30, n° 100.

(73) Le chiffre d'affaires en prendre en compte est celui réalisé en France (BOI-IS-DECLA-20-10, n° 190).

(74) V. *BOFiP*, BOI-IS-DECLA-20-10, n° 110.

(75) V. *BOFiP*, BOI-IS-DECLA-20-10, n° 110, préc.

(76) La restitution des excédents d'acomptes peut donner lieu au paiement d'intérêts moratoires, non pas sur le fondement de l'article L. 208 du Livre des procédures fiscales (il ne concerne que les dégrèvements d'impôts), mais sur le fondement de l'ancien article 1153 du Code civil (C. civ., art. 1231-5 nouveau ; Ord. n° 2016-131, 10 févr. 2016, préc., art. 2). – CE, 30 juin 2004, n° 242893, *Sté Akzo Nobel : Dr. fisc.* 2004, n° 41, comm. 759.

ne peut obtenir le remboursement de l'excédent d'acomptes, mais elle conserve une créance sur l'État dont elle peut demander le paiement dans les conditions de droit commun[77]. Plutôt que de demander le remboursement de l'excédent d'acompte, la société peut aussi demander son imputation sur le premier acompte de l'exercice suivant ou sur une autre échéance fiscale professionnelle[78].

Depuis le 1er octobre 2012, les acomptes d'IS et le solde de l'IS (ainsi que les contributions assimilées) doivent obligatoirement être payés par voie électronique (CGI, art. 1681 septies, I)[79]. À défaut, l'entreprise s'expose au paiement d'une majoration spécifique de 0,2 % du montant des droits correspondants aux paiements effectués selon un autre procédé (CGI, art. 1738, préc.). Cette pénalité est cumulable avec celle prévue au cas de non-déclaration des résultats par voie électronique (V. *supra*, n° 224).

226. - Traitement comptable[80]. Par opposition aux groupements qui relèvent de l'impôt sur le revenu, les personnes morales soumises à l'IS possèdent la pleine et entière personnalité fiscale ; en tant que contribuables, elles sont les débitrices de l'impôt sur les bénéfices.

Au plan comptable, il en résulte que l'IS est une charge pour les entreprises, alors que ce n'est pas le cas de l'IR qui est payé par l'entrepreneur individuel ou les associés de la société translucide. Fiscalement par contre, l'IS n'est pas déductible de sa propre base ; il doit donc être réintégré extra-comptablement dans les bénéfices imposables (tableau n° 2058-A-SD, ligne I7). Il en va d'ailleurs de même pour les contributions sociales additionnelles à l'IS.

En cours d'exercice, les quatre acomptes d'IS sont portés au débit du compte n° 444 « État, Impôt sur les bénéfices », par le crédit du compte de trésorerie. Les acomptes de la contribution sociale sur l'IS sont enregistrés exactement de la même façon.

À la clôture de l'exercice, lors de l'arrêté des comptes, l'IS dû est enregistré au débit du compte n° 695 « Impôt sur les bénéfices » (tel que ventilé entre le compte n° 6951 « Impôt dû en France » et le compte n° 6954 « Impôt dû à l'étranger »), par le crédit du compte n° 444 précité. La contribution sociale sur l'IS sera portée au débit du compte n° 6952 « Contribution additionnelle à l'impôt sur les bénéfices » par le crédit du compte n° 444 précité.

Lors de la liquidation de l'IS, le complément d'IS (ou de contribution sociale) sera porté au débit du compte n° 444 (qui était créditeur), par le crédit du compte de trésorerie. Si la liquidation de l'IS fait apparaître que l'entreprise a trop versé d'acomptes (le solde du compte n° 444 était débiteur), elle procédera aux écritures inverses lors du remboursement.

Si la société dispose d'une créance de *carry-back* consécutive à un report en arrière des déficits, elle peut s'en servir pour payer les acomptes ou le solde de l'IS (V. *infra*, n° 234).

Si la société est à la tête d'un groupe intégré, elle doit comptabiliser la dette globale d'IS du groupe (puisqu'elle en est la débitrice légale)[81], ainsi que les créances sur les

(77) CAA Nancy, 19 oct. 2017, n° 16NC00543 : *RJF* 4/18, n° 362. La demande peut donc être présentée devant le juge de plein contentieux dans le délai de prescription quadriennale.

(78) *BOFiP*, BOI-IS-DECLA-20-20, n° 60.

(79) L. fin. rect. 2011, n° 2011-1978, 28 déc. 2011, art. 53.

(80) B. Caspar et G. Enselme, *Manuel de comptabilité approfondie*, LexisNexis, 19e éd. 2016-2017, nos 2130 et s.

(81) Mais chaque société membre du groupe est tenue solidairement au paiement de l'IS (ainsi que, le cas échéant, les majorations et les intérêts de retard), dont la société mère est redevable, à hauteur de l'impôt et des pénalités qui seraient dus par la société si elle n'avait pas été membre du groupe (CGI, art. 223 A).

filiales intégrées en fonction des conventions de répartition de l'impôt à l'intérieur du groupe[82] (PCG, art. 515-2). D'une manière générale, chaque société intégrée doit comptabiliser les produits et les charges relatifs à l'application du régime d'intégration fiscale aux comptes n° 6981 « Intégration fiscale – Charges » et n° 6989 « Intégration fiscale – Produits » (PCG, art. 946-69).

Exemple

Soit une société soumise à l'IS au taux de 25 %.

Elle fait état des informations suivantes :
- Bénéfice fiscal N-2 : 30 000 €
- Bénéfice fiscal N-1 : 35 000 €
- Le bénéfice fiscal de N sera de 40 000 €
- L'exercice est calqué sur l'année civile

Calcul des acomptes versés en N :
Acompte n° 1 : 30 000 € × 6,25 % = 1 875 € à payer pour le 15 mars N
Acompte n° 2 : 35 000 € × 12,50 % = 4 375 €
Reste : 4 375 € – 1 875 € = 2 500 € à payer pour le 15 juin N
Acompte n° 3 : 35 000 € × 6,25 % = 2 188 € à payer pour le 15 septembre N
Acompte n° 4 : 35 000 € × 6,25 % = 2 188 € à payer pour le 15 décembre N
Total acomptes IS N = 8 751 €

Calcul IS définitif :
IS N-1 définitif : 35 000 € × 25 % = 8 750 € (déclaration n° 2065-SD)
Total acomptes versés en N-1 : 30 000 € × 25 % = 7 500 €
Reste à payer : 8 750 € – 7 500 € = 1 250 € pour le 15 mai N

IS N définitif : 40 000 € × 25 % = 10 000 € (déclaration n° 2065-SD)
Total acomptes versés en N : 8 751 €
Reste à payer : 10 000 € – 8 751 € = 1 249 € pour le 15 mai N+1

Comptabilisation :

N° DU COMPTE	LIBELLÉ DU COMPTE	DÉBIT	CRÉDIT
	15/03/N		
444	État, Impôt sur les bénéfices	1 875 €	
512	Banque		1 875 €

(82) Le Conseil d'État a consacré le principe de la liberté de répartition de l'IS au sein du groupe intégré (CE, 12 mars 2010, n° 328424, *Sté Wolseley Centers : Dr. fisc.* 2010, n° 15, comm. 272, note Ph. Durand et O. Fouquet ; *JCP* G 2010, 18, 506, note B. Delaunay). L'administration fiscale considérait que la société mère devait constater contre ses filiales une créance correspondant à l'IS qu'elles auraient payé si elles n'avaient pas été membres du groupe ; toute autre répartition devait selon elle emporter la constatation d'une subvention indirecte. Le Conseil d'État juge au contraire que la différence entre le montant réclamé par la mère à ses filiales et la proportion d'IS qu'elles auraient dû payer en l'absence d'intégration ne constitue pas une subvention imposable.

N° DU COMPTE	LIBELLÉ DU COMPTE	DÉBIT	CRÉDIT
	15/05/N		
444	État, Impôt sur les bénéfices	1 250 €	
512	Banque		1 250 €
	15/06/N		
444	État, Impôt sur les bénéfices	2 500 €	
512	Banque		2 500 €
	15/09/N		
444	État, Impôt sur les bénéfices	2 188 €	
512	Banque		2 188 €
	15/12/N		
444	État, Impôt sur les bénéfices	2 188 €	
512	Banque		2 188 €
	31/12/N		
695	Impôt sur les bénéfices	10 000 €	
444	État, Impôt sur les bénéfices		10 000 €
	15/05/N+1		
444	État, Impôt sur les bénéfices	1 249 €	
512	Banque		1 249 €

2° Les acomptes de contribution économique territoriale (CET)

227. - La CET, héritière de la taxe professionnelle. En 2010, la taxe professionnelle a été remplacée par la contribution économique territoriale (CET)[83]. Il ne s'agit pas d'un simple changement de terminologie ; la CET est différente dans sa structure et elle s'inscrit dans le cadre d'un nouveau schéma de financement des collectivités locales[84]. La CET se compose de deux impôts distincts[85], mais faisant l'objet d'un plafonnement commun : la cotisation foncière des entreprises (CFE) et la cotisation sur la valeur ajoutée des entreprises (CVAE).

La CFE prolonge les réformes qui visaient à alléger la taxe professionnelle due par les professions indépendantes. Après avoir supprimé l'élément salaire de l'assiette imposable[86], le législateur a écarté les biens d'investissement en prenant désormais seulement en compte la valeur locative des biens passibles d'une taxe foncière situés en France (CGI, art. 1467).

(83) L. fin. 2010, n° 2009-1673, 30 déc. 2009, art. 2.

(84) M. Bouvier, La réforme de la taxe professionnelle et les transformations de l'autonomie financière locale : *RFDA* 2011, n° 2, p. 267 et s.

(85) Sur les difficultés de procédure liées au remplacement d'un seul impôt par deux taxes différentes, A. Lefeuvre, *Les règles de procédure applicables en matière de contribution économique territoriale : Dr. fisc.* 2010, n° 21, étude 325.

(86) L. fin. 1999, n° 98-1266, 30 déc. 1998, art. 44.

La CVAE préfigure ce qu'aurait pu être la nouvelle taxe professionnelle[87]. Elle s'appuie sur un agrégat particulier : la valeur ajoutée de l'entreprise (V. *supra*, n°s 22 et s.). En principe égale à un pourcentage de cette valeur ajoutée, la CVAE n'est due que par les entreprises dont le chiffre d'affaires HT excède 152 500 € (CGI, art. 1586 ter)[88]. C'est cette même valeur ajoutée qui sert au plafonnement, à un certain pourcentage de son montant, de la CET (CGI, art. 1647 B sexies).

À noter : sur la suppression progressive de la CVAE, V. *supra* n° 22.

228. - Comptabilisation distincte. La CFE et la CVAE sont deux impôts juridiquement distincts bien qu'ayant un ancêtre commun : la taxe professionnelle. Ainsi, alors même que le plan des comptes ne le prévoit pas, la CFE et la CVAE devraient, selon nous, être enregistrées dans deux sous-comptes du compte n° 63511 « Contribution économique territoriale ».

Quant à la date de l'enregistrement, la CFE et la CVAE doivent être portées dans les comptes au moment du fait générateur de l'impôt. Or, l'une et l'autre sont dues lorsque le redevable exerce une activité au 1er janvier de l'année (CGI, art. 1478, I, al. 1er ; art. 1586 octies, I). C'est donc à l'exercice en cours à cette date que ces impôts doivent être rattachés, quelles que soient ses dates d'ouverture et de clôture. Ainsi, à l'instar de la solution retenue par le Conseil d'État en matière de taxe professionnelle, il n'est pas possible de passer une provision pour impôt déductible au titre d'un exercice antérieur[89]. En outre, dans la mesure où l'impôt est dû « pour l'année entière », il ne nous paraît pas possible de pratiquer un rattachement *prorata temporis* dans l'hypothèse d'un exercice non calqué sur l'année civile[90].

Quant au montant de l'enregistrement, la CFE et la CVAE sont payées au moyen d'acomptes à payer pour le 15 juin (CFE et CVAE) et le 15 septembre (CVAE) et calculées par référence à l'impôt payé l'année précédente. Ces acomptes seront portés au débit d'un sous-compte du compte n° 447 « Autres impôts, taxes et versements assimilés » (par le crédit du compte de trésorerie utilisé). Au moment de la réception de l'avis d'imposition (en fin d'année pour la CFE) ou de la liquidation de l'impôt (à l'issue de l'année d'imposition s'agissant de la CVAE), l'entreprise devra payer le complément de CFE ou devra régulariser la CVAE (c'est à ce moment-là qu'elle utilisera la subdivision du compte n° 63511 préc.).

229. - Plafond commun. Le plafonnement de la CFE et de la CVAE est le lien qui unit ces deux impôts. Les entreprises ont droit à un dégrèvement égal à la fraction de la CET au titre de l'année d'imposition qui excède un certain pourcentage de la valeur ajoutée (CGI, art. 1647 B sexies ; V. *supra*, n° 22). L'application du dégrèvement de CET est subordonnée à une demande du contribuable. Le dégrèvement est ensuite ordonnancé dans les six mois de la demande. *Il s'impute sur le montant de la CFE*, mais le contribuable peut, dès l'année d'imposition et sous sa responsabilité, imputer par anticipation le dégrèvement sur la CFE exigible (CGI, art. 1679 quinquies, al. 6).

(87) O. Fouquet, C. Bonnard, Y. Benard et E. Jalon, *Proposition de réforme de la taxe professionnelle : Dr. fisc.* 2005, n° 6, étude 4, p. 332 et s.

(88) Les entreprises dont le chiffre d'affaires est inférieur à 50 M€ bénéficient d'un taux plus faible en fonction d'un barème progressif (celles dont le chiffre d'affaires est inférieur à 500 000 € sont exonérées).

(89) CE, 30 juin 2004, n° 253513, *Sté Freudenberg : RJF* 10/04, n° 1001.

(90) Solution pourtant traditionnellement admise en comptabilité sous l'empire de la taxe professionnelle, et qui d'ailleurs continue d'être appliquée par certaines entreprises. Ces dernières considérant que la CET est une taxe annuelle à rattacher à l'activité de l'année (V. *Mémento Lefebvre Comptable*, *op. cit.*, n° 16435).

Au plan comptable, les entreprises ont l'habitude de comptabiliser la CFE « nette du dégrèvement de CET » (comme autrefois pour le plafonnement de la taxe professionnelle). Ceci est surtout vrai lorsqu'elles connaissent déjà le montant du dégrèvement au moment de l'arrêté des comptes (cas des entreprises dont l'exercice ne coïncide pas avec l'année civile), mais la solution vaut également pour celles qui ne le connaissent pas précisément (celles dont l'exercice coïncide avec l'année civile). Lorsqu'elles n'utilisent pas la faculté offerte par l'article 1679 quinquies, alinéa 6 du Code général des impôts précité, les entreprises comptabilisent en produit le montant du dégrèvement attendu, et ce au titre de l'exercice de rattachement de la charge.

Ces pratiques ne sont pas à l'abri de la critique. Le plan des comptes prévoit une comptabilisation séparée des dégrèvements d'impôts ; la CET devrait être inscrite pour son montant brut et le dégrèvement porté au compte n° 7717 « Dégrèvement d'impôts autres qu'impôts sur les bénéfices », que l'entreprise déduise ou non le dégrèvement de CET. En outre, la comptabilisation du produit doit logiquement se faire au titre de l'exercice au cours duquel l'entreprise demande le remboursement de CFE (date du fait générateur de la créance).

Au plan fiscal, si l'entreprise a utilisé la possibilité offerte par l'article 1679 quinquies, alinéa 6 précité, le Code général des impôts dispose que :

« Le montant de la cotisation foncière des entreprises déductible du bénéfice net est réduit dans les mêmes proportions. Corrélativement, le montant du dégrèvement ainsi déduit ne constitue pas un produit imposable, lorsqu'il est accordé ultérieurement » (CGI, art. 39, 1, 4°, al. 2).

Si la solution présente l'avantage de maintenir la connexion entre la fiscalité et la pratique comptable (elle évite ainsi d'avoir à retraiter le résultat comptable)[91], elle n'en reste pas moins une exception au principe qui veut que le montant des dégrèvements accordés doit être rattaché à l'exercice au cours duquel les sommes constituent une créance acquise par l'entreprise, c'est-à-dire, dans le cas du plafonnement de la CET, au titre de l'exercice de dépôt de la demande de plafonnement[92].

C. – Les impôts payés au moyen de crédits d'impôt

230. – Nature juridique. Contrairement aux réductions d'impôt, les crédits d'impôt sont de véritables créances détenues par les contribuables contre l'État (une sorte d'impôt « négatif » ou d'impôt « à l'envers »). Le mécanisme du crédit d'impôt fait appel à la compensation juridique ; c'est à celui dont la créance est la moins élevée de verser la différence. Reste que ce sont les textes fiscaux qui déterminent à la fois les hypothèses ainsi que les modalités de calcul et d'imputation des crédits d'impôt. À leur étude, il s'avère qu'ils sont accordés dans deux situations différentes ; soit il s'agit d'une technique fiscale destinée à éviter une double imposition de revenu (par ex., crédit d'impôt pour cause de retenue à la source à l'étranger) ou une surimposition de revenu (par ex., créance de report en arrière des déficits), soit il s'agit d'un avantage accordé aux contribuables qui ont investi dans certains domaines (par ex., la recherche).

231. – Régime comptable et fiscal. Quel que soit le cas de figure, les crédits d'impôt ne sont comptabilisés par les entreprises que si, d'une part, il s'agit de véritables

(91) Le retraitement consisterait à déduire de manière extra-comptable le dégrèvement qui a été comptabilisé en produit (tableau n° 2058-A-SD, ligne XG), et à le réintégrer au titre de l'exercice de la demande de dégrèvement (ligne WQ).

(92) *BOI* 4 A-4-09, févr. 2009, n° 20 (plafonnement de la taxe professionnelle).

créances fiscales et si, d'autre part, elles sont également débitrices de l'impôt sur lequel ils viennent s'imputer (en pratique, l'IS). Si tel est le cas, il revient aux autorités comptables de dire de quelle manière la créance fiscale doit être comptabilisée et au législateur d'en préciser les incidences fiscales.

Au plan comptable, deux périodes doivent être distinguées. Dans un premier temps, la créance fiscale n'apparaît pas en comptabilité ; le crédit d'impôt est porté en diminution de l'impôt sur les bénéfices, au compte n° 695[93] (le solde débiteur du compte n° 444 « État, Impôt sur les bénéfices » tient compte de l'imputation). Il s'agit d'une exception au principe de non-compensation en comptabilité (V. *infra*, n° 355). Dans un second temps, si la compensation fait apparaître un solde en faveur de l'entreprise, l'excédent de crédit d'impôt sera porté dans un compte de créance fiscale, au débit du compte n° 444, par le crédit d'un compte de produit spécifique (subdivision du compte n° 699 « Produits – Crédits d'impôt »).

Au plan fiscal, l'administration a validé le schéma comptable[94]. Il convient néanmoins de faire attention, car les retraitements extra-comptables en sont affectés ; d'une part, parce que le montant de l'IS à réintégrer dans le bénéfice fiscal doit tenir compte de l'imputation de la créance fiscale (ligne I7, V. *supra*, n° 226) et, d'autre part, parce qu'au cas d'excédent, faute d'être distraite du résultat imposable, la créance fiscale serait soumise à l'IS ce qui conduirait l'État à récupérer une partie de son montant (en pratique, l'administration fiscale admet qu'elle soit déduite extra-comptablement sur le tableau n° 2058-A-SD, ligne XG).

232. – Crédits d'impôt en faveur de l'investissement. Ils sont accordés par l'État aux entreprises qui exposent des dépenses que les pouvoirs publics souhaitent encourager. On insistera surtout sur le crédit d'impôt recherche et le crédit d'impôt compétitivité emploi.

• *Crédit d'impôt recherche (CGI, art. 244 quater B ; CGI, ann. III, art. 49 septies F et s.)*[95]. Il est accordé aux entreprises industrielles, commerciales, artisanales ou agricoles imposées selon un régime réel. Les dépenses de recherche, fondamentale ou appliquée, ouvrant droit au crédit d'impôt sont limitativement énumérées par la loi (amortissements d'éléments dédiés à la recherche, rémunération du personnel affecté à la recherche, coût des opérations de recherche sous-traitées…). La prise en compte des dépenses de recherche est indépendante de leur traitement comptable[96]. Le crédit d'impôt, calculé par année civile, est égal à 30 % de la fraction de ces dépenses

(93) ANC, Note d'information, 11 janv. 2011, Avancement des travaux du groupe « Impôts, taxes et versements assimilés » pour l'établissement des comptes individuels et consolidés selon les règles françaises. L'ANC s'oppose donc à la comptabilisation des crédits d'impôt en produits d'exploitation (cette option présente l'inconvénient de faire entrer le crédit d'impôt dans les produits imposables à la cotisation sur la valeur ajoutée, V. *supra*, n° 26), ou en diminution des charges justifiant l'octroi d'une créance fiscale (solution néanmoins retenue par l'ANC en ce qui concerne le crédit d'impôt en faveur de la compétitivité et l'emploi).

(94) *BOFiP*, BOI-BIC-RICI-10-10-50, n° 510 (crédit d'impôt recherche).

(95) V. J.-L. Pierre et V. Restino (ss dir.), *Regards croisés sur le crédit d'impôt recherche*, Dossier in *Dr. fisc.* 2020, n° 10, études 171 à 179.

(96) Rép. min. Feltesse n° 12558 : *JOAN* Q 19 mars 2013, p. 3058. Les coûts de développement qui ont été immobilisés en application de l'article 236-I du Code général des impôts (V. *infra*, n°s 385 et s.) peuvent être portés sur la déclaration de « CIR » souscrite au titre de l'année au cours de laquelle ils ont été exposés, dès lors qu'ils correspondent de par leur nature aux dépenses éligibles de l'article 244 quater B. En revanche, ces dépenses ne peuvent être prises en compte une seconde fois par le biais des amortissements relatifs aux dépenses ainsi activées.

n'excédant pas 100 M€ et 5 % au-delà de ce seuil. Il est imputé sur l'IS (ou l'IR) dû par l'entreprise au titre de l'année au cours de laquelle les dépenses de recherche ont été exposées (ou au titre de l'exercice clos au cours de l'année suivante si l'exercice comptable n'est pas calqué sur l'année civile), après prise en compte des prélèvements non libératoires et autres crédits d'impôt. L'excédent de crédit d'impôt peut être imputé sur l'impôt dû au titre des trois années suivantes. À l'issue de cette période, le reliquat non imputé sera remboursé par l'État (*NB* : certaines entreprises peuvent demander le remboursement immédiat)[97]. Les règles comptables et fiscales applicables sont celles qui ont été décrites dans le cas général (V. *supra*, n° 231), mais, dans la mesure où le crédit d'impôt recherche est calculé sur les dépenses de recherche exposées tout au long de l'année civile, et que l'exercice comptable n'est pas nécessairement clôturé le 31 décembre, l'entreprise devrait en toute logique comptabiliser un produit à recevoir à la clôture de chaque exercice[98].

• *Crédit d'impôt compétitivité emploi (CGI, art. 244 quater C)*. Quelle que soit leur activité, les entreprises soumises à l'impôt sur les bénéfices selon un régime réel d'imposition (IR ou IS), même si elles sont exonérées (entreprises nouvelles, créées pour reprendre une entreprise en difficulté, ou qui s'installent sur des zones d'exonération fiscale), peuvent bénéficier d'un crédit d'impôt à raison des rémunérations versées aux salariés depuis le 1er janvier 2013[99]. Ce dernier est égal à un certain pourcentage du montant brut des rémunérations versées au cours de l'année civile : 4 % en 2013, 6 % de 2014 à 2016, 7 % en 2017[100] et 6 % de nouveau en 2018[101]. ***Ce crédit d'impôt est définitivement supprimé à compter de 2019***[102]. Seules sont concernées les rémunérations qui n'excèdent pas 2,5 fois le SMIC, augmentées des heures complémentaires et supplémentaires (les rémunérations supérieures à 2,5 fois le SMIC n'ouvrent pas droit au crédit d'impôt, même dans cette limite). Le crédit d'impôt s'impute sur l'IS (ou l'IR) dû par l'entreprise au titre de l'année au cours de laquelle les rémunérations ont été versées (ou au titre de l'exercice clos au cours de l'année suivante si l'exercice comptable n'est pas calqué sur l'année civile)[103]. L'excédent éventuel constitue une créance sur l'État qui peut être imputée sur l'impôt dû au titre des trois années suivantes[104]. À l'issue de cette période, le reliquat non imputé sera remboursé par l'État[105]. Au plan

(97) Il s'agit des PME au sens communautaire, des entreprises nouvelles, des jeunes entreprises innovantes, ainsi que des entreprises ayant fait l'objet d'une procédure de sauvegarde, de redressement ou de liquidation judiciaire, ou d'une procédure de conciliation (créances constatées à compter du 1er janvier 2013).

(98) *Bull. CNCC* sept. 2013, n° 171, EC 2013-48, p. 520-522. Logiquement également, le produit devra faire l'objet d'une déduction extra-comptable sur le tableau fiscal n° 2058-A-SD (ligne XG).

(99) L. fin. rect. 2012, n° 2012-1510, 29 déc. 2012, art. 66.

(100) L. fin. 2017, n° 2016-1917, 29 déc. 2016, art. 72.

(101) L. fin. 2018, n° 2017-1837, 30 déc. 2017, art. 86.

(102) L. n° 2017-1837, 30 déc. 2017, art. 86, préc.

(103) Dans la mesure où le CICE est calculé sur les rémunérations versées au cours de l'année civile, il ne peut être imputé sur l'impôt dû au titre d'un exercice ayant une date de clôture antérieure au 31 décembre. Ainsi, le CICE 2014 d'une société à l'IS qui a clôturé son exercice le 30 septembre 2014 sera imputé sur l'impôt dû au titre de l'exercice clos le 30 septembre 2015, soit pour le 15 janvier 2016 (V. www.impôts.gouv.fr, 24 avr. 2014).

(104) Les créances qui n'ont pas pu être imputées en totalité sur le solde de l'impôt peuvent s'imputer sur les acomptes d'IS dû au titre de l'exercice suivant (*BOFiP*, BOI-BIC-RICI-10-150-30-10, n° 10).

(105) Peuvent toutefois demander le remboursement immédiat de leur créance : les PME au sens communautaire (*i.e.* : micro, petites et moyennes entreprises ; annexe I au règlement [CE] n° 800/2008 de la Commission du 6 août 2008, V. TA Montreuil, 17 nov. 2016, n° 1509697, *Sté A2 PRL : Dr. fisc.* 2017, n° 15, comm. 245, note St. Humbert. Non-respect des critères de la PME communautaire pendant deux

comptable, le crédit d'impôt compétitivité emploi doit être enregistré en minoration des charges de personnel (sous-compte dédié du compte n° 64 « Charges de personnel »)[106] et non en minoration de l'IS[107]. Au plan fiscal, l'administration a confirmé qu'il ne constitue pas un produit imposable et devra donc être déduit extra-comptablement, sur le tableau n° 2058-A-SD[108].

• *Autres crédits d'impôt.* Le crédit d'impôt « famille » (CGI, art. 244 quater F), le crédit d'impôt « apprentissage » (CGI, art. 244 quater G)[109], le crédit d'impôt pour dépenses de prospection commerciale des PME (CGI, art. 244 quater H)[110], le crédit d'impôt formation du chef d'entreprise (CGI, art. 244 quater M) et le crédit d'impôt en faveur du rachat d'une entreprise par ses salariés (CGI, art. 220 nonies et 220 R), suivent le régime comptable et fiscal du crédit d'impôt recherche. En revanche, le crédit d'impôt pour adhésion à un groupement de prévention agréé (CGI, art. 244 quater D)[111] est traité comme une réduction d'impôt, et non comme un véritable crédit d'impôt, car l'excédent éventuel n'est ni reportable, ni restituable. Par suite, il ne fait l'objet d'aucun traitement comptable particulier ; il vient simplement en diminution de l'IS s'il est utilisé, sinon il est perdu et n'est pas comptabilisé.

233. – Crédits d'impôt accompagnant les revenus mobiliers. Les revenus de capitaux mobiliers présentent un risque particulier de double imposition. Il peut s'agir d'une double imposition de nature « économique », lorsqu'un même État impose deux fois un même profit chez deux contribuables différents (imposition du bénéfice réalisé, puis imposition du bénéfice distribué), ou de nature « juridique » lorsque deux États imposent successivement un même produit (État de la source du revenu et État du domicile fiscal du bénéficiaire).

Afin de supprimer ou de réduire cette double imposition, le droit national ou les conventions fiscales internationales peuvent accorder un crédit d'impôt aux bénéficiaires de ces produits, généralement égal au montant de l'impôt déjà prélevé à la source. Autrefois, l'hypothèse concernait surtout les distributions internes de

années consécutives), les entreprises nouvelles et les jeunes entreprises innovantes, ainsi que les entreprises ayant fait l'objet d'une procédure de conciliation ou de sauvegarde, d'un redressement ou d'une liquidation judiciaire.

(106) ANC, Note d'information, 28 févr. 2013, Traitement comptable en règles françaises du CICE.

(107) Les entreprises individuelles ainsi que les sociétés de personnes non soumises à l'IS ne sont pas en tant que telles éligibles au CICE (mais seulement l'exploitant ou les associés en proportion de leurs droits lorsqu'ils participent à l'exploitation ou sont des sociétés soumises à l'IS) ; elles ne doivent donc pratiquer aucune écriture comptable relative à ce crédit d'impôt (Commission commune de doctrine comptable, févr. 2014).

(108) *BOFiP*, BOI-BIC-RICI-10-150-30-10, n° 1. Également, selon l'administration, le CICE n'a pas d'incidence sur le calcul de la valeur ajoutée, et donc sur la CVAE due par l'entreprise, « dans la mesure où les charges de personnel ne sont pas déductibles de la valeur ajoutée ». Certains auteurs défendent néanmoins l'idée selon laquelle le traitement fiscal du crédit d'impôt doit être indépendant de son mode de comptabilisation. V. A. Colmet Daâge, *Comptabilité et fiscalité : retour sur l'année 2012 : Dr. fisc.* 2013, n° 16, étude 245, § 4 et s.

(109) Le crédit d'impôt en faveur de l'apprentissage est supprimé pour les périodes d'imposition et exercices ouverts à compter du 1er janvier 2019 (L. n° 2018-771, 5 sept. 2018, art. 27, III).

(110) Le crédit d'impôt pour dépenses de prospection commerciale est supprimé pour les périodes d'imposition et exercices ouverts à compter du 1er janvier 2018 (L. n° 2017-1837, 30 déc. 2017, art. 94).

(111) Le crédit d'impôt pour adhésion à un groupement de prévention agréé est supprimé pour les périodes d'imposition et exercices ouverts à compter du 1er janvier 2018 (L. n° 2017-1837, 30 déc. 2017, art. 94, préc.).

dividendes, lesquelles bénéficiaient d'un « avoir fiscal » (CGI, art. 158 bis ancien)[112]. Aujourd'hui, les conventions fiscales internationales signées par la France prévoient le plus souvent que, lorsque les dividendes sont soumis à une retenue à la source à l'étranger, celle-ci forme crédit d'impôt en France.

En comptabilité, il a toujours été admis que le crédit d'impôt accompagnant des revenus mobiliers puisse être comptabilisé avec ces produits[113] (par ex., au crédit du compte n° 761 « Produits des participations »), la créance fiscale venant en diminution de l'impôt sur les bénéfices (débit du compte n° 695 préc.). Cette méthode n'est pourtant pas pleinement satisfaisante, car le produit n'est pas absolument certain (il doit être imputé sur l'IS, sans pouvoir être restitué à la société). Aussi, les sociétés peuvent comptabiliser le revenu financier net. Cette méthode est même obligatoire si la société s'est placée sous le régime des sociétés mères (dans ce cas, en effet, elle n'est pas autorisée à imputer le crédit d'impôt étranger)[114].

En fiscalité, l'administration admet l'une et l'autre méthode[115], sachant que si la société a comptabilisé les dividendes « nets » de crédit d'impôt, elle ne pourra imputer qu'une fraction de son montant (CGI, ann. II, art. 136), soit 66 2/3 % pour un IS à 33 1/3 %. Compte tenu de la baisse progressive de l'IS à compter de 2017 (V. *supra*, n° 223), la somme à imputer sur l'IS est égale en pratique à : 72 % des crédits d'impôt sur l'IS à 28 % ou 66 2/3 % sur l'IS à 33 1/3 % (exercices ouverts à compter du 1er janvier 2018), 72 % sur l'IS à 28 % ou 69 % sur l'IS à 31 % (exercices ouverts à compter du 1er janvier 2019), 72 % (exercices ouverts à compter du 1er janvier 2020), 73,5 % (exercices ouverts à compter du 1er janvier 2021), et 75 % (exercices ouverts à compter du 1er janvier 2022)[116].

Lorsque les résultats imposables au titre d'un exercice ou d'une période d'imposition sont susceptibles d'être soumis à plusieurs taux d'imposition (cas des PME imposées à 15 % notamment), la détermination du montant des crédits d'impôt imputables sur l'IS au titre de cet exercice ou période d'imposition, conduit, en pratique, à rechercher

(112) Cet article a été abrogé à compter des distributions effectuées depuis le 1er janvier 2005 (L. fin. 2004, n° 2003-1311, 30 déc. 2003, art. 93). Les associés personnes physiques bénéficient désormais d'un abattement de 40 % sur les dividendes perçus (CGI, art. 158 nouveau). Les associés personnes morales peuvent, le cas échéant, bénéficier du régime d'exonération des sociétés mères (CGI, art. 216).

(113) En ce sens, *Mémento Lefebvre Comptable*, *op. cit.*, n° 36400.

(114) Toutefois, censurant la doctrine administrative selon laquelle l'article 216 du CGI « fixe un mode de calcul pour la réintégration des charges afférentes à des produits qui ne sont pas imposés et ne peut s'analyser comme conduisant à l'imposition d'une partie des dividendes » (BOI-IS-BASE-10-10-20, n° 100, al. 2), le Conseil d'État a autorisé l'imputation des crédits d'impôt étrangers sur l'IS dû au titre de la quote-part pour frais et charges que doit nécessairement réintégrer la société (CE, 5 juill. 2022, n° 463021, *SA Axa : Dr. fisc.* 2022, n° 38, chron. 331, obs. Cl. Acard, nos 19 et s.). Restait à résoudre le problème de l'assiette. À cet égard, le Conseil d'État juge que dans l'hypothèse où le montant des frais réellement exposés pour l'acquisition ou la conservation des produits de participation est inférieur à la quote-part forfaitaire, l'impôt français dans la limite duquel est imputé le crédit d'impôt correspondant à l'impôt retenu à l'étranger sur la totalité des produits de participation distribués est égal au produit du taux de l'impôt français et de la différence entre la quote-part forfaitaire et le montant des frais réellement exposés (CE, 7 avr. 2023, n° 462709 : *Dr. fisc.* 2023, n° 16, act. 136, note L. Erstein ; *Dr. fisc.* 2023, n° 27, comm. 236, concl. C. Guibé, note M. Seraille).

(115) *BOFiP*, BOI-IS-RICI-30-10-20-10, nos 1 et 10.

(116) *BOFiP*, BOI-IS-RICI-30-10-20-10, n° 20.

à quels taux, ces crédits d'impôt auraient été imposés s'ils avaient été compris dans les résultats imposables[117].

Exemple

Soit une société soumise à l'IS en France au taux normal qui perçoit des dividendes de sa filiale étrangère à hauteur de 9 500 € net, après imputation d'une retenue à la source pratiquée à l'étranger pour un montant de 5 % (10 000 € brut × 5 % = 500 €). Elle ne bénéficie pas du régime des sociétés mères, mais la convention fiscale prévoit l'octroi d'un crédit d'impôt égal au montant de la retenue à la source étrangère.

Première méthode : comptabilisation des dividendes « bruts »

N° DU COMPTE	LIBELLÉ DU COMPTE	DÉBIT	CRÉDIT
	En cours d'exercice		
267	Créances rattachées à des participations	9 500	
695	Impôt sur les bénéfices	500	
761	Produits des participations		10 000
	En fin d'exercice		
695	Impôt sur les bénéfices	2 000 (1)	
444	État, impôt sur les bénéfices		2 000 (1)

(1) IS brut : 25 % × (9 500 € + 500 €) = 2 500 €.
IS net : 2 500 € – 500 € = 2 000 €.

Deuxième méthode : comptabilisation des dividendes « nets »

N° DU COMPTE	LIBELLÉ DU COMPTE	DÉBIT	CRÉDIT
	En cours d'exercice		
267	Créances rattachées à des participations	9 500	
761	Produits des participations		9 500
	En fin d'exercice		
695	Impôt sur les bénéfices	2 000 (1)	
444	État, impôt sur les bénéfices		2 000 (1)

(1) IS brut : 25 % × 9 500 € = 2 375 €.
IS net : 2 375 € – (75 % × 500 €) = 2 000 €.

(117) S'agissant des PME dont le bénéfice est taxable au taux de 15 % dans la limite de 42 500 €, les crédits d'impôt sont imputables à raison de 85 % de leur montant. Ce montant est limité à la différence, si elle est positive, entre 42 500 € et le bénéfice fiscal de l'exercice ou de la période d'imposition, sans tenir compte des crédits d'impôt. Le surplus éventuel de crédits d'impôt est imputable pour 75 % de son montant. En cas de différence négative entre 42 500 € et le bénéfice de l'exercice ou de la période d'imposition, la totalité du crédit d'impôt est imputable pour 75 % de son montant (*BOFiP*, BOI-IS-RICI-30-10-20-10, n° 30).

234. - Crédit d'impôt pour report en arrière des déficits. Le report en arrière des déficits sur des bénéfices anciens aboutit à recalculer l'impôt sur les sociétés dû au titre de l'exercice d'imputation. L'excédent d'IS qui en résulte fait naître au profit de l'entreprise une créance d'égal montant (CGI, art. 220 quinquies). Les modalités de calcul de cette créance ainsi que son utilisation seront détaillées avec l'étude des reports déficitaires (V. *infra*, n°s 563 et s.).

La créance de *carry-back* doit figurer en produit de l'exercice déficitaire. Selon le Plan comptable général (PCG, art. 944-44 et 946-69), la société doit porter le montant de la créance au débit du compte n° 444 « État, impôt sur les bénéfices », par le crédit du compte n° 699 « Produits – Report en arrière des déficits ». Ce schéma comptable est également proposé par l'administration fiscale[118]. Par contre, la créance n'est pas imposable ; elle doit donc être déduite extra-comptablement sur le tableau n° 2058-A-SD (case ZI et ligne XG)[119].

La créance de *carry-back* peut être utilisée pour payer le solde de l'IS ou ses acomptes (mais pas les contributions additionnelles). Comme le compte n° 444 est utilisé aussi bien pour comptabiliser la créance de *carry-back* que les acomptes d'IS ou le solde de l'IS (V. *supra*, n° 226), celui-ci sera subdivisé en compte n° 4441 « État, acomptes d'IS » et n° 4442 « État, créance de *carry-back* ». Lors du paiement, l'entreprise créditera le compte n° 4442, par le débit du compte n° 4441 (paiement d'un acompte), ou n° 4441 (paiement du solde de l'IS).

D. – Les impôts faisant l'objet de versements libératoires

235. - Mécanisme. Les entreprises ont parfois la possibilité de s'acquitter de leurs impôts autrement que par un versement au profit du Trésor public ; ce sont les dépenses libératoires. Une présentation plus exacte du mécanisme revient à envisager l'impôt non pas comme une fin, mais comme un moyen ; les entreprises qui ne réalisent pas certaines dépenses sont tenues de s'acquitter d'une contribution financière. La situation « normale », si l'on peut dire, consiste donc pour une entreprise à supporter certaines dépenses voulues par le législateur (elles sont logiquement portées en charges s'il s'agit de dépenses d'appauvrissement, ou bien en immobilisations lorsqu'il s'agit de dépenses d'investissement), sauf à s'acquitter d'un impôt (lequel sera inscrit dans une subdivision du compte n° 631 « Impôts, taxes et versements assimilés sur rémunération (administration des impôts) ». Si les versements libératoires sont inférieurs à l'impôt dû, l'entreprise doit payer un complément au Trésor public, alors que dans l'hypothèse inverse, l'excédent de versement reste comptabilisé comme une charge. Au bilan, les entreprises portent habituellement leur dette dans un compte de « charges à payer » (compte n° 4486 « État et autres collectivités publiques – Charges à payer » ou n° 4386 « Organismes sociaux – Charges à payer »). L'administration fiscale les qualifie de « provisions » déductibles si, à l'issue de l'exercice comptable, les conditions sont réunies[120].

236. - Variété. Les principaux impôts concernés par les versements libératoires intéressent l'apprentissage, la formation professionnelle continue et la construction de logements.

(118) *BOFiP*, BOI-IS-DEF-20-20, n° 1.
(119) *BOFiP*, BOI-IS-DEF-20-20, n° 10.
(120) *BOFiP*, BOI-BIC-PROV-30-20-20, n° 1.

• *La taxe d'apprentissage* est en principe égale à 0,68 % des salaires versés par le redevable (CGI, art. art. 1599 ter B)[121]. Elle constitue une charge au titre de la période au cours de laquelle les salaires sont dus, même si l'exigibilité se situe l'année suivante (*Ndlr* : la taxe doit être payée pour le 30 avril de l'année qui suit celle du versement des rémunérations). Il en va de même en fiscalité ; par exception à la règle traditionnelle qui veut que les impôts soient déductibles des résultats de l'exercice au cours duquel ils ont été mis en recouvrement ou sont devenus exigibles (V. *supra*, n° 217), la taxe d'apprentissage peut être provisionnée[122]. En comptabilité, l'entreprise enregistre une charge à payer (compte n° 4486 « État et autres collectivités publiques – Charges à payer » par le débit du compte n° 6312 « Taxe d'apprentissage – Administration des impôts ». La constatation d'une provision (ou d'une « charge à payer » selon le droit comptable) s'explique par le fait que les entreprises ont la possibilité d'effectuer des dépenses libératoires jusqu'au jour précédent le 1er mars de l'année suivant celle du versement des rémunérations. Si l'entreprise envisage d'utiliser cette possibilité[123], elle doit porter les versements libératoires dans un compte de charges distinct : compte n° 6335 « Versements libératoires ouvrant droit à l'exonération de la taxe d'apprentissage » s'il s'agit de versements à fonds perdus ou de subventions au profit d'organismes agréés, ou dans un autre compte de charges s'il s'agit de frais de formation professionnelle ou de stages en milieu professionnel. Seul l'excédent éventuel de taxe d'apprentissage sera porté au compte n° 6312 « Taxe d'apprentissage » (PCG, art. 946-63). Depuis 2020, la taxe est collectée au titre de l'année en cours et non de l'année suivante[124]. Le 1er janvier 2022 au plus tard, le recouvrement des contributions destinées au financement de la formation professionnelle et de l'alternance sera transféré aux organismes sociaux[125].

• *La participation à la formation professionnelle continue* est de 0,55 % des rémunérations versées pour les employeurs de moins de onze salariés (C. trav., art. L. 6331-1), et de 1 % pour les employeurs de onze salariés au moins (C. trav., art. L. 6331-3)[126]. Les règles comptables sont les mêmes que celles qui ont été décrites pour la taxe d'apprentissage (PCG, art. 946-63) : la participation de l'employeur est portée dans un compte de charges n° 6313 « Participation des employeurs à la formation professionnelle continue », les versements libératoires au compte n° 6333 sous le même intitulé,

(121) Ce taux, applicable à compter des rémunérations versées depuis le 1er janvier 2014, résulte de la fusion de la taxe d'apprentissage anciennement perçue au taux de 0,50 % et de la contribution au développement de l'apprentissage dont le taux était de 0,18 % (L. fin. rect. 2013, n° 2013-1279, 29 déc. 2013, art. 60). Pour la même raison, le taux applicable dans les départements du Haut-Rhin, Bas-Rhin et Moselle est porté à 0,44 %. Les règles d'assiette et de taux sont transférées à l'article L. 6241-1-1 du Code du travail (L. fin. 2021, n° 2020-1721, 29 déc. 2020, art. 159).

(122) *BOFiP*, BOI-BIC-PROV-30-20-20, n° 80.

(123) Dans la limite de 26 % du montant de la taxe due pour les dépenses versées au titre du quota obligatoire réservé aux CFA et sections d'apprentissage, et 23 % pour les dépenses dites « hors quota » (L. n° 2014-288, 5 mars 2014, relative à la formation professionnelle, à l'emploi et à la démocratie sociale, art. 18 et L. fin. rect. 2014, n° 2014-891, art. 8, plafonds applicables à compter des rémunérations versées en 2014). Le reliquat (51 % = « fraction régionale pour l'apprentissage ») est versé au Trésor public.

(124) L. n° 2018-771, 5 sept. 2018 pour la liberté de choisir son avenir professionnel, art. 37, III, C. La taxe d'apprentissage n'est donc pas due au titre de 2019.

(125) L. fin. 2020, n° 2019-1479, 28 déc. 2020, art. 190.

(126) Règles résultant de la loi n° 2014-288 du 5 mars 2014, relative à la formation professionnelle, à l'emploi et à la démocratie sociale, telles que modifiées par la loi n° 2015-1785 du 29 décembre 2015, de finances pour 2016, et désormais codifiées dans le Code du travail (L. n° 2018-771, 5 sept. 2018, préc., art. 37, V).

et les versements à fonds perdus ou les subventions aux comptes de charges intéressés. Fiscalement, il est admis que les entreprises puissent déduire des provisions dès lors que les dépenses libératoires peuvent être effectuées jusqu'au jour précédant le 1er mars de l'année suivant celle du versement des rémunérations[127].

• *La participation à l'effort de construction* est requise des employeurs d'au moins vingt salariés. Ces derniers sont tenus d'investir chaque année dans la construction de logements une somme égale à 0,45 % des rémunérations payées au cours de l'année précédente (CCH, art. L. 313-1). À défaut, elles doivent s'acquitter d'une cotisation de 2 % calculée sur les rémunérations versées au cours de l'année précédente (CGI, art. 235 bis). Ainsi, les dépenses relatives à la construction de logements jouent comme des versements libératoires. Si l'entreprise n'a pas suffisamment investi dans ce domaine, elle devra s'acquitter d'une fraction de taxe calculée comme suit : 10 000 / 45 multiplié par le déficit d'investissement. Les règles comptables sont les mêmes que pour la taxe d'apprentissage et la participation à la formation professionnelle (PCG, art. 946-63) : la participation des employeurs est portée au compte de charges n° 6314 « Cotisation pour défaut d'investissement obligatoire dans la construction » et les versements libératoires au compte n° 6334 sous le même intitulé. La différence tient à la possibilité offerte aux entreprises de se libérer de leur obligation par le biais de dépenses d'investissement et non de charges (par ex., des prêts immobiliers). L'administration fiscale en déduit qu'il n'est possible, compte tenu de cette éventualité, de déduire une provision pour charges que si l'entreprise peut établir qu'elle a eu, à la clôture de l'exercice, l'intention de se libérer de ses obligations légales en utilisant la participation dans des conditions qui en eussent fait une charge (à « fonds perdu »)[128]. La comptabilisation en « charge à payer » semble devoir être soumise à la même exigence[129]. En outre, l'entreprise ne pourra déduire de provision, ni constater de charge à payer, que si le délai imparti pour réaliser l'investissement est expiré ; à défaut, la dépense fiscale ne possède pas de caractère probable. Comme la période de référence est l'année calendaire, il s'ensuit que les entreprises dont l'exercice est arrêté en cours d'année ne peuvent pas constituer de provisions[130].

§ 3. – La charge fiscale qui n'est pas un impôt : les impôts différés

237. – Une notion comptable. Paradoxalement, l'impôt différé n'est pas une notion de droit fiscal, mais de droit comptable. Concrètement, il permet de prendre en compte, au titre d'un exercice comptable, les incidences fiscales futures des opérations de l'entreprise qui peuvent lui être rattachées (et non pas seulement les impôts exigibles d'après la législation fiscale).

Au plan conceptuel, l'impôt différé correspond à la différence temporaire qui existe entre la comptabilisation immédiate d'un produit ou d'une charge et sa traduction fiscale future (plus ou moins d'impôt). Afin de bien en cerner le champ d'application, il est nécessaire de rappeler que le résultat comptable correspond au résultat fiscal ; les produits et les charges qui figurent dans le compte de résultat ont donc un effet fiscal immédiat. Mais il se peut, et c'est l'objet de nos commentaires, que le résultat fiscal ne

(127) *BOFiP*, BOI-BIC-PROV-30-20-20, n° 220.
(128) *BOFiP*, BOI-BIC-PROV-30-20-20, n° 160.
(129) *Bull. CNCC* sept. 1981, n° 43, EC 81-27, p. 395.
(130) *BOFiP*, BOI-BIC-PROV-30-20-20, n° 170.

corresponde pas au résultat comptable. Dans cette situation, la différence peut être permanente ou temporaire.

Si elle est permanente, il n'y a aucun impôt différé ; le retraitement qui figure sur le tableau fiscal n° 2058-A-SD se traduit immédiatement et définitivement par une augmentation ou une baisse du résultat fiscal, et donc de l'impôt exigible. Par exemple, compte tenu de l'impossibilité de déduire les amendes et les pénalités (CGI, art. 39-2), l'IS sera plus important que s'il avait été calculé sur le bénéfice comptable sans retraitement.

Si, au contraire, la différence est temporaire, l'entreprise verra son impôt futur diminuer (impôt différé « actif ») ou bien augmenter (impôt différé « passif »). Sont, par exemple, source d'impôts différés « passifs », les amortissements fiscaux dérogatoires ou les dépenses d'investissement passés en charges. Constituent des impôts différés « actifs » certaines charges comptables qui ne sont déductibles qu'ultérieurement (cas des provisions pour indemnités de retraite, CGI, art. 39-1, 5°, al. 1er), ou certains déficits qui pourront être utilisés ultérieurement (report en avant des pertes fiscales et créance de *carry-back*)[131].

238. – Uniquement dans les comptes consolidés. En France, comme dans tous les pays où le résultat fiscal est aligné (Allemagne, Japon…) ou quasi aligné (outre la France : Espagne, Italie…) sur le résultat comptable, les impôts différés ne sont pas en règle générale mentionnés dans les comptes individuels des entreprises, à l'inverse des pays anglo-saxons ou règne le principe d'indépendance entre le résultat comptable et le résultat fiscal.

Ce n'est que dans les comptes consolidés que l'on retrouve trace des impôts différés. À ce niveau, le droit interne en matière de comptes consolidés (Règl. ANC n° 2020-01, 6 mars 2020), comme son prédécesseur (Règl. CRC n° 99-02, 29 avr. 1999), est très proche du référentiel international (norme IAS 12, en vigueur depuis 1998)[132]. Il retient une conception « étendue » des impôts différés : sauf exception, toutes les différences sont retenues, quelle que soit leur échéance (à court ou long terme)[133].

Nous ne développerons pas davantage ces éléments propres aux comptes consolidés, car ils n'ont pas d'incidences fiscales. Même si l'influence grandissante des normes comptables internationales sur le droit comptable national a entraîné curiosité et interrogations des fiscalistes[134], il convient d'indiquer que, même s'ils devaient être constatés dans le résultat individuel d'une société, les impôts différés ne modifieront en rien le résultat imposable[135].

(131) Sur l'incidence de la réforme des déficits fiscaux sur la fiscalité différée : *FR* 6/12, inf. 6, p. 10.

(132) Sur le projet d'amendement de la norme IAS 12 faisant suite à la mise en place progressive du « pilier 2 » du cadre inclusif OCDE/G20 sur l'érosion de la base d'imposition et le transfert de bénéfices (*i.e.* : impôt minimum mondial de 15 %), V. *FRC* 6/23, inf. 4.

(133) Mémento Lefebvre Comptes consolidés 2023, n° 3611.

(134) M. Buchet, *Les impôts différés sont-ils de l'essence du fiscaliste ?* : *Dr. fisc.* 2005, n° 39, étude 33.

(135) L. Le Floc'h-Louboutin, Lettre du 3 mai 2000 au président du CNC : « La comptabilisation à l'actif du bilan d'un impôt différé resterait sans incidence sur le résultat imposable dès lors que l'économie potentielle d'impôt qu'il représente ne serait pas, sur le plan juridique, constitutive d'un droit de créance sur l'État et ne pourrait, par suite, être regardée comme une créance acquise au sens des dispositions du 2 de l'article 38 du Code général des impôts ».

SECTION 2 LES RÉGIMES FISCAUX DÉROGATOIRES

239. – Principe de soumission de la comptabilité à la fiscalité. Parfois, la comptabilité va chercher sa source directement dans le Code général des impôts ; c'est un acte de soumission de la comptabilité à la fiscalité. Dans une telle hypothèse, il n'y a aucune différence entre les deux matières ; le dictat du droit fiscal s'exerce jusque dans les comptes de l'entreprise.

Généralement, cela se traduit pour l'entreprise par la possibilité qui lui est reconnue par la réglementation fiscale de déduire des charges supplémentaires ; les amortissements dérogatoires (§ 1) et les provisions réglementées (§ 2) en sont la représentation traditionnelle.

La possibilité figure formellement à l'article 214-8 du Plan comptable général aux termes duquel :

> « Lorsque des textes particuliers de niveau supérieur prescrivent ou autorisent la comptabilisation d'amortissements dérogatoires ou de provisions répondant à la définition des provisions réglementées, ces amortissements, bien que ne correspondant pas à l'objet normal d'un amortissement ou d'une dépréciation, sont comptabilisés au sein des provisions réglementées ».

À l'inverse, le droit fiscal permet parfois aux entreprises de ne pas comptabiliser immédiatement des charges déductibles ; c'est le cas des amortissements différés (§ 3).

§ 1. – Les amortissements dérogatoires

240. – Notion. L'amortissement dérogatoire n'est pas un mode d'amortissement ; c'est une méthode de comptabilisation qui repose sur une approche différente de la notion d'amortissement. Alors qu'en droit comptable « l'amortissement d'un actif est la répartition systématique de son montant amortissable en fonction de son utilisation » (PCG, art. 214-13, al. 1er), l'amortissement dérogatoire est la traduction comptable d'une règle fiscale particulière qui permet aux entreprises de majorer leur charge d'amortissement. Il représente donc la fraction d'amortissement supplémentaire qui ne correspond pas à l'objet normal d'un amortissement « pour dépréciation »[136]. Il n'y a aucun retraitement extra-comptable à effectuer, puisque la dimension fiscale est directement intégrée dans les comptes. Conformément au principe de nécessité des écritures comptables (V. *supra*, n° 40), l'entreprise qui souhaite profiter du régime fiscal de faveur doit enregistrer l'amortissement dérogatoire dans ses comptes[137].

241. – Comptabilisation. Compte tenu de sa nature juridique différente, l'amortissement dérogatoire sera comptabilisé différemment. Alors que les amortissements pour dépréciation sont comptabilisés au crédit d'un compte d'actif soustractif n° 28, les amortissements dérogatoires figurent au crédit d'un compte de passif n° 145 « Amortissements dérogatoires » qui fait partie des capitaux propres de l'entreprise (PCG, art. 941-14). Dans le compte de résultat, si l'amortissement pour dépréciation figure en charges d'exploitation, l'amortissement dérogatoire sera comptabilisé en charge exceptionnelle n° 687 « Dotation aux amortissements, dépréciations et provisions, Charges exceptionnelles » (PCG, art. 946-68). Il en va de même en fiscalité. Selon

(136) Le Plan comptable général ne fait référence qu'aux « amortissements ». Nous utilisons l'expression « amortissement pour dépréciation » afin de souligner l'opposition avec « l'amortissement dérogatoire ».
(137) *BOFiP*, BOI-BIC-AMT-10-50-10, n° 70.

l'administration des impôts, l'obligation de comptabiliser l'amortissement est réputée satisfaite dès lors qu'il est constaté en charges par le débit des comptes « Dotation aux amortissements » et « Dotation aux amortissements dérogatoires »[138].

242. - Origines. Ainsi qu'il a été dit, les amortissements dérogatoires trouvent leur origine dans la réglementation fiscale. L'écart entre l'amortissement comptable et l'amortissement fiscal peut s'expliquer par une différence liée à la méthode d'amortissement (A), la durée d'amortissement (B) ou la base amortissable (C)[139].

NB : Nous donnons ici les indications essentielles permettant de comprendre l'apparition des amortissements dérogatoires en comptabilité. Pour une pleine compréhension du phénomène, le lecteur est invité à se reporter à la partie de l'ouvrage consacrée aux amortissements pour dépréciation (V. *infra*, nos 421 et s.).

A. - Différence fondée sur le mode d'amortissement

243. - Amortissements autres que linéaires. En droit comptable, l'amortissement de droit commun est l'amortissement linéaire (ou « constant »). Pour certains biens (CGI, ann. II, art. 22), le droit fiscal autorise la déduction d'un amortissement « dégressif », plus important au début du plan que l'amortissement linéaire (CGI, art. 39 A). L'écart entre l'annuité linéaire et l'annuité dégressive est obligatoirement enregistré en amortissement dérogatoire[140]. Plus rarement, le droit fiscal autorise la comptabilisation d'un amortissement exceptionnel (ou « massif »), généralement sur douze ou quatorze mois (CGI, art. 39 AB à AK), dont le traitement comptable est le même que pour l'amortissement dégressif. Enfin, si l'entreprise a choisi de comptabiliser un amortissement variable ou « croissant », et que l'actif amorti n'est pas éligible fiscalement à ce type d'amortissement, elle devra comptabiliser un amortissement dérogatoire afin de respecter la règle de l'amortissement linéaire minimum (CGI, art. 39 B).

244. - Amortissements fiscaux. L'amortissement dégressif et l'amortissement exceptionnel sont conçus comme une aide fiscale à l'investissement. Si, *a priori*, il n'est pas interdit à une entreprise de comptabiliser un amortissement dégressif ou exceptionnel fondé sur une dépréciation réelle du bien, la déduction d'un amortissement dégressif « fiscal » (1°) ou d'un amortissement exceptionnel « fiscal » (2°) est conditionnée par le respect des textes du Code général des impôts. C'est cette réglementation fiscale que nous exposons ci-après.

1° L'amortissement dégressif fiscal

245. - Domaine. Pour pouvoir faire l'objet d'un amortissement dégressif, les biens doivent remplir quatre séries d'exigences[141] : 1) entrer dans l'une des catégories visées par les textes ; 2) avoir été acquis ou fabriqués à compter du 1er janvier 1960[142], ou du 31 juillet 1962[143] en ce qui concerne les bâtiments industriels de construction légère ; 3) ne pas être usagés au moment de leur acquisition, et 4) avoir une durée normale d'utilisation au moins égale à trois ans.

(138) *BOFiP*, BOI-BIC-AMT-10-50-10, n° 70, préc.
(139) *BOFiP*, BOI-BIC-AMT-10-10, n° 110.
(140) *BOFiP*, BOI-BIC-AMT-20-20, n° 10.
(141) *BOFiP*, BOI-BIC-AMT-20-20-20, n° 1.
(142) L. n° 59-1472, 28 déc. 1959, art. 37.
(143) L. n° 62-873, 31 juill. 1962, art. 24.

La mesure figure comme suit dans le Code général des impôts :

« L'amortissement des biens d'équipement, autres que les immeubles d'habitation, les chantiers et les locaux servant à l'exercice de la profession, acquis ou fabriqués à compter du 1er janvier 1960 par les entreprises industrielles, peut être calculé suivant un système d'amortissement dégressif, compte tenu de la durée d'amortissement en usage dans chaque nature d'industrie. Un décret en Conseil d'État fixe les modalités de l'amortissement dégressif » (CGI, art. 39 A-1, al. 1er).

Le domaine de l'amortissement dégressif fiscal est plus large qu'il n'y paraît. En premier lieu, contrairement à la lettre du texte, il est ouvert à l'ensemble des entreprises commerciales possédant des immobilisations identiques à celles des entreprises industrielles, qu'elles soient soumises à l'IS ou qu'elles relèvent de l'impôt sur le revenu au titre des BIC[144]. En second lieu, le régime de l'amortissement dégressif s'applique également aux BNC (CGI, art. 93-1-2°) ainsi qu'aux bénéfices agricoles (CGI, ann. III, art. 38 sexdecies E).

En application de l'article 39 A précité du Code général des impôts, les pouvoirs publics ont dressé une liste des investissements pouvant bénéficier de l'amortissement dégressif (CGI, ann. II, art. 22, al. 1er). Toutefois, le caractère éligible de la dépense n'est pas une condition suffisante, car la disposition précise *in fine* que :

« Sont exclus du bénéfice de l'amortissement dégressif les biens qui étaient déjà usagés au moment de leur acquisition par l'entreprise ainsi que ceux dont la durée normale d'utilisation est inférieure à trois ans » (CGI, ann. II, art. 22, al. 2).

Le législateur a également, sous les mêmes conditions, étendu l'amortissement dégressif à d'autres secteurs d'activité ou d'autres investissements (CGI, art. 39 A-1, al. 2).

Si le bien est décomposable, la structure et les composants peuvent être amortis selon un mode dégressif dans les mêmes conditions que l'immobilisation prise dans son ensemble[145]. Ainsi, si une immobilisation est éligible au mode dégressif, sa structure le sera également. La même règle s'applique pour les composants ; le mode dégressif s'appliquera à un composant lorsque l'immobilisation à laquelle il se rattache est elle-même éligible à ce système ou lorsqu'il est lui-même éligible à ce système (CGI, ann. II, art. 15 bis, II, 2°, al. 2).

(144) *BOFiP*, BOI-BIC-AMT-20-20-10, n° 1.
(145) *BOFiP*, BOI-BIC-AMT-20-20-40, n° 1.

246. – Tableau comparatif des dépenses éligibles et exclues de l'amortissement dégressif.

SOURCE	INTITULÉ LÉGAL DE LA CATÉGORIE	BIENS ÉLIGIBLES (EX.)	BIENS EXCLUS (EX.)
	Matériels et outillages utilisés pour des opérations industrielles de fabrication de transformation ou de transport.	Véhicules de transport en commun de personnes, véhicules industriels, matériels de travaux publics, matériel d'irrigation.	Voitures de tourisme, camionnettes de moins de 2 tonnes y compris les ambulances (1).
	Matériels de manutention.	Élevators, chariots, containers, ascenseurs.	Escalators, matériel d'emballage.
CGI, ann. II, art. 22, al. 1er	Installations destinées à l'épuration des eaux et à l'assainissement de l'atmosphère.	Matériels d'épuration des eaux souillées de l'entreprise.	Matériels de purification des eaux utilisées par l'entreprise.
	Installations productrices de vapeur, chaleur ou énergie.	Chaudières, appareils de chauffage, groupes électrogènes, fours démontables.	Armoires frigorifiques (2).
	Installations de sécurité et installation à caractère médico-social.	Détecteurs d'incendie, alarmes, caméras de vidéosurveillance. Équipements des infirmeries, centres médico-sociaux, crèches, maisons de cure.	Équipements de loisir ou à caractère sportif.
	Machines de bureau, à l'exclusion des machines à écrire.	Micro-ordinateurs (3), modems, répondeurs téléphoniques, standards téléphoniques numériques, balances électroniques.	Machines à écrire.
CGI, ann. II, art. 22, al. 1er	Matériels et outillages utilisés à des opérations de recherche scientifique ou technique.	Éléments mobiliers destinés à la recherche fondamentale ou appliquée ou à des opérations de développement.	Éléments à caractère immobilier.
	Installations de magasinages et de stockage sans que puissent y être compris les locaux servant à l'exercice de la profession.	Agencements et rayonnages (même non exclusifs) (4), chambres froides, mûrisseries.	Constructions assurant le clos et le couvert des installations de magasinage et de stockage.

SOURCE	INTITULÉ LÉGAL DE LA CATÉGORIE	BIENS ÉLIGIBLES (EX.)	BIENS EXCLUS (EX.)
CGI, art. 39 A-2	Investissements hôteliers, meubles et immeubles.	Tous les équipements mobiliers ou immobiliers servant aux entreprises qui assurent le logement uniquement ou à la fois le logement et la nourriture (5).	Tous les équipements mobiliers ou immobiliers servant à des entreprises de restauration uniquement (bars, restaurants…), aux maisons de retraite ou aux campings (8).
	Bâtiments industriels dont la durée normale d'utilisation n'excède pas quinze années et dont la construction est achevée postérieurement à la date de publication de la loi n° 62-873 du 31 juillet 1962, à l'exclusion cependant des immeubles ayant fait l'objet de l'amortissement exceptionnel prévu au 1 de l'article 39 quinquies A.	Constructions légères ou spécialement édifiées pour protéger ou renfermer des matériels et dont la durée d'utilisation se confond avec celle desdits matériels.	Constructions dont la structure ou l'ossature en béton, bois ou métal assure une utilisation supérieure à quinze ans.
CGI, art. 39 A-2	Satellites de communication.	Matériels acquis ou créés à compter du 1er janvier 2003 (6).	Matériels acquis ou créés avant le 1er janvier 2003 (6).
	Immeubles destinés à titre exclusif à accueillir des expositions et des congrès et équipements affectés à ces mêmes immeubles.	Immeubles et équipements acquis ou créés à compter du 1er janvier 2007 (7).	Immeubles et équipements acquis ou créés avant le 1er janvier 2007 (7).

(1) Rép. min. Bernard : *JOAN* 8 févr. 1988, p. 576, n° 32127.
(2) CE, 15 janv. 1975, n° 88586 : *RJF* 3/75, n° 88.
(3) Rép. min. Hamel : *JO* Sénat 20 août 1998, p. 2735, n° 6769.
(4) CE, 5 juill. 1991, n° 108826 : *RJF* 8-9/91, n° 1158.
(5) CE, 27 juill. 2005, n° 254562 : *RJF* 11/05, n° 1151 (résidences de tourisme).
(6) L. fin. rect. 2003, n° 2003-1312, 30 déc. 2003, art. 18.
(7) L. fin. rect. 2006, n° 2006-1771, 30 déc. 2006, art. 79.
(8) CE, 4 nov. 2020, n° 440470, *Féd. corse de l'hôtellerie de plein air* : *Dr. fisc.* 2021, n° 42, comm. 395, concl. K. Ciavaldini.

247. – Modalités. Le caractère dégressif de l'amortissement provient de l'application d'un taux constant à une base résiduelle. Comme la base de calcul décroît d'année en année pour tenir compte des amortissements déjà déduits, l'annuité d'amortissement décroît aussi.

Le taux constant est égal au taux d'amortissement linéaire multiplié par un certain coefficient qui varie selon « la durée normale d'utilisation » du bien (durée d'usage). Pour les biens acquis ou fabriqués depuis le 1er janvier 2001, ces coefficients sont de 1,25, 1,75 ou 2,25 selon que la durée d'utilisation est respectivement de trois ou quatre ans, cinq ou six ans, ou supérieure à six ans (CGI, art. 39 A, 1, al. 2). Ces taux s'appliquent sauf si les biens bénéficient d'une majoration spécifique (V. *infra*, n° 248, le tableau de synthèse des coefficients).

Au cas de bien décomposé, la durée d'amortissement de la structure dont dépend le coefficient de majoration est fixée d'après la durée fiscale d'amortissement (durée d'usage) de l'immobilisation d'ensemble[146]. Pour les composants, on retient la durée d'amortissement qui leur est applicable et non celle de la structure ou de l'immobilisation d'ensemble ; elle correspond à la « durée réelle » d'utilisation du bien telle que définie en matière comptable (car il n'y a pas, en principe, d'usage comptable pour les composants), sauf si cette durée est supérieure à la durée d'usage applicable à la structure (qui fait office de durée « butoir »)[147].

L'année de la création ou de l'acquisition du bien, il convient d'appliquer le taux d'amortissement dégressif sur le prix de revient de l'immobilisation. L'annuité est réduite *prorata temporis* « selon la proportion existant entre, d'une part la durée de la période allant du premier jour du mois d'acquisition ou de la construction à la date de clôture de l'exercice et, d'autre part, la durée totale dudit exercice » (CGI, ann. II, art. 23, al. 1er, 1°). La réduction *prorata temporis* de la première annuité se calcule toujours en mois (et non en jours comme pour l'amortissement linéaire)[148], le premier mois étant pris en compte pour sa totalité.

Pour chacun des exercices suivants, le même taux s'appliquera à la valeur résiduelle du bien (CGI, ann. II, art. 23, al. 1er, 2°). La dernière annuité est déduite pour solde. Toutefois, afin de préserver la dégressivité de l'amortissement, il est prévu que :

> « Lorsque l'annuité dégressive d'amortissement ainsi calculée pour un exercice devient inférieure à l'annuité correspondante au quotient de la valeur résiduelle par le nombre d'années d'utilisation restant à courir à compter de l'ouverture dudit exercice, l'entreprise a la faculté de faire état d'un amortissement égal à cette dernière annuité » (CGI, ann. II, art. 23, al. 2).

La première annuité d'amortissement est comptée pour une année entière ; par rapport à un amortissement linéaire, il en résulte que le plan est toujours plus court d'une année.

Au cas de cession d'un bien en cours d'amortissement, l'entreprise peut ou non pratiquer un amortissement au titre de l'exercice de cession[149]. Si elle choisit de le faire, la dernière annuité doit être réduite *prorata temporis* jusqu'au début du mois de cession[150].

(146) *BOFiP*, BOI-BIC-AMT-20-20-40, n° 10.
(147) *BOFiP*, BOI-BIC-AMT-20-20-40, n° 20.
(148) *BOFiP*, BOI-BIC-AMT-20-20-30, n° 210.
(149) La déduction d'une annuité supplémentaire a pour effet de minorer le résultat imposable au taux plein, mais de majorer la plus-value de cession. Les entreprises ont intérêt à déduire une dernière annuité s'il s'agit d'une plus-value à long terme bénéficiant du taux réduit ou d'une plus-value à court terme qui peut être étalée sur trois ans.
(150) *BOFiP*, BOI-BIC-AMT-20-20-30, n° 270.

Exemple

Une entreprise dont l'exercice est calqué sur l'année civile acquiert un matériel neuf le 15 novembre N pour un prix de 120 000 €. Le bien est éligible à l'amortissement dégressif et sa durée normale d'utilisation est de dix ans. Le bien est effectivement mis en service le 1er janvier N+1.

Taux linéaire : 10 %.

Coefficient d'amortissement dégressif (> 6 ans) : 2,25.

Taux d'amortissement dégressif : 10 % × 2,25 = 22,5 %.

ANNÉE	MONTANT DE L'ANNUITÉ	VALEUR RÉSIDUELLE
N	120 000 € × 22,5 % × 2/12 = 4 500 € (1)	115 500 €
N+1	115 500 € × 22,5 % = 25 987,50 €	89 512,50 €
N+2	89 512,50 € × 22,5 % = 20 140,31 €	69 372,19 €
N+3	69 372,19 € × 22,5 % = 15 608,74 €	53 763,45 €
N+4	53 763,45 € × 22,5 % = 12 096,78 €	41 666,67 €
N+5	41 666,67 € × 22,5 % = 9 375 €	32 291,67 €
N+6	32 291,67 € / 4 = 8 072,92 € (2)	24 218,75 €
N+7	8 072,92 €	16 145,83 €
N+8	8 072,92 €	8 072,91 €
N+9	8 072,91 €	0 €

(1) La première annuité est réduite *prorata temporis* à compter de l'acquisition du bien.

(2) À compter du sixième exercice, il est fait application du système linéaire en utilisant le taux applicable en fonction du nombre d'années restantes (quatre années, soit un taux de 25 %).

248. – Tableau des coefficients d'amortissement dégressif.

DURÉE AMORTISSEMENT	BIENS ACQUIS OU FABRIQUÉS AVANT LE 1/01/2001	BIENS ACQUIS OU FABRIQUÉS DEPUIS LE 1/01/2001	MATÉRIEL DE RECHERCHE ACQUIS OU FABRIQUÉ DEPUIS LE 1/01/2004 (1)	MATÉRIEL FORESTIER ACQUIS OU FABRIQUÉ ENTRE LE 13/11/2013 ET LE 31/12/2016 (2)	MATÉRIEL À CARACTÈRE ÉCOLOGIQUE ACQUIS OU FABRIQUÉ ENTRE LE 1/01/2001 ET LE 1/01/2003 (3)	BIENS ACQUIS OU FABRIQUÉS ENTRE LE 4/11/2008 ET LE 31/12/2009
3 et 4 ans	1,5	1,25	1,5	Maj. 30 % (soit 1,62)	2	1,75
5 et 6 ans	2	1,75	2	Maj. 30 % (soit 2,27)	2,5	2,25
> 6 ans	2,5	2,25	2,5	Maj. 30 % (soit 2,92)	3	2,75

NB : La partie grisée foncée correspond au droit positif.

(1) Matériels et outillages utilisés pour des opérations de recherche scientifique ou technique ouvrant droit au crédit d'impôt recherche (CGI, art. 39 AA quinquies).

(2) Matériels de production, sciage et valorisation des produits forestiers acquis ou fabriqués par les entreprises de première transformation de bois (CGI, art. 39 AA quater).

(3) Matériels destinés à économiser l'énergie et équipements de production d'énergies renouvelables (CGI, art. 39 AA).

249. - Comptabilisation. Il est désormais loin le temps où l'on discutait de la nature et de la comptabilisation de l'amortissement dégressif, en amortissement pour dépréciation ou en amortissement dérogatoire[151]. Aujourd'hui, compte tenu de la nouvelle définition de l'amortissement (« L'amortissement d'un actif est la répartition systématique de son montant amortissable en fonction de son utilisation », PCG, art. 214-13, al. 1er), le débat est clos. Il n'est plus possible, depuis le 1er janvier 2005 (date d'entrée en vigueur du règlement CRC du 12 décembre 2002 relatif à l'amortissement et à la dépréciation des actifs, V. *supra*, n° 51), de comptabiliser le surplus d'amortissement linéaire dans un compte d'amortissement pour dépréciation. Ainsi, l'amortissement dégressif est obligatoirement comptabilisé comme un amortissement dérogatoire ; c'est la position officielle de l'administration fiscale[152] et du CNC pour qui l'amortissement dégressif est une « provision réglementée »[153].

En comptabilité, il est nécessaire de faire apparaître la réelle dépréciation du bien. Le comptable doit donc enregistrer chaque année une annuité d'amortissement linéaire dans les comptes appropriés. Par contre, le surplus d'amortissement linéaire, qui ne correspond pas à la dépréciation du bien, sera enregistré au crédit du compte n° 145 « Amortissements dérogatoires » afin de souligner sa nature de ressource propre pour l'entreprise. En contrepartie, il conviendra de débiter le compte n° 68725 « Dotations aux provisions réglementées – Amortissements dérogatoires », car l'amortissement dérogatoire n'est pas considéré comme une charge d'exploitation, mais comme une charge exceptionnelle.

Alors que l'amortissement linéaire débute au jour de la mise en service du bien, l'amortissement dégressif commence dès son acquisition (V. *supra*, n° 247) ; il peut donc être nécessaire de comptabiliser un amortissement dérogatoire alors même qu'aucun amortissement pour dépréciation n'a encore été enregistré (V. ci-après l'illustration).

L'avantage procuré par l'amortissement dérogatoire n'est que temporaire. En effet, l'entreprise va continuer à déduire ses amortissements linéaires, de sorte que les amortissements déduits finiront par être plus importants que la valeur du bien. À ce moment-là, l'entreprise devra obligatoirement rapporter au résultat l'excédent d'amortissement pour chacun des exercices au titre desquels elle déduit les amortissements linéaires. Pour ce faire, elle portera l'amortissement excédentaire au débit du compte d'amortissement dérogatoire n° 145 par le crédit du compte de produits n° 78725 « Reprises sur provisions réglementées – Amortissements dérogatoires ». Il en va de même si le bien est cédé en cours de plan.

Exemple

Reprise de l'exemple du n° 247.

Le matériel n'est pas décomposable.

Sa durée réelle d'utilisation comptable correspond à sa durée d'usage fiscale.

(151) J.-P. Casimir, B. Caspar et M. Cozian, *Comptabilité générale d'entreprise*, Litec, 1990, n° 1268.

(152) *BOFiP*, BOI-BIC-AMT-10-10, nos 100 à 120.

(153) CNC, avis n° 2002-07, 27 juin 2002, relatif à l'amortissement et à la dépréciation des actifs, § 1.1 : « Les amortissements dérogatoires prescrits ou autorisés par des textes particuliers (cf. art. 322-2 du règlement n° 99-03), fondés soit sur une durée d'amortissement fiscal plus courte que son utilisation (logiciels par exemple) ou sur un mode dégressif sans changement de durée (le mode linéaire ayant été retenu dans le plan d'amortissement déduit de la valeur brute), sont des provisions réglementées traitées conformément aux articles 322.2 et 441.14 du règlement n° 99.03 du CRC et exclus du champ d'application du présent avis ».

Tableau d'amortissement

ANNÉE	AMORTISSEMENTS FISCAUX(A)	AMORTISSEMENT POUR DÉPRÉCIATION(B)	AMORTISSEMENT DÉROGATOIRE(A – B)
N	4 500 €	0 € (1)	4 500 €
N+1	25 987,50 €	120 000 € / 10 = 12 000 €	13 987,50 €
N+2	20 140,31 €	12 000 €	8 140,31 €
N+3	15 608,74 €	12 000 €	3 608,74 €
N+4	12 096,78 €	12 000 €	96,78 €
N+5	9 375 €	12 000 €	– 2 625 € (2)
N+6	8 072,92 €	12 000 €	– 3 927,08 €
N+7	8 072,92 €	12 000 €	– 3 927,08 €
N+8	8 072,92 €	12 000 €	– 3 927,08 €
N+9	8 072,91 €	12 000 €	– 3 927,09 €
N+10 (3)	0 €	12 000 €	– 12 000 €

(1) L'amortissement linéaire débute au jour de la mise en service du bien (1er janvier N+1).

(2) Un solde négatif traduit un amortissement excédentaire qui devra être repris.

(3) 10e annuité linéaire, compte tenu d'une mise en service du bien le 1er janvier N+1.

Comptabilisation des amortissements à la clôture de chaque exercice

N° DU COMPTE	LIBELLÉ DU COMPTE	DÉBIT	CRÉDIT
	31/12/N		
68725	Dotations aux amortissements dérogatoires	4 500 €	
145	Amortissements dérogatoires		4 500 €
	31/12/N+1		
68112	Dotations aux amortissements des immobilisations corporelles	12 000 €	
28154	Amortissement du matériel industriel		12 000 €
68725	Dotations aux amortissements dérogatoires	13 987,50 €	
145	Amortissements dérogatoires		13 987,50 €
	31/12/N+2		
68112	Dotations aux amortissements des immobilisations corporelles	12 000 €	
28154	Amortissement du matériel industriel		12 000 €
68725	Dotations aux amortissements dérogatoires	8 140,31 €	
145	Amortissements dérogatoires		8 140,31 €

N° DU COMPTE	LIBELLÉ DU COMPTE	DÉBIT	CRÉDIT
	31/12/N+3		
68112	Dotations aux amortissements des immobilisations corporelles	12 000 €	
28154	Amortissement du matériel industriel		12 000 €
68725	Dotations aux amortissements dérogatoires	3 608,74 €	
145	Amortissements dérogatoires		3 608,74 €
	31/12/N+4		
68112	Dotations aux amortissements des immobilisations corporelles	12 000 €	
28154	Amortissement du matériel industriel		12 000 €
68725	Dotations aux amortissements dérogatoires	96,78 €	
145	Amortissements dérogatoires		96,78 €
	31/12/N+5		
68112	Dotations aux amortissements des immobilisations corporelles	12 000 €	
28154	Amortissement du matériel industriel		12 000 €
145	Amortissements dérogatoires	2 625 €	
78758	Reprises sur amortissements dérogatoires		2 625 €
	31/12/N+6		
68112	Dotations aux amortissements des immobilisations corporelles	12 000 €	
28154	Amortissement du matériel industriel		12 000 €
145	Amortissements dérogatoires	3 927,08 €	
78758	Reprises sur amortissements dérogatoires		3 927,08 €
	31/12/N+7		
68112	Dotations aux amortissements des immobilisations corporelles	12 000 €	
28154	Amortissement du matériel industriel		12 000 €
145	Amortissements dérogatoires	3 927,08 €	
78758	Reprises sur amortissements dérogatoires		3 927,08 €
	31/12/N+8		
68112	Dotations aux amortissements des immobilisations corporelles	12 000 €	
28154	Amortissement du matériel industriel		12 000 €

N° DU COMPTE	LIBELLÉ DU COMPTE	DÉBIT	CRÉDIT
145	Amortissements dérogatoires	3 927,08 €	
78758	Reprises sur amortissements dérogatoires		3 927,08 €
	31/12/N+9		
68112	Dotations aux amortissements des immobilisations corporelles	12 000 €	
28154	Amortissement du matériel industriel		12 000 €
145	Amortissements dérogatoires	3 927,09 €	
78758	Reprises sur amortissements dérogatoires		3 927,09 €
	31/12/N+10		
68112	Dotations aux amortissements des immobilisations corporelles	12 000 €	
28154	Amortissement du matériel industriel		12 000 €
145	Amortissements dérogatoires	12 000 €	
78758	Reprises sur amortissements dérogatoires		12 000 €

2° L'amortissement exceptionnel fiscal

250. - Variété. À l'image de l'amortissement dégressif, l'amortissement exceptionnel n'a pas besoin d'être fondé sur une dépréciation réelle du bien. Comme lui, il prend sa source dans un texte fiscal directement applicable en comptabilité. Il figurera donc dans les comptes de l'entreprise en amortissement dérogatoire pour sa fraction qui excède l'annuité linéaire.

Ce n'est que dans des situations marginales que l'amortissement exceptionnel sera traité comme un « suramortissement » à caractère purement fiscal, déduit de manière extra-comptable. Il prend alors souvent la forme d'une majoration artificielle de la base amortissable. C'est le cas des immobilisations financées au moyen de certaines primes de développement, d'aménagement ou d'équipement accordées avant 2006 (CGI, art. 39 quinquies FA)[154]. Contrairement à ce qui se produit pour les amortissements dérogatoires, la déduction d'un « suramortissement » à caractère fiscal ne devrait avoir aucune incidence sur la valeur comptable du bien et donc sur le calcul de la plus ou moins-value de cession.

En ce qui concerne « la déduction exceptionnelle et temporaire en faveur de l'investissement » instituée par la loi « Macron », V. *infra*, n° 761.

Il convient également de mettre de côté le cas particulier des amortissements exceptionnels de biens non amortissables, tels que les droits sociaux. À ce titre, béné-

(154) Selon ce texte : « La base de calcul de l'amortissement des immobilisations acquises ou créées au moyen de primes de développement régional ou d'aménagement du territoire, d'orientation pour les entreprises de produits agricoles et alimentaires, d'installation et de développement artisanal, d'équipement dans les départements d'outre-mer, accordées au cours des années antérieures à 2006, est majorée pour la détermination du bénéfice imposable, de la moitié du montant de la prime ».

ficient d'un amortissement exceptionnel de 50 % du montant investi les entreprises qui souscrivent en numéraire au capital de sociétés financières de participation (CGI, art. 39 quinquies A, 2b et 40 sexies, al. 2)[155], et les sociétés soumises à l'IS qui souscrivent en numéraire au capital de sociétés de financement d'œuvres cinématographiques ou audiovisuelles (« SOFICA », CGI, art. 217 septies)[156], de sociétés d'épargne forestière (CGI, art. 217 terdecies)[157], ou de sociétés d'investissement régional ou de développement rural (CGI, art. 217 quaterdecies)[158]. Les sociétés soumises à l'IS peuvent aussi amortir sur cinq ans les sommes versées au titre des souscriptions en numéraire au capital des PME innovantes (CGI, art. 217 octies)[159].

251. – Modalités. L'amortissement exceptionnel fiscal prend la forme d'un amortissement ultra accéléré de l'immobilisation, en principe sur douze ou vingt-quatre mois. De fait, il permet aux entreprises de déduire le prix d'achat d'un investissement, comme s'il s'agissait d'une charge.

En comptabilité, l'amortissement exceptionnel est traité comme un amortissement dérogatoire[160]. Ce sont les textes fiscaux qui règlent, au cas par cas, les difficultés comptables. Ainsi, au cas d'achat d'un logiciel en cours d'année, l'amortissement exceptionnel « s'effectue au prorata du nombre de mois restant à courir entre le premier jour du mois de la date d'acquisition du logiciel et la clôture de l'exercice ou la fin de l'année. Le solde est déduit à la clôture de l'exercice suivant ou au titre de l'exercice suivant » (CGI, art. 236-II, al. 2). Si le bien est décomposable, l'administration fiscale considère que, lorsque l'amortissement exceptionnel s'applique à l'immobilisation dans son ensemble (par ex., un immeuble anti-pollution), il s'applique également à la structure et aux composants[161]. Pour autant, si le dispositif fiscal peut s'appliquer à des travaux incorporés dans une immobilisation existante, cela ne rend pas cette dernière éligible à l'amortissement exceptionnel[162].

Afin de se prémunir contre le risque lié à une remise en cause par l'administration de l'amortissement exceptionnel, l'entreprise peut utiliser la procédure du rescrit fiscal (« accord tacite »)[163]. Si l'administration ne répond pas dans un délai de trois mois à un contribuable de bonne foi qui lui a notifié son intention de bénéficier d'un régime

(155) Abrogé par la loi de finances pour 2019 (L. n° 2018-1317 du 28 déc. 2018, art. 30).
(156) Abrogé par la loi de finances pour 2014 (L. n° 2013-1278 du 29 déc. 2013, art. 26).
(157) Abrogé par la loi de finances pour 2019, *préc.* (L. n° 2018-1317 du 28 déc. 2018, art. 142).
(158) Abrogé par la loi de finances pour 2014, *préc.* (L. n° 2013-1278 du 29 déc. 2013, art. 26).
(159) L. fin. rect. 2013, n° 2013-1279, 29 déc. 2013, art. 15. Cette mesure s'applique aux sommes versées à compter d'une date fixée par décret, qui ne peut être postérieure de plus de six mois à la réception par le gouvernement de la réponse de la Commission européenne permettant de considérer le dispositif législatif lui ayant été notifié comme étant conforme au droit de l'Union européenne en matière d'aides d'État. Plusieurs aménagements du dispositif ont été réalisés afin de le rendre compatible avec le droit de l'Union européenne en matière d'aides d'État (L. fin. rect. 2014, n° 2014-1655, 29 déc. 2014, art. 76 ; L. fin. rect. 2015, n° 2015-1586, 29 déc. 2015, art. 81). Les modifications issues de la loi de finances rectificative pour 2015 sont entrées en vigueur le 3 septembre 2016 (D. n° 2016-1187, 31 août 2016 : *Dr. fisc.* 2016, n° 36, act. 491).
(160) *BOFiP*, BOI-BIC-AMT-20-30, n° 40.
(161) *BOFiP*, BOI-BIC-AMT-20-30, n° 40, préc.
(162) *BOFiP*, BOI-BIC-AMT-20-30, n° 40, préc.
(163) La procédure d'accord tacite correspond au rescrit « spécial » de l'article L. 80 B, 2° du Livre des procédures fiscales. Celui-ci ne doit pas être confondu avec le rescrit « général » de l'article L. 80 B, 1° du Livre des procédures fiscales, qui permet à un contribuable d'opposer à l'administration sa prise de position sur l'appréciation d'une situation de fait au regard d'un texte fiscal. À la différence du rescrit « spécial », l'absence de réponse de l'administration ne vaut pas accord tacite.

de faveur, elle est censée avoir donné tacitement son accord (LPF, art. L. 80 B, 2°). La procédure d'accord tacite joue pour l'ensemble des amortissements exceptionnels, à l'exception des logiciels.

252. – Tableau des dépenses ouvrant droit à l'amortissement exceptionnel.

INVESTISSEMENTS CONCERNÉS	FIN DE LA MESURE	MODALITÉS DE L'AMORTISSEMENT	RÉFÉRENCES	ACCORD TACITE ?
Matériels destinés à économiser l'énergie et équipements de production d'énergies renouvelables	Matériels acquis ou fabriqués avant le 1er janvier 2011	12 mois	CGI, art. 39 AB, CGI, ann. IV, art. 02	Oui
Immeubles construits par des PME (1), pour les besoins de leur exploitation, dans des zones de revitalisation rurale ou de redynamisation urbaine, et travaux de rénovation de ces mêmes immeubles	Immeubles édifiés avant le 1er janvier 2016 et travaux de rénovation réalisés avant le 1er janvier 2016	25 % du prix de revient, à l'achèvement de la construction (2)	CGI, art. 39 quinquies D	Oui
Matériels destinés à réduire le bruit d'installations existant au 31 décembre 1990	Matériels acquis ou fabriqués avant le 1er janvier 2011	12 mois	CGI, art. 39 quinquies DA	Oui
Immeubles anti-pollution qui s'incorporent à des installations de production préexistantes ou achevées au 1er janvier 2011	Immeubles achevés avant le 1er janvier 2011	12 mois	CGI, art. 39 quinquies E et F	Oui
Bâtiments affectés aux activités d'élevage ainsi que les matériels et installations destinés au stockage des effluents d'élevage	Bâtiments construits, acquis ou fabriqués entre le 1er janvier 2016 et le 31 décembre 2017	40 % du prix de revient réparti linéairement sur cinq ans	CGI, art. 39 quinquies FB	Non *a priori*

Constructions qui s'incorporent aux installations de production agricole, afin de satisfaire aux obligations de protection de l'environnement	Constructions réalisées avant le 1er janvier 2011	12 mois	CGI, art. 39 quinquies FC	Oui
Investissements en robotique par les PME (1) (4)	Biens acquis ou créés entre le 1er octobre 2013 et le 31 décembre 2016	24 mois	CGI, art. 39 AH	Non *a priori*
Acquisitions de logiciels (3)	Logiciels acquis au cours des exercices ouverts avant le 1er janvier 2017 (7)	12 mois	CGI, art. 236-II	Non
Imprimantes « 3D » par les PME (1) (5) (6)	Biens acquis ou créés entre le 1er octobre 2015 et le 31 décembre 2017	24 mois	CGI, art. 39 AI	Non *a priori*

(1) Il s'agit des entreprises qui emploient moins de 250 salariés, dont le chiffre d'affaires HT, hors produits exceptionnels, est inférieur à 50 M€ ou dont le total de bilan est inférieur à 43 M€, et qui ne sont pas détenues directement ou indirectement à plus de 25 % par des entreprises ne répondant pas à ces conditions.

NB : Ces conditions s'apprécient à la clôture de l'exercice précédant l'achèvement de l'immeuble ou à la clôture du premier exercice s'il est achevé au cours dudit exercice.

(2) La valeur résiduelle des constructions est amortissable sur leur durée normale d'utilisation. Le mode dégressif est utilisable si l'investissement réalisé y ouvre droit. Par suite, la première annuité, le cas échéant réduite *prorata temporis*, s'ajoute à la dotation exceptionnelle de 25 % (*BOFiP*, BOI-BIC-AMT-20-30-90, n° 540).

(3) Les sites Internet sont assimilés aux logiciels par l'administration fiscale (*BOFiP*, BOI-BIC-CHG-20-30-30, nos 180 et 190).

(4) L. fin. 2014, n° 2013-1278, 29 déc. 2013, art. 20. L'amortissement exceptionnel s'applique également aux robots acquis d'occasion (*BOFiP*, BOI-BIC-AMT-20-30-110, n° 70).

(5) L. fin. rect. 2015, n° 2015-1786, 29 déc. 2015, art. 30.

(6) Les commentaires administratifs du régime d'amortissement des robots sont transposables aux imprimantes « 3D » (*BOFiP*, BOI-BIC-AMT-20-30-110, 2 mars 2016, nos 1 et s.).

(7) L. n° 2016-1917 du 29 décembre 2016, *de finances pour 2017*, art. 32. Désormais, les logiciels doivent être amortis sur leur durée normale d'utilisation (2 ou 3 ans), mais les logiciels dont la valeur unitaire n'excède pas 500 € peuvent être passés en charges (*BOFiP*, BOI-BIC-CHG-20-30-10, n° 40).

B. – Différence fondée sur la durée d'amortissement

253. – Divergence entre fiscalité et comptabilité. *La durée d'amortissement n'est plus calculée de la même façon en comptabilité et en fiscalité.* Si la comptabilité retient désormais la durée d'utilisation du bien (PCG, art. 214-13, al. 1er et 2), la législation fiscale continue de faire référence aux usages comptables (CGI, art. 39-1, 2°). Sont ainsi déductibles : « sauf s'ils sont pratiqués par une copropriété de navires, une copropriété de cheval de course ou d'étalon, les amortissements réellement effectués par l'entreprise, dans la limite de ceux qui sont généralement admis d'après les usages de chaque nature d'industrie, de commerce ou d'exploitation… ». La position administrative est sans ambiguïté : « La durée normale d'utilisation déterminée conformément à l'article 39-1, 2° du Code général des impôts doit être retenue pour la détermination du bénéfice imposable quelle que soit la durée réelle d'utilisation du bien »[164]. La doctrine fiscale selon laquelle les durées d'amortissement en fiscalité et en comptabilité sont identiques est donc rapportée[165]. Les durées d'usage généralement admises seront précisées avec l'étude des amortissements pour dépréciation (V. *infra*, n° 431).

254. – Incidences comptables. Deux hypothèses sont concevables selon que la durée « réelle » d'utilisation du bien est supérieure ou inférieure à sa durée « normale » d'utilisation.

• Le plus fréquemment, la durée réelle d'utilisation d'une immobilisation est plus longue que celle qui est fixée de manière abstraite par les usages du commerce. Il s'ensuit que l'annuité fiscale est plus importante que l'annuité comptable. La différence devra donc figurer dans un compte d'amortissement dérogatoire pour pouvoir être déduite fiscalement. Il reste que l'entreprise n'est pas obligée de comptabiliser un amortissement dérogatoire ; elle ne le fera que si elle veut déduire immédiatement un complément d'amortissement. Si elle n'y procède pas, le surplus d'amortissement fiscal non comptabilisé n'est pas considéré comme ayant été irrégulièrement différé. En effet, si en principe la règle de l'amortissement minimal qui figure à l'article 39 B du Code général des impôts s'apprécie par rapport « aux amortissements calculés selon le mode linéaire et répartis sur la durée normale d'utilisation », l'administration fiscale s'est engagée à ne pas pénaliser les entreprises qui différeraient ainsi leurs amortissements (V. *infra*, n° 275). L'amortissement différé pourra donc être déduit au fur et à mesure de l'amortissement comptable[166].

• *Plus rarement, la durée d'usage peut être plus courte que la durée réelle d'utilisation*[167]. Dès lors, l'annuité comptable est plus importante que l'annuité fiscale et l'entreprise doit réintégrer de manière extra-comptable la fraction excédentaire[168]. Cette dernière n'est pas perdue pour l'entreprise, qui pourra la déduire lors de la cession ou de la mise au rebut de l'immobilisation, ou extra-comptablement de façon linéaire sur la durée résiduelle d'usage.

(164) *BOFiP*, BOI-BIC-AMT-10-40-10, n° 20.

(165) Comp. Doc. adm. DGI, 4 D-141, 26 nov. 1996, n° 3.

(166) *BOFiP*, BOI-BIC-AMT-10-40-10, n° 30.

(167) La situation se présente lorsque l'entreprise envisage une cession du bien à très court terme, lorsque la majoration de l'annuité comptable pour cause de raccourcissement de la durée d'amortissement n'est pas compensée par la diminution de la base imposable consécutive à la déduction de la valeur résiduelle du bien.

(168) *BOFiP*, BOI-BIC-AMT-10-40-10, n° 40.

255. - Immobilisations décomposables. Lorsque l'immobilisation est décomposée, on constate une certaine adéquation entre l'amortissement comptable et fiscal.

Bien que l'article 39-1, 2° du Code général des impôts ne fasse aucune différence selon que le bien amortissable est décomposable ou non, il a bien fallu tenir compte d'une réalité : celle de l'absence d'usage comptable applicable à la structure du bien ou à ses composants[169]. Dès lors, comme chaque fois qu'il n'existe pas d'usage comptable (c'est notamment le cas pour les biens très innovants), l'immobilisation sera amortie sur sa durée de vie estimée[170], laquelle, selon l'administration, devrait correspondre dans la plupart des cas à la durée comptable[171].

En ce qui concerne les composants, il se peut que la durée d'amortissement comptable soit tout de même différente de la durée d'amortissement fiscale en raison de la politique de cession de l'entreprise, alors qu'elle n'a pas d'incidence en fiscalité. De façon plus marginale, il se peut également qu'un usage particulier soit applicable au composant (c'est le cas pour les agencements immobiliers). Ces différences seront traitées ainsi qu'il est dit au n° 249.

Dans l'hypothèse où la durée normale d'utilisation du premier composant identifié serait supérieure à la durée d'usage de la structure, l'administration admet que ce composant puisse être amorti sur la durée d'usage, le cas échéant résiduelle, de la structure, et non sur sa propre durée d'utilisation. Cette différence sera portée en amortissement dérogatoire[172].

Au cas de renouvellement d'un composant d'origine, la même durée d'amortissement doit être retenue, mais l'administration fiscale admet qu'elle puisse être plafonnée en fonction de la durée d'utilisation résiduelle de la structure (le cas se présente lorsque le renouvellement du composant est le dernier ou que la structure est déjà intégralement amortie au plan fiscal)[173]. Ces différences seront traitées en amortissements dérogatoires (V. *supra*, n° 254).

En ce qui concerne la structure du bien décomposé, l'administration fiscale admet qu'elle puisse être amortie sur la durée d'usage fiscale applicable à l'immobilisation corporelle prise dans son ensemble[174]. Cette solution, qui ne concerne pas les immeubles de placement (V. *infra*, n° 256), est favorable pour les entreprises puisque la durée d'usage est en règle générale plus courte que la durée d'utilisation. Elle implique, elle aussi, que la fraction excédentaire de l'amortissement fiscal soit comptabilisée en amortissement dérogatoire.

256. - Mesures de simplification. Pour certains biens (immeubles de placement) ou certaines entreprises (PME), l'unité comptable et fiscale a été préservée au prix d'un rapprochement des deux matières. Pour les immeubles de placement, c'est l'administration fiscale qui a fait le premier pas et pour les PME ce sont les autorités comptables.

(169) Y. Benard, *Amortissement des composants : la recomposition des usages* : *RJF* 8-9/05, n° 817.
(170) CE, plén., 25 nov. 1981, n° 11383 : *RJF* 1/82, n° 18 (un salon de haute coiffure peut amortir plus rapidement ses agencements et installations). – *Contra* : CE, 18 mai 2005, n°s 261623 et 261794, *Banque Populaire Loire et Lyonnais* : *Dr. fisc.* 2005, n° 36, comm. 571 (le Conseil d'État considère ici que, malgré les innovations techniques qu'elles comportent, les rames du TGV Atlantique ne constituent pas un matériel nouveau justifiant un amortissement sur une durée différente de celle résultant des usages).
(171) *BOFiP*, BOI-BIC-AMT-10-40-10, n°s 80 et 130.
(172) *BOFiP*, BOI-BIC-AMT-10-40-10, n° 80.
(173) *BOFiP*, BOI-BIC-AMT-10-40-10, n° 90.
(174) *BOFiP*, BOI-BIC-AMT-10-40-10, n° 130.

• L'administration fiscale a indiqué que les immeubles de placement doivent obligatoirement être amortis en retenant la même durée que celle retenue en comptabilité[175]. Puisqu'il s'agit de biens décomposables, il convient donc de retenir la durée réelle d'utilisation de chacun de ses éléments (structure et composants)[176]. Par contre, à la différence du droit comptable, il ne sera pas tenu compte des intentions de l'entreprise en matière de cession. Tous les biens immobiliers sont a priori concernés, s'ils permettent à l'entreprise d'en retirer des loyers ou de valoriser son capital, à l'exclusion des immeubles affectés à sa propre exploitation ou qui sont destinés à la revente[177]. Sont également exclus les immeubles loués, à titre principal, à des entreprises « liées » au sens de l'article 39-12 du Code général des impôts (sur cette notion, V. *infra*, n° 746).

• Les pouvoirs publics ont admis que les PME puissent continuer à déterminer la durée d'amortissement des immobilisations non décomposables par référence aux usages (PCG, art. 214-13, al. 5)[178]. Il s'agit des « petites entreprises », au sens du droit comptable, qui sont autorisées à tenir une comptabilité simplifiée (V. *supra*, n°s 175 et s.). De prime abord, la portée de l'option paraît assez limitée ; elle ne s'applique qu'aux immobilisations non décomposables et ne concerne que leur durée d'amortissement (les nouvelles règles d'assiette, et notamment la prise en compte de la valeur résiduelle, demeurent applicables). Elle n'est pourtant pas anodine ; l'option est globale (elle s'applique à l'ensemble des immobilisations concernées) et elle est définitive (l'option est soumise au principe de permanence des méthodes)[179]. Au cas de dépassement des seuils en cours d'amortissement, l'entreprise peut maintenir le plan d'amortissement antérieur des actifs inscrits à son bilan à la date de dépassement des seuils.

C. – Différence fondée sur la base d'amortissement

257. – **Divergence entre fiscalité et comptabilité.** *La base de calcul des amortissements n'est plus la même en comptabilité et en fiscalité.* En droit comptable, le montant amortissable d'un actif est sa valeur brute telle que diminuée de sa valeur résiduelle (PCG, art. 214-4, al. 1er). Cette dernière représente la valeur vénale de l'actif à la fin de son utilisation par l'entreprise, telle que diminuée des coûts de sortie (PCG, art. 214-4, al. 2). Sans doute pour éviter les discussions relatives à l'évaluation de la valeur résiduelle, le droit fiscal continue de retenir comme base de calcul des amortissements le prix d'achat ou de revient de l'immobilisation[180], seulement diminué de la TVA déductible par l'entreprise (CGI, ann. II, art. 15). La tolérance comptable accordée aux PME pour ce qui est de la durée d'amortissement ne s'applique pas lorsqu'il s'agit de déterminer l'assiette de l'amortissement (V. *supra*, n° 256).

258. – **Domaine de la divergence (biens décomposés).** La prise en compte de la valeur résiduelle à l'issue du plan d'amortissement concerne l'ensemble des biens d'investissement, décomposables ou non. En pratique, lors de la première inscription du bien, la valeur résiduelle sera affectée à la structure ; l'amortissement des composants se fera donc sur leur valeur d'acquisition. En effet, ces derniers sont amortis sur

(175) *BOFiP*, BOI-BIC-AMT-10-40-10, n° 140.
(176) *BOFiP*, BOI-BIC-AMT-10-40-10, n° 190.
(177) *BOFiP*, BOI-BIC-AMT-10-40-10, n° 120.
(178) Règl. CRC n° 2005-09, art. 1 ; A. 26 déc. 2005, art. 1.
(179) T. Roy, *Convergence PCG/IFRS en matière de durée d'amortissement : un pas en arrière ? : LPA* 17 oct. 2006, n° 207, p. 3.
(180) *BOFiP*, BOI-BIC-AMT-10-30-20, n° 20.

une durée plus courte que la structure, de telle sorte qu'ils auront une valeur nulle ou non significative à l'expiration de l'utilisation de la structure. Il en va cependant autrement si le composant jouit d'une indépendance vis-à-vis de la structure (notamment parce qu'il peut être utilisé sur une autre immobilisation ou qu'il peut être cédé indépendamment de l'immobilisation). Dans ce cas, en comptabilité, il est amorti sur sa durée propre d'utilisation, en tenant compte le cas échéant de sa valeur résiduelle. En fiscalité, par contre, le composant est amorti sur sa durée d'usage (si elle existe) et sur la base de sa valeur d'acquisition (compte non tenu de sa valeur résiduelle).

259. – **Portée fiscale de la divergence.** Des corrections doivent être effectuées selon que l'annuité comptable est inférieure ou supérieure à l'annuité fiscalement déductible.

• *Le plus souvent, l'annuité comptable est inférieure à l'annuité fiscale.* C'est la conséquence logique, en comptabilité, de l'absence de prise en compte de la valeur résiduelle dans la base amortissable. Les entreprises devront passer un amortissement dérogatoire au titre de la fraction du prix de revient qui n'est pas amortie comptablement, mais qui peut l'être fiscalement. À défaut, l'amortissement non comptabilisé est considéré comme ayant été irrégulièrement différé (CGI, art. 39 B). En effet, la tolérance administrative en matière de durée d'amortissement (V. *supra*, n° 256), ne s'applique pas en matière de base amortissable.

• *Exceptionnellement, l'annuité comptable sera supérieure à l'annuité fiscale.* La situation se présente lorsque la durée d'amortissement retenue en comptabilité est plus courte que la durée d'usage retenue en fiscalité, sans qu'elle soit compensée par l'absence de prise en compte de la valeur résiduelle dans la base amortissable. Tout au long de la période d'amortissement, l'entreprise devra réintégrer extra-comptablement la fraction d'amortissement comptable non déductible fiscalement (case WE). Par contre, lors de la cession du bien ou de sa mise au rebut, l'entreprise pourra déduire les amortissements antérieurement réintégrés (ligne XG).

Exemple

Une entreprise, qui ne bénéficie pas de la mesure de simplification propre aux PME, acquiert un véhicule au début de l'exercice N. Le prix HT est de 60 000 €. Elle prévoit de le céder au bout de cinq années d'utilisation (N+4). Le prix de cession représenterait 30 % (hypothèse n° 1), ou 10 % (hypothèse n° 2), du prix d'achat initial, diminué des coûts de sortie évalués à 5 % du prix de cession.

En fiscalité, pour ce type de bien, la durée d'usage de l'amortissement est de six ans.

Hypothèse n° 1 : amortissement comptable < amortissement fiscal

EXERCICE	DOTATION AUX AMORTISSEMENTS COMPTABLES(A)	AMORTISSEMENTS FISCALEMENT DÉDUCTIBLES(B)	DOTATION AUX AMORTISSEMENTS DÉROGATOIRES(B – A)
N	8 580 € (1)	10 000 € (2)	1 420 €
N+1	8 580 €	10 000 €	1 420 €
N+2	8 580 €	10 000 €	1 420 €
N+3	8 580 €	10 000 €	1 420 €
N+4	8 580 €	10 000 €	1 420 €

EXERCICE	DOTATION AUX AMORTISSEMENTS COMPTABLES(A)	AMORTISSEMENTS FISCALEMENT DÉDUCTIBLES(B)	DOTATION AUX AMORTISSEMENTS DÉROGATOIRES(B – A)
Lors de la cession du véhicule : – l'entreprise ne dégage aucune plus ou moins-value de cession dès lors que la valeur nette comptable du bien (60 000 € – [5 × 8 580 €] = 17 100 €) est égale à son prix de cession net des coûts de sortie (30 % × 60 000 € = 18 000 € – [5 % × 18 000 €] = 17 100 €) ; – l'entreprise doit reprendre la totalité des amortissements dérogatoires (1 420 € × 5 = 7 100 €).			

(1) Prix de cession (= valeur résiduelle) : 30 % × 60 000 € = 18 000 €. Coût de sortie : 5 % × 18 000 € = 900 €. Base amortissable en comptabilité : 60 000 € – [18 000 € – 900 €] = 42 900 €. Annuité comptable : 42 900 € / 5 = 8 580 €.

(2) Base amortissable en fiscalité : 60 000 €. Annuité fiscale déductible : 60 000 € / 6 = 10 000 €.

Hypothèse n° 2 : amortissement comptable > amortissement fiscal

EXERCICE	DOTATION AUX AMORTISSEMENTS COMPTABLES(A)	AMORTISSEMENTS FISCALEMENT DÉDUCTIBLES(B)	RÉINTÉGRATION EXTRA-COMPTABLE(B – A)
N	10 860 € (1)	10 000 € (2)	860 €
N+1	10 860 €	10 000 €	860 €
N+2	10 860 €	10 000 €	860 €
N+3	10 860 €	10 000 €	860 €
N+4	10 860 €	10 000 €	860 €
Lors de la cession du véhicule : – l'entreprise ne dégage aucune plus ou moins-value de cession dès lors que la valeur nette comptable du bien (60 000 € – [5 × 10 860 €] = 5 700 €) est égale à son prix de cession net des coûts de sortie (10 % × 60 000 € = 6 000 € – [5 % × 6 000 €] = 5 700 €) ; – l'entreprise peut déduire la totalité des amortissements réintégrés (860 € × 5 = 4 300 €).			

(1) Prix de cession (= valeur résiduelle) : 10 % × 60 000 € = 6 000 €. Coût de sortie : 5 % × 6 000 € = 300 €. Base amortissable en comptabilité : 60 000 € – [6 000 € – 300 €] = 54 300 €. Annuité comptable : 54 300 € / 5 = 10 860 €.

(2) Base amortissable en fiscalité : 60 000 €. Annuité fiscale déductible : 60 000 € / 6 = 10 000 €.

§ 2. – Les provisions réglementées

260. – Présentation. L'idée générale qui sous-tend les provisions réglementées est d'accorder aux entreprises un avantage financier immédiat mais temporaire. C'est le droit fiscal qui s'en charge : indépendamment des conditions de déduction des provisions, le Code général des impôts autorise parfois les entreprises à déduire de leurs résultats des provisions qui obéissent à des règles spécifiques. Mais, comme pour toutes les provisions, elles devront être reprises dans les résultats, selon les prescriptions de la loi fiscale. Ainsi sont nées les provisions réglementées : provisions par leur mécanisme, réglementées par leurs modalités.

Comme les amortissements dérogatoires (qui sont assimilés à des provisions réglementées du point de vue de leur fonctionnement comptable, PCG, art. 941-14), les provisions réglementées obéissent au principe de nécessité des écritures comptables ; elles ne sont déductibles que si elles sont comptabilisées par l'entreprise. Il n'y a aucun retraitement extra-comptable à effectuer, puisque le résultat comptable intègre la réglementation fiscale.

En dépit de leur variété, les provisions réglementées obéissent à des règles comptables et fiscales communes (A), et elles ne sont plus très nombreuses en droit positif (B).

A. – Le droit commun des provisions réglementées

261. – Nature. Le parallèle entre les provisions réglementées et les amortissements dérogatoires est inévitable. À l'image des amortissements dérogatoires, les provisions réglementées ne correspondent pas à l'objet normal d'une provision et elles sont comptabilisées en application de textes fiscaux particuliers (PCG, art. 214-8).

Alors que l'objet normal d'une provision (ou d'une dépréciation) consiste à prendre en compte dans le résultat de l'entité les conséquences financières négatives futures et probables liées à un événement qui s'est produit (V. *infra*, n° 423), la raison d'être d'une provision réglementée est seulement d'octroyer à l'entreprise un avantage financier temporaire sous la forme d'une déduction immédiate de charges calculées de manière forfaitaire, sans autres exigences que celles qui sont posées par le texte fiscal dont elles procèdent.

Alors que le fondement « normal » d'une provision (ou d'une dépréciation) est simplement le respect des principes de spécialité des exercices et de fidélité des comptes, les provisions réglementées reposent sur la toute-puissance du législateur fiscal. Il n'est pas non plus interdit de penser qu'une provision réglementée puisse également être constituée en application d'une jurisprudence du Conseil d'État, si elle ne fait qu'interpréter la loi[181].

Comme pour toute provision, néanmoins, l'avantage n'est que temporaire ; l'entreprise devra reprendre la charge dans ses résultats, selon les prescriptions de la loi. C'est d'ailleurs en cela que les amortissements dérogatoires sont assimilés au plan comptable à des provisions réglementées (déduction immédiate puis reprise à terme, au rythme des amortissements comptables) car, en ce qui les concerne, le vocable de « provision » est inadapté.

262. – Comptabilisation. Les provisions réglementées suivent le schéma exposé à propos des amortissements dérogatoires (V. *supra*, n° 241). Elles sont donc portées au compte de résultat en charges exceptionnelles et au bilan en augmentation des capitaux propres (la baisse du résultat comptable est donc compensée par une augmentation des ressources propres).

Selon le Plan comptable général (art. 941-14) :

« Le montant de la dotation de l'exercice aux comptes de provisions réglementées est enregistré par le débit de la subdivision correspondante du compte 68 "Dotation aux amortissements, dépréciation et provisions" au crédit de l'un des comptes suivants : 142 "Provisions réglementées relatives aux immobilisations", 143 "Provisions réglementées relatives aux stocks", 144 "Provi-

(181) *Mémento Lefebvre Comptable*, *op. cit.*, n° 56320.

sions réglementées relatives aux autres éléments d'actif", 145 "Amortissements dérogatoires", 146 "Provision spéciale de réévaluation", 147 "Plus-values réinvesties" et 148 "Autres provisions réglementées" ».

La même disposition du Plan comptable général ajoute :

« Les subdivisions concernées du compte 78 "Reprises sur amortissements, dépréciations et provisions" enregistrent à leur crédit les reprises sur provisions réglementées par le débit de l'un des comptes 142 à 148 ».

263. - Cumul ou non-cumul des provisions réglementées et des provisions comptables ? Il se peut que la provision réglementée comprenne un risque ou une charge (ou une dépréciation) déjà pris en compte dans la provision (ou la dépréciation) comptable. La question ne s'était pas posée pour les amortissements dérogatoires qui constituent un complément d'amortissement comptable. Au contraire, les autres provisions réglementées sont indépendantes des provisions comptables dont elles s'éloignent sensiblement. Dès lors, l'entreprise peut-elle cumuler les deux provisions ? Avec quelles conséquences fiscales ?

En droit comptable, une entreprise ne peut s'abstenir de comptabiliser parmi ses passifs (ou en diminution de ses actifs), une provision (ou une dépréciation) ; ce serait contraire au principe d'image fidèle. D'un autre côté, la comptabilisation d'une provision réglementée (obligatoire, si l'entreprise veut la déduire), peut conduire l'entité à déduire deux fois une même charge. Si les autorités comptables ne semblent pas hostiles au cumul des provisions[182], il paraît plus prudent, au moins pour des raisons fiscales (V. § suivant), de limiter la déduction au montant le plus élevé de la provision comptable et de la provision fiscale. Ainsi, dans l'hypothèse où la provision fiscale serait supérieure à la provision comptable, l'entreprise pourrait passer le complément de provision légale en provision réglementée (dans l'hypothèse inverse, aucune provision réglementée ne devrait pouvoir être déduite).

En droit fiscal, certains textes interdisent le cumul des provisions. C'est le cas des provisions pour dépréciation d'une participation dans une filiale implantée à l'étranger dont la déduction n'est admise au plan fiscal que pour la fraction de leur montant qui excède les sommes déduites au titre de la provision pour implantation à l'étranger (CGI, art. 39-1, 5°, al. 25 et 26). Au-delà, quand bien même les textes fiscaux n'interdiraient pas explicitement le cumul, l'administration fiscale s'opposera à ce qu'une entreprise puisse déduire les deux provisions intégralement. *A minima,* l'entreprise ne devra déduire que la plus élevée des deux. *A maxima,* comme l'administration fiscale s'opposerait également à la déduction d'une provision réglementée qui ne figurerait pas dans le compte approprié, il a parfois été conseillé, afin de respecter le principe d'image fidèle et les exigences fiscales, de présenter un bilan comptable conforme au droit comptable et une liasse fiscale avec un bilan modifié[183].

(182) *Mémento Lefebvre Comptable, op. cit.*, n° 56315.
(183) *Mémento Lefebvre Comptable*, 2014, n° 3221-1.

B. – Le droit spécial des provisions réglementées

264. – Variété. Une majorité de provisions réglementées concerne certains secteurs d'activité, telles les provisions des entreprises de presse (CGI, art. 39 bis A), les provisions des entreprises d'assurance et de réassurance (CGI, art. 39 quinquies G et s.), ou les provisions des banques pour leurs opérations de crédit à moyen et long terme, ou des entreprises pour ces mêmes opérations résultant de ventes ou de travaux à l'étranger (CGI, art. 39-1, 5°, al. 15).

La provision pour hausse des prix reste l'archétype de la provision réglementée (1°). La plupart des autres provisions réglementées applicables à l'ensemble des entreprises ont été supprimées, mais elles continuent de produire leurs effets jusqu'au terme de la période légale (2°).

1° Provision pour hausse des prix

265. – Présentation. L'augmentation des prix des produits stockés entraîne un accroissement du coût de réapprovisionnement des entreprises. Afin de permettre aux entreprises d'anticiper la perte résultant de leur réapprovisionnement au cours nouveau, les pouvoirs publics les ont autorisées à réduire leur bénéfice imposable en déduisant immédiatement une provision pour hausse des prix s'ils ont augmenté de plus de 10 % depuis le dernier ou de l'avant-dernier exercice (CGI, art. 39-1, 5°, al. 11 à 14 ; CGI, ann. III, art. 10 nonies à 10 terdecies). Dans un contexte inflationniste, le Conseil national de l'Ordre des experts-comptables (CNOEC) a publié en 2023 une note technique relative à la provision pour hausse des prix[184]. Dans cette note, le CNOEC indique que conseiller à son client de constater une telle provision permettra à ce dernier d'offrir un avantage temporaire de trésorerie à son entreprise et ainsi pouvoir, notamment, reconstituer son stock.

266. – Modalités de calcul. Le montant de la provision est égal à la fraction de l'augmentation des prix qui excède 10 %. Pour effectuer la comparaison, l'entreprise doit se référer à la valeur unitaire d'inventaire[185] des éléments stockés à l'ouverture de l'exercice précédant l'exercice d'application (le cas échéant, la provision sera réduite de la dotation pratiquée à la clôture de l'exercice précédent), sauf si elle est supérieure à la valeur des stocks à l'ouverture de l'exercice d'application (dans ce cas, elle ne pourra déduire une provision pour hausse des prix que si la valeur unitaire des stocks à la clôture de l'exercice d'application excède de 10 % leur valeur à l'ouverture du même exercice). Autrement dit, il convient de retenir la valeur de référence la plus faible des deux. Ces règles sont fixées par décret (CGI, ann. III, art. 10 nonies). Un exemple permettra de mieux les comprendre.

La comparaison s'effectue par matière, produits ou approvisionnements. Toutefois, selon l'administration fiscale, il est possible de regrouper des produits très proches, également touchés par la hausse de prix :

> « Le service devra faire, à cet égard, une appréciation libérale du caractère comparable des produits en stock et ne devra pas refuser le droit à la constitution d'une provision en ce qui concerne les produits qui, bien que quelque peu différents par nature de ceux existants à l'ouverture de l'exercice considéré ou de l'exercice précédent, ont des valeurs d'inventaire

(184) CNOEC, note technique, 15 févr. 2023 : *Dr. fisc.* 2023, n° 10, comm. 119.

(185) Les valeurs unitaires d'inventaire s'entendent du prix de revient diminué, le cas échéant, du montant de la dépréciation qui a pu être constatée par voie de provision (*BOFiP*, BOI BIC PROV-60-30-10, n° 180).

comparables à celles conférées à ces derniers produits, la différence de prix constatée provenant essentiellement d'une hausse de prix »[186].

Selon la jurisprudence, de tels regroupements ne sont possibles que si les produits n'ont pas subi de transformations modifiant leur nature[187], et qu'ils ne sont pas de nature différente, eu égard à des marques ou des modèles, des compositions ou des conditionnements, des styles ou des types différents[188].

Le montant de la dotation à la provision pour hausse des prix est plafonné à 15 M€ par période de douze mois, majoré, le cas échéant d'une fraction égale à 10 % de la dotation avant plafonnement. Néanmoins, pour les entreprises dont la durée moyenne de rotation des stocks, pondérée par matières et produits, est supérieure à un an, le plafond est multiplié par cette durée moyenne exprimée en mois, divisé par douze (CGI, art. 39-1, 5°, al. 11).

Exemple

CAS DE FIGURE	CLÔTURE DE L'EXERCICE (1) N-2	N-1	N	PROVISION QUI PEUT ÊTRE CONSTITUÉE EN N
Valeur unitaire d'inventaire à l'ouverture de l'exercice précédent l'exercice d'application *inférieure* à la valeur unitaire d'inventaire à l'ouverture de l'exercice d'application (1)	200 000 €	210 000 €	260 000 €	260 000 € – (200 000 € × 1,1) = 40 000 €
	200 000 €	210 000 €	220 000 €	Pas de provision (2)
Valeur unitaire d'inventaire à l'ouverture de l'exercice précédent l'exercice d'application *supérieure* à la valeur unitaire d'inventaire à l'ouverture de l'exercice d'application (1)	210 000 €	200 000 €	230 000 €	230 000 € – (200 000 € × 1,1) = 10 000 €
	210 000 €	200 000 €	220 000 €	Pas de provision (3)

(186) *BOFiP*, BOI-BIC-PROV-60-30-10, n° 100.

(187) CE, 30 mars 1992, n° 71394, *SA Paul Marollaud : RJF* 5/92, n° 626 ; *Dr. fisc.* 1992, n° 40, comm. 1786.

(188) L'existence ou non de produits de même nature relève de l'appréciation souveraine des juges du fond (CE, 9 nov. 1994, n° 133537, *SARL Cabanne et fils : RJF* 1/95, n° 9). Il a notamment été jugé que les semences traitées et conditionnées en sac ne sont pas de même nature que les semences non traitées en vrac (CAA Nantes, 5 mai 2008, n° 07-930, *Sté Limagrain Verneuil Holding : RJF* 12/08, n° 1298 ; pourvoi non admissible, CE, 28 déc. 2009, n° 318682 : *RJF* 6/10, n° 567). En outre, selon le Conseil d'État, la doctrine administrative ne permet pas de regrouper, au sein d'une même appellation, des vins différents par leur qualité et par leur prix (CE, 24 avr. 2012, n° 326979, *SA Descas Père et Fils : RJF* 6/12, n° 682 ; *Dr. fisc.* 2012, n° 38, comm. 441).

(1) *NB :* L'ouverture d'un exercice « N » correspond à la clôture de l'exercice « N-1 ».

(2) La valeur des stocks à la clôture de l'exercice d'application (N) n'a pas augmenté de plus de 10 % par rapport à la valeur des stocks à l'ouverture de l'exercice précédent.

(3) La valeur des stocks à la clôture de l'exercice d'application (N) n'a pas augmenté de plus de 10 % par rapport à la valeur des stocks à l'ouverture du même exercice.

267. - Modalités de reprise. En principe, la provision pratiquée à la clôture d'un exercice doit être rapportée aux bénéfices imposables de l'exercice en cours à l'expiration de la sixième année suivant la date de cette clôture (par ex., une provision constituée à la clôture de l'exercice 2008 devra être rattachée aux bénéfices imposables de l'exercice 2014). Par exception, il est prévu que dans les secteurs professionnels où la durée normale de rotation des stocks est supérieure à trois ans, la réintégration peut avoir lieu après la sixième année, dans un délai double de celui de la rotation normale des stocks (CGI, art. 39-1, 5°, al. 12).

268. - Gestion de la provision. L'entreprise conserve une certaine liberté dans l'utilisation de la provision. Ainsi, peut-elle ne retenir qu'une partie des stocks inventoriés à la clôture de l'exercice et ayant subi une hausse de prix supérieure à 10 % (mais, pour chaque matière, produit ou approvisionnement, le calcul doit porter sur l'ensemble des quantités existant à l'inventaire)[189]. Par ailleurs, l'entreprise reste libre de réintégrer la provision dans ses résultats imposables avant la fin du délai de six ans. Cette réintégration anticipée de la provision est néanmoins obligatoire au cas de cessation d'activité (CGI, ann. III, art. 10 duodecies), sachant que l'arrêt de la production concernée ne rend pas obligatoire la réintégration anticipée[190].

269. - Obligations comptables et fiscales. La provision pour hausse des prix doit être inscrite au passif du bilan sous une rubrique spéciale faisant apparaître distinctement le montant de chacune des dotations annuelles (CGI, ann. III, art. 10 decies, tableau n° 2056-SD de la liasse fiscale). En outre, les entreprises doivent joindre à leur déclaration, sur un feuillet séparé, tous renseignements utiles sur les éléments de calcul de la provision pour hausse des prix, à savoir notamment : les quantités des éléments stockés pris en compte, la valeur unitaire de chacun d'entre eux à l'ouverture et à la clôture de l'exercice précédant l'exercice d'application, le montant de la dotation au compte « provision » pouvant être pratiquée au titre de l'exercice d'application, le montant de la dotation effectivement pratiquée, ainsi que, le cas échéant, le montant de la dotation qui a été reprise (CGI, ann. III, art. 10 terdecies).

2° Provisions réglementées temporaires ou supprimées

270. - Provision pour investissement. Conscient que les entreprises qui font participer leurs salariés à leurs résultats (dans le cadre d'une participation obligatoire ou d'un intéressement facultatif) pouvaient être pénalisées sur le terrain de l'investissement, le législateur leur avait accordé le bénéfice d'une provision réglementée. Ainsi, outre la possibilité de déduire les sommes versées en application des accords de participation (CGI, art. 237 bis A-I) ou d'un contrat d'intéressement (CGI, art. 237 ter A), les entreprises qui vont au-delà de leurs obligations légales pouvaient aussi déduire une provision pour investissement subordonnée à la réalisation de son objet, à savoir

(189) *BOFiP*, BOI-BIC-PROV-60-30-10, n° 290.
(190) CE, 30 déc. 1996, n° 160480, *Jacquart* : *RJF* 2/97, n° 114.

la création ou l'acquisition d'immobilisations (CGI, art. 237 bis A-II). Le législateur a supprimé en 2012 ces provisions pour investissement.

Les provisions pour investissement constituées par les entreprises (autres que les SCOP) cessent d'être admises en déduction des résultats imposables constatés au titre des exercices clos depuis la publication de la loi du 16 août 2012[191]. En revanche, les provisions déjà constituées à cette date ne sont pas reprises immédiatement ; elles ne le seront que si elles ne sont pas utilisées conformément à la loi dans les délais prévus (sinon, elles seront définitivement exonérées d'IR ou d'IS).

271. - **Provisions pour implantation à l'étranger (CGI, art. 39 octies A et D).** Compte tenu du principe de territorialité de l'IS, les entreprises françaises qui possèdent des filiales ou des succursales étrangères ne peuvent pas déduire les pertes issues de ces activités (CGI, art. 209-I). Aussi, afin d'encourager les implantations à l'étranger, les pouvoirs publics les ont parfois autorisées à déduire de leurs résultats imposables tout ou partie des pertes subies, ou des investissements réalisés, à l'étranger. Ces dispositifs ont eu une faible portée pratique[192], les entreprises préférant généralement se placer sous le bénéfice de la jurisprudence qui autorisait la déduction des aides accordées à des filiales ou des succursales étrangères[193]. Ils ont par ailleurs été jugés incompatibles avec les textes européens[194]. *Le législateur a donc supprimé pour l'avenir l'ensemble des provisions pour implantation à l'étranger*[195]. Sont touchés : les investissements réalisés depuis le 1er janvier 2004 (régime des provisions pour implantations commerciales), et les demandes d'agrément déposées depuis cette date (régime des provisions pour implantation de services ou pour implantations industrielles ou agricoles).

272. - **Provision pour investissement des entreprises individuelles (CGI, art. 39 octies E)[196].** *Ce dispositif s'est appliqué aux exercices clos à compter du 4 août 2005, jusqu'aux exercices clos avant le 1er janvier 2010.* Seules pouvaient en bénéficier les entreprises individuelles soumises à un régime réel d'imposition et les EURL à l'IR, exerçant une activité industrielle, commerciale ou artisanale, réalisant un chiffre d'affaires inférieur à 50 M€ ou dont le total de bilan est inférieur à 43 M€, employant moins de vingt salariés, et qui ont été créées ou reprises depuis moins de trois ans.

273. - **Provision pour dépenses de mise en conformité (CGI, art. 39 octies F)[197].** *Ce dispositif s'est appliqué aux exercices clos à compter du 4 août 2005, jusqu'aux exercices clos avant le 1er janvier 2010.* À l'instar de la provision pour investissement de l'article 39 octies E, seules étaient concernées les entreprises individuelles soumises à un régime réel d'imposition, ainsi que les EURL à l'IR, exerçant une activité industrielle, commerciale ou artisanale. En revanche, la mesure n'était pas limitée aux PME, mais

(191) L. fin. rect. 2012, n° 2012-958, 16 août 2012, art. 13.

(192) En 2001, trente-quatre entreprises seulement avaient constitué des provisions fiscales pour implantation à l'étranger.

(193) M.-H. Pinard-Fabro, *Aides intragroupes à l'étranger : dernières avancées de la jurisprudence : BF* 1/09, p. 5. Aujourd'hui, la déduction des aides financières entre entreprises, françaises ou étrangères, n'est plus admise (V. *infra*, nos 532 et s.).

(194) La Commission européenne a estimé que les articles 39 octies A et D du Code général des impôts sont contraires au Traité CECA car ils instituent une aide à la sidérurgie (déc. 21 nov. 2001, comm./2001/3451).

(195) L. fin. rect. 2003, n° 2003-1312, 30 déc. 2003, art. 31.

(196) L. n° 2005-882, 2 août 2005, art. 10.

(197) L. n° 2005-882, 2 août 2005, art. 10, préc.

elle était subordonnée à l'existence d'une obligation légale ou réglementaire de mise en conformité en matière de sécurité alimentaire[198].

§ 3. – Les amortissements différés en comptabilité

274. – Distinction avec les amortissements réputés différés. Même s'ils obéissent à une logique commune (il s'agit de différer un déficit), il ne faut pas confondre les amortissements effectivement différés en comptabilité et les amortissements réputés différés au plan fiscal.

Seuls les amortissements qui ont été effectivement différés en comptabilité nous intéressent dans le cadre de la première partie de l'ouvrage consacrée à l'unité comptable et fiscale ; l'entreprise s'est volontairement abstenue de comptabiliser une charge d'amortissement (il n'y a aucun retraitement extra-comptable). Toute la question est de savoir si elle conserve la possibilité de déduire les amortissements ainsi différés au titre d'un résultat ultérieur ; la réponse est positive si elle a respecté la règle de l'amortissement minimum (CGI, art. 39 B).

Tout au contraire, les amortissements réputés différés en période déficitaire reposent sur un mécanisme purement fiscal qui permet à une entreprise de différer fiscalement ses amortissements pour les reporter sur les premiers exercices bénéficiaires suivants. À défaut, l'entrepreneur est censé y avoir renoncé par une décision de gestion qui lui est opposable[199].

Les amortissements réputés différés auraient dû être étudiés dans la deuxième partie de l'ouvrage consacrée aux retraitements extra-comptables, car ils s'appuient sur une règle fiscale particulière qui implique une telle correction (CGI, art. 39 B, al. 2 ancien). Devenus sans intérêt avec le report illimité des déficits des sociétés à l'IS, et peu pratiqués par les entrepreneurs individuels qui peuvent imputer les déficits sur leur revenu global, *les amortissements réputés différés ont été supprimés pour les exercices ouverts depuis le 1er janvier 2004*[200].

Aussi, nous rappellerons seulement l'esprit de l'ancienne législation fiscale avec l'étude du report en avant des déficits des sociétés soumises à l'IS (V. *infra*, n° 564).

275. – Règle de l'amortissement minimal obligatoire. L'amortissement est une obligation comptable ; une entreprise qui s'abstiendrait de comptabiliser un amortissement pour dépréciation ne pourrait donner une image fidèle de son patrimoine et de sa situation financière. Ainsi, les articles L. 123-20, alinéa 2 du Code de commerce et 214-7 du Plan comptable général exigent de concert que, même au cas d'absence ou d'insuffisance de bénéfice, il soit procédé aux amortissements (aux dépréciations et aux provisions) nécessaires. En application du principe de connexion, la règle doit être la même en droit fiscal ; ne pas comptabiliser un amortissement constitue une décision de gestion irrégulière inopposable à l'administration fiscale. Mais le principe de connexion n'est pas toujours bien compris ou appliqué ; c'est notamment le cas

(198) Les entreprises qui exercent leur activité dans le secteur des hôtels, cafés et restaurants (à l'exclusion des activités d'hébergement collectif non touristique et de restauration collective), peuvent également déduire une provision pour mise en conformité avec la réglementation en matière d'hygiène, de sécurité, de protection contre l'incendie, de lutte contre le tabagisme, d'insonorisation ou d'amélioration de l'accessibilité des personnes handicapées.

(199) CE, 22 oct. 2012, n° 327794, *SA Delaunay et fils : Dr. fisc.* 2012, n° 45, act. 427.

(200) L. fin. 2004, n° 2003-1311, 30 déc. 2003, art. 89.

pour les provisions (V. *infra*, n° 370). En matière d'amortissement, le législateur lui a donné une traduction fiscale claire ; c'est la règle de l'amortissement minimum (CGI, art. 39 B)[201].

Aux termes de l'article 39 B du Code général des impôts :

« À la clôture de chaque exercice, la somme des amortissements effectivement pratiqués depuis l'acquisition ou la création d'un élément donné ne peut être inférieure au montant cumulé des amortissements calculés suivant le mode linéaire et répartis sur la durée normale d'utilisation. À défaut de se conformer à cette obligation, l'entreprise perd définitivement le droit de déduire la fraction des amortissements qui a été ainsi différée ».

Ainsi, l'amortissement linéaire est le minimum requis par la loi. La règle est cohérente au regard de son objet, puisqu'un amortissement également réparti sur la durée d'utilisation de l'immobilisation est censé représenter son exacte dépréciation.

Une difficulté d'application de la règle se présente néanmoins du fait de la durée des plans d'amortissements qui n'est plus la même en fiscalité et en comptabilité. En effet, l'article 39 B du Code général des impôts continue de faire référence à la « durée normale d'utilisation » (durée d'usage), qui est plus courte que la durée d'utilité du droit comptable, ce qui conduit les entreprises qui souhaitent amortir plus rapidement leurs biens à porter dans un compte d'amortissement dérogatoire la fraction excédentaire de l'amortissement fiscal (V. *supra*, n° 249). Retenir la durée d'usage comme élément de comparaison reviendrait à les priver de la possibilité de différer une partie de leurs amortissements, alors qu'elles respectent le droit comptable ! C'est la raison pour laquelle l'administration fiscale a indiqué que, sauf cas manifestement abusif, elle ne pénaliserait pas les entreprises qui retiendraient une durée d'amortissement plus longue (et donc déduiraient des amortissements moins importants)[202].

Une autre difficulté, qui s'ajoute à la précédente, concerne les biens décomposés. En la matière, la règle est que l'amortissement minimum s'apprécie séparément pour la structure et pour chacun des composants. S'agissant de la structure, on retrouve la même difficulté que celle examinée précédemment, puisque les entreprises peuvent retenir la durée d'usage de l'immobilisation prise dans son ensemble (V. *supra*, n° 255) ; la tolérance administrative devrait également s'appliquer dans la mesure où cette durée est plus longue que la durée comptable. Pour les composants en revanche, le problème ne devrait pas se poser, puisqu'il est fait référence à leur durée réelle d'utilisation, laquelle correspond à la durée comptable. Simplement, il se peut qu'une entreprise ait, par erreur, oublié d'immobiliser la dépense de remplacement d'un composant et donc de passer les amortissements correspondants. L'administration fiscale n'opposera pas l'article 39 B ; dans ce cas, l'entreprise retrouvera son droit à pratiquer un amortissement dès qu'elle aura inscrit ce bien à l'actif de son bilan[203].

276. – Amortissements régulièrement différés. Si, à un moment donné et pour un bien considéré, le total des amortissements pratiqués est supérieur à celui qui résulterait d'un amortissement linéaire, l'entreprise peut s'abstenir de comptabiliser l'annuité de l'exercice qui s'achève. En pratique, la situation est celle d'une entreprise qui a pris de l'avance par rapport au mode linéaire, c'est-à-dire qui a amorti le bien selon le mode dégressif. Dans cette situation, il est possible de différer intégralement

(201) L. n° 65-566, 12 juill. 1965, modifiant l'imposition des entreprises et des revenus de capitaux mobiliers, art. 24.

(202) *BOFiP*, BOI-BIC-AMT-10-40-10, n° 30.

(203) *BOFiP*, BOI-BIC-AMT-10-50-30, n° 40.

l'annuité d'amortissement (il s'agit aussi bien de l'annuité linéaire à comptabiliser dans un compte d'amortissement pour dépréciation que de la fraction excédentaire à comptabiliser au compte d'amortissement dérogatoire).

Par suite, le sort de l'amortissement régulièrement différé varie selon qu'il a été pratiqué en période déficitaire ou bénéficiaire (*NB :* il s'agit du déficit comptable) :

• *Le plus fréquemment, les amortissements sont différés en période déficitaire* ; ils doivent alors être imputés sur les bénéfices des premiers exercices suivants, sans limitation de durée, après déduction de l'annuité normale d'amortissement (CGI, ann. II, art. 25-1) et, le cas échéant, après déduction des déficits reportables (entreprise à l'IS)[204]. Comme ils avaient été réellement différés en comptabilité, les amortissements doivent être effectivement déduits de l'exercice d'imputation[205]. Dans la mesure où l'entreprise pratique un amortissement dégressif, l'annuité de l'exercice d'imputation sera alors égale à la fraction d'annuité reportée plus l'annuité dégressive calculée sur la valeur résiduelle du bien, déduction faite de l'annuité reportée (CGI, ann. II, art. 25-1, préc.). L'entreprise peut également étaler les amortissements différés sur la période d'utilisation du bien restant à courir, en pratiquant simplement chaque année l'amortissement par application du taux dégressif à la valeur résiduelle comptable[206].

Exemple

Soit un bien acquis 50 000 € le 1er janvier N, amortissable sur cinq ans.

Annuité N :
50 000 € × 35 % = 17 500 €, volontairement limitée à : 17 500 € – 7 500 € = 10 000 €.

Annuité N+1 :
7 500 € + [(50 000 € – 10 000 € – 7 500 € = 32 500 €) × 35 % = 11 375 €] = 18 875 €.

Ou (si étalement) :
50 000 € – 10 000 € = 40 000 € × 35 % = 14 000 €.

• *Plus rarement, les amortissements sont différés en période bénéficiaire* ; leur situation est différente selon que le bien sur lequel ils portent est amorti de façon linéaire ou dégressive (CGI, ann. II, art. 25-2). Si le bien est amorti de façon dégressive, l'entreprise doit échelonner la déduction des amortissements différés sur la période normale d'utilisation du bien restant à courir, en appliquant le taux dégressif sur la valeur résiduelle comptable[207]. Si le bien est amorti selon le mode linéaire[208], la déduction des

(204) *BOFiP*, BOI-BIC-AMT-10-50-40, n° 80.
(205) CE, 19 nov. 1975, n° 93025 : *RJF* 1/76, n° 4.
(206) *BOFiP*, BOI-BIC-AMT-10-50-40, n° 140.
(207) Mais en aucun cas il n'est possible de cumuler, au titre d'un exercice, l'amortissement différé et l'amortissement de l'exercice comme cela est possible pour les amortissements différés en période déficitaire.
(208) La situation se présente pour les entreprises qui ont la possibilité d'amortir le bien sur une durée plus courte que la durée normale d'utilisation ou si elles peuvent bénéficier d'un amortissement exceptionnel. Il devrait en aller de même lorsque la durée d'amortissement fiscale est plus courte que la durée d'amortissement comptable, l'administration ayant précisé que si l'entreprise diffère un amortissement, ce dernier pourra être déduit au fur et à mesure de l'amortissement comptable (*BOFiP*, BOI-BIC-AMT-10-40-10, n° 30).

amortissements différés devra être pratiquée, au taux linéaire habituel, après l'expiration de la période d'amortissement si le bien est encore en service, ou en totalité au moment de la mise hors service du bien.

277. - **Amortissements irrégulièrement différés.** Une entreprise qui a différé un amortissement en violation de l'article 39 B du Code général des impôts précité perd définitivement le droit de le déduire, de quelque façon que ce soit. Notamment, en amortissement dégressif, la valeur résiduelle du bien retenue au titre des exercices suivants doit tenir compte de la fraction d'amortissement qui a été différée. De même, l'entreprise devra calculer la plus ou moins-value de cession ultérieure en tenant compte de l'amortissement irrégulièrement différé ; la plus-value devra être majorée (plus-value à court terme et à long terme, CGI, art. 39 duodecies-2, a et b), et la moins-value à court terme devra être diminuée (CGI, art. 39 duodecies-4 b), d'un montant égal à la fraction d'amortissement indûment différée.

TITRE 2

L'INFLUENCE DE LA COMPTABILITÉ SUR LA FISCALITÉ

278. - La comptabilité, matière première de la fiscalité. La fiscalité a besoin de la comptabilité. Elle lui offre ce que la matière fiscale recherche : le résultat imposable. Ainsi, le droit fiscal s'abreuve du droit comptable, mais sa soif comptable va bien au-delà du compte de résultat. Elle y puise également des règles comptables générales dont les entreprises ne doivent pas s'écarter, et qui sont autant de principes de vie communs à la fiscalité et à la comptabilité : les principes comptables généraux. Bien entendu, ces principes peuvent, le cas échéant, être adaptés en fonction des besoins de la matière fiscale, mais en l'absence de règles spécifiques, le juge de l'impôt peut et doit en faire usage. De la même manière, sauf à y déroger expressément, la fiscalité reste dépendante des évolutions comptables. Or, nous l'avons vu, le droit comptable a connu, au cours de ces dernières années, une forte évolution sur un modèle assez éloigné des principes de la comptabilité patrimoniale (V. *supra*, n°s 47 et s.). Pour autant, suprême allégeance au droit comptable, les autorités fiscales ont très vite affirmé la neutralité fiscale des évolutions comptables (*BOI* 4 A-13-05, 30 déc. 2005).

La dépendance de la fiscalité vis-à-vis de la comptabilité peut donc s'exprimer ainsi :

- la transposition des principes comptables en droit fiscal (Chapitre 1) ;
- la neutralité fiscale des évolutions comptables (Chapitre 2).

CHAPITRE 1

LA TRANSPOSITION DES PRINCIPES COMPTABLES EN DROIT FISCAL

279. - La place des principes généraux en droit fiscal[1]. Selon une position généralement admise, les principes généraux du droit présenteraient trois caractères principaux : ils sont applicables même en l'absence de textes, ils sont d'origine prétorienne et ils sont dégagés par le juge à partir de l'état du droit à un moment donné. En revanche, leur valeur juridique reste discutée ; valeur *supra* réglementaire et *infra* légale selon certains, ou valeur du texte duquel ils sont déduits selon d'autres. Leur domaine est particulièrement vaste ; ils irradient l'ensemble des matières juridiques, de droit privé (par ex., principe de liberté du commerce et de l'industrie), ou de droit public (par ex. principe d'égalité des usagers devant le service public). En droit fiscal, les principes généraux le sont davantage par leur portée que par leur nature. Lorsqu'ils s'appuient sur un texte de valeur constitutionnelle, ils prennent aujourd'hui un relief tout particulier compte tenu de l'institution, en 2008[2], d'un contrôle de constitutionnalité *a posteriori* (dénommé « Question prioritaire de constitutionnalité »)[3].

• *Parmi les principes généraux du droit fiscal ayant une valeur constitutionnelle*, il est d'usage de citer d'abord le principe d'égalité devant les charges publiques. Il se décline en deux versions[4] : le principe général d'égalité devant la loi (DDHC, art. 6 : « La loi doit être la même pour tous, soit qu'elle protège, soit qu'elle punisse »), et le principe d'égalité devant les charges publiques (DDHC, art. 13 : « Pour l'entretien de la force publique, et pour les dépenses d'administration, une contribution commune est indispensable : elle doit être également répartie entre tous les citoyens, en raison de leurs facultés »). Le principe d'égalité devant l'impôt ne doit pas être confondu avec le principe de légalité de l'impôt qui trouve sa source à l'article 14 de la Déclaration de 1789 et à l'article 34 de la Constitution. D'après ce principe, seul le Parlement, dans le cadre d'une loi de finances ou d'une loi ordinaire, est habilité à créer, modifier ou supprimer un impôt, à en définir les règles d'assiette, de calcul et de recouvrement.

(1) C. David, O. Fouquet, M.-A. Latournerie et B. Plagnet, *Les grands arrêts de la jurisprudence fiscale*, Dalloz, 5e éd. 2009, thème n° 7, *La place des principes généraux du droit en matière fiscale*, p. 158 et s.

(2) L. const. n° 2008-724, 23 juill. 2008, rendue applicable par L. org. n° 2009-1523, 10 déc. 2009. Les justiciables peuvent, depuis le 1er mars 2010, lors d'une instance en cours, soutenir qu'une loi porte atteinte aux droits et libertés que la Constitution garantit.

(3) Fl. Deboissy, *Question prioritaire de constitutionnalité : la fin d'un angle mort* : *Dr. fisc.* 2010, n° 7, act. 42. – S. Austry, *Question prioritaire de constitutionnalité et contentieux fiscal* : *FR* 1-2010, inf. 10. – E. Meier et G.-H. Boucheron, *Les droits et libertés constitutionnels en matière fiscale* : *Dr. fisc.* 2010, n° 12, comm. 243.

(4) D. Gutmann, *Droit fiscal des affaires*, LGDJ, 12e éd. 2021-2022, n° 26.

Enfin, il convient de ne pas oublier le principe d'annualité de l'impôt (lui-même la conséquence de deux autres principes : celui du consentement à l'impôt et celui de l'annualité budgétaire), et le principe de non-immixtion de l'administration fiscale dans la gestion des entreprises (qui est l'émanation fiscale de la liberté du commerce, faisant suite au décret d'Allarde des 2 et 17 mars 1791 selon lequel : « Il sera libre à toute personne d'exercer telle profession, art ou métier qu'elle trouvera bon »). Le Conseil constitutionnel lui a conféré une valeur *supra* légale[5].

• *Parmi les principes généraux du droit fiscal ayant une valeur infra constitutionnelle*, il est difficile de ne pas commencer par le principe de non-rétroactivité des lois (C. civ., art. 2 : « La loi ne dispose que pour l'avenir ; elle n'a point d'effet rétroactif »). De valeur simplement légale, il ne s'impose pas au législateur fiscal qui n'hésite pas à s'en affranchir, soit dans le cadre des lois de finances annuelles qui s'appliquent à des revenus déjà perçus (la doctrine parle parfois de « petite rétroactivité »[6] puisqu'elles ne remettent pas en cause le fait générateur de l'impôt qui reste l'achèvement de l'année civile), soit dans le cadre de lois vraiment rétroactives, pudiquement appelées « interprétatives », qui, sous prétexte de clarifier un point de droit, sont chargées de faire taire la jurisprudence (elles s'appliquent aux litiges en cours). Nous y ajouterons deux autres principes, de valeur encore inférieure, plus méconnus, mais qui intéressent la gestion fiscale des entreprises : celui de la neutralité fiscale et celui de connexion entre la comptabilité et la fiscalité. Le principe de neutralité fiscale n'est pas un principe juridique à part entière, mais plutôt un principe économique qui doit ou devrait guider le législateur. Ce principe, issu du libéralisme économique, propose de revenir à la fonction première de l'impôt qui est d'assurer à l'État les moyens de son fonctionnement, sans exercer d'influence sur les décisions économiques et juridiques des personnes privées[7]. Quant au principe de connexion entre le résultat comptable et fiscal, sa valeur (réglementaire, CGI, ann. III, art. 38 quater) est inversement proportionnelle à sa portée (immense selon nous).

280. – La variété des principes généraux en droit comptable. En application du principe de connexion ci-dessus rappelé, les principes généraux du droit comptable devraient être transposables à la matière fiscale. Quels sont-ils ? Selon une présentation qui nous est propre, il convient de distinguer deux types de principes généraux : ***les principes fondamentaux*** qui sont formulés de façon générale et abstraite (principes d'image fidèle, de sincérité et de régularité des comptes), et ***les principes techniques*** qui sont plus précis (principes d'annualité des exercices, du coût historique, de spécialité des exercices, de prudence, de continuité de l'exploitation, de permanence des méthodes et d'intangibilité du bilan d'ouverture). À l'usage, il s'avère que la transposition s'opère à des degrés différents selon les cas ; si la transposition fiscale des principes fondamentaux est d'intensité variable eu égard à leur portée très générale qui ne s'adapte pas toujours bien à la technicité fiscale (Section 1), les principes techniques du droit comptable sont mieux accueillis par le droit fiscal pour cette même raison, sous réserve naturellement de l'existence de règles fiscales particulières (Section 2).

(5) Cons. const., 16 janv. 1982, n° 81-132 DC, *Loi de nationalisation*.

(6) O. Fouquet, *La rétroactivité des lois fiscales : Rev. adm.* 3-4/94, p. 140.

(7) P. Serlooten, *La neutralité fiscale : un principe obsolète ?*, in *Mél. L. Boyer*, PU Toulouse I, 1996, p. 701 s. – A. de Bissy, *L'inadaptation du droit fiscal en période de crise. Ou les vertus de la neutralité fiscale*, In *Crise(s) et Droit*, LGDJ, 2012, p. 43 et s.

SECTION 1 L'UTILISATION PAR LE DROIT FISCAL DES PRINCIPES FONDAMENTAUX

281. - Source. Selon l'article L. 123-14 du Code de commerce :

« Les comptes annuels doivent être réguliers, sincères et donner une image fidèle du patrimoine, de la situation financière et du résultat de l'entreprise ».

Ces principes sont repris aux articles 121-1 (principe d'image fidèle) et 121-3 (principes de régularité et de sincérité) du Plan comptable général. Si l'absence de sincérité et de régularité des comptes est couramment invoquée (et retenue) devant le juge de l'impôt (§ 1), ce n'est pas le cas du principe d'image fidèle (§ 2).

§ 1. – L'utilisation fiscale des principes de régularité et de sincérité

282. - Notion(s). C'est le droit comptable qui finalement définit les notions de régularité et de sincérité qui figurent à l'article L. 123-14 du Code de commerce. Aux termes de l'article 121-3 du Plan comptable général :

« La comptabilité est conforme aux règles et procédures en vigueur qui sont appliquées avec sincérité afin de traduire la connaissance que les responsables de l'établissement des comptes ont de l'importance relative des événements enregistrés ».

• *Régularité des comptes.* La comptabilité doit donc être conforme aux règles et procédures en vigueur. En l'absence de texte, la comptabilisation d'une opération doit être conforme aux principes généralement admis. Ces derniers peuvent résulter d'opinions doctrinales, si la source est fiable. En l'absence de doctrine, l'opinion de l'entrepreneur est tout aussi respectable si elle est sincère. Il ne faut cependant jamais oublier un point essentiel : si la comptabilité commande la fiscalité, c'est le droit qui gouverne la comptabilité. Autrement dit, s'il est nécessaire de respecter les principes comptables, la transposition d'une opération dans les comptes de l'entreprise doit obligatoirement être précédée d'une analyse juridique.

• *Sincérité des comptes.* C'est celle des dirigeants de l'entreprise. En faisant référence à « l'importance relative » des événements enregistrés, le texte souligne qu'il n'existe pas une conception unique de la comptabilité, car chaque entreprise est différente. Elle confère au comptable une certaine marge d'appréciation… à partir du moment où il est sincère. La Commission des opérations de bourse (COB) a défini le principe de sincérité en 1969 de la façon suivante : « La sincérité résultera de l'évaluation correcte des valeurs comptables, ainsi que d'une appréciation raisonnable des risques et des dépréciations de la part des dirigeants »[8]. De fait, le principe de sincérité est souvent rattaché à celui de prudence. Le comptable doit être normalement prudent et avisé ; il représente donc le comptable « moyen » qui établira des comptes tels que ceux qu'aurait établis un professionnel honnête, indépendant, de bonne foi, placé dans une même situation.

283. - Incidences. La comptabilité irrégulière sera jugée non probante par le vérificateur des impôts qui, ne pouvant s'y fier, la rejettera « en bloc » (A). Pour autant que

(8) Deuxième rapport de la Commission des opérations de bourse (COB) remis au Président de la République le 11 mars 1970 (rapport 1969). Cité au *Mémento Lefebvre Comptable*, *op. cit.*, n° 8260.

la procédure de vérification de comptabilisé soit elle-même régulière[9], le rejet de la comptabilité emporte un certain nombre de conséquences fiscales, et expose le contribuable à des sanctions (B).

A. – Le rejet de la comptabilité irrégulière

284. – Notion de comptabilité irrégulière. Dans le cadre des opérations de vérification de comptabilité, l'administration fiscale se heurte fréquemment à des comptabilités irrégulières (voire inexistantes). Si les irrégularités ne sont pas nombreuses, le vérificateur procédera simplement à la rectification des bases d'imposition déclarées par le contribuable (le cas échéant, après compensation avec les erreurs du contribuable de bonne foi, donc sincère). Si les irrégularités affectant les écritures sont trop nombreuses, il rejettera en bloc la comptabilité de l'entreprise (1°). Il la rejettera également si, selon lui, elle n'est « qu'apparemment régulière », dans la mesure où il a des raisons sérieuses d'en contester la sincérité (2°).

1° La comptabilité effectivement irrégulière

285. – Nature des irrégularités. Selon l'administration fiscale :

> « Une comptabilité est irrégulière lorsqu'elle est incomplète ou n'est pas correctement tenue, c'est-à-dire entachée de négligences, erreurs ou lacunes de nature à la rendre impropre à justifier les résultats déclarés »[10].

Les irrégularités doivent être suffisantes pour lui enlever tout caractère probant : erreurs, omissions ou inexactitudes graves et répétées, absence de pièces justificatives, ou de non-présentation de certaines pièces comptables. À l'étude de la jurisprudence, il apparaît que les juridictions ayant retenu l'absence de caractère régulier et sincère des comptes sociaux l'ont fait dans deux situations bien identifiées : au cas de dissimulation de recettes perçues en espèces ou de comptabilités qui ne permettent pas de contrôler les recettes et les dépenses.

286. – Dissimulation de recettes en espèces. Le paiement en espèces est particulièrement craint de l'administration des impôts, car il est facile de les dissimuler. C'est la raison pour laquelle un vérificateur qui constate des irrégularités dans les comptes financiers faisant craindre une dissimulation de recettes en espèces sera enclin à rejeter la comptabilité. La jurisprudence a ainsi jugé non probantes les comptabilités dans les espèces suivantes :

– cas d'un contribuable qui exploitait une boulangerie et un dépôt de pain qui confondait, dans l'enregistrement de ses recettes au jour le jour, les ventes réglées par chèque et les ventes payées en espèces, ce qui empêchait de vérifier l'exactitude du compte caisse. Le Conseil d'État estime que, eu égard à l'importance des ventes réglées en espèces dans ce type d'entreprise, la comptabilité ne peut être tenue pour régulière et probante[11] ;

– cas d'un magasin de vente d'articles de sport qui ne tenait pas de livre-journal, ce qui ne permettait pas de distinguer entre les paiements par chèque ou en espèces[12] ;

(9) L'irrégularité de la vérification de comptabilité entraîne la décharge des rectifications qui en résultent, même si lesdites rectifications ont été acceptées par le contribuable au cours de la procédure contradictoire (CAA Nantes, 14 avr. 1993, n° 91-499, *Jamain : RJF* 10/93, n° 1338 – Absence de débat oral et contradictoire).

(10) *BOFiP*, BOI-CF-IOR-10-20, n° 80.

(11) CE, 15 févr. 1989, n° 36146, *Verdu : RJF* 04/89, n° 491.

(12) CE, 26 juin 1992, n° 74436, *Garcia : RJF* 10/92, n° 1409.

– cas d'un restaurant qui avait présenté au vérificateur les pièces justificatives de sa comptabilité (relevés bancaires, factures et bandes de caisse) établissant la sincérité du chiffre d'affaires déclaré, mais sans ventiler entre les opérations de caisse et de banque[13].

287. – **Comptabilités qui ne permettent pas de contrôler les recettes et les dépenses.** Ici, les irrégularités comptables dûment constatées, multiples et convergentes, laissent à penser qu'il y a un risque sérieux de dissimulation de recettes et/ou de majoration de charges. Les deux illustrations jurisprudentielles suivantes sont assez représentatives sur ce point :

– cas d'un contribuable dont il est relevé par l'administration fiscale que la comptabilité enregistrait également des dépenses de caractère privé, que les recettes et les dépenses n'étaient pas portées au jour le jour, que de nombreuses factures avaient été omises et que le registre des immobilisations et des amortissements n'était pas tenu[14] ;

– cas d'un contribuable dont il est relevé que la comptabilité ne comportait pas d'inventaires de stocks d'ouverture ou de stocks de clôture, que le total des ventes comptabilisées avait été réduit d'une somme non justifiée, et que des ventes à perte de stocks, dont le prix avait été encaissé en espèce, n'avaient pas été facturées[15].

2° La comptabilité apparemment régulière

288. – **Les incohérences de la comptabilité.** La régularité en la forme d'une comptabilité ne fait pas obstacle à ce que l'administration procède à une rectification si les résultats déclarés ne lui paraissent pas sincères[16]. Dans cette situation, le vérificateur ne peut pas reprocher objectivement à un entrepreneur d'avoir mal tenu sa comptabilité, mais, s'il a des doutes sur sa sincérité, c'est parce que certaines statistiques sont incohérentes : taux de bénéfice brut anormalement faible dans la profession considérée ou enrichissement du patrimoine de l'exploitant ou des associés trop important par rapport à la faiblesse des résultats déclarés[17].

289. – **L'encadrement par la jurisprudence.** Le rejet de la comptabilité repose sur de simples présomptions. Devant les risques d'abus inhérents à une telle procédure, la jurisprudence a fortement encadré la possibilité pour l'administration fiscale de reconstituer les bénéfices de l'entreprise d'après des critères extérieurs. Ainsi, il est de jurisprudence constante qu'une comptabilité régulière en la forme ne peut être écartée au seul motif qu'elle dégagerait un taux de bénéfice anormalement bas[18]. En outre, l'enrichissement inexpliqué des contribuables ne peut servir à la reconstitution du bénéfice imposable que si certaines conditions sont réunies. Pour les sociétés, cette méthode ne peut être appliquée que si la comptabilité n'est pas probante et si les associés se comportent en maîtres de l'affaire, ce qui suppose à la fois qu'ils détiennent une part prépondérante dans le capital social et que des éléments propres à l'affaire démontrent l'existence d'une confusion des patrimoines professionnels et

(13) CE, 11 févr. 1993, n° 574, *Sté Le Chevalier de la Tour* : *RJF* 04/93, n° 574.

(14) CE, 2 févr. 1998, n° 126237, *Gantzer* : *RJF* 03/98, n° 298.

(15) CE, 1er avr. 1992, n° 92440.

(16) CE, 17 mars 1976, n° 99443 : *RJF* 5/76, n° 249.

(17) *BOFiP*, BOI-CF-IOR-10-20, nos 120 et s.

(18) CE, 27 juill. 1984, nos 28902 et 28903 : *RJF* 11/84, n° 1357. – CE, 17 mai 1989, n° 62199, *SARL Miss Kate* : *RJF* 7/89, n° 860.

privés[19]. Pour les entreprises individuelles, cette méthode peut être utilisée uniquement si l'administration fiscale démontre l'existence de bénéfices dissimulés par des « anomalies » de la comptabilité ou des « faits propres au fonctionnement » de l'entreprise[20].

B. – Les conséquences du rejet de la comptabilité

290. – Prorogation du délai de vérification sur place. C'est le premier effet du rejet d'une comptabilité jugée irrégulière. Par exception à la règle selon laquelle la vérification sur place de la comptabilité des petites entreprises[21] ne peut durer plus de trois mois (LPF, art. L. 52-I, 1°), il est prévu que la vérification sur place puisse s'étendre jusqu'à six mois au cas de graves irrégularités privant de valeur probante la comptabilité (LPF, art. L. 52-II, 4°)[22].

291. – Reconstitution unilatérale du résultat imposable. La conséquence du rejet de la comptabilité est la même que lors d'une évaluation d'office de l'administration lorsque le contribuable n'a pas produit sa déclaration de résultats (LPF, art. L. 73). Faute de résultat comptable, le vérificateur doit reconstituer les bases imposables à partir des éléments dont il dispose. À cet égard, le caractère non probant de la comptabilité ne fait pas obstacle à ce qu'il puisse utiliser des éléments qui en sont issus pour opérer ses rectifications[23]. Deux techniques sont utilisées par l'administration : reconstituer les recettes dissimulées, puis faire la différence avec les achats (dont on peut penser qu'ils n'ont pas été minorés…), ou se baser sur l'enrichissement inexpliqué du contribuable pour le rajouter ensuite au bénéfice déclaré (V. les conditions exposées *supra*, au n° 289). Les litiges opposant l'administration et les contribuables se concentrent tant sur le caractère probant de la comptabilité que sur les méthodes utilisées pour reconstituer les recettes. En pratique, le vérificateur applique sur les achats au prix de revient un coefficient multiplicateur (« coefficient de bénéfice brut »)[24]. Si le recours à cette procédure exclut l'adoption d'un pourcentage immuable[25], le vérificateur peut reprendre le coefficient d'un autre magasin placé dans une situation comparable[26]. Le Conseil d'État sanctionne parfois les méthodes administratives lorsqu'elles sont trop simplistes[27].

(19) CE, 6 févr. 1985, n°s 43328 et 43330 : *RJF* 4/85, n° 538 (conditions non réunies). – CE, 1er juill. 1985 : *RJF* 10/85, n° 1282 (conditions réunies).

(20) CE, 23 mai 1984, n°s 37081 et 37082 : *RJF* 7/84, n° 878.

(21) Il s'agit des entreprises industrielles, commerciales ou non commerciales, dont le chiffre d'affaires n'excède pas les limites supérieures du régime simplifié d'imposition, soit 789 000 € HT (entreprises dont le commerce principal est de vendre des marchandises, objets, fournitures et denrées à emporter ou à consommer sur place ou de fournir le logement), ou 238 000 € HT (autres entreprises) (CGI, art. 302 septies A-I).

(22) L. fin. rect. 2007, n° 2007-1824, 25 déc. 2007, art. 14.

(23) CE, 27 mars 1995, n° 117667, *Fabre* : *RJF* 05/95, n° 642.

(24) CE, 27 juill. 1984, n° 36550 : *RJF* 11/84, n° 1301 (1,32 pour un commerce de boucherie et de charcuterie).

(25) Rép. min. Fanton n° 4324 : *JOAN* 1er juin 1960, p. 1096. Il faut tenir compte des circonstances particulières de l'exploitation : volumes respectifs des produits revendus en l'état ou après leur mise en œuvre, situation du fonds, composition de la clientèle, particularités locales, caractère saisonnier ou permanent du commerce, etc.

(26) CE, 8 févr. 1984, n° 36316 : *RJF* 4/84, n° 461. Pour l'évaluation du chiffre d'affaires d'un magasin d'horlogerie et d'articles pour cadeaux, le vérificateur peut, à bon droit, se référer au coefficient multiplicateur d'un autre magasin de la même activité situé dans la même rue et appartenant à la même société.

(27) CE, 26 juin 1992, *Garcia*, préc. En l'espèce, il est reproché au vérificateur d'avoir retenu des coefficients de marge non pondérés selon les articles et de n'avoir pas tenu compte du contexte économique local.

292. - **Intérêts de retard.** L'impôt sur les bénéfices étant payé avec retard, le contribuable devra s'acquitter d'un intérêt de retard, au taux de 0,40 % par mois (CGI, art. 1727)[28]. Il est calculé à compter du premier jour du mois suivant celui au cours duquel l'impôt devait être acquitté jusqu'au dernier jour du mois du paiement, mais en matière d'impôt sur le revenu le point de départ se situe le 1er juillet de l'année suivant celle au titre de laquelle l'imposition est établie (CGI, art. 1727, IV). Il ne sera pas dû lorsque les chiffres déclarés par le contribuable n'excèdent pas 1/20e de la base d'imposition (CGI, art. 1727, II, 4, hypothèse exceptionnelle s'agissant d'une comptabilité non probante). L'intérêt de retard n'étant pas une sanction[29], il peut donc se cumuler avec les sanctions pénales et les majorations fiscales.

293. - **Sanctions pénales et fiscales.** Au plan pénal, plusieurs incriminations, générales ou spéciales, sont susceptibles de s'appliquer dans l'hypothèse d'une comptabilité irrégulière (V. *supra*, n° 99). Au plan fiscal, les insuffisances relevées dans les déclarations servant à l'établissement de l'impôt sur le revenu donnent lieu à l'application d'une majoration de 10 % des droits supplémentaires (CGI, art. 1758 A). Ce droit ne s'applique pas aux contribuables coupables d'un manquement délibéré ; ils devront s'acquitter d'une majoration de 40 % sur le montant du rappel fiscal, portée à 80 % en cas de manœuvres frauduleuses, d'abus de droit ou de dissimulation de prix (CGI, art. 1729). Naturellement, les entreprises dont la comptabilité a été rejetée s'exposent à ces majorations, mais il doit être rappelé que l'importance et la gravité des irrégularités comptables ne suffisent pas à caractériser une intention d'éluder l'impôt[30].

§ 2. - L'utilisation fiscale du principe d'image fidèle

294. - **Notion et portée de l'image fidèle[31].** Sans définir ce concept, le Plan comptable général l'explique et le justifie par le rôle assigné à la comptabilité ; celle-ci y est présentée comme un moyen d'aboutir à des comptes « reflétant une image fidèle du patrimoine, de la situation financière et du résultat de l'entité à la date de clôture » (PCG, art. 121-1). Le principe et sa formulation figurent également dans le Code de commerce, pour l'établissement des comptes individuels (C. com., art. L. 123-14,

(28) 0,20 % pour les intérêts courants entre le 1er janvier 2018 et le 31 décembre 2020 (L. fin. 2018, n° 2017-1837, 30 déc. 2017, art. 31).

(29) Saisi pour avis, le Conseil d'État a estimé que l'intérêt de retard n'est pas une sanction au sens du droit interne et ne contrevient pas à l'article 6-1 de la Convention européenne des droits de l'homme (CE, avis, 12 avr. 2002, n° 239693 : *RJF* 6/02, n° 673, p. 447, chron. L. Olléon). À la suite de cette décision, l'administration fiscale a réaffirmé sa position : l'intérêt de retard n'a pas à être motivé et il ne saurait être modulé par le juge judiciaire sur le fondement de l'article 6-1 précité de la Convention EDH (*BOFiP*, BOI-CF-INF-10-10-10, n° 1). De son côté, la chambre commerciale de la Cour de cassation a clairement affirmé que l'intérêt de retard qui a pour objet la réparation du préjudice subi par le Trésor du fait de l'encaissement tardif de sa créance ne constitue pas une sanction justifiant l'application de l'article 6 de la Convention EDH ou l'application du principe d'individualisation des peines (Cass. com., 27 sept. 2005, n° 03-15 245, *Sté Montroyal : Dr. fisc.* 2006, n° 12, comm. 275).

(30) CE, 25 janv. 2012, n° 342742, *SARL Sporting*. Le caractère intentionnel de l'omission ou de l'insuffisance de la déclaration est apprécié souverainement par les juges du fond (CE, 3 sept. 2008, n° 300988, *SA Jules Bechet : Dr. fisc.* 2008, n° 42, comm. 547, concl. P. Collin).

(31) F. Pasqualini, *Principe de l'image fidèle en droit comptable*, Litec, 1992.

al. 1er)[32] et des comptes consolidés (C. com., art. L. 233-21, al. 1er)[33]. Pour la doctrine, l'image fidèle est consubstantielle à l'entreprise ; elle exprime « une vision réelle par une traduction loyale de ce qu'est l'entreprise »[34].

En ce qui concerne sa portée, par contre, les positions comptables et juridiques divergent nettement. Pour les comptables, le principe d'image fidèle a une valeur quasiment « *supra* légale » et doit primer toute autre, ceci afin de respecter la fonction première de la comptabilité qui est l'information (A). Pour les juristes en revanche, la valeur juridique de l'image fidèle sera moindre dans la mesure où il s'agit d'un principe trop général (B).

A. – La valeur comptable supérieure du principe d'image fidèle

295. – Un principe autonome. Contrairement à l'ancien plan comptable de 1982[35], l'image fidèle n'est plus, dans les nouveaux plans comptables de 1999[36] et de 2014[37], une simple conséquence des principes de sincérité et de régularité des comptes (même s'il paraît difficile de considérer une comptabilité sincère et régulière qui ne donne pas une image fidèle ou bien une comptabilité donnant une image fidèle alors qu'elle n'est pas sincère ou régulière…).

296. – Un principe supérieur. La valeur supérieure du principe d'image fidèle est attestée par l'article L. 123-14 du Code de commerce, selon lequel :

« Lorsque l'application d'une prescription du droit comptable ne suffit pas à donner l'image fidèle mentionnée au présent article, des informations complémentaires doivent être fournies dans l'annexe » (al. 2).

En outre :

« Si, dans un cas exceptionnel, l'application d'une prescription se révèle impropre à donner une image fidèle du patrimoine, de la situation financière ou du résultat, il doit y être dérogé » (al. 3).

Dès lors, le principe d'image fidèle pourrait jouer dans trois situations[38] :

- lorsqu'il n'existe pas de règle pour résoudre un problème ;
- lorsqu'il existe plusieurs règles applicables, et qu'un choix est nécessaire ;
- lorsqu'une règle existe, mais que son application serait trompeuse.

B. – La portée juridique et fiscale limitée du principe d'image fidèle

297. – Portée juridique. Même si la présentation de comptes ne donnant pas une image fidèle est pénalement sanctionnée (V. *supra*, n° 163), *le principe d'interprétation stricte des lois pénales pose un problème au regard de la notion non définie d'image fidèle*. Les tribunaux considèrent que le principe d'image fidèle n'est qu'une conséquence du principe de régularité des comptes qui seul doit être vérifié. Il revient au juge pénal de

(32) L. n° 83-353, 30 avr. 1983, relative à la mise en harmonie des obligations comptables des commerçants et de certaines sociétés avec la IVe directive adoptée par le Conseil des Communautés européennes le 25 juillet 1978, art. 2.

(33) L. n° 85-11, 3 janv. 1985, relative aux comptes consolidés de certaines sociétés commerciales et entreprises publiques, art. 2.

(34) F. Pasqualini, *op. cit.*, n° 31, p. 27.

(35) A. 27 avr. 1982.

(36) A. 22 juin 1999, portant homologation du règlement n° 99-03 du Comité de réglementation comptable.

(37) A. 8 sept. 2014, portant homologation du règlement n° 2014-03 de l'Autorité des normes comptables.

(38) *Mémento Lefebvre Comptable*, *op. cit.*, n° 8300.

dire dans quelle mesure les irrégularités affectant les comptes annuels sont constitutives du délit pénal[39].

Pour l'application de l'article 223-1 de son règlement général (« l'information donnée au public doit être exacte, précise et sincère »), l'Autorité des marchés financiers (AMF) se contente de la violation d'une règle impérative pour appliquer la sanction prévue. Ce faisant, elle se soucie peu de savoir si, malgré ses imperfections, la comptabilité donne une image fidèle de l'entreprise, alors que pourtant il s'agit d'un principe hiérarchiquement supérieur[40].

En droit civil, la présentation de comptes infidèles peut constituer un dol civil et conduire à l'annulation d'une cession de parts et à l'octroi de dommages et intérêts. Il en va ainsi dans la mesure où les manœuvres dolosives du cédant sont caractérisées, alors même qu'elles ne peuvent être qualifiées d'escroqueries faute d'avoir commis un acte positif[41].

298. - Portée fiscale : le principe d'image fidèle ne doit pas servir d'excuse au contribuable. Très souvent, le principe d'image fidèle est invoqué par les contribuables pour justifier après coup la méconnaissance d'une règle comptable. De ce fait, les tribunaux rappellent fréquemment que le principe d'image fidèle ne saurait rattraper une irrégularité comptable. Les décisions suivantes peuvent attester de cette hostilité jurisprudentielle :

– cas d'une société qui avait passé une provision pour dépréciation de sa créance née de travaux réalisés dans un hôtel qui n'avait pas payé l'acompte au début des travaux et lui avait adressé trois billets à ordre, dont deux n'avaient pas été honorés. La cour de Nantes considère que la société ne démontre pas le caractère irrécouvrable de sa créance et qu'elle ne peut utilement invoquer le principe d'image fidèle et de prudence comptable[42] ;

– cas d'une société exerçant l'activité de promotion et de commercialisation de produits issus de l'activité sucrière qui avait déduit des amortissements sur des objets destinés à des expositions liés à cette activité (sucriers, saupoudreuses, pièces ménagères, etc.). La société invoque le droit à l'amortissement qui donne une image fidèle de l'entreprise, mais la cour de Versailles estime que la dépréciation est erratique et non pas irréversible[43] ;

– cas d'une société de location de matériel informatique qui n'avait pas immobilisé ces matériels ni déduit d'amortissements, mais qui avait passé une provision qui, selon elle, était seule à même de donner une image fidèle de l'entreprise compte tenu de

(39) N. Stolowy, *Interprétation stricte des lois pénales et image fidèle : JCP* E 6/2000, p. 219.

(40) J.-L. Navarro, note ss AMF, 3 nov. 2004, *Vivendi Universal*, confirmé en appel par CA Paris, 28 juin 2005, et en cassation par Cass. com., 19 déc. 2006 : *Rev. sociétés* 2/2007, p. 335.

(41) Cass. com., 26 mai 2009, n° 08-15 980, *Portehaut c/ Galouzeau de Villepin : JCP* E 2009, 43, chron. 2004, n° 1, obs. J.-L. Navarro.

(42) CAA Nantes, 9 nov. 2005, n° 02NT01570, *SA Sort et Chasle*.

(43) CAA Versailles, 6 oct. 2005, n° 02VE00323, *Sté Deleplanque*. Confirmé par CE, 10 août 2007, n° 288291 : *Dr. fisc.* 2008, n° 19, comm. 313. Selon le Conseil d'État, l'exigence liée à la dépréciation irréversible d'un bien résultant de l'usage ou du temps doit prévaloir sur toute autre, et notamment sur la distinction habituellement faite entre les objets de collection (non amortissables), et de documentation (amortissables).

l'obsolescence très rapide du matériel en question. La cour de Paris relève que, n'ayant pas inscrit ces matériels à l'actif, elle ne pouvait pas non plus déduire de provisions[44].

299. – Une jurisprudence isolée : l'arrêt *SA Atlantique automobile* du 5 février 2001[45]. Le Conseil d'État reconnaît expressément que le principe d'image fidèle peut justifier une solution fiscale.

Le cas concernait l'ancien régime des plus-values professionnelles à long terme des sociétés soumises à l'IS (V. *infra*, n° 641). Pour bénéficier du taux réduit (19 %), les entreprises avaient l'obligation de constituer une réserve spéciale à hauteur du solde de la plus-value après impôt (soit 81 %). La question s'est posée de savoir si elles pouvaient doter cette réserve spéciale par le solde débiteur du compte de report à nouveau. L'administration fiscale s'y opposait au motif que cela heurtait la notion même de réserve qui représente une utilisation durable d'un bénéfice, alors qu'ici la réserve serait purement fictive. Se fondant sur le principe d'image fidèle des comptes, le Conseil d'État valida pourtant l'écriture.

Cette décision a fait l'objet de très vives critiques doctrinales. On lui a reproché de faire une mauvaise application du principe d'image fidèle, lequel permet seulement de déroger à une règle comptable lorsqu'elle est impropre à retranscrire la réalité économique, mais en aucun cas de justifier une solution fiscale[46]. L'application du principe à l'espèce serait donc inappropriée ; contrairement à ce qu'affirme le Conseil d'État, le principe d'image fidèle ne pouvait justifier l'écriture litigieuse, mais *il ne s'y opposait pas*, nuance.

La justification est ailleurs ; l'objectif du législateur étant de s'assurer que la plus-value n'est pas distribuée, on peut estimer qu'il est respecté si la réserve spéciale est dotée par le débit du compte de report à nouveau, puisque cela obère les distributions futures.

SECTION 2 L'UTILISATION PAR LE DROIT FISCAL DES PRINCIPES TECHNIQUES

300. – La comptabilité : langage universel. Puisque la comptabilité est un langage, il est nécessaire que toutes les entreprises parlent la même langue et qu'elles n'en changent pas en cours d'existence. Les principes généraux sont les garants de la fidélité et de la comparabilité des comptes. Selon les pays, les principes comptables résultent d'usages ou sont codifiés. En France, ils figurent à la fois dans le Code de commerce et dans le Plan comptable général.

301. – Les huit principes généraux. Il s'agit des principes de spécialité et d'annualité des exercices, de continuité de l'exploitation, du coût historique, de non-compensation, d'intangibilité du bilan d'ouverture, de prudence et de permanence des

(44) CAA Paris, 29 janv. 2007, n° 04PA01334, *SA Atlas Data*. Mais même dans ce cas, on peut espérer qu'elle n'aurait pas admis leur déduction, car les amortissements différés sont perdus pour l'entreprise et les provisions ne sauraient constituer une écriture de « rattrapage », même sur le fondement de l'image fidèle.

(45) CE, 5 févr. 2001, n° 211266, *SA Atlantique automobile : RJF* 04/01, n° 447 ; *Dr. fisc.* 2001, n° 26, comm. 593, concl. L. Touvet ; *JCP* E 6/2002, chron. 273, n° 60, obs. J.-L. Navarro.

(46) J.-L. Navarro, chron. préc., n° 61.

méthodes. Le droit fiscal est très réceptif aux principes techniques, car il y prend appui pour le calcul du résultat imposable. Leur réception n'est toutefois pas homogène ; les cinq premiers principes sont pleinement transposés en fiscalité (§ 1), alors que les trois derniers le sont partiellement (§ 2).

§ 1. – Les principes pleinement transposés en droit fiscal

302. – Consécration fiscale des principes comptables. La sensibilité fiscale aux principes comptables est d'autant plus grande lorsque ces derniers sont consacrés par les textes fiscaux. C'est le cas des principes de spécialité (A) et d'annualité des exercices comptables (B). D'autres principes, bien que n'étant pas expressément mentionnés dans le Code général des impôts, peuvent également se prévaloir d'une forte assise fiscale ; il s'agit des principes du coût historique (C), de non-compensation (D) et de continuation de l'exploitation (E).

A. – La spécialité des exercices comptables

303. – Signification et portée. Le principe de spécialité (ou d'indépendance) des exercices signifie que chaque exercice est autonome. Il a une conséquence majeure : le rattachement à un exercice comptable des seules opérations qui y ont pris naissance. Pour cela, il faut faire application des principes de la comptabilité d'engagement qui enregistre les créances « acquises » et les dépenses « engagées » (V. *supra*, n° 8). L'événement qui justifie que soit passée une écriture comptable est dénommé « fait générateur de l'assiette » (1°). Ce principe de spécialité peut jouer dans les deux sens ; en incluant dans le résultat des charges ou des produits qui n'ont pas été comptabilisés alors qu'ils ont été engagés, ou en excluant des charges ou des produits se rapportant à un exercice ultérieur. En pratique, ce rattachement des charges et des produits s'effectue par le biais des *comptes de régularisation* (2°).

1° Le critère de rattachement : le fait générateur de l'assiette

304. – Ne pas confondre : « fait générateur de l'assiette » et « fait générateur de l'impôt ». Le fait générateur de l'impôt marque la naissance de la créance fiscale ; lors de l'achèvement de l'année civile (entreprise à l'IR) ou d'un exercice comptable (entreprise à l'IS). Le fait générateur de l'assiette (ou du chiffre d'affaires)[47] traduit la prise en compte d'une opération juridique dans le résultat imposable de l'entreprise, sans préjuger de l'impôt qu'elle devra finalement (on peut donc parler d'« imposabilité », mais pas « d'imposition »).

305. – Ne pas confondre : existence, exigibilité et paiement de la créance. En comptabilité comme en fiscalité, le résultat social est insensible à l'exigibilité de la créance (moment où elle doit être payée) et à son paiement (moment où elle l'est effectivement)[48]. Seule compte l'existence de la créance ; l'entreprise est « riche » de ses créances et « pauvre » de ses dettes. Par exemple, il a été jugé qu'une agence de voyages française qui a conclu avec une société étrangère un contrat prévoyant le versement d'une commission sur la vente d'excursions proposées en option, doit comptabiliser cette créance, même si les commissions ne sont pas encaissées, à condition qu'elles soient déterminées dans leur principe et leur montant[49].

(47) M. Cozian et P.-J. Gaudel, *op. cit.*, nos 119 et s.

(48) *BOFiP*, BOI-BIC-BASE-20-10, n° 20.

(49) CAA Paris, 14 oct. 1997, n° 95-700, *SA Mondial Tours* : *RJF* 3/98, n° 247.

306. – Les caractères de la créance et le moment de la comptabilisation. La décision susvisée nous rappelle que les créances prises en compte dans le résultat imposable doivent posséder un certain nombre de caractères ; elles doivent être certaines dans leur principe et déterminées dans leur montant (*a*)[50]. D'autre part, le principe de spécialité des exercices impose que soit précisé le moment exact où la créance est « acquise » à l'entreprise (*b*).

a) Les caractères de la créance imposable

307. – La créance doit être certaine dans son principe. Une entreprise doit enregistrer une créance dans ses comptes dès qu'elle devient créancière au sens juridique du terme. Ainsi, la réponse à une question comptable sera recherchée dans les principes du droit civil. Notamment, il n'est pas rare que le juge administratif soit amené à rappeler à l'administration fiscale qu'il ne saurait y avoir de vente sans que soit rapporté l'accord de volonté des parties sur la chose et sur le prix. Par exemple, dans le contexte particulier d'un dépôt-vente, il a été jugé que la créance du déposant contre la dépositaire ne peut pas résulter du seul fait que, à l'expiration du délai de dépôt, les objets n'aient pas été restitués à leur propriétaire et que celui-ci n'a pas effectué les diligences nécessaires pour obtenir cette restitution[51]. Si ultérieurement la créance devient douteuse (quant à son recouvrement) ou litigieuse (quant à son principe), l'entreprise doit passer une provision pour dépréciation (V. *infra*, n° 438).

Également, il a été jugé, au sujet d'une distribution de dividendes prélevés sur les réserves, que la créance doit être enregistrée en comptabilité à la date à laquelle elle est décidée par les associés, sans qu'il y ait lieu de tenir compte de la date de son règlement[52].

Notons que la règle n'est pas symétrique pour les dettes ; une dépense simplement probable doit être comptabilisée en raison du principe de prudence (V. *infra*, n° 357).

308. – La créance doit être déterminée dans son montant. Même certaine dans son principe, une créance ne doit être rattachée à un exercice que si elle est déterminée dans son montant. Le Conseil d'État l'a expressément jugé au sujet d'une société d'édition de disques qui percevait des redevances d'autres sociétés du groupe auquel elle appartenait ; elle n'a pas à enregistrer ces produits avant que ne fussent calculés ses droits[53]. Il en va cependant autrement si la créance fait l'objet d'un calcul provisionnel[54], ou même en l'absence de calcul si la créance peut être estimée avec une fiabilité suffisante[55]. Appliquant avec une grande rigueur le principe de spécialité des exercices, le Conseil d'État juge que c'est à la clôture de l'exercice qu'il convient de se placer pour apprécier le caractère fiable de l'estimation, alors que la doctrine comptable est plus indulgente et admet que puissent être prises en compte les créances

(50) *BOFiP*, BOI-BIC-BASE-20-10, n° 1.

(51) CAA Paris, 20 nov. 2009, n° 07PA03701, *SARL Oriental Art Gems International : Dr. fisc.* 2010, n° 20, comm. 314.

(52) Cass. com., 30 mai 2018, n° 15-23.483, *Sté des nouvelles technologies électriques et de chauffage : RJDA* 10/18, n° 726.

(53) CE, 22 juin 1984, n°s 38108 et 37368 : *RJF* 8-98/94, n° 943 ; *BOFiP*, BOI-BIC-BASE-20-10, n° 30.

(54) CE, 3 juin 2022, n° 452708, *Sté D3P : Dr. fisc.* 2022, n° 50, comm. 423, concl. L. Domingo, note A. Maitrot de La Motte). En l'espèce, un contribuable exploitant un bar-discothèque avait été exproprié selon une procédure d'urgence par laquelle le juge de l'expropriation autorise l'expropriant (ici, une société autoroutière) à prendre immédiatement possession des biens moyennant le versement au propriétaire d'une indemnité d'expropriation ayant un caractère provisionnel.

(55) CE, 4 août 2006, n° 245699, *Dorléans : RJF* 11/06, n° 1320, concl. contraires L. Vallée ; *BDCF* 11/06, n° 125.

dont l'incertitude est levée au jour de l'arrêté des comptes[56]. Par exemple, la Commission des études comptables de la CNCC[57] a considéré qu'une « prime au succès » versée par une société de diffusion à une société de production cinématographique doit être comptabilisée au titre d'un exercice « N », même si elle n'a été calculée qu'au début de l'exercice « N+1 », dans la mesure où tous les paramètres de calcul étaient connus le dernier jour de « N ». Selon certains auteurs, la position différente du droit fiscal autoriserait, sur le fondement de l'article 38-2 du Code général des impôts, une déduction extra-comptable du produit[58].

b) La naissance des créances et des dettes

309. - La référence comptable. Le Plan comptable général fait référence aux *produits acquis à un exercice* et aux *charges supportées par un exercice* (PCG, Livre I, Titre V).

En ce qui concerne les charges, l'article 511-3 du Plan comptable général énonce :

« Pour calculer le résultat par différence entre les produits et les charges de l'exercice, sont rattachés à l'exercice : les charges supportées par l'exercice, auxquelles s'ajoutent éventuellement les charges afférentes à des exercices précédents mais qui, par erreur ou omission, n'ont pas alors fait l'objet d'un enregistrement comptable ».

Quant à savoir à quel moment la charge est considérée comme étant supportée par un exercice, l'article 322-7 précise :

« En application des articles 322-1 et 322-2, une dette à l'égard d'un fournisseur est comptabilisée lorsque, conformément à une commande de l'entité, la marchandise a été livrée ou le service rendu ».

En ce qui concerne les produits, l'article 512-4 du Plan comptable général pose une règle symétrique :

« Pour calculer le résultat par différence entre les produits et les charges de l'exercice, sont rattachés à l'exercice : les produits acquis à cet exercice, auxquels s'ajoutent éventuellement les produits acquis à des exercices précédents mais qui, par erreur ou omission, n'ont pas alors fait l'objet d'un enregistrement comptable ».

Le plan comptable ne précise pas la notion de créance acquise, mais, ici encore, la symétricité avec le régime des charges s'impose naturellement. S'agissant par exemple des ventes assorties d'une clause de réserve de propriété, il est mentionné à l'article 512-3 du plan comptable qu'elles « sont comptabilisées à la livraison du bien et non à celle du transfert de propriété » (V. *infra*, n° 313).

310. - La traduction fiscale. Après que la jurisprudence a successivement retenu comme fait générateur la signature du contrat[59], puis l'exigibilité de la créance[60], le législateur s'est rallié en 1978 aux principes comptables[61]. Selon l'article 38-2 bis, alinéa 1er du Code général des impôts : « … les *produits* correspondant à des créances sur la clientèle ou à des versements reçus à l'avance en paiement du prix sont rattachés à l'exercice au cours duquel intervient la livraison des biens pour les ventes ou opérations assimilées et l'achèvement des prestations pour les fournitures de services ».

(56) *Mémento Lefebvre Comptable*, *op. cit.*, n° 10505.

(57) *Bull. CNCC* 2014, n° 174, EC 2014-04.

(58) A. Colmet-Daâge, *Comptabilité et fiscalité : retour sur l'année 2014 : Dr. fisc.* 2015, n° 11, étude 198, § 8.

(59) CE, 18 juin 1971, n° 77988 : *Dr. fisc.* 1971, n° 46, comm. 1539.

(60) CE, plén., 7 mars 1979, nos 4884 et 7593 : *RJF* 1979, n° 194, p. 113, chron. J.-F. Verny.

(61) L. n° 78-1239, 28 déc. 1978, art. 84. On se reportera à la chronique de J. Turot, *Le fisc et la peau de l'ours. Bilan jurisprudentiel de l'article 38-2 bis du CGI : RJF* 05/91, chron. p. 319.

Il résulte de ce texte que le fait générateur des *ventes* se situe au jour de la livraison des biens (*1*), et celui des prestations de services lors de leur achèvement (*2*).

Bien que l'article 38-2 bis, alinéa 1er du Code général des impôts ne fasse littéralement référence qu'aux seuls produits de l'exercice, le principe de spécialité des exercices comptables commande de retenir des solutions identiques en ce qui concerne la comptabilisation des charges. Selon l'administration fiscale[62] :

> « Les charges payées ou comptabilisées d'avance ne peuvent être admises en déduction du résultat de l'exercice au cours duquel elles ont été enregistrées, mais doivent être retranchées du résultat de l'exercice qu'elles concernent. Cette règle conduit les entreprises à procéder, à la clôture de chaque exercice, à diverses opérations de régularisation afin de "réaffecter" aux exercices concernés les charges qui les concernent ».

311. – Rattachement des charges aux produits ? Certains juristes (et l'administration fiscale quand ça l'arrange…) ajoutent parfois une condition spécifique aux charges qui voudrait que celles qui peuvent être rattachées à un produit ne puissent être comptabilisées qu'au titre de l'exercice de réalisation du produit. Ce soi-disant principe de « rattachement des charges aux produits » ne figure pourtant explicitement dans aucun texte comptable ou fiscal (*3*).

1) Le fait générateur des achats et des ventes

312. – Principes. *Les ventes sont rattachées à l'exercice au cours duquel les biens ont été livrés*, c'est-à-dire au jour de leur délivrance telle que définie par l'article 1604 du Code civil[63] :

> « La délivrance est le transport de la chose vendue en la puissance et la possession de l'acheteur ».

En pratique, les comptables retiennent la date de facturation (elle correspond souvent à la délivrance). Il s'agit d'une position intermédiaire entre le droit privé, qui considère que la créance est certaine dès l'accord de volonté, et le principe de la comptabilité de caisse qui attend l'encaissement du prix. En ce qui concerne les ventes d'immeubles, la délivrance interviendra au moment de la remise des clés si c'est un bâtiment, sinon lors de la remise du titre de propriété, conformément aux prescriptions de l'article 1605 du Code civil[64].

313. – Applications. La variété des stipulations contractuelles conduit à une casuistique illimitée. Elles doivent toujours être confrontées au fait générateur de l'assiette. Nous donnons ci-après le traitement comptable et fiscal des situations complexes les plus fréquentes.

• *Les acomptes versés à la commande ne peuvent pas faire partie du bénéfice imposable tant que les produits vendus n'ont pas été livrés au client* (CGI, art. 38-2 bis, al. 1er). Il en va de même en comptabilité, bien que les acomptes doivent figurer sur une facture spécifique (V. *supra*, n° 85) ; ils figureront sur un compte d'attente de la classe 4 (V. *supra*, n° 199).

(62) *BOFiP*, BOI-BIC-CHG-10-30-10, n° 130.

(63) *BOFiP*, BOI-BIC-BASE-20-10, n° 90. – CE, 4 mars 1991, n° 97595, *H. de Bouard : RJF* 4/91, n° 431. – CE, 28 déc. 2012, n° 345841, *Sté civile fermière du Château Lafon Rochet : RJF* 3/13, n° 267. – CE, 4 févr. 2015, n° 362007, Mme *Lesieutre : Dr. fisc.* 2015, n° 17, comm. 281, concl. F. Aladjidi.

(64) *BOFiP*, BOI-BIC-BASE-20-10, n° 110.

• *Les ventes sous réserve de propriété sont prises en compte dès que les produits ont été livrés,* même si le transfert de propriété ne s'est pas encore opéré[65]. Dans une telle hypothèse, la livraison s'entend de la remise matérielle du bien (CGI, art. 38-2 bis, al. 5).

• *Les ventes sous condition résolutoire* sont également prises en compte dès le jour de la livraison des marchandises[66]. *Dans les ventes sous condition suspensive,* la créance doit être rattachée aux résultats de l'exercice au cours duquel la condition se réalise[67].

• *La vente à l'essai est toujours présumée être faite sous condition suspensive* (C. civ., art. 1588), mais l'administration fiscale peut renverser la présomption légale[68].

• *Les abandons de créances sont imposables au titre de l'exercice au cours duquel ils sont consentis.* Dans le cadre d'un plan de redressement judiciaire, il a été jugé que les remises consenties en application de l'article L. 621-76 ancien du Code de commerce[69], faute de relever de l'article L. 621-77 ancien[70], ce qui leur aurait conféré le caractère d'une condition suspensive[71], sont certaines dans leur principe dès l'homologation par le tribunal, nonobstant la condition résolutoire prévue par le Code de commerce, et doivent donc être rattachées à l'exercice au cours duquel le jugement a été rendu[72].

• *Les abandons de créances assortis d'une clause de « retour à meilleure fortune » s'analysent en une convention qui entraîne l'extinction d'une obligation de l'entreprise débitrice* (celle-ci est donc imposable), et la naissance d'une obligation nouvelle à son encontre assortie d'une condition suspensive (donc non déductible immédiatement)[73]. La constatation ultérieure de gains rétablit la dette originelle ; son débiteur peut alors

(65) *BOFiP*, BOI-BIC-BASE-20-10, n° 120.

(66) CAA Paris, 13 févr. 1990, n° 1991, *SARL Profat Commodities : Dr. fisc.* 1990, n° 51. En l'espèce, il est jugé que la commission due à un courtier en aliments pour bétail lui est acquise dès la conclusion des contrats par le vendeur, sans que soit pris en compte le fait que certains contrats comportaient une clause résolutoire.

(67) CE, 27 janv. 1989, n° 66233, *M. Rojat : Dr. fisc.* 1989, n° 25, comm. 1224.

(68) CE, 24 sept. 2003, n° 237115, *Sté Éditions Godefroy : Dr. fisc.* 2004, n° 8, comm. 258, en arguant du fait que le prix des livres expédiés à l'essai est encaissé avant même l'expiration de la période d'essai, et que, dès réception de l'ouvrage, le client en avait la libre disposition et supportait le risque de sa destruction.

(69) C. com., art. L. 626-18 (plan de sauvegarde, applicable en redressement judiciaire). Selon ce texte, le tribunal peut donner acte des remises et des délais accordés par les créanciers ou, à défaut d'accord, imposer aux créanciers qui n'ont pas consenti de délai ou de remise des délais uniformes de paiement.

(70) C. com., art. L. 626-19 (plan de sauvegarde, applicable en redressement judiciaire). Selon ce texte, le tribunal peut offrir aux créanciers la faculté d'être payés dans un délai plus bref à condition d'accepter une réduction proportionnelle du montant de leur créance.

(71) Lorsque les créanciers ont choisi d'obtenir un paiement dans un délai plus bref assorti d'une réduction de leur créance, celle-ci n'est définitivement acquise qu'après versement, au terme fixé, de la dernière échéance du plan. Le profit ne sera imposable qu'au titre de l'exercice au cours duquel intervient le paiement de la dernière échéance prévue (CAA Lyon, 11 oct. 2007, n° 04-63, *SA Wirth et Gruffat : RJF* 4/08, n° 406).

(72) CE, 21 nov. 2011, n° 340319, *Tanière : Dr. fisc.* 2012, n° 12, comm. 196, note P. Fumenier et C. Maignan. – A. Colmet Daâge, *Comptabilité et fiscalité : retour sur l'année 2011 et perspectives 2012 : Dr. fisc.* 2012, n° 15, étude 251, § 8. Sur le régime fiscal des abandons de créance en général : M. Cozian, *Les grands principes de la fiscalité des entreprises*, Litec, 4e éd. 1999 (rééd. 2015), doc. 31, *Les abandons de créances*. – A. de Bissy, *Les aspects fiscaux de l'effacement des dettes : Dr. & patr.* sept. 2009, n° 184, p. 71 et s. – Dans le cadre des procédures collectives : M. Cozian, *Le traitement fiscal des abandons de créances dans le cadre de la loi du 26 juillet 2005 sur la sauvegarde des entreprises : LPA* 14 juill. 2007, n° 119, p. 26 et s. – G. Dedeurwaerder, *Les entreprises en difficulté face au droit fiscal : Dr. fisc.* 2012, n° 18, comm. 284, § 16 à 18. – P. Serlooten et G. Dedeurwaerder, *Entreprises en difficulté (droit fiscal) : Rép. com.* Dalloz, avr. 2016, nos 73 à 77.

(73) *BOFiP*, BOI-BIC-BASE-50-20-10, n° 280.

la déduire[74]. Sous réserve de l'incidence du régime fiscal des aides inter-entreprises (V. *infra*, n° 538), la situation de la société créancière doit être traitée de manière symétrique ; elle est en droit de déduire une perte lors de l'abandon de créance, mais elle devra constater un produit lorsque la clause de retour à meilleure fortune est appelée à jouer.

314. – Comment sont comptabilisées les pénalités pour paiement tardif ? Jusqu'en 2001, les pénalités ne s'appliquaient que si le client avait été mis en demeure ; ce n'est qu'à cette date que ces produits étaient imposés chez le fournisseur (sauf si une clause spéciale prévoyait que les pénalités étaient dues sans mise en demeure)[75].

La mise en demeure n'est plus nécessaire depuis la loi « NRE » du 15 mai 2001[76]. Les pénalités de retard, ainsi que l'indemnité forfaitaire pour frais de recouvrement[77], doivent figurer dans les conditions de règlement incluses dans les conditions générales de vente, et elles sont exigibles sans qu'un rappel soit nécessaire (C. com., art. L. 441-10, II). Les pénalités sont exigibles le jour suivant la date de règlement figurant sur la facture dans le cas où les sommes dues sont réglées après cette date (C. com., art. L. 441-10, II, préc.).

On pouvait craindre que l'administration fiscale profite de ces nouvelles règles pour rattacher ces produits à l'exercice au cours duquel expire le délai de règlement, compte tenu de leur caractère déterminé (V. *supra*, n° 299), mais le législateur a institué une règle de rattachement spécifique pour ces pénalités, lesquelles sont désormais rattachées à l'exercice de leur encaissement (chez le fournisseur) ou de leur paiement (chez le client) (CGI, art. 237 sexies nouveau)[78]. Ce dispositif, au départ temporaire, a été pérennisé en 2004[79].

À titre de règle pratique, l'administration admet que ces modalités de rattachement s'appliquent aussi aux intérêts moratoires prévus à l'article 98 de l'ancien Code des marchés publics[80], ainsi qu'aux indemnités forfaitaires pour frais de recouvrement en cas de retard de paiement dans les transactions commerciales instituées par l'article 121 de la loi du 22 mars 2012[81].

En revanche, les indemnités complémentaires susceptibles d'être demandées par les créanciers sur justification doivent être rattachées aux résultats de l'exercice au cours duquel la décision de justice les octroyant est devenue définitive[82].

2) Les prestations de services

315. – Cas général. Les prestations de services doivent être rattachées à l'exercice au cours duquel a lieu l'achèvement de la prestation. La question de savoir si une opération est « achevée » dépend de l'étendue de l'obligation juridique qui incombe au prestataire.

(74) *BOFiP*, BOI-BIC-BASE-50-20-10, n° 290.
(75) Instr. 7 mai 1997 : *BOI* 4 A-9-97.
(76) L. n° 2001-420, 15 mai 2001, relative aux nouvelles régulations économiques, art. 53.
(77) L. n° 2014-344, 17 mars 2014 relative à la consommation, art. 137.
(78) L. fin. rect. 2002, n° 2002-1576, 30 déc. 2002, art. 20.
(79) L. fin. 2005, n° 2004-1984, 30 déc. 2004, art. 35.
(80) Aujourd'hui Code de la commande publique (Ord. n° 2018-1074 du 26 novembre 2018).
(81) *BOFiP*, BOI-BIC-BASE-20-10, n° 230.
(82) *BOFiP*, BOI-BIC-PDSTK-10-30-20, n° 210 ; *BOFiP*, BOI-BIC-BASE-20-10, n° 230, préc.

Lorsque le prestataire réalise lui-même la prestation, celle-ci est réputée achevée au moment où il n'a plus d'obligation envers son client. Tel est par exemple le cas des tour-opérateurs qui considèrent n'avoir plus de prestation à réaliser à partir du départ en voyage[83].

En ce qui concerne les prestations des courtiers et des intermédiaires du commerce, leur prestation est considérée comme étant achevée au moment de la signature du contrat par le client. Tel est par exemple le cas des agences de voyages qui commercialisent des voyages organisés par un tour-opérateur[84]. Toutefois, certains textes ou usages propres à certaines professions peuvent conduire à différer le moment de l'achèvement de la prestation[85].

316. - Contrats à exécution successive. Entrent dans cette catégorie : les contrats à *prestations continues*, qui sont souvent rémunérés par des loyers ou des intérêts (mais pas toujours, car ce qui compte c'est que la prestation soit continue, même si la rémunération ne l'est pas)[86], et les contrats à *prestations discontinues mais à échéances successives* échelonnées sur plusieurs exercices, tels les contrats d'entretien ou d'abonnement[87].

Pour ces deux types de contrats, la règle est que les produits ou les charges sont pris en compte au fur et à mesure de l'exécution de la prestation (CGI, art. 38-2 bis, al. 2, *a*). S'agissant des prestations de services discontinues, le rattachement s'effectue selon la méthode de l'avancement ; ils sont donc pris en compte au rythme de la prestation. En ce qui concerne les prestations de services continues, le rattachement se fait *prorata temporis*. Par exemple, pour un prêt portant intérêts, l'entreprise devra comptabiliser la fraction des intérêts qui ont couru jusqu'au jour de la clôture de l'exercice même s'ils ne sont pas encore échus. À l'inverse, elle ne prendra pas en compte les intérêts qui ont été payés par avance à partir du moment où ils portent sur une période postérieure à la clôture de l'exercice.

En pratique, la rémunération des prestations continues ou discontinues à échéances successives est comptabilisée en fonction des échéances contractuellement convenues entre les parties. Toutefois, les contribuables peuvent démontrer que la répartition

(83) *Contra : Bull. CNCC* mars 2015, n° 177, EC 2014-31, selon qui le produit de la vente du voyage doit être étalé sur toute la durée du séjour puisqu'une une agence de voyages qui commercialise des voyages qu'elle fabrique elle-même est responsable vis-à-vis de ses clients de la bonne exécution des obligations prévue dans le contrat de voyage (C. tourisme, art. L. 211-16).

(84) CE, 23 nov. 2010, n° 313301, *SA Inglard Vanbremeersh : RJF* 4/11, n° 409. Peu importe, dans ce cas, que l'agence de voyages soit responsable de plein droit, à l'égard de l'acheteur, de la bonne exécution des obligations résultant de ce contrat (C. tourisme, art. L. 211-6, préc.).

(85) CE, 28 juill. 2000, n° 180412, *Sté Gardère-Haramboure : RJF* 11/00, n° 1216. La créance de courtage d'un courtier en vins n'est acquise que lorsque le client les a goûtés et agréés, conformément à l'article 1587 du Code civil.

(86) CE, 20 juin 2006, n° 266796, *Lovato : Dr. fisc.* 2007, n° 4, comm. 75, concl. S. Verclytte (versement d'une somme par une brasserie à un débitant de boisson en contrepartie d'un approvisionnement exclusif de bière pendant dix ans). - CE, 14 avr. 2008, n° 279786, *M. Canonne* (versement d'une rémunération unique à un courtier en assurance en contrepartie d'une obligation contractuelle de longue durée) et CE, 14 avr. 2008, n° 293577, *Sté GMSL* (versement d'un droit d'entrée à un bailleur comprenant le droit au bail et le droit de modifier la destination du bien) : *Dr. fisc.* 2008, n° 21, comm. 331. La doctrine administrative selon laquelle les droits d'entrée doivent toujours être compris en totalité dans les résultats de l'exercice au cours duquel ils sont acquis a été expressément rapportée (Rép. min. Cardo, n° 44752 : *JOAN* Q 1er sept. 2009, p. 8392).

(87) CE, 10 janv. 2005, n° 253490, *SA Cabinet J.-G. Bez : Dr. fisc.* 2005, n° 23, comm. 460 (prestation de tenue et de surveillance d'une comptabilité par une société d'expertise comptable).

contractuelle de cette rémunération ne rend pas compte correctement des avantages économiques procurés par le contrat et que le rattachement des produits au fur et à mesure de l'exécution des prestations implique que leur comptabilisation s'écarte de l'échéancier contractuel[88].

317. – Loyers inégaux. Certaines prestations de services continues peuvent générer des loyers inégaux (cas du crédit-bail notamment). En ce qui les concerne, le Conseil d'État a jugé *qu'ils doivent être rattachés conformément aux stipulations contractuelles, sauf s'ils ne rendent pas bien compte de la réalité économique du contrat*[89]. Il donne ainsi raison à la société de crédit-bail d'avoir « linéarisé » les loyers reçus en faisant prévaloir l'analyse économique du contrat[90]. Du côté du preneur, la jurisprudence est symétrique ; on peut citer un arrêt de la cour de Nantes qui approuve l'administration fiscale d'avoir étalé sur la totalité du contrat de crédit-bail le premier loyer majoré d'un voilier, dans la mesure où il s'agissait d'une simple avance sur loyers et qu'il ne rémunérait aucune prestation particulière[91].

Faut-il en conclure que la répartition *prorata temporis* des loyers est inévitable pour l'entreprise ? Non, et c'est précisément sur la base d'une analyse économique du contrat que le Conseil d'État a validé la déduction de loyers croissants et qu'il a sanctionné une cour d'appel qui avait considéré que l'obligation d'un GIE consistant à louer un même nombre de rames de TGV à la SNCF pendant toute la période en cause était de même valeur chaque année « sans prendre en compte l'usage plus ou moins intensif que la SNCF faisait de ces rames et les recettes qu'elle pouvait en retirer »[92]. C'est également en faisant une lecture économique du contrat que le Conseil d'État a reconnu à un crédit-preneur la possibilité de déduire immédiatement un premier loyer très supérieur aux échéances suivantes, puisque l'administration fiscale ne démontrait pas que les stipulations contractuelles ne reflétaient pas la réalité de l'avantage économique retiré par le crédit-preneur, en l'occurrence des véhicules industriels qui subissaient une dépréciation significative dès leur mise en circulation[93].

C'est donc l'analyse économique de la prestation qui fonde la déduction ou l'imposition des loyers (la charge ou le produit est réparti en fonction de la valeur de la prestation), mais celle-ci est présumée correspondre aux stipulations contractuelles (des loyers inégaux sont réputés correspondre à une prestation inégale). Il revient donc à celui qui prétend le contraire de le démontrer : le crédit-bailleur voudra « linéariser » les loyers reçus (il devra donc démontrer que la prestation est linéaire), alors que le

(88) CE, 28 déc. 2012, n° 339927, *SARL The Race Event : Dr. fisc.* 2013, n° 11, comm. 188, concl. F. Aladjidi. Dans cette affaire, il est jugé que l'organisateur d'une course qui permet à ses sponsors de bénéficier d'actions promotionnelles ou de conférences de presse et d'utiliser les marques déposées pour la course assure à la fois des prestations discontinues à échéances successives et des prestations continues. Dans l'un et l'autre cas, il ne peut être reproché à une entreprise d'avoir comptabilisé les produits au rythme de sa prestation.

(89) CE, 29 nov. 2000, n°s 192100 à 192110, *SA Unifimo : Dr. fisc.* 2002, n° 5, comm. 62, concl. E. Mignon (LOA comprenant un premier loyer majoré de 40 %, suivi de quarante-sept loyers de 2,03 %).

(90) M. Cozian, *Comment rattacher aux résultats imposables les loyers perçus d'avance dans le cadre d'un contrat de location avec option d'achat ? : JCP* E 2003, 19, 703, p. 795. – S. Deleau et Ph. Hutchings, *L'article 38-2 bis ou le pouvoir de moduler les loyers de crédit-bail : Dr. fisc.* 2004, n° 28, étude 29.

(91) CAA Nantes, 30 oct. 2002, n° 98NT02787, *SARL Lanic Sport Développement : Dr. fisc.* 2004, n° 8, comm. 260.

(92) CE, 18 mai 2005, n°s 261623 et 261791, *Banque Loire et Lyonnais : Dr. fisc.* 2005, n° 36, comm. 571, concl. F. Donnat.

(93) CE, 16 févr. 2011, n° 315625, *Toulouse Services Véhicules industriels : Dr. fisc.* 2011, n° 15, comm. 299, note P. Fumenier.

crédit-preneur voudra déduire un premier loyer majoré (c'est à l'administration de démontrer que la prestation est linéaire).

Il doit en aller de même en comptabilité. La CNCC avait considéré que les redevances de crédit-bail devaient être passées en charges conformément aux dispositions du contrat, et qu'une analyse du contrat était pour cela nécessaire (concrètement, il s'agit de savoir si le montant des redevances correspond bien, pour chaque période, au coût effectivement prévu au contrat ou au contraire si ce montant reflète des modalités de paiement de ce coût)[94]. De son côté, le Conseil supérieur de l'ordre des experts-comptables avait estimé que :

> « Lorsque les loyers stipulés au contrat sont inégaux de période en période, sans qu'une raison technique ou économique puisse justifier une telle variation, il y a lieu de répartir les charges ou produits de loyer de manière à rendre compte correctement des avantages procurés par le bien de période en période. La méthode linéaire est retenue en l'absence d'une autre méthode plus pertinente »[95].

Plus récemment, la Commission des études comptables de la CNCC a clairement exprimé le souhait que :

> « l'Autorité des normes comptables étudie la possibilité de modifier le Plan comptable général, afin qu'il soit requis de répartir dans le temps les loyers conformément à l'utilisation réelle du bien, et non conformément à la lettre du contrat »[96].

318. – Contrats à long terme. Il s'agit d'une notion du droit comptable, mais ignorée des fiscalistes. En pratique, elle recouvre les prestations intellectuelles (contrats d'étude ou d'ingénierie…), ou manuelles (travaux d'entreprise…), qui s'étalent sur au moins deux exercices (PCG, art. 622-1, al. 1)[97]. La problématique du rattachement des produits générés par ces contrats se pose donc de la même façon que pour les contrats à exécution successive.

La réponse du droit fiscal est cependant différente. Selon le Code général des impôts, en effet, les produits des travaux d'entreprise donnant lieu à réception complète ou partielle doivent être pris en compte au moment de la réception, même si elle est seulement provisoire ou avec réserve, mais il convient de retenir la date de la mise à disposition[98] du maître de l'ouvrage si elle est antérieure (CGI, art. 38-2 bis, al. 2, *b*). Quant aux produits des autres contrats à long terme, faute de pouvoir être considérés comme des contrats à exécution successive, ils doivent également être rattachés à l'exercice d'achèvement de la prestation, conformément au principe général (CGI, art. 38-2 bis, al. 1er, préc.). Par exception, l'administration fiscale admet la méthode de l'avancement des travaux pour les entreprises du bâtiment et des travaux publics, ainsi que pour les entreprises de constructions navales[99].

(94) *Bull. CNCC* sept. 1996, n° 103, EC-1996-32, p. 509-510.

(95) OEC, avis n° 29, 15 nov. 1995, § 7.

(96) *Bull. CNCC* juin 2011, n° 162, EC-2010-69, p. 277-280.

(97) M. Cozian et P.-J. Gaudel, *op. cit.*, nos 195 et s. – G. Lamouroux, *Les contrats à long terme : la durée des prestations de services à l'épreuve du droit fiscal : Dr. fisc.* 2022, n° 17-18, étude 207.

(98) La notion de « mise à disposition » permet d'éviter que les parties ne retardent la constatation d'une créance acquise en repoussant artificiellement la date de réception des travaux. En ce qui concerne sa démonstration, si la facturation définitive fait présumer la mise à disposition des travaux, il n'en va pas de même des différents acomptes versés au cours des travaux, même si la demande d'acompte est assortie d'une « situation de travaux » (CAA Versailles, 29 sept. 2015, n° 13VE03890, *SA X : Dr. fisc.* 2016, n° 6, note A. Corbel).

(99) *BOFiP*, BOI-BIC-PDSTK-20-20-20, n° 50.

Le droit comptable est en décalage avec les règles fiscales ; une opération partiellement exécutée et acceptée par le cocontractant peut être prise en compte partiellement (C. com., art. L. 123-21). Les méthodes de l'achèvement ou de l'avancement peuvent l'une et l'autre être utilisées (PCG, art. 622-2, al. 1) ; la méthode de l'avancement ne constitue plus la méthode préférentielle depuis que le premier alinéa de l'article 622-7 du Plan comptable général a été abrogé[100]. La jurisprudence tend à considérer que la méthode de l'avancement n'est pas compatible avec la règle fiscale prévue à l'article 38-2 bis du Code général des impôts précité[101], mais elle n'est pas stabilisée[102]. En attendant que le Conseil d'État prenne position, il est généralement conseillé aux entreprises qui comptabilisent leurs contrats à long terme selon la méthode de l'avancement de procéder à des retraitements extra-comptables[103].

Si le contrat à long terme est déficitaire (on parle de « perte à terminaison »), quelle que soit la méthode retenue, l'entreprise doit passer une provision pour perte (V. *infra*, n° 478). Au plan fiscal, la perte à terminaison n'est déductible que partiellement, à hauteur de la différence entre le coût des travaux réalisés à la clôture de l'exercice et leur prix de vente compte tenu des révisions contractuelles certaines à cette date (CGI, art. 39-1, 5°).

319. - Comment distinguer les prestations continues des prestations instantanées ? *La difficulté se résout assez facilement lorsqu'il s'agit de relations bilatérales* prestataire/bénéficiaire, puisque l'on s'attache uniquement à la nature de la prestation offerte.

Une difficulté est néanmoins apparue en ce qui concerne l'escompte des effets de commerce ; fallait-il y voir une opération de crédit ou une simple cession de créances ? En droit privé, les deux analyses sont possibles[104]. Si l'on retient la première qualification, les frais d'escompte (intérêts calculés en fonction de la date d'échéance) doivent être rattachés *prorata temporis* jusqu'à l'échéance de la traite, alors que la seconde conduit l'entreprise à rattacher ces charges à l'exercice au cours duquel ils ont été exposés. Retenant une solution contraire à la pratique comptable, le Conseil d'État a fait prévaloir la règle des intérêts courus[105].

Toujours dans le domaine des cessions de créances futures, mais s'agissant cette fois des cessions « Dailly », la Cour de Versailles avait jugé que, contrairement aux règles comptables pour qui l'opération doit être analysée

(100) Règl. n° 2018-01, 20 avr. 2018, art. 15.

(101) TA Montreuil, 13 avr. 2015, n° 1307208, *Sté Sofinel : Dr. fisc.* 2015, n° 22, comm. 330, note A. Marmier. Jugement confirmé par : CAA Versailles, 20 juill. 2017, n° 15VE01900 : *RJF* 11/17, n° 109 (décision définitive). Dans cette affaire, le juge d'appel analyse les contrats d'ingénierie comme des prestations uniques pour lesquels les produits s'y rapportant doivent être comptabilisés à leur achèvement.

(102) Certaines juridictions ont jugé que l'option comptable peut produire des effets en droit fiscal : V. CAA Versailles, 17 nov. 2016, n° 14VE02672, *Sté Aréva NP : RJF* 02/17, n° 105 (décision définitive). Dans cette affaire plus exactement, la cour retient la qualification de prestation unique (et non de prestation discontinue à échéance successive), et, tout en accordant à la société la possibilité de comptabiliser l'opération comme une prestation continue ou discontinue à échéances successives, y porte exception lorsque la répartition ne rend pas correctement compte des avantages économiques procurés au cours des exercices en cause.

(103) *FRC* 2/18, inf. 1. V. toutefois l'étude de Fr. Locatelli (*Prestation[s] d'ingénierie à long terme : sortir de l'impasse nucléaire : Dr. fisc.* 2021, n° 19, étude 239) qui fait prévaloir l'analyse juridique du contrat.

(104) V. *Rép. com.* Dalloz, V° *Escompte – existence de l'escompte*, n° 9, par D. Gibirila.

(105) CE, 1er juin 2001, n° 157650, *SA Pinault-Normandie : Dr. fisc.* 2001, n° 47, comm. 1647, concl. J. Courtial.

comme un moyen de financement sans incidence sur le résultat[106], la cession de créance fiscale future – en l'occurrence une créance détenue contre l'État faisant suite au paiement indu du précompte mobilier – n'est pas assimilable à une opération d'emprunt et génère un produit imposable[107]. Mais le Conseil d'État[108] a annulé cette décision en distinguant deux situations, selon que la créance avait été comptabilisée ou non :

– « D'une part, lorsqu'une société cède, dans les conditions prévues aux articles L. 313-23 et L. 313-24 du Code monétaire et financier, une créance de restitution d'un impôt non déductible, enregistrée en comptabilité dans le respect des prescriptions des règles comptables, le produit qu'elle reçoit du cessionnaire doit être regardé comme procédant au remboursement anticipé d'un impôt non déductible et par suite n'est pas imposable. Dans l'hypothèse où cette cession est assortie d'une garantie au bénéfice du cessionnaire en cas de non-restitution de l'impôt en cause, les sommes versées le cas échéant ultérieurement à ce titre par la société cédante ne sont pas déductibles » ;

– « D'autre part, lorsqu'une société cède, dans les conditions prévues aux articles L. 313-23 et L. 313-24 du Code monétaire et financier, une créance de restitution d'un impôt non déductible, sans qu'aucune créance n'ait été constatée à ce titre en comptabilité, le produit qu'elle reçoit du cessionnaire correspond, jusqu'à la constatation du caractère certain et liquide de la créance de restitution de l'impôt en cause, à un emprunt, ne donnant pas lieu à une augmentation de l'actif net de la société et, par suite, n'est pas imposable au titre de l'exercice au cours duquel il a été perçu ».

Des difficultés se sont aussi posées en ce qui concerne la nature des commissions bancaires qui rémunèrent la prestation d'instruction du dossier de demande de prêt. Contrairement à la réglementation comptable applicable aux entreprises du secteur bancaire – qui prévoit l'étalement de ces commissions sur la durée effective des crédits accordés –, le Conseil d'État juge que ces commissions doivent être rattachées à l'exercice au cours duquel elles sont perçues, conformément aux dispositions de l'article 38, 2 bis, alinéa 1 du CGI. Selon lui, elles ne peuvent pas être regardées comme la contrepartie d'une prestation continue, au sens de l'article 38, 2 bis-a du CGI, qui aurait été fournie jusqu'au terme du prêt accordé[109].

Le problème est encore plus aigu lorsque la relation est trilatérale : soit que le débiteur de la rémunération n'est pas le bénéficiaire de la prestation (cas des SAV assurés par les sociétés non vendeurs en échange du versement d'une somme forfaitaire sur la vente, ou cas du crédit gratuit accordé par un magasin qui prend à sa charge le financement de l'emprunt que consent l'établissement financier à l'emprunteur), soit que le créancier de la rémunération n'est pas le prestataire (cas des établissements de crédit qui vendent des cartes bancaires pour des presta-

(106) V. *Mémento Lefebvre Comptable* 2022, n° 40850.

(107) CAA Versailles, 17 déc. 2021, n° 19VE02003, *SA Engie : Dr. fisc.* 2022, n° 10, comm. 134, concl. F. Met ; *Dr. fisc.* 2022, n° 10, chron. 129, obs. Th. Jouno, O. Lemaire et J. Jimenez, spéc. n° 6.

(108) CE, 14 avr. 2023, n° 461811, *Sté Engie : Dr. fisc.* 2023, n° 26, comm. 230, concl. É. Bokdam-Tognetti, note J.-L. Bédier.

(109) CE, 4 déc. 2019, n° 420414, *Sté Crédit agricole : Dr. fisc.* 2020, n° 11, comm. 184, concl. E. Bokdam-Tognetti. Peu importe que le montant de ces commissions soit fixé en fonction du montant du prêt accordé et pris en compte pour la détermination du taux effectif global et que leur paiement conditionnerait l'octroi du prêt.

tions offertes par les commerçants qui acceptent ce moyen de paiement).

Dans ces dernières situations, la rémunération est-elle immédiatement imposable ?

Pour répondre positivement, certaines juridictions qualifiaient la prestation d'instantanée en s'attachant uniquement à la relation existant entre le débiteur et le créancier de la rémunération. Le Conseil d'État a au contraire fait prévaloir une analyse économique d'ensemble[110], en estimant que la prestation est continue même si elle est accordée à un tiers[111], et même si elle est offerte par un tiers dans la mesure où le créancier lui-même offre une prestation continue (cas des établissements de crédit s'agissant de cartes bancaires)[112].

La jurisprudence est désormais bien assise ; le Conseil d'État a ainsi jugé que l'imposition de la rémunération perçue par une société de caution doit être étalée sur toute la période pendant laquelle elle peut être appelée en garantie, ce qui n'apparaissait pas possible jusqu'alors[113].

3) Le soi-disant principe de rattachement des charges aux produits

320. - Présentation. Il ne faut pas confondre le rattachement des charges et des produits à un exercice et le rattachement des charges aux produits d'un exercice. Ce soi-disant principe part d'un postulat (jamais démontré) : les produits et les charges doivent être directement rattachés les uns aux autres et exigent une comptabilisation dans la même période. Autrefois, le rattachement des charges aux produits fondait la possibilité (limitée) de différer des charges survenues au cours d'un exercice lorsqu'elles se rapportaient à des productions futures. Depuis que les charges différées ou à étaler ont été supprimées[114], le principe de rattachement des charges aux produits a perdu une grande partie de sa portée, observation étant faite néanmoins qu'il s'applique en comptes consolidés (mais sans que les conséquences en soient précisées)[115]. Aujourd'hui, certains auteurs lui prêtent des vertus pédagogiques en matière d'évaluation des stocks. Hors de là, la jurisprudence fiscale ne lui a jamais accordé de crédit.

321. - L'évaluation des stocks : une application contestable du rattachement des charges aux produits. Traditionnellement, on considère que les règles d'évaluation des stocks participent à la description du patrimoine de l'entreprise et de ses variations. Aujourd'hui pourtant, la doctrine fiscale tend à considérer que l'objectif de la comptabilisation à l'actif des stocks est de différer l'incidence des charges qui y sont liées[116]. Il s'agirait d'une technique de rattachement des charges aux produits ; la charge étant différée jusqu'au dénouement de l'opération.

Le Conseil d'État fait prévaloir cette analyse fondée sur la neutralisation des charges, plutôt que celle fondée sur la valeur patrimoniale des stocks, en jugeant que les prestations de recouvrement de créances en cours d'exécution à la clôture de l'exercice doivent figurer au bilan au titre des travaux en cours alors même que la rémunération

(110) E. Mignon, *Prestations continues : la logique économique l'emporte : RJF* 9-10/00, chron. p. 667 et s.

(111) CE, 7 juin 2000, n° 199344, *SARL Centrale moderne de télévision et de son : RJF* 9-10/00, n° 1049 (SAV). – CE, 7 juin 2000, n° 208935, *SA Cofinoga : RJF* 9-10/00, n° 1051 (crédit gratuit).

(112) CE, 24 mai 2000, n° 193817, *CRCAM de Val-de-France : RJF* 7-8/00, n° 887 (carte bleue). – CE, 7 juin 2000, n° 196758, *Sté Diners club : RJF* 9-10/00, n° 1050.

(113) CE, 8 mars 2002, n° 199468, *Banque française de crédit coopératif : Dr. fisc.* 2002, n° 38, comm. 704.

(114) Règl. CRC n° 2004-06, 23 nov. 2004.

(115) Règl. CRC n° 99-02, 29 avr. 1999, § 300.

(116) J. Turot, *Charges en stocks : RJF* 1/91, p. 3.

de ses prestations est conditionnelle en ce qu'elle dépend du succès de l'opération et qu'elle n'a donc pas de valeur[117]. Si nous sommes d'accord pour considérer que la variation des stocks a pour effet de neutraliser les charges liées à l'achat des produits stockés, ce n'est pas pour rattacher les charges aux produits (contraire au principe de spécialité), mais pour faire respecter l'équivalence entre le résultat et la variation de patrimoine (garante de l'image fidèle).

En d'autres termes, il ne s'agit pas de différer une charge, mais d'annuler cette charge. C'est bien la raison pour laquelle les stocks sont évalués à leur prix de revient (CGI, art. 38-3). Sur ce point, la décision précitée du Conseil d'État pose un problème au regard du caractère incertain du recouvrement de la créance, mais elle est conforme à sa jurisprudence[118].

322. - **Absence de portée fiscale du principe de rattachement des charges aux produits.** Selon le Conseil d'État, il n'existe pas d'obligation fiscale de différer la déduction de charges se rapportant à des produits futurs. Depuis que les charges différées ont été supprimées, les entreprises doivent rattacher leurs charges conformément aux principes généraux, sans possibilité de les imputer à l'exercice de rattachement des produits correspondants.

Cela a été jugé dans une affaire ou une entreprise de vente par correspondance qui distribuait gratuitement des catalogues à ses clients avait déduit la charge représentée par la confection des catalogues au titre de l'exercice au cours duquel ils lui avaient été livrés. Se fondant sur un prétendu principe comptable et fiscal du rattachement des charges aux produits, l'administration avait voulu remettre en cause cette déduction pour la partie des catalogues qui n'avaient pas été distribués à la fin de l'exercice. Après avoir rappelé le principe de spécialité des exercices, le Conseil d'État juge que le fait que la distribution de catalogues aux clients puisse avoir un effet sur le résultat est indifférent, seule compte la date de livraison des catalogues, conformément à l'article 38-2 bis du Code général des impôts[119] (V. *supra*, n° 312).

Cette décision a été rendue sous l'empire du Plan comptable général de 1957. Le Conseil d'État n'a pas modifié sa jurisprudence sous l'empire du Plan comptable de 1982 qui prévoit l'utilisation des « charges différées » en comptabilité[120]. Il reste que, dans cette affaire comme dans la précédente, l'entreprise n'avait pas utilisé cette faculté, ce qui, pour certains, laissait incertaine la solution administrative si tel avait été le cas, compte tenu du principe de connexion entre le résultat comptable et le résultat imposable (CGI, ann. III, art. 38 quater)[121]. Cette interrogation n'a toutefois plus de sens depuis que les charges différées ont été supprimées lors du PCG de 1999.

Aujourd'hui, le principe de rattachement des charges aux produits a vécu. Le Conseil d'État a redit très clairement « qu'aucune règle du plan comptable de 1982… ni aucune autre disposition applicable au cours des années d'imposition, n'imposait aux entreprises de différer l'imputation de charges exposées au cours d'un exercice pour les rattacher aux exercices au cours desquels seraient comptabilisés les produits

(117) CE, 26 juill. 2011, n° 316081, *SA Coface Scrl Participations* et n° 328556, *SA Coface Services : Dr. fisc.* 2012, n° 2, comm. 51, concl. J. Boucher, note approbative Fl. Deboissy.
(118) CE, 18 nov. 1983, n° 29395 : *Dr. fisc.* 1984, n° 12, comm. 610, concl. P.-F. Racine (travaux comptables).
(119) CE, 29 juill. 1998, n° 149517, *SA Bergère de France : Dr. fisc.* 1999, n° 7, comm. 123.
(120) CE, 20 févr. 2002, n° 221437, *Sté La Chemise Lacoste : RJF* 05/02, n° 472, concl. E. Mignon, p. 362.
(121) *BCF* 10/98, inf. 2.

correspondants »[122]. Clôturant le débat, la cour de Lyon a utilement précisé qu'aucune règle n'imposait aux entreprises « ni même d'ailleurs, ne leur ouvrait expressément la faculté » de différer la déduction des charges[123].

2° L'outil de rattachement : les comptes de régularisation

323. - Les comptes de régularisation. *Les comptes de régularisation sont l'outil qui permet au comptable de faire respecter le principe de spécialité des exercices.* Les règles de comptabilisation peuvent être étudiées dans tout bon ouvrage de comptabilité générale (on les trouve généralement sous la rubrique « Ajustement des charges et des produits »)[124] ; nous nous contenterons donc de rappeler ces principes en soulignant les incidences fiscales (particulièrement en matière de TVA). Les ajustements à réaliser sont de deux types :

– *il faut exclure* les charges et les produits déjà comptabilisés mais qui ne concernent qu'en partie ou pas du tout l'exercice qui s'achève : ces derniers sont dénommés « charges constatées d'avance » ou « produits constatés d'avance » (*a*) ;

– *il faut au contraire inclure* les charges ou les produits qui n'ont pas été encore comptabilisés (faute de documents justificatifs) mais qui concernent l'exercice qui s'achève : il s'agit des « produits à recevoir » et des « charges à payer » (*b*).

324. - Les autres écritures de régularisation. Il ne faut pas confondre les comptes de régularisation des produits et des charges avec deux autres écritures de régularisation :

– *l'état de rapprochement bancaire.* Il permet au comptable de s'assurer que les comptes financiers « Banque » et « Chèques postaux » sont conformes aux relevés bancaires. Il s'agit d'un simple travail de pointage qui doit être effectué périodiquement ;

– *la régularisation des stocks.* Les stocks doivent être évalués en fin d'exercice : c'est l'inventaire « extra-comptable » ou « matériel ». Il faut dans un premier temps recenser physiquement les produits qui figurent en stock en fin d'exercice, puis les évaluer : *stock final = quantités recensées × prix unitaire.* Dans un second temps, il faut comptabiliser les écritures d'inventaire et obtenir ainsi la variation des stocks (V. *infra*, n° 455).

a) Les charges et les produits constatés d'avance

325. - Origine. La constatation en comptabilité d'une charge ou d'un produit constaté en avance provient de la distorsion qui existe entre la pratique comptable qui retient comme fait générateur l'enregistrement de la facture et la règle juridique qui ne connaît que la livraison des biens ou l'achèvement de la prestation (V. *supra*, n° 312). Ainsi, le comptable peut avoir enregistré la facture en N alors que la livraison ou la prestation s'est produite en N+1.

326. - Effets. Dans cette situation, le comptable devra, *a posteriori*, annuler la charge ou le produit dans le compte de résultat (en contre-passant l'écriture initiale directement dans le compte concerné). Dans le bilan, en revanche, la créance ou la dette n'est qu'indirectement affectée, grâce à la constatation d'une dette ou d'une créance fictive

(122) CE, 12 janv. 2004, n° 243273, *SA Établissements Nougein : Dr. fisc.* 2004, n° 18-19, comm. 456, concl. G. Goulard.

(123) CAA Lyon, 17 mars 2011, n° 10LYO1053, *SARL Cogesten : Dr. fisc.* 2011, n° 24, comm. 387, note P. Monnier.

(124) B. Colasse, *Introduction à la comptabilité*, Economica, 14ᵉ éd. 2018, p. 293 et s.

inverse (dans un compte séparé, dénommé « Produit constaté d'avance » ou « Charge constatée d'avance »).

Sur ce point, la pratique comptable est conforme aux principes du droit civil ; on ne remet pas en cause l'existence de la dette ou de la créance initiale qui est née de l'accord de volonté des parties et qui est unique. Le droit est insensible au découpage par exercices.

En revanche, la position comptable n'est pas compatible avec les règles qui gouvernent le fait générateur et l'exigibilité de la TVA (V. *supra*, n° 195). La doctrine comptable incline en effet pour une comptabilisation « HT » de la charge ou du produit constaté d'avance[125]. Il s'ensuit que les comptes « TVA collectée » ou « TVA déductible » ne sont pas affectés par la régularisation comptable et qu'ils ne sont pas en harmonie avec la règle fiscale (par ex., le comptable a enregistré la facture TTC alors que les marchandises n'ont pas été livrées). Cette distorsion entre la comptabilité et la fiscalité n'est pas satisfaisante ; la TVA ne devrait être comptabilisée que si le fait générateur de la taxe s'est produit.

1) Les charges constatées d'avance

327. - Notion. Selon l'article 211-8 du Plan comptable général :

« Les charges constatées d'avance sont des actifs qui correspondent à des achats de biens ou de services dont la fourniture ou la prestation interviendra ultérieurement ».

Cette définition comptable est classiquement reprise en fiscalité[126].

Constituent traditionnellement des charges constatées d'avance : les primes d'assurance ou les loyers qui sont réglés en avance et qui couvrent une période à cheval sur deux exercices, ou les achats de biens dont l'émission de la facture a précédé la livraison qui n'est pas encore intervenue à la clôture de l'exercice.

328. - Unité fiscale et comptable ? Hors des hypothèses classiques susvisées, il peut exister certaines frictions entre les positions fiscales et comptables, particulièrement depuis que les charges différées ou à étaler ont été supprimées en comptabilité[127] (V. *supra*, n° 320).

Alors que la doctrine comptable a tendance à privilégier une conception large des charges constatées d'avance, pour y inclure des frais liés à un événement en particulier (par ex., le coût de participation à un salon ou une foire), la fiscalité s'en tient à une conception étroite qui repose sur une interprétation littérale de l'article 211-8 du Plan comptable général précité[128].

Nous avons vu que ne constituent pas des charges constatées d'avance et sont donc immédiatement déductibles (V. *supra*, n° 322) : les frais liés à la confection de

(125) *Mémento Lefebvre Comptable*, *op. cit.*, n°s 11750 et 15435.

(126) CE, 10 mars 2021, n° 423983, *SAS Airbus, SAS Airbus opérations et SEP Airbus* : *Dr. fisc.* 2021, n° 18, comm. 232, concl. L. Cytermann et chron. 232, obs. Cl. Acard, n° 5.

(127) A. Colmet Daâge, *Comptabilité et fiscalité : retour sur l'année 2009 et perspectives 2010* : *Dr. fisc.* 2010, n° 17, étude 295, § 11.

(128) CAA Nantes, 17 nov. 2011, n° 10NT02392, *SAEM Angers expo congrès* qui donne tort à cette société d'avoir comptabilisé en « produits constatés d'avance » le prix de la prestation facturée au client, dans la mesure où cette dernière « rémunère une prestation de services, distincte de la mise à disposition de l'emplacement lui-même, consistant en l'établissement du dossier permettant à l'organisateur d'instruire les demandes et de statuer sur les admissions en vue de la réservation d'un emplacement, dont le montant reste acquis à SAEM Angers expo congrès quelle que soit la suite donnée à la demande d'admission… ».

catalogues[129], les « préloyers » versés par une entreprise à une société de crédit-bail en vue d'une location[130], les redevances versées par une filiale à sa mère en échange de prestations en matière de direction générale et de prestations techniques, calculées sur une fraction du chiffre d'affaires de la filiale[131].

329. – Comptabilisation. La comptabilisation des charges constatées d'avance est très simple. Il suffit de contre-passer au crédit du compte de charges le montant qui se rapporte à l'exercice suivant ; la contrepartie se trouve à l'actif du bilan dans un compte n° 486 « Charges constatées d'avance » (PCG, art. 944-48). Il s'agit d'un compte d'actif qui, en quelque sorte, vient constater une créance (HT) de l'exercice sur le suivant. Cette créance doit disparaître dès l'ouverture de l'exercice suivant ; le compte n° 486 sera soldé par le débit du compte de charges concerné. Ainsi, la charge aura été imputée sur le bon exercice.

Une autre méthode admise par le Plan comptable général consiste, dès l'enregistrement initial de la facture, à affecter directement au compte de régularisation n° 486 la quote-part de charges se rapportant à un exercice ultérieur (PCG, art. 944-48).

2) Produits constatés d'avance

330. – Symétrie des règles. Constituent des produits constatés d'avance, les « produits perçus ou comptabilisés avant que les prestations et les fournitures les justifiant aient été effectuées ou fournies » (PCG, art. 944-48). Cette fois, on se place côté fournisseur ; il s'agira des prestations ou biens facturés et/ou encaissés par l'entreprise avant leur réalisation.

Le produit qui a été constaté en avance sera porté au compte n° 487 « Produits constatés d'avance » qui est un compte de passif. En contrepartie, elle débitera le compte de produits qui avait indûment enregistré le profit. Au début de l'exercice suivant, il ne faudra pas oublier d'extourner l'écriture de dette en soldant le compte n° 487 par le crédit du compte de produits. Ainsi, l'exercice suivant enregistrera les produits qui le concernent.

La symétrie entre les charges et les produits constatés d'avance est bien réelle ; ce qui est constaté d'avance chez le créancier doit l'être également chez le débiteur. *Pour autant, le caractère symétrique des charges et des produits constatés d'avance ne constitue pas un argument juridique.* Notamment, l'administration fiscale ne peut se servir de la comptabilisation en produits constatés d'avance chez le créancier pour considérer qu'il doit en aller de même chez le débiteur dont elle vérifie la comptabilité, ou que ce dernier aurait dû comptabiliser en charges constatées d'avance une rémunération calculée en fonction de recettes elles-mêmes comptabilisées en produits constatés d'avance[132]. Seul doit compter le fait générateur de l'assiette.

Exemple

L'entreprise X commande à l'entreprise Y des marchandises le 10/12/N.

La facture est adressée au client le 20/12/N.

Montant facturé : 10 000 € HT + 20 % de TVA = 12 000 € TTC.

Les matières premières seront livrées au début N+1.

(129) CE, 29 juill. 1998, *SA Bergère de France*, préc.
(130) CE, 12 janv. 2004, *SA Établissements Nougein*, préc.
(131) CAA Lyon, 17 mars 2011, *SARL Cogesten*, préc.
(132) CAA Lyon, 17 mars 2011, *SARL Cogesten*, préc.

NB : Les deux entreprises possèdent un exercice comptable calqué sur l'année civile.

Comptabilisation chez le client X

N° DU COMPTE	LIBELLÉ DU COMPTE	DÉBIT	CRÉDIT
	20/12/N		
607	Achat de marchandises	10 000 €	
4456	TVA déductible	2 000 €	
401	Fournisseurs		12 000 €
	31/12/N		
486	Charges constatées d'avance	10 000 €	
607	Achat de marchandises		10 000 €
	01/01/N+1		
607	Achat de marchandises	10 000 €	
486	Charges constatées d'avance		10 000 €

NB : selon nous, dans la mesure où le fait générateur de la TVA (la livraison) ne s'est pas produit avant la fin de l'exercice N, la taxe pourrait ne pas être comptabilisée en « TVA déductible » au titre de cet exercice.

Comptabilisation chez le fournisseur Y

N° DU COMPTE	LIBELLÉ DU COMPTE	DÉBIT	CRÉDIT
	20/12/N		
411	Clients	12 000 €	
707	Vente de marchandises		10 000 €
4457	TVA collectée		2 000 €
	31/12/N		
707	Vente de marchandises	10 000 €	
487	Produits constatés d'avance		10 000 €
	01/01/N+1		
487	Produits constatés d'avance	10 000 €	
707	Vente de marchandises		10 000 €

NB : selon nous, dans la mesure où le fait générateur de la TVA (livraison) ne s'est pas produit avant la fin de l'exercice N, la taxe pourrait ne pas être comptabilisée en « TVA collectée » au titre de cet exercice.

b) Les produits à recevoir et les charges à payer

331. - Origine. Ici, il s'agit d'inclure dans le résultat des charges ou des produits qui n'ont pas encore été comptabilisés (souvent faute de facture ou de document justificatif), mais qui se rapportent à l'exercice qui s'achève. Il convient donc de passer une écriture supplémentaire. Cette écriture doit correspondre à celle qui aurait dû être passée si toutes les conditions avaient été réunies pour qu'elle le soit depuis l'origine. Néanmoins, afin de bien souligner le fait que l'opération est enregistrée sans facture, on utilise un compte de tiers « rattaché » : selon les cas, le compte de « charges à payer » ou le compte de « produits à recevoir ».

332. – Effets. Malgré son intitulé, il s'agit bien d'un compte d'actif (« Produits à recevoir ») ou de dettes (« Charges à payer »). En contrepartie, l'entreprise doit enregistrer la charge ou le produit non facturé dans le compte de résultat, comme si l'opération avait été facturée.

La seule différence tient à la TVA : faute de facture, la TVA ne sera pas enregistrée dans le compte de créance ou de dette fiscale (« TVA déductible » ou de « TVA collectée »). Comme pour les charges constatées d'avance ou les produits constatés d'avance, c'est la facture qui est retenue comme élément de rattachement en comptabilité[133]. À nouveau, il faut redire que cette position comptable n'est pas conforme à la règle fiscale (V. *supra*, n° 326).

1) Les charges à payer

333. – Notion. Il n'existe pas de définition des charges à payer, ni dans le plan comptable, ni dans le Code de commerce. D'après la présentation comptable classique, les charges à payer sont de véritables dettes, mais qui ont la particularité d'être « en voie d'achèvement » dans la mesure où leur montant ou leur échéance est incertain[134]. C'est par exemple le cas d'une entreprise qui n'a pas encore reçu la facture correspondant à la prestation, ou dont les salariés ont acquis des droits aux congés payés qu'ils n'ont pas encore pris, ou encore lorsque les intérêts d'un emprunt ont couru pendant l'exercice sans qu'ils aient encore été supportés.

Le Plan comptable général parle parfois de « dettes provisionnées » (« pour congés à payer », n° 4282, ou « pour participation des salariés aux résultats », n° 4284). L'expression démontre la proximité des charges à payer et des provisions ; la différence tient à ce que les charges à payer sont de véritables dettes dont le principe est acquis. Contrairement aux provisions, la dette est certaine (la constatation de la dette est donc irréversible), mais les conditions de son recouvrement ne le sont pas (la dette n'est pas encore « liquide »).

334. – Divergence fiscale. Ainsi que le reconnaît l'administration fiscale elle-même :

> « Il existe en ce qui concerne la distinction entre les provisions pour charges et les provisions pour pertes et charges et les charges à payer, une divergence entre la doctrine fiscale et la doctrine comptable »[135].

Selon elle, une charge, fût-elle « à payer », doit reposer sur une dette certaine dans son principe et déterminée dans son montant, alors qu'en comptabilité les charges à payer s'entendent également de celles qui peuvent être déterminées avec précision à la clôture de l'exercice bien que le fait générateur ne soit pas encore intervenu à cette date[136].

Comme l'administration, la jurisprudence s'en tient à une conception restrictive des charges à payer qui ne doivent comprendre que des charges dont l'échéance est incertaine ; celles dont le montant (ou le principe) est incertain doivent être provision-

(133) *Mémento Lefebvre Comptable*, *op. cit.*, n°s 11745 et 15455.
(134) CNC, avis n° 2000-01, 20 avr. 2000 sur les passifs, § 1.2.
(135) *BOFiP*, BOI-BIC-PROV-10, n° 170.
(136) *BOFiP*, BOI-BIC-PROV-10, n°s 210 et 230.

nées[137]. Il s'ensuit également qu'une entreprise ne peut être obligée de constituer une provision si la dette est certaine et déterminée ; elle est fondée à porter la dépense dans un compte de « frais à payer »[138].

Quelles sont les incidences fiscales lorsqu'une entreprise a passé en charge à payer ce qui est une provision pour le droit fiscal ? Selon l'administration, bien que les conséquences soient *a priori* identiques (une charge a été déduite au titre de l'exercice qui s'achève et elle doit être réintégrée au titre de l'exercice de facturation), l'entreprise n'est pas admise à démontrer que la dépense aurait pu être passée en provision[139]. Aussi, dans l'attente d'une harmonisation des positions fiscales et comptables, l'administration admet la déduction de ces charges, sous réserve que l'entreprise annexe à sa déclaration de résultats la liste détaillée des charges comptabilisées en charges à payer qui ont fiscalement la nature de provisions[140].

335. - **Comptabilisation.** L'écriture d'ajustement consiste à rattacher la dette, ou la fraction de la dette, se rapportant à l'exercice qui s'achève. Afin que la charge ne soit pas comptabilisée une deuxième fois l'année ou la dépense sera effectivement supportée par l'entreprise, cette dernière devra effectuer certains ajustements comptables l'année suivante.

• *L'opération d'ajustement consiste d'abord à créditer un compte de dettes « charges à payer » : n° 1688 « Intérêts courus », n° 408 « Fournisseurs factures non parvenues », n° 428 « Personnel – charges à payer et produits à recevoir »*, etc.[141] En contrepartie, il convient de débiter un compte de charges afin qu'elle soit prise en compte dans le résultat de l'exercice auquel elle se rattache : achats de marchandises, charges de personnel ou charges financières, etc. Si la facture comporte de la TVA, c'est le montant TTC qui doit être porté en charges à payer (PCG, art. 944-40), mais le compte de « TVA déductible » n'est pas mouvementé, puisque la contrepartie se trouve dans un compte d'attente n° 4458 « TVA à régulariser » (sauf, selon nous, si le fait générateur de la TVA s'est produit avant la fin de l'exercice)[142].

• *Au cours de l'exercice suivant, l'entreprise devra comptabiliser la charge, lorsqu'elle recevra la facture.* Dans ce cas, il faudra veiller à ce qu'une même charge ne soit pas comptabilisée deux fois au titre de deux exercices différents. Pour ce faire, l'entreprise a le choix entre extourner l'écriture d'ajustement dès l'ouverture des comptes ou annuler le compte rattaché lors de la constatation de la dette (PCG, art. 944-40). Dans le premier cas, on débite le compte de charges à payer par le crédit du compte de charges (ce dernier est donc temporairement créditeur). Dans le second cas, on annule le compte de charges à payer, mais on enregistre la seule partie de la charge qui excède le montant qui avait été rattaché à l'exercice précédent.

(137) CE, 9 nov. 1987, n° 54464 : *RJF* 1/88, n° 23. – CAA Bordeaux, 15 nov. 1994, n° 93BX01495, *SA Socomec : RJF* 4/95, n° 456 (primes de bilan). Dans cette dernière affaire, le provisionnement de la dépense a également été rejeté par la cour de Bordeaux, en l'absence de précision sur le mode de calcul et d'engagement ferme de l'entreprise vis-à-vis de ses salariés quant aux modalités de détermination des sommes dues.

(138) CE, 25 févr. 1985, n° 37362, *Sté Grands magasins de la Samaritaine : RJF* 4/85, n° 536 (bons d'achat).

(139) *BOFiP*, BOI-BIC-PROV-10, n° 240. L'administration estime sans doute que l'entreprise ne peut invoquer l'erreur comptable (V. *supra*, n° 35), puisque, justement, elle a respecté le droit comptable.

(140) *BOFiP*, BOI-BIC-PROV-10, n° 250. – CE, 9 nov. 1987, préc. (décision fondée sur une ancienne doctrine, mais reprise dans la documentation administrative actuelle).

(141) Il s'agit de comptes de rattachement qui présentent le chiffre 8 en dernière position attestant de leur rattachement à un compte de dettes à part entière.

(142) *Contra : Mémento Lefebvre Comptable, op. cit.*, n° 15455.

2) Les produits à recevoir

336. – **Définition comptable.** L'ancienne définition du plan comptable reste valable : les produits à recevoir constituent des produits acquis à l'entreprise mais dont le montant, non définitivement arrêté, n'a pas été encore inscrit aux comptes de tiers débiteurs (PCG 1982, p. I.38). Sont ainsi visés les intérêts de créances qui ont couru jusqu'à la fin de l'exercice ainsi que les produits livrés ou les prestations effectuées qui n'ont pas encore été facturés.

337. – **Compatibilité fiscale.** La définition traditionnelle du droit comptable est fiscalement compatible. On ne retrouve pas l'opposition qui existe entre les deux matières au sujet de la comptabilisation des dépenses dont le montant est incertain, en charges à payer ou en provision. En effet, compte tenu des principes de prudence et de fidélité des comptes, un produit doit ou non être comptabilisé ; un produit, même probable, ne doit pas l'être. Il n'y a pas pour les produits de solution « intermédiaire », contrairement aux charges qui peuvent être provisionnées. La nuance serait plutôt à rechercher au niveau du caractère déterminable du produit à recevoir et du moment où il convient de se placer pour l'apprécier. À cet égard, la jurisprudence fiscale est très rigoureuse ; le produit doit être estimé avec une précision suffisante et toute incertitude doit être levée lors la clôture des comptes (V. *supra*, n° 306).

338. – **Classement au bilan des créances et des dettes en fonction de leurs caractères.**

CARACTÈRES DE LA DETTE OU DE LA CRÉANCE	CLASSEMENT DE LA DETTE		CLASSEMENT DE LA CRÉANCE	
	CLASSEMENT EN COMPTABILITÉ	*CLASSEMENT EN FISCALITÉ*	*CLASSEMENT EN COMPTABILITÉ*	*CLASSEMENT EN FISCALITÉ*
Certaine, déterminée, exigible	Dette	Dette	Créance	Créance
Certaine, déterminée, non exigible	Charge à payer	Charge à payer	Produit à recevoir	Produit à recevoir
Certaine, non déterminée, non exigible	Charge à payer (si le montant est déterminable)	Provision (mais un relevé détaillé annexé à la déclaration suffit)	Produit à recevoir (si le montant est déterminable)	Produit à recevoir (si le montant peut être évalué précisément)
Probable	Provision	Provision	Aucune comptabilisation	Aucune comptabilisation
Éventuelle	Aucune comptabilisation (simple information dans l'annexe)	Aucune comptabilisation	Aucune comptabilisation	Aucune comptabilisation

339. – **Comptabilisation.** La comptabilisation des produits à recevoir est symétrique de celles des charges à payer. Il faut débiter le compte « Produits à recevoir » (n° 418, « Clients, produits non encore facturés », n° 2768, « Intérêts courus », etc.), par le crédit

du compte de produits concerné (n° 70 « Ventes » ou n° 76 « Produits financiers », etc.). Si la facture contient de la TVA, le compte de produits à recevoir doit être débité « TTC » et la TVA doit être portée au crédit du compte n° 4458 « TVA à régulariser » et non au compte de « TVA collectée » (sauf, selon nous, si le fait générateur de la TVA s'est produit avant la fin de l'exercice)[143]. Au début de l'exercice suivant, l'entreprise doit extourner l'écriture d'ajustement, mais la méthode alternative est possible (PCG, art. 944-48 ; V. *supra*, n° 335).

Exemple

Un client X achète des marchandises à un fournisseur Y.

Montant commandé : 8 000 € + 20 % de TVA (1 600 €) = 9 600 € TTC.

Les marchandises sont livrées le 10/12 N, mais la facture ne sera reçue que le 20/01 N+1.

En définitive, la facture présente un montant de 8 500 € + 20 % de TVA (1 700 €) = 10 200 € TTC.

NB : Les deux entreprises possèdent un exercice comptable calqué sur l'année civile.

Comptabilisation chez le client X

N° DU COMPTE	LIBELLÉ DU COMPTE	DÉBIT	CRÉDIT
	31/12/N		
607	Achat de marchandises	8 000 €	
4458	TVA à régulariser	1 600 €	
408	Fournisseurs, factures non parvenues		9 600 €
	01/01/N+1		
408	Fournisseurs, factures non parvenues	9 600 €	
607	Achat de marchandises		8 000 €
4458	TVA à régulariser		1 600 €
	20/01/N+1		
607	Achat de marchandises	8 500 €	
4456	TVA déductible	1 700 €	
401	Fournisseurs		10 200 €

NB : dans la mesure où le fait générateur de la TVA (la livraison) s'est produit avant la fin de l'exercice N, la taxe pourrait, selon nous, être comptabilisée en « TVA déductible » au titre de cet exercice.

(143) Selon le *Mémento Lefebvre Comptable* (*op. cit.*, n° 11745), le compte n° 4457 « TVA collectée » doit être utilisé si l'exigibilité de la TVA est déjà intervenue (ce qui du coup crée un élément de dissymétrie avec le traitement comptable de l'opération chez le client – comp. dans le même ouvrage, n° 15455 – alors que le droit fiscal fait correspondre la date de déductibilité de la TVA chez le client et celle de son exigibilité chez le fournisseur).

Comptabilisation chez le fournisseur Y

N° DU COMPTE	LIBELLÉ DU COMPTE	DÉBIT	CRÉDIT
	31/12/N		
418	Clients, produits non encore facturés	9 600 €	
707	Vente de marchandises		8 000 €
4458	TVA à régulariser		1 600 €
	01/01/N		
707	Vente de marchandises	8 000 €	
4458	TVA à régulariser	1 600 €	
418	Clients, produits non encore facturés		9 600 €
	20/01/N+1		
411	Clients	10 200 €	
707	Vente de marchandises		8 500 €
4457	TVA collectée		1 700 €

NB : dans la mesure où le fait générateur de la TVA (la livraison) s'est produit avant la fin de l'exercice N, la taxe pourrait, selon nous, être comptabilisée en « TVA collectée » au titre de cet exercice.

B. – L'annualité des exercices comptables

340. – Entre liberté et contrainte... Les dirigeants, les tiers et l'administration fiscale ont besoin d'informations périodiques sur la gestion de l'entreprise. La vie des entreprises est donc découpée en exercices comptables. Si la durée des exercices est de douze mois en principe (1°), les dates d'ouverture et de clôture sont laissées à l'appréciation des entreprises (2°).

1° La durée des exercices comptables

a) Les règles de droit privé

341. – Principe d'annualité. *Ni le Code de commerce ni le Plan comptable général ne fixent expressément de règle en matière de durée des exercices comptables.* Néanmoins, il est dit à l'article L. 123-12 du Code de commerce que tout commerçant « doit contrôler par inventaire, au moins une fois tous les douze mois, l'existence et la valeur des éléments actifs et passifs du patrimoine de l'entreprise » (al. 1er), et qu'il « doit établir des comptes annuels à la clôture de l'exercice au vu des enregistrements comptables et de l'inventaire. Ces comptes annuels comprennent le bilan, le compte de résultat et une annexe, qui forment un tout indissociable » (al. 2). Cette obligation figure également, dans les mêmes termes, à l'article 112-1 du Plan comptable général. La durée de l'exercice comptable est donc clairement de douze mois.

342. – Exceptions. *La pratique comptable retient parfois une durée différente, mais dans trois situations bien identifiées seulement :* pour le premier exercice[144], en cours

(144) *Contra* : CA Paris, 25 oct. 1988 : *Gaz. Pal.* 1989, II, p. 934, obs. J. L. Marchi, qui ne reconnaît pas la possibilité pour une société créée en cours d'année de clôturer le 31 décembre de l'année suivante.

de vie sociale lorsque la date de clôture est modifiée, et pour tous les exercices si l'entreprise souhaite clôturer à une date variable, à condition que les dates soient préalablement fixées dans les statuts[145]. Il convient néanmoins d'être prudent. Certains auteurs estiment que ces pratiques, bien que solidement assises, sont *contra legem* et ne peuvent justifier qu'il soit retenu une durée d'exercice supérieure à un an, mais seulement inférieure et à titre exceptionnel[146].

343. - Contraintes liées au droit des sociétés. En premier lieu, il convient de rappeler que, à l'exception des SAS, les sociétés doivent réunir leurs associés en assemblée générale ordinaire (AGO) au moins une fois par an, dans les six mois de la clôture de l'exercice comptable (V. *supra*, n° 152). Il s'ensuit qu'une société qui souhaite modifier la date de clôture de son exercice ne pourra le faire que si, compte tenu du délai de six mois accordé après la clôture de l'exercice pour réunir l'assemblée des associés, celle-ci peut être tenue avant la fin de l'année civile (à défaut, la durée de l'exercice devrait au contraire être réduite). En outre, la durée d'un exercice ne peut être modifiée que par une décision de l'assemblée générale extraordinaire (AGE), puisque les statuts doivent être modifiés. Quant à savoir s'il est possible de tenir cette AGE après la nouvelle date de clôture, lorsque celle-ci a été avancée à la suite de la réduction de la durée de l'exercice comptable, les avis sont partagés[147].

b) Les règles de droit fiscal

344. - Adéquation des règles fiscales. Le principe de l'annualité des exercices comptables est repris par la loi fiscale en ces termes :

« Sont compris dans le total des revenus servant de base à l'impôt sur le revenu les bénéfices obtenus pendant l'année de l'imposition ou dans la période de douze mois dont les résultats ont servi à l'établissement du dernier bilan, lorsque cette période ne coïncide pas avec l'année civile » (CGI, art. 36).

Sur renvoi de l'article 209-I du Code général des impôts, les règles sont les mêmes pour les sociétés soumises à l'IS. Le bénéfice imposable est donc obtenu à l'issue d'une période de douze mois, calquée ou non sur l'année civile.

345. - Application de l'annualité au cas de modification de la date de clôture. Au premier abord, le droit fiscal se montre très libéral ; l'article 37 du Code général des impôts dispose en effet que :

« Si l'exercice clos au cours de l'année de l'imposition s'étend sur une période de plus ou de moins de douze mois, l'impôt est néanmoins établi d'après les résultats dudit exercice » (al. 1er).

Cette disposition doit cependant être pondérée par les deux alinéas qui suivent.

Selon l'article 37, alinéa 2 du Code général des impôts :

« Si aucun bilan n'est dressé au cours d'une année quelconque, l'impôt dû au titre de la même année est établi sur les bénéfices de la période écoulée depuis la fin de la dernière période impo-

(145) *Contra* : CA Paris, 21 mars 2000, n° 1999/24687, *Sté Amylum France SAS : BJS* 2000, p. 966, note M. Bahans et D. Lencou, qui approuve le juge du tribunal de commerce commis à la surveillance du RCS pour avoir refusé la clause statutaire qui fixe la clôture de l'exercice social « à la fin du mois de mars ou au début du mois d'avril », eu égard à l'imprécision des termes employés et au caractère permanent de la clause. Certains en déduisent une impossibilité de choisir une date de clôture à une date variable dès lors qu'elle conduirait systématiquement à une périodicité d'exercice inférieure ou supérieure à un an. – J.-L. Navarro : *JCP E* 6/2002, chron. 273, n° 58-59. – ANSA, communication n° 3091, juill. 2001.

(146) H. Hovasse, *Comptes sociaux et liberté contractuelle : Dr. sociétés* mars 2004, n° 3, p. 7.

(147) En faveur de la rétroactivité (avec réserves) : *Mémento Lefebvre Sociétés commerciales* 2023, n° 76014. – *Contra* : *Bull. CNCC* déc. 1992, n° 88, EJ-92-200, p. 633 et s.

sée ou, dans le cas d'entreprise nouvelle, depuis le commencement des opérations jusqu'au 31 décembre de l'année considérée. Ces mêmes bénéfices viennent ensuite en déduction des résultats du bilan dans lesquels ils sont compris ».

Autrement dit, si une entreprise dont l'exercice comptable est calqué sur l'année civile repousse la date de clôture de son exercice à l'année suivante, elle doit tout de même arrêter un résultat partiel le 31 décembre N pour des raisons fiscales. Par suite, afin d'éviter que ce résultat ne soit imposé ou déduit une deuxième fois, au titre de N+1, il devra être neutralisé pour le calcul du résultat fiscal arrêté en N+1 ; ainsi, l'entreprise ne paiera que le complément d'impôt correspondant à la fraction de l'exercice qui a couru en N+1. Si jamais le résultat final est inférieur au résultat intermédiaire, cela ne remet pas en cause l'imposition initiale[148], sauf si l'entreprise est en mesure d'établir que le bénéfice imposé est supérieur à celui qui a été effectivement réalisé durant la même période[149], mais la différence sera soit imputée sur le revenu global de l'année au cours de laquelle l'exercice comptable a été arrêté – et, le cas échéant, des six années suivantes (cas des entreprises qui relèvent de l'IR)[150] –, soit traitée comme un report déficitaire (cas des sociétés soumises à l'IS).

Selon l'article 37, alinéa 3 du Code général des impôts :

« Lorsqu'il est dressé des bilans successifs au cours d'une même année, les résultats en sont totalisés pour l'assiette de l'impôt dû au titre de ladite année ».

Cette hypothèse concerne finalement la situation inverse de la précédente ; une entreprise qui aurait dû clôturer son exercice le 30/06/N+1 mais qui a choisi d'avancer la date de clôture au 31/12/N, aura arrêté deux résultats au cours de l'année N. En fiscalité, elle devra déclarer au titre de N le résultat cumulé des exercices clôturés au cours de cette année.

346. - Mesures de tempérament. Le droit fiscal n'est pas insensible aux contraintes nées de la pratique. Ainsi, les dispositions de l'article 37 du Code général des impôts précité sont-elles adaptées dans deux situations notamment : pour le premier exercice comptable et pour les groupes de sociétés.

• Les sociétés soumises à l'IS créées en cours d'année sont autorisées à clôturer leur premier exercice jusqu'au 31 décembre de l'année suivante (CGI, art. 209-I, al. 2).

• Les sociétés à l'IR sont dispensées de déclaration provisoire au 31 décembre de l'année de leur création si tous les associés sont des personnes morales qui clôturent leur exercice en cours d'année à une date identique ou postérieure à celle de la société de personnes[151].

• Dans les groupes fiscalement intégrés, il est possible de modifier, à tout moment pendant la période de l'option (mais une seule fois), les dates de clôture des exercices des sociétés membres, ce qui a pour effet de raccourcir ou d'allonger la durée des exercices[152].

347. - Opposabilité à l'administration de la modification de la date de clôture. En droit comptable, une personne soumise à l'immatriculation ne peut, dans l'exercice de son activité, opposer aux tiers, ni aux administrations publiques les faits et actes

(148) CAA Paris, 8 juill. 2004, n° 00-3706, *Sté France-vie : RJF* 12/04, n° 1222.
(149) *BOFiP*, BOI-BIC-DECLA-30-50, n° 150.
(150) *BOFiP*, BOI-BIC-DECLA-30-50, n° 160.
(151) RES 5 août 2008, n° 2008/19 (FE), repris au *BOFiP*.
(152) L. fin. 2004, n° 2003-1311, 30 déc. 2003, art. 97.

sujets à mention que s'ils ont été publiés au registre (C. com., art. L. 123-9, al. 1). Pour autant, si la date de clôture de l'exercice comptable fait bien partie des mentions qui doivent figurer audit registre (C. com., art. R. 123-53, 8°), les tiers et les administrations publiques ne peuvent se prévaloir de l'inopposabilité s'ils avaient « personnellement connaissance » des faits ou actes sujets à mention (C. com., art. L. 123-9, al. 3). Le Conseil d'État a fait application de ces règles en jugeant que le changement de date de clôture de l'exercice est opposable à l'administration à condition qu'elle en ait eu connaissance, soit par transmission du centre de formalité des entreprises (qui n'y est pas tenu néanmoins), soit par tout autre moyen, même si l'inscription modificative au registre du commerce et des sociétés n'a pas été effectuée par la société[153].

2° La date de clôture des exercices comptables

348. – Liberté contractuelle. Il ne faut pas confondre la clôture de l'exercice comptable avec l'arrêté des comptes. C'est le conseil d'administration ou le gérant qui détermine la date d'arrêté des comptes, dans les délais fixés par le Code de commerce (V. *supra*, n° 150), alors que la date de clôture des comptes est fixée dans les statuts (V. *supra*, n° 343).

En ce qui concerne la clôture des comptes, c'est la liberté contractuelle qui prévaut. Beaucoup d'exercices sont calqués sur l'année civile, mais cela n'a rien d'obligatoire ; une entreprise peut fort bien clôturer son exercice en cours d'année et même en cours de mois.

Notons que les entreprises n'ont pas toujours le choix quant à la date de clôture ; c'est le cas des entreprises qui ont une activité saisonnière ou de celles qui font partie d'un groupe pour l'application du régime de la consolidation comptable ou de l'intégration fiscale.

C. – Le principe du coût historique

349. – Notion et fondement. *Le principe du « coût historique » signifie simplement que les éléments acquis par l'entreprise sont inscrits au bilan pour leur valeur d'acquisition.* Cette valeur est elle-même insensible aux évolutions du marché et à l'érosion monétaire.

Il figure en ces termes à l'article L. 123-18, alinéa 1er du Code de commerce :

> « À leur date d'entrée dans le patrimoine de l'entreprise, les biens acquis à titre onéreux sont enregistrés à leur coût d'acquisition, les biens acquis à titre gratuit à leur valeur vénale et les biens produits à leur coût de production ».

Ces principes sont repris à l'article 213-1 du Plan comptable général[154]. Celui-ci prolonge simplement la solution à propos des actifs acquis par voie d'échange, qui sont immobilisés à leur valeur vénale, et réserve le cas particulier des immobilisations corporelles constamment renouvelées dont l'importance est secondaire[155].

(153) CE, 24 juill. 2019, nos 416243 et 416244 : *Dr. fisc.* 2019, n° 47, comm. 457, concl. E. Cortot-Boucher, note J.-L. Pierre.

(154) Le plan comptable de 1982 était encore plus clair : « La méthode de base retenue conformément à la loi par le plan comptable est la méthode des coûts historiques » (PCG 1982, p. II.5).

(155) PCG, art. 212-17 : « Les immobilisations corporelles qui sont constamment renouvelées et dont la valeur globale est d'importance secondaire pour l'entité peuvent être conservées à l'actif pour une quantité et une valeur fixes si leur quantité, leur valeur et leur composition ne varient pas sensiblement d'un exercice à l'autre ».

Il peut, en outre, se prévaloir d'une assise solide dans notre droit civil puisqu'il est traditionnellement rattaché au principe du « nominalisme monétaire » figurant à l'article 1895 du Code civil. Selon ce texte en effet :

« L'obligation qui résulte d'un prêt en argent, n'est toujours que la somme énoncée au contrat [al. 1]. S'il y a eu augmentation ou diminution d'espèces avant l'époque du paiement, le débiteur doit rendre la somme prêtée, et ne doit rendre que cette somme dans les espèces ayant cours au moment du paiement [al. 2] ».

350. - Critiques. *Malgré ce fondement illustre, le principe du coût historique est l'un des plus controversés à l'heure actuelle.* Comme le principe civil du nominalisme monétaire dont il est le dérivé comptable, le principe du coût historique ne permet pas de prendre en compte l'érosion monétaire et il est donc impuissant à refléter la valeur actuelle des éléments comptables en période inflationniste[156]. D'une façon générale, le coût historique, combiné à la prudence comptable, interdit de prendre en compte les évolutions du marché. Il peut donc apparaître en contradiction avec le principe supérieur de l'image fidèle. De ce point de vue, la juste valeur défendue par les principes comptables internationaux présente un avantage certain, mais nous avons vu qu'elle possède aussi ses propres inconvénients (V. *supra*, n° 59).

351. - Portée comptable : le problème de la réévaluation de bilan. *Le principe du coût historique n'interdit pas toute modification de la valeur des éléments d'actif de l'entreprise.* Ainsi, la dépréciation d'un bien due à l'usage ou au temps est prise en compte par l'amortissement (V. *infra*, n°s 421 et s.), et celle qui est liée à un événement en particulier est prise en compte par le biais d'une « dépréciation » (V. *infra*, n°s 435 et s.). Ce qu'interdit le principe du coût historique, c'est de tenir compte de la valeur de la monnaie ou d'une simple évolution des cours. Il interdit également toute réévaluation isolée d'un élément d'actif, ce qui serait en outre contraire au principe de prudence comptable. En revanche, il n'interdit pas de réévaluer librement l'ensemble du bilan si les conditions du droit comptable sont réunies[157].

Notamment, la réévaluation libre du bilan ne peut porter que sur les immobilisations corporelles et financières (C. com., art. L. 123-18, al. 4 ; PCG, art. 214-27, al. 1er). Pour cela, l'entreprise se base sur la « valeur actuelle » des éléments concernés, ce qui correspond à la valeur la plus élevée de la valeur vénale ou de la valeur d'usage (PCG, art. 214-6, al. 3). Les titres de participation suivent un régime particulier (PCG, art. 221-3 et 221-4) : l'entreprise retiendra la « valeur d'utilité » (c'est-à-dire ce qu'elle accepterait de décaisser pour obtenir cette participation si elle devait l'acquérir ; PCG, art. 221-3, al. 2), mais pour les titres de sociétés contrôlées de manière exclusive, elle peut lui substituer la méthode de la « mise en équivalence » (la valeur est alors égale à la quote-part des capitaux propres correspondant aux titres, augmentée du montant de l'écart d'acquisition rattaché à ces titres ; PCG, art. 221-4, al. 2).

Lorsque la valeur retenue par le contribuable ne correspond pas à la valeur vénale des actifs en cause, l'administration est fondée à corriger la valeur d'inscription au bilan et à tirer toutes les conséquences de cette erreur comptable pour la détermination du bénéfice imposable au titre des exercices non prescrits. La preuve du caractère erroné de la valeur d'inscription au bilan d'une immobilisation incombe en principe à l'administration. Mais, lorsqu'un contribuable faisant l'objet d'une procédure contra-

(156) Ch. de Lauzainghein, J.-L. Navarro et D. Nechelis, *op. cit.*, n° 399.

(157) La réévaluation est une option ponctuelle à l'initiative de l'entité ou prévue par la loi (PCG, art. 214-27, al. 1).

dictoire de rectification s'est abstenu de présenter des observations dans le délai de trente jours qui lui était imparti, il lui incombe d'établir le caractère erroné de la valeur retenue par l'administration[158].

En comptabilité, l'écart de réévaluation n'est pas considéré comme une plus-value de cession ; il n'est pas pris en compte dans le résultat et figure dans un compte spécifique des capitaux propres n° 1052 « Écarts de réévaluation libre » (C. com., art. R. 123-190 ; PCG, art. 214-27, al. 2 et 941-10). En pratique, la position fiscale interdit toute réévaluation libre du bilan[159] ; le régime de faveur des plus-values professionnelles ne peut s'appliquer faute de cession, et l'écart de réévaluation fait partie du résultat imposable, puisqu'il s'ensuit une variation positive des capitaux propres, au sens de l'article 38-2 du Code général des impôts[160] (V. *supra*, n° 6). En revanche, l'avantage réside dans la possibilité d'amortir les biens sur une base réévaluée.

L'analyse devrait être la même s'agissant des sociétés de personnes n'ayant pas opté pour l'impôt sur les sociétés, du moins lorsqu'elles tiennent une comptabilité commerciale. Pour celles qui ne tiennent pas une telle comptabilité, la réévaluation des actifs n'emporte aucune conséquence au plan fiscal ; le profit reste « latent », quand bien même il aurait été inscrit sur le compte courant des associés[161]. Par suite, si au cours d'un exercice ultérieur son résultat est calculé selon les règles des BIC, en application de l'article 238 bis K, I du CGI (V. *infra*, n° 526), la société déduira de ses résultats les amortissements calculés sur la base de la valeur d'origine des immeubles et non pas sur la base des valeurs qui ont été réévaluées[162].

352. - Dispositif temporaire de réévaluation libre des actifs corporels et financiers (L. fin. 2021, n° 2020-1721, 29 déc. 2020, art. 31 ; CGI, art. 238 bis JB)[163]. *Le nouvel article 238 bis JB du CGI permet de neutraliser fiscalement le profit imposable.*

Directement inspiré du régime des plus-values de fusion (V. *supra*, n° 649), *il permet :*

– de mettre en sursis d'imposition les écarts de réévaluation sur immobilisations non amortissables jusqu'à leur cession, à condition que l'entreprise s'engage à calculer la plus ou moins-va-

(158) CE, 26 nov. 2018, n° 413404 : *Dr. fisc.* 2019, n° 24, comm. 298, concl. R. Victor.

(159) V. Daumas, *Conséquences fiscales de la réévaluation libre d'un élément d'actif : les infortunes fiscales de la vertu comptable* : *RJF* 3/09, chron. p. 187 et s.

(160) Le législateur a parfois permis une réévaluation des bilans en franchise d'impôt. Ainsi, la loi de finances pour 1977 (CGI, art. 238 bis I) a institué un régime de réévaluation « légale » des immobilisations non amortissables, étendu ensuite aux immobilisations amortissables par la loi de finances pour 1978 (CGI, art. 238 bis J).

(161) CE, 14 avr. 2022, n° 454264 : *Dr. fisc.* 2022, n° 49, comm. 419, concl. R. Victor (au sujet d'une société civile exerçant une activité de gestion d'un portefeuille mobilier). *Contra* : CE, 12 juill. 2013, n° 338278, *Sté Cofathim* : *Dr. fisc.* 2013, n° 50, comm. 547, note J. Chateauneuf ; *JCP* N 2014, n° 50, 1376, note J.-P. Garçon (cas d'une SCI qui tenait, il est vrai, une comptabilité commerciale). Dans cette dernière affaire, le Conseil d'État avait jugé que le transfert d'une partie des sommes inscrites au compte d'écart de réévaluation sur des comptes courants d'associés, alors que les immobilisations correspondantes n'ont pas été cédées, avait pour effet, dans la mesure de ce transfert, de faire perdre à la plus-value correspondant à l'écart de réévaluation son caractère latent et à rendre celle-ci immédiatement imposable dans les mains des associés.

(162) CE, 19 sept. 2018, n° 409864, *SCI JMD* : *Dr. fisc.* 2019, n° 5, concl. R. Victor, note J. Chateauneuf.

(163) A. de Massiac et M. Mouloudj, *Neutralisation fiscale de la première réévaluation libre des actifs* : *Dr. fisc.* 2021, n° 1-2, comm. 16. – Th. Saint-Bonnet et M. Ternisien, *Premières réflexions pratiques sur la réévaluation libre 2020-2022* : *Dr. fisc.* 2021, n° 18, étude 230. – O. Barbe et L. Didelot, *Le nouveau dispositif fiscal en matière de réévaluation libre* : *RF compt.* 2021, n° 550, p. 26 et s.

lue ultérieure par référence à la valeur originelle des actifs concernés ;

– d'étaler les écarts de réévaluation sur immobilisations amortissables sur quinze ans (constructions) ou sur cinq ans (autres immobilisations), en pratiquant une réintégration extra-comptable par 15e ou par 5e au titre de chacun des quinze ou cinq exercices suivants. En cas de cession de l'immobilisation avant la fin de la période d'étalement, la fraction de l'écart de réévaluation non encore réintégrée fait l'objet d'une imposition immédiate.

Ce dispositif est optionnel. Il s'applique à la première réévaluation libre de bilan constatée au terme d'un exercice clos à compter du 31 décembre 2020 et jusqu'au 31 décembre 2022.

L'administration fiscale a notamment précisé que (*BOFiP*, 9 juin 2021) :

– les entreprises imposées dans la catégorie des bénéfices non commerciaux (BNC) ne peuvent pas opter pour le dispositif de l'article 238 bis JB du CGI, même si elles sont soumises à une comptabilité commerciale (BOI-BIC-PVMV-40-10-60-30, n° 20) ;

– la valeur non réévaluée des immobilisations non amortissables à retenir pour le calcul de la plus-value ou moins-value de cession ultérieure s'entend de la valeur *fiscale* de ces immobilisations avant réévaluation (BOI-BIC-PVMV-40-10-60-30, n° 60 – précision qui est utile lorsque la valeur fiscale [avant réévaluation] est différente de la valeur comptable) ;

– l'écart de réévaluation afférant aux titres de participation bénéficie du sursis d'imposition et le régime des plus-values à long terme s'applique à la plus-value de cession ultérieure (CGI, art. 219 a quinquies) *y compris* pour la fraction correspondant à l'écart de réévaluation dont l'imposition a été mise en sursis (BOI-BIC-PVMV-40-10-60-30, n° 70) ;

– lorsque l'entreprise a comptabilisé des amortissements dérogatoires au titre d'exercices antérieurs à l'exercice de réévaluation, celle-ci n'a pas pour effet d'entraîner la reprise immédiate de ces amortissements dérogatoires (BOI-BIC-PVMV-40-10-60-30, n° 140).

L'administration fiscale a fourni un modèle de l'état de suivi que doivent joindre les entreprises qui optent pour le dispositif de l'article 238 bis JB du CGI à leur déclaration de résultats de l'exercice de réévaluation et des exercices suivants (BOI-FORM-000090).

353. – Quelles sont les incidences d'une réévaluation de bilan en matière de CFE ? Plusieurs décisions ont été rendues sous l'empire de la taxe professionnelle.

Pour comprendre les solutions retenues, il est nécessaire de rappeler que l'assiette de la taxe professionnelle était constituée par « la valeur locative (…) des immobilisations corporelles dont le redevable a disposé pour les besoins de son activité professionnelle au cours de la période de référence (…) » (CGI, art. 1467, 1°, *a*, ancien). Plus précisément :

– la valeur locative des immobilisations non passibles de la taxe foncière était fixée à 16 % du prix de revient du bien (CGI, art. 1469, 3° ancien). Le prix de revient des immobilisations est celui qui est retenu pour le calcul des amortissements (CGI, ann. II, art. 310 HF ancien) ;

– la valeur locative des immobilisations passibles de la taxe foncière est leur valeur locative cadastrale (celle qui est retenue pour le calcul des taxes foncières) ;

– les établissements industriels sont évalués à leur valeur locative comptable (9 % ou 8 % de la valeur d'origine, selon qu'ils ont été acquis ou créés avant ou après le 1er janvier 1976, appli qué au coût de revient, CGI, art. 1499). Ce régime s'appliquait également aux éléments d'équipement amortis sur une durée d'au moins trente ans (CGI, art. 1469, 2° ancien).

Le Conseil d'État avait initialement jugé qu'il fallait prendre en compte la valeur nouvelle pour laquelle ces biens sont inscrits au bilan après cette réévaluation s'agissant des éléments d'équipements de moins de trente ans[164], et la valeur d'inscription à l'actif pour les autres[165].

En ce qui concerne l'évaluation des éléments d'équipement de moins de trente ans, censurant les juges d'appel qui avaient retenu comme assiette la valeur d'origine des biens diminuée des amortissements et augmentée de l'écart de réévaluation[166], le Conseil d'État retient « la valeur brute réévaluée », sans tenir compte des amortissements mais en rajoutant l'écart de réévaluation[167]. Explication : les amortissements sont sans effets sur l'assiette de la taxe professionnelle, la réévaluation aurait paradoxalement pour effet de minorer cette assiette.

Exemple :
Valeur d'achat : 100.
Amortissement : 40.
Valeur nette : 60.
Valeur nette réévaluée : 60 + 10 = 70.
Assiettes possibles :
– valeur inchangée (100 = coût historique) ;
– 100 – 40 + 10 = 70 (CAA Douai, 15 juill. 2005, préc.) ;
– 100 + 10 = 110 (CE, 1er déc. 2008, préc.).

Ces décisions ont été rendues à une époque où la taxe professionnelle frappait les éléments d'équipement des entreprises ; ce n'est plus le cas de la CFE aujourd'hui. La réévaluation des immeubles passibles de la CFE aurait des incidences différentes selon leur nature :

– la réévaluation des immeubles bâtis et non bâtis passibles de la taxe foncière n'a aucune incidence en matière de CFE lorsqu'ils sont évalués à leur valeur locative cadastrale (CGI, art. 1498 ; immeubles autres que les locaux d'habitation et les établissements industriels) ;

– la jurisprudence du Conseil d'État en faveur d'une assiette fiscale réévaluée devrait être transposable aux établissements industriels évalués selon la méthode comptable (CGI, art. 1499 et 1500).

354. – Portée fiscale : l'évaluation des créances et des dettes. *L'évaluation des créances et des dettes est le terrain d'application privilégié du principe du coût historique en fiscalité.* Si le droit fiscal fait application du principe comptable, il existe toutefois des exceptions pour les créances libellées en devises[168] ou qui ont été mobilisées dans certains titres financiers.

Le principe du nominalisme monétaire interdit aux entreprises de constater, directement ou par le biais de provisions, la perte en valeur de leurs créances liée à l'érosion monétaire. De manière symétrique, il s'oppose également à la dépréciation des

(164) CE, 8 févr. 1999, n° 161306, *Sté Sima : RJF* 4/99, n° 428.
(165) CE, 4 juill. 1984, n° 33131, *Sté Sacilor : RJF* 10/84, n° 1179.
(166) CAA Douai, 15 juill. 2005, n° 03DA00375.
(167) CE, 1er déc. 2008, n° 285406, *SA Bombardier : Dr. fisc.* 2009, n° 7, comm. 185, concl. C. Legras.
(168) Le bitcoin est-il une devise ? La question peut en effet se poser depuis que la *Ley Bitcoin* adoptée en juin 2021 par l'Assemblée législative de la République du Salvador est entrée en vigueur le 8 septembre 2021. V. P. Guédon, *Le bitcoin est-il devenu une devise ? : Dr. fisc.* 2021, n° 45, étude 421. Depuis cette date en effet, tous les prix au Salvador peuvent être libellés et réglés en bitcoins, y compris les dettes qui étaient libellées en dollars.

dettes. La jurisprudence a ainsi refusé la déduction de provisions simplement justifiées par le délai qui doit s'écouler avant l'encaissement de créances à court terme[169]. Le Conseil d'État a maintenu sa jurisprudence, alors même qu'il s'agissait de créances à long terme sans intérêt, *faute de pouvoir justifier d'une valeur probable de réalisation inférieure au nominal de la créance*[170].

Si la créance est libellée en devises, l'entreprise doit opérer une première conversion lors de son inscription en comptabilité[171] (PCG, art. 420-1, al. 1er), puis elle procédera à une nouvelle évaluation compte tenu du dernier cours de change à la clôture de l'exercice (PCG, art. 420-5, al. 1 ; CGI, art. 38-4, al. 1er). En comptabilité, les gains et les pertes de change n'entrent pas en ligne de compte pour la détermination du résultat[172] ; ils sont portés dans des comptes transitoires, en attente de régularisations ultérieures (C. com., art. R. 123-182 ; PCG, art. 420-5, al. 2)[173]. Simplement, les pertes latentes donnent lieu à la constitution de provisions pour risques (PCG, art. 420-5, al. 3). En fiscalité au contraire, le gain de change est imposable et la perte de change est déductible (CGI, art. 38-4, préc.)[174]. Ces différences de traitement donnent lieu à des rectifications extra-comptables, sur l'imprimé n° 2058-A-SD (V. *infra*, n° 466).

Ces règles fiscales dérogatoires s'appliquent également aux gains et pertes latents sur des contrats à terme d'instruments financiers, par référence à leur cours du jour (CGI, art. 38-6), ainsi qu'aux plus et moins-values latentes de parts d'OPCVM, par référence à leur valeur liquidative (CGI, art. 209-0 A). En comptabilité, les pertes latentes donnent lieu à la constatation de provisions et les gains latents ne sont pas pris en compte, conformément au principe général qui veut que les plus-values latentes ne sont pas comptabilisées (C. com., art. L. 123-18, al. 4). Par exception, il convient de noter que les variations de valeur des contrats négociés sur les marchés organisés sont portées au compte de résultat (PCG, art. 224-4)[175].

(169) CE, 29 juill. 1983, n° 39012 : *RJF* 11/83, n° 1286. – CE, 2 juin 1986, n° 56143 : *RJF* 7/86, n° 675-a.

(170) CE, 23 mai 1990, n° 52646, *Paris-Ouest : RJF* 7/90, n° 804, chron. J. Turot, p. 463. – CE, 17 janv. 1994, n° 115512, *SA Foster Wheeler Française : RJF* 3/94, n° 241. – CE, 13 juill. 2007, nos 289233 et 289261, *Sté Groupe Volkswagen France : RJF* 11/07, n° 1217, p. 943, chron. J. Burguburu. Plus récemment, refusant la déduction fiscale d'une provision liée au coût de portage de créances douteuses, selon une valeur actualisée ; TA Montreuil, 1er déc. 2014, n° 1301312, *Sté Crédit Immobilier de France Centre-Est : Dr. fisc.* 2015, n° 10, comm. 186, note A. Marmier.

(171) Les documents comptables doivent obligatoirement être tenus en euros et en langue française (C. com., art. L. 123-22, al. 1er).

(172) V. toutefois la position très contestable de l'administration fiscale selon laquelle « L'évaluation, à la clôture de chaque exercice, des créances, avoirs et dettes libellés en devises autres que l'euro engendre des gains (compte 766) ou des pertes de change (compte 666) qui, bien que non réalisés, doivent être inscrits en comptabilité au titre de l'exercice considéré » (*BOFiP*, BOI-BIC-BASE-20-20, n° 40).

(173) À l'actif du bilan, lorsque la différence correspond à une perte latente (compte n° 476 « Différences de conversion-Actif »), ou au passif du bilan, lorsque la différence correspond à un gain latent (compte n° 477 « Différences de conversion-Passif »).

(174) Les entreprises peuvent choisir de ne pas tenir compte dans leur résultat imposable des écarts de conversion pour les prêts d'une durée initiale d'au moins trois ans à des filiales à 50 % implantées hors de la zone euro.

(175) Pour les exercices ouverts à compter du 1er janvier 2017, les gains latents se rapportant aux instruments négociés sur un marché organisé ou assimilé ne sont plus pris en compte dans le résultat (V. *infra*, n° 569).

D. – Le principe de non-compensation

355. – **Règles comptables.** Selon l'article L. 123-19 du Code de commerce :

« Les éléments d'actif et de passif doivent être évalués séparément [al. 1]. Aucune compensation ne peut être opérée entre les postes d'actif et de passif du bilan ou entre les postes de charges et de produits du compte de résultat… [al. 2] ».

Ce principe est repris aux articles 112-2 (non-compensation des actifs et des passifs) et 112-3 du Plan comptable général (non-compensation des charges et des produits). Il signifie que toutes les écritures doivent être passées même si elles s'annulent. Par exemple, si une marchandise est achetée pour être revendue aussitôt au même prix, il faut tout de même passer les deux écritures alors que les incidences sur le résultat sont nulles.

La directive comptable unique du 26 juin 2013 (V. *supra*, n° 54), reprend le principe de non-compensation comptable (art. 6.1, g), mais elle laisse aux États membres la possibilité d'autoriser ou d'obliger les entreprises à procéder à des compensations entre des postes d'actif et de passif ou entre des postes de charges et de produits, à condition que les montants compensés soient indiqués comme des montants bruts dans l'annexe (art. 6.2). L'article L. 123-19 du Code de commerce (al. 2) a été modifié en ce sens puisque désormais le principe de non-compensation est affecté de la réserve suivante : « … sauf dans des cas exceptionnels prévus par un règlement de l'Autorité des normes comptable »[176] (Ord. n° 2015-900, 23 juill. 2015, art. 1er ; disposition applicable aux exercices ouverts depuis le 1er janvier 2016).

Il ne faut pas confondre le principe de non-compensation (obligation de porter une écriture), avec des situations où les écritures ont été portées et doivent être annulées (obligation de contre-passation). Ainsi, dans l'hypothèse d'une compensation juridique[177] entre deux personnes respectivement créancières et débitrices l'une de l'autre, les sommes doivent être contre-passées (en passant l'écriture inverse). Il en va de même si une écriture doit être annulée (il n'est pas en principe possible de comptabiliser des écritures négatives). Au cas de réductions de prix, il faut distinguer : pour les réductions sur facture, seul le « net » est enregistré, alors que si la réduction est accordée hors facture, il faut l'enregistrer séparément.

L'article 911-5 du Plan comptable général interdit généralement la compensation entre les comptes « sauf lorsqu'elle est expressément prévue par les dispositions en vigueur ». Les exceptions sont rarissimes. On peut citer le cas de l'article 221-7 du plan comptable, selon lequel :

« Par exception à la règle d'évaluation élément par élément définie à l'article 322-1-9, en cas de baisse anormale et momentanée des titres immobilisés[178], cotés, autres que les titres de participation et les titres immobilisés de l'activité de portefeuille (TIAP), l'entité n'est pas obligée

(176) Actuellement, le Plan comptable général ne prévoit aucune dérogation ; il devra donc être amendé afin de préciser les situations dans lesquelles une compensation peut être admise.

(177) Sous réserve d'être invoquée, la compensation s'opère de plein droit (compensation dite « légale »), à la date où ses conditions se trouvent réunies (C. civ., art. 1347 ; Ord. n° 2016-131, 10 févr. 2016, préc., art. 3). Sauf exception, la compensation n'a lieu qu'entre deux obligations fongibles, certaines, liquides et exigibles (C. civ., art. 1347-1 ; Ord. n° 2016-131, art. 3, préc.). Toutefois, les parties peuvent librement convenir d'éteindre toutes obligations réciproques, présentes ou futures, par une compensation (dite « conventionnelle ») qui prendra effet à la date de leur accord ou, s'il s'agit d'obligations futures, à celle de leur coexistence (C. civ., art. 1348-2 ; Ord. n° 2016-131, art. 3, préc.).

(178) Ou des titres de placement (PCG, art. 222-1).

de constituer, à la date de clôture de l'exercice, de dépréciation à concurrence des plus-values latentes normales constatées sur d'autres titres ».

Ainsi, une provision est-elle compensée par une plus-value latente au cas de baisse « anormale et momentanée » des titres cotés.

On peut également citer le cas des crédits d'impôt qui viennent en diminution de la dette de l'entité (V. *supra*, n° 231).

En revanche, parmi ces exceptions, il ne nous semble pas que doit figurer le cas de la compensation légale. Si des écritures ont été passées, il ne peut être question de les annuler après coup ; ce serait contraire au principe selon lequel les documents comptables doivent être tenus sans « blanc ni altération » (C. com., art. L. 123-22, al. 3, V. *supra*, n° 98). Simplement, pour peu que la compensation légale ait été invoquée et qu'elle soit possible, la doctrine comptable invite les entreprises à identifier dans leurs comptes les créances et les dettes compensables et celles qui ont été compensées[179]. En revanche, il nous paraît impossible de s'abstenir de passer des écritures au motif qu'elles se compensent ; ce serait contraire aux principes de la comptabilité d'engagement (V. *supra*, n°s 303 et s.). La jurisprudence fiscale ne semble toutefois pas y être totalement hostile.

356. – Jurisprudence fiscale. La jurisprudence fiscale fait parfois application du principe de non-compensation. De façon incontestable, elle juge qu'une société doit comptabiliser toutes ses recettes, sans pouvoir les réduire à leur fraction qui n'est pas compensée par les charges qui y sont liées[180]. De façon plus contestable selon nous, le Conseil d'État considère que le mécanisme de la compensation peut couvrir une irrégularité comptable notamment si le contribuable établit que la créance a été éteinte par ce biais[181], ou que la disparition d'une dette au bilan a été compensée par une autre[182]. En revanche, le juge administratif n'autorise pas l'administration à pratiquer elle-même la compensation à la place du contribuable[183].

S'agissant de la compensation légale, la cour de Versailles s'est fondée sur les dispositions du Code civil pour juger qu'une entreprise est tenue de limiter sa provision pour dépréciation d'une créance contre un débiteur en faillite à son montant net,

(179) *Mémento Lefebvre Comptable*, *op. cit.*, n° 10415.

(180) CE, 14 avr. 1986, n° 45884 : *RJF* 6/86, n° 571. Dans cette affaire, il est jugé qu'une société qui loue à la SNCF des wagons dont elle n'est pas elle-même propriétaire ne peut comptabiliser ses recettes nettes des charges liées à l'exploitation ainsi que des reversements opérés au profit des propriétaires des wagons.

(181) CE, 15 avr. 1988, n° 58048 : *RJF* 6/88, n° 703. En l'espèce, une société exerçant une activité de lotisseur n'avait pas comptabilisé sa créance sur l'acheteur d'un terrain à bâtir pour la fraction de son montant correspondant au coût d'achèvement et de la mise en viabilité dont elle était devenue débitrice en raison de l'inexécution de son obligation d'achever les travaux. Le Conseil d'État valide la rectification dès lors qu'il n'est pas établi que la créance ait été éteinte par compensation et que l'entreprise en reste titulaire.

(182) CE, 25 mars 2013, n° 355035, *Sté Merlett France* : *Dr. fisc.* 2013, n° 25, comm. 342, concl. N. Escaut. En l'espèce, un contribuable avait converti une dette commerciale en dette d'emprunt envers le même créancier, avant que ce dernier n'y ait consenti. Selon le Conseil d'État, il importe peu que l'incorrection comptable procède d'une erreur rectifiable ou délibérée, dès lors qu'elle n'a pas eu pour conséquence d'augmenter l'actif net étant donné qu'elle a affecté par compensation deux comptes de passif enregistrant une même créance d'un même tiers.

(183) CE, 9 nov. 1990, n° 88765, *Laboratoires Nicholas* : *RJF* 12/90, n° 1447.

après compensation[184]. Confirmant cette décision, le Conseil d'État juge que si le fait pour un créancier de ne pas procéder à la compensation légale ne constitue pas en soi un acte anormal de gestion, ni même la présomption d'un tel acte, il ressort des pièces du dossier que la société créancière avait connaissance de la procédure de faillite engagée à l'encontre de son débiteur et ne pouvait ignorer que le fait de ne pas procéder à la compensation était de nature à compromettre irrémédiablement une fraction de la créance qu'elle détenait[185]. Ceci ne vaut toutefois que si, comme en l'espèce, les conditions de la compensation légale sont remplies avant l'ouverture de la procédure collective, car « le jugement ouvrant la procédure emporte, de plein droit, interdiction de payer toute créance née antérieurement au jugement d'ouverture, à l'exception du paiement par compensation de créances connexes » (C. com., art. L. 622-7, I, al. 1er).

Cette *compensation civile*, telle que prise en compte par le droit fiscal, est différente de la *compensation fiscale de recouvrement* de l'article L. 257 B du Code général des impôts[186] aux termes duquel :

> « Le comptable public compétent peut affecter au paiement des impôts, droits, taxes, pénalités ou intérêts de retard dus par un redevable les remboursements, dégrèvements ou restitutions d'impôts, droits, taxes, pénalités ou intérêts de retard constatés au bénéfice de celui-ci. [al. 1] Pour l'application du premier alinéa, les créances doivent être liquides et exigibles [al. 2] ».

La doctrine comptable lui prête néanmoins les mêmes effets que la compensation légale[187].

E. – Le principe de continuité de l'exploitation

357. – Un principe méconnu. Le principe de continuité de l'exploitation figure à l'article L. 123-20, alinéa 1er du Code de commerce en ces termes :

> « Pour leur établissement [*Ndlr* : des comptes annuels], le commerçant, personne physique ou morale, est présumé poursuivre ses activités ».

Longtemps ignoré du plan comptable, il est désormais repris à l'article 121-2 du Plan comptable général :

> « La comptabilité permet d'effectuer des comparaisons périodiques et d'apprécier l'évolution de l'entreprise dans une perspective de continuité d'activité ».

Il ne s'oppose en rien aux principes d'annualité et d'indépendance des exercices comptables ; il les complète. Il trouve justement à s'appliquer lors de la clôture des comptes, au moment de l'inventaire. Les biens ne doivent pas être sous-évalués, comme s'il s'agissait de les brader dans le cadre d'une liquidation. Par conséquent, le comptable doit toujours se placer dans la perspective d'une continuité de l'exploitation, sauf si l'arrêt de l'activité a été décidé[188] ou si le bien va être cédé.

(184) CAA Versailles, 4 déc. 2014, n° 11VE03459, *Sté Altran Technologies* : *FRC* 4/15, inf. 1 ; *Dr. fisc.* 2015, n° 16, comm. 269.

(185) CE, 22 févr. 2017, n° 387661, *Sté Altran Technologies* : *Dr. fisc.* 2017, n° 21, comm. 320, concl. E. Bokdam-Tognetti, note C. Cassan et K. Djamah.

(186) V. J. Deveze et Th. Jany, *Une étrange compensation*, in *Mél. Serlooten*, Dalloz, 2015, p. 699.

(187) *Mémento Lefebvre Comptable*, *op. cit.*, n° 10410.

(188) Selon la CNCC (*Bull. CNCC* déc. 2013, n° 172, EC 2013-45, p. 664 et s.), les comptes doivent être établis en valeurs liquidatives même si la cessation d'activité a été annoncée après la date de clôture des comptes, mais avant la date d'arrêté des comptes, si la situation de l'entreprise était déjà compromise à la clôture.

358. - Un principe essentiel. Ainsi qu'il a été fait observer, si le principe de continuité d'exploitation n'existait pas, la présentation des comptes serait radicalement différente[189]. À titre d'exemples[190] ; les biens seraient évalués à leur valeur de liquidation, les provisions devraient être ajustées en fonction de la valeur de réalisation, les plans d'amortissement seraient caducs, beaucoup de postes du bilan tomberaient en « non-valeur » (frais d'établissement, comptes de régularisation...) et le passif de l'entreprise serait classé en fonction du rang des créanciers (chirographaires ou privilégiés). Le droit fiscal ne reprend pas expressément le principe de continuation de l'exploitation, si ce n'est par le biais du principe de connexion, mais il en fait nécessairement application. L'administration des impôts ou le juge fiscal ne manquerait pas de rappeler à l'ordre l'entreprise qui s'en écarterait.

§ 2. - Les principes partiellement transposés en droit fiscal

359. - Simple reconnaissance du droit fiscal. Le droit fiscal connaît ces principes comptables, mais ne les consacre pas pleinement. C'est le cas du principe d'intangibilité du bilan d'ouverture (A), de permanence des méthodes (B) et de prudence comptable (C).

A. - L'intangibilité du bilan d'ouverture

360. - Notion comptable. L'intangibilité du bilan d'ouverture est la suite logique du principe de continuité de l'exploitation. Selon l'article L. 123-19, alinéa 3 du Code de commerce :

> « Le bilan d'ouverture d'un exercice doit correspondre au bilan de clôture de l'exercice précédent ».

La règle est reprise et précisée par le Plan comptable général :

> « Le bilan d'ouverture d'un exercice correspond au bilan de clôture avant répartition de l'exercice précédent » (PCG, art. 112-2, al. 4).

Il n'est donc pas possible de modifier le bilan d'ouverture d'un exercice, puisque c'est le même que le bilan de clôture de l'exercice précédent. S'il est impossible de modifier le bilan d'ouverture d'un exercice, c'est parce qu'il faudrait modifier corrélativement le bilan de clôture de l'exercice précédent ; or, ce dernier a déjà été publié.

361. - Portée fiscale. Le droit fiscal souffre d'une mauvaise réputation ; il ne respecterait pas le principe d'intangibilité du bilan d'ouverture. La cause ? La possibilité offerte aux vérificateurs, dans le cadre de l'exercice de leur droit de contrôle, de modifier les bilans. En fait, le droit fiscal respecte le principe d'intangibilité du bilan d'ouverture... à sa manière.

Observons en premier lieu que l'administration fiscale modifiera le bilan de clôture d'un exercice, de manière à faire apparaître un enrichissement taxable par référence au bilan d'ouverture du même exercice, sans toucher au bilan d'ouverture de l'exercice suivant. Cela crée certes une forme de discontinuité fiscale entre bilans successifs, mais elle n'est pas littéralement contraire au droit comptable, puisque le bilan d'ouverture n'est pas modifié.

Il se peut ensuite que l'écriture qui a été modifiée au bilan de clôture trouve sa source antérieurement à l'exercice vérifié. Dans ce cas, le vérificateur doit également

(189) *Mémento Lefebvre Comptable*, *op. cit.*, n° 3540.
(190) Ch. de Lauzainghein, J.-L. Navarro et D. Nechelis, *op. cit.* n° 392.

modifier la même écriture, mais dans le bilan d'ouverture cette fois, sauf à méconnaître le principe de spécialité des exercices. Or, comme le bilan d'ouverture d'un exercice doit nécessairement correspondre au bilan de clôture de l'exercice précédent, il faut le modifier également… c'est la correction symétrique des bilans (V. *supra*, n° 37). La règle fiscale est donc conforme à l'esprit de la loi comptable, puisqu'elle permet de préserver l'enchaînement des bilans.

Paradoxalement, c'est lorsque la correction symétrique ne s'applique plus (CGI, art. 38-4, intangibilité du bilan d'ouverture du premier bilan non prescrit, V. *supra*, n° 38) que la loi fiscale respecte la lettre des textes comptables, mais qu'elle devient contraire à leur esprit.

B. – La permanence des méthodes

362. – Première source : le Code de commerce. Selon l'article L. 123-17 du Code de commerce tel que modifié par l'ordonnance du 23 juillet 2015[191] :

> « Sauf dans des cas exceptionnels, afin de donner une image fidèle du patrimoine, de la situation financière et du résultat de l'entreprise et dans les conditions prévues par un règlement de l'Autorité des nomes comptables, les méthodes comptables retenues et la structure du bilan et du compte de résultat ne peuvent être modifiées d'un exercice à un autre. Si des modifications interviennent, elles sont décrites et justifiées dans l'annexe et signalées, le cas échéant, dans le rapport des commissaires aux comptes ».

Ainsi, une entreprise ne peut changer de méthode comptable ou de présentation des comptes que dans des cas exceptionnels, seulement si cela lui permet de présenter une comptabilité fidèle à sa situation propre et si elle en justifie dans l'annexe. L'apport de l'ordonnance du 23 juillet 2015 précitée consiste à faire le lien avec les règlements de l'Autorité des normes comptables (ANC). Désormais, il n'est possible de procéder à un changement de méthode que dans les conditions posées par le Plan comptable général.

363. – Deuxième source : le Plan comptable général. Il est indispensable de compléter la lecture de l'article L. 123-17 du Code de commerce précité par celle des articles 121-5 et 122 du Plan comptable général, lesquels reprennent les principales dispositions contenues dans l'avis n° 97-06 du CNC de juin 1997[192]. Dans la mesure où c'est l'ANC qui fixe désormais les situations et les conditions dans lesquelles un changement de méthode comptable est possible, ces dispositions ont à leur tour été modifiées (Règl. ANC n° 2018-01, 20 avr. 2018 ; A. 8 oct. 2018)[193]. Les principes comptables en vigueur peuvent être résumés comme suit :

– le principe de permanence (ou de fixité) des méthodes répond à un besoin de cohérence des informations comptables au cours des périodes successives (PCG, art. 121-5, al. 1) ;

– un changement de méthode résulte soit d'un changement de réglementation comptable soit d'un changement de méthode comptable à l'initiative de l'entité (PCG, art. 122-1). Les « méthodes comptables » désignent soit les méthodes d'évaluation et de comptabilisation soit les méthodes de présentation des comptes (PCG, art. 121-5,

(191) Ord. n° 2015-900, 23 juill. 2015, art. 1er ; disposition applicable aux exercices ouverts depuis le 1er janvier 2016.

(192) Avis relatif aux changements de méthodes comptables, changements d'estimation, changements d'options fiscales et correction d'erreurs.

(193) M. Dos Santos, *Changements comptables : de nouvelles règles plus souples* : *FRC* 7-8/18, inf. 18.

al. 3). Un changement d'option fiscale n'est plus considéré comme un changement de méthode comptable ;

– un changement de méthode à l'initiative de l'entité n'est possible que si, d'une part, il existe un choix entre plusieurs méthodes comptables, et que, d'autre part, il conduit à une meilleure information financière de l'entité (PCG, art. L. 122-2, al. 1). La condition tenant au changement exceptionnel dans la situation du commerçant est en revanche supprimée. La nouvelle méthode comptable conduit à une meilleure information financière lorsqu'elle reflète de façon plus adaptée et plus pertinente la performance ou le patrimoine de l'entité au regard de son activité, sa situation et son environnement (PCG, art. L. 122-2, al. 3) ;

– un changement de méthode doit être justifié (PCG, art. 122-2), sauf s'il s'agit d'adopter une « méthode de référence » (PCG, art. 121-5, al. 7). N'ont pas besoin d'être justifiés : les changements de méthode faisant suite à un changement de réglementation (PCG, art. 122-1), ainsi que les cas d'adoption initiale d'une méthode comptable (PCG, art. 121-5, al. 5) ;

– l'ANC présume que certaines méthodes conduisent à une meilleure information. Elles sont qualifiées de « méthodes de référence » (PCG, art. 121-5, al. 7)[194]. *Une fois adopté, le changement comptable est irréversible (PCG, art. 121-5, al. 9).* Sont visés : 1/ le provisionnement des engagements en matière de pensions, de compléments de retraite, d'indemnités et versements similaires (V. *infra*, n° 472), 2/ la comptabilisation à l'actif des coûts de développement et des frais de création de sites Internet (V. *infra*, n° 400) ; 3/ la comptabilisation en charges des frais de constitution, de transformation et de premier établissement (V. *infra*, n° 413), 4/ la comptabilisation à l'actif des droits de mutation, honoraires ou commissions et frais d'actes (V. *infra*, n° 413) (PCG, art. 121-5, al. 8).

364. - Domaine d'application. Il n'y a pas, sur ce point, de différence entre le Code de commerce et le Plan comptable général. Les changements comptables peuvent affecter soit la présentation des comptes annuels, soit la méthode et les règles d'évaluation des actifs.

• *Présentation des comptes annuels.* Les comptes annuels (bilan et compte de résultat) peuvent être présentés sous une forme « abrégée » (simplifiée), « de base » ou « développée » (PCG, art. 810-7). L'entreprise choisit le système qui convient le mieux à sa situation (système de base et système développé), mais elle peut également choisir la présentation simplifiée de ses comptes si elle ne franchit pas certains seuils (V. *supra*, n°s 138 et 174).

• *Méthodes d'évaluation.* Tous les changements comptables ne sont pas des changements de méthodes. Notamment, il ne faut pas confondre le changement de méthode d'évaluation avec un changement d'estimation (par ex., révision du plan d'amortissement pour tenir compte de la durée de vie du bien), ni avec les corrections d'erreurs comptables (qui restent toujours possibles), ou avec les changements d'options fiscales (qui sont possibles dans les limites posées par les textes fiscaux). Les méthodes d'évaluation sont des techniques de valorisation comptable. Elles concernent notamment : l'amortissement des immobilisations (selon le mode dégressif ou linéaire), l'évaluation des actifs fongibles tels les stocks ou les titres (au coût des éléments acquis en dernier, ou à leur prix moyen pondéré), le traitement des frais

(194) Elles étaient auparavant dénommées « méthodes préférentielles ».

d'acquisition des immobilisations ou de recherche (en charges ou en immobilisations), le rattachement des contrats à long terme (méthode de l'avancement ou de l'achèvement)... Certaines de ces méthodes sont, selon l'ANC, des « méthodes de référence » (V. *supra*, n°s 363).

365. – Portée fiscale du principe de permanence des méthodes. *A priori*, le droit fiscal n'est pas concerné par le principe de permanence des méthodes ; la comparabilité des exercices n'est pas pour lui un objectif. Il a par exemple été jugé que le principe de permanence des méthodes ne saurait permettre au contribuable de modifier rétroactivement une écriture[195]. Pourtant, compte tenu du principe de connexion, il n'est pas inconcevable que le principe de permanence puisse être invoqué par l'administration lorsqu'elle conteste un choix de gestion de l'entreprise, ou au contraire par le contribuable afin de justifier un tel choix. Le Conseil d'État s'est ainsi fondé sur le principe de permanence des méthodes – quoique de manière surprenante – en jugeant qu'une société autoroutière concessionnaire qui comptabilisait des intérêts intercalaires dans le prix de revient de ses ouvrages, mais qui les déduisait en charges fiscalement, n'avait pas pris une décision de gestion opposable puisqu'elle y était obligée[196]. Il en déduit que, dans la mesure où la règle fiscale le permet (CGI, ann. III, art. 38 undecies), la société pouvait légitimement passer en charges les intérêts. Également, le Conseil d'État a jugé que le choix relatif à la comptabilisation des dépenses de fonctionnement exposées pour les opérations de recherche scientifique ou technique – en immobilisation ou en déduction du résultat (CGI art. 236, I ; V. *infra* n° 396 – est irréversible et s'impose à l'ensemble des dépenses des projets de recherche de l'entreprise[197].

Mais en pratique, les litiges les plus fréquents porteront sur le contenu de la méthode comptable et les conditions de sa transposition en droit fiscal, et non sur le point de savoir si l'entreprise avait ou non le droit de changer de méthode en cours d'existence.

366. – Incidences fiscales d'un changement de méthode. Si le changement de méthode comptable est possible, la question est de savoir quelles sont ses conséquences en fiscalité.

En comptabilité, tout changement de méthode, qu'il soit imposé par les textes ou à l'initiative de l'entreprise, possède un effet « rétrospectif » (rétroactif disent les juristes...), à la différence des changements d'estimation qui sont traités de manière « prospective ». Il convient donc d'établir les comptes annuels comme si la nouvelle méthode avait toujours été appliquée (PCG, art. 122-3, al. 1er). Dans les comptes individuels, les écarts constatés, après impôt, seront portés en capitaux propres (imputation en « report à nouveau ») dès l'ouverture de l'exercice sauf si, en raison de l'application de règles fiscales, l'entreprise est amenée à comptabiliser l'impact du changement dans le compte de résultat (PCG, art. 122-3, al. 2). Par exception également, afin de préserver leur déduction fiscale, il est admis que lorsque le changement de méthode porte sur des charges ou des provisions déductibles, la conséquence puisse être portée en compte de résultat et non en capitaux propres (l'administration fiscale

(195) CAA Douai, 27 juill. 2007, n° 06DA01008, *SA CUIR CCM*. Le contribuable soutenait que la méthode d'évaluation des stocks retenue par l'administration pour deux exercices devait être appliquée à un troisième.

(196) CE, 9 juin 2020, n° 416739, *SA Cofiroute : Dr. fisc.* 2020, comm. 398. – R. Guibé, *Quand le principe de permanence des méthodes comptables permet à l'entreprise de conserver une divergence utile entre fiscalité et comptabilité : RJF* 8-9/20, n° 674, chron.

(197) CE, 26 juill. 2023, n° 466493, *Sté Cap 2020 Consult : Dr. Fisc.* 2023, n° 315, act. 314, obs. L. Erstein.

n'admettant pas la déduction d'une charge non comptabilisée comme telle, V. *infra*). En fiscalité précisément, les effets d'un changement de méthode sont incertains. Un point ne souffre pas de contestation : ce n'est pas parce qu'un produit n'est pas inscrit au compte de résultat qu'il n'est pas imposable (le résultat fiscal tient compte de la variation des capitaux propres, CGI, art. 38-2)[198]. S'agissant des charges, en revanche, l'administration fiscale avait estimé que celles qui sont « imputées sur les capitaux propres ne sont en principe pas déductibles dans la mesure où elles doivent être effectivement constatées en tant que telles dans la comptabilité de l'exercice pour pouvoir faire l'objet d'une déduction du résultat imposable »[199] ; règle qui vise notamment les provisions (CGI, art. 39-1, 5°) et les amortissements (CGI, art. 39-1, 2°). Position contestable puisque l'article 38-2 du Code général des impôts ne distingue pas entre les variations positives et négatives d'actif net, mais à laquelle la loi porte parfois exception (V. *infra*, n° 367 les incidences de la nouvelle méthode par composants).

367. – Quelles sont les incidences fiscales de la nouvelle méthode par composants[200] ? En 2005, les entreprises ont dû répartir les immobilisations en fonction des différents composants préalablement choisis par elles (Règl. CRC n° 2002-10, 12 déc. 2002). Elles avaient le choix entre la « méthode de reconstitution du coût historique », qui impose de traiter de façon rétrospective les opérations touchant le bien considéré (elle a une incidence sur le résultat imposable si certains composants ont été passés en charges ou si la durée d'amortissement du composant est différente) et la « méthode de réallocation des valeurs nettes comptables », qui consiste à ventiler la valeur nette comptable actuelle d'une immobilisation entre sa structure et ses composants (elle n'a pas d'incidence sur le résultat imposable).

Selon l'article 237 septies I du Code général des impôts (L. fin. rect. 2004, n° 2004-1485, art. 42) : « La majoration ou la minoration du bénéfice imposable du premier exercice ouvert à compter du 1er janvier 2005 résultant de l'application aux immobilisations de la méthode par composants est répartie, par parts égales, sur cet exercice et les quatre exercices ou périodes d'imposition suivants [al. 1]. Toutefois, lorsque le montant de la majoration ou minoration mentionné au premier alinéa n'excède pas 150 000 €, l'entreprise peut renoncer à l'étalement prévu à ce même alinéa [al. 2] ».

C. – Le principe de prudence

368. – Un principe à sens unique en comptabilité. Le principe de prudence comptable figure explicitement à l'article L. 123-20, alinéa 1er du Code de commerce :

> « Les comptes annuels doivent respecter le principe de prudence ».

Il est repris et expliqué par l'article 121-4 du Plan comptable général :

> « La comptabilité est établie sur la base d'appréciations prudentes, pour éviter le risque de transfert, sur des périodes à venir, d'incertitudes présentes susceptibles de grever le patrimoine et le résultat de l'entité ».

(198) En ce sens : TA Paris, 20 juin 2013, n° 1108125, *Covea Fleet* : *FRC* 3/14, inf. 3.
(199) *BOI* 4 A-13-05, n° 213, 30 déc. 2005, préc., n° 167.
(200) J.-P. Regoli, *Amortissements par composants : les conséquences fiscales* : *RF compt.* févr. 2005, n° 374, p. 8.

Le comptable doit être pessimiste plutôt qu'optimiste ; il doit pécher par sous-évaluation plutôt que par surévaluation. Conséquence : le principe de prudence ne joue que dans un seul sens. Si le bien perd en valeur, le comptable doit passer un amortissement ou une dépréciation (C. com., art. L. 123-18, al. 2 ; PCG, art. 214-11 et 214-15). Si le bien gagne en valeur, il ne peut constater la plus-value latente (C. com., art. L. 123-18, al. 4 ; PCG, art. 214-20). Et même en l'absence de bénéfice, il doit être procédé aux amortissements et aux provisions nécessaires (C. com., art. L. 123-20, al. 2 ; PCG, art. 214-7). En revanche, il est possible de procéder à une réévaluation libre du bilan, mais uniquement pour l'ensemble des actifs corporels et financiers de l'entreprise (V. *supra*, n° 351).

369. - Un principe « facultatif » en droit fiscal. En théorie, le principe de prudence est parfaitement transposable en fiscalité, mais pas en pratique. Pourquoi ? L'explication est assez simple si l'on veut bien se souvenir que le risque d'une comptabilité irrégulière est essentiellement fiscal. Ainsi naturellement, si l'administration vérifie très strictement que les conditions légales de déduction des provisions (ou des amortissements) ont été respectées (notamment, le risque qui fonde une provision doit être probable et pas seulement éventuel), elle ne reprochera jamais à un contribuable de ne pas avoir déduit une provision alors qu'il aurait dû le faire. Et si au contraire c'est le contribuable qui entend se prévaloir de l'absence de déduction de charges (par ex., pour éviter d'avoir à reprendre une provision qu'il aurait dû passer), l'administration ne peut lui opposer sa décision de gestion irrégulière.

370. - … malgré la décision du Conseil d'État *Sté foncière du rond point* du 23 décembre 2013. Poussé jusqu'au bout de sa logique, le caractère facultatif des provisions en fiscalité pouvait permettre à une entreprise de réintégrer fiscalement une provision déduite comptablement. C'est ce qu'avait fait la SCI Saint-Augustin en ce qu'elle n'avait pas déduit de son résultat fiscal 1996 une provision pour dépréciation de 16 MF portant sur un immeuble revendu par lots en 1998 et 1999. Bien sûr, elle entendait déduire fiscalement, à ce moment-là, la reprise des provisions effectuées en comptabilité, ce à quoi s'opposait l'administration.

La cour de Paris a jugé que la société ne pouvait réintégrer fiscalement la provision au moment de sa reprise en comptabilité[201]. Le Conseil d'État juge au contraire que « lorsqu'une provision a été constituée dans les comptes de l'exercice, et sauf si les règles propres au droit fiscal y font obstacle, (…), le résultat fiscal de ce même exercice doit, en principe, être diminué du montant de cette provision… »[202]. Par suite, l'administration peut inscrire la provision dans le bilan d'ouverture de l'exercice au cours duquel elle a été reprise en comptabilité, afin de constater, au titre de cet exercice, le profit né de la reprise de la provision[203].

(201) CAA Paris, 18 nov. 2010, n° 09PA04821, *Sté Foncière du Rond Point : Dr. fisc.* 2011, n° 10, comm. 244, obs. E. Meir et R. Torlet ; *FR* 16/11, inf. 6, obs. G. Blanluet ; *RJF* 06/11, n° 684.

(202) CE, 23 déc. 2013, n° 346018, *SAS Foncière du Rond Point : Dr. fisc.* 2014, n° 1-2, act. 4, obs. O. Fouquet ; *Dr. fisc.* 2014, n° 14, comm. 250, concl. E. Crepey, note G. Blanluet ; *JCP* E 7/2014, 1083, obs. F. Douet ; *RJF* 3/14, n° 218, p. 195, chron. E. Bokdam-Tognetti ; *RJ com.* 3/13, p. 196, obs. A. de Bissy. – Cl. Lopater, *Ne pas déduire ses provisions peut désormais coûter cher. Le Conseil d'État met la connexion comptabilité/fiscalité dans tous ses états ! : FR* 3/14, inf. 14.

(203) La correction symétrique des bilans joue alors au profit de l'administration et l'inscription de la provision dans les bilans successifs ne s'arrête pas au premier bilan non couvert par la prescription, conformément à la jurisprudence applicable à l'espèce (CE, 7 juill. 2004, *SARL Ghesquière Équipement*, V. *supra*, n° 38), sauf à démontrer qu'il s'agit d'une omission délibérée, ce qui n'est pas rapporté en l'espèce compte tenu des incertitudes fiscales à l'époque des faits (CAA Paris, 15 oct. 2015, n° 13PA04863,

La doctrine a quasiment unanimement salué la décision *Sté foncière du rond point* comme une application du principe de connexion entre les règles fiscales et comptables (CGI, ann. III, art. 38 quater), dont elle est devenue en quelque sorte la figure emblématique (elle est désormais citée à tout bout de champ, chaque fois que le juge fiscal se fonde sur une règle comptable !). Pourtant, appliquer pleinement le principe de connexion aurait pour effet de conférer un caractère obligatoire aux provisions en fiscalité. Doit-on en arriver jusque-là ?

Il existe pourtant une autre manière d'appliquer la connexion, sans remettre en cause le caractère facultatif des provisions : la connexion matérielle. En effet, le lien entre le résultat comptable et le résultat fiscal n'est pas seulement juridique (les mêmes normes s'appliquent, sauf exception), mais aussi « technique » (le résultat comptable et le résultat fiscal ne font qu'un). Tout se déroule alors sur le terrain des décisions de gestion (V. *supra*, n° 36). Si la décision est irrégulière (cas d'une provision non déduite en comptabilité), le contribuable ne peut la corriger fiscalement (la provision ne peut être déduite du résultat imposable). Si la décision de gestion est régulière (cas d'une provision déduite en comptabilité), le contribuable ne peut davantage la modifier fiscalement (la provision ne peut pas être réintégrée extra-comptablement), sauf si la règle fiscale est incompatible avec la règle comptable[204]. Et s'il s'agit d'une simple erreur de gestion (cas d'une provision irrégulièrement déduite en comptabilité par suite d'une mauvaise application des textes), l'entreprise ne peut être tenue de la rapporter aux résultats des exercices en cause[205].

SAS Foncière du Rond-Point : Dr. fisc. 2016, n°s 7-8, comm. 182, concl. Ch. Oriol, note C. Cassan et G. Tar – Conséquence : les pénalités pour mauvaise foi ne sont pas dues). Dans une affaire *France Télécom* (devenue *Orange*) venant après la réintroduction par la loi de la règle de l'intangibilité du bilan d'ouverture du premier exercice non prescrit (L. 30 déc. 2004 ; CGI, art. 38-4 bis, V. *supra*, n° 38), la cour de Versailles a au contraire affirmé le caractère délibéré de l'erreur ayant conduit à une surestimation de l'actif du bilan d'ouverture et en a déduit que la société ne pouvait invoquer à son profit la correction symétrique des bilans (CAA Versailles, 18 févr. 2016, n° 13VE02491, *SA Orange : Dr. fisc.* 2016, n° 20, comm. 323, concl. B. Coudert, note G. Blanluet), mais le Conseil d'État a jugé dans cette affaire qu'il ne ressort ni de l'article 38-4 bis du CGI, ni des travaux préparatoires de la loi dont est issu ce texte que l'application de la règle de l'intangibilité, lorsqu'elle joue en faveur du contribuable, serait subordonnée à sa bonne foi (CE, plén., 5 déc. 2016, n° 398859, *Orange : RJF* 2/17, n° 155, concl. V. Daumas [c 155] ; *Dr. fisc.* 2017, n° 28, comm. 394, concl. V. Daumas, note M. Masclet de Barbarin). Égal., dans une affaire *Gécina*, le Conseil d'État juge qu'une société qui a émis des obligations convertibles en actions avec prime de remboursement en cas de non-conversion en actions et qui a opté comptablement pour la méthode de l'amortissement mais qui n'a pas déduit fiscalement les amortissements desdites primes, peut demander que soit corrigée l'erreur née de la surestimation de son actif net fiscal (CE, 7 juin 2019, n° 711648, *Sté Gecina : Dr. fisc.* 2020, n° 6-7, chron. 130, obs. Cl. Acard, n° 5).

(204) Invoquant l'opposabilité au contribuable de sa propre décision : TA Montreuil, 6 déc. 2012, n° 1109486, *Sté Dalkia : Dr. fisc.* 2013, n° 13, comm. 215, note V. Restino. – TA Montreuil, 4 juill. 2013, n° 1110039, *Sté France Télécom SA : Dr. fisc.* 2013, n° 38, comm. 426, concl. V. Restino, note G. Blanluet). Dans le même sens, mais s'agissant cette fois du traitement comptable et fiscal du coût d'un emprunt ayant financé une immobilisation (CAA Versailles, 24 oct. 2017, n° 16VE01766, *SA Cofiroute : Dr. fisc.* 2018, n° 11, comm. 218, concl. A. Skzryerbak), ou de la prime de remboursement d'un emprunt obligataire convertible en actions (CAA Versailles, 20 avr. 2017, n° 13VE00645, *Sté Gecina : Dr. fisc.* 2018, n° 5, comm. 154, concl. A. Errera). Dans l'affaire *Cofiroute* cependant, le Conseil d'État s'est fondé sur le principe de permanence des méthodes comptables pour justifier, d'une part, le traitement comptable de l'opération (l'entreprise *devait* reproduire son schéma comptable), et, d'autre part, le retraitement extra-comptable (l'entreprise *pouvait* opter pour un traitement fiscal différent) (V. CE, 9 juin 2020, n° 416739, *SA Cofiroute : Dr. fisc.* 2020, comm. 398).

(205) CE, 19 juin 2017, n° 391770, *Sté Spie Batignolles : RJF* 10/17, n° 912. En l'espèce, il s'agissait d'une opération d'apport ayant été réalisée sous le régime de droit commun et non sous le régime spécial

371. - Des conséquences fiscales variables. L'absence de dépréciation en comptabilité ne génère pas les mêmes risques selon qu'il s'agit de provisions ou d'amortissements.

• *Que risque un contribuable qui ne passe pas une provision alors qu'il aurait dû le faire ?* Rien, si l'on excepte bien entendu le risque de non-approbation des comptes pour les sociétés et le risque pénal lié à la présentation de comptes irréguliers. Ainsi, un entrepreneur qui ne passe pas une provision à l'issue d'un exercice, alors qu'il est informé de la survenance d'un événement propre à la justifier (notamment parce qu'il veut valoriser ses résultats), commet sûrement une faute comptable (par violation des principes de fidélité des comptes et de prudence) mais pas une faute fiscale susceptible d'être rectifiée par l'administration des impôts en dépit du principe de connexion. Ainsi s'exprimait le Conseil d'État dans sa décision *Roissy films* de 2004[206] : « s'agissant d'une faculté que l'entreprise peut ne pas exercer, et qu'il lui est dès lors loisible de n'exercer que partiellement, il y a lieu d'admettre qu'après avoir calculé avec une approximation suffisante le montant de la provision qui serait justifiée, l'entreprise peut constituer une provision d'un montant moindre ». D'autres décisions, plus anciennes, ont également affirmé la possibilité d'un provisionnement partiel[207].

• *Que risque un contribuable qui ne passe pas un amortissement alors qu'il aurait dû le faire ?* Rien *directement* (l'administration fiscale ne lui reprochera pas de ne pas avoir déduit assez de charges), mais le contribuable est sanctionné indirectement puisque, d'une part, il perd la possibilité de déduire ultérieurement l'amortissement, comme il en avait certainement l'intention au départ et, d'autre part, au cas de cession du bien insuffisamment amorti, la plus-value se calculera comme si l'amortissement avait été pratiqué. Pourquoi ? Parce que, contrairement aux provisions, il existe une règle d'amortissement minimum (CGI, art. 39 B ; V. *supra*, n° 275). Contrairement aux provisions, il s'agit d'une décision de gestion irrégulière.

des fusions. Dans ce cas, la société devait inscrire à son bilan la valeur nette de l'actif apporté, sans pouvoir inscrire à son bilan la valeur brute de l'actif et les provisions correspondantes qui figuraient au bilan de la société ayant fait l'apport.

(206) CE, 10 déc. 2004, n° 236706, *Sté Roissy Films : Dr. fisc.* 2005, n° 13, comm. 320, concl. L. Vallée.

(207) CE, 5 mars 1975, n° 88781 : *Dr. fisc.* 1975, n° 17, comm. 594, concl. D. Fabre. – CE, 27 mai 1983, n° 27412 : *Dr. fisc.* 1984, n° 44, comm. 2042.

CHAPITRE 2 LA « NEUTRALITÉ » FISCALE DES ÉVOLUTIONS COMPTABLES

372. - La neutralité fiscale ? Un mythe. Le processus de « normalisation comptable » se traduit par une convergence progressive des règles comptables nationales sur le modèle des normes « IFRS » dont l'esprit est très éloigné de celui de la comptabilité patrimoniale.

Les nouvelles normes adoptées par les autorités comptables en 2000, 2002 et 2004 relatives aux passifs et à la définition, l'évaluation, la comptabilisation, la dépréciation et l'amortissement des actifs, ont amené les fiscalistes à s'interroger sur le maintien de la connexion entre fiscalité et comptabilité (V. *supra*, n°s 49 et s.). Au final, les autorités fiscales ont maintenu le lien de connexion entre les deux matières juridiques en consacrant *la neutralité fiscale des évolutions comptables* (V. *supra*, n°s 66 et s.). Ce choix a été clairement exprimé par l'administration fiscale en 2005 (*BOI* 4 A-13-05, n° 213, 30 déc. 2005, préc.).

La neutralité fiscale n'est pourtant qu'un mythe. C'est comme la codification à droit constant : ça n'existe pas. La doctrine administrative du 30 décembre 2005 précitée, qui concerne les actifs, n'échappe pas à la règle ; si le principe de neutralité y est affirmé, l'administration fiscale se réserve le droit de défendre un point de vue différent. Et elle ne s'en prive pas ; la lecture de l'instruction montre le caractère assez conservateur de la doctrine administrative en ce qui concerne la comptabilisation et l'évaluation des actifs (Section 1).

En ce qui concerne les nouvelles règles relatives aux passifs, et notamment les provisions, l'administration fiscale n'a pas été aussi prolixe. La matière s'y prête pourtant ; elle recèle de nombreuses divergences entre les règles fiscales et comptables (Section 2).

SECTION 1 LES ACTIFS : LES IMMOBILISATIONS ET LES STOCKS

373. - Définition générale des actifs. Jusqu'à l'adoption du nouveau règlement relatif à la définition, la comptabilisation et l'évaluation des actifs (Règl. n° 2004-06, 23 nov. 2004, applicable depuis 2005), les actifs étaient simplement définis comme « tout élément du patrimoine ayant une valeur économique positive » (PCG 1999, art. 211-1 ancien). Il résulte du nouvel article 211-1 du

PCG 1999 posant la définition générale des actifs (PCG 2014, art. 211-1), et de l'article 311-1 du même plan comptable fixant les conditions de comptabilisation (PCG 2014, art. 212-1), *que quatre conditions doivent être simultanément réunies* (*BOFiP*, BOI-BIC-CHG-20-10-10, n° 1) :

1) l'actif doit être identifiable ;

2) il doit avoir une valeur économique positive, traduite par les avantages économiques futurs attendus par l'entreprise ;

3) il doit être contrôlé par l'entreprise ;

4) il peut être évalué avec une fiabilité suffisante.

374. - Définition des immobilisations. L'administration n'a pas semblé être effrayée par la nouvelle définition du droit comptable : « Dans les faits, les quatre critères définis ci-avant ne devraient pas modifier le traitement comptable des dépenses en immobilisations »[1]. En droit fiscal, compte tenu des principes de connexion et de neutralité fiscale, les évolutions du droit comptable pourraient se répercuter dans le résultat imposable. Si l'administration en accepte l'augure, l'histoire nous montre que la jurisprudence fiscale a finalement toujours été assez peu sensible aux définitions comptables. Quant aux textes du Code général des impôts, ils ont été très peu retouchés, sauf pour tenir compte de la décomposition des immobilisations.

375. - Évaluation des immobilisations. Paradoxalement, les autorités comptables avaient fixé les règles d'évaluation des actifs à la clôture de l'exercice avant qu'ils ne fussent définis (Règl. n° 2002-10, 12 déc. 2002, relatif à l'amortissement et à la dépréciation des actifs).

Le changement majeur en droit comptable concerne la définition de l'amortissement pour dépréciation. Traditionnellement défini comme représentant la constatation comptable d'un amoindrissement de la valeur d'un élément d'actif résultant de l'usage, du temps, du changement des techniques ou de toute autre cause dont les effets sont jugés irréversibles (PCG 1999, art. 322-2 ancien), l'amortissement consiste désormais en « la répartition systématique de son montant amortissable en fonction de son utilisation » (PCG, art. 214-13, al. 1er).

Quant aux provisions pour dépréciation, dénommées « dépréciations » (*NB :* le terme de « provision » est désormais réservé aux dettes), la référence au caractère « jugé non irréversible » a également disparu en 2002 (comp. PCG 1999, art. 322-2 ancien). Désormais, le Plan comptable général dispose simplement que : « La dépréciation d'un actif est la constatation que sa valeur actuelle est devenue inférieure à sa valeur nette comptable » (PCG, art. 214-5).

376. - Incidences fiscales. Ici encore, l'objectif affiché est la neutralité :

> « Du point de vue fiscal, l'administration s'est attachée à poursuivre un objectif de neutralité pour les entreprises »[2].

Mais il est précisé immédiatement après :

> « Une des conséquences importantes de la mise en œuvre des nouvelles normes comptables étant, le cas échéant, l'amoindrissement de la charge que constitue l'amortissement, compte tenu des modifications tenant à la base et à la durée de l'amortissement, il a été décidé de maintenir un calcul fiscal distinct de l'amortissement ».

(1) *BOI* 4 A-13-05, n° 213, 30 déc. 2005, préc., n° 3.
(2) *BOI* 4 A-13-05, n° 213, 30 déc. 2005, préc., n° 83.

En revanche, la neutralité fiscale des évolutions comptables est globalement observée en ce qui concerne les nouvelles règles relatives à la décomposition des immobilisations ; les composants font l'objet d'un plan d'amortissement distinct, comme sur le plan comptable (CGI, ann. II, art. 15 bis-II, 2°). Et en ce qui concerne les dépréciations, le droit fiscal est assez hermétique au nouveau vocabulaire comptable et l'administration fiscale s'en tient aux seules prescriptions de l'article 39-1, 5° du Code général des impôts relatives aux provisions pour dépréciation[3].

377. - **Régime des stocks.** Outre leur nature propre d'éléments destinés à être vendus ou transformés (PCG, art. 211-7), les stocks doivent répondre aux critères généraux des actifs (V. *supra*, n° 373). L'administration fiscale en reste à la définition réglementaire du Code général des impôts, plus précise mais qui n'est pas différente sur le fond (CGI, ann. III, art. 38 ter)[4]. En ce qui concerne la valorisation des stocks, il n'existerait pas non plus de différence entre les positions comptables et fiscales[5], si ce n'est que l'administration continue d'admettre la possibilité d'une dépréciation des stocks par voie de décote directe et non par provision (V. *infra*, n° 456). La pratique est loin d'être aussi paisible ; les litiges sur les stocks sont en effet très courants.

378. - **Plan de l'étude.** Le format imposé par l'ouvrage ne permet pas une étude complète de l'ensemble des actifs de l'entreprise. Au demeurant, certains d'entre eux ont été ou seront étudiés dans le cadre de développements particuliers (V. *infra*, n°s 696 et s., *Les régimes spéciaux relatifs à certaines entreprises ou activités*). L'étude du régime comptable et fiscal des actifs portera en premier lieu sur *les immobilisations* (§ 1), puis en second lieu sur *les stocks* (§ 2).

§ 1. – Les immobilisations

379. - **Nature juridique des immobilisations.** Le droit comptable ne s'attache pas à la nature du bien, mobilière ou immobilière, corporelle ou incorporelle, ni même, en principe, à sa valeur. *Seule compte sa destination* ; contrairement aux stocks, les immobilisations sont destinées à rester dans l'entreprise afin de servir au cours de plusieurs cycles d'exploitation. Le Code de commerce est particulièrement explicite :

> « Les éléments destinés à servir de façon durable à l'activité de l'entreprise constituent l'actif immobilisé » (C. com., art. R. 123-181).

La même idée est également présente dans le Plan comptable général :

> « Une immobilisation corporelle est un actif physique détenu, soit pour être utilisé dans la production ou la fourniture de biens ou de services, soit pour être loué à des tiers, soit à des fins de gestion interne et dont l'entité attend qu'il soit utilisé au-delà de l'exercice en cours » (PCG, art. 211-6).

380. - **Comptabilisation des immobilisations.** L'entreprise doit immobiliser sa dépense au débit d'un compte de la classe 2 : compte n° 20 (« Immobilisations incorporelles »), n° 21 (« Immobilisations corporelles »), n° 26 (« Immobilisations financières ») ou n° 27 (« Autres immobilisations financières »). En contrepartie, elle créditera un compte de tiers : n° 404 (« Fournisseur d'immobilisation »), voire n° 405 (« Fournisseurs d'immobilisation – Effets à payer »). Si la dépense est soumise à la TVA et qu'elle est déductible, le montant immobilisé est porté « HT » et la TVA est inscrite

(3) *BOFiP*, BOI-BIC-PROV-40-10-10, n° 30.
(4) *BOFiP*, BOI-BIC-PDSTK-20-10, n° 10.
(5) *BOFiP*, BOI-BIC-PDSTK-20-20-10-10, n° 40.

au compte n° 44562 (« TVA déductible sur immobilisation »). Si la TVA n'est pas déductible, la dépense est activée en TTC.

381. – **Mise en œuvre des critères.** La nouvelle définition des actifs ne remet pas en cause ces principes, mais l'approche économique du législateur a quelque peu renouvelé les problématiques tenant à la notion d'immobilisation (A). C'est en ce qui concerne l'évaluation des immobilisations que les changements comptables ont été les plus profonds (B).

A. – La notion d'immobilisation

382. – **Dépense d'appauvrissement ou dépense d'investissement ?** *La distinction entre les immobilisations et les charges a occupé des générations de comptables* : l'immobilisation est une dépense d'investissement qui n'appauvrit pas l'entreprise, alors que la charge est une dépense d'appauvrissement faute de contrepartie positive au bilan. *Ce critère lié à la variation d'actif net est appliqué strictement par la jurisprudence et il semble prévaloir sur l'idée de durée qui est propre aux immobilisations* (V. *supra*, n° 368) ; il a par exemple été jugé qu'une entreprise qui achète un fonds de commerce d'une nature différente du sien, non pas pour l'exploiter mais simplement pour agrandir ses locaux, ne peut pas déduire les sommes versées faute d'appauvrissement pour cette acquisition et doit tout de même immobiliser sa dépense[6]. *La jurisprudence nous apprend aussi qu'il ne faut pas s'attacher à la qualification retenue par les parties* ; une indemnité dite de résiliation d'un bail versée par un bailleur au locataire peut être regardée comme la contrepartie de l'acquisition du fonds de commerce, et non comme une charge, si elle correspond à sa valeur[7]. Les conséquences sont essentielles : les immobilisations ne sont pas déductibles (mais le cas échéant amortissables), et sont soumises au régime des plus-values professionnelles au cas de cession, alors que les charges sont en principe déductibles et relèvent des bénéfices ordinaires au cas de cession.

383. – **Applications.** Les immobilisations corporelles posent peu de problèmes en règle générale ; la définition des actifs s'applique sans trop de difficulté, aidée en cela par des règles pratiques de bon sens posées par la jurisprudence (1°). Les *immobilisations incorporelles* (2°) et les *prestations de services* (3°) ont toujours soulevé davantage de difficultés.

1° Les immobilisations corporelles

384. – **Contrôle contre propriété.** Traditionnellement, la comptabilité commerciale est de nature « patrimoniale »[8] ; les biens sont inscrits à l'actif du bilan lorsque l'entreprise en est propriétaire, sauf cas particuliers[9]. En comptabilité aujourd'hui, conformément au principe de *substance over form* (V. *supra*, n° 58), le droit comptable s'attache davantage à ce qu'il appelle la « réalité » économique, qu'à ce qu'il prétend être une « apparence » juridique.

(6) CE, 26 févr. 2016, n° 383930, *SELARL Pharmacie de la Porte d'Orléans* : *Dr. fisc.* 2016, n°s 18-19, comm. 310, concl. N. Escaut, note J. Chateauneuf.

(7) CE, 9 oct. 2015, n° 373654, *Sté Solitel* : *Dr. fisc.* 2015, n° 42, act. 564.

(8) B. Raybaud-Turillo, *Le modèle comptable patrimonial : les enjeux d'un droit comptable substantiel*, éd. Vuibert, 1997. – A. de Bissy, C. Djama, K. Amari et G. Loustalet, *Le patrimoine professionnel*, in *Qu'en est-il du Code de commerce 200 ans après ? État des lieux et projections*, LGDJ, 2009, p. 281 et s.

(9) Cas des biens acquis en réserve de propriété et des constructions sur sol d'autrui (V. *infra*, n° 426).

Selon les principes comptables, la « réalité » économique serait caractérisée par le « contrôle » du bien ; or, une entreprise contrôle le bien lorsqu'elle maîtrise les avantages en résultant et si elle en assume les risques qui y sont liés[10]. Les conséquences auraient pu être importantes si les autorités comptables n'avaient pas exclu les contrats de bail ou de crédit-bail (V. *supra*, n° 58)[11]. Dès lors, en pratique, la « propriété économique » coïncidera le plus souvent avec la « propriété juridique » : le propriétaire est celui qui contrôle le bien.

La coïncidence n'est pas toujours parfaite. Par exemple, les opérateurs téléphoniques restent propriétaires des cartes SIM alors qu'ils ne les contrôlent plus. La cour de Versailles s'était prononcée pour leur activation[12], mais depuis l'entrée en vigueur des nouvelles règles sur les actifs, la solution n'est plus aussi évidente[13]. L'administration fiscale a aussi évoqué le cas du contrat de sous-traitance[14]. Dans son cas, le critère du contrôle s'applique, et le droit de propriété peut ne pas être suffisant pour que le matériel utilisé par le sous-traitant soit immobilisé à son actif alors qu'il en est le propriétaire ; si l'analyse du contrat démontre que c'est le donneur d'ordre qui finance la fabrication (notamment parce que le coût du matériel est inclus dans le prix des pièces) et en assume les risques, il devra l'inscrire à son actif[15].

La jurisprudence n'est pas insensible au critère du risque[16]. Dans une affaire ou une EURL avait d'abord bénéficié de l'apport d'une activité de coiffure à domicile par une société du groupe avant de transférer son personnel et ses stocks de produits coiffants à une autre société du groupe, le Conseil d'État a considéré que, alors même que la clientèle est mise en relation avec les salariés de la société par un dispositif de réservation centralisé géré par la société mère du groupe, l'EURL exerce son activité de façon autonome et à ses risques par la mise en œuvre de ses propres moyens de production[17].

La doctrine comptable s'est intéressée aux actifs issus de la reprise d'une entreprise en difficulté, pour considérer qu'ils peuvent être inscrits au bilan du repreneur dès la date d'entrée en jouissance fixée par le jugement définitif du tribunal de commerce[18], alors que la jurisprudence commerciale fixe la date du transfert des droits au jour de la passation des actes nécessaires à la réalisation de la cession et non à celle de la décision juridictionnelle[19].

Lorsque les immobilisations font l'objet d'une concession de service public ou de travaux publics, les biens mis dans la concession par le concédant ou par le conces-

(10) M. Cozian et P.-J. Gaudel, *op. cit.*, n° 355.

(11) CNC, avis n° 2004-15, 23 juin 2004 : *BOI* 4 A-13-05, n° 213, 30 déc. 2005, préc., n° 5.

(12) CAA Versailles, 18 nov. 2014, n° 11VE02931, *Sté France Télécom : RJF* 3/15, n° 176.

(13) *FRC* 10/15, n° 1.

(14) *BOFiP*, BOI-BIC-CHG-20-10-10, n°s 40 et 50.

(15) M. Cozian et P.-J. Gaudel, *op. cit.*, n° 357.

(16) A. de Bissy et G. Dedeurwaerder, *Le critère du risque dans la jurisprudence fiscale : CDE* mai 2012, n° 3, dossier 14.

(17) CE, 17 févr. 2010, n° 311953, *EURL Bosc éveloppement Loire : Dr. fisc.* 2010, n° 20, comm. 315, concl. E. Cortot-Boucher, note P. Fumenier. – O. Fouquet, *L'interprétation par le Conseil d'État de la jurisprudence judiciaire sur le fonds de commerce : Dr. fisc.* 2010, n° 20, act. 172. Selon cette décision, l'EURL commet un acte anormal de gestion en réalisant, sans contrepartie, un transfert d'actif au profit d'une autre filiale, ce qui constitue une cession partielle de son fonds de commerce.

(18) *Bull. CNCC* déc. 2013, n° 172, p. 574-577, EJ 2013-26 et EC-2013-53.

(19) Sur la question, V. A. Colmet Daâge, *Comptabilité et fiscalité : retour sur l'année 2013 : Dr. fisc.* 2014, n° 15, étude 260, § 4.

sionnaire sont inscrits à l'actif du bilan de l'entité concessionnaire (PCG, art. 621-8). Il s'agit d'une obligation comptable qui s'applique également en fiscalité pour le calcul de la taxe foncière[20].

385. - **Dépenses de faible valeur.** Selon le Plan comptable général :

« Les éléments d'actif non significatifs peuvent ne pas être inscrits au bilan ; dans ce cas, ils sont comptabilisés en charges de l'exercice » (PCG, art. 212-6).

La doctrine fiscale rejoint la position comptable : le petit matériel et outillage, le matériel ou et mobiliers de bureau et les logiciels dont la valeur unitaire *ne dépasse pas 500 € HT* peuvent être passés en charges[21]. Peu importe si ces éléments sont rattachés à des immobilisations et forment un tout indissociable[22].

386. - **Durée d'utilisation réduite.** On estime généralement que lorsque la durée d'utilisation *est inférieure à un an*, le bien peut être passé en charges. Ce critère a été validé par le Conseil d'État[23] et l'administration fiscale[24]. Lorsqu'elle cherche à faire la différence entre les immobilisations et les stocks, la jurisprudence s'attache également à leur durée d'utilisation ; un bien utilisé plus d'un an par une entreprise est une immobilisation[25]. Les spécificités du matériel importent peu ; seule est prise en compte la durée d'utilisation[26].

L'évolution récente de la jurisprudence montre que la durée effective d'utilisation n'est qu'un indice ; conformément au droit comptable (PCG, art. 211-6), ce qui compte c'est que l'entreprise ait eu l'intention de se servir du bien pendant une période prolongée. Ainsi, le Conseil d'État juge qu'« un véhicule de démonstration acquis par un prestataire de services qui exerce une activité de promotion d'une marque automobile, pour les besoins de cette activité, constitue non pas un élément de stock mais un élément de l'actif immobilisé, quand bien même ce véhicule serait revendu à l'issue de son utilisation. Il n'en va pas différemment lorsque cette cession intervient moins de douze mois après l'acquisition »[27].

(20) CE, 24 févr. 2017, n° 394158, *Sté Aéroports du Grand Ouest : Dr. fisc.* 2017, n° 27, comm. 383, concl. B. Bohnert (évaluation des immobilisations industrielles à leur valeur comptable, alors même que les biens n'ont pas été inscrits à l'actif du bilan de l'entreprise concessionnaire mais qu'ils auraient dû l'être).

(21) *BOFiP*, BOI-BIC-CHG-20-30-10, n°s 1 et s.

(22) CAA Nantes, 7 avr. 2011, n° 10NT00207, *SAS Brooklyn : BF* 8-9/11, n° 797 (hypothèse d'étiquettes antivol avec « clous simples » que l'administration fiscale estimait être indissociables du portique de sécurité).

(23) CE, 21 mars 1991, n° 57777, *SARL Éts Menet : Dr. fisc.* 1992, n° 14, comm. 714, concl. N. Chaid-Nouraï (tronçonneuses dont il n'est pas rapporté que la durée d'utilisation était inférieure à un an). - CE, 18 mai 1998, n° 132260, *SA Comelli : RJF* 7/98, n° 777 (acquisition de moules pour la fabrication d'éléments préfabriqués en béton qui avaient été passés en charges alors qu'ils étaient garantis quatre ans).

(24) *BOFiP*, BOI-BIC-CHG-20-10-10, n° 60.

(25) CE, plén., 3 févr. 1984, n° 27227 : *RJF* 4/84, n° 407, chron. p. 199, M. de Guillenschmidt (emballages récupérables). - CE, 26 mars 2008, n° 296625, *SA Tornier : RJF* 6/08, n° 639 (matériels ancillaires).

(26) CE, 12 mars 2012, n° 341879, *SA Ateliers de constructions mécaniques de l'Atlantique : RJF* 6/12, n° 562 (véhicules militaires tout terrain utilisés à des fins de démonstration pour une durée de deux ans à vingt ans).

(27) CE, 22 nov. 2022, n° 456405, *Sté Maserati West Europe : Dr. fisc.* 2022, °51-52, comm. 434, concl. E. Bokdam-Tognetti, note O. Fouquet. Le Conseil d'État avait autrefois rendu un arrêt en sens contraire à propos de véhicules de démonstration mis à la disposition de la clientèle d'une entreprise de location. - CE, 6 déc. 1985, n° 63962 : *RJF* 2/86, n° 171 (arrêt rendu en matière de TVA). Pour l'administration fiscale, les voitures de démonstration utilisées par les négociants en automobiles font *a priori* partie du stock des véhicules destinés à la vente : elles doivent par suite être comprises dans l'actif circulant et figurer à un compte de la classe 3 (*BOFiP*, BOI-BIC-PDSTK-20-10, n° 270).

2° Les immobilisations incorporelles

387. - Définition. Selon le Plan comptable général :

« Une immobilisation incorporelle est un actif non monétaire sans substance physique » (PCG, art. 211-5).

C'est notamment le cas des trois actifs majeurs que sont : la clientèle, les droits de propriété industrielle et les actifs financiers. Sur la nature incorporelle de l'élément à inscrire au bilan, le Conseil d'État a par exemple clairement jugé « que des logiciels, de même que leur droit d'usage, lorsqu'ils remplissent les conditions pour être inscrits à l'actif immobilisé, constituent par nature des éléments incorporels... ; qu'il n'en va différemment que si leur prix de revient ne peut être dissocié de celui d'une immobilisation corporelle »[28]. Sur l'inscription à l'actif de cet élément, des critères généraux ont été posés par la jurisprudence, notamment à l'occasion de litiges concernant la comptabilisation des concessions de licence de brevets ou de marques (*a*). Ces critères généraux peinent à s'appliquer dans des situations particulières (*b*), sans compter qu'il existe dans le Code général des impôts des régimes fiscaux particuliers (*c*).

a) Les critères généraux

388. - L'arrêt *SA Sife* du 21 août 1996[29]. Cette décision a été rendue à l'occasion d'un litige concernant le traitement comptable et fiscal des redevances pour concession de licences de marques (V. *supra*, n° 31). *Ces redevances constituent-elles des charges déductibles ou le prix d'acquisition d'une immobilisation incorporelle (non déductible) ?*

Le Conseil d'État considère « que ne doivent suivre le régime des éléments incorporels de l'actif immobilisé de l'entreprise que les droits constituant une source régulière de profit, dotés d'une pérennité suffisante et susceptible de faire l'objet d'une cession ». Bien que la portée de cette décision reste encore aujourd'hui controversée (V. *infra*, n° 389), trois conditions sont clairement posées pour que le droit incorporel soit immobilisé :

1) il doit constituer une source régulière de profits. Pour qu'il en soit ainsi, la jurisprudence tend à exiger qu'une clause d'exclusivité de clientèle soit insérée au contrat de concession[30], mais elle a également affirmé le caractère non nécessaire d'une clause d'exclusivité en jugeant que ce n'est pas parce qu'un contrat liant une banque et son mandataire local ne comporte pas une telle clause qu'il ne constitue pas un élément incorporel immobilisé[31] ;

2) il doit être doté d'une pérennité suffisante. Pour l'appréciation du caractère pérenne d'un droit résultant d'un contrat, il convient de se référer à sa durée ; une durée de

(28) CE, 1er avr. 2015, n° 374693, *Sté Bouygues Télécom : Dr. fisc.* 2015, n° 25, comm. 414, concl. M.-A. Nicolazo de Barmon, note J.-L. Pierre (non-application de la taxe professionnelle aux logiciels de gestion d'un réseau de téléphonie mobile qui sont dissociables du matériel).

(29) CE, 21 août 1996, n° 154488, *SA Sife : Dr. fisc.* 1996, n° 50, comm. 1482, concl. J. Arrighi de Cazanova ; *RJF* 10/96, n° 1137, p. 635, chron. S. Austry. – J. Jeausserand, *Jurisprudence Sife : vingt ans après : Dr. fisc.* 2015, n° 23, comm. 390.

(30) CE, 5 nov. 1984, n° 43573, *Sté Les produits organiques du Santerre-Orsan : Dr. fisc.* 1985, n° 30, comm. 1376, concl. M.-A. Latournerie (licence d'exploitation de brevets pour la fabrication d'acides glutamiques). – CE, 12 févr. 1988, n° 62547, *SARL Technique et santé : Dr. fisc.* 1988, n° 25, comm. 1245 (licence d'un procédé de fabrication d'extraits de plantes avec un droit d'exploitation pour le reste du monde).

(31) CE, 30 nov. 1998, n° 181526, *Le Biez : Dr. fisc.* 1999, n° 23, comm. 450, concl. G. Bachelier.

neuf ans a été jugée suffisante[32], et une durée de trois ans insuffisante[33]. Toutefois, la durée n'est pas un critère absolu ; il faut également tenir compte des modalités de renouvellement, de résiliation ou de dénonciation du contrat[34]. Le Conseil d'État a ainsi jugé que n'est pas pérenne un contrat de distribution exclusive de logiciels d'une durée de cinq ans dont la reconduction est subordonnée à un accord exprès des parties deux ans avant le terme et pour lequel il existe de nombreuses hypothèses de résiliation anticipée[35]. Par contre, la condition de pérennité est remplie si aucune résiliation anticipée n'est possible, hormis les causes classiques du droit commun inhérentes aux relations contractuelles[36]. Lorsque le contrat est à durée indéterminée, il est en principe pérenne[37], ce qui n'exclut pas de s'interroger sur les conditions de sa résiliation. À ce titre, il est apparu que la durée du préavis est un élément important ; un préavis de trois mois[38], ou de quatre mois[39] a été jugé trop faible. En revanche, la circonstance que le contrat puisse être résilié à tout moment ne rend pas le contrat précaire dès lors que, conformément au droit commun des contrats, la rupture ne peut intervenir que pour une cause réelle et sérieuse[40] ;

3) il doit être susceptible d'être cédé. C'est sur ce troisième critère que s'est fondé le Conseil d'État en 1996 pour estimer que, faute de cessibilité, le contrat de concession de licence de marque n'avait pas à être immobilisé au bilan. Le Conseil d'État a ensuite régulièrement manifesté son attachement au critère de cessibilité, soit pour s'opposer à l'immobilisation de redevances de sous-licences exclusives pour la fabrication et la commercialisation de produits pharmaceutiques[41], soit au contraire pour approuver un tel traitement comptable s'agissant de redevances versées en contrepartie d'une licence d'exploitation de brevet ou marque[42], ou encore en ce qui concerne les droits d'utilisation d'un nom de domaine sur Internet[43]. En revanche, selon le tribunal de Paris, même si le contrat de concession n'est pas juridiquement « cessible » sans l'ac-

(32) CE, 16 févr. 2007, n° 288531, *Sté Régimédia : RJF* 7/07, n° 788.
(33) CE, 31 janv. 1990, n° 63870, *SA Bethenod : Dr. fisc.* 1990, n° 17-18, comm. 855.
(34) CE, 30 déc. 2009, n° 305449, *Sté Beauté Créateurs : Dr. fisc.* 2010, n° 11, comm. 231, concl. E. Glaser.
(35) CE, 12 déc. 2012, n° 334516, *SA Technologies : Dr. fisc.* 2013, n° 17, comm. 256.
(36) CE, 24 sept. 2014, n° 348214, *SAS Beauté Créateurs : Dr. fisc.* 2015, n° 10, comm. 185, concl. D. Hedary.
(37) CE, 14 oct. 2005, n° 262219, *SA Laboratoires fournier : Dr. fisc.* 2007, n° 23, comm. 570.
(38) CE, 18 mai 2005, n° 265038, *Gryson : Dr. fisc.* 2006, n° 19, comm. 374.
(39) CE, 23 juin 2000, n° 188297, *SARL Ski Tennis Diffusion : Dr. fisc.* 2000, n° 52, comm. 1059.
(40) CE, 16 févr. 2011, n° 315625, *Sté Toulouse Services Véhicules Industriels : Dr. fisc.* 2011, n° 15, comm. 299, note P. Fumenier.
(41) CE, 16 oct. 2009, n° 308494, *Sté Pfizer Holding France : Dr. fisc.* 2010, n° 4, comm. 94, note Y. de Kergos et J. Monsenego.
(42) CE, 23 déc. 2011, n° 341217, *SARL Cambé Sport : Dr. fisc.* 2012, n° 7, comm. 145, obs. J.-L. Pierre. – CE, 19 juill. 2016, n° 368473, *M. Matheus, liquidateur amiable de la société Centre Informatique Arcachonnais : Dr. fisc.* 2016, n° 46, comm. 584, concl. R. Victor, note J.-L. Pierre. Dans cette dernière décision, le Conseil d'État annule pour erreur de droit l'arrêt de la cour de Bordeaux qui avait refusé la déduction des redevances annuelles sans avoir recherché si les droits concédés pouvaient être cédés. Procédant ensuite à une analyse des clauses du contrat de concession, la cour de renvoi a jugé que les droits d'exploitation de logiciels sont cessibles et font partie de l'actif immobilisé (CAA Bordeaux, 7 févr. 2017, n° 16BX02439 : *RJF* 5/17, n° 412). Plus récemment, V. CE, 29 nov. 2021, n° 451521, *SASU Bio-Rad France Holding : Dr. fisc.* 2022, n° 6, comm. 111, note M. Buchet. Ici, il est jugé que les redevances versées n'entrent pas dans la liste limitative d'éléments comptables devant être pris en compte dans le calcul de la valeur ajoutée servant de base à la CVAE (charges de gestion courante).
(43) CE, 7 déc. 2016, n° 369814, *Sté eBay : Dr. fisc.* 2017, n° 8, comm. 165, concl. E. Bokdam-Tognetti, note J.-L. Pierre.

cord du concédant, la possibilité de sous-concéder une licence de marque doit être interprétée comme la rendant « cessible » au sens de la jurisprudence *SA Sife*[44].

389. – Portée de la jurisprudence : les interrogations de la doctrine. Si l'effort de clarification du Conseil d'État en 1996 a été salué par une partie de la doctrine fiscale[45], beaucoup d'auteurs sont restés perplexes ; fallait-il y voir une définition générale des immobilisations incorporelles ou seulement des contrats de concession de licence de droits[46] ? Pour ces derniers, clairement, la jurisprudence exige toujours les trois conditions[47].

La généralisation du critère de cessibilité à l'ensemble des actifs incorporels a été particulièrement critiquée, essentiellement parce qu'elle marque la patrimonialité du bien, laquelle est déjà attestée par les deux critères précédents. Ainsi, le Conseil d'État a jugé à plusieurs reprises que l'absence de cessibilité d'une marque viticole acquise qui n'est pas cessible séparément de l'exploitation dans son ensemble, ne s'oppose pas nécessairement à ce qu'il soit qualifié d'élément d'actif incorporel[48]. Il a en outre admis l'immobilisation des dépenses de conception d'emballage, au seul motif que les signes distinctifs d'une marque commerciale permettent l'identification pérenne d'une marque et peuvent bénéficier d'une protection juridique[49]. La cour de Versailles a également jugé que les honoraires versés à des cabinets de conseils et d'études pour la réalisation des études nécessaires à l'obtention d'une autorisation d'exploitation commerciale constituent la contrepartie de l'acquisition d'un élément incorporel générant des revenus réguliers et sans limitation de durée, alors même que l'autorisation n'est pas cessible[50]. La doctrine comptable[51] et fiscale[52] est également favorable à l'immobilisation des licences « UMTS »[53], en dépit de leur incessibilité.

En droit comptable, il convient de rappeler qu'un actif doit être identifiable (PCG, art. 211-1, préc.). Or, une immobilisation incorporelle est identifiable dans deux cas (PCG, art. 211-5) : si elle est séparable des activités de l'entité, c'est-à-dire susceptible d'être vendue, transférée, louée ou échangée (premier critère), ou si elle a pour origine une protection juridique quelle qu'en soit la source, légale ou contractuelle (second

(44) TA Paris 9 juin 2021, n° 1616888 (les deux autres critères étant respectés en l'espèce, les droits attachés au contrat doivent être regardés comme des éléments incorporels de l'actif immobilisé du concessionnaire).

(45) B. Plagnet, *Fiscalité de la marque : Dr. & patr.* 1999, n° 75, p. 68.

(46) D. Villemot, *Existe-t-il une définition fiscale des immobilisations ? : Dr. fisc.* 1998, n° 15, p. 505. – M. Cozian et J.-L. Rossignol, *Les immobilisations incorporelles à la lumière de la jurisprudence SA Sife : arrêt de principe ou arrêt d'espèce ? : Dr. fisc.* 2007, n° 42, 914, p. 17 et s., où les auteurs y voient une décision d'espèce destinée à régler le sort des concessions de licence de marques et de brevets.

(47) CAA Bordeaux, 15 mars 2016, n° 14BX01502 : *FR* 18/16, inf. 4 (la dotation aux amortissements des brevets pris en concession peut être prise en compte dans l'assiette du crédit d'impôt recherche si les conditions fixées par la décision *SA Sife* du Conseil d'État pour figurer en immobilisations incorporelles sont remplies).

(48) CE, 28 déc. 2007, n° 284899, *SA Domaine Clarence Dillon : Dr. fisc.* 2008, n° 14, comm. 246, concl. L. Vallée, note J.-L. Pierre. – CE, 6 juin 2018, n° 409501, *Sté fermière du Château de Camensac : Dr. fisc.* 2018, n° 51-52, comm. 507, concl. A. Bretonneau.

(49) CE, 30 mai 2012, n° 340485, *Sté Tipiak : Dr. fisc.* 2012, n° 37, comm. 433, concl. V. Daumas, note P. Fumenier.

(50) CAA Versailles, 12 juin 2014, n° 12VE02135, *Sté Castorama Dubois Investissements : RJF* 11/14, n° 976.

(51) CNC, avis n° 01-F, 3 oct. 2001, et avis n° 02-B, 9 janv. 2002.

(52) *BOFiP*, BOI-BIC-CHG-20-10-20, n° 150.

(53) *Universal mobile telecommunications system* (parfois appelé « 3GSM » ou « 3G » pour troisième génération).

critère). La cessibilité n'est donc plus obligatoirement requise ; c'est la conséquence du critère du contrôle. Toutefois, l'incidence du droit comptable est minime, puisque ces nouvelles règles ne concernent pas les contrats de location ; l'ensemble des critères dégagés par le Conseil d'État en matière d'activation des redevances pour concession de licence de brevet ou de marque reste valable[54].

390. – Pour quelle valeur doit-on immobiliser un contrat de concession de licence ?

Cette difficulté est en soi un argument pour ceux qui doutent du caractère immobilisable des contrats de licence. La jurisprudence y a pourtant répondu de manière précise : la valeur à immobiliser se compose, d'une part, du montant fixe prévu au contrat le cas échéant et, d'autre part, de la valeur estimée des redevances à verser[55]. Toutefois, les redevances peuvent être passées en charges lorsqu'elles viennent excéder l'estimation initiale des droits[56].

Quant à l'administration fiscale, elle estime que l'évaluation initiale des redevances n'est que provisoire et doit être affinée en fonction du montant effectif des redevances versées[57].

Selon elle :

Si le montant cumulé des redevances payées à la clôture d'un exercice vient à excéder la valeur ainsi retenue, ce montant constitue un nouveau prix de revient qui doit être substitué comme base de calcul à l'ancienne valeur estimative (l'annuité d'amortissement qui peut être inscrite en comptabilité à la clôture dudit exercice est égale à la différence entre la somme des amortissements recalculés pour chacun des exercices écoulés, en fonction de ce nouveau prix de revient, et le montant total des amortissements effectivement pratiqués jusqu'alors).

Cette différence d'approche en ce qui concerne le traitement des redevances supplémentaires ne devrait pas induire de retraitements fiscaux dans la mesure où l'administration fiscale admet, dans un souci de simplification, que si le versement des redevances est échelonné sur toute la durée de validité ou d'utilisation du brevet, l'acquéreur peut opérer chaque année un amortissement d'un montant égal à celui de la redevance versée au cours de la même année.

Si, à un moment quelconque de la période de validité du brevet, il ressort de la quotité des redevances annuelles déjà payées qu'il a été fait une estimation excessive du prix de cession, l'administration est fondée, sous le contrôle du juge, à réduire l'estimation ainsi retenue (elle calculera, sur une base rectifiée, les amortissements afférents tant aux exercices antérieurs non encore prescrits qu'aux exercices restant à courir de la période de validité du brevet).

(54) CE, 15 juin 2016, n° 375446, *SARL D Distribution* : *Dr. fisc.* 2016, n° 48, comm. 611 ; *FR* 35/16, inf. 2, p. 3 ; *BOFiP*, BOI-BIC-CHG-20-10-10, n° 70. – Sur le rapprochement des règles fiscales et comptables : D. Villemot, *Le régime fiscal des immobilisations incorporelles* : *Dr. fisc.* 2008, n° 14, étude 243. Sur les interrogations de la doctrine liées à la position contraire exprimée par la Commission commune de doctrine comptable (*Bull. CNCC* sept. 2013, n° 171, EC 2012-48, p. 508-512), selon laquelle les redevances annuelles de licence de marques peuvent être passées en charges ou activées que le contrat soit ou non cessible, V. A. Colmet Daâge, *Comptabilité et fiscalité : retour sur l'année 2013* : *Dr. fisc.* 2014, n° 15, étude 260, § 5.

(55) CE, 10 nov. 1982, n° 15890 : *Dr. fisc.* 1983, n° 13, comm. 598.

(56) CE, 14 oct. 2005, *SA Laboratoires Fournier*, préc.

(57) *BOFIP*, BOI-BIC-AMT-10-30-30-10, n°s 350 et 360.

b) Les situations particulières

391. - Créance de bail. En principe, les dépenses exposées en vue d'obtenir la conclusion d'un contrat de bail doivent être analysées comme représentant le prix d'acquisition d'une créance de bail (« droit au bail »)[58]. C'est également le cas des droits supplémentaires au droit au bail tels que ceux qui portent sur les modalités de renouvellement du bail ou d'acquisition du bien au cas de cession[59]. Ce principe trouve naturellement à s'appliquer lors d'une cession de droit au bail entre locataires successifs. Des difficultés de qualification se présentent lorsqu'il s'agit de sommes versées au propriétaire à titre de droit d'entrée (« pas-de-porte »).

• *Le droit au bail* est une immobilisation incorporelle qui, lorsqu'elle est cédée par l'ancien locataire au profit d'un nouveau locataire, suit le régime des plus-values professionnelles. Il en est ainsi même lorsque le cédant du bail est également propriétaire des murs, par l'effet d'un « bail à soi-même »[60]. En outre, d'après la jurisprudence fiscale, le droit au bail n'est pas un élément amortissable dans la mesure où le bail commercial est susceptible d'être renouvelé[61].

• *Le pas-de-porte* peut alternativement s'analyser en un supplément de loyer pour le propriétaire ou bien en une indemnité représentant l'acquisition de la propriété commerciale par le locataire[62]. L'administration fiscale considère, en principe, que le pas-de-porte représente un supplément de recettes pour le bailleur, qu'il s'agisse d'un particulier (revenus fonciers)[63] ou d'une entreprise (BIC)[64]. Chez le preneur, la jurisprudence ne l'admet en déduction que si le loyer est notoirement inférieur à la valeur locative réelle de l'immeuble[65]. Dans ce cas, la charge doit être étalée sur toute la durée du bail (neuf ans en principe pour un bail commercial)[66]. À l'inverse, si le loyer stipulé à l'acte est normal, le pas-de-porte versé par le preneur doit être assimilé à un élément incorporel du fonds de commerce, non déductible[67]. Contrairement au droit fiscal, le droit comptable n'interdit pas un amortissement réparti sur la durée du bail ; un retraitement extra-comptable est alors nécessaire[68]. Le Conseil d'État semble par ailleurs évoluer sur la question de l'amortissement du droit au bail ; transposant sa jurisprudence sur les biens amortissables (V. *infra*, n° 428), il juge à présent que l'amortissement est possible lorsque le droit d'entrée a pour contrepartie un avantage

(58) *BOFiP*, BOI-BIC-CHG-20-10-20, n° 1.
(59) CE, 27 janv. 2017, n° 391817, *Sté Groupe Lactalis venant aux droits de la Sté CEMA : Dr. fisc.* 2017, n° 17, comm. 284, concl. V. Daumas.
(60) CE, 3 juill. 2009, n° 298433, *Noël : Dr. fisc.* 2009, n° 44-45, comm. 524, concl. E. Geffray, note J.-P. Maublanc (en l'espèce, après avoir été locataire du local, le commerçant l'avait acquis mais laissé dans son patrimoine privé ; le bail figurait alors nécessairement dans son bilan).
(61) CE, 15 oct. 1982, n° 26585 : *RJF* 12/82, n° 1090.
(62) *Dr. fisc.* 1997, n° 30, étude 100044, *Régime fiscal des sommes reçues ou versées à titre de droit d'entrée.*
(63) *BOFiP*, BOI-RFPI-BASE-10-10, n° 220.
(64) *BOFiP*, BOI-BIC-PDSTK-10-30-20, n° 10.
(65) CE, 10 déc. 1982, req. n° 2562 : *Dr. fisc.* 1983, n° 15, comm. 752 (indemnité de déspécialisation).
(66) La règle serait la même en comptabilité : le pas-de-porte pourrait être passé en charges déductibles chaque année pour une fraction de leur montant. En ce sens : *Mémento Lefebvre Comptable, op. cit.*, n° 30660.
(67) CE, 20 avr. 1988, n° 49791 : *RJF* 6/88, n° 705.
(68) *Mémento Lefebvre Comptable, op. cit.*, n° 31695. Au cours de la période d'amortissement, il convient de réintégrer la fraction de l'amortissement non déductible (tableau n° 2058-A-SD, ligne WE). Lors de la sortie d'actif du droit au bail, il faut déduire les amortissements antérieurement réintégrés (ligne XG).

indépendant du caractère renouvelable du contrat et dont les effets bénéfiques sur l'exploitation cesseront à une date prévisible[69].

392. – Autres créances. Elles sont de nature très variable. La jurisprudence s'est notamment penchée sur l'engagement de non-concurrence et sur les droits d'exploitation.

• *Engagement de non-concurrence.* La jurisprudence semble lui réserver un sort particulier et ne lui applique pas les critères traditionnels retenus pour les actifs incorporels. Selon le Conseil d'État, un tel engagement ne constitue un actif immobilisé que si, eu égard à son ampleur, à sa durée et au degré de protection qu'il implique, il a pour effet d'accroître la valeur de l'actif incorporel de l'entreprise, notamment par le gain de parts de marché[70]. L'instruction du 30 décembre 2005 n'a pas précisé le régime qu'il convenait de lui attribuer.

• *Droit d'exploitation (contrat de « fortage »).* Le contrat de fortage est un contrat par lequel un propriétaire foncier accorde à un exploitant de carrière le droit d'exploiter le sous-sol d'un terrain et d'en extraire les granulats pendant une certaine durée, moyennant le paiement de redevances. Le Conseil d'État avait considéré que les redevances avaient pour contrepartie l'achat d'un droit incorporel immobilisé dès lors que les trois critères généraux (V. *supra*, n° 377) sont remplis[71]. De son côté, le CNC avait conseillé de passer en charges les redevances, au fur et à mesure de l'extraction des matériaux[72]. Eu égard à la nouvelle définition des actifs, l'administration fiscale a elle-même validé la position comptable[73], et la jurisprudence admet à présent la déduction de ces redevances[74]. L'ANC a confirmé en 2014[75] le traitement en charges des redevances de fortage, mais ces dernières constituent désormais un élément du coût d'acquisition des matériaux extraits[76] (PCG, art. 617-4) ; à la clôture de l'exercice, le coût des redevances correspondant à des matériaux extraits en stocks doit donc être comptabilisé comme le coût de revient de ces stocks (PCG, art. 617-5).

(69) CE, 15 avr. 2016, n°s 375796 et 383067, *Sté Virojanglor : Dr. fisc.* 2016, n° 28, comm. 414.

(70) CE, 3 nov. 2003, n° 232393, *SA Trinôme : Dr. fisc.* 2004, n° 16, comm. 418 ; *RJF* 1/04, n° 5, chron. L. Olléon, p. 3. Condition non remplie en l'espèce puisque le Conseil d'État relève que la clause a pour seul effet de protéger l'entreprise pour une durée limitée (deux ou trois ans), contre un risque de diminution de sa clientèle provenant d'un ancien salarié et ne peut être regardée comme augmentant la valeur de l'actif immobilisé.

(71) CE, 31 juill. 2009, n° 307305, *SAS Carrières Bonin : Dr. fisc.* 2009, n° 46, comm. 533, note P. Fumenier.

(72) CNC, avis n° 2009-03, 10 avr. 2009.

(73) RES n° 2010/38 (FE), 6 juill. 2010, applicable aux exercices clos à compter du 31 décembre 2005 (repris au *BOFiP*, BOI-BIC-CHG-20-10-20, n° 175).

(74) CAA Nancy, 19 avr. 2012, n° 10NC00201, *SARL Carrières comtoises : RJF* 12/12, n° 1101. – CE, 30 mai 2012, n° 323004, *M. et Mme Parouteau : Dr. fisc.* 2012, n° 27, comm. 360, obs. P. Fumenier et Cl. Maignan. Dans cette dernière affaire, où il est question du traitement de l'indemnité versée par l'État à un exploitant de carrière en compensation de la perte d'exercer son droit né du contrat du fait de l'expropriation, le Conseil d'État adopte une position nuancée en jugeant que seule la fraction de l'indemnité versée compensant la perte du droit d'exploiter suit le régime des cessions éléments incorporels (plus-values professionnelles), alors que le surplus doit être considéré comme venant compenser une perte de recettes d'exploitation (bénéfices ordinaires).

(75) Règl. ANC n° 2014-05, 2 oct. 2014 ; A. 26 déc. 2014.

(76) Ainsi, la consommation des matériaux constitue une variation de stocks et non plus un amortissement. En effet, la grande nouveauté du règlement n° 2014-05 précité a été de considérer que le terrain acquis dans le but d'exploiter une carrière est constitué par : 1) les matériaux à extraire (gisement) qui doivent être comptabilisés en stocks, et 2) le terrain de carrière résiduel (tréfonds) qui seul doit être comptabilisé en immobilisation.

• *Droit d'option (contrat d'option).* Le contrat d'option a pour objet d'attribuer à son titulaire le droit exclusif d'exercer l'option lui permettant d'obtenir l'avantage économique potentiel lié aux variations de la valeur de l'instrument financier sous-jacent. Autrement dit, le droit d'acheter ou de vendre des actions à un prix d'exercice convenu à l'avance et à une ou plusieurs dates ou périodes déterminées. Selon le Conseil d'État, la prime versée pour l'acquisition du contrat d'option rémunère, pour le vendeur, l'abandon irrévocable du même droit. Il s'ensuit que cette prime a pour contrepartie l'acquisition du droit de bénéficier de cet avantage, qui a la nature d'un actif financier, et ne saurait par suite constituer une charge déductible de l'exercice au cours duquel elle est acquittée[77].

393. – **Démembrement de propriété.** Les actifs en usufruit sont comptabilisés en immobilisations incorporelles et les actifs en nue-propriété doivent être inscrits dans les numéros de compte du bien dont la propriété est démembrée[78]. Il en va de même en fiscalité ; la jurisprudence admet la comptabilisation en immobilisation incorporelle de l'usufruit[79].

Lorsque l'usufruit rejoint la nue-propriété, il n'est en principe passé aucune écriture nouvelle chez le nu-propriétaire, du moins si l'usufruit s'éteint de façon *naturelle*, puisque la nue-propriété figure déjà dans sa comptabilité et que l'usufruit n'a plus de valeur[80]. En revanche, le Conseil d'État juge que la *renonciation* à un usufruit par l'usufruitier crée une variation d'actif net positive chez le nu-propriétaire, à hauteur des droits nouveaux acquis[81].

La question de l'assimilation de l'usufruitier à un locataire reste posée. La CNCC a proposé deux traitements possibles reposant sur deux analyses différentes[82]. L'analyse juridique conduit à reconnaître à l'usufruitier un droit réel, et non personnel, qui doit figurer à son actif en tant qu'immobilisation incorporelle pour sa valeur d'entrée. Il serait également possible de procéder à une analyse « en substance » ; la somme versée par l'usufruitier pour l'acquisition de son droit serait traitée comme un loyer versé en avance, à comptabiliser en charges constatées d'avance et à rapporter au résultat sur la durée du contrat[83].

On observera que ces analyses ne prennent pas en compte le critère du contrôle ; or, sa mise en œuvre pourrait conduire à des solutions assez différentes. Si l'usufruitier peut être assimilé à un locataire au plan comptable, le critère du contrôle ne s'ap-

(77) CE, 29 nov. 2021, n° 450732, *Sté Deutsche Bank AG : Dr. fisc.* 2022, n° 38, comm. 332, concl. R. Victor, note Laurent Leclercq et Ali Ait Abed. Dans cette décision, il est également affirmé que, en l'absence de règles comptables en disposant autrement, cet actif peut, pour la fraction de sa valeur qui se déprécie de manière irréversible avec le temps, donner lieu à amortissement selon un mode linéaire ou actuariel. Il peut aussi, le cas échéant, donner lieu à la constitution de provisions.

(78) R. Obert, *Le traitement comptable de l'usufruit et de la nue-propriété : RF compt.* déc. 2006, n° 393, p. 4.

(79) CE, 19 févr. 2003, n° 229373, *Tornay : RJF* 5/03, n° 573 (bénéfices agricoles).

(80) En ce sens : *Mémento Lefebvre Comptable, op. cit.*, n° 25440.

(81) CE, 14 oct. 2019, n° 417095, *Sté Techmeta : Dr. fisc.* 2020, n° 17, comm. 228, note S. Le Normand-Caillère (renonciation à un droit d'usufruit sur des titres sociaux). Solution critiquée au motif que la même transmission est analysée, en droit de l'enregistrement, comme une donation, ce qui provoque une double taxation (Cass. com., 10 avr. 2019, n° 17-19.733 : *RFP* 2019, comm. 8, note M. Leroy, même affaire).

(82) *Bull. CNCC* juin 2010, n° 158, EC 2009-72, p. 440.

(83) Cette possibilité n'est pas conseillée pour des raisons fiscales. En effet, l'usufruit étant amortissable (V. *infra*, n° 409), sa comptabilisation en charges constatées d'avance (sur cette notion, V. *supra*, n° 310) empêcherait l'entreprise de déduire des amortissements non comptabilisés (V. *Mémento Lefebvre Comptable, op. cit.*, n° 25440).

plique pas (V. *supra*, n° 373) ; l'usufruitier doit, comme le nu-propriétaire, immobiliser le bien, conformément à la pratique comptable habituelle. Dans le cas contraire, le critère du contrôle s'applique et ce serait à l'usufruitier d'inscrire le bien à son bilan, car c'est lui qui en a le contrôle.

Surtout, ces analyses ne prennent pas en compte la jurisprudence récente de la Cour de cassation selon qui la cession de l'usufruit de droits sociaux, *qui n'emporte pas mutation de propriété*, n'est pas soumise au droit d'enregistrement applicable aux cessions de droits sociaux[84]. Cette décision majeure participe d'une évolution de la jurisprudence et de la doctrine qui tend à réfuter l'analyse traditionnelle de l'usufruit comme étant un démembrement de propriété[85]. Au plan comptable, elle donne un argument à ceux qui réfutent la comptabilisation de l'usufruit en immobilisation incorporelle.

394. – Quel est le traitement comptable et fiscal des « quotas de GES » ? Depuis 2005, les installations classées ainsi que les exploitants d'aéronefs rejetant un gaz à effet de serre (GES) dans l'atmosphère obtiennent de l'État un « droit à polluer » pour une certaine période (huit ans depuis 1er janvier 2013 ; C. envir., art. L. 229-13)[86]. Chaque année, l'État leur affecte une fraction du montant pluriannuel qui s'exprime en quotas d'émission de GES (1 quota de GES = 1 tonne de dioxyde de carbone) (C. envir., art. L. 229-7). Compte tenu de leur nature mobilière, ces quotas de GES peuvent être acquis ou cédés en forme simplifiée, moyennant leur inscription sur un registre spécifique (C. envir., art. L. 229-16).

À l'issue de chacune des années civiles de la période d'affectation des quotas, l'exploitant doit restituer à l'État un nombre de quotas égal au total des émissions de GES de ses installations classées ou résultant de ses activités aériennes (C. envir., art. L. 229-7, préc.).

La comptabilisation des quotas de GES dépend essentiellement de leur nature juridique ; or, celle-ci est discutée[87]. L'IASB est favorable à une inscription en instrument financier, alors que le rapport « Prada »[88] y était fondamentalement hostile (Recomm. n° 3).

Pour les exercices ouverts avant 2013, les quotas de GES étaient comptabilisés en immobilisations incorporelles (compte n° 205, « Quotas d'émission alloués »)[89]. L'opération ne générait aucune variation positive d'actif net, puisque l'entreprise devait parallèlement comptabiliser une dette en restitution du quota (compte n° 489, « Quotas d'émission alloués »).

(84) Cass. com., 30 nov. 2022, n° 20-18.884, FS-B : *Dr. fisc.* 2023, n° 20, chron. 191, obs. J.-Fr. Desbuquois, spéc. n° 3 ; *Dr. sociétés* 2023, comm. 27, note J.-L. Pierre ; *Dr. fisc.* 2023, n° 21, comm. 201, note S. Le Normand-Caillère. En conséquence, la cession de l'usufruit de droits sociaux doit être soumise au droit fixe de 125 € et non au droit proportionnel de 5 %.

(85) V. Fr. Douet et N. Jullian, *Le drapeau noir flotte sur le barème fiscal de l'usufruit viager : RJF* 2/23, p. 13. Si le mouvement allait jusqu'à son terme, la conséquence serait, notamment, en droit fiscal, la remise en cause du barème de l'article 669 du CGI.

(86) Ord. n° 2012-827, 28 juin 2012, relative au système d'échange de quotas d'émission de gaz à effet de serre (période 2013-2020), art. 8.

(87) B. Le Bars, *La nature juridique des quotas d'émission de gaz à effet de serre après l'ordonnance du 15 avril 2004. Réflexion sur l'adaptabilité du droit des biens : JCP* G 2004, I, 148. – H. Périnet-Marquet, *Regard sur les nouveaux biens : JCP* G 2010, 1100. – S. Agbayissah, *Les quotas d'émission de gaz à effet de serre : un camaïeu juridique : RD bancaire et fin.* 2012, n° 3, p. 116.

(88) Rapport remis le 19 avril 2010, relatif à « la régulation des marchés de CO2 » (www.minefe.gouv.fr).

(89) CNC, comité d'urgence, avis n° 2004-C, 23 mars 2004.

Pour les exercices ouverts depuis le 1er janvier 2013, le Plan comptable général impose une approche différenciée des quotas de GES, selon qu'ils sont acquis dans le cadre des obligations légales des entreprises (modèle « production »), ou à des fins de pur négoce (modèle « négoce »)[90]. Dans les deux cas, les quotas de GES sont comptabilisés en stocks et non plus en immobilisations incorporelles (le compte n° 489 « Quotas d'émission alloués » est supprimé).

• Dans le modèle « production », les quotas alloués par l'État en application de l'article L. 229-7 sont enregistrés en stocks pour une valeur nulle. À la clôture de l'exercice, un passif est enregistré (compte n° 449, « Quotas d'émission à acquérir ») si les émissions consommées sont supérieures à celles reçues, ou au contraire un actif (stocks) correspondant aux quotas disponibles (PCG, art. 615-11).

• Dans le modèle « négoce », les quotas d'émission sont comptabilisés en stocks, à leur coût d'acquisition (PCG, art. 615-13, conformément à l'article 213-31). Les plus et moins-values de cession sont comptabilisées en résultat d'exploitation.

En fiscalité, l'administration avait posé le principe de la neutralité du droit fiscal au regard des règles comptables[91]. C'est donc la comptabilité qui gouverne la fiscalité.

• L'entreprise ne peut déduire une charge que lorsque le montant des quotas de GES à restituer excède le montant des quotas disponibles inscrits à l'actif du bilan.

• *L'entreprise ne peut enregistrer de produits, sauf au cas de cession de ses quotas* (il peut s'agir de quotas excédentaires ou de quotas achetés, puis revendus par des entreprises qui ont fait du marché des quotas leur fonds de commerce).

Cette position devient caduque à compter de 2013. L'administration fiscale devra, en outre, préciser le traitement fiscal du changement de méthode consécutif à l'annulation des quotas de GES qui avaient été comptabilisés en immobilisations incorporelles jusqu'en 2012[92].

c) Les régimes légaux

395. – Présentation. Les autorités comptables et/ou fiscales permettent parfois aux entreprises d'immobiliser certaines dépenses qui sont pourtant des charges afin d'étaler le coût sur plusieurs exercices par le biais de l'amortissement. C'est notamment le cas des frais d'acquisition des immobilisations (V. *infra*, nos 398 et s., les règles d'évaluation). L'article 236-I du Code général des impôts offre également aux entreprises la possibilité d'immobiliser leurs frais de recherche et de développement (*1*). Cette disposition est également applicable aux logiciels mis au point par l'entreprise ainsi que, par ricochet, aux sites Internet (*2*).

1) Frais de recherche et de développement

396. – Principes. La doctrine comptable distingue entre les frais engagés pendant la phase de recherche fondamentale (« dépenses de recherche »), et les frais engagés pendant la phase de recherche appliquée ou de développement expérimental

(90) ANC, règl. n° 2012-03, 4 oct. 2012, homologué par A. 28 déc. 2012 (PCG, art. 615-4).
(91) *BOI* 4 A-13-05, n° 213, 30 déc. 2005, préc., n° 25, confirmé par lettre Direction de la législation fiscale au MEDEF, 31 mai 2010, et repris au *BOFiP*, BOI-BIC-CHG-20-10-20, n° 160.
(92) V. A. Colmet Daâge, *Comptabilité et fiscalité : retour sur l'année 2012 : Dr. fisc.* 2013, n° 16, étude 245, § 8.

(« coûts de développement »)[93]. Par contre, la notion de frais de « recherche appliquée » a été supprimée dans le Code de commerce et il n'est plus fait référence qu'aux « frais de développement »[94] (C. com., art. R. 123-186 et s.). Sur le plan fiscal, les mêmes définitions qu'en comptabilité sont retenues[95].

En comptabilité, les règles sont les suivantes (PCG, art. 212-3.1) : les dépenses engagées durant la phase de recherche préalable à la phase de développement *doivent être comptabilisées en charges* lorsqu'elles sont encourues et ne peuvent plus être incorporées dans le coût d'une immobilisation incorporelle à une date ultérieure, alors que les frais de développement *peuvent être comptabilisés à l'actif* s'ils se rapportent à des projets nettement individualisés, ayant de sérieuses chances de réussite technique et de rentabilité commerciale. En fiscalité, les dépenses de fonctionnement exposées dans le cadre des opérations de recherche scientifique ou technique peuvent, au choix de l'entreprise, être immobilisées ou bien déduites en tant que charges (CGI, art. 236-I, al. 1er). Dans l'hypothèse où les dépenses de recherche et de développement ont été immobilisées, elles doivent être amorties sur une durée maximale de cinq ans, à l'image des frais d'établissement (V. *infra*, n° 413)[96]. Pour cela, l'administration s'appuie sur le Code de commerce (C. com., art. R. 123-187) ; or, ce texte évolue à compter des exercices ouverts depuis le 1er janvier 2016 (D. n° 2015-903, 23 juill. 2015, art. 1, 11°, préc.). Désormais : « Les frais de développement sont amortis sur la durée d'utilisation estimée des projets et cette durée est justifiée dans l'annexe »[97]. Ce n'est que si la durée d'utilisation ne peut pas être déterminée de manière fiable que les frais de développement sont amortis sur une durée maximale de cinq ans (C. com., art. R. 123-187 mod.). Conformément à la règle comptable selon laquelle l'amortissement d'un actif commence à la date de début de consommation des avantages économiques qui lui sont attachés, c'est-à-dire à la mise en service du bien (PCG, art. 214-12 ; V. *infra*, n° 431), cet amortissement spécifique doit être pratiqué au début de l'utilisation du résultat de développement[98]. Si l'entreprise a choisi de déduire les dépenses de fonctionnement, ces dépenses ne peuvent pas être prises en compte dans l'évaluation du coût des stocks (CGI, art. 236-I, al. 2)[99].

(93) *Mémento Lefebvre Comptable*, *op. cit.*, n° 30865.

(94) D. n° 2015-903, 23 juill. 2015, art. 1er, 10°, 11° et 12°. Disposition applicable aux exercices ouverts depuis le 1er janvier 2016.

(95) *BOFiP*, BOI-BIC-CHG-20-30-30, n° 70.

(96) *BOFiP*, BOI-BIC-CHG-20-30-30, n° 70, préc.

(97) Autrefois, l'amortissement des frais de recherche appliquée et de développement sur une période plus longue était prévu « à titre exceptionnel et pour des projets particuliers » sans pouvoir excéder la durée d'utilisation.

(98) *BOFiP*, BOI-BIC-CHG-20-30-30, n° 70, préc. Cette règle s'applique aux exercices clos à compter du 1er décembre 2014 (*BOFiP-Impôts*, mise à jour 1er déc. 2014), mais « pour les frais de développement engagés au titre d'exercices clos avant le 1er décembre 2014, les entreprises qui auraient pratiqué un amortissement dès l'exercice d'inscription à l'actif des dépenses en cause ne verront pas ce traitement remis en cause et le plan d'amortissements pourra dès lors être conduit à son terme » (mise à jour 6 juin 2015). L'amortissement dès l'exercice de l'inscription à l'actif du bilan était, jusqu'à la mise à jour du 1er décembre 2014 précitée, exigé par l'administration fiscale, mais cette doctrine a été annulée par le Conseil d'État (CE, 6 mai 2015, n° 376989, *SAS Sabella : Dr. fisc.* 2015, n° 26, comm. 425, note Th. Jacquemont).

(99) Pour le législateur, il s'agit de ne pas remettre en cause l'avantage fiscal résultant de la déduction de charges par l'augmentation des stocks. Ceci explique que l'entreprise qui a immobilisé la dépense à l'actif doive retraiter la quote-part d'amortissement s'y rapportant (les frais ne sont plus repris dans la valeur des stocks et ne sont pas non plus amortissables).

La jurisprudence et l'administration sont d'accord pour considérer que l'entreprise n'est pas complètement libre de ses choix ; elle reste soumise au droit comptable.

397. – Doctrine fiscale. L'administration a toujours considéré que les choix comptables devaient également s'imposer en droit fiscal, avant comme après le nouveau plan comptable.

L'administration estime traditionnellement que c'est le mode de comptabilisation des dépenses de recherche et de développement qui gouverne le traitement fiscal[100]. Cette position a pour effet de réduire le champ de l'option fiscale puisque, au plan comptable, les frais engagés pendant la phase de recherche fondamentale ne pouvaient pas être immobilisés (PCG 1999, art. 361-2 ancien). Seuls pouvaient faire l'objet d'une option pour la comptabilisation en immobilisation les frais de recherche appliquée et les frais de développement expérimental.

Aujourd'hui, l'administration fiscale rappelle que si l'article 236 du Code général des impôts permet de passer en charges une dépense d'investissement figurant en tant que telle en comptabilité, il n'est pas possible d'immobiliser des dépenses revêtant le caractère de charges[101]. Les règles comptables sont donc déterminantes à ses yeux (sur ces règles, V. *supra*, n° 396).

Par exception, compte tenu des difficultés pouvant apparaître quant à la distinction entre un logiciel autonome ou intégré à un projet de développement, l'administration fiscale a indiqué que les dépenses de création de logiciels continuent de bénéficier d'une option fiscale autonome ; l'entreprise qui les a immobilisés en comptabilité peut, si elle a opté pour la déduction fiscale immédiate, déduire un amortissement dérogatoire complémentaire[102].

398. – Jurisprudence. Le Conseil d'État semble admettre la supériorité de la comptabilité lorsqu'il s'agit de déterminer le champ d'application de l'option visée à l'article 236-I du Code général des impôts.

Confirmant la position de l'administration fiscale[103], le Conseil d'État juge que si les dispositions de l'article 236-I du Code général des impôts sont applicables à l'ensemble des dépenses exposées par les entreprises pour l'exécution de travaux de recherche qui présentent le caractère de dépenses de fonctionnement, alors même qu'elles auraient pour objet ou pour effet de valoriser leurs immobilisations, elles ne sont pas applicables aux frais d'acquisition ou de construction dont la déduction n'est possible que par le biais d'un amortissement[104].

Procédant d'une même logique, il considère que lorsqu'une entreprise réalise une commande pour un tiers, les dépenses qu'elle engage ne peuvent être immobilisées eu égard à leur nature propre, et sont donc exclues du champ d'application de l'article 236-I du Code général des impôts ; elles ne peuvent qu'être passées en charges et s'incorporent au coût de revient de ces commandes qui figurent dans les stocks ou

(100) *BOFiP*, BOI-BIC-CHG-20-30-30, n° 70.

(101) *BOFiP*, BOI-BIC-CHG-20-30-30, n° 70, préc.

(102) *BOFiP*, BOI-BIC-CHG-20-30-30, n° 80.

(103) *BOFiP*, BOI-BIC-CHG-20-30-30, n° 20.

(104) CE, 10 juin 2010, n° 312377, *SAS Hitex : Dr. fisc.* 2010, n° 38, comm. 490, concl. L. Olléon. En l'espèce, il est jugé que les frais engagés par une société pour l'élaboration d'un nouveau système de commande constituent des dépenses de fonctionnement déductibles et non pas des frais d'acquisition ou de construction.

les travaux en-cours[105]. Le débat peut alors se déplacer sur le terrain de la qualification de « commande pour un tiers » ; ne présente pas ce caractère une simple lettre d'intention attribuant un marché d'équipement à une société[106]. Dernièrement, au sujet de dépenses de recherche de « sous-traitance », le Conseil d'État a confirmé cette orientation en sanctionnant la décision des juges d'appel ayant validé l'activation des dépenses de développement d'une société sur la base d'une décision de gestion qui lui serait opposable *« sans rechercher si ce dernier projet satisfaisait aux critères d'immobilisation prévus par l'article R. 123-186 du code de commerce ».*[107]

2) Logiciels et sites Internet

399. – Dépenses d'acquisition et de conception de logiciels. Il s'agit de logiciels *autonomes*, acquis ou créés individuellement par les entreprises, ayant une durée de vie propre. Ils sont à distinguer des logiciels indissociables du matériel auquel ils se rattachent (notamment les systèmes d'exploitation), qui doivent obligatoirement figurer au bilan en tant qu'immobilisations corporelles, et des logiciels faisant partie d'un projet de développement, non identifiables en tant que logiciels au sens du Code de la propriété intellectuelle, qui suivent le régime des frais de recherche et de développement (V. *supra*, n°s 396 et s.).

Les logiciels acquis par l'entreprise sont immobilisés et amortis sur douze mois (CGI, art. 236-II, al. 1er), mais ils peuvent être passés en charges lorsque le coût unitaire ne dépasse pas 500 € HT[108] (V. *supra*, n° 385). *Toutefois, l'amortissement sur douze mois des logiciels acquis au cours des exercices ouverts depuis le 1er janvier 2017 est supprimé*[109]. Reste la possibilité de les passer en charges si le coût unitaire n'excède pas 500 € (sinon ils doivent être amortis sur leur durée normale d'utilisation, soit deux ou trois ans). Si la dépense est amortie, l'amortissement s'effectue au prorata du nombre de mois restant à courir entre le premier jour du mois de la date d'acquisition du logiciel et la clôture de l'exercice ou la fin de l'année. Le solde est déduit à la clôture de l'exercice suivant ou au titre de l'année suivante (CGI, art. 236-II, al. 2).

Les frais de conception de logiciels suivent le régime des dépenses de fonctionnement exposées dans le cadre des opérations de recherche scientifique ou technique (CGI, art. 236-I, al. 3) ; ils peuvent donc, au choix du contribuable, être passés en charges ou immobilisés et amortis sur une durée de cinq ans (V. *supra*, n° 396). En comptabilité par contre, les logiciels créés par l'entreprise, destinés à un usage commercial ou affectés aux besoins propres de l'entreprise, sont inscrits en immobilisations, à leur coût de production (PCG, art. 611-4). La déduction fiscale immédiate reste possible même

(105) CE, 11 juill. 2011, n° 340202, *Sté Faurécia Sièges d'automobile : Dr. fisc.* 2011, n° 48, comm. 607, concl. L. Olleon, note P. Fumenier et Cl. Maignan. Cette décision fait suite à un recours exercé contre une doctrine administrative selon laquelle l'article 236-I du Code général des impôts ne s'applique pas aux dépenses exposées pour des opérations de recherche scientifique ou de conception de logiciels ayant une contrepartie spécifique, c'est-à-dire pour la réalisation de commandes de tiers (Doc. adm. DGI, 4 A-2521, 9 mars 2001, n° 35, repris au *BOFiP*, BOI-BIC-PDSTK-20-20-10-10, n° 230). Selon le Conseil d'État, cette doctrine ne modifie pas le domaine des dépenses éligibles à l'option fiscale dont elle se borne simplement à préciser les conditions d'application.

(106) TA Montreuil, 18 nov. 2013, n° 1206500, *SAS Franco Suédoise d'investissement : RJF* 5/14, n° 434. Dès lors, conformément aux dispositions de l'article 236-I du Code général des impôts précité, les frais de développement peuvent être déduits du résultat imposable et ne sont pas incorporés dans le coût de production des stocks.

(107) CE, 26 juill. 2023, n° 466493, *Sté Cap 2020 Consult : Dr. Fisc.* 2023, n° 315, act. 314, obs. L. Erstein.

(108) *BOFiP*, BOI-BIC-CHG-20-30-10, n° 40.

(109) L. fin. 2017, n° 2016-1917, 29 déc. 2016, art. 32.

si l'entreprise les a immobilisés, mais dans ce cas, elle doit passer un amortissement dérogatoire complémentaire[110] (V. *supra*, n° 397).

400. - Sites Internet. L'administration fiscale les assimile à des logiciels[111]. Toutefois, la création d'un site Internet suppose plusieurs choses : la création ou l'acquisition du site lui-même, la conclusion de contrats d'accès au réseau et d'hébergement et la création ou l'acquisition d'un nom de domaine et son engagement. Les principes sont les suivants :

– *les dépenses de création et d'acquisition des sites Internet* suivent le régime fiscal des logiciels (V. *supra*, n° 399), mais les dépenses exposées dans le cadre de la phase de recherche préalable sont déduites immédiatement[112]. Au plan comptable, il convient de distinguer entre les dépenses de création de sites « passifs » (sites d'information) qui sont obligatoirement comptabilisées en charges, et les dépenses de création de sites « actifs » (sites de commercialisation) qui sont passées en charges si elles sont engagées au cours de la phase de recherche, ou le cas échéant immobilisées si elles sont engagées au cours de la phase de développement (PCG, art. 612-1 et s.)[113]. Lorsque le site d'information est lié au site marchand (notamment du fait d'un accès direct entre les deux sites), son coût de création doit lui être rattaché en comptabilité, mais une déduction fiscale immédiate devrait être possible sur le fondement de l'article 236-I du Code général des impôts précité[114] ;

– *les contrats d'accès au réseau et d'hébergement du site* sont des contrats de prestation de services continue qui sont traités comme des abonnements téléphoniques ;

– *les dépenses de création, d'acquisition et d'enregistrement d'un nom de domaine* doivent en principe être immobilisées (mais elles ne s'amortissent pas, car l'usage du nom de domaine n'est pas limité dans le temps). Toutefois, l'administration estime que les coûts relatifs à l'obtention et l'immatriculation du nom de domaine ne doivent être immobilisés que lorsque l'entreprise a choisi d'inscrire à l'actif en tant qu'immobilisation incorporelle l'ensemble des coûts éligibles engagés au titre de la phase de développement et de production[115] ;

– *les redevances* payées annuellement à l'organisme attribuant le nom de domaine sont des charges déductibles de l'exercice en cours à la date de leur engagement.

3° Les prestations de services

401. - Problématique. La question peut être simplement posée : les prestations de services qui affectent une immobilisation doivent-elles être portées en charges ou en augmentation de la valeur immobilisée ? En cette matière, il n'y a aucun *a priori* à avoir. Tout dépend de la nature des travaux ; simple réparation ou véritable investissement. Le nouveau droit comptable n'a pas fondamentalement modifié les critères

(110) *BOFiP*, BOI-BIC-CHG-20-30-30, n° 80.

(111) *BOFiP*, BOI-BIC-CHG-20-30-30, n°s 170 et 180.

(112) *BOFiP*, BOI-BIC-CHG-20-30-30, n° 170.

(113) CNC, avis n° 2003-11, 21 oct. 2003, relatif au traitement comptable des coûts de création de sites Internet.

(114) *Bull. CNCC* déc. 2013, n° 171, EC 2013-19, p. 526 et s. En effet, bien que la distinction entre les sites « actifs » et les sites « passifs » ne soit pas reprise en fiscalité, l'administration fiscale considère que les dépenses qui ont pour objet de transformer un site de simple présentation des activités de l'entreprise en un site de commerce électronique permettant la prise de commandes doivent être analysées comme des dépenses de création d'un nouveau logiciel (*BOFiP*, BOI-BIC-CHG-20-30-30, n° 170, préc.).

(115) *BOFiP*, BOI-BIC-CHG-20-30-30, n° 210.

posés depuis longtemps par la jurisprudence (*a*), si ce n'est par la mise en œuvre de l'immobilisation par composants (*b*).

a) Les critères traditionnels

402. – Des critères anciens. Selon une règle habituelle, si les travaux prolongent de façon notable la durée d'utilisation du bien ou augmentent sa valeur, il s'agit de dépenses d'investissement qui doivent être immobilisées[116]. Tel est en principe le cas des travaux d'aménagement, d'agencement ou de transformation d'installations existantes[117], y compris s'ils sont réalisés par le locataire des lieux à partir du moment où ils se rapportent à un bien qui est affecté par nature à l'exploitation[118]. En revanche, les simples réparations et travaux d'entretien constituent des charges déductibles[119]. Ainsi, par exemple, il a été jugé que sont déductibles les frais de peinture de véhicules aux couleurs du repreneur dans la mesure où la dépense n'a pas pour effet de prolonger de façon durable leur durée probable d'utilisation[120], alors que les travaux effectués sur la façade des magasins exploités par les entreprises adhérentes à un réseau de distribution constituent des immobilisations non déductibles, dès lors qu'ils concourraient à accroître la valeur d'un élément incorporel de l'actif immobilisé de l'entreprise[121]. Le montant de la dépense importe peu ; seule compte la nature des travaux. Ainsi, il a été jugé que les dépenses de réparation d'une presse pour la fabrication de briques en béton doivent être déduites en tant que charges, même si le montant de la réparation (825 000 F) est très supérieur à la valeur résiduelle de la presse (50 620 F)[122].

403. – Des critères résistants : les cas les dépenses de mise aux normes de sécurité. En comptabilité, ces dépenses *doivent* être immobilisées lorsqu'elles sont engagées pour des raisons de sécurité des personnes ou environnementales, si elles sont imposées par des textes légaux ou réglementaires et si leur non-réalisation entraînerait la fermeture du site[123].

Ces principes n'excluent cependant pas le critère traditionnel qui est l'amélioration technique et la prolongation de la durée d'utilisation du bien, ni celui du caractère mineur de la dépense (500 €) qui s'ajoutent à elles. Si l'administration considère que les règles fiscales et comptables ne sont pas différentes[124], le Conseil d'État reste surtout sensible aux critères qu'il a développés en matière d'activation des charges. Selon lui, les dépenses de mise en conformité peuvent être portées en charges dès lors qu'elles n'ont eu pour conséquence ni une amélioration technique, ni un accrois-

(116) *Mémento Lefebvre Fiscal* 2023, n° 8365.

(117) CE, 16 mars 1977, n° 89010 : *RJF* 5/77, n° 273 (aménagements intérieurs et travaux de décoration). – CE, 31 juill. 1992, n° 42280 : *RJF* 10/92, n° 1310 (travaux liés à la transformation d'un appartement en bureaux).

(118) CE, 5 mai 2010, n° 316677, *Peltier : Dr. fisc.* 2010, n° 26, comm. 389, concl. N. Escaut, note P. Fumenier. – CE, 8 nov. 2017, n° 395407, *Delouvrier : Dr. fisc.* 2018, n° 11, comm. 219, concl. V. Daumas (décision rendue en matière de BNC). En ce qui concerne l'amortissement des travaux immobiliers, V. *infra*, n° 427. En ce qui concerne l'amortissement des constructions édifiées sur le sol d'autrui, V. *infra*, n° 426.

(119) P. Serlooten et O. Debat, *Droit fiscal des affaires*, *op. cit.*, n° 185.

(120) CAA Nancy, 19 mai 2004, n° 00NC00486, *SA BP France : Dr. fisc.* 2005, n° 9, comm. 249.

(121) CE, 30 mai 2012, n° 339321, *SA SCEM Mobiclub : Dr. fisc.* 2012, n° 41, comm. 468, concl. V. Daumas, note P. Fumenier.

(122) CE, 18 mai 1998, n° 132260, *SA Comelli*, préc.

(123) CNC, avis n° 2005-D, 1er juin 2005.

(124) *BOFiP*, BOI-BIC-CHG-20-20-20, n° 240.

sement de la valeur des machines, ni une prolongation de leur durée probable d'utilisation, d'autant plus que leur montant ne dépassait pas 380 €[125].

Confirmant sa jurisprudence, le Conseil d'État a estimé que les travaux consistant en l'ajout d'éléments complémentaires de sécurité à des équipements existants constituent des charges déductibles dès lors qu'ils n'ont pas prolongé de manière notable leur durée probable d'utilisation ni n'ont accru leur valeur, appréciée à la date de leur acquisition, alors même que leur absence aurait rendu légalement inutilisable ces équipements[126].

En outre, selon l'ANC elle-même[127], si au plan comptable il est possible d'immobiliser des dépenses de sécurité ou liées à l'environnement qui ne répondent pas à la définition d'un actif (PCG, art. 212-4), ces dépenses ne peuvent être activées en violation de l'article 212-1 du Plan comptable général relatif à la définition des actifs (V. *supra*, n° 373). Ainsi, de telles dépenses (par ex. : dépenses amiante) sont à immobiliser lorsqu'elles constituent le coût accessoire d'une immobilisation ou d'un composant remplacés, alors qu'elles doivent être passées en charges lorsqu'elles n'engendrent pas l'adjonction de nouveaux composants (par ex. : frais de diagnostic)[128].

404. - Évolution des critères ? Pour l'administration fiscale, ces critères sont destinés à évoluer, dans la mesure où le droit comptable prévoit désormais que les dépenses engagées postérieurement à l'inscription d'une immobilisation à l'actif doivent être immobilisées si elles entraînent une augmentation des avantages économiques futurs liés à l'immobilisation et si elles peuvent être évaluées avec une fiabilité suffisante (PCG, art. 212-1, préc.).

Toutefois, selon l'administration elle-même, les incidences de cette nouvelle approche devraient être mineures puisque, par hypothèse, l'augmentation des avantages économiques de l'actif résulte mécaniquement de l'augmentation de la durée probable d'utilisation[129].

Une évolution mérite toutefois d'être soulignée : si l'administration fiscale confirme sa doctrine qualifiant de charges les dépenses qui n'ont d'autre objet que de maintenir un actif en état tel que son utilisation puisse être poursuivie jusqu'à la fin de la période d'amortissement restant à courir, selon elle à présent : « ces dépenses doivent être immobilisées si elles ont pour objet de prolonger la durée probable d'utilisation non à la date d'acquisition ou de création de l'immobilisation, mais à la date à laquelle intervient la dépense en cause »[130].

Cette position, si elle était suivie par les tribunaux, aurait pour conséquence de rendre presque impossible la déduction en tant que charges des travaux portant sur un bien usagé ou endommagé puisque, au moment où ils sont engagés, ils prolongent

(125) CE, 7 mai 2009, n° 312058, *SA Eurotungstène Poudres : Dr. fisc.* 2009, n° 25, comm. 375, note C. Cassan. – *Contra* : CAA Douai, 8 juin 2010, n° 08DA01658, *SAS Centre médical chirurgical obstétrical de la côte d'Opale : Dr. fisc.* 2010, n° 44, comm. 542, concl. P. Minne, note P. Fumenier, qui juge que les travaux de mise en conformité supportés par le preneur à bail par le biais d'un supplément de loyers doivent être immobilisés dans la mesure où ils augmentent la durée probable d'utilisation des locaux, puisqu'à défaut de ces derniers, les bâtiments seraient inexploitables, et qu'ils apportent une amélioration technique.

(126) CE, 23 déc. 2011, n° 327077, *Sté Secre Asteel Electronics : Dr. fisc.* 2012, n° 11, concl. V. Daumas, comm. 189, note C. Cassan et J. Moisy.

(127) ANC, délib. 26 nov. 2014.

(128) *FRC* 2/15, p. 2.

(129) *BOI* 4 A-13-05, n° 213, 30 déc. 2005, préc., n° 29.

(130) *BOFiP*, BOI-BIC-CHG-20-20-20, n° 140.

de facto son utilisation. C'est la raison pour laquelle l'administration en déduit que les dépenses d'échange standard doivent obligatoirement être immobilisées (V. *infra*, n° 407). Le Conseil d'État a cependant adopté une position différente à propos des dépenses de mise aux normes (V. *supra*, n° 403).

b) Approche par composants

405. - Définition des composants. Un composant est un élément principal d'une immobilisation qui possède une durée d'utilisation différente et qui doit faire l'objet d'un remplacement au cours de la durée d'utilisation de l'immobilisation (CGI, ann. II, art. 15 bis-I). Cet élément doit posséder une valeur significative : au moins 15 % du prix de revient de l'immobilisation selon l'administration (1 % pour les immeubles)[131]. Par tolérance, il est admis que les composants dont le montant unitaire est inférieur à 500 € HT ne soient pas immobilisés en tant que tels[132]. Il est aussi admis que les biens dont la durée d'utilisation est au moins égale à 80 % de celle de l'immobilisation ne soient pas immobilisés séparément[133].

406. - Remplacement des composants. Le coût du remplacement d'un composant doit figurer à l'actif si, à la date du remplacement, l'immobilisation ne peut plus être utilisée en son absence (dans ce cas, en effet, les avantages économiques attendus sont nuls)[134]. En contrepartie, la valeur nette comptable du composant d'origine, normalement nulle, doit être passée en charges. La même règle s'applique lorsque l'élément remplacé n'avait pas été « activé » au bilan (cas des dépenses de remplacement imprévues). Dans ce cas, toutefois, la détermination de sa valeur nette comptable suppose que soit rétrospectivement déterminée sa valeur brute de laquelle on retranchera les amortissements théoriques s'y rapportant. Mais pour les PME[135], la valeur brute de l'élément remplacé est égale au coût de son remplacement.

407. - Incidences en matière « d'échange standard ». L'échange standard consiste à remplacer une pièce maîtresse d'un ensemble par une autre pièce de même nature.

La jurisprudence applique le critère traditionnel ; la dépense doit être immobilisée si elle a pour effet de prolonger la durée probable d'utilisation du bien (cas le plus fréquent)[136], et elle doit être passée en charges dans le cas contraire (situation plus rare)[137].

À la suite de l'institution en droit français de l'immobilisation par composants, l'administration fait savoir que l'échange standard de pièces devrait être immobilisé, car il s'agit d'un élément significatif sans lequel le bien ne pourrait plus fonctionner[138]. Si l'entreprise n'avait pas identifié l'élément en tant que composant au moment où il est changé, elle devra l'immobiliser en tant que tel. Dans le cas contraire, il conviendra d'immobiliser la pièce séparément. Les incidences pratiques de cette doctrine sont

(131) *BOFiP*, BOI-BIC-CHG-20-10-10, n° 90.
(132) *BOFiP*, BOI-BIC-CHG-20-10-10, n° 90.
(133) *BOFiP*, BOI-BIC-CHG-20-10-10, n° 120.
(134) *BOFiP*, BOI-BIC-CHG-20-20-20, n° 150.
(135) Entreprises qui ne dépassent pas, à la clôture de l'exercice, deux des trois critères fixés à l'article D. 123-200 du Code de commerce (V. *supra*, n° 177).
(136) CE, 19 mai 1964, n°s 59484 et 59526 : *Lebon*, p. 563 (moteur de chalutier). – CAA Nantes, 17 mars 1993, n° 91-698, *France Langouste* : *RJF* 10/93, n° 1277 (moteur de langoustier). – TA Dijon, 26 mars 1996, n° 93-6556, *Loriot* : *RJF* 6/96, n° 710 (unité centrale d'ordinateur).
(137) CE, 19 juin 1959, n° 40282 : *Lebon*, p. 494 (achat moteur d'occasion de camionnette).
(138) *BOFiP*, BOI-BIC-CHG-20-20-20, n° 150.

néanmoins limitées, dans la mesure où la qualification d'immobilisation est majoritairement retenue en jurisprudence.

L'exemple suivant, repris de la doctrine administrative, nous montre quelles peuvent être les incidences des nouvelles règles comptables en matière d'échange standard.

Exemple administratif

(*BOFiP*, BOI-BIC-CHG-20-20-20, n° 160)

Soit un camion acquis le 1er janvier N par une entreprise « A », prévu pour être revendu après cinq ans d'exploitation. Ce camion a été acquis pour une valeur de 50 000 €.

L'entreprise n'a pas prévu de remplacement d'éléments significatifs et aucun composant n'a été identifié. Ce camion est amorti sur cinq ans de façon linéaire (soit cinq annuités de 10 000 €).

En janvier N+2, le moteur tombe en panne et doit être changé pour que le camion puisse continuer à être exploité. La valeur du moteur neuf est égale à 5 000 €.

Jusqu'à présent, le coût de l'échange standard du moteur aurait pu être comptabilisé en charges.

Désormais, il convient d'analyser les avantages économiques futurs à la date de remplacement du moteur. Or, en l'absence de remplacement, le camion est inutilisable.

Le moteur doit donc être traité comme un composant : en contrepartie de l'inscription à l'actif de la dépense de 5 000 €, la valeur nette comptable (VNC) du moteur remplacé doit être sortie en charges.

Cependant, l'entreprise ne connaît pas précisément la valeur d'origine du moteur acquis avec le camion ; elle doit donc la reconstituer. La VNC peut être de : 3 000 € × 3/5 = 1 800 €.

Toutefois, si l'entreprise est une PME, elle peut considérer que la valeur brute du moteur est de 5 000 € ; elle reconstituera seulement les amortissements, soit une VNC de : 5 000 € × 3/5 = 3 000 €.

408. - Incidences en matière de « gros entretiens et de grandes révisions ». Selon l'article 214-10, alinéa 1er du Plan comptable général :

« Les dépenses d'entretien faisant l'objet de programmes pluriannuels de gros entretien ou de grandes révisions en application de lois, règlements ou de pratiques constantes de l'entité, doivent être comptabilisées dès l'origine comme un composant distinct de l'immobilisation, si aucune provision pour gros entretien ou grandes révisions n'a été constatée ».

Ces composants comptables, dits de « seconde catégorie », sont traités comme les composants de « première catégorie » ; ils font l'objet de plans d'amortissements propres et lors de leur remplacement, le coût est comptabilisé comme l'acquisition d'un actif séparé.

Au plan fiscal par contre, les composants de seconde catégorie ne sont pas reconnus ; ils doivent rester des charges et ils ne peuvent faire l'objet d'un plan d'amortissement propre.

Ainsi, l'administration fiscale considère qu'une entreprise qui acquière une immobilisation amortissable (structure ou composant de première catégorie) pour laquelle elle a comptabilisé un composant de seconde catégorie, ne peut amortir ce composant sur une durée différente de celle retenue pour l'immobilisation à laquelle il se rattache. La fraction de l'amortissement excédentaire devra être réintégrée de manière extracomptable[139].

Lors du remplacement du composant de seconde catégorie, le coût immobilisé au bilan est déduit extra-comptablement, et la valeur nette comptable du composant d'origine, en principe nulle, ne peut être admise en déduction. Quant aux amortissements relatifs au composant renouvelé, ils ne sont pas déductibles et doivent être réintégrés (cela tient au fait que le coût de remplacement a déjà été déduit au moment du remplacement)[140].

B. – Évaluation des immobilisations

409. – Les trois époques de l'évaluation. *Les immobilisations doivent être évaluées à trois moments différents :* à leur entrée dans le patrimoine de l'entreprise (valeur d'inscription au bilan), lors de l'inventaire annuel (qui servira à l'arrêté des comptes), et lors de la sortie du patrimoine (valeur de sortie du bilan). Le premier moment pose le problème de la valorisation des immobilisations (1°) et le deuxième moment celui de la dépréciation des immobilisations (2°). Le troisième moment soulève la question du calcul de la plus ou moins-value de cession ; elle sera donc traitée avec le régime des plus-values professionnelles (V. *infra*, n°s 618 et s.).

1° La valorisation des immobilisations

410. – Valeur d'origine de l'immobilisation. Selon les prescriptions de l'article L. 123-18, alinéa 1er du Code de commerce :

> « À leur entrée dans le patrimoine de l'entreprise, les biens acquis à titre onéreux sont enregistrés à leur coût d'acquisition, les biens acquis à titre gratuit à leur valeur vénale et les biens produits à leur coût de production ».

Le plan comptable reprend les mêmes règles, ajoute que les actifs acquis par voie d'échange sont comptabilisés à leur valeur vénale (PCG, art. 213-1, al. 2), et précise que ces règles ne s'appliquent pas aux immobilisations corporelles constamment renouvelées (PCG, art. 213-1, al. 3). Sous cette réserve, les immobilisations sont évaluées soit à leur coût d'achat ou de production, soit à leur valeur vénale pour les biens échangés ou acquis à titre gratuit.

Les règles fiscales ne sont pas différentes ; les dispositions des articles 38 quinquies et suivants de l'annexe III du Code général des impôts ont été modifiées afin de tenir compte des modifications et des précisions en matière d'évaluation des actifs apportées par le règlement CRC n° 2004-06[141] (*BOI* 4 A-13-05, 30 déc. 2005, préc., n° 54). La transposition des principes comptables reste cependant à apprécier pour chaque type d'opération, selon que l'immobilisation a été achetée (*a*), ou acquise selon des modalités différentes (*b*).

a) Achat d'une immobilisation

411. – Prix d'achat. Le montant à immobiliser par l'entreprise est le prix de base HT qui figure sur la facture (prix TTC si la TVA n'est pas déductible). Les rabais, ristournes, remises ou escomptes obtenus par l'entreprise doivent être déduits du prix d'achat à immobiliser.

(139) *BOFiP*, BOI-BIC-CHG-20-20-20, n° 280.
(140) *BOFiP*, BOI-BIC-CHG-20-20-20, n° 280, préc.
(141) D. n° 2005-1702, 28 déc. 2005, art. 1.

Si l'entreprise a perçu une subvention, celle-ci ne modifie pas la valeur d'inscription au bilan du bien acheté (PCG, art. 213-6). La subvention d'investissement constitue un produit imposable pour l'entreprise (mais elle peut bénéficier d'un étalement, V. *infra*, n°s 733 et s.).

La distinction entre un rabais et une subvention n'est pas toujours évidente. Selon le Conseil d'État, constitue une véritable subvention et non un rabais, une réduction de prix accordée par le vendeur d'un ensemble immobilier en contrepartie de l'engagement pris par l'acquéreur de maintenir sur place une activité économique pendant une période déterminée, même si elle figure improprement sous l'intitulé « rabais » dans l'acte de cession[142].

Les modalités de paiement du prix n'ont pas d'incidence en principe[143]. Si l'immobilisation a été acquise moyennant le paiement d'une rente viagère, le prix d'achat s'entend du prix stipulé ou, à défaut, de la valeur réelle du bien estimée au jour de l'acquisition (CGI, ann. III, art. 38 quinquies-1, a). La même règle s'applique en comptabilité (PCG, art. 213-5). En ce qui concerne le problème de l'activation des redevances de contrats de licence, V. *supra*, n° 390.

Postérieurement à l'acquisition, il n'est pas interdit de prendre en compte des dépenses supplémentaires venant augmenter la valeur de l'immobilisation, tels que les compléments de prix par exemple. Le Conseil d'État a notamment jugé que la valeur d'origine des titres de participation doit s'entendre de leur prix de revient éventuellement alourdi des suppléments d'apport correspondant aux abandons de créance à caractère financier non déductibles postérieurs à l'acquisition[144], ou ceux versés dans le cadre de coups d'accordéons[145], étant entendu que ce traitement ne vaut que si l'immobilisation figure encore au bilan lors du versement complémentaire (à défaut, les sommes versées doivent être passées en charges)[146].

412. - Autres coûts attribuables. En pratique, un certain nombre de frais annexes liés à l'achat viennent alourdir le coût final. Dans ce cas, seuls *les coûts directement attribuables* engagés pour mettre l'actif en place et en état de fonctionner selon l'utilisation prévue par la direction (frais de transport, de manutention ou de mise en service, rémunération des experts…) doivent être immobilisés (PCG, art. 213-8 et 213-22 ; CGI, ann. III, art. 38 quinquies 1, a). En revanche, *les coûts accessoires indirectement générés par l'acquisition* (coûts administratifs ou frais généraux non directement liés) doivent être passés en charges (PCG, art. 213-11, 213-25 et 213-26). La qualification

(142) CE, 5 févr. 2009, n°s 291627 et 307658, *SAS Leaf France : RJF* 5/09, n° 463 (calcul des taxes foncières).

(143) La Cour de justice de l'Union européenne a toutefois jugé que lorsqu'une société anonyme acquiert une immobilisation financière, pour laquelle le paiement du prix est prévu de manière échelonnée à long terme, sans intérêts, dans des conditions s'apparentant à celles d'un prêt, le principe de l'image fidèle énoncé à l'article 2, § 3 de la 4e directive sur les comptes annuels de certaines formes de sociétés du 25 juillet 1978 (Dir. 78/660/CEE ; V. *supra*, n° 64) ne s'oppose pas à l'utilisation d'une méthode de comptabilisation qui prévoit l'inscription en charge au compte de résultat d'un escompte, au taux du marché, lié à la dette à plus d'un an, non productive d'intérêts, relative à cette acquisition, et l'inscription du prix d'acquisition de cette immobilisation à l'actif du bilan sous déduction dudit escompte (CJUE, 2e ch., 23 avr. 2020, aff. C-640/18, *Wagram Invest : Dr. fisc.* 2020, n° 18, act. 147).

(144) CE, 16 mars 2001, n° 199580, *SA Rexel : Dr. fisc.* 2001, n° 24, comm. 531, concl. G. Goulard.

(145) CE, 22 janv. 2010, n° 311339, *Sté Predica : Dr. fisc.* 2010, n° 7, comm. 185, concl. N. Escaut, note P. Fumenier.

(146) CE, 20 janv. 2016, n° 370121, *SA BNP Paribas : Dr. fisc.* 2016, n° 13, comm. 251, concl. E. Bokdam-Tognetti (rachat pour annulation de certificats de valeur garantie émis à l'occasion d'une offre publique d'échange).

dépend largement de l'objet de la dépense. Le Conseil d'État a par exemple jugé que les intérêts versés par une société cessionnaire de titres à la cédante, en sus du prix de cession, pour la période courant jusqu'au paiement du prix (date du transfert de propriété), constituaient un élément du prix d'acquisition[147].

Il appartient à l'entreprise, conformément à sa situation propre, de déterminer les coûts directement engagés pour la mise en état d'utilisation du bien. Par exemple, s'agissant de l'acquisition d'un domaine viticole, il a été jugé que pour déterminer la période à l'issue de laquelle les vignes sont en état d'utilisation, il convient de tenir compte des caractéristiques propres à l'entreprise, notamment de la période pendant laquelle celle-ci a pu choisir de ne pas commercialiser de vin provenant des parcelles concernées[148].

Dans le silence du droit fiscal, la jurisprudence s'en remet au droit comptable. Par exemple, s'agissant des mines et des carrières, le Conseil d'État juge que les coûts encourus pour mettre à découvert le gisement et accéder aux matériaux à extraire constituent un élément du coût de production des matériaux extraits et non une dépense immobilisable[149].

Les coûts à prendre en compte pour l'évaluation de l'immobilisation sont ceux qui ont été engagés au cours de la période d'incorporation des coûts définie aux articles 213-10 et 12 du Plan comptable général. *Le point de départ* de cette période se situe à la date à laquelle la direction de l'entreprise a pris la décision d'acquérir l'immobilisation pour l'utiliser ou la céder ultérieurement, à la condition qu'il soit démontré que l'immobilisation générera des avantages économiques futurs. *Le terme* de la période correspond à la date à laquelle le niveau de performance de l'immobilisation atteint le rendement initial attendu.

Si l'entrepreneur emprunte pour financer son investissement, les intérêts sont déduits selon la méthode des intérêts courus (V. *supra*, n° 330). Toutefois, les coûts d'emprunt qui sont directement attribuables à l'acquisition ou la production d'éléments d'actif (immobilisations corporelles ou incorporelles et stocks) *peuvent* être inclus dans le coût de l'actif lorsqu'ils concernent la période de préparation ou de production de cet actif, jusqu'à la date d'acquisition ou de réception définitive (PCG, art. 213-9). C'est par exemple le cas des intérêts de l'emprunt contracté pour l'acquisition de locaux en l'état futur d'achèvement. La même option est prévue en fiscalité (CGI, ann. III, art. 38 undecies). L'option ne concerne que les éléments qui exigent une période de préparation ou de construction en principe supérieure à douze mois[150]. Elle est irrévocable et s'applique à tous les coûts d'emprunt servant à financer

(147) CE, 10 févr. 2023, n° 462729, *Areva c/ Siemens : Dr. fisc.* 2023, n° 22-23, chron. 203, obs. C. Acard, spéc. n° 1 ; *Dr. fisc.* 2023, n° 19, chron. 183, obs. N. de Boynes, spéc. n° 5.

(148) CE, 5 oct. 2016, n° 384475, *Sté MJ France : Dr. fisc.* 2016, n° 50, comm. 645, concl. M.-A. Nicolazo de Barmon, note Th. Lamulle.

(149) CE, 5 nov. 2021, n° 431576, *Sté Yves Le Pape et Fils Travaux publics : Dr. fisc.* 2022, n° 14, comm. 177, concl. É. Bokdam-Tognetti, note J.-M. Vié (décision rendue pour l'application de la taxe foncière sur les propriétés bâties). Selon le droit comptable, les matériaux à extraire d'un terrain de carrières répondent à la définition non plus d'une immobilisation mais d'un stock ; ils doivent être distingués du terrain de carrière résiduel, qui constitue seul une immobilisation corporelle (Règl. ANC, n° 2014-15, 2 oct. 2014 ; A. 26 déc. 2014, relatif à la comptabilisation des terrains de carrière et des redevances de fortage).

(150) Il peut être dérogé à cette durée de douze mois lorsque la période de préparation ou de construction requise est considérée comme longue au regard des usages habituels de la profession, sans tenir compte des délais inhabituels qui pourraient être occasionnés par un dysfonctionnement temporaire dans la préparation ou la construction (*BOFiP*, BOI-BIC-CHG-20-20-10, n° 80).

l'acquisition ou la production d'immobilisations, de stocks et d'en-cours. Il a ainsi été jugé par le Conseil d'État que, dans la mesure où une société autoroutière qui a choisi d'incorporer les intérêts d'emprunt intercalaires dans le coût des ouvrages réalisés est tenue de rester fidèle à ce schéma comptable en application du principe de permanence des méthodes comptables, elle ne prend pas une décision de gestion qui lui est opposable et peut donc les déduire fiscalement puisque le Code général des impôts le lui permet[151].

Si une dégradation immédiate et préalable d'un élément existant est nécessaire à l'installation d'un nouvel élément (démantèlement d'un site), l'estimation initiale du coût de démantèlement, d'enlèvement et de restauration du site doit être comprise dans le coût d'acquisition de l'immobilisation (PCG, art. 213-8). Cette comptabilisation est la contrepartie (partielle)[152] de la provision pour coûts de démantèlement et pour remise en état (PCG, art. 322-1 et s.). En fiscalité, cette provision n'est pas déductible ; elle est portée à l'actif pour un montant équivalent et fait l'objet d'un amortissement calculé suivant le mode linéaire et réparti sur la durée d'utilisation du site ou des installations (CGI, art. 39 ter C). La notion de « coût de démantèlement » n'est pas définie dans les textes ; la jurisprudence avait tendance à retenir une conception assez large en prenant en compte l'ensemble des conséquences immédiates, nécessaires et indissociables de la décision de démantèlement[153], mais le Conseil d'État n'a retenu que les seules conséquences directement liées au démantèlement[154].

Si l'acquéreur de locaux d'habitation destinés à être transformés en bureaux, et soumis en tant que tel à une *obligation de compensation* par les règles d'urbanisme locales[155], a dû verser à un tiers une indemnité en contrepartie de la *cession d'un droit de commercialité* par laquelle le cédant s'engage à transformer ses propres locaux commerciaux en locaux d'habitation, cette indemnité constitue, selon le Conseil d'État, un coût directement exposé pour la mise en état d'utilisation du bien conformément à son nouvel usage, dans la mesure où l'autorisation soumise à l'obligation

(151) CE, 9 juin 2020, n° 416739, *SA Cofiroute : Dr. fisc.* 2020, comm. 398.

(152) La provision couvre l'intégralité des coûts de démantèlement et de remise en état qui seront constatés à l'issue du cycle d'exploitation, et pas seulement du coût lié à la dégradation immédiate du site. La partie excédentaire de la provision figure dans un compte d'actif séparé qui s'ajoute à la fraction déjà intégrée au coût d'acquisition.

(153) TA Montreuil, 21 sept. 2017, n° 1605836, *Sté EDF : Dr. fisc.* 2018, n° 6, comm. 169, note S. Humbert. Selon le tribunal, constituent des coûts de démantèlement au sens de l'article 39 ter C du CGI, les coûts liés à la perte du combustible chargé mais non irradié à l'arrêt définitif d'une centrale nucléaire.

(154) CE, 11 déc. 2020, n° 439666, *Sté EDF : Dr. fisc.* 2021, n° 5, comm. 128, concl. C. Ciavaldini, note Cl. Lopater et O. Fouquet. Selon la Haute juridiction administrative, la perte du combustible non irradié d'un réacteur nucléaire mis à l'arrêt constitue un coût qui est une conséquence directe de cet arrêt définitif et non des opérations de démantèlement. Après renvoi, le Conseil d'État juge que la charge constituée par la valeur comptable résiduelle du combustible non irradié encore présent dans le cœur du réacteur à la date de son arrêt définitif et qui doit être mis au rebut (part « amont » de la provision déduite par l'entreprise), n'est pas provisionnable car elle n'est pas sans contrepartie au moins équivalente pour la société. Selon lui, il s'agit d'un accroissement des charges d'exploitation exposées aussi bien avant qu'après la date à laquelle ce combustible a été chargé (CE, 31 mars 2023, n° 455199 : *Dr. Fisc.* 2023, n° 37, comm. 281, concl. K. Ciavaldini, note critique O. Fouquet).

(155) L'autorisation administrative préalable que doit obtenir le propriétaire peut être subordonnée à une obligation de transformation d'autres locaux commerciaux en locaux d'habitation (CCH, art. L. 631-7 et L. 631-7-1).

de compensation est attachée au local – et non à la société – et qu'elle est nécessaire à l'affectation du local[156].

413. – Frais d'acquisition d'immobilisations. Il s'agit des droits de mutation, frais d'actes, honoraires et commissions des intermédiaires. En tant que coûts directement liés à l'acquisition, ils devraient normalement être immobilisés avec l'actif (V. *supra*, n° 412). Toutefois, afin de ne pas créer de rupture avec l'état du droit antérieur, les autorités comptables ont permis aux entreprises qui tiennent des comptes individuels de choisir entre l'immobilisation de ces frais et leur déduction en tant que charges (PCG, art. 213-8 et 213-22). Leur rattachement au coût d'acquisition constitue, toutefois, la méthode de référence[157].

Le règlement CRC n° 2004-06 précité du 23 novembre 2004 a supprimé les comptes de « charges à étaler ». Jusqu'en 2005, il était possible d'étaler les frais d'acquisition (en débitant un compte n° 481 « Charges à répartir », par le crédit du compte n° 791 « Transfert de charges d'exploitation »)[158]. Fiscalement, par contre, la doctrine comme la jurisprudence ne reconnaissent pas les notions de charges différées ou à étaler (elles devaient donc être réintégrées extra-comptablement). Toutefois, les entreprises avaient la possibilité d'utiliser le compte n° 2011 « Frais d'établissement » qui permet d'immobiliser et d'amortir sur cinq ans au maximum les frais de constitution[159] (C. com., art. R. 123-186 et s. ; PCG, art. 212-9).

Cette doctrine n'a plus cours aujourd'hui[160] ; le compte « Frais d'établissement » n'a pas été supprimé, mais il est désormais réservé aux frais de constitution des sociétés[161]. En ce qui concerne les frais d'acquisition des immobilisations, les entreprises ont le choix, en fiscalité (CGI, art. 38 quinquies-1, a), comme en comptabilité (PCG, art. 213-8 et 213-22), entre l'immobilisation et la déduction en tant que charges. Ce choix est exercé distinctement pour les titres immobilisés et les titres de placement, d'une part, et pour les autres immobilisations acquises, d'autre part (CGI, art. 38 quinquies-1, a préc.). Il est irrévocable (CGI, art. 38 quinquies-1, a, préc.). Si l'entreprise choisit d'immobiliser la dépense, elle pourra l'amortir sur la durée de l'immobilisation concernée (si celle-ci est amortissable).

Par exception, en fiscalité, *les frais d'acquisition des titres de participation* par une société soumise à l'IS ne sont pas déductibles (CGI, art. 209-VII)[162]. Les droits de mutation, honoraires, commissions et frais d'acte se rapportant à l'acquisition de ces titres sont obligatoirement incorporés au prix de revient, mais les entreprises peuvent les amortir sur cinq ans. Les autorités comptables ont fait savoir que cet événement fiscal autorisait les entreprises à modifier leur option de comptabilisation de façon

(156) CE, 21 juill. 2017, n° 395457, *Sté Cidinvest : Dr. fisc.* 2017, n° 41, comm. 505, concl. M.-A. Nicolazo de Barmon, note M. Masclet de Barbarin.

(157) Règl. ANC n° 2018-01, 20 avr. 2018, art. 4 et 6.

(158) Sur le projet de modernisation des états financiers et la suppression du compte de transfert de charges, V. *supra*, n° 27.

(159) Doc. adm. DGI, 4 C-233, 30 oct. 1997 (rapportée).

(160) *BOFiP*, BOI-BIC-CHG-20-20-10, n° 140.

(161) Conformément au droit comptable, sur lequel s'appuie l'administration fiscale (*BOFiP*, BOI-BIC-CHG-20-30-20, n°s 1 et s.), les frais de constitution, de transformation et de premier établissement peuvent être immobilisés et amortis sur cinq ans au maximum. Les frais d'acquisition des immobilisations qui sont engagés à la création de l'entreprise devraient, selon nous, pouvoir bénéficier de cette disposition.

(162) L. fin. 2007, n° 2006-1666, 21 déc. 2006, art. 21.

prospective[163]. L'entreprise qui a immobilisé la dépense constatera un amortissement dérogatoire annuel, alors que celle qui a passé les frais en charges devra procéder à un retraitement extra-comptable.

Exemple

Acquisition d'un local commercial par un commerçant.

Prix stipulé à l'acte : 100 000 €.

Les « frais de notaire » s'établissent comme suit :

- honoraires : 2 % × 100 000 € = 2 000 € + 20 % de TVA (400 €) = 2 400 € ;
- droits de mutation : 5,80665 % × 100 000 € = 5 807 € ;
- total : 2 400 € + 5 807 € = 8 207 €.

I. – Méthode classique : comptabilisation en charges

N° DU COMPTE	LIBELLÉ DU COMPTE	DÉBIT	CRÉDIT
2131	Bâtiments	100 000 €	
6226	Honoraires	2 000 €	
63541	Droits de mutation	5 807 €	
44566	TVA déductible sur biens et services	400 €	
4041	Fournisseurs, achat d'immobilisations		100 000 €
467	Autres créditeurs		8 207 €

II. – Méthode optionnelle : comptabilisation en immobilisation

N° DU COMPTE	LIBELLÉ DU COMPTE	DÉBIT	CRÉDIT
2131	Bâtiments	107 807 €	
44566	TVA déductible sur biens et services	400 €	
4041	Fournisseurs, achat d'immobilisations		100 000 €
467	Autres créditeurs		8 207 €

III. – Méthode interdite (1) : comptabilisation en » frais d'établissement »

N° DU COMPTE	LIBELLÉ DU COMPTE	DÉBIT	CRÉDIT
213	Constructions	100 000 €	
201	Frais d'établissement	7 807 €	
445666	TVA déductible sur biens et services	400 €	
4041	Fournisseurs, achat d'immobilisations		100 000 €
467	Autres créditeurs		8 207 €
6811	Dotation aux amortissements sur immobilisations incorporelles (2)	1 561,40 €	
2801	Amortissement des immobilisations incorporelles		1 561,40 €

(163) CNC, avis n° 2007-C, 15 juin 2007.

(1) Sauf, selon nous, si la dépense peut être qualifiée de frais de constitution, de transformation ou de premier établissement (PCG, art. 212-9, al. 1er ; BOFiP, BOI-BIC-CHG-20-30-20, n° 10). Toutefois, l'inscription en compte de résultat constitue la méthode de référence.

(2) Annuité complète (1/5 × 7 807 € = 1 561,40 €). Les frais inscrits au compte frais d'établissement peuvent être amortis sur une période de cinq ans maximum (C. com., art. R. 123-187 ; PCG, art. 212-9, al. 2).

IV. – Méthode impossible : comptabilisation en charges à étaler (1)

N° DU COMPTE	LIBELLÉ DU COMPTE	DÉBIT	CRÉDIT
4812	Charges à répartir	7 807 €	
791	Transfert de charges d'exploitation		7 807 €
6812	Dotations aux amortissements, charges à répartir (2)	1 561,40 €	
4812	Charges à répartir		1 561,40 €

(1) Après enregistrement initial de la dépense (V. supra, I).

(2) Annuité complète (1/5 × 7 807 €).

414. – Immobilisation par composants. Depuis 2005, les entreprises doivent utiliser la méthode de comptabilisation par « composants » lorsque les conditions sont remplies (Règl. CRC n° 2002-10, 12 déc. 2002 sur l'amortissement et la dépréciation des actifs).

Le troisième alinéa de l'article 214-9 du Plan comptable général pose deux conditions majeures pour qu'un composant soit immobilisé à l'actif depuis l'origine : il doit s'agir d'éléments principaux d'immobilisation corporelle faisant l'objet d'un remplacement à intervalles réguliers (première condition), ayant des utilisations différentes ou procurant des avantages économiques à l'entreprise selon un rythme différent et nécessitant l'utilisation de taux ou de modes d'amortissements propres (seconde condition). *Sont ainsi visées les dépenses de remplacement, dites « de première catégorie »* (par ex., toiture d'un immeuble qui doit être remplacée après vingt-cinq ans alors que l'immeuble est amorti sur cinquante ans ; moteur d'un avion de ligne qui doit être changé tous les cinq ans, et ses agencements intérieurs qui doivent être remplacés après dix ans, alors que l'avion lui-même est exploité pendant vingt ans). Bien sûr, conformément à la réglementation sur les actifs, les composants doivent aussi être « significatifs » pour être immobilisés (PCG, art. 212-6).

L'approche fiscale est très comparable ; les composants sont ceux ayant une durée réelle d'utilisation différente de celle de l'immobilisation et devant être remplacés au cours de la durée réelle d'utilisation de cette immobilisation (CGI, ann. II, art. 15 bis-I).

La comptabilisation séparée d'un composant s'impose aussi bien lors de l'acquisition du bien que lors de son remplacement, et plus généralement dès que l'entreprise constate qu'il remplit les conditions susexposées ; il convient alors d'enregistrer la sortie de la valeur nette comptable du composant remplacé (CGI, ann. II, art. 15 bis-II). La valorisation « au coût » s'impose. Si le prix du composant n'est pas facturé distinctement (hypothèse de l'acquisition d'une immobilisation décomposable), il est nécessaire de reconstituer la valeur du composant en fonction des éléments d'information qui ont été communiqués par le fournisseur[164].

Les dépenses d'entretien qui font l'objet de programmes pluriannuels de gros entretiens ou de grandes révisions (dépenses dites de « seconde catégorie ») pouvaient, au choix de l'entreprise, être provisionnées ou immobilisées séparément comme un composant (PCG, art. 311-2, al. 4 ancien). Le nouvel article 214-10 du Plan comptable général avait initialement supprimé la possibilité de déduire une provision dans un tel cas de figure[165], avant de revenir sur cette exclusion[166], laquelle était rapidement apparue comme une simple erreur matérielle[167]. L'entreprise qui a enregistré un composant de « seconde catégorie » doit retrancher du coût de l'immobilisation acquise la valeur de la dépense qui lui est rattachée et doit l'amortir séparément sur sa durée réelle d'utilisation (délai séparant deux gros entretiens ou révisions).

Au plan fiscal, cette possibilité n'est pas reconnue ; la valeur du composant de seconde catégorie reste comprise dans le coût de l'immobilisation et doit être amortie avec elle. Des retraitements extra-comptables sont à effectuer (V. *supra*, n° 408).

b) Autres modes d'acquisition des immobilisations

415. - Immobilisations apportées. Les apports en société d'éléments corporels ou incorporels sont retenus pour la valeur figurant dans l'acte d'apport (PCG, art. 213-2, al. 1er). Lorsqu'il s'agit d'apports d'éléments isolés, cette valeur doit correspondre à la valeur vénale, sauf si l'échange n'a pas de substance commerciale ou si la valeur vénale ne peut être estimée de manière fiable (PCG, art. 213-2, al. 2 et 213-3, al. 1er). Au plan fiscal, les biens apportés à l'entreprise par des tiers sont retenus pour leur valeur d'apport (CGI, ann. III, art. 38 quinquies-1, c). L'administration s'attache exclusivement à la valeur réelle des apports fixée pour la rémunération de ceux-ci[168]. De son côté, le Conseil d'État a jugé que des immobilisations apportées par des tiers à une société peuvent être inscrites au bilan pour une valeur différente de leur valeur vénale ; il s'agit d'une décision de gestion régulière, opposable à la société[169]. Quant aux coûts « directement attribuables » à l'apport (V. *supra*, n° 412), ils doivent être incorporés au coût de revient de l'immobilisation, comme ils le sont pour un achat[170].

Curieusement, dans le cas de l'apport de biens provenant du patrimoine personnel d'un entrepreneur individuel ayant opté pour l'assimilation à une EURL ou une EARL (V. *supra*, n° 222), l'administration ne retient pas la valeur d'apport. Selon elle : « La valorisation des biens correspondant à des éléments d'actif immobilisé est effectuée dans les conditions de droit commun, conformément à l'article 38 quinquies de l'annexe III au CGI, c'est-à-dire pour leur valeur d'origine. Par valeur d'origine, il convient

(164) *BOFiP*, BOI-BIC-CHG-20-20-10, n° 250.

(165) Règl. ANC n° 2015-06, 23 nov. 2015, art. 3, applicable aux exercices ouverts depuis le 1er janvier 2016.

(166) A. 26 déc. 2016, art. 1.

(167) V. A. Colmet Daâge et M. Ferré, *Comptabilité et fiscalité : retour sur l'année 2015 : Dr. fisc.* 2016, n° 28, étude 409, § 18.

(168) *BOFiP*, BOI-BIC-CHG-20-20-10, n° 280.

(169) CE, 27 avr. 2011, n° 327705, *SELARL Pharmacie des Chalonges : Dr. fisc.* 2011, n° 36, comm. 493, concl. L. Olléon, note J.-L. Pierre (apport d'un fonds de commerce).

(170) CE, 26 déc. 2008, nos 295943 et 296462, *SA Miniabilles France : RJF* 03/09, n° 223 (calcul de la taxe professionnelle).

d'entendre la valeur réelle du bien au jour de l'assimilation de l'entreprise individuelle à une EURL ou à une EARL »[171].

416. - Immobilisations échangées. Les biens échangés contre un ou plusieurs actifs non monétaires ou une combinaison d'actifs monétaires sont évalués à leur valeur vénale, sauf si l'échange n'a pas de substance commerciale (c'est-à-dire s'il n'entraîne aucune modification des flux de trésorerie futurs), ou si la valeur vénale ne peut être estimée de manière fiable (PCG, art. 213-3, al. 1er, préc.). Si l'immobilisation ne peut être évaluée à la valeur vénale, son coût est évalué à la valeur comptable de l'actif cédé (PCG, art. 213-3, al. 3). Au plan fiscal, le prix d'achat d'un bien échangé s'entend de la valeur vénale (CGI, art. 38 quinquies-1, a). Selon l'administration, le caractère commercial de la substance de la transaction n'emporte aucune conséquence pour la détermination de la valeur du bien acquis par voie d'échange[172]. Enfin, lorsque l'entreprise a versé une soulte en complément du bien reçu, elle doit enregistrer l'immobilisation à sa valeur vénale et comptabiliser la soulte dans un compte de trésorerie.

417. - Immobilisations acquises gratuitement. Les biens acquis à titre gratuit (successions, donations ou legs) sont évalués à leur valeur vénale (C. com., art. L. 123-18 ; PCG, art. 213-4). Il en va de même en fiscalité (CGI, ann. III, art. 38 quinquies-1, b)[173]. En outre, des difficultés existent pour le traitement des droits de mutation à titre gratuit et des frais d'acte ; l'administration considère qu'ils font partie des frais d'acquisition susceptibles d'être rattachés à l'actif[174], alors que certaines sources considèrent que ce serait violer le principe comptable de l'évaluation à la valeur vénale[175].

418. - Immobilisations produites par l'entreprise. Les actifs produits par l'entreprise sont évalués à leur coût de production (C. com., art. L. 123-18 ; PCG, art. 213-1).

Le coût de production d'une immobilisation corporelle est constitué du coût des approvisionnements augmenté des autres coûts engagés par l'entreprise au cours des opérations de production, c'est-à-dire des charges directes et indirectes qui peuvent être raisonnablement rattachées à la production du bien ou du service (PCG, art. 213-5). À cet égard, conformément aux règles posées en matière de traitement des frais annexes, seuls les coûts directement attribuables à la production peuvent être immobilisés avec l'actif produit, y compris les frais financiers (V. *supra*, n° 412). Ces principes s'appliquent en fiscalité (CGI, ann. III, art. 38 quinquies-1, *d*)[176], sous réserve de la position fiscale en matière de coûts de démantèlement (V. *supra*, n° 412). À cet égard, le Conseil d'État semble retenir une conception large de la notion de « charges directes ou indirectes de production » en y incluant l'ensemble des frais de personnel qui intervient dans la mise en œuvre d'une immobilisation[177].

Le coût de production d'une immobilisation incorporelle obéit, en principe, aux mêmes règles comptables et fiscales[178]. Une difficulté existait néanmoins pour les marques dont la valeur a toujours été jugée peu fiable. Le Conseil d'État avait, dans un

(171) *BOFiP*, BOI-BIC-CHAMP-70-10, n° 470.
(172) *BOFiP*, BOI-BIC-CHG-20-20-10, n° 290.
(173) *BOFiP*, BOI-BIC-CHG-20-20-10, n° 270.
(174) *BOFiP*, BOI-BIC-CHG-20-20-10, n° 150.
(175) *Mémento Lefebvre Comptable*, *op. cit.*, n° 26765.
(176) *BOFiP*, BOI-BIC-CHG-20-20-10, n° 320.
(177) CE, 6 déc. 2013, n° 344559, *Sté Records anciennement No Sell Out* : *Dr. fisc.* 2014, n° 12, comm. 226. En l'espèce, il est jugé que les frais d'hébergement, de restauration et de transport des artistes et techniciens ayant concouru à l'élaboration de morceaux présents sur des matrices de disques doivent être immobilisés.
(178) *BOFIP*, BOI-BIC-CHG-20-20-10, n° 330.

premier temps, consacré le principe de l'immobilisation de la marque créée par l'entreprise[179]. Compte tenu de l'évolution du droit comptable, cette position ne pouvait perdurer ; l'article 212-3.3 du Plan comptable général prévoit en effet que les dépenses engagées pour créer des marques en interne (mais également des fonds commerciaux, des titres de journaux et de magazines, des listes de clients et autres éléments similaires en substance) ne peuvent être comptabilisées en tant qu'immobilisations incorporelles dans la mesure où elles ne peuvent être distinguées des frais de développement de l'entreprise dans son ensemble. Selon l'administration fiscale désormais, les frais de renouvellement des marques créées, mais non pas acquises, doivent être déduits en tant que charges[180]. Le Conseil d'État ne fait pas cette distinction ; qu'ils portent sur des marques acquises ou créées par l'entreprise, ces frais constituent des « charges d'entretien » déductibles des résultats de l'exercice au cours duquel ils sont exposés[181]. Sur les frais de recherche et de développement, V. *supra*, n°s 396 et s.

419. - Immobilisations détruites et reconstruites par l'entreprise. Si la valeur résiduelle d'un immeuble qui est démoli constitue en principe une perte de l'exercice, tel n'est pas le cas lorsque l'acquisition de l'immeuble détruit avait été accomplie par l'entreprise dans le seul but de construire sur le terrain redevenu libre une nouvelle construction ; elle doit dans ce cas être incorporée au prix de revient de la nouvelle construction[182].

2° La dépréciation des immobilisations

420. - Amortissement ou dépréciation ? L'entreprise qui acquiert une immobilisation ne s'appauvrit pas ; la structure de son bilan est simplement modifiée en fonction des conditions de l'acquisition (achat, apport, échange…). Elle peut même éventuellement s'enrichir lorsque la propriété du bien lui a été transmise à titre gratuit. En revanche, l'entreprise s'appauvrit au fur et à mesure de la perte en valeur du bien. Cette dépréciation découle mécaniquement de l'usage et du temps ; c'est l'objet de *l'amortissement pour dépréciation* (*a*). Il se peut également que la perte en valeur d'une immobilisation résulte d'un événement particulier ; l'entreprise peut alors déduire une *provision pour dépréciation* ou « dépréciation » (*b*).

a) L'amortissement pour dépréciation

421. - Fonctions de l'amortissement. Contrairement aux amortissements dérogatoires (V. *supra*, n°s 240 et s.), les amortissements pour dépréciation traduisent la perte en valeur d'un bien. *Pour le juriste*, l'amortissement correspond à la constatation en comptabilité de la dépréciation d'un élément de l'actif immobilisé. Il s'agit donc d'une charge déductible puisque, dans cette mesure, l'entreprise s'est appauvrie. C'est la conception patrimoniale classique de l'amortissement. *Pour l'économiste*, l'amortissement permet de renouveler les immobilisations de l'entreprise grâce à la technique de l'autofinancement. *Pour le gestionnaire au contraire*, l'amortissement est une technique d'étalement d'une dépense dans le temps (en l'occurrence, celle représentée par l'acquisition d'une immobilisation).

(179) CE, 31 janv. 1997, n° 158678, *Sté Saint-Gobain Vitrage International* : *Dr. fisc.* 1997, n° 17, comm. 460 (les frais afférents aux demandes d'enregistrement des marques constituent la contrepartie de la création de l'élément considéré à l'actif du bilan et doivent donc être activés).

(180) *BOFiP*, BOI-BIC-CHG-20-30-30, n° 130.

(181) CE, 7 nov. 2012, n° 328670, *Sté France immobilier Group* : *Dr. fisc.* 2013, n° 3, comm. 63, concl. C. Legras, note R. Poirier.

(182) CE, 16 juin 1999, n° 177954 : *Dr. fisc.* 1999, n° 45, comm. 823 ; *BOFiP*, BOI-BIC-CHG-60-20-10, n° 1.

422. - **Définition comptable.** L'évolution de la définition comptable des amortissements pour dépréciation montre clairement de quelle conception elle s'inspire.

Dans le Plan comptable général tel qu'il fût adopté en 1999 (Règl. CRC n° 99-03, 29 avr. 1999 ; A. 28 juin 1999), il est mentionné :

« Lorsque les effets sont irréversibles, la dépréciation est constatée comme une perte ou comme un amortissement s'il s'agit d'une immobilisation dont le potentiel des services attendus s'amoindrit avec le temps, l'usage, le changement des techniques ou toute autre cause » (PCG 1999, art. 322-2, al. 6 ancien).

Dans le Plan comptable général « normalisé » (Règl. CRC n° 2002-10, 12 déc. 2002 ; A. 27 déc. 2002), tel que repris en 2014 (Règl. ANC n° 2014-03, 5 juin 2014 ; A. 8 sept. 2014), puis modifié en 2015 (Règl. n° 2015-06, 23 juin 2015 ; A. 4 déc. 2015), l'amortissement est défini comme « la répartition systématique de son montant amortissable en fonction de son utilisation » (PCG, art. 214-13, al. 1er). Cette définition semble s'éloigner de la conception juridique classique, mais il s'agit d'une illusion si l'on observe que, d'une part, seuls les actifs dont la durée d'utilisation est limitée font l'objet d'un amortissement (PCG, art. 214-1, al. 1er et 214-2, al. 1er) et que, d'autre part, le caractère limité de la durée d'utilisation d'un actif est déterminé au regard de critères généralement physiques, techniques, juridiques ou économiques (PCG, art. 214-1, al. 2 et 214-2, al. 2).

L'article R. 123-179 du Code de commerce fait désormais expressément le lien avec la définition du Plan comptable général, puisqu'il y est mentionné que : « Les éléments de l'actif immobilisé dont la durée d'utilisation est limitée sont amortis sur cette durée selon un plan d'amortissement » (D. n° 2015-903, 23 juill. 2015, art. 1er, 4° ; C. com., art. R. 123-179, al. 1er mod., applicable à compter des exercices ouverts depuis le 1er janvier 2016).

423. - **Approche fiscale.** Il n'existe pas de définition écrite de l'amortissement en fiscalité. Dans sa doctrine, l'administration fiscale définit l'amortissement industriel ou commercial (par opposition à l'amortissement purement financier) comme étant celui qui « correspond à une diminution de valeur (moins-value au sens étymologique du terme) subie par divers éléments d'actif en raison de la vétusté ou de l'usure résultant du temps ou de l'usage »[183].

Pendant longtemps, cette conception de l'amortissement était commune à la fiscalité et à la comptabilité, de sorte que le droit fiscal reprenait à son compte les principes comptables, sous réserve de règles spécifiques figurant dans le Code général des impôts et qui donnaient lieu à des retraitements extra-comptables sur le tableau n° 2058-A-SD (V. *supra*, n° 276).

L'évolution du droit comptable est à l'origine de nouvelles distorsions entre les deux matières, dans la mesure où les textes fiscaux n'ont pas ou peu été retouchés et que l'administration fiscale n'entend pas s'aligner systématiquement sur la position du droit comptable. Ces disparités ne peuvent être réglées sur le tableau n° 2058-A-SD, mais directement dans la comptabilité de l'entreprise, par le biais des comptes d'amortissements dérogatoires.

Mais, sauf s'il existe une bonne raison de s'opposer en fiscalité à une règle comptable, le principe de connexion doit s'appliquer en matière d'amortissement comme dans tout autre domaine. Le Conseil d'État l'a rappelé avec une certaine force à propos

(183) *BOFIP*, BOI-BIC-AMT-10-10, n° 60.

de l'amortissement des primes de remboursement attachées à des obligations convertibles en actions[184].

424. - Plan de l'étude. Tous les biens ne sont pas amortissables. Ceux qui le sont devront l'être obligatoirement (*1*), sous réserve des amortissements différés (V. *supra*, n°s 276 et s.), en respectant certaines règles de calcul (*2*) et de comptabilisation (*3*).

1) Biens amortissables

425. - Une immobilisation. Dans la conception classique, l'amortissement prend en compte la dépréciation d'un bien liée à l'écoulement du temps ou à l'utilisation du bien. Il s'inscrit donc nécessairement dans la durée ; seuls les biens durablement affectés à l'activité peuvent être amortis, à l'exclusion des actifs circulants. Tel est par exemple le cas des cassettes vidéo et des DVD destinés à la location[185] (sur la notion d'immobilisation, V. *supra*, n°s 379 et s.). Il n'y a aucune différence sur ce point entre la fiscalité et la comptabilité ; l'idée de durée est également présente dans la nouvelle définition comptable de l'amortissement au travers de la consommation des avantages économiques attendus de lui.

426. - Condition de propriété. En principe, seuls peuvent être amortis les biens dont l'entreprise ou l'entrepreneur est propriétaire[186]. Certes, le Conseil d'État a parfois admis l'amortissement d'un bien n'appartenant pas à l'entreprise, mais dans un contexte juridique et comptable très particulier[187]. De façon nette, cependant, l'administration fiscale admet que les biens acquis sous réserve de propriété puissent être amortis par l'acheteur[188]. En outre, la loi fiscale prévoit expressément l'amortissement des constructions et des aménagements édifiés sur le sol d'autrui, sur la durée normale d'utilisation de chaque élément (CGI, art. 39 D, al. 1er)[189], alors qu'en droit civil le propriétaire du terrain est aussi propriétaire des constructions qui y sont édifiées (C. civ., art. 555). Les dispositions de l'article 39 D du CGI jouent également à l'égard des aménagements effectués dans les locaux pris à bail, même si ces derniers ne se traduisent pas par l'édification de véritables constructions[190]. Il en va de même en comptabilité, l'information figure simplement sur une ligne distincte du bilan de l'entreprise (V. *supra*, n° 58). Par ailleurs, le critère du contrôle ne remet pas en cause l'exigence liée à la propriété, puisqu'il n'a pas été transposé aux contrats de location

(184) CE, 13 juill. 2011, n° 311844, *SA GH Mumm & Cie : Dr. fisc.* 2011, n° 47, comm. 599, concl. J. Boucher, note L. Chatain. Dès lors que le droit comptable offre le choix entre l'étalement de la prime (par l'amortissement) ou la déduction d'une provision, il doit en aller de même en droit fiscal.

(185) *BOFiP*, BOI-BIC-AMT-20-40-60-30, n° 100.

(186) Le Conseil d'État estime que la condition de propriété s'apprécie au moment de l'établissement des comptes ; une société ne peut donc pratiquer des amortissements à raison des immobilisations détruites ou cédées avant d'avoir été entièrement amorties (CE, 16 févr. 1990, n° 67777, *SARL Corot : RJF* 04/90, n° 371).

(187) CE, 21 avr. 2000, n° 177412, *Aéroports de Paris : RJF* 06/00, n° 751 (solution qui s'explique par le statut juridique particulier de l'établissement public et les règles comptables spécifiques qui lui sont applicables et qui ne lui interdisent pas d'inscrire à l'actif de son bilan des biens dont la propriété n'a pas été transférée par l'État).

(188) *BOFiP*, BOI-BIC-AMT-10-20, n° 110.

(189) CE, 25 oct. 2010, n° 307296, *SAS Sopemea : RJF* 1/11, n° 12 (constructions et aménagements sur un terrain appartenant à l'État). - CE, 13 nov. 2013, n° 340349, *M. Witz : Dr. fisc.* 2014, n° 9, comm. 189 (travaux de dallage d'un emplacement de marché communal occupé à titre précaire et révocable).

(190) *BOFiP*, BOI-BIC-AMT-20-40-30, n° 20 (créations de salles de bains dans un hôtel, installation de chauffage central, améliorations importantes, ne pouvant être réputées s'analyser en de simples frais d'exploitation...).

(V. *supra*, n° 384). Dans un contrat de bail ou de crédit-bail, c'est donc le bailleur ou le crédit-bailleur qui amortit le bien.

427. - Inscription au bilan. Un bien appartenant à une entreprise ou un entrepreneur ne peut être amorti que s'il figure à son bilan. La portée du principe doit être appréciée au regard des règles qui gouvernent l'affectation comptable et fiscale des biens.

Les sociétés qui possèdent la personnalité morale doivent nécessairement inscrire à leur bilan les biens dont elles sont propriétaires car il y a, en ce qui les concerne, une parfaite correspondance entre le patrimoine comptable et le patrimoine juridique. Une société qui n'a pas inscrit un bien à l'actif de son bilan ne peut pas l'amortir. Étant de mauvaise foi, elle ne peut davantage songer à invoquer l'erreur comptable rectifiable (V. *supra*, n° 35).

Les sociétés qui ne possèdent pas la personnalité morale (sociétés en participation notamment)[191], n'ont pas de patrimoine propre ; elles n'ont donc pas l'obligation de tenir une comptabilité ni, *a fortiori*, d'inscrire au bilan les biens qui leur sont affectés. En fiscalité, les règles sont différentes ; les sociétés en participation sont assimilées à des exploitants individuels (CGI, art. 60) et elles doivent obligatoirement inscrire à l'actif du bilan les biens dont les associés ont convenu de mettre la propriété en commun (CGI, art. 238 bis M)[192], alors que l'inscription des biens spécialement affectés par les associés est facultative[193]. Dans ce cadre, seuls les biens qui sont inscrits au bilan peuvent faire l'objet d'un amortissement[194].

Pour les entreprises individuelles, les règle comptables et fiscales en matière d'amortissement ne changent pas : seules les immobilisations figurant au bilan peuvent être amorties. En revanche, ce sont les règles d'affectation qui changent. Dans le nouveau statut d'entrepreneur individuel[195], les règles comptables n'ont pas été modifiées en dépit de la reconnaissance d'un patrimoine professionnel ; la liberté d'affectation prévaut en comptabilité mais pas en fiscalité. S'agissant des EIRL, l'affectation comptable est encadrée en comptabilité comme en fiscalité (des informations plus précises sont données dans la partie de l'ouvrage consacrée à la liberté d'affectation comptable, V. *infra*, n° 496).

Lorsqu'il s'agit de travaux portant sur un bien de l'entreprise, leur amortissement n'est possible que si ce bien figure à l'actif du bilan de l'entreprise ou, si tel n'est pas le cas, soit s'ils peuvent être dissociés de l'immobilisation à laquelle ils se rattachent (c'est-à-dire s'ils peuvent être vendus séparément), soit s'ils peuvent être identifiés en tant que composant (sur cette notion, V. *infra*, n° 430). Dans une entreprise individuelle, les travaux qui ne sont pas dissociables (cas des travaux immobiliers notamment) peuvent néanmoins être amortis séparément, alors même qu'ils ne portent pas

(191) V. G. Dedeurwaerder, *La personnalité fiscale des sociétés en participation et des sociétés créées de fait*, in *Mél. Serlooten*, Dalloz, 2015, p. 147 et s.

(192) L'obligation d'inscription au bilan est conforme à la Constitution ; CE, 12 mars 2019, n° 419826 : *Dr. fisc.* 2019, n° 44-45, comm. 428, concl. E. Cortot-Boucher. L'article 238 bis M du CGI ne s'applique pas aux sociétés en participation ayant opté pour l'IS, mais la règle qu'il pose leur est transposable compte tenu de la personnalité fiscale de ces groupements. – CE, 28 mars 2014, n° 339119, *SEP BCM Holdings France : Dr. fisc.* 2014, n° 22, comm. 360, concl. E. Crepey (déduction des intérêts d'emprunt contracté par les associés d'une société en participation pour l'achat de titres inscrits à son bilan).

(193) CE, 27 janv. 1986, n° 48420, *SA les Porcelaines Limoges Castel : Dr. fisc.* 1986, n° 29, comm. 1373.

(194) CAA Lyon, 27 juill. 2006, n° 02LY01297, *M. et Mme Bourgier : Dr. fisc.* 2007, n° 14, comm. 371.

(195) L. n° 2022-172, 14 févr. 2022 en faveur de l'activité professionnelle indépendante.

sur un bien immobilisé à l'actif du bilan de l'entreprise, dans la mesure où le bien auquel ils se rapportent présente le caractère d'un bien affecté par nature à l'exploitation[196] (sur cette notion, V. *infra*, n° 500).

428. - Dépréciation avec le temps ou l'usage. C'est la condition qui soulève le plus de contentieux en pratique. C'est particulièrement le cas des immobilisations incorporelles qui souffrent de bien des idées reçues, tant dans le domaine comptable que fiscal[197].

Il convient de tordre le cou à une première idée reçue selon laquelle les biens incorporels ne s'usent pas ; les brevets (dont le monopole d'exploitation est limité) ou les logiciels (qui se déprécient rapidement) sont notamment amortissables. À l'inverse, certains biens corporels ne s'amortissent pas ; c'est le cas des terrains (leur valeur doit être retirée du prix de revient amortissable des constructions)[198], et des éléments qui leur sont rattachés (par ex., « droit à construire »)[199], mais il est possible d'amortir les travaux effectués sur le terrain s'ils s'apparentent à des opérations de construction ou en sont indissociables[200].

Il faut également remettre en cause une deuxième idée reçue, plus répandue et compréhensible celle-là, selon laquelle un fonds de commerce ne peut pas s'amortir. En fait, l'obstacle majeur à l'amortissement du fonds commercial réside dans la nature particulière de la clientèle qui est réputée ne pas pouvoir se déprécier avec le temps et l'usage. En droit positif pourtant, l'amortissement du fonds commercial est désormais admis (V. *infra*, n° 429). Le Conseil d'État lui-même avait entrouvert la porte de l'amortissement du fonds commercial en jugeant qu'« il résulte de ces dispositions [*Ndlr* : l'article 39-1, 2° du Code général des impôts et l'article 38 sexies de l'annexe III du même code] qu'un élément d'actif incorporel identifiable, y compris un fonds de commerce, ne peut donner lieu à une dotation à un compte d'amortissement que s'il est normalement prévisible, lors de sa création ou de son acquisition par l'entreprise, que ses effets bénéfiques sur l'exploitation prendront fin à une date déterminée ; qu'en outre, cet élément d'actif incorporel, lorsqu'il fait partie des éléments constitutifs d'un fonds de commerce et qu'il est représentatif d'une certaine clientèle attachée

(196) CE, 5 mai 2010, n° 316677, *Peltier : Dr. fisc.* 2010, n° 26, comm. 389, concl. N. Escaut, note P. Fumenier (non, en l'espèce). – CAA Paris, 20 oct. 2015, n° 14PA03801, *M. et Mme Delouvrier : Dr. fisc.* 2016, n° 15, comm. 277, note P. Ouardes (oui, en l'espèce), confirmé par CE, 8 nov. 2017, n° 395407 : *Dr. fisc.* 2018, n° 11, comm. 219, concl. V. Daumas (décision rendue en matière de BNC).

(197) S. Gelin et A. Gendreau, *De quelques idées reçues sur la fiscalité des incorporels : BF* 8-9/08, p. 687.

(198) CE, 26 mai 1976, n° 98898, *M. Gangnard : Dr. fisc.* 1976, n° 45-46, comm. 1573, concl. P. Lobry. Il en va ainsi même si le bâtiment occupe toute la superficie du terrain (CE, 18 janv. 1989, n° 56752, *SA Dreso-Cameso : RJF* 3/89, n° 262). En pratique, la difficulté consiste à fixer les valeurs respectives des bâtiments et des terrains d'assiette. Selon le Conseil d'État, l'administration doit se fonder prioritairement sur des comparaisons avec des transactions similaires, ou à défaut en partant du coût de la reconstruction à la date de l'entrée au bilan, ou à défaut encore en appliquant des méthodes statistiques reposant sur des données comptables d'autres contribuables (CE, 15 févr. 2016, n° 367467, *SARL Daves Place des États-Unis*. – CE, 15 févr. 2016, n° 380400, *Sté LG Services : Dr. fisc.* 2016, n° 21, comm. 333, concl. F. Aladjidi, note J.-P. Maublanc).

(199) CE, 23 déc. 2010, n° 308206, *Thirode : Dr. fisc.* 2011, n° 15, comm. 297, concl. P. Collin, note J.-P. Maublanc. Où il est relevé que le « droit à construire » (faculté de réaliser une construction selon les règles d'urbanisme en vigueur) ne peut s'amortir, car les effets ne prennent pas fin au fur et à mesure de la réalisation des constructions qu'il rend possibles, et subsiste même en cas de démolition desdites constructions.

(200) TA Montpellier, 10 mai 2007, n° 04-4296, *Sté d'économie mixte pour la réalisation, l'aménagement et la gestion d'infrastructures : FR* 6/08, inf. 3 (amortissement du coût de réalisation d'un terrain de golf). – *Contra* : RES 26 déc. 2007, n° 2007-56 (FE), mêmes réf.

à ce fonds, ne peut donner lieu à une dotation spécifique d'amortissement que si, en raison de ses caractéristiques, il est dissociable à la clôture de l'exercice des autres éléments représentatifs de la clientèle attachée au fonds »[201].

La jurisprudence regarde surtout si la dépréciation est irréversible. Aux termes de l'article 38 sexies de l'annexe III du Code général des impôts en effet : « La dépréciation des immobilisations qui ne se déprécient pas de manière irréversible, notamment les terrains, les fonds de commerce, les titres de participation, donne lieu à la constitution de provisions… ». Selon une formule désormais consacrée, une dépréciation est jugée irréversible « s'il est normalement prévisible, au moment de sa création ou de son acquisition par l'entreprise, que ses effets bénéfiques sur l'exploitation prendront fin à une date déterminée »[202]. Sur cette base, la jurisprudence a refusé l'amortissement *de fichiers de clientèles*[203], *d'une licence d'exploitation de bar* même si elle peut être retirée par l'État[204], ou encore *d'une marque viticole acquise*[205]. Par contre, le Conseil d'État a admis l'amortissement *des autorisations de mise sur le marché de médicaments*, alors même qu'elles sont initialement accordées pour une période de cinq ans renouvelable, dans la mesure où il est possible de déterminer la date à laquelle les effets bénéfiques pour l'exploitation prendront fin[206]. Et si la spécialité pharmaceutique n'est plus commercialisée à la date de son acquisition, les droits peuvent être amortis s'il est prévisible, à cette date, que leurs effets bénéfiques sur l'exploitation en cas de reprise de la commercialisation cesseront à une date déterminée[207]. Cette jurisprudence ayant finalement devancé la nouvelle rédaction de l'article 214-2 du Plan comptable général qui, aux critères traditionnels fondant un amortissement (usure physique, technique ou juridique), a ajouté un critère économique (V. *supra*, n° 422).

(201) CE, 1er oct. 1999, n° 177809, *Sté Foncia Particimo : Dr. fisc.* 1999, n° 45, comm. 824, concl. G. Goulard ; *RJF* 11/99, n° 1324, p. 832. Où il est jugé que ces conditions ne sont pas remplies s'agissant de mandats de gestion acquis par une société d'administration de biens qui ne se distinguent pas des autres mandats de gestion qu'elle détient. Avant, déjà : CE, 17 janv. 1994, n° 124438, *SARL France-Loisirs : RJF* 03/94, n° 240, où le Conseil d'État s'en remet à l'analyse souveraine de la cour administrative d'appel de Paris selon laquelle constitue un achat de clientèle non individualisable l'acquisition d'un fichier d'adhérents d'un club de vente de livres par correspondance. Depuis : CE, 17 mai 2000, n° 188975, *Sté les fils Charvet : RJF* 07-08/00, n° 883, où la Haute juridiction administrative reproche aux juges d'appel de s'être fondés sur les seules modalités de comptabilisation du fichier de clientèle pour constater son indissociabilité du fonds de commerce, sans rechercher si, en raison de ses caractéristiques, il était dissociable des autres éléments représentatifs de la clientèle attachée au fonds. Le Conseil d'État suit le même raisonnement pour l'application du régime des plus et moins-values de cession (CE, 10 mai 2012, nos 328263 et 328302, *SARL Cabinet Lionel Triquet : Dr. fisc.* 2012, n° 45, comm. 504).

(202) CE, 1er oct. 1999, *Sté Foncia particimo*, préc. – CE, 17 mai 2000, *Sté les fils Charvet*, préc.

(203) CE, 29 nov. 2000, nos 185346, 185347, 185348, *SNC les pétroliers réunis de l'Ouest : RJF* 02/01, n° 147.

(204) CAA Nantes, 23 avr. 2003, n° 99-1632, *Houchard : RJF* 8-9/03, n° 950.

(205) CE, 28 déc. 2007, n° 284899, *SA Domaine Clarence Dillon*, préc. – CE, 6 juin 2018, n° 409501, *Sté fermière du Château de Camensac*, préc.

(206) CE, 14 oct. 2005, n° 260486, *SCA Pfizer : RJF* 1/06, n° 5. – CE, 14 oct. 2005, n° 260511, *SA Chiesi : RJF* 1/06, n° 4, p. 3, chron. Y. Benard. Mais cette possibilité n'a rien d'automatique. Notamment, il ne suffit pas de faire référence à la durée de l'autorisation qui est limitée à cinq ans et à l'obsolescence de tout médicament pour pouvoir amortir les autorisations de mise sur le marché. – CE, 28 déc. 2005, n° 260450, *Sté des Laboratoires du docteur E. Bouchara : RJF* 3/06, n° 240.

(207) CE, 7 nov. 2013, n° 348777, *Sté Laboratoire Legras : Dr. fisc.* 2014, n° 7, comm. 166.

429. – L'amortissement du fonds commercial[208]. Le fonds de commerce est une universalité de fait qui englobe des éléments inscrits séparément au bilan (stocks, matériel, brevets, marques, droit au bail...), et des éléments regroupés dans un compte unique n° 207 « Fonds commercial » (clientèle, ainsi que d'autres éléments incorporels tels que l'enseigne ou le nom commercial). La notion comptable de fonds commercial doit donc être distinguée de la notion juridique de fonds de commerce. Le Plan comptable général fait bien la différence entre les deux (PCG, art. 212-3.2) : « Sont comptabilisés dans le poste fonds commercial les éléments incorporels du fonds de commerce acquis qui ne font pas l'objet d'une évaluation et d'une comptabilisation séparée au bilan et qui concourent au maintien et au développement du potentiel d'activité de l'entité ».

L'amortissement du fonds commercial n'est possible que si sa durée d'utilisation est limitée dans le temps et que cette durée est connue. Dans la mesure où l'on estime que la clientèle ne s'épuise pas mécaniquement avec le temps ou l'usage, le compte n° 2807 « Amortissement des immobilisations incorporelles, Fonds commercial » est rarement utilisé en pratique.

Au niveau européen, il est admis depuis longtemps que les effets de l'acquisition d'un fonds commercial s'atténuent avec le temps ; la clientèle initiale diminue, même si de nouveaux clients prennent la place des anciens[209]. La directive comptable unique du 26 juin 2013 (V. *supra*, n° 54) prévoit un amortissement obligatoire du fonds commercial sur sa durée d'utilisation ; si celle-ci ne peut être estimée de manière fiable, les États membres devront fixer une durée d'amortissement maximale comprise entre cinq ans et dix ans (art. 12.11).

Les autorités comptables ont modifié le Code de commerce à compter des exercices ouverts depuis le 1er janvier 2016 pour prévoir que : « Dans des cas exceptionnels, lorsque la durée d'utilisation des éléments du fonds de commerce inscrits au poste fonds commercial ne peut être déterminée de façon fiable, ces éléments sont amortis sur une période de dix ans » (D. n° 2015-903, 23 juill. 2015, art. 1er, 11° ; C. com., art. R. 123-187, al. 3 nouveau).

Il revient à l'ANC de fixer les conditions de détermination de la durée d'utilisation, limitée ou non, des actifs incorporels (C. com., art. R. 123-187, al. 1er). Il lui revient également de préciser les cas exceptionnels dans lesquels le fonds commercial peut être amorti sur dix ans.

Le règlement n° 2015-06 du 23 novembre 2015 (art. 3) pose quatre règles (PCG, art. 214-3) :

1) par principe, « Le fonds commercial, tel que défini à l'article 212-3, en ce compris la part du mali technique lui étant affecté, est présumé avoir une durée d'utilisation non limitée ». En application de cette présomption de non-amortissement des fonds commerciaux, il ne devrait pas y avoir de grands changements en pratique[210] ;

2) mais « Lorsque la durée d'utilisation de ce dernier est limitée au regard

(208) L. Pouille, *L'amortissement des éléments incorporels du fonds de commerce : Dr. fisc.* 2019, n° 10, étude 182. Sur l'amortissement du *goodwill* (écart d'acquisition entre le coût d'une immobilisation et sa valeur réelle) dans certaines législations fiscales et sa compatibilité avec les règles européennes en matière d'aides d'État, V. Fl. Sicart, *Le critère de sélectivité en matière d'aides d'État : un « sfumato » savamment entretenu. – À propos de CJUE, gr. ch., 6 oct. 2021 – affaires du goodwill espagnol : Dr. fisc.* 2022, n° 22, étude 235.

(209) V. *La dépréciation du fonds de commerce : BF* 6/03, étude p. 435.

(210) V. A.-L. Blandin et M. Dos Santos, *Amortissement du fonds commercial et dépréciation : peu de changement en 2016 : FRC* 1/16, n° 20.

des critères cités à l'article 214-1, cette présomption est réfutée ». Il en irait ainsi lorsque le fonds est adossé à un contrat ou une autorisation légale ayant une durée d'utilisation limitée (par ex. : contrat de concession ou autorisation d'extraction d'une mine)[211] ;

3) « Dans ce cas [*Ndlr* : lorsque la durée d'utilisation est limitée], le fonds commercial est amorti sur la durée d'utilisation ou, si cette durée ne peut être déterminée de manière fiable, sur dix ans ». La durée d'amortissement du fonds commercial sur dix ans pourrait à cet égard être retenue comme durée d'usage en fiscalité ;

4) « Dans les comptes individuels, les petites entreprises définies selon les critères visés à l'article L. 123-16 du Code de commerce, peuvent amortir sur dix ans tous leurs fonds commerciaux »[212]. Sont visées les « petites entreprises » du droit comptable pouvant adopter une présentation simplifiée de leurs comptes annuels (V. *supra*, n°s 175 et s.).

En fiscalité, la question se pose de savoir si l'amortissement du fonds commercial pratiqué par les petites entreprises peut être admis en déduction du résultat imposable. Le principe de connexion entre la comptabilité et la fiscalité (CGI, ann. III, art. 38 quater, V. *supra*, n°s 10 et s.) va dans le sens de l'harmonisation des normes, mais à l'heure où nous écrivons ces lignes l'administration ne s'est pas encore exprimée. Cette dernière pourrait en effet se fonder sur un autre principe, figurant lui aussi à l'article 38 quater de l'annexe III du CGI comme une exception à la connexion : l'autonomie du droit fiscal[213]. Sa doctrine est lapidaire (BOI-BIC-AMT-10-20, 1er mars 2017, n° 360) : « Comme en matière de terrains, la dépréciation du fonds de commerce donne lieu à la constitution de provision (CGI, ann. III, art. 38 sexies) ». L'hésitation est en effet permise ; l'article 38 sexies de l'annexe III du CGI n'a pas été abrogé (V. *supra*, n° 428), et le Conseil d'État refuse toute idée d'amortissement dès lors que la dépréciation n'est pas irréversible et que la clientèle ne peut pas être dissociée de l'activité de l'entreprise (V. *supra*, n° ° 428). On ne sera donc pas surpris d'apprendre que le Conseil d'État a jugé incompatibles la règle comptable et la règle fiscale, de telle sorte que même une petite entreprise au sens précité ne peut se prévaloir de la règle comptable pour la détermination de son résultat fiscal (CE, avis, 3e et 8e ch., 8 sept. 2021, n° 453458, *SELARL Pharmacie de Bracieux : Dr. fisc.* 2021, n° 38, act. 479, obs. A. de Bissy ; *Dr. fisc.* 2021, n° 40, comm. 382, concl. R. Victor, note O. Fouquet).

À la suite de cette décision, le législateur a posé un principe et une exception (L. fin. 2022, n° 2021-1900, 30 déc. 2021, art. 23 : *Dr. fisc.* 2022, n° 1-2, comm. 16, obs. A. de Bissy). Par principe, le fonds commercial n'est pas amortissable (CGI, art. 39, 1, 2°, al. 2 nouveau). Ce principe est d'application générale ; il en va ainsi, alors même que l'entreprise a pu, sur le fondement du droit comptable, amortir son fonds commercial (cas des petites entreprises notamment). Par exception, sont déductibles les amortissements constatés dans la comptabilité des entreprises au titre des fonds

(211) V. A. Colmet Daâge et M. Ferré, *Comptabilité et fiscalité : retour sur l'année 2015 : Dr. fisc.* 2016, n° 28, étude 409, § 12.

(212) Lorsque l'entité dépasse les seuils prévus à l'article L. 123-16 du Code de commerce et qu'elle a pris antérieurement l'option d'amortir sur dix ans ses fonds commerciaux, elle peut maintenir le plan d'amortissement des fonds commerciaux inscrits à son bilan à la date de dépassement des seuils. En revanche, le plan d'amortissement des fonds commerciaux inscrits au bilan de l'entité postérieurement à la date de dépassement des seuils est défini conformément aux trois premiers alinéas (Règl. ANC n° 2018-1, 20 avr. 2018 ; A. 8 oct. 2018).

(213) V. A. Colmet Daâge et M. Ferré, *Comptabilité et fiscalité : retour sur l'année 2015*, préc., § 13.

commerciaux lorsqu'ils sont acquis à compter du 1er janvier 2022 et jusqu'au 31 décembre 2025 (CGI, art. 39, 1, 2°, al. 3 nouveau). Seuls les fonds commerciaux acquis pendant cette période sont amortissables : la mesure est destinée à inciter à la reprise d'entreprise dans un contexte économique difficile.

Selon l'administration (*BOFiP*, 9 juin 2022) :

– la mesure s'applique à tous les fonds commerciaux qui sont régulièrement amortis en comptabilité : fonds commerciaux acquis par les petites entreprises amortissables sur dix ans, et des fonds commerciaux dont la durée d'utilisation est limitée. Cette dernière situation se présente notamment lorsque le fonds commercial est adossé à un contrat ou une autorisation légale ayant une durée limitée (contrat de concession, autorisation d'extraction…) ou lorsqu'une décision d'arrêter l'activité à laquelle se rattache le fonds est prise par l'entreprise (BOI-BIC-AMT-10-20, n° 360) ;

– le dispositif s'applique également aux amortissements comptabilisés à raison de la fraction résiduelle du fonds artisanal (BOI-BIC-AMT-10-20, n° 365), du fonds agricole (BOI-BA-BASE-20-30-10-10, n° 105) ou du fonds libéral (BOI-BNC-BASE-50, n° 50) acquis entre le 1er janvier 2022 et le 31 décembre 2025. Cette fraction résiduelle correspond aux éléments incorporels de ce fonds qui ne font pas par ailleurs l'objet d'une évaluation et d'une comptabilisation séparées au bilan, et qui concourent au maintien et au développement du potentiel d'activité de l'entité (principalement : la clientèle, l'achalandage, l'enseigne et le nom professionnel, lorsqu'ils ne sont pas comptabilisés distinctement et isolément à l'actif du bilan) ;

– le dispositif temporaire de déductibilité fiscale s'applique à toutes les formes d'acquisition du fonds commercial, par suite d'une cession à titre onéreux, d'un apport, d'une fusion ou d'une opération assimilée (BOI-BIC-AMT-10-20, n° 360).

Afin de faire échec à des pratiques d'optimisation fiscale, notamment dans les groupes de sociétés, il a ensuite été décidé que *la mesure ne s'appliquerait pas aux fonds acquis auprès d'une entreprise liée au sens de l'article 39, 12 du CGI ou auprès d'une entreprise, y compris une entreprise individuelle, placée sous le contrôle de la même personne physique que l'entreprise qui acquiert le fonds* (L. fin. rect. 2022, n° 2022-1157, 16 août 2022, art. 7 ; CGI, art. 39, 1, 2°, al. 3 mod. ; disposition applicable aux acquisitions de fonds commerciaux intervenues à compter du 18 juillet 2022).

Selon l'administration (*BOFiP*, 21 déc. 2022) :

– cette exclusion s'applique aux acquisitions de fonds artisanaux de fonds agricoles ou d'éléments incorporels des fonds acquis par les titulaires de bénéfices non commerciaux, assimilables au fonds commercial (BOI-BIC-AMT-10-20, n° 360) ;

– pour les fonds acquis avant le 18 juillet 2018, elle se réserve le droit de soulever le motif principalement ou exclusivement fiscal de l'opération (LPF, art. L. 64 et L. 64 A ; CGI, art. 205 A ; BOI-BIC-AMT-10-20, n° 360).

Lorsque le fonds est acquis par fusion ou apport partiel d'actif soumise au régime de faveur de l'article 210 A du CGI, la société bénéficiaire a le choix de déduire de son résultat imposable l'amortissement comptabilisé à raison du fonds commercial qu'elle acquiert ou de renoncer à cette déduction (L. fin. rect. 2022, n° 2022-1157, 16 août 2022, art. 7, préc. ; CGI, art. 210 A, 3, d mod.). Cette disposition confirme la position administrative exprimée au *BOFiP* du 9 juin précité. Bien entendu, elle ne concerne pas l'opération qui entre dans le champ de la clause anti-abus visée au paragraphe précédent.

En ce qui concerne les dépréciations des fonds commerciaux :

– un test annuel de dépréciation des fonds non amortis est obligatoire (V. *infra*, n° 440) ;

– la dépréciation des fonds ne peut pas être rapportée aux résultats (V. *infra*, n° 445).

Afin d'éviter une « double déduction » de la charge si l'entreprise a passé une provision pour dépréciation de son fonds commercial, il est prévu que cette dernière soit « rapportée aux résultats imposables de chacun des exercices suivant celui au titre duquel elle a été déduite, pour un montant égal à la différence entre l'amortissement qui aurait été pratiqué si la provision n'avait pas été comptabilisée et l'amortissement effectivement comptabilisé à la clôture de l'exercice » (CGI, art. 39, 1, 5°, al. 15 mod.).

2) Calcul de l'amortissement

430. – Base d'amortissement. Elle est traditionnellement constituée par le coût de revient du bien (V. *supra*, n°s 422 et s.). En droit comptable, dans la mesure où l'amortissement vient constater la consommation des avantages attendus de l'actif et que celle-ci n'est pas nécessairement complète, il faut minorer la base amortissable de la valeur résiduelle du bien. Si le bien est décomposable, il y aura également plusieurs bases d'amortissement.

Le montant amortissable d'un actif est sa valeur brute, sous déduction de sa valeur résiduelle (PCG, art. 214-4, al. 1er). Cette dernière correspond au montant, net des coûts de sortie attendus (il s'agit des frais internes et externes qui permettront de mettre le bien en état d'être vendu), que l'entreprise pourrait obtenir de la cession de l'actif sur le marché à la fin de son utilisation (PCG, art. 214-4, al. 2). Comme toujours, la valeur résiduelle n'est prise en compte que si elle est mesurable et significative. Au plan fiscal, par contre, la valeur résiduelle n'est pas prise en compte. L'administration a rappelé que, conformément à l'article 15 de l'annexe 2 du Code général des impôts, les amortissements sont calculés sur le prix d'achat ou de revient des immobilisations[214]. L'entreprise devra donc comptabiliser un amortissement dérogatoire à hauteur de la différence entre le montant de la dotation comptable annuelle et le montant déductible fiscalement (V. *supra*, n°s 240 et s.). En pratique, les incidences seront minimes pour les entreprises qui conservent leurs biens durant toute leur durée de vie (dans ce cas, en effet, la valeur résiduelle n'est pas significative). Elles seront au contraire importantes pour les entreprises qui renouvellent régulièrement leurs immobilisations (par ex., entreprises de location).

Si, dès l'origine, un ou plusieurs éléments ont des utilisations différentes, chaque élément est comptabilisé séparément et un plan d'amortissement propre à chacun de ces éléments est retenu (PCG, art. 214-9, al. 2). La dépréciation d'une immobilisation décomposée doit en principe être affectée à chaque composant et à la structure. Toutefois, dans l'hypothèse où un tel degré de précision dans l'affectation de la dépréciation ne peut être atteint, l'administration admet que la dépréciation porte en priorité sur la structure (l'excédent de dépréciation par rapport à la valeur de la structure étant réparti entre les différents composants selon une méthode rationnelle et cohérente, par exemple au prorata de leur valeur)[215].

(214) *BOFiP*, BOI-BIC-AMT-10-30-20, n° 20.
(215) *BOFiP*, BOI-BIC-AMT-10-30-20, n° 80.

Exemple administratif

(*BOFiP*, BOI-BIC-AMT-10-30-20, n° 30)

Soit une flotte de dix véhicules particuliers achetés le 1er janvier N par une entreprise pour ses commerciaux.

Les véhicules sont achetés 16 000 € l'unité.

L'exercice comptable est calqué sur l'année civile.

L'entreprise a contractuellement prévu de les revendre au bout de quatre ans pour une valeur fixée à 25 % du prix d'achat compte tenu de l'utilisation envisagée (soit 4 000 € l'unité).

La durée d'amortissement comptable et fiscale est de quatre ans et le mode d'amortissement retenu est le mode linéaire. Aucun amortissement par composant n'est envisagé par l'entreprise, ni maintenant (immobilisation initiale), ni à l'avenir (lors du remplacement de pièces).

Base de calcul de l'amortissement comptable :
160 000 € – (10 × 4 000 € = 40 000 €) = 120 000 €.

Sur une période de quatre ans, la dotation annuelle comptable pour la flotte est de : 120 000 € / 4 = 30 000 €.

Base de calcul de l'amortissement fiscal : 160 000 €, soit une dotation annuelle déductible de 40 000 €.

La différence entre la dotation annuelle comptable et la dotation déductible est de : 40 000 € – 30 000 € = 10 000 €. Elle sera comptabilisée par l'entreprise sous la forme d'un amortissement dérogatoire.

431. – Durée d'amortissement. Il a déjà été souligné (V. *supra*, n° 253) le décalage entre le droit comptable qui fait référence à la durée d'utilisation des éléments amortissables propre à chaque entité (PCG, art. 214-13) et le droit fiscal qui continue de faire référence aux usages comptables qui s'appliquent de façon générale (CGI, art. 39-1, 2°), ce que ne manque pas de rappeler l'administration fiscale[216]. Cette situation conduit les entreprises à porter en amortissements dérogatoires la fraction excédentaire de l'amortissement fiscal, sauf les PME qui peuvent continuer à faire référence aux usages comptables (V. *supra*, nos 254 et s.).

Les usages s'entendent des « pratiques qui, en raison notamment de leur ancienneté, de leur fréquence ou de leur généralité, sont regardées comme normales, dans chaque nature d'industrie, de commerce ou d'exploitation, pour les biens à amortir, à la date d'acquisition de celui-ci par l'entreprise »[217]. Lorsqu'une immobilisation ne peut, en raison de sa singularité, être rapprochée d'aucun usage existant à la date de son acquisition, les règles d'amortissement que l'entreprise lui a appliquées ne sauraient être regardées comme un usage opposable à elle-même ; la réévaluation de la durée réelle d'utilisation peut donc justifier une révision de la durée d'amortissement[218]. L'administration fiscale a publié la liste des taux les plus couramment

(216) *BOFiP*, BOI-BIC-AMT-10-40-10, n° 20.
(217) CE, 11 mars 1988, n° 80365, *SA Pipe-line de la raffinerie de Lorraine : RJF* 4/88, n° 386.
(218) CE, 24 avr. 2019, n° 411242, *Areva NC : Dr. fisc.* 2019, n° 20, act. 239 (arrêt rendu dans une affaire portant sur la détermination de la valeur locative d'installations en matière de taxe professionnelle).

appliqués et elle a cité des exemples de durées d'amortissement spécifiques pour les composants immobiliers (V. tableau ci-dessous). Certains de ces taux ont été validés en jurisprudence (par ex., taux de 4 % pour les immeubles à usage de bureaux)[219], d'autres ont été adaptés au bien (par ex., taux de 2,5 % pour les immeubles d'habitation de « bonne catégorie »)[220]. Au demeurant, la durée d'amortissement peut être influencée par des circonstances particulières qui doivent être justifiées par celui qui s'en prévaut[221]. Notamment, l'entreprise doit être en mesure de justifier des circonstances particulières qui la conduisent à retenir une durée d'amortissement inférieure aux usages professionnels, mais l'administration a indiqué qu'elle ne remettra pas en cause les durées d'amortissement retenues par l'entreprise en raison de circonstances particulières lorsqu'elles ne s'écartent pas de plus de 20 % des usages professionnels[222].

Au cas de démembrement de propriété, les usages ne s'appliquent pas. En comptabilité, les actifs détenus en usufruit sont amortis sur la durée de vie estimée de l'usufruit, alors que l'amortissement de la nue-propriété peut être envisagé dans la mesure où le bien peut être rendu « dans l'état où il se trouvera » (C. civ., art. 589)[223]. Fiscalement, le démembrement n'échappe pas aux principes dégagés par la jurisprudence au sujet des immobilisations incorporelles qui sont amortissables s'il est normalement prévisible au moment de leur entrée dans le patrimoine que leurs effets bénéfiques sur l'exploitation prendront fin à une date déterminée (V. *supra*, n° 428). Ainsi, la jurisprudence considère que le droit conféré par l'usufruit doit être amorti sur sa durée d'utilisation[224]. Il n'y a donc pas de différence entre la durée d'amortissement comptable et la durée d'amortissement fiscale.

Le plan d'amortissement commence « à la date de début de consommation des avantages économiques qui lui sont attachés. Cette date correspond généralement à la mise en service de l'actif » (PCG, art. 214-12). Cette date devrait correspondre à la date à laquelle l'immobilisation est en état de fonctionner suivant l'utilisation prévue par l'entreprise[225]. En mode linéaire, il n'y a donc pas de divergence entre la position comptable et fiscale. En mode dégressif par contre, le droit fiscal continue de faire débuter le plan d'amortissement dès la date d'acquisition du bien (CGI, ann. II, art. 23-1°). Si l'immobilisation est acquise avec une clause de réserve de propriété, le plan peut débuter dès son inscription à l'actif[226].

Toute modification significative de l'utilisation prévue d'un bien (durée ou rythme de consommation des avantages économiques attendus de lui) entraîne la révision

(219) CE, 12 janv. 1983, n° 32728 : *RJF* 3/83, n° 362.

(220) CE, 31 juill. 1992, n° 42280, *Constructions immobilières modernes* : *RJF* 10/92, n° 1310.

(221) Ch. de la Mardière, *op. cit.*, n° 505.

(222) *BOFiP*, BOI-BIC-AMT-10-40-10, n° 240.

(223) R. Obert, *Le traitement comptable de l'usufruit et de la nue-propriété* : *RF compt.* déc. 2006, n° 393, p. 4. – V. égal. : R. Imberdis, *Démembrement du droit de propriété d'un immeuble. Un cas de métempsycose comptable* : *JCP* E 5/2007, 1144.

(224) TA Poitiers, 21 nov. 1996, n° 95-1701, *SA Hôtel Grill de Poitiers Nord* : *RJF* 1/97, n° 7 (apport à une société de l'usufruit de titres de participation pour dix ans). – TA Paris, 6 juill. 2009, n° 04-19716, *SEARL Grossin et associés* : *RJF* 1/10, n° 5 (acquisition par une société de l'usufruit d'un immeuble pour trente ans, maximum autorisé par l'article 619 du Code civil lorsque l'usufruit n'est pas accordé à des particuliers). Quant à l'usufruit viager, le Conseil d'État juge qu'il est amortissable dès lors qu'il est possible de déterminer la durée prévisible des effets bénéfiques, en tenant compte de l'espérance de vie de son titulaire, estimée à partir des tables de mortalité établies par l'INSEE (CE, 24 avr. 2019, n° 419912 : *Dr. fisc.* 2019, n° 44-45, comm. 427, concl. A. Iljic, note A. de Bissy).

(225) *BOFiP*, BOI-BIC-AMT-20-10, n° 120.

(226) *BOFiP*, BOI-BIC-AMT-10-20, n° 110.

prospective du plan d'amortissement (C. com., art. R. 123-179, al. 2 ; PCG, art. 214-14, al. 1er). Il en va de même en fiscalité : les taux d'amortissement primitivement calculés peuvent être reconsidérés au cours de la période d'utilisation du bien si des circonstances particulières viennent modifier cette période[227]. Par ailleurs, si un bien subit, au cours du plan d'amortissement, une dépréciation effective et définitive due à des circonstances exceptionnelles, l'entreprise qui cesse de l'utiliser peut déduire un amortissement exceptionnel en plus de l'annuité normale.

Taux d'amortissement les plus couramment admis (*BOFiP*, BOI-BIC-AMT-10-40-30, nos 1 et s.)

CATÉGORIE	IMMOBILISATIONS	TAUX (1)
Constructions	Maisons d'habitation ordinaires	1 à 2 %
	Maisons ouvrières	3 à 4 %
	Bâtiments commerciaux	2 à 5 %
	Bâtiments industriels (non compris la valeur du sol)	5 %
Matériel et outillage	Matériel	10 à 15 %
	Outillage	10 à 20 %
	Matériel de bureau	10 à 20 %
Autres immobilisations	Matériel de transport automobile	20 à 25 %
	Mobilier	10 %
	Agencements, installations	5 à 10 %
	Brevets, certificats d'obtention végétale (2)	20 %

(1) Taux d'amortissement (en %) = 100 / nombre d'années d'utilisation.

(2) Les brevets et certificats d'obtention végétale acquis au cours des exercices ouverts à compter du 1er janvier 1988 peuvent être amortis sur une période minimum de cinq ans (*BOFiP*, BOI-BIC-AMT-10-40-30, n° 7).

Exemple de décomposition d'un immeuble (*BOFiP*, BOI-BIC-AMT-10-40-10, n° 200) (1)

Amortissement des composants (2)	Toiture	4 %
	Installations électriques	4 %
	Étanchéité	6,67 %
	Ascenseurs	6,67 %
	Agencements intérieurs	6,67 %
Amortissement du gros œuvre ou de la structure (3)		2,5 %

(1) Hors immeuble de placement.

(2) Taux susceptibles d'être retenus par une entreprise qui a identifié cinq composants en plus de la structure.

(3) Taux qui correspond à la durée d'usage définie pour l'ensemble de l'immeuble (1,25 % s'agissant des immeubles de placement pour lesquels les entreprises doivent retenir la durée réelle d'utilisation).

(227) *BOFiP*, BOI-BIC-AMT-10-40-10, n° 300.

432. - Mode d'amortissement. Aucun texte, en fiscalité ou en comptabilité, n'impose ni n'interdit une modalité particulière de calcul des amortissements pour dépréciation. En comptabilité, « Le mode d'amortissement doit permettre de traduire au mieux le rythme de consommation des avantages économiques attendus de l'actif par l'entité. Il est défini, soit en termes d'unités de temps, soit en termes d'unités d'œuvre. Le mode linéaire est appliqué à défaut de mode mieux adapté » (PCG, art. 214-13, al. 4). En fiscalité, le choix d'un mode d'amortissement constitue une décision de gestion opposable (V. *supra*, n° 36).

Le mode linéaire est en quelque sorte l'amortissement de droit commun. Il constitue également l'amortissement minimal que doit comptabiliser une entreprise (CGI, art. 39 B) ; à défaut, il sera considéré comme ayant été irrégulièrement différé (V. *supra*, n°s 274 et s.). L'amortissement linéaire est dit « constant » parce qu'il permet à l'entreprise de déduire chaque année la même charge d'amortissement. Celle-ci représente le coût de revient du bien (V. *supra*, n° 430) divisé par le nombre d'années d'utilisation (V. *supra*, n° 431). Si le bien a été acquis en cours d'année, la première annuité est réduite *prorata temporis* depuis le jour de sa mise en service jusqu'à la date de clôture de l'exercice (le prorata se calcule en nombre de jours)[228]. La dernière annuité d'amortissement (dernière année du plan ou lors de la cession du bien en cours de plan) est réduite de la même façon. En pratique, les plans d'amortissement touchent donc un exercice de plus que le nombre d'annuités complètes (par ex., un bien amortissable sur cinq ans sera amorti sur six exercices comptables).

D'autres modes d'amortissement peuvent également être retenus lorsqu'ils sont mieux à même de traduire la dépréciation d'une immobilisation que le système linéaire ; *amortissement décroissant*, en appliquant un taux décroissant sur une valeur constante ou bien un taux constant sur la valeur résiduelle (sur le « dégressif fiscal », V. *supra*, n°s 245 et s.), *amortissement croissant*, qui augmente au fur et à mesure du plan, *ou amortissement variable* sur la base des « unités d'œuvres » plutôt que sur celle des « unités de temps » (l'entreprise peut ainsi retenir des critères tels que : la distance parcourue, la quantité fabriquée ou le nombre d'heures de travail). L'administration fiscale a admis ce mode particulier d'amortissement lorsqu'il reflète une dépréciation effective et définitive et dont le rythme de consommation des avantages économiques mesurée en unité d'œuvre est connu de manière fiable dès l'origine et ne varie pas de manière aléatoire[229]. Il n'y a, en principe, aucune correction extra-comptable à effectuer, ni aucun amortissement dérogatoire à comptabiliser[230].

Au demeurant, il existe quantité de régimes particuliers d'amortissements relatifs à certains secteurs professionnels ou à certains biens qui ont été validés par l'administration[231].

(228) *BOFiP*, BOI-BIC-AMT-20-10, n° 240. Par simplification, l'année sera divisée en douze mois de trente jours ; soit un prorata exprimé en 360e.

(229) *BOI* 4 A-13-05, n° 213, 30 déc. 2005, préc., n° 102, non repris au *BOFiP*.

(230) Mais si les conditions posées par la doctrine fiscale ne sont pas remplies, l'entreprise devra soit comptabiliser un amortissement dérogatoire complémentaire si l'amortissement comptable est inférieur à l'amortissement linéaire cumulé, soit effectuer une réintégration extra-comptable de la fraction excédentaire de l'amortissement comptable par rapport à l'amortissement fiscalement admis (*BOI* 4 A-13-05, n° 213, préc., n° 102, non repris au *BOFiP*).

(231) *BOFiP*, BOI-BIC-AMT-20-40-60.

Exemple

(Amortissement linéaire)

Soit une entreprise qui acquière une machine 120 000 € HT.

Le matériel est livré le 20 août N et mis en service le 1er septembre N.

Durée d'utilisation prévue : dix ans.

Un composant doit être changé au bout de cinq ans.

Valeur estimée de ce composant : 30 000 €.

L'exercice comptable est calqué sur l'année civile.

Plan d'amortissement de la structure

EXERCICE	VALEUR NETTE COMPTABLE À L'OUVERTURE DE L'EXERCICE	DOTATION AUX AMORTISSEMENTS
N	120 000 € – 30 000 € = 90 000 €	90 000 € × 120 / 360 = 30 000 € × 10 % = 3 000 €
N+1	87 000 €	90 000 € × 10 % = 9 000 €
N+2	78 000 €	9 000 €
N+3	69 000 €	9 000 €
N+4	60 000 €	9 000 €
N+5	51 000 €	9 000 €
N+6	42 000 €	9 000 €
N+7	33 000 €	9 000 €
N+8	24 000 €	9 000 €
N+9	15 000 €	9 000 €
N+10	6 000 €	90 000 € × 240 / 360 = 60 000 € × 10 % = 6 000 €

Plan d'amortissement initial du composant

EXERCICE	VALEUR NETTE COMPTABLE À L'OUVERTURE DE L'EXERCICE	DOTATION AUX AMORTISSEMENTS
N	30 000 €	30 000 € × 120 / 360 = 10 000 € × 20 % = 2 000 €
N+1	28 000 €	30 000 € × 20 % = 6 000 €
N+2	22 000 €	6 000 €
N+3	16 000 €	6 000 €
N+4	10 000 €	6 000 €
N+5	4 000 €	30 000 € × 240 / 360 = 20 000 € × 20 % = 4 000 €

3) Comptabilisation de l'amortissement

433. - **Écritures.** La comptabilisation des amortissements résulte de la prise en compte de deux principes apparemment contradictoires : l'intangibilité des valeurs comptables et l'image fidèle. Les annuités d'amortissement ne viendront pas diminuer directement la valeur des immobilisations, mais figureront sur un compte d'actif soustractif distinct. Il y a autant de comptes d'amortissement que de comptes d'immobilisation ; ils se caractérisent par le chiffre « 8 » inséré après le premier chiffre du compte d'immobilisation (n° 280 « Amortissement des immobilisations incorporelles », et n° 281 « Amortissement des immobilisations corporelles »). En contrepartie, l'entreprise doit débiter un compte de charges n° 68 « Dotation aux amortissements, dépréciations et provisions », afin de respecter l'équivalence entre la variation d'actif net et le résultat. Ce compte n° 68 est lui-même divisé en trois sous-comptes :

– *s'il s'agit du plan d'amortissement initial*, l'annuité d'amortissement doit être comptabilisée dans une subdivision du compte n° 681 « Dotation aux amortissements, aux dépréciations et aux provisions – Charges d'exploitation » (sous-compte n° 6811 « Dotations aux amortissements des immobilisations corporelles ou incorporelles ») ;

– *s'il s'agit d'immobilisations financières* (en l'occurrence, les primes de remboursement des obligations émises), il faut utiliser une subdivision du compte n° 686 « Dotation aux amortissements, aux dépréciations et aux provisions – Charges financières » (n° 6861 « Dotation aux amortissements des primes de remboursement des obligations ») ;

– *si l'annuité d'amortissement a été rajoutée*, elle est comptabilisée dans une subdivision du compte n° 687 « Dotations aux amortissements, aux dépréciations et aux provisions – Charges exceptionnelles ». Ce compte est utilisé lorsque l'entreprise comptabilise un supplément d'amortissement du fait de la remise en cause du plan initial (changement prospectif d'estimation, mais en aucun cas un changement rétrospectif de méthode). Il est également utilisé pour comptabiliser les amortissements dérogatoires (V. *supra*, n° 240).

434. - **Exigences fiscales.** Le droit fiscal n'a pas d'exigence particulière en matière de comptabilisation des amortissements, si ce n'est que, conformément au principe de nécessité des écritures comptables (V. *supra*, nos 40 et s.), seuls les amortissements effectivement comptabilisés pourront être déduits du résultat imposable. Un tableau des amortissements est également requis des entreprises (CGI, ann. III, art. 38-II et III), mais le défaut de production du document administratif n'est sanctionné que par une amende fiscale (V. *supra*, n° 44).

Exemple

Écritures comptables de l'exercice d'acquisition du matériel visé au n° 432.

Prix facturé :

120 000 € HT + TVA à 20 % (24 000 €) = 144 000 € TTC

Première annuité d'amortissement de la structure : 3 000 €.

Première annuité d'amortissement du composant : 2 000 €.

N° DU COMPTE	LIBELLÉ DU COMPTE	DÉBIT	CRÉDIT
	01/10/N		
2151	Installations techniques (composant A)	30 000 €	
2152	Installations techniques (structure)	90 000 €	
44562	TVA déductible sur immobilisations	24 000 €	
404	Fournisseurs d'immobilisations		144 000 €
	31/12/N		
68112	Dotations aux amortissements des immobilisations corporelles	5 000 €	
28151	Amortissements des installations techniques (composant A)		2 000 €
28152	Amortissements des installations techniques (structure)		3 000 €

b) La provision pour dépréciation

435. - Nature propre de la dépréciation. Contrairement à l'amortissement qui constate la dépréciation irréversible d'une immobilisation due à l'usage ou au temps, la provision pour dépréciation enregistre la dépréciation jugée non irréversible d'un élément de l'actif immobilisé ou circulant à l'occasion d'événements particuliers. Cette différence de nature entre les deux charges explique qu'elles peuvent se cumuler. Autrefois, le droit fiscal n'admettait pas la déduction d'une provision pour dépréciation exceptionnelle d'une immobilisation amortissable[232]. Aujourd'hui, la jurisprudence[233] et l'administration fiscale[234] admettent qu'une entreprise puisse déduire une provision pour dépréciation égale à la différence entre la valeur nette comptable et la valeur probable de réalisation du bien.

La solution ne fait plus de doute avec la nouvelle rédaction du troisième alinéa de l'article R. 123-179 du Code de commerce : « Que la durée d'utilisation soit limitée ou non *[Ndlr : donc que les biens soient amortissables ou pas, V. supra, n° 410]*, les éléments de l'actif immobilisé font l'objet d'une dépréciation lorsque leur valeur d'inventaire est inférieure à la valeur comptable et si l'on prévoit que la perte de valeur sera durable » (C. com., art. R. 123-179, al. 3 mod.)[235]. L'article 214-1 du Plan comptable général est tout aussi clair lorsqu'il prévoit que « … Le cas échéant, il *[Ndlr : l'actif amortissable]* fait également l'objet d'une dépréciation selon les modalités décrites à l'article 214-15 si les conditions prévues à l'article 214-17 sont remplies ».

436. - Dualité comptable. Pendant longtemps, les provisions étaient communément définies en comptabilité et en fiscalité comme étant les sommes déduites en vue de faire face à des dépenses futures probables liées à des événements qui sont survenus

(232) E. Gerbino, *Le provisionnement d'immobilisations corporelles amortissables ou le droit comptable contre le droit fiscal : D.* 1999, n° 32, p. 1109 et s.

(233) CE, 10 déc. 2004, *Sté Roissy films : RJF* 2/05, n° 119, chron. F. Bereziat, p. 3 (provision pour dépréciation des droits de distribution d'un film qui fut un échec commercial).

(234) *BOFiP*, BOI-BIC-PROV-40-10-10, n° 40.

(235) D. n° 2015-903, 23 juill. 2015, art. 1er, 4°, applicable aux exercices ouverts depuis le 1er janvier 2016.

au cours de l'exercice. Cette définition recouvrait pourtant deux réalités différentes : les provisions pour dépréciation d'un élément d'actif (elles viennent en soustraction de la valeur d'actif) et les provisions pour risques et charges (elles sont comptabilisées au passif de l'entreprise). Désormais, en comptabilité[236], le terme provision est réservé aux seules provisions figurant au passif (anciennes provisions pour risques et charges), alors que les provisions pour dépréciation deviennent simplement des dépréciations. La définition du Plan comptable général s'attache seulement à la perte en valeur du bien :

> « La dépréciation d'un actif est la constatation que sa valeur actuelle est devenue inférieure à sa valeur nette comptable » (PCG, art. 214-5).

437. - Unité fiscale. La fiscalité en reste à une définition unique des provisions. Aux termes de l'article 39-1, 5° du Code général des impôts, sont déductibles du résultat imposable,

> « les provisions constituées en vue de faire face à des pertes ou charges nettement précisées et que des événements en cours rendent probables, à condition qu'elles aient été effectivement constatées dans les écritures de l'exercice ».

Pour l'administration fiscale, les provisions pour dépréciation font partie des provisions pour pertes ; il est donc encore possible de distinguer entre les provisions pour dépréciation et les autres provisions pour pertes et charges[237]. Et même si, au plan comptable, les dépréciations ne sont plus des provisions, elles doivent continuer de respecter les conditions générales de déduction posées par l'article 39-1, 5° du Code général des impôts précité[238] (*1*). Simplement, compte tenu du principe de connexion, le droit fiscal a dû se positionner par rapport aux nouvelles règles d'évaluation des dépréciations (*2*). Pour le reste, le mécanisme général des dépréciations et les modalités de comptabilisation n'ont pas changé ; la provision pour dépréciation ne fait qu'anticiper une perte probable (*3*).

1) Les conditions générales de déduction

438. - Conditions de fond. Il ne faut pas se laisser abuser par le glissement sémantique ; la nature juridique des dépréciations n'a pas changé et il n'y a donc aucune raison pour que leur régime soit modifié[239]. Aujourd'hui comme hier, une provision pour dépréciation ne peut être admise en déduction du résultat que si quatre conditions sont simultanément remplies[240] :

• *La dépréciation doit être probable.* C'est l'essence d'une provision ou d'une dépréciation ; une perte certaine doit être comptabilisée en tant que telle et non en tant que provision, alors qu'une perte seulement éventuelle ne doit pas être comptabilisée. Souvent, la probabilité d'une perte résulte de l'état du marché ; la société subirait une perte (moins-value) si elle revendait l'actif (bien que l'intention de revendre ne soit pas nécessaire, V. *infra*, n° 441). En revanche, aucune provision ne peut être

(236) D. n° 2005-1757, 30 déc. 2005 adaptant la partie réglementaire du Code de commerce ; Règl. CRC n° 2005-09, 3 nov. 2005, préc., modifiant le Plan comptable général.

(237) *BOFiP*, BOI-BIC-PROV-10, n° 30.

(238) *BOFiP*, BOI-BIC-PROV-40-10-10, n° 30.

(239) La doctrine convient de l'application des conditions de déduction figurant à l'article 39-1, 5° du Code général des impôts aux dépréciations comme aux provisions ; V. M. Cozian, Fl. Deboissy et M. Chadefaux, *op. cit.*, n°s 536 et s.

(240) *BOFiP*, BOI-BIC-PROV-20-10, n° 1.

déduite au seul motif que le bien présente un intérêt moindre pour l'acquéreur[241]. Lorsque l'entreprise détient une créance, elle peut passer une dépréciation lorsqu'elle est *litigieuse* (si elle est incertaine dans son principe ou dans son montant, par exemple lorsqu'elle fait l'objet d'un contentieux en cours), ou lorsque la créance est *douteuse* (si son recouvrement est incertain, au cas d'insolvabilité du débiteur)[242]. Par contre, une créance *irrécouvrable* doit être traitée comme une perte déductible.

• *La dépréciation doit être suffisamment précise.* C'est le problème de l'évaluation de la charge. Elle suppose que l'élément déprécié puisse être précisément identifié et que le montant de la dépréciation soit évalué avec une approximation suffisante. Ici encore, la référence au marché est souvent incontournable. En principe, l'entreprise doit faire état d'une dépréciation réellement constatée ; il n'est pas possible de calculer une dépréciation de manière forfaitaire (% de la valeur du bien). Toutefois, sous la pression de la jurisprudence[243], l'administration admet que la dépréciation puisse être évaluée à partir de calculs statistiques si la méthode utilisée est appropriée à la situation de l'entreprise et fondée sur des données tirées de son expérience[244]. Des statistiques extérieures à l'entreprise peuvent également être retenues si elles sont pertinentes et fiables (par ex. : statistiques des tribunaux de commerce en matière de recouvrement de créance contre un débiteur faisant l'objet d'une procédure collective). Mais en aucun cas des statistiques fondées sur des événements antérieurs ne peuvent remplacer l'exigence d'un événement en cours à la clôture de l'exercice[245].

• *L'événement sur lequel se fonde la dépréciation doit être en cours à la clôture de l'exercice.* Littéralement, cette condition n'interdit pas la prise en compte d'une dépréciation fondée sur un événement qui s'est produit avant le début de l'exercice au titre duquel la provision a été déduite, mais exige seulement que ses effets persistent au moment de sa clôture[246]. *A contrario*, la condition interdit la prise en compte d'une dépréciation fondée sur un événement qui serait né après la clôture de l'exercice, même si c'est avant l'arrêté des comptes[247]. En revanche, il importe peu que l'événement ne soit

(241) TA Cergy-Pontoise, 7 avr. 2011, n° 0806065, *UGC Ciné Cité Île-de-France : RJF* 1/12, n° 11. Un terrain acquis pour édifier un complexe cinématographique ne peut donner lieu à une provision pour dépréciation de 100 % du seul fait de l'abandon par la société de son projet initial, un tel abandon n'ayant aucune incidence sur sa valeur intrinsèque (il en va de même de la provision pour risque de pollution du terrain dès lors que ce risque n'est pas suffisamment établi par de simples indications verbales fournies par un technicien).

(242) Si le simple défaut de paiement à l'échéance ne suffit pas pour rendre probable la perte (CAA Paris, 29 janv. 1991, n° 2662, *SNC edica : RJF* 5/91, n° 569), la jurisprudence n'exige pas que des poursuites soient engagées sur le terrain judiciaire, particulièrement si le débiteur constitue le principal client du créancier (CE, 19 juin 1989, n° 58984, *Provençale de chaudronnerie : RJF* 8-9/89, n° 933).

(243) CE, plén., 7 nov. 1975, n° 86136 : *Dr. fisc.* 1976, n° 11, comm. 395, concl. M.-A. Latournerie.

(244) *BOFiP*, BOI-BIC-PROV-20-10-20, n°s 70 et s.

(245) CE, 17 févr. 2016, n° 377415, *Sté Éditions Atlas : Dr. fisc.* 2016, n° 22, comm. 347, concl. E. Crepey (un incident de paiement concernant des clients ayant déjà été défaillants par le passé, mais qui sont désormais à jour de leurs anciennes dettes, ne constitue pas un « événement en cours » susceptible de fonder une provision).

(246) CAA Versailles, 8 févr. 2011, n° 09VE01202, *SA Gecina : RJF* 06/11, n° 683. Des terrains bâtis peuvent valablement faire l'objet d'une provision pour dépréciation en raison des effets de la crise immobilière, alors même que cette crise a débuté six ans avant l'exercice de constitution de la provision.

(247) Par exemple, l'ANC (communiqué du 2 avril 2020), la CNCC et le CSOEC (communiqué du 25 mars 2020), ont très explicitement considéré que l'épidémie de Covid-19 est un événement post-clôture sans lien direct avec une situation existant au 31 décembre 2019 (la situation épidémique du Covid-19 étant absente en France au 31 décembre 2019).

connu qu'après la clôture de l'exercice. Selon l'article L. 123-20, alinéa 3 du Code de commerce en effet :

« Il doit être tenu compte des passifs qui ont pris naissance au cours de l'exercice ou d'un exercice antérieur, même s'ils sont connus entre la date de clôture de l'exercice et celle de l'établissement des comptes ».

• *La dépréciation doit reposer sur une charge fiscalement déductible.* Cette condition ne figure pas expressément à l'article 39-1, 5° du Code général des impôts précité, mais on ne comprendrait pas qu'une dépréciation soit déductible alors que la dépense qu'elle est censée anticiper ne l'est pas. Il peut s'agir de dépréciations qui portent sur des biens somptuaires (V. *infra*, n° 577), ou sur des titres (V. *infra*, n° 430). Sur un plan strictement comptable, il n'est pas interdit de pratiquer une dépréciation ; elle devra simplement être réintégrée de manière extra-comptable.

439. – Conditions de forme. Conformément au principe de nécessité des écritures comptables, les dépréciations ne peuvent être déduites du résultat fiscal que si elles ont été comptabilisées (V. *infra*, n° 442). Selon le premier alinéa du 5° de l'article 39-1 du CGI en effet, sont déductibles : « Les provisions constituées en vue de faire face à des pertes ou charges nettement précisées et que des événements en cours rendent probables, à condition qu'elles aient été effectivement constatées dans les écritures de l'exercice ».

Il convient de noter l'application extrêmement rigoureuse de cette exigence par la jurisprudence. Ainsi est-il traditionnellement jugé qu'une provision n'est pas déductible en cas de déclaration tardive, même si elle a été portée au bilan de clôture[248], et même au cas de déclaration rectificative[249]. Position qui pouvait se justifier à une époque où la déduction de la provision était subordonnée à la production du relevé spécial, mais certainement plus aujourd'hui[250]. Plus cruellement encore, le Conseil d'État s'est opposé à ce qu'une entreprise puisse déduire une provision pour dépréciation en fiscalité afin de compenser la réintégration d'une perte pour créance irrécouvrable qu'elle avait déduite à tort et qui avait précisément entraîné la reprise de la provision dans le résultat. Faute de figurer dans les comptes à la clôture de l'exercice, la provision ne pouvait plus être déduite par l'entreprise, que ce soit par le biais d'une correction demandée par voie de réclamation ou, après l'expiration du délai de réclamation, par voie de compensation à l'occasion d'un rehaussement[251].

L'absence de relevé des provisions (CGI, ann. III, art. 38-II et III) n'est sanctionnée que par une amende fiscale (V. *supra*, n° 44). Ce relevé, applicable à toutes les provisions (pour dépréciation, risques et charges ou réglementées), prend la forme d'un imprimé n° 2056-SD (entreprises relevant du régime du bénéfice réel normal d'imposition), ou n° 2033-D-SD (entreprises relevant du régime simplifié d'imposition). Il doit être fourni en même temps que la déclaration annuelle des résultats, mais les sociétés dont les comptes sociaux n'ont pas encore été approuvés par l'assemblée générale des associés à ce moment-là peuvent produire un tableau complémentaire à l'appui de la déclaration provisoire[252].

(248) CE, 21 avr. 1997, n° 143016, *SARL SIPAG : Dr. fisc.* 1998, n° 3, comm. 35.
(249) CE, 16 nov. 2022, n° 462305, *SARL Fiorim : Dr. fisc.* 2022, n° 47, act. 430.
(250) En ce sens, M.-A. Deysine et Cl. Chaumet : *FR 7/23*, inf. 1, p. 2.
(251) CE, 18 oct. 2022, n° 461039, *SARL Dovre France : Dr. fisc.* 2023, n° 21, comm. 197, concl. R. Victor, note J.-L. Bédier.
(252) *BOFiP*, BOI-BIC-PROV-20-20, n°s 120 et s.

2) Les règles d'évaluation

440. - Test de dépréciation. Selon le Plan comptable général :

« L'entité doit apprécier à chaque clôture des comptes, s'il existe un indice montrant qu'un actif a pu perdre de sa valeur. Lorsqu'il existe un indice de perte de valeur, un test de dépréciation est effectué : la valeur nette comptable de l'actif est comparée à sa valeur actuelle » (PCG, art. 214-15, al. 1er)[253].

Par exception, les fonds commerciaux qui ne sont pas amortis doivent faire l'objet d'un test de dépréciation annuel, même sans indice de perte de valeur (PCG, art. 214-15, al. 2)[254].

Les indices retenus sont soit « externes » (valeur de marché, changements importants dans l'environnement technique, économique ou juridique, taux d'intérêts ou de rendement), soit « internes » (obsolescence ou dégradation physique, changements importants dans le mode d'utilisation, performances inférieures aux prévisions) (PCG, art. 214-16).

Si la valeur actuelle d'un actif immobilisé devient inférieure à sa valeur nette comptable, cette dernière est ramenée à la valeur actuelle par le biais d'une dépréciation (PCG, art. 214-17, al. 1er). La valeur actuelle s'apprécie par référence à la plus élevée de la valeur vénale et de la valeur d'usage (PCG, art. 214-6, al. 3). La valeur vénale s'entend du montant qui pourrait être obtenu, à la date de la clôture, de la vente d'un actif lors d'une transaction conclue à des conditions normales de marché, net des coûts de sortie (PCG, art. 214-6, al. 4). La valeur d'usage est la valeur des avantages économiques futurs attendus de l'utilisation de l'actif et de sa sortie, estimée en fonction des flux nets de trésorerie futurs (PCG, art. 214-6, al. 6).

441. - Position fiscale. Les règles comptables devraient être applicables en fiscalité, mais l'administration semble en rester à une lecture traditionnelle de l'article 39-1, 5° du Code général des impôts précité, qui, on le rappelle, dispose que les provisions sont constituées « en vue de faire face à des pertes ou charges nettement précisées que des événements en cours rendent probables ».

Sur deux points néanmoins, le nouveau droit comptable a entraîné un changement positif dans la doctrine fiscale[255] ; l'administration admet expressément qu'il n'existe pas d'interdiction de principe en ce qui concerne la possibilité de constater une dépréciation en supplément de l'amortissement[256], et que l'intention de céder

(253) Règl. ANC n° 2015-06, 23 nov. 2015, art. 3, applicable aux exercices ouverts depuis le 1er janvier 2016. L'ancien article 214-16 indiquait que « l'entité doit apprécier à chaque clôture s'il existe un indice quelconque montrant qu'un actif a pu perdre notamment de sa valeur ». Les termes « quelconque » et « notablement » ont été supprimés dans la mesure ou l'article R. 123-179 du Code de commerce n'y fait pas référence (ANC, Note de présentation du règlement n° 2015-06, p. 8). Cette disposition indique en effet « que leur durée d'utilisation soit limitée ou non, les éléments de l'actif immobilisé font l'objet d'une dépréciation lorsque la valeur d'inventaire est inférieure à la valeur comptable et si l'on prévoit que la perte de valeur sera durable ». Les termes « durable » ou « durablement » n'ont pas non plus été repris à l'article 214-15 dans la mesure où les modalités de calcul de la valeur actuelle précisées en commentaires tiennent compte de cette notion (ANC, Note de présentation, préc.).

(254) Règl. ANC n° 2015-06, 23 nov. 2015, art. 3, applicable aux exercices ouverts depuis le 1er janvier 2016.

(255) *BOFiP*, BOI-BIC-PROV-40-10-10, n° 40.

(256) CE, 10 déc. 2004, n° 236706, *Sté Roissy film*, préc.

une immobilisation amortissable n'est pas une condition impérative pour la déduction d'une dépréciation[257].

Mais, en ce qui concerne l'évaluation de la dépréciation à proprement parler, l'administration juge les nouvelles règles comptables trop aléatoires. Ainsi, selon elle[258], le caractère probable de la perte doit être étayé par l'existence d'une dépréciation effective, par référence à des événements particuliers, soit à une valeur de marché ou à partir d'une expertise indépendante. Il ne saurait être question de prendre en compte une simple baisse de performance d'un actif, fondée notamment sur une baisse de la valeur d'usage telle que définie ci-dessus (elle les assimile plutôt à des manques à gagner qu'à des pertes). En outre, sur le plan fiscal, la valeur vénale doit être déterminée abstraction faite des coûts de sortie.

En fiscalité également, l'évaluation des *œuvres d'art* peut donner lieu à la constatation d'une provision, mais la dépréciation doit être constatée par un expert agréé près les tribunaux lorsque le coût d'acquisition de l'œuvre est supérieur à 7 600 € (CGI, art. 39-1, 5°, al. 2).

La doctrine fiscale contemporaine est assez favorable à la convergence des règles comptables et fiscales qui permettrait d'aboutir à une meilleure évaluation des dépréciations. À cet égard, la « juste valeur » des actifs financiers propre aux normes IFRS (V. *supra*, n° 59) paraît être un objectif propre à satisfaire à la fois le principe de la dépréciation et l'évaluation de cette dépréciation, et la norme IFRS 9 relative aux instruments financiers adoptée par l'UE en 2016 (V. *supra*, n° 59) constitue un référentiel acceptable en fiscalité[259].

Le Conseil d'État a tranché et s'en remet désormais aux règles comptables (PCG, art. 214-6). Selon lui, la seule circonstance que la valeur vénale d'un élément d'actif soit devenue inférieure à sa valeur nette comptable ne saurait, en principe, justifier la déductibilité fiscale d'une provision s'il apparaît que la valeur d'usage reste supérieure à cette valeur nette comptable, faisant ainsi obstacle à la comptabilisation d'une dépréciation[260].

442. - Évaluation des titres. En principe, comme pour l'ensemble des actifs, *les actifs autres que les immobilisations incorporelles, corporelles et stocks* (cet ensemble défini de manière négative comprend les titres de sociétés) sont évalués à leur valeur actuelle (PCG, art. 214-25). Il existe néanmoins une grande variété de titres ayant des natures et des caractères propres, ce dont le droit comptable tient compte. Les règles fiscales peuvent également être différentes, tant au niveau des règles d'évaluation que du traitement de la dépréciation.

• *Les titres de participation*[261] sont évalués élément par élément, sans compensation possible avec les plus-values latentes. Qu'ils soient cotés ou non, les titres de partici-

(257) CE, 12 janv. 2005, n° 253865, *SA Pricel : RJF* 3/05, n° 217. La constitution d'une provision pour dépréciation d'un élément d'actif, rendue probable par des événements en cours à la clôture de l'exercice, en l'espèce les résultats des premiers mois d'exploitation d'un film, n'est pas subordonnée à l'intention du contribuable de céder cet élément d'actif.

(258) *BOFiP*, BOI-BIC-PROV-40-10-10, n° 50.

(259) Ph. Durand et T. Afantrouss Rami, *Une première lecture des enjeux fiscaux liés à l'adoption de la norme IFRS 9 : Dr. fisc.* 2018, n° 51-52, act. 552.

(260) CE, 22 nov. 2022, n° 454766, *Sté des radiologues du Villeneuvois : Dr. fisc.* 2023, n° 22-23, comm. 205, concl. E. Bokdam-Tognetti, note S. Humbert.

(261) La définition de l'ancien Plan comptable général est toujours citée en référence ; les titres de participation sont ceux dont la possession durable est estimée utile à l'activité de l'entreprise, notam-

pation sont évalués à leur valeur d'utilité représentant ce que l'entité accepterait de décaisser si elle devait acquérir cette participation (PCG, art. 221-3, al. 1er). Les titres de sociétés contrôlées de manière exclusive peuvent cependant être évalués par « équivalence »[262] (PCG, art. 221-4, al. 1er). Seules les sociétés qui établissent des comptes consolidés peuvent, sur option, évaluer par mise en équivalence les titres des sociétés qu'elles contrôlent de manière exclusive[263]. Hormis cette dernière hypothèse, l'administration se réfère à la valeur de marché, mais elle ne se contente pas d'une simple baisse du cours ou d'une valeur probable de négociation moindre ; conformément à l'article 39-1, 5° du Code général des impôts, l'entreprise doit justifier des événements qui affectent la valeur de sa participation[264]. Au plan fiscal, les provisions pour dépréciation des titres de participation ne sont pas déductibles pour les sociétés à l'IS (V. *infra*, n° 711), ou traitées comme des moins-values à long terme pour les entreprises à l'IR (V. *infra*, n° 719).

• *Les valeurs de placement*[265] sont évaluées soit au cours moyen du dernier mois pour les titres cotés, soit à leur valeur de négociation pour les titres non cotés (PCG, art. 221-6, par renvoi de l'article 222-1). Par exception à la règle d'évaluation élément par élément, il est possible de compenser une dépréciation fondée sur une baisse anormale et momentanée de la valeur des titres cotés par des plus-values latentes normales constatées sur d'autres titres de même nature (PCG, art. 221-7). Les règles sont les mêmes en fiscalité (CGI, ann. III, art. 38 septies). Ainsi, les titres cotés sont évalués au cours moyen du dernier mois de l'exercice et les titres non cotés à leur valeur probable de négociation[266]. L'estimation se fait par catégorie de titres de même nature. La compensation est possible avec des plus-values latentes sur d'autres titres si la baisse des titres cotés apparaît comme étant anormale et momentanée. Au plan fiscal, les provisions pour dépréciation des titres de placement sont traitées comme des moins-values à long terme (entreprises à l'IR exclusivement, V. *infra*, n° 719).

ment parce qu'elle permet d'exercer une influence sur la société émettrice des titres ou d'en assurer le contrôle (PCG 1982, p. I.42). Une définition équivalente figure dans le Code de commerce : « Constituent des participations les droits dans le capital d'autres personnes morales, matérialisés ou non par des titres, qui, en créant un lien durable avec celles-ci, sont destinés à contribuer à l'activité de la société détentrice. Sont présumés être des participations les titres représentant une fraction du capital supérieure à 10 % » (C. com., art. R. 123-184 mod. D. n° 2015-903, 23 juill. 2015, art. 1er, 9°). Définition reprise ensuite dans le Plan comptable général (PCG, art. 221-3, al. 1, mod. A. 26 déc. 2016, art. 2). En droit fiscal : « Constituent des titres de participation les parts ou actions de sociétés revêtant ce caractère sur le plan comptable. Il en va de même des actions acquises en exécution d'une offre publique d'achat ou d'échange par l'entreprise qui en est l'initiatrice, ainsi que des titres ouvrant droit au régime des sociétés mères, *à condition de détenir au moins 5 % des droits de vote de la société émettrice*, si ces actions ou titres sont inscrits en comptabilité au compte de titres de participation ou à une subdivision spéciale d'un autre compte du bilan correspondant à leur qualification comptable » (CGI, art. 39-1, 5°, al. 18).

(262) Sur cette notion, V. *supra*, n° 351.

(263) *BOFiP*, BOI-BIC-PVMV-30-20-10-20, n° 10.

(264) *BOFiP*, BOI-BIC-PVMV-30-20-10-10, n° 20.

(265) Le nouveau plan comptable ne définit plus les titres de placement, mais l'ancienne définition reste valable. Il s'agit des « titres acquis en vue de réaliser un gain à brève échéance » (PCG 1982, p. I.44). Des difficultés de qualification peuvent se poser en pratique pour certains titres. C'est le cas pour les *titres de créances négociables* ; le Conseil d'État a censuré une décision de cour administrative d'appel qui, conformément à la doctrine administrative (*BOFiP*, BOI-BIC-PDSTK-10-20-40), avait jugé qu'il s'agissait de *disponibilités* ne pouvant faire l'objet de provisions sauf s'il existe un risque de non-remboursement (CE, 17 juin 2015, n° 369076, *SA Banque BIA : Dr. fisc.* 2015, n° 40, comm. 597, concl. F. Aladjidi, note L. Chatain). Dans le même sens, après renvoi : CE, 30 mai 2018, n° 401892 : *Dr. fisc.* 2019, n° 4, comm. 124.

(266) *BOFiP*, BOI-BIC-PVMV-30-20-20, n° 160.

• *Les titres immobilisés de l'activité de portefeuille*[267] (« TIAP ») sont évalués titre par titre, sans compensation avec les plus-values latentes, « à une valeur qui tienne compte des perspectives d'évolution générale de l'entité dont les titres sont détenus et qui soit fondée, notamment, sur la valeur de marché » (PCG, art. 221-5). La fiscalité s'en tient à la valeur de marché ; un retraitement extra-comptable peut donc être nécessaire. Leur régime fiscal dépend de la qualification qui peut leur être attribuée ; titres de placement ou de participation.

• *Les autres titres immobilisés*[268] suivent généralement le régime comptable et fiscal des titres de placement (PCG, art. 221-7, préc. ; CGI, ann. III, art. 38 septies, préc.).

• *Les titres* « autodétenus » sont classés parmi les titres de participation ou de placement, selon qu'ils sont destinés à être annulés ou cédés. Pour les « titres qui sont détenus explicitement dans le but de réduire le capital : leur valeur comptable n'est soumise à aucune dépréciation et reste égale à leur prix d'achat jusqu'à leur annulation dès lors que dès l'origine, leur inscription doit être regardée comme équivalant à une réduction des capitaux propres » (PCG 2014, art. 221-6). À l'inverse, les titres destinés à être cédés peuvent faire l'objet de dépréciations, car la situation de la société n'est pas différente de celle de tout associé. Au cas de reclassement des titres de placement en titres immobilisés, il n'est plus possible de passer de nouvelles dépréciations[269], mais les anciennes restent valables[270].

443. – Évaluation des droits immobiliers. Les règles comptables en matière d'évaluation des immobilisations s'appliquent également aux droits immobiliers (immeubles ou titres de sociétés à prépondérance immobilière). Il en va de même en fiscalité, mais le traitement de la provision peut présenter des particularités génératrices de retraitements extra-comptables.

• *Les provisions pour dépréciation de titres de sociétés à prépondérance immobilière* sont traitées fiscalement comme des moins-values à long terme si ces sociétés sont cotées, ou sont déductibles dans les conditions du droit commun si ces sociétés ne sont pas cotées (sociétés à l'IS exclusivement, V. *infra*, n° 713). Les provisions pour dépréciation de titres de participation font, en outre, l'objet d'un plafonnement spécifique ; leur déduction est plafonnée à la fraction des moins-values latentes qui excède l'ensemble des plus-values latentes afférentes aux titres de même nature détenus par l'entreprise (CGI, art. 39-1, 5°, al. 19 ; CGI, art. 209-VI).

• *Les provisions pour dépréciation des immeubles de placement* ne sont déductibles qu'à hauteur des moins-values latentes nettes afférentes à l'ensemble des immeubles de placement détenus par l'entreprise (CGI, art. 39-1, 5°, al. 35). Par immeubles de placement, il faut entendre ceux qui ne sont pas affectés à la propre exploitation de

(267) Il s'agit de titres destinés par une entreprise à l'activité de portefeuille, telle que définie par l'avis CNC n° 30 comme celle qui consiste « à investir tout ou partie de ses actifs dans un portefeuille de titres pour en retirer, à plus ou moins longue échéance, une rentabilité satisfaisante » (*Mémento Lefebvre Comptable*, *op. cit.*, n° 35225).

(268) Il s'agit des titres, autres que les titres de participation, que l'entreprise a l'intention de conserver durablement ou qu'elle n'a pas la possibilité de revendre (*Mémento Lefebvre Comptable*, *op. cit.* n° 35275).

(269) CNC, avis n° 2002-D, 18 déc. 2002, relatif au traitement comptable des reclassements d'actions propres initialement comptabilisées dans la catégorie « valeurs mobilières de placement » ou « titres de transaction » au profit de la catégorie « titres immobilisés ».

(270) CE, 1er avr. 2015, n° 362317, *Sté Rexel Distribution : Dr. fisc.* 2015, nos 19-20, act. 284, obs. A. de Bissy ; *RJF* 6/15, n° 470, p. 443, chron. N. Labrune.

l'entreprise, à l'exclusion des immeubles mis à la disposition ou donnés en location à des entreprises « liées » au sens de l'article 39-12 du Code général des impôts (sur cette notion, V. *infra*, n° 746). Les plus-values latentes s'entendent de la différence existant entre la valeur réelle de ces immeubles à la clôture de l'exercice et leur prix de revient corrigé des éventuelles plus ou moins-values en sursis d'imposition sur les immeubles appartenant à cet ensemble. Ces plus-values latentes sont, le cas échéant, diminuées du montant global des provisions non admis en déduction au titre des exercices précédents du fait de la présente mesure et non encore rapportées au résultat à la clôture de l'exercice.

Exemple

Soit une société qui possède deux immeubles de placement (A et B).

I. – À la clôture de l'exercice N, elle comptabilise une dépréciation sur l'immeuble A de 80 000 €.

Parallèlement, l'immeuble B profite d'une plus-value latente (non comptabilisée) de 50 000 €.

La dépréciation est déductible, à hauteur de :

80 000 € – 50 000 € = 30 000 €.

Montant à réintégrer dans le résultat imposable :

80 000 € – 30 000 € = 50 000 €.

II. – À la clôture de l'exercice N+1, elle comptabilise une nouvelle dépréciation sur A de 40 000 €.

Parallèlement, la plus-value sur l'immeuble B est réévaluée à 60 000 €.

La dépréciation est déductible à hauteur de :

40 000 € – (60 000 € – 50 000 €) = 30 000 €.

Montant à réintégrer dans le résultat imposable :

40 000 € – 30 000 € = 10 000 €.

3) Le régime de la dépréciation

444. – Incidences de la dépréciation sur la base amortissable. La comptabilisation d'une dépréciation modifie de façon prospective la base d'amortissement (PCG, art. 214-17, al. 2)[271]. Fiscalement, en revanche, la base amortissable s'entend toujours du prix de revient de l'immobilisation (CGI, ann. II, art. 15 bis)[272]. La conséquence est que les amortissements comptables seront inférieurs à ce qu'ils auraient été en l'absence de dépréciation, et que fiscalement, il n'est pas possible de déduire des amortissements non comptabilisés. Certes, on peut estimer que la perte des amortissements est « compensée » par la dépréciation, mais la situation devient pénalisante pour les entreprises lorsque la dépréciation n'est pas déductible fiscalement (par ex., cas d'une dépréciation calculée sur la valeur d'usage, V. *supra*, n° 441).

(271) De manière générale, la dotation ou la reprise de dépréciations résultant de la comparaison entre la valeur actuelle d'un actif immobilisé et sa valeur nette comptable entraîne une modification prospective de la base amortissable (PCG, art. 214-14, al. 2).

(272) L'administration fiscale considère toutefois que la dépréciation devrait modifier la base d'amortissement retenue pour le calcul du résultat imposable (*BOFiP*, BOI-BIC-AMT-10-30-20, n° 40).

Afin de résoudre ces difficultés et d'assurer la déductibilité fiscale de la dépréciation, le CNC[273] a proposé que les entreprises transfèrent annuellement une quote-part de la dépréciation en compte d'amortissement exceptionnel, à hauteur de la différence entre la dotation aux amortissements calculée sur la nouvelle base amortissable et la dotation aux amortissements qui aurait été comptabilisée en l'absence de dépréciation. Pour ce faire, les entreprises doivent comptabiliser cette fraction de dépréciation en reprise sur provision, puis passer une écriture d'amortissement exceptionnel du même montant[274]. Dans l'hypothèse d'une dépréciation non déductible qui a été réintégrée extra-comptablement, il convient de déduire de manière extra-comptable également la dépréciation ainsi reprise[275].

445. – Suivi de la dépréciation. Dans la mesure où la dépréciation repose sur une estimation de la perte (moins-value latente), son montant est susceptible d'être modifié à l'issue de chaque exercice. À cette fin, les règles d'évaluation utilisées lors de l'estimation initiale s'appliquent également lors des évaluations postérieures (PCG, art. 214-18). Si la nouvelle estimation de l'actif est inférieure à l'ancienne, l'entreprise doit enregistrer un complément de déduction, alors que dans l'hypothèse inverse, elle doit reprendre l'excédent de dépréciation.

Lorsque la cause qui avait entraîné la comptabilisation d'une provision pour dépréciation disparaît, l'entreprise doit reprendre en totalité la dépréciation initiale (PCG, art. 214-19, al. 1), et ce au titre de l'exercice au cours duquel elle constate que la dépréciation est devenue sans objet. Par exception, pour les exercices ouverts depuis le 1er janvier 2016, les dépréciations afférentes au fonds commercial ne sont jamais rapportées aux résultats (C. com., art. R. 123-179, al. 6[276] ; PCG, art. 214-19, al. 2[277]). En outre, selon le Conseil d'État, une entreprise n'est pas obligée de reprendre une provision pour dépréciation fondée sur des motifs qui ont disparu à partir du moment ou ils sont remplacés par d'autres[278]. Également, la reprise de la provision n'est pas nécessaire si elle est maintenue au bilan sous un autre objet (par ex., une provision pour litige en lieu et place de la provision pour dépréciation)[279].

Lorsque l'entreprise cède l'immobilisation dépréciée, la provision pour dépréciation, également devenue sans objet, doit être reprise en comptabilité. Si elle a été bien calculée, le produit issu de la reprise sur provision vient annuler la moins-value de cession. De cette façon, conformément au principe de spécialité des exercices comptables (V. *supra*, nos 303 et s.), l'appauvrissement de l'entreprise né de la dépréciation de ses biens n'aura pas été imputé à l'exercice de cession qui a seulement fait apparaître une moins-value qui préexistait, mais à l'exercice au cours duquel s'est produit l'événement qui a entraîné la perte de valeur.

(273) CNC, avis n° 2006-12, 24 oct. 2006, § 1.2.

(274) O. Barbe et L. Didelot, *La neutralisation dans les comptes individuels des incidences fiscales des dépréciations comptables : RF compt.* janv. 2007, n° 395, p. 27.

(275) En ce sens, *Mémento Lefebvre Comptable*, *op. cit.*, n° 27785.

(276) D. n° 2015-903, 23 juill. 2015, art. 1er, 4°.

(277) Règl. ANC n° 2015-06, 23 nov. 2015, art. 3.

(278) CE, 30 juin 2016, n° 380916, *Sté Transat : FR* 35/16, inf. 1, p. 2 ; *Dr. fisc.* 2016, n° 40, comm. 527, concl. E. Bokdam-Tognetti obs. A. Morterol. Le Conseil d'État fait ainsi une différence entre l'objet de la provision (la dépréciation), et sa cause (les indices révélant une baisse de valeur de l'actif) ; une provision peut conserver son objet alors même que les motifs qui ont justifié sa constitution ont changé.

(279) Mais encore faut-il qu'une écriture comptable ait été effectivement constatée. V. TA Paris, 24 oct. 2017, n° 1617791/2-1, *SAS Realease Villages d'Entreprises : Dr. fisc.* 2018, n° 16-17, note P. Le Garzic.

446. - **Écritures comptables.** Les règles de comptabilisation des provisions pour dépréciation sont très proches de celles des amortissements pour dépréciation.

Au bilan, la dépréciation sera enregistrée au crédit d'un compte d'actif soustractif. Il en existe autant que d'actifs ; il suffit d'intercaler le chiffre « 9 » entre le premier et le second chiffre du compte d'actif concerné (subdivision du compte n° 290 « Dépréciation des immobilisations incorporelles », n° 291 « Dépréciation des immobilisations corporelles », n° 297 « Dépréciation des participations et créances rattachées à des participations », et n° 297 « Dépréciation des autres immobilisations financières »).

En résultat, la charge est portée au débit du compte principal n° 68 « Dotations aux amortissements, dépréciations et provisions », selon qu'il s'agit de la dotation initiale (subdivision du compte n° 681), d'une dépréciation d'un élément financier (subdivision du compte n° 686), ou d'une dotation complémentaire (subdivision du compte n° 687).

La dépréciation, ou la fraction de dépréciation qui devient sans objet doit être reprise dans un compte de produits (crédit du compte principal n° 78 « Reprises sur amortissement, dépréciations et provisions »), dans la subdivision concernée (n° 781, n° 786 ou n° 787). En contrepartie, il convient de débiter le compte d'actif soustractif n° 29 précité.

§ 2. – Les stocks et en-cours

447. - **Présentation.** Par opposition aux immobilisations qui ont vocation à demeurer dans l'entreprise, les stocks sont destinés à être vendus, en l'état ou après transformation. Les « en-cours » traduisent, quant à eux, l'état d'avancement de la production de biens (produits ou travaux) ou de services. La nature complexe des stocks invite à des définitions plus précises (A), d'autant qu'elles commandent les règles d'évaluation (B), voire de comptabilisation (C).

A. – Définition des stocks et en-cours

448. - **Approche globale.** Le Plan comptable général est assez lapidaire :

« Un stock est un actif détenu pour être vendu dans le cours normal de l'activité, ou en cours de production pour une telle vente, ou destiné à être consommé dans le processus de production ou de prestation de services, sous forme de matières premières ou de fournitures » (PCG, art. 211-7).

En tant qu'actifs, les stocks et en-cours doivent répondre aux quatre critères posés par le droit comptable (V. *supra*, n° 373). Ils doivent donc être identifiables, porteurs d'avantages économiques futurs, contrôlés par l'entreprise et évalués avec une fiabilité suffisante.

En fiscalité,

« Le stock est constitué par l'ensemble des marchandises, des matières premières, des matières et fournitures consommables, des productions en cours, des produits intermédiaires, des produits finis, des produits résiduels et des emballages non destinés à être récupérés, qui sont *la propriété* de l'entreprise à la date de l'inventaire et dont la vente en l'état ou au terme d'un processus de production à venir ou en cours permet la réalisation d'un bénéfice d'exploitation » (CGI, ann. III, art. 38 ter, al. 1er).

La condition tenant à la propriété est appréciée au jour de l'inventaire, par référence aux principes du droit civil.

Étant donné que le critère d'inscription des biens à l'actif n'est pas le même en comptabilité (critère du « contrôle ») et en fiscalité (condition de propriété), il peut exister une différence entre le patrimoine comptable et le patrimoine fiscal[280]. Si une telle distorsion est constatée, une écriture extra-comptable sera nécessaire (neutralisation de l'impact lié à la variation des stocks et à l'éventuelle dépréciation). En pratique, toutefois, cette situation devrait rester marginale compte tenu du fait que le transfert du contrôle va généralement de pair avec le transfert de propriété. En outre, l'administration fiscale admet que les biens vendus sous réserve de propriété soient considérés comme ayant quitté le patrimoine[281].

449. – **Approche différenciée.** La variété des stocks est exprimée de façon identique en droit fiscal et en droit comptable. Il n'y a pas de différence entre les définitions du droit fiscal (CGI, ann. III, art. 38 ter préc.) et les définitions de l'ancien plan comptable qui restent valables.

• *Les marchandises* sont susceptibles d'être revendues en l'état (PCG 1982, p. I.34).

• *Les approvisionnements* (matières premières et fournitures consommables) sont destinés à entrer dans la composition d'autres produits fabriqués ou traités (PCG 1982, p. I-35).

• *Les produits intermédiaires* sont ceux qui, ayant atteint un stade d'achèvement, sont destinés à entrer dans une nouvelle phase du cycle de production (CGI, ann. III, art. 38 ter, al. 3 ; PCG 1982, p. I.38). La nature de produit intermédiaire s'apprécie par rapport à un cycle de production interne à l'entreprise. Ne sont donc pas des produits intermédiaires, mais des matières premières achetées par l'entité : les concentrés de fruits utilisés pour fabriquer des jus de fruits[282] et les semences destinées à être vendues mélangées à d'autres[283].

• *Les produits finis* sont ceux qui ont atteint un stade d'achèvement définitif dans le cycle de production (CGI, ann. III, art. 38 ter, al. 4 ; PCG 1982, p. I.38).

• *Les produits résiduels* (ou matières de récupération) sont constitués par les déchets et les rebuts de fabrication (CGI, ann. III, art. 38 ter, al. 5).

• *Les productions en cours* sont les biens ou les services en cours de formation au travers d'un processus de production (CGI, ann. III, art. 38 ter, al. 2). Elles doivent être inscrites au bilan alors même alors même que la rémunération de la prestation est conditionnelle[284].

450. – **Distinction avec les immobilisations.** Sur deux points, les stocks diffèrent des immobilisations : *l'utilisation et la durée.* Alors que les immobilisations sont destinées à servir de façon durable à l'activité de l'entreprise (C. com., art. R. 123-181), c'est-à-dire au-delà de l'exercice en cours (PCG, art. 211-6), les stocks sont destinés à être revendus ou consommés rapidement (bien que, formellement, le critère lié à la rapidité ne figure pas à l'article 211-7 précité du Plan comptable général). Si les critères sont

(280) *BOFiP*, BOI-BIC-PDSTK-20-10, n° 90.

(281) *BOFiP*, BOI-BIC-PDSTK-20-10, n° 100.

(282) CE, 15 oct. 1997, n° 161620, *SA des eaux de Volvic : RJF* 12/97, n° 1107.

(283) CE, 21 juin 2002, n° 222622, *Sté Les Gazons de France : RJF* 10/02, n° 162.

(284) CE, 26 juill. 2011, n° 316081, *SA Coface Scrl Participations*, et n° 328556, *SA Coface Services*, préc. (V. *supra*, n° 321). La prise en compte d'une rémunération aléatoire pourrait s'expliquer par le fait que, selon le droit comptable, un élément doit être comptabilisé à l'actif lorsqu'il est *probable* (mais pas forcément certain) que l'entité bénéficiera des avantages économiques futurs correspondants (PCG, art. 212-1).

simples, leurs applications le sont moins ; les emballages et les pièces de rechange et de sécurité peuvent soulever des difficultés.

• *Les emballages* sont de deux types : *les emballages perdus* (simples conditionnements de produits) et *les emballages récupérables* (véritables matériels ; par ex., palettes de transport). Les emballages perdus qui sont destinés à être livrés avec leur contenu sans consignation ni reprise doivent être traités comme des stocks, alors que les emballages récupérables, qui sont susceptibles d'être provisoirement conservés par la clientèle et que le livreur s'engage à reprendre dans des conditions prédéterminées, constituent normalement des immobilisations. Par exception, les emballages récupérables peuvent être assimilés à des stocks lorsqu'ils ne sont pas commodément identifiables (CGI, ann. III, art. 38 ter, al. 6).

• *Les pièces de rechange* sont destinées à remplacer un composant d'une immobilisation principale à une échéance fixée par avance, alors que *les pièces de sécurité* permettent de subvenir à une panne. Le droit comptable prévoit qu'elles constituent les unes et les autres des stocks, déductibles du résultat imposable au fur et à mesure de leur consommation (PCG, art. 213-21). Toutefois, le même texte prescrit leur inscription à un compte d'immobilisation corporelle dans deux cas : lorsque l'entreprise prévoit d'utiliser les pièces de rechange principales et les pièces de sécurité sur plus d'une période, et lorsque les pièces de rechange et le matériel d'entretien ne peuvent être utilisés qu'avec une immobilisation corporelle. Un traitement identique doit leur être appliqué en fiscalité[285].

B. – Règles d'évaluation

451. - Règles générales. Selon l'article 38-3 du Code général des impôts :

« Les stocks sont évalués au prix de revient ou au cours du jour de la clôture de l'exercice si ce cours est inférieur au prix de revient [al. 1]. Les travaux en cours sont évalués à leur prix de revient [al. 2] ».

Si le cours du jour est inférieur au prix de revient, l'entreprise doit comptabiliser une provision pour dépréciation du stock (mais la « décote directe » est également admise en droit fiscal, V. *infra*, n° 456). Les productions en cours doivent être évaluées à leur seul prix de revient et ne peuvent éventuellement donner lieu qu'à une provision pour perte[286].

En comptabilité, il n'existe pas de disposition équivalente, mais l'état du droit est très proche. D'abord, en effet, les stocks sont évalués à leur coût d'entrée dans le patrimoine de l'entreprise ; celui-ci prend en compte les coûts d'acquisition, de transformation et autres coûts encourus pour amener les stocks à l'endroit et dans l'état où ils se trouvent (PCG, art. 213-30, al. 1er). Les pertes et gaspillages sont exclus des coûts (al. 2), et les coûts d'emprunt peuvent être inclus dans le coût des stocks (al. 3). Par suite, en tant qu'actifs, les stocks doivent faire l'objet d'une dépréciation lorsque la valeur actuelle est devenue inférieure à la valeur nette comptable (PCG, art. 214-5, sur renvoi de l'article 214-22), sachant que la valeur actuelle retenue est la plus élevée de la valeur vénale ou de la valeur d'usage (PCG, art. 214-6, al. 3, sur renvoi de l'article 214-22, préc.). Quant aux en-cours de production, ils sont évalués de la même manière (PCG, art. 214-22, préc.), ce que semble oublier l'administration[287].

(285) *BOFiP*, BOI-BIC-AMT-10-20, n° 200.
(286) CE, 1er oct. 2018, n° 40594, *Sté Heritage : Dr. fisc.* 2019, n° 36, comm. 352, concl. E. Cortot-Boucher.
(287) *BOFiP*, BOI-BIC-PDSTK-20-20-20, n° 1.

452. - Prix de revient. Le coût des stocks est déterminé par l'identification spécifique des coûts individuels, fournis par la comptabilité analytique ou, à défaut, par des calculs ou évaluations statistiques (CGI, ann. III, art. 38 nonies-2). L'entreprise qui n'est pas capable d'identifier individuellement les produits lors de l'inventaire annuel (cas des biens fongibles acquis à des dates et des prix différents) peut, conformément aux règles de droit comptable (C. com., art. L. 123-18, al. 3 ; PCG, art. 213-34), utiliser soit la méthode du prix moyen pondéré, soit la règle « PEPS/FIFO » (« premier entré, premier sorti » / *first in, first out*)[288]. Alors que la première technique retient comme référence le prix moyen des achats réalisés durant l'exercice, la seconde part du principe que les produits restant en stock sont ceux qui ont été acquis en dernier. Pour le reste, le calcul du prix de revient ne présente pas les mêmes difficultés selon qu'il s'agit de produits acquis ou de produits fabriqués par l'entreprise.

• *Le coût de revient des marchandises achetées* par l'entreprise comprend le prix d'achat, y compris les droits de douane et autres taxes non récupérables (notamment la TVA si l'entreprise n'y est pas assujettie), après déduction des rabais commerciaux, remises, ou escomptes de règlement, ainsi que les frais de transport, de manutention et autres coûts directement attribuables à l'acquisition des biens ou services (PCG, art. 213-31). Les « marges arrière » pratiquées dans la grande distribution constituent le prix d'une prestation du vendeur au profit du fournisseur et non pas des remises ou des rabais commerciaux ; elles doivent donc être exclues de la détermination du prix de revient des stocks[289]. Ces principes ont été repris en droit fiscal (CGI, ann. III, art. 38 nonies-1, *a*). Conformément au droit comptable également, les coûts d'emprunt peuvent être pris en compte (CGI, ann. III, art. 38 undecies, sur renvoi de l'article 38 nonies-1, *a*, préc., V. *supra*, n° 412), mais les coûts administratifs sont exclus à l'exception du coût des structures dédiées (CGI, ann. III, art. 38 nonies-1, *b*, al. 2). *Quant aux biens acquis à titre gratuit*, ils sont évalués à leur valeur vénale, en comptabilité (C. com., art. L. 123-18, al. 1er ; PCG, art. 213-4), comme en fiscalité[290].

• *Le coût de revient des produits fabriqués et des travaux en cours* correspond au coût de production. Ce dernier comprend les coûts directement liés aux unités produites (telle que la main-d'œuvre directe), mais également les frais généraux de production fixes (amortissements et entretien des équipements) ou variables (matière première indirecte et main-d'œuvre indirecte), encourus pour transformer les matières premières en produits finis (PCG, art. 213-32). Il en va de même en fiscalité (CGI, ann. III, art. 38 nonies-1, *b*). Selon la jurisprudence, les frais de sous-traitance peuvent également être pris en compte si l'entreprise exerce la responsabilité de l'ensemble du processus de fabrication (« frais de collection » notamment)[291], mais la solution est différente lorsque la société se borne à concevoir des modèles fabriqués et commercialisés par d'autres, sous licence[292]. Les honoraires d'un professionnel constituent également des charges directes de production devant être incorporées dans le coût

(288) Les autres méthodes d'évaluation des stocks ne sont pas admises, en droit comptable comme en droit fiscal : « Lifo » (*last in, first out*, dernier entré premier sorti), ou « Nifo » (*next in, firt out* : prochain entré, premier sorti : la valeur de sortie des stocks est réputée correspondre à celle de leur remplacement).

(289) CE, 4 févr. 2015, n° 365815, *Sté Disval et SA Colruyt France : Dr. fisc.* 2015, n° 24, comm. 399, concl. F. Aladjidi, note R. Torlet et M. Boivin.

(290) CE, 9 déc. 2009, n° 30 059, *Sté FB : Dr. fisc.* 2010, n° 4, comm. 95.

(291) CE, 23 mai 2003, n° 234100, *Sté Catimini : RJF* 8-9/03, n° 953 (la société contestait sa qualité de fabricant de vêtements dans la mesure où elle sous-traitait une partie de la confection à une autre entreprise).

(292) CE, 20 févr. 2002, n° 221437, *Sté la chemise Lacoste : RJF* 05/02, n° 472, p. 362, concl. E. Mignon.

des stocks, et non des frais de commercialisation, dès lors que la prestation a une incidence directe sur la qualité des produits[293]. Conformément au droit comptable, les coûts d'emprunt peuvent être pris en compte, mais les coûts administratifs sont exclus (par ex., taxe professionnelle)[294] à l'exception du coût des structures dédiées (CGI, ann. III, art. 38 nonies-1, *b*, al. 2, préc.). L'affectation des frais généraux fixes de production aux coûts de transformation est fondée sur la capacité normale des installations de production ; lorsque l'entreprise est en sous-activité, elle ne peut comprendre dans l'évaluation de la production la quote-part de charges correspondant à la sous-activité (PCG, art. 213-32 ; CGI, ann. III, art. 38 nonies-1, *b*, préc.).

453. - Cours du jour. En comptabilité, la valeur actuelle est la plus élevée de la valeur vénale et de la valeur d'usage (V. *supra*, n° 440). La valeur vénale sera plutôt retenue lorsque le bien est destiné à être vendu en l'état, alors que la valeur d'usage sera privilégiée si le stock doit entrer dans un processus de production. En fiscalité, l'évaluation au cours du jour correspond à la valeur probable de négociation, non compris les frais de commercialisation (CGI, art. 39-1, 5°, al. 1er). Les conceptions sont très proches, mais, dans la mesure où les frais restant à supporter jusqu'à la vente sont pris en compte en comptabilité alors qu'ils sont exclus en fiscalité, un retraitement extra-comptable peut être nécessaire (réintégration, en case WI de l'imprimé n° 2058-A-SD, de tout ou partie de la dépréciation à concurrence des frais de commercialisation restant à supporter à la clôture de l'exercice). Pour le reste, la référence au prix du marché est incontournable, en fiscalité comme en comptabilité. Elle a pourtant soulevé des difficultés s'agissant des produits intermédiaires et des approvisionnements.

• *Les produits intermédiaires* sont ceux qui sont parvenus à un stade intermédiaire de la production au sein de l'entreprise et non de marchandises simplement achetées par elle. Pour eux, il n'y a pas de marché et la référence à des produits identiques est impossible ; il faut donc s'appuyer sur le cours du produit fini au jour de la clôture de l'exercice comptable, ou au moins aux environs de cette date[295]. Naturellement, s'il existe un marché de produits intermédiaires, on doit appliquer le prix sur ce marché[296]. Mais, faute de marché, les produits intermédiaires doivent être évalués en fonction du prix de vente des produits auxquels ils s'incorporent et l'entreprise peut déduire une provision si cette évaluation est inférieure à leur coût de revient[297]. Le Conseil d'État repousse clairement l'argumentation de l'administration selon laquelle, faute de marché, il n'y a pas de « cours du jour » au sens de l'article 38-3 du Code général des impôts, et les stocks doivent être évalués à leur prix de revient[298]. Ce faisant, il s'aligne sur la doctrine comptable qui tend à retenir la valeur d'usage lorsque le

(293) CAA Bordeaux, 1er juill. 2013, n° 11BX02428 : *FRC* 7/14, inf. 5 (honoraires d'un œnologue).

(294) CE, 3 nov. 2003, n° 248888, *SA Tuileries Maley Betopan* : *RJF* 1/04, n° 8. La décision a été rendue faut de précision comptable. S'agissant de la CET, la question est à l'étude au niveau de l'ANC.

(295) CE, 21 mai 2012, n° 332090, *Sté Denkavit France* : *Dr. fisc.* 2012, n° 41, comm. 469, concl. P. Collin. Ne peuvent être prises en compte ni des données largement antérieures à la date de clôture de l'exercice, ni des données postérieures à celles-ci.

(296) CE, 17 oct. 2007, n° 284054, *Morey* : *Dr. fisc.* 2008, n° 12, comm. 222 (un viticulteur est fondé à évaluer ses stocks en fûts en se référant au cours des vins en vrac dès lors qu'ils sont susceptibles d'être vendus en l'état, nonobstant le fait qu'il commercialise à titre habituel la majeure partie de sa production en bouteilles).

(297) CE, 30 déc. 2009, n° 304516, *Sté Bonduelle Conserve International* : *Dr. fisc.* 2010, n° 11, comm. 229, concl. E. Glaser.

(298) *BOFiP*, BOI-BIC-PDSTK-20-20-10-20, n° 30.

produit ne peut être vendu en l'état, ou qu'exceptionnellement[299]. Cette valeur correspond à celle du produit fini diminuée des charges de production à venir et des frais de distribution. Ainsi, la dépréciation ne sera possible que si les produits finis dans lesquels ils s'incorporent se sont aussi dépréciés. La solution fiscale n'est donc pas différente, à une réserve près : en fiscalité, l'évaluation des produits intermédiaires ne peut pas tenir compte des frais non engagés à la clôture de l'exercice en vue de la commercialisation des produits finis (CGI, art. 39-1, 5°, al. 1er, préc.)[300].

• *Les matières premières et les approvisionnements* présentent les mêmes difficultés que les produits intermédiaires. S'il existe un marché (les matières premières peuvent être revendues telles quelles), l'administration fiscale[301] et la jurisprudence[302] considèrent qu'il faut se référer au prix de ce marché (non diminué des frais de commercialisation) ; peu importe qu'elles soient ou non destinées à être incorporées dans un produit fini. La doctrine comptable fait au contraire référence à la valeur d'usage du produit fini (prix de vente diminué des frais d'achèvement et de commercialisation)[303]. Faute de marché (les matières premières ne peuvent être revendues qu'une fois incorporées dans un produit fini), ces dernières devraient suivre le régime des produits intermédiaires et être évaluées à la valeur d'usage du produit fini (mais en fiscalité, les frais de commercialisation ne peuvent, comme toujours, être déduits).

C. – Règles de comptabilisation

454. – Inventaire intermittent. Si les entreprises tenaient un inventaire *permanent*, les achats et les ventes de stocks (marchandises, matières premières ou approvisionnements) seraient directement répercutés dans le compte de stocks, et il en irait de même pour les produits fabriqués, au moment de leur fabrication ou de leur vente (produits intermédiaires ou produits finis). En pratique, les entreprises tiennent un inventaire *intermittent* ; les achats et les ventes de stocks sont d'abord portés dans un compte de charges ou de produits, et la production de l'exercice n'est comptabilisée que lorsqu'elle est vendue. Ce n'est qu'au moment de l'inventaire annuel que la variation des différents stocks (différence entre le stock final et le stock initial de chaque catégorie de biens) corrige le résultat, de telle sorte que celui-ci représente l'enrichissement réel de l'entreprise lié à des opérations d'achat/revente (entreprises de distribution) ou à des opérations de fabrication (entreprises de production).

455. – Comptabilisation de la variation de stocks. L'entreprise utilise une subdivision du compte de charges n° 603 (marchandises, matières premières, autres approvisionnements) ou du compte de produits n° 713 (en-cours de production, produits). Ce compte exprime la différence entre le stock d'ouverture et le stock de clôture pour chaque catégorie d'élément stocké : au débit, on inscrit le montant du stock au début de l'exercice (par le crédit d'une subdivision du compte de stocks de la classe « 3 » qui est soldé), et au crédit, on porte le montant du stock à la clôture de l'exercice (par le débit du même compte de stocks de la classe « 3 » qui exprime le nouveau solde) : un solde débiteur vient en augmentation des charges ou en diminution des produits de l'exercice, et inversement si le solde est créditeur.

(299) *Mémento Lefebvre Comptable*, *op. cit.*, n° 21510.
(300) O. Fouquet, note ss CE, 3 déc. 2009, préc. : *RTD com.* 2010, p. 221.
(301) *BOFiP*, BOI-BIC-PDSTK-20-20-10-20, n° 1.
(302) CE, 15 oct. 1997, *SA des eaux de Volvic*, préc. – CE, 21 juin 2002, *Sté les Gazons de France*, préc.
(303) *Mémento Lefebvre Comptable*, *op. cit.*, n° 21520.

Exemple

(Entreprise de production)

- Stock d'ouverture (matières premières) : 100.
- Stock d'ouverture (produits finis) : 160.
- Stock de clôture (matières premières) : 60.
- Stocks de clôture (produits finis) : 180.
- Variation de stock de matières premières (stock initial – stock final) : 100 – 60 = + 40 en charges.
- Variation de stock de produits finis (stock final – stock initial) : 180 – 160 = + 20 en produits.

N° DU COMPTE	LIBELLÉ DU COMPTE	DÉBIT	CRÉDIT
	31/12/N		
6031	Variation de stocks de matières premières	100	
31	Stock de matières premières (annulation du stock d'ouverture)		100
	31/12/N		
31	Stock de matières premières (nouveau stock)	60	
6031	Variation de stock de matières premières		60
	31/12/N		
7135	Variation de stock de produits	160	
35	Stock de produits (annulation du stock d'ouverture)		160
	31/12/N		
35	Stock de produits (nouveau stock)	180	
7135	Variation de stock de produits		180

456. – **Comptabilisation de la dépréciation.** Si le principe de prudence s'oppose à la prise en compte des gains latents, il exige au contraire que soient enregistrées les pertes latentes.

Le principe de non-compensation s'oppose à ce que la dépréciation soit directement portée dans le compte de stocks ; elle doit donc être enregistrée dans une subdivision du compte n° 39 « Dépréciation des stocks et en-cours », par le débit de la subdivision appropriée du compte n° 68 « Dotations aux amortissements, dépréciations et provisions », conformément au principe général (PCG, art. 943-39). La méthode consiste à passer une dépréciation complémentaire (augmentation de la dépréciation) ou à effectuer une reprise sur provision (diminution de la dépréciation), mais il est également possible de procéder à une annulation globale de la dépréciation sur le stock initial (par le biais d'un compte de reprise) et de constater la dépréciation du stock final (par le biais du compte de charges précité).

Les règles comptables qui viennent d'être décrites sont applicables en fiscalité, mais l'administration admet la possibilité de pratiquer une décote directe sur les stocks[304]. La jurisprudence est en ce sens : une entreprise qui n'a pas passé une provision pour dépréciation des stocks ne peut être privée du droit qu'elle tient de l'article 38-3 du Code général des impôts de valoriser ses stocks au cours du jour à la clôture de l'exercice si celui-ci est inférieur au prix de revient[305].

457. – Obligations administratives. Les entreprises industrielles et commerciales sont tenues de faire chaque année un inventaire de leurs éléments actifs et passifs (C. com., art. L. 123-12, al. 2). L'inventaire des stocks est obligatoirement établi à la clôture de l'exercice ou à une date relativement proche[306]. Il s'agit d'un inventaire « matériel », de nature « extra-comptable », qui consiste à recenser et évaluer aussi précisément que possible l'ensemble des éléments détenus en stock à la clôture de l'exercice. Il prend la forme d'un livre d'inventaire qui doit énumérer autant d'articles qu'il existe de produits de caractéristiques différentes en raison de leur nature, de leurs dimensions, de leur marque, ou de leur prix unitaire[307]. Ce document doit être présenté à l'administration fiscale sur sa réquisition (CGI, art. 54).

SECTION 2 LES PASSIFS : LES PROVISIONS

458. – Définition et éléments caractéristiques des passifs. Le Plan comptable général définit le passif *externe* comme étant :

« un élément du patrimoine ayant une valeur économique négative pour l'entité, c'est-à-dire une obligation de l'entité à l'égard d'un tiers dont il est probable ou certain qu'elle provoquera une sortie de ressources au bénéfice de ce tiers, sans contrepartie au moins équivalente attendue de celui-ci » (PCG, art. 321-1.1).

L'obligation peut être d'origine légale, réglementaire ou contractuelle, mais elle peut aussi naître de pratiques antérieures de l'entreprise ou de sa politique affichée d'engagements publics qui ont créé une attente légitime des tiers sur le fait qu'elle assumera certaines responsabilités (PCG, art. 321-1.2). Par exemple, la « prime exceptionnelle Macron »[308] devra être comptabilisée en passif si, avant la clôture de l'exercice, l'entreprise a pris un engagement contractuel (sous forme d'accord d'entreprise) ou implicite (sous forme de communication aux salariés)[309]. Le tiers créancier de l'obligation peut être une personne physique ou morale, déterminable ou non (PCG, art. 321-1.3). Le passif reste justifié, alors même que la créance est passée de la tête d'une personne morale à celle d'une personne physique ; par exemple au cas de liquidation anticipée d'une EURL[310]. Enfin, le passif doit être estimé au montant de la

(304) *BOFiP*, BOI-BIC-PDSTK-20-20-10-20, n° 60.
(305) CE, 23 févr. 1977, n° 98252 : *RJF* 04/77, n° 203. – CE, 6 janv. 1984, n° 36432 : *RJF* 03/84, n° 347. – CE, 9 nov. 1990, n° 8876, *Laboratoires Nicholas* : *RJF* 12/90, n° 1447.
(306) *BOFiP*, BOI-BIC-PDSTK-20-10, n° 310.
(307) *BOFiP*, BOI-BIC-PDSTK-20-10, n° 310.
(308) Entre le 11 décembre 2018 et le 31 mars 2019, les entreprises pouvaient verser à leurs employés une prime défiscalisée et exonérée de charges sociales (L. n° 201-1913, 24 déc. 2018, art. 1).
(309) *FRC* 5/19, inf. 2.
(310) CE, 1er avr. 2022, n° 445634, *Sté Erol Construction* : *Dr. fisc.* 2022, n° 25, comm. 256, concl. C. Guibé.

sortie de ressources que l'entité doit supporter pour éteindre son obligation envers le tiers (PCG, art. 321-2).

459. – Notion comptable de provision. Les « provisions », anciennement dénommées « provisions pour risques et charges », sont désormais des passifs à part entière[311]. Selon l'article 321-5 du Plan comptable général :

« Une provision est un passif dont l'échéance ou le montant n'est pas fixé de façon précise ».

En tant que passifs, les provisions doivent répondre à la définition générale susexposée. Mais tous les passifs ne sont pas des provisions ; celles-ci ne doivent pas être confondues avec les dettes, les charges à payer ou les passifs éventuels.

• *Les dettes* sont des passifs certains dont l'échéance et le montant sont fixés de manière précise (PCG, art. 321-4).

• *Les charges à payer* sont des passifs certains dont il est parfois nécessaire d'estimer le montant ou l'échéance avec une incertitude moindre que pour les provisions (CNC, avis n° 2000-01 relatif aux passifs, § 1.2). Elles sont rattachées aux dettes et non aux provisions (sur la différence avec la conception fiscale des charges à payer, V. *infra*, n° 460).

• *Les passifs éventuels* résultent soit d'une obligation potentielle de l'entité envers un tiers, soit d'une obligation dont il n'est pas probable ou certain qu'elle provoquera une sortie de ressource sans contrepartie au moins équivalente attendue de celui-ci (CNC, avis n° 2000-01 préc., § 1.2). Les passifs simplement éventuels ne peuvent être comptabilisés en tant que dettes au bilan, mais des informations sont à fournir dans l'annexe comptable.

460. – Notion fiscale de provision pour risques et charges. En fiscalité, les provisions sont constituées « en vue de faire face à des pertes ou des charges nettement précisées que des événements en cours rendent probables, à condition qu'elles aient été effectivement constatées dans les écritures de l'exercice » (CGI, art. 39-1, 5°). L'approche fiscale de la notion de provision diffère de l'approche comptable sur trois points essentiellement :

• *Les provisions ne sont pas nécessairement des passifs* ; seules le sont les provisions pour pertes autres que les provisions pour dépréciation (V. *supra*, n°s 435 et s.), c'est-à-dire les provisions pour « risques », ainsi que les provisions pour « charges ». Selon le plan comptable (PCG, art. 941-15), la différence entre les provisions pour risques et les provisions pour charges tient à ce que les premières sont liées à l'activité générale de l'entreprise, alors que les secondes peuvent être rattachées à une opération déterminée (le degré d'incertitude est donc plus élevé pour les premières que pour les secondes).

• *Les provisions ne peuvent être constituées que si la perte ou la charge est probable et précise.* En fiscalité, une dette certaine dans son principe ne peut pas être provisionnée, mais inscrite dans un compte de « charges à payer » (V. *supra*, n°s 333 et s.) si son montant peut être évalué avec une précision suffisante. En comptabilité, une dette certaine peut être provisionnée si son échéance ou son montant n'est pas suffisamment précis[312].

(311) Règl. CRC n° 2000-06, 7 déc. 2000 ; A. 17 janv. 2001, entré en vigueur le 1er janvier 2002.

(312) Toutefois, la différence entre les deux conceptions est plus apparente que réelle : en fiscalité, une dette certaine pourra être provisionnée dès lors que, eu égard à son manque de précision, elle ne

L'administration fiscale considère que doivent être portées en provisions, et non en charges à payer, les dépenses pourtant certaines et précises lorsque la date d'exigibilité se rattache à des événements futurs[313]. Ainsi, les rappels d'IS, la taxe d'apprentissage ou les droits à congés payés doivent être provisionnés en fiscalité, alors qu'ils devraient être inscrits dans un compte de charges à payer d'après les principes comptables[314]. La jurisprudence est en ce sens ; une prime de bilan dont l'attribution est subordonnée à la présence du salarié dans l'entreprise lors de son versement ne peut être inscrite en charges à payer faute de pouvoir être déterminée avec certitude à la clôture de l'exercice[315].

461. - **Plan de l'étude.** Il existe un régime commun à l'ensemble des provisions pour risques et charges, quelle que soit leur nature (§ 1). Dans le détail, les provisions pour risques et les provisions pour charges soulèvent des problématiques qui leur sont propres (§ 2).

§ 1. – Le régime commun des provisions pour risques et charges

462. - **Contrôle des provisions.** En comptabilité comme en fiscalité, la provision est une charge déductible qui doit répondre à certaines exigences pour pouvoir être déduite. L'évolution du droit comptable, combinée aux exigences fiscales, conduit à encadrer très strictement la déductibilité des provisions (A). Ces exigences se retrouvent au niveau du suivi des provisions : la perte ou la charge étant simplement anticipée, l'entreprise doit s'intéresser au sort futur de cette provision eu égard à la réalisation du risque qui l'avait motivée (B).

A. – La déductibilité des provisions

463. - **Absence d'unité comptable et fiscale.** Sur le fond, le comptable cherchera à respecter les définitions du Plan comptable général, alors que le fiscaliste vérifiera que les conditions traditionnellement exigées par le droit fiscal pour la déductibilité des provisions sont réunies. En pratique, les unes et les autres convergent vers des solutions communes, mais certaines différences peuvent être relevées (1°). Au plan formel, les entreprises devront enregistrer les provisions dans les comptes appropriés et les porter sur un relevé spécial (2°).

1° Les conditions de fond

464. - **La provision doit être destinée à couvrir une perte ou une charge effective.** L'idée est que l'entreprise est autorisée à déduire une perte ou une charge qui, si elle s'était produite au cours de l'exercice, aurait pu être déduite en tant que telle[316]. Seules les dépenses futures générant un appauvrissement du patrimoine de l'entreprise peuvent être provisionnées, à l'exclusion des simples manques à gagner ou des dépenses qui seront compensées par une augmentation de son actif net. La règle comptable est dans le même sens ; seules peuvent donner lieu à la constatation de provisions les dépenses au profit d'un tiers qui provoquera une sortie de ressources

peut être inscrite dans un compte de frais à payer (ni *a fortiori* dans un compte de dettes), et qu'elle ne constitue pas un passif éventuel.

(313) *BOFiP*, BOI-BIC-PROV-10, n° 190.

(314) Sur la divergence entre fiscalité et comptabilité, et la tolérance fiscale, V. *supra*, n° 334.

(315) CAA Bordeaux, 15 nov. 1994, n° 93-1495, *SA Socomec : RJF* 4/95, n° 456.

(316) *BOFiP*, BOI-BIC-PROV-20-10-10, n° 1.

au bénéfice de ce tiers, sans contrepartie au moins équivalente attendue de celui-ci (PCG, art. 321-6). Ainsi, par exemple, une entreprise ne saurait constituer une provision pour faire face à une baisse de recettes liées à la conjoncture économique ; le plan comptable précise bien que : « Les pertes d'exploitation futures, ne répondant pas à la définition d'un passif de l'article 321-1, ne sont pas provisionnées » (PCG, art. 322-12).

Une application intéressante de ces principes peut être trouvée en matière d'attribution gratuite d'actions ou d'option de souscription ou d'achat d'actions. Depuis le règlement CRC n° 2008-15 du 4 décembre 2008 (PCG, art. 624-1 et s.), il convient d'opérer la distinction suivante : aucune provision ne peut être comptabilisée lorsque l'attribution porte sur des actions gratuites à émettre ou des options de souscription d'actions, la société n'étant exposée à aucune sortie de ressources, alors que la société a l'obligation d'enregistrer une provision dès la décision d'attribution d'actions gratuites existantes ou d'options d'achat d'actions[317].

Logiquement également, une entreprise ne devrait pas pouvoir déduire une provision qui anticipe une charge, bien réelle celle-là, mais qui sera refacturée au bénéficiaire de la dépense, sauf à comptabiliser un produit à recevoir à hauteur de la refacturation attendue[318].

465. - La provision doit être destinée à couvrir une perte ou une charge déductible. La règle est, celle-là, exclusivement fiscale. Elle est aussi parfaitement logique ; une dépense qui n'est pas fiscalement déductible lorsqu'elle survient ne peut davantage être provisionnée. Ainsi, les dépenses somptuaires et les actes anormaux de gestion ne peuvent faire l'objet de provisions en fiscalité. C'est pour cette raison que la jurisprudence refuse la déduction des provisions constituées pour faire face au non-recouvrement des sommes détournées par un dirigeant[319], ou pour tenir compte du risque de non-recouvrement par une filiale d'un prêt consenti à sa société mère faute d'avoir justifié d'un intérêt propre pour consentir cette avance[320]. En revanche, depuis l'abandon en jurisprudence de la théorie du risque excessif (V. *infra*, n°s 521 et s.), il n'est plus possible de refuser la déduction de provisions constituées pour faire face à des pertes sur des placements jugés excessivement risqués pour ce seul motif[321]. Également, il a été jugé que si le gain issu d'une opération n'est pas imposable en France en application d'une convention fiscale internationale, la perte ne doit pas non plus être prise en compte dans le résultat français et la provision qui anticipe cette

(317) *BOFiP*, BOI-BIC-PROV-30-20-30, n° 20. Dans le régime antérieur à 2008, les sociétés pouvaient déduire une provision pour dépréciation des actions propres cotées lorsque le cours de bourse devenait inférieur à la valeur d'acquisition ; CE, 14 oct. 2015, n° 374566, *Sté NRJ Groupe : Dr. fisc.* 2015, n° 50, comm. 727.

(318) Par ex., il est admis en comptabilité comme en fiscalité que les sociétés qui accordent des options de souscription ou d'achat d'actions ou des attributions gratuites d'actions aux salariés d'une autre société du groupe et qui refacturent les coûts supportés à raison du personnel bénéficiaire de ces sociétés (frais et moins-values), puissent tout de même provisionner cette charge (*BOFiP*, BOI-BIC-PROV-30-20-30, n° 110. Cette possibilité ne concerne que les provisions constatées à partir du 10 juin 2014).

(319) CE, 21 févr. 2005, n° 259083, *Sté Jurisfisca : RJF* 5/05, n° 430.

(320) CAA Nantes, 11 juin 2020, n° 18NT02811, *(EURL) Centre Étude Formation Internet Multimédia (CEFIM) : Dr. fisc.* 2020, n° 40, comm. 390, note H. Kruger.

(321) CE, 13 juill. 2016, n° 375801, *Monte Paschi Banque : Dr. fisc.* 2016, n° 29, act. 460 (provisions constituées pour faire face au risque de non-recouvrement d'encours financiers accordés par une banque à une société en grande difficulté). Décision annulant : CAA Versailles, 19 déc. 2013, n°s 11VE04035 et 13VE00390, *Sté Monte Paschi Banque : RJF* 5/14, n° 438.

perte n'est pas déductible[322]. Sur un plan strictement comptable, il n'est pas interdit de pratiquer une provision pour charges dans ces situations, mais elle devra être réintégrée de façon extra-comptable.

466. - Les pertes et charges doivent être probables. Il n'existe aucune définition de la « probabilité » d'une dépense ; disons simplement qu'elle a plus de chance de se réaliser que de ne pas se réaliser. Une dépense certaine dans son principe ne peut être provisionnée, sauf si l'incertitude atteint le montant ou la date d'exigibilité (V. *supra*, n° 460) ; elle doit figurer au passif en tant que dette certaine (cela dit, aucune sanction fiscale ne s'attache à cette règle)[323]. Et lorsque la dépense est simplement éventuelle, l'entreprise doit s'abstenir de la comptabiliser (mais elle doit la mentionner dans l'annexe) ; c'est la raison pour laquelle les provisions dites de « propre assureur », pour faire face à des risques qui ne sont pas pris en charge par les assurances, ou de façon trop coûteuse, ne sont pas admises[324].

La probabilité d'une perte ou d'une charge est une question d'espèce ; les tribunaux s'attachent à vérifier que, dans le contexte de l'affaire qui leur est soumise, le risque couvert par la provision est suffisamment sérieux. Il a par exemple été jugé qu'une entreprise ayant cédé par un contrat de vente à réméré un immeuble en réalisant une plus-value était à même de la neutraliser au moyen d'une provision pour risque de réméré dès lors que celui-ci avait toutes les chances d'être exercé par l'acquéreur[325]. Également, la jurisprudence admet la déduction des provisions constituées par les fournisseurs contractuellement tenus de reprendre les marchandises invendues par leurs clients-distributeurs. Dans leur cas, la provision doit être passée au titre de l'exercice au cours duquel la vente initiale a été comptabilisée[326] (sur le rattachement des provisions, V. *infra*, n° 468), et l'entreprise doit être à même de justifier la perte qu'elle subira[327] (sur l'évaluation des provisions, V. *infra*, n° 467).

En filigrane de cette jurisprudence transparaît l'idée que la probabilité d'une dépense tient avant tout à un engagement du débiteur ; c'est parce que le débiteur est « obligé » juridiquement que la perte ou la charge est probable. Le Conseil d'État lui-même n'hésite plus à faire le lien entre « l'obligation » requise par le droit comptable et la « probabilité » du droit fiscal ; il a par exemple refusé la déduction d'une provision anticipant la perte consécutive au rachat d'un immeuble à un prix inférieur

(322) CE, 12 juin 2013, n° 351702, *Sté BNP Paribas : RJF* 10/13, n° 911, p. 787, chron. E. Bokdam-Tognetti (convention franco-canadienne attribuant au Canada le droit d'imposer la plus-value réalisée par une société française lors de la cession d'une participation substantielle dans une société canadienne).

(323) Selon le Conseil d'État, l'erreur comptable qui consiste à avoir passé en provision une dette certaine dans son principe et son montant ne peut donner lieu à une quelconque réintégration par l'administration fiscale dans la mesure où la requalification est sans incidence fiscale ; CE, 17 mars 2016, n° 381427, *Sté Sogetra : Dr. fisc.* 2016, n° 21, comm. 334 (sommes dues par une société au Fonds national pour l'emploi).

(324) *BOFiP*, BOI-BIC-PROV-30-10-30, n°s 50 et s.

(325) CAA Lyon, 12 oct. 2010, n° 08LY00815, *SARL Miami : Dr. fisc.* 2011, n° 37, chron. 497, n° 2, obs. Cl. Acard (en l'espèce, le caractère probable du rachat s'expliquait par le fait que la vente à réméré de l'ensemble immobilier était dès le départ envisagée comme une opération de crédit qui permettait à l'acquéreur de percevoir les loyers).

(326) TA Montreuil, 4 nov. 2013, n° 1206901, *SCA Lagardère : RJF* 4/14, n° 319 (provision constituée par une société d'édition représentant la perte sur la fraction des ouvrages invendables retournés par les libraires).

(327) Selon la CNCC (EC 2013-12, 6 mars 2014), le montant provisionné doit être évalué : pour les retours intervenus après la date d'arrêté des comptes, sur la base des retours réellement intervenus, et pour les retours intervenus après la date d'arrêté des comptes, selon des données statistiques.

au coût global de sa restructuration, au motif que la proposition de rachat ne saurait être regardée comme constitutive d'une obligation[328].

467. - Les pertes et charges doivent être nettement précisées. En fiscalité, la règle figure expressément à l'article 39-1, 5° du Code général des impôts précité. En comptabilité, comme tout passif, la provision doit également être estimée au montant de la sortie de ressources que l'entité devra supporter pour éteindre son obligation (PCG, art. 321-2, préc.). L'entreprise doit donc constituer une provision à hauteur de la perte qu'elle subira. Toutefois, elle n'est pas obligée de provisionner l'intégralité de sa perte et reste libre de passer une provision « partielle »[329], quitte à l'augmenter à la clôture des exercices suivants dans la limite du risque encouru[330].

S'agissant d'une perte ou d'une charge future, il n'est pas requis de l'entreprise une parfaite estimation de son préjudice. L'administration fiscale se contente d'une évaluation approximative à condition qu'elle soit suffisamment sérieuse[331]. À cet égard, si l'évaluation des provisions doit, en principe, se faire à partir d'éléments réels, une évaluation forfaitaire basée sur des calculs statistiques est désormais admise par l'administration fiscale (V. *supra*, n° 438). En pratique, cela concerne des domaines qui s'y prêtent naturellement ; provisions pour dépréciation des créances ou des stocks, provisions pour litiges et pour garanties… Il peut s'agir de statistiques propres à l'entreprise ou à celles de sa branche d'activité[332].

Dans le domaine des provisions pour non-recouvrement des crédits à la consommation, le Conseil d'État a jugé, conformément à l'article 5 du règlement CRC n° 2002-03 du 12 décembre 2002 relatif au traitement comptable du risque de crédit des établissements bancaires, que l'identification des en-cours douteux peut être fondée sur des procédures de traitement statistique lorsque l'établissement de crédit gère un grand volume de crédits de faible montant présentant des caractéristiques communes, sans même avoir besoin d'avoir connaissance de la situation financière dégradée des débiteurs[333].

Des difficultés peuvent encore se présenter lorsque l'élément déprécié fait partie d'un ensemble plus vaste ; par exemple la clientèle rattachée à un point de vente. Dans ce cas, une dépréciation doit être constatée, de façon prioritaire sur le fonds commercial, mais également sur l'ensemble des actifs constituant le point de vente

(328) CE, 23 nov. 2015, n° 372067, *SA Finvestcorp : Dr. fisc.* 2016, n° 13, comm. 252.

(329) CAA Versailles, 8 févr. 2011, n° 09PA01202, *SA Gecina*, préc. (provision pour dépréciation).

(330) CE, 27 mai 1983, n° 27412, n°s 27413 et 27414 : *RJF* 07/83, n° 861 (provision pour dépréciation).

(331) *BOFiP*, BOI-BIC-PROV-20-10-20, n° 40. Les tribunaux sont pareillement exigeants. Par exemple, il a été jugé que ne présente pas une approximation suffisante l'évaluation d'un franchiseur qui, pour évaluer l'indemnité qu'il doit verser en cas de non-reconduction des contrats par les franchisés, part du principe qu'aucun contrat ne sera reconduit puisque cela les priverait de l'indemnité contractuelle (CAA Versailles, 1er avr. 2014, n° 13VE01286, *Sté France Quick : Dr. fisc.* 2014, n° 26, comm. 397, concl. F. Locatelli). Également, les provisions pour inflation ne sont pas déductibles fiscalement compte tenu de l'impossibilité d'évaluer l'inflation future avec une approximation suffisante (V. T. Dogan, *Nul n'est devin en matière fiscale : à propos de la prise en compte de l'inflation dans le calcul des provisions : Dr. fisc.* 2020, n° 37, étude 285).

(332) CE, 22 nov. 2017, n° 393619, 1re esp., *Sté Électricité de Strasbourg (EDS) : Dr. fisc.* 2018, n° 12, comm. 227, concl. B. Bohnert (provision pour rentes dues aux salariés en situation d'incapacité de travail, calculée en fonction de l'évolution de la masse salariale par rapport à celle des entreprises de la branche).

(333) CE, 3 févr. 2021, n° 429702, *Sté BNP Paribas Personal finance : Dr. fisc.* 2021, n° 18, comm. 233, concl. E. Bokdam-Tognetti, et chron. 231, obs. Cl. Acard, n° 6.

(mobilier, droit au bail, etc.)[334]. Il est toutefois admis la constitution de provisions pour dépréciation à raison de certains éléments isolés du fonds de commerce (par ex. : le droit au bail)[335] sous réserve notamment qu'ils soient effectivement dissociables du fonds de commerce dans son ensemble et individualisables à l'actif du bilan, et que la dépréciation soit justifiée et établie par l'entreprise[336].

468. - Les pertes et charges doivent trouver leur origine dans l'exercice en cours. Il n'est pas possible de déduire une provision qui se rattache à un exercice postérieur à celui dont on calcule le résultat ; c'est une conséquence du principe de spécialité des exercices comptables. En revanche, il est possible de déduire une provision qui a pris naissance au cours d'un exercice antérieur si le risque couvert existe toujours au moment de la clôture des comptes ; tel est par exemple le cas des provisions constituées par les entreprises pour faire face à l'augmentation de leurs engagements futurs du fait des risques courus par leurs salariés[337].

Le critère de rattachement est celui qui rend la perte ou la charge probable : « l'événement » d'après le droit fiscal, « l'obligation envers un tiers » pour le droit comptable. La doctrine contemporaine semble favorable à l'uniformisation des règles sur le modèle comptable[338]. Les paragraphes qui suivent nous montreront qu'elles se sont déjà rapprochées.

Traditionnellement, la jurisprudence fiscale s'attache à vérifier que tel *événement* constitue le fait générateur qui a donné naissance à la dette provisionnée. C'est le cas pour les impôts déductibles ; le fait générateur de la taxe professionnelle (CET) réside dans l'exercice de l'activité au 1er janvier et l'entreprise ne peut pas provisionner la taxe professionnelle de l'année suivant l'exercice en cours, alors que le fait générateur n'est pas encore intervenu à la date de clôture de ce dernier exercice[339] ; le fait générateur des droits de mutation peut résulter de la décision du contribuable de ne plus revendre les immeubles dans le délai légal comme il s'y était engagé (V. CGI, art. 1115), même si celui-ci n'est pas achevé à la clôture de l'exercice de la décision[340]. En ce qui concerne les cotisations de sécurité sociale, le fait générateur est constitué par le versement des rémunérations, même lorsqu'elles sont fonction de la sinistralité passée de l'entreprise (hypothèse de la cotisation « accident du travail »)[341]. S'agissant des provisions pour garantie, le fait générateur se situe au jour où la garantie peut être appelée à jouer. Ainsi, une provision pour responsabilité décennale d'un constructeur ne peut être déduite que lorsque la responsabilité est susceptible d'être mise en

(334) *Bull. CNCC* mars 2014, n° 173, EC 2013-58, p. 104 et s.

(335) CE, 15 oct. 1982, n° 26585 : *RJF* 12/82, n° 1090.

(336) *BOFiP*, BOI-BIC-PROV-40-10-10, n° 140.

(337) TA Montreuil, 16 déc. 2013, n° 1208337, *Sté EDF : Dr. fisc.* 2014, n° 38, comm. 531, note V. Restino (provisions constituées par les entreprises de la branche des industries électriques et gazières pour le financement des rentes AT-MP), et la jurisprudence citée par l'auteur.

(338) V. M.-A. Deysine, A.-L. Blandin et A. Nithart, *Déductibilité des provisions : et si on voyait les choses autrement ? : FR* 25/17, inf. 3.

(339) CE, 30 juin 2004, n° 253513, *Sté Freudenberg : RJF* 10/04, n° 1001.

(340) CE, 25 mars 2013, n° 355608, *SARL Office français inter-entreprise : Dr. fisc.* 2013, n° 37, comm. 410, note P. Fumenier et C. Elbaz (transfert dans un compte d'immobilisations d'immeubles détenus en stocks).

(341) CE, 22 janv. 2020, n° 422501, *Sté Saint-Louis Sucre : Dr. fisc.* 2020, n° 25, comm. 279, concl. E. Bokdam-Tognetti. Il s'ensuit, selon le Conseil d'État, que les charges d'une société correspondant à l'augmentation attendue du taux de ses cotisations futures, lequel est déterminé en fonction de sa sinistralité passée, ne se rattachent pas aux opérations de toute nature déjà effectuées à la clôture de l'exercice et celle-ci ne peut déduire de ses bénéfices la provision constituée pour y faire face en application de l'article 39-1, 5° du CGI.

œuvre, c'est-à-dire au moment de la réception des travaux et non lors de l'exercice de l'ouverture du chantier[342]. Ainsi également, une provision pour garantie constructeur ne peut-elle être constituée dès la vente au concessionnaire, mais seulement à compter de la livraison au client final[343]. Il ne faut pas confondre le fait générateur de la provision et l'exigibilité de la charge. Ainsi, la majoration de la cotisation accident du travail résulte de la notification de la CNAM qui constitue le fait générateur de la provision, alors que le travail du salarié lui-même ne constitue que l'exigibilité de la cotisation sociale[344].

Le Conseil d'État tend aujourd'hui à s'appuyer sur le droit comptable. Il a, par exemple, validé la déduction des provisions résultant des extensions de garantie, même si elles résultent d'un simple usage, dès lors que *l'obligation* nécessaire à la qualification de passif peut être légale, contractuelle ou résulter de pratiques commerciales de nature à créer une attente chez les clients[345]. S'agissant des bons de réduction imprimés sur des produits, à valoir sur l'achat futur de ces mêmes produits, le Conseil d'État estime que la provision constituée en vue de faire face à l'utilisation de ces bons par les clients se rattache à l'exercice au cours duquel la première vente est intervenue et non à celui de l'utilisation effective du bon, conformément à l'avis n° 2004-E du Comité d'urgence du CNC selon lequel l'engagement d'accorder une réduction peut donner lieu à une provision s'il constitue une obligation au sens du Plan comptable général[346]. L'administration fiscale estimait que cette jurisprudence ne s'appliquait pas aux programmes de fidélité ; selon elle, tant que le minimum de points n'est pas acquis, l'entreprise ne peut déduire fiscalement la provision. Le Conseil d'État a estimé, quant à lui, qu'il existe un engagement dès la première vente et que la provision doit être évaluée sur la base d'une probabilité d'exercice des droits à récompense, comme en comptabilité, sans attendre la dernière vente permettant d'atteindre le nombre de points requis[347].

Dans le sens de l'unité également, les exigences comptables ont aussi eu pour effet de valider un certain nombre de positions fiscales. Notamment, alors que la pratique comptable autorisait la déduction des provisions fondées sur des événements postérieurs à la clôture de l'exercice, mais antérieurs à l'arrêté des comptes[348], l'administration fiscale et la jurisprudence appliquaient strictement le principe de spécialité[349]. Depuis que les provisions ne sont plus qu'une catégorie de passif dont l'échéance ou le montant n'est pas fixé de façon précise (PCG, art. 321-5, préc.), et la nouvelle

(342) CE, 13 janv. 2006, n° 259824, *Sté Colas Midi Méditerranée : RJF* 4/06, n° 357. C'est à cette même date qu'il convient de se placer pour apprécier la probabilité de la charge. Ainsi, les charges de personnels et de structure ne peuvent être regardées comme probables à la date de la constitution de ces provisions, dès lors que, correspondant à l'exécution de contrats de travail déjà signés et à des frais fixes d'agence, leur engagement est indépendant de la survenance de litiges liés à la garantie décennale au cours des exercices suivants (CE, 12 oct. 2018, n° 404091, *« Sté Conception d'Architecture » et d'Urbanisme [SCAU] : Dr. fisc.* 2019, n° 15, comm. 228, concl. M.-A. Nicolazo de Barmon, note O. Fouquet et C. Lopater).

(343) CAA Versailles, 4 déc. 2013, n° 11VE04173, *Sté Peugeot SA : RJF* 6/14, n° 549.

(344) CE, 22 févr. 2012, n° 344560, *Sté Sequana : FR* 15/12, inf. 8, obs. C. Duchatel.

(345) CE, 13 juill. 2007, n°s 289233 et 289261, *Sté Volkswagen France : Dr. fisc.* 2008, n° 3, comm. 67, concl. S. Verclytte ; *RJF* 11/07, n° 1217, p. 943, chron. J. Burguburu.

(346) CE, 2 juin 2006, n° 269997, *Sté Lever-Fabergé France*, et n° 269998, *Sté Unilever France : RJF* 8-9/06, n° 995, p. 723, chron. Y. Benard ; *Dr. fisc.* 2006, n° 46, comm. 720, note A. Lefeuvre.

(347) CE, avis, 27 oct. 2009, n° 383197 : *FR* 39/10, inf. 9, p. 15. – En ce sens, TA Montreuil, 10 mars 2011, n° 0907461, *Sté Eurodif et Sté Ominium de Participations : RJF* 12/11, n° 1277.

(348) *Mémento Lefebvre Comptable*, éd. 1999, n° 2572.

(349) Doc. adm. DGI, 4 E-1141, 26 nov. 1996, n° 4, repris au *BOFiP*, BOI-BIC-PROV-20-10-40, n° 50.

définition des passifs (PCG, art. 321-1, préc.), le droit comptable s'est sensiblement rapproché du droit fiscal et il n'est plus possible de déduire une provision pour charges si l'événement est postérieur à la clôture de l'exercice[350]. Par contre, peu importe que l'événement ne soit connu qu'après la clôture de l'exercice. L'article L. 123-20 du Code de commerce est particulièrement clair sur ce point :

> « Il doit être tenu compte des passifs qui ont pris naissance au cours de l'exercice ou d'un exercice antérieur, même s'ils sont connus entre la date de clôture de l'exercice et celle de l'établissement des comptes ».

Il est donc essentiel de bien faire la différence entre la naissance de l'événement, qui doit être antérieure à la clôture de l'exercice, et la connaissance de l'événement, qui peut se produire jusqu'à l'arrêté des comptes[351]. À ce titre, la CNCC considère qu'une entreprise ayant annoncé sa cessation d'activité après la date de clôture, mais avant la date d'arrêté des comptes, peut établir ses comptes en valeurs liquidatives, ce qui peut notamment aller jusqu'à la comptabilisation de provisions relatives à des décisions non encore formalisées à la clôture de l'exercice[352].

469. – Fait générateur : divergences comptables et fiscales ? Il existerait des divergences entre la fiscalité et la comptabilité dans la mesure où le fait générateur comptable (l'obligation envers un tiers) ne correspondrait pas toujours avec celui du droit fiscal (l'événement). Selon certains[353], lorsque la perte ou la charge dépend d'une démarche effectuée par un tiers, la provision ne pourrait être déduite sur un plan fiscal que si cet événement s'est effectivement produit, alors que pour le droit comptable la provision repose sur une obligation dont l'entreprise s'estime être tenue et peut être passée au titre de l'exercice pendant lequel le risque existe. Ils en déduisent par exemple que, dans le cas d'un risque d'amiante, l'entreprise ne pourrait fiscalement déduire une provision qu'à la suite d'une réclamation d'un salarié alors que le fait générateur comptable repose sur l'exposition du salarié à ce risque. Une autre illustration de la distorsion entre le provisionnement comptable et fiscal concernerait les provisions pour risques de redressements[354]. Ainsi, alors qu'en droit fiscal, la jurisprudence exige au moins l'engagement d'un contrôle fiscal, au plan comptable, une provision pourrait être constatée même en l'absence de contrôle en cours, à partir du moment où il est possible de démontrer le caractère probable de la sortie de ressource (risque avéré de rappel d'impôts).

Nous avouons notre perplexité devant cette lecture du droit positif ; l'opposition entre l'événement du droit fiscal et l'obligation du droit comptable ne nous semble pas pertinente. De quoi s'agit-il ? La question est celle du rattachement d'un passif (perte ou charge probable) à un exercice. Conformément au principe de spécialité des exercices comptables, les dettes (fussent-elles probables) doivent être rattachées à l'exercice en cours au moment de leur naissance. En pratique, il existe de multiples raisons, purement juridiques ou simplement factuelles, qui peuvent fonder une telle provision. À cet égard, le critère de l'obligation n'apporte rien, car il est simplement

(350) *Mémento Lefebvre Comptable* 2023, n° 48241.

(351) V. *Événements postérieurs à la clôture : leur incidence sur les comptes : RF compt.* févr. 2013, n° 402, p. 23.

(352) *Bull. CNCC* déc. 2013, n° 172, EC 2013-45, p. 664 et s.

(353) P. Fumenier, *À quel moment les provisions pour risques et charges doivent-elles être constituées et évaluées ? : Dr. fisc.* 2009, n° 15, comm. 269, p. 8 et s.

(354) M. Dos Santos, L. Flin et S. Viale, *Fait générateur des provisions : une divergence de principe issue de la jurisprudence : FRC* 1/19, n° 21.

synonyme de passif ou de dette. Sa mise en œuvre procède d'une confusion entre l'objet de l'obligation (la dette) et sa cause (l'événement) ; on ne peut répondre à la question « à quel moment suis-je devenu débiteur d'une obligation probable ? » par « au moment de la naissance de l'obligation »… C'est l'événement, dont il revient au juriste de préciser la nature et le moment, qui est le fait générateur de l'obligation.

Une autre spécificité fiscale concerne les contrats qui se déroulent sur plusieurs exercices et qui donnent lieu à une rémunération anticipée. Afin de limiter les possibilités de déduction de provisions pour charges futures dans une telle hypothèse, la jurisprudence exige que les produits afférents à ces charges aient été comptabilisés au titre du même exercice. Cette condition reste discutée en doctrine[355], mais elle a été réaffirmée récemment par le Conseil d'État[356]. En l'absence de produits, la condition liée à l'événement en cours à la clôture de l'exercice doit s'apprécier uniquement au vu de la survenance de l'événement de nature à justifier la provision[357]. D'une manière générale, ne faudrait-il pas mieux se demander si la provision peut se rattacher à un engagement ferme de l'entreprise[358] ?

470. – Ordre des dépréciations (créances rattachées à des participations) ? Lorsqu'une même cause de dépréciation affecte plusieurs éléments du bilan, la question se pose de savoir s'il existe un ordre de priorité entre les dépréciations ou si elles sont indépendantes.

Si, en règle générale, les dépréciations sont enregistrées séparément et concurremment (par ex. : une crise immobilière qui affecte plusieurs immeubles appartenant à une même entreprise), une difficulté se pose au sujet des créances rattachées à des participations (par ex. : une société mère qui détient une créance en compte courant sur une filiale en difficulté).

Dans une telle hypothèse, la CNCC[359] considère que les règles du Code civil en matière de liquidation qui prévoient le remboursement prioritaire des créances avant celui du capital (C. civ., art. 1844-9) imposent de déprécier d'abord les titres de participation et ensuite seulement les créances rattachées à ces participations si elles n'ont pas été payées[360]. *Ainsi, la société mère d'une filiale faisant l'objet d'une liquidation aura nécessairement déprécié la totalité des titres avant d'être amenée à déprécier les créances rattachées à ces titres.* La solution a sa logique ; la dépréciation d'une créance ne peut intervenir que si le risque de non-recouvrement est avéré, en pratique si la liquidation de la filiale est inévitable[361]. C'est aussi une manière de reconnaître que la cause de dépréciation d'une participation n'est pas la même que celle d'une créance douteuse, même si les deux actifs sont liés.

(355) Pour : J. Turot, *Provisions pour pertes et charges : que reste-t-il de la jurisprudence ? : RJF* 6/92, p. 471. – Contre : Y. Benard, *Détergents et provisions : le CNC lave-t-il plus blanc ? : RJF* 8-9/06, p. 723.

(356) CE, 13 juill. 2007, n°s 289233 et 289261, *Sté Volkswagen*, préc. – CE, 9 sept. 2020, n° 429100, *SAS ZF Holding : Dr. fisc.* 2020, n° 49, comm. 454, concl. R. Victor.

(357) CE, 16 mai 2011, n° 323431, *Banque Populaire Atlantique : RJF* 8-9/11, n° 920 (frais déduits par la Banque Populaire en 1996, dans la perspective du passage à l'euro en 1999).

(358) E. Geffray, concl. ss CE, 16 mai 2011, n° 323431, *Banque Populaire Atlantique*, préc. : *BDCF* 8-9/11, n° 95.

(359) CNCC, EC 2020-02, 1er août 2020.

(360) *FRC* 8-9/20, inf. 2.

(361) Mais si la société mère estime qu'elle doit procéder à un abandon de créance au profit de sa filiale en difficulté, elle devra passer une provision pour dépréciation de sa créance (CNCC, EC 2020-02, préc.).

Au plan fiscal, l'ordre des dépréciations n'est pas neutre[362] puisque la provision sur titres de participation n'est pas déductible des résultats imposables au taux plein, à l'inverse de la provision pour dépréciation de créances d'une manière générale (V. *infra*, n° 699).

2° Conditions de forme

471. – Comptabilisation obligatoire. Conformément au principe de nécessité des écritures comptables, seules sont déductibles les provisions qui ont été enregistrées dans les comptes de l'entreprise (CGI, art. 39-1, 5°). Cette règle ne souffre pas d'exceptions (même les provisions réglementées du droit fiscal doivent être comptabilisées, V. *supra*, n° 260), mais l'administration admet que les contribuables puissent satisfaire à l'obligation de comptabiliser les provisions jusqu'à l'expiration du délai de déclaration des résultats de l'exercice[363].

Tout autre est la question de savoir si une entreprise est obligée de déduire des provisions lorsqu'elle est susceptible de le faire. En droit comptable, ce qui est un droit est aussi une obligation ; ne pas passer une provision lorsque les conditions sont réunies ne permet pas de donner une image fidèle de la situation de l'entreprise. En fiscalité au contraire, les provisions sont réputées être « facultatives » et il n'existe pas de « provisionnement minimum » comme il existe un « amortissement minimum » (V. *supra*, n° 369). Il est donc possible de différer une provision pour la déduire d'un résultat ultérieur (si les conditions restent réunies), ou même de n'enregistrer que la perte ou la charge lorsqu'elle survient[364].

En revanche, conformément au principe de connexion, *une provision déduite en comptabilité doit l'être également en fiscalité* ; l'administration est fondée à rectifier le résultat fiscal d'une entreprise qui, après avoir réintégré extra-comptablement une provision, a de la même manière déduit sa reprise lorsque celle-ci est devenue sans objet (V. *supra*, n° 370).

472. – Écritures comptables. Les provisions (pour risques et charges) sont portées au passif du bilan, au crédit d'un compte n° 151 « Provisions pour risques », n° 153 « Provision pour pensions et obligations similaires », n° 154 « Provisions pour restructurations », n° 155 « Provisions pour impôts » (par ex., rappels d'impôt sur les bénéfices), n° 156 « Provisions pour renouvellement (entreprises concessionnaires) », ou n° 157 « Provisions pour charges à répartir sur plusieurs exercices » (par ex., frais de grosses réparations) (PCG, art. 941-15).

En contrepartie, il convient de débiter une subdivision du compte de charges n° 681 lorsque la provision concerne l'exploitation (n° 6815 « Dotation aux provisions d'exploitation »), n° 686 lorsque la provision affecte l'activité financière de l'entreprise (n° 6866 « Dotation aux provisions financières »), ou n° 687 lorsqu'elle a un caractère exceptionnel (n° 6875 « Dotation aux provisions exceptionnelles) (PCG, art. 941-15, préc.).

473. – Relevé des provisions. Les entreprises soumises au régime du réel normal d'imposition ou du réel simplifié d'imposition doivent joindre à leur déclaration un relevé spécial des provisions (CGI, ann. III, art. 38-II et III), selon les modalités susexposées (V. *supra*, n° 439). À défaut, elles encourent une simple amende fiscale (V. *supra*, n° 44).

(362) N. de Boynes : *Dr. fisc.* 2021, n° 6, chron. 145, n° 5.
(363) *BOFiP*, BOI-BIC-PROV-20-20, n°s 1 et s.
(364) M. Cozian, Fl. Deboissy et M. Chadefaux, *Précis de fiscalité des entreprises, op. cit.*, n^os^ *546 et s.*

B. – Le suivi des provisions

474. – Provision régulièrement constituée. La provision ne fait qu'anticiper une perte ou une charge pour l'entreprise ; elle doit être ajustée ou reprise dans les situations suivantes :

• *Ajustement de la provision.* En fonction des éléments d'information portés à la connaissance de l'entreprise, la provision devra être ajustée à la hausse ou à la baisse. Une difficulté existe sur le point de savoir si l'on peut tenir compte d'informations postérieures à la clôture de l'exercice, mais antérieures à l'arrêté des comptes. En droit comptable, une réponse positive s'impose ; il importe peu que les faits soient portés à la connaissance de l'entreprise postérieurement à la clôture de l'exercice pourvu qu'ils se soient produits avant (PCG, art. 513-4). Ce principe suppose de bien faire la différence entre le fait générateur de la provision (l'événement) et sa connaissance (l'information). Il semblerait que la pratique fiscale soit différente[365]. Redisons donc la règle, pourtant simple : la provision doit être affinée en fonction d'événements qui se sont produits avant la clôture des comptes, et qui sont en cours à ce moment-là, même s'ils ne sont connus qu'après, mais avant l'arrêté des comptes. Par ailleurs, tirant argument de ce que la provision doit être évaluée à la meilleure estimation de la sortie de ressources nécessaire à l'extinction de l'obligation (PCG, art. 323-2), les autorités comptables considèrent que des *événements* postérieurs à la clôture de l'exercice, mais antérieurs à l'arrêté des comptes, doivent être pris en compte dans l'estimation de la provision, qu'ils aient un impact favorable ou défavorable sur son évaluation[366].

• *Provision devenue sans objet.* Les provisions doivent être rapportées aux résultats quand les raisons qui les ont motivées ont cessé d'exister (C. com., art. R. 123-179 ; PCG, art. 323-12). D'après le Plan comptable général, la reprise est constatée quand l'entreprise n'a plus d'obligation ou quand il n'est plus probable que celle-ci entraînera une sortie de ressources sans contrepartie au moins équivalente de la part du tiers (PCG, art. 323-12, préc.). C'est notamment le cas des provisions pour litige lorsque les prétentions du demandeur ont été rejetées par une décision juridictionnelle devenue définitive[367]. La reprise s'effectue au titre de l'exercice au cours duquel le fondement de la provision a disparu ; le tout est de s'accorder sur le fait générateur qui a entraîné la reprise de la provision[368]. Il n'en va autrement que si la provision n'était pas déductible fiscalement et qu'elle avait été antérieurement imposée. Si l'entreprise ne procède pas elle-même à la reprise de la provision, l'administration fiscale est autorisée à le faire à sa place lorsqu'elle s'en aperçoit ; soit au titre de l'exercice au cours duquel la provision est devenue sans objet, soit, si celui-ci est prescrit, au titre de l'exercice comptable le plus ancien non prescrit[369]. La réintégration se fait dans les conditions prévues par l'article 38-4 bis du Code général des impôts (V. *supra*, n° 37, la correction symétrique des bilans).

• *Provision détournée de son objet.* Il s'agit ici de faire face à un risque de fraude ; une provision est détournée de son objet lorsqu'elle disparaît du bilan, en tout ou partie,

(365) *Mémento Lefebvre Comptable*, *op. cit.*, n° 48310.
(366) CNC, avis n° 2000-01, 20 avr. 2000 sur les passifs, § 2.1.3.
(367) CE, 7 déc. 2016, n° 384309, *EURL Cortansa* : *RJF* 02/17, comm. 172.
(368) Par ex., il a été jugé qu'une provision pour litige doit être reprise au titre de l'exercice au cours duquel l'auteur d'un pourvoi en cassation est déchu de plein droit de son action, même si l'ordonnance constatant cette déchéance est intervenue après ; CAA Paris, 17 oct. 2013, n° 12PA1476 : *FR* 17/14, inf. 3.
(369) *BOFiP*, BOI-BIC-PROV-50, n° 150.

sans que corrélativement un compte de produit soit crédité[370] (par ex., affectation à un compte de report à nouveau ou de réserve). Comme pour la provision devenue sans objet, elle doit être rapportée aux résultats de l'exercice au cours duquel elle a reçu un emploi non conforme à son objet. Mais, contrairement à cette dernière, l'administration ne peut plus réintégrer la provision dans les résultats imposables si l'exercice concerné est couvert par la prescription[371].

• *Réalisation du risque ou survenance de la charge.* La provision doit être rapportée en totalité ; si elle a été correctement calculée, la reprise sur provision comptabilisée en produits compensera exactement les charges déduites. Sinon, la reprise d'une provision insuffisante engendrera une charge nette déductible, alors que la reprise d'une provision excessive générera un produit net imposable. Bien entendu, si la provision n'avait pas été déduite fiscalement, la reprise sur provision devra faire l'objet d'une déduction extra-comptable. Tel est notamment le cas de la provision pour « coûts de démantèlement » (V. *supra*, n° 412).

• *Cessation d'entreprise.* Au cas de cession ou cessation totale d'une entreprise individuelle, les provisions antérieurement constituées doivent être rapportées aux résultats du dernier exercice d'exploitation, en vue de l'imposition immédiate des bénéfices qui n'ont pas encore été imposés, même si le risque couvert n'a pas disparu à la date de la cessation d'entreprise[372].

475. – **Provision irrégulièrement constituée.** L'hypothèse est ici celle d'une provision qui, dès l'origine, ne respectait pas les conditions de fond ou de forme posées par le Code général des impôts. Une telle provision doit normalement être rapportée au résultat fiscal de l'exercice au cours duquel elle a été constituée[373]. Si cet exercice est prescrit, l'administration fiscale peut la rattacher au premier exercice comptable non couvert par la prescription[374]. Le Conseil d'État s'est positionné en ce sens, tout en précisant que l'application de cette règle rend sans objet la reprise ultérieure de la provision pour emploi non conforme ou perte d'objet[375].

476. – **Écritures comptables.** La reprise d'une provision constitue un produit à porter au crédit du compte n° 781 (compte n° 7815 « Reprise sur provisions d'exploitation »), n° 786 (compte n° 7865 « Reprise sur provisions financières ») ou n° 787 (compte n° 7875 « Reprise sur provisions exceptionnelles »), selon que la provision avait été inscrite au compte n°s 6815, 6865 ou 6875 (V. *supra*, n° 472). Au bilan, il faut annuler la dette en débitant le compte de provision n° 151, n° 153, n° 154, n° 155, n° 156 ou n° 157 initialement crédité (V. *supra*, n° 472).

Le simple ajustement d'une provision, à la hausse ou à la baisse, s'opère en passant un complément de provision ou une reprise sur provision, dans les conditions susexposées.

(370) *BOFiP*, BOI-BIC-PROV-50, n° 260.
(371) *BOFiP*, BOI-BIC-PROV-50, n° 290.
(372) CE, 20 mars 2013, n° 349636, *M. et Mme Chauvin* (cessation d'activité) et CE, 3 juin 2013, n° 338976, Mme *Sastre* (apport d'activité) : *Dr. fisc.* 2013, n° 29, comm. 375, note L. Chatain.
(373) *BOFiP*, BOI-BIC-PROV-50, n° 380.
(374) *BOFiP*, BOI-BIC-PROV-50, n° 400.
(375) CE, 13 mars 2020, n° 421024, *Sté Groupe Courtois automobile* : *Dr. fisc.* 2020, n° 28, comm. 307, concl. E. Bokdam-Tognetti, note R. Torlet et M. Fredy.

§ 2. – La variété des provisions pour risques et charges

477. – Provision pour pertes ou provision pour charges ? Il existe une réelle différence de nature entre les provisions pour pertes et les provisions pour charges. Les provisions pour pertes expriment un solde (négatif) de produits et de charges ; moins-value potentielle (cas d'une provision pour « dépréciation »), ou pertes financières probables (cas d'une provision pour « risque »). Au contraire, les provisions pour charges prennent en compte les dépenses futures probables pour leur montant brut, sans tenir compte des recettes escomptées.

Le Conseil d'État a fait sienne cette distinction dans une décision du 28 juin 1991[376] selon laquelle : « Une provision pour perte ne peut être déduite que si la perspective de cette perte se trouve établie par la comparaison, pour une opération ou un ensemble d'opérations suffisamment homogène, entre les coûts à supporter et les recettes escomptées ». Il juge à l'inverse qu'« une provision pour charges est évaluée en tenant compte des seules charges probables devant être supportées ultérieurement par l'entreprise, sans qu'il doive être procédé à une réduction de ce montant à hauteur des produits auxquels ces charges se rapportent »[377].

Les conséquences de cette jurisprudence sont importantes pour les entreprises qui subissent des préjudices matériels, commerciaux ou financiers ; elles ne sont pas tenues de limiter leurs provisions pour charges au montant du préjudice qui excède celui de l'indemnité qu'elles sont appelées à percevoir. Cela a été très clairement jugé par le Conseil d'État en matière d'indemnité d'assurance à la suite des dégâts causés par la tempête de 1999[378].

Dans des contextes juridiques particuliers, il est parfois difficile de choisir entre les qualifications de provisions pour pertes et de provisions pour charges. Le Conseil d'État a pu qualifier de provision pour charge potentielle se rapportant à l'exercice de la première vente d'un produit la remise liée à l'utilisation d'un bon de réduction à valoir sur l'achat d'un deuxième produit (V. *supra*, n° 468). Les provisions pour « engagement de reprise » pour un prix supérieur à la valeur vénale soulèvent également des difficultés ; s'agit-il de provisions pour perte afin de faire face à la marge négative de revente, ou de provisions pour charges en vue de couvrir la baisse de recettes qui viendra affecter le produit de la vente initiale ? Le Conseil d'État a opté pour la première qualification (V. *infra*, n° 481).

A. – Provisions pour risques

478. – Provisions pour travaux en cours. Conformément à l'article 39-1, 5° du Code général des impôts, les contrats à long terme donnent lieu à la constitution de provisions si, à la clôture de l'exercice, le coût de revient des travaux exécutés excède la valeur de vente de ces mêmes travaux augmentée des révisions de prix contractuelles certaines à cette date (V. *supra*, n° 330).

En fiscalité, par conséquent, les entreprises ne peuvent pas déduire la fraction de la perte qui se rapporte à des travaux qui seront exécutés lors des exercices suivants.

(376) CE, ass., 28 juin 1991, n° 77921, *Sté Générale : Dr. fisc.* 1991, n° 39, comm. 1694 ; *RJF* 8-9/91, n° 1052, p. 604, concl. N. Chahid-Nourai ; *RJF* 6/92, p. 471, chron. J. Turot.

(377) CE, 9 févr. 2012, n° 334154, *Sté Traitements de surface et mécanique : Dr. fisc.* 2012, n° 20, comm. 294, obs. P. Fumenier et C. Elbaz.

(378) CE, 9 févr. 2012, n° 334154, *Sté Traitements de surface et mécanique*, préc.

En comptabilité, au contraire, les entreprises doivent inscrire en provision la totalité de la perte afférente aux contrats à long terme. La fraction excédentaire de la provision comptable devra donc être réintégrée de manière extra-comptable, sur le tableau fiscal n° 2058-A-SD (case WI). À l'inverse, la reprise de la provision sera déduite extra-comptablement (n° 2058-A-SD, ligne WU).

Pour le calcul de la perte probable, les travaux exécutés sont évalués à leur coût de production (V. *supra*, n° 452). Une difficulté se présente pour leur prix de vente, dans la mesure où le contrat ne permet pas de le déterminer avec certitude. À titre de règle pratique, il est admis que l'entreprise établisse forfaitairement le montant de la provision, en appliquant sur la perte globale un coefficient d'exécution des travaux à la clôture de l'exercice[379] :

Provision fiscalement déductible = Perte globale à l'achèvement des travaux × Coût des travaux réalisés / Coût total prévisionnel

Exemple

Soit une entreprise dont l'exercice coïncide avec l'année civile qui, au 31 décembre de l'année N, n'a pas achevé une opération débutée en N et dont les caractéristiques sont les suivantes :

– prix contractuel initial de l'opération : 80 000 € ;

– prix révisé (prix initial majoré des révisions de prix acceptées par le client) : 100 000 € ;

– valeur de vente des travaux déjà effectués (quote-part du prix révisé) : 60 000 € ;

– coût de revient des travaux exécutés (évalués comme les en-cours de production) : 70 000 € ;

– coût de revient total de l'opération à l'achèvement : 120 000 €.

Provision pour perte à terminaison prévisible (provision comptable) :

– prix révisé : 100 000 € ;

– coût de revient total : 120 000 € ;

– perte à terminaison : – 20 000 €.

Provision déductible fiscalement :

– valeur des travaux effectués au 31/12/N : 60 000 € ;

– coût de revient des travaux exécutés au 31/12/N : 70 000 € ;

– provision pour perte admise en déduction : – 10 000 €.

Si l'entreprise ne peut déterminer avec précision la valeur de vente des travaux déjà effectués :

– perte globale à l'achèvement : 100 000 € – 120 000 € = – 20 000 € ;

– coût des travaux réalisés : 70 000 € ;

– coût total prévisionnel : 120 000 € ;

– provision fiscalement déductible : – 20 000 € × 70 000 € / 120 000 € = – 11 667 €.

(379) *BOFiP*, BOI-BIC-PROV-30-10-20, n° 160.

NB : Si l'entreprise applique la méthode de l'avancement (V. *supra*, n° 318), elle a déjà enregistré la perte qui se rapporte aux travaux effectués et doit donc comptabiliser une provision complémentaire pour la fraction de la perte qui se rapporte aux travaux futurs. En fiscalité, cette provision n'est pas déductible puisqu'elle porte sur des travaux non encore effectués (CGI, art. 39-1, 5°, préc.).

479. – Provisions pour pertes de change. Les créances et les dettes libellées en monnaie étrangère doivent faire l'objet d'une estimation à la clôture de chaque exercice d'après le cours des changes à cette date. Il convient de rappeler que les écarts de conversion sont pris en compte dans le résultat imposable (CGI, art. 38-4) alors qu'ils ne le sont pas dans le résultat comptable (V. *supra*, n° 354). Les provisions qui seraient constituées au plan comptable afin de faire face à d'éventuelles pertes de change ne sont donc pas admises en déduction du résultat fiscal[380]. La perte de change doit être déduite extra-comptablement, sur le tableau fiscal n° 2058-A-SD (ligne XG), et la provision réintégrée de la même façon (case WI).

Dans l'hypothèse où la créance libellée en devises a fait l'objet d'une provision pour dépréciation (cas d'une créance douteuse ou litigieuse), le résultat comptable n'est pas affecté ; l'écart de conversion est neutralisé et la provision pour perte de change est compensée par la reprise partielle de la provision pour dépréciation[381]. Il en va de même en fiscalité ; l'écart de conversion est déduit extra-comptablement sur le tableau fiscal n° 2058-A-SD (ligne XG) et la provision pour perte de change réintégrée de la même manière (case WI)[382].

480. – Provisions pour risque afférent à un engagement de caution. La jurisprudence admet désormais la possibilité pour une entreprise qui s'est portée caution de déduire une provision pour risque à partir du moment où des événements intervenus au cours de l'exercice rendent probables la défaillance du débiteur principal, la mise en jeu de la caution et l'impossibilité pour l'entreprise de recouvrer la créance à laquelle elle sera subrogée[383].

La subrogation fait naître un droit de créance au profit de la caution contre le débiteur (C. civ., art. 1346)[384] qui doit être inscrite à l'actif de son bilan. Selon l'administration, la provision pour risque doit être portée en dépréciation de cette créance et son montant doit être corrigé en fonction de l'évolution de la situation patrimoniale et financière du débiteur[385].

481. – Provisions pour engagement de rachat. Dans certains secteurs d'activité, notamment celui de l'automobile, il n'est pas rare que le vendeur s'engage à racheter le bien vendu à l'issue d'une certaine période et pour un prix généralement fixé à l'avance (engagement de reprise ou clause de *buy-back*). Le Conseil d'État admet la déduction d'une provision pour *pertes* dans une telle hypothèse, laquelle doit se mesurer en faisant la différence, pour une opération, ou un ensemble d'opérations suffisamment homogènes, entre les coûts à supporter (réparations à effectuer avant la revente du bien) et les recettes escomptées (prix de revente attendu du bien)[386].

(380) *BOFiP*, BOI-BIC-PROV-30-10-30, n° 1.
(381) *BOFiP*, BOI-BIC-PROV-40-20, n° 340.
(382) *BOFiP*, BOI-BIC-PROV-40-20, n° 350.
(383) CE, 5 déc. 1990, n°s 62224, 62225, 62280 et 62281, *SA Maison Jourdan : RJF* 1/91, n° 31.
(384) Ord. n° 2016-131, 10 févr. 2016, préc.
(385) *BOFiP*, BOI-BIC-PROV-30-10-30, n° 40.
(386) CE, 13 juill. 2007, n°s 289233 et 289261, *Sté Volkswagen*, préc. (preuve non rapportée).

Mais il n'est pas possible, dès lors que les ventes de véhicules assorties d'un engagement de reprise peuvent être regardées comme constituant un ensemble homogène, de calculer la provision en raisonnant véhicule par véhicule[387]. Pour le juge fiscal apparemment, les provisions de *buy-back* sont des provisions pour pertes et non pas des provisions pour charges ; les distributeurs ne sont donc pas autorisés à déduire une provision venant simplement constater la charge qu'ils subiront en ayant revendu un véhicule moins cher que le prix payé lors de son rachat au client[388]. Cette position a été clairement affirmée par le Conseil d'État en 2020[389] : « Une entreprise peut déduire des résultats de l'exercice au cours duquel sont intervenues des ventes une provision représentant une estimation de l'ensemble des coûts ou pertes qu'elle devra probablement supporter en conséquence de ces ventes, tels que ceux que peuvent impliquer les promesses faites à des clients de leur racheter tout ou partie des biens qu'elle leur a vendus. Les provisions constituées à raison de l'écart anticipé entre le prix de rachat des biens fixé par le contrat de vente et leur valeur probable au jour de leur rachat ont le caractère de provision pour perte ».

B. – Les provisions pour charges

482. – Provisions pour impôts. La plupart des impôts sont déductibles fiscalement, à condition qu'ils aient été mis en recouvrement au cours de l'exercice (CGI, art. 39-1, 4°). Par exception, certains impôts ne sont pas déductibles fiscalement (par ex., l'IS et ses contributions additionnelles) ; un retraitement extra-comptable est donc nécessaire (V. *infra*, n° 593).

Lorsque les conditions d'une déduction en tant que charges à part entière ne sont pas remplies, les entreprises conservent la possibilité de déduire une provision pour impôts, à condition qu'ils se rattachent à des opérations déjà effectuées par elles[390] et dont le fait générateur s'est produit avant la clôture de l'exercice comptable[391]. De son côté, l'administration fiscale admet la déduction d'une provision au titre d'un exercice pour un impôt déductible devenant exigible lors des exercices suivants, à condition qu'il présente un caractère permanent et soit dû à raison des faits survenus au cours dudit exercice[392].

En pratique, il apparaît que les possibilités de déduire une provision pour impôt sont relativement limitées. Le Conseil d'État a, par exemple, refusé la déduction d'une provision pour taxe professionnelle au titre d'un exercice clôturé le 31 décembre d'une année dès lors que le fait générateur se situe au 1er janvier de l'année suivante[393].

(387) TA Montreuil, 17 mars 2014, n° 1209992, *SAS Volvo Holding France : RJF* 11/14, n° 983. Décision confirmée par CAA Versailles, 19 juill. 2016, n° 14VE01462 : *FR* 40/16, inf. 1, p. 2.

(388) En faveur de la qualification de provision pour charge, V. A. Morterol, *Les provisions pour « buy-back » : provisions pour pertes ou provisions pour charges ? : Dr. fisc.* 2015, n° 48, comm. 697. Dans l'affaire *SAS Volvo Holding France* préc., on observera que la cour administrative d'appel de Versailles a ordonné un supplément d'instruction contradictoire afin de permettre aux parties de fournir les éléments de nature à l'éclairer quant à la qualification de la provision litigieuse (CAA Versailles, 11 févr. 2016, n° 14VE01462).

(389) CE, 9 sept. 2020, n° 429100, *SAS ZF Holding : Dr. fisc.* 2020, n° 38, act. 294.

(390) CE, 25 oct. 1972, n° 80122 : *Lebon*, p. 18. – CE, 13 déc. 1972, nos 81107 et 81108 : *Lebon*, p. 95 et 96. – CE, 3 juill. 1974, n° 91946 : *Lebon*, p. 351.

(391) CE, plén., 18 mai 1983, n° 29524 : *RJF* 7/83, n° 862.

(392) *BOFiP*, BOI-BIC-PROV-30-20-20, nos 20 et s.

(393) CE, 30 juin 2004, n° 253513, *Sté Freudenberg*, préc. Peu importe, selon le Conseil d'État, que tous les éléments ou opérations qui concourent à la détermination de l'assiette fiscale soient connus à une date antérieure.

Compte tenu de son caractère temporaire, on pouvait également craindre que la provision constituée pour faire face au paiement de la taxe sur les hautes rémunérations versées en 2013 et 2014[394] ne soit pas admise en déduction du résultat imposable, mais l'administration l'avait expressément admis[395].

L'administration admet également la déduction, en tant que « charges à payer », de la taxe sur les salaires due à raison des rémunérations déjà payées à la clôture de l'exercice[396]. Elle admet également le provisionnement de la taxe d'apprentissage due à raison des rémunérations versées durant l'exercice, dans la mesure où la dette ne devient liquide qu'après imputation des dépenses libératoires[397]. En outre, de façon générale, la jurisprudence admet la déduction de provisions destinées à faire face au risque probable de rappels d'impôts déductibles qui résultent d'une procédure de rectification engagée par l'administration[398].

483. - Provisions pour charges de personnel. Il peut exister, dans le domaine des dépenses de personnel, une opposition assez nette entre les règles fiscales et les règles comptables.

• *Provisions pour rémunérations ou gratifications.* Les rémunérations et gratifications (primes, participation au bénéfice, etc.) restant dues à la clôture de l'exercice seront déduites du résultat à partir du moment où elles résultent d'un engagement ferme et irrévocable de l'entreprise[399]. Au plan fiscal, seules sont déductibles les rémunérations qui correspondent à un travail effectif et qui ne sont pas excessives au regard du service rendu (CGI, art. 39-1, 1°). Le montant alloué sera porté dans un compte de charges à payer s'il peut être exactement calculé (cas le plus fréquent)[400]. Au contraire, il sera inscrit dans un compte de provisions lorsque les éléments nécessaires au calcul ne sont pas encore connus avec précision[401].

• *Provisions pour congés payés.* La loi reconnaît à tout salarié un droit à congés payés annuels, à la charge de l'employeur, qui s'acquiert au bout d'un mois de travail effectif dans la même entreprise. Ce droit se calcule mois par mois, sur une période qui court du 1er juin au 31 mai de l'année (période de référence). Ce droit à congés doit être utilisé pour partie entre le 1er mai et le 31 octobre de chaque année et pour le solde avant le 31 mai de l'année suivante, sauf disposition conventionnelle contraire. À la clôture de l'exercice, les entreprises doivent comptabiliser l'indemnité correspondant aux droits acquis par les salariés durant la période de référence et non encore utilisés, y compris les charges sociales et fiscales correspondantes (CGI, art. 39-1, 1° bis). Ces indemnités sont enregistrées dans un compte de provision ou de charges à

(394) L. fin. 2014, n° 2013-1278, 29 déc. 2013, art. 30.

(395) *BOFIP*, BOI-TPS-THR, n° 50.

(396) *BOFiP*, BOI-BIC-PROV-30-20-20, n° 110. Une provision pourra être constituée pour les rémunérations qui restent dues à ce moment-là ; CE, 25 oct. 1972, n° 80122, préc. ; *BOFiP*, BOI-BIC-PROV-30-20-20, n° 120.

(397) *BOFiP*, BOI-BIC-PROV-30-20-20, nos 70 et 80. Sur la différence avec les règles comptables, V. *supra*, nos 334 et 460.

(398) CE, 21 janv. 1991, n° 76390, *Cabinet H. Melhem : RJF* 3/91, n° 262.

(399) CE, 25 oct. 1989, n° 66990, *SARL Kamarina II : RJF* 12/89, n° 1325. Condition non remplie s'agissant d'une prime à un gérant de SARL, dans la mesure où les statuts prévoyaient que la fixation de la rémunération du gérant était de la compétence des associés, et qu'ils n'avaient pris aucune décision avant la clôture de l'exercice.

(400) CNC, avis n° 2000-01, 20 avr. 2000 sur les passifs, § 1.2.

(401) *BOFiP*, BOI-BIC-PROV-30-20-10-20, n° 10.

payer[402]. Par exception, les entreprises qui ont opté avant 1987, de manière irrévocable, pour la déduction des indemnités lors de leur versement (régime fiscal en vigueur avant l'unification des solutions comptables et fiscales), doivent effectuer un retraitement extra-comptable sur le tableau fiscal n° 2058-A-SD (réintégration des provisions non déductibles au titre de l'exercice de constitution des provisions, case WI, et déduction des provisions précédemment réintégrées au titre de l'exercice de la reprise des provisions, ligne WU).

• *Provisions pour licenciement.* Conformément à la réglementation sur les passifs (V. *supra*, n° 458), seules les indemnités de licenciement ayant un caractère certain ou probable peuvent donner lieu à la constatation de charges à payer ou de provisions. Il en va de même au plan fiscal ; les indemnités de licenciement restant dues à la clôture de l'exercice à raison des licenciements prononcés au cours de cet exercice sont déductibles en tant que charges à payer, et celles qui seront versées ultérieurement à raison des licenciements non encore prononcés, mais rendus probables par des événements en cours à la clôture de l'exercice peuvent être provisionnées[403]. Toutefois, les provisions pour indemnités de licenciement économique ne sont plus admises en déduction au plan fiscal (CGI, art. 39-1, 5°, al. 33)[404]. Seules les indemnités effectivement versées pourront être déduites du résultat imposable. Les provisions pour indemnités de licenciement personnel ou dans le cadre d'une procédure de redressement ou de liquidation judiciaire restent déductibles si le licenciement est probable et pas seulement éventuel[405]. Selon l'administration, pour qu'un licenciement soit considéré comme probable, il doit faire l'objet d'une décision formelle avant la clôture de l'exercice (par ex., convocation du salarié à un entretien préalable, matérialisée par l'envoi d'une lettre recommandée)[406].

• *Provisions pour charges de retraite.* Au plan comptable, les engagements en matière de pension, de complément de retraite, d'indemnités et d'allocations en raison du départ à la retraite du personnel et des mandataires sociaux sont mentionnés dans l'annexe, mais les entreprises peuvent porter au bilan tout ou partie de ces engagements dans un compte de provisions (C. com., art. L. 123-13, al. 3). Pour les autorités comptables, la constatation de provisions pour la totalité des engagements à l'égard des membres du personnel actif et retraité constitue la méthode de référence (PCG, art. 324-1, al. 2). En fiscalité, ces provisions ne sont pas déductibles et devront être réintégrées dans le résultat imposable (CGI, art. 39-1, 5°, al. 1er). Sont notamment visés : les indemnités de départ à la retraite (fixes ou variables), les allocations de préretraite et les pensions et compléments de retraite[407]. Selon le Conseil d'État, c'est également le cas des charges sociales afférentes au versement de ces sommes, compte tenu de leur caractère accessoire[408]. En revanche, ne possèdent pas un tel caractère les contributions mises à la charge d'une entreprise en vertu d'une convention d'allocation spéciale du Fonds national pour l'emploi (FNE), dans la mesure où leur exigibilité n'est pas subordonnée au versement des allocations aux salariés[409].

(402) *BOFiP*, BOI-BIC-PROV-30-20-10-10, n° 1.
(403) *BOFiP*, BOI-BIC-PROV-30-20-10-20, nos 90 et 100.
(404) L. fin. 1998, n° 97-1269, 30 déc. 1997, art. 7.
(405) *BOFiP*, BOI-BIC-PROV-30-20-10-20, n° 110.
(406) *BOFiP*, BOI-BIC-PROV-30-20-10-20, nos 120 et 130.
(407) *BOFiP*, BOI-BIC-PROV-30-20-10-20, n° 300.
(408) CE, 24 mars 2006, n° 257330, *SA Martell et Co* : *RJF* 6/06, n° 667.
(409) CE, 1er oct. 2013, n° 351852, *Sté Sogetra* : *Dr. fisc.* 2013, n° 45, comm. 502.

484. - Provisions pour travaux et pour renouvellement d'immobilisations. Conformément aux règles comptables, les travaux pour gros entretiens et grandes révisions qui n'ont pas été comptabilisés comme des composants de « seconde catégorie » peuvent donner lieu à la constitution de provisions (V. *supra*, n° 414). Pour les entreprises concessionnaires ou locataires, le Code général des impôts prévoit un régime spécifique de déduction des provisions constituées en vue de faire face à l'obligation de renouveler un bien amortissable dont elles assurent l'exploitation (CGI, art. 39-1, 5°, al. 28 à 32). On détaillera le cas des provisions pour travaux et des provisions pour renouvellement d'immobilisation.

• *Provisions pour travaux.* Ces provisions sont déductibles à condition que les travaux excèdent les simples réparations ou entretien courant des actifs concernés[410] (mais sans qu'ils en accroissent la valeur ou en prolongent de manière notable la durée)[411], et qu'ils soient probables et nettement précisés. Selon la jurisprudence, la probabilité des travaux suppose qu'une décision ait été prise au niveau de la direction de l'entreprise[412], ou qu'elle résulte d'une obligation juridique envers un tiers[413]. En outre, l'entreprise devra justifier de la réalisation des travaux dans un délai raisonnable[414]. Quant à la condition liée au caractère suffisamment précis de la dépense, l'administration fiscale considère qu'elle n'est remplie que si l'entreprise peut s'appuyer sur une programmation détaillée des travaux à entreprendre, assortie d'une estimation précise de leur coût[415], mais le Conseil d'État ne l'exige pas[416]. Le ministre a toutefois reconnu que les conditions administratives peuvent être difficiles à mettre en œuvre ; il admet que lorsque les conditions précisées par la jurisprudence sont réunies (*i.e.* : travaux effectués dans un délai raisonnable, état de dégradation ou d'usure de l'immobilisation à la clôture de l'exercice rendant les travaux nécessaires, et s'il est possible de les estimer avec une approximation suffisante), la constitution d'une provision déductible est possible[417].

• *Provisions pour renouvellement d'immobilisations.* En principe, les provisions constituées par les entreprises pour le renouvellement de l'outillage et du matériel dont elles sont propriétaires ne sont pas admises en déduction[418]. Il faut toutefois mettre de côté le cas particulier des entreprises qui sont tenues à une obligation contractuelle de renouvellement de leurs installations ; concessionnaires du service public ou titulaires de marchés et de travaux publics, locataires ou prestataires qui assurent la gestion et l'entretien de certains équipements et qui en sont responsables. Selon le plan comptable, en effet, les concessionnaires du service public doivent être à même de maintenir le potentiel productif de leurs installations, par le jeu des amortissements ou des provisions pour renouvellement notamment (PCG, art. 621-9, al. 1er). C'est également le cas en fiscalité, dès lors que la dépense apparaîtrait comme prévisible, serait susceptible d'amortissement et n'aurait pas pour effet de diminuer l'actif

(410) CE, 8 juill. 1987, n° 49158 : *RJF* 10/87, n° 970.
(411) CE, 24 juill. 1981, n° 17974 : *RJF* 10/81, n° 852.
(412) CE, 6 juill. 1990, n° 73078, *Éts Alexis et Cie* : *RJF* 10/90, n° 1166 (décision du conseil d'administration).
(413) CE, 8 juill. 1987, n° 49158, préc. (obligation triennale de révision d'un matériel ferroviaire).
(414) CE, 1er févr. 1978, n° 3490 : *Dr. fisc.* 1978, n° 30, comm. 1211, concl. Rivière.
(415) *BOFiP*, BOI-BIC-PROV-30-20-40, n° 140.
(416) CE, 27 juill. 2005, nos 259009 et 259678, *Sté Michel Guérard Conseil* : *Dr. fisc.* 2006, n° 15, comm. 325, concl. P. Collin.
(417) Rép. min. Grau n° 283370 : *JOAN* 22 déc. 2020.
(418) *BOFiP*, BOI-BIC-PROV-30-30-10, n° 1.

net[419]. Cette possibilité est désormais codifiée aux alinéas 28 à 32 de l'article 39-1, 5° du Code général des impôts[420]. Le montant maximal de la provision ne peut excéder, à la clôture de chaque exercice, la différence constatée entre le coût présumé du remplacement du bien à l'identique et sa valeur d'origine, affectée d'un coefficient progressif. Ce coefficient est égal au quotient du nombre d'années d'utilisation du bien depuis sa mise en service sur la durée totale d'utilisation (CGI, art. 39-1, 5°, al. 28, préc.). En pratique, dans la mesure où les entreprises suivent en comptabilité ces modalités de calcul de la provision, aucune correction extra-comptable n'est à effectuer.

485. - **Provisions pour litiges et pour garanties.** Proches par leur nature, les provisions pour litiges ou pour garanties sont soumises à des contraintes qui leur sont propres.

• *Provisions pour litiges*[421]. Une entreprise peut provisionner les sommes qu'elle aura à verser à la suite d'un litige, notamment les dommages et intérêts. La déduction de cette provision est subordonnée, d'une part, à la déductibilité des sommes en cause et, d'autre part, à l'existence d'une procédure judiciaire ou administrative en cours à la clôture de l'exercice. La jurisprudence n'exige pas la démonstration de la probabilité d'une issue défavorable pour l'entreprise ; la procédure contentieuse atteste à elle seule d'un risque suffisant[422]. Il en va de même lorsque les parties ont recours à l'arbitrage, celui-ci présentant un risque comparable à celui d'une action en justice[423]. Le Conseil d'État autorise également la déduction d'une provision pour litige même si la procédure n'est pas dirigée contre le contribuable mais contre une autre entreprise, si l'aboutissement de la procédure le conduira à s'y soumettre[424]. Quant au montant de la provision, il correspond aux prétentions de la partie adverse[425].

• *Provisions pour garanties.* Il s'agit principalement des provisions constituées par les entreprises afin de faire face à leurs obligations contractuelles telles que service après-vente ou contrats de garantie et d'entretien, mais la jurisprudence admet également la déduction de telles provisions lorsque la garantie repose sur un usage propre à la société[426]. En revanche, la responsabilité décennale des entrepreneurs ne peut donner lieu à la constatation de provisions pour garantie, en comptabilité comme en fiscalité, car elle doit être couverte par une assurance[427]. Pour le reste, la principale difficulté des provisions pour garantie tient à leur estimation ; ces provisions sont déductibles à condition que l'entreprise puisse justifier d'une évaluation suffisamment précise à la fois du coût de la dépense et de sa fréquence[428]. À cet égard, le recours aux statistiques internes est bien souvent nécessaire (V. *supra*, n° 467).

486. - **Provisions pour droits à réduction.** En droit comptable, les entreprises doivent provisionner les réductions accordées aux clients sous forme de chèques

(419) *BOFiP*, BOI-BIC-PROV-30-30-10, n° 30.
(420) L. fin. 1998, n° 97-1269, 30 déc. 1997, art. 5.
(421) E. Cruvelier, *Le traitement fiscal des frais de procédure : Dr. fisc.* 2013, n° 50, comm. 544, spéc. n°s 5 et s.
(422) CE, 24 mai 2000, n° 185647, *CRCAM du Midi : RJF* 7-8/00, n° 901 (sol. impl.).
(423) CE, 4 déc. 2013, n° 354228, *Sté Groupe Valois : Dr. fisc.* 2014, n° 12, comm. 220, concl. V. Daumas.
(424) CE, 24 mai 2000, n° 185647, *CRCAM du Midi*, préc. (interprétation d'une clause contenue dans un accord salarial applicable à l'ensemble des entreprises appartenant au même réseau commercial).
(425) *Mémento Lefebvre Fiscal*, *op. cit.*, n° 9930.
(426) CE, 13 juill. 2007, n°s 289233 et 289261, *Sté Volkswagen France*, préc.
(427) *BOFiP*, BOI-BIC-PROV-30-10-10, n° 20.
(428) *BOFiP*, BOI-BIC-PROV-30-10-10, n° 60.

cadeaux ou de cartes de fidélité notamment[429]. Il en va de même en droit fiscal. L'administration admet ce type de provision, mais conteste souvent l'exercice de rattachement qui, selon elle, doit être celui du droit définitivement acquis par les clients (en pratique, celui de la dernière vente). Le Conseil d'État lui a donné tort ; selon lui, les provisions doivent être constituées au fur et à mesure de l'acquisition des droits par la clientèle (en pratique, dès la première vente) (V. *supra*, n° 468).

Reste le problème du montant de la provision. Conformément à la règle comptable, la provision constituée dès la vente initiale au titre d'un chèque cadeau offert à un client doit être calculée en tenant compte du seul prix de revient de l'avantage accordé, en appliquant seulement un taux de transformation et un taux d'utilisation des chèques cadeaux par les clients, sans tenir compte de la marge commerciale de l'entreprise. En revanche, si le chèque cadeau est remboursable en espèces, la provision est égale à sa valeur faciale. Ce traitement, recommandé par le comité d'urgence du CNC[430], a été validé par le Conseil d'État[431].

(429) CNC, avis n° 2004-E, 13 oct. 2004.
(430) CNC, avis n° 2004-E, 13 oct. 2004, préc.
(431) CE, 1er oct. 2018, n° 412574, *Sté Omnium de Participations : Dr. fisc.* 2019, n° 21, comm. 273, concl. E. Cortot-Boucher.

DEUXIÈME PARTIE

LES RETRAITEMENTS EXTRA-COMPTABLES

487. - **Les causes des retraitements : la fiscalité a ses raisons que la raison n'ignore pas.** Le résultat imposable ne correspond pas exactement au résultat comptable, car le législateur fiscal n'entend pas se livrer pieds et poings liés au droit comptable. La raison est simple : la comptabilité a comme seul objectif celui de la fidélité des comptes alors que le droit fiscal, droit de l'impôt, possède un objectif de rendement. Dès lors, on peut comprendre que la loi fiscale limite parfois la déduction de certaines charges lorsqu'elles apparaissent exagérées ou étrangères à l'activité de l'entreprise. Toutefois, le législateur fiscal sait aussi récompenser ou encourager les entreprises. Certains produits peuvent en effet être exonérés ou soumis à un régime fiscal plus favorable : eux aussi doivent être extournés du résultat comptable.

488. - **Les modalités des retraitements : le tableau fiscal n° 2058-A-SD.** Les entreprises relevant des BIC dont les résultats sont imposés à l'IS ou à l'IR selon un régime réel normal d'imposition doivent déterminer leur résultat imposable à partir de l'imprimé fiscal n° 2058-ASD **(V. liasse fiscale, Annexe 1)**.

NB : Pour celles qui relèvent du régime simplifié d'imposition, un imprimé simplifié n° 2033-B-SD mentionnant le résultat comptable et fiscal lui est substitué **(V. liasse fiscale, Annexe 3)**. Le tableau n° 2058-A-SD comporte trois parties bien distinctes :

– *au titre des réintégrations*, figurent essentiellement les charges non déductibles ainsi que, le cas échéant, les produits qui ont fait l'objet d'un étalement sur plusieurs exercices ;

– *au titre des déductions*, figurent notamment les produits non imposables (par ex., régimes d'exonération), celles qui sont soumises à un taux réduit (par ex., plus-values à long terme) ou qui font l'objet d'un différé d'imposition (par ex., étalement des plus-values à court terme) ;

– *le résultat fiscal* s'obtient en faisant la différence entre le résultat comptable augmenté des réintégrations (terme 1) et la somme des déductions (terme 2). Pour les sociétés à l'IS, le bénéfice peut, *in fine*, être diminué des déficits anciens reportés en avant, alors que le déficit peut être réduit de sa fraction qui est reportée en avant ou en arrière.

489. - **Plan.** Une approche fondée sur la nature du retraitement ne serait pas judicieuse, car cela porterait atteinte à la cohérence de certains régimes de neutralisation de certaines charges ou de certains produits. De façon plus pertinente, il est possible de regrouper les retraitements en deux ensembles, selon qu'ils sont fondés sur une divergence de fond entre l'approche comptable et fiscale du résultat (Titre 1) ou sur des régimes spécifiques (Titre 2).

TITRE 1

LES RETRAITEMENTS FONDÉS SUR UNE DIVERGENCE DE FOND ENTRE LA COMPTABILITÉ ET LA FISCALITÉ

490. - Le particularisme du droit fiscal. Le Code général des impôts contient un certain nombre de dispositions relatives à la détermination du résultat imposable qui dérogent aux principes juridiques et comptables généralement admis. Elles sont la marque ponctuelle d'une forme d'indépendance reconnue à la matière fiscale au regard du droit comptable. À ce titre, les figures les plus « emblématiques » du Code général des impôts sont les suivantes :

– l'article 8, qui fonde la transparence fiscale des sociétés de personnes à l'IR et qui conduit les associés à rattacher à leurs revenus leur quote-part de bénéfice imposable ;

– les articles 209-I et 220 quinquies, qui permettent aux entreprises à l'IS déficitaires de réduire leurs bénéfices futurs (report en avant) ou antérieurs (report en arrière des déficits) ;

– l'article 39, qui exclut (par ex., dépenses somptuaires, CGI, art. 39-4) ou limite (par ex., intérêts de comptes courants d'associés, CGI, art. 39-1, 3°), la déduction de certaines charges ;

– l'article 155-II qui, pour le calcul du résultat imposable, exclut les produits qui ne proviennent pas de l'exercice de l'activité à titre professionnel, ainsi que les charges qui ne sont pas nécessitées par l'exercice de l'activité à titre professionnel.

491. - Plan. Ces dispositions légales sont destinées à être systématisées ; elles sont le siège de théories propres au droit fiscal qui soulignent l'autonomie du bilan fiscal par rapport au bilan comptable (Chapitre 1). Les articles 38 et 39 du Code général des impôts contiennent également des dispositions éparses qui viennent ponctuellement corriger le résultat comptable (Chapitre 2).

CHAPITRE 1 LES THÉORIES PROPRES AU DROIT FISCAL

492. – L'autonomie du « bilan fiscal ». Le droit fiscal possède une conception du patrimoine professionnel à géométrie variable[1]. Autant il est restrictif lorsqu'il s'agit de tracer les contours du patrimoine professionnel afin de marquer sa différence avec le patrimoine privé, autant il est peu regardant lorsqu'il s'agit de distinguer entre les bilans d'une même entreprise ou de plusieurs entreprises. Ainsi, l'individualisation du patrimoine professionnel (Section 1) s'oppose à la confusion des patrimoines professionnels (Section 2).

SECTION 1 L'INDIVIDUALISATION DU PATRIMOINE PROFESSIONNEL

493. – L'existence de l'entreprise individuelle en droit fiscal[2]. Le patrimoine professionnel est une réalité fiscale bien antérieure à l'institution de l'EIRL en 2010[3] et la généralisation du patrimoine affecté à l'ensemble des entrepreneurs individuels en 2022[4]. Allant jusqu'à personnifier le bilan des entreprises individuelles, le Conseil d'État a notamment admis qu'un commerçant pouvait se louer à lui-même un local qu'il a conservé dans son patrimoine privé et déduire de ses bénéfices les loyers qu'il se verse[5]. Bien que cantonnée au « bail à soi-même »[6],

(1) J.-P. Casimir et M. Chadefaux, *Le patrimoine professionnel du commerçant : une notion à géométrie variable : RF compt.* 1998, n° 300, p. 55. – J. Le Calvez, *Les incertains contours du patrimoine de l'entrepreneur individuel : D.* 2000, n° 10, chron. p. 151.

(2) P. Serlooten et O. Debat, *Droit fiscal des affaires*, *op. cit.*, n°s 72 et s.

(3) B. Plagnet, *Le patrimoine fiscal des entreprises individuelles : BF* 6/96, p. 319. – F. Mortimer, *Le patrimoine professionnel et privé du commerçant : NF* 1er janv. 2002, n° 861, p. 23.

(4) B. Plagnet, *Le patrimoine fiscal des entreprises individuelles : BF* 6/96, p. 319. – F. Mortimer, *Le patrimoine professionnel et privé du commerçant : NF* 1er janv. 2002, n° 861, p. 23.

(5) CE, 8 juill. 1998, n° 164657, *Meissonnier : RJF* 8-9/98, n° 903. Cette jurisprudence est désormais reprise au *BOFiP* (BOI-BIC-CHG-40-20-10, n° 180).

(6) Un entrepreneur individuel ne saurait, par exemple, déduire les intérêts qu'il se verse à lui-même. Cette situation est à rapprocher de celle d'une succursale française d'une société mère étrangère ; l'unité de la personnalité morale de la société fait obstacle à la déduction par la succursale des intérêts ou des redevances versés au siège étranger (Rép. min. n° 31725 à M. G. Mesmin : *JOAN* Q 19 janv. 1981, p. 245 ; *BOFiP*, BOI-IS-CHAMP-60-10-40, n° 380). En revanche, la cour de Douai a jugé que doivent être réintégrés dans les résultats de l'établissement stable français d'une société étrangère les intérêts qu'il a omis de percevoir, sans pouvoir justifier de contrepartie dans l'intérêt de l'exploitation (CAA Douai, 4 juin 2013, n° 12DA00907, *Sté Sodirep Textiles SA-NV : Dr. fisc.* 2014, n° 27, comm. 419, note H. Bidaud).

la théorie du « bail fiscal »[7] a été ensuite étendue aux bénéfices non commerciaux[8], puis aux bénéfices agricoles[9]. Le domaine du contrat avec soi-même ne devrait pas être plus étendu dans le cadre d'un patrimoine affecté[10], sauf si l'entrepreneur a opté pour son assimilation fiscale à une EURL qui emporte de plein droit son assujettissement irrévocable à l'impôt sur les sociétés (CGI, art. 1655 sexies). À cet égard, on peut noter que dans l'exemple qu'elle prend pour illustrer la situation d'un entrepreneur individuel qui a opté pour son assimilation à une EURL, sans renoncer à l'impôt sur les sociétés, l'administration a indiqué que ce dernier devait déclarer en tant que BIC non-professionnels les loyers d'un véhicule à usage mixte conservé dans le patrimoine privé et qu'il se verse à lui-même, sous déduction des intérêts d'emprunt et des amortissements afférents à ce véhicule[11].

494. – L'identité strictement professionnelle du bilan fiscal. La variation du patrimoine permet de mesurer le résultat des entreprises (V. *supra*, n° 116). En comptabilité, il n'est pas fait de tri entre les éléments d'actif ou de passif selon qu'ils se rattachent ou non à l'activité de l'entreprise ; seule compte l'inscription au bilan. Pendant longtemps, cette conception unitaire du patrimoine professionnel s'appliquait également en droit fiscal (« théorie du bilan »). Depuis les exercices ouverts en 2012, seuls les produits et les charges qui se rattachent à l'activité de l'entreprise peuvent concourir à la formation du résultat imposable, quelle que soit l'affectation comptable ; cela marque, pour les entreprises individuelles, *la fin de l'unité du bilan comptable et fiscal* (§ 1).

À noter : Pour les EIRL en revanche, les règles d'affectation comptable s'imposent aussi en fiscalité (V. *supra*, n° 185).

495. – L'individualisme, au-delà de l'individualisation. Ce n'est pas parce qu'une charge est liée à l'activité de l'entreprise qu'elle est nécessairement déductible au plan fiscal. En effet, si le patrimoine professionnel a une fonction (mesurer le résultat social), il a aussi un but : s'enrichir. Dès lors, les dépenses qui appauvrissent le patrimoine ne sont déductibles que si l'entreprise en retire une contrepartie suffisante ; *c'est la théorie de l'acte anormal de gestion* (§ 2). Contrairement à la théorie du bilan, l'acte anormal de gestion ne concerne que les charges, mais toutes les entreprises sont ici concernées : individuelles ou sociétaires.

§ 1. – La dissociation du bilan comptable et fiscal

496. – Les excès de la liberté d'affectation comptable. Dans l'entreprise individuelle, c'est l'entrepreneur qui compose librement son patrimoine comptable,

La solution a été confirmée par le Conseil d'État sur le fondement de l'article 57 du Code général des impôts, alors même que la succursale n'a pas de personnalité morale (CE, 9 nov. 2015, n° 370974, *Sté Sodirep Textiles SA-NV : Dr. fisc.* 2016, n° 24, comm. 377, concl. M.-A. Nicolazo de Barmon, note C. Silberztein, B. Granel, A. Calloud et M. Valeteau).

(7) Th. Schmitt, *Propos iconoclastes sur le bail fiscal : Dr. fisc.* 2002, n° 16, étude 15.

(8) CE, 11 avr. 2008, n° 287808, *M. et Mme Roche : Dr. fisc.* 2008, n° 22, comm. 351, concl. C. Vérot, note Th. Schmitt.

(9) CE, 26 sept. 2011, n° 340246, *M. Blestel : Dr. fisc.* 2012, n° 24, comm. 334.

(10) La théorie du bail fiscal repose exclusivement sur une approche comptable de l'entreprise, car juridiquement seules les personnes sont titulaires de droits et d'obligations. V. A. de Bissy, *Le contrat avec soi-même en fiscalité : mythe ou réalité ?* PU Toulouse 1 Capitole, janv. 2021, p. 227 à 234.

(11) BOI-BIC-CHAMP-70-10, 23 nov. 2022, § 600.

en prenant une décision de gestion opposable à l'administration fiscale[12]. Cette situation a été à l'origine de nombreux abus de la part d'entrepreneurs qui inscrivaient à leur bilan des biens sans rapport avec leur activité ou qui, au contraire, n'inscrivaient pas des éléments professionnels essentiels. Tout en consacrant le principe de liberté d'affectation comptable en droit fiscal, la jurisprudence avait cherché malgré tout à l'encadrer (A). Sans remettre en cause ce principe en comptabilité, le législateur l'a purement et simplement écarté en fiscalité (B).

A. – L'encadrement prétorien de la liberté d'affectation comptable

497. – Affirmation du principe. La liberté d'affectation comptable signifie que l'exploitant personne physique est libre d'inscrire ou non à l'actif ou au passif de son bilan tous les biens ou dettes, qu'ils soient professionnels ou privés, *même s'ils ne concourent pas à l'exploitation*. En fiscalité, il découle de l'affirmation selon laquelle, en matière de BIC, c'est l'affectation comptable qui compte[13], et non l'affectation matérielle comme pour les BNC[14]. Ce principe a trouvé son apogée dans une décision du Conseil d'État du 8 septembre 1999 qui a validé la déduction des amortissements et des charges relatives à un navire appartenant à un bailleur de fonds de commerce qui ne l'avait pas encore exploité[15]. Plus récemment encore, l'administration fiscale avait clairement indiqué qu'un contribuable est en droit de déduire les intérêts de l'emprunt contracté pour acquérir la nue-propriété d'un immeuble inscrit à l'actif du bilan de l'entreprise individuelle et que l'usufruitier donne en location meublée, alors même que cet immeuble n'est pas, par hypothèse, affecté à l'exploitation de l'entreprise[16].

498. – Domaine du principe. La liberté d'affectation comptable ne concerne que les entrepreneurs personnes physiques, à l'exclusion des EIRL et des groupements.

Dans le nouveau statut unique d'entrepreneur individuel (L. n° 2022-172, 14 févr. 2022), les règles comptables et fiscales n'ont pas été modifiées en dépit de l'institution d'un patrimoine professionnel séparé. Ainsi, l'entrepreneur est libre d'inscrire à son bilan des éléments de son patrimoine personnel, ou de ne pas inscrire des éléments de son patrimoine professionnel[17], sous réserve de l'application de règles fiscales dérogatoires (V. *infra*, n°s 500 et 501). Ainsi, compte tenu des nouvelles règles « objectives » de composition du patrimoine professionnel fixées par le Code de commerce (V. *supra*, n° 187), ses contours peuvent être appréciés différemment en droit commercial, en droit fiscal et en droit comptable[18] !

Dans les EIRL, il n'y a pas de liberté d'affectation, ni en comptabilité ni en fiscalité. Les règles juridiques sont fixées par l'article L. 526-6 du Code de commerce : les biens,

(12) M. Cozian, *Le principe de liberté d'affectation comptable dans le cadre des BIC : Dr. fisc.* 2002, n° 6, p. 294. – Fl. Deboissy, *Le principe de la liberté d'affectation comptable : RTD com.* 2001, p. 994.

(13) CE, 24 mai 1967, n° 65436 : *Dr. fisc.* 1967, n° 27, concl. Schmeltz ; *Lebon*, p. 366, note M.P.

(14) Aujourd'hui, l'inscription sur le registre des immobilisations est prise en compte pour la reconnaissance d'un actif professionnel (CGI, art. 99). Toutefois, si l'entrepreneur est libre dans ses choix, l'inscription sur le registre des immobilisations est obligatoire pour les biens affectés par nature à l'exploitation (CE, 29 avr. 1985, n° 43759 : *Dr. fisc.* 1985, n° 40, comm. 1617, concl. Ph. Bissara). En outre, les biens qui ne sont pas utilisés pour l'exercice de la profession ne peuvent jamais faire partie du patrimoine professionnel (CGI, art. 93-1 et 5).

(15) CE, 8 sept. 1999, n° 179832, *Le Forestier de Quillien : Dr. fisc.* 2000, n° 6, comm. 73.

(16) Rép. min. Warsmann n° 2685 : *JOAN* Q 11 déc. 2007, p. 7819.

(17) En ce sens, M. Dos Santos, L. Flin et A. Benhamou-Chocron : *FRC* 11/22, n° 7.

(18) Plus nuancée et interrogative, V. A. Périn-Dureau, *Les aspects fiscaux de la loi n° 2022-172 du 14 février 2022 en faveur de l'activité professionnelle indépendante : RTD com.* 2022, 693, spéc. n°s 36 et 37.

droits, obligations ou sûretés « nécessaires » à l'activité professionnelle doivent obligatoirement être inscrits au bilan alors que ceux simplement « utilisés » pour l'exercice de cette activité peuvent y être affectés. En revanche, les éléments étrangers à l'activité ne peuvent y figurer. Le lien avec la comptabilité est assuré par les articles L. 526-8 et L. 526-8-1 (V. *supra*, n° 185).

Dans les groupements, même dénués de personnalité morale, la liberté d'affectation comptable n'a pas sa place[19]. Notamment, si les sociétés en participation n'ont pas l'obligation d'établir un bilan comptable, faute de personnalité morale, elles doivent établir un bilan fiscal selon les prescriptions de la loi. L'article 238 bis M du Code général des impôts dispose ainsi que :

« Les sociétés en participation doivent, pour l'application des articles 8 et 60, inscrire à leur actif les biens dont les associés ont convenu de mettre la propriété en commun ».

Ainsi dans une société en participation, selon que les associés ont décidé, ou non, de mettre en commun les biens, ceux-ci doivent, ou peuvent, être affectés au bilan (la conséquence de l'inscription au bilan étant la possibilité de déduire les amortissements et les charges qui y sont liés ; V. *supra*, n° 427).

499. - Portée du principe. La liberté d'affectation comptable repose sur un choix du contribuable qui décide d'inscrire ou non un élément privé, actif ou passif, à son bilan.

La décision d'affectation comptable a pour conséquence de faire entrer le bien ou la dette dans la sphère professionnelle du contribuable. S'il s'agit d'immobilisations, elle n'a pas d'effet fiscal immédiat dans la mesure où il n'y a pas de cession au sens de la législation sur les plus-values privées. Ce n'est que si l'actif professionnel est ensuite vendu que l'opération générera deux plus-values : l'une privée, par différence entre la valeur d'acquisition et la valeur d'inscription au bilan, l'autre professionnelle, par différence entre le prix de cession et la valeur nette comptable (CGI, art. 151 sexies, régime des « biens migrants » ; V. *infra*, n° 630).

La liberté d'affectation comptable a pour corollaire celle de désaffecter un élément du bilan. S'il s'agit d'une immobilisation, elle entraîne cette fois l'application du régime des plus-values professionnelles, dont le domaine s'étend à toutes les sorties d'actifs (V. *infra*, n° 624).

500. - Limites du principe. Deux limites importantes au principe de liberté d'affectation comptable peuvent être trouvées : l'erreur comptable et l'acte anormal de gestion.

Les biens qui sont *l'objet même de l'exploitation* doivent obligatoirement être inscrits au bilan de l'entreprise (fonds de commerce, droit au bail, brevet...), sinon ce serait une erreur comptable susceptible d'être rectifiée[20]. Ainsi, la cession d'un fonds de commerce non inscrit au bilan entraîne l'application du régime des plus-values professionnelles et non celui des plus-values des particuliers[21]. Idem au cas de cession du droit au bail commercial non inscrit, même s'il n'est pas considéré comme

(19) Les groupements soumis à l'IS sur une partie de leur activité lucrative disposeraient néanmoins de la liberté d'affecter leurs biens à cette activité (immeubles notamment), dès lors qu'ils ne peuvent pas être considérés comme des biens affectés par nature à cette activité (CAA Bordeaux, 20 mars 2003, n° 98-1690, *Congrégation des sœurs hospitalières et institutrices de la Salle de Vihiers : RJF* 11/03, n° 1208).

(20) CAA Lyon, 19 déc. 2003, n°s 00-1566 et 01-2016, *Barremaecker : Dr. fisc.* 2005, n° 26, comm. 500 (fonds de commerce). - CE, 28 déc. 2007, n° 271895, *Vuarand : Dr. fisc.* 2008, n° 10, comm. 194, concl. E. Glaser (licence de débit de boisson de quatrième catégorie).

(21) CE, 10 juin 1970, n° 75161 : *Dr. fisc.* 1971, n° 8, comm. 245, concl. J. Delmas-Marsalet.

un élément essentiel du fonds de commerce en droit privé[22]. En revanche, il est rare qu'un immeuble soit considéré comme étant, par nature, affecté à une exploitation, surtout s'il est habité personnellement par le contribuable[23].

À l'inverse, selon le Conseil d'État, une entreprise ne peut inscrire à son bilan que les biens qui ont vocation à être *un élément de l'exploitation* ; sinon, ce serait un acte anormal de gestion. Tel sera le cas, par exemple, pour un brevet acquis par une entreprise alors que ni son objet social, ni ses capacités financières ne lui permettent d'envisager son exploitation[24].

B. – L'abandon de la théorie du bilan par le législateur fiscal

501. - Retraitement obligatoire. Les charges qui ne sont pas nécessitées par l'exercice de l'activité à titre professionnel et les produits qui ne proviennent pas de l'exercice de cette activité doivent être extournés pour la détermination du résultat fiscal, même si ces derniers se rattachent à des éléments qui figurent au bilan de l'entreprise (CGI, art. 155-II, 1)[25].

Les retraitements fiscaux sont portés dans le tableau fiscal n° 2058-A-SD (les réintégrations de charges rendues obligatoires par l'application de la suppression des effets de la théorie du bilan doivent figurer en ligne XY dudit tableau). Devant l'importance et la durée des retraitements extra-comptables à effectuer, la doctrine comptable propose un traitement fondé sur une « connexion intégrée » de la fiscalité aux comptes de l'entreprise[26].

Les charges et les produits ainsi extournés du résultat imposable sont déclarés au titre de l'impôt sur le revenu par l'entrepreneur (ou les associés de la société de personnes semi-transparente) à qui ils reviennent dans la catégorie de revenus applicable selon leur nature (revenus fonciers, revenus de capitaux mobiliers, profits mentionnés aux articles 150 ter et 150 undecies du Code général des impôts ou plus-values de cession à titre onéreux des particuliers)[27].

L'exercice à titre professionnel d'une activité implique la participation personnelle, directe et continue à l'accomplissement des actes nécessaires à cette activité (CGI, art. 155-IV, 1). Selon l'administration, les produits ou les charges afférents à des actifs qui ne sont pas nécessaires à l'exercice de l'activité professionnelle, ou qui ne sont pas utilisés pour l'exercice de l'activité professionnelle, ne sont pas pris en compte pour la détermination du résultat fiscal[28]. Cette exclusion touche d'abord les produits et les

(22) CE, 17 oct. 1990, n° 565991, *Ahner : Dr. fisc.* 1991, n° 48, comm. 2282, concl. O. Fouquet.

(23) CE, 5 mai 2010, n° 316677, *Peltier : Dr. fisc.* 2010, n° 26, comm. 389, concl. N. Escaut, note P. Fumenier (château d'abord exploité directement en location meublée, puis donné en location-gérance).

(24) CE, 17 oct. 2003, n° 247532, *Sté Sidac-Diffusion : RJF* 01/04, n° 9.

(25) L. fin. rect. 2010, n° 2010-1658, 29 déc. 2010, art. 13. Disposition applicable aux exercices ouverts à compter du 1er janvier 2012.

(26) L. Didelot, *La fin de la théorie du bilan et ses conséquences fiscales : RF compt.* 2013, n° 466, p. 24 et s. *Adde* L. Didelot et E. Ferdjallah-Chérel, *La recherche comptable au service du résultat fiscal : RF compt.* 2023, n° 573, p. 16 et s. Cette méthode consiste à porter les charges ou les produits complémentaires de nature fiscale dans des comptes d'une classe *ad hoc* (en pratique, les comptes disponibles de la classe « 8 » ou en créant une nouvelle classe de comptes), qui ne modifient pas l'élaboration des documents comptables (ces derniers restent fondés sur les classes « 1 » à « 7 » du plan des comptes), mais qui ont vocation à fusionner avec eux pour l'établissement des documents fiscaux.

(27) Rép. min. Finances n° 7577 à M. Y. Daudigny : *JO* Sénat Q 23 avr. 2015, p. 952 (*Dr. fisc.* 2015, n° 18, act. 265).

(28) *BOFiP*, BOI-BIC-BASE-90, n° 190.

charges qui se rapportent à des biens étrangers à l'activité professionnelle ; immeubles de placement ou immeubles d'exploitation qui ne sont plus utilisés pour les besoins de l'entreprise[29]. De façon tout à fait contestable, l'administration fiscale considère également que les produits et les charges afférents à des actifs qui se situent dans le prolongement de l'activité professionnelle ne sont pas pris en compte ; parts dans une société exerçant une activité complémentaire ou produits de placement de la trésorerie de l'activité professionnelle quelle que soit sa forme[30].

Cette règle a pour effet d'unifier les solutions retenues en matière de bénéfices commerciaux et non commerciaux ; les produits de placement et les charges qui ne sont pas nécessités par l'exercice de l'activité ne sont pas pris en compte dans le résultat fiscal (V. CGI, art. 92 et 93). Elle valide également la doctrine administrative selon laquelle les dividendes sont déduits du bénéfice imposable et imposés dans la catégorie des revenus de capitaux mobiliers de l'exploitant personne physique ou de l'associé d'une société à l'IR, afin de les faire bénéficier des avantages qui y sont liés (V. *infra*, n° 502)[31]. Toutefois, depuis que l'administration a rapporté cette doctrine[32], et que l'article 155-II du Code général des impôts s'applique de manière exclusive, la déduction extra-comptable ne peut plus s'opérer lorsque les dividendes, comme les autres produits non liés à l'activité (intérêts, revenus fonciers…), n'excèdent pas le seuil de 5 % ou de 10 % (tolérance légale). Heureusement, le législateur a conféré un caractère optionnel à cette tolérance légale (V. *infra*, n° 502).

En revanche, elle crée une obligation de retraitement qui n'existe pas pour les EIRL. En ce qui concerne ces dernières, en effet, le bilan fiscal correspond au bilan comptable qui lui-même suit les prescriptions du Code de commerce (V. *supra*, n° 185). Ce manque de cohérence est regrettable ; le législateur aurait pu profiter de l'abandon de la théorie du bilan en fiscalité pour revenir également sur la liberté d'affectation comptable[33]. Au demeurant, le retraitement extra-comptable est particulièrement compliqué lorsqu'il s'agit de ventiler les plus et moins-values de cession selon leur nature ; professionnelle ou privée (V. *infra*, n° 629).

En 2022, le législateur a abrogé pour l'avenir le statut d'EIRL et généralisé le patrimoine professionnel affecté pour l'ensemble des entrepreneurs personnes physiques (C. com., art. L. 526-22 ; V. *supra*, n° 187). Pour autant, si les textes précisent les contours du patrimoine professionnel (il s'agit des biens « utiles » à l'activité ; CGI, art. L. 526-22, al. 2 et R. 526-26, I), il n'est pas fait de lien avec la comptabilité si ce n'est pour poser une présomption d'appartenance au patrimoine professionnel des éléments qui figurent dans les documents comptables (C. com., art. R. 526-26, II). Ainsi, en comptabilité c'est le principe de liberté d'affectation qui continue de s'appliquer, mais ce principe est limité pour la détermination du bénéfice imposable du fait de l'abandon de la théorie du bilan en fiscalité.

502. – Régimes dérogatoires. Aucun retraitement n'est nécessaire lorsque les revenus agricoles ou non commerciaux accessoires sont attraits au bénéfice commercial en application de la théorie de l'accessoire (CGI, art. 155-I ; V. *infra*, n° 550)[34]. C'est également le cas lorsque les produits qui ne proviennent pas de l'exercice de l'acti-

(29) *BOFiP*, BOI-BIC-BASE-90, n° 200.
(30) *BOFiP*, BOI-BIC-BASE-90, n° 210.
(31) *BOFiP*, BOI-BIC-PDSTK-10-20-10, n°s 1 et 10, 12 sept. 2012.
(32) *BOFiP*, BOI-BIC-PDSTK-10-20-10, n° 1, 9 janv. 2013.
(33) M. Cozian, Fl. Deboissy et M. Chadefaux, *Précis de fiscalité des entreprises*, *op. cit.*, n° 119.
(34) *Mémento Lefebvre Fiscal*, *op. cit.* n° 7345.

vité professionnelle n'excèdent pas : soit 5 % de l'ensemble des produits de l'exercice (y compris les produits devenus commerciaux par application de la théorie de l'accessoire, mais pas les plus-values), soit 10 % de ces mêmes produits si la condition de 5 % était satisfaite au titre de l'exercice précédent (CGI, art. 155-II, 3). Corrélativement, les charges correspondantes deviennent déductibles, mais leur déduction ne peut excéder les revenus produits par le bien.

À compter du 1er janvier 2017, la « tolérance de 5 % » ne devient applicable que sur option expresse du contribuable[35]. En pratique, un contribuable n'a aucun intérêt à opter s'il perçoit des dividendes bénéficiant de l'abattement de 40 % ou encore des revenus mobiliers d'origine étrangère ouvrant droit à un crédit d'impôt conventionnel.

À compter du 1er janvier 2018, il est institué un prélèvement forfaitaire unique (PFU) sur les revenus de capitaux mobiliers (CGI, art. 200 A)[36]. Le PFU ne s'applique pas si les revenus de capitaux mobiliers sont pris en compte dans le bénéfice imposable de l'entreprise ; les produits financiers sont alors soumis à l'IR progressif. Si les revenus de capitaux mobiliers ne sont pas pris en compte dans le bénéfice imposable, le PFU s'applique ; les produits financiers sont alors taxés 12,8 % (hors prélèvements sociaux), sauf option pour l'IR progressif (dans ce cas, le contribuable pourra bénéficier de l'abattement de 40 % sur les dividendes).

§ 2. – La théorie de l'acte anormal de gestion

503. – La liberté de gestion : le principe de non-immixtion de l'administration dans la gestion des entreprises[37]**.** La jurisprudence considère que l'administration fiscale ne peut s'immiscer dans la gestion des entreprises ; elle n'a pas à se substituer au chef d'entreprise qui reste libre de ses choix. Le principe de non-immixtion repose sur plusieurs piliers historiques :

– *d'abord, l'administration fiscale ne peut reprocher à une entreprise de ne pas avoir réalisé le profit maximal compte tenu des circonstances, ce qui aurait conduit à une imposition jugée disproportionnée*[38]. Si l'administration fiscale entend contester la décision, elle doit démontrer qu'elle a été prise dans l'intérêt d'un tiers (théorie de l'acte anormal de gestion) ;

– *ensuite, en présence de plusieurs possibilités, l'administration fiscale ne peut reprocher à une entreprise d'avoir choisi la voie la moins imposée.* Ainsi, un vérificateur ne peut reprocher à une entreprise d'avoir emprunté de l'argent alors que ses fonds propres étaient suffisants[39], et les entreprises restent libres de choisir le mode de financement qu'elles accordent[40] ;

(35) L. fin. 2016, n° 2015-1785, 29 déc. 2015, art. 105.

(36) L. fin. 2018, n° 2017-1837, 30 déc. 2017, art. 28.

(37) B. Plagnet, *La non-immixtion de l'administration fiscale dans la gestion des entreprises : BF* 11/99, p. 699. – P. Serlooten, *Liberté de gestion et droit fiscal : la réalité et le renouvellement de l'encadrement de la liberté : Dr. fisc.* 2007, n° 12, étude 301.

(38) CE, 7 juill. 1958, n° 35977 : *Dr. fisc.* 1958, n° 44, comm. 938 (prêts sans intérêts à des filiales).

(39) CE, 20 déc. 1963, n° 52308 : *Dr. fisc.* 1964, n° 13, doctr., concl. Martin.

(40) CE, plén., 30 avr. 1980, n° 16253 : *Dr. fisc.* 1980, n° 30, comm. 1642 (abandon de créance à une filiale, de préférence à une augmentation de capital). – CE, 11 avr. 2014, n° 344990, *Sté Bayerrische Hypo und Vereinsbank AG : Dr. fisc.* 2014, n° 23, comm. 365 ; Cl. Acard, chron. 364 (prêt consenti par un établissement de crédit étranger à sa succursale française, de préférence à une dotation en fonds propres).

– *de façon générale enfin, le Conseil d'État a dénié à l'administration fiscale le droit de critiquer les choix de gestion des entreprises sur le terrain économique.* Ainsi, l'administration ne peut pas reprocher à une entreprise d'avoir exposé des dépenses plus importantes que celles habituellement constatées dans le même secteur d'activité[41]. Elle ne peut pas non plus critiquer le montant des rémunérations de prestations de prospection commerciale versées par une entreprise au seul motif de leur faible impact sur son chiffre d'affaires à l'export[42].

504. – La limite à la liberté de gestion des entreprises : la théorie de l'acte anormal de gestion[43]. Partant du principe que les entreprises commerciales ont pour objectif la réalisation de profits, le juge fiscal a été amené à remettre en cause le bien-fondé de certaines décisions de gestion des entreprises lorsqu'elles n'ont pas été prises dans l'intérêt de l'exploitation. Comme la théorie de l'abus de droit (LPF, art. L. 64), l'acte anormal de gestion constitue une limite à la liberté de gestion des entreprises. À la différence, néanmoins, qu'il s'agit d'une construction prétorienne qui ne concerne que la détermination des bénéfices commerciaux (A). Son critère (B), ses modalités de preuve et sa sanction (C) sont également très spécifiques.

A. – Fondement et domaine de l'acte anormal de gestion

505. – L'article 39 du Code général des impôts. Bien que l'expression ne figure dans aucun texte, la théorie de l'acte anormal de gestion est traditionnellement rattachée à l'article 39 du Code général des impôts, qui est le siège légal de la réglementation fiscale relative à la déduction des charges de toute nature par les entreprises commerciales (1°). La jurisprudence lui a conféré une pleine portée pour le calcul du bénéfice industriel et commercial, mais rarement au-delà (2°).

1° Fondement

506. – Fondement légal incomplet. Plusieurs dispositions de l'article 39 du Code général des impôts font, explicitement ou implicitement, référence à l'intérêt de l'entreprise pour le calcul des BIC.

La référence est implicite s'agissant des dépenses de personnel (CGI, art. 39-1) :

« Le bénéfice net est établi sous déduction de toutes charges, celles-ci comprenant (...) notamment : 1° (...) les dépenses de personnel et de main-d'œuvre (...) Toutefois, les rémunérations ne sont admises en déduction des résultats que dans la mesure où elles correspondent à un travail effectif et ne sont pas excessives eu égard à l'importance du service rendu [al. 2] ».

(41) CE, 23 janv. 2015, n° 369214, *SAS Rottapharm : FR* 1/15, inf. 2, obs. M.-A. Nicolazo de Barmon ; *RJF* 4/15, n° 300 ; *Dr. fisc.* 2015, n° 16, comm. 268, concl. M.-A. Nicolazo de Barmon, note A. de Massiac et R. Bagdassarian (les dépenses exposées par une société pour le lancement et la promotion d'un médicament avaient représenté entre 40 et 55 % du chiffre d'affaires généré par ce médicament, alors que le rapport moyen constaté dans le secteur de l'industrie pharmaceutique serait de 12 % seulement).

(42) CE, 22 févr. 2017, n° 387786, *Sté Additek : Dr. fisc.* 2017, n° 28, comm. 395, concl. E. Bokdam-Tognetti, note O. Fouquet.

(43) Sur la théorie en général, V. not. : Ch. Bur, *L'acte anormal de gestion, ou le premier risque fiscal pour l'entreprise*, EFE, 1999. – M. Cozian, *La théorie de l'acte anormal de gestion : Dr. fisc.* 1980, n° 24, comm. 725. – C. David, *L'acte anormal de gestion (comparaison fiscale Allemagne, France et Royaume-Uni)*, in *Mél. Cozian*, Litec, 2009, p. 239. – Th. Lamorlette, *Les actes anormaux de gestion*, Economica, 1999. Sur ses développements contemporains : V. Retour(s) sur l'acte anormal de gestion : évolutions et potentialités, Actes du 31e colloque du CEFEP tenu le 27 juin 2019, in *Dr. fisc.* 2019, n° 41, études 391 et s.

La référence est plus explicite pour les dépenses de parrainage ; le même article 39-1 du Code général des impôts admet en déduction :

« 7° les dépenses engagées dans le cadre de manifestations de caractère philanthropique, éducatif, scientifique, social, humanitaire, sportif, familial, culturelle ou concourant à la mise en valeur du patrimoine artistique, à la défense de l'environnement naturel ou à la diffusion de la culture, de la langue et des connaissances scientifiques françaises, lorsqu'elles sont engagées dans l'intérêt direct de l'exploitation ».

L'article 39-5 du même code dispose pareillement :

« Sont également déductibles les dépenses suivantes :… e) Les cadeaux de toute nature, à l'exception des objets de faible valeur conçus spécialement pour la publicité ; (…) Les dépenses ci-dessus énumérées peuvent également être réintégrées dans les bénéfices imposables dans la mesure où elles sont excessives et où la preuve n'a pas été apportée qu'elles ont été engagées dans l'intérêt direct de l'entreprise ».

507. – Systématisation et définition. La jurisprudence a systématisé ces dispositions parcellaires en appliquant la théorie de l'acte anormal de gestion à l'ensemble des charges des entreprises (achats, frais généraux, amortissements et provisions), y compris lorsqu'il s'agit de renonciations à un profit (par ex., abandons du prix des prestations ou des livraisons) ou à un avantage particulier prévu au contrat (par ex., retour gratuit au bailleur des constructions édifiées par le locataire)[44]. Ainsi conçu, l'acte anormal de gestion est « celui qui met une dépense ou une perte à la charge de l'entreprise, ou qui prive cette dernière d'une recette, sans que l'acte soit justifié par les intérêts de l'exploitation commerciale »[45].

La référence à l'intérêt de l'entreprise évoque irrésistiblement l'intérêt social. Ainsi que l'avait noté P.-F. Racine : « le concept d'acte anormal de gestion est le fruit de l'acclimatation ou la transplantation en droit fiscal du concept commercial d'acte non conforme à l'intérêt social… »[46]. Il est donc fait un parallèle entre l'intérêt de l'entreprise en droit fiscal et l'intérêt social en droit des sociétés. L'identification est pourtant fragile eu égard, notamment, à l'évolution récente du droit des sociétés qui a élargi l'intérêt social à des éléments extra-financiers « … en prenant en considération les enjeux sociaux et environnementaux de son activité »(C. civ., art. 1833 mod. loi « Pacte »)[47]. Plus sûrement, il nous semble que l'intérêt de l'entreprise en droit fiscal se rattache davantage à l'article 1832 du Code civil[48]. L'élargissement de l'intérêt social en droit des sociétés devrait donc être sans effet sur la définition de l'acte anormal de gestion en fiscalité[49].

L'objet social est également sans incidence sur la caractérisation d'un acte anormal de gestion ; une société mettant gratuitement à disposition de son associé unique des appartements, conformément à son objet social, commet un acte anormal de gestion[50].

(44) CAA Nancy, 21 févr. 2013, n° 11NC01290, *SCI de la Seine : RJF* 8-9/13, n° 803 (arrêt définitif).

(45) J. Poussière, concl. ss CE, 5 janv. 1965, n° 62 099 : *Dr. fisc.* 1970, n° 3 bis, p. 23.

(46) Concl. ss CE, 27 juill. 1984, n° 34588, *SA Renfort service : RJF* 10/84, p. 562.

(47) L. n° 2019-486, 22 mai 2019, relative à la croissance et la transformation des entreprises, art. 169, I-1°.

(48) V. A. de Bissy, *La crise existentielle des sociétés : quel impact fiscal ? : Lexbase Affaires* 13 juin 2019, n° 597, p. 33.

(49) En ce sens : Rép. Bascher : Sénat, 10 févr. 2022, n° 25359 et la note approbative de Fl. Deboissy et G. Wicker, *in Dr. fisc.* 2023, n° 8, act. 55.

(50) CE, 22 juill. 2022, n° 444942, *Sté Phoenix Union Co : Dr. fisc.* 2022, n° 37, act. 338, obs. O. Fouquet ; *Dr. fisc.* 2022, n° 40, comm. 353, concl. E. Bokdam-Tognetti, note E. Joannard-Lardant. Hypothèse d'une société non commerciale de droit suisse, mais qui a été assimilée à une société par actions française soumise à l'IS en France.

2° Domaine

508. – L'acte anormal de gestion ne concerne pas les BNC. L'article 39 du Code général des impôts précité se situe dans une partie du code consacrée aux BIC (CGI, art. 34 à 61 A). Par renvoi de l'article 72-I du Code général des impôts, les principes généraux des bénéfices industriels et commerciaux s'appliquent également aux bénéfices agricoles ; la jurisprudence refuse la déduction des actes de gestion anormale[51]. En revanche, la théorie de l'acte anormal de gestion ne s'applique pas dans le cadre des bénéfices non commerciaux (BNC). En effet, alors que l'article 39-1 du Code général des impôts dispose de façon très générale que « le bénéfice net est établi sous la déduction de toutes charges… », l'article 93-1 relatif à la détermination des BNC n'admet en déduction que « … les seules dépenses nécessitées par l'exercice de la profession », ignorant ainsi les actes d'appauvrissement passif.

Pour autant, cela n'empêche pas la jurisprudence de regarder si la profession a été exercée dans des conditions « normales »[52], ce qui peut par exemple conduire à la réintégration de la fraction jugée excessive d'une rétrocession d'honoraires[53], ou de recettes auxquelles le contribuable a renoncé et qu'il aurait normalement dû percevoir[54].

À l'occasion de sa décision *Uguen* du 23 décembre 2013 précitée, le Conseil d'État a clairement fixé les règles en matière de renonciation à des recettes non commerciales. Après avoir énoncé que les professionnels libéraux sont « seuls juges de l'opportunité des décisions qu'ils prennent », le Conseil d'État juge que l'administration est fondée à réintégrer dans les bénéfices imposables les recettes non déclarées auxquelles le contribuable a renoncé[55], sauf si ce dernier est en mesure de justifier que la renonciation à percevoir des recettes comporte une *contrepartie équivalente* pour lui ou bien qu'elle repose sur un *motif légitime*[56].

509. – L'acte anormal de gestion peut déborder la fiscalité d'entreprise. L'intérêt de l'entreprise est aussi pris en compte dans le cadre de la fiscalité personnelle des dirigeants sociaux. Ainsi, il résulte de la jurisprudence que les sommes versées par un dirigeant en exécution d'un engagement de caution ne peuvent être déduites de son revenu imposable que s'il a été souscrit dans l'intérêt de l'entreprise[57]. Il s'ensuit que cette condition n'est pas remplie lorsque le dirigeant a garanti un emprunt ayant servi au financement de dépenses personnelles[58]. En revanche, la référence à un acte anormal de gestion qu'aurait commis l'entreprise au profit d'un tiers est

(51) Sur la problématique de la déduction des charges financières lorsque le compte courant de l'associé d'une société civile agricole est débiteur, CAA Paris, 25 juill. 1997, n° 95-2927, *De Moustier : RJF* 11/98, n° 1265. – CAA Nancy, 11 févr. 1999, n° 95-2069, *Yverneau : RJF* 07/99, n° 834.

(52) Sur la distinction entre les notions d'acte anormal de gestion et d'exercice normal de la profession, V. S. Austry, *BNC : notion de dépenses nécessitées par l'exercice de la profession : RJF* 1/97, chron. p. 3.

(53) CE, 22 juin 1983, n° 25170 : *RJF* 8-9/83, n° 1017.

(54) CE, 23 déc. 2013, n° 350075, *M. Uguen : RJF* 2/14, n° 145, chron. E. Bokdam-Tognetti ; *Dr. fisc.* 2014, n° 6, act. 86, obs. P.-O. Sur et J. Turot ; *Dr. fisc.* 2014, n° 14, comm. 252, concl. V. Daumas, note M. Buchet ; *Defrénois* 6/14, n° 115n8, obs. F. Douet ; *RJ com.* 3/13, p. 197, obs. A. de Bissy.

(55) Jurisprudence constante ; un contribuable qui a renoncé à un revenu est présumé en avoir eu la disposition. V. A. de Bissy, *Les aspects fiscaux de l'effacement des dettes : Dr. & patr.* sept. 2009, n° 184, p. 71 et s.

(56) Selon le Conseil d'État, tel est le cas lorsque la renonciation à percevoir des recettes relève de l'exercice normal de la profession ou d'une pratique normale dans le cadre de l'occupation ou l'exploitation lucrative ou de l'utilisation de la source de profit dont le contribuable tire parti.

(57) P. Serlooten, *Le statut fiscal des dirigeants de sociétés*, Litec, 2002, n° 138.

(58) CE, 20 mars 1996, n° 124957, *Echasseriau : Dr. fisc.* 1996, n° 28, comm. 903.

indifférente[59]. Ces règles s'appliquent aussi lorsque les sommes sont versées par le dirigeant dans le cadre d'un « comblement de passif » : elles ne sont pas déductibles si sa condamnation est justifiée par le fait qu'il a commis des actes étrangers à l'intérêt de la société[60].

510. – L'acte anormal de gestion ne concerne pas la TVA. Dans une affaire *Société d'exploitation de l'Hôtel des bains*, le Conseil d'État a clairement sanctionné la cour administrative d'appel pour avoir refusé la déduction de la TVA sur des frais de conseil au seul motif qu'ils étaient excessifs et ne correspondaient pas à une gestion normale de l'entreprise[61]. Pour cela, il se fonde sur les conditions de forme du droit à déduction (celles liées à la facturation), sans faire référence à la condition de fond alors en vigueur (celle liée au caractère nécessaire à l'exploitation). Cette décision invite à mettre en parallèle la question de la déductibilité de la dépense du bénéfice imposable et celle de la déduction de la TVA ayant grevé cette dépense.

Par principe, la TVA n'était déductible que si les biens ou services étaient nécessaires à l'exploitation (CGI, ann. II, art. 230-1 ancien). Sur cette base, il était parfois affirmé que devaient être exclus du droit à déduction les dépenses somptuaires et les actes anormaux de gestion. Cette disposition est abrogée à compter du 1er janvier 2008[62], mais la loi subordonne la déduction de la TVA à la condition que les biens et les services acquis soient utilisés par l'assujetti *pour les besoins de ses opérations imposables* (CGI, art. 271-II, 1 nouveau). C'est la règle de l'affectation ; les biens ou services acquis doivent être affectés aux opérations taxables de l'entreprise. À défaut de lien direct entre la prestation payée et les opérations taxables, la déduction de la TVA n'est pas admise[63], sauf si les dépenses font partie des frais généraux qui sont pris en compte dans le prix des produits ou des services vendus[64].

Initialement, le Conseil d'État faisait bien la différence entre la déductibilité de la dépense et la déduction de la TVA. Il avait par exemple jugé qu'un rabais injustifié devait être rattaché au bénéfice imposable, mais pas au chiffre d'affaires taxable[65]. À l'inverse, il avait estimé que les dépenses pour appartenance à un réseau de distribution ne constituaient pas un acte anormal de gestion, mais qu'elles étaient exclues du droit à déduction, car non nécessaires à l'exploitation[66]. Revenant sur sa jurisprudence, il a ensuite convenu que la condition de nécessité alors requise par les textes ne s'opposait pas à la déduction de la TVA[67]. En pratique, une dépense qui n'est pas affectée aux besoins de l'exploitation, mais qui profite à un tiers, n'ouvre pas droit à déduction[68], et elle constitue aussi un acte anormal de gestion[69].

(59) CAA Douai, 21 sept. 2004, n° 01-299, *Elalouf : Dr. fisc.* 2005, n° 24, comm. 474, concl. J. Michel.
(60) CAA Bordeaux, 12 févr. 2009, n° 07BX01832, *M. Georgeon : Dr. fisc.* 2009, n° 25, comm. 374, note J.-L. Pierre.
(61) CE, 2 avr. 2003, *Sté d'exploitation de l'hôtel des bains : RJF* 6/03, n° 704.
(62) D. n° 2007-566, 16 avr. 2007, art. 1.
(63) CJCE, 6 avr. 1995, aff. C-4/94, *BLP Group plc : Dr. fisc.* 1995, n° 38, comm. 1779.
(64) CJCE, 8 juin 2000, aff. C-98/98, *Midland Bank : RJF* 7-8/00, n° 1187.
(65) CE, 19 févr. 1975, n° 93 262, *SARL Entr. Bonnafous frères : Dr. fisc.* 1975, n° 23, comm. 799, concl. Latournerie.
(66) CE, 6 mars 2006, n° 281034, *Sté Disvalor : Dr. fisc.* 2007, n° 19, comm. 490, obs. J.-L. Rossignol.
(67) CE, 29 août 2008, n° 309330, *SA Auxerdis*, et n° 309089, *SAS Chambry Distribution : Dr. fisc.* 2008, n° 46, comm. 572, concl. L. Olléon, obs. Y. Sérandour.
(68) CE, 30 déc. 2011, n° 319835, *Sté Rhodia-Chimie : Dr. fisc.* 2012, n° 16, comm. 268 (opérations de dépollution payée par une société mère à la place de sa filiale).
(69) CE, 29 oct. 2012, n° 326813, *Sté First International Production : BF* 1/13, inf. 25 ; *Dr. sociétés* avr. 2013, comm. 75, obs. J.-L. Pierre (frais liés à l'augmentation du capital d'une filiale).

B. – Critère de l'acte anormal de gestion

511. – À critère jurisprudentiel, encadrement légal. Depuis longtemps, la jurisprudence considère que, pour être déductible, une charge doit être exposée dans l'intérêt de l'entreprise[70]. L'application de ce critère général conduit le plus souvent à des solutions favorables aux entreprises qui peuvent, assez facilement, exciper d'un avantage propre (1°). Afin de prévenir une minoration exagérée des bénéfices imposables, le législateur a limité la déduction des charges dans un domaine sensible : celui des aides inter-entreprises (2°).

1° Le critère général des charges déductibles

512. – Tout l'intérêt de l'entreprise, mais seulement l'intérêt de l'entreprise. La notion d'intérêt de l'entreprise, critère de l'acte anormal de gestion (*a*), n'implique pas la licéité de la dépense (*b*), mais exclut la déduction de charges si l'entreprise a pris un risque excessif (*c*).

a) La condition nécessaire : l'absence d'intérêt de l'entreprise

513. – L'acte anormal de gestion est étranger à l'intérêt de l'entreprise. À l'image de l'intérêt social en droit des sociétés[71], l'intérêt de l'entreprise en droit fiscal ne se confond pas avec l'intérêt des associés. Il faut, mais il suffit, que le bénéficiaire de la dépense soit un tiers par rapport à l'entreprise. Ce terme doit être pris au pied de la lettre ; le tiers peut être un associé, un dirigeant, un salarié, ou toute personne qui n'est pas intéressée à l'entreprise (souvent un membre de la famille du dirigeant…). L'exploitant individuel est lui-même un tiers par rapport à son entreprise ; il ne peut déduire des avantages qu'il s'est accordés[72]. En revanche, rien n'interdit qu'un tiers, par rapport à l'opération litigieuse cette fois, puisse indirectement bénéficier d'un avantage, pour peu que l'entreprise en bénéficie également[73].

514. – L'acte anormal de gestion est contraire à l'intérêt de l'entreprise. La contrariété à l'intérêt de l'entreprise provient ici du caractère « anormal » de la dépense. L'anormalité de l'acte peut aussi bien résulter d'une dépense excessive (par ex., rémunérations abusives des dirigeants, achats de biens à des associés pour un prix exagéré), de l'absence de contrepartie (par ex., libéralités dans l'intérêt exclusif du bénéficiaire), ou de la renonciation à un profit (par ex., abandons de créances lorsqu'ils n'apportent rien à l'entreprise). La contrepartie n'est pas nécessairement de nature financière ; elle peut se concevoir en termes d'image ou de réputation pour l'entreprise[74]. Sont ainsi déductibles les dépenses de parrainage (CGI, art. 39-1, 7° ; V. *supra*, n° 493), dès lors que l'entreprise en retire une contrepartie dans la promotion de son action et que cela lui permet d'accroître son chiffre d'affaires. À ce titre, ont été jugés déductibles les frais

(70) M. Cozian, *Les grands principes de la fiscalité des entreprises, op. cit.*, doc. 6, *La théorie de l'acte anormal de gestion*. – C. David, O. Fouquet, M.-A. Latournerie et B. Plagnet, *Les grands arrêts de la jurisprudence fiscale, op. cit.*, thème n° 31, *Le principe de la liberté de gestion des entreprises et la théorie des actes anormaux de gestion*.

(71) G. Goffaux-Caillebaut, *La définition de l'intérêt social : RTD com.* 2004, p. 35.

(72) CAA Bordeaux, 3 déc. 2002, n° 99-966, *M. Rogeon : Dr. fisc.* 2003, n° 47, comm. 820, concl. D. Boulard.

(73) CE, 28 avr. 2006, n° 275147, *Sté Financière Agache : RJF* 7/06, n° 825, concl. F. Séners (fondateur d'une société s'étant engagé à indemniser l'ancien employeur de deux salariés qu'il avait débauchés).

(74) CAA Versailles, 9 juill. 2013, n° 12VE00534, *Sté EMR Holdings : Dr. fisc.* 2014, n° 12, comm. 221, concl. F. Locatelli (cession gratuite ou pour un prix symbolique d'une créance à un tiers). Arrêt définitif.

de participation à un rallye automobile[75], ou le financement de projets humanitaires[76]. La contrepartie n'est pas nécessairement directe et immédiate. Les pouvoirs publics ont admis la déduction de la commission versée par une société à ses dirigeants qui se sont porté caution pour elle, sous réserve qu'elle représente la rétribution normale du service rendu et ne corresponde pas, en réalité, à l'attribution d'une partie des bénéfices sociaux[77].

515. – L'intérêt de l'entreprise suppose une contrepartie équilibrée. L'administration devra démontrer que la dépense n'est pas suffisamment causée par l'intérêt de l'entreprise. Si l'opération est objectivement déséquilibrée, il reviendra au contribuable de rapporter à la fois l'existence et la suffisance de la contrepartie (V. *infra*, n° 539). C'est à la date de l'acte que s'apprécie un acte anormal de gestion, sans tenir compte des événements postérieurs[78]. *La jurisprudence, particulièrement abondante, devra être nuancée en fonction des nouvelles règles posées par la loi en matière d'aides inter-entreprises (L. 16 août 2012, CGI, art. 39-13), selon lesquelles seules les aides commerciales sont déductibles des résultats imposables* (V. *infra*, n°s 526 et s.).

• *Le juste prix dans les transactions.* Pour vérifier qu'une vente s'est faite moyennant un prix « normal », le juge de l'impôt se livrera à une appréciation *in concreto* de la valeur du bien vendu. Ainsi, lorsque la cession porte sur des titres de sociétés non cotées, le Conseil d'État juge régulièrement que : « La valeur vénale d'actions non admises à la négociation sur un marché réglementé doit être appréciée compte tenu de tous les éléments dont l'ensemble permet d'obtenir un montant aussi voisin que possible de celui qu'aurait entraîné le jeu normal de l'offre et de la demande à la date où la cession est intervenue »[79]. La jurisprudence exige généralement un écart significatif entre le prix de cession des titres et leur valeur réelle (de l'ordre de 20 % en principe)[80], mais le Conseil d'État a jugé qu'un écart de 14,1 % pouvait suffire[81]. Les litiges sur les marges commerciales sont également très fréquents ; une entreprise ne peut réaliser avec une société, fût-ce sa mère, des marges plus faibles sans justifier de l'écart constaté[82].

(75) CAA Douai, 28 mai 2003, n° 99DA20073, *SA Transport Couque Maurice : RJF* 4/04, n° 347.

(76) CE, 15 févr. 2012, n° 340855, *SARL Les Sources : Dr. fisc.* 2012, n° 20, comm. 293 (entreprise de ventes par correspondance qui reversait 5 % du prix facturé à des associations caritatives).

(77) Rép. min. Finances n° 18116 à M. F. Bonhomme : *JO* Sénat Q 7 avr. 2016, p. 1424.

(78) V. CE, 3 mai 2023, n° 434441, *BNP Paribas, Dr. Fisc.* 2023, n° 35, comm. 269, concl. M.-G. Merloz, note F. Deboissy. Dans l'hypothèse d'un taux d'intérêt jugé insuffisant par l'Administration, le Conseil d'État juge que « *en prévoyant, compte tenu des hypothèses fiscales qu'elle avait retenues, les taux d'intérêt [...], la société P... ne peut être regardée comme ayant décidé, à la date de la signature des actes en cause, de s'appauvrir à des fins étrangères à son intérêt* ».

(79) CE, 3 juill. 2009, n° 301299, *Hérail : RJF* 11/09, n° 940 (en l'espèce, abattement pour « non-liquidité » et décote de minorité non justifiés). – CE, 1er juill. 2010, n° 304673, *Sté Financière du Val : RJF* 11/10, n° 995 (en l'espèce, absence de risque de conversion des obligations). – CE, 23 déc. 2011, n° 327562, *Sté Lagardère : BJS* 2012, § 186, obs. P. Serlooten (l'évaluation de la valeur vénale des actions ordinaires doit tenir compte de l'existence d'actions de préférence, sauf circonstances particulières). – CE, 10 déc. 2014, n° 371422, *Sté Panzani : Dr. fisc.* 2015, n° 17, comm. 283 (incidences de réserves du commissaire à la scission lors d'un apport antérieur). – CAA Bordeaux, 22 nov. 2016, n° 14BX03020, *SARL Médiafi : RJF* 3/17, n° 215, concl. G. de La Taille (c 215) (une décote « homme-clé » de 40 % peut être pratiquée).

(80) V. sur cette limite les conclusions de L. Olléon ss CE, 3 juill. 2009, n° 301299, *Hérail*, préc.

(81) CE, 26 oct. 2021, n° 426462, *Sté Crédit Agricole : Dr. fisc.* 2022, n° 5, comm. 105, concl. C. Guibe, note E. Joannard-Lardant.

(82) CAA Lyon, 24 févr. 1999, n° 95-20105, *SA Biscottes du Helder : RJF* 6/99, n° 696.

• *Les abandons de loyers.* Par principe, les abandons de créances constituent des actes anormaux de gestion. Le contribuable peut certes arguer d'une cession de créances, mais à la condition d'en justifier[83]. Les abandons de loyers n'échappent pas à la règle, mais dans leur cas le bailleur peut avoir intérêt à renoncer à sa créance. Ainsi, un abandon de loyers sera justifié par la possibilité pour le propriétaire d'obtenir la libération de l'immeuble plus tôt afin de le vendre[84]. Également, en présence de difficultés du locataire susceptibles d'affecter la poursuite du bail, la jurisprudence admet la déduction d'un abandon de loyers mesuré[85]. De façon plus surprenante, car en contradiction avec la jurisprudence habituelle selon laquelle le caractère illicite d'une dépense est indifférent pour la caractérisation d'un acte anormal de gestion (V. *infra*, n°s 517 et s.), le Conseil d'État a jugé que n'est pas anormal le fait pour un bailleur de renoncer à percevoir des recettes qui lui sont dues sur la base d'une clause d'indexation favorable mais illicite (décision rendue en matière de BNC)[86]. En période de crise économique et/ou sanitaire enfin, le législateur peut inciter les bailleurs à abandonner leurs loyers qui pèsent sur les résultats déjà fragilisés de leurs locataires[87].

• *Les renonciations à redevances.* Le fait de renoncer à obtenir une contrepartie financière à une concession de licence de marque ne relève pas en règle générale d'une gestion commerciale normale, sauf s'il apparaît qu'en consentant un tel avantage, l'entreprise a agi dans son propre intérêt. Tel est le cas si l'avantage a été consenti par une société en vue de la préservation de l'existence même d'actifs dont dépend la pérennité de sa propre activité économique ou par la prévention d'une dévalorisation certaine dans des conditions compromettant durablement leur usage comme source de revenus[88].

• *La rémunération des prêts.* Les prêts doivent être justement rémunérés ; la question est de savoir quelle est la référence acceptable. Selon le Conseil d'État, l'appréciation du caractère normal de la rémunération d'une avance de fonds entre deux entreprises doit être faite par rapport à la rémunération que le prêteur pourrait obtenir d'un établissement financier ou assimilé auprès duquel il placerait des sommes d'un montant équivalent dans des conditions analogues[89]. Ainsi, le caractère normal de

(83) CE, 9 nov. 2011, n° 319717, *SARL Arches : RJF* 2/12, n° 97 (tel n'est pas le cas lorsque la société n'a pas respecté les modalités de l'ancien article 1690 du Code civil – C. civ., art. 1321 et s. après l'ordonnance n° 2016-131 du 10 février 2016, préc., art. 3 – et qu'aucune substitution de créancier ne peut être attestée).

(84) CAA Marseille, 18 déc. 2001, n° 98-683, *Lesoin : Dr. fisc.* 2002, n° 41, comm. 785, concl. J.-L. Bedier.

(85) CE, 16 juin 2004, n° 235647, *SA imprimerie Borel : Dr. fisc.* 2005, n° 3, comm. 83. En l'espèce, l'abandon de créance, inférieur à 10 % du loyer et assorti d'une clause de retour à meilleure fortune, était destiné à rétablir la situation financière temporairement dégradée du locataire gérant de fonds de commerce.

(86) CE, 13 févr. 2015, n° 360339, *M. Barbato : Dr. fisc.* 2015, n° 40, comm. 599 ; *RJF* 05/15, n° 385.

(87) Afin d'aider les entreprises en difficulté du fait de la crise sanitaire de 2020-2021, il a été décidé que les abandons de loyers consentis par une entreprise à une autre entreprise entre le 15 avril et le 31 décembre 2020 seraient déductibles en totalité (L. fin. rect. 2020, n° 2020-473, 25 avr. 2020, art. 3 ; CGI, art. 39-1, 9° nouveau). L'article 20 de la loi de finances pour 2021 a prorogé la mesure jusqu'au 30 juin 2021, et l'article 8 de la loi première loi de finances rectificative pour 2021 jusqu'au 31 décembre 2021. V. A. de Bissy, *Les leçons de la crise en droit fiscal : JCP* E 2022, n° 21-22, 1202, p. 47 et s.

(88) CE, 10 févr. 2016, n° 371258, *SA Sté Hôtels et Casino de Deauville – SHCD : Dr. fisc.* 2016, n° 24, comm. 374, concl. A. Bretonneau, note F. Teper. En l'espèce, la société mère du groupe intégré (SHCD) a notamment fait valoir qu'en permettant de ne pas aggraver la situation financière de la société d'exploitation du restaurant Le Fouquet's (SERF), la société d'exploitation de la marque Le Fouquet's (SEMF) a contribué à préserver cette marque et son renom, sur laquelle repose sa propre activité économique.

(89) CE, 7 oct. 1988, n° 50256, *Sté Établissements Pierre Deveugle : Dr. fisc.* 1989, n° 9, comm. 376 (rejet de la référence au taux d'escompte des effets privés entre banques). – CE, 31 juill. 2009, n° 301935, *SARL Jean-Marc Brocard : RJF* 11/09, n° 1057 (rejet de la référence aux taux des comptes courants d'associés

la rémunération s'apprécie non pas par rapport au gain réalisé par l'emprunteur eu égard aux conditions favorables du prêt obtenu, mais par référence à la perte que représentent pour le prêteur les avances consenties à un taux inférieur à celui auquel il aurait pu prétendre s'il avait placé différemment ses fonds. Cette position devrait normalement avoir pour effet de ne pas tenir comme pertinente la référence aux conditions de financement obtenues par une entreprise pour un prêt consenti à une autre[90], mais certaines juridictions ont validé la réintégration du différentiel d'intérêts négatif[91]. S'agissant cette fois de la déduction des intérêts versés, la référence à la rémunération d'emprunts contractés auprès d'un tiers devient inévitable, même si les parties appartiennent au même groupe. Selon le Conseil d'État en effet « le caractère normal ou anormal de la rémunération des prêts contractés par une entreprise auprès d'une autre entreprise à laquelle elle est liée doit être apprécié par rapport à la rémunération que le prêteur devrait verser à un établissement financier ou un organisme assimilé auquel cette entreprise n'est pas liée et emprunterait, dans des conditions analogues, des sommes d'un montant équivalent »[92].

• *Les opérations sur le capital.* Les intérêts de l'emprunt contracté pour financer le rachat par une société de ses propres titres sont par principe déductibles, même si les associés sortants ont bénéficié de l'opération. Le Conseil d'État a en effet jugé que la circonstance selon laquelle le rachat de titres n'a aucune incidence sur le résultat de la société émettrice ne peut, à lui seul, faire obstacle à la déduction des intérêts d'emprunt ; l'administration doit démontrer que l'opération n'a pas été réalisée dans l'intérêt de la société[93]. En pratique, les justifications ne manquent pas ; la cour de Versailles ayant par exemple jugé que le rachat de ses propres titres ne relève pas d'un acte anormal de gestion dès lors que cette opération s'inscrit dans un contexte global de réorganisation d'une branche d'activité dont l'entreprise a personnellement retiré

fiscalement déductibles). – CAA Versailles, 9 févr. 2016, n° 15VE00394, *SNC Rhodia Participations : Dr. fisc.* 2016, n° 20, comm. 324, concl. B. Coudert (comparaison de la rémunération avec les taux des SICAV ou FCP monétaires).

(90) En ce sens : CAA Paris, 29 sept. 2009, n° 08PA00082, *SA France Immobilier : Dr. fisc.* 2010, n° 22, comm. 348, note E. Bonneaud (entreprises non liées). – CAA Versailles, 9 févr. 2016, n° 15VE00394, *SNC Rhodia Participations : Dr. fisc.* 2016, n° 20, comm. 324 (avances croisées entre sociétés du même groupe). *Contra* : CE, 28 nov. 2012, n° 340971, *Sté Camefi : Dr. fisc.* 2014, n° 4, chron. 85, obs. Cl. Acard, n° 5 (décision non publiée). – CAA Paris, 27 mai 2014, n° 13PA01773, *Sté Seurlin Immobilier : Dr. fisc.* 2014, n° 38, chron. 529, obs. Cl. Acard, n° 2.

(91) CE, 28 nov. 2012, n° 340971, *Sté Camefi : Dr. fisc.* 2014, n° 4, chron. 85, obs. Cl. Acard, n° 5 (décision non publiée). – CAA Paris, 27 mai 2014, n° 13PA01773, *Sté Seurlin Immobilier : Dr. fisc.* 2014, n° 38, chron. 529, obs. Cl. Acard, n° 2.

(92) CE, 19 juin 2017, n° 392543, *Sté General Electric France : Dr. fisc.* 2017, n° 28, act. 401, obs. R. Coin et Fr. Rontani ; *Dr. fisc.* 2017, n° 41, comm. 495, concl. M.-A. Nicolazo de Barmon, note A. de Waal. – Fr. Rontani et R. Coin, *Les modalités du financement : dialectique de la preuve, taux de rémunération : Dr. fisc.* 2018, n° 39, étude 401. Cette décision a surtout été relevée pour avoir jugé que l'appartenance de l'emprunteur au même groupe que le prêteur ne suffit pas à elle seule à modifier le risque de solvabilité dont dépend le taux pratiqué.

(93) CE, 15 févr. 2016, n° 376739, *SNC Pharmacie Saint-Gaudinoise : Dr. fisc.* 2016, n° 13, act. 199, note H. Kruger ; *Dr. fisc.* 2017, n° 10, comm. 195, concl. Fr. Aladjidi. Sur renvoi : CAA Bordeaux, 5 juill. 2016, n° 16BX00662 : *Dr. fisc.* 2017, n° 5-6, chron. 147, obs. Cl. Acard, n° 4 (absence d'intérêt propre). Pour une vision renouvelée et élargie de l'intérêt social prenant en compte les théories financières modernes, V. J.-L. Medus, *Gestion des fonds propres et stratégies d'endettement : pour une vision renouvelée de l'intérêt social : Dr. fisc.* 2017, n° 10, étude 192. Égal., V. Agulhon, St. Torck et L. Olléon, *Financement par la dette : les emprunts souscrits pour réduire le capital ou distribuer des dividendes : Dr. fisc.* 2018, n° 39, étude 400.

une contrepartie positive[94]. En revanche, il a été jugé qu'une opération de « coup d'accordéon » (réduction à zéro du capital suivie d'une recapitalisation) peut constituer un acte anormal de gestion pour la société qui a souscrit à l'augmentation de capital si elle s'est faite à un prix excessif et ne présente aucune contrepartie favorable pour elle[95].

516. – La volonté d'agir contre son intérêt. Il avait naguère été souligné le caractère intentionnel de l'acte anormal de gestion[96]. Lorsqu'il s'agit de libéralités toutefois, l'absence d'intérêt propre du contribuable comme la conscience d'agir contre son intérêt sont présumées, mais la jurisprudence admet que la preuve contraire puisse être apportée.

Dans une affaire très récente concernant la vente d'une immobilisation à prix minoré, le Conseil d'État[97] a rappelé que « constitue un acte anormal de gestion l'acte par lequel une entreprise décide de s'appauvrir à des fins étrangères à son intérêt »[98]. Il juge ensuite que l'administration « doit être regardée comme apportant la preuve du caractère anormal de l'acte de cession si le contribuable ne justifie pas que l'appauvrissement qui en est résulté a été décidé dans l'intérêt de l'entreprise, soit que celle-ci se soit trouvée dans la nécessité de procéder à la cession à un tel prix, soit qu'elle en ait tiré une contrepartie ». Autrement dit, le contribuable peut échapper à la qualification d'acte anormal de gestion, soit s'il rapporte l'existence d'une contrepartie à la renonciation, soit l'obligation qu'il a eue d'agir ainsi[99].

Mais pour une cession de stocks à prix minoré d'éléments destinés à être vendus, le Conseil d'État a jugé que l'administration doit rapporter la preuve que l'opération n'a pas été réalisée dans l'intérêt de l'entreprise, et que celle-ci a agi intentionnellement[100]. Le Conseil d'État a adopté la même position lorsqu'il s'est agi d'un loyer que l'administration estimait avoir été minoré ; il lui revient d'établir le caractère anormalement bas du loyer[101].

(94) CAA Versailles, 24 janv. 2012, n° 10VE03601, *SAS Yoplait : Dr. fisc.* 2012, n° 21, comm. 308, concl. L. Dioux-Moebs, note M. Chadefaux.

(95) CAA Bordeaux, 28 avr. 2009, n° 06BX02230, *Despagne : Dr. fisc.* 2010, n° 35, comm. 439, concl. J.-M. Vie. Dans cette situation, il est apparu que les associés de la société reprise déficitaire, et également de la société repreneuse, sont les véritables bénéficiaires de l'opération de « réduction/augmentation » du capital, puisque c'est la société reprise qui assume désormais le risque qu'ils assumaient jusque-là à titre personnel.

(96) P.-Fr. Racine, concl. ss CE, 27 juill. 1984, n° 34588, *SA Renfort service : RJF* 10/84, p. 562.

(97) CE, plén. 21 déc. 2018, n° 402006, *Sté Croë Suisse : Dr. fisc.* 2019, n° 7, act. 45, note Th. Pons ; *Dr. fisc.* 2019, n° 9, comm. 176, concl. A. Bretonneau, note Fl. Deboissy et G. Wicker. *À noter :* sur renvoi, l'administration a abandonné le terrain de l'acte anormal de gestion pour contester le montant de la plus-value de cession ; en vain devant la cour de Versailles (CAA Versailles, 3 mars 2020, n° 19VE00113 ; V. *infra*, n° 627).

(98) Sur cette définition, V. Fl. Tap, *La définition de l'acte anormal de gestion par le juge fiscal est-elle constitutionnelle ? Dr. fisc.* 2021, n° 9, étude 154.

(99) V. CE, 11 mars 2022, n° 453016, *Sté Alone et Co : Dr. fisc.* 2022, n° 11, act. 99 (promesse de vente d'actions par une société mère au cadre dirigeant d'une de ses filiales). Pour écarter la qualification d'acte anormal de gestion, le Conseil d'État relève, notamment, que la société pouvait trouver un intérêt à inciter la performance du directeur commercial d'une de ses filiales, même s'il n'était pas salarié de la société mère.

(100) CE, 4 juin 2019, n° 418357, *Sté d'investissements maritimes et fonciers : Dr. fisc.* 2020, n° 6-7, comm. 142, concl. R. Victor, note T. Pons. La solution s'explique par le fait que les stocks sont destinés à la revente.

(101) CE, 8 mars 2021, n° 433019, *Sté la Maisonnette : RJF* 05/22, n° 451, concl. C. Guibe, C 451.

b) Le caractère indifférent : la licéité de la dépense

517. - Affirmation du principe : indépendance du droit fiscal et du droit pénal[102]. Le droit fiscal est un droit « réaliste » ; un revenu même illicite doit être imposé[103] et une charge même illicite peut être déduite. L'amoralisme du droit fiscal n'est pas une légende[104] ; une dépense illicite n'est pas anormale si elle est faite dans l'intérêt de l'entreprise. Ainsi, par exemple, revenant sur une jurisprudence ancienne qui refuse la déduction de biens meubles offerts à des responsables publics locaux[105], sur laquelle se fonde encore aujourd'hui l'administration pour refuser la déduction des cadeaux illicites ou exagérés[106], le Conseil d'État estime à présent que le fait que des cadeaux de fin d'année à des clients constituent une infraction à la législation économique ne permet pas de les regarder comme un acte de gestion anormale[107]. Il a confirmé cette jurisprudence en jugeant que le versement par une société d'un « don » à une commune contre l'obtention d'un permis de construire était déductible[108].

518. - Portée du principe : le cas des commissions occultes versées à des intermédiaires[109]. D'une façon générale, les commissions, même illicites, versées à des intermédiaires quels qu'ils soient, ne sont pas des actes anormaux de gestion et sont donc déductibles des résultats imposables, sous réserve d'apporter la preuve de leur versement[110]. Elles doivent être déclarées à l'administration fiscale (CGI, art. 240), sous peine d'avoir à s'acquitter d'une amende de 50 % des sommes non déclarées (CGI, art. 1736, I-1)[111]. Toutefois, depuis l'entrée en vigueur de la convention OCDE du 17 septembre 1997 sur la lutte contre la corruption d'agents publics étrangers dans les transactions internationales[112],

> « les sommes versées ou les avantages octroyés, directement ou par des intermédiaires, au profit d'un agent public au sens du 4 de l'article 1er de ladite convention ou d'un tiers pour que cet agent agisse ou s'abstienne d'agir dans l'exécution de fonctions officielles, en vue

(102) B. Plagnet, *Illicéité et normalité : BF* 7/84, p. 373 et s. – M. Cozian, *Illicéité et anormalité : Dr. fisc.* 1995, n° 51, étude 100097. – Sur les aspects de procédure, M. Sieraczek, *L'indépendance des procédures pénale et fiscale : un principe prétorien contestable : Dr. fisc.* 2007, n° 50, étude 1039.

(103) S. Bradburn, *La réaction du doit fiscal au profit illicite : Dr. fisc.* 2018, n° 25, étude 304.

(104) O. Fouquet, *L'amoralisme du droit fiscal : Rev. adm.* 2000, n° 313, p. 46.

(105) CE, 10 déc. 1969, n° 73973 : *Lebon*, p. 113.

(106) *BOFiP*, BOI-BIC-CHG-40-20-40, n° 270.

(107) CE, 11 juill. 1983, n° 33 942 : *Dr. fisc.* 1984, n° 16, comm. 813, concl. Léger (épicier qui offrait des bons ouvrant droit à des cadeaux de nature différente de ceux vendus et assimilés à des primes en nature interdites).

(108) CE, 24 mai 2006, n° 274471, *Genestar : Dr. fisc.* 2006, n° 43, comm. 688 (versement d'une somme de 500 000 F par une SCI à la commune de Saint-Tropez et destiné au financement de courts de tennis).

(109) J.-P. Le Gall, *Le régime des commissions versées par les entreprises françaises pour l'obtention des marchés à l'exportation : JCP* E 1984, II, 14342.

(110) CE, 19 févr. 2003, n° 220732, *SARL Scadi : Dr. fisc.* 2003, n° 42, comm. 745.

(111) L'amende n'est pas applicable, en cas de première infraction commise au cours de l'année civile en cours et des trois années précédentes, lorsque les intéressés ont réparé leur omission, soit spontanément, soit à la première demande de l'administration, avant la fin de l'année au cours de laquelle la déclaration devait être souscrite (CGI, art. 1736, I-1, al. 2). Cette possibilité est étendue, sous certaines conditions et modalités, aux déclarations des trois années précédentes (L. n° 2018-727, 10 août 2018, *pour un État au service d'une société de confiance*, art. 7). L'amende de 50 % prévue à l'article 1736-I, 1 du CGI (non-déclaration des versements de commissions et courtages ou les paiements de revenus mobiliers) a fait l'objet de plusieurs QPC ; toutes infructueuses (Cons. const., 20 juill. 2012, n° 357796 QPC, *Lherbeil : RJF* 8-9/12, n° 853, concl. V. Daumas. – Cons. const., 25 avr. 2022, n° 458429 QPC : *Dr. fisc.* 2022, n° 23, comm. 247).

(112) La convention est entrée en vigueur le 29 septembre 2000 (D. n° 2000-948, 28 sept. 2000).

d'obtenir ou conserver un marché ou un autre avantage indu dans les transactions commerciales internationales, ne sont plus admises en déduction des bénéfices soumis à l'impôt » (CGI, art. 39-2 bis)[113].

La circonstance que les sommes versées pour le compte du contribuable auraient été détournées de leur objet à son insu et qu'il ne pourrait, ainsi, pas être regardé comme ayant eu, par lui-même, une intention de corruption, est sans incidence[114]. Notons que cette exclusion ne touche pas les dépenses de corruption versées à des agents publics nationaux…

519. – Critiques et limites du principe. L'autonomie de la solution fiscale au regard du droit pénal est critiquée au motif que l'on ne peut introduire de disparité au sein de la matière juridique[115]. La jurisprudence n'est d'ailleurs pas insensible à ces critiques ; avant que le législateur n'interdise la déduction des sanctions pécuniaires de toute nature (CGI, art. 39-2 ; V. *infra*, n° 594), le Conseil d'État avait refusé la déduction des amendes pénales, comme des provisions pour y faire face[116], alors qu'il a admis qu'une entreprise puisse déduire les dommages et intérêts auxquels elle a été condamnée par une juridiction pénale[117]. Sur le fondement de l'acte anormal de gestion, il a aussi refusé la déduction des détournements de fonds des dirigeants[118], voire de simples salariés si les dirigeants ont été au courant[119], ou du moins que les détournements ont été favorisés par un défaut de contrôle interne de l'entreprise[120]. La doctrine administrative a repris fidèlement cette jurisprudence[121]. Se basant cette fois sur la finalité de l'obligation, le Conseil d'État a encore refusé la déduction des sommes versées au titre d'une astreinte, en exécution d'une décision de justice[122]. Notons enfin que la loi interdit la déduction des bénéfices soumis à l'IR ou à l'IS des dépenses de publicité prohibées par le Code de la santé publique (CGI, art. 237).

520. – Abandon du principe ? La doctrine se demande si l'abandon de la théorie du bilan pour les exercices ouverts à compter du 1er janvier 2012 (V. *supra*, n° 501) aura pour conséquence d'exclure du droit à déduction les dépenses relatives à des opérations illicites[123]. Il est vrai qu'interprétée strictement, la notion de charge « nécessitée »

(113) L. fin. rect. 1997, n° 97-1239, 29 déc. 1997, art. 32, mod. L. n° 2000-595, 30 juin 2000 modifiant le Code pénal et le Code de procédure pénale relative à la lutte contre la corruption, art. 7.

(114) CE, 4 févr. 2015, n° 364708, *Sté Alcatel Lucent : Dr. fisc.* 2015, n° 15, comm. 255, concl. F. Aladidi.

(115) Fl. Deboissy : *RTD com.* 1999, p. 530.

(116) CE, 8 juill. 1998, n° 158891, *Assoc. Radio free Dom : Dr. fisc.* 1998, n° 49, comm. 1084, concl. G. Goulard.

(117) CE, 7 janv. 2000, n° 186108, *Épx Philippe : Dr. fisc.* 2000, n° 11, comm. 204, concl. G. Bachelier.

(118) CE, 21 févr. 2005, n° 259083, *Sté Jurisfisca*, préc.

(119) CE, 14 févr. 2001, n° 193309, *SA Manufacture d'Appareillage Électrique de Cahors : Dr. fisc.* 2001, n° 36, comm. 748, concl. J. Courtial (preuve rapportée).

(120) CE, 5 oct. 2007, n° 291049, *Sté Alcatel CIT : Dr. fisc.* 2008, comm. 165, note A. de Bissy, concl. N. Escaut (preuve non rapportée). Mais encore faut-il que le détournement ait bien été commis des salariés (CE, 12 avr. 2019, n° 410042, *SDSM : Dr. fisc.* 2019, n° 17, act. 207, preuve non rapportée).

(121) L'administration fiscale considère que si les vols et les détournements subis par l'entreprise constituent une charge déductible, sauf à tenir compte ultérieurement des sommes ou valeurs restituées, tel n'est pas le cas : 1/ des détournements commis par un dirigeant, un mandataire social, un associé d'une société ; 2/ de la perte résultant de détournements commis par les salariés de la société, qui ont pour origine, directe ou indirecte, le comportement délibéré des dirigeants, mandataires sociaux ou associés ou leur carence manifeste dans l'organisation de la société et la mise en œuvre des dispositifs de contrôle, contraires à l'intérêt de la société (BOI-BIC-CHG-60-20-10, n° 60).

(122) CE, 20 juin 2012, n° 342714, *Sté Sosaca : Dr. fisc.* 2012, n° 38, comm. 440, concl. E. Cortot-Boucher.

(123) Y. Sérandour, *Quelques réflexions autour de la suppression des effets de la théorie du bilan : Dr. fisc.* 2012, n° 21, étude 303.

par l'exercice de la profession (CGI, art. 155-II, 2°), pourrait signifier que seules les dépenses qui se rattachent à l'exercice « normal » de l'activité professionnelle sont déductibles[124]. C'est la position du Conseil d'État en matière de BNC[125]. Cela n'a pourtant rien d'évident ; il pourrait tout aussi bien être soutenu que les dépenses nécessaires à l'activité sont simplement celles qui font suite à des actes accomplis dans le cadre professionnel. Dès lors, seules seraient exclues du droit à déduction les dépenses étrangères à l'activité, ce qui paraît conforme à l'objet de la loi (V. *supra*, n° 496). La position de l'administration fiscale elle-même est plutôt en ce sens (V. *supra*, n° 501), et en tout état de cause, elle n'exclut pas formellement les dépenses illicites.

Certains auteurs plaident également pour une conception plus moderne de l'acte anormal de gestion prenant en compte l'évolution normative contemporaine, notamment celle relative à l'intérêt social[126], qui n'autoriserait pas la déduction des actes illicites[127]. L'intérêt financier à court terme de l'entreprise ne serait plus la seule boussole d'une gestion commerciale « normale » ; d'autres considérations que purement financières devraient être prises en compte. À ce titre, le risque pénal pourrait ne pas être conforme à l'intérêt de l'entreprise. Quant au risque excessif, il a fait l'objet d'une jurisprudence particulière.

c) L'application particulière : le risque excessif

521. - Origine[128]. Depuis longtemps, la jurisprudence considère que l'anormalité d'une décision de gestion peut résulter du risque excessif pris par un chef d'entreprise[129], mais c'est seulement lors du célèbre arrêt *Loiseau* du 17 octobre 1990[130] que le Conseil d'État s'est pour la première fois fondé sur ce critère pour refuser la déduction d'une charge reposant sur un risque manifestement exagéré de l'exploitant. Par la suite, si le risque excessif a réapparu dans plusieurs décisions[131], ce sont les arrêts *Legeps*[132] et *Fralsen Holding*[133] rendus en 2011, et par lesquels le Conseil d'État a

(124) *Doc. fisc. Lefebvre*, BIC, Division IX (charges), n° 1100.

(125) CE, 20 nov. 1996, n° 1996, n° 123267, *Caviggia : RJF* 1/97, n° 26.

(126) L'article 1833 du Code civil a été modifié par la loi Pacte du 22 mai 2019 pour préciser que « la société est gérée dans son intérêt social en prenant en considération les enjeux sociaux et environnementaux de son activité ».

(127) Fl. Deboissy, note ss CAA Versailles, 5 oct. 2021, n° 20VE00034, *SAS Alder Paris Holdings : Dr. fisc.* 2021, n° 51-52, comm. 463, concl. F. Met (sur cette décision, V. *infra*, n° 594).

(128) A. de Bissy et G. Dedeurwaerder, *Le critère du risque dans la jurisprudence fiscale*, préc. – Fl. Deboissy, *Prise de risque et acte anormal de gestion : Dr. fisc.* 2015, n° 23, comm. 386.

(129) CE, 14 févr. 1979, n° 10812 : *Dr. fisc.* 1979, n° 21, comm. 1069 (architecte se portant caution de son principal client). – CE, 28 sept. 1983, n° 34626 : *Dr. fisc.* 1984, n° 4, comm. 75 (agent immobilier spécialisé dans la vente de fonds de commerce qui s'était substitué aux emprunteurs défaillants).

(130) CE, 17 oct. 1990, n° 83310, *Loiseau : Dr. fisc.* 1991, n° 48, comm. 2281, concl. O. Fouquet. – J. Turot, *L'entrepreneur, le risque et le fisc : RJF* 11/90, chron. 1317, p. 735, la notion d'acte qui, sans être étranger à l'intérêt de l'entreprise, lui fait courir un risque excessif. Dans cette affaire, les garanties qu'offrait un « remisier » en bourse ont été jugées comme « excédant manifestement les risques qu'un chef d'entreprise peut être amené à prendre pour améliorer les résultats de son exploitation ».

(131) CE, 30 mai 2007, n° 285575, *SA Peronnet*, et n° 285573, *SARL Peronnet : Dr. fisc.* 2007, n° 46, comm. 958, concl. F. Séners, note A. Bonnet (avances de trésorerie à une entreprise en difficulté). – CE, 22 janv. 2010, n° 313868, *Sté d'acquisitions immobilières : Dr. fisc.* 2010, n° 11, comm. 230, concl. N. Escaut, note D. Bocquet et C. Cassan.

(132) CE, 27 avr. 2011, n° 327764, *Sté Legeps : Dr. fisc.* 2011, n° 25, comm. 399, concl. L. Olléon, note O. Fouquet ; *RJF* 7/11, n° 84, p. 699 chron. C. Raquin (placements risqués).

(133) CE, 16 nov. 2011, n° 326913, *Sté Fralsen Holding : RJF* 8-9/12, n° 799 (avances par une société mère à sa filiale en difficulté qu'elle avait finalement absorbée dans le cadre d'une dissolution sans liquidation).

clairement invité les juges du fond à s'interroger sur une prise de risque exagérée des dirigeants, qui ont systématisé l'utilisation de ce critère.

522. - Fondement. L'utilisation du critère du « risque » pour caractériser un acte anormal de gestion peut surprendre (et inquiéter) : la prise de risque n'est-elle pas consubstantielle à la gestion des entreprises ? Bien sûr, c'est l'excès de risque et non le risque lui-même qui est sanctionné, mais cette simple observation permet de comprendre pourquoi l'utilisation du risque doit demeurer marginale[134]. Ce n'est, en effet, que dans des situations exceptionnelles qu'un chef d'entreprise qui a pris des risques inhabituels peut ne plus être considéré comme ayant agi dans l'intérêt de son exploitation. Cette exigence apparaît parfaitement dans l'arrêt *Loiseau* précité, qui « en persistant à offrir cette garantie, malgré l'expérience qu'il avait acquise et l'importance des pertes déjà subies, a pris un risque excédant manifestement ceux qu'un chef d'entreprise peut être conduit à prendre pour améliorer son exploitation ».

523. - Éléments constitutifs. Aux termes d'un considérant désormais de principe, le Conseil d'État juge qu'un acte de gestion relève d'une gestion commerciale anormale « si, compte tenu des circonstances dans lesquelles il intervient et de l'objet qu'il poursuit, (...) [il] excède manifestement le risque qu'un chef d'entreprise peut, eu égard aux informations dont il dispose, être conduit à prendre, dans une situation normale, pour améliorer les résultats de son entreprise ». Le risque « anormal » résulte donc de la réunion de deux éléments bien définis : un élément matériel (l'excès de risque), et un élément moral (la conscience du risque).

• *L'élément matériel : l'excès de risque.* Un entrepreneur qui prend trop de risques n'agit plus dans l'intérêt de l'entreprise, car il expose gravement l'exploitation à des conséquences financières négatives. Toute la question réside dans le point de savoir à partir de quel moment le risque devient excessif. En théorie, la réponse est simple : l'excès de risque suppose que les possibilités de pertes soient supérieures aux chances de gain. En pratique, il s'agit d'une question de fait complexe ; il faudra dire si l'entreprise a pris un risque trop important au regard de ses facultés financières et si l'investissement méritait que ce risque fût pris[135]. Le juge se livre à une appréciation *in concreto* des opérations de gestion litigieuses ; il rejette la qualification de gestion anormale lorsque les profits envisagés sont supérieurs aux pertes possibles[136], y compris lorsque la mauvaise affaire a résulté d'une tromperie[137], ou lorsque la santé financière de la filiale à laquelle la société mère avait prêté des fonds dans des conditions normales ne permet pas de conclure à un risque de non-remboursement[138].

• *L'élément moral : la conscience du risque.* Il a été vu que l'acte anormal de gestion suppose que le contribuable ait agi délibérément (V. *supra*, n° 516). C'est également vrai pour le risque excessif ; le chef d'entreprise doit avoir agi en connaissance de cause, en sachant le risque exagéré qu'il faisait courir à son entreprise. Il ne doit pas avoir agi de bonne foi, pensant agir dans l'intérêt de son entreprise, souvent sur la foi

(134) J. Burguburu, *Acte anormal de gestion : le juge prend-il trop de risques ? : RJF* 4/08, p. 331.

(135) Dans l'affaire *Legeps*, V. CAA Paris, 8 juin 2012, n° 11PA02271 : *RJF* 01/13, n° 13.

(136) CAA Versailles, 9 juill. 2013, n° 12VE00362, *Sté Accor SA : Dr. fisc.* 2014, n° 12, comm. 222, concl. F. Locatelli (arrêt définitif).

(137) CAA Paris, 8 juin 2012, n° 11PA02271, *Legeps*, préc. - CAA Versailles, 20 nov. 2013, n° 11VE01673, *Sté Alwi : Dr. fisc.* 2014, n° 12, comm. 223 (arrêt définitif).

(138) CE, 11 juin 2014, n° 363168, *Sté Fralsen Holding : Dr. sociétés* nov. 2014, comm. 177, obs. J.-L. Pierre. - P. Le Roux, *Le risque manifestement excessif : quelle portée attribuer à l'arrêt Fralsen ? : FR* 35/14, n° 21 ; *Dr. fisc.* 2015, n° 5, comm. 115, note P. Fumenier et Cl. Maignan.

d'informations erronées ou de conseils peu judicieux. Mais attention, la jurisprudence n'a pas d'égard pour le dirigeant qui s'est rendu coupable d'une légèreté blâmable dans la gestion de son entreprise[139].

524. - La carence manifeste de contrôle, critère de substitution ? Un parallèle a parfois été fait entre le risque excessif et le défaut de contrôle interne à l'origine d'opérations frauduleuses ou dommageables pour l'entreprise[140]. Ce dernier critère repose sur l'idée qu'un dirigeant à qui l'on peut reprocher un défaut dans le contrôle interne de son entreprise n'est pas moins reprochable que le subordonné qui en a profité pour opérer des détournements. Son domaine d'application reste cependant limité aux détournements de fonds ; il dispense l'administration d'avoir à apporter la preuve que les dirigeants ont eu connaissance du détournement de fonds (V. *supra*, n° 519).

Soucieux des dérives que pourrait engendrer la jurisprudence sur le risque excessif, certains conseils fiscaux proposent de « retenir un critère plus simple et plus objectif pour caractériser le risque manifestement excessif, à savoir l'absence totale et délibérée de prise en compte du risque rendant la décision étrangère à la gestion de l'entreprise »[141]. Afin de les rassurer, le Conseil d'État[142] a rappelé que le risque excessif est celui du dirigeant, et non celui des salariés, et qu'il ne s'était pas prononcé sur des opérations risquées de subordonnés… Il ne considère d'ailleurs pas que les carences du contrôle interne puissent mécaniquement être révélées par les risques excessifs d'un salarié dès lors qu'ils sont conformes à l'objet social. Il s'agirait plutôt « d'accidents d'exploitation que le juge fiscal se refuse de sanctionner ».

525. - Abandon de la théorie du risque excessif. En 2016, le Conseil d'État a abandonné sa jurisprudence sur le risque excessif en jugeant avec une très grande clarté que « c'est au regard du seul intérêt propre de l'entreprise que l'administration doit apprécier si les opérations litigieuses correspondent à des actes relevant d'une gestion commerciale normale. Indépendamment du cas de détournements de fonds rendus possibles par le comportement délibéré ou la carence manifeste des dirigeants, il n'appartient pas à l'administration, dans ce cadre, de se prononcer sur l'opportunité des choix de gestion opérés par l'entreprise et notamment pas sur l'ampleur des risques pris par elle pour améliorer ses résultats »[143].

L'abandon de la théorie du risque excessif paraît revêtir un caractère absolu. L'administration fiscale ne pourra plus invoquer une prise de risque manifestement exagérée du dirigeant, ni en tant que *critère parallèle* de l'acte anormal de gestion (puisque c'est désormais au regard du seul intérêt propre de l'entreprise que l'administration doit apprécier si des opérations

(139) CAA Douai, 26 mars 2003, n° 99-1303, *SA Deudon : Dr. fisc.* 2004, n° 5, comm. 187, note J-L. Rossignol (prêt consenti à une société disposant d'un actif immobilisé limité et sans prendre les garanties contractuellement prévues).

(140) J.-L. Rossignol, *Les notions de risque manifestement excessif et de carence manifeste du contrôle interne : NF* 1er sept. 2012, n° 1095, p. 4.

(141) Y. Rutschmann et J. Gayral, *Le risque manifestement excessif : immixtion rampante dans la gestion d'une entreprise ou simple garde-fou ? : Dr. fisc.* 2012, n° 45, comm. 500, § 13.

(142) CE, avis, 24 mai 2011, n° 385088 : *Dr. fisc.* 2012, n° 27, act. 298.

(143) CE, 13 juill. 2016, n° 375801, *Monte Paschi Banque : Dr. fisc.* 2016, n° 29, act. 460 ; *FR* 35/16, inf. 3, p. 6, obs. F. Lacroix, qui voit le Conseil d'État annuler la décision de la cour de Versailles qui avait refusé la déduction de provisions constituées par une banque pour faire face au risque de non-recouvrement d'encours financiers accordés à une société en grande difficulté financière (V. *supra*, n° 465).

litigieuses correspondent à des actes relevant d'une gestion commerciale normale), ni même comme un *sous-critère* de l'acte anormal de gestion (la prise de risque ne doit pas être retenue comme un critère d'appréciation de l'intérêt de l'entreprise)[144]. La doctrine a globalement salué l'abandon du critère du risque excessif, jugé trop instable[145].

Par contre, ainsi que l'indique le Conseil d'État lui-même, cette décision ne remet pas en cause la jurisprudence relative aux détournements de fonds. Quoiqu'il ait pu être écrit, cette dernière repose sur un critère de nature différente de celui du risque excessif, puisqu'il s'agit simplement de condamner une légèreté blâmable des dirigeants dans la gestion interne de l'entreprise et non pas de sanctionner une gestion financière aventureuse[146]. Le critère de la carence dans le contrôle interne de l'entreprise continuera donc de s'appliquer parallèlement à celui de l'intérêt de l'entreprise dans l'hypothèse spécifique d'un détournement de fonds[147].

2° Le régime des aides inter-entreprises

526. – Classification des aides. Il existe mille et une façons d'aider une entreprise. Les formes d'aides les plus classiques sont les abandons de créances, par lesquels une entreprise renonce à exercer ses droits, et les subventions qui sont accordées sans contrepartie. Leur régime fiscal est exactement le même[148]. Mais fondamentalement, tout avantage financier à une entreprise constitue une aide et en suit le régime (engagement de caution pour autrui, prise en charge d'une dette…)[149]. Les renonciations à recettes (prêts sans intérêts, marges plus faibles…) soulèvent une difficulté particulière liée au fait qu'elles n'ont pas pour effet d'appauvrir celui qui y consent. Pour cette raison, l'administration fiscale ne les assimile pas aux abandons de créances et aux subventions[150]. Pourtant, comme les autres aides, les renonciations à recettes doivent être appréciées sous le prisme de l'acte anormal de gestion.

527. – Régime des aides. Quelle que soit sa forme, une aide constitue, *a priori*, une libéralité. En comptabilité, les libéralités sont traitées comme une charge déductible chez l'entreprise qui les accorde et un produit imposable chez celle qui les reçoit[151]. Fiscalement, les libéralités sont étrangères à une gestion commerciale normale et doivent être réintégrées dans le résultat imposable (V. *supra*, n° 514). Il revient à

(144) On peut en effet considérer qu'une prise de risque excessive est par hypothèse contraire à l'intérêt de l'entreprise. V. A. de Bissy et G. Dedeurwaerder, *Le critère du risque dans la jurisprudence fiscale*, préc.

(145) Exprimant néanmoins un regret : A.-Ch. Bezzina, *Acte anormal de gestion : de quelques considérations sur l'abandon du critère du « risque excessif ». – Réflexions à propos de l'arrêt CE, sect. 13 juill. 2016, n° 375801, SA Monte Paschi Banque : Dr. fisc.* 2016, n° 47, étude 598.

(146) En ce sens : O. Fouquet, préc. *Contra* : Ph. Durand et M. Seraille, préc.

(147) V. CE, 9e-10e ch., 12 avr. 2019, n° 410042, *SAS Sté de distribution Saint-Maximoise (SDSM) : RJF* 07/19, n° 627, concl. E. Bokdam-Tognetti (C627).

(148) *BOFiP*, BOI-BIC-BASE-50-10, n° 1.

(149) V. R. Vabres, *Les aspects fiscaux de la cession de dette après la réforme du droit des contrats : Dr. fisc.* 2017, n° 8, étude 161.

(150) *BOFiP*, BOI-BIC-BASE-50-10, n° 50.

(151) Si l'aide est accordée à une filiale étrangère, le fait que dans sa comptabilité l'aide soit traitée comme un apport en capital, ne remet pas en cause la déduction en France à partir du moment où les conditions du droit à déduction sont réunies en France (CE, 13 avr. 2018, n° 398271, *LVMH : Dr. fisc.* 2018, n° 39, chron. 404, n° 16, obs. Cl. Acard ; *Dr. fisc.* 2018, n° 50, comm. 500, concl. E. Bokdam-Tognetti).

l'entreprise qui en est l'auteur de justifier de son intérêt à l'opération, ce qui démontre *a posteriori* l'absence d'intention libérale.

L'intérêt de l'entreprise peut être trouvé dans sa relation financière avec le bénéficiaire (« aide à caractère financier », accordée par une société mère à sa filiale) ou commercial (« aide à caractère commercial », souvent accordée par un fournisseur à son client). D'autres intérêts peuvent être avancés, notamment ceux liés à l'appartenance à un groupe auquel appartiennent les deux entreprises ; ils sont étudiés au cas par cas par la jurisprudence.

La loi du 16 août 2012[152] a supprimé la déductibilité fiscale des « aides de toute nature consenties à une autre entreprise, à l'exception des aides à caractère commercial » (CGI, art. 39-13, al. 1er). Elle valide donc la déduction des aides à caractère commercial, dans les conditions qui ont été posées par la jurisprudence ou la loi (*a*). Par contre, elle interdit la déduction des aides non commerciales, dont notamment les aides à caractère financier (*b*).

À noter : Exceptionnellement, afin d'aider les entreprises en difficulté du fait de la crise sanitaire du Covid-19 en 2020[153], il a été décidé que les abandons de loyers consentis à une entreprise entre le 15 avril et le 31 décembre 2020 seraient déductibles en totalité (CGI, art. 39-1, 9°)[154]. Disposition qui fut prorogée jusqu'au 30 juin 2021[155], puis jusqu'au 31 décembre 2021[156], et complétée par un crédit d'impôt[157].

a) La déduction des aides commerciales

528. – Définition. La loi ne donne aucune définition de l'aide commerciale. Selon l'administration, une aide est à caractère commercial lorsqu'elle trouve son origine dans les relations commerciales entre deux entreprises et qu'elle est consentie soit pour maintenir des débouchés, soit pour préserver des sources d'approvisionnement[158]. La nature de l'aide résulte d'une appréciation globale de l'ensemble des éléments de fait, et notamment de la nature et du montant de la créance abandonnée ou de la somme versée, des relations existant ou ayant existé entre les entreprises, et des motivations réelles de l'aide[159]. En cas de liens commerciaux et financiers multiples, notamment lorsque l'aide est accordée par une société mère à sa filiale, l'aide sera commerciale (donc déductible), et non pas financière (donc non déductible), si la société mère établit que cette dernière a été versée à raison des liens commerciaux entre elle et sa filiale et non pour sauvegarder la valeur de sa participation. Dans une affaire où une société holding fournissait des prestations de référencement à ses

(152) L. fin. rect. 2012, n° 2012-958, 16 août 2012, art. 17.
(153) V. A. de Bissy, *Les leçons de la crise en droit fiscal* : *JCP* E 2022, n° 21-22, 1202, p. 47 et s.
(154) L. fin. rect. 2020, n° 2020-473, 25 avr. 2020, art. 3. Disposition applicable aux exercices clos à compter du 15 avril 2020.
(155) L. fin. 2021, n° 2020-1721, 29 déc. 2020, art. 20.
(156) L. fin. rect. 2021, n° 2021-953, art. 8.
(157) Le même article 20 de la loi de finances pour 2021 institue, en plus, un crédit d'impôt au profit des bailleurs qui consentent, au plus tard le 31 décembre 2021, des abandons de loyers au titre du mois de novembre 2020 à leurs locataires particulièrement touchés par les conséquences des mesures restrictives prises pour lutter contre l'épidémie de Covid-19 dans le cadre de l'état d'urgence sanitaire. Ce crédit d'impôt se cumule avec les dispositifs de non-imposition des abandons de loyers (Rép. min. Blanc n° 18777 : *JO* Sénat 4 févr. 2021). Pour les commentaires administratifs : V. *BOFiP*, BOI-DJC-COVID19-10-10, 25 févr. 2021.
(158) *BOFiP*, BOI-BIC-BASE-50-10, n° 120.
(159) *BOFiP*, BOI-BIC-BASE-50-10, n° 110.

filiales, le Conseil d'État a estimé, d'une part, que cette activité possédait un caractère commercial et, d'autre part, que son caractère prépondérant (elle procurait à la holding la quasi-totalité de ses ressources) en faisait une aide à caractère commercial déductible en totalité[160].

529. – Portée. Bien souvent, l'aide est accordée à une entreprise qui connaît des difficultés de nature à interrompre son activité en mettant ses partenaires économiques dans l'embarras. Les abandons de créances à un client[161] ou les abandons de loyers à un locataire[162] en sont des applications fréquentes. Il n'est toutefois pas nécessaire que l'aide contribue à générer un chiffre d'affaires entre les deux entreprises ; il suffit qu'elle améliore les perspectives de l'entreprise l'ayant accordé[163]. Les difficultés économiques du bénéficiaire de l'aide ne sont toutefois pas absolument nécessaires à la démonstration de son caractère commercial ; seule compte la préservation des relations commerciales d'amont ou d'aval. Le Conseil d'État a, par exemple, admis la déduction des frais de l'emprunt contracté par une société pour financer un prêt sans intérêts consenti à une autre société chargée de mettre au point un prototype dont le prêteur sans frais allait avoir l'exploitation exclusive[164]. Par ailleurs, si l'aide est commerciale, l'appartenance à un même groupe importe peu. Le Conseil d'État a ainsi admis la déduction d'un abandon de créance consenti par une société sœur, dès lors que la société bénéficiaire était son seul client et que le montant de ses dettes et sa situation nette négative menaçaient son existence[165]. Enfin, il faut souligner la jurisprudence qui a admis la déduction des aides justifiées par l'appartenance à un même réseau de distribution[166], comme elle admet la déduction des cotisations et des frais d'appartenance à un réseau commercial[167].

530. – Une curiosité : l'article 39-1, 8° du Code général des impôts. La loi autorise désormais explicitement la déduction des « abandons de créances à caractère commercial consentis ou supportés dans le cadre d'un plan de sauvegarde ou de redressement ainsi que ceux consentis en application d'un accord constaté ou homologué dans les conditions prévues à l'article L. 611-8 du Code de commerce »(CGI, art. 39-1, 8°)[168].

(160) CE, 7 févr. 2018, n° 398676, *Sté France Frais : Dr. fisc.* 2018, n° 50, comm. 501.
(161) CE, 26 juin 1992, n° 68646, *SA Bisch Marley : RJF* 8-9/92, n° 1116.
(162) CE, 9 mai 1990, n° 71453, *SCI Paradis Immobilier : RJF* 7/90, n° 797.
(163) CE 26 juill. 2023, n° 463846, *Sté Lamaï, venant aux droits de la société RT2i : Dr. Fisc.* 2023, n° 35, act. 316, obs. L. Erstein. Cas d'une société ayant concédé à sa filiale une licence d'utilisation de son savoir-faire relatif à une technologie, sans que la concession ne prévoie le versement de redevances mais seulement que les perfectionnements apportés par la filiale au savoir-faire concédé par la mère demeurent sa propriété exclusive.
(164) CE, 3 déc. 1975, n° 89 412 : *Dr. fisc.* 1976, n° 13, comm. 467, concl. Fabre.
(165) CE, 1er mars 2004, n° 237013, *Sté AS Représentation : RJF* 5/04, n° 459.
(166) CE, 26 sept. 2001, n° 219825, *SA Rocadis : Dr. fisc.* 2002, n° 24, comm. 490. – M. Cozian, *Le devoir d'entraide des centres Leclerc : est-ce un acte anormal de gestion ? : BF* 7/02, p. 523 (centre Leclerc qui s'était porté caution d'un autre, lui avait consenti des prêts sans intérêts et avait renoncé à des créances).
(167) CE, 6 mars 2006, n° 281034, *Sté Disvalor*, préc. (cotisations versées par une entreprise membre d'un réseau de distribution à une association de ce réseau chargée d'assurer la formation des personnels du même réseau). – CE, 21 nov. 2012, nos 348864 et 348865, *Sté Pricewaterhousecoopers Audit SA : Dr. fisc.* 2013, n° 6, comm. 139 (déduction de frais de participation au fonctionnement d'un réseau mondial).
(168) L. n° 2005-845, 26 juill. 2005 de sauvegarde des entreprises, art. 182. – M. Cozian, *Le traitement fiscal des abandons de créances dans le cadre de la loi du 26 juillet 2005 sur la sauvegarde des entreprises*, préc. L'extension aux entreprises faisant l'objet d'une conciliation (C. com., art. L. 611-8) résulte de la loi de finances pour 2021 (L. n° 2020-1721, 29 déc. 2021, art. 19), avec application aux abandons de créance consentis depuis le 1er janvier 2021.

Littéralement, cette disposition n'apporte rien au droit positif, car elle requiert que soit rapportée la preuve du caractère commercial de l'abandon de créance. *A contrario*, elle pourrait même être interprétée comme condamnant implicitement la déductibilité des aides à caractère commercial accordées hors le cadre des procédures collectives[169]. Une telle lecture doit cependant être écartée, car le législateur a cherché avant tout à encourager les abandons de créance[170]. Aussi, selon une interprétation bienveillante, il est admis que l'effet de cet article est de faire l'économie d'une discussion sur le caractère normal de l'aide[171] ; l'abandon de créance serait déductible, même s'il n'est pas consenti dans l'intérêt de l'entreprise[172].

Par contre, clairement, le texte exclut de son domaine les abandons de créances à caractère financier. Compte tenu de l'objectif affiché de la loi, la mesure a pu décevoir[173]. Cette lacune est néanmoins comblée depuis que les aides non commerciales accordées à une entreprise faisant l'objet d'une procédure collective sont déductibles (V. *infra*, n°s 536 et s.).

531. – **Régime.** Lorsque son caractère commercial est reconnu, l'aide est déductible en totalité chez la société qui l'a accordée (et imposable de la même façon chez celle qui l'a reçue). Si l'aide a fait l'objet d'une clause de retour à meilleure fortune, les conséquences inverses sont observées lorsque la clause est appelée à jouer, dans sa mesure[174].

La charge est à rattacher à l'exercice au titre de l'exercice au cours duquel elle est survenue[175] (le produit est imposable au même instant chez le bénéficiaire). Lorsqu'elle est imposée par le tribunal, ou que celui-ci donne acte des remises acceptées par les créanciers, dans le cadre d'une procédure collective affectant le débiteur, il faut considérer que la remise est grevée d'une condition résolutoire tenant à la correcte exécution du plan de redressement et qu'elle est donc déductible (ou imposable) dès la décision du tribunal (V. *supra*, n° 313).

Dans l'hypothèse où l'aide commerciale prend la forme d'une « renonciation à recettes » (prêt gratuit, vente à prix coûtant...), il n'y a aucune déduction comptable ou fiscale à opérer chez la société qui l'a accordée (il s'agit simplement d'un manque à gagner), ni aucune imposition chez la société qui l'a reçue (il s'agit simplement d'une perte évitée).

b) L'exclusion des aides non commerciales

532. – **Domaine.** *Les aides non commerciales ne sont plus déductibles (CGI, art. 39-13, al. 1er, préc.)*[176]. Le Conseil d'État a validé, tant au regard de la Constitution qu'au regard de la Convention EDH, l'exclusion du droit à déduction des abandons de créance à caractère financier[177]. Même si la mesure concerne surtout les aides à caractère

(169) V. A. de Bissy, *Les aspects fiscaux de l'effacement des dettes : Dr. & patr.* sept. 2009, préc.

(170) Ph. Pétel, *Le nouveau droit des entreprises en difficulté : JCP* E 2005, 42, 1509, n°s 73 et 74.

(171) P. Serlooten et G. Dedeurwaerder, *Entreprises en difficulté (droit fiscal) : Rép. com.* Dalloz, avr. 2016, préc., n° 75. – G. Dedeurwaerder, *Les entreprises en difficulté face au droit fiscal*, préc., n° 23.

(172) *BOFiP*, BOI-BIC-BASE-50-10, n° 80 ; *BOFiP*, BOI-BIC-BASE-50-20-10, n° 55.

(173) B. Lagarde, *La discrimination de la déductibilité fiscale des abandons de créances : LPA* 17 févr. 2006, n° 35, p. 28.

(174) *BOFiP*, BOI-BIC-BASE-50-20-10, n° 280.

(175) *BOFiP*, BOI-BIC-BASE-50-20-10, n° 50.

(176) Disposition applicable aux exercices clos depuis le 4 juillet 2012.

(177) CE, 7 juin 2019, n° 421946, *Bonhom : Dr. fisc.* 2019, n° 40, comm. 385, concl. A. Iljic.

financier, toutes celles qui ne correspondent pas à la définition des aides commerciales sont *a priori* concernées (V. *supra*, nos 528 et 529) (*1*). Par exception, les aides non commerciales accordées à une entreprise en difficulté restent déductibles (CGI, art. 39-13, al. 2), sous certaines limites (al. 3) (*2*).

1) Principe

533. – Définition des aides à caractère financier. L'administration fiscale n'est guère précise dans sa définition[178] :

« Un abandon de créance doit être qualifié de financier lorsque simultanément la nature de la créance (prêt, avance, etc.), les liens existants entre l'entreprise créancière et l'entreprise débitrice exclusifs de toute relation commerciale ainsi que les motivations de l'abandon présentent un caractère strictement financier ».

En clair, une entreprise a un intérêt financier à l'opération lorsqu'elle possède une participation dans le capital du bénéficiaire de l'aide et que celle-ci est destinée à protéger son investissement.

534. – Les aides intra-groupe[179]. Les groupes de sociétés font office de « zone test » pour l'application de la théorie de l'acte anormal de gestion[180]. Le groupe est un peu comme une famille ; on s'y accorde des avantages que l'on n'accorderait pas à des étrangers…

La jurisprudence avait admis que la participation dans le capital d'une filiale, même étrangère, pouvait légitimer fiscalement certains avantages[181]. Toutefois, la société mère devait justifier d'un intérêt propre à aider sa filiale : la seule appartenance à un groupe ne saurait couvrir des actes anormaux de gestion, tels que des ventes à perte[182] ou des prêts sans intérêts[183], et l'idée même d'un intérêt de groupe, défendue par une partie de la doctrine[184] et retenue par la cour de Paris lorsque le groupe est intégré[185], fut sèchement écartée par le Conseil d'État[186]. En revanche, les aides accordées à une

(178) *BOFiP*, BOI-BIC-BASE-50-10, n° 130.

(179) Ph. Oudenot, *Fiscalité approfondie des sociétés*, LexisNexis, 6e éd. 2022, nos 966 et s.

(180) Fl. Deboissy, *Acte anormal de gestion et groupe de sociétés : orthodoxie juridique versus réalisme économique ?*, in *Mél. Cozian*, *op. cit.*, p. 265.

(181) CE, 20 nov. 1974, n° 85191 : *RJF* 01/75, n° 10. – CE, 5 juill. 1978, n° 7717 et CE, 12 juill. 1978, nos 2138 et 2769 : *RJF* 10/78, n° 401.

(182) CE, 24 févr. 1978, n° 2372 : *RJF* 4/78, n° 161. – CAA Douai, 8 oct. 2009, n° 07DA01406, *SA Lyreco : Dr. fisc.* 2010, n° 6, comm. 179, note E. Bonneau (holding facturant à ses filiales des prestations informatiques pour un prix inférieur au prix de revient).

(183) CE, 21 déc. 2007, n° 288099, *SA de production et d'approvisionnement du plateau central Rouergue-Auvergne-Gévaudan-Tarnais : Dr. fisc.* 2008, n° 15, comm. 254 (abandon d'intérêts à une filiale espagnole).

(184) A. Legendre, *Plaidoyer pour la reconnaissance en droit fiscal de l'existence d'une part non détachable de l'intérêt du groupe auquel elle appartient, de l'intérêt propre d'une société : Dr. fisc.* 2006, n° 11, p. 606.

(185) CAA Paris, 10 déc. 2004, n° 00-36, *SEEE : RJF* 4/05, n° 312. – CAA Paris, 21 janv. 2005, n° 01-873, *Sté Sias France : RJF* 5/05, n° 433. – CAA Paris, 13 mai 2005, n° 01-2334, *Sté CSN : Dr. sociétés* oct. 2005, comm. 188, obs. J.-L. Pierre.

(186) CE, 10 mars 2006, n° 263183, *Sté Sept : Dr. fisc.* 2006, n° 21-22, comm. 414, obs. J.-L. Pierre. – CE, 28 avr. 2006, n° 277572, *Sté SEEE : RJF* 7/06, n° 836. – CE, 28 avr. 2006, n° 278738, *Sté Atys*, venant aux droits de la société Sias : *RJF* 7/06, n° 837. – CE, 28 mars 2008, n° 277522, *SA Clément : RJF* 6/08, n° 640. – V. égal. Y. Benard, *Groupes de sociétés : la jurisprudence n'a pas l'esprit de sacrifice : RJF* 6/06, p. 499. L'intérêt de groupe n'a toutefois pas complètement disparu ; preuve en est la position de l'administration qui a admis que la société mère d'un groupe au sens de l'article L. 233-3, I du Code de commerce puisse déduire de son résultat la charge supportée à raison de la facturation par ses filiales de la prime versée à leurs salariés en application de l'article 1er de la loi n° 2018-1213 du 24 décembre 2018 dite « loi gilets jaunes » (Rép. min. Barrot n° 16035 : *JOAN* 12 mars 2019).

filiale en difficulté, afin de préserver le capital de la mère, de sauver son renom et d'assainir la situation financière de la filiale, étaient déductibles sous réserve que la participation ne s'en trouve pas valorisée[187].

Le Conseil d'État avait également accepté de regarder si, même en l'absence de relation commerciale ou de participation dans le capital de la société bénéficiaire, une société pouvait avoir un intérêt propre à consentir un avantage à une autre société du groupe[188]. Il a aussi jugé qu'une aide à une entreprise en difficulté peut être déduite si elle répond à un « objectif de développement » de la société créancière qui envisage de prendre une participation dans le capital de la société aidée, si elle ne lui fait pas courir un risque manifestement exagéré[189].

Cette construction jurisprudentielle a été en partie mise à bas par la loi du 16 août 2012 précitée ; les aides à caractère financier, quelles qu'elles soient, ne sont plus déductibles du résultat imposable, sauf dans les conditions fixées par l'article 39-13, alinéa 2 du Code général des impôts (V. *infra*, n°s 536 et s.). Par contre, l'aide reste imposable chez la filiale, sauf si elle se place sous le régime de l'article 216 A (V. *infra*, n° 537). Les conseils cherchent des stratégies afin de faire profiter les sociétés mères des pertes de leurs filiales, sans passer par la déduction des aides[190].

535. – **Les autres aides non commerciales.** Il ne s'agit plus ici d'aider une entreprise du groupe en difficulté. L'aide répond à une motivation tout à fait différente qui procède d'une extension de la notion d'intérêt de l'entreprise pour l'application de la théorie de l'acte anormal de gestion. Aux termes d'une jurisprudence aussi originale que libérale, le Conseil d'État avait notamment pris en compte les particularités du droit local lorsque celui-ci interdit le versement d'intérêts[191], ou l'objet social de la société qui accorde l'aide lorsque ses statuts prévoient la réalisation de simples économies conformément à l'article 1832 du Code civil[192].

Ces avantages ne devraient plus être déductibles après le vote de la loi du 16 août 2012, puisque l'article 39-13 du Code général des impôts précité ne distingue pas entre les aides. La solution irait cependant au-delà des objectifs du législateur et serait d'une grande sévérité ; une entreprise ne commet pas un acte anormal de gestion lorsqu'elle a agi sous la contrainte.

(187) CE, plén., 30 avr. 1980, n° 16253 : *RJF* 6/80, n° 467. – CE, 1er juill. 1991, n° 61065, *SA La Bellignite : RJF* 8-9/91, n° 1086. – CAA Versailles, 27 mai 2014, n° 13VE00874, *SAS Senoble Holding : Dr. fisc.* 2014, n° 39, comm. 543, concl. F. Locatelli, note M. Buchet (non-déduction d'un abandon de créance à une filiale anglaise, enregistrée chez cette dernière comme un supplément d'apport mis en réserves). Dans cette dernière affaire toutefois, le Conseil d'État a cassé l'arrêt de la cour administrative d'appel de Versailles pour avoir aveuglément transposé le traitement comptable britannique sans rechercher qu'elle était la nature réelle de l'opération pour l'application du droit fiscal français ; CE, 31 mars 2017, n° 383129, *RJF* 6/17, n° 539.

(188) CE, 22 janv. 2010, n° 313868, *Sté d'acquisitions immobilières*, préc. (preuve non rapportée).

(189) CE, 30 mai 2007, n° 286575, *SA Peronnet*, et n° 285573, préc. (preuve non rapportée), et *SARL Peronnet*, préc. (est insuffisant le fait que la société bénéficiaire de l'aide soit appelée à devenir une filiale de la société mère de la société créancière).

(190) J. Châteauneuf, *L'affectation des pertes d'une filiale au débit du compte courant de la société mère : une solution d'avenir ? : Dr. fisc.* 2012, n° 42, étude 479.

(191) CE, 7 sept. 2009, n° 303560, *SNC immobilière GSE : Dr. fisc.* 2009, n° 48, comm. 561, concl. L. Olléon, note P. Fumenier et C. Maignan (« versements supplémentaires » à une filiale portugaise).

(192) CE, 25 nov. 2009, n° 307227, *Cie Rhénane de raffinage : Dr. fisc.* 2010, n° 7, comm. 186, concl. E. Geffray, note R. Schneider (vente à prix coûtant à des compagnies pétrolières associées).

2) Exception : aides aux entreprises en difficulté

536. – Notion d'entreprise en difficulté. Selon l'article 39-13, alinéa 2 du Code général des impôts précité, l'exclusion des aides non commerciales ne s'applique pas aux aides consenties lors d'une procédure de conciliation, en application d'un accord constaté par le président du tribunal ou homologué par le tribunal dans les conditions prévues à l'article L. 611-8 du Code de commerce, ou à celles consenties aux entreprises pour lesquelles une procédure de sauvegarde, de redressement judiciaire ou de liquidation judiciaire est ouverte. En pratique, il s'agira d'une aide consentie par une société mère à sa filiale avec laquelle elle n'entretient pas de relations commerciales, car sinon l'aide serait déductible au titre des aides commerciales.

La loi ne fait pas de différence selon que la filiale est implantée en France ou à l'étranger, mais il conviendra alors de préciser la notion de procédure collective. Selon l'administration, cette disposition s'applique aux abandons de créances consentis à des entreprises membres de l'Union européenne à l'encontre desquelles est ouverte une procédure d'insolvabilité mentionnée à l'annexe A du règlement (CE) n° 1346/2000 du 29 mai 2000[193]. Conformément à la jurisprudence traditionnelle relative aux aides à caractère financier, l'aide accordée n'est déductible que si la motivation prépondérante de l'entreprise aidante est de sauvegarder la valeur des participations en assurant la pérennité d'une filiale en difficulté, afin d'éviter d'être contrainte de combler son passif, ou qu'il soit porté atteinte à son renom.

537. – Déductibilité partielle. Une aide n'est déductible que si elle appauvrit son auteur ; une société ne saurait déduire une aide accordée à une filiale, ou à une sous-filiale, si cela lui a permis de valoriser sa participation. C'est pourquoi l'article 39-13, alinéa 3 du Code général des impôts dispose que l'aide n'est déductible qu'à « hauteur de la situation nette négative de l'entreprise qui en bénéficie et, pour le montant excédant cette situation nette négative, à proportion des participations détenues par d'autres personnes que l'entreprise qui consent les aides ». Cette disposition, issue de la deuxième loi de finances rectificative pour 2012 du 16 août 2012, ne fait que légaliser la jurisprudence antérieure, dont les solutions restent applicables.

La partie de la subvention ou de l'abandon de créance qui n'a pas conduit à rendre positive la situation nette de la filiale est déductible chez la mère et imposable chez sa filiale. *Il s'agit de la situation nette comptable, mais l'entreprise peut y substituer la situation nette réelle si elle est inférieure*[194]. De son côté, l'administration est en droit de remettre en cause les écritures comptables de la filiale ayant un effet sur la détermination de cette situation[195]. Pour apprécier la situation nette réelle de la filiale, il faut se placer à la date de clôture de l'exercice de la société mère qui a accordé l'abandon de créance[196], mais l'administration admet dans sa doctrine qu'elle soit appréciée à la date à laquelle l'abandon a été consenti[197].

(193) *BOFiP*, BOI-BIC-BASE-50-20-10, n° 63.

(194) CE, 3 mai 2002, n° 224257, *Sté Burda France : Dr. sociétés* 2002, n° 10, p. 37, obs. J.-L. Pierre ; *BOFiP*, BOI-BIC-BASE-50-20-10, n° 90. Par contre, selon l'administration : « Le service est également autorisé à tirer les conséquences de ce que la situation nette comptable de la société bénéficiaire de l'abandon est manifestement inférieure à sa situation nette réelle » ; *BOFiP*, BOI-BIC-BASE-50-20-10, n° 100.

(195) CE, 30 déc. 2009, n° 297274, *Sté Haussmann Promo Île-de-France : Dr. fisc.* 2010, n° 14, comm. 259, note D. Bocquet et C. Cassan (réintégration d'une provision pour dépréciation des stocks).

(196) CE, 31 juill. 2009, n° 297274, *SA Haussmann Promo Île-de-France : Dr. fisc.* 2009, n° 41, comm. 498, concl. E. Glaser, note D. Bocquet et C. Cassan.

(197) *BOFiP*, BOI-BIC-BASE-50-20-10, n° 110.

La partie excédentaire de l'abandon de créance cesse d'être déductible chez la société mère, à concurrence de ses droits dans sa filiale. Corrélativement, elle cesse d'être imposable chez la filiale, à une condition : qu'elle prenne l'engagement d'augmenter son capital en numéraire[198] au profit de la société mère (au sens de l'article 145 du Code général des impôts) pour un montant au moins égal à l'aide consentie avant la clôture du second exercice suivant (CGI, art. 216 A).

Lorsque l'aide consiste en une « renonciation à recettes » (par ex., prêt sans intérêts), la restriction posée à l'article 39-13, alinéa 3 du Code général des impôts précité devrait s'appliquer, puisque cette disposition n'exclut *a priori* aucune forme d'aide. La perte devra donc être réintégrée dans les résultats imposables de la société mère si la situation nette de la filiale est positive, dans les mêmes conditions que s'il s'agissait d'une aide directe. Elle valide *a posteriori* la position de l'administration, laquelle avait pourtant été invalidée par certaines juridictions du fond[199].

Exemple

Soit une société X ayant été mise en redressement judiciaire dont le capital social est détenu par deux autres sociétés, Y qui possède 80 % des droits et Z qui possède 20 % des droits.

Toutes les sociétés sont à l'IS et clôturent leurs exercices comptables le 31 décembre.

La situation nette (avant l'abandon de créance) de la société X au 31 décembre N est la suivante :

– capital social : 300 000 € ;

– report à nouveau débiteur : 500 000 €.

La société Y avait prêté 600 000 € à X.

En N, Y a abandonné sa créance pour motif financier.

Fraction déductible en N de l'abandon de créance chez Y :

200 000 € (situation nette négative de X) + 20 % × (600 000 € – 200 000 €) = 80 000 € (valorisation de la participation de Z) = 280 000 €.

Autre méthode : on peut également enlever de l'aide sa fraction non déductible. Soit :

600 000 € – (80 % × [600 000 € – 200 000 €]) (valorisation de la participation de Y) = 280 000 €.

538. – Difficultés d'application. La jurisprudence a été amenée à régler, au cas par cas, un certain nombre de difficultés. Nous présentons ci-après les principales d'entre elles.

• *Aides à une sous-filiale.* Selon le Conseil d'État, une aide à une sous-filiale en difficulté ne constitue pas un acte anormal de gestion, même si la société mère n'entretient pas avec elle de relations commerciales[200]. Par contre, la situation nette du bénéficiaire s'apprécie par rapport à la participation de la mère dans le capital de la filiale et non

(198) Le montant de la souscription peut également être libéré par conversion de créance.

(199) En dernier lieu, CAA Marseille, 2 avr. 2009, n° 06MA02583, *SA Éric Soccer : RJF* 4/10, n° 323 (l'aide n'a entraîné aucune variation d'actif net chez le bénéficiaire et n'a pu modifier la valeur mathématique des titres).

(200) CE, 10 mars 2006, n° 263183, *Sté Sept*, préc.

pas dans celui de la sous-filiale. Ainsi, dans l'affaire citée en référence, alors même que la situation nette de la sous-filiale était restée négative, le Conseil d'État juge que cela n'autorisait pas pour autant la société mère à déduire son abandon de créance car, sauf preuve contraire, l'aide est réputée augmenter la valeur de la participation détenue dans le capital de la filiale qui contrôle la sous-filiale[201].

• *Aides à une société de personnes.* Compte tenu de la semi-transparence fiscale de ce type de groupement, on pouvait craindre une double imposition d'un même profit si la filiale est bénéficiaire (à hauteur du montant non déduit chez la mère qui est compris dans sa quote-part de bénéfices), ou une double déduction d'une même perte si la filiale est déficitaire (à hauteur du montant déduit chez la mère et de sa quote-part de déficit d'un exercice antérieur). Après avoir reconnu la situation de double imposition et sa nécessaire neutralisation[202], le Conseil d'État a modifié son analyse pour nier une quelconque double déduction au motif que ces opérations sont « comptablement distinctes et relatives à des situations différentes »[203]. Il n'existerait donc pas de spécificité dans le traitement fiscal des aides à une société de personnes.

• *Abandons de créances assorties d'une clause de retour à meilleure fortune.* Un abandon de créance peut n'être accordé que sous la condition résolutoire d'un « retour à meilleure fortune » du débiteur. L'entreprise créancière peut tout de même constater une perte dans les conditions et sous les limites de l'article 39-13 du Code général des impôts précité. Lorsque la clause vient à jouer, la société qui perçoit le remboursement de sa créance n'est imposable que sur les sommes qu'elle a initialement déduites, et au cas de remboursement partiel « celui-ci n'est imposable que dans le rapport du montant de la déduction initialement pratiquée au montant de la créance abandonné »[204]. Si la convention prévoit des limites au remboursement, ce qui conduit à son étalement, le Conseil d'État a pu juger que « le fait générateur de la clause résolutoire ne s'applique chaque année qu'à une fraction de la somme abandonnée… afin que la renaissance de la dette n'obère pas le redressement du bénéficiaire de l'abandon »[205].

C. – Preuve et sanction de l'acte anormal de gestion

1° Preuve de l'acte anormal de gestion[206]

539. – Dialectique de la charge de la preuve. Le Conseil d'État a fixé le cap depuis longtemps ; *c'est à l'administration fiscale de rapporter la preuve d'un acte anormal de gestion* (V. *supra*, n° 42). La jurisprudence est assez exigeante ; la seule circonstance que les droits du bénéficiaire ne sont pas suffisamment établis ne suffit pas à démontrer

(201) Il est effet observé que la filiale devra reprendre la provision pour dépréciation de sa participation. Puisqu'elle était en situation positive, la valeur mathématique de ses titres augmentera mécaniquement.

(202) CE, 27 juill. 2006, n° 274762, *Marchal : Dr. fisc.* 2007, n° 17, comm. 467, concl. E. Glaser. L'avantage n'est imposable chez la société mère que dans la mesure où il profite également aux autres associés de la filiale, et dans cette proportion seulement. – CAA Paris, 29 mars 2006, n° 01-3876, *Sté Soderec : RJF* 8-9/06, n° 991. – CAA Lyon, 12 oct. 2006, n° 01LYO1967, *SA Leroy : Dr. fisc.* 2007, n° 41, comm. 907, concl. G. Gimenez. – CAA Douai, 12 déc. 2006, n° 00-583, *SA Slevmi : RJF* 4/07, n° 393.

(203) CE, 11 avr. 2008, n° 284274, *Sté Guy Dauphin environnement : Dr. fisc.* 2008, n° 24, comm. 371, concl. C. Verot, note M. Buchet.

(204) *BOFiP*, BOI-BIC-BASE-50-20-10, n° 290.

(205) CE, 11 oct. 2004, n° 250153, *Sté Usines Claas France : RJF* 12/04, n° 1227.

(206) Ch. de la Mardière, *op. cit.* n°s 330 et s. – A. Fauchon, *La preuve de l'acte anormal de gestion*, in *La preuve, Études juridiques*, n° 19, Litec, 2004, ss dir. C. Puigelier, p. 141 et s.

l'absence de contrepartie à la dépense[207]. Ce n'est que si l'administration apporte des éléments objectifs permettant de remettre en cause le principe même de la déductibilité des charges ou à établir leur insuffisante contrepartie que le contribuable devra justifier de son intérêt à la dépense[208], ou s'il démontre qu'il a été obligé d'agir comme il l'a fait (V. *supra*, n° 516)[209].

Par exception, certains actes sont présumés être étrangers à une gestion commerciale normale ; ce sera donc au contribuable de démontrer l'inverse. C'est notamment le cas des abandons de créances ou des prêts sans intérêt[210] – y compris lorsqu'il s'agit d'avances sans intérêt par une société mère à sa filiale[211] – mais à la condition que l'administration fiscale soit capable de chiffrer précisément le montant de la perte pour l'entreprise[212]. L'absence de facturation d'une marge ne fait pas en revanche présumer un acte anormal de gestion, du moins lorsqu'elle profite à une société du même groupe[213]. Il a en outre été jugé qu'une entreprise peut facturer des frais administratifs à ses clients à des taux variables sans que cela soit regardé comme une renonciation anormale à des recettes ; c'est à l'administration de prouver qu'une telle pratique relève d'une gestion anormale[214].

540. – Incidence des avis rendus par la Commission des impôts[215] ? Au cas de désaccord persistant sur les rectifications notifiées, l'administration doit saisir la Commission des impôts directs et des taxes sur le chiffre d'affaires si le contribuable le lui demande, mais elle peut aussi en prendre l'initiative (LPF, art. L. 59). Si le litige concerne une grande entreprise, la compétence a été transférée à une commission nationale (LPF, art. L. 59 C)[216].

La Commission est compétente dans les quatre domaines suivants : 1) le montant du résultat industriel et commercial, non commercial, agricole ou du chiffre d'affaires, déterminé selon un mode réel d'imposition ; 2) les conditions d'application des régimes d'exonération ou d'allègements fiscaux en faveur des entreprises nouvelles (à l'exception de la qualification des dépenses de recherche) ; 3) les rémunérations excessives et les avantages personnels ; 4) la valeur vénale servant de base à la TVA immobilière (LPF, art. L. 59 A, I).

(207) CE, 15 févr. 2013, n° 347606, *Maurisset : RJF* 5/13, n° 469 (versement d'une indemnité par une société au gérant d'une filiale en contrepartie de sa renonciation à une action en justice).

(208) CE, 20 juin 2003, n° 232832, *Sté Éts Lebreton*, préc. – CE, 21 mai 2007, n° 284719, *Sté Sylvain Joyeux*, préc. – CE, 15 déc. 2010, n° 320693, Mme *Retman : Dr. fisc.* 2011, n° 11, comm. 259, note P. Fumenier.

(209) CE, plén., 21 déc. 2018, n° 402006, *Sté Croë Suisse*, préc.

(210) CE, 26 févr. 2003, n° 223092, *Sté Pierre de Reynal et Cie : RJF* 5/03, n° 607, p. 403, concl. G. Goulard.

(211) CAA Nantes, 17 mai 2021, n° 19NT02801, *Sté West Invest : Dr. fisc.* 2021, n° 50, comm. 454, concl. L. Chollet.

(212) CE, 26 sept. 2011, n° 328762, *SARL Holding financière Séguy : RJF* 12/11, n° 1275, p. 1147, chron. C. Raquin (où l'administration est déboutée pour n'avoir pas su chiffrer précisément le montant de la renonciation à recette).

(213) CE, 23 janv. 2015, n° 369214, *SAS Rottapharm*, préc.

(214) CE, 20 mai 2015, n° 369373, *Sté Universal Aviation France (UAF) : Dr. fisc.* 2015, n° 47, comm. 687, concl. M.-A. Nicolazo de Barmon, note P. Kouraleva-Cazals.

(215) *Départementales* autrefois, les commissions des impôts directs et des taxes sur le chiffre d'affaires sont désormais regroupées dans le ressort de chaque tribunal administratif (L. fin. rect. 2016, n° 2016-1918, 29 déc. 2016, art. 90). Ce regroupement a pris effet le 1er septembre 2017.

(216) Selon l'article 1651 H, 2 du Code général des impôts, la Commission nationale est compétente lorsque le chiffre d'affaires HT de l'entreprise excède 50 M€ (entreprises de ventes ou de fourniture de repas ou de logements), ou 25 M€ (autres entreprises).

Dans ces domaines, la Commission n'est compétente que sur des questions de fait (CGI, art. L. 59 A, II, al. 1er)[217]. Par exception, elle peut aussi « se prononcer sur le caractère normal d'un acte de gestion, sur le principe et le montant des amortissements et des provisions ainsi que sur le caractère de charges déductibles ou d'immobilisations » (LPF, art. L. 59 A, II, al. 2)[218]. Le Conseil d'État en retire une règle générale : lorsque l'administration est saisie d'une demande en ce sens par le contribuable, elle doit soumettre le litige à la Commission des impôts lorsque le désaccord porte sur toute question relative à l'application des règles qui régissent les amortissements et les provisions à la situation particulière du contribuable, mais elle reste libre de ne pas suivre l'avis émis par la Commission[219].

La Commission ne rend que des avis, lesquels sont désormais sans incidence sur la charge de la preuve[220]. Au cas de réclamation, c'est donc l'administration fiscale qui supportera la charge de la preuve, quel que soit l'avis rendu par la Commission (LPF, art. L. 192, al. 1er). Il n'en ira autrement que si la comptabilité comporte de graves irrégularités et que l'imposition a été établie conformément à l'avis de la Commission des impôts (al. 2), ou au cas d'absence de comptabilité (al. 3).

541. – Cas des cadeaux d'entreprise. Aux termes de l'article 39-5 du Code général des impôts :

« Sont également déductibles les dépenses suivantes : (…) e) Les cadeaux de toute nature, à l'exception des objets de faible valeur conçus spécialement pour la publicité ».

Le neuvième alinéa du même article ajoute :

« Les dépenses ci-dessus énumérées peuvent également être réintégrées dans les bénéfices imposables dans la mesure où elles sont excessives et où la preuve n'a pas été apportée qu'elles ont été engagées dans l'intérêt direct de l'entreprise ».

Ces dispositions souffrent d'une rédaction calamiteuse. Elles laissent d'abord croire que les cadeaux d'entreprises sont déductibles, mais pas les simples objets publicitaires, alors que ces derniers le sont également, *a fortiori*, ainsi que le reconnaît l'administration[221].

Sur la déduction des cadeaux d'entreprise ensuite, la loi semble bien imposer la lecture suivante : ils sont déductibles, sauf si l'administration rapporte leur caractère excessif, et si elle y parvient, sous réserve que le contribuable ne démontre pas son intérêt. Il est donc clair que la charge de la preuve repose d'abord sur les épaules de l'administration, alors que le souhait du législateur était au contraire de durcir les conditions de déduction de ces frais[222].

(217) Th. Lambert, *Le droit et le fait devant la commission départementale des impôts : BF* 10/06, p. 893. L'administration ne peut pas présumer ce qui relève du fait et du droit ; elle ne peut pas rayer la mention relative à la faculté de saisine de la commission sans priver le contribuable de la garantie prévue par l'article L. 59 du LPF (CE, 20 mai 2022, n° 441999 : *Dr. fisc.* 2023, n° 30-34, comm. 258, concl. C. Guibé).

(218) Jusqu'à la loi n° 2018-727 du 10 août 2018, pour un État au service d'une société de confiance (art. 25), la compétence de la Commission était limitée au « caractère de charges déductibles des travaux immobiliers ».

(219) CE, plén. fisc., 9 mai 2018, n° 389563, *Thierry B : Dr. fisc.* 2018, n° 36, comm. 378, concl. E. Cortot-Boucher.

(220) L. n° 87-502, 8 juill. 1987, dite « Aicardi », modifiant les procédures fiscales et douanières, art. 10.

(221) *BOFiP*, BOI-BIC-CHG-40-20-40, n° 250.

(222) V. Daumas, *Cadeaux d'entreprise : le Conseil d'État réécrit la loi sans surprise : RJF* 05/11, p. 475. Cet article fait le point sur la question de la compétence de la commission après la réécriture de l'article L. 59 A par la loi n° 2004-1485 du 30 décembre 2004, de finances rectificative pour 2004, art. 26.

Le Conseil d'État a donc « réécrit » le texte en jugeant que les cadeaux d'entreprise sont en principe déductibles, mais « qu'il en va cependant autrement si l'entreprise ne justifie pas de l'intérêt direct que présente, pour son activité présente ou future, l'entretien de bonnes relations avec les bénéficiaires des cadeaux ou si l'administration établit que le montant d'une dépense est excessif au regard de l'intérêt que le bénéficiaire du cadeau présente pour l'entreprise »[223]. La charge de la preuve est inversée ; c'est au contribuable de démontrer l'intérêt de l'entreprise, et si tel est le cas, et en dépit de cela, l'administration peut encore démontrer le caractère excessif de la dépense pour s'opposer à sa déduction de la charge.

542. - **Cas des transferts indirects de bénéfices vers l'étranger.** Le transfert indirect de bénéfices est une technique d'évasion fiscale internationale classique qui consiste à majorer les charges ou minorer les produits d'une entreprise française (lourdement imposée) au profit d'une entité étrangère (moins imposée, voire exonérée). L'administration fiscale pourrait se fonder sur la théorie de l'acte anormal de gestion, mais elle devrait alors démontrer que l'acte n'a pas été pris dans l'intérêt de l'exploitation. *Aussi, afin de lui faciliter le travail, le législateur a posé des présomptions d'acte anormal de gestion dans ce domaine particulier.*

L'article 57 du Code général des impôts présume que tout transfert indirect de bénéfices entre deux entreprises du même groupe[224] dont l'une est française, notamment par voie de majoration ou de minoration du prix, constitue un acte anormal de gestion. La présomption est simple : l'entreprise peut démontrer que les avantages consentis obéissent à des nécessités commerciales normales et ne sont pas justifiés par le souci d'éluder la charge fiscale[225].

De son côté, l'administration devra préalablement rapporter le lien de dépendance entre les deux entreprises (sauf lorsque la société étrangère est établie dans un pays à « fiscalité privilégiée » ou dans un État ou territoire « non coopératif » ; V. *infra*, n° 543), ainsi que l'avantage octroyé (celui-ci est apprécié en comparaison des prix pratiqués avec d'autres clients non liés ou par d'autres entreprises similaires avec des clients non liés, c'est-à-dire un prix de « pleine concurrence »)[226]. À défaut de telles comparaisons,

(223) CE, 11 févr. 2011, n° 316500, *Sté Philips France : Dr. fisc.* 2011, n° 18, comm. 335, concl. E. Cortot-Boucher, note L. Faulcon et A. Fournier (voyages d'agrément offerts à des dirigeants d'entreprises clientes).

(224) Il s'agit des entreprises relevant de l'IS ou de l'IR qui sont sous la dépendance ou qui possèdent le contrôle d'entreprises situées hors de France, ainsi que celles qui sont sous la dépendance d'une entreprise ou d'un groupe possédant également le contrôle d'entreprises situées hors de France (CGI, art. 57, al. 1er).

(225) H. Israël et Th. Bouhours, *Contentieux en matière de prix de transfert : quelles leçons faut-il tirer de la jurisprudence ? : Dr. fisc.* 2005, n° 9, étude 8.

(226) Pour une critique du principe de pleine concurrence par les entreprises multinationales dans le contexte économique actuel : V. L. Benzoni et J. Pellefigue, *Replacer l'équité au cœur de la réglementation des prix de transfert : une perspective économique : Dr. fisc.* 2013, n° 6, étude 138. Plusieurs projets de rapports publiés par l'OCDE privilégient la méthode du partage des bénéfices ; il ne s'agit plus seulement de déterminer un prix de pleine concurrence, mais de répartir les bénéfices selon la création de valeur. V. S. Gelin, *Prix de transfert : la méthode du partage des bénéfices, meilleure et seule méthode ? : Dr. fisc.* 2014, n° 30, étude 456. – O. Marichal, *Le contrôle des prix de transfert : Dr. fisc.* 2015, n° 23, comm. 392. V. Renoux et S. Bernard, *Création de valeur dans une économie multipolaire, ou la face cachée des prix de transfert : Dr. fisc.* 2018, n° 24, étude 296. En ce qui concerne les actifs incorporels difficiles à valoriser, V. l'action 8 du plan Beps (A. Guillemonat, G. Loitron et Th. Trancart, *Prix de transfert : actifs incorporels difficiles à valoriser : voyage dans la machine à remonter le temps de la création de valeur : Dr. fisc.* 2019, n° 12, étude 202). Sur la nécessité de tenir compte des circonstances économiques exceptionnelles liées l'épidémie de coronavirus en 2020, V. A. Le Boulanger, A. Bernard et Cl. Herr, *Prix de transfert et sortie de crise : trouver la juste rémunération : FR* 21/20, inf. 3.

la présomption légale ne joue pas et l'administration doit établir un écart injustifié entre le prix et la prestation[227].

À cet effet, les entreprises les plus importantes[228] doivent tenir à la disposition de l'administration une documentation[229] permettant le contrôle des prix de transfert, laquelle ne remplace pas les justificatifs des transactions (LPF, art. L. 13 AA)[230]. Celles dont le chiffre d'affaires ou l'actif brut est au moins égal à 50 M€ doivent adresser chaque année à l'administration une version allégée de leur documentation, dans les six mois de la date limite de dépôt de leur déclaration de résultats (CGI, art. 223 quinquies B)[231]. Pour les autres, l'administration qui, au cours d'une vérification de comptabilité, a réuni des éléments faisant présumer un transfert indirect de bénéfices au sens de l'article 57 du Code général des impôts, peut interroger l'entreprise sur la méthode de détermination de ses prix (LPF, art. L. 13 B)[232]. Précisons enfin que lorsque les transactions sont réalisées avec des entreprises associées établies dans un État ou territoire « non coopératif » au sens de l'article 238-0 A du CGI, la documentation mentionnée à l'article L. 13 AA précité est plus dense encore (LPF, art. 13 AB)[233].

(227) CE, 27 nov. 2005, n°s 266436 et 266438, *Sté Cap Gemini : RJF* 1/06, n° 17, p. 11, chron. E. Glaser. – CE, 16 mars 2016, n° 372372, *Sté Amycel France : Dr. fisc.* 2016, n° 12, act. 191.

(228) Il s'agit des personnes morales établies en France dont le chiffre d'affaires HT ou l'actif brut est au moins égal à 400 M€, ainsi que celles qui détiennent plus de la moitié du capital ou des droits de vote d'une entité (personne morale, organisme, fiducie ou institution comparable, française ou étrangère) remplissant ces conditions, ou qui sont détenues de la même manière par ladite entité. Sont également concernées les entreprises qui appartiennent à un groupe intégré comprenant au moins une personne morale se trouvant dans l'un des cas précédents.

(229) Cette documentation comprend à la fois des informations sur le groupe d'entreprises associées (notamment « une description générale de la politique de prix de transfert du groupe »), et des informations spécifiques à l'entreprise vérifiée (notamment « une description des opérations avec d'autres entreprises associées, incluant la nature et le montant des flux, y compris les redevances »). – P.-Y. Bourtourault et M. Benard, *Les nouvelles obligations documentaires en matière de prix de transfert : Dr. fisc.* 2011, n° 4, étude 121.

(230) À défaut, l'entreprise s'expose, pour chaque exercice vérifié, à une amende pouvant atteindre, compte tenu de la gravité des manquements, le plus élevé des deux montants suivants : 1) 0,5 % du montant des transactions concernées par les documents ou compléments qui n'ont pas été mis à disposition de l'administration après mise en demeure ; 2) 5 % des rectifications du résultat fondées sur l'article 57 du Code général des impôts et afférentes aux transactions mentionnées au 1) (CGI, art. 1735 ter, al. 1er). Le montant de l'amende ne peut être inférieur à 10 000 € (al. 2).

(231) Le seuil avait été initialement fixé à 400 M€ par la loi *relative à la lutte contre la fraude fiscale et la grande délinquance économique et financière* (L. n° 2013-1117, 6 déc. 2013, art. 45), avant d'être ramené à 50 M€ par la loi « Sapin 2 » (L. n° 2016-1691, 9 déc. 2016, art. 138, applicable à compter des exercices clos le 31 décembre 2016). La déclaration se fait sur un formulaire n° 2257-SD.

(232) L'administration fixe un délai de réponse au contribuable qui ne peut être inférieur à deux mois. S'il ne répond pas à la première demande ou à une demande ultérieure, ou s'il répond de façon insuffisante, le montant du transfert sera évalué à partir des seuls éléments connus de l'administration. Le contribuable s'expose, en outre, à une amende de 10 000 € pour chaque exercice visé par la demande (CGI, art. 1735, II).

(233) Dans ce cas, la documentation visée à l'article L. 13 AA du Livre des procédures fiscales précité « comprend également, pour chaque entreprise bénéficiaire des transferts, une documentation complémentaire comprenant l'ensemble des documents qui sont exigés des sociétés passibles de l'impôt sur les sociétés, y compris le bilan et le compte de résultat établis dans les conditions prévues par le IV de l'article 209 B du Code général des impôts ».

Les multinationales françaises qui remplissent certaines conditions doivent, dans les douze mois suivant la clôture de l'exercice, déclarer la répartition pays par pays des bénéfices du groupe et des agrégats économiques, comptables et fiscaux, ainsi que des informations sur la localisation et l'activité des entités du groupe (CGI, art. 223 quinquies C)[234].

À noter : Cette déclaration pays par pays est distincte de celle instituée par l'ordonnance n° 2023-483 du 21 juin 2023 qui s'applique aux exercices ouverts à compter du 22 juin 2024 (V. *supra*, n° 149).

L'article 238 A du Code général des impôts présume, quant à lui, que :

« Les intérêts, arrérages et autres produits des obligations, créances, dépôts et cautionnements, les redevances de cession ou concession de licences d'exploitation, de brevets d'invention, de marques de fabrique, procédés ou formules de fabrication et autres droits analogues ou les rémunérations de services »

supportées par une entreprise française au profit d'une entreprise installée sur le territoire d'un pays à fiscalité privilégiée, constituent un acte anormal de gestion. Ici, l'administration est dispensée d'avoir à apporter la preuve du transfert indirect de bénéfice ; il suffit que l'opération soit répertoriée sur la liste légale et que le bénéficiaire soit installé dans un paradis fiscal[235]. La preuve contraire est possible, mais elle est délicate ; le contribuable devra démontrer l'effectivité du service rémunéré et le caractère normal de cette rémunération.

543. – Notions d'État à « fiscalité privilégiée » et d'État ou territoire « non coopératif ». Les États à « fiscalité privilégiée » (« paradis fiscaux ») sont les États ou territoires dans lesquels le contribuable n'est pas imposé ou est assujetti à des impôts sur les bénéfices ou sur les revenus inférieurs de *plus de la moitié* à ceux dont il aurait été redevable dans les conditions de droit commun en France s'il y avait été domicilié ou établi (CGI, art. 238 A, al. 2), mais à *compter du 1er janvier 2020, la différence exigée est de 40 % au moins* (L. n° 2018-898 du 23 octobre 2018, *relative à la lutte contre la fraude*, art. 32). Les États ou territoires « non coopératifs » (« ETNC ») sont ceux qui ont fait l'objet d'une évaluation par l'OCDE en matière d'échange d'informations à des fins fiscales et qui n'ont pas conclu avec la France une convention d'assistance administrative

(234) Cette déclaration doit être déposée pour la première fois au titre des exercices ouverts depuis le 1er janvier 2016 (L. fin. 2016, n° 2015-1785, 29 déc. 2015, art. 121). Un décret du 29 septembre 2016 fixe le contenu et les modalités de dépôt de la déclaration pays par pays (D. n° 2016-1288, 29 sept. 2016 ; CGI, ann. III, art. 46 quater-0 YE). Le formulaire n° 2258-SD est disponible et il doit être rempli en anglais. S'agissant de la liste des États qui participent avec la France à la déclaration pays par pays, V. en dernier lieu l'arrêté ECOE2320258A du 11 août 2023.

(235) Il revient à l'administration de rapporter la preuve de ce que le bénéficiaire des rémunérations est soumis à un régime fiscal privilégié, ce qui suppose d'apporter tous éléments circonstanciés non seulement sur le taux d'imposition, mais aussi sur l'ensemble des modalités selon lesquelles des activités du type de celles qu'exerce ce bénéficiaire sont imposées dans le pays où il est domicilié (CE, 24 avr. 2019, n° 413129, *SAS Control Union Inspections France : Dr. fisc.* 2019, n° 18-19, act. 230 – En l'espèce, n'est pas suffisant le fait de rapporter que le taux d'IS aux Antilles néerlandaises varie de 2,4 % et 6 %, contre 33 1/3 % en France). Le même jour, le Conseil d'État a également jugé que l'administration fiscale ne peut démontrer l'existence d'une fiscalité privilégiée dans un État en se fondant seulement sur l'analyse du régime fiscal de l'État étranger mais qu'elle doit nécessairement procéder par comparaison entre la situation fiscale applicable au contribuable dans cet État au vu des versements en question et l'imposition dont il aurait été redevable en France s'il y avait été domicilié (CE, 24 avr. 2019, n° 412284, *Gemar Luminec : Dr. fisc.* 2019, n° 21, act. 258. Il n'est donc pas possible de retenir le caractère privilégié d'un territoire en se fondant seulement sur la circonstance que les revenus provenant d'activités réalisées en dehors du territoire concerné – en l'espèce Hong-Kong – ne sont pas soumis à l'IS).

permettant l'échange de tout renseignement nécessaire à l'application de la législation fiscale des parties, ni signé avec au moins douze États ou territoires une telle convention (CGI, art. 238-0 A, 1 et 2)[236]. Depuis le 1er décembre 2018, en font également partie les États et territoires, autres que la France, figurant sur la liste « noire » de l'UE et mentionnés dans la liste des pays et territoires non coopératifs à des fins fiscales, le cas échéant actualisée, adoptée par l'UE le 5 décembre 2017 (L. n° 2018-898, 23 oct. 2018, préc., art. 31). **Cette dernière catégorie distingue entre :** 1/ les États ou territoires inscrits sur la liste de l'UE au motif qu'ils facilitent la *création de structures ou de dispositifs extraterritoriaux* destinés à attirer des bénéfices qui n'y reflètent pas une activité économique réelle (CGI, art. 238-0 A, 2 bis-1°) ; 2/ les États ou territoires inscrits sur la liste de l'UE parce qu'ils ne respectent pas au moins l'un des *autres critères* européens définis par une annexe, à savoir la transparence fiscale, l'absence de mesures fiscales préférentielles potentiellement dommageables ou la mise en œuvre du projet « Beps » (CGI, art. 238-0 A, 2 bis-2°).

544. - Cas des dépenses somptuaires. Il s'agit des dépenses de chasse ou de pêche, des dépenses de toute nature affectant soit des résidences de plaisance ou d'agrément, soit des yachts ou des bateaux de plaisance, ainsi que l'amortissement des véhicules de tourisme pour sa fraction calculée sur une base excédant 18 300 € en principe (plafond également applicable aux loyers de véhicules de tourisme pris en location) (CGI, art. 39-4). Ces dépenses sont exclues du droit à déduction sans que leur auteur puisse invoquer une quelconque utilité pour son entreprise[237]. Bien qu'il soit parfois enseigné que cet article pose une présomption irréfragable d'acte anormal de gestion, l'exclusion de la déduction ne repose pas ici sur un défaut de conformité à l'intérêt social *mais à l'objet social*[238]. C'est ce qui explique que de telles dépenses sont déductibles lorsqu'elles correspondent à l'activité de l'entreprise ou bien si cette dernière apporte la preuve d'une exploitation lucrative spécifique (V. *infra*, n° 577).

2° Sanction de l'acte anormal de gestion

545. - Chez l'auteur : réintégration dans le bénéfice fiscal. Les conséquences d'un acte anormal de gestion chez son auteur sont bien connues ; la charge anormale déduite en comptabilité est réintégrée dans le bénéfice fiscal et imposée à l'IR ou à l'IS selon les cas.

Le plus souvent, c'est le vérificateur fiscal qui fait apparaître la charge non déductible. Il n'y a alors aucun retraitement extra-comptable à effectuer sur le tableau fiscal n° 2058-A-SD ; la charge litigieuse est simplement rajoutée au bénéfice rectifié par l'administration. Dans l'hypothèse d'une renonciation anormale à recette, c'est le manque à gagner qui sera réintégré.

(236) La liste des États ou territoires est mise à jour au moins une fois par an (CGI, art. 238-0 A, 2). L'ajout d'un État ou territoire à la liste établie par arrêté entraîne l'application des règles spécifiques aux ETNC à compter du premier jour du troisième mois qui suit la publication de l'arrêté (CGI, art. 238-0 A, 3).

(237) CE, plén., 25 nov. 1981, n° 11383 : *RJF* 1/82, n° 18 (propriété d'agrément). – CE, 23 févr. 2000, n° 178745 : *RJF* 4/00, n° 462 (château viticole). – CAA Paris, 8 oct. 2004, n° 00-2712, *Sté OCR Regine's : RJF* 1/05, n° 6 (résidences pour l'hébergement des clients et des artistes qui devaient se produire au cabaret).

(238) V. très clairement CE, 20 nov. 2013, n° 338170, *Sté Immotn : Dr. fisc.* 2014, n° 14, comm. 251, concl. F. Aladjidi, note P. Fumenier et Cl. Maignan, selon lequel les dispositions de l'article 39-4 du Code général des impôts qui excluent du droit à déduction, sauf justification, les dépenses résultant de l'achat ou de la location de yachts ou de bateaux de plaisance « concernent les charges qu'expose une entreprise, *fût-ce dans le cadre d'une gestion commerciale normale*, du fait qu'elle dispose, même pour une courte durée, d'un bateau de plaisance auquel elle conserve ce caractère et dont elle ne justifie pas qu'il serait indispensable à la satisfaction d'un besoin spécifique lié à son activité ».

Dans certaines situations, le contribuable peut être amené à effectuer lui-même un retraitement sur le tableau n° 2058-A-SD. C'est le cas des avantages personnels non déductibles (dépenses personnelles des associés dirigeants comptabilisées en charges…) qui doivent être réintégrés extra-comptablement (case WD). Mais en principe, la réintégration des charges sur l'imprimé précité repose sur l'application d'un texte fiscal ; dépenses somptuaires visées à l'article 39-4 du Code général des impôts (à réintégrer case WF), réintégrations rendues obligatoires par l'application de la suppression des effets de la théorie du bilan (V. *supra*, n° 501, à réintégrer ligne XY), ainsi que la fraction non déductible des aides de toute nature, autres qu'à caractère commercial, consenties aux entreprises (V. *supra*, n°s 526 et s., à réintégrer ligne WQ).

546. - Chez le bénéficiaire : revenu imposable. Les conséquences d'un acte anormal de gestion chez son bénéficiaire sont moins connues. En tout état de cause, l'avantage indu qui a été accordé par une entreprise constitue, pour son bénéficiaire, un profit imposable[239]. La nature de ce profit, et donc le régime fiscal qui lui est applicable, dépend d'une multitude de facteurs, mais fondamentalement et en premier lieu du statut fiscal de l'auteur de l'acte[240].

Si l'acte anormal de gestion a été accordé par un entrepreneur à l'IR, le bénéficiaire sera imposé dans la catégorie des BNC si c'est un particulier. Si c'est un professionnel, l'avantage sera imposé au titre des résultats d'activité (IR ou IS selon sa situation propre).

Si l'acte anormal de gestion a été accordé par une entreprise à l'IS, l'avantage constitue un revenu de capitaux mobiliers pour le bénéficiaire. Par principe, en effet, tous les bénéfices et produits qui ne sont pas mis en réserve ou incorporés au capital sont présumés être des revenus distribués (CGI, art. 109-1, 1°)[241]. L'administration doit rapporter la preuve de l'appréhension des revenus[242], mais celle-ci peut résulter d'un simple abandon de créance[243]. S'agissant de distributions irrégulières, le bénéficiaire n'aura pas droit à l'abattement de 40 % propre aux dividendes, mais il peut bénéficier du prélèvement forfaitaire unique (PFU). En outre, afin qu'il ne bénéficie pas de l'ancien abattement de 20 % dont profitaient certains contribuables (salariés ou adhérents à un centre de gestion agréé notamment) qui a été intégré dans le barème progressif de l'IR, le revenu réputé distribué sera majoré de 25 %. Enfin, si le bénéficiaire réside à l'étranger, il supportera une retenue à la source (CGI, art. 119 bis)[244].

(239) Lorsque l'avantage a été accordé entre particuliers, la jurisprudence hésite fréquemment entre la qualification de revenu et celle de libéralité. – C. Louit, *La notion de libéralités dans la jurisprudence du Conseil d'État : JCP* E 1984, II, 14372, p. 653. – A. de Bissy, *Les aspects fiscaux de l'effacement des dettes*, préc.

(240) P. Serlooten et O. Debat, *Droit fiscal des affaires*, *op. cit.*, n° 59.

(241) L'article 111 du Code général des impôts fournit quelques exemples de revenus réputés distribués ; c'est le cas des rémunérations et avantages occultes (*c*), de la fraction des rémunérations non déductible (*d*) et des dépenses somptuaires (*e*).

(242) CE, 29 sept. 1989, n° 75 304, *Venutolo : Dr. fisc.* 1990, n° 5, comm. 142, concl. O. Fouquet (une minoration des stocks ne génère pas une distribution présumée faute de désinvestissement au profit du gérant).

(243) CE, 7 sept. 2009, n° 309786, *M. et Mme Simon-Bigart : Dr. fisc.* 2009, n° 48, comm. 560, concl. L. Olléon.

(244) En cas de rehaussement d'IS constituant un revenu distribué, la retenue à la source doit être liquidée non seulement à raison des sommes effectivement versées au bénéficiaire, mais également de l'avantage procuré par la non-perception de la retenue, sous réserve de la faculté offerte au bénéficiaire par l'article L. 77 du Livre des procédures fiscales, aux conditions prévues par cet article (cascade « complète », V. *infra*, n° 547). Dans le cas général (retenue à la source de 30 %), le prélèvement sera donc de 30/70e du montant des produits réputés distribués. – CE, avis, 27 avr. 2004, n° 370005 : *RJF* 12/04, n° 1246 ; BOI-RPPM-RCM-30-30-10-30, 12 sept. 2012, n° 10.

Dans l'hypothèse où l'acte anormal de gestion résulte de la vente d'un actif pour un prix minoré, l'administration fiscale est fondée à rectifier le résultat imposable du vendeur[245] et de l'acquéreur[246] à hauteur de la libéralité consentie. Au demeurant, cette dernière constitue une distribution occulte de bénéfices au sens de l'article 111, *c* du Code général des impôts si le vendeur est à l'IS.

547. - Cascade fiscale. La cascade fiscale permet à un contribuable qui fait simultanément l'objet d'un contrôle fiscal en matière de taxes sur le chiffre d'affaires et d'impôt sur les bénéfices de déduire le supplément de taxes sur le chiffre d'affaires du montant du rehaussement de bénéfices, et non pas de l'exercice de mise en recouvrement (LPF, art. L. 77).

L'idée est donc de faire en sorte que la situation de l'entreprise soit ramenée à celle qui aurait été la sienne si elle avait fait une déclaration de chiffre d'affaires exacte. Ainsi, l'entreprise qui a commis un acte anormal de gestion (dépenses injustifiées) et qui a déduit à tort de la TVA (dépenses n'ouvrant pas droit à déduction), pourra déduire du rehaussement de bénéfice le montant du rappel de TVA.

NB : Afin qu'elle ne déduise pas une deuxième fois la TVA lorsque cette dernière sera mise en recouvrement, l'entreprise est invitée à constituer une provision pour paiement des taxes sur le chiffre d'affaires déduites par anticipation[247].

Cette cascade dite « simple » est appliquée de façon automatique par l'administration à partir du moment où la vérification de TVA s'est achevée la première. Le contribuable peut néanmoins y renoncer de manière expresse dans le délai de réponse à la proposition de rectification (trente jours en principe). Dans ce cas, la prescription est interrompue à hauteur des bases de l'impôt sur les bénéfices notifiées avant déduction du supplément de TVA.

Lorsque l'entreprise relève de l'IS, le bénéficiaire du revenu réputé distribué (tel que diminué du montant de TVA imputé par application de la « cascade simple ») peut, en outre, demander que le revenu qu'il est censé avoir reçu soit diminué du montant du supplément d'IS ainsi calculé. La cascade sera alors « complète ». Cette déduction est subordonnée, d'une part, à une demande en ce sens de la société distributrice et, d'autre part, au reversement par le contribuable du supplément d'IS et de la TVA dans les caisses sociales. La règle s'applique également lorsque le bénéficiaire du revenu réputé distribué est domicilié à l'étranger ; les sommes soumises à la retenue à la source peuvent être réduites de la même manière.

Exemple

Soit une société soumise à l'IS ayant fait l'objet d'une vérification de comptabilité au titre de l'exercice N et portant à la fois sur la TVA et sur les bénéfices imposables. Le rehaussement du bénéfice imposable est de 120 000 € et le rappel de TVA est de 30 000 €. L'intégralité du rehaussement est réputée fiscalement avoir été distribuée à des associés domiciliés sur le territoire français.

(245) CE, 27 juill. 1984, n°s 41959, 41960 et 41961 : *Dr. fisc.* 1984, n° 50, comm. 2242. Plus récemment : CE, 15 oct. 2020, n° 425150, *Sté Kerry : Dr. fisc.* 2020, n° 43, act. 330 (pour autant, s'agissant d'une libéralité, le profit ne peut être imposé ou exonéré selon les régimes particuliers applicables aux plus-values, en particulier celui qui est prévu par l'article 208 C en faveur des sociétés d'investissements immobiliers cotées).

(246) CE, 5 janv. 2005, n° 254556, *Sté Raffypack*, préc. (V. *supra*, n° 19).

(247) BOI-CF-PGR-30-40-30, n° 20. En comptabilité, le rappel fiscal figurera dans un compte de charges à payer n° 4486 « État – Charges à payer », par le débit du compte n° 6717 « Rappel d'impôts ».

1) Supplément d'impôt sur les sociétés :

- avec la cascade : 120 000 € - 30 000 € = 90 000 € × 25 % = 22 500 € ;

- sans la cascade : 120 000 € × 25 % = 30 000 €.

2) Supplément d'impôt sur le revenu :

- avec la cascade : 120 000 € × 1,25 (majoration de 25 %, V. *supra*, n° 546) = 150 000 € - 30 000 € (rappel de TVA) - 22 500 € (rappel d'IS) = 97 500 € × 41 % (par ex., taux marginal d'IR) = 39 975 € (1) ;

- sans la cascade : 120 000 € × 1,25 = 150 000 € × 41 % = 61 500 €.

(1) Pour bénéficier de la cascade, les associés devront reverser dans les caisses sociales : 22 500 € (rappel d'IS) + 30 000 € (rappel de TVA) = 52 500 €.

SECTION 2 LA CONFUSION DES PATRIMOINES PROFESSIONNELS

548. - Hypothèses de confusion en fiscalité. La confusion peut d'abord être celle de deux activités exercées par un même entrepreneur, par l'effet de la *théorie de l'accessoire* ; l'activité prépondérante attirant à elle l'activité secondaire (§ 1). Elle peut aussi être celle de plusieurs résultats rattachés à plusieurs personnes, par l'effet de la *transparence fiscale des entités à l'IR* (§ 2), ou de *dérogations au principe de territorialité des sociétés à l'IS* (§ 3). Elle peut enfin être celle de plusieurs résultats successifs chez une même personne, par le jeu du *report des déficits* ; une même personne étant autorisée à imputer sur ses résultats d'anciens déficits (§ 4).

§ 1. - La théorie de l'accessoire en droit fiscal

549. - Autrefois : « l'effet attractif » des BIC. Au départ, la théorie de l'accessoire était présentée comme une manifestation de l'effet « attractif » des bénéfices commerciaux.

A minima, l'effet attractif des BIC était simplement la conséquence fiscale du principe de liberté d'affectation en comptabilité commerciale (« théorie du bilan »). Par exemple, les revenus d'un immeuble de rapport inscrit au bilan d'une entreprise étaient imposés dans la catégorie des BIC (sur l'abandon de la théorie du bilan en fiscalité, V. *supra*, n° 501).

A maxima, l'effet attractif des BIC se traduit par la prise en compte dans le bénéfice commercial de revenus issus d'autres activités. Ainsi, une activité non commerciale ou agricole par nature peut devenir commerciale si elle est l'accessoire d'une profession commerciale (CGI, art. 155 ancien). En principe, l'effet attractif ne jouait pas au profit des revenus civils, sauf exception prévue par la loi (CGI, art. 75, revenus commerciaux ou non commerciaux accessoires à une activité agricole)[248], ou la doctrine administrative (revenus commerciaux rattachés directement aux BNC et qui en constituent le prolongement)[249].

(248) Les conditions n'ont pas changé (V. *infra*, n° 550).

(249) Sur option des contribuables (Doc. adm. DGI, 5 G-1112, n° 10).

550. – **Aujourd'hui : la théorie de l'accessoire.** Depuis les exercices ouverts à compter du 1er janvier 2012, la théorie de l'accessoire a été étendue aux BNC, dans des conditions identiques (CGI, art. 155-I nouveau). Elle continue de jouer au profit des bénéfices agricoles dans des conditions qui ont été légèrement assouplies à compter de 2011 (CGI, art. 75 mod.).

• *Activité commerciale prépondérante.* Aux termes de l'article 155-I, 1° du Code général des impôts :

« Lorsqu'une entreprise industrielle ou commerciale étend son activité à des opérations dont les résultats entrent dans la catégorie des bénéfices de l'exploitation agricole ou dans celle des bénéfices des professions non commerciales, il est tenu compte de ces résultats pour la détermination des bénéfices industriels et commerciaux à comprendre dans les bases de l'impôt sur le revenu ».

Selon la jurisprudence, deux conditions doivent être simultanément remplies : 1) l'activité commerciale doit être prépondérante ; 2) les activités annexes doivent présenter des liens étroits avec elle (par ex., un boucher qui élève aussi des porcs charcutiers ; un fleuriste qui possède aussi parallèlement une activité horticole). Par contre, il n'est pas nécessaire que l'activité commerciale ait été exercée en premier, contrairement à la lettre du texte qui ne vise que les « extensions » d'activités à des opérations non commerciales.

• *Activité non commerciale prépondérante.* Aux termes de l'article 155-I, 2 du Code général des impôts :

« Lorsqu'un titulaire de bénéfices non commerciaux étend son activité à des opérations dont les résultats entrent dans la catégorie des bénéfices de l'exploitation agricole ou dans celles des bénéfices industriels et commerciaux, il est tenu compte de ces résultats pour la détermination des bénéfices non commerciaux à comprendre dans les bases de l'impôt sur le revenu ».

Ainsi, les revenus commerciaux (ou agricoles) accessoires à une activité non commerciale pourront être rattachés à cette dernière, dans les conditions habituelles de l'article 155 du Code général des impôts, *a priori* moins restrictives que celles posées par la doctrine administrative (V. *supra*, n° 549). En pratique, sont concernées les professions médicales qui vendent des médicaments ou des prothèses.

• *Activité agricole prépondérante.* Aux termes de l'article 75, alinéa 1er du Code général des impôts :

« Les produits des activités accessoires relevant de la catégorie des bénéfices industriels et commerciaux et de celle des bénéfices non commerciaux réalisés par un exploitant agricole soumis à un régime réel d'imposition peuvent être pris en compte pour la détermination du bénéfice agricole lorsque, au titre des trois années civiles précédant la date d'ouverture de l'exercice, la moyenne annuelle des recettes accessoires commerciales et non commerciales de ces trois années n'excède ni 50 % de la moyenne annuelle des recettes tirées de l'activité agricole au titre desdites années, ni 100 000 € ».

En revanche, les déficits réalisés au titre des activités accessoires ne sont pas imputables sur le revenu global (CGI, art. 75, al. 2). Et s'agissant des trois premières années d'activité, les seuils susvisés sont appréciés par rapport à l'année civile précédant la date d'ouverture de l'exercice (CGI, art. 75, al. 3).

§ 2. – La quote-part de résultat des entités transparentes

551. - **Autonomie du droit fiscal.** Le droit fiscal se singularise en ce qu'il prend en compte, dans les résultats du titulaire des droits, ceux issus d'autres exploitations, alors même qu'elles possèdent leur propre autonomie juridique, voire leur propre personnalité juridique.

Ces entités sont qualifiées de « transparentes » ou « semi-transparentes » parce que, si les résultats sont déterminés à leur niveau, ils sont imposés chez les titulaires des droits (CGI, art. 8)[250]. Ainsi, chacun d'eux devra déclarer sa quote-part des résultats (positifs ou négatifs), calculée à proportion des droits dans le patrimoine de l'entité concernée. Lorsque le titulaire des droits les a inscrits à l'actif de son bilan, il doit donc rajouter à ses propres résultats la quote-part de résultat de l'entité transparente. Comme celle-ci ne figure pas dans les comptes de l'entreprise détentrice des droits, elle doit faire l'objet d'un retraitement extra-comptable.

Ces retraitements sont à effectuer dans les deux hypothèses suivantes : quote-part de résultat d'un groupement à l'IR (A), et quote-part de résultat d'un patrimoine fiduciaire (B).

A. – Quote-part de résultat d'un groupement à l'IR

552. - **Domaine.** Sont notamment à l'IR les groupements suivants : sociétés en nom collectif (CGI, art. 8, al. 1er), sociétés en commandite simple pour la part des bénéfices revenant aux associés commandités (CGI, art. 8, al. 1er), sociétés civiles (CGI, art. 8, al. 2, 1°), sociétés en participation pour les membres indéfiniment responsables et connus de l'administration (CGI, art. 8, al. 2, 2°), SARL de famille ayant opté pour l'IR (CGI, art. 8, al. 2, 3°), EURL lorsque l'associé unique est une personne physique (CGI, art. 8, al. 2, 4°), EARL (CGI, art. 8, al. 2, 5°), SA, SAS et SARL de moins de cinq ans ayant opté pour l'IR (CGI, art. 8, al. 2, 6°), GIE (CGI, art. 239 quater et 239 quater C), groupements d'intérêt public (CGI, art. 239 quater B), sociétés de fait (CGI, art. 238 bis L), sociétés de construction-vente (CGI, art. 239 ter)[251], sociétés de placement immobilier (CGI, art. 239 septies), indivisions[252], sociétés de copropriété transparentes (CGI, art. 8 bis), SCP (CGI, art. 8 ter), et SCM (CGI, art. 239 quater A).

553. - **Détermination du résultat fiscal.** Étant à l'IR, le groupement transparent doit calculer son résultat en faisant application des règles de la catégorie fiscale

(250) M. Cozian, *Images fiscales : transparence, semi-transparence, translucidité et opacité des sociétés*, in *Les grands principes de la fiscalité des entreprises*, *op. cit.*, Doc. 20, p. 271.

(251) Ces sociétés sont exemptées d'IS. Pour savoir si une société entre dans le champ d'application de cette disposition, il convient de se fonder sur les opérations qu'elle a effectivement réalisées. La circonstance que l'objet social n'est pas exclusivement limité à la construction d'immeubles en vue de la vente est indifférente. – CE, 18 mars 2019, n° 411640, *Journo : Dr. fisc.* 2019, n° 23, comm. 288, concl. M.-G. Merloz. Et la circonstance que la société a construit des immeubles sur des terrains différents de ceux mentionnés dans les statuts est également sans incidence. – CE, 29 mai 2019, n° 412500 : *Dr. fisc.* 2019, n° 23, act. 282.

(252) Les indivisaires possèdent la qualité de coexploitants et sont imposables dans la catégorie correspondant à l'activité de l'entreprise, mais seulement si les bénéfices ont été mis à leur disposition (CE, plén., 6 mars 1991, n° 61863, *Baudrand : RJF* 5/91, n° 544). Les nus-propriétaires ne sont donc pas imposables, sauf à ce que l'administration fiscale établisse leur appartenance à une société de fait constituée avec le ou les héritiers (CE, 28 avr. 2006, n° 278857, *Mmes Cousin et Soulard : Dr. fisc.* 2006, n° 40, comm. 632, concl. F. Séners). – M. Cozian, *L'imposition des bénéfices et des plus-values dans le cadre de l'entreprise indivise : BF* 4/07, p. 263.

correspondant à son activité (BIC, BNC, BA, revenus fonciers, revenus mobiliers) (CGI, art. 60 et 238 bis K-II). *Pour la mise en œuvre de ce principe, il convient de souligner les points suivants :*

– les régimes d'imposition (réel normal et simplifié, régime « micro ») s'appliquent dans les conditions habituelles, mais les sociétés de personnes sont exclues du régime « micro » ;

– l'adhésion à un organisme de gestion agréé, ou le recours à un expert-comptable « autorisé » ou une association de gestion et de comptabilité, évite aux associés d'avoir à majorer leur quote-part de bénéfice imposable pour non-adhésion (V. *supra*, n° 189) ;

– les sociétés civiles exerçant une activité commerciale (par ex., cas des SCI qui donnent en location des locaux « équipés », CGI, art. 35-I, 5°)[253] sont soumises à l'IS (CGI, art. 206-2)[254], sauf si les recettes commerciales HT n'excèdent pas 10 % des recettes totales[255] ;

– les groupements transparents possèdent un « patrimoine fiscal », distinct de celui de leurs membres (même les sociétés en participation, si elles ont inscrit à leur actif les biens dont les associés ont convenu de mettre la propriété en commun, CGI, art. 238 bis M). Ce sont donc ces entités, et non les associés, qui doivent passer les provisions pour risque[256] ;

– les plus ou moins-values professionnelles peuvent être exonérées au titre des « petites entreprises » (CGI, art. 151 septies). Dans ce cas, les conditions tenant au chiffre d'affaires et à la durée d'activité (V. *infra*, n°s 645 et s.) s'apprécient au niveau de la société[257], mais lorsque l'entreprise a d'abord été exploitée sous la forme individuelle avant d'avoir été apportée à une société de personnes, le délai de cinq ans doit être apprécié en cumulant des durées d'exploitation respectives[258] ;

– les titres de sociétés de personnes exerçant une activité commerciale, non commerciale ou agricole dans laquelle l'associé exerce son activité professionnelle sont considérés comme des actifs professionnels (CGI, art. 151 nonies-I ; V. *infra*, n° 632) ;

– la quote-part de résultat qui revient à une société soumise à l'IS, ou à une entreprise industrielle, commerciale, artisanale ou agricole relevant de l'IR et placée de plein droit sous un régime réel d'imposition (normal ou simplifié), doit être calculée en faisant application des règles qui régissent les opérations réalisées par l'associé et non de celles de l'entité transparente (CGI, art. 238 bis K-I)[259]. Cette disposition a

(253) Il s'agit de ceux en l'absence desquels l'exploitation ne pourrait avoir lieu dans les locaux considérés ; CE, 16 mai 2012, n° 323079, *d'Arras : RJF* 8-9/12, n° 791 ; *Dr. fisc.* 2012, n° 29, comm. 380, note L. Chatain. Cette condition est appréciée *in concreto* ; elle ne peut être déduite implicitement des dispositions contractuelles (CE, 26 févr. 2014, n° 362368, *EURL Mirabeau : Dr. fisc.* 2014, n° 19, comm. 302).

(254) La règle ne joue que si l'activité commerciale est habituelle ; CE, 28 déc. 2012, n° 347607, *SCI Le Mas des Sources : Dr. fisc.* 2013, n° 11, comm. 189, concl. E. Cortot-Boucher (tel est le cas d'une SCI qui loue des locaux meublés ponctuellement dans l'année, dès lors qu'elle le fait de manière habituelle).

(255) *BOFiP*, BOI-IS-CHAMP-10-30, n° 330.

(256) CE, 8 sept. 2008, n° 286393, *SNC Viver Promotion : RJF* 12/08, n° 1344.

(257) CE, 17 févr. 2015, n° 371410, *M. Barres : Dr. fisc.* 2015, n°s 19-20, comm. 304, concl. E. Cortot-Boucher, note M. Chadefaux (appréciation du chiffre d'affaires).

(258) CE, 13 janv. 2010, n° 301985, *Marcel Bouclon : RJF* 4/10, n° 350.

(259) Ce régime s'applique, même si la société qui détient les droits est elle-même une société semi-transparente. – CE, 7 août 2008, n°s 290465 et 290555, *Laffort : RJF* 11/08, n° 1209, p. 991, concl. E. Glaser (il s'ensuit que, dans le cas d'une SARL de famille ayant opté pour l'IR qui détient des participations dans des sociétés civiles agricoles, les déficits de ces dernières remontent aux associés de la SARL,

pour objet d'éviter la création de « sociétés-écrans » bénéficiant de règles d'assiette plus favorables que celles qui s'appliquent normalement aux entreprises associées. La société doit donc procéder à une double détermination de son bénéfice imposable, en fonction de la qualité de ses associés. Chaque associé applique ses propres règles et les décisions de gestion d'un associé qui calcule sa quote-part de résultat selon les règles des BIC ne sont pas opposables à celui qui est imposé sur sa quote-part de revenu foncier[260]. Des difficultés se présentent lorsqu'un associé soumis à l'IS a intégré une société à l'IR en cours d'existence, par exemple à la suite du rachat des parts d'un associé personne physique[261] ;

– les sociétés de personnes ayant une activité commerciale ou agricole doivent calculer leur résultat en tenant compte de l'abandon de la « théorie du bilan » (CGI, art. 155-II ; V. *supra*, n° 501). Cette disposition doit, lorsque les parts sont inscrites à l'actif du bilan d'une entreprise relevant de l'IR, être combinée avec l'article 238 bis K-I du Code général des impôts précité[262]. Selon l'administration[263], la quote-part de résultat revenant à un associé ayant inscrit ses titres à son bilan doit être calculée en appliquant ses propres règles (lesquelles font application, le cas échéant, de l'article 155-II du Code général des impôts), et la quote-part de résultat revenant à un associé simple apporteur de capitaux est calculée en appliquant les règles qui résultent de l'activité sociale (et donc, le cas échéant, de l'article 155-II préc.).

554. – Répartition du résultat fiscal. Les droits de chaque associé sont ceux qui résultent du pacte social, sauf stipulations contraires figurant dans un acte passé antérieurement à la clôture de l'exercice dont on impose les résultats[264] si celui-ci a date certaine[265] et dans la mesure où la répartition inégalitaire ne possède pas un caractère léonin au sens de l'article 1844-1 du Code civil[266]. En aucun cas la modification du pacte social ne peut résulter implicitement de l'attitude des associés[267], et une clause de rétroactivité figurant dans une convention postérieure à la clôture de l'exercice comptable est inopposable à l'administration fiscale[268].

sans que puisse jouer la limitation de la déduction des déficits agricoles visée à l'article 156 du Code général des impôts, puisqu'il s'agit de BIC, CGI, art. 238 bis K, I).

(260) CE, 19 nov. 2014, n° 365719, *M. Cohen* : *Dr. fisc.* 2015, n° 17, comm. 280, concl. B. Bohnert, note M. Ferré (cas d'une SCI ayant comptabilisé des travaux en immobilisations corporelles).

(261) Se pose notamment la question du point de départ des amortissements sur les immeubles (P. Fernoux, *Amortissement de l'immeuble d'une SCI par un nouvel associé soumis à l'IS, suite* : *BF* 11/06, p. 1022). Le Conseil d'État estime qu'il se situe au jour de leur mise en service et non au jour où pour la première fois le régime des BIC s'est appliqué (CE, 10 juill. 2007, n° 287661, *SA SCA Ouest* : *RJF* 11/07, n° 1274, p. 95, concl. P. Collin).

(262) V. O. Debat, *La neutralisation partielle des effets de la théorie du bilan et les sociétés de personnes* : *BJS* juin 2013, § 187. – G. Gest, *Théorie du bilan et sociétés de personnes*, in *Mél. Serlooten*, Dalloz, 2015, p. 297 et s.

(263) *BOFiP*, BOI-BIC-BASE-10-20-10, n° 190.

(264) CE, plén., 26 avr. 1976, n° 93212 : *RJF* 6/76, n° 272.

(265) CE, 17 avr. 2008, n° 279274, *Petit* : *RJF* 8-9/08, n° 977 (simples lettres dépourvues de date certaine, et qui ne sont pas assorties des justificatifs de leur réception effective par les associés avant la clôture de l'exercice).

(266) V. CE, 18 oct. 2022, n° 462497 : *Dr. fisc.* 2022, n° 48, act. 433, obs. A. Tailfer et Cl. Tournier ; *Dr. fisc.* 2022, n° 51-52, comm. 435, concl. R. Victor, note Fl. Deboissy. Dans cette espèce, il est jugé que l'attribution à certains associés seulement des pertes réalisées par une société au titre de plusieurs exercices ne revêt pas un caractère léonin.

(267) CE, 6 oct. 2010, n° 307969, *M. Nauleau* : *Dr. fisc.* 2011, n° 4, comm. 125, concl. J. Boucher (la carence des associés qui ne s'opposent pas aux agissements de l'un d'eux ne vaut pas modification du pacte social).

(268) CE, 27 nov. 1974, n° 88113 : *Dr. fisc.* 1975, n° 3, comm. 68.

En cas de démembrement de propriété de tout ou partie des parts sociales, l'usufruitier est soumis à l'impôt sur le revenu pour la quote-part correspondant aux droits dans les bénéfices que lui confère sa qualité d'usufruitier (CGI, art. 8). L'administration considère que ce texte vise les seuls bénéfices ordinaires ; c'est donc le nu-propriétaire qui est imposable sur les résultats de la cession d'actifs immobilisés[269] et qui profitera du déficit courant[270].

Les associés de la société de personnes qui résident à l'étranger sont imposables en France sur leur quote-part de résultat dans la mesure où la société exerce son activité sur le territoire national, sauf si les stipulations d'une convention internationale y font obstacle[271].

Les associés de la société de personnes qui exercent leur activité professionnelle au sein de cette société peuvent déduire de leur quote-part de résultat leurs frais personnels (intérêts d'emprunt lié à l'acquisition des droits, cotisations personnelles de sécurité sociale…). À l'inverse, ils doivent rajouter à cette même quote-part leurs rémunérations non déductibles fiscalement (ainsi que les intérêts de comptes courants d'associés excédentaires).

555. - Imposition du résultat fiscal. Chaque associé doit rattacher à ses revenus ou à ses bénéfices sa quote-part de résultat. Lorsque les parts de la société de personnes figurent à l'actif d'une entreprise commerciale, celle-ci doit réintégrer extra-comptablement la quote-part bénéficiaire (case WL, et ligne K7), et déduire la quote-part déficitaire (ligne WT). Toutefois, dans une société en participation, lorsque la comptabilité est tenue par un gérant, seul juridiquement connu des tiers, les charges et les produits de la société sont déjà compris dans les charges et les produits du gérant ; il conviendra alors de déduire ou de rajouter comptablement la quote-part de résultat revenant aux autres associés (PCG, art. 621-2).

L'associé est réputé avoir appréhendé les résultats sociaux au jour de la clôture de l'exercice. Ce sont donc les associés présents dans la société au jour de la clôture de l'exercice comptable qui sont imposés ; si une convention peut modifier la répartition du résultat et être opposable à l'administration (V. *supra*, n° 554), elle ne peut déroger à ce principe[272]. Il en va ainsi même en cas de départ ou de décès d'un associé (le résultat reste imposé au nom des associés présents à la clôture de l'exercice). Par exception, l'IR sera immédiatement calculé au nom d'un associé quittant une société de personnes exerçant une activité non commerciale, sur demande conjointe de l'associé sortant et de l'associé entrant (CGI, art. 93 B).

La loi fiscale pose *une présomption d'appropriation des résultats* ; il importe peu que les bénéfices aient été distribués, mis en réserve ou incorporés au capital. Toutefois, si la société de personnes a distribué tout ou partie de son bénéfice comptable, il conviendra de déduire de manière extra-comptable les produits reçus par l'entreprise associée (tableau n° 2058-A-SD, ligne XG). En pratique, on constate qu'il existe un décalage entre la règle fiscale (prise en compte du résultat de la société de personnes dès la clôture) et la règle comptable (prise en compte de la distribution lors de

(269) *BOFiP*, BOI-BIC-CHAMP-70-20-10-20, n° 140.

(270) *BOFiP*, BOI-BIC-CHAMP-70-20-10-20, n° 150.

(271) CE, 11 juill. 2011, n° 317024, *Sté Quality Invest : Dr. fisc.* 2011, n° 36, comm. 496, concl. L. Olléon, note Ph. Derouin ; *RJF* 10/11, n° 1063, chron. C. Raquin, p. 907 ; *FR* 31/11, inf. 1, p. 3, obs. B. Gouthière.

(272) CE, 28 mars 2012, n° 320570, *M. et Mme Vaillant : Dr. fisc.* 2012, n° 51, comm. 565, concl. J. Boucher, note J.-M. Vie.

l'assemblée générale seulement)[273]. Dans les GIE par exemple, la règle comptable est que les résultats sont comptabilisés par ses membres lorsqu'une décision de répartition de résultats est intervenue (PCG, art. 621-3).

B. – Quote-part de résultat d'un patrimoine fiduciaire

556. – Régime général du patrimoine fiduciaire. La loi n° 2007-211 du 19 février 2007 (mod. Ord. n° 2009-112, 30 janv. 2009) a inséré dans le livre III du Code civil consacré « Aux différentes manières dont on acquiert la propriété » un titre XIV (« De la fiducie »).

Aux termes de l'article 2011 du Code civil :

« La fiducie est l'opération par laquelle un ou plusieurs constituants transfèrent des biens, des droits ou des sûretés, ou un ensemble de biens, de droits ou de sûretés, présents ou futurs, à un ou plusieurs fiduciaires qui, les tenant séparés de leur patrimoine propre, agissent dans un but déterminé au profit d'un ou plusieurs bénéficiaires ».

Comme pour l'EIRL et l'entreprise individuelle (V. *supra*, n°s 185 et s.), la fiducie permet de constituer un patrimoine affecté sans création d'une nouvelle personne morale, mais le patrimoine affecté est ici créé chez une autre personne (le fiduciaire) et non pas chez celui qui l'institue (le constituant). En outre, alors que le patrimoine professionnel est institué par une seule personne (physique), la fiducie peut être créée par plusieurs constituants (personnes physiques ou morales). Également, la fiducie peut être créée pour des raisons variables ; « fiducie-gestion » (d'un patrimoine privé ou professionnel), « fiducie-sûreté » (grâce au transfert temporaire de propriété[274]), ou « fiducie-transmission » (à titre onéreux, car la fiducie procédant d'une intention libérale est nulle, C. civ., art. 2013).

Au plan fiscal, c'est la neutralité qui prévaut[275]. Neutralité lors de la constitution du patrimoine affecté (exonération des droits de mutation[276], mise en sursis des plus-values[277]), mais également neutralité dans le fonctionnement du patrimoine affecté, puisque le législateur a transposé les règles de la semi-transparence des sociétés de personnes (CGI, art. 238 quater F et 238 quater O). En revanche, contrairement aux

(273) Plusieurs solutions existent (V. *FRC* 7/18, inf. 4). Le problème peut être réglé en comptabilisant la quote-part bénéficiaire en produit comptable lors de l'assemblée générale de la société de personnes lorsqu'elle s'est tenue mais avant l'arrêté des comptes de l'associé, ou en faisant « remonter » le résultat comptable en même temps que le résultat fiscal, par l'effet d'une clause statutaire de la société de personnes prévoyant l'affectation systématique des résultats aux associés. Chacun de ces procédés s'expose néanmoins à des critiques de nature comptable (première hypothèse, dans la mesure où la créance est simplement probable à la clôture de l'exercice), ou juridique (seconde hypothèse, dans la mesure où la liberté de vote n'est pas préservée). Si la CNCC a confirmé que la quote-part de résultat de sociétés de personnes devait être comptabilisée en « produits financiers », elle n'a en revanche pas pris position sur la date d'acquisition de ce produit (CNCC, EC 2019-04, 23 mars 2019).

(274) Les droits sont transférés pour une durée déterminée qui doit, à peine de nullité, être précisée dans le contrat de fiducie, sachant qu'elle ne peut excéder quatre-vingt-dix-neuf ans à compter de la signature du contrat (C. civ., art. 2018).

(275) J. Turot, *Fiducie : être ou ne pas être neutre, voici la question : Dr. fisc.* 2007, n° 16, comm. 433. – L. Vallée, *Fiscalité de la fiducie : une volonté de neutralité : Banque mag.* 1er mai 2009, n° 713, p. 63.

(276) Ils se résument au paiement d'un simple droit fixe de 125 € (CGI, art. 1133 quater). Au cas de transfert de droits réels immobiliers, c'est la taxe de publicité foncière au taux réduit (0,70 %) qui s'applique (CGI, art. 1020).

(277) Ce dispositif de faveur s'applique, sous certaines conditions, tant en ce qui concerne les plus-values privées (CGI, art. 238 quater N) que les plus-values professionnelles (CGI, art. 238 quater B ; V. *infra*, n°s 671 et s.).

entreprises qui sont à l'IR, la fiducie ne peut pas être placée sous le régime de l'impôt sur les sociétés. Qui plus est, la fiducie n'étant pas une personne morale, c'est le fiduciaire[278] qui doit déclarer le contrat de fiducie[279] (CGI, art. 238 quater L) et c'est lui qui est soumis aux obligations déclaratives qui incombent normalement aux sociétés semi-transparentes[280] (CGI, art. 238 quater M).

Au plan comptable, le patrimoine d'affectation fait l'objet d'une comptabilité autonome chez le fiduciaire (L. 19 févr. 2007, préc., art. 12-I). Ce dernier doit établir des comptes annuels conformément aux dispositions des articles L. 123-12 à L. 123-15 du Code de commerce, quel que soit l'objet du contrat de fiducie (L. 2007, art. 12-II). Le contrôle des comptes est exercé par un ou plusieurs commissaires aux comptes nommés par le fiduciaire si le ou les constituants sont eux-mêmes tenus d'en désigner un (L. 2007, art. 12-III). Les règles comptables ont été précisées par un règlement du Comité de réglementation comptable (Règl. n° 2008-01, 3 avr. 2008 ; PCG, art. 623-1 et s.). Enfin, la fiducie peut faire l'objet d'une vérification de comptabilité ; elle est alors suivie avec le fiduciaire (LPF, art. L. 13, al. 2 et L. 53, al. 2).

557. – Calcul du résultat fiduciaire. Notre hypothèse est celle dans laquelle les droits fiduciaires sont inscrits au bilan du constituant. Dans cette situation, à l'image de la règle posée à l'article 238 bis K-I du Code général des impôts (parts de sociétés de personnes détenues par un commerçant ou un agriculteur), le législateur a prévu que la quote-part de résultat lui revenant doit être déterminée en tenant compte des règles utilisées pour calculer son propre résultat (CGI, art. 238 quater F, al. 1er)[281]. Par conséquent, si le constituant est à l'IR, sa quote-part de résultat sera calculée en faisant application, selon les cas, des règles BIC, BA, ou BNC[282]. S'il est à l'IS, sa quote-part de résultat sera obligatoirement calculée à partir des règles qui gouvernent la détermination du résultat soumis à cet impôt (règles BIC essentiellement).

À noter : Les titres transférés en fiducie sont éligibles au régime « mère-fille » (V. *infra*, n° 702).

Le calcul de la quote-part de résultat fiduciaire déterminée suivant les règles des BIC sera facilité par le fait que le fiduciaire doit tenir une comptabilité commerciale (V. *supra*, n° 557). Au demeurant, si les droits fiduciaires sont intégralement détenus par un ou plusieurs commerçants personnes physiques ou morales, le fiduciaire n'aura pas à procéder à une double détermination du résultat de la fiducie (V. *supra*, n° 553). Simplement, s'il relève des BNC (avocat fiduciaire), il devra tenir une comptabilité civile pour la détermination de son résultat professionnel (sauf option pour le régime

(278) La qualité de fiduciaire est réservée à certains professionnels (C. civ., art. 2015). Sont visés : les avocats, les établissements de crédit, les entreprises d'investissement, certaines institutions financières (Trésor public, Banque de France, Caisse des dépôts et consignations, La Poste), et les entreprises d'assurance.

(279) Il doit être procédé à la déclaration d'existence de la fiducie, dans les quinze jours de sa création, au service des impôts des entreprises du siège ou du lieu du principal établissement du fiduciaire (CGI, art. 344 M). Cette déclaration d'existence de la fiducie ne se substitue pas à l'enregistrement du contrat de fiducie (CGI, art. 635-1, 5°) qui doit avoir lieu dans le délai d'un mois à compter de sa date, à peine de nullité (C. civ., art. 2019).

(280) Notamment : déclaration n° 2031-SD (résultat professionnel) ou n° 2072-SD (revenus du patrimoine immobilier).

(281) En revanche, lorsque le constituant n'a pas inscrit ses droits au bilan d'une entreprise, sa quote-part est déterminée et imposée en tenant compte de la nature de l'activité de la fiducie (CGI, art. 238 quater O).

(282) C'est une différence avec l'article 238 bis K I du Code général des impôts qui ne vise pas les BNC.

des créances acquises et des dépenses engagées, CGI, art. 93 A) et une comptabilité commerciale pour le calcul du résultat fiduciaire.

Naturellement, le résultat comptable devra être retraité en faisant application des règles fiscales. À cet égard, il conviendra notamment de prendre garde à la théorie de l'acte anormal de gestion (V. *supra*, n°s 503 et s.), et aux effets de l'abandon de la théorie du bilan (V. *supra*, n° 501). En ce qui concerne les plus-values professionnelles, elles devraient pouvoir bénéficier du régime des « petites entreprises » (CGI, art. 151 septies), si le constituant n'est pas une société à l'IS et si les conditions de l'exonération sont remplies (le chiffre d'affaires et la durée de détention étant dans ce cas appréciés au niveau de la fiducie). Enfin, il convient de rappeler que c'est le fiduciaire qui est tenu aux obligations déclaratives incombant aux sociétés de personnes ; il devra donc produire la déclaration de résultats n° 2031-SD.

558. – Imposition du résultat fiduciaire. Conformément aux principes de la semi-transparence fiscale, tels que transposés au contrat de fiducie :

« Le constituant demeure personnellement soumis à l'impôt sur le revenu ou à l'impôt sur les sociétés pour la part de bénéfice correspondant à ses droits représentatifs des biens ou droits transférés dans le patrimoine fiduciaire, proportionnellement à la valeur réelle de ces biens ou droits mis à la date du transfert dans le patrimoine fiduciaire » (CGI, art. 238 quater F, al. 2).

Le constituant devra donc rattacher à ses résultats soumis à l'IR ou à l'IS, une quote-part des bénéfices courants ou des déficits d'exploitation, ainsi que des plus ou moins-values de cession soumises à un régime dérogatoire, à proportion de ses droits dans la fiducie[283].

En ce qui concerne l'imposition des bénéfices ordinaires, il convient de noter qu'aucune réintégration extra-comptable n'est, en principe, à effectuer compte tenu des règles de valorisation comptable des droits fiduciaires au bilan du constituant (V. *infra*, n° 559). Quant aux plus et moins-values de cession, elles se compensent avec les plus ou moins-values de même nature du constituant (le solde sera éventuellement retraité sur le tableau n° 2058-A-SD).

Compte tenu de l'appropriation automatique des résultats fiduciaires par le constituant, les bénéfices qui ont été effectivement distribués à son profit ne doivent pas être fiscalisés une deuxième fois. Mais, ici encore, aucun retraitement extra-comptable n'est à effectuer compte tenu des modalités particulières de comptabilisation de ces produits (V. *infra*, n° 559).

Quelle que soit la méthode comptable retenue pour la valorisation des droits fiduciaires (V. *infra*, n° 559), ces derniers ne doivent donner lieu à aucun profit ni aucune perte susceptible d'avoir un impact sur le résultat fiscal du constituant (ni amortissement, ni provision). Selon l'article 238 quater G du Code général des impôts, en effet :

« Toute variation ou dépréciation du montant des droits du constituant représentatifs des biens ou droits transférés dans le patrimoine fiduciaire demeure sans incidence sur le résultat imposable du constituant ».

(283) Au cas de pluralité de constituants, la quote-part de résultat de chacun est déterminée d'après la valeur réelle des éléments mis en fiducie appréciée à ce moment-là (CGI, art. 238 quater F, préc.). Sur la valorisation comptable des éléments mis en fiducie, pour le calcul des plus ou moins-values de cession, V. *infra*, n° 673.

Enfin, pour la détermination des régimes d'imposition ou l'application des régimes d'exonération, c'est encore la neutralité fiscale qui prévaut ; le constituant devra rajouter à son chiffre d'affaires celui du patrimoine fiduciaire (CGI, art. 238 quater H, al. 1er)[284].

559. – De la neutralité fiscale à la neutralité comptable…

I. – L'opération fiduciaire est comptabilisée comme suit (PCG, art. 623-2 et s.) :

– le constituant doit enregistrer une sortie d'actifs ou de passifs. Les comptes du bilan seront soldés par le débit du compte de charges n° 6741 « Opérations liées à la constitution de la fiducie – Transfert des éléments » (sortie d'actifs) ou le crédit du compte de produits n° 7741 « Opérations liées à la constitution de la fiducie – Transfert des éléments » (sortie de passifs) ;

– en contrepartie, le constituant doit enregistrer les nouveaux droits fiduciaires. Ces derniers doivent figurer à l'actif de son bilan dans un compte n° 2661 « Droits représentatifs d'actifs nets remis en fiducie » (mais si le montant des actifs transmis est inférieur à celui des passifs, il conviendra de créditer un compte de passif n° 162 « Obligations représentatives de passifs nets remis en fiducie »), par le crédit du compte de produits n° 7741 précité (mais au débit du compte n° 6741 précité si le montant des actifs transmis est inférieur à celui des passifs) ;

– une différence positive entre les comptes de produits et de charges indique une plus-value de cession, alors qu'une différence négative indique une moins-value. Si les éléments mis en fiducie sont évalués à leur valeur comptable, il ne peut y avoir ni plus-value ni moins-value (sur l'évaluation des éléments mis en fiducie pour le calcul des plus-values, V. *infra*, n° 673).

Exemple de mise en fiducie d'un immeuble par un commerçant (N) :

– valeur d'inscription de l'immeuble dans la comptabilité du commerçant : 140 000 € ;

– amortissements pratiqués : 40 000 € ;

– valeur de sortie de l'immeuble : évaluation à la valeur comptable.

N° DU COMPTE	LIBELLÉ DU COMPTE	DÉBIT	CRÉDIT
6741	Opérations liées à la constitution de la fiducie – Transfert des éléments	100 000	
2813	Amortissements	40 000	
213	Immeuble		140 000
2661	Droits représentatifs d'actifs nets remis en fiducie	100 000	
7741	Opérations liées à la constitution de la fiducie – Transfert des éléments		100 000

II. – L'opération fiduciaire fonctionne comme suit (PCG, art. 623-10 et s.) :

C'est ici que l'on trouve la règle comptable la plus remarquable. Si le constituant est le bénéficiaire de la fiducie, son patrimoine doit, selon les autorités comptables, être le reflet des évolutions de la fiducie, conformément à la règle fiscale qui prévoit la remontée des résultats fiduciaires au constituant,

(284) Au cas de pluralité de constituants, le chiffre d'affaires de la fiducie est réparti entre eux proportionnellement à la valeur réelle des éléments mis en fiducie appréciée à ce moment-là (CGI, art. 238 quater H, al. 2).

sans qu'il soit besoin de procéder à des rectifications extra-comptables telles qu'on les pratique pour les sociétés de personnes.

Ainsi, à la clôture de chaque exercice, le constituant doit modifier la valeur de sa participation en fonction des résultats de la fiducie. Deux situations sont alors à distinguer selon que les bénéfices ont ou non été effectivement distribués (ou les pertes effectivement supportées) :

– si les bénéfices n'ont pas été distribués, le bénéficiaire substitue à la valeur de ses droits dans la fiducie, à la clôture de chaque exercice, le montant correspondant à la valeur d'entrée des apports initiaux, augmentée des bénéfices non distribués ou diminuée des pertes de la fiducie. Le gain sera porté au compte n° 7612 « Produits de la fiducie, résultat de la période », et la perte au compte n° 6612 « Charges de la fiducie, résultat de la période » ;

– si les bénéfices ont été distribués, le traitement est plus complexe : dans un premier temps, les résultats viennent modifier la valeur des droits fiduciaires ainsi qu'il est dit au paragraphe précédent, puis, dans un deuxième temps, la fraction effectivement distribuée sera distraite de ce compte pour être portée au débit d'un compte courant (au crédit si le résultat est négatif).

Suite de l'exemple (N+1) :

– la fiducie dégage un résultat bénéficiaire à hauteur de 20 000 € ;

– le commerçant est le seul bénéficiaire de la fiducie ;

– les résultats ne sont pas distribués.

N° DU COMPTE	LIBELLÉ DU COMPTE	DÉBIT	CRÉDIT
2661	Droits représentatifs d'actifs nets remis en fiducie	20 000	
7612	Produits de la fiducie, résultat de la période		20 000

§ 3. – Quote-part de résultat d'une entreprise étrangère

560. – Exception au principe de territorialité (CGI, art. 209 B). En principe, les bénéfices passibles de l'impôt sur les sociétés en France sont déterminés « en tenant compte uniquement des bénéfices réalisés dans les entreprises exploitées en France » (CGI, art. 209-I). Par dérogation, l'article 209 B du CGI dispose :

> « Lorsqu'une personne morale établie en France et passible de l'impôt sur les sociétés exploite une entreprise hors de France ou détient directement ou indirectement plus de 50 % des actions, parts, droits financiers ou droits de vote dans une entité juridique : personne morale, organisme, fiducie ou institution comparable, établie ou constituée hors de France et que cette entreprise ou entité juridique est soumise à un régime fiscal privilégié au sens de l'article 238 A, les bénéfices ou revenus positifs de cette entreprise sont imposables à l'impôt sur les sociétés » (CGI, art. 209 B-I, 1).

561. – Domaine. À l'instar de l'article 238 A (V. *supra*, n° 542), l'article 209 B du CGI pose une présomption d'évasion fiscale lorsqu'une société française réalise un profit par l'intermédiaire d'une entreprise implantée dans un pays à « fiscalité privilégiée »[285]. Toutefois, la présomption ne joue pas « si l'entreprise ou l'entité juridique est établie ou constituée dans un État de la Communauté européenne et si l'exploitation

(285) Ph. Oudenot, *La prise en compte des bénéfices réalisés dans un pays à fiscalité privilégiée : état des lieux de l'article 209 B : Dr. fisc.* 2014, n° 38, comm. 528.

de l'entreprise ou la détention des actions, parts, droits financiers ou droits de vote de l'entité juridique par la personne morale passible de l'impôt sur les sociétés ne peut être regardée comme constitutive d'un montage artificiel dont le but serait de contourner la législation fiscale française » (CGI, art. 209 B-II). Pour les autres implantations, la société française devra démontrer que les opérations de l'entreprise ou de l'entité étrangère ont principalement un objet et un effet autres que de permettre la localisation de bénéfices dans un paradis fiscal (CGI, art. 209 B-III, al. 1)[286].

562. – **Modalités.** L'imposition a lieu en France dans des conditions qui varient en fonction de la nature de l'entité étrangère ; simple entreprise (établissement ou succursale), ou véritable entité juridique (personne morale, fiducie ou institution comparable). Dans le premier cas, les bénéfices de l'entreprise étrangère sont imposés en France en tant que tels, sous réserve néanmoins que la convention fiscale conclue par la France avec le pays d'implantation ne s'y oppose pas[287]. Dans le second cas, les bénéfices de l'entité étrangère seront imposés en France en tant que revenus mobiliers, à proportion des droits détenus. L'entreprise française ne comptabilise pas les bénéfices ; le rattachement aux résultats imposables se fait hors comptabilité, sur le tableau n° 2058-A-SD (case L7, ligne K7). Elle doit joindre à sa déclaration de résultats une déclaration comportant des renseignements sur la structure étrangère et fournir, pour cette structure, l'ensemble des documents exigés des sociétés passibles de l'IS, le bilan, le compte de résultat ainsi que différents états (CGI, ann. II, art. 102 Z). En ce qui concerne les sanctions, V. *supra*, n° 161).

§ 4. – Le report des déficits

563. – **Sociétés soumises à l'IS.** Alors que les déficits professionnels d'une entreprise commerciale à l'IR s'imputent sur les autres revenus du foyer fiscal auquel l'exploitant appartient[288], ou remontent aux associés de la société de personnes à proportion de leurs droits (V. *supra*, n° 554), les déficits d'une société soumise à l'IS sont traités à son niveau (c'est une conséquence de l'opacité fiscale). Au plan fiscal, le déficit d'un exercice est censé représenter une charge à déduire des résultats des exercices suivants, de façon extra-comptable (« report en avant »), sauf pour sa fraction qui est imputée sur les bénéfices de l'exercice précédent, également de manière extra-comptable (« report en arrière »).

(286) Cette condition est réputée remplie notamment lorsque l'entreprise ou l'entité étrangère a principalement une activité industrielle ou commerciale effective exercée sur le territoire de l'État de son établissement ou de son siège (CGI, art. 209 B-III, al. 2.).

(287) CE, plén., 28 juin 2002, n° 232276, *Sté Schneider Electric : RJF* 10/02, n° 1080, p. 755, chron. L. Olléon.

(288) Le déficit présente un caractère professionnel lorsque l'un des membres du foyer fiscal participe personnellement, directement et de façon continue à l'accomplissement des actes qui sont nécessaires à l'activité (CGI, art. 156-I, 1° bis). L'excédent éventuel de déficit est reporté sur le revenu global des années suivantes, jusqu'à la sixième année inclusivement (CGI, art. 156-I). Les déficits provenant d'activités non professionnelles relevant des BIC créées ou reprises à compter du 1er janvier 1996 ne peuvent pas s'imputer sur le revenu global, mais seulement sur les bénéfices retirés d'activités semblables de la même année ou des six années suivantes, sauf pour les déficits provenant d'une activité non professionnelle faisant l'objet d'une procédure de liquidation judiciaire et non encore reportés à la date de l'ouverture de la procédure (CGI, art. 156-I, 1° bis, préc., al. 1 et 2).

Autrefois très libéral, le régime fiscal du report des déficits s'est nettement durci ces dernières années[289]. S'agissant du report en avant, le législateur a limité les possibilités d'imputation future des déficits en prévoyant un plafond d'imputation et en redéfinissant les hypothèses de cessation d'entreprise qui entraînent la perte du droit au report des déficits anciens (A). S'agissant du report en arrière, la loi a limité l'imputation des déficits sur les seuls bénéfices de l'année précédente et également plafonné le bénéfice d'imputation (B).

A. – Le report en avant

564. – Régime général. Selon le Code général des impôts,

« [le déficit d'un exercice] est considéré comme une charge de l'exercice suivant et déduit du bénéfice réalisé pendant ledit exercice dans la limite d'un montant de 1 000 000 € majoré de 50 % du montant correspondant au bénéfice imposable dudit exercice excédant ce premier montant. Si le bénéfice n'est pas suffisant pour que la déduction puisse être intégralement opérée, l'excédent de déficit est reporté dans les mêmes conditions sur les exercices suivants » (CGI, art. 209-I, al. 3)[290].

Il résulte de ce texte que le report des déficits est illimité dans le temps, mais plafonné dans son montant. À compter des exercices clos depuis le 21 septembre 2011 (mais également pour les déficits restant à reporter à la clôture de l'exercice précédant le premier exercice clos à compter de cette date)[291], le déficit fiscal constaté par une société au titre d'un exercice ne peut être déduit du bénéfice de l'exercice suivant que dans la limite de 1 M€, majoré de 50 % du bénéfice d'imputation excédant ce seuil (*NB* : 60 % pour les exercices clos avant le 31 décembre 2012). La fraction de déficit qui n'a pu être imputée peut être reportée sur les bénéfices des exercices suivants, sans limitation de durée mais sous la même limite.

En cas de rectification d'un exercice non prescrit, le contribuable peut demander, dans le délai de réclamation courant à compter de la proposition de rectification (c'est-à-dire jusqu'au 31 décembre de la troisième année suivant celle de sa notification, LPF, art. R. 196-3), la majoration de déficits nés d'exercices prescrits et reportables sur l'exercice non prescrit[292].

Dans l'hypothèse où le contribuable justifie l'existence d'un déficit et de son montant en produisant une comptabilité régulière et probante, il incombe alors à l'administration, si elle s'y croit fondée, soit de critiquer les écritures ayant conduit à la constatation d'un déficit, soit de demander au contribuable de justifier de la régularité de ces écritures[293].

La nouvelle règle de plafonnement des déficits a pour effet, et pour objet, de rendre taxable un minimum de bénéfices pour les sociétés. Certaines pourraient alors être tentées d'imputer leurs déficits sur les plus-values nettes à long terme du même exercice taxées au taux réduit (V. *infra*, n° 642), comme elles en ont la possibilité (CGI,

(289) P. Fumenier et C. Maignan, *Le nouveau cadre fiscal de constitution et d'utilisation des déficits : Dr. fisc.* 2013, n° 14, étude 223. – Ph. Neau-Leduc, *La gestion fiscale des déficits au sein du groupe, du point de vue national : Dr. fisc.* 2012, n° 50, étude 550.

(290) L. fin. rect. 2011, n° 2011-1117, 19 sept. 2011, art. 2, mod. L. fin. 2013, n° 2012-1509, 29 déc. 2012, art. 24.

(291) Précision de caractère interprétatif apportée par le législateur lors du vote de la loi n° 2011-1978 du 28 décembre 2011, de finances rectificative pour 2011, art. 31.

(292) CE, 7 févr. 2018, n° 396926 : *FR* 16/18, inf. 7 ; *Dr. fisc.* 2021, n° 14, comm. 208, concl. C. Guibe ; *Adde* Th. Pons, *La preuve et le débat dans le procès équitable : Dr. fisc.* 2021, n° 14, étude 204.

(293) CE, 31 déc. 2020, n° 428297, *SCI Calme* : *FR* 7/21, inf. 1.

art. 39 quindecies, I-1, al. 3). Dans ce cas, en effet, la mesure de plafonnement ne s'applique pas[294]. En revanche, le plafonnement s'applique lorsque les déficits imputés proviennent d'exercices antérieurs[295].

Exemple administratif

(*BOFiP*, BOI-IS-DEF-10-30, n° 160)

Soit une société qui, au titre de l'exercice clos en N, a subi un déficit d'un montant de 2 M€.

En N+1, elle réalise un bénéfice égal à 1,5 M€.

Le déficit reportable en avant sur N+1 est de : 1 M€ + (50 % × 0,5 M€) = 1,25 M€.

Le bénéfice taxable au titre de l'exercice clos en N+1 sera de : 1,5 M€ – 1,25 M€ = 0,25 M€.

La fraction du déficit subi en N non admise en déduction du bénéfice N+1 en application des règles de plafonnement est reportée sur les exercices suivants, de sorte qu'à la clôture de l'exercice N+1, le montant des déficits reportables est égal à 0,75 M€.

565. – Entreprises en difficulté. Pour les exercices clos à compter du 31 décembre 2012, le plafond de 1 M€ est majoré du montant des abandons de créances consentis à une société en application d'un accord constaté ou homologué dans les conditions prévues à l'article L. 611-8 du Code de commerce ou dans le cadre d'une procédure de sauvegarde, de redressement judiciaire ou de liquidation judiciaire ouverte à son nom (CGI, art. 209-I, al. 4)[296].

Bien que cette disposition évoque les abandons de créance « consentis », et non pas « obtenus », l'administration fiscale n'envisage dans son commentaire que la situation de l'entreprise qui a été bénéficiaire de l'avantage[297]. La mesure a pourtant plus de sens si elle profite à l'entreprise qui a accordé l'aide, puisque, s'agissant d'une aide déductible, elle a conduit à minorer son résultat fiscal en réduisant les possibilités d'imputation de ses déficits.

Aussi, pour éviter toute difficulté d'interprétation, le texte a été réécrit en 2016[298] conformément à l'interprétation administrative (disposition de caractère interprétatif)[299] :

« Pour les sociétés auxquelles sont consentis des abandons de créances dans le cadre d'un accord constaté ou homologué dans les conditions prévues à l'article L. 611-8 du code de commerce ou lors d'une procédure de sauvegarde, de redressement judiciaire ou de liquidation judiciaire ouverte à leur nom, la limite de 1 M€ mentionnée à l'avant-dernier alinéa du présent article est majorée du montant desdits abandons de créances » (CGI, art. 209-I, al. 4 mod.).

(294) *BOFiP*, BOI-IS-DEF-10-30, n° 200.

(295) *BOFiP*, BOI-IS-DEF-10-30, n° 210. Lorsque la société constate au titre d'un même exercice à la fois un bénéfice fiscal et une plus-value nette à long terme, la franchise de 1 M€ ne trouve à s'appliquer qu'une seule fois et selon les modalités choisies par la société (*BOFiP*, BOI-IS-DEF-10-30, n° 210, préc.).

(296) L. fin. 2013, n° 2012-1509, 29 déc. 2012, art. 24, préc.

(297) *BOFiP*, BOI-IS-DEF-10-30, n° 220.

(298) L. fin. 2017, n° 2016-1917, 29 déc. 2016, art. 17.

(299) Une QPC a été renvoyée par le Conseil d'État s'agissant du plafonnement du report en avant des déficits telle qu'interprétée rétroactivement par la loi. – CE, 26 janv. 2018, n° 415695, *Sté Technicolor : Dr. fisc.* 2018, n° 6, comm. 174, concl. R. Victor. Le Conseil constitutionnel s'est prononcé pour la conformité à la Constitution de la majoration du plafonnement de report en avant des déficits tel qu'interprétée rétroactivement par la loi ; Cons. const., 13 avr. 2018, n° 2018-700 QPC : *Dr. fisc.* 2018, n° 16-17, act. 167.

NB : Pour les entreprises qui ont bénéficié d'un abandon de créances de loyers déductible dans le cadre des mesures fiscales spécifiques adoptées lors de la crise sanitaire du Covid-19 en 2020 (CGI, art. 39-I, 9° ; V. *supra*, n° 515), il est également prévu que le plafond de 1 M€ est majoré du montant de ces abandons de créances (CGI, art. 209-I, al. 5)[300].

Exemple administratif

(*BOFiP*, BOI-IS-DEF-10-30, n° 225)

Soit une société qui, au titre de l'exercice clos en N, a subi un déficit reportable en avant de 3 M€.

En N+1, elle réalise un bénéfice égal à 2 M€ (abandon de créance compris).

Au cours de N+1, cette société fait l'objet d'une procédure de sauvegarde et, dans le cadre de cette procédure, a bénéficié d'un abandon de créance de 500 000 €.

Le déficit reportable sur N+1 est de :

(1 M€ + 0,5 M€) + [(2 M€ – 1,5 M€) × 50 %] = 1,75 M€.

Le bénéfice taxable au titre de l'exercice clos en N+1 est de :

2 M€ – 1,75 M€ = 0,25 M€.

566. – **Modalités du report : les obligations fiscales.** Le report en avant des déficits est un mécanisme purement fiscal ; il prend appui sur les résultats fiscaux des entreprises et ne fait l'objet d'aucune écriture comptable particulière (si ce n'est que la dette d'IS sera minorée).

Le montant des déficits fiscaux que l'entreprise peut déduire, après application éventuelle des règles de plafonnement, est porté en ligne XL de l'imprimé n° 2058-A-SD (tableau n° 2033-B-SD, ligne 360, pour les entreprises placées sous un régime simplifié d'imposition). La fraction qui a été imputée sur les plus-values nettes à long terme figurera en ligne XB.

Ce montant sera reporté en ligne K5 de l'imprimé n° 2058-B-D qui permet d'assurer le suivi des déficits (tableau n° 2033-D-SD pour les entreprises soumises au régime simplifié).

567. – **Perte du droit au report : la cessation d'entreprise.** C'est le principal danger qui guette les entreprises qui disposent de déficits anciens en report d'imputation. *Par principe, l'entreprise qui utilise un déficit doit être celle qui l'a subi ; c'est la condition dite de « l'identité d'entreprise ».* Or, cette condition fait défaut dans les hypothèses de « cessation d'entreprise » ; au cas de changement de forme sociale entraînant la création d'une nouvelle personne morale, de changement de régime fiscal, de changement d'objet social ou d'activité réelle, de disparition des moyens de production, et de fusion ou d'opérations assimilées.

(300) L. fin. rect. 2020, n° 2020-473, 25 avr. 2020, art. 3 (disposition applicable aux exercices clos à compter du 15 avril 2020). Faisant le point sur le régime fiscal, présent et futur, des abandons de créances, V. G. Rembry, H. Christophe et G. Exerjean, *Stratégies d'assainissement du passif des entreprises en difficultés : état des lieux et perspectives (1re partie) : Dr. fisc.* 2020, n° 20, étude 239 ; *Stratégies d'assainissement du passif des entreprises en difficulté : l'assainissement du passif d'une entreprise en difficulté dans un contexte transactionnel (2e partie) : Dr. fisc.* 2020, n° 21, étude 243.

• *Changement de forme sociale sans changement de régime fiscal.* Il ne constitue pas un cas de cessation d'entreprise, sauf au cas de création d'une nouvelle personne morale (hypothèse exceptionnelle, car la transformation régulière d'une société en une société d'une autre forme n'entraîne pas création d'une nouvelle personne morale, C. civ., art. 1844-3).

• *Changement de régime fiscal, avec ou sans transformation.* Il constitue un cas de cessation d'entreprise lorsque la société n'est plus soumise à l'IS (CGI, art. 221-2, al. 2). L'article 221 bis du Code général des impôts qui permet d'en atténuer les conséquences, sous certaines conditions, ne concerne que les plus-values latentes et les profits en sursis d'imposition. Dès lors, les déficits qui subsistent à la clôture de l'exercice précédant celui de la cessation d'entreprise et qui ne pourraient être imputés sur les résultats de ce dernier exercice tombent en non-valeur[301].

• *Changement d'activité.* Le changement de l'objet social ou de l'activité réelle d'une société emporte cessation d'entreprise (CGI, art. 221-5). Le Conseil d'État avait développé une jurisprudence très libérale[302], reposant sur une approche restrictive de la notion de changement d'activité[303]. Revenant sur cette jurisprudence, la loi a prévu deux situations dans lesquelles il y a changement d'activité[304] : *1) au cas d'adjonction d'une activité*, lorsque cela entraîne, au titre de l'exercice de sa survenance ou de l'exercice suivant, une augmentation de plus de 50 % du chiffre d'affaires, ou de l'effectif moyen du personnel et du montant brut des éléments de l'actif immobilisé, par rapport à l'exercice précédent celui de l'adjonction ; *2) au cas d'abandon ou de transfert même partiel d'une activité ou de plusieurs activités existantes*, lorsque cela entraîne au titre de l'exercice de la survenance ou de l'exercice suivant une diminution de plus de 50 % du chiffre d'affaires, ou de l'effectif moyen du personnel et du montant brut des éléments de l'actif immobilisé, par rapport à l'exercice précédant celui de l'abandon ou du transfert (CGI, art. 221-5, b). Sur agrément, un changement d'activité réelle caractérisé par ces critères peut ne pas être considéré comme emportant cessation d'entreprise lorsque les opérations sont indispensables à la poursuite de l'activité à l'origine des déficits et à la pérennité des emplois (CGI, art. 221-5, c)[305].

• *Disparition des moyens de production.* La loi a institué deux nouveaux cas de cessation d'entreprise (CGI, art. 221-5, *a*)[306] : 1) lors de la disparition des moyens

(301) *BOFiP*, BOI-IS-DEF-10-10, n° 160.

(302) M.-H. Pinard-Fabro, *Changement d'activité : une flexibilité opportune en contexte de crise : BF* 8-9/09, p. 653. – A. de Bissy, *L'inadaptation du droit fiscal en période de crise*, in *Crise(s) et droit*, LGDJ, 2012, p. 43.

(303) Selon le Conseil d'État : « L'exercice par une société du droit au report déficitaire est subordonné, notamment, à la condition qu'elle n'ait pas subi, dans son activité réelle, de transformations telles qu'elle ne serait plus, en réalité, la même » (CE, 18 mai 2005, n° 259275, *SARL Sophie B : Dr. fisc.* 2005, n° 48, comm. 769, concl. P. Collin, note P. Masquart). Notamment, le recentrage d'une société sur une activité minoritaire, mais non marginale, ne peut être considéré comme ayant entraîné un changement d'activité réelle (CE, 30 nov. 2007, n° 284621, *Sté Marché actif : Dr. fisc.* 2008, n° 10, comm. 197, note J.-L. Pierre). Encore récemment, le Conseil d'État a jugé que la filialisation progressive de son activité commerciale de vente de vêtements par une société qui a dégagé un déficit l'année de la fermeture de son dernier magasin ne constitue pas une cessation d'entreprise au sens de l'article 221-5 du CGI dans sa rédaction alors en vigueur (CE, 26 juill. 2018, n° 404078, *Group'Fade : Dr. fisc.* 2018, n° 46, comm. 468, note E. Kornprobst).

(304) L. fin. rect. 2012, n° 2012-958, 16 août 2012, art. 15. Disposition applicable aux exercices clos depuis le 4 juillet 2012.

(305) *BOFiP*, BOI-IS-CESS-10, n° 480.

(306) L. fin. rect. 2012, n° 2012-958, 16 août 2012, art. 15, préc. Disposition applicable aux exercices clos depuis le 4 juillet 2012.

de production nécessaires à la poursuite de l'exploitation pendant une période de plus de douze mois[307]. Il n'y est porté exception qu'au cas de force majeure (par ex., événement climatique)[308], ou si l'entreprise obtient un agrément administratif lorsque l'interruption et la reprise sont justifiées par des considérations autres que fiscales (CGI, art. 221-5, *c*) ; 2) lors de la disparition des moyens de production nécessaires à la poursuite de l'exploitation lorsqu'elle est suivie de la cession de la majorité des droits sociaux[309]. Aucune dérogation n'est prévue dans ce cas[310].

• *Fusion et opérations assimilées.* Par principe, les déficits d'une société absorbée ou scindée ne peuvent être transférés aux sociétés absorbantes ou nouvelles dès lors que celles-ci possèdent une personnalité différente[311]. Il en va de même au cas d'apport partiel d'actif, en ce qui concerne les déficits de la société apporteuse, à concurrence de ces déficits se rapportant à l'activité transférée[312]. Par exception, l'entreprise qui a placé ces opérations sous le régime fiscal de faveur de l'article 210 A du Code général des impôts peut demander et obtenir un agrément autorisant le transfert de ses déficits, si quatre conditions sont réunies (CGI, art. 209-II) : 1) l'opération est justifiée du point de vue économique et obéit à des motivations principales autres que fiscales ; 2) l'activité à l'origine des déficits ne doit pas avoir subi de changements significatifs pendant la période de constatation des déficits (notamment en termes de clientèle, d'emploi, de moyens d'exploitation mis en œuvre, de nature et de volume d'activité)[313] ; 3) l'activité transférée est poursuivie par la ou les sociétés absorbantes ou bénéficiaires pendant trois ans au moins, sans faire l'objet pendant cette période de changements significatifs[314] ; 4) les déficits ne proviennent pas de la gestion d'un patrimoine mobilier par des sociétés dont l'actif est principalement composé de participations financières, ou d'immobilier[315].

Une dispense d'agrément est accordée si les quatre conditions suivantes sont réunies[316] : 1/ l'opération de fusion doit être placée sous le bénéfice du régime fiscal de faveur ; 2/ le montant cumulé des déficits, des charges financières nettes non déduites et de la capacité de déduction inemployée est inférieur à *200 000 €* ; 3/ ils ne doivent pas provenir de la gestion d'un patrimoine mobilier ni de la gestion d'un patrimoine immobilier, 4/ la société absorbée ne doit pas avoir cédé ou arrêté l'exploitation d'un

(307) Par cette disposition, le législateur revient expressément sur la décision *SARL Sophie B* précitée, aux termes de laquelle le Conseil d'État avait estimé que l'arrêt d'une activité de vente de vêtements puis la création trente mois plus tard d'une activité de vente d'articles de sport ne constituait pas un changement réel d'activité, dès lors que l'activité d'habillement demeurait prépondérante dans le chiffre d'affaires du nouveau commerce.

(308) Un événement ne peut être qualifié de force majeure qu'à la double condition : 1) d'être imprévisible, insurmontable et indépendant de la volonté de la société ; 2) de constituer la cause déterminante de la disparition de l'ensemble des moyens de production (*BOFiP*, BOI-IS-CESS-10, n° 180).

(309) Il s'agit des droits de vote attachés aux titres ; *BOFiP*, BOI-IS-CESS-10, n° 200.

(310) *BOFiP*, BOI-IS-CESS-10, n° 250.

(311) *BOFiP*, BOI-IS-DEF-10-10, n° 220.

(312) *BOFiP*, BOI-IS-DEF-10-10, n° 230.

(313) L. fin. rect. 2012, n° 2012-958, 16 août 2012, art. 15, préc. Disposition applicable aux exercices clos depuis le 4 juillet 2012.

(314) L. fin. rect. 2012, n° 2012-958, 16 août 2012, art. 15, préc. Précision applicable aux exercices clos depuis le 4 juillet 2012.

(315) L. fin. rect. 2012, n° 2012-958, 16 août 2012, art. 15, préc. Disposition applicable aux exercices clos depuis le 4 juillet 2012.

(316) L. fin. 2020, n° 2019-1479, 28 déc. 2019, art. 53. La dispense ne vaut que pour les opérations de fusions, à l'exclusion des scissions et des apports partiels d'actifs.

fonds de commerce ou d'un établissement durant la période au cours de laquelle ces montants ont été constatés.

568. – Requiem pour les ARD… *Jusqu'en 2003, le report des déficits n'était pas plafonné dans son montant, mais dans sa durée (cinq ans).* Afin d'éviter la péremption des déficits, les entreprises avaient la possibilité de les déduire, de façon extra-comptable, avant les amortissements de l'exercice régulièrement comptabilisés (CGI, art. 209-I ancien).

Si l'imputation de ces derniers générait à son tour un déficit, les entreprises pouvaient les reporter sans limitation de durée (amortissements réputés différés, « ARD »). Comme il existait un risque de perte du droit au report illimité des ARD de plus de cinq ans au cas de restructuration (« banalisation des ARD »), les entreprises étaient autorisées à les imputer avant les amortissements de l'exercice (« rajeunissement des ARD »).

Pour les exercices comptables ouverts à compter du 1er janvier 2004, les déficits fiscaux deviennent reportables sans limitation de durée (L. fin. 2004, n° 2003-1311, 30 déc. 2003, art. 89). Parallèlement, les ARD sont supprimés. Les déficits ordinaires anciens non encore prescrits à l'issue de l'exercice précédant le premier exercice d'application de la réforme deviennent reportables de manière illimitée. Les ARD existants à ce moment-là sont traités comme des déficits ordinaires et sont donc reportables indéfiniment.

B. – Le report en arrière

569. – Conditions de l'option. Le report en arrière des déficits est particulièrement encadré par la loi (CGI, art. 220 quinquies-I). *À compter des exercices clos depuis le 21 septembre 2011, le report en arrière des déficits n'est possible que sur les bénéfices de l'exercice précédent et il est plafonné au montant le plus faible entre le bénéfice de l'exercice précédent et un million d'euros*[317] (jusque-là, le report en arrière des déficits pouvait se faire sur les trois exercices précédents, de l'exercice le plus ancien au plus récent, sans plafonnement).

Le report en arrière n'est possible que si les bénéfices ont supporté l'IS, au taux normal ou au taux réduit des PME, à l'exclusion des plus-values à long terme ou des produits de la propriété industrielle taxés à un taux réduit. Selon l'administration, lorsqu'un déficit est susceptible d'être reporté en arrière sur les bénéfices soumis pour partie au taux réduit et pour partie au taux normal, il est réputé imputé en priorité sur le bénéfice soumis au taux normal, puis sur celui soumis au taux réduit[318].

Le report en arrière des déficits n'est pas possible sur la fraction des bénéfices exonérés d'IS (entreprises nouvelles, créées pour reprendre une entreprise en difficulté ou qui s'installent sur des zones d'exonération fiscale), ou ceux qui ont donné lieu à un IS payé au moyen d'un crédit d'impôt[319] (pour l'application de cette règle, les crédits d'impôt attachés aux revenus mobiliers sont présumés utilisés pour le paiement de l'IS avant les autres crédits d'impôt[320] et ils sont réputés affectés au paiement de l'IS

(317) L. fin. rect. 2011, n° 2011-1117, 19 sept. 2011, art. 2.
(318) *BOFiP*, BOI-IS-DEF-20-10, n° 100.
(319) V. CE, 10 mars 2022, n° 443690, *SAS Technocer : Dr. fisc.* 2022, n° 50, comm. 424, concl. L. Cytermann, note R. Daguzan, P. Vendeville et G. Robic (impossibilité d'imputer un déficit sur des bénéfices passés pour lesquels l'IS avait été acquitté au moyen d'un excédent de crédit d'impôt recherche).
(320) *BOFiP*, BOI-IS-DEF-20-10, n° 130.

au taux normal ou au taux réduit à proportion du rapport existant entre l'impôt dû à chacun de ces taux et le montant de l'IS)[321], ou même d'une simple réduction d'impôt (notamment la réduction d'impôt mécénat)[322].

L'imputation des déficits n'est également possible que pour la partie des bénéfices qui n'a pas été distribuée aux associés. En pratique, les sociétés ont intérêt à imputer par priorité les dividendes sur les bénéfices exonérés d'IS afin de maximiser le bénéfice d'imputation.

Par contre, le report en arrière des déficits est possible même s'il s'agit d'un bénéfice rehaussé par l'administration, ou rectifié par le contribuable dans le délai légal de réclamation (LPF, art. R. 196-1). L'option pour le report en arrière constitue une réclamation au sens de l'article L. 190 du LPF ; au cas de rectification d'un bénéfice ancien par l'administration, la société doit donc agir dans les deux ans à compter de la mise en recouvrement des suppléments d'IS[323]. La même possibilité est offerte aux entreprises qui déclarent un nouveau déficit ; elles peuvent demander, sous les mêmes conditions, leur imputation sur les bénéfices anciens[324].

Ces solutions restent valables malgré les modifications apportées à l'article 220 quinquies du CGI par la loi de finances rectificative pour 2011[325].

À cet égard, selon l'administration[326], si un contrôle fiscal : soit fait apparaître ou rehausse un bénéfice fiscal sur lequel aurait pu être imputé un déficit que la société a subi au titre d'un exercice clos postérieurement, soit majore le bénéfice sur lequel a été partiellement imputé un déficit subi au titre d'un exercice clos postérieurement, la société peut, dans le cadre d'une réclamation contentieuse, opter pour le report en arrière de ce déficit, dans la double limite du bénéfice rehaussé et de un million d'euros ; soit fait apparaître ou accroît le déficit d'un exercice clos, la société peut, dans le cadre d'une réclamation contentieuse, opter pour le report en arrière de ce déficit dans la double limite du déficit rectifié et de un million d'euros.

Toujours selon l'administration[327], les mêmes principes s'appliquent si le dépôt d'une déclaration rectificative dans le délai prévu à l'article R. 196-1 du LPF a pour effet de : faire apparaître ou rehausser un bénéfice fiscal sur lequel aurait pu être imputé ou a été partiellement imputé un déficit que la société a subi au titre d'un exercice clos postérieurement ; faire apparaître ou accroître un déficit subi au titre d'un exercice clos, que ce déficit ait ou non fait partiellement l'objet d'un report en arrière préalable.

570. – Modalités de l'option. L'option pour le report en arrière des déficits constitue une décision de gestion opposable. Alors que le Conseil d'État avait considéré qu'elle

(321) *BOFiP*, BOI-IS-DEF-20-10, n° 140.

(322) L. fin. 2022, n° 2021-1900, 30 déc. 2021, art. 15. Disposition applicable au report en arrière des déficits constatés au titre d'exercices clos à compter du 31 décembre 2021.

(323) CE, 19 déc. 2007, n°s 285588 et 294358, *SA Vérimédia : Dr. fisc.* 2008, n° 7, comm. 173, obs. J.-L. Pierre. – J. Burguburu, *Heurs (et bonheur ?) du report en arrière des déficits : RJF* 3/08, n° 347, chron., p. 211. Si le contribuable a demandé le report en arrière du déficit d'un exercice avant la mise en recouvrement des cotisations supplémentaires d'IS, il reste lié par le montant des bénéfices d'imputation mentionnés dans sa déclaration d'option ; seule une nouvelle réclamation peut lui permettre d'imputer le déficit sur les bénéfices rectifiés (CE, 19 juill. 2016, n°s 385768 et 385774, *Sté Technogram : Dr. fisc.* 2016, n° 30-35, act. 479).

(324) CE, 23 déc. 2011, n° 338773, *Sté Maysam France : Dr. fisc.* 2012, n° 23, comm. 324, concl. E. Geffray.

(325) CE, 16 nov. 2022, n° 462305, *SARL Fiorim : Dr. fisc.* 2023, n° 10, comm. 120, concl. K. Ciavaldini.

(326) *BOFiP*, BOI-IS-DEF-20-10, n° 50.

(327) *BOFiP*, BOI-IS-DEF-20-10, n° 60.

pouvait porter non seulement sur les déficits du dernier exercice clos, mais encore sur ceux qui étaient encore reportables au moment de l'option[328], la loi a enfermé l'option dans les mêmes délais que ceux prévus pour la déclaration des résultats de l'exercice (CGI, art. 220 quinquies-II)[329].

L'option ne peut pas être exercée au titre d'un exercice au cours duquel interviennent une cession ou une cessation totale d'entreprise, une fusion ou une opération assimilée, ou encore une liquidation judiciaire de la société[330]. Toutefois, l'administration admet que, au cas de fusion ou d'opération assimilée, la société bénéficiaire de l'apport puisse reporter en arrière sur ses propres bénéfices les déficits dont le transfert a été autorisé (V. *supra*, n° 567)[331].

L'option est formalisée sur le tableau fiscal n° 2058-A-SD, ligne ZL (tableau n° 2033-B-SD, ligne 356, pour les entreprises soumises au régime simplifié d'imposition). L'entreprise doit également souscrire une déclaration n° 2039-SD (« Report en arrière des déficits »), qu'elle joindra au relevé de solde de l'IS (n° 2572) ou à sa déclaration de résultats si elle opte pour le report en arrière des déficits postérieurement à la date limite du dépôt du relevé de solde.

571. - Calcul de la créance de *carry-back*. L'excédent d'IS versé par l'entreprise au titre de l'année d'imputation des déficits ouvre droit pour elle à une créance fiscale (créance de *carry-back*). Celle-ci est égale au déficit qui a été imputé, multiplié par le taux d'IS applicable au bénéfice d'imputation (V. *supra*, n° 569).

Exemple administratif

(*BOFiP*, BOI-IS-DEF-20-10, n° 210)

Soit une société ayant réalisé en N un bénéfice de 1 020 620 € dont 42 500 € soumis au taux de 15 %.

En N+1, la même société subit un déficit de 1 500 000 €. Elle opte dans les délais pour le report en arrière de son déficit, soit 1 000 000 €, le surplus de 500 000 € étant reporté en avant (CGI, art. 209).

La créance de report en arrière des déficits est calculée comme suit :

Exercice clos en N :

Résultat fiscal soumis au taux réduit : 42 500 €.

Montant d'IS acquitté au taux réduit : 42 500 € × 15 % = 6 375 €.

(328) CE, 4 août 2006, n° 285201, *Sté Kauffman & Broad Participations : Dr. fisc.* 2006, n° 44, comm. 705, concl. F. Séners, note P. Fumenier.

(329) L. fin. rect. 2011, n° 2011-1978, 28 déc. 2011, art. 31, préc. Dispositions applicables aux déficits constatés au titre des exercices clos à compter de l'entrée en vigueur de la loi du 19 septembre 2011 (soit le 21 septembre 2011), ainsi qu'aux déficits restant à reporter à la clôture de l'exercice précédant le premier exercice clos à compter de cette date (précisions de caractère interprétatif). Le tribunal de Montreuil a néanmoins considéré que la loi du 19 septembre 2011 se suffisait à elle-même pour juger tardive une option intervenue après la date de publication de la loi, dès lors que le délai de dépôt de la déclaration de résultat était dépassé ; la société ne dispose donc pas d'une créance protégée par la Convention EDH (TA Montreuil, 27 janv. 2014, n° 120818, *SAS Alinéa : Dr. fisc.* 2014, n° 26, comm. 399, concl. V. Restino).

(330) Il en va de même en cas de liquidation amiable de la société puisque le report en arrière vise à favoriser le rétablissement rapide de la société déficitaire. – CE, 20 nov. 2017, n° 397027 : *Dr. fisc.* 2017, n° 48, act. 639.

(331) *BOFiP*, BOI-IS-FUS-10-20-50, n° 50.

Résultat fiscal soumis au taux normal : 1 020 620 € – 42 500 € = 978 120 €.
Montant d'IS acquitté au taux normal : 978 120 € × 25 % = 244 530 €.

Exercice clos en N+1 :
Déficit reporté en arrière : 1 000 000 €.
Montant de la créance à taux normal : 244 530 €.
Montant de la créance à taux réduit : (1 000 000 € – 978 120 €) × 15 % = 3 282 €.
Montant total de la créance : 244 530 € + 3 282 € = 247 812 €.

572. – Utilisation de la créance de *carry-back*. La créance de *carry-back* figure en produit dans les comptes de l'entreprise, mais elle n'est pas imposable (V. *supra*, n° 234). Sa nature juridique est discutée ; elle est inaliénable et incessible, sauf dans le cadre de la loi « Dailly », et ne peut être donnée en garantie en vue de l'octroi d'un sursis au paiement[332].

La créance est remboursée au terme des cinq années suivant celle de la clôture de l'exercice au titre duquel l'option pour le report en arrière des déficits a été exercée. Le calcul est effectué par année civile ; une créance se rapportant à un déficit constaté au titre d'un exercice clôturé à un moment quelconque de l'année N pourra être remboursée en N+6.

L'administration est tenue de rembourser spontanément la créance de *carry-back* ; si tel n'est pas le cas, il appartient au contribuable, dans le délai de prescription quadriennale relative à la prescription des créances sur l'État, de présenter une demande en ce sens[333].

Pendant la période quinquennale, l'entreprise peut utiliser sa créance de *carry-back* pour le paiement de l'IS, de ses acomptes et, le cas échéant, des rappels d'IS. En revanche, elle ne peut servir au paiement des différentes contributions additionnelles à l'IS (contribution sociale, contribution exceptionnelle et contribution sur les revenus distribués), ni de l'imposition forfaitaire annuelle des sociétés (IFA).

Les entreprises qui font l'objet d'une procédure de sauvegarde, de redressement ou de liquidation judiciaire, mais encore celles faisant l'objet d'une procédure de conciliation[334] ou de liquidation judiciaire peuvent demander le remboursement de leur créance non utilisée à compter de la date du jugement qui a ouvert ces procédures[335], sous déduction d'un intérêt[336].

(332) M.-C. Bergerès, *Les ambiguïtés du régime juridique de la créance de carry-back : Dr. fisc.* 2004, n° 15, étude 16.

(333) CE, 9 mars 2016, n° 385244, *Sté BFO : Dr. fisc.* 2016, n° 20, comm. 325, concl. E. Bokdam-Tognetti, note R. Schneider et R. Daguzan.

(334) L. fin. 2021, n° 2020-1721, 29 déc. 2020, art. 19. Disposition applicable à compter des créances de *carry-back* constatées depuis le 1er janvier 2021.

(335) Il n'est pas fait de différence selon que la créance est née avant ou après le jugement qui a ouvert la procédure collective (CAA Lyon, 7 mai 2013, n° 12LY02242, *SARL Sobral : RJF* 11/13, n° 1005). La doctrine administrative est désormais en ce sens ; le remboursement anticipé concerne les créances non utilisées à compter de la date du jugement qui a ouvert l'une des procédures de sauvegarde, de redressement ou de liquidation judiciaires, ainsi que les créances nées pendant la période couverte par ces procédures (*BOFiP*, BOI-IS-DEF-20-20, n° 140). Il en va de même pour les remboursements immédiats de crédit d'impôt recherche.

(336) L'intérêt est celui du taux légal applicable le mois suivant la demande de l'entreprise. Il est calculé à compter du premier jour du mois suivant cette demande jusqu'au terme des cinq années suivant la clôture de l'exercice au titre duquel l'option pour le report en arrière des déficits a été exercée.

573. – Remboursement anticipé de la créance de *carry-back* en période de crise. En période de crise économique, le législateur donne parfois aux entreprises la possibilité de se faire rembourser immédiatement leur créance fiscale, sans attendre la fin de la période quinquennale, et sans qu'elles soient nécessairement en difficulté. Ce fut le cas en 2009, après la crise financière de 2008[337], et en 2020 lors de la crise sanitaire liée au Covid-19[338].

Cette dernière évolution prévoit la possibilité pour les entreprises de demander le remboursement anticipé de leurs créances de *carry-back* qui sont nées d'une option exercée au titre d'un exercice clos au plus tard le 31 décembre 2020. *Par conséquent, sont en pratique concernées non seulement les créances qui viendraient à être constatées au titre de l'exercice clos au plus tard le 31 décembre 2020, mais également les créances nées au titre d'une option pour le report en arrière des déficits déjà exercée à la clôture des exercices 2015, 2016, 2017, 2018 et 2019.* La demande doit être effectuée au plus tard à la date limite de dépôt de la déclaration de résultats de l'exercice clos le 31 décembre 2020, soit au plus tard le 19 mai 2021.

Par dérogation à la règle selon laquelle l'option pour le report en arrière des déficits fiscaux doit être exercée dans le délai de dépôt de la déclaration des résultats de l'exercice de constatation du déficit, les entreprises qui estiment que le résultat de l'exercice clos en 2020 est déficitaire peuvent exercer l'option pour le report en arrière, et demander le remboursement de la créance résultant de cette option, sans attendre la liquidation de l'impôt, dès le lendemain de la clôture de l'exercice. Mais afin d'éviter que les entreprises ne majorent le montant estimé du déficit subi au titre de l'exercice clos en 2020, le législateur a institué un *mécanisme anti-abus* de telle sorte que si le montant de la créance remboursée sur la base de l'estimation provisoire excède de plus de 20 % le montant de la créance définitive déterminée à partir de la déclaration de résultats déposée au titre de l'exercice clos en 2020, l'intérêt de retard prévu à l'article 1727 du CGI (0,20 % par mois) et la majoration de 5 % prévue à l'article 1731 du CGI sont dus sur l'excédent indûment remboursé.

574. – Dispositif exceptionnel de report en arrière des déficits. Afin de tenir compte de la crise sanitaire en 2020 et 2021, la Commission européenne a adopté une recommandation à propos du traitement fiscal des pertes réalisées au cours des exercices 2020 et 2021 *(Recommandation [UE] n° 2021/801, 18 mai 2021). Selon elle, les États devraient autoriser le report en arrière dans la limite de trois exercices.* Ils devraient toutefois limiter le montant maximal du report en arrière de pertes à 3 M€ par exercice fiscal déficitaire.

La France a partiellement suivi cette recommandation, en autorisant, à titre exceptionnel, les sociétés à imputer sur les bénéfices déclarés des trois exercices précédents la totalité du premier déficit constaté au titre d'un exercice clos à compter du 30 juin 2020 et jusqu'au 30 juin 2021 (L. fin. rect.2021, n° 2021-953, 19 juill. 2021, art. 1, I).

Il s'agit donc d'une option qui ne vaut que pour un seul exercice (sauf le cas des sociétés qui clôturent le 30 juin et qui pourraient profiter de la mesure au titre de deux exercices consécutifs ;

(337) L. fin. rect. 2008, n° 2008-1443, 30 déc. 2008, art. 94.
(338) L. fin. rect. 2020, n° 2020-935, 30 juill. 2020, art. 5.

celui du 1er juillet 2019 au 30 juin 2020 et celui du 1er juillet 2020 au 30 juin 2021).

Contrairement à ce que préconisait la Commission, ce report en arrière sur les trois exercices précédents *n'est pas plafonné*. En revanche, *un ordre d'imputation* est imposé, puisque le déficit est imputé d'abord sur les bénéfices déclarés de l'exercice précédent, puis sur ceux de l'avant-dernier exercice, puis enfin sur ceux de l'antépénultième exercice. C'est donc un retour à une situation que l'on connaissait jusqu'à la réforme de 2011, mais avec une nuance : l'imputation se fait à rebours de celui qui existait puisqu'à l'époque l'imputation se faisait nécessairement d'abord sur N-3, puis N-2 et enfin N-1.

L'option pour ce dispositif exceptionnel peut être exercée jusqu'au 30 septembre 2021 (ce qui correspond à la date normale de déclaration des résultats d'un exercice clos au 30 juin 2021, et donc de l'option pour le report en arrière des déficits en droit commun) et au plus tard avant que la liquidation de l'IS dû au titre de l'exercice suivant celui au titre duquel l'option est exercée ne soit intervenue (si celle-ci se situe avant le 30 septembre 2021).

L'option pour le report en arrière d'un déficit sera formalisée sur le tableau n° 2058 A-SD (régime réel normal d'imposition) ou n° 2033 B-SD (régime simplifié d'imposition).

Les bénéfices d'imputation sont déterminés dans les conditions habituelles (V. *supra* n° 569). Simplement, afin que les mêmes bénéfices ne servent deux fois à l'imputation de déficits, il est prévu que les bénéfices d'imputation d'un déficit reporté en arrière dans le cadre du présent dispositif doivent être diminués du montant des déficits constatés au titre des exercices antérieurs pour lesquels l'entreprise a déjà opté pour le report en arrière.

Exemple :

Une société a clôturé son exercice le 31 décembre 2020 et constate un déficit de 5 M€.

Avant cette date, ses résultats ont été les suivants :

– exercice clos le 31 décembre 2019 : 1 M€

– exercice clos le 31 décembre 2018 : – 0,5 M€

– exercice clos le 31 décembre 2017 : 2 M€

La société avait opté pour le report en arrière du déficit 2018 sur le bénéfice 2017.

Elle peut opter pour le report en arrière du déficit 2020 à hauteur de : (1 M€ + 2 M€ – 0,5 M€) = 2,5 M€.

Il convient de faire attention aux modalités de calcul de la créance de *carry-back* dans le présent dispositif : celle-ci est égale au déficit qui a été imputé multiplié par le taux d'IS applicable aux exercices ouverts depuis le 1er janvier 2022 (soit 25 % ; et non le taux d'IS qui s'est appliqué sur le bénéfice d'imputation), ou, le cas échéant, le taux réduit en faveur des PME (soit 15 %). Cette créance doit être minorée du montant de la créance de report en arrière qui a déjà été liquidée, lorsque l'option pour le report en arrière a déjà été exercée au titre de ce même déficit (cette situation concerne le cas d'une entreprise qui a réalisé un déficit de plus d'1 M€).

La créance de *carry-back* ainsi calculée est utilisable dans les conditions du droit commun (V. *supra*, n° 572). Simplement, elle ne peut pas bénéficier du remboursement anticipé exceptionnel de la créance de *carry-back* pour une option exercée au titre d'un exercice clos au plus tard le 31 décembre 2020 institué par la loi du 30 juillet 2020 (art. 5 ; V. *supra*, n° 573).

Ce dispositif s'applique, selon les mêmes modalités, dans les groupes intégrés.

CHAPITRE 2 LES RETRAITEMENTS PARTICULIERS

575. – Autonomie ponctuelle du droit fiscal. Le droit fiscal peut, de façon ponctuelle et dérogatoire, prévoir un traitement spécifique pour certaines charges ou certains produits. Pour des raisons qui lui sont propres, il peut ainsi s'opposer ou limiter la déduction de certains frais généraux (Section 1), prendre en compte certains profits ou pertes simplement latents (Section 2), ou bien prévoir un étalement de certaines recettes ou de certaines dépenses (Section 3).

SECTION 1 LES FRAIS GÉNÉRAUX NON DÉDUCTIBLES

576. – Variété. Le Code général des impôts, particulièrement l'article 39, contient diverses dispositions spécifiques visant à limiter ou interdire la déduction de certains frais généraux. C'est notamment le cas en ce qui concerne les dépenses somptuaires (§ 1), les charges de personnel (§ 2), les frais financiers (§ 3), les amendes, les pénalités et certains impôts (§ 4), ainsi que les frais de repas et de déplacement (§ 5).

§ 1. – Les dépenses somptuaires

577. – Notion et domaine. Il n'existe pas de définition des dépenses dites « somptuaires », mais il n'est pas difficile d'en percevoir l'esprit à la lecture de l'article 39-4 du Code général des impôts.

Selon le premier alinéa de l'article 39-4 dudit code :

> « Qu'elles soient supportées directement par l'entreprise ou sous forme d'allocations forfaitaires ou de remboursements de frais, sont exclues des charges déductibles pour l'établissement de l'impôt, d'une part, les dépenses et charges de toute nature ayant trait à l'exercice de la chasse ainsi qu'à l'exercice non professionnel de la pêche et, d'autre part, les charges, à l'exception de celles ayant un caractère social, résultant de l'achat, de la location ou de toute autre opération faite en vue d'obtenir la disposition de résidences de plaisance ou d'agrément, ainsi que de l'entretien de ces résidences ; les dépenses et charges ainsi définies comprennent notamment les amortissements ».

Selon le deuxième alinéa de l'article 39-4 du même code :

« Sauf justification, les dispositions du premier alinéa sont applicables : *a)* À l'amortissement des véhicules de tourisme au sens de l'article L. 421-2 du code des impositions sur les biens et services pour la fraction de leur prix d'acquisition qui dépasse 18 300 € ».

Toutefois, ce plafond peut être augmenté ou au contraire diminué, en fonction du plus ou moins grand degré de pollution du véhicule (V. *infra*, n° 579).

Si le véhicule est pris en crédit-bail ou en location (pour trois mois au moins), le plafonnement s'applique :

« à la part de loyer supportée par le locataire et correspondant à l'amortissement pratiqué par le bailleur pour la fraction du prix d'acquisition du véhicule qui excède les limites déterminées conformément au a ».

L'exclusion des dépenses somptuaires s'applique aussi :

« *c)* Aux dépenses de toute nature résultant de l'achat, de la location ou de toute autre opération faite en vue d'obtenir la disposition de yachts ou de bateaux de plaisance à voile ou à moteur ainsi que de leur entretien ; les amortissements sont regardés comme faisant partie de ces dépenses ».

578. – Exceptions. Le texte prévoit lui-même trois types d'exception : 1) les dépenses relatives à des résidences de plaisance ou d'agrément lorsqu'elles ont un caractère social (dépenses exposées dans le cadre des services sociaux et profitant à l'ensemble du personnel) ; 2) « sur justification », l'amortissement des véhicules de tourisme et les dépenses relatives aux yachts et bateaux de plaisance (dépenses dont il peut être rapporté qu'elles ont un caractère strictement professionnel) ; 3) les dépenses qui concernent soit les demeures historiques classées ou inscrites à l'inventaire supplémentaire des monuments historiques, soit les résidences servant d'adresse ou de siège de l'entreprise en application des articles L. 123-10 et L. 123-11-1 du Code de commerce[1], soit les résidences faisant partie intégrante d'un établissement de production et servant à l'accueil de la clientèle[2] (CGI, art. 39-4, al. 5).

L'administration étend à l'ensemble des dépenses somptuaires la possibilité de les « justifier », et donc de les déduire[3]. Elle tend néanmoins à considérer que les dépenses « justifiables » sont seulement celles qui sont nécessaires à l'entreprise à raison de son objet (par ex., véhicules des auto-écoles ou des ambulanciers)[4]. Au contraire, la jurisprudence admet également la déduction de ces dépenses lorsque la

(1) Ces textes autorisent les personnes physiques à déclarer l'adresse de leur local d'habitation et y exercer une activité (C. com., art. L. 123-10, al. 2), et les personnes morales à installer leur siège au domicile de leurs représentants légaux et y exercer une activité (C. com., art. L. 123-11-1, al. 1er), sauf dispositions législatives ou contractuelles contraires.

(2) L'exclusion des résidences intégrées à un établissement de production (et de celles servant de siège social) est issue de la loi de finances pour 2009 (L. n° 2008-1425, 27 déc. 2008, art. 6), laquelle fait suite à une jurisprudence particulièrement stricte du Conseil d'État qui avait exclu du droit à déduction les charges se rapportant à des châteaux viticoles (CE, 28 déc. 2007, n° 284899, *SA Domaine Clarence Dillon*, préc.).

(3) *BOFiP*, BOI-BIC-CHG-30-10, n° 50.

(4) *BOFiP*, BOI-BIC-CHG-30-10, n° 60.

preuve d'une exploitation lucrative spécifique est rapportée[5], ou encore si elles sont absolument nécessaires à l'entreprise[6].

Par tolérance, l'administration admet également la déduction des charges relatives à des bateaux et des voitures de course utilisés exclusivement à des fins publicitaires et dans le cadre d'opérations de parrainage strictement définies[7] (V. *supra*, n° 506).

579. - **Régime des véhicules de tourisme[8].** Il s'agit des voitures particulières au sens de l'article L. 421-2 du Code des impositions sur les biens et services[9]. En ce qui concerne ces véhicules, les dépenses non déductibles se limitent aux amortissements et aux loyers (les autres charges sont déductibles sans limitation).

• *Amortissement des véhicules de tourisme.* Ces véhicules s'amortissent sur une base maximale de 18 300 € (véhicules mis en service depuis le 1er novembre 1996 uniquement). Les véhicules les plus polluants (véhicules qui émettent plus de 200 g/km de CO_2) acquis à compter du 1er janvier 2006 et dont la première mise en circulation est intervenue après le 1er juin 2004 sont amortis sur une base maximum de 9 900 €. La législation a cependant évolué pour les véhicules acquis ou loués à compter de 2017 ; le législateur a augmenté le plafond de déduction pour les véhicules les moins polluants et au contraire diminué ce même plafond pour les véhicules les plus polluants (V. l'encadré qui suit). La base est TTC, car la TVA sur les véhicules de tourisme n'est pas récupérable. La fraction d'annuité d'amortissement calculée sur la fraction du prix qui excède le plafond doit être réintégrée. Si le véhicule fait l'objet d'une immobilisation par composants (situation rare pour ce type de bien), le seuil de 18 300 € sera apprécié par rapport au prix d'achat du véhicule dans son ensemble (ce montant sera réparti entre la structure et les composants en proportion de leur part dans le coût total), et les remplacements de composants ultérieurs ne seront pas soumis au plafonnement[10]. Si l'amortissement comptable est inférieur à l'amortissement fiscal, la différence doit figurer dans un compte d'amortissements dérogatoires[11] (V. *supra*, nos 240 et s.) même si une fraction de l'amortissement fiscal n'est pas déductible en application de l'article 39-4 du Code général des impôts. Enfin, au cas de cession du véhicule, la plus-value doit être calculée en tenant compte de l'ensemble des amortissements relatifs à ce bien, même ceux qui n'ont pas été comptabilisés ou ceux qui ne sont pas admis en déduction en application de l'article 39-4 précité (V. *infra*, n° 628).

(5) Notamment, il est classiquement jugé que l'exclusion de déduction des charges afférentes à une résidence de plaisance ou d'agrément ne s'applique pas aux résidences qui, figurant à l'actif de l'entreprise, sont mises à la disposition d'un tiers, d'un dirigeant ou d'un membre du personnel par voie de location ou dans des conditions qui doivent être assimilées à une location (CE, plén., 25 nov. 1981, n° 11383 : *RJF* 1/82, n° 18. – CE, 28 nov. 1986, n° 66294 : *RJF* 2/87, n° 180. – CE, 27 mai 1988, n° 62764 : *RJF* 7/88, n° 859).

(6) CE, 8 nov. 1978, n° 4233 : *RJF* 12/78, n° 521 (yacht restant à quai et aménagé en bureaux).

(7) *BOFiP*, BOI-BIC-CHG-40-20-40, n° 200.

(8) O. Barbe et L. Didelot, *Véhicules de tourisme : les divergences fiscalo-comptables : RF compt.* 2021, n° 556, p. 5 et s.

(9) CGI, ancien art. 1007, abrogé par Ord. n° 2021-1843, 22 déc. 2021 *portant partie législative du code des impositions sur les biens et services et transposant diverses normes du droit de l'UE.* Sont considérés comme tels, les véhicules classés dans la catégorie des véhicules particuliers (familiales, commerciales, break…), ainsi que les véhicules à « usages multiples » (malgré leur classement dans la catégorie des véhicules utilitaires, ces véhicules sont destinés à transporter des voyageurs et leurs bagages ou leurs biens).

(10) *BOFiP*, BOI-BIC-AMT-20-40-50, n° 20.

(11) *BOFiP*, BOI-BIC-AMT-10-40-10, n° 50.

Nouveaux plafonds d'amortissement pour les véhicules de tourisme[12]

Pour les véhicules acquis ou loués à compter du 1er janvier 2017, quatre plafonds sont institués :

– 30 000 € pour les véhicules émettant moins de 20 g/Km de CO2 ;

– 20 300 € pour ceux dont le taux de CO2 est supérieur ou égal à 20 g/Km et inférieur à 60 g/Km ;

– 18 300 € pour ceux dont le taux de CO2 est supérieur ou égal à 60 g/Km et inférieur ou égal à 155 g/Km (ce seuil diminue pour les véhicules acquis ou loués à compter de 2018, V. *infra*) ;

– 9 900 € pour ceux dont le taux de CO2 est supérieur à 155 g/Km (ce seuil diminue pour les véhicules acquis ou loués à compter de 2018, V. *infra*).

Parallèlement, le seuil d'émission de CO2 pour l'application du plafond minoré de 9 900 € diminue chaque année. Il s'applique aux véhicules dont le taux de CO2 est supérieur à :

– 150 g/km pour ceux acquis ou loués en 2018 ;

– 140 g/Km pour ceux acquis ou loués en 2019 ;

– 135 g/Km pour ceux acquis ou loués en 2020 ;

– 130 g/Km pour ceux acquis à partir de 2021.

Pour les véhicules relevant du nouveau système d'immatriculation « WLTP » prévu à l'article 1007 du CGI (immatriculation à compter du 1er mars 2020), le plafond d'amortissement est fixé à[13] :

– 30 000 € si le taux d'émission de CO2 par kilomètre est inférieur à 20 grammes ;

– 20 300 € s'il est supérieur ou égal à 20 g et inférieur à 50 g ;

– 18 300 € s'il est supérieur à 50 g et inférieur à 165 g pour les véhicules acquis avant le 1er janvier 2021, ou à 160 g pour les véhicules acquis à compter de cette date ;

– 9 900 € s'il est supérieur à 165 g pour les véhicules acquis avant le 1er janvier 2021, ou à 160 g pour les véhicules acquis à compter de cette date.

Exemple

Soit une entreprise qui acquiert une voiture particulière le 1er janvier N pour un prix de 40 000 €.

• Elle a identifié un composant d'une valeur de 10 000 € (reste donc 30 000 € pour la structure).

• La structure est amortie sur cinq ans et le composant sur deux ans (mode linéaire).

• Il n'y a pas de différence entre l'amortissement comptable et l'amortissement fiscal.

NB : Ce véhicule émet un taux de CO2 égal à 120 g/Km.

Il ne sera pas cédé au cours de la période d'amortissement.

(12) L. fin. 2017, n° 2016-1917, 29 déc. 2016, art. 70.
(13) L. fin. 2020, n° 2019-1479, 28 déc. 2019, art. 69. Ces nouveaux montants s'appliqueront aux exercices clos à compter du 1er mars 2020 (D. n° 2020-169, 27 févr. 2020).

La limitation est répartie entre le composant et la structure comme suit :
- limitation applicable au composant :
18 300 × 10 000 / 40 000 = 4 575 € ;
- imitation applicable à la structure :
18 300 × 30 000 / 40 000 = 13 725 €.

Les réintégrations annuelles (N à N+4) pour la structure sont de :
- amortissement comptable : 30 000 € / 5 = 6 000 € ;
- plafond fiscal : 13 725 € / 5 = 2 745 € ;
- réintégration : 6 000 € – 2 745 € = 3 255 €.

Les réintégrations annuelles (N et N+1) pour le composant sont de :
- amortissement comptable : 10 000 € / 2 = 5 000 € ;
- plafond fiscal : 4 575 € / 2 = 2 287,50 € ;
- réintégration : 5 000 € – 2 287,50 € = 2 712,50 €.

• *Loyers des véhicules de tourisme.* Les mêmes règles s'appliquent lorsque le véhicule de tourisme est pris en crédit-bail ou en location, à l'exclusion des locations de courte durée n'excédant pas trois mois non renouvelables. Dans ce cas, l'entreprise doit réintégrer une part des loyers correspondant à la fraction des amortissements qui excèdent le plafond susvisé (nécessairement, le propriétaire devra communiquer ces informations au locataire).

NB : Comme la TVA frappant l'acquisition du véhicule de tourisme par le bailleur est déductible, et que les amortissements sont calculés sur une base HT alors que le plafond fiscal s'exprime TTC, il convient de raisonner en fonction d'une base d'amortissement TTC[14].

Exemple

Soit une entreprise de location qui acquiert un véhicule de tourisme le 1er janvier N pour un prix de 20 000 € HT. Ce véhicule est amortissable sur cinq ans. Son taux de CO_2 est égal à 120 g/Km.

Ce véhicule est pris en location de longue durée par une entreprise.

Le loyer non déductible par l'entreprise locataire peut être calculé comme suit :
- annuités d'amortissement HT : 20 000 € / 5 = 4 000 € ;
- annuités d'amortissement TTC :
20 000 € + TVA à 20 % (4 000 €) = 24 000 € / 5 = 4 800 € ;
- annuités d'amortissement plafonnées : 18 300 € / 5 = 3 660 € ;
- loyers non déductibles : 4 800 € – 3 660 € = 1 140 €.

580. – Obligations comptables et fiscales. Les sociétés et personnes morales soumises à l'IS qui, directement ou indirectement (notamment par des filiales), possèdent des biens ou droits visés à l'article 39-4 du Code général des impôts, doivent faire apparaître distinctement dans leurs comptes les dépenses et les charges qui y sont liées (CGI, art. 223 quater, al. 1er). En outre, ces entreprises doivent soumettre

(14) V. la méthode de calcul proposée par l'administration au *BOFiP*, BOI-BIC-AMT-20-40-50, nos 280 et s.

à l'approbation de l'assemblée générale annuelle des associés le montant global de ces dépenses et de ces charges, ainsi que l'impôt y afférent (*ibid.*, al. 2).

Au plan fiscal, les dépenses et les charges non déductibles doivent être réintégrées extra-comptablement, sur le tableau fiscal n° 2058-A-SD (case WE en ce qui concerne les amortissements excédentaires, et case WF pour les autres dépenses somptuaires).

§ 2. – Les charges de personnel

581. – Domaine. L'expression est à prendre au sens large ; elle comprend tant la rémunération du travail que les charges de sécurité sociale y afférentes, aussi bien en ce qui concerne les salariés et des dirigeants de l'entreprise (A), que l'exploitant et sa famille (B).

A. – Les salariés et les dirigeants

582. – Principes généraux. Il n'existe pas de plafonnement général des rémunérations versées au personnel de l'entreprise, quelle qu'en soit la forme (rémunération principale ou accessoire, primes et participations diverses, indemnités de congés payés, remboursements de frais…). Les cotisations de sécurité sociale (patronales ou salariales) ne sont pas non plus plafonnées. Pour être déductibles, les rémunérations doivent seulement répondre à deux exigences : 1) il doit s'agir de charges, et non d'une utilisation des bénéfices (mais les résultats peuvent être un critère d'attribution) ; 2) les rémunérations doivent correspondre à un travail effectif et ne pas être excessives au regard du service rendu (CGI, art. 39-1, 1°, al. 2). À titre exceptionnel, il existe certains plafonds spécifiques, tels que ceux qui touchent les rémunérations différées versées aux dirigeants de sociétés cotées ou aux administrateurs ou aux membres du conseil de surveillance des sociétés anonymes (« jetons de présence »).

583. – La rémunération des dirigeants sociaux. Les rémunérations versées aux dirigeants sociaux ne sont déductibles des résultats imposables que si la société est à l'IS. Si la société est à l'IR, seules les rémunérations versées aux dirigeants non-associés sont déductibles.

• *Les rémunérations en cours de fonction ne sont pas plafonnées fiscalement,* mais la fraction des rémunérations jugées « anormales » ou « excessives » sera réintégrée dans le résultat fiscal et constituera pour le bénéficiaire un revenu distribué (CGI, art. 111, d), majorée de 25 % (CGI, art. 158-7, 2°). L'appréciation du caractère excessif de la rémunération se fait tant au regard de critères internes (et notamment des services rendus à la société), qu'externes (la pratique suivie par d'autres sociétés similaires est également prise en compte)[15]. La Commission des impôts (CDI) est compétente (V. *supra*, n° 540). Le contrôle de l'administration fiscale est facilité par la production, sur le relevé détaillé des frais généraux, des rémunérations des personnes les mieux payées de l'entreprise (V. *supra*, n° 44).

• *Les rémunérations à l'issue des fonctions accordées aux dirigeants de sociétés cotées ont été encadrées tant juridiquement que fiscalement.* Juridiquement, les rémunérations différées ont été mises sous condition de performance de la société (C. com.,

(15) La jurisprudence est abondante. Pour une synthèse, V. P. Serlooten : *JCl. Fiscal, Impôts directs*, fasc. 1112-15, *Rémunération des dirigeants de sociétés – Champ et conditions de la déduction. Contrôle de rémunération*, n°s 52 et s. Du même auteur, V. *Le statut fiscal des dirigeants de sociétés*, Litec, 2002, n°s 239 et s.

art. L. 225-42-1 et L. 225-42-1)[16]. Fiscalement, ces mêmes rémunérations différées ne sont déductibles que dans la limite de trois fois[17] le plafond annuel de la sécurité sociale[18] par bénéficiaire (CGI, art. 39-5 bis). Ce régime concerne tant les indemnités de cessation des fonctions (« parachutes dorés », dus à raison de la cessation ou du changement de fonction), mais aussi les indemnités versées en contrepartie d'une clause de non-concurrence, ainsi que les pensions de retraite (notamment celles qui sont versées dans le cadre des « retraites chapeaux »).

584. – Les rémunérations des membres des conseils d'administration ou des conseils de surveillance des SA (« jetons de présence »)[19]. Les membres des conseils d'administration ou des conseils de surveillance des SA sont rémunérés par des jetons de présence. L'assemblée générale vote un montant global de rémunération et le conseil d'administration en fixe la répartition (C. com., art. L. 225-45). Leur nature de charges de personnel peut être discutée ; ils sont imposés en tant que revenus mobiliers et figurent dans les comptes de l'entreprise en charges d'exploitation (compte n° 653 « Jetons de présence »). La jurisprudence fiscale a néanmoins implicitement pris position pour la qualification de revenu du travail en exigeant une activité effective des administrateurs pour que la société puisse déduire les jetons distribués[20].

Selon la décision de l'assemblée générale, les jetons de présence sont attribués soit au titre de l'exercice clos (dans ce cas, ils devraient avoir été constatés en charges à payer à la fin de cet exercice), soit au titre de l'exercice en cours (ils constituent alors une charge de cet exercice)[21]. Au plan fiscal, un retraitement peut être nécessaire (réintégration des jetons de présence comptabilisés en charges à payer, tableau fiscal n° 2058-A-SD, ligne WI) dans la mesure où l'exercice d'imputation est en principe celui au cours duquel la décision a été prise[22].

La loi fiscale plafonne la déduction des jetons de présence à un montant égal à 5 % de la somme obtenue en multipliant la moyenne des rémunérations déductibles attribuées au cours de l'exercice aux dix ou cinq salariés les mieux rémunérés de la société (selon qu'elle compte plus ou moins de deux cents salariés) par le nombre d'administrateurs ou de membres du conseil de surveillance (CGI, art. 210 sexies, al. 1er). Si les fonctions n'ont été exercées que pendant une partie de l'exercice, le nombre d'administrateurs est réduit *prorata temporis*[23]. Les jetons de présence excédentaires sont inscrits en ligne WQ du tableau fiscal n° 2058-A-SD.

(16) L. n° 2007-1223, 21 août 2007 en faveur du travail, de l'emploi et du pouvoir d'achat, art. 17. – Y. Paclot et C. Malecki, *Le nouveau régime des rémunérations, indemnités et avantages des dirigeants des sociétés cotées : D.* 2007, 2481 et s. – P. Le Cannu, *L'encadrement de rémunérations des dirigeants de sociétés cotées : l'apport de la loi du 21 août 2007 en faveur du travail, de l'emploi et du pouvoir d'achat : Rev. sociétés* 3/07, p. 465 et s.

(17) Exercices ouverts à compter du 1er novembre 2015 (L. fin. 2016, n° 2015-1785, 29 déc. 2015, art. 22). Six fois jusque-là (L. fin. 2009, n° 2008-1425, 27 déc. 2008, art. 21).

(18) Soit 3 × 43 992 € = 131 976 € en 2023.

(19) L'expression « jetons de présence » a été supprimée par la loi n° 2019-486 du 22 mai 2019 relative à la croissance et la transformation des entreprises (« Loi Pacte », art. 185) et remplacée par celle de « rémunération ».

(20) CAA Versailles, 15 juill. 2010, n° 09-1944, *SA Ferrero France : RJF* 4/11, n° 412. Confirmé par CE (na), 14 déc. 2012, n° 344158 : *RJF* 4/12, n° 346.

(21) *Mémento Lefebvre Comptable*, *op. cit.*, n° 939-2.

(22) CE, 26 mai 1975, n° 92036 : *RJF* 7-8/75, n° 339.

(23) *BOFiP*, BOI-IS-BASE-30-20-20, n° 160.

Si la société emploie moins de cinq personnes, la déduction est plafonnée à 457 € par membre du conseil d'administration ou de surveillance (CGI, art. 210 sexies, al. 3).

Selon la jurisprudence, le plafond fiscal n'exclut pas la condition liée à l'exercice d'une activité effective des administrateurs, alors même que juridiquement le conseil d'administration répartit librement les jetons de présence[24]. Mais lorsqu'il s'agit de vérifier que la dépense est déterminée dans son principe et dans son montant, le Conseil d'État est plus sensible aux principes sociétaires et exige une décision de l'organe compétent[25].

585. - Les pensions de retraite. Les entreprises peuvent mettre en place des régimes de retraite supplémentaires au profit de l'ensemble de leur personnel ou de certaines catégories seulement (par ex., dirigeants ou cadres). C'est, en quelque sorte, le « troisième étage » du régime des retraites, car il vient en sur-complément des régimes de base et complémentaires obligatoires.

• *Il existe encore quelques régimes à gestion interne* ; prestations directement versées aux salariés par l'entreprise (CGI, art. 82), provisions pour retraite, et notamment pour « retraites chapeaux » (CGI, art. 39-5, 1°). Au plan fiscal, rappelons que les provisions pour retraite ne sont pas admises en déduction (CGI, art. 39-5, 1° ; V. *supra*, n° 483).

• *Plus fréquemment, les régimes de retraite au sein de l'entreprise reposent sur une gestion externe* : régime à « cotisations définies » de l'article 82 du Code général des impôts (contrat à adhésion facultative, ici financé par le versement de primes par l'employeur), ou de l'article 83 du Code général des impôts (*idem*, mais l'adhésion est obligatoire), pour lesquels le montant des retraites dépend des cotisations versées et capitalisées dans le compte de chaque bénéficiaire, ou régime à « prestations définies » de l'article 39 du même code (retraites « chapeaux », ici financées par le versement de cotisations ou primes) qui est plus intéressant puisqu'il correspond à un pourcentage de la rémunération en fin de carrière, mais également plus encadré.

Quelle que soit l'hypothèse, les sommes versées au titre des régimes de retraite supplémentaires doivent répondre aux deux exigences suivantes pour être déductibles : 1) résulter d'une véritable obligation juridique de l'employeur, même un simple usage[26] ; 2) bénéficier à l'ensemble du personnel de l'entreprise ou à une catégorie spécifique[27]. Selon le Conseil d'État, il importe peu qu'une seule personne soit susceptible de bénéficier du régime de retraite[28], pour peu que le critère retenu ne dissimule pas un avantage particulier[29]. Toujours selon le Conseil d'État, les pensions versées sont également déductibles alors même que la relation professionnelle avec

(24) CAA Versailles, 15 juill. 2010, n° 09-1944, *SA Ferrero France*, préc. - Confirmé par CE, 14 déc. 2012, n° 344158, préc. - G. Eyssautier et C. Siavellis, *La déductibilité fiscale des jetons de présence, Ou l'interprétation du droit des sociétés par le juge de l'impôt : BF* 4/12.

(25) CE, 20 juin 2012, n° 342753, *Sté Imnoth : Dr. fisc.* 2012, n° 46, comm. 515, note L. Chatain (tel n'est pas le cas des remboursements de frais de voyage et de déplacement des membres d'un conseil de surveillance, dès lors qu'ils n'ont pas été autorisés, en tout ou en partie, par une délibération du conseil de surveillance).

(26) CE, 9 nov. 1990, n° 88765, *Laboratoires Nicholas : RJF* 12/90, n° 1447, p. 820, concl. J. Arrighi de Casanova.

(27) *BOFiP*, BOI-BIC-CHG-40-40-50, n° 10 et s.

(28) CE, 8 juill. 2005, n° 259251, *Weinsenburger : RJF* 11/05, n° 1187 (cadres de direction). - CAA Bordeaux, 4 juin 2008, n° 04-1836, *SARL La Jardinerie Toulousaine : RJF* 11/08, n° 1164 (cadres de direction).

(29) CE, 21 déc. 2007, n° 284629, *UF Aciers : RJF* 5/08, n° 539 (cadres de direction, mais le taux de cotisation excluait, en pratique, que le contrat puisse bénéficier à d'autres cadres que le seul PDG).

l'employeur n'a pas été rompue (« cumul emploi-retraite ») et que ce dernier verse une pension au titre d'un régime surcomplémentaire[30].

La loi « Pacte » du 22 mai 2019 a refondu l'ensemble des dispositifs de retraite à « cotisations définies »[31]. Cette loi crée un nouveau dispositif ; celui des « plans d'épargne retraite » (PER). Trois types de PER sont prévus. Les deux premiers sont institués dans un cadre d'entreprise (ou interentreprises) : le PER d'entreprise collectif (Pereco) et le PER d'entreprise obligatoire (Pero). Le troisième est mis en place en dehors de tout cadre professionnel (il est ouvert à toute personne, avec ou sans activité professionnelle) : le PER individuel. Les contrats d'assurance de groupe dits « Madelin » subsistent[32].

586. – L'intéressement aux résultats. Le législateur a prévu plusieurs dispositifs d'intéressement aux résultats de l'entreprise pour les salariés ; la « participation », obligatoire pour les entreprises employant habituellement au moins cinquante salariés pendant douze mois, consécutifs ou non, au cours des trois derniers exercices (C. trav., art. L. 3321-1 et s.)[33], « l'intéressement » facultatif (C. trav., art. L. 3311-1 et s.), et l'éphémère « prime de partage des profits », obligatoire pour les sociétés d'au moins cinquante salariés dont les dividendes par part ou action sont en augmentation par rapport à la moyenne des deux années précédentes[34].

En dépit des intitulés retenus, les sommes versées au titre de ces dispositifs ne sont en rien comparables à des dividendes ; il s'agit de charges qui sont déductibles des résultats de l'entreprise, sans limitation. C'est le cas des sommes portées à la réserve spéciale de participation qui sont déductibles au titre de l'exercice suivant celui dont les résultats[35] ont servi de base au calcul de la participation[36] (CGI, art. 237 bis A-I). C'est également le cas des sommes versées en espèces aux salariés (ou aux dirigeants), en application d'un accord d'intéressement (CGI, art. 237 ter A-I), qui sont déductibles des résultats de l'exercice au titre duquel elles sont accordées (soit en tant que telles si elles ont été versées au cours de cet exercice, soit en tant que charges à payer)[37]. C'est encore le cas de la prime de partage des profits qui est déductible, en tant que charge, dès la date de l'assemblée générale l'ayant votée (PCG, art. 614-2), ; elle doit correspondre à un travail effectif et ne pas être excessive eu égard à l'importance des services rendus[38].

(30) CE, 15 févr. 2016, n° 367752, *M. et Mme Guérin : Dr. fisc.* 2016, n°s 18-19, comm. 311.

(31) L. n° 2019-486, art. 71 et 197 ; Ord. n° 2019-697, 3 juill. 2019.

(32) Ils sont définis comme ceux souscrits par une personne morale ou un chef d'entreprise en vue de l'adhésion d'un ensemble de personnes répondant à des conditions définies au contrat, pour la couverture des risques dépendant de la durée de la vie, des risques d'invalidité, de maladie, de maternité ou de chômage (C. assur., art. L. 141-1 et s.).

(33) Tel que modifié par la loi « Macron » n° 2015-990 du 6 août 2015, art. 158.

(34) L. fin. rect. sécurité sociale 2011, n° 2011-894, 28 juill. 2011, art. 1er. La prime de partage des profits est supprimée à compter du 1er janvier 2015 (LFSS 2015, n° 2014-1554, 22 déc. 2014, art. 19).

(35) Il s'agit du bénéfice fiscal soumis à l'IS ou à l'IR « diminué de l'impôt correspondant » (C. trav., art. L. 3324-1). Selon le Conseil d'État, l'impôt correspondant doit s'entendre de l'impôt sur les bénéfices avant imputation des crédits d'impôt et notamment du crédit d'impôt recherche (CE, 20 mars 2013, n° 347633, *Sté Études et Productions Schlumberger : RJF* 06/13, n° 609 ; *BOFiP*, BOI-BIC-PTP-10-10-20-10, n° 200). Le guide de l'épargne salariale du 10 juillet 2014 n'applique pas cette jurisprudence, mais sa légalité est remise en question (Rép. min. n° 12509 : *JOAN* 5 févr. 2019, p. 1194, *Vichnievsk*. – V. O. Peiffert, *Le guide de l'épargne salariale du 10 juillet 2014 est irrégulier en ce qu'il prévoit la déduction d'un « impôt théorique » aux fins du calcul de la réserve spéciale de participation des salariés : Dr. fisc.* 2019, n° 37, act. 384).

(36) *BOFIP*, BOI-BIC-PTP-10-20-10-10, n° 30.

(37) *BOFiP*, BOI-BIC-PTP-20-10, n° 290.

(38) *BOFiP*, BOI-BIC-CHG-40-40-20, n° 20.

B. – L'exploitant et sa famille

587. – La rémunération de l'exploitant. La rémunération que s'octroie un exploitant individuel relevant de l'IR n'est pas déductible des résultats imposables[39]. Il en va de même en ce qui concerne les associés des sociétés de personnes lorsqu'elles n'ont pas opté pour l'IS.

Dans ces entités, il y a une confusion entre le patrimoine de l'entreprise et celui de l'entrepreneur et il ne saurait y avoir de rémunération ou de distribution « à soi-même ». L'exploitant est rémunéré par les résultats ; toute autre forme de rémunération est considérée comme une appréhension anticipée des bénéfices. En tant que telles, ces rémunérations doivent donc être réintégrées dans les bénéfices imposables (tableau fiscal n° 2058-A-SD, ligne WB).

Il en va de même des revenus de remplacement servis par les régimes de sécurité sociale (CGI, art. 154 bis A). Par exception, les indemnités journalières versées à des contribuables affiliés à la sécurité sociale des indépendants (SSI) atteints d'une affection de longue durée ne sont pas prises en compte pour la détermination de leur revenu imposable[40].

Toutefois, il est bien certain que ce retraitement extra-comptable ne peut avoir lieu que si ces rémunérations ont été portées en charges dans la comptabilité de l'entreprise. Or, tel n'est pas le cas si l'exploitant a enregistré les retraits *via* le compte de l'exploitant n° 108 ou le compte de capital individuel n° 101, par le crédit du compte financier approprié. Il n'y aura pas non plus de réintégration si, bien qu'ayant utilisé le compte de charges de personnel n° 644 « Rémunération du travail de l'exploitant », ainsi que l'y autorise le Plan comptable général (PCG, art. 946-64), l'entrepreneur a, en fin d'exercice, annulé cette charge en comptabilisant un produit exceptionnel au compte n° 791 « Transfert de charges d'exploitation »[41].

Exemple

Soit un commerçant individuel qui s'attribue une rémunération mensuelle de 2 000 €.

Il choisit de comptabiliser cette rémunération en charges de personnel.

N° DU COMPTE	LIBELLÉ DU COMPTE	DÉBIT	CRÉDIT
	Écriture mensuelle		
644	Rémunération du travail de l'exploitant	2 000	
108	Compte de l'exploitant		2 000
	Paiement (1)		
108	Compte de l'exploitant	2 000	

(39) Toutefois, lorsque l'exploitant a opté pour son assimilation à une EURL soumise à l'IS, sa rémunération est déductible de son résultat imposable, elle est assujettie aux cotisations sociales et elle est soumise à l'IR dans la catégorie des revenus de gérants majoritaires (CGI, art. 62). V. CNOEC, avis n° 2023-07, 2 févr. 2023.

(40) L. fin. 2016, n° 2015-1785, 29 déc. 2015, art. 78.

(41) Sur le projet de modernisation des états financiers et la suppression des transferts de charges, V. *supra*, n° 27. L'ANC n'a pas expressément proposé d'écriture de substitution, mais elle a indiqué de façon générale qu'il serait possible d'ajuster le compte de charges en le créditant (le cas échéant, grâce à un sous-compte à terminaison 9).

N° DU COMPTE	LIBELLÉ DU COMPTE	DÉBIT	CRÉDIT
512	Banque		2 000
	Écriture de fin d'exercice		
108	Compte de l'exploitant	24 000 (2)	
791	Transfert de charges d'exploitation		24 000 (2)

(1) Exemple : du compte professionnel au compte personnel. Cette écriture ne modifie pas le résultat de l'exercice, mais est à l'origine d'une variation négative des capitaux propres de l'entreprise.

(2) Rémunération annuelle : 12 000 € × 12 = 24 000 €.

588. - Les charges sociales de l'exploitant. Contrairement aux salariés, les travailleurs indépendants supportent seuls le poids des cotisations. Ces dernières sont en principe versées tous les mois, mais il est possible de les payer tous les trimestres. Les cotisations sont versées l'année N (de janvier à octobre), en fonction des résultats fiscaux de N-2, et font ensuite l'objet d'une régularisation (en novembre et décembre) une fois connus les résultats N-1.

Les cotisations sociales versées au titre des *régimes obligatoires* (régimes de base et régimes complémentaires) sont déductibles sans limitation, alors que celles qui sont versées au titre des *régimes facultatifs* complémentaires (régimes mis en place par les organismes de sécurité sociale et les contrats d'assurance de groupe dits « Madelin ») ne sont déductibles que dans la limite de certains plafonds fixés par la loi (CGI, art. 154 bis, V. tableau *infra*).

Les associés exerçant une activité dans une société de personnes peuvent déduire de leur quote-part de résultat les cotisations sociales personnelles, sous les mêmes limites[42]. La règle s'applique aussi lorsque la société a pris en charge les cotisations des associés, mais dans ce cas il conviendra de les rajouter préalablement à leur quote-part de résultat[43]. Elle s'applique encore aux cotisations volontaires au régime d'assurance-vieillesse du conjoint de l'associé, dès lors que celui-ci collabore effectivement à son activité sans être rémunéré et qu'il n'exerce pas d'autre activité professionnelle excédant un mi-temps[44].

L'article 154 bis s'applique aussi aux rémunérations des dirigeants visés à l'article 62 du CGI (gérants majoritaires de SARL ou associés en nom de sociétés de personnes ayant opté pour l'IS). Il ne s'applique pas aux présidents de sociétés par actions, sauf s'ils rapportent l'absence d'un lien de subordination pour des fonctions différentes à raison desquelles ils ont reçu une rémunération au titre de leur activité professionnelle au sein de la société[45].

(42) Selon l'administration fiscale, chaque associé se voit appliquer un plafond de déduction calculé en fonction de sa quote-part de bénéfice imposable (*BOFiP*, BOI-BIC-CHG-40-50-40-20, n° 30).

(43) *BOFiP*, BOI-BNC-BASE-40-60-50-20, n° 210.

(44) CE, 22 févr. 2013, n° 330386, *Baudin : RJF* 5/13, n° 491.

(45) CE, 8 déc. 2017, n° 409429, *Wasels : Dr. fisc.* 2018, n° 13, comm. 238, concl. R. Victor, note J. Chateauneuf.

Plafonds de déduction des cotisations versées au titre des régimes facultatifs (CGI, art. 154 bis)

ASSURANCE-VIEILLESSE	PRÉVOYANCE (MALADIE, DÉCÈS, INCAPACITÉ)	PERTE D'EMPLOI SUBIE
10 % du plafond annuel de sécurité sociale (PASS) (1) + 25 % du bénéfice imposable compris entre 1 fois et 8 fois le PASS	7 % du plafond annuel de sécurité sociale (PASS) (2) + 3,75 % du bénéfice imposable dans la limite globale de 3 % d'une somme égale à 8 fois le PASS	2,5 % du plafond annuel de sécurité sociale (PASS) (3) *ou*, s'il est plus élevé, un montant égal à 1,875 % du bénéfice imposable retenu dans la limite de 8 fois le PASS

(1) Pour 2023 : 10 % × 43 992 €.
(2) Pour 2023 : 7 % × 43 992 €.
(3) Pour 2023 : 2,5 % × 43 992 €.

589. – Le salaire du conjoint de l'exploitant. Le salaire versé au conjoint de l'exploitant n'est fiscalement déductible qu'à hauteur de 17 500 €[46] par an, sauf au cas d'adhésion à un centre de gestion agréé (CGI, art. 154, I), ou si les époux sont mariés sous un régime exclusif de communauté[47]. La déduction, totale ou partielle, n'est en outre possible que si le conjoint participe effectivement à l'exploitation et si les cotisations sociales ont été acquittées.

Cette limitation s'applique également aux salaires versés aux conjoints d'associés de sociétés de personnes semi-transparentes qui travaillent dans l'entreprise (CGI, art. 154, II).

En revanche, la limitation ne devrait pas s'appliquer aux concubins[48] ni, *a priori*, aux partenaires pacsés dès lors que le régime du PACS est celui de la séparation de biens.

La limite de 17 500 € vaut pour un emploi à temps plein ; elle doit être minorée lorsque le conjoint travaille à temps partiel, en fonction de la durée effective de travail.

En revanche, le plafond fiscal ne s'applique pas aux charges patronales de sécurité sociale ; elles sont intégralement déductibles et non au prorata du salaire déductible[49].

La fraction non déductible du salaire du conjoint est réintégrée extra-comptablement, sur le tableau fiscal n° 2058-A-SD (ligne WC), après que le déclarant a au préalable mentionné le montant total du salaire versé et la fraction admise en déduction des résultats imposables.

(46) Depuis le 1er janvier 2016, contre 13 800 € jusque-là (L. fin. 2015, n° 2014-1654, 29 déc. 2014, art. 69).
(47) *BOFiP*, BOI-BIC-CHG-40-50-10, nos 210 et 220.
(48) Rép. min. Authié n° 9006 : *JO* Sénat Q 17 mars 1988, p. 370 (non reprise au *BOFiP*).
(49) *BOFiP*, BOI-BIC-CHG-40-50-10, n° 240. Il devrait en aller de même pour les *charges salariales* de sécurité sociale, dans la mesure où, selon l'administration elle-même, les règles d'assiette de l'impôt sur le revenu sont complètement indépendantes de celles qui fixent le mode de calcul des cotisations de sécurité sociale.

§ 3. – Les frais financiers

590. – Intérêts de comptes courants d'associés. Aux termes du 1er alinéa de l'article 39-1, 3° du Code général des impôts, sont déductibles :

« Les intérêts servis aux associés à raison des sommes qu'ils laissent ou mettent à la disposition de la société, en sus de leur part du capital, quelle que soit la forme de la société, dans la limite de ceux calculés à un taux égal à la moyenne annuelle des taux effectifs moyens pratiqués par les établissements de crédit pour des prêts à taux variable aux entreprises, d'une durée initiale supérieure à deux ans ».

Le 2e alinéa ajoute :

« Cette déduction est subordonnée à la condition que le capital ait été entièrement libéré ».

Ainsi, la déduction des intérêts de prêts d'associés est affectée de deux limites : une première limite prenant la forme d'une condition préalable (la libération du capital), et une seconde limite tenant à l'existence d'un taux plafond (taux de référence bancaire). Pour les sociétés soumises à l'IS, il existait une troisième limite (CGI, art. 212, « plafond de sous capitalisation »), qui a été supprimée à compter de 2007[50].

Le domaine d'application de l'article 39-1, 3° du Code général des impôts est particulièrement étendu, tant en ce qui concerne la cause de l'obligation (toutes les créances d'associés sont visées, à la seule exclusion des créances de nature commerciale, et pas seulement les apports en comptes courants)[51], qu'en ce qui concerne son objet (toutes les formes de rémunération sont visées, et pas seulement les intérêts)[52]. En revanche, le Conseil d'État a considéré que la limitation de déduction des intérêts ne doit pas s'appliquer lorsque la société prend en charge le remboursement de l'emprunt contracté par un associé qui l'a ensuite mis à sa disposition[53].

Le taux maximum des intérêts déductibles correspond à la moyenne annuelle des taux effectifs moyens pratiqués par les établissements de crédit pour des prêts à taux variable aux entreprises, d'une durée initiale supérieure à deux ans. Cette moyenne annuelle est elle-même calculée à partir des moyennes trimestrielles publiées au *Journal officiel* (par ex., le taux plafond des exercices clôturés le 31 décembre 2022 s'établit à 2,27 %). Si l'exercice n'est pas calqué sur l'année civile, le taux plafond annuel correspond à la moyenne des taux mensuels (le taux plafond de chaque mois est celui du trimestre durant lequel les intérêts ont couru)[54]. Le calcul s'effectue par rapport aux intérêts qui ont couru pendant l'exercice. Si le montant des apports a varié, il faut calculer séparément les intérêts excédentaires pour chaque période.

(50) L. fin. 2006, n° 2005-1719, 30 déc. 2005, art. 113. La limite de sous-capitalisation, par ailleurs révisée, est désormais intégrée dans le nouveau régime général de plafonnement des charges financières nettes pour les sociétés à l'IS (L. fin. 2019, n° 2018-1317, 28 déc. 2018, art. 34), sous la forme d'un durcissement du plafond de déduction de droit commun des intérêts versés à des entreprises liées (V. *infra*, nos 722 et s.).

(51) *BOFiP*, BOI-BIC-CHG-50-50-10, nos 40 et s.

(52) *BOFiP*, BOI-BIC-CHG-50-50-10, n° 100. Mais les dispositions de l'article 39-1, 3° du CGI ne s'appliquent pas à l'amortissement des primes de remboursement attachées à des obligations convertibles (CE, 13 nov. 2020, n° 423155, *Sté Iprad Group : Dr. fisc.* 2021, n° 5, comm. 129, concl. L. Domingo).

(53) CE, 28 mars 2008, n° 295, *M. Lescure : Dr. fisc.* 2008, n° 19, comm. 314, concl. C. Landais, note A. de Bissy. Selon le Conseil d'État, « la SA Établissements Lescure a effectué auprès de la banque les remboursements afférents l'emprunt et, de ce fait, est devenue directement la débitrice de la banque ».

(54) V. la formule de l'administration fiscale au *BOFiP*, BOI-BIC-CHG-50-50-30, n° 70.

Les intérêts excédentaires de comptes courants d'associés sont à réintégrer extra-comptablement, sur le tableau fiscal n° 2058-A-SD (case SU, et ligne WQ).

Exemple

Soit une SARL dont l'exercice coïncide avec l'année civile.
Elle ne comporte que des associés personnes physiques.
Le montant d'apports en compte courant a varié comme suit :
- 1er janvier au 31 mars : 200 000 € ;
- 1er avril au 31 août : 250 000 € ;
- 1er septembre au 31 décembre : 300 000 €.

Les prêts d'associés sont rémunérés à hauteur de 6 %/an.
On présume que le taux plafond annuel s'élève à 4 %/an.

Montant des intérêts excédentaires :
- pour la période du 1er janvier au 31 mars : (6 % – 4 %) × 200 000 € × 3/12 = 1 000 € ;
- pour la période du 1er avril au 31 août : (6 % – 4 %) × 250 000 € × 6/12 = 2 500 € ;
- pour la période du 1er septembre au 31 décembre : (6 % – 4 %) × 300 000 € × 3/12 = 1 500 € ;
- total à réintégrer : 1 000 € + 2 500 € + 1 500 € = 5 000 €.

591. – Frais financiers liés aux prélèvements de l'exploitant. Suivant en cela une jurisprudence constante du Conseil d'État[55], l'administration fiscale considère que si le solde du compte de l'exploitant individuel et du compte capital individuel est débiteur du fait des prélèvements effectués, les frais et charges correspondant aux emprunts et découverts bancaires rendus nécessaires par la situation de trésorerie de l'entreprise sont considérés comme ayant été supportés dans l'intérêt de l'exploitant et non dans celui de l'entreprise[56].

Les emprunts sont donc réputés avoir financé les dépenses personnelles de l'entrepreneur, à hauteur du solde débiteur du compte de l'exploitant et du compte capital individuel (somme des deux). La présomption est irréfragable ; il n'est pas possible de rapporter la preuve contraire, en démontrant que l'emprunt a financé des dépenses professionnelles ou que, au moment de l'emprunt, le compte courant n'était pas débiteur[57].

La fraction de charges financières non déductibles est calculée en fonction du solde débiteur moyen du compte de l'exploitant (ou le montant moyen des prélèvements de l'exploitant s'il est inférieur) rapporté au montant moyen des prêts et avances de l'exercice (il n'est pas tenu compte au dénominateur des autres dettes de l'entreprise)[58].

La même règle est applicable dans les sociétés de personnes, en cas d'excédent des soldes débiteurs des comptes courants d'associés sur le capital initialement versé[59].

(55) CE, 26 juill. 1978, n° 6420 : *RJF* 11/78, n° 454 ; *Dr. fisc.* 17-18/1979, n° 858, concl. D. Fabre. – CE, 13 nov. 1998, nos 147233, 143728, 181521, 144602, 157690 : *RJF* 1/99, n° 11, chron. E. Mignon, p. 2.
(56) *BOFiP*, BOI-BIC-CHG-50-40, n° 1.
(57) CE, 13 nov. 1998, nos 143728, 181521, 144602 et 157690, préc.
(58) CE, 8 déc. 2017, n° 407128 : *Dr. fisc.* 2018, n° 22, comm. 290, concl. R. Victor, note Th. Lamulle.
(59) CE, plén., 31 mars 1978, n° 2233 : *RJF* 5/78, n° 225.

Les charges financières doivent, dans cette mesure, être réintégrées dans le bénéfice imposable (tableau fiscal n° 2058-A-SD, case WD « Avantages personnels non déductibles »).

Exemple

Soit un entrepreneur individuel qui finance un investissement professionnel par le biais d'un emprunt (20 000 €), remboursable en cinq ans, moyennant une charge annuelle d'intérêts de 1 200 €.

Le contribuable utilise exclusivement le compte n° 108 « Compte de l'exploitant ».

Évolution du compte de l'exploitant en N :

- solde après affectation du résultat N-1 : 0 € ;
- prélèvement (01/05/N) : – 5 000 €, solde du compte de l'exploitant : – 5 000 € ;
- apport (01/08/N) : + 8 000 €, solde du compte de l'exploitant : + 3 000 € ;
- prélèvement (01/10/N) : – 5 000 €, solde du compte de l'exploitant : – 2 000 € ;
- résultat de l'exercice N : + 12 000 €, solde du compte de l'exploitant : + 10 000 €.

Calcul de la fraction non déductible des intérêts d'emprunt au titre de N :

- solde moyen annuel du compte de l'exploitant : (0 € × 4 mois = 0) + (– 5 000 € × 3 mois = – 15 000 €) + (+ 3 000 € × 2 mois = + 6 000 €) + (– 2 000 € × 3 mois = – 6 000 €) = – 15 000 € / 12 = – 1 250 € ;
- montant moyen des emprunts de l'exercice : 20 000 € ;
- fraction des intérêts non déductibles au titre de N : 1 200 × 1 250 / 20 000 = 75 €.

592. - **Les autres charges financières.** L'article 39 du Code général des impôts précise le traitement fiscal des rémunérations autres que les intérêts d'emprunt (par ex., primes de remboursement), lorsqu'elles excèdent 10 % des sommes prêtées à l'entreprise (CGI, art. 39-1, 1° ter), ainsi que celui des frais d'émission des emprunts (CGI, art. 39-1, 1° quater). La déduction de ces charges n'est pas plafonnée fiscalement ; la loi se contente d'imposer une méthode de déduction :

– pour les rémunérations des emprunts autrement que par le biais d'intérêts : déduction progressive, de manière actuarielle et selon la méthode des « intérêts composés » ;

– pour les frais d'émission des emprunts : la loi offre le choix entre une déduction intégrale au moment où les frais sont exposés et une déduction tout au long de l'emprunt[60].

§ 4. – Les impôts, les amendes et les pénalités

593. - **Impôts.** *Les impôts et taxes sont déductibles, au titre de l'exercice au cours duquel ils sont mis en recouvrement, sauf si la loi en dispose autrement (V. CGI, art. 39-1, 4°).*

(60) L'option n'est cependant pas irrévocable ; les entreprises peuvent la modifier tous les deux ans (CGI, art. 39-1, 1° quater préc. ; CGI, ann. III, art. 2 D). Une telle option existe en comptabilité (PCG, art. 212-11), mais seules des circonstances exceptionnelles peuvent autoriser un changement de méthode comptable (V. A. Colmet-Daâge, *Comptabilité et fiscalité : retour sur l'année 2014 : Dr. fisc.* 2015, n° 11, étude 198, § 7).

En pratique, la plupart des impôts sont déductibles à l'exception notable de l'impôt sur les bénéfices. L'IS n'est pas déductible de sa propre base ; il a été comptabilisé (V. *supra*, n° 226) et doit être réintégré (tableau n° 2058-A-SD, ligne I7). L'IR n'est pas une charge pour les entreprises et n'apparaît pas en comptabilité (aucune réintégration n'est donc nécessaire).

Les impôts acquittés à tort à l'étranger par un contribuable, sur le fondement d'une convention fiscale internationale, sont déductibles en France sur le fondement de l'article 39-1, 4°, précité du Code général des impôts à moins qu'une stipulation conventionnelle y fasse obstacle[61].

Nous présentons sous forme de tableau les principaux impôts intéressant les entreprises, en précisant leur régime fiscal (déductibles, non déductibles ou partiellement).

PRINCIPAUX IMPÔTS ET TAXES INTÉRESSANT LES ENTREPRISES	DÉDUCTIBILITÉ
Contribution économique territoriale (V. *supra*, n° 227)	Déductible
Contributions additionnelles à l'IS (V. *supra*, n° 224)	Non déductibles
Contribution sociale généralisée	Déductibilité partielle (V. *infra*, n° 640)
Contribution pour le remboursement de la dette sociale (CRDS), prélèvement social et autres contributions additionnelles	Non déductible
Contribution temporaire de solidarité sur les superprofits de certaines entreprises du secteur de l'énergie[62]	Non déductible
Droits d'enregistrement et timbres	Déductibles
Impôt sur le revenu	Non déductible et non comptabilisé
Impôt sur les sociétés	Non déductible
Imposition forfaitaire annuelle des sociétés[63]	Déductible
Participation construction	Déductible
Participation à la formation continue	Déductible
Taxe annuelle de 3 % sur les immeubles	Non déductible
Taxe d'apprentissage et contribution additionnelle	Déductible
Taxe sur les hautes rémunérations versées en 2013 et 2014	Déductible
Taxes foncières	Déductibles
Taxe sur les surfaces commerciales	Déductible
Taxe sur les salaires	Déductible

(61) CE, 20 nov. 2002, n° 230530, *SA Ets Soulès et Cie : RJF* 2/03, n° 153, concl. G. Goulard, p. 111. Le caractère déductible d'une charge doit alors s'apprécier au regard « des stipulations claires d'une convention excluant la possibilité de déduire l'impôt acquitté dans l'autre État » (CE, 12 mars 2014, n° 362528, *Sté Céline : Dr. fisc.* 2014, n° 22, comm. 356, concl. F. Aladjidi, note Ph. Durand – Non-déduction de la retenue à la source pratiquée à l'étranger du fait de la rédaction de la convention).

(62) L. fin. 2023, n° 2022-1726, 30 déc. 2022, art. 40 (due uniquement au titre du premier exercice ouvert à compter du 1er janvier 2022).

(63) Abrogé à partir de 2014 ; L. fin. 2011, n° 2010-1657, 29 déc. 2010, art. 20.

PRINCIPAUX IMPÔTS ET TAXES INTÉRESSANT LES ENTREPRISES	DÉDUCTIBILITÉ
Taxe sur les voitures des sociétés (V. *supra*, n° 219)	Non déductible pour les sociétés à l'IS
Taxes sur l'affectation des véhicules à des fins économiques (V. *supra*, n° 220)	Non déductible pour les sociétés à l'IS
Taxe sur les conventions d'assurance	Déductible
Taxe sur certains services fournis par les grandes entreprises du secteur numérique[64]	Déductible
Versement transport	Déductible
Versement pour sous-densité	Non déductible

594. – Amendes et pénalités. Aux termes de l'article 39-2 du Code général des impôts :

« Les sanctions pécuniaires et pénalités de toute nature mises à la charge des contrevenants à des obligations légales ne sont pas admises en déduction des bénéfices soumis à l'impôt ».

La radicalité du texte, tel que modifié en dernier lieu par la loi de finances pour 2008[65], tranche nettement avec le droit antérieur. Sont exclues du droit à déduction, sans discussion possible :

– les pénalités d'assiette et de recouvrement des différents impôts[66] ;

– les amendes pour non-production de certains documents (CGI, art. 1763 ; V. *supra*, n° 44) ;

– les amendes pénales et les pénalités pour infraction au droit de la concurrence ;

– les sanctions infligées par des autorités administratives indépendantes (AMF, CNIL…).

Le Conseil d'État a également refusé la déduction des astreintes auxquelles les entreprises ont été condamnées (V. *supra*, n° 519). Par contre, les pénalités contractuelles, dans le cadre de relations commerciales, sont déductibles (en ce qui concerne leur imposition, V. *supra*, n° 307).

La jurisprudence tend en effet à considérer que seules entrent dans le champ de l'article 39-2 du CGI les sanctions prononcées par l'État ou une autorité publique au bénéfice du Trésor public en vue de la satisfaction de l'intérêt général. Ainsi par exemple, il a été jugé que sont déductibles les dommages et intérêts punitifs (*punitives damages*) pratiqués dans certains pays de *common law*, et versés à la victime en

(64) L. n° 2019-759, 24 juill. 2019, portant création d'une taxe sur les services numériques et modification de la trajectoire de baisse de l'impôt sur les sociétés, art. 1 ; CGI, art. 299 et s.

(65) L. fin. 2008, n° 2007-1822, 24 déc. 2007, art. 23.

(66) Les intérêts de retard assortissant les rappels d'impôts ont le caractère de pénalités au sens de l'article 39, 2 du CGI et ne sont donc pas déductibles du résultat imposable. Les intérêts moratoires assis sur des impositions dégrevées (LPF, art. L. 208) doivent suivre le même régime que les dégrèvements ; lorsque les impositions restituées à la société sont incluses dans le résultat imposable, les intérêts perçus sont intégralement soumis à l'impôt (CE, 28 janv. 2019, n° 406722, *Sté MACIF : Dr. fisc.* 2019, n° 17, comm. 249, concl. E. Bokdam-Tognetti ; cassant CAA Versailles, 15 nov. 2016, n° 15VE02777, *Sté MACIF : Dr. fisc.* 2017, n° 26, comm. 368, concl. V. Coudert).

plus des dommages et intérêts compensatoires, dans la mesure où ils ne sont pas versés au profit d'une autorité publique[67].

§ 5. – Les frais de repas et de déplacement

595. – Frais supplémentaires de repas. Les frais de repas pris sur le lieu de l'activité sont déductibles dans la limite du supplément entre le coût estimé du repas pris au domicile (5,20 € en 2023), et le coût du repas sur place (20,20 € maximum), soit 15 € en 2023[68].

596. – Frais de déplacement domicile / travail. Ils sont déductibles dans la limite de 40 km sans justification et sur justification pour le surplus. Seuls les frais réels justifiés sont déductibles ; le barème kilométrique n'est pas applicable (mais les contribuables qui relèvent du régime simplifié d'imposition peuvent déduire forfaitairement leurs frais de carburant).

SECTION 2 LA PRISE EN COMPTE DES PROFITS ET DES PERTES LATENTS

597. – Les charmes de la « juste valeur ». En comptabilité, les éléments d'actif sont inscrits à leur valeur d'acquisition (principe du « coût historique », V. *supra*, n°s 349 et s.). Il n'est pas en principe possible de modifier cette valeur pour tenir compte d'un renchérissement de l'actif (le principe de prudence s'oppose à la prise en compte des profits latents), et les pertes latentes sont uniquement prises en compte par le biais de dépréciations (V. *supra*, n°s 435 et s.).

Sauf à ce qu'il en soit disposé autrement par la loi, ces principes s'appliquent aussi en fiscalité, compte tenu du principe de connexion (V. *supra*, n°s 10 et s.). Mais, précisément, le droit fiscal n'est pas toujours insensible à une évaluation de certains éléments à leur « juste valeur » (*fair value market*, V. *supra*, n° 59). C'est notamment le cas pour les créances ou les dettes libellées en monnaie étrangère, afin de tenir compte des évolutions des cours des devises (CGI, art. 38-4 ; V. *supra*, n° 354 pour le principe et n° 479 pour la rectification). C'est également le cas pour certains actifs financiers, tels les contrats à terme d'instruments financiers (CGI, art. 38-6) (§ 1), et les parts d'OPCVM détenues par des sociétés à l'IS (CGI, art. 209-0 A) (§ 2).

Des retraitements extra-comptables seront nécessaires chaque fois que le résultat comptable ne prend pas en compte, ou de manière différente, ces gains ou ces pertes.

§ 1. – Les contrats à terme d'instruments financiers

598. – Principe : prise en compte immédiate des gains et des pertes latents sur des opérations spéculatives. Par exception aux principes qui gouvernent la déter-

(67) CAA Versailles, 5 oct. 2021, n° 20VE00034, *SAS Alder Paris Holdings : Dr. fisc.* 2021, n° 51-52, comm. 463, concl. F. Met, note Fl. Deboissy. Comme ces *punitives damages* sont dus lorsque le dommage a été causé par un comportement illégal intentionnel, d'une particulière mauvaise foi ou en méconnaissance d'une obligation de prudence, la question de l'acte anormal de gestion reste posée (Fl. Deboissy, préc.).
(68) *BOFiP*, BOI-BNC-BASE-40-60-60, 25 janv. 2023, n°s 130 et 170.

mination du résultat fiscal (CGI, art. 38-1 et 38-2), l'article 38-6, 1° du Code général des impôts dispose que :

« Le profit ou la perte résultant de l'exécution de contrats à terme d'instruments financiers en cours à la clôture de l'exercice est compris dans les résultats de cet exercice ; il est déterminé d'après le cours constaté au jour de la clôture sur le marché sur lequel le contrat a été conclu ».

Sont visés par le présent dispositif : les contrats, options et autres instruments financiers à terme conclus en France ou à l'étranger qui sont cotés sur une bourse de valeurs ou traités sur un marché ou par référence à un marché. Seuls sont concernés les instruments portant sur des taux d'intérêt, des devises, des valeurs mobilières ou des indices boursiers. Sont en revanche exclus du dispositif les contrats à terme de marchandises[69].

L'évaluation se fait toujours en fonction du cours de ces contrats à la clôture de l'exercice, par rapport au cours qui avait été précédemment retenu pour l'évaluation de ces mêmes contrats au titre de l'exercice précédent, et ce pour l'application de la même règle.

En comptabilité au contraire, le règlement de l'ANC relatif aux instruments financiers à terme et aux opérations de couverture[70] interdit la prise en compte dans le résultat des plus-values latentes pour les instruments négociés sur un marché organisé ou assimilé (PCG, art. 628-18). Les moins-values latentes donnent lieu à la constitution de provisions.

Les gains latents sur des marchés de gré à gré ne sont pas pris en compte dans la formation du résultat comptable (les pertes latentes donnent lieu à la constatation de provisions financières). Il en va de même en fiscalité (CGI, art. 38-1 et 38-2).

Les profits et les pertes constatés lors du dénouement des contrats à terme d'instrument financiers sont normalement pris en compte dans le résultat comptable et fiscal.

Lorsque les règles comptables et fiscales sont identiques, il n'y pas de rectifications extra-comptables à effectuer, sous réserve des exceptions qui vont suivre. Sinon, il convient de procéder à des retraitements extra-comptables sur l'imprimé n° 2058 A (ligne WQ ou XG).

599. – Exceptions : les gains et les pertes latents sur des opérations de couverture. Une opération de couverture est une technique qui consiste à conclure un contrat financier afin de se protéger contre un risque (par ex., la couverture de change pour le risque de change).

Lorsqu'un contrat à terme est conclu afin de compenser le risque d'une opération de l'un des deux exercices suivants, traitée sur un marché de nature différente, *le profit latent* constaté à la clôture de l'exercice est reporté au dénouement du contrat (CGI, art. 38-6, 2°).

Lorsque le seul objet du contrat à terme est la couverture du risque de change d'opérations futures, les profits sont imposés au titre du ou des mêmes exercices que les opérations couvertes, à condition que ces dernières soient identifiées dès l'origine par un acte ou un engagement précis et mesurable à l'égard d'un tiers (CGI, art. 38-6, 2° bis).

(69) *BOFiP*, BOI-BIC-PDSTK-10-20-70-10, n° 10.
(70) Règl. n° 2015-05, 2 juill. 2015, homologué par A. 28 déc. 2015 : *JO* 30 déc. 2015.

En comptabilité, les gains et pertes sur des opérations de couverture sont constatés en résultat, pendant la durée de vie résiduelle de l'élément couvert, de manière symétrique au mode de comptabilisation des produits et charges sur cet élément (PCG, art. 628-11).

La différence avec la règle fiscale est traitée comme suit[71] : l'entreprise doit, au titre de l'exercice de dénouement du contrat, rattacher au résultat fiscal la fraction du profit qui est étalé sur le plan comptable (tableau n° 2058-A-SD, ligne WQ), et, au titre des exercices ultérieurs, déduire la fraction des profits rattachée à chaque exercice sur le plan comptable (ligne WQ).

Si l'entreprise a pris des positions symétriques[72], la perte sur une de ces positions n'est déductible que pour la partie qui excède les gains non encore imposés[73] sur les positions prises en sens inverse (CGI, art. 38-6, 3°, al. 1er). La déduction ne peut, en outre, avoir lieu que si l'entreprise mentionne sur un relevé joint à sa déclaration de résultats les positions symétriques prises au cours de l'exercice et celles qui sont en cours à la clôture. En comptabilité, la perte est prise en compte de manière symétrique aux produits ou profits dégagés sur l'opération de l'un des deux exercices suivants. Des régularisations seront donc nécessaires[74].

§ 2. – Parts d'OPCVM détenues par une société à l'IS

600. – Conditions d'application. En fin d'exercice, les sociétés soumises à l'IS évaluent les parts ou actions d'organismes de placement collectifs en valeurs mobilières (OPCVM) à leur valeur liquidative. En fiscalité, les gains et les pertes constatés lors de cette évaluation doivent être pris en compte dans le résultat imposable de l'exercice (CGI, art. 209-0 A, 1°, al. 1er et 2). Tel n'est pas le cas en comptabilité ; un retraitement extra-comptable est donc nécessaire.

Sont concernées par la mesure les parts ou actions d'OPCVM français (actions de SICAV, parts de FCP et parts de sociétés de titrisation ou de fonds commun de titrisation), ou étrangers (parts ou actions de fonds commun de placement gérés par une société de gestion).

Sont en revanche exclus les OPCVM « actions » (la valeur réelle de l'actif doit être représentée de façon permanente pour 90 % au moins par des actions qui sont

(71) *BOFiP*, BOI-BIC-PDSTK-10-20-70-60, n° 10.

(72) Une position s'entend de la détention directe ou indirecte de contrats à terme d'instruments financiers, de valeurs mobilières, de devises, de titres de créances négociables, de prêts ou d'emprunts, ou d'un engagement portant sur ces éléments (CGI, art. 38-6, 3°, al. 2). Des positions sont qualifiées de symétriques si elles subissent des variations de valeur ou de rendement corrélées et de sens inverse, sans qu'il soit nécessaire qu'elles soient de même nature ou prises sur la même place ou aient la même durée (CGI, art. 38-6, 3°, al. 3).

(73) La notion de « gains non encore imposés » sur contrats d'option s'entend de la marge bénéficiaire qui résulterait de l'exercice de l'option. Dès lors, ce montant ne s'établit pas sous déduction de la prime versée en contrepartie de l'option (CE, 19 déc. 2020, n° 431066, *Sté Deutsche Bank AG : Dr. fisc.* 2020, n° 13, comm. 209, note L. Leclercq et G. Prouin. – *Adde* E. Dusseau, *L'article 38 du CGI à l'épreuve des contrats financiers optionnels : Dr. fisc.* 2020, n° 26, étude 281). Il restait à déterminer à quel exercice doit être rattachée la charge correspondante pour l'acheteur de l'option. Selon la cour de renvoi, la prime d'option est intégralement déductible au titre de l'année de son versement, de telle sorte qu'en définitive, elle se compense avec l'imposition du gain (CAA Versailles, 26 janv. 2021, n° 19VE04194 : *Dr. fisc.* 2021, n° 11, act. 152, obs. L. Leclercq et G. Prouin ; *Dr. fisc.* 2021, n° 11, comm. 180, concl. F. Met).

(74) *BOFiP*, BOI-BIC-PDSTK-10-20-70-60, n° 20.

rémunérées par des distributions prélevées sur les bénéfices ; CGI, art. 209-0 A, 1°, al. 5, *a* et *b*), ainsi que les fonds communs de placement à risque si l'entreprise prend l'engagement de conserver ses parts pendant un délai de cinq ans au moins (CGI, art. 209-0 A, 1°, al. 6)[75].

Pour chaque catégorie d'OPCVM, l'entreprise doit comparer la valeur liquidative de ses droits à la clôture de l'exercice et leur valeur liquidative à l'ouverture de l'exercice. Elle compensera ensuite les écarts positifs (gains latents) et négatifs (pertes latentes). Le gain net est imposé au taux normal de l'IS et la perte nette est déduite du résultat soumis à ce taux.

Si les titres avaient fait l'objet d'une provision, elle doit être réintégrée (la reprise sur provision sera déduite). Lorsque les titres sont cédés, la plus ou moins-value est calculée en fonction des gains et pertes déjà imposés ou déduits ; l'écart positif sera rajouté au prix d'acquisition et l'écart négatif sera déduit de ce même prix (CGI, art. 209-0 A, 2°).

601. - Obligations fiscales. Pour chaque exercice, le montant net des écarts d'évaluation doit être indiqué en annexe à la déclaration de résultats. L'écart net est déterminé à partir d'un état qui fait apparaître pour chaque catégorie de titres de même nature les valeurs liquidatives de ces parts ou actions qui sont retenues pour la détermination de l'écart imposable. Cet état doit être présenté à toute réquisition de l'administration fiscale (CGI, art. 209-0 A, 3°).

Les écarts d'évaluation doivent être portés sur le tableau fiscal n° 2058-A-SD (respectivement en ligne XR ou XS, selon que l'écart net est positif ou négatif)[76].

SECTION 3 L'ÉTALEMENT DES RECETTES ET DES DÉPENSES

602. - Hypothèses. La loi fiscale prévoit plusieurs hypothèses d'étalement des recettes ou des dépenses qui sont inconnues du droit comptable. À cet égard, on peut citer le cas des contrats d'assurance-vie souscrit par les entreprises (§ 1) et du mécénat d'entreprise (§ 2).

§ 1. - Les contrats d'assurance-vie souscrits par les entreprises

603. - Assurances de dommages (rappel). Les primes d'assurance contractées par les entreprises constituent des charges déductibles lorsqu'elles couvrent la perte d'un élément d'actif ou une perte d'exploitation (cas des assurances de biens ou de responsabilité). En principe, l'exercice de déduction est celui au cours duquel les primes ont couru, mais il existe des exceptions : entreprises individuelles tenant une comptabilité super simplifiée (V. *supra*, n° 182), ainsi que, selon l'administration, les primes

(75) L'engagement est réputé avoir été pris dès lors que l'entreprise ne soumet pas spontanément les écarts de valeur liquidative à l'impôt (*BOFiP*, BOI-IS-BASE-10-20-10, n° 310).

(76) *BOFiP*, BOI-IS-BASE-10-20-30, n° 1.

d'assurance versées à la suite de grèves ou d'émeutes[77], voire les primes d'assurance de dommage ou de perte de bénéfices[78].

Les indemnités d'assurance reçues par les entreprises sont normalement imposables, *comme toutes les indemnités*. Selon les cas elles obéissent au régime des plus ou moins-values professionnelles (indemnité compensant la disparition d'une immobilisation ; V. *infra*, n°s 622 et s.) ou sont imposables au taux de droit commun (indemnité versée en raison de la disparition d'un stock)[79]. Toutefois, le Conseil d'État fait un lien entre l'imposition de l'indemnité et la déduction de la charge qu'elle compense. Selon lui : « Les indemnités versées à un contribuable pour réparer une diminution de ses valeurs d'actif qu'il a subie, une dépense qu'il a exposée ou une perte de recettes, dès lors que leur versement a été effectué en vertu d'une obligation de réparation incombant à la partie versante et non pour concourir à l'équilibre de l'exploitation, ne constituent des recettes concourant à la formation du bénéfice imposable que si la perte ou la charge qu'elles ont pour objet de compenser est elle-même de la nature de celles qui sont déductibles pour la détermination du bénéfice imposable »[80].

604. - Assurance-vie. Dans le cas le plus général, l'assurance-vie constitue un simple placement financier, sans aucun caractère indemnitaire, ce qui implique un régime fiscal sans indulgence particulière (A). Au cas particulier cependant, il existe toute une série de situations dans lesquelles l'assurance-vie est utilisée par les entreprises comme une technique destinée à garantir le risque de décès de l'entrepreneur ; le régime fiscal devient alors plus favorable (B).

A. – L'assurance au cas de vie

605. - Règles comptables. En pratique, le contrat d'assurance-vie souscrit à titre de placement par l'entreprise prend la forme d'un contrat d'assurance « au cas de vie » et donne lieu au versement d'une *prime unique*. Cette prime ne constitue pas une charge déductible des résultats, car il s'agit d'un investissement ; elle doit être immobilisée dans un compte de prêt (subdivision du compte n° 2748, « Autres prêts »). Le capital versé s'imputera sur la créance immobilisée et le surplus sera porté en produits (compte de « produits financiers » n° 768)[81].

606. - Règles fiscales. Les primes versées ne sont pas déductibles des BIC, car l'entreprise ne s'appauvrit pas. Par contre, lors de la réalisation du risque, le capital perçu sera imposable au taux plein. Cette inéquité sera toutefois compensée par le fait que l'administration autorise l'entreprise, dans une telle hypothèse, à déduire en bloc les primes versées[82]. Il convient néanmoins d'observer que cette doctrine n'entraîne

(77) *BOFiP*, BOI-BIC-CHG-40-20-20, n° 120.
(78) *BOFiP*, BOI-BIC-PDSTK-10-30-20, n° 190.
(79) *JCl. Fiscal, Impôts directs Traité*, fasc. 228-30, n° 112, par C. Louit.
(80) CE, 12 mars 1982, n° 17074 : *Dr. fisc.* 1982, n° 23, comm. 1228 (n'est pas imposable une indemnité versée par l'assureur du comptable de l'entreprise en compensation d'erreurs commises par lui et ayant entraîné l'assujettissement de la société à des pénalités fiscales, par nature non déductibles du bénéfice imposable). – CE, 20 avr. 2021, n° 430561, *Sté Baxter SAS : Dr. fisc.* 2021, n° 41, comm. 389, concl. E. Bokdam-Tognettil, note M. Buchet (ou il est relevé que les sommes versées par un commettant pour compenser l'impôt dû par son commissionnaire ne présentent pas un caractère indemnitaire en ce qu'elles résultent d'un accord purement contractuel, et sont donc imposables).
(81) *Mémento Lefebvre Comptable, op. cit.*, n° 15800.
(82) *BOFiP*, BOI-BIC-CHG-40-20-20, n° 110.

aucune rectification extra-comptable, dans la mesure où le profit comptable se limite également aux produits financiers (V. *supra*, n° 605).

B. – L'assurance au cas de décès

607. – Hypothèses. Les entreprises peuvent souscrire à leur profit des contrats d'assurance-vie sur la tête du chef d'entreprise ou de précieux collaborateurs pour compenser le préjudice qui résulterait de leur décès (« assurance homme-clé ») (1°). Plus couramment, elles seront également amenées à contracter à leur profit des assurances-décès sur la tête de l'entrepreneur en vue de garantir le remboursement d'un prêt consenti pour les besoins de l'exploitation (2°).

1° L'assurance « homme-clé »[83]

608. – Règles comptables. En pratique, les assurances « homme-clé » sont des assurances-décès à primes multiples versées à fonds perdus. Les primes payées chaque année par l'entreprise sont comptabilisées en charges (compte n° 6169 « Assurance-décès » à créer) et le capital versé est à inscrire en produits (compte n° 791 « Transfert de charges d'exploitation »)[84]. Au cas d'assurance-décès à prime unique, le traitement comptable est le même que dans le cas général (il s'agit d'un placement, V. *supra*, n° 605). Au cas d'assurance-vie « mixte » (vie-décès), seule la partie des primes correspondant à la couverture d'un risque est déductible[85].

609. – Déductibilité fiscale des primes. Aujourd'hui, les primes d'assurance « homme-clé » doivent être traitées comme les primes d'assurance de dommages (V. *supra*, n° 603) dès lors qu'elles ont pour objectif l'indemnisation du préjudice subi par l'entreprise au cas de réalisation du risque. Toutefois, la jurisprudence n'a pas admis immédiatement ce principe.

Le Conseil d'État l'avait d'abord refusé au motif que ces contrats ne pouvaient avoir pour objectif de couvrir un risque qui entraînerait directement une perte pour l'entreprise[86].

L'administration fiscale ne l'avait autorisé, à partir de 1994, que si l'indemnité n'était pas prédéterminée, de sorte que l'on soit certain du caractère indemnitaire du contrat[87]. La rédaction du contrat apparaissait alors primordiale : pour l'administration, les primes ne sont déductibles, à leur date d'échéance, que si le contrat fait référence aux pertes d'exploitation subies par l'entreprise, alors que tel n'est pas le cas si le capital versé est fixé préalablement et forfaitairement (mais il n'est pas interdit de fixer un plafond forfaitaire d'indemnisation). Cette doctrine a été reprise dans le nouveau *Bulletin officiel des finances publiques*[88].

Dans une décision *SA Clinique Lafourcade* rendue en 1998, le Conseil d'État a admis la déduction des primes d'assurance-vie lorsqu'elles garantissent « la perception d'une

(83) H. Kruger, *La fiscalité des contrats d'assurance « homme-clé »* : *RF compt.* 2023, n° 576, p. 34 et s. – O. Barbe et L. Didelot, *Primes et indemnités d'assurance : les divergences fiscalo-comptables* : *RF compt.* 2021, n° 554, p. 41 et s.

(84) Sur le projet de modernisation des états financiers et la suppression du compte de transfert de charges, V. *supra*, n° 27. D'une manière générale, les indemnités d'assurance perçues à la suite d'un sinistre seront comptabilisées au crédit du compte de produits n° 7587 « Indemnités d'assurance ».

(85) *Mémento Lefebvre Comptable, op. cit.*, n° 15800.

(86) CE, 23 avr. 1956, n° 77705 : *Lebon*, p. 388.

(87) Instr. 7 mars 1994 : *BOI* 4 C-4231, n° 8.

(88) *BOFiP*, BOI-BIC-CHG, 40-20-20, n° 80.

indemnité au cas de réalisation d'un risque susceptible de porter atteinte à la valeur de ses éléments d'actifs ou d'affecter les résultats de son exploitation »[89]. Ce faisant, la Haute juridiction administrative ne fait qu'user de son critère traditionnel s'agissant de la déductibilité des primes d'assurance qu'elle transpose à l'assurance-vie ; elle ne se prononce pas explicitement sur la doctrine administrative précitée. Pour une majorité d'auteurs, le désintérêt du Conseil d'État pour les stipulations contractuelles marquerait son hostilité envers une quelconque distinction fondée sur ce critère[90]. Mais certains continuent d'affirmer que les primes d'assurance « homme-clé » ne peuvent être déduites du résultat si le contrat prévoit le versement d'un capital fixé forfaitairement, sans référence aux pertes d'exploitation[91].

Au cas d'assurance-vie « mixte », lorsque le contrat prévoit également le versement d'un capital en cas de vie à son terme, l'entreprise peut déduire le montant des primes versées si elle justifie de la fraction de leur montant destinée à couvrir le risque décès[92].

610. - Imposition du capital reçu. Au décès, le capital versé par l'assureur est imposé au taux normal de l'impôt sur les bénéfices (IR ou IS). L'administration fiscale n'admettait pas que l'entreprise puisse bénéficier de l'étalement sur cinq ans prévu lorsqu'une assurance-décès garantit le remboursement d'un emprunt (V. *infra*, n° 596), mais le législateur a expressément étendu cette possibilité aux assurances « homme-clé » (CGI, art. 38 quater, al. 1er)[93].

2° L'assurance-décès en garantie d'un emprunt

611. - Règles comptables. Les primes des contrats d'assurance-décès, librement souscrits par l'entreprise ou imposés par le prêteur, sont comptabilisées en charges (compte n° 616, « Primes d'assurance »). Si le décès du chef d'entreprise sur la tête duquel l'assurance-décès a été souscrite survient avant l'expiration du contrat, le profit résultant de l'annulation de la dette restant à rembourser est porté en produits (compte n° 77 « Produits exceptionnels »).

612. - Déductibilité des primes versées. Le régime fiscal n'est pas le même selon que le contrat d'assurance-décès a été ou non volontairement souscrit par l'entreprise :

– *dans l'affirmative* (hypothèse peu fréquente), les primes versées ne constituent pas une charge déductible du résultat de l'exercice au cours duquel elles sont dues[94]. Elles doivent donc être réintégrées extra-comptablement (tableau fiscal n° 2058-A-SD, ligne WQ). Elles seront déductibles en une fois, à l'issue du contrat ou lors du décès[95], de façon extra-comptable également (tableau fiscal n° 2058-A-SD, ligne XG). Toutefois,

(89) CE, 29 juill. 1998, n° 108244, *SA Clinique Lafourcade : RJF* 8-9/98, n° 903, chron. S. Verclytte, p. 630 ; *RTD com.* 1999, p. 221, obs. Fl. Deboissy ; *Dr. fisc.* 1999, n° 7, comm. 124, concl. F. Loloum.

(90) En ce sens, Fl. Deboissy, obs. préc. ; *Mémento Lefebvre Fiscal, op. cit.*, n° 8390. – L. Gayet, *Contrat homme-clef : comment l'assurance couvre-t-elle la disparition du dirigeant ? : Journ. sociétés* 2013, n° 113, p. 43.

(91) V. la position initialement exprimée par M. Cozian, in *Précis de fiscalité des entreprises, op. cit.*, n° 2233.

(92) CE, 11 mai 1994, n° 86867, *Sté TSH Valérie Stéphane : RJF* 7/94, n° 778. – CAA Paris, 5 déc. 2003, nos 99-1213 et 99-1380, *Sté Coccinelle : RJF* 03/04, n° 232. – CE, 31 mars 2017, n° 387209, *Sté Hôtel de l'Orchidée : Dr. fisc.* 2017, n° 30-35, comm. 413, concl. M.-A. Nicolazo de Barmon. Cette jurisprudence infirme la doctrine administrative (V. *BOFiP*, BOI-BIC-CHG-40-20-20, 8 avr. 2013, n° 110).

(93) L. fin. rect. 2004, n° 2004-1485, 30 déc. 2004, art. 96. La disposition s'applique aux exercices clos à compter du 31 décembre 2004.

(94) *BOFiP*, BOI-BIC-CHG, 40-20-20, n° 150.

(95) *BOFiP*, BOI-BIC-CHG, 40-20-20, n° 150, préc.

dans l'hypothèse où l'entreprise a opté pour l'étalement du produit généré par la disparition au bilan de la dette d'emprunt (V. *infra*, n° 613), elle doit échelonner la déduction sur la même période et par parts égales. Si bien que l'année du décès, l'entreprise ne pourra déduire que 1/5e du montant des primes déjà versées à ce moment-là (et également 1/5e au titre de chacune des quatre années suivantes) ;

– *dans la négative* (hypothèse la plus fréquente), les primes sont traitées comme des frais financiers engagés dans l'intérêt de l'entreprise. Ceci suppose que le bénéficiaire de l'assurance soit le prêteur (ou l'entreprise), et non un tiers (ce serait un acte anormal de gestion)[96], mais il n'est pas nécessaire qu'il en soit le bénéficiaire exclusif[97]. Quant aux modalités de déduction, les primes sont déductibles au fur et à mesure de leur paiement. La solution est conforme au droit comptable ; il n'y a donc aucun retraitement à effectuer.

613. - **Imposition du capital reçu.** Bien que le capital soit directement versé au prêteur qui a été désigné bénéficiaire dans le contrat (rien ne prouve en effet que l'entreprise ou les héritiers rembourseront la banque), le montant sera compris dans les résultats de l'entreprise (la disparition d'une dette au bilan génère en effet une variation positive d'actif net)[98].

Afin d'en limiter les incidences financières pour les entreprises, le législateur les a autorisées à étaler le profit sur cinq ans (CGI, art. 38 quater, al. 1er)[99]. Au cas de cession ou de cessation d'activité dans ce délai, la fraction non encore imposée doit être rapportée intégralement l'année de cessation (CGI, art. 38 quater, al. 2), mais au cas de transmission à titre gratuit de l'entreprise individuelle effectuée dans le cadre de l'article 41 du Code général des impôts (V. *infra*, nos 691 et s.), les héritiers qui poursuivent l'exploitation pourront continuer l'étalement[100].

Une rectification extra-comptable est nécessaire dans la mesure où le résultat comptable ne tient pas compte de l'étalement prévu par la loi fiscale. Ainsi, l'année du décès (exercice de l'annulation de l'emprunt), l'entreprise devra déduire les 4/5e du produit comptable (tableau fiscal n° 2058-A-SD, ligne XG). Et pour chacune des quatre années suivantes, elle devra réintégrer 1/5e du produit ainsi différé (tableau fiscal n° 2058-A-SD, ligne WQ).

Exemple

Soit une entreprise qui a contracté un emprunt et qui a souscrit volontairement une assurance-décès sur la tête de son dirigeant. Le prêteur est désigné bénéficiaire unique du contrat d'assurance.

Le montant annuel de la prime d'assurance-décès est de 1 000 €. La prime est due pour l'année entière au début de chaque exercice. L'entreprise a calqué l'exercice comptable sur l'année civile.

(96) C'est le cas du contrat d'assurance-décès souscrit par une entreprise pour garantir des emprunts personnels de ses dirigeants, lorsque la prise en charge des primes ne correspond pas à un supplément de salaire (CE, 13 mai 1985, n° 34202 : *RJF* 7/85, n° 1004).

(97) CE, 10 juill. 1992, n° 110213, *Musel SBP* : *RJF* 8-9/92, n° 1249, p. 673, concl. O. Fouquet.

(98) Jurisprudence constante : CE, 20 févr. 1989, n° 57790, *M. Cocherel* : *Dr. fisc.* 1990, n° 8, comm. 350. – CE, 11 oct. 1991, n° 64012, *Mme Gabeur*, et n° 76256, *M. Coeslier* : *Dr. fisc.* 1991, n° 49, comm. 2348. – CE, 2 févr. 1996, n° 126800, *Mme Dugauquier* : *Dr. fisc.* 1996, n° 11, comm. 319.

(99) L. fin. 1988, n° 87-1060, 30 déc. 1987, art. 32. La disposition s'applique aux exercices ouverts après le 31 décembre 1987.

(100) *BOFiP*, BOI-BIC-CHG, 40-20-20, n° 210.

Par hypothèse, on considère qu'au terme de l'année N l'entreprise :
– aura déjà payé 5 000 € de primes ;
– devra encore 30 000 € de capital.

Hypothèse n° 1 : aucun décès en N
– Prime déduite en comptabilité : – 1 000 €.
– Réintégration extra-comptable : + 1 000 €.

Hypothèse n° 2 : décès en N, sans option pour l'étalement
– En comptabilité :
• prime déduite : – 1 000 € ;
• produit exceptionnel : + 30 000 €.
– En fiscalité : déduction globale des primes déjà payées (5 000 €), dont :
• 1 000 € déjà déduits en comptabilité ;
• 4 000 € à déduire de façon extra-comptable.

Hypothèse n° 3 : décès en N, avec option pour l'étalement
– En comptabilité : idem hypothèse n° 2.
– En fiscalité (N) :
• étalement du capital : déduction extra-comptable : 4/5 × 30 000 € = 24 000 € ;
• étalement des primes : 1/5 × 5 000 € = 1 000 € (déjà déduits en comptabilité).
– En fiscalité (N+1 à N+4) :
• imposition du capital : réintégration extra-comptable : 1/5 × 30 000 € = 6 000 € ;
• déduction des primes : déduction extra-comptable : 1/5 × 5 000 € = 1 000 €.

§ 2. – Les acquisitions d'œuvres d'art[101] par les entreprises

614. – Étalement optionnel sur cinq ans. La loi fiscale offre aux entreprises qui acquièrent des œuvres d'art la possibilité de déduire ces dépenses d'investissement de leurs résultats imposables, de façon étalée et par parts égales sur cinq ans (CGI, art. 238 bis AB)[102]. L'entreprise peut constituer une provision pour dépréciation uniquement lorsque la dépréciation de l'œuvre excède le montant des déductions opérées (CGI, art. 238 bis AB, al. 6)[103].

Sont concernées par la mesure les acquisitions d'œuvres originales d'artistes vivants[104], à condition qu'elles restent exposées dans un lieu accessible au public ou aux salariés[105], à l'exception de leurs bureaux, durant toute la période de déduction (CGI, art. 238 bis AB, al. 1er et 3). Sont également visées les acquisitions *d'instruments de musique* que l'entreprise s'engage à prêter aux artistes interprètes qui en font la demande (CGI, art. 238 bis AB, al. 4).

(101) E. Varnerot, *La notion d'œuvre d'art en droit fiscal : Dr. fisc.* 2022, n° 51-52, étude 430.
(102) Disposition prorogée jusqu'au 31 décembre 2025 par la loi de finances pour 2023 (L. n° 2022-1726, 30 déc. 2023, art. 41).
(103) Mais si le coût de l'acquisition de l'œuvre est supérieur à 7 600 €, elle est tenue de faire procéder à une expertise afin de faire constater cette dépréciation (*BOFiP*, BOI-BIC-CHG-70-10, n° 320, V. *supra*, n° 441).
(104) Les œuvres d'art numériques sont exclues ; Rép. min. Genevard, n° 22584 : *JOAN* 12 janv. 2021.
(105) À l'exception de leurs bureaux ; *BOFiP*, BOI-BIC-CHG-70-10, n° 80.

Pour bénéficier de cette déduction étalée, l'entreprise doit inscrire les œuvres achetées dans un compte d'actif immobilisé. Elle doit également inscrire à un compte de réserve spéciale, au passif du bilan, une somme égale à la déduction opérée[106]. Cette somme sera réintégrée au résultat imposable en cas de changement d'affectation ou de cession de l'œuvre ou de l'instrument ou de prélèvement sur le compte de réserve (CGI, art. 238 bis AB, al. 5).

La déduction s'effectue de manière extra-comptable (tableau fiscal n° 2058-A-SD, ligne XG). Elle est plafonnée, au titre de chaque exercice, à une somme égale à 5 ‰ du chiffre d'affaires de l'entreprise. Attention, ce plafond est commun à celui qui s'applique pour le calcul de la réduction d'impôt pour dépenses de mécénat d'entreprise (V. l'encadré qui suit) ; il doit donc être minoré des versements qui ouvrent droit à cette réduction d'impôt (CGI, art. 238 bis AB, al. 2).

615. - Le droit fiscal est-il philanthrope[107] ? Le droit fiscal n'est pas hostile à la déduction des ***dépenses de parrainage (qualifiées généralement de sponsoring)...*** à partir du moment ou elles sont engagées dans l'intérêt direct de l'exploitation (CGI, art. 39-1, 7° ; V. *supra*, n° 506).

De façon spécifique, certaines dépenses de mécénat ouvrent droit à une réduction d'impôt. *En contrepartie, elles ne sont pas déductibles des résultats imposables et doivent donc être réintégrées de façon extra-comptable (tableau n° 2058-A-SD, ligne WQ).* S'agissant des dons en nature, les entreprises doivent réintégrer extra-comptablement le montant correspondant à la valorisation des dons acceptés par l'organisme (*BOFiP*, BOI-BIC-RICI-20-30-10-20, n° 100). *Selon les termes de la loi, le don doit être valorisé au coût de revient du bien donné ou de la prestation de services donnée* (CGI, art. 238 bis, 1, mod. L. fin. 2017, n° 2016-1917, 29 déc. 2016, art. 19). Cette précision met fin à la doctrine administrative selon laquelle la valorisation des dons de produits alimentaires au profit de certains organismes doit être effectuée selon les caractéristiques du produit donné[108]. S'agissant du « mécénat de compétence » (par mise à disposition d'un salarié), le *coût de revient* à retenir correspond, pour chaque salarié, à la somme de sa rémunération et des charges sociales y afférentes dans la limite de trois fois le plafond de sécurité sociale (CGI, art. 238 bis 1, mod. L. fin. 2020, n° 2019-1479, 28 déc. 2019, art. 134). Dans l'hypothèse d'une donation d'immobilisation, la réintégration est effectuée sans préjudice du régime des plus et moins-values de cession, qui reste applicable (en effet, toute sortie d'actif, même à titre gratuit, génère une plus ou moins-value de cession, V. *supra*, n° 21).

Exemple administratif (*BOFiP*, BOI-BIC-RICI-20-30-10-20, n° 110) :

Soit une entreprise qui donne un bien non amortissable (ex. : terrain) acquis 100 000 € mais valorisé 120 000 €, ouvrant droit à une réduction d'impôt de 72 000 €.

• En comptabilité elle a constaté une charge de 100 000 €.

• En fiscalité, il faut réintégrer extra-comptablement un produit de 120 000 €.

(106) En cas de perte comptable, l'entreprise peut doter la réserve spéciale par le débit d'un compte de report à nouveau débiteur si elle a épuisé toutes les autres possibilités d'imputation ; BOI-BIC-CHG-70-10, n° 120.

(107) E. Picq, *Philanthropie d'entreprise et fiscalité : Dr. fisc.* 2012, n° 11, étude 186.

(108) *BOFiP*, BOI-BIC-RICI-20-30-10-20, n° 50, abr.

• Il en résulte, en fiscalité, une plus-value de : 120 000 € – 100 000 € = + 20 000 €.

• *Si l'entreprise est passible de l'IS*, la plus-value est à court terme et doit être prise en compte dans le résultat imposable dans les conditions de droit commun ; il n'y a donc aucune régularisation à opérer compte tenu de la réintégration extra-comptable déjà opérée.

• *Si l'entreprise relève de l'IR* et que le bien est détenu depuis au moins deux ans, la plus-value est à long terme. Sauf si l'entreprise choisit de l'imputer sur son déficit d'exploitation, celle-ci doit être déduite extra-comptablement pour être imposée au taux réduit (ou pour s'imputer sur les moins-values à long terme de moins de dix ans). Si le bien est détenu depuis moins de deux ans, la plus-value est à court terme et l'entreprise n'a aucune régularisation à opérer.

L'administration a clairement défini le mécénat par opposition au parrainage. Le mécénat d'entreprise consiste à faire un don, en numéraire ou en nature, à un organisme d'intérêt général, pour la conduite de ses activités, sans attendre en retour de contrepartie équivalente (*BOFiP*, BOI-BIC-RICI-20-30-10-20, n° 120). Ainsi, le mécénat se distingue du parrainage dans le cadre duquel l'entreprise qui parraine retire un bénéfice direct de l'organisme parrainé en contrepartie du soutien accordé. À la différence du mécénat, les opérations de parrainage sont destinées à promouvoir l'image du « parraineur » dans un but commercial. Elles se distinguent essentiellement du mécénat par la nature et le montant des contreparties. Dans le cadre d'une opération de parrainage, le versement de l'entreprise correspond à la rémunération de la prestation rendue par l'organisme (*BOFiP*, BOI-BIC-RICI-20-30-10-20, n° 150).

La présence ou non d'une contrepartie est appréciée au cas par cas par les tribunaux ; selon le Conseil d'État, le bénéfice de la réduction d'impôt mécénat n'est pas susceptible d'être remis en cause par la seule circonstance que le nom de l'entreprise versante soit associé aux opérations réalisées par l'organisme bénéficiaire du versement, mais il ne saurait toutefois être admis qu'à la condition que la valorisation du nom de l'entreprise ne représente, pour cette dernière, qu'une contrepartie très inférieure au montant du versement accordé[109].

Afin de prévenir tout abus dans la délivrance des reçus fiscaux qui permettent aux donateurs de bénéficier des avantages prévus par les textes, le législateur a renforcé le contrôle des organismes bénéficiaires de dons (V. L. n° 2021-1109, 24 août 2021 *confortant le respect des principes de la République*, art. 18, 19 et 20). L'administration a commenté les nouvelles obligations incombant aux entreprises donatrices et aux organismes bénéficiaires des dons (BOI-BIC-RICI-20-30-10-20 et BOI-BIC-RICI-20-30-40).

• Les entreprises à l'IR ou à l'IS bénéficient d'une réduction d'impôt égale à 60 %[110] du montant des dons, tels

(109) CE, 20 mars 2020, n° 423664, *EURL M2I Fayard : Dr. fisc.* 2020, n° 26, comm. 285, concl. M.-A. Nicolazo de Barmon.

(110) 40 % pour les dons dépassant 2 M€ (L. fin. 2020, n° 2019-1479, 28 déc. 2019, art. 134), à l'exception des versements effectués par les entreprises au profit de certains organismes sans but lucratif (ceux qui fournissent gratuitement des repas à des personnes en difficulté, ou qui contribuent à favoriser leur logement, ou qui leur fournissent, à titre principal et gratuitement, des soins ou certains biens et services de première nécessité). Un décret n° 2020-1013 du 7 août 2020 fixe la liste de ces prestations et produits de première nécessité fournis par certains organismes sans but lucratif d'aide aux personnes en difficulté permettant à l'entreprise donatrice de bénéficier de la réduction d'impôt Mécénat au taux de 60 %.

que plafonnés à 5 ‰ du chiffre d'affaires HT[111], au profit des œuvres et organismes d'intérêt général[112], des fondations d'entreprises, des fondations ou associations reconnues d'utilité publique ou des musées de France, des associations cultuelles, des établissements d'enseignement supérieur ou artistique, des sociétés ou organismes de recherche agréés, des organismes ayant pour objet la présentation au public de spectacles vivants, de la Fondation du patrimoine ou d'un organisme ayant pour objet la restauration des monuments historiques privés, des fondations universitaires ou partenariales, ainsi que des fonds de dotation qui exercent une activité d'intérêt général éligible au régime du mécénat, ou qui ont une gestion désintéressée et reversent les revenus tirés des dons et versements reçus à de tels organismes dont la gestion est désintéressée[113] (CGI, art. 238 bis-1).

Ouvrent également droit à la réduction d'impôt, les dons et versements à des organismes agréés ayant pour objet exclusif le financement de PME[114] par des aides à l'investissement, sous certaines conditions et limites prévues par la loi (CGI, art. 238 bis-4).

Afin d'assurer sa conformité au droit de l'Union européenne[115], le dispositif a été étendu aux organismes agréés situés sur le territoire communautaire ou de l'Espace économique européen ayant conclu avec la France une convention fiscale contenant une clause d'assistance administrative destinée à lutter contre la fraude ou l'évasion fiscale (CGI, art. 238 bis-4 bis).

Ouvrent également droit à la réduction d'impôt les dons et versements effectués au profit d'organismes qui ont pour objet la sauvegarde, contre les effets d'un conflit armé, des biens culturels mentionnés à l'article 1er de la Convention du 14 mai 1954 pour la protection des biens culturels en cas de conflit armé, dont le siège est situé dans un État membre de l'UE ou dans un autre État ayant conclu avec la France une convention d'assistance administrative en vue de lutter contre la fraude et l'évasion fiscales, sous réserve que l'État français soit représenté au sein des instances dirigeantes avec voix délibérative (CGI, art. 238 bis-5)[116].

• Les entreprises soumises à l'IS bénéficient d'une réduction d'impôt égale à 90 % des versements effectués pour contribuer à l'achat de « trésors nationaux » faisant l'objet d'un refus de déli-

(111) Ou 20 000 € si ce montant est supérieur (L. fin. 2019, n° 2018-1317, 28 déc. 2019, art. 148, mod. L. fin. 2020, n° 2019-1479, 28 déc. 2019, art. 134, préc.). Une obligation de déclaration détaillée des dons versés est mise à la charge des entreprises effectuant plus de 10 000 € de dons au cours d'un même exercice (L., art. 149 ; CGI, art. 238 bis, 6). Un décret n° 2019-531 du 27 mai 2019 précise les modalités de transmission à l'administration fiscale de ces informations relatives aux dons et versements effectués pour un montant de plus de 10 000 € (CGI, ann. III, art. 49 septies X, mod.).

(112) Selon l'administration, le caractère « d'intérêt général » d'un organisme suppose qu'il n'exerce pas d'activité lucrative, que sa gestion est désintéressée et qu'il ne fonctionne pas au profit d'un cercle restreint de personnes.

(113) Selon l'administration, un fonds de dotation « redistributeur » qui finance à la fois des organismes éligibles et des organismes non éligibles au régime fiscal du mécénat, ne peut bénéficier du régime fiscal du mécénat (BOI-RES-BIC-000087, 7 avr. 2021 ; BOI-BIC-RICI-20-30-10-15, § 170).

(114) Selon les pouvoirs publics, cela ne concerne pas les dons aux organismes d'accompagnement d'associations (Rép. min. Mazetier n° 90682 : *JOAN* Q 10 mai 2016, p. 4011). En revanche, la réduction d'impôt a été étendue aux « têtes de réseaux » (fédérations ou unions d'organismes) ayant pour objet exclusif de fédérer, d'organiser, de représenter et de promouvoir les organismes agréés en vue du financement de PME (L. fin. 2021, n° 2020-1721, 29 déc. 2020, art. 149.

(115) CJCE, 27 janv. 2009, aff. 318/07, *Hein Persche : RJF* 4/09, n° 416.

(116) L. fin. rect. 2016, n° 2016-1918, 29 déc. 2016, art. 42.

vrance d'un certificat d'exportation et qui ont donné lieu à une offre d'achat par l'État, ainsi que des biens culturels présentant un intérêt majeur pour le patrimoine national (CGI, art. 238 bis-0 A). La réduction d'IS ne peut excéder 50 % du montant de l'impôt.

• Les entreprises à l'IR ou à l'IS bénéficient, sur agrément, d'une réduction d'impôt de 40 % des versements effectués pour l'achat de « trésors nationaux » faisant l'objet d'un refus de délivrance d'un certificat d'exportation et n'ayant pas été préemptés par l'État (CGI, art. 238 bis-0 AB). Les biens ainsi acquis doivent être conservés pendant dix ans et être placés en dépôt durant cette période, soit auprès d'un musée de France, soit auprès d'un service public d'archives ou d'une bibliothèque relevant de l'État ou placée sous son contrôle technique.

TITRE 2

LES RETRAITEMENTS FONDÉS SUR DES RÉGIMES SPÉCIFIQUES

616. - Origine. Les retraitements extra-comptables dont il va être question à présent ne reposent pas sur une approche différente des produits et des charges par la fiscalité, ou même de façon plus générale du résultat imposable. Ils tirent leur force dans des considérations économiques et budgétaires plutôt qu'éthiques et juridiques. *Le droit fiscal se veut ici plus pragmatique que dogmatique* ; soit pour encourager, ou au moins pour ne pas pénaliser certaines charges ou certains produits comptables (on songe notamment ou régime des plus et moins-values de cession), soit, à l'inverse, pour limiter ou interdire la déduction fiscale de certaines charges (à cet égard, le plafonnement des frais financiers est assez représentatif).

617. - Plan. Généralement, les retraitements s'inscrivent dans le cadre de régimes cohérents que l'on trouve au sein de *dispositions « emblématiques »* du Code général des impôts, telles que l'article 39 duodecies (régime des plus et moins-values professionnelles), l'article 39 terdecies (produits de la propriété industrielle), l'article 212 (limitation des intérêts versés à une société liée), l'article 44 sexies (exonération des entreprises nouvelles), ou l'article 216 (exonération des dividendes reçus par une société mère). Parmi ces régimes, il est difficile de ne pas isoler celui des plus-values professionnelles qui est un véritable univers à lui tout seul et qui concerne l'ensemble des entreprises (Chapitre 1). À côté de ce régime général, il existe d'autres dispositifs qui concernent certaines entreprises ou certaines activités (Chapitre 2).

CHAPITRE 1 LE TRAITEMENT FISCAL DES PLUS-VALUES COMPTABLES

618. – Notion comptable. Les plus et moins-values professionnelles sont les profits ou les pertes qui résultent de la cession d'éléments de l'actif immobilisé des entreprises. Elles sont prises en compte dans le résultat comptable, de manière indirecte, par différence entre le compte de charges n° 675, « Valeur comptable des éléments d'actif cédés » (ce compte traduit un appauvrissement du patrimoine professionnel à hauteur de la valeur comptable nette des immobilisations cédées), et le compte de produits n° 775, « Produits des cessions d'éléments d'actif » (il traduit l'enrichissement du patrimoine professionnel à hauteur du prix de cession).

À noter : Sur le projet de modernisation des états financiers et la nouvelle définition du résultat exceptionnel[1], V. *supra*, n° 27.

619. – Traitement fiscal. En fiscalité, toute la question est de savoir si les plus ou moins-values sont « laissées » dans le résultat comptable, auquel cas elles sont traitées comme de simples bénéfices ou pertes d'exploitation, ou si elles en sont « retirées » et soumises à un régime fiscal dérogatoire. Une lecture, même rapide, de l'imprimé fiscal n° 2058-A-SD nous montre toute l'importance du retraitement des plus et moins-values professionnelles.

Aujourd'hui, ces régimes spécifiques concernent surtout les entreprises qui relèvent de l'IR ; elles profitent de régimes fiscaux avantageux avec, en contrepartie, des possibilités d'utilisation des moins-values plus réduites. Les sociétés soumises à l'IS sont moins bien traitées depuis la réforme de 1997[2] ; les plus-values sont en règle générale soumises à l'IS au taux de droit commun, mais les moins-values sont alors déductibles des résultats.

À supposer que les plus-values soient distraites du résultat comptable, encore faut-il préciser leur traitement fiscal : imposition allégée, exonération totale ou partielle, ou simple différé d'imposition ? Et s'il s'agit de moins-values, sont-elles perdues pour l'entreprise ou peuvent-elles être reportées et imputées sur des plus-values de cession ultérieures ?

(1) Sauf si elles résultent d'un événement majeur et inhabituel, les plus et moins-values de cession seront enregistrées dans un compte n°s 757 « Produits des cessions d'immobilisations corporelles et incorporelles » ou 657 « Valeurs comptables des immobilisations incorporelles et corporelles cédées ». Seuls les produits et les charges directement liés à un événement majeur et inhabituel seront à inscrire dans les comptes n°s 67 et 77 : comptes n°s 678 « Autres charges exceptionnelles » et 778 « Autres produits exceptionnels ».

(2) L. n° 97-1026, 10 nov. 1997 portant mesures urgentes à caractère fiscal et financier, art. 2, applicable aux exercices ouverts depuis le 1er janvier 1997.

Le détail des calculs et du régime des plus et moins-values de cession figure sur l'imprimé fiscal n° 2059-A-SD de la liasse fiscale (« Détermination des plus et moins-values »).

620. – Les trois régimes. Les régimes d'imposition des plus et moins-values professionnelles peuvent être classés en *trois groupes* : le régime de droit commun, qui repose sur une distinction entre les plus et moins-values à court terme et à long terme (Section 1), les régimes d'exonération en faveur de certaines entreprises ou activités (Section 2), et les régimes de différés d'imposition qui s'appliquent lors d'opérations de restructuration (Section 3).

SECTION 1 LE RÉGIME DE DROIT COMMUN

621. – L'article 39 duodecies-1 du Code général des impôts. Selon ce texte :

« Par dérogation aux dispositions de l'article 38, les plus-values provenant de la cession d'éléments de l'actif immobilisé sont soumises à des régimes distincts suivant qu'elles sont réalisées à court ou à long terme ».

Cette disposition reste assez imprécise, tant en ce qui concerne le champ d'application que le calcul des plus-values. S'agissant du domaine des plus-values professionnelles, on y apprend seulement, mais cela est essentiel, que le régime fiscal trouve à s'appliquer lors de la « cession d'éléments de l'actif immobilisé » (§ 1). Quant au calcul de la plus-value, la loi est pratiquement muette ; on sait seulement qu'elle « provient » de la cession des actifs (§ 2).

Le régime fiscal repose sur la distinction entre les plus et moins-values à court terme et à long terme (§ 3). En IR, cette distinction est essentielle car les plus-values à long terme sont favorisées, alors qu'en IS le régime du long terme ne s'applique plus qu'exceptionnellement.

§ 1. – Le domaine des plus-values professionnelles

622. – Une plus-value effective. *Une plus-value est effective lorsque le bien est sorti du bilan* quelle qu'en soit la raison (V. *infra*, n° 624). Le régime des plus-values professionnelles ne s'applique pas si le bien figure encore à l'actif du bilan, même pour une valeur nulle[3].

Cette exigence conduit à exclure du domaine des plus-values de cession les plus-values latentes ou simplement constatées. La plus-value est « latente » lorsque l'entreprise s'abstient de la comptabiliser. Elle est simplement « constatée » si l'entreprise substitue à l'ancienne valeur d'un bien une valeur nouvelle supérieure. D'une façon générale, le principe de prudence comptable interdit de faire « constater » une plus-value latente (V. *supra*, n° 368), hormis les cas de réévaluation du bilan (V. *supra*, n° 351), alors que les moins-values latentes sont comptabilisées sous forme de provisions pour dépréciation (V. *supra*, n°s 435 et s.).

(3) TA Paris, 2 juill. 2004, n° 98-12177, *SARL Zizette Jonatic : Dr. fisc.* 2004, n° 51, comm. 904, concl. J.-C. Gracia (distributeurs de chewing-gum dont il n'est pas rapporté qu'ils aient été mis au rebut).

La règle explique aussi que, lorsqu'une entreprise a perçu une indemnité d'assurance à la suite d'un sinistre touchant une immobilisation, celle-ci est génératrice de plus-value à hauteur de l'indemnité reçue si le bien est détruit totalement[4], alors qu'elle est traitée en produit d'exploitation au cas de destruction partielle d'un bien qui figure encore au bilan[5].

Suit également le même régime, l'indemnité prévue par la loi n° 2011-94 du 25 janvier 2011 portant réforme de la représentation devant les cours d'appel (avoués) qui a pour objet de compenser la disparition d'un élément incorporel de l'actif immobilisé constitué par le droit de présentation de la clientèle ; la perception de cette indemnité est constitutive, pour la totalité de son montant, d'une plus-value professionnelle au sens de l'article 39 duodecies[6].

Dans le contexte particulier d'une SCI à l'IR tenant une comptabilité commerciale, le Conseil d'État a jugé qu'une plus-value issue de la réévaluation d'un actif perdait son caractère latent, à proportion des sommes transférées du compte « Écart de réévaluation » vers des comptes courants d'associés, même si l'actif n'a pas été cédé[7]. La décision surprend ; le profit distribué ne peut à l'évidence pas s'analyser en une plus-value de cession, et il a déjà été constaté et, normalement, imposé au titre de la variation d'actif net (V. *supra*, n° 351).

623. - Une plus-value certaine et définitive. *La jurisprudence exige que la plus ou moins-value de cession soit définitive dans son principe et certaine dans son montant.*

Cette condition s'ajoute à la précédente ; il se peut en effet que le bien soit sorti du bilan sans pour autant générer une plus ou une moins-value définitive pour l'entreprise. Cela a été notamment jugé au cas de réduction du capital d'une société par annulation de ses titres dès lors que l'opération est sans incidence sur le pourcentage de participation détenu par l'actionnaire et que la société a poursuivi son activité ; l'entreprise associée ne peut que constater une provision pour dépréciation[8]. Il en va naturellement ainsi au cas de réduction du nominal des titres[9]. En outre, le Conseil d'État a retenu une solution identique dans un cas de « coup d'accordéon », lorsque la réduction du capital a été décidée sous la condition suspensive de son augmentation si l'associé bénéficiait de droits de souscription attachés aux actions annulées et qu'à l'issue de l'opération son pourcentage a augmenté[10].

Cette condition ne préjuge pas de l'avenir de l'acte ayant généré la plus-value. Lorsque la vente est annulée ou résolue au cours d'un exercice postérieur, les textes font jouer la rétroactivité civile ; les amortissements et les provisions y afférents doivent être repris, et l'entreprise doit constater une perte d'égal montant et soumise au même régime (CGI, art. 39 duodecies-9). Le même caractère symétrique est observé au cas de réduction de prix.

(4) CE, 30 sept. 1987, n° 58035 : *RJF* 11/87, n° 1079.

(5) CE, 22 juin 2011, n° 320746, *Sté Mit Chartering : RJF* 10/11, n° 1029.

(6) CAA Paris, 17 oct. 2019, n° 18PA00214, *Gauthier : Dr. fisc.* 2019, n° 47, comm. 447, concl. O. Lemaire.

(7) CE, 12 juill. 2013, n° 338278, *Sté Cofathim : Dr. fisc.* 2013, n° 50, comm. 547, obs. J. Chateauneuf. Dans cette affaire, le Conseil d'État juge toutefois que l'administration fiscale n'était pas en droit de taxer la SARL Cofathim au motif qu'elle n'était pas encore associée de la SCI au moment de la distribution.

(8) CE, 23 janv. 1980, n° 10395 : *Dr. fisc.* 1980, n° 31, comm. 1699, concl. Martin Laprade. – CE, 26 mars 1980, n° 13250 : *RJF* 6/80, n° 473. – CE, 23 oct. 1989, n° 85251, *Cie Financière de Suez : RJF* 12/89, n° 1327.

(9) CE, 28 juin 1961, n° 47565 : *Lebon*, p. 475. – CE, 27 oct. 1965, n° 47556 : *Lebon*, p. 513.

(10) CE, 17 oct. 2008, n° 293467, *Sté Cogefal : Dr. fisc.* 2008, n° 49, comm. 604, concl. F. Séners, obs. P. Fumenier.

624. – Une plus-value de « cession ». *Le terme de cession est à prendre au sens large* ; le régime des plus-values de cession s'applique chaque fois qu'un bien a quitté le bilan, quelle qu'en soit la raison : vente, donation, apport en société, retrait d'actif par un entrepreneur individuel, échange, partage, expropriation, etc. Peu importe si la disparition de l'actif est involontaire ; par exemple, au cas de non-renouvellement d'une autorisation administrative[11]. Peu importe si elle résulte de l'inscription au bilan fiscal d'une succursale étrangère dont les bénéfices ne sont pas pris en compte dans les bases d'imposition de l'exploitation française[12].

Le retour d'un bien dans le patrimoine privé d'un entrepreneur individuel constitue le fait générateur d'une plus ou moins-value professionnelle dont le traitement dépend du régime fiscal de l'entité (à l'IR, ou à l'IS au cas d'option pour l'assimilation à une société)[13].

La cession peut même être issue d'une fiction posée par le droit fiscal ; le changement d'activité, d'impôt ou de catégorie d'imposition constitue le fait générateur des plus-values de cession parce que les actifs sont réputés avoir quitté le patrimoine professionnel. Par exemple, il a été jugé que l'arrêt de la sous-location d'un immeuble pris en crédit-bail par une SCI qui lève l'option d'achat entraîne l'imposition de la plus-value latente constatée à ce moment-là, puisque l'opération conduit à un changement d'activité du bailleur[14].

En règle générale, la cession est réputée intervenir au moment du transfert de propriété. Ainsi, au cas de vente, la plus-value est à rattacher à l'exercice au cours duquel est intervenu l'accord de volonté des parties, indépendamment de la date d'enregistrement de l'acte ou du paiement du prix[15]. À cet égard, une clause de rétroactivité insérée par les parties au contrat reste sans incidence sur la date de réalisation de la plus-value[16].

(11) CE, 8 oct. 2010, n° 318832, *Sté Nice Hélicoptères : Dr. fisc.* 2011, n° 7, comm. 215, note L. Wintz.

(12) CE, 27 mai 2020, n° 434412, *SA Fromagerie Bel : Dr. fisc.* 2020, n° 23, act. 184.

(13) BOI-BIC-CHAMP-70-10, § 480 et 500. En outre, lorsque l'entreprise individuelle assimilée à une société n'a pas renoncé à son option pour l'assujettissement à l'IS, les sommes réputées avoir été perçues en rémunération de cette cession puis distribuées à l'entrepreneur individuel sont imposées à l'impôt sur le revenu, entre les mains de ce dernier, dans la catégorie des revenus de capitaux mobiliers (BOI-BIC-CHAMP-70-10, § 500).

(14) CE, 4 mars 2015, n° 360508, *M. et Mme Affriat : Dr. fisc.* 2015, n° 41, comm. 623, concl. N. Escaut, note M. Masclet de Barbarin. V. M. Ferré, *SCI à l'IR et crédit-bail immobilier : une fausse bonne idée ? : RFP* 4/17, étude 11, p. 21. En effet, alors que la sous-location d'un immeuble génère des BNC, la location produit des revenus fonciers. La cessation d'activité fait ainsi apparaître une plus-value par différence entre le prix de l'option et la valeur du contrat figurant au registre des immobilisations (V. CGI, art. 93 quater, III).

(15) CE, 7 juill. 2000, n° 208508, *Fernandez : RJF* 11/00, n° 1310 (bénéfices agricoles).

(16) CE, 8 juill. 2009, n° 279018 : *RJF* 11/09, n° 933 (apport d'une exploitation agricole à un GFA : la plus-value doit être imposée au titre de l'année au cours de laquelle le groupement a été immatriculé). – CE, 6 mai 2015, n° 375880, *SAS Optique de précision Jean Fichou : Dr. fisc.* 2015, n° 24, comm. 400, note E. Kornprobst (cession par une société soumise à l'IS d'un immeuble industriel pour un prix minoré ; le complément de plus-value doit être imposé au titre de l'exercice au cours duquel la vente a été conclue).

Si la cession fait l'objet d'une condition résolutoire, la plus-value est immédiatement imposable, car le transfert de propriété est lui aussi immédiat[17], alors que la condition suspensive retarde le transfert de propriété et donc l'imposition de la plus-value[18].

Lorsque la plus ou moins-value provient du retrait d'actif par un entrepreneur individuel, elle est à rattacher à l'exercice d'établissement du bilan dans lequel le bien a cessé de figurer[19], ou bien à l'exercice au cours duquel est intervenue la cession ou la cessation de l'entreprise ayant entraîné le retour du bien dans le patrimoine privé de l'exploitant[20].

Dans le cas d'un rachat par une société de ses propres titres, le profit d'annulation chez l'associé était traditionnellement analysé en un revenu mobilier[21], sauf au cas de rachat par une société de ses propres actions en vue d'une redistribution aux salariés ou dans le cadre d'un plan de rachat d'actions (CGI, art. 112, 6°), mais, à la suite d'une décision du Conseil constitutionnel ayant relevé l'incohérence du dispositif[22], ce profit doit désormais toujours être imposé comme une plus-value[23]. Chez la société qui rachète ses droits, l'opération n'a pas d'incidence sur le résultat imposable lorsque les titres sont destinés à être annulés, du moins si la réduction du capital est l'un des objectifs assignés au rachat de titres[24].

625. – Une cession d'immobilisation. *Le régime des plus-values professionnelles ne concerne que les cessions d'éléments de l'actif immobilisé.* Les cessions d'actifs circulants sont traitées comme des produits d'exploitation (par ex., vente de stocks), mais il y a des exceptions (par ex., valeurs de placement), et les produits de la propriété industrielle (dont les plus-values de cession) peuvent bénéficier d'un régime d'imposition réduite qui n'est pas celui des plus-values à long terme (V. *infra*, n°s 740 et s.). Une analyse de l'actif cédé est nécessaire (par ex., pour un marchand de biens, les immeubles possèdent la nature de stocks et non d'immobilisations, ce qui n'exclut

(17) CE, 6 févr. 1981, n° 22189 : *Dr. fisc.* 1982, n° 51, comm. 2419, concl. P. Lobry (BIC). Principe applicable aux plus-values privées, CE, 30 nov. 1990, n° 80567, *M. Peyrot : Dr. fisc.* 1992, n° 29, comm. 1443 (plus-value sur cession de titres).

(18) CE, 11 avr. 2008, n° 283956, *M. et Mme Deperrois : Dr. fisc.* 2008, n° 19, comm. 315 (rattachement de la plus-value de cession d'une clientèle d'expert-comptable au revenu imposable de l'année d'obtention de l'agrément du Conseil de l'ordre).

(19) CE, 5 juin 1981, n° 20948 : *RJF* 9/81, n° 789 (où le Conseil d'État fait un parallèle entre la décision d'inscription d'un immeuble au bilan et la décision de désaffectation qui ne peut apparaître qu'à l'occasion de l'établissement d'un nouveau bilan).

(20) CE, plén., 25 oct. 1991, n°s 74937, 74938, 114759 et 114760, *Marc Bertrand : RJF* 12/91, n° 1476 (les plus-values par retour des biens dans le patrimoine privé des indivisaires lors de l'arrêt de l'activité commerciale d'une indivision successorale doivent être rattachées à l'exercice au terme duquel la cessation est intervenue et non à l'exercice ultérieur).

(21) CE, 20 mars 2013, n° 349669, *Sté Générale : Dr. fisc.* 2013, n° 21, comm. 291, concl. E. Cortot-Boucher, note E. Davoudet et K. Gruzdova.

(22) Cons. const., 20 juin 2014, n° 2014-404 QPC, *M. et Mme Machillot : Dr. fisc.* 2014, n° 30, comm. note A. de Bissy et M. Ferré.

(23) L. fin. rect. 2014, n° 2014-1655, 29 déc. 2014, art. 88 : *Dr. fisc.* 2015, n°s 1-2, comm. 12, obs. A. de Bissy (rachats effectués à compter du 1er janvier 2015).

(24) CAA Versailles, 5 déc. 2013, n° 11VE01834, *Sté Schneider Electric : Dr. fisc.* 2014, n° 38, chron. 529, n° 5, obs. Cl. Acard, confirmé par CE, 22 oct. 2018, n° 375213, *FR* 51/18, inf. 1, p. 3. Mais, sauf abus de droit, elle peut enregistrer une dépréciation liée à la perte de valeur des titres qui, dans un premier temps avaient été rachetés pour être cédés avant d'être inscrits en titres à annuler (CE, 1er avr. 2015, n° 362317, *Sté Rexel Distribution : Dr. fisc.* 2015, n° 19-20, act. 284, obs. A. de Bissy ; *Dr. fisc.* 2015, n° 40, comm. 598, concl. M.-A. Nicolazo de Barmon, note Cl. Carpentier).

pas la possibilité d'en immobiliser certains[25] ; par ex., il ne saurait être question de soumettre à la plus-value une indemnité de résiliation d'un contrat de concession si l'on considère, par ailleurs, qu'il ne s'agit pas d'un actif immobilisé)[26].

En principe, c'est l'affectation comptable qui compte. Pour les sociétés dotées de la personnalité morale, la règle est d'une application assez simple puisque le patrimoine social se confond avec le bilan (V. *supra*, n° 498). Et si les biens ne sont pas valorisés au bilan, il leur est malgré tout appliqué le régime des plus-values professionnelles[27]. S'agissant des parts de groupements à l'IR, il faut également se souvenir qu'elles sont considérées comme des actifs professionnels si l'associé y exerce son activité professionnelle (CGI, art. 151 nonies-I ; V. *infra*, n° 632). Pour les exploitants individuels (et les groupements sans personnalité morale), seuls les biens ayant été affectés au bilan suivent le régime des plus-values professionnelles.

Parfois, il faut retenir l'affectation réelle. Ainsi, la cession d'un élément non inscrit à l'actif du bilan alors qu'il constitue l'objet même de l'activité de l'entreprise génère une plus-value professionnelle et non privée (V. *supra*, n° 500). La même solution s'applique dans une EIRL au cas de cession d'un bien non affecté au patrimoine professionnel, alors qu'il est nécessaire à l'activité, car il n'existe pas de liberté d'affectation comptable en ce qui le concerne (V. *supra*, n° 499). Inversement, la cession d'un bien inscrit au bilan d'une entreprise individuelle (ou d'une EIRL), ou même d'une société de personnes à l'IR (V. *supra*, n° 553), alors qu'il ne sert pas à l'activité professionnelle de l'entrepreneur, génère une plus-value privée compte tenu de l'abandon en 2012 de la « théorie du bilan » (V. *supra*, n° 501).

Ces règles ne devraient pas être modifiées dans le cadre du nouveau statut unique d'entrepreneur individuel reposant sur la reconnaissance d'un patrimoine professionnel séparé (L. 14 févr. 2022 ; V. *supra*, n° 187). Il n'y a pas de nécessaire identité entre le patrimoine professionnel, le bilan comptable et le bilan fiscal. On peut, à cet égard, regretter le flou entretenu par l'administration dans son commentaire de la réforme, lorsqu'elle utilise régulièrement les termes de « patrimoine professionnel » plutôt que celui de « bilan »[28].

Enfin, il convient de tenir compte des erreurs comptables. Ces erreurs sont rectifiables, à l'initiative de l'administration ou du contribuable (V. *supra*, n° 35). Un contribuable qui retire de son bilan un bien appartenant à son conjoint n'est pas imposable à la plus-value. Par contre, il doit y être soumis si le bien du conjoint figurait légitimement à son bilan. Tel est par exemple le cas lors d'une expropriation d'un bien édifié sur le terrain appartenant au conjoint séparé en biens[29], ou lors de la cession d'un bien

(25) CE, 26 mars 2003, n° 221849, *Sté le Touquet Syndicate Ltd : Dr. fisc.* 2003, n° 24, comm. 439, concl. G. Goulard.

(26) CE, 10 juin 2013, n° 336596, *M. Marinho : Dr. fisc.* 2013, n° 39, comm. 443.

(27) CAA Bordeaux, 13 oct. 2005, n° 01-2557, *Sté charentaise de gestion et de participation : Dr. fisc.* 2006, n° 28, comm. 501, concl. G. Dore. – CE, 23 déc. 2016, n° 375746, *Sté Cap Gemini : Dr. fisc.* 2017, n° 15, comm. 243, concl. M.-A. Nicolazo de Barmon, note P. Fumenier. L'application du régime des plus ou moins-values à long terme n'exige pas l'inscription du bien cédé au bilan ; le délai de deux ans est décompté à partir de l'acquisition ou de la création du bien.

(28) V. BOI-BIC-CHAMP-70-10, § 480 et s., en ce qui concerne le régime fiscal des retraits d'actif.

(29) CE, 16 juin 2003, n° 212134, *M. et Mme Norais : Dr. fisc.* 2003, n° 51, comm. 914, concl. M.H. Mitjavile. En l'espèce, le Conseil d'État relève une erreur rectifiable relative à l'exercice de rattachement de la plus-value (elle est à rattacher à l'exercice de la décision ayant fixé le montant de l'indemnisation et non à celui de son versement).

apporté à une société d'acquêts par un conjoint séparé de biens, même s'il ne participe pas à l'activité professionnelle en cause[30].

§ 2. – Le calcul de la plus-value

626. – Calcul du profit ou de la perte de cession. La plus-value représente l'excédent de la valeur réelle d'un bien sur sa valeur comptable nette, et la moins-value le rapport inverse. Dans le cas général, ces principes soulèvent assez peu de difficultés (A). Des problèmes plus sérieux se présentent dans des hypothèses particulières ; lorsque l'entreprise exerce aussi une activité non professionnelle, lorsque les biens ont successivement figuré dans le patrimoine privé et professionnel de l'exploitant, ou dans un cas de démembrement de propriété (B).

A. – Cas général

627. – Valeur réelle. *La valeur réelle d'un bien est en règle générale représentée par son prix de vente.* Les frais directement liés à la vente sont déduits du prix de cession[31] ; ils ne peuvent alors être déduits du résultat imposable[32]. En l'absence de contrepartie (donation, succession, retrait d'actif…), la valeur stipulée à l'acte fait office de prix de vente[33] (à défaut d'acte, c'est la valeur vénale du bien au jour de la transmission qui est retenue)[34].

Si l'entreprise est expropriée ou sinistrée, on retient le montant de l'indemnité reçue (mais l'entreprise qui détruit elle-même un bien doit constater une moins-value)[35].

Au cas d'apport en société, c'est la valeur réelle des titres remis en contrepartie de l'apport qui est prise en compte, sauf si la valeur réelle des biens apportés est supérieure[36].

Toutefois, le Conseil d'État est revenu sur cette jurisprudence, précisément dans un cas de plus-value liée à un apport en société, en jugeant que si la valeur réelle du bien apporté est supérieure à celle des titres reçus en contrepartie, la différence ainsi constatée doit être regardée comme une renonciation à la réalisation de la plus-value correspondante et, par suite, comme un avantage consenti par l'apporteur à la société bénéficiaire de l'apport[37].

Pour le calcul de la plus-value de cession de façon générale, l'administration peut substituer au prix stipulé à l'acte, la valeur du bien ayant quitté le patrimoine de l'entreprise. La situation se présente au cas de dissimulation de prix ou d'insuffisance de

(30) CE, 27 sept. 2017, n° 395159, *Terral : Dr. fisc.* 2018, n° 5, comm. 155, concl. E. Bokdam-Tognetti.

(31) CE, 7 févr. 2007, n° 279588, *Sté Weil Besançon : RJF* 4/07, n° 407 (commission d'intermédiation).

(32) *BOFiP*, BOI-BIC-PVMV-10-20-10, n° 10 (solution favorable à l'administration puisque les charges ainsi comptabilisées viendront en pratique diminuer la plus-value à long terme soumise au taux réduit, alors qu'elles sont normalement déductibles du résultat d'exploitation imposé au taux plein).

(33) *BOFiP*, BOI-BIC-PVMV-10-20-10, n° 360.

(34) *BOFiP*, BOI-BIC-PVMV-10-20-10, n° 370.

(35) *BOFiP*, BOI-BIC-PVMV-10-10-20, n° 550.

(36) CE, 22 févr. 2012, n° 315156, *Sté Générale Textile Balsan : RJF* 11/12, n° 984 (réintégration de la moins-value ; la différence est en effet analysée comme la renonciation de l'apporteur à réaliser une plus-value et elle constitue une libéralité au profit de la société bénéficiaire de l'apport à l'origine d'un acte anormal de gestion).

(37) CE, 1er juill. 2020, n° 418378, *Sté Lafarge SA : Dr. fisc.* 2020, n° 30-35, act. 254, obs. Ph. Oudenot.

prix. Toutefois, la preuve ne peut résulter simplement d'une rectification en droits de mutation[38].

En principe, les modalités de paiement du prix, au comptant ou à crédit, importent peu. Il se peut cependant que le prix de vente soit affecté d'un aléa ; par exemple, au cas de vente en viager. Dans ce cas, le prix de vente doit être établi à partir du prix convenu entre les parties, et la plus-value calculée à partir de ce prix est elle-même définitive[39].

Lorsque la vente est conclue moyennant le versement de redevances annuelles, la valeur de cession est représentée par la somme fixe prévue au contrat majorée de la valeur estimée des redevances, mais l'administration considère que la plus-value calculée sur cette base est provisoire ; elle devra être corrigée, en fonction des sommes effectivement reçues, au titre du dernier exercice au cours duquel les redevances sont payées[40].

Lorsque le prix comporte une partie fixe et une partie variable indexée sur le chiffre d'affaires généré par le bien vendu, la plus-value doit être calculée et imposée l'année du transfert de propriété. Il incombe donc au cédant d'estimer avec la plus grande précision possible le montant de la plus-value réalisée pour la déclarer au titre de l'année de la cession. Si l'estimation du prix qui a été faite pour le calcul de la plus-value s'avère insuffisante, les versements ultérieurs excédentaires constituent des revenus au sens de l'article 12 du Code général des impôts, imposables l'année de leur perception en tant que plus-values[41]. Toutefois, afin de préserver les droits de l'administration dans l'hypothèse où l'exercice de cession serait prescrit, le Conseil d'État juge que cette dernière peut toujours imposer intégralement le complément de prix au titre de l'exercice de son versement si le contribuable n'a pas inclus un montant estimé de cette part variable au titre de l'exercice de cession[42].

Le remboursement par un acquéreur de la créance de compte courant détenue par le vendeur de titres n'est pas à prendre en compte dans l'assiette de la plus-value. Dans l'affaire *Croë Suisse*, la cour de Versailles y a vu deux opérations indépendantes l'une de l'autre, en jugeant que l'engagement pris par l'acquéreur de procéder, dans les six mois, au remboursement de la créance de compte courant du vendeur « ne faisait pas obstacle à ce que le transfert de propriété des titres intervienne dès le versement du prix convenu entre les parties »[43].

628. – Valeur comptable nette. *La valeur comptable nette représente la valeur pour laquelle le bien a été inscrit au bilan, diminuée le cas échéant des amortissements.*

Lorsque le bien a été acquis à titre gratuit, la valeur d'inscription au bilan correspond à la valeur stipulée à l'acte. Selon le Conseil d'État, si un bien a été acquis par voie de donation-partage grevée de charges (soulte et/ou rente viagère), ces dernières ne peuvent être rajoutées à la valeur d'acquisition pour le calcul de la plus-value de

(38) *BOFiP*, BOI-BIC-PVMV-10-20-10, n° 70.
(39) *BOFiP*, BOI-BIC-PVMV-10-20-10, n° 300.
(40) *BOFiP*, BOI-BIC-PVMV-10-20-10, n° 330.
(41) CE, 12 mars 2014, n° 350443, *M. et Mme Getten : Dr. fisc.* 2014, n° 19, comm. 300, concl. F. Aladjidi (BNC ; cession de droits de la propriété industrielle).
(42) CE, 2 févr. 2022, n° 443154 : *Dr. fisc.* 2022, n° 42, chron. 367, obs. N. de Boynes, spéc. n° 5.
(43) CAA Versailles, 3 mars 2020, n° 19VE00113, *Sté Croë Suisse : Dr. fisc.* 2020, n° 21, comm. 244, obs. G. Wicker et Fl. Deboissy.

cession ; le cédant peut seulement déduire de ses revenus professionnels la fraction des versements qui excède cette valeur[44].

En principe, seuls les amortissements pratiqués en comptabilité et admis en déduction du résultat imposable sont pris en compte pour le calcul de la valeur comptable nette, mais il faut également prendre en compte les amortissements des biens somptuaires (V. *supra*, n°s 577 et s.), ainsi que les amortissements irrégulièrement différés en comptabilité (V. *supra*, n° 277).

Lorsqu'il a été pratiqué des amortissements dérogatoires en comptabilité, hypothèse fréquente aujourd'hui (V. *supra*, n°s 240 et s.), la valeur comptable prise en compte pour le calcul de la plus ou moins-value doit être diminuée du montant de la « provision pour amortissement dérogatoire » non encore apurée à la date de la cession (en effet, la valeur résiduelle comptable n'est pas influencée par la dotation à la provision pour amortissement dérogatoire).

Pour les biens non amortissables, on ne tient pas compte des provisions qui ont été constituées, mais elles deviennent alors sans objet et doivent donc être réintégrées.

Pour les biens qui ont été décomposés au bilan, une seule plus-value sera calculée, par différence entre le prix de vente et la valeur comptable de tous les éléments, structure et composants, diminuée de leurs amortissements respectifs (V. *infra*, n° 637).

B. – Cas particuliers

629. – Biens dont l'utilisation n'est pas professionnelle. Compte tenu de l'abandon en 2012 de la « théorie du bilan » dans les entreprises individuelles (V. *supra*, n° 501), la cession d'une immobilisation non affectée à l'exploitation ne peut pas générer une plus ou moins-value professionnelle mais privée, du moins pour le temps durant lequel elle a été utilisée à des fins privées. De la même manière, les amortissements qui ont été réintégrés du fait de l'utilisation extra-professionnelle du bien cédé doivent également corriger à la baisse la plus-value professionnelle. Compte tenu de ces éléments, la loi pose la formule suivante pour le calcul de la plus ou moins-value professionnelle (CGI, art. 155-II, 2) :

1) Le prix de cession de l'élément d'actif est réputé égal à la somme : *a)* Du prix de cession réel de cet élément, multiplié par le rapport entre, au numérateur, la durée d'utilisation de l'élément aux fins de l'exercice de l'activité à titre professionnel et, au dénominateur, sa durée d'appartenance au patrimoine professionnel ; *b)* Et la valeur d'origine de cet élément, multiplié par le rapport entre, au numérateur, la durée d'utilisation de l'élément à des fins autres que l'exercice de l'activité à titre professionnel depuis qu'il appartient au patrimoine professionnel et, au dénominateur, sa durée d'appartenance au patrimoine professionnel.

2) La valeur comptable de l'élément d'actif cédé est réputée majorée du montant des amortissements qui ont été réintégrés au titre des exercices au cours duquel le bien ne concourait pas à l'exercice de l'activité professionnelle. N'ont toutefois pas à être rajoutés à la valeur comptable : les amortissements qui n'ont pas été réintégrés en application de la tolérance des 5 % ou des 10 % (V. *supra*, n° 502), et ceux pratiqués

(44) CE, 21 oct. 2013, n° 358061, *Lacire : RJF* 1/14, n° 26 (BNC ; cession d'un office notarial).

au titre d'exercices ouverts avant le 1er janvier 2012 et afférents à un élément de l'actif immobilisé non utilisé pour les besoins de l'activité professionnelle[45].

Exemple administratif

***(BOFiP*, BOI-BIC-PVMV-10-20-30-20, n° 90)**

Soit un exploitant individuel qui exerce une activité relevant de la catégorie des BIC, soumise à un régime réel d'imposition. L'exercice comptable est calqué sur l'année civile.

Le 1er janvier 2012, il acquiert un immeuble pour une valeur de 1 600 000 € et l'inscrit à l'actif de son bilan. L'immeuble est amorti au plan comptable et fiscal sur une durée de vingt ans, soit 80 000 €/an.

Jusqu'au 31 décembre 2017, l'entreprise utilise l'immeuble pour son activité commerciale, avant de le donner en location à compter du 1er janvier 2018. Par hypothèse, le montant des loyers perçus est supérieur à 5 % des produits d'exploitation de l'entreprise (seuil de « tolérance fiscal »).

Enfin, l'immeuble est cédé le 31 décembre 2019 pour un prix de 2 100 000 €.

• Du 1er janvier 2012 au 31 décembre 2017, l'immeuble étant affecté à l'activité professionnelle, les charges y afférentes sont déductibles du bénéfice professionnel imposable de l'exploitant.

• Du 1er janvier 2018 au 31 décembre 2019, l'immeuble est loué à un tiers. Du fait de cet usage purement patrimonial, l'exploitant réintègre à son bénéfice imposable les charges de cet immeuble, notamment les amortissements pour un montant annuel de 80 000 €, soit 160 000 € pour la période.

• En résumé, sur une durée de détention globale de huit années, l'immeuble a constitué un actif professionnel pendant six ans et un bien patrimonial pendant deux ans.

1) Calcul de la plus-value professionnelle

a) Détermination du prix de cession « professionnel »

[Prix de cession (2 100 000 €) × 6/8e] + [valeur d'origine (1 600 000 €) × 2/8e] = 1 975 000 €.

b) Détermination de la valeur nette comptable « professionnelle »

– Valeur nette comptable à la date de la cession : 1 600 000 € – (8 × 80 000 €) = 960 000 €.

– Valeur nette comptable « professionnelle » : 960 000 € + 160 000 € = 1 120 000 €.

c) Détermination de la plus-value professionnelle

Prix de cession « professionnel » (1 975 000 €) – VNC professionnelle (1 120 000 €) = 855 000 €

(45) *BOFiP*, BOI-BIC-PVMV-10-20-30-20, nos 60 et 70. Cette règle de calcul explique que, *lorsqu'un bien n'a jamais été utilisé pour l'exercice de l'activité professionnelle*, sa cession génère malgré tout une plus-value professionnelle à hauteur des amortissements déduits du résultat des exercices ouverts avant le 1er janvier 2012 ou de ceux admis en déduction après cette date en application de la tolérance de 5 % ou de 10 %.

2) Détermination de la plus-value privée

Prix de cession réel (2 100 000 €) – prix de cession professionnel (1 975 000 €) = 125 000 €

Autre méthode (par nos soins) :

Véritable chef-d'œuvre technocratique, plus proche d'une formule mathématique que d'un texte de loi, la règle légale (CGI, art. 155-II, 2, préc.) repose sur l'idée que la valeur du bien a évolué de façon constante. Dès lors, il n'est pas faux de poser que la plus-value professionnelle correspond à la prise de valeur du bien pendant le temps où il a été utilisé à des fins professionnelles.

D'où :

– plus-value comptable : 2 100 000 € – [1 600 000 € – (8 × 80 000 €)] = 1 140 000 € ;

– plus-value professionnelle : 1 140 000 € × 6/8e = 855 000 €.

Quant à la plus-value privée, elle est égale à la différence entre la plus-value comptable et la plus-value professionnelle, déduction faite des amortissements réintégrés dans le bénéfice fiscal.

D'où :

Plus-value privée : 1 140 000 € – 855 000 € – (2 × 80 000 €) = 125 000 €.

Au final, sur un « enrichissement » de 1 140 000 € (plus-value comptable) :

– 855 000 € ont été imposés en tant que plus-value professionnelle ;

– 125 000 € ont été imposés en tant que plus-value privée ;

– 160 000 € ont été imposés en tant que bénéfices d'exploitation.

630. – **Biens ayant successivement figuré dans le patrimoine privé et le patrimoine professionnel : régime des « biens migrants ».** Bien que figurant sous un titre consacré aux plus-values réalisées dans le cadre d'une activité agricole, artisanale, commerciale, industrielle ou libérale, le régime des biens migrants concerne surtout le calcul des plus-values privées.

Selon ce régime, la plus-value réalisée dans le cadre professionnel ainsi défini doit être calculée selon les règles des plus-values privées pour la fraction du temps où le bien (immeuble ou titre) a figuré dans le patrimoine privé du contribuable (CGI, art. 151 sexies-I).

Techniquement, l'impôt sur les plus-values professionnelles est dû pour la partie de la plus-value qui correspond à la détention du bien dans le patrimoine professionnel (différence entre le prix de cession et la valeur d'inscription au bilan) et l'impôt sur la plus-value privée est dû pour la partie correspondant à la détention du bien dans le patrimoine privé (différence entre le prix d'achat et la valeur d'inscription au bilan de l'exploitant) (CGI, ann. II, art. 74 SG).

Cette règle trouve naturellement à s'appliquer lors de l'inscription d'un bien au patrimoine professionnel d'une entreprise individuelle ou d'une EIRL, lorsqu'elles n'ont pas opté pour leur assimilation à une EURL ou une EARL. Dans ce cas en effet, l'inscription au bilan n'est pas translative de propriété[46]. Au cas d'option pour une telle assimilation, le régime de l'article 151 sexies s'applique seulement aux biens

(46) Inscriptions à l'actif depuis le 30 juillet 2011. Antérieurement à cette date, du fait de l'assimilation de l'EIRL à une EURL ou une EARL de plein droit, l'inscription au bilan devait être analysée comme un apport en société.

« utiles » à l'activité s'agissant de l'entreprise individuelle (CGI, art. 1655 sexies, 1) et aux biens « nécessaires » à l'exercice de l'activité professionnelle s'agissant de l'EIRL (CGI, art. 1655 sexies, 2)[47].

La règle trouve aussi à s'appliquer au cas de cession d'actions ou de parts louées dans les conditions des articles L. 239-1 à L. 239-5 du Code de commerce (CGI, art. 151 sexies-II). En effet, les titres ainsi loués sont présumés avoir quitté le patrimoine privé de l'associé personne physique pour intégrer son patrimoine professionnel (« loueur de titres »), mais ce transfert ne génère pas de plus-value privée imposable faute d'une véritable cession. Lorsque les titres seront effectivement cédés, il sera fait application du régime des biens migrants.

Et si, avant d'être cédé, le bien était retourné dans le patrimoine privé du contribuable, il y a lieu de déterminer trois plus-values distinctes : une première plus-value privée, une plus-value professionnelle et une seconde plus-value privée[48]. Lorsque les biens migrants sont des titres considérés comme des biens professionnels en application des articles 151 sexies II, alinéa 1, 93 ou 151 nonies, la plus-value privée imposable est égale à la somme des gains nets relatifs aux deux périodes de détention dans le patrimoine privé (CGI, art. 151 sexies-II, al. 2)[49].

Exemple

(Hors amortissements et abattements)

Soit un immeuble acheté 100 000 € inscrit à l'actif d'une entreprise individuelle pour 300 000 €.

Première hypothèse : l'immeuble est cédé à un tiers pour 500 000 €

– Plus-value privée : 300 000 € – 100 000 € = 200 000 €

(*NB* : l'abattement pour durée de détention est calculé à partir de la date d'acquisition du bien jusqu'à la date d'inscription au bilan).

– Plus-value professionnelle : 500 000 € – 300 000 € = 200 000 €.

Seconde hypothèse : l'immeuble réintègre le patrimoine privé avant d'être cédé à un tiers 600 000 € :

Plus-value professionnelle : 200 000 € (V. 1re hypothèse), imposable au titre de l'exercice de sortie de l'actif.

1re plus-value privée : 200 000 € (V. 1re hypothèse)

2e plus-value privée : 600 000 € – 500 000 € = 100 000 €

Total plus-value privée : 200 000 € + 100 000 € = 300 000 €, imposable au titre de l'année de cession.

NB : pour l'application de l'abattement pour durée de détention, les deux plus-values privées sont à considérer ensemble (BOFiP, BOI-RPPM-PVI-10-20, n° 180).

(47) L. fin. rect. 2011, n° 2011-900, 29 juill. 2011, art. 15.

(48) *BOFiP*, BOI-RFPI-PVI-10-20, n° 180.

(49) *BOFiP*, BOI-RPPM-PVBMI-20-10-30, n° 170.

631. - Cession d'un démembrement de propriété. La question se pose tout autant pour la cession d'usufruit que pour la cession de la nue-propriété[50]. À ce jour, elle n'est pas tranchée par la jurisprudence et l'administration fiscale n'a jamais clairement pris position. La doctrine hésite entre deux approches ; une approche « juridique » qui repose sur une analyse civiliste du droit de propriété conçu comme la somme de la nue-propriété et de l'usufruit, et une approche « économique » qui repose sur une conception autonome du droit cédé.

Selon certains, l'achat d'un bien en pleine propriété ne peut être analysé comme étant celui de la somme de l'usufruit et de la nue-propriété ; il est donc vain de rechercher la valeur nette comptable du droit cédé[51]. La cession de l'usufruit d'un bien n'entraînerait pas la constatation d'une plus-value, mais d'un produit ordinaire (ce dernier pourrait être compensé par une provision pour dépréciation dont la reprise serait étalée sur la durée de l'usufruit). Par contre, la cession de la nue-propriété est analysée comme une vente en pleine propriété à terme, générant une plus-value qui serait égale à la somme du prix de cession et de la valeur vénale de l'usufruit à la date de la cession, sous déduction de la valeur nette comptable de la pleine propriété. Indirectement, cela aboutira à la réévaluation (imposable) de l'usufruit conservé (ce dernier étant évalué à sa valeur vénale au jour du démembrement de propriété).

Pour d'autres, l'analyse « plus-value » reste préférable, même au cas de cession d'usufruit temporaire[52]. Pourtant, outre qu'elle n'évite pas les difficultés liées au calcul de la plus-value, la solution présente un inconvénient fiscal pour le cédant qui devra constater une augmentation d'actif net lors de l'extinction de l'usufruit[53]. En ce qui concerne la cession de la nue-propriété ; elle générera une plus-value à hauteur de la prise de valeur du démembrement cédé, et dans ce cas il n'y a pas lieu de réévaluer l'usufruit conservé qui reste au bilan, dans un compte d'immobilisation incorporelle, pour sa valeur d'acquisition[54].

Dans le détail, des différences existent également entre les deux approches quant aux modalités de calcul de la valeur d'acquisition du droit cédé ou de l'usufruit conservé ; simple « règle de trois », à proportion de leur valeur nette comptable, ou calcul actuariel.

Exemple 1

Cession de l'usufruit d'une participation

Nous retiendrons :

- l'approche juridique du démembrement de propriété ;
- une évaluation fondée sur une « règle de trois ».

(50) En ce qui concerne le traitement du démembrement chez l'acquéreur du droit, V. *supra*, n° 393.

(51) L. de Maintenant, *Cessions d'usufruit : et si on voyait les choses autrement ? : BF* 7-8/00, p. 407.

(52) *Bull. CNCC* sept. 1995, n° 99, EJ 94-130, p. 346 et s. Toutefois, à compter des cessions intervenues depuis le 14 novembre 2012, *le produit de la première cession à titre onéreux d'un usufruit temporaire* doit nécessairement être imposé au barème progressif de l'IR dans la catégorie de revenus à laquelle se rattache le bénéfice ou revenu procuré ou susceptible d'être procuré par le bien ou le droit sur lequel porte l'usufruit temporaire cédé (L. fin. rect. 2012, n° 2012-1510, 29 déc. 2012, art. 15 ; CGI, art. 13-5).

(53) S. Taïeb et D. Caupers, *Le démembrement de propriété des titres : analyse juridique et fiscale d'un outil de gestion et de financement pour les entreprises : NF* 1er janv. 2012, n° 1081, p. 17.

(54) J.-F. Duchêne et M. Epstein, *Cession de la nue-propriété d'un élément de l'actif immobilisé : Dr. fisc.* 2003, n° 18-19, étude 19. – P. Fernoux, *Stratégies d'immobilier d'entreprise fondées sur la transmission de la nue-propriété d'un immeuble : Dr. fisc.* 2004, n° 51, étude 50.

Données :
- prix de cession : 40 000 € ;
- coût d'achat des titres : 90 000 € ;
- valeur actuelle des titres : 120 000 €.

Plus-value de cession de l'usufruit :
- la valeur comptable de l'usufruit est de : 40 000 / 120 000 × 90 000 € = 30 000 € ;
- la plus-value de cession est de : 40 000 € – 30 000 € = 10 000 €.

Valeur de la nue-propriété conservée :
- la valeur de la nue-propriété reste au bilan pour : 90 000 € – 30 000 € = 60 000 €.

Les écritures comptables pourraient être les suivantes :

N° DU COMPTE	LIBELLÉ DU COMPTE	DÉBIT	CRÉDIT
	Cession de l'usufruit		
462	Créance sur cession d'immobilisation	40 000	
775	Produits des cessions d'éléments d'actif		40 000
675	Valeur comptable des éléments d'actif cédés	30 000	
261	Titres de participation		30 000
	Immobilisation de la nue-propriété		
271	Autres titres immobilisés (1)	60 000	
261	Titres de participation		60 000

(1) Le classement en titres de participation ne paraît plus possible dans la mesure où le nu-propriétaire a perdu son droit de vote dans les assemblées ordinaires.

Exemple 2

Cession de la nue-propriété d'un bien amortissable

Nous retiendrons :
- l'approche juridique du démembrement de propriété ;
- une évaluation fondée sur une « règle de trois ».

Données :
- prix d'achat : 100 000 € ;
- amortissements : 40 000 € ;
- valeur nette comptable : 60 000 € ;
- prix de cession de la nue-propriété : 90 000 € ;
- valeur du bien en pleine propriété : 120 000 €.

Plus-value de cession de la nue-propriété :
- valeur comptable de la nue-propriété : 60 000 € × 90 000 / 120 000 = 45 000 € ;
- plus-value : 90 000 € – 45 000 € = 45 000 €.

Valeur de l'usufruit conservé :
– valeur d'achat de la nue-propriété : 100 000 € × 90 000 / 120 000 = 75 000 € ;
– valeur de l'usufruit : 100 000 € – 75 000 € = 25 000 €.

Les écritures comptables pourraient être les suivantes :

N° DU COMPTE	LIBELLÉ DU COMPTE	DÉBIT	CRÉDIT
	Cession de la nue-propriété		
462	Créance sur cession d'immobilisation	90 000	
775	Produits des cessions d'éléments d'actif		90 000
675	Valeur comptable des éléments d'actif cédés	45 000	
281	Amortissements des immobilisations corporelles	30 000	
218	Immobilisations corporelles		75 000
	Immobilisation de l'usufruit		
205	Immobilisations incorporelles	25 000	
218	Immobilisations corporelles		25 000
281	Amortissements des immobilisations corporelles	10 000	
280	Amortissements des immobilisations incorporelles		10 000

632. – Parts d'associés exerçant une activité professionnelle dans la société. Les parts sociales détenues par un associé exerçant son activité professionnelle[55] au sein d'une société dont les bénéfices sont imposés dans la catégorie des BIC, BNC ou des bénéfices agricoles, sont considérées par la loi fiscale comme faisant partie de l'actif professionnel personnel de l'associé, distinct de l'actif social de l'entreprise (CGI, art. 151 nonies-I).

C'est donc le régime des plus-values professionnelles qui s'applique au cas de cession[56], mais le fait générateur de l'imposition est la cession des titres (date du transfert de propriété), et non pas la date d'achèvement de l'exercice au cours duquel le transfert a été effectué[57].

(55) Il peut ou non s'agir d'une activité de direction. De simples tâches d'exécution suffisent (CE, 8 juin 2016, n° 387826, *M. et Mme Langry : Dr. fisc.* 2016, n° 48, comm. 612, note E. Desmorieux). Dans les SNC ou les sociétés en participation, tous les associés sont réputés être gérants ; ils sont donc présumés exercer une activité professionnelle au sein de cette société. Toutefois, cette présomption n'est pas irréfragable ; elle tombe si d'autres personnes ont été expressément désignées pour gérer l'entreprise et si l'associé ne rapporte pas la preuve qu'il y exerce aussi une activité professionnelle (CE, 9 juill. 2003, n° 230116, *M. Muel : Dr. fisc.* 2004, n° 5, comm. 188, concl. F. Séners, note E. Desmorieux. – CE, 11 avr. 2008, n° 289798, *Mme Hemery : Dr. fisc.* 2008, n° 22, comm. 350, concl. C. Landais, note E. Desmorieux).

(56) Ainsi par ex., conformément à l'article 39 duodecies du Code général des impôts, il a été jugé que les cessions sont réputées porter sur les titres de même nature acquis ou souscrits à la date la plus ancienne, quelle qu'en soit la date d'acquisition affective (CE, 8 juin 2016, n° 381289, *M. Falmet : Dr. fisc.* 2016, n° 37, comm. 479, concl. E. Crepey, note L. Chatain).

(57) CE, 4 févr. 2013, n°s 347394 et 347426, *M. Pienne : Dr. fisc.* 2013, n° 21, comm. 288, concl. V. Daumas, note D. Barsus et J. Beguier.

Le calcul de la plus-value présente une difficulté spécifique liée au fait que le prix de vente tient nécessairement compte des réserves ou des pertes sociales alors qu'elles ont déjà été imposées ou déduites du fait de la semi-transparence fiscale des sociétés de personnes[58]. Pour ne pas aboutir à une double imposition des bénéfices ou une double déduction des pertes, il est donc nécessaire d'en tenir compte au moment du calcul de la plus-value[59].

Dans le dernier état de sa jurisprudence[60], reprise par la doctrine administrative[61], le Conseil d'État juge que *le prix de revient* des parts est égal à leur valeur d'acquisition, telle que *majorée* des bénéfices déjà imposés ou des pertes antérieures afférentes à des entreprises exploitées par la société en France et comblées par l'associé, et *minorée* des déficits effectivement déduits[62] ainsi que des bénéfices afférents à des entreprises exploitées en France par la société et ayant donné lieu au profit de l'associé à des répartitions.

§ 3. – Le régime fiscal de la plus-value

633. – **Distinction IR/IS.** Au fil du temps, le régime des plus-values professionnelles est devenu de moins en moins favorable aux sociétés soumises à l'IS. Alors que les entreprises qui relèvent de l'IR profitent d'un taux réduit pour leurs plus-values à long terme (A), lorsqu'elles ne sont pas purement et simplement exonérées (V. *infra*, n°s 643 et s.), le régime du « long terme » a aujourd'hui pratiquement disparu dans les sociétés soumises à l'IS (B).

A. – Dans les entreprises à l'IR

634. – **Régime dual.** Le traitement fiscal n'est pas le même selon que la plus ou moins-value est à « long terme » ou à « court terme ». Cette distinction s'explique par la volonté du législateur de ne pas pénaliser les entreprises qui renouvellent leurs immobilisations après s'en être servies, en les faisant bénéficier d'un régime de faveur[63]. Avant d'examiner le contenu du régime dual (2°), il est nécessaire de bien distinguer entre les deux types de plus-values (1°).

1° Distinction entre court terme et long terme

635. – **Plus et moins-values sur cession d'immobilisations non amortissables.** C'est la situation la plus simple, puisque la distinction entre le court terme et le long terme repose sur le seul critère temps : la plus ou moins-value est à court terme si le bien était inscrit au bilan depuis moins de deux ans, et à long terme s'il figurait au bilan depuis deux ans au moins.

(58) M. Cozian et A.-S. Peignelin, *Un sac d'embrouilles : le régime fiscal des sociétés de personnes relevant de l'IR : Dr. fisc.* 1994, n° 5, étude 100004.

(59) CE, 4 nov. 1970, n° 77667 : *Dr. fisc.* 1971, n° 51, comm. 1702, concl. G. Schmeltz. – CE, 17 avr. 1991, n° 62001, *Lanadan : Dr. fisc.* 1992, n° 14, comm. 717, concl. M.-D. Hagelsteen.

(60) CE, 16 févr. 2000, n° 133296, *SA Éts Quemener : Dr. fisc.* 2000, n° 14, comm. 283, concl. G. Bachelier, note J. Turot.

(61) *BOFiP*, BOI-BIC-PVMV-40-10-10-30, n° 40.

(62) CE, 15 déc. 2010, n° 297513, *M. et Mme Ferreira : Dr. fisc.* 2010, n° 6, comm. 205, concl. N. Escaut (déficits en report au jour de la cession des parts, mais non encore déduits à ce moment).

(63) L. n° 65-566, 12 juill. 1965, modifiant l'imposition des entreprises et des revenus de capitaux mobiliers, art. 9. Pour une présentation complète du régime des plus et moins-values.

Par exception, sont à court terme les plus-values sur cession de titres de sociétés implantées dans un *État ou territoire « non-coopératif »*[64] (V. *supra*, n° 543) détenus depuis deux ans au moins, *sauf* si la société détentrice apporte la preuve que les opérations de la société établie hors de France dans laquelle est prise la participation correspondent à des opérations réelles qui n'ont ni pour objet ni pour effet de permettre, dans un but de fraude fiscale, la localisation de bénéfices dans un tel État ou territoire (CGI, art. 39 duodecies 2, c).

Pour apprécier le délai de deux ans, il convient de tenir compte, d'une manière générale, de la date à laquelle l'élément cédé est définitivement entré dans l'actif de l'entreprise[65]. Dans le cas d'une cession de titres ayant été attribués depuis moins de deux ans à la suite d'une augmentation du capital à titre gratuit par incorporation de réserves, l'administration considère que le délai de deux ans prévu à l'article 39 duodecies du CGI doit être décompté à partir de la date d'acquisition des titres détenus antérieurement à l'augmentation de capital et non à partir de la date d'attribution gratuite des actions nouvelles émises[66].

636. – Plus et moins-values sur cession d'immobilisations amortissables. La situation est plus complexe, car la distinction entre le court terme et le long terme ne repose pas sur la seule durée d'utilisation. Il faut en effet se souvenir que les amortissements, par leur excès ou leur insuffisance, sont à l'origine des plus ou moins-values de cession. Or, ces amortissements ont été déduits, ou au contraire n'ont pas été déduits des résultats imposés au taux plein ; il n'est donc pas anormal de considérer que la plus ou moins-value qui en résulte suive, dans cette mesure, le régime du court terme, même si le bien cédé était détenu depuis au moins deux ans.

• *Cas d'une moins-value.* La moins-value sur cession de bien amortissable est toujours à court terme. Elle est réputée trouver sa source dans une insuffisance d'amortissement. Le cas échéant, cette moins-value doit être diminuée du montant des amortissements expressément exclus des charges déductibles (cas des amortissement relatifs à des biens somptuaires, V. *supra*, n° 577), ainsi que de ceux qui ont été différés en contravention aux dispositions de l'article 39 B du CGI (cas des amortissements irrégulièrement différés, V. *supra*, n° 277).

• *Cas d'une plus-value.* La plus-value est à court terme si le bien figurait au bilan depuis moins de deux ans (critère général). Elle est également à court terme même si le bien figurait au bilan depuis plus de deux ans, à hauteur des amortissements pratiqués (elle est réputée trouver sa source dans un excès d'amortissements déduits du résultat imposé au taux plein).

– Pour l'application de cette dernière règle, il est tenu compte des amortissements qui ont été déduits en comptabilité (au titre des amortissements pour dépréciation ou des amortissements dérogatoires). Par exception, les amortissements non déductibles fiscalement (amortissements des biens somptuaires, amortissements excédentaires des véhicules de tourisme ou amortissements irrégulièrement différés) sont pris en compte pour le calcul de la plus-value (sanction de la violation de l'amortissement minimum), ainsi que pour l'imposition de cette plus-value (le régime du court terme s'applique).

(64) Autres que ceux mentionnés à l'article 238-0 A, 2 bis, 2° du CGI.
(65) *BOFiP*, BOI-BIC-PVMV-20-10, n° 20.
(66) BOI-RES-BIC-000117, 2 nov. 2022, repris au BOI-BIC-PVMV-20-10, n° 120.

– Les amortissements qui ont été réintégrés dans le résultat imposable en application de la règle de plafonnement des amortissements sur des biens donnés en location (CGI, art. 39 C ; V. *infra*, n°s 748 et s.) viennent majorer la valeur nette comptable de ces mêmes biens pour le calcul de la plus ou moins-value de cession (CGI, art. 39 C-II, 3, al. 3).

NATURE DU BIEN CÉDÉ	BIEN FIGURANT AU BILAN DEPUIS MOINS DE DEUX ANS		BIEN FIGURANT AU BILAN DEPUIS AU MOINS DEUX ANS	
	PLUS-VALUE	*MOINS-VALUE*	*PLUS-VALUE*	*MOINS-VALUE*
Non amortissable	*Court terme*		*Long terme*	
Amortissable	*Court terme*		*Court terme à concurrence des amortissements pratiqués Long terme pour le surplus*	*Court terme*

Exemple

Soit un élément amortissable acquis pour un prix de 30 000 € et cédé 35 000 €.

Au moment de la cession, il a été amorti à hauteur de 18 000 € (VNC : 30 000 € – 18 000 € = 12 000 €).

Première hypothèse : au cas de cession *moins de deux ans* après avoir été acquis, la plus-value qui en résulte (35 000 € – 12 000 € = 23 000 €) est intégralement à court terme.

Seconde hypothèse : au cas de cession *au moins deux ans* après avoir été acquis, la plus-value est :

– à court terme, à concurrence de 15 000 € (correspondant aux amortissements déduits) ;

– à long terme pour le surplus, soit : 23 000 € – 15 000 € = 8 000 €.

637. - Immobilisations décomposées. Au cas de cession de biens qui ont été immobilisés *par composants* (V. *supra*, n° 414), le délai de deux ans est décompté par référence à la date d'acquisition ou de création de l'immobilisation, et ce pour l'ensemble de la structure et de ses composants[67]. Par conséquent, il n'est pas tenu compte de la date de remplacement des composants[68]. L'exemple administratif que nous reproduisons ci-dessous nous montre qu'il n'est pas tenu compte des amortissements relatifs aux composants remplacés, mais seulement de ceux relatifs aux nouveaux composants. Toutefois, si un composant est cédé isolément de sa structure, le délai de deux ans doit être décompté depuis la date d'acquisition du composant, laquelle peut correspondre, le cas échéant, à la date de son remplacement[69].

(67) *BOFiP*, BOI-BIC-PVMV-20-40-30, n° 340.
(68) *Mémento Lefebvre Fiscal*, *op. cit.*, n° 18045.
(69) *BOI* 4 A-13-05, n° 131, 30 déc. 2005, non repris au *BOFiP*.

Exemple administratif

(*BOI* 30 déc. 2005, 4 A-13-05, n° 131 non repris au *BOFiP*)

Soit une entreprise qui achète le 1er janvier N une immobilisation corporelle pour 5 000 €.

Elle est décomposée de la façon suivante :

– un composant C1 de 1 000 € amorti sur une durée de cinq ans (dotation annuelle : 200 €) ;

– un composant C2 d'une valeur de 500 € amorti sur une durée de deux ans (dotation annuelle : 250 €) ;

– la structure d'une valeur de 3 500 € est amortie sur dix ans (dotation annuelle : 350 €).

L'amortissement est effectué selon le mode linéaire.

Le composant C2 a été remplacé le 1er janvier N+2, à l'identique, par un composant C3 d'une valeur de 500 € et amorti également sur une durée de deux ans.

Le 1er janvier N+3, l'entreprise cède l'immobilisation pour 6 000 €.

À la date de la cession, les amortissements suivants ont été effectués par l'entreprise :

– composant C1 : amortissement cumulé de 3 × 200 € = 600 € (VNC : 1 000 € – 600 € = 400 €) ;

– composant C2 : sorti de l'actif ;

– composant C3 : amortissement cumulé de 250 (VNC : 500 – 250 = 250) ;

– structure : amortissement cumulé, hors C2 : 3 × 350 € = 1 050 € (VNC : 3 500 € – 1 050 € = 2 450 €).

Soit au titre de l'immobilisation d'ensemble, un amortissement cumulé, hors C2, de : 600 € + 250 € + 1 050 € = 1 900 € (VNC : 5 000 € – 1 900 € = 3 100 €).

La plus-value au titre de la cession de l'immobilisation est de : 6 000 € – 3 100 € = 2 900 €. Elle peut bénéficier du régime des plus-values à long terme puisque l'immobilisation a été acquise depuis plus de deux ans à la date de la cession. La plus-value relative à la cession du composant C3 reçoit ainsi la qualification de plus-value à long terme alors que son remplacement date de moins de deux ans.

La fraction de la plus-value correspondant aux amortissements déduits fiscalement demeure toutefois qualifiée de plus-value à court terme, soit un montant de 1 900 € imposé au taux normal de l'impôt. L'excédent de la plus-value, soit 2 900 € – 1 900 € = 1 000 € bénéficie du taux réduit.

Si le composant C3 avait été cédé isolément de l'immobilisation, alors la plus ou moins-value aurait été considérée à court terme, ce composant ayant été acquis moins de deux ans avant la cession. Dans ce seul cas, la date d'achat de l'immobilisation n'aurait en effet pas été retenue.

2° Traitement fiscal de la plus ou moins-value

638. – Compensation des plus et moins-values de même nature. À la clôture de l'exercice, l'entrepreneur doit compenser les plus-values et les moins-values de même nature (plus et moins-values à long terme entre elles, et plus et moins-values à court terme entre elles). Le solde positif dégage une « plus-value nette » et le solde négatif une « moins-value nette ».

Selon la jurisprudence, il n'est pas possible de compenser entre elles des plus-values et des moins-values de même nature si elles sont issues de catégories d'imposition différentes, dans la mesure où aucun texte du Code général des impôts ne le prévoit expressément[70].

Si l'entreprise a réalisé une plus-value à long terme sur un immeuble professionnel détenu depuis plus de cinq ans, cette plus-value doit, avant compensation, faire l'objet d'un abattement d'1/10e par année de détention (CGI, art. 151 septies B ; V. *infra*, nos 659 et s.).

Si l'entreprise a réalisé une plus-value à long terme à la suite de la perception d'une indemnité d'assurance ou de l'expropriation d'immeubles figurant à l'actif, cette plus-value fait l'objet d'un différé d'imposition de deux ans (CGI, art. 39 quindecies-I, 1, al. 4).

639. – Traitement des plus et moins-values nettes à court terme. Les plus et moins-values nettes à court terme sont traitées comme des bénéfices ou des pertes d'exploitation ; les plus-values à court terme sont imposées au taux de droit commun et les moins-values sont déductibles du bénéfice imposable. *Il n'y a aucune rectification extra-comptable à opérer.*

Les plus-values nettes à court terme peuvent être étalées par parts égales sur l'année de leur réalisation et les deux années suivantes (CGI, art. 39 quaterdecies-1). Cette mesure de faveur est exclusive de toute autre (par ex., système du quotient prévu à l'article 163-0 A du Code général des impôts)[71]. Elle se traduit par la déduction extra-comptable des deux tiers du montant de la plus-value, au titre de l'exercice de sa réalisation (tableau fiscal n° 2058-A-SD, ligne WZ), et la réintégration d'un tiers de son montant au titre de chacune des deux années suivantes (ligne WN). Bien entendu, au cas de cession ou de cessation d'entreprise, l'étalement n'est pas possible.

Les plus-values nettes à court terme sur biens amortissables lors de la perception d'une indemnité d'assurance ou d'expropriation d'immeubles peuvent être étalées par parts égales sur une durée correspondant à la durée des amortissements déjà pratiqués, à compter de l'année qui suit la réalisation de la plus-value (CGI, art. 39 quaterdecies-1 ter).

NB : La plus-value qui fait l'objet de l'étalement est plafonnée au montant global de la plus-value nette à court terme de l'exercice et la durée de l'étalement ne saurait excéder quinze ans. Le retraitement s'effectue sur le tableau fiscal n° 2058-A-SD ; déduction de la totalité de la plus-value l'année de sa réalisation (ligne WZ), et réintégration par fractions les années suivantes (ligne WN).

(70) CAA Bordeaux, 24 mai 2006, n° 02-2182, *Soulas : Dr. fisc.* 2006, n° 52, comm. 819, concl. G. Dore. – Confirmé par CE, 23 nov. 2007, n° 295601 : *Dr. fisc.* 2008, n° 10, comm. 196, concl. L. Vallée, note J.-L. Pierre (régime des sociétés de personnes ; non-compensation des plus et moins-values de la catégorie des BIC avec des plus et moins-values de la catégorie des bénéfices agricoles). Certains auteurs critiquent cette solution qu'ils jugent contraire à la règle de l'unicité de l'impôt sur le revenu. – J. Sollier et C. De La Rüe Du Can, *Compensation des moins-values commerciales et des plus-values agricoles à long terme : le silence de la loi l'interdit-il nécessairement ? : BF* 10/06, p. 889.

(71) CAA Douai, 19 juin 2002, n° 98-2363, *M. Verriez : Dr. fisc.* 2003, n° 16, comm. 306.

Les options et les calculs sont par ailleurs détaillés sur l'imprimé fiscal n° 2059-B-SD (« Affectation des plus-values à court terme et des plus-values de fusion ou d'apport »).

640. - **Traitement des plus et moins-values nettes à long terme.** Elles suivent un régime dérogatoire du droit comptable ; les plus-values nettes à long terme sont soumises à un taux réduit et les moins-values nettes à long terme sont reportables (CGI, art. 39 quindecies).

• *Plus-value nette à long terme.* La plus-value nette à long terme doit être déduite du résultat imposable au taux plein, de façon extra-comptable (tableau fiscal n° 2058-A-SD, ligne WV), afin d'être imposée séparément au taux réduit de 12,8 %[72] (30 % avec les prélèvements sociaux, V. tableau *infra*)[73]. Le recouvrement s'effectue par voie de rôle, comme l'impôt de droit commun. Toutefois, le contribuable peut imputer la plus-value à long terme sur des moins-values à long terme de moins de dix ans (V. § suivant). Il peut aussi imputer cette plus-value sur les résultats ordinaires déficitaires ; les déficits ainsi « annulés » ne peuvent plus être utilisés (CGI, art. 39 quindecies-I, 1, al. 3). Cette option n'est cependant possible que si les déficits sont issus de la même entreprise[74]. Elle constitue une décision de gestion du contribuable ; si les déficits sont annulés ultérieurement par l'administration, la décision initiale du contribuable lui interdit de demander ultérieurement le bénéfice du taux réduit[75], et l'administration est autorisée à y procéder d'office au cas de rectification d'une plus-value lorsque le contribuable avait lui-même imputé les plus-values sur le déficit ordinaire[76].

• *Moins-value nette à long terme.* La « moins-value nette » à long terme n'est pas déductible du résultat imposable au taux normal, et, comme elle a déjà été déduite en comptabilité, il convient de la réintégrer extra-comptablement (tableau fiscal n° 2058-A-SD, ligne I8). Elle s'imputera sur les plus-values nettes à long terme des dix années suivantes (le suivi des moins-values à long terme est assuré grâce à l'imprimé fiscal n° 2059-C-SD). Elle ne peut pas s'imputer sur les bénéfices ordinaires de l'exercice, sauf au cas de cession ou de cessation d'entreprise, mais dans ce cas seulement à hauteur du rapport entre le taux d'imposition des plus-values à long terme en vigueur lors de l'exercice de réalisation de la moins-value et le taux de l'IS en vigueur lors de l'exercice de cession ou de cessation (CGI, art. 39 quindecies, 1-2)[77]. Également, ces moins-values ne peuvent être imputées que dans la limite du bénéfice imposable de l'exercice de liquidation ; elles ne peuvent donc pas générer un déficit[78].

(72) L. fin. 2018, n° 2017-1837, 30 déc. 2017, art. 29. Disposition applicable aux plus-values réalisées à partir de 2017 par des entreprises assujetties à l'impôt sur le revenu (16 % jusque-là).

(73) Mais pour le calcul des cotisations de sécurité sociale, il n'est pas tenu compte des plus-values et moins-values professionnelles à long terme (CSS, art. L. 131-6).

(74) CE, 3 juin 2013, n° 356868, *Courchinoux et Cafaro* : *RJF* 8-9/13, n° 806 (mise en société d'une entreprise individuelle ; il n'est pas possible de compenser la plus-value née de la cession de parts d'une société de personnes considérées comme des actifs professionnels avec les déficits relatifs à des exercices antérieurs à l'apport de l'activité, même si elle est identique).

(75) CE, 28 déc. 2018, n° 406709 : *RJF* 3/19, n° 284.

(76) CE, 25 févr. 2011, n° 338715, *Sté Eurogim* : *Dr. fisc.* 2011, n° 13, comm. 286, concl. N. Escaut, note P. Fumenier et C. Maignan, cassant : CAA Paris, 11 févr. 2010, n° 08PA01984 : *Dr. fisc.* 2010, n° 23, comm. 361, note P. Fumenier.

(77) Ce renvoi au taux normal de l'IS soulève une difficulté sérieuse dans la mesure où plusieurs taux d'IS sont susceptibles de s'appliquer en fonction du chiffre d'affaires de la société (V. *supra*, n° 223).

(78) *BOFiP*, BOI-BIC-PVMV-20-40-20, n° 74.

PRÉLÈVEMENTS SOCIAUX ADDITIONNELSOU COMMENT 12,8 % FONT EN RÉALITÉ 30 %...	
Contribution sociale généralisée (CSG)	La CSG est perçue sur les revenus d'activité (traitements et salaires, autres revenus professionnels), les revenus de remplacement (allocations chômage, pensions de retraite et d'invalidité), les revenus du patrimoine (revenus fonciers, plus-values professionnelles, plus-values privées sur cession de titres), et les produits de placement (intérêts, dividendes, plus-values privées sur cession d'immeubles). Le taux de CSG est de 9,2 % pour les revenus d'activité (8,3 % pour les revenus de remplacement) (1), ainsi que pour les revenus du capital (2). La CSG est déductible à hauteur de 6,8 % pour les revenus d'activité et du capital et de 5,9 % pour les revenus de remplacement (3).
Contribution pour le remboursement de la dette sociale (CRDS)	La CRDS possède le même domaine d'application que la CSG. Son taux est de 0,5 %. Elle est entièrement non déductible.
Prélèvement social Supprimé (LFSS 2019)	Le prélèvement social de 4,5 % et sa contribution additionnelle de 0,3 % sont supprimés (2), mais en contrepartie, le prélèvement de solidarité est augmenté dans les mêmes proportions (V. ligne suivante).
Prélèvement de solidarité	Le prélèvement de solidarité a été institué par la loi n° 2012-1404 du 17 décembre 2012, *de financement de la sécurité sociale pour 2013*.
Total (revenus du patrimoine, dont plus-values professionnelles à long terme) : 9,2 % + 0,5 % + 7,5 % = 17,2 %	

(1) 3,8 % ou 6,2 % pour les allocations chômage (CSS, art. L. 136-8, II), et 3,8 % ou 6,6 % pour les pensions de retraite et d'invalidité (CSS, art. L. 136-8, III et III bis mod. L. n° 2018-1213, 24 déc. 2018 *portant mesures d'urgence économiques et sociales*, art. 3), lorsque le revenu fiscal de référence du contribuable de l'avant-dernière année d'imposition est compris dans certaines limites.

(2) L. n° 2018-1203, 22 déc. 2018, *de financement de la sécurité sociale pour 2019* (art. 26). Disposition applicable aux faits générateurs d'imposition intervenant à compter du 1er janvier 2019 pour les produits de placement et à compter du 1er janvier 2018 pour les revenus du patrimoine.

(3) 3,8 % lorsque la CSG est prélevée au taux de 3,8 % ou de 6,2 % (CGI, art. 154 quinquies, I).

B. – Dans les entreprises à l'IS

641. – Le passé... L'histoire des plus-values mérite d'être contée ; pour ce qu'elle nous apprend du présent et aussi parce que les régimes anciens peuvent ne pas avoir encore épuisé tous leurs effets. Nous débuterons notre étude à la veille de la réforme de 1997.

• *Jusqu'en 1997, le régime fiscal des plus-values de sociétés à l'IS s'inspirait de celui des entreprises à l'IR, sous réserve de certaines particularités.* Ainsi, les plus-values à long terme étaient imposées au taux de 19 % (15 % pour les produits de la propriété industrielle), au lieu de 16 %. Elles ne pouvaient être ni exonérées (petites entreprises), ni étalées sur trois ans (plus-values à court terme) et la société devait constituer une « réserve spéciale des plus-values à long terme » égale à la plus-value réalisée sous déduction de l'impôt payé. Cette réserve pouvait, sans entraîner le paiement du précompte mobilier, être incorporée au capital social ou servir à éponger les pertes. Enfin, les plus-values sur titres de placement étaient imposées au taux normal de l'IS, et les provisions pour dépréciation de titres de placement étaient déductibles du résultat imposable au taux plein. Quant aux moins-values nettes à long terme, elles étaient reportables pendant dix ans et imputables sur les plus-values de même nature.

• *À compter des exercices ouverts en 1997*[79]*, le régime des plus-values à long terme cesse de s'appliquer, sauf régimes particuliers* (CGI, art. 219-I, a quater). Ainsi, les plus-values à long terme réalisées par des entreprises soumises à l'IS sont désormais imposées au taux plein et les moins-values à long terme deviennent déductibles du bénéfice imposable. Par exception, les plus-values à long terme sur cessions de titres de participation, ainsi que le résultat net de la concession de licences d'exploitation de brevets ou d'inventions brevetables peuvent encore bénéficier du régime du long terme (taux de 19 %). En contrepartie, la société doit doter la réserve spéciale des plus-values à long terme. Les moins-values à long terme de ce secteur sont reportables pendant dix ans et imputables sur les plus-values de même nature (mais en aucun cas sur les bénéfices des PME taxés à 15 %). Les moins-values à long terme restant à reporter à l'ouverture du premier exercice ouvert à compter du 1er janvier 1997 doivent s'imputer par priorité sur les plus-values à long terme de l'exercice soumises au taux réduit puis, à concurrence de 19/33 1/3 de leur montant, sur les résultats soumis au taux plein.

• *Pour les exercices ouverts à compter de 2005, le régime des plus-values professionnelles à long terme est amélioré*[80]. La réforme est organisée autour de trois axes principaux : la baisse de l'IS sur les plus-values à long terme (mesure applicable aux exercices ouverts depuis 2005), la suppression de l'obligation de doter la réserve spéciale des plus-values à long terme (mesure applicable dès l'exercice 2004) et l'institution d'une taxe exceptionnelle de 2,5 % assise sur les sommes figurant sur ladite réserve afin de financer la réforme (sommes que les entreprises devaient transférer vers un compte de réserve ordinaire avant le 31 décembre 2005). *L'idée centrale de la réforme est d'exonérer les plus-values sur cession de titres de participation (« amendement Copé »).* Dès 2005, toutes les plus-values à long terme autrefois imposées à 19 % sont taxées à 15 %. À partir de 2006, deux secteurs voient le jour ; celui des plus-values à long terme qui restent imposées à 15 % (secteur de « droit commun », mais qui concerne en fait seulement les produits de la propriété industrielle), et celui des plus-values à long terme sur cession de titres de participation qui sont imposées à 8 % (exonérées à partir de 2007, moyennant la réintégration d'une quote-part pour frais et charges de 5 % à l'époque) (CGI, art. 219-I, a quinquies). En contrepartie, les moins-values à long terme sur cession de titres de participation ne sont pas imputables et les provisions pour dépréciations sont traitées comme des moins-values à long terme. Compte tenu de l'institution, à compter de 2006, de deux types de plus-values à long terme, le législateur a prévu une ventilation des moins-values restant à reporter à ce moment-là (V. CGI, art. 219-I, a quinquies, al. 4).

• *Les cessions de titres de sociétés à prépondérance immobilières non cotées intervenues depuis le 26 septembre 2007 sont exclues du régime du long terme* (CGI,

(79) L. n° 97-1026, 10 nov. 1997, art. 2, préc.
(80) L. fin. rect. 2004, n° 2004-1485, 30 déc. 2004, art. 39.

art. 219-I, a sexies-0 bis)[81]. Le montant des plus-values à long terme afférentes aux cessions de titres de sociétés à prépondérance immobilière cotées bénéficie d'une taxation réduite (16,5 % à l'époque).

642. - Le présent… À l'issue de ces évolutions, un constat s'impose : le régime des plus-values à long terme ne concerne plus que des régimes spécifiques. Actuellement :

– *les plus-values à long terme sur cession de titres de participation sont taxées à 0 %, sous réserve de la réintégration d'une quote-part pour frais et charges de 12 %* (CGI, art. 219-I, *a* quinquies). Ce régime fait partie d'un corps de règles fiscales applicables aux portefeuilles-titres détenus par les entreprises à l'IR ou à l'IS. Il sera étudié séparément (V. *infra*, n°s 708 et s.) ;

– *les plus-values à long terme sur cession de brevets ou d'inventions brevetables, ainsi que les produits de la concession de licences d'exploitation de brevets ou d'inventions brevetable*, ont été imposées à 15 % jusqu'aux exercices ouverts en 2018 (CGI, art. 219-I, a quater). *Pour les exercices ouverts à compter de 2019, les produits de la propriété industrielle peuvent être imposés à 10 %* (CGI, art. 238 nouveau). Le régime fiscal des droits de la propriété industrielle fera également l'objet de développements spécifiques (V. *infra*, n°s 741 et s.) ;

– *les plus-values à long terme sur cession de titres de participation de sociétés à prépondérance immobilière cotées sont imposées à 19 %* (CGI, art. 219-I, *a*). Il s'agit d'un développement particulier du régime fiscal des portefeuilles-titres (V. *infra*, n°s 712 et s.) ;

– les plus-values à long terme sur cession de titres de capital-risque suivent un régime hybride qui combine exonération et imposition à 15 % (CGI, art. 219-I, a sexies). *Il s'agit d'un développement particulier du régime fiscal des portefeuilles-titres* (V. *infra*, n°s 714 et s.) ;

– *les plus-values de cessions de locaux professionnels (bureaux, locaux commerciaux ou locaux industriels) réalisées entre le 1er janvier 2012 et le 31 décembre 2017 sont imposées à 19 % si la société ou l'organisme cessionnaire (sociétés soumises à l'IS dans les conditions de droit commun, certaines sociétés immobilières ou organismes en charge du logement social), s'engage à transformer ces locaux en logements d'habitation dans les quatre ans qui suivent la date de clôture de l'exercice d'acquisition* (CGI, art. 210 F)[82]. Les cessions entre sociétés liées (sur cette notion, V. *infra*, n° 746) sont exclues du dispositif[83]. La loi de finances pour 2018[84] : proroge le dispositif jusqu'au 31 décembre 2020[85], étend son domaine d'application aux terrains à bâtir[86] et aux cessions au profit de sociétés civiles de construction-vente[87], mais le réserve à des zones du territoire marquées par un déséquilibre particulièrement important entre l'offre et la demande

(81) L. fin. 2008, n° 2007-1822, 24 déc. 2007, art. 26.

(82) Tel que modifié par L. fin. 2017, n° 2016-1916, 29 déc. 2016, art. 18 et par L. fin. 2020, n° 2019-1479, 28 déc. 2019, art. 54.

(83) L. fin. rect. 2013, n° 2013-1279, 29 déc. 2013, art. 36.

(84) L. fin. 2018, n° 2017-1837, 30 déc. 2017, art. 25.

(85) Jusqu'au 31 décembre 2022 si une promesse de vente unilatérale ou synallagmatique a été conclue entre le 1er janvier 2018 et le 31 décembre 2020.

(86) Au sens de l'article 257, I-2, 1° du CGI.

(87) Sociétés semi-transparentes visées à l'article 239 ter du CGI. Il est à noter que les dispositions de l'article 210 F du CGI qui excluaient du régime de taxation réduite les plus-values de cession au profit d'une société civile de construction-vente ont été déclarées inconstitutionnelles ; Cons. const., 31 juill. 2020, n° 2020-854 QPC.

de logements (zones « tendues »). La loi de finances pour 2021[88] proroge de deux ans le régime de l'article 210 F[89], et modifie le périmètre des entités cessionnaires ouvrant droit à l'application du taux réduit pour l'étendre à l'ensemble des personnes morales, indépendamment de leur statut juridique ou fiscal. La même loi de finances pour 2021[90] prévoit également la possibilité de demander la prolongation annuelle, renouvelable une fois, du délai de quatre ans susvisé[91]. La loi de finances pour 2022 proroge d'un an le régime de l'article 210 F (jusqu'au 31 décembre 2023)[92].

SECTION 2 LES RÉGIMES D'EXONÉRATION

643. - Hypothèses. L'exonération des plus-values professionnelles, en totalité ou en partie, s'explique par la volonté du législateur de ne pas pénaliser certaines entreprises, notamment les *petites structures* dont les possibilités financières sont *a priori* plus réduites (CGI, art. 151 septies, § 1), ou certaines opérations, comme la *cession d'une branche d'activité* (CGI, art. 238 quindecies, § 2), ou la *cession d'une entreprise pour cause de départ à la retraite* (CGI, art. 151 septies A, § 3), ou encore la *cession d'immeubles professionnels* (CGI, art. 151 septies B, § 4). Les plus-values constatées par les exploitants ayant opté pour la première fois pour un régime réel d'imposition sont également susceptibles d'être exonérées (CGI, art. 39 octodecies, § 5).

§ 1. - Le régime des « petites entreprises »

644. - L'article 151 septies : la « reine » des exonérations. L'article 151 septies du Code général des impôts constitue la disposition phare en matière d'exonération des plus-values professionnelles.

L'intérêt suscité par cette disposition tient d'abord à son champ d'application ; toutes les « petites » entreprises à l'IR peuvent en bénéficier (entreprises individuelles et sociétés fiscalement semi-transparentes), quel que soit leur régime d'imposition (régime réel ou non) et toutes les plus-values de cession sont concernées (plus-values à court terme ou à long terme, en cours ou en fin d'exploitation). L'intérêt de cette disposition tient ensuite à ses effets ; l'exonération est en principe totale et s'étend également aux prélèvements sociaux additionnels. En outre, si l'entrepreneur réalise une moins-value, celle-ci reste utilisable.

L'article 151 septies du Code général des impôts a été refondu en 2005[93] ; les nouvelles dispositions s'appliquent aux plus-values réalisées depuis le 1er janvier 2006 et aux plus-values réalisées au titre des exercices ouverts depuis le 1er janvier 2006.

(88) L. fin. 2021, n° 2020-1721, 29 déc. 2020, art. 25.

(89) Celui-ci est donc applicable aux cessions réalisées jusqu'au 31 décembre 2022 et aux promesses unilatérales ou synallagmatiques de vente conclues entre le 1er janvier 2021 et le 31 décembre 2022 inclus à condition que la cession soit réalisée au plus tard le 31 décembre 2024.

(90) L. fin. 2021, n° 2020-1721, 29 déc. 2020, préc., art. 17.

(91) S'agissant des modalités de cette demande, V. D. n° 2021-185, 18 févr. 2021 (CGI, ann. II, art. 46 quater-0 ZZ bis F nouveau).

(92) L. fin. 2022, n° 2021-1900, 30 déc. 2021, art. 90.

(93) L. fin. rect. 2005, n° 2005-1720, 30 déc. 2005, art. 37.

Pour les exercices ouverts en 2005 et clos en 2006, les contribuables ont le choix d'appliquer l'article 151 septies dans son ancienne ou sa nouvelle version[94]. La loi précise les conditions (A) et les effets du régime (B).

A. – Les conditions du régime de faveur

645. – Condition tenant aux recettes. *Pour le législateur fiscal, la « petite entreprise » est celle dont le chiffre d'affaires annuel HT n'excède pas 250 000 € (entreprises industrielles et commerciales de vente ou de fourniture de logement, à l'exception des locations meublées, et exploitants agricoles), ou 90 000 € pour les prestataires de services (y compris les locations meublées).* Si les recettes sont comprises entre 250 000 € et 350 000 €, ou entre 90 000 € et 126 000 €, l'exonération d'impôt sur les plus-values est seulement partielle (V. *infra*, n° 649).

Si l'activité est mixte, l'exonération totale n'est possible que si le montant global des recettes n'excède pas 250 000 € et si le montant des prestations de services n'excède pas 90 000 €. Si les recettes sont comprises dans la fourchette de l'exonération partielle, la fraction de plus-value exonérée est calculée dans les conditions qui seront précisées *infra*, au n° 650.

Ces seuils sont appréciés par référence à la moyenne des recettes HT des exercices clos, ramenés le cas échéant à douze mois, au cours des deux années civiles qui ont précédé la date de clôture de l'exercice de réalisation de la plus-value (CGI, art. 151 septies-IV, al. 1er et 2).

Les recettes s'obtiennent à partir des créances acquises pour les entreprises qui tiennent une comptabilité d'engagement (entreprises industrielles, commerciales ou agricoles), ou des sommes encaissées par celles qui tiennent une comptabilité civile (titulaires de BNC n'ayant pas opté pour la comptabilité commerciale, agriculteurs au forfait).

Il convient de prendre en compte aussi bien les recettes d'exploitation que les recettes accessoires[95]. En revanche, les recettes exceptionnelles ne sont pas prises en compte ; celles liées aux cessions de l'actif immobilisé[96], mais également le produit de la cession de stocks en fin d'exploitation ou à l'occasion de la vente du fonds de commerce[97].

Lorsque le contribuable exerce plusieurs activités relevant d'une même catégorie de revenus, il est tenu compte du montant total des recettes générées par ces activités. S'il est par ailleurs membre d'une société semi-transparente, sa quote-part de recettes y sera également rajoutée si elle provient de la même catégorie de revenus (CGI, art. 151 septies-IV, al. 3 à 5).

Enfin, au cas de cession de parts sociales considérées comme des actifs professionnels pour le cédant qui exerce son activité professionnelle dans la société (CGI, art. 151 nonies ; V. *supra*, n° 632), les recettes sont mesurées en proportion de ses droits dans les résultats (CGI, art. 151 septies, IV). Selon le Conseil d'État, il s'agit de la quote-part des bénéfices comptables ; il n'y a pas à tenir compte des incidences liées à la réintégration dans la quote-part de bénéfice imposable des rémunérations

(94) *BOFiP*, BOI-BIC-PVMV-40-10-10, n° 10.
(95) *BOFiP*, BOI-BIC-PVMV-40-10-10-20, n° 210.
(96) *BOFiP*, BOI-BIC-PVMV-40-10-10-20, n° 390.
(97) CE, 20 oct. 2010, n° 181229, *Guitton* : *RJF* 1/01, n° 6.

versées aux associés de la société[98]. En cas de démembrement des parts sociales, le seuil d'exonération des plus-values professionnelles s'apprécie en fonction de la quote-part des droits de l'usufruitier dans les résultats de la société[99].

Exemple

Soit un commerçant qui a clôturé son dernier exercice comptable le 31 décembre N.

Auparavant, il avait clôturé plusieurs exercices comptables à des dates différentes :
– exercice clos le 28 février N-2 (exercice de 14 mois) : le chiffre d'affaires est de 280 000 € ;

– exercice clos le 31 décembre N-2 (exercice de 10 mois) : le chiffre d'affaires est de 160 000 € ;

– exercice clos le 31 décembre N-1 (exercice de 12 mois) : le chiffre d'affaires est de 240 000 €.

Les chiffres d'affaires des exercices dont la durée n'est pas de douze mois doivent être retraités :

– exercice clos le 28 février N-2 : le chiffre d'affaires annuel est de 12/14 × 280 00 0 € = 240 000 € ;

– exercice clos le 31 décembre N-2 : le chiffre d'affaires annuel est de 12/10 × 160 000 € = 192 000 € ;

– exercice clos le 31 décembre N-1 : 240 000 € (aucun retraitement).

La moyenne des recettes à prendre en compte pour le calcul du seuil d'exonération est donc de :

240 000 € + 192 000 € + 240 000 € / 3 = 224 000 €.

646. – Condition tenant à la nature de l'activité. *L'exonération s'applique aux activités industrielles, commerciales, artisanales, libérales ou agricoles, exercées à titre professionnel* (CGI, art. 151 septies-I, al. 1er). Selon la loi :

« L'exercice à titre professionnel implique la participation personnelle, directe et continue à l'accomplissement des actes nécessaires à l'activité » (al. 2).

La précision selon laquelle l'activité doit être exercée à titre professionnel ne figurait pas dans le texte avant la modification législative de 2005. La conséquence en est, notamment, que le propriétaire d'un fonds de commerce donné en location-gérance ne peut bénéficier de l'article 151 septies du Code général des impôts puisqu'il n'exploite pas le fonds lui-même. La jurisprudence avait déjà considéré, sous l'empire de l'ancien article 151 septies du même code, qu'un nu-propriétaire indivis de fonds de commerce donné en location-gérance ne peut bénéficier de l'exonération, car il n'a pas la qualité d'exploitant[100], à l'inverse de l'usufruitier[101].

(98) CE, 14 nov. 2018, n° 407063 : *Dr. fisc.* 2018, n° 47, act. 502.
(99) CAA Douai, 13 oct. 2022, n° 20DA014590 : *JurisData* n° 2022-018096. Lors d'une donation en usufruit de parts sociales, les droits du nu-propriétaire dans les bénéfices sociaux sont diminués à hauteur de la donation faite à l'usufruitier.
(100) CE, 28 avr. 2006, n° 278857, *Mmes Cousin et Soulard : RJF* 7/06, n° 887.
(101) V. M. Iwanesko, *Actifs professionnels : le piège fiscal des donations en nue-propriété : Dr. & patr.* 2003, n° 121, p. 26.

Les loueurs en meublé professionnels peuvent bénéficier de l'exonération d'impôt sur les plus-values si les recettes tirées de cette activité par les membres du foyer fiscal sont supérieures à 23 000 € et que ces mêmes recettes excèdent les revenus professionnels du foyer fiscal soumis à l'IR[102] (CGI, art. 155, IV). En revanche, le Conseil constitutionnel a jugé que l'obligation de s'inscrire au RCS pour une activité à raison de laquelle le contribuable n'a pas la qualité de commerçant méconnaît le principe d'égalité devant les charges publiques[103].

647. - Condition tenant à la durée de l'activité. *L'activité doit avoir été exercée depuis cinq ans au moins.* Cette condition n'est toutefois pas requise lorsque la plus-value fait suite à une expropriation ou résulte de la perception d'une indemnité d'assurance[104].

Les périodes pendant lesquelles le cédant n'a pas exploité personnellement le fonds ne peuvent pas être prises en compte pour le calcul du délai de cinq ans (V. *supra*, n° 646)[105].

Le point de départ du délai de cinq ans est celui du début effectif de l'activité. Ainsi, pour un loueur professionnel en meublé, le début de l'activité correspond à la date à laquelle il a effectué les premières opérations d'exploitation, c'est-à-dire non pas la date d'achat des immeubles destinés à la location, mais celle de la signature du bail portant sur un de ces biens[106]. Pour un avocat, le délai de cinq ans court depuis la disposition d'une clientèle personnelle[107]. Le point d'arrivée du délai de cinq ans est la date de clôture de l'exercice ou la fin de la période d'imposition au titre duquel ou de laquelle la plus-value est réalisée[108].

L'une des questions majeures qui se posent pour l'appréciation du délai de cinq ans est la possibilité de cumuler des périodes d'exploitation différentes. Le cumul est possible s'il s'agit de la *même activité*, par exemple lorsqu'une activité a d'abord été exercée au sein d'une société de personnes puis dans une entreprise individuelle[109], ou lorsqu'un contribuable a exercé l'activité de façon successive ou concomitante dans plusieurs établissements[110]. Selon l'administration également, un bailleur de fonds de commerce qui a repris le fonds loué peut cumuler les périodes d'exploitation qui ont précédé ou suivi la période de location[111]. En revanche, lorsque le

(102) La prépondérance des recettes des locations en meublé s'apprécie en tenant compte de l'ensemble des revenus imposables en France. Ainsi, seuls les revenus imposables en France perçus par les non-résidents doivent être retenus pour l'appréciation de la condition tenant à la prépondérance des recettes issues de l'activité de location en meublée (Rép. min. Économie n° 01406 à Ch.-A. Frassa : *JO* Sénat 17 mai 2018, p. 2356).

(103) Cons. const., 8 févr. 2018, n° 2017-689 QPC, *Suzanna* : *Dr. fisc.* 2018, n° 7-8, act. 79.

(104) *BOFiP*, BOI-BIC-PVMV-40-10-10-30, n° 30.

(105) CE, 24 juill. 2019, n° 414352 : *Dr. fisc.* 2020, n° 9, comm. 160, concl. M.-A. Niolazo de Barmon (fonds de commerce exploité par la mère du mineur qui l'avait créé).

(106) CE, 5 oct. 2007, n° 293475, *Elkouby* : *Dr. fisc.* 2007, n° 43, comm. 934.

(107) CAA Douai, 22 janv. 2015, n° 13DA01789 : *Dr. fisc.* 2015, n°s 31-35, comm. 516.

(108) *BOFiP*, BOI-BIC-PVMV-40-10-10-20, n° 150.

(109) CE, 17 mai 1995, n° 136878, *Pesso* : *RJF* 7/95, n° 819. Par contre, il n'est pas possible de cumuler les durées d'exploitation lorsque le contribuable a exercé au sein d'une société soumise à l'IS puis à titre individuel ou dans le cadre d'une société de personnes ; *BOFiP*, BOI-BIC-PVMV-40-20-20-10, n° 130 et CE, 19 juin 2015, n° 376137 : *Dr. fisc.* 2015, n° 31-35, comm. 514 (application de l'article 151 septies B du Code général des impôts).

(110) *BOFiP*, BOI-BIC-PVMV-40-10-10-20, n° 60.

(111) *BOFiP*, BOI-BIC-PVMV-40-10-10-20, n° 520.

contribuable exerce plusieurs activités simultanément, la durée minimum d'exploitation de cinq ans est appréciée séparément pour chacune d'elle[112].

Au cas de cession de parts sociales considérées comme des actifs professionnels (CGI, art. 151 nonies préc.), la durée d'activité s'apprécie au niveau de l'associé, et ce depuis la date d'acquisition des parts. S'il a exercé l'activité successivement sous la forme individuelle puis sociétaire, l'administration fiscale n'admet le cumul des deux périodes que si l'activité a été apportée à la société dans les conditions prévues à l'article 151 octies du Code général des impôts[113].

648. – Condition tenant à la nature des opérations. Le régime de faveur concerne l'ensemble des cessions d'actifs immobilisés, à titre gratuit ou à titre onéreux, qu'elles portent sur des biens corporels ou incorporels. *En sont néanmoins exclues les cessions de biens qui entrent dans le champ d'application de l'article 1594-0 G, A du Code général des impôts.* Il s'agit des cessions d'immeubles qui sont exonérées de taxe de publicité foncière ou de droits d'enregistrement parce que l'acquéreur, par ailleurs assujetti à la TVA, s'est engagé à construire ou reconstruire un immeuble dans un délai de quatre ans. En pratique, l'opération la plus fréquemment concernée est celle d'une cession de terrain à bâtir par un entrepreneur à un promoteur immobilier. Sont également exclus du bénéfice de l'article 151 septies du Code général des impôts les transferts de biens ou de droits dans un patrimoine fiduciaire (CGI, art. 151 septies-VIII).

B. – Les effets du régime de faveur

649. – Montant de l'exonération. Les plus-values à long terme et les plus-values à court terme, après compensation avec les moins-values de même nature, sont intégralement exonérées d'IR si toutes les conditions susvisées sont remplies. Notamment, les recettes ne doivent pas excéder 250 000 € ou 90 000 € selon l'activité de l'entreprise (V. *supra*, n° 645).

Lorsque les recettes sont comprises dans les limites de l'exonération partielle, soit entre 250 000 € et 350 000 € ou entre 90 000 € et 126 000 €, la fraction exonérée de la plus-value décroît à mesure que les recettes se rapprochent de la limite supérieure de l'exonération. Techniquement, la fraction exonérée est égale au rapport entre, au numérateur, la différence entre 350 000 € (ou 126 000 €) et le montant des recettes de l'entreprise et, au numérateur, la somme de 100 000 € (ou 36 000 €) (CGI, art. 151 septies-II, 2°, V. l'illustration *infra*).

La fraction de la plus-value exonérée ainsi déterminée s'appliquera, le cas échéant, à la fraction de la plus-value de cession considérée comme étant à titre professionnel (hypothèse de la cession d'un bien partiellement affecté à un usage professionnel, V. *supra*, n° 629)[114].

(112) CAA Nantes, 7 janv. 2022, n° 20NT03391 : *Dr. fisc.* 2022, n° 23, comm. 243, concl. L. Chollet ; *Dr. fisc.* 2022, n° 23, chron. 242, spéc. n° 3, obs. Th. Jouno ; *RJF* 4/22, n° 352. Hypothèse d'un agriculteur qui avait cédé son activité agricole exercée depuis cinq ans au moins, ainsi qu'une activité de production et de vente d'énergie électrique par panneaux photovoltaïques relevant quant à elle des bénéfices industriels et commerciaux et qui était exercée depuis moins de cinq ans). Dans cette situation, seule la plus-value réalisée à l'occasion de la cession de l'activité agricole peut être exonérée sur le fondement de l'article 151 septies.

(113) *BOFiP*, BOI-BIC-PVMV-40-10-10-20, nos 130 et 140.

(114) *BOFiP*, BOI-BIC-PVMV-40-10-10-10, n° 290.

La fraction de la plus-value qui demeure imposable en application de l'article 151 septies ne peut pas bénéficier des régimes de report d'imposition institués par la loi en matière de transmission d'entreprises (V. *infra*, nos 664 et s.). Il n'est pas davantage possible de cumuler le régime d'exonération de l'article 151 septies, qui est lié aux recettes de l'entreprise, avec celui de l'article 238 quindecies, qui dépend de la valeur des éléments transmis (V. *infra*, nos 653 et s.).

Le montant exonéré de la plus-value en application de l'article 151 septies du Code général des impôts doit être déduit du résultat imposable de manière extra-comptable. Il n'existe pas de ligne spécifique dans le tableau fiscal n° 2058-A-SD pour ce retraitement ; celui-ci sera donc porté dans la rubrique « Déductions diverses à détailler sur feuillet séparé » dudit imprimé (ligne XG).

Exemple

Soit une entreprise d'achat-revente qui réalise une plus-value nette de 10 000 € en N.

Son exercice est calqué sur l'année civile et ses recettes moyennes de N-1 et N-2 sont de 320 000 €.

La fraction exonérée de la plus-value est de :

10 000 € × (350 000 € – 320 000 €) / 100 000 € = 3 000 €.

650. – Hypothèse d'une activité mixte. Lorsque les deux seuils d'exonération sont susceptibles de s'appliquer (cas d'une activité mixte), l'exonération totale n'est applicable que si le montant global des recettes n'excède pas 250 000 € et si le montant des recettes lié aux prestations de services n'excède pas 90 000 €. Si ces conditions ne sont pas remplies, une exonération partielle est possible dès lors que le montant global des recettes est inférieur à 350 000 € et que le montant des prestations de services est inférieur à 126 000 €. Dans une telle hypothèse, la fraction exonérée de la plus-value correspond au taux le plus faible qui aurait été retenu si l'entreprise n'avait eu qu'une seule activité, en retenant les recettes globales pour l'activité d'achat-revente et les recettes en prestations de services pour cette activité.

Exemple

Soit une entreprise qui effectue à la fois des ventes et des prestations de services.

Cette entreprise réalise une plus-value nette de 20 000 € en N.

Son exercice est calqué sur l'année civile. Les recettes moyennes liées aux ventes calculées sur N-1 et N-2 sont de 220 000 €, et les recettes liées aux prestations de services sont de 108 000 €.

Cette entreprise ne peut bénéficier d'une exonération totale :

– le montant global des recettes est de :

220 000 € + 108 000 € = 328 000 € > 250 000 € ;

– le montant des prestations de services est de : 108 000 € > 90 000 €.

Elle peut par contre prétendre à une exonération partielle :

– le montant global des recettes (328 000 €) < 350 000 € ;

– le montant des prestations de services (108 000 €) < 126 000 €.

Le montant de l'exonération partielle sera celui qui correspond au pourcentage le plus faible :

– d'après le montant global des recettes :
350 000 € – 328 000 € / 100 000 € × 100 = 22 % ;
– d'après les recettes liées aux prestations :
126 000 € – 108 000 € / 36 000 € × 100 = 50 %.

La fraction exonérée de la plus-value sera donc de : 20 000 € × 22 % = 4 400 €.

651. – **Sort des moins-values nettes.** L'exploitant qui bénéficie du régime d'exonération des plus-values nettes au titre des « petites entreprises » ne perd pas la possibilité d'utiliser ses moins-values nettes dans les conditions du droit commun. Ainsi, les moins-values nettes à court terme sont déductibles du résultat imposable au taux plein[115] (aucun retraitement n'est nécessaire), et les moins-values nettes à long terme sont imputables sur les plus-values à long terme des dix années suivantes (elles doivent donc être réintégrées dans le résultat imposable).

§ 2. – Le régime des transmissions d'entreprises

652. – **L'ancêtre : l'article 238 quaterdecies du Code général des impôts.** Le législateur[116] avait institué un cas d'exonération temporaire, depuis le 16 juin 2004 jusqu'au 31 décembre 2005, des plus-values professionnelles réalisées par des entreprises à l'IR ou des PME[117] à l'occasion de la cession d'une branche complète d'activité, lorsque la valeur des éléments transmis servant d'assiette aux droits de mutation n'excède pas 300 000 € (CGI, art. 238 quaterdecies-I, 1° à 3°).

Ce dispositif, qui ne s'appliquait pas aux biens immobiliers, fut l'occasion pour certains contribuables bien conseillés de se vendre à eux-mêmes leur entreprise en la cédant à une société qu'ils créaient, et ce en franchise d'impôt sur les plus-values. Inévitablement, la question de l'abus de droit fut posée[118]. Saisi d'un litige concernant la cession d'une clientèle d'expertise comptable à une SARL constituée le même jour par l'expert-comptable et son conjoint, le Conseil d'État a refusé de faire droit aux prétentions de l'administration au motif que le contribuable n'aurait supporté aucune imposition en l'absence d'une telle opération[119].

Afin de couper court à ces montages, le législateur a rapidement modifié l'article 238 quaterdecies du Code général des impôts à compter des cessions intervenues depuis le 1er janvier 2005, en subordonnant le bénéfice de cette disposition à l'absence de lien de dépendance entre le cédant et le cessionnaire (CGI, art. 238 quaterde-

(115) *BOFiP*, BOI-BIC-PVMV-40-10-10-30, n° 10.

(116) L. n° 2004-804, 9 août 2004, pour le soutien à la consommation et à l'investissement, art. 13.

(117) Société dont le capital est entièrement libéré et détenu de manière continue, pour 75 % au moins, par des personnes physiques ou par des sociétés dont le capital est détenu, pour 75 % au moins, par des personnes physiques.

(118) M. Cozian, *Vente à soi-même d'un cabinet médical et exonération « Sarkozy » : abus de droit ou effet d'aubaine ? : Dr. fisc.* 2008, n° 11, étude 204. – Fl. Deboissy, *Vente à soi-même d'une clientèle libérale pour bénéficier du dispositif « Sarkozy » d'exonération des plus-values : habileté fiscale ou fraude à la loi ? : Dr. fisc.* 2009, n° 14, comm. 261. – Th. Schmitt, *Vente à soi-même d'un cabinet libéral : la messe n'est pas dite, note ss TA Nancy, 13 août 2009, n° 0800196, M. Dallo : Dr. fisc.* 2009, n° 50, comm. 582.

(119) CE, 23 juill. 2012, n° 342017, *M. et Mme Bazin-Faucon : Dr. fisc.* 2012, n° 48, comm. 538, note crit. Fl. Deboissy (cette décision n'est en effet pas conforme à la jurisprudence traditionnelle du Conseil d'État selon laquelle l'intérêt fiscal est apprécié au jour où l'impôt est normalement dû par le contribuable).

cies-I, 4°)[120]. Il a par la suite pérennisé cette exigence dans le cadre du nouveau dispositif de faveur ; celui de l'article 238 quindecies du même code.

653. – Le régime actuel : l'article 238 quindeciesdu Code général des impôts. Ce régime se substitue, à compter du 1er janvier 2006, à celui de l'article 238 quaterdecies précité[121]. L'esprit en a été conservé ; il s'agit d'exonérer d'impôt sur les plus-values de cession les transmissions d'entreprises de taille modeste. Simplement, le domaine d'application a été élargi et précisé par la loi.

Sont visées les transmissions, à titre onéreux ou à titre gratuit, d'une entreprise individuelle à l'IR (quelle que soit son activité : commerciale, libérale ou agricole), d'une branche complète d'activité (celle-ci est définie comme en matière d'apports partiels d'actif, V. *infra*, n° 682)[122], ou de l'intégralité des droits ou parts d'une société de personnes à l'IR que détient un associé exerçant son activité professionnelle dans la société (V. *supra*, n° 632).

En revanche, l'article 238 quindecies ne peut pas s'appliquer aux plus-values qui résultent de la perception d'une « indemnité de clientèle » (par ex., celles qui sont versées en cas de suppression d'un office de greffier de tribunal de commerce)[123].

La branche complète d'activité se définit comme l'ensemble des éléments d'actif et de passif d'une division d'une entreprise ou d'une société qui constituent, du point de vue de l'organisation, une exploitation autonome, c'est-à-dire un ensemble capable de fonctionner par ses propres moyens. Elle peut se réduire à très peu de choses ; une simple cession de cartes d'agent commercial vaut cession de branche complète d'activité[124]. La question récurrente en jurisprudence est celle du transfert du personnel. En principe, le transfert d'une branche complète d'activité suppose celui du personnel nécessaire à l'exercice de l'activité[125]. Il s'agit d'un principe d'application générale qui doit être apprécié *in concreto*[126].

Lorsque la branche complète d'activité est cédée par une société soumise à l'IS, deux conditions sont requises par la loi : 1) elle doit employer moins de deux cent cinquante salariés et, soit doit réaliser un chiffre d'affaires annuel inférieur à 50 M€ au cours de l'exercice, soit doit avoir un total de bilan inférieur à 43 M€ ; 2) son capital ou ses droits de vote ne doivent pas être détenus à hauteur de 25 % ou plus par des entreprises qui ne répondent pas à ces critères.

(120) L. fin. rect. 2004, n° 2004-1485, 30 déc. 2004, art. 52.

(121) L. fin. rect. 2005, n° 2005-1720, 30 déc. 2005, art. 34.

(122) *BOFiP*, BOI-BIC-PVMV-40-20-50, n° 100.

(123) CE, 6 déc. 2021, n° 438617 : *Dr. fisc.* 2022, n° 16, comm. 197, concl. C. Guibé.

(124) CAA Nantes, 27 mai 2021, n° 19NT03799, *SARL DB Distribution : Dr. fisc.* 2021, n° 50, comm. 455, concl. L. Chollet. Selon la cour, la profession d'agent commercial peut être réalisée uniquement au moyen d'une carte commerciale, c'est-à-dire d'un contrat portant sur les conditions dans lesquelles l'agent mandaté peut conclure des contrats de vente pour le compte du mandant, et ne nécessite pas d'autres moyens matériels que la disposition d'un véhicule, d'une ligne téléphonique et d'un fichier contenant les coordonnées des clients du mandant.

(125) CE, avis, 13 juill. 2012, n° 358931, *SAS Ondupack : Dr. fisc.* 2012, n° 39, comm. 39, concl. B. Bohnert, note Th. Massart. Si certains salariés refusent d'être transférés, il convient d'apprécier, dans chaque cas, si ce refus est de nature à faire obstacle à ce que le transfert des éléments essentiels de l'activité puisse néanmoins être regardé comme complet.

(126) CE, 23 oct. 2013, n° 359516, *Sté Michaël : Dr. fisc.* 2013, n° 47, comm. 517 (cassation avec renvoi). Sur renvoi, la cour de Douai juge que le fonds de commerce peut fonctionner avec le seul cessionnaire, personne physique ou employé de la personne morale, sans qu'il y ait besoin du personnel du cédant (CAA Douai, 18 sept. 2014, n° 13DA01806, *SARL Mickaël : RJF* 12/14, n° 1079.

654. – Les conditions du nouveau régime. Quatre conditions doivent être réunies pour bénéficier de l'exonération d'impôt sur les plus-values. En outre, des conditions particulières sont posées en ce qui concerne la cession d'une activité donnée en location-gérance.

• *L'activité transmise doit avoir été exercée pendant cinq ans.* Ce délai court à compter de la date du début de l'exercice effectif de l'activité et s'achève à la date de la transmission de l'entreprise individuelle, de la branche complète d'activité ou des droits sociaux par un associé exerçant son activité professionnelle dans une société semi-transparente[127]. Contrairement à ce que prétend l'administration[128], le délai de cinq ans court à compter du début de l'exploitation et non de la création ou l'acquisition de la branche[129].

• La valeur des éléments transmis doit être inférieure à 500 000 €. *Si la valeur est supérieure à 500 000 € mais inférieure à 1 000 000 €, l'exonération est seulement partielle*[130] *(pour une application*, V. *infra*, n° 655). Pour l'appréciation de ces seuils, il est retenu le « prix stipulé des éléments transmis, ou leur valeur vénale, auxquels sont ajoutées les charges en capital et les indemnités stipulées au profit du cédant, à quelque titre et pour quelque cause que ce soit »[131]. Dans l'hypothèse d'une cession de l'intégralité des parts d'une société à l'IR, il convient de retenir la valeur vénale des droits transmis, mais il est également tenu compte des transmissions réalisées au cours des cinq années précédentes (CGI, art. 238 quindecies-III).

• *Absence de lien de dépendance entre le cédant et le cessionnaire.* Au cas de transmission à titre onéreux, le cédant ne doit pas exercer, en droit ou en fait, la direction effective de l'entreprise cessionnaire[132], ou ne doit pas détenir, directement ou indirectement, plus de 50 % des droits de vote ou des droits dans les bénéfices sociaux de cette entreprise (CGI, art. 238 quindecies-II, 3). Lorsque le cédant est une société, ces conditions sont également requises de ses associés qui détiennent, directement ou indirectement, au moins 50 % des droits de vote ou des droits dans les bénéfices sociaux ou en assurent la direction effective. Ces conditions doivent se vérifier au moment de la cession, mais également dans les trois années qui suivent.

• *Exclusion des cessions d'éléments immobiliers.* Les plus-values sur cessions d'immeubles bâtis ou non bâtis et les cessions de droits ou parts de sociétés à prépon-

(127) *BOFiP*, BOI-BIC-PVMV-40-20-50, n° 210.

(128) *BOFiP*, BOI-BIC-PVMV-40-20-50, n° 230.

(129) CE, plén., 13 juin 2018, n° 401942, *Sté Berthelot opticiens : Dr. fisc.* 2018, n° 30, comm. 352, concl. Y. Benard, note S. Daragon.

(130) Ces seuils sont ceux qui résultent de la loi de finances pour 2022 (L. n° 2021-1900, 30 déc. 2021, art. 19). Ils étaient, jusqu'alors, respectivement de 300 000 € et 500 000 €. Les nouveaux seuils s'appliquent au titre de l'année 2021 et des années suivantes (entreprises à l'IR), et au titre des exercices clos à compter du 31 décembre 2021 (entreprises à l'IS).

(131) Cette modalité d'appréciation des seuils est celle qui résulte de la loi de finances pour 2022 (L. n° 2021-1900, 30 déc. 2021, art. 19, préc.). Jusque-là, le texte visait « la valeur des éléments transmis servant d'assiette aux droits d'enregistrement mentionnés aux articles 719, 720 ou 724 du CGI ou des éléments similaires utilisés dans le cadre d'une exploitation agricole » (CGI, art. 238 quindecies-VII mod.). Dans son commentaire, l'administration a confirmé que les actifs circulants seraient pris en compte (BOI-BIC-PVMV-40-20-50, n° 295), mais pas les actifs immobiliers (BOI-BIC-PVMV-40-20-50, préc., n° 293).

(132) La qualité de dirigeant de droit s'apprécie au regard de cette seule qualité dans l'entreprise, et non de l'exercice effectif des pouvoirs qu'il détient en droit (CE, 12 juill. 2013, n° 355677, *M. et Mme A : Dr. fisc.* 2013, n° 50, comm. 548. Cogérant de SELARL, pour l'application de l'article 238 *quaterdecies* du Code général des impôts).

dérance immobilière sont imposées dans les conditions du droit commun (CGI, art. 238 quindecies-V). Toutefois, cette exclusion ne s'applique pas aux cessions de l'intégralité des parts détenues par un contribuable qui exerce son activité professionnelle dans une société à l'IR dont l'actif est principalement constitué de biens immobiliers affectés à sa propre exploitation. En outre, les plus-values immobilières imposables peuvent bénéficier de l'exonération pour durée de détention nouvellement instituée par l'article 151 septies B du Code général des impôts (V. *infra*, n°s 659 et s.).

• *Lorsque le fonds de commerce transmis était donné en location-gérance,* l'exonération d'impôt sur les plus-values de cession s'applique à condition que l'activité ait été exercée pendant au moins cinq ans au moment de la mise en location du fonds et que la transmission soit réalisée au profit du locataire-gérant[133] (CGI, art. 238 quindecies-VII). La question se pose de savoir si ces conditions sont exclusives de toute autre, et notamment de la condition de non-dépendance entre le cédant et le cessionnaire. Si l'administration fiscale considère que les conditions générales restent applicables[134], les juridictions du fond étaient plus partagées[135], avant que le Conseil d'État ne tranche nettement en faveur de la thèse administrative[136]. En revanche, il a été jugé que le contribuable peut se prévaloir d'une réponse ministérielle favorable en vigueur au moment du fait générateur de la plus-value (c'est-à-dire la cession) bien que rapportée au moment du fait générateur de l'IR (c'est-à-dire le 31 décembre)[137]. Désormais, la loi autorise la cession du fonds à une autre personne que le locataire-gérant (CGI, art. 238 quindecies, VII, mod.)[138]. En revanche, la condition d'exercice de l'activité pendant cinq ans au moment de la mise en location-gérance est maintenue. Toutefois, la cession de l'entreprise à une autre personne que le locataire-gérant n'est envisageable que si elle porte sur l'intégralité des éléments concourant à l'exploitation de l'activité qui a fait l'objet du contrat de location-gérance et si cette cession est effectuée dans le respect du contrat de location-gérance (CGI, art. 238 quindecies-VII nouveau)[139]. En revanche, la loi ne prévoit pas l'obligation pour le cessionnaire de poursuivre effectivement l'exploitation (par conséquent, il semble que celui-ci puisse, à son tour, donner le fonds en location-gérance).

(133) Selon la cour de Versailles, la plus-value peut être exonérée sur le fondement de l'article 238 quindecies du Code général des impôts, alors même que la cession n'est pas faite au profit du locataire gérant, lorsque le contrat de location-gérance a été résilié préalablement (CAA Versailles, 23 oct. 2014, n° 12VE00905, *Da Costa : RJF* 2/15, n° 95).

(134) *BOFiP*, BOI-BIC-PVMV-40-20-50, n° 90.

(135) Pour l'application de la condition de non-dépendance, CAA Nancy, 17 nov. 2011, n° 10NC01255, *Dadeau : RJF* 5/12, n° 443. – *Contra* : CAA Nantes, 17 nov. 2011, n° 11NT00333, *Rossi : RJF* 6/12, n° 565.

(136) CE, 16 oct. 2013, n° 346063, *M. Mainguy : Dr. fisc.* 2014, n° 6, comm. 152, concl. E. Crépey, note Th. Lamulle (le régime de faveur est réservé aux transmissions d'entreprises individuelles ou de branches complètes d'activité). – CE, 30 déc. 2013, n° 355328, *Rossi : RJF* 4/14, n° 315 (le régime de faveur ne s'applique qu'en l'absence de lien de dépendance entre le cédant et le cessionnaire).

(137) CE, 10 févr. 2017, n° 386221, *M. Guevenoux-Glorian : Dr. fisc.* 2017, n° 21, comm. 324, concl. M.-A. Nicolazo de Barmon. J. Turot, *Application dans le temps de la doctrine administrative : l'important d'être constant. – À propos de CE, 10 févr. 2017, n° 386221, Guevenoux-Glorian : Dr. fisc.* 2017, n° 21, comm. 316. En l'espèce, le contribuable invoquait la réponse ministérielle « Tanguy » du 31 janvier 2006, en vigueur au moment de la cession (1er avr. 2006), bien que rapportée par la réponse « Roques » le 24 octobre 2006.

(138) L. fin. 2022, n° 2021-1900, 30 déc. 2021, art. 19. Disposition applicable au titre de l'année 2021 en impôt sur le revenu et de l'exercice clôturé le 31 décembre 2021 en impôt sur les sociétés.

(139) Selon l'administration, l'obligation de respecter les stipulations du contrat n'est pas remplie lorsque le cédant cède directement le fonds à un tiers sans avoir, au préalable, et s'il y est contractuellement tenu, proposé à son locataire-gérant de l'acquérir (BOI-BIC-PVMV-40-20-50, 11 mai 2022, n° 90).

• *Lorsque la transmission est effectuée par une société soumise à l'IS répondant à la définition des PME* (V. *supra*, n° 653), le bénéfice de l'exonération est subordonné au respect de la réglementation européenne relative aux aides *de minimis* (V. *infra*, n° 763)[140].

655. – Les modalités du nouveau régime. L'exonération des plus-values nettes à court terme et à long terme est totale si la valeur des éléments transmis n'excède pas 500 000 €.

Si la valeur est comprise entre 500 000 € et 1 000 000 €, l'exonération est partielle. La fraction exonérée est alors égale au rapport entre, au numérateur, la différence entre 1 000 000 € et la valeur des éléments transmis et, au dénominateur, 500 000 € (V. *infra*, l'illustration).

La fraction imposable de la plus-value ne peut bénéficier de l'exonération au titre d'un autre régime de faveur[141], à l'exception de ceux des articles 151 septies A et B du Code général des impôts.

L'entreprise qui bénéficie de l'exonération au titre de l'article 238 quindecies conserve la possibilité d'utiliser les moins-values nettes dans les conditions du droit commun (V. *supra*, n° 640).

L'option pour ce régime n'est ni obligatoire, ni automatique ; elle est exprimée par le contribuable sur papier libre lors de sa déclaration de cession ou cessation[142]. Les plus-values exonérées doivent être retranchées du résultat imposable (tableau fiscal n° 2058-A-SD, ligne XG).

Exemple

Soit un commerçant ayant cédé son fonds de commerce pour un prix de 900 000 €. À cette occasion, il réalise une plus-value de 60 000 €.

La fraction exonérée de la plus-value est de :

1 000 000 € – 900 000 € = 100 000 € / 500 000 € = 20 % × 60 000 € = 12 000 €.

Reste imposable : 60 000 € – 12 000 € = 48 000 €.

§ 3. – La vente de l'entreprise pour cause de départ à la retraite

656. – Domaine. Le législateur a mis en place un régime d'exonération des plus-values de cession à l'occasion de la vente d'une entreprise pour cause de départ à la retraite de l'exploitant (CGI, art. 151 septies A)[143]. Ce régime, qui ne présente pas d'intérêt si le cédant peut se prévaloir d'une exonération totale sur le fondement des articles 151 septies et 238 quindecies du Code général des impôts précités, concerne seulement les cessions d'entreprises à l'IR de taille modeste.

L'exonération ne s'applique qu'aux cessions à titre onéreux d'entreprises individuelles ou de la totalité des droits ou parts que possède un contribuable exerçant son activité professionnelle dans une société fiscalement semi-transparente (CGI, art. 151 septies A-I, 2°). Les plus-values imposées au nom de l'associé d'une société

(140) L. fin. 2022, n° 2021-1900, 30 déc. 2021, art. 19.

(141) Aux termes de l'article 238 quindecies-VIII : « L'option pour le bénéfice du régime défini au présent article est exclusive de celui des régimes prévus au I de l'article 41, au I ter de l'article 93 quater, aux articles 151 septies, 151 octies et 151 octies A, au II de l'article 151 nonies et aux articles 210 A à 210 C et 210 E ».

(142) *BOFiP*, BOI-BIC-PVMV-40-20-50, n° 450.

(143) L. fin. rect. 2005, n° 2005-1720, 30 déc. 2005, art. 35.

de personnes susvisée qui cède son activité sont également éligibles à ce dispositif, à condition qu'il soit procédé à la dissolution concomitante de la société (CGI, art. 151 septies A-I ter)[144]. La nature de l'activité de l'entreprise importe peu (activité commerciale, artisanale, libérale ou agricole).

L'exonération est réservée aux seules « PME ». Selon la loi, il s'agit des entreprises à l'IR qui remplissent les deux conditions suivantes : 1) elles doivent employer moins de deux cent cinquante salariés et, soit avoir réalisé un chiffre d'affaires annuel inférieur à 50 M€ au cours de l'exercice, soit avoir un total de bilan inférieur à 43 M€ ; 2) le capital ou les droits de vote de la société dont les titres sont cédés ne doivent pas être détenus à hauteur de 25 % ou plus par une ou plusieurs entreprises ne répondant pas à ces critères (CGI, art. 151 septies A-I, 5° et 6°).

L'exonération peut s'appliquer au cas de transmission de plusieurs activités, sous réserve que les conditions soient remplies pour chacune d'elles[145].

657. - Conditions. Le dispositif est d'abord lié au départ à la retraite du cédant. Ce dernier doit cesser toute fonction dans l'entreprise (entreprise individuelle, société de personnes dont les titres sont cédés ou qui cède son activité), et il doit faire valoir ses droits à la retraite[146] dans les deux années suivant ou précédant la cession[147] (CGI, art. 151 septies A-I, 3°).

NB : Pour les entrepreneurs – ou les associés de sociétés de personnes – qui ont fait valoir leurs droits à la retraite entre le 1er janvier 2019 et le 31 décembre 2021, le délai pour céder les titres est porté à trois ans, à condition que le départ à la retraite précède la cession[148].

L'activité doit avoir été exercée pendant cinq ans (CGI, art. 151 septies A-I, 1°). Ce délai court depuis la date du début effectif de l'activité de l'entreprise cédée[149], ou du cédant dans la société dont les titres ou l'activité sont cédés[150], jusqu'à la date de la vente[151].

Le cédant ne doit pas détenir, directement ou indirectement, plus de 50 % des droits de vote ou des droits dans les bénéfices de l'entreprise cessionnaire (CGI, art. 151 septies A-I, 4°). Cette condition doit être remplie lors de la cession et au cours des trois années suivantes.

La cession ne doit pas porter sur des immeubles, bâtis ou non bâtis, ou sur des droits ou parts dans des sociétés à prépondérance immobilière, sauf au cas de cession de l'intégralité des parts d'une société fiscalement semi-transparente dont l'actif

(144) L. fin. 2009, n° 2008-1425, 27 déc. 2008, art. 11.

(145) Rép. min. Économie n° 132 à M. A. Joyandet : *JO* Sénat Q 10 août 2017, p. 2578.

(146) Il s'agit de la date à laquelle le cédant entre en jouissance de ses droits dans le régime obligatoire de base auprès duquel il est affilié à raison de l'activité cédée (*BOFiP*, BOI-BIC-PVMV-40-20-20-30, n° 100).

(147) Il n'y a pas d'ordre dans la survenance de ces événements ; le départ à la retraite peut précéder la cessation des fonctions, et inversement. En outre, l'administration n'exige plus un délai de deux ans séparant la cessation des fonctions et le départ en retraite ; il peut s'écouler plus de vingt-quatre mois entre la cessation des fonctions et le départ en retraite, sous réserve que chacun des deux événements intervienne dans un délai de vingt-quatre mois précédant ou suivant la cession (soit au maximum 48 mois, au lieu de 24 mois ; BOI-BIC-PVMV-40-20-20-30, n° 20).

(148) L. fin. 2022, n° 2021-1900, 30 déc. 2021, art. 19.

(149) *BOFiP*, BOI-BIC-PVMV-40-20-20-10, n° 60.

(150) *BOFiP*, BOI-BIC-PVMV-40-20-20-10, n° 170 et BOI-BIC-PVMV-40-20-20-20, n° 260.

(151) *BOFiP*, BOI-BIC-PVMV-40-20-20-10, n° 190.

est principalement composé d'immeubles affectés à sa propre exploitation (CGI, art. 151 septies A-III).

Si les cessions des parts sociales sont échelonnées dans le temps, qu'elles soient réalisées au profit d'un ou de plusieurs cessionnaires, plusieurs cessions peuvent cumulativement être prises en compte pour ouvrir droit à l'exonération et apprécier la condition de cession de l'intégralité des parts sociales dans le délai de deux ans[152].

La vente d'une activité donnée en location-gérance peut bénéficier de l'exonération si l'activité était exercée depuis au moins cinq ans au moment de la mise en location (CGI, art. 151 septies A-IV). Désormais, la loi autorise la cession du fonds à une autre personne que le locataire-gérant (CGI, art. 151 septies A-IV, mod.)[153]. En revanche, la condition d'exercice de l'activité pendant cinq ans au moment de la mise en location-gérance est maintenue. Par ailleurs, la cession de l'entreprise à une autre personne que le locataire-gérant n'est possible que si elle porte sur l'intégralité des éléments concourant à l'exploitation de l'activité qui a fait l'objet du contrat de location-gérance et si cette cession est effectuée dans le respect du contrat de location-gérance (CGI, art. 151 septies A-IV, nouveau). En revanche, la loi ne prévoit pas l'obligation pour le cessionnaire de poursuivre effectivement l'exploitation (par conséquent, il semble que celui-ci puisse, à son tour, donner le fonds en location-gérance).

658. – Effets. L'exonération porte à la fois sur les plus-values nettes à court terme et à long terme, après compensation avec les moins-values de même nature, à l'exception des plus-values portant sur des éléments immobiliers[154]. En revanche, les prélèvements sociaux restent dus, aussi bien sur les plus-values à court terme qu'à long terme[155]. Au cas de moins-values nettes, celles-ci sont imputables dans les conditions du droit commun (V. *supra*, n° 640).

L'exonération est également applicable, sous les mêmes conditions, aux plus-values en report d'imposition à la suite de la mise en société d'une entreprise individuelle, de restructuration de SCP ou d'apport de brevet à une société (CGI, art. 151 septies A-I bis). Cette conséquence constitue une exception remarquable au régime du report d'imposition qui prend normalement fin lors d'une nouvelle cession, sauf à être prorogé[156]. Notons également que l'exonération s'applique encore lorsque la cession relève des plus-values privées (cas d'une société de personnes devenue redevable de l'IS, V. CGI, art. 151 septies A-IV bis).

L'option pour le régime de faveur de l'article 151 septies A du Code général des impôts est exercée par le contribuable, sur papier libre, lors de la déclaration de cessation d'activité[157]. Les plus-values exonérées seront distraites du résultat imposable (tableau fiscal n° 2058-A-SD, ligne XG).

L'option présente un intérêt lorsque le contribuable ne peut pas bénéficier, ou partiellement, de l'exonération au titre des articles 151 septies et 238 quindecies du

(152) BOI-BIC-PVMV-40-20-20-20, 11 mai 2022, n° 200.

(153) L. fin. 2022, n° 2021-1900, 30 déc. 2021, art. 19. Disposition applicable au titre de l'année 2021 en impôt sur le revenu et de l'exercice clôturé le 31 décembre 2021 en impôt sur les sociétés.

(154) *BOFiP*, BOI-BIC-PVMV-40-20-20-40, n° 1.

(155) *BOFiP*, BOI-BIC-PVMV-40-20-20-40, n° 230.

(156) M. Chadefaux, *Transmission d'entreprises : le sort inégal des plus-values en report d'imposition : Dr. fisc.* 2009, n° 44, étude 516.

(157) *BOFiP*, BOI-BIC-PVMV-40-20-20-50, n° 30.

Code général des impôts[158]. Par exemple, si l'exonération au titre de l'article 151 septies ne s'applique que partiellement, le contribuable peut cumuler les régimes de l'article 151 septies A, qui lui permet d'être complètement exonéré d'impôt sur les plus-values (mais pas des prélèvements sociaux), et de l'article 151 septies, qui le fait profiter d'une exonération partielle des prélèvements sociaux.

Il est aussi possible de cumuler l'article 151 septies A avec l'article 151 septies B qui permet de pratiquer un abattement pour durée de détention sur les plus-values immobilières (V. *infra*, n°s 659 et s.). En revanche, l'option pour l'article 151 septies A est exclusive des régimes de report d'imposition dans les opérations susvisées (CGI, art. 151 septies A-VI).

§ 4. – La cession d'immeubles professionnels

659. – Présentation. Afin de ne pas créer de distorsion entre les plus-values sur cession d'immeubles restés dans le patrimoine privé du contribuable (qui profitent d'un abattement pour durée de détention), et les plus-values sur cession d'immeubles inscrits au bilan (qui étaient imposées dans les conditions du droit commun, sauf application de l'article 151 septies du Code général des impôts), le législateur a institué en 2005, au profit des entrepreneurs à l'IR, un abattement comparable à celui qui était prévu à l'époque pour les plus-values immobilières privées, à savoir un abattement de 10 % par année de détention au-delà de la cinquième année, soit une exonération au bout de quinze ans (CGI, art. 151 septies B)[159]. Curieusement, ce texte n'a pas été modifié lorsque le nombre d'années de détention requis pour une exonération totale d'impôt sur les plus-values immobilières a été porté à trente ans (V. CGI, art. 150 VC)[160].

660. – Domaine. Le champ d'application est très large ; toutes les entreprises à l'IR sont concernées, quels que soient leur régime d'imposition (réel ou non), la nature de leur activité (commerciale, industrielle, artisanale, libérale ou agricole), et le contexte de la cession (à titre onéreux ou à titre gratuit, cession isolée ou dans le cadre d'une transmission d'entreprise).

La nature immobilière des éléments cédés est elle-même appréhendée de façon extensive ; il peut aussi bien s'agir d'immeubles bâtis ou non bâtis, de parts de sociétés à prépondérance immobilière ou de droits afférents à un contrat de crédit-bail immobilier.

Il est par contre exigé que les éléments immobiliers cédés figurent au bilan ou sur le registre des immobilisations de l'entreprise et qu'ils soient *affectés à sa propre exploitation*, ce qui exclut les immeubles de rapport (sauf s'ils sont loués à une société « liée », au sens de l'article 39-12 du Code général des impôts, affectant ces immeubles à sa propre exploitation)[161]. Les terrains à bâtir sont réputés ne pas être affectés à l'exploitation (CGI, art. 151 septies B-II, 2°).

(158) *BOFiP*, BOI-BIC-PVMV-40-20-20-50, n° 10.
(159) L. fin. rect. 2005, n° 2005-1720, 30 déc. 2005, art. 36.
(160) L. fin. rect. 2011, n° 2011-1117, 19 sept. 2011, art. 1er. Durée de détention réduite à vingt-deux ans à compter du 1er septembre 2013 en ce qui concerne les cessions d'immeubles autres que les terrains à bâtir (L. fin. 2014, n° 2013-1278, 29 déc. 2013, art. 27), et à compter du 1er septembre 2014 pour les terrains à bâtir (L. fin. 2015, n° 2014-1654, 29 déc. 2014, art. 4).
(161) *BOFiP*, BOI-BIC-PVMV-20-40-30, n° 220.

La condition liée à l'exploitation s'apprécie à la date de la cession des biens. Mais, selon le Conseil d'État, une entreprise ayant pour activité la location de locaux en meublé qui vend ses biens immobiliers aux termes d'un acte indiquant expressément que les immeubles vendus sont destinés à être démolis par l'acquéreur ne peut bénéficier de l'abattement[162].

661. – Modalités. L'abattement pour durée de détention s'applique aux plus-values à long terme. Cela concerne les plus-values provenant de la cession d'éléments non amortissables détenus depuis au moins deux ans, et également les plus-values provenant de la cession d'éléments amortissables détenus depuis au moins deux ans, mais seulement pour la partie qui excède les amortissements fiscalement déduits pour l'assiette de l'impôt sur les bénéfices[163].

L'abattement est d'un dixième par année de détention au-delà de la cinquième année. Ce délai est décompté à partir de la date d'inscription du bien cédé au bilan ou sur le registre des immobilisations (si le bien est affecté à l'exploitation dès ce moment), jusqu'à la cession (fait générateur de la plus-value). Comme en matière d'impôt sur les plus-values privées, seules sont prises en compte les années de détention échues à la date du fait générateur[164].

Lorsqu'un immeuble a fait l'objet de plusieurs affectations au cours de sa détention par le contribuable, l'administration fiscale admet le cumul des périodes d'inscription au bilan et d'affectation à l'exploitation, à condition qu'il s'agisse de la même activité[165].

La fraction exonérée de la plus-value à long terme doit être retranchée du bénéfice imposable de l'entreprise (tableau fiscal n° 2058-A-SD, ligne XG). La fraction imposable peut être compensée, le cas échéant, avec les moins-values à long terme subies par l'entreprise[166].

Le régime de l'article 151 septies B peut se cumuler avec les régimes d'exonération ou de report d'imposition[167]. Le cumul avec les articles 238 quindecies et 151 septies A est très utile, puisque ces derniers ne permettent pas l'exonération des plus-values immobilières.

§ 5. – Exploitants ayant opté pour un régime réel d'imposition

662. – Présentation. Il s'agit d'un régime incitatif qui permet aux micro-entrepreneurs de faire constater les plus-values latentes sur les immobilisations non amortissables en franchise d'impôt sur les plus-values lorsqu'ils optent pour un régime réel d'imposition, normal ou simplifié (CGI, art. 39 octodecies). L'intérêt du dispositif est évident si l'exploitant n'est pas assuré de bénéficier d'une mesure d'exonération des plus-values lorsqu'il cédera son fonds.

(162) CE, 4 mai 2016, n° 386773, *Mme Ducruet : Dr. fisc.* 2016, n° 26, comm. 389, concl. A. Bretonneau (solution qui s'explique par le renvoi fait par l'article 151 septies B-II, 2° à l'article 1594-0 G du Code général des impôts qui exonère de droits d'enregistrement ou de taxe de publicité foncière les acquisitions entrant dans le champ de la TVA en ce qu'elles portent sur des terrains nus ou recouverts de bâtiments destinés à être démolis).

(163) *BOFiP*, BOI-BIC-PVMV-20-40-30, n° 280.

(164) *BOFiP*, BOI-BIC-PVMV-20-40-30, n° 380.

(165) *BOFiP*, BOI-BIC-PVMV-20-40-30, n° 400.

(166) *Doc. fisc. Lefebvre*, BIC, Division VII (plus-values et moins-values d'actif), n° 7770.

(167) *BOFiP*, BOI-BIC-PVMV-20-40-30, n°s 420 et s.

La mesure constitue une dérogation fiscale au droit comptable qui ne permet pas les réévaluations partielles de bilan, mais seulement les réévaluations globales et uniquement sur les immobilisations corporelles et financières (V. *supra*, n° 351). Elle est de nature purement fiscale[168] ; le contribuable doit mentionner l'option pour le régime de l'article 39 octodecies sur sa déclaration de résultats (cadre spécial de l'annexe n° 2031 bis-SD), accompagnée d'une note sur papier libre mentionnant la nature et la valeur des éléments non amortissables réévalués.

663. - Régime. Seuls sont concernés les contribuables qui exercent pour la première fois une option pour un régime réel d'imposition (le régime de faveur ne s'applique pas à la deuxième option). La réévaluation fiscale ne peut porter que sur des immobilisations non amortissables (clientèle et autres éléments incorporels du fonds de commerce, droit au bail, terrains…).

La plus-value résultant de la différence entre la valeur d'origine du bien et sa valeur réactualisée est définitivement exonérée d'impôt sur les plus-values (CGI, art. 39 octodecies-I, al. 2). La valeur réactualisée correspond à la valeur réelle du bien à la date de l'option ; la fraction de la plus-value calculée sur un montant excédant cette valeur n'est pas exonérée[169].

Au cas de cession de l'immobilisation pour un prix supérieur à sa valeur réactualisée, il conviendra de déduire extra-comptablement la fraction de la plus-value qui a été exonérée en vertu de l'article 39 octodecies du Code général des impôts La fraction excédentaire de la plus-value reste imposée dans les conditions du droit commun (sauf application d'un autre régime de faveur).

Qui plus est, au cas de cession ou de cessation de l'exploitation moins de cinq ans après la création ou l'acquisition de l'entreprise, les plus-values imposables sur biens non amortissables sont calculées d'après leur coût de revient (CGI, art. 39 octodecies-II).

SECTION 3 LES RÉGIMES DE DIFFÉRÉ D'IMPOSITION

664. - La technique : étalement, report ou sursis d'imposition ? Il ne s'agit plus ici d'exonérer la plus-value, même partiellement, mais de décaler dans le temps son imposition. Le droit fiscal n'est pas avare de techniques ; il connaît l'étalement, le report et le sursis. La mise en œuvre de chacune de ces techniques est étroitement liée aux règles comptables.

• *L'étalement de l'imposition.* La plus-value qui apparaît dans le résultat comptable est répartie sur plusieurs exercices. Un retraitement extra-comptable s'impose (par ex., étalement sur trois ans des plus-values à court terme, V. *supra*, n° 639 ; étalement sur cinq ans du profit né de la prise en charge de la dette d'emprunt par un assureur sur

(168) En dépit du texte de l'article 39 octodecies-I, alinéa 1er du Code général des impôts selon lequel : « Cette constatation doit être faite en comptabilité au plus tard à la clôture du premier exercice pour lequel l'entreprise se trouve soumise à un régime réel d'imposition ». V. *Doc. fisc. Lefebvre*, RIE, Division III (imposition d'après le bénéfice réel), n° 20400.

(169) CAA Nantes, 30 mars 1995, n° 93-637, *Bessière : RJF* 3/96, n° 271.

la vie, V. *supra*, n° 613; étalement des plus-values réalisées lors d'opérations de *lease-back*, V. CGI, art. 39 novodecies)[170].

• *Le report d'imposition.* C'est la technique la plus simple ; la plus-value de cession constatée en comptabilité n'est pas imposable immédiatement mais plus tard, lorsque se produit une nouvelle cession (des biens initialement transmis ou de ceux remis en échange). Autrement dit, le fait générateur fiscal est différent du fait générateur comptable. Ce mécanisme n'a pas, en principe, pour effet de modifier le débiteur de l'impôt (qui reste le cédant initial), ni le montant de la plus-value (qui est fixé une fois pour toutes). En revanche, le régime fiscal de la plus-value est celui en vigueur au moment où se produit le fait générateur de l'impôt. Ce régime nécessite un retraitement extra-comptable et un suivi des plus-values en report.

• *Le sursis d'imposition.* C'est le mécanisme le plus évolué ; il consiste à ignorer fiscalement l'opération qui, en comptabilité, a fait apparaître la plus-value. Dans ce système, la plus-value n'est ni calculée ni imposée au moment de la cession, mais généralement lorsque les biens transmis sont de nouveau cédés, au nom du nouveau cédant et par rapport à leur valeur d'origine. Tout se passe donc comme si la cession intercalaire n'avait pas eu lieu et si l'ultime cédant avait été propriétaire des biens depuis l'origine. Un retraitement extra-comptable n'est nécessaire que si les biens objets de l'opération intermédiaire ont été évalués à leur valeur vénale. S'ils ont été évalués à leur valeur comptable, l'opération ne dégage aucune plus-value en comptabilité et aucun retraitement n'est nécessaire (l'absence de modification des écritures comptables étant, parfois, une condition d'application du régime de faveur). La plupart du temps, le régime de faveur est lié à un certain nombre d'engagements, et notamment celui de calculer les plus-values ultérieures par rapport à la valeur d'origine des biens transmis.

Exemple

(Hors amortissements)

Soit une entreprise A qui vend à une entreprise B une immobilisation au titre d'un exercice N.

La valeur nette comptable de l'immobilisation chez A était de 100 et le prix de cession de 300.

L'entreprise B revend en N+3 le même bien pour un prix de 600.

La revente du bien constitue le fait générateur de la plus-value en report ou en sursis.

(170) Le *Lease-back* (ou « cession-bail ») est l'opération par laquelle une entreprise cède à une société de crédit-bail un immeuble dont elle retrouve immédiatement la jouissance en application d'un contrat de crédit-bail. Le législateur avait institué un régime d'étalement de la plus-value professionnelle (à court terme ou à long terme), pour toutes les entreprises (à l'IR ou à l'IS), pendant la durée du crédit-bail, sans pouvoir excéder quinze ans (CGI, art. 39 novodecies, I). Ce régime s'est appliqué aux cessions réalisées entre le 23 avril 2009 et le 31 décembre 2012 (L. n° 2009-431, 20 avr. 2009, art. 3 ; CGI, art. 39 novodecies, II ancien). Il a purement et simplement été reconduit par la loi de finances pour 2021 (L. n° 2020-1721, 29 déc. 2020, art. 33), pour les cessions réalisées entre le 1er janvier 2021 et le 30 juin 2023, s'il est précédé d'un accord de financement accepté par le crédit-preneur à compter du 28 septembre 2020 et au plus tard le 31 décembre 2022 (CGI, art. 39 novodecies, II nouveau). À sa différence néanmoins, l'option pour l'étalement des plus-values de *lease-back* ne peut concerner que les immeubles d'exploitation. L'administration a commenté ce dispositif au *BOFiP* (BOI-BIC-PVMV-40-20-60 ; BOI-IS-BASE-20-30, § 40 ; BOI-IS-FUS-10-20-40-10, § 150).

1) Avec le mécanisme du report :
– A réalise une plus-value de : 300 – 100 = 200, imposable au titre de N+3 ;
– B réalise une plus-value de : 600 – 300 = 300, imposable au titre de N+3.
2) Avec le mécanisme du sursis :
– A est exonéré d'impôt sur sa plus-value comptable ;
– B sera imposé sur une plus-value de : 600 – 100 = 500, imposable au titre de N+3.

665. – Les hypothèses : les restructurations d'entreprises. Le législateur impose un objectif de neutralité à la fiscalité ; elle ne doit être ni un obstacle, ni un encouragement aux opérations qui affectent la structure ou l'activité de l'entreprise. C'est ce qui explique que la plupart des opérations de restructuration bénéficient d'un régime de faveur en matière de plus-values, parfois au prix d'une combinaison des différents mécanismes ci-dessus décrits.

Il n'est pas possible, compte tenu de l'objet et du volume imposé à l'ouvrage, de traiter dans le détail du régime des plus-values consécutives aux restructurations d'entreprises. Nous nous contenterons donc de donner, pour chacune d'elles, les règles essentielles, en renvoyant le lecteur pour le surplus d'informations nécessaires à des ouvrages spécialisés[171].

Seront examinés dans cet ordre, les apports en société et les opérations assimilées (§ 1), les fusions et les opérations assimilées (§ 2), les transformations et les opérations assimilées (§ 3), ainsi que la transmission à titre gratuit de l'entreprise individuelle (§ 4).

Il existe des régimes particuliers prévus pour des opérations de restructuration très spécifiques qui ne seront pas étudiées ici. Par exemple, les plus-values au cas de transmission à titre gratuit et irrévocable de titres ou de parts d'une entreprise à une fondation reconnue d'utilité publique sont placées en report jusqu'à leur cession par la fondation bénéficiaire de cette transmission. La plus-value en report est imposée à la date à laquelle il est mis fin au report au nom de la fondation bénéficiaire de la transmission (CGI, art. 38-7 quinquies)[172], y compris dans le cas où elle se rattache à une activité non lucrative ou exonérée d'impôt sur les sociétés exercée par la fondation (CGI, art. 206, 5 ter)[173].

§ 1. – Les apports en société et assimilés

666. – Neutralisation des plus-values de sortie. La loi a institué un régime optionnel de report d'imposition des plus-values d'apport d'une entreprise individuelle ou d'une branche complète d'activité par une personne physique à une société (CGI, art. 151 octies)[174] (A).

L'opération de mise en fiducie n'est pas très éloignée d'un apport en société, puisque le constituant reçoit, en « échange » des éléments transférés dans le patrimoine fiduciaire, des droits incorporels (V. *supra*, n° 559). Conformément au principe de neutralité

(171) Par. ex., Ph. Oudenot, *Fiscalité approfondie des sociétés*, *op. cit.*, n°s 1280 et s.
(172) L. fin. 2021, n° 2020-1721, 29 déc. 2020, art. 42. Ce régime est susceptible de s'appliquer aux exercices clos à compter du 31 décembre 2020. Pour les commentaires administratifs : BOI-BIC-PVMV-30-30 ; BOI-BIC-PVMV-3030-140 ; BOI-FORM-000091.
(173) L. fin. 2022, n° 2021-1900, 30 déc. 2021, art. 9.
(174) Ce régime ne peut se cumuler avec ceux des articles 151 septies, 151 septies A et 238 quindecies du Code général des impôts.

qui a été retenu par le législateur (V. *supra*, n° 556), la création d'une fiducie peut se prévaloir d'un régime avantageux en ce qui concerne l'imposition des plus-values (CGI, art. 238 quater B)[175] (B).

D'autres plus-values d'apport bénéficient d'un régime de différé d'imposition. Il s'agit des apports de titres par un professionnel (CGI, art. 151 octies B, V. *infra*, n°s 720 et s.), ou d'apport de brevets par un inventeur (CGI, art. 93 quater-I ter, non traité dans ce manuel).

A. – La mise en société de l'entreprise individuelle

667. - Domaine. L'article 151 octies du Code général des impôts s'applique quel que soit le statut juridique de la société bénéficiaire de l'apport (société de droit ou de fait) ou son régime fiscal (société à l'IR ou à l'IS), pour peu qu'elle relève d'un régime réel d'imposition (régime « normal » ou « simplifié » d'imposition). Il s'applique également lorsqu'un entrepreneur individuel avec patrimoine affecté opte pour son assimilation fiscale à une EURL ou à une EARL[176]). L'apporteur doit être une personne physique, mais le Conseil d'État a validé l'application de l'article 151 octies du Code général des impôts au cas d'apport à une SCP par une association d'avocats[177].

668. - Conditions. Elles doivent être scrupuleusement respectées[178]. L'apporteur et la société bénéficiaire doivent, dans l'acte d'apport, prendre conjointement la décision d'opter pour le régime de faveur[179]. L'apport doit porter soit sur une entreprise individuelle, soit sur une branche complète d'activité (sur cette notion, V. *infra*, n° 684). Les immeubles peuvent ne pas être apportés s'ils sont mis à la disposition de la société bénéficiaire dans le cadre d'un contrat d'une durée d'au moins neuf ans (CGI, art. 151 octies-I). L'apport doit être rémunéré par des titres pour une valeur au moins égale à l'ensemble des éléments de l'actif immobilisé apportés, diminuée, le cas échéant, du passif directement affectable à ces immobilisations[180]. En revanche, il n'est pas nécessaire que le contribuable propriétaire de l'élément apporté en société l'exploite personnellement[181].

669. - Effets. La loi met en œuvre un mécanisme de différé d'imposition, dans des conditions variables selon qu'il s'agit d'immobilisations non amortissables, amortissables ou de stocks.

• *Les plus-values sur immobilisations non amortissables* profitent d'un report d'imposition. Elles ne sont imposables que si les immobilisations, ou les titres reçus en échange, sont cédés à titre onéreux, au taux en vigueur à ce moment-là[182], quelle que

(175) Cette disposition présente également l'avantage de maintenir le report d'imposition des plus-values dont le fiduciaire bénéficiait au moment de la mise en fiducie. Par contre, on rappelle que le régime des « petites entreprises » (CGI, art. 151 septies) ne s'applique pas à la création des fiducies (V. *supra*, n° 648).

(176) *BOFiP*, BOI-BIC-CHAMP-70-10, § 440 ; BOI-BIC-CHAMP-70-10, § 255.

(177) CE, 2 juin 2010, n° 306292, *Pageard : RJF* 8-9/10, n° 773.

(178) M. Cozian, *Manuel du parfait gaffeur : comment rater fiscalement la mise en société de son entreprise ? : JCP* E 2005, 36, 1302.

(179) L'avocat chargé des formalités engagera sa responsabilité s'il a omis de faire figurer cette mention dans l'acte d'apport (Cass. 1re civ., 18 déc. 2001 : *Defrénois* 21/02, n° 37616, obs. A. Chappert).

(180) *BOFiP*, BOI-BIC-PVMV-40-20-30-10, n° 220.

(181) CE, 5 juin 2020, n° 425113, *Terral : Dr. fisc.* 2020, n° 43, comm. 412, concl. E. Bokdam-Tognetti (fonds commercial de pharmacie qui avait été apporté à une société d'acquêts et dont l'exploitation avait été confiée au conjoint copropriétaire).

(182) CE, 10 avr. 2002, n° 226886, *de Chaisemartin : Dr. sociétés* juill. 2002, comm. 143, obs. J.-L. Pierre.

soit la date[183]. Mais la plus-value peut être exonérée au cas de départ à la retraite du cédant (CGI, art. 151 septies A, I bis)[184]. Et au cas de cession ou de rachat d'une partie seulement des droits sociaux, la plus-value devient imposable en proportion de la partie cédée ou rachetée[185]. Au cas de transmission à titre gratuit des titres, le report d'imposition est maintenu si le bénéficiaire s'engage à acquitter l'impôt afférent à la plus-value lorsque celui-ci devient exigible[186]. Très souvent, ce dernier devra indemniser les autres ayants droit au moyen d'une soulte. Pour cela, il constituera une société holding qui prendra en charge la soulte et empruntera la somme nécessaire à son paiement. La difficulté dans ce cas est que l'apport est considéré comme une cession à titre onéreux qui remet en cause le report[187].

• *Les plus-values sur immobilisations amortissables* sont étalées sur quinze ans pour les constructions et sur cinq ans pour les autres biens. Elles sont rapportées aux bénéfices imposés au taux plein de la société bénéficiaire (*NB :* pour les plus-values à long terme, l'apporteur peut demander leur imposition immédiate à son nom, CGI, art. 151 octies-I).

• *Les profits sur stocks* seront également imposés au nom de la société bénéficiaire si elle les a inscrits à l'actif de son bilan pour la valeur qu'ils avaient chez l'apporteur.

670. – **Obligations et sanctions.** L'apporteur doit, dans les soixante jours de la cession, souscrire une déclaration de résultats de l'exercice clos au moment de l'apport[188]. Pour le calcul du résultat imposable, il prendra soin de déduire de façon extra-comptable les plus-values bénéficiant du régime spécial (tableau fiscal n° 2058-A-SD, ligne XG)[189].

Les entreprises concernées par l'opération d'apport doivent joindre à leur déclaration de résultats de l'exercice de l'apport un état de suivi des plus-values, faisant apparaître, pour chaque nature d'élément, les renseignements nécessaires au calcul du résultat imposable lors d'une cession ultérieure (CGI, art. 54 septies-I). L'apporteur devra également joindre à sa déclaration de revenus de l'année en cours à la date de l'apport et des années suivantes, un état de suivi des plus-values reportées (CGI, art. 151 octies-II, b), et la société qui a inscrit les biens non amortissables à l'actif de son bilan doit tenir un registre mentionnant ceux pour lesquels il existe un report ou un sursis d'imposition (CGI, art. 54 septies-II).

Le non-respect des obligations liées à l'état de suivi ou au registre des plus-values entraîne l'application d'une amende de 5 % des sommes omises (CGI, art. 1763)[190]. À la

(183) A. Arnaud-Émery, *Le report d'imposition de l'article 151 octies du CGI constitue-t-il une fatalité ? : JCP* N 2009, 1154.

(184) Les prélèvements sociaux restent exigibles à ce moment-là ; CE, 12 oct. 2018, n° 401292 : *Dr. fisc.* 2019, n° 6, comm. 143, concl. M.-A. Nicolazo de Barmon, note S. Daragon.

(185) *BOFiP*, BOI-BIC-PVMV-40-20-30-20, n° 90.

(186) *BOFiP*, BOI-BIC-PVMV-40-20-30-20, n° 170.

(187) V. Fr. Chalvignac, *Le report de plus-values de l'article 151 octies du CGI : frein à la transmission d'entreprise : Dr. fisc.* 2021, n° 42, act. 513.

(188) Tous les effets de la cessation ne sont pas constatés ; les provisions ne sont rapportées aux résultats que si elles deviennent sans objet (CGI, art. 151 octies-I), et l'étalement des plus-values à court terme peut se poursuivre chez la société bénéficiaire si elle n'est pas à l'IS et si elle s'engage dans l'acte d'apport à réintégrer dans ses résultats imposables ces plus-values sur la durée restant à courir (CGI, art. 39 quaterdecies-2).

(189) *BOFiP*, BOI-BIC-PVMV-40-20-30-30, n° 20.

(190) L'application de cette sanction concernant le défaut ou le caractère inexact ou incomplet de l'état de suivi des plus-values en report d'imposition (V. CGI, art. 1763, I, e) a fait l'objet d'une question

suite d'une modification législative de 1999[191], cette carence n'est plus sanctionnée par l'imposition immédiate des plus-values placées en report d'imposition[192].

L'amende n'est pas applicable, en cas de première infraction commise au cours de l'année civile en cours et des trois années précédentes, lorsque les intéressés ont réparé leur omission soit spontanément, soit à la première demande de l'administration avant la fin de l'année qui suit celle au cours de laquelle le document devait être présenté[193].

B. – Mise en fiducie de biens ou valeurs

671. – Conditions. Les plus-values de sortie sont neutralisées si quatre séries de conditions sont satisfaites (CGI, art. 238 quater B-I) : 1) le constituant exerce une activité relevant des BIC (même non professionnelle), des bénéfices agricoles, des BNC professionnels, ou une activité civile soumise à l'IS ; 2) le constituant est désigné comme le ou l'un des bénéficiaires de la fiducie et les droits représentatifs des éléments transférés sont inscrits à son bilan ; 3) le fiduciaire doit prendre certains engagements dans le contrat de fiducie (ils visent à permettre la mise en œuvre du régime fiscal) ; 4) les éléments autres que les immobilisations transférés dans le patrimoine fiduciaire doivent être inscrits dans les écritures du patrimoine fiduciaire pour la valeur qu'ils avaient, au plan fiscal, dans les écritures du constituant (à défaut, l'écart de réévaluation est imposé, au nom du constituant, au titre de l'exercice de sortie des actifs).

672. – Effets. Le régime s'inspire de celui des fusions (V. *infra*, n°s 674 et s.). Les plus-values sont exonérées chez le constituant (mais les moins-values ne sont pas prises en compte dans son résultat). De son côté, le fiduciaire doit reprendre les provisions afférentes aux biens transférés si elles n'ont pas perdu leur objet au moment du transfert. Ses obligations en matière de plus-values sont différentes selon qu'elles portent sur un bien amortissable ou non.

• *Au cas de mise en fiducie d'un bien non amortissable*, le fiduciaire devra calculer la plus-value d'après sa valeur fiscale chez le constituant (régime de sursis d'imposition). Si les biens transférés dans le patrimoine fiduciaire ont été évalués à leur valeur vénale, la mise en œuvre du sursis d'imposition imposera un retraitement extra-comptable.

• *Au cas de mise en fiducie d'un bien amortissable*, le fiduciaire doit réintégrer les plus-values au résultat imposable au taux plein, par quinzième pour les constructions et par cinquième pour les autres biens (dans la limite de la durée initiale du contrat de fiducie). Toutefois, l'étalement n'a pas lieu si les biens transférés dans le patrimoine

prioritaire de constitutionnalité (CE, 29 mars 2017, n° 379685, *Sté Edenred France : Dr. fisc.* 2017, n° 17, comm. 287, concl. E. Crepey). Le Conseil constitutionnel s'est prononcé en faveur de la constitutionnalité de cette sanction (Cons. const., 9 juin 2017, n° 2017-636 QPC, *Sté Edenred France : Dr. fisc.* 2017, n° 24, act. 355).

(191) L. fin. rect. 1999, n° 99-1173, 30 déc. 1999, art. 20.

(192) Dans le cadre de l'ancienne législation, le Conseil d'État a jugé qu'une option, même irrégulière, reste opposable au contribuable (CE, 30 juill. 2010, n° 317425, *Tasset : Dr. fisc.* 2010, n° 50, comm. 593, obs. J.-L. Pierre ; *RJF* 11/10, n° 996 ; *RFN* 11/10, p. 9, obs. O. Debat). L'administration fiscale n'est donc pas obligée de se fonder sur la méconnaissance de l'obligation légale (notamment si son action est prescrite) et reste libre d'imposer la plus-value en report sur un autre fondement (en l'espèce, au cas de cession des éléments apportés).

(193) CGI, art. 1763 mod. L. n° 2018-727, 10 août 2018, « pour un État au service d'une société de confiance », art. 8.

fiduciaire ont été évalués à leur valeur comptable (dans ce cas, aucune plus-value n'est constatée).

673. – Comment sont évalués les éléments mis en fiducie ? L'évaluation des éléments transférés dans le patrimoine fiduciaire commande les plus et moins-values comptables. En droit comptable (Règl. CRC n° 2008-01, 3 avr. 2008 ; PCG, art. 623-7), les éléments mis en fiducie doivent être évalués à leur valeur comptable si le constituant conserve le contrôle de la fiducie, et à leur valeur vénale si ce n'est pas le cas.

• *Le contrôle de la fiducie est établi si deux des trois critères suivants sont remplis par le constituant :* 1) il dispose en réalité des pouvoirs de décision sur la fiducie ou sur les actifs qui la composent ; 2) il a, de fait, la capacité de bénéficier de la majorité des avantages économiques de la fiducie ; 3) il supporte la majorité des risques relatifs à la fiducie.

• *Le constituant est réputé conserver le contrôle de la fiducie dans trois situations :* 1) s'il est l'unique bénéficiaire du contrat de fiducie ; 2) lorsque le contrat de fiducie est conclu avec d'autres constituants et que chacun d'eux conserve la quasi-totalité des risques et des avantages (par ex., au cas d'apport de biens fongibles) ; 3) lorsque le constituant conserve le bénéfice de l'intérêt résiduel sur les éléments en fin de contrat (à travers le retour de ces derniers en pleine propriété avec le rétablissement du droit à l'usufruit perpétuel).

§ 2. – Les fusions de sociétés et assimilées

674. – Régime de faveur des transmissions universelles de patrimoine. Les fusions, les apports partiels d'actif et les scissions engendrent une transmission universelle de patrimoine, en totalité ou en partie, au profit d'une ou plusieurs autres personnes, existantes ou à créer.

Ces opérations présentent un risque fiscal dans la mesure où elles sont susceptibles de faire constater les plus et moins-values latentes. Certes, en comptabilité, les plus-values n'apparaissent pas si l'opération a été transcrite sur la base des valeurs comptables, mais, en fiscalité, la cessation d'entreprise est présumée se produire à la valeur réelle des actifs, comme en droit commun des plus-values professionnelles (CGI, art. 221-2 ; V. *supra*, n° 627).

Afin de ne pas faire obstacle aux restructurations de sociétés, le législateur fiscal a institué un régime de faveur qui comporte plusieurs avantages, dont notamment la mise en sursis des plus-values de sortie. Ce régime, qui s'applique naturellement aux fusions (CGI, art. 210 A) (A), a été étendu aux apports partiels d'actif (B) et aux scissions (C) (CGI, art. 210 B). Il a fait l'objet de plusieurs modifications importantes en 2017[194].

Les dispositions des articles 210 A et 210 B précités s'appliquent aux opérations auxquelles participent exclusivement des personnes morales ou organismes passibles de l'IS.

(194) L. fin. rect. 2017, n° 2017-1775, 28 déc. 2017, art. 23. – D. Villemot, *La réforme du régime de faveur des fusions : un grand bond en avant, mais pas une révolution culturelle : Dr. fisc.* 2018, n° 4, act. 36.

NB : Le régime fiscal de faveur présente également l'avantage de permettre le transfert à la société absorbante des déficits de l'absorbée, sur agrément (V. *supra*, n° 567).

675. – La clause anti-abus et la procédure de rescrit. Afin de lutter contre l'utilisation impropre du régime fiscal des opérations de fusion et assimilées, il est désormais inséré dans le Code général des impôts une clause anti-abus (CGI, art. 210-0 A, III)[195]. Ainsi, ne peuvent bénéficier du régime de faveur « les opérations de fusion, de scission ou d'apport partiel d'actif ayant comme objectif principal ou comme un de leurs objectifs principaux la fraude ou l'évasion fiscales ». La loi précise que l'opération est regardée « comme ayant pour objectif principal ou pour un de ses objectifs principaux la fraude ou l'évasion fiscales lorsqu'elle n'est pas effectuée pour des motifs économiques valables, tels que la restructuration ou la rationalisation des activités des sociétés participant à l'opération ».

Afin de sécuriser leur montage, les sociétés peuvent interroger l'administration fiscale dans le cadre de la procédure de rescrit (LPF, art. L. 80 B)[196]. La demande de rescrit doit contenir un certain nombre de mentions obligatoires[197]. L'administration est regardée comme ayant donné un accord tacite lorsqu'elle n'a pas répondu dans un délai de six mois.

A. – Les fusions

676. – Principes juridiques. La fusion est l'opération par laquelle deux sociétés se confondent pour n'en former plus qu'une. Deux techniques sont concevables : la « fusion-absorption », par laquelle une société en absorbe une autre, et la fusion par création d'une société nouvelle, ou les deux sociétés initiales vont disparaître, laissant la place à une troisième.

Les associés des sociétés qui transmettent leur patrimoine reçoivent des parts ou des actions de la société bénéficiaire et, éventuellement, une soulte qui ne peut excéder 10 % de la valeur nominale des parts ou des actions ainsi attribuées (C. com., art. L. 236-1).

La fusion entraîne la transmission universelle du patrimoine de la société ou des sociétés absorbées au profit de la société bénéficiaire, la dissolution sans liquidation de la société ou des sociétés absorbées, et l'acquisition par les associés des sociétés qui disparaissent de la qualité d'associé de la société bénéficiaire (C. com., art. L. 236-3, I).

677. – Conditions du régime fiscal de faveur. Il ne s'applique que si la fusion est réalisée dans le cadre d'une opération de dissolution sans liquidation de la société ou des sociétés absorbées, moyennant l'attribution des titres de la société absorbante existante ou créée aux associés de la société ou des sociétés absorbées et, le cas échéant, l'attribution d'une soulte n'excédant pas 10 % de la valeur nominale de ces titres (CGI, art. 210-0 A-1, 1°).

Toutes les sociétés qui participent à la fusion doivent être soumises à l'IS (CGI, art. 210 C-1). L'administration admet désormais qu'il peut s'agir d'associations[198].

(195) L. n° 2017-1775, 28 déc. 2017, art. 23, préc.
(196) L. n° 2017-1775, 28 déc. 2017, art. 23, préc.
(197) D. n° 2018-270, 12 avr. 2018 ; *Dr. fisc.* 2018, n° 16-17, act. 162 ; LPF, art. R. 80 B-16.
(198) *BOFiP*, BOI-IS-FUS-10-20-20, n°s 330 et s.

À noter également : selon l'administration, une option à l'IS préalablement à une fusion n'est pas abusive du seul fait qu'elle permet l'application du régime de faveur[199].

Au cas d'apports à une société étrangère, le législateur a remplacé la procédure d'agrément, laquelle avait été jugée contraire à la liberté d'établissement[200], par une obligation déclarative spécifique permettant d'apprécier les motifs et les conséquences de l'opération (CGI, art. 210-0 A, IV), et par l'obligation de rattacher les éléments apportés à un établissement stable de la personne morale étrangère situé en France (CGI, art. 210 C-2).

Les sociétés participant à l'opération de fusion doivent, au titre de l'exercice de réalisation de la fusion et des exercices suivants, annexer à leur déclaration de résultats un état de suivi des plus-values non imposées immédiatement (CGI, art. 54 septies-I). Elles doivent également tenir à la disposition de l'administration fiscale un registre mentionnant les plus-values en report dégagées sur des éléments d'actif non amortissables (CGI, art. 54 septies-II). À défaut, l'entreprise s'expose à une amende de 5 % des sommes omises (V. *supra*, n°s 670).

La société absorbante doit, dans l'acte de fusion, s'engager à respecter les prescriptions du Code général des impôts (CGI, art. 210 A-3 ; V. § suivants). Cet engagement ne méconnaît pas la directive « fusion » du 23 juillet 1990 et constitue une formalité substantielle sans laquelle le régime de faveur ne peut s'appliquer[201].

678. - Régime général. Les plus-values nettes et les profits dégagés sur l'ensemble des éléments d'actif apportés ne sont pas soumis à l'IS, y compris les contrats de crédit-bail et les titres du portefeuille exclus du régime des plus-values à long terme (CGI, art. 210 A-1, al. 1er).

Ces profits sont imposés chez la société absorbante dans les conditions qui vont être exposées plus loin (V. *infra*, n° 679), en tenant compte des règles d'évaluation posées par le Plan comptable général (V. *infra*, n° 680).

Au cas de moins-values, ces dernières sont également transférées à la société absorbante, mais il est admis que les moins-values nettes constatées sur les éléments amortissables puissent s'imputer sur les résultats imposables de la société absorbée[202].

Les profits en sursis d'imposition chez la société absorbée doivent être repris par l'absorbante (CGI, art. 210 A-3, al. 2 et 3). C'est le cas des provisions (si elles conservent leur objet malgré la cessation), et des plus-values qui faisaient l'objet d'un étalement.

Si la société absorbante détenait une participation dans la société absorbée, la plus-value éventuelle liée à l'annulation de ses titres (boni de fusion) est exonérée (CGI, art. 210 A-1, al. 2)[203]. Au cas de moins-value, seule sa fraction qui n'est pas compensée par l'actif net reçu peut en principe être déduite (« vrai mali » de fusion)[204], alors que

(199) RES n° 2011/29, 1er nov. 2011 ; *BOFiP*, BOI-IS-FUS-10-20-20, n° 60.

(200) CJUE, 8 mars 2017, aff. C-14/16 : *Dr. fisc.* 2017, n° 20, comm. 306, note N. de Boynes.

(201) CE, 20 janv. 2016, n° 376980, *SARL EBS : Dr. fisc.* 2016, n°s 18-19, comm. 314, concl. E. Bokdam-Tognetti, note D. Billet.

(202) M. Chadefaux, *Les fusions de sociétés*, Groupe Revue fiduciaire Éditions, 8e éd. 2017, n° 1112.

(203) Des retraitements extra-comptables de nature différente sont à effectuer selon le régime fiscal du boni de fusion (application ou non du régime de faveur des fusions) et selon que ce dernier a été comptabilisé en résultat financier (à hauteur de la quote-part des résultats accumulés par la société absorbée et non distribués), ou en capitaux propres (pour le montant résiduel ou si ces résultats ne peuvent être déterminés de manière fiable).

(204) Si les titres détenus ont la nature de titres de participation, et qu'ils sont détenus depuis deux ans au moins, aucune déduction n'est possible, compte tenu de l'exonération des plus-values à long terme

sa fraction qui ne correspond pas à un appauvrissement réel de la société absorbante (simple « mali technique » de fusion ou « faux mali », qui résulte de l'évaluation des éléments transmis à leur valeur comptable) ne peut donner lieu à aucune déduction (CGI, art. 210 A-1, al. 3)[205].

Si les titres de la société absorbée figuraient au bilan d'une entreprise, celle-ci peut, sur option, bénéficier d'un sursis d'imposition de la plus-value d'échange (CGI, art. 38-7 bis). Ce régime est indépendant du régime de faveur des fusions figurant à l'article 210 A du CGI. Un sursis d'imposition est également prévu pour les plus-values privées (CGI, art. 150-0 B). Au cas d'échange avec soulte, le sursis d'imposition ne s'applique que si la soulte ne dépasse pas 10 % de la valeur nominale des parts ou actions attribuées[206].

679. – **Régime des plus-values d'apport.** Le régime fiscal de faveur des fusions a pour effet de transférer sur les épaules de la société absorbante le poids de l'impôt sur les plus-values d'apport, dans des conditions variables selon la nature des actifs transmis (CGI, art. 210 A-3).

• *Les profits sur stocks peuvent, au choix de la société absorbante, faire l'objet d'une imposition immédiate ou d'une imposition ultérieure au fur et à mesure des ventes* (CGI, art. 210 A-3, *e*). Selon ce texte, l'étalement du profit ne peut avoir lieu que si les stocks sont inscrits dans les comptes de l'absorbante pour leur valeur d'origine, ce qui rend *a priori* impossible son application si la fusion a été réalisée sur la base des valeurs réelles.

• *Les plus-values sur cession d'immobilisations non amortissables sont mises en sursis* ; la plus-value sera calculée et imposée ultérieurement, au nom de la société absorbante, par rapport à la valeur d'origine du bien dans le bilan de la société absorbée[207]. L'application de ce régime est indépendante de la valorisation des apports en comptabilité. Simplement, si la fusion a été transcrite sur la base des valeurs réelles, un retraitement fiscal s'impose.

• *Les plus-values sur cession d'immobilisations amortissables doivent être réintégrées dans les bénéfices imposables de la société absorbante.* La réintégration se fera sur cinq ans pour les équipements mobiliers et sur quinze ans pour les constructions.

(V. *infra*, n°s 709 et s.). Une réintégration extra-comptable est nécessaire puisque le vrai mali constitue une charge qui a été déduite du résultat financier de la société absorbante de l'exercice au cours duquel l'opération est réalisée (PCG, art. 745-3).

(205) Le mali de fusion a soulevé des difficultés comptables et fiscales (A. Colmet Daâge, *Plaidoyer pour une clarification du règlement « fusion » : Dr. fisc.* 2010, n° 19, étude 301). Le règlement ANC n° 2015-06, relatif au Plan comptable général, a modifié les règles de comptabilisation du mali technique de fusion (art. 9). À compter des exercices ouverts depuis le 1er janvier 2016, le mali de fusion n'est plus systématiquement comptabilisé dans un sous-compte « Mali de fusion » du compte n° 207 « Fonds commercial » (PCG, art. 745-4 ancien), mais il doit être réparti entre les actifs auxquels il est affecté, au prorata des plus-values latentes (PCG, art. 745-5 nouveau). Jusqu'alors, une telle répartition était entièrement réalisée de manière extra-comptable. V. A. Colmet Daâge et M. Ferré, *Comptabilité et fiscalité : retour sur l'année 2015*, préc., § 4 et s.

(206) Selon les situations, la soulte sera soit comprise dans le bénéfice de l'exercice au cours duquel intervient l'échange des titres (mais peut bénéficier du régime des plus-values à long terme de l'article 39 duodecies dans la limite de la plus-value réalisée sur les titres détenus depuis deux ans au moins ; CGI, art. 38-7 bis, al. 3), soit imposée selon le régime des plus-values privées au titre de l'année de l'échange des parts ou actions (CGI, art. 150-0 B, al. 3, mod. L. fin. rect. 2016, n° 2016-1918, 29 déc. 2016, art. 32).

(207) Le mécanisme du sursis joue aussi bien pour le calcul de la plus-value ultérieure que pour son régime fiscal (par ex., durée de détention des éléments cédés). – CE, 11 févr. 2013, n° 356519, *Sté Heineken France : Dr. fisc.* 2013, n° 26, comm. 354, note M. Chadefaux (apport partiel d'actif soumis au régime de faveur).

En pratique, cette hypothèse ne concerne que les apports qui ont été évalués à leur valeur réelle (les apports évalués à leur valeur comptable n'engendrent aucune plus-value en comptabilité).

680. – Comment sont évalués les éléments apportés à la société absorbante ? Selon que la fusion est transcrite sur la base des valeurs réelles ou comptables des éléments apportés, l'opération fait ou non apparaître des plus-values dans les comptes de l'absorbée.

Depuis le 1er janvier 2005, le droit comptable fixe autoritairement les règles de transcription des apports en matière de fusion de sociétés et d'opérations assimilées (PCG, art. 743-1)[208]. Selon l'administration, aucune disposition fiscale ne permet d'y déroger ; les entreprises doivent donc se conformer à ces règles[209].

Ces règles sont différentes selon que les sociétés sont placées sous contrôle commun ou sous contrôle distinct, étant entendu que la notion de « contrôle » s'entend comme étant celle du contrôle exclusif pour l'établissement des comptes consolidés (C. com., art. L. 233-16-II)[210].

• *Lorsque les sociétés sont placées sous contrôle commun, la fusion doit en principe être transcrite sur la base des valeurs comptables.* Il s'agit en effet d'une réorganisation purement interne au groupe (par ex., fusions entre sociétés mères et filiales ou entre sociétés « sœurs »). Par exception, il convient de retenir les valeurs réelles lorsque l'actif net comptable apporté à une société ayant une activité préexistante est insuffisant pour permettre la libération du capital.

• *Lorsque les sociétés sont placées sous contrôle distinct, la fusion doit en principe être transcrite sur la base des valeurs réelles.* Les sociétés sont étrangères l'une à l'autre (c'est le cas même si elles sont contrôlées de manière exclusive par une même personne physique)[211] ; la fusion est ici une technique d'acquisition et non plus de réorganisation du groupe. Par exception, la valeur comptable doit être retenue au cas de fusion « à l'envers » (lorsque, après la fusion, l'actionnaire principal de la société absorbée prend le contrôle de l'absorbante).

681. – Fusions simplifiées. Le droit positif permet à une société d'en absorber une autre de manière simplifiée lorsqu'elle possède la totalité des actions représentant la totalité du capital (C. com., art. L. 236-11), voire 90 % des parts ou des autres titres conférant un droit de vote (régime dit « semi-simplifié »[212] ; C. com., art. L. 236-12[213]). Il est également possible de procéder par voie de dissolution sans liquidation, lorsque

(208) CNC, avis n° 2004-01, 25 mars 2004 ; Règl. CRC n° 04-01, 4 mai 2005 ; Règl. ANC n° 2017-1, 5 mai 2017 ; A. 26 déc. 2017 entré en vigueur le 1er janvier 2018. – V. A.-L. Blandin et M.-A. Deysine, *Comptabilité et fiscalité : retour sur l'année 2017 – L'actualité comptable appelle des réponses fiscales : Dr. fisc.* 2018, n° 30, étude 351.

(209) Selon ce texte, le contrôle exclusif par une société résulte : 1°) soit de la détention directe ou indirecte de la majorité des droits de vote ; 2°) soit de la désignation, pendant deux exercices successifs, de la majorité des membres des organes d'administration, de direction ou de surveillance (*NB :* ce contrôle est présumé lorsque la société a détenu plus de 40 % des droits de vote, sans qu'un autre associé en ait détenu davantage) ; 3°) soit du droit d'exercer une influence dominante sur une entreprise en vertu d'un contrat ou de clauses statutaires.

(210) *Bull. CNCC* juin 2015, n° 178, EC 2015-18, p. 340 et s.

(211) *BOFiP*, BOI-IS-FUS-30-20, n° 1.

(212) L. n° 2011-525, 17 mai 2011 de simplification et d'amélioration de la qualité du droit, art. 64.

(213) Ord. n° 2023-393, 24 mai 2023, art. 3 (ancien art. L. 236-11-1 mod.).

toutes les parts d'une société sont réunies en une seule main (« dissolution confusion », C. civ., art. 1844-5, al. 3). Le régime fiscal de faveur des fusions s'applique dans les deux hypothèses[214].

B. – Les apports partiels d'actif

682. – Aspects juridiques. L'apport partiel d'actifs est défini comme l'opération par laquelle une société apporte une partie de son actif et, le cas échéant, une partie de son passif à une ou plusieurs sociétés existantes ou nouvelles (C. com., art. L. 236-27)[215].

Pour le Code général des impôts, les apports partiels d'actif sont les « opérations par lesquelles une société apporte, sans être dissoute, l'ensemble ou une ou plusieurs branches complètes de son activité à une autre société, moyennant la remise de titres représentatifs du capital social de la société bénéficiaire de l'apport » (CGI, art. 210-0 A, I, 4°)[216].

Par sa nature, l'apport partiel d'actif est à mi-chemin entre un apport d'éléments isolés et une fusion ou une scission. C'est la raison pour laquelle l'article L. 236-22 du Code de commerce prévoit que les parties à l'opération peuvent décider d'un commun accord de soumettre l'opération au régime des scissions (et donc, par ricochet, à celui des fusions).

La conséquence d'une telle option réside dans la transmission universelle d'une partie du patrimoine de l'apporteur à la société bénéficiaire, c'est-à-dire de tous les droits, biens et obligations dépendant de la branche autonome d'activité qui fait l'objet de l'apport[217].

683. – Aspects fiscaux. Compte tenu des règles comptables, les éléments apportés seront en principe transcrits à leur valeur comptable[218] (V. *supra*, n° 680). Reste que, au plan fiscal, les sorties d'actifs doivent être évaluées à leur valeur vénale pour le calcul des plus-values de cession (V. *supra*, n° 674). C'est la raison pour laquelle le législateur a étendu aux apports partiels d'actif le régime des fusions, sous certaines conditions (CGI, art. 210 B-1).

Afin de bénéficier, de plein droit, du régime de faveur, il est nécessaire que l'apport porte sur une branche complète d'activité (sur cette notion, V. *infra*, n° 684), ou d'éléments assimilés (apports d'une participation de plus de 50 %[219], sous réserve que l'apporteur ne reçoive pas une soulte supérieure à 10 %, V. CGI, art. 210 B-1).

(214) Le législateur fiscal a admis que les opérations de dissolution sans liquidation puissent s'analyser comme des fusions (L. fin. 2002, n° 2001-1275, 29 déc. 2001, art. 85 ; CGI, art. 210-0 A nouveau). Le Conseil d'État avait toutefois anticipé la modification législative (CE, 17 juin 2011, n° 324392, *SARL Méditerranée automobiles : Dr. fisc.* 2011, n° 37, comm. 502, concl. Ph. Collin, comm. P.-F. Racine).

(215) Ord. n° 2023-393, 24 mai 2023, art. 5 (ancien art. L. 236-22 mod.).

(216) L. n° 2017-1775, 28 déc. 2017, art. 23, préc.

(217) Cass. com., 23 juin 2004, n° 02-13.115 : *Dr. sociétés* 2004, comm. 219, note H. Hovasse. – Cass. com., 7 oct. 2008, n° 07-17.731 : *Dr. sociétés* 2008, comm. 256, obs. H. Hovasse.

(218) Mais l'évaluation se fera à la valeur réelle au cas de filialisation d'une branche complète d'activité assortie d'un engagement préalable de cession des titres à une société sous contrôle distinct (opération « d'apport-cession »). En revanche, les apports de participations assimilés à une branche complète d'activité doivent être évalués à leur valeur comptable chaque fois qu'ils confèrent le contrôle à l'entité bénéficiaire.

(219) 30 % des droits de vote suffisent si aucun associé ne détient une participation supérieure. En outre, les apports de titres venant renforcer une participation de plus de 50 % bénéficient également du régime de faveur.

En revanche, pour les opérations réalisées depuis le 1er janvier 2018, l'apporteur n'a plus à s'engager à conserver pendant trois ans les titres reçus en échange[220]. Par ailleurs, s'il n'a plus d'engagement à prendre à ce niveau, l'apporteur devra calculer ultérieurement les plus-values de cession afférentes à ces mêmes titres par référence à la valeur que les biens apportés avaient, du point de vue fiscal, dans ses propres écritures[221] (CGI, art. 210 B-2).

Lorsque l'apport ne porte pas sur une branche complète d'activité, le régime fiscal de faveur ne s'applique que sur agrément. Cet agrément est délivré lorsque les trois conditions suivantes sont réunies : *a/* L'opération est justifiée par un motif économique, se traduisant notamment par l'exercice par la société bénéficiaire de l'apport d'une activité autonome et l'amélioration des structures, ainsi que par une association entre les parties formalisée par un engagement de conservation pendant trois ans des titres remis en contrepartie de l'apport ; *b/* L'article 210-0 A est respecté ; *c/* Les modalités de l'opération permettent d'assurer l'imposition future des plus-values mises en sursis d'imposition (CGI, art. 210 B-3).

684. – Qu'est-ce qu'une branche complète d'activité ? Cette notion, ainsi que celle « d'éléments assimilés »[222], soulève bien des interrogations[223].

Selon l'administration fiscale, la branche complète d'activité se définit comme l'ensemble des éléments d'actif et de passif d'une division d'une société qui constituent, du point de vue de l'organisation, une exploitation autonome, c'est-à-dire un ensemble capable de fonctionner par ses propres moyens[224]. Cette définition reprend en définitive celle qui figure dans la directive 90/434/CEE du 23 juillet 1990[225] relative au régime fiscal applicable aux fusions, scissions, apports partiels d'actifs et échanges d'actions de sociétés d'États membres différents.

Dans une décision fondatrice du 27 juillet 2005[226], le Conseil d'État a jugé que l'apport partiel d'actif doit « concerner une branche d'activité susceptible de faire l'objet d'une exploitation autonome chez la société apporteuse comme chez la société bénéficiaire de l'apport, sous réserve que cet apport opère un transfert complet des éléments essentiels de cette activité tels qu'ils existaient dans le patrimoine de la société apporteuse et dans des conditions permettant à la société bénéficiaire de l'apport de disposer durablement de tous ces éléments ».

(220) L. n° 2017-1775, 28 déc. 2017, art. 23, préc.

(221) Ainsi qu'il a été fait observer, cette exigence fait double emploi avec le mécanisme du sursis prévu au niveau de la société bénéficiaire des apports qui, de son côté, devra calculer la plus-value de cession des éléments reçus par rapport à leur valeur d'origine (D. Gutmann, *Droit fiscal des affaires*, *op. cit.*, n° 723).

(222) Sur la notion d'élément assimilé à une branche complète d'activité, V. CE, 16 mai 2012, n° 325370, *Sté GDF Suez Énergie Services : Dr. fisc.* 2012, n° 2012, n° 39, comm. 453, concl. D. Hedary, note M. Chadefaux (apport d'une participation majoritaire dans un GIE). V. égal. Ch. Menard, *Directive fusions et conditions d'application du sursis d'imposition aux apports partiels d'actif : un apport de participations est-il un apport d'actif comme les autres ?* note ss CJUE, 19 déc. 2012, aff. C-207/11, *3D I Srl : Dr. fisc.* 2013, n° 43, comm. 497.

(223) B. Plagnet, *Les incertitudes dans les restructurations de sociétés : Dr. fisc.* 2012, n° 18, comm. 267.

(224) *BOFiP*, BOI-IS-FUS-20-20, n° 10. Les éléments de passif doivent être transmis, mais l'administration admet que la société qui réalise l'apport partiel d'actif puisse conserver ceux qui ne se rattachent pas directement et exclusivement à la branche qui a été apportée (BOI-IS-FUS-20-20, préc., n° 220).

(225) Définition reprise dans la nouvelle directive communautaire n° 2009/133/CE du 19 octobre 2009, art. 2, j.

(226) CE, 27 juill. 2005, n° 259052, *Sté B.L. : Dr. fisc.* 2006, n° 8, comm. 191, concl. L. Olléon.

Ce considérant a été ensuite repris plusieurs fois, que ce soit pour l'application de l'article 238 quindecies du CGI, ou pour l'application du régime de faveur des scissions de sociétés.

Dans l'arrêt de 2005, il est jugé que ne peut pas être regardé comme portant sur une branche complète et autonome d'activité l'apport à une filiale d'un fonds de commerce de vente de prêt-à-porter, lorsque la société apporteuse conserve la propriété *des marques et du nom commercial* sur lequel le bénéficiaire de l'apport ne dispose que d'un droit d'usage précaire. Il n'en va autrement que si l'apporteur qui a conservé la propriété de la marque en concède l'usage au bénéficiaire pour une durée suffisante, sans risque de résiliation discrétionnaire[227]. Le transfert des *créances* est également exigé si elles sont indispensables à l'exploitation autonome de l'activité chez la société apporteuse comme chez la société bénéficiaire de l'apport[228].

Dans un avis de 2012[229], le Conseil d'État considère que la transmission d'une branche complète d'activité est, au regard de la finalité poursuivie par le législateur, subordonnée au transfert effectif du *personnel* nécessaire, eu égard à la nature de l'activité et à la spécificité des emplois requis qui lui sont affectés, à la poursuite d'une exploitation autonome de l'activité. Une même analyse a été faite au sujet de l'application de l'ancien article 238 quaterdecies du CGI (V. *supra*, n° 652) ; compte tenu de la finalité de la loi, il ne peut y avoir de transmission de branche complète d'activité en l'absence de transfert de moyens en matériel et en personnel[230].

Dans un arrêt de 2013[231], il est jugé que des *titres de participation* ne peuvent être regardés comme des éléments d'exploitation permettant l'exercice autonome d'une activité économique. La notion « d'éléments assimilés » qui vise précisément l'apport de participations (CGI, art. 210 B-1, al. 6, préc.), ne s'applique pas aux scissions, mais seulement aux apports partiels d'actif.

Le Conseil d'État applique la règle de façon pragmatique ; il admet que le transfert d'éléments essentiels à l'exploitation n'est pas nécessaire si l'entreprise n'est pas privée de son droit. Ainsi, l'absence d'apport en pleine propriété d'immeubles ne fait pas obstacle à ce que le transfert soit regardé comme complet dès lors qu'il garantit à son bénéficiaire, pour une durée suffisante au regard de la nature de l'activité transmise, le libre usage de ces immeubles aux fins de l'exploitation de cette activité[232]. De la même manière, l'absence de transmission d'un contrat indispensable au fonctionnement de l'entreprise (contrat d'enseigne et d'approvisionnement exclusif dans le secteur de la grande distribution) ne remet pas en cause l'application du régime fiscal de faveur, dès lors que ce contrat était arrivé à terme préalablement au transfert et que tout de suite après un nouveau contrat de même nature a été conclu avec une autre enseigne[233].

(227) CE, 6 déc. 2013, n° 346809, *Sté Promo Art : Dr. fisc.* 2014, n° 9, comm. 184, note Ch. Menard.

(228) CE, 10 juin 2013, n° 337137, *Sté Fresenius médial Care Groupe France et Sté Fresenius Medical Care France : Dr. fisc.* 2013, n° 40, comm. 458 (créances sur des distributeurs).

(229) CE, avis, 13 juill. 2012, n° 358931, *SAS Ondupack : Dr. fisc.* 2012, n° 39, comm. 452, concl. B. Bohnert, note Th. Massart.

(230) CE, 9 avr. 2014, n°s 366200 et 366226, *M. Tenet : Dr. fisc.* 2014, n° 26, comm. 398, concl. B. Bohnert (cession, par un agent d'assurance, d'une clientèle et des contrats qui lui sont attachés).

(231) CE, 30 janv. 2013, n° 346683, *Sté Ambulances de France : RJF* 4/13, n° 392, p. 331, chron. E. Bokdam-Tognetti.

(232) CE, 8 déc. 2017, n° 407128 : *Dr. fisc.* 2018, n° 22, comm. 290, concl. R. Victor, note Th. Lamulle.

(233) CE, 22 sept. 2017, n° 400613, *Sté Discount Gestion Conseil : Dr. fisc.* 2018, n° 7-8, comm. 180.

C. – Les scissions

685. – Aspects juridiques. La scission est définie de la même manière par le Code civil (art. 1844-4, al. 2), et par le Code de commerce (art. L. 236-18, al. 1)[234]. Elle consiste pour une société à faire apport de son patrimoine à plusieurs sociétés, existantes ou créées.

Les associés des sociétés qui transmettent leur patrimoine reçoivent des parts ou actions de la société bénéficiaire, et éventuellement une soulte qui ne peut dépasser 10 % de la valeur nominale des parts ou des actions attribuées (C. com., art. L. 236-18, al. 3).

Au plan juridique, la scission est soumise au même régime que la fusion. Elle entraîne donc la transmission universelle du patrimoine de la société scindée aux sociétés bénéficiaires, sa dissolution sans liquidation, et l'acquisition par les associés de la société qui disparaît de la qualité d'associé des sociétés bénéficiaires (C. com., art. L. 236-19, par renvoi à l'article L. 236-3, relatif aux fusions)[235].

686. – Aspects fiscaux. À l'image des fusions, le droit fiscal possède sa propre définition des scissions. Celle-ci reste très proche de la définition juridique ; il s'agit :

« d'opérations par lesquelles la société scindée transmet, par suite et au moment de sa dissolution sans liquidation, l'ensemble de son patrimoine à deux ou plusieurs sociétés préexistantes ou nouvelles, moyennant l'attribution aux associés de la société scindée, proportionnellement à leurs droits dans le capital, de titres des sociétés bénéficiaires et, éventuellement, d'une soulte ne dépassant pas 10 % de la valeur nominale de ces titres » (CGI, art. 210-0 A-I, 2°).

Le régime de faveur des fusions s'appliquera de plein droit si : la scission concerne au moins deux branches complètes d'activité lorsque chacune des sociétés bénéficiaires reçoit une ou plusieurs de ces branches, et que les plus-values de cession afférentes aux titres remis en contrepartie de l'apport sont calculées par référence à la valeur que les biens apportés avaient, du point de vue fiscal, dans les écritures de la société apporteuse (CGI, art. 210 B-1). *En revanche, pour les opérations réalisées depuis le 1er janvier 2018, les associés n'ont plus à s'engager à conserver pendant trois ans les titres reçus en échange*[236].

À défaut, le régime de faveur ne s'appliquera que sur agrément préalable, selon des modalités identiques à celles qui ont été décrites à propos des apports partiels d'actif (CGI, art. 210 B-3, préc., V. *supra*, n° 683). Par dérogation, l'obligation de conservation des titres pendant trois ans n'est exigée que des associés qui détiennent dans la société scindée, à la date d'approbation de la scission, 5 % au moins des droits de vote ou qui y exercent ou y ont exercé dans les six mois précédant cette date, directement ou par l'intermédiaire de leurs mandataires sociaux ou préposés, des fonctions de direction, d'administration ou de surveillance et détiennent au moins 0,1 % des droits de vote de la société.

§ 3. – Les transformations de sociétés et les opérations assimilées

687. – Le risque fiscal lié à la cessation d'entreprise. Ainsi qu'il a été vu, le changement de forme sociale s'il s'accompagne d'un changement de régime fiscal,

(234) Ord. n° 2023-393, 24 mai 2023, art. 4 (ancien art. L. 236-1).
(235) Ord. n° 2023-393, 24 mai 2023, art. 4 (ancien art. L. 236-3 mod.).
(236) L. n° 2017-1775, 28 déc. 2017, art. 23, préc.

le changement de régime fiscal même sans changement de forme sociale, ainsi que le changement d'activité réelle ou d'objet social d'une société, constituent des cas de cessation d'entreprise (V. *supra*, n° 567).

Les conséquences fiscales qui s'attachent à la cessation sont les suivantes :

– imposition immédiate, à l'IS ou l'IR, des bénéfices d'exploitation non encore taxés ;

– perte du droit au report des déficits anciens pour les sociétés soumises à l'IS ;

– réintégration des plus-values latentes et de tous les profits en sursis d'imposition ;

– imposition des associés, à proportion de leurs droits, sur le boni de liquidation virtuel des sociétés qui cessent d'être soumises à l'IS (CGI, art. 111 bis)[237].

En revanche, la cessation d'entreprise n'entraîne pas la remise en cause de l'option pour l'IS ; celle-ci demeure aussi longtemps que la société ne prend pas fin, soit pour une des causes énumérées à l'article 1844-7 du Code civil, soit lorsque la société ayant opté laisse la place à une personne morale constituée sous une autre forme qu'une société[238].

688. – Atténuation pour les sociétés. S'il n'y a pas de création d'une personne morale nouvelle, les bénéfices en sursis d'imposition (provisions et plus-values faisant l'objet d'un étalement), les plus-values latentes et les profits non encore imposés sur les stocks ne sont pas imposés immédiatement, à la double condition qu'aucune modification ne soit apportée aux écritures comptables et que l'imposition desdits bénéfices demeure possible sous le nouveau régime fiscal applicable à la société concernée (CGI, art. 202 ter-I, al. 2 et 221 bis).

La loi permet donc de conférer un caractère intercalaire à l'événement qui, normalement, aurait dû entraîner la cessation fiscale de l'entreprise. Toutefois, cette faveur ne s'applique pas aux bénéfices courants et une clause de rétroactivité insérée à l'acte de transformation ne peut éviter à la société d'avoir à payer l'IS sur les résultats intercalaires[239].

Également, il a été jugé que la transformation d'une SCP à l'IR générant des BNC en SELARL soumise à l'IS, entraîne l'imposition immédiate de la plus-value latente dégagée à l'occasion d'une réévaluation libre d'un actif incorporel (droit de présentation de clientèle) deux ans avant, car l'imposition n'est plus possible dans la nouvelle structure faute de base taxable[240]. À cet égard, le Conseil d'État rappelle qu'en BNC la réévaluation d'un actif n'est pas imposable puisque les éléments d'actif affectés à l'exercice d'une profession non commerciale doivent demeurer inscrits sur le registre des immobilisations visé à l'article 99 du CGI pour leur valeur d'origine, et, en cas de cession, la plus-value doit être déterminée à partir de cette valeur (contrairement aux BIC, la variation d'actif net n'est pas imposable).

Dans le cas d'un entrepreneur individuel qui opte pour son assimilation à une EURL ou une EARL (V. *supra*, n° 222), l'administration fiscale a indiqué que la valorisation des éléments d'actif immobilisé se fait dans les conditions de droit commun, conformé-

(237) Cette imposition se justifie par le fait que, dans le nouveau régime fiscal, les bénéfices et les réserves ne seront plus susceptibles d'être imposés chez les associés au cas de distribution ultérieure, compte tenu de la semi-transparence fiscale (Rép. min. n° 57895 à M. Laffineur : *JOAN* Q 17 mai 2005, p. 5089).

(238) CE, 11 juin 2014, n° 347355, *M. Salleron : Dr. fisc.* 2014, n° 30, comm. 463, concl. D. Hédary, note L. Chatain (changement d'activité, CGI, art. 221-5).

(239) CE, 16 mai 2008, n° 294305, *SNC Lamy : BJS* oct. 2008, § 171, obs. Ph. Neau-Leduc.

(240) CE, 17 avr. 2017, n° 386896 : *FR* 26/17, inf. 1.

ment à l'article 38 quinquies de l'annexe III au CGI (V. *supra*, n° 395), c'est-à-dire pour leur valeur d'origine. Par valeur d'origine, il convient d'entendre la valeur réelle du bien au jour de l'assimilation de l'entreprise individuelle à une EURL ou une EARL[241].

689. – Cas des parts d'associés « actifs ». Les parts détenues par des associés qui exercent leur activité professionnelle au sein d'une société de personnes à l'IR sont considérées comme des actifs affectés à l'exercice de leur profession (CGI, art. 151 nonies-I). Au cas de cession, la plus-value est donc soumise au régime de l'article 39 duodecies du Code général des impôts (V. *supra*, nos 633 et s.).

Précisément, la cessation d'entreprise entraîne un retrait d'actif de l'ensemble des immobilisations, dont les parts d'associés fiscalement considérées comme telles.

Dans la mesure où l'opération n'a dégagé aucune liquidité pour l'entrepreneur, le législateur a institué un régime de report d'imposition de la plus-value, jusqu'à la date de cession effective des parts. Ce régime est susceptible de s'appliquer au cas de transmission à titre gratuit des parts (CGI, art. 151 nonies-II), d'assujettissement à l'IS de la société de personnes (CGI, art. 151 nonies-III), de cessation d'activité de l'associé (CGI, art. 151 nonies-IV) et de l'apport de l'intégralité de ses droits à une société (CGI, art. 151 nonies-IV bis).

Dans le cas qui nous intéresse (société devenant soumise à l'IS ou si l'associé arrête son activité), l'imposition de la plus-value est reportée à la date de cession, de rachat ou d'annulation des parts. Ce report est maintenu si les parts sont transmises à titre gratuit à une personne physique qui prend l'engagement de déclarer en son nom cette plus-value lors de la cession, du rachat ou de l'annulation des droits. Dans une telle hypothèse, la plus-value est définitivement exonérée lorsque, de manière continue pendant les cinq années qui suivent la transmission, le ou les bénéficiaires exercent des fonctions dirigeantes dans la société dont les parts ont été transmises (V. CGI, art. 885 0 bis), et si cette société poursuit son activité commerciale, industrielle, artisanale, libérale ou agricole (CGI, art. 151 nonies-III et IV).

Le report d'imposition des plus-values s'applique de façon automatique. Outre les conditions d'application susvisées, le ou les bénéficiaires du report devront joindre à leur déclaration annuelle de revenus de l'année de réalisation de la plus-value et des années suivantes un état de suivi des plus-values en report d'imposition (CGI, art. 151 nonies-VI). À défaut, l'entreprise s'expose à une amende de 5 % des sommes omises (V. *supra*, n° 670).

690. – Le cas du transfert de siège social. Au plan juridique, il paraît aujourd'hui acquis que le transfert du siège social d'une société française à l'étranger ne lui fait pas perdre sa personnalité morale en France, à partir du moment où elle la conserve à l'étranger[242].

Au plan fiscal, le transfert du siège à l'étranger entraîne les effets de la cessation d'entreprise[243], mais le législateur a assuré la neutralité du transfert de siège social ou d'un établissement d'une société soumise à l'IS en France vers un autre État membre de l'Union européenne[244] (ou dans un État partie à l'Espace économique européen ayant conclu avec la France une convention d'assistance administrative et une convention d'assistance mutuelle en matière de recouvrement). *Toutefois, ceci ne vaut que si les*

(241) *BOFiP*, BOI-BIC-CHAMP-70-10, n° 430.
(242) D. Bureau et H. Muir-Watt, *Droit international privé*, t. 2, PUF, 5e éd. 2021, n° 1056.
(243) V. CE, 9 juin 2020, n° 418913, *SAS GSI : Dr. fisc.* 2021, n° 30-35, comm. 339, concl. L. Cytermann.
(244) L. fin. 2005, n° 2004-1484, 30 déc. 2004, art. 34.

actifs n'ont pas été effectivement transférés à l'étranger ; à défaut, l'impôt sur les plus-values latentes et les plus-values en report ou en sursis d'imposition doit être acquitté dans les deux mois qui suivent le transfert des actifs, avec une option possible pour un étalement sur cinq ans (CGI, art. 221-2, al. 3)[245]. L'option vise tout aussi bien le transfert du siège social statutaire que le transfert du siège de direction effective[246]. Elle fait suite à la décision *National Grid Indus BV* de la Cour de justice de l'Union européenne aux termes de laquelle le principe de liberté d'établissement (TFUE, art. 49) s'oppose à une réglementation d'un État membre qui impose le recouvrement immédiat de l'imposition sur les plus-values latentes afférentes aux éléments de patrimoine d'une société transférant son siège de direction effective dans un autre État membre, au moment même dudit transfert[247]. Au contraire, la législation fiscale qui permet le recouvrement échelonné sur dix annuités de l'impôt sur les plus-values latentes ne heurte pas le principe de liberté d'établissement[248].

Afin de mettre le droit français en conformité avec le droit européen[249], l'article 221-2 du CGI est modifié à compter des exercices ouverts depuis le 1er janvier 2020, de telle sorte que les transferts d'actifs isolés (c'est-à-dire sans transfert du siège de la société) peuvent également bénéficier de l'étalement des plus-values sur cinq ans y afférentes si le pays de destination est membre de l'Union européenne ou de l'Espace économique européen.

Si le transfert d'actifs vers l'étranger a pour effet de modifier l'activité réelle de la société en France (ou d'y mettre fin), les effets de la cessation d'entreprise doivent s'appliquer (V. *supra*, n° 687), à l'exception de l'impôt de distribution visé à l'article 111 bis du Code général des impôts[250].

Lorsque le siège social ou l'établissement de la société soumise à l'IS en France est transféré vers un État qui n'est pas membre de l'Union européenne (ou qui n'est partie à l'Espace économique européen ayant conclu avec la France une convention d'assistance administrative et une convention d'assistance mutuelle en matière de recouvrement), les règles habituelles de la cessation d'entreprise s'appliquent (CGI, art. 221-2, al. 1er).

Par exception, à l'article 221-2, l'article 221-3 du Code général des impôts prévoit que :

« Le changement de nationalité d'une société par actions et le transfert de son siège social à l'étranger n'entraînent pas l'application des dispositions du premier alinéa du 2, lorsqu'ils sont décidés par l'assemblée générale dans les conditions prévues à l'article L. 225-97 du Code de commerce ».

(245) L. fin. rect. 2012, n° 2012-1510, 29 déc. 2012, art. 30. Dans le sens de la compatibilité de l'étalement sur cinq ans des plus-values latentes avec le droit européen : CJUE, 23 janv. 2014, aff. 164/12, *DMC Beteiligungsgesellschaft MbH : FR* 17/14, inf. 1 (apports partiels d'actif).

(246) *BOFiP*, BOI-IS-CESS-30, n° 40. Les deux notions sont différentes ; le transfert du siège social d'une société hors de France n'opère pas forcément le transfert du centre de sa direction effective (V. CE, 15 mars 2023, n° 449723 : *Dr. fisc.* 2023, n° 25, comm. 224, concl. L. Domingo, note P. Kouraleva-Cazals).

(247) CJUE, 29 nov. 2011, aff. C-371/10, *National Grid Indus BV : Dr. fisc.* 2012, n° 5, comm. 125, note G. Blanluet ; *FR* 48/11, inf. 9, obs. D. Gutmann.

(248) CJUE, 21 mai 2015, aff. C-657/13, *Verder LabTec Gmbh & Co KG : Dr. sociétés* août 2015, comm. 162, obs. J.-L. Pierre.

(249) Dir. 2016-1164, 16 juill. 2016, *Atad 1*.

(250) *BOFiP*, BOI-IS-CESS-30, nos 190 et s.

Cette disposition semble toutefois ne pas posséder de réelle portée pratique, dans la mesure où la France n'a pas signé les conventions nécessaires à l'application de l'article L. 225-97[251].

Enfin, lorsque c'est une entreprise qui relève de l'impôt sur le revenu qui transfère son siège à l'étranger, le régime de la cessation d'entreprise s'applique également[252].

§ 4. – La transmission à titre gratuit de l'entreprise individuelle

691. – **Problématique.** La transmission à titre gratuit d'une entreprise individuelle constitue une « cession » au sens de l'article 201-1 du Code général des impôts, ce qui a pour effet d'entraîner l'imposition immédiate des bénéfices. Cette conséquence est d'ailleurs expressément affirmée au cas de décès de l'exploitant ; les ayants droit doivent produire les renseignements nécessaires au calcul de l'impôt dans les six mois du décès (CGI, art. 201-4). La cession a également pour effet de faire constater les plus-values latentes sur les actifs. Les associés d'une société de personnes à l'IR qui travaillent dans l'entreprise et qui transmettent leurs parts considérées comme des actifs professionnels sont dans la même situation (V. CGI, art. 151 nonies-I).

692. – **Présentation du régime de faveur.** Les bénéficiaires de la transmission qui poursuivent l'exploitation peuvent opter pour un régime de report d'imposition des plus-values ainsi constatées (CGI, art. 41)[253]. Un régime analogue existe pour les transmissions à titre gratuit des parts de sociétés de personnes détenues par des associés qui exercent leur activité professionnelle dans la société (CGI, art. 151 nonies-II). Ces régimes de report d'imposition ne peuvent se combiner avec les régimes d'exonération propres aux « petites entreprises » (CGI, art. 151 septies ; V. *supra*, n°s 644 et s.), ou aux transmissions de PME (CGI, art. 238 quindecies ; V. *supra*, n°s 653 et s.). Ils concernent toutes les transmissions à titre gratuit (donations simples ou donations-partages, même avec soulte, successions), et l'ensemble des activités professionnelles (industrielles, commerciales, artisanales, agricoles ou libérales). *Au cas de décès de l'exploitant*, l'option pour le régime de faveur de l'article 41 du Code général des impôts n'est pas nécessairement intéressante pour les ayants droit, puisque les plus-values nettes sont soumises de plein droit au régime fiscal des plus-values à long terme (CGI, art. 39 terdecies-2).

693. – **Domaine.** La loi surprend par son imprécision. Elle envisage la transmission d'une « entreprise individuelle » ; selon l'administration, il s'agit d'entreprises exploitées par des contribuables y exerçant leur profession, ce qui exclut les loueurs de fonds de commerce[254].

Les contours de l'entreprise individuelle ne sont pas définis. L'administration[255] admet que les éléments de passif soient transmis dès lors qu'ils sont attachés à l'activité, et elle accepte qu'une fraction seulement de l'entreprise soit transmise pour peu qu'elle porte sur une branche complète d'activité (sur cette notion, V. *supra*, n° 684).

(251) *Mémento Lefebvre Fiscal*, *op. cit.*, n° 11420.
(252) V. P. Serlooten et O. Debat, *Droit fiscal des affaires*, Précis Dalloz, *op. cit.* n° 692.
(253) L. fin. rect. 2003, n° 2003-1312, 30 déc. 2003, art. 52. – V. M. Chadefaux, *Transmission à titre gratuit de l'entreprise individuelle : du sursis vers le report… (La nouvelle rédaction de l'article 41 du CGI issue de la loi de finances rectificative pour 2003) : JCP* E 2004, 472.
(254) Rép. min. Bobe n° 46957 : *JOAN* 29 mars 2005, p. 3265 ; *BOFiP*, BOI-BIC-PVMV-40-20-10, n° 50.
(255) RES n° 2006/14 (FE), 7 févr. 2006 : *BOFiP*, BOI-BIC-PVMV-40-20-10, n° 60.

Il n'existe pas d'exigences particulières en ce qui concerne les immeubles et les stocks, qui peuvent ou non être transmis.

Il n'est pas requis que les bénéficiaires fassent partie de la même famille que l'auteur de la transmission (même si, compte tenu de la nature de la transmission, ce sera le cas en pratique). Par contre, bien que le texte ne l'exige pas formellement, sa lecture et son objet commandent que le bénéficiaire (ou l'un d'eux au cas d'indivision) poursuive l'exploitation.

694. - **Effets.** Ils sont mieux maîtrisés par la loi. Il est institué un mécanisme de report d'imposition de l'ensemble des plus-values d'actif qui prendra fin lors de la cession ou de la cessation de l'entreprise, ou de la cession de l'un de ses éléments (*NB :* la mise en location-gérance de tout ou partie de l'entreprise est assimilée à une cessation totale ou partielle).

Le report est ici appliqué de façon particulière, puisque c'est le bénéficiaire de la transmission qui sera imposé (sur la totalité des plus-values, ou sur une fraction au cas de cession d'élément isolé), lorsqu'il prendra fin (CGI, art. 41-I, *a* et *b*). Il sera bien entendu également imposé sur les plus-values acquises depuis la transmission de l'entreprise (aucun retraitement n'est nécessaire si les éléments transmis ont été inscrits à leur valeur réelle).

Les profits réalisés à l'occasion de la transmission des stocks sont également imposés au nom du bénéficiaire si ce dernier les a inscrits pour la même valeur (CGI, art. 41-III).

Le report d'imposition des plus-values est maintenu au cas de nouvelle transmission bénéficiant à son tour du régime de l'article 41 (V. CGI, art. 41-I, *c*), au cas d'apport en société sous le régime de l'article 151 octies (V. CGI, art. 41-I, *d*), ou au cas de partage avec soulte (CGI, art. 41-I, *d* bis), à condition que le bénéficiaire prenne l'engagement d'acquitter l'impôt sur la plus-value si l'un des événements susvisés mettant fin au report se produit.

Lorsque l'activité est poursuivie pendant au moins cinq ans à compter de la date de la transmission, les plus-values en report sont définitivement exonérées (CGI, art. 41-II).

695. - **Modalités.** L'application de l'article 41 du Code général des impôts n'est pas automatique ; les bénéficiaires doivent opter expressément pour ce régime au moment où ils acceptent la transmission.

L'auteur de la transmission (ou ses héritiers) doit déduire du résultat de cessation les plus-values qui sont placées en report d'imposition (tableau fiscal n° 2058-A-SD, ligne XG).

Les bénéficiaires doivent joindre à leur déclaration de revenus de l'année de la transmission et des années suivantes un état permettant le suivi des plus-values en report. À défaut, l'entreprise s'expose à une amende de 5 % des sommes omises (V. *supra*, n° 670).

Le bénéficiaire qui reprend l'exploitation doit joindre cet état de suivi des plus-values à sa déclaration de résultats de chacun des exercices couverts par le report d'imposition.

CHAPITRE 2 LES RÉGIMES FISCAUX SPÉCIFIQUES À CERTAINES ENTREPRISES OU ACTIVITÉS

696. - Quels régimes ? Nous regroupons sous cet intitulé unique les hypothèses de retraitements extra-comptables qui concernent certaines opérations que le législateur fiscal souhaite encadrer ou favoriser (Section 1), ou intéressant certaines entreprises qui profitent d'exonération d'IR ou d'IS à raison de leur implantation ou de leur activité (Section 2).

SECTION 1 LES RÉGIMES FISCAUX PROPRES À CERTAINES OPÉRATIONS

697. - Quelles opérations ? Les opérations dont il va être question sont celles qui font l'objet d'un régime fiscal spécifique et homogène (nous n'avons pas dit cohérent…), même si cela n'apparaît pas toujours à la lecture du Code général des impôts. Nous ferons donc cet effort de pédagogie à la place du législateur, en distinguant entre les opérations financières (§ 1), les opérations liées à la recherche (§ 2), les opérations de location ou de crédit-bail (§ 3), et les opérations liées à l'investissement (§ 4).

§ 1. - Les opérations financières

698. - Le droit fiscal souffle le chaud et le froid… En règle générale, les profits financiers issus de l'activité de portefeuille des entreprises sont assez bien traités par le droit fiscal (A), alors que les charges financières font l'objet de diverses mesures de plafonnement (B).

A. - Le traitement privilégié des profits financiers

699. - Régime fiscal du « portefeuille-titres ». Le législateur fiscal privilégie la stabilité juridique et la formation de groupes économiquement puissants. Les sociétés soumises à l'IS qui détiennent des participations (sur cette notion, V. *infra*, n° 700) dans d'autres sociétés, sont quasiment exonérées à raison des dividendes reçus de leurs filiales (1°), et des plus-values à long terme réalisées lors de la cession de leurs participations (2°). Les avantages fiscaux dont profitent les entreprises relevant de l'IR ne sont pas de cette ampleur ; elles bénéficient néanmoins du régime du long terme pour l'ensemble de leur portefeuille-titres (3°).

700. – La classification fiscale des titres du portefeuille. Là où la comptabilité distingue entre quatre groupes de titres ou valeurs (V. *supra*, n° 430), la fiscalité n'en identifie que deux : les titres de participation et les titres de placement.

Les titres de participation au sens du droit fiscal sont ceux qui, soit revêtent cette qualification en droit comptable, soit y sont assimilés par la loi fiscale (CGI, art. 39-1, 5°, al. 18 ; V. supra, n° 430 ; CGI, art. 219-I, a quinquies, al. 3 ; V. infra, n° 691)[1].

• Les titres de participation revêtant cette qualification en droit comptable sont ceux dont la possession durable est estimée utile à l'activité de l'entreprise, notamment parce qu'elle permet d'exercer une influence sur la société émettrice ou d'en assurer le contrôle (ancien plan comptable ; PCG, p. I.42)[2]. Sont présumés être des participations les titres représentant une fraction du capital supérieure à 10 %[3] (C. com., art. R. 123-184).

• Sont assimilés à des titres de participation les actions acquises en exécution d'une d'OPA ou d'OPE par l'entreprise qui en est l'initiatrice, ainsi que les titres ouvrant droit au régime fiscal des sociétés mères à condition de détenir au moins 5 % des droits de vote de la société émettrice, si ces titres figurent en comptabilité au compte de titres de participation ou dans un sous-compte correspondant à leur qualification fiscale.

• Selon l'administration, la qualification de titres de participation repose avant tout sur les motifs de leur acquisition ; l'inscription dans un compte « Titres de participation » ne constitue, au plan fiscal, qu'une présomption simple de leur exacte qualification[4], tout comme le franchissement du seuil de détention de 10 %[5] (à l'inverse, il peut être rapporté que les titres représentant moins de 10 % du capital sont des titres de participation)[6]. En revanche, la présomption est irréfragable lorsque les titres sont inscrits dans un compte de titres de participation et remplissent les conditions pour être éligibles au régime des sociétés mères ou ont été acquis en exécution d'une offre publique d'achat ou d'échange par l'entreprise qui en est l'initiatrice[7].

• La jurisprudence paraît être en phase avec la doctrine administrative. Selon le Conseil d'État, c'est bien l'intention d'exercer une influence sur la société émettrice qui conditionne la qualification de titre de participation, mais cette dernière doit être corroborée par l'existence de moyens permettant sa mise en œuvre[8]. En fait, le Conseil

(1) V. O. Fouquet et Cl. Lopater, *Titres de participation : enjeux et incertitudes du contentieux : RJF* 11/14, p. 95. – M.-A. Deysine et A.-L. Blandin, *La fiscalité face à la définition comptable des titres de participation : Dr. fisc.* 2017, n° 45, étude 531.

(2) *BOFiP*, BOI-BIC-PVMV-30-10, n° 40.

(3) *BOFiP*, BOI-BIC-PVMV-30-10, n° 30.

(4) *BOFiP*, BOI-BIC-PVMV-30-10, n° 130.

(5) CE, 28 déc. 2017, n° 393623, *Sté GDF Suez : Dr. fisc.* 2018, n° 23, chron. 294, obs. Cl. Acard, n° 1 (le seuil de 10 % doit être déterminé en prenant en compte les titres détenus de façon indirecte).

(6) *BOFiP*, BOI-BIC-PVMV-30-10, n° 120.

(7) *BOFIP*, BOI-BIC-PVMV-30-10, n° 140.

(8) CE, 20 oct. 2010, n° 314247, *Sté Alphaprim* et n° 314248, *Sté Hyper Primeurs : Dr. fisc.* 2010, n° 50, comm. 594, concl. E. Geffray ; *RJF* 1/11, n° 16. – O. Fouquet, *La notion de titres de participation : Rev. adm.* 2011, n° 379, p. 43 (tel est le cas lorsque, aux termes d'un protocole d'accord conclu avec un groupe d'investisseurs dont elle faisait partie, une société a accepté de participer aux augmentations de capital d'une autre société et de ne pas céder à un tiers les titres ainsi acquis, dans le but de détenir

d'État applique la définition comptable dans toute sa dimension en jugeant que la notion « d'utilité » figurant dans la définition comptable ne se réduit pas aux seuls critères du contrôle et de l'influence sur la société émettrice ; un faible pourcentage suffit s'il permet à l'associé d'exercer son activité professionnelle dans la société[9]. Précisant sa pensée et procédant d'une approche *in concreto* de la notion d'utilité, le Conseil d'État a jugé qu'il faut vérifier si l'intention de la société acquéreuse des titres est de favoriser son activité au regard notamment des prérogatives juridiques conférées ou des avantages procurés, mais qu'il n'est pas possible de s'en tenir aux relations déjà existantes entre les sociétés, et qu'il faut, particulièrement dans le secteur en cause, tenir compte du temps nécessaire au développement des activités commerciales[10]. En tout état de cause, l'écriture comptable n'est pas déterminante ; la cour de Paris a jugé que l'inscription en titres de participation à l'actif du bilan peut constituer une erreur comptable que le contribuable est à même de corriger en démontrant qu'ils n'ont pas cette nature[11].

Les titres autres que les titres de participation constituent des titres de placement[12]. Il peut s'agir de titres immobilisés ou de simples valeurs de placement (actifs circulants).

• Les titres immobilisés sont ceux que l'entreprise a l'intention de conserver durablement ou qu'elle n'a pas la possibilité de revendre dans un bref délai.

• Les valeurs de placement sont acquises en vue de réaliser un gain à brève échéance.

avec le groupe d'investisseurs une minorité de blocage). L'intention d'exercer une influence sur la société émettrice s'apprécie au moment de l'acquisition des titres ; peu importe si la société est ensuite mise en liquidation judiciaire (CE, 12 mars 2012, n° 342295, *EURL Alci : RJF* 6/12, n° 564. – O. Fouquet, *La définition des titres de participation : RTD com.* 2/12, chron. p. 417). La doctrine administrative est en ce sens (*BOFiP*, BOI-BIC-PVMV-30-10, n° 96). Selon le Conseil d'État, très clairement, ce qui compte c'est l'intention initiale de la société d'exercer une influence et ses moyens de l'exercer (CE, 29 mai 2019, n° 411209, *SARL Montisambert : Dr. fisc.* 2019, n° 46, comm. 439, concl. E. Cortot-Boucher. L'arrêt d'appel est censuré au motif qu'il se fondait sur des circonstances sans rapport avec les conditions d'achat des titres ou postérieures à celui-ci). Une société qui détient la totalité des titres de sa filiale et qui les a inscrits dans un compte de « titres de participation » peut, à la suite d'une recapitalisation de sa filiale avant sa cession, inscrire les titres nouvellement créés hors de ce compte (CAA Versailles, 17 mai 2018, n° 15VE04052, *SA Crédit Agricole : Dr. fisc.* 2018, n° 39, comm. 405, concl. A. Erra, note G. Blanluet ; confirmé par CE, 8 nov. 2019, n° 422377 : *Dr. fisc.* 2020, n° 6-7, comm. 140, concl. R. Victor). Solution qui se fonde néanmoins sur les dispositions comptables propres aux établissements de crédit. Reste à savoir si elle s'appliquerait dans le cadre du PCG ; non selon la cour de Paris (CAA Paris, 23 nov. 2022, n° 21PA05210, *Sté Agapes : Dr. fisc.* 2023, n° 19, chron. 183, obs. N. de Boynes, spéc. n° 3 ; *Dr. fisc.* 2023, n° 22-23, chron. 203, obs. Cl. Acard, spéc. n° 5).

(9) CE, 20 mai 2016, n° 392527, *SELARL Lemaire : Dr. fisc.* 2016, n° 26, comm. 391, concl. E. Cortot-Boucher, note O. Fouquet (acquisition de titres représentant 0,88 % du capital d'une clinique par une société d'exercice libéral, dès lors que leur détention permet à un médecin, associé unique de la société acquéreuse, d'exercer son activité professionnelle au sein de la clinique dans des conditions privilégiées).

(10) CE, 22 juill. 2022, n° 449444, *Sté Aréva : Dr. fisc.* 2022, n° 27, comm. 326, concl. É. Bokdam-Tognetti, note L. Leclercq et F. Locatelli. En l'espèce, il est jugé que les titres détenus par la société Areva dans la société Suez représentant 3,7 % des droits de vote constituent des titres de participation.

(11) CAA Paris, 25 sept. 2012, n° 11PA03445, *Boulanger : RJF* 7/13, n° 695.

(12) *BOFiP*, BOI-BIC-PVMV-30-10, n° 280.

1° Le régime des sociétés mères[13]

701. - Fondement. Le régime des « sociétés mères » répond à la problématique de la double imposition économique des bénéfices distribués par une société fiscalement « opaque » ; une première imposition au niveau de la société distributrice, en tant que bénéfice réalisé, et une seconde imposition au niveau de l'associé bénéficiaire, en tant que bénéfice distribué.

Ce régime est aujourd'hui encadré par la directive 90/435/CEE du 23 juillet 1990 lorsque les sociétés mères et filiales sont issues d'États membres différents[14]. D'après ce texte, les dividendes perçus par une société mère nationale de ses filiales communautaires doivent soit être exonérés (sous réserve de la réintégration d'une quote-part de frais et charges liée à la gestion de la participation qui peut être forfaitisée à 5 % des bénéfices distribués), soit être imposés mais en déduisant l'impôt payé à l'étranger par la filiale.

La France n'a pas attendu cette directive pour prévoir un régime d'exonération des dividendes perçus par les sociétés mères ; c'est le cas depuis une loi du 31 juillet 1920[15]. Ce régime figure à l'heure actuelle aux articles 145 et 216 du Code général des impôts. Le premier texte pose les conditions d'accès au régime de faveur (*a*), et le second ses modalités d'application (*b*).

a) Les conditions de l'exonération

702. - Conditions tenant aux parties. Compte tenu de l'objet de la réglementation, le régime spécial ne s'applique que si la société mère est soumise à l'IS au taux normal[16] (à défaut, il n'y a pas de risque de double imposition), et si la filiale est elle-même à l'IS.

Il importe peu que la mère soit une société ou un groupement d'une autre forme pourvu qu'elle soit imposée au taux normal de l'IS. Le Conseil d'État a ainsi expressément jugé qu'il résulte des dispositions des articles 15, 206 et 216 du CGI que toutes les sociétés ou personnes morales soumises totalement ou partiellement à l'IS entrent dans le champ d'application du régime fiscal des sociétés mères[17]. Une association peut donc bénéficier du régime des sociétés mères à partir du moment où elle exerce une activité lucrative. Également, les établissements stables ou succursales en France de sociétés étrangères peuvent bénéficier du régime des sociétés mères, sous réserve qu'ils soient effectivement soumis à l'impôt sur les sociétés en France. Dans ce cas, l'administration fiscale exige que les titres figurent à l'actif de l'établissement stable[18], mais le Conseil d'État lui a donné tort sur ce point[19].

(13) *Le régime des sociétés mères : état des lieux et perspectives. – Actes du XXVIIe colloque annuel du CEFEP : Dr. fisc.* 2014, n° 41, études 564 à 572.

(14) P. Dibout, *La directive communautaire du 23 juillet 1990 relative au régime fiscal commun applicable aux sociétés mères et filiales d'États membres différents : Dr. fisc.* 1991, n° 11, étude 100007. Cette directive a été refondue par une nouvelle directive 2011/96/UE du 30 novembre 2011 ayant le même objet.

(15) G. Gest, *Histoire et esprit du régime des sociétés mères : Dr. fisc.* 2014, n° 41, étude 565.

(16) Y compris les PME appliquant le taux de 15 % ; *BOFiP*, BOI-IS-BASE-10-10-10-10, n° 110.

(17) CE, 27 nov. 2019, n° 405496, *Sté Elektrowerke GmbH et Co. KG : Dr. fisc.* 2019, n° 49, act. 510. En l'espèce, il juge que tel est notamment le cas des sociétés en commandite simple, pour l'ensemble de leurs bénéfices si elles optent pour le régime des sociétés de capitaux en application de l'article 206, 3 du CGI ou, en l'absence d'une telle option, pour la seule part prévue à l'article 206, 4 du même code (part des commanditaires).

(18) *BOFiP*, BOI-IS-BASE-10-10-10-10, n° 90.

(19) CE, 20 juin 2023, n° 456719, *Sté QBE Europe SA/NV : FR* 30/23, inf. 3, p. 8 ; *Dr. fisc.* 2023, n° 27, act. 232.

Le régime fiscal des sociétés mères et filiales n'est applicable qu'aux participations qu'une société détient directement dans une autre société. Il ne peut pas s'appliquer à la quote-part de bénéfices d'une entité semi-transparente correspondant aux dividendes versés à cette dernière par la filiale. Cela a été expressément jugé à propos de dividendes reçus par un GIE[20] ou un *partnership* américain ayant la nature d'une société de personnes[21].

Par exception, la loi a étendu le bénéfice du régime des sociétés mères aux titres de filiales remis en fiducie par une société mère (en pratique, souvent pour garantir ses créanciers lorsqu'elle est en difficulté)[22]. Le maintien du régime de faveur est toutefois subordonné à l'ensemble des conditions légales (sauf bien sûr la propriété des titres). L'exercice des droits de vote n'est plus une condition d'application du régime de faveur (V. *infra*, n° 704), mais, lorsque des droits de vote sont attachés aux titres transférés, il est nécessaire que le constituant conserve l'exercice de ces droits ou que le fiduciaire exerce ces droits dans le sens déterminé par le constituant. Dans ce cas, l'exonération mère-fille s'applique à la part de bénéfice du constituant correspondant aux produits nets des titres de participation ouvrant droit à l'application du régime des sociétés mères précitées (CGI, art. 216-I).

Il importe peu que la filiale soit française ou installée à l'étranger, sauf si le pays d'implantation est un État ou territoire non coopératif. À la suite d'une QPC posée par le Conseil d'État[23], le Conseil constitutionnel avait affecté cette exclusion d'une « clause de sauvegarde »[24], ce qui a conduit le Conseil d'État à annuler les extraits du *BOFiP* excluant l'application du régime mère-fille (et du régime du long terme) aux dividendes (et plus-values de cession) de titres de sociétés situées dans un État ou territoire non coopératif (ETNC)[25]. La clause de sauvegarde a été légalisée par la loi en 2015[26] ; la société mère doit pouvoir apporter « la preuve que les opérations de la société établie hors de France dans laquelle est prise la participation correspondent à des opérations réelles qui n'ont ni pour objet ni pour effet de permettre, dans un but de fraude fiscale, la localisation de bénéfices dans un État ou territoire non coopératif » (CGI, art. 145-6, *d*). Les État ou territoires « non coopératifs » concernés sont ceux définis à l'article 238-0 A du CGI, à l'exclusion des États ou territoires visés au 2° du 2 bis de cet article[27] (V. *supra*, n° 543).

Si la filiale est déficitaire, il n'y a pas de double imposition des bénéfices et les dividendes ne devraient pas bénéficier du régime d'exonération. Certes, dans une telle

(20) CE, 19 oct. 1983, n° 33816 : *RJF* 12/83, n° 1506, p. 661, concl. J.-F. Verny.

(21) CE, plén., 24 nov. 2014, n° 363556, *Sté Artémis SA* : *Dr. fisc.* 2015, n° 3, comm. 57, concl. E. Cortot-Boucher, note Ph. Derouin ; *RJF* 2/15, n° 102, p. 83, chron. N. Labrune (l'article 238 bis K du Code général des impôts constitue une règle de détermination du bénéfice imposable chez l'associé et non une règle de détermination du régime qui lui est applicable).

(22) L. fin. rect. 2014, n° 2014-1655, 29 déc. 2014, art. 71.

(23) CE, 20 oct. 2014, n° 383259, [QPC], *Assoc. française des entreprises privées (AFEP)* : *Dr. fisc.* 2014, n° 47, comm. 643, concl. E. Crepey.

(24) Cons. const., 20 janv. 2015, n° 2014-437 QPC, *Assoc. française des entreprises privées (AFEP) et a.* : *Dr. fisc.* 2015, n° 12, act. 169, note F. Lafaille.

(25) CE, 8 juin 2016, n° 383259, *Assoc. française des entreprises privées (AFEP) et a.* : *Dr. fisc.* 2016, n° 25, act. 386, comm. G. Blanluet et S. Austry ; *Dr. fisc.* 2016, n° 40, comm. 536, concl. E. Crepey, obs. R. Vabres. Une doctrine administrative commentant une loi sur laquelle le Conseil constitutionnel a formulé une réserve d'interprétation est illégale si elle ne reprend pas cette réserve.

(26) L. fin. rect. 2015, n° 2015-1786, 29 déc. 2015, art. 29.

(27) L. n° 2018-898, 23 oct. 2018, relative à la lutte contre la fraude, art. 31.

hypothèse, la logique voudrait qu'il n'y ait pas de distribution de bénéfices, mais ce serait oublier que les « sommes distribuables » comprennent également les réserves disponibles et le report à nouveau (C. com., art. L. 232-11, al. 1er et 2). En outre, la société peut distribuer des acomptes sur dividendes, mais dans ce cas uniquement si un bilan certifié par un commissaire aux comptes fait apparaître un bénéfice depuis la clôture de l'exercice précédent, et sous cette limite (C. com., art. L. 232-12, al. 2). Un acompte supérieur au résultat distribuable ne devrait pas pouvoir bénéficier de l'exonération sur le fondement du régime des sociétés mères[28].

Si la filiale a déduit les sommes distribuées, il n'y a pas non plus de double imposition des bénéfices et ces produits ne devraient pas bénéficier du régime d'exonération. Ici encore, la logique voudrait que la qualification de « charges » chez la filiale rende impossible celle de « dividende » chez la mère, mais certains montages financiers complexes, faisant appel à un système de « prêt hybride » – mi-emprunt mi-fonds propre – réalisé depuis l'étranger, peuvent y remédier[29]. Afin de prévenir de tels schémas d'optimisation, la directive 2014/86/UE du 8 juillet 2014 a interdit aux États membres d'exonérer d'IS les bénéfices reçus sous forme de dividendes par la mère lorsque ceux-ci sont déductibles du résultat imposable de la filiale[30]. La France a transposé cette directive dans le cadre de la loi de finances rectificative pour 2014[31]. Désormais (exercices ouverts à compter du 1er janvier 2015), sont exclus du régime mère-fille les produits des titres d'une société, dans la proportion où les bénéfices ainsi distribués sont déductibles du résultat imposable de cette société (CGI, art. 145-6, *b* nouveau)[32].

De manière générale, l'administration se réserve la possibilité d'agir sur le fondement de l'article L. 64 du LPF, à chaque fois que la création d'une filiale intermédiaire est purement fictive ou a pour seul objet de transformer des produits qui auraient été soumis en France à une imposition au taux normal en dividendes susceptibles de bénéficier du régime prévu à l'article 145 du CGI[33]. Le contrôle fiscal est d'autant plus

(28) TA Montreuil, 1er juill. 2014, n° 1210110, *SA Cie de Saint-Gobain : Dr. fisc.* 2014, n° 39, comm. 545, note N. Peton-Philippot – *Interim dividends* britanniques). Jugement confirmé par CAA Versailles, 9 mars 2017, nos 14VE02691 et 15VE02873 : *Dr. fisc.* 2018, n° 4, chron. 138, obs. Cl. Acard, n° 5. Selon cette décision, si des acomptes sur dividendes régulièrement versés par une filiale étrangère d'après le droit local s'avèrent être supérieurs au résultat net final, cette fraction excédentaire ne peut pas bénéficier du régime de faveur des articles 145 et 216 du Code général des impôts. *Contra :* TA Paris, 31 oct. 2014, nos 1313791, 1313792 et 1313794, *Sté Vitalia Santé Mco : Dr. fisc.* 2015, n° 24, chron. 396, obs. Cl. Acard, n° 9, qui juge au contraire que le régime mère-fille s'applique à des acomptes sur dividendes versés en cours d'exercice, même si ces acomptes constituent un « dividende fictif » au sens de l'article L. 232-12 du Code de commerce. Clôturant le débat, le Conseil d'État juge que les acomptes sur dividendes peuvent bénéficier du régime mère-fille même s'ils excèdent le montant du bénéfice distribuable de la filiale à la clôture de l'exercice (CE, 12 avr. 2019, n° 410315, *SA Cie de Saint-Gobain : Dr. fisc.* 2019, comm. 325, concl. E. Bokdam-Tognetti, obs. Y. Rutshmann et P.-M. Roch).

(29) Le CADF s'est toutefois prononcé en faveur du caractère abusif de ce montage (aff. n° 2013-44 : *Dr. fisc.* 2014, n° 9, comm. 182). Sur le schéma « hybride » et l'avis du CADF, V. G. Entraygues, *L'abus du régime des sociétés mères : les avis du Comité de l'abus de droit fiscal : Dr. fisc.* 2014, n° 41, étude 568. Sur les problématiques fiscales liées aux nouveaux modes de financement dans les groupes de sociétés, V. A. Guillemonat et O. Ramond, *Financements hybrides, prêts d'actionnaires et abus de droit : une entrée en terra incognita : Dr. fisc.* 2017, n° 5-6, étude 145.

(30) Sur le projet de directive : B. Delaunay et Fr.-R. Gremont, *Les perspectives d'évolution de la directive mère-fille : Dr. fisc.* 2014, n° 41, étude 572.

(31) L. fin. rect. 2014, n° 2014-1655, 29 déc. 2014, art. 72.

(32) *BOFiP*, BOI-IS-BASE-10-10-20, § 65 ; *Dr. fisc.* 2015, n° 15, act. 219.

(33) *BOFiP*, BOI-IS-BASE-10-10-10-10, n° 170.

facilité depuis la transposition en droit français d'une « *clause anti-abus* » du régime mère-fille prévue par une directive du 27 janvier 2015[34] (CGI art. 145 - 6, k, anc.)[35], étendue ensuite à l'ensemble de l'impôt sur les sociétés (CGI art. 205 A nouv.)[36]. Ainsi « *Pour l'établissement de l'impôt sur les sociétés, il n'est pas tenu compte d'un montage ou d'une série de montages qui, ayant été mis en place pour obtenir, à titre d'objectif principal ou au titre d'un des objectifs principaux, un avantage fiscal allant à l'encontre de l'objet ou de la finalité du droit fiscal applicable, ne sont pas authentiques compte tenu de l'ensemble des faits et circonstances pertinents* » (CGI art. 205 A, al. 1). Le texte précise ensuite qu'« *un montage ou une série de montages est considéré comme non authentique dans la mesure où ce montage ou cette série de montages n'est pas mis en place pour des motifs commerciaux valables qui reflètent la réalité économique* » (CGI art. 205 A, al. 3)[37]. A la différence de l'abus de droit, aucune sanction spécifique ne s'attache à la clause anti-abus et celle-ci n'est soumise à aucune procédure particulière. Les deux dispositifs coexistent. L'administration[38] propose la grille de lecture suivante : si l'opération est constitutive d'un montage qui vérifie les conditions d'application de l'article 205 A du CGI, il convient d'en écarter les conséquences sur le fondement de cet article (dans ce cas de figure, l'administration peut en outre, à condition de les justifier au regard des circonstances de fait et de droits propres à l'opération considérée, appliquer les pénalités pour insuffisances, omissions ou inexactitudes prévues aux a et c de l'article 1729 du CGI) ; en présence d'actes fictifs ou d'actes ou de montages mis en place dans un but exclusivement fiscal, il convient dans ce cas d'appliquer la procédure de répression des abus de droit prévue à l'article L. 64 du LPF avec les garanties spécifiques qu'elle comporte.

703. - Condition tenant à la nature des titres. Les titres de participation doivent revêtir la forme nominative *ou* être déposés ou inscrits dans un compte tenu par un

(34) Cons. UE, Dir. n° 2015/121/UE, 27 janv. 2015, *JOUE* n° L 21, 28 janv. 2015, p.1 ; *Dr. Fisc.* 2015, n° 6, act. 77.

(35) L. n° 2015-1786 du 29 décembre 2015, *de finances rectificative pour 2015, préc.*, art. 29. Disposition applicable aux exercices ouverts depuis le 1er janvier 2016.

(36) L. n° 2018-1317 du 28 décembre 2018, (art. 108. Disposition applicable aux exercices ouverts à compter du 1er janvier 2019. V. S. Lauratet et Ch. Delsol, *Transposition de la nouvelle clause anti-abus générale en droit fiscal français : s'agit-il d'une révolution législative et quelles seront les évolutions jurisprudentielles ? Dr. Fisc.* 2018, n° 47, étude 472.

(37) La remise en cause de l'exonération ne peut donc se produire que si le montage répond aux deux conditions cumulatives suivantes : 1/ il est mis en place avec pour objectif principal l'obtention d'un avantage fiscal allant à l'encontre de l'objet ou de la finalité du droit fiscal applicable ; 2/ il n'est pas considéré comme authentique, ce qui signifie qu'il n'a pas de justification économique (*BOFiP*, BOI-IS-BASE-70, n° 10). La doctrine s'étant inquiétée de la référence au but « commercial » qui pouvait permettre la remise en cause des holdings de reprise (Fl. Deboissy, *Société holding et clause anti-abus, « Le régime mère-fille » est-il réservé aux entreprises ? Dr. Fisc.* 2016, n° 16, étude 287), l'administration s'est voulue rassurante ; la notion de motifs commerciaux s'entend au sens large de toute justification économique, même si elle n'est pas liée à l'exercice d'une activité commerciale au sens de l'article 34 du CGI. Sont donc susceptibles d'être considérées comme répondant à des motifs valables au sens de l'article 205 A du CGI des structures de détention patrimoniale, ayant des activités financières ou encore des structures répondant à un objectif organisationnel (*BOFiP*, BOI-IS-BASE-70, n° 40). En ce qui concerne la notion « d'objectif principal », l'Administration estime comme cela était attendu qu'elle est plus large que celle de « but exclusivement fiscal » de l'article L. 64 du LPF relatif à l'abus de droit. Selon elle, pour apprécier si une opération relève des dispositions de l'article 205 A du CGI, il convient de rechercher si, dans la mesure où elle n'est pas mise en place pour des motifs commerciaux valables, l'obtention d'un avantage fiscal constitue la finalité essentielle de l'opération (*BOFiP*, BOI-IS-BASE-70, n° 60).

(38) *BOFiP*, BOI-IS-BASE-70, n° 80.

intermédiaire financier figurant sur une liste établie à l'article 145-1, a du Code général des impôts[39].

Par contre, il n'est pas requis que les titres détenus par la société mère soient classés en titres de participation ; un classement en titres de placement suffit. L'administration avait même admis qu'une société de marchand de biens pouvait bénéficier du régime de faveur à raison des produits de titres d'une société à prépondérance immobilière inscrits en stocks[40].

Le régime fiscal des sociétés mères n'est pas applicable : aux produits des actions de sociétés d'investissement (CGI, art. 145-6, *a*), aux dividendes distribués aux actionnaires des SICOMI lorsqu'ils sont prélevés sur les bénéfices exonérés (CGI, art. 145-6, *f*), aux dividendes distribués aux actionnaires des sociétés agréées pour le financement des télécommunications et des sociétés qui redistribuent les dividendes d'une SICOMI (CGI, art. 145-6, *g*), aux produits et plus-values nets distribués par les SCR exonérés en application de l'article 208, 3° septies du Code général des impôts (CGI, art. 145-6, *h*), aux bénéfices distribués aux actionnaires des sociétés d'investissements immobiliers cotées (SII) et de leurs filiales mentionnées à l'article 208 C et prélevés sur les bénéfices exonérés, ainsi que des sociétés étrangères ayant une activité identique à celles mentionnées au même article 208 C et qui sont exonérées, dans l'État où elles ont leur siège de direction effective, de l'impôt sur les sociétés de cet État (CGI, art. 145-6, *i*), aux revenus et profits distribués aux actionnaires de sociétés à prépondérance immobilière à capital variable mentionnées à l'article 208, 3° nonies du Code général des impôts et à ceux de leurs filiales ayant opté pour le régime prévu au II de l'article 208 C (CGI, art. 145-6, *j*).

704. – Condition tenant au seuil de participation. Les titres de participation doivent, au moment de la mise en paiement des dividendes, représenter au moins 5 % du capital de la société émettrice. Si, à cette date, la participation dans le capital de la société émettrice est réduite à moins de 5 % du fait de l'exercice d'options de souscription d'actions (C. com., art. L. 225-183), le régime lui reste applicable si les 5 %

(39) Sont visés : les intermédiaires habilités à exercer les activités de tenue de compte-conservation d'instruments financiers mentionnés aux 2° à 7° de l'article L. 542-1 du Code monétaire et financier ; les établissements de crédit habilités à exercer dans l'Union européenne l'activité de conservation et administration de valeurs mobilières mentionnée au 12 de l'annexe I de la directive 2013/36/UE du Parlement européen et du Conseil du 26 juin 2013 concernant l'accès à l'activité des établissements de crédit et la surveillance prudentielle des établissements de crédit et des entreprises d'investissement, modifiant la directive 2002/87/CE et abrogeant les directives 2006/48/ CE et 2006/49/CE, ainsi que les entreprises d'investissement habilitées à exercer dans l'Union européenne l'activité de conservation et administration d'instruments financiers pour le compte de clients mentionnée au 1 de la section B de l'annexe I de la directive 2014/65/UE du Parlement européen et du Conseil du 15 mai 2014 concernant les marchés d'instruments financiers et modifiant la directive 2002/92/CE et la directive 2011/61/UE ; les intermédiaires habilités à exercer les activités de tenue de compte-conservation qui, d'une part, sont situés dans un autre État ou territoire ayant conclu avec la France une convention d'assistance administrative en vue de lutter contre la fraude et l'évasion fiscales dont les stipulations et la mise en œuvre permettent à l'administration d'obtenir des autorités de cet État ou territoire les informations nécessaires à la vérification des conditions d'application du présent article et de l'article 216 du présent code relatives à la nature et à la durée de conservation des titres ainsi qu'aux droits détenus et qui, d'autre part, sont soumis à des obligations professionnelles équivalentes à celles prévues en application du 1° du VI de l'article L. 621-7 du Code monétaire et financier pour les teneurs de compte-conservateurs autres que les personnes morales émettrices.

(40) RES n° 2009/58 (FE). Cette doctrine, qui n'est plus aujourd'hui reprise au *BOFiP*, est sans objet depuis que la loi a exclu expressément les marchands de biens (L. fin. rect. 2012, n° 2012-958, 16 août 2012, art. 16), à compter des exercices clos depuis le 4 juillet 2012.

sont de nouveau atteints lors de la première augmentation de capital suivant cette date et au plus tard dans un délai de trois ans.

Les titres de participation doivent être détenus en pleine propriété ou en nue-propriété (CGI, art. 145-1, *b*). Cette précision est issue de la loi de finances rectificative pour 2015[41]. Elle a pour effet d'exclure expressément les titres détenus en usufruit, bien que dès avant la modification du texte, la jurisprudence les avait déjà écartés[42], alors qu'elle prenait en compte les titres détenus en nue-propriété pour le calcul de la participation de 5 %[43].

Toutefois, une participation d'au moins 2,5 % du capital et 5 % des droits de vote de la société émettrice est admise, à la condition que la société participante soit contrôlée par un ou plusieurs organismes à but non lucratif mentionnés au 1 bis de l'article 206 du CGI[44]. En contrepartie, la société mère doit conserver les titres pendant cinq ans au lieu de deux ans.

Par ailleurs, l'article 145-6, c du CGI qui excluait les « produits des titres auxquels ne sont pas attachés des droits de vote, sauf si la société détient des titres représentant au moins 5 % du capital et des droits de vote de la société émettrice » a été abrogé en 2016[45]. L'exigence selon laquelle seuls les titres bénéficiant du droit de vote peuvent bénéficier du régime de faveur avait conduit la jurisprudence à exclure ceux qui sont détenus en usufruit par la mère ainsi que les actions « d'autocontrôle » dont le droit de vote ne peut être exercé en application des règles du droit des sociétés (C. com., art. L. 233-31)[46]. Mais dans l'affaire *Sté Metro Holding*, le Conseil d'État a transmis une QPC au Conseil constitutionnel reposant sur une discrimination « à rebours » de la loi française qui se retrouve être plus sévère à l'égard des distributions de filiales françaises que de filiales de l'UE qui peuvent bénéficier du régime de faveur sans être soumis à une restriction liée à l'absence de droit de vote en application de la directive mère/fille[47]. *Le Conseil constitutionnel a jugé que l'exclusion des produits des titres sans droit de vote est contraire à la Constitution*[48].

705. - Condition tenant à la durée de détention. Les titres de participation doivent avoir été conservés par la société mère pendant un délai de deux ans (cinq ans lorsqu'ils représentent 2,5 % du capital et 5 % des droits de vote de la filiale, V. *supra*, n° 704).

(41) L. fin. rect. 2015, n° 2015-1786, 29 déc. 2015, préc., art. 29.

(42) CE, 20 févr. 2012, n° 321224, *Sté civile Participasanh : Dr. fisc.* 2012, n° 17, comm. 276, concl. D. Hedary, note O. Fouquet. Quelques années avant, la Cour de justice avait rendu une décision identique en considérant que la notion de participation, telle qu'elle est définie par la directive du 23 juillet 1990, doit être interprétée en ce sens qu'elle ne comprend pas la détention de parts en usufruit (CJCE, 22 déc. 2008, aff. C-48/07, *Les Vergers du Vieux Tauves : Dr. fisc.* 2009, n° 12, comm. 254, note J.-Ch. Gracia).

(43) CAA Bordeaux, 6 oct. 2015, n° 13BX01909, *SARL Rivoltella Gestion : RJF* 1/16, n° 11 ; *RJF* 1/16, n° 11.

(44) L. fin. rect. 2015, n° 2015-1786, 29 déc. 2015, préc., art. 36. Disposition applicable aux exercices clos à compter du 31 décembre 2015.

(45) L. fin. rect. 2016, n° 2016-1918, 29 déc. 2016, art. 91.

(46) CAA Versailles, 29 janv. 2013, n° 11VE03279, *Sté Metro Holding France : Dr. fisc.* 2013, n° 13, comm. 216, concl. F. Locatelli.

(47) CE, 12 nov. 2015, n° 367, [QPC]. – Fr. Teper et R. Schneider, *Transmission d'une QPC concernant une discrimination à rebours en matière fiscale : un commencement ? : Dr. fisc.* 2015, n° 47, act. 635.

(48) Cons. const., 3 févr. 2016, n° 2015-520 QPC. – O. Fouquet, *La discrimination à rebours franco-européenne sanctionnée. – À propos de Cons. const., 3 févr. 2016, Sté Métro Holding : Dr. fisc.* 2016, n° 6, act. 74. Dans le même sens, mais concernant une version plus récente de l'article incriminé : Cons. const., 8 juill. 2016, n° 2016-553 QPC, *Sté Natixis : Dr. fisc.* 2016, n° 28, act. 453. L'abandon de la condition relative aux droits de vote prend effet à compter du 3 février 2016 (*BOFiP*, BOI-IS-BASE-10-10-20, n° 72).

À défaut, la société participante est tenue de verser au Trésor une somme égale au montant de l'impôt dont elle a été exonérée indûment, majoré de l'intérêt de retard. Ce versement est exigible dans les trois mois suivant la cession (CGI, art. 145-1, *c*, al. 1er). Il ne s'agit pas d'une imposition autonome ; le recouvrement de la somme en cause s'effectue donc selon les règles applicables à l'IS et aux intérêts de retard correspondants[49].

L'exonération des dividendes s'applique dès la première année de détention, mais le bénéfice du régime de faveur n'est définitivement acquis qu'au terme du délai de deux ans[50]. Une cession des titres qui a pour effet d'abaisser le niveau de la participation au-dessous du seuil légal avant la fin du délai de deux ans entraîne la remise en cause de l'exonération fiscale, fût-ce à la suite d'un prêt de titres[51]. Par contre, la question s'est posée de savoir si une société qui a cédé certains de ses titres avant la fin du délai de deux ans pouvait malgré tout bénéficier du régime de faveur pour ces titres à partir du moment où la cession n'a pas eu pour effet d'abaisser le niveau de sa participation au-dessous du seuil légal[52]. Le Conseil d'État y a répondu positivement, en jugeant que l'obligation de conservation des titres pendant deux ans concerne les seuls titres de participation permettant à une société d'être qualifiée de société mère et non l'ensemble des titres pour lesquels l'exonération est demandée[53]. Afin de ne pas pénaliser les restructurations de sociétés, la loi prévoit qu'au cas d'apport des titres bénéficiant du régime de faveur à une autre société sous le bénéfice de l'article 210 A du Code général des impôts, ou de fusion-absorption de la filiale ayant généré un échange de titres dont le résultat n'est pas compris dans les résultats de l'exercice de sa réalisation (CGI, art. 38-7 bis)[54], le délai de deux ans est décompté depuis la date d'acquisition ou de souscription des titres jusqu'à la date de cession des titres par la société bénéficiaire de l'apport ou celle de la cession des titres reçus en échange par la société mère (CGI, art. 145-1, *c*, al. 2 et 3).

(49) CE, 12 oct. 2018, n° 422475, *Sté Pierre et Vacances : Dr. fisc.* 2018, n° 50, comm. 502, concl. M.-A. Nicolazo de Barmon.

(50) TA Montreuil, 15 juin 2015, n° 1307241, *SAS CVT Holding : Dr. fisc.* 2015, nos 31-35, comm. 513, obs. A. Marmier.

(51) CAA Versailles, 16 juill. 2012, n° 10VE02622, *SA Artémis Conseil : RJF* 12/12, n° 1107. – Confirmé par CE, 26 sept. 2014, n° 363555 : *Dr. fisc.* 2014, n° 48, comm. 653, concl. E. Cortot-Boucher, note R. Vabres (conformément à l'article 1893 du Code civil, le prêt de titres emporte transfert de propriété).

(52) En faveur de cette possibilité : TA Versailles, 28 déc. 2012, n° 0900661, *Sté Thomson, devenue Technicolor SA : RJF* 04/13, n° 393 (décision rendue à la lumière de la directive communautaire n° 90/435/CEE du 23 juillet 1990). – *Contra* : CAA Paris, 20 déc. 2013, n° 10PA04752, *SAS Rueil Sports : RJF* 6/14, n° 554. – CAA Versailles, 18 mars 2014, n° 13VE00873, *SA Technicolor : RJF* 7/14, n° 672 et *FR* 31/14, inf. 7, obs. D. Gutmann (selon ces décisions, les articles 145 et 216 du Code général des impôts sont suffisamment clairs).

(53) CE, 15 déc. 2014, n° 380942, *SA Technicolor : Dr. fisc.* 2015, nos 1-2, act. 6 ; *FR* 4/15, inf. 1, comm. D. Gutmann et E. Fena-Lagueny.

(54) Cette précision a pour but de prévenir le montage par lequel une société en achète une autre, puis la vide de ses réserves (en bénéficiant du régime « mère-fille »), avant de la faire absorber par une troisième en réalisant une moins-value d'échange (dont elle ne demande pas le sursis prévu à l'article 38-7 bis du Code général des impôts). V. A. de Bissy, *La gestion du régime « mère-fille » : quel est le risque d'abus ? : Dr. fisc.* 2012, n° 50, étude 558. Au-delà de cette précaution rédactionnelle, le Conseil d'État a jugé qu'une opération d'échange de titres interrompt le délai de conservation à défaut d'option pour le sursis d'imposition (CE, 19 mars 2018, n° 399868, *SA Pierre et Vacances : Dr. fisc.* 2019, n° 4, comm. 125, concl. Y. Benard. Pour l'application de l'article 38-7 bis du CGI dans sa rédaction en vigueur à l'époque des faits).

Les titres prêtés, mis en pension ou remis en garantie dans les conditions prévues aux articles 38 bis à 38 bis-0 A bis ne peuvent bénéficier du régime mère-fille (CGI, art. 145-1, *c*, al. 5)[55]. La jurisprudence semble en retirer une règle générale ; ce régime ayant pour objet de prévenir le risque de double imposition et de favoriser les concentrations d'entreprises, il ne peut s'appliquer aux produits des titres prêtés, même si c'est par une personne physique[56].

b) Les modalités de l'exonération

706. - Exonération des dividendes. Selon l'article 216-I du Code général des impôts (al. 1er) :

« Les produits nets des participations, ouvrant droit à l'application du régime des sociétés mères et visées à l'article 145, touchés au cours d'un exercice par une société mère, peuvent être retranchés du bénéfice net total de celle-ci, défalcation faite d'une quote-part des frais et charges ».

Bien que l'article 216 précité évoque les dividendes « touchés » par la société mère, et non pas « dus » à la société mère, c'est la créance acquise de dividendes qui doit être portée dans ses résultats, c'est-à-dire, conformément à une jurisprudence traditionnelle, au moment de la décision de l'assemblée générale, et non pas lors du paiement effectif des dividendes[57].

Le régime de faveur s'applique à tous les produits que la société mère reçoit de ses filiales en sa qualité d'actionnaire ou de porteur de parts. Sont exonérés à ce titre, non seulement les dividendes *stricto sensu* (fraction des bénéfices attribués annuellement aux associés), mais encore : le boni de liquidation, les distributions de réserves, les sommes allouées à titre de partage partiel lorsqu'elles sont considérées comme des revenus distribués au sens de l'article 112, 1° du Code général des impôts (mais plus en revanche les produits des rachats de titres qui relèvent désormais du régime des plus-values, V. *supra*, n° 624), les avances, les prêts ou les acomptes consentis aux associés lorsqu'ils sont considérés comme des revenus distribués en vertu de l'article 111, *a* du même code, ainsi que les intérêts excédentaires de comptes courants réintégrés dans les bénéfices de la société mère en vertu de l'article 39-1, 3° dudit code[58].

Sont en revanche exclus du régime de faveur, notamment : les jetons de présence et les sommes allouées aux parts bénéficiaires ou aux parts de fondateur.

(55) Le Conseil d'État a refusé de transmettre une QPC au Conseil constitutionnel sur cette exclusion (Cons. const., 8 nov. 2019, n° 431283, *Sté européenne Dassault Systèmes : Dr. fisc.* 2020, n° 42, comm. 408, concl. R. Victor, note R. Vabres. La cour de Versailles juge que c'est à bon droit que l'administration fiscale a requalifié en revenus de créance, issus de l'opération dissimulée de pension de titres, les sommes en litige pour remettre en cause le bénéfice du régime mère-fille selon la procédure de l'abus de droit (CAA Versailles, 1er avr. 2021, n° 19VE01800, *Sté Dassault Systèmes SE : Dr. fisc.* 2021, n° 30-35, concl. J. Illouz, note A. de Massiac et M. Mouloudj). Solution confirmée par le Conseil d'État (CE, 31 mai 2022, n° 453175 : *Dr. fisc.* 2022, n° 39, comm. 345, concl. R. Victor ; *Dr. fisc.* 2022, n° 39, chron. 341, C. Acard, spéc. nos 1 à 5).

(56) CAA Bordeaux, 17 nov. 2014, n° 13BX00351, *SC Rimar : Dr. fisc.* 2015, n° 24, chron. 396, obs. Cl. Acard, n° 11.

(57) CAA Paris, 27 juin 2017, n° 15PA04635, *Sté Sparkling Capital : Dr. fisc.* 2018, n° 4, chron. 138, obs. Cl. Acard, n° 1. – CE (na), 16 mai 2018, n° 412801, *Sté Sparkling Capital : Dr. fisc.* 2019, n° 4, chron. 120, obs. Cl. Acard, n° 1.

(58) *BOFiP*, BOI-IS-BASE-10-10-20, n° 30.

Sont également écartées du dispositif les distributions de certaines sociétés d'investissement (V. *supra*, n° 703).

L'option pour le régime fiscal des sociétés mères n'est soumise à aucune formalité particulière. La société mère doit simplement déduire de son résultat imposable les produits exonérés, de manière extra-comptable (tableau fiscal n° 2058-A-SD, ligne XA), défalcation faite d'une quote-part de frais et charges telle que déterminée dans les conditions qui suivent (V. § suivant).

Compte tenu du fait que, depuis la disparition de l'avoir fiscal, l'option pour le régime des sociétés mères est presque toujours plus intéressante que le régime de droit commun (même pour les dividendes en provenance de filiales étrangères pour lesquels la retenue à la source pratiquée à l'étranger forme crédit d'impôt en France), et que l'option est nécessaire pour bénéficier du régime de faveur bien que la directive mère-fille ne le prévoie pas (alors que parfois la société à pu se tromper en n'optant pas, pensant ne pas pouvoir en bénéficier), la doctrine y voit parfois une source de discrimination « par ricochet » selon qu'il s'agit d'une distribution française (pour laquelle l'option reste obligatoire) où en provenance d'une filiale installée dans l'Union européenne (pour laquelle l'option ne serait plus nécessaire)[59].

Si le Conseil d'État a jugé que le caractère optionnel du régime des sociétés mères est compatible avec la directive européenne, il considère en même temps qu'en s'abstenant d'opter la société mère n'a pas pris une décision de gestion qui lui serait opposable ; l'option pour le régime des sociétés mères peut donc être exercée jusqu'au terme du délai de réclamation[60].

Cette décision n'est pas sans incidence quant au régime des décisions de gestion (V. *supra*, n° 36). Elle va en effet à l'encontre d'arrêts ayant jugé que le critère de la décision de gestion réside dans la seule « existence d'une faculté juridique d'option », sans égard à la volonté du contribuable[61]. En revanche, elle accrédite l'idée d'un traitement homogène des décisions de gestion en fiscalité d'entreprise et en fiscalité personnelle, car « la jurisprudence a reconnu à plusieurs reprises au contribuable la possibilité de revenir sur un régime accordé sur demande de sa part, jusqu'à l'expiration de délai de réclamation »[62]. Ne faudrait-il pas alors faire une différence entre les véritables *options* (qui supposent un choix exprès du contribuable et qui sont perdues faute d'avoir été exprimées à temps) et les simples *demandes* (qui ne représentent que l'exercice d'un droit, et qui peuvent être formées tardivement) ?

Il n'est pas interdit de penser que le régime des sociétés mères fait partie de cette seconde catégorie. En effet, une option n'a de sens que si elle met en concurrence deux régimes présentant chacun des avantages et des inconvénients (par ex. : régime de droit commun ou régime spécial des fusions, V. *infra*, n°s 676 et s.). Tel n'est pas le cas du régime des sociétés mères qui est un régime d'exonération pur et simple (la même observation peut être faite au sujet des plus-values à long terme sur cession de titres de participation, V. *supra*, n°s 708 et s.). La distraction des dividendes sur le

(59) V. A. Gerardin et D. Gutmann, *L'option pour le régime mère-fille est-elle conforme au droit de l'UE ? : FR* 44/17, inf. 2.

(60) CE, 20 déc. 2017, n° 414974, *Sté Worms et Cie : FR* 7/18, p. 9, obs. F. Bohnert ; *Dr. fisc.* 2018, n° 12, comm. 229, note M. Seraille.

(61) CE, 25 mars 2013, n° 355035, *Sté Merlett France : Dr. fisc.* 2013, n° 25, comm. 342, concl. N. Escaut.

(62) G. Dedeurwaerder, *La distinction des erreurs et des décisions de gestion. – Essai de présentation renouvelée d'une théorie générale : Dr. fisc.* 2014, n° 28, étude 427, spéc. n° 48.

tableau fiscal n° 2058-A-SD ne matérialise pas une option pour le régime des sociétés mère mais en constitue seulement une modalité technique.

707. – Réintégration d'une quote-part de frais et charges. Dans la mesure où les dividendes sont exonérés d'IS, il apparaît en retour fondé d'exclure du droit à déduction les frais et charges générés par la gestion des participations.

L'article 216 du CGI fixe forfaitairement et autoritairement cette quote-part de frais et charges à *5 %* du produit total des participations, crédit d'impôt inclus (CGI, art. 216-I, al. 2)[63]. Il n'est plus possible, depuis les exercices clos à compter du 31 décembre 2010[64], de réintégrer un montant plus faible fondé sur un mode de calcul différent des frais de gestion[65]. Jusqu'à cette date, il était mentionné à l'article 216-I, alinéa 2 précité que : « Cette quote-part ne peut toutefois excéder, pour chaque période d'imposition, le montant total des frais et charges de toute nature exposés par la société participante au cours de la même période »[66].

L'administration considère traditionnellement que l'article 216 du CGI fixe un mode de calcul pour la réintégration des charges afférentes à des produits qui ne sont pas imposés et ne doit pas s'analyser comme conduisant à l'imposition d'une partie des dividendes[67]. Au contraire, le Conseil d'État a jugé que ces dispositions doivent être regardées, non comme ayant pour seul objet de neutraliser la déduction des charges afférentes aux titres de participation dont les produits sont exonérés d'impôt sur les sociétés, mais comme visant à soumettre à cet impôt, lorsque le montant des frais est inférieur à cette quote-part forfaitaire, une fraction des produits de participations bénéficiant du régime mère-fille[68]. Cette analyse condamne la position administrative qui interdit toute imputation des crédits d'impôt étranger sur l'IS français lorsque la société bénéficie du régime des sociétés mères (V. *supra*, n° 233).

Si la société mère est membre d'un groupe intégré, cette quote-part est ramenée à *1 %* lorsque les distributions émanent de filiales françaises membres du groupe (CGI, art. 216, I, al. 2)[69]. Afin de respecter les recommandations de la Cour de justice de l'Union européenne[70], il en va de même si les distributions proviennent d'une société soumise à un impôt équivalent à l'IS dans un État membre de l'UE, ou d'un autre État partie à l'Espace économique européen (EEE) ayant conclu avec la France une convention d'assistance administrative en vue de lutter contre la fraude et l'évasion

(63) La solution est acquise : le Conseil d'État a refusé de transmettre une QPC portant sur le caractère *forfaitaire* de la quote-part de frais et charges (CE, 5 mars 2018, n° 416514, *Sté Vicat*, et n° 416567, *Sté Vétoquinol : Dr. fisc.* 2018, n° 20, comm. 276, concl. R. Victor).

(64) L. fin. 2011, n° 2010-1657, 29 déc. 2010, art. 10.

(65) *BOFiP*, BOI-IS-BASE-10-10-20, n° 100, al. 1.

(66) Des difficultés sont apparues en ce qui concerne la notion de « frais et charges » susceptibles d'être prises en compte dans le plafond de calcul de la quote-part. Notamment, selon le Conseil d'État, il ne doit pas être tenu compte des provisions pour dépréciation des titres du portefeuille. – CE, 7 déc. 2016, n° 386973, *Sté G4S International Holding SAS : Dr. fisc.* 2017, n° 14, comm. 232 (cassant CAA Versailles, 14 oct. 2014, n° 13VE03185 : *Dr. fisc.* 2015, n° 6, comm. 130, concl. V. Coudert, note R. Vabres).

(67) *BOFiP*, BOI-IS-BASE-10-10-20, n° 100, al. 2.

(68) CE, 5 juill. 2022, n° 463021, *SA Axa : Dr. fisc.* 2022, n° 28, act. 281 ; *Dr. fisc.* 2022, n° 38, chron. 331, obs. Cl. Acard, n°s 19 et s.

(69) L. fin. rect. 2015, n° 2015-1786, 29 déc. 2015, préc., art. 40. Disposition applicable aux exercices ouverts depuis le 1er janvier 2016.

(70) CJUE, 2 sept. 2015, aff. C-386/14, *Groupe Steria SCA : Dr. fisc.* 2015, n° 40, comm. 661, note M.-P. Hôo et Cl. Maignan.

fiscales, qui, si elle était établie en France, remplirait les conditions pour être membre du groupe intégré, autres que celle d'être soumise à l'IS en France.

Si la société mère n'est pas membre d'un groupe intégré, ce régime (*i.e.* : réintégration d'une quote-part de 1 % des dividendes non neutralisable) s'applique aussi aux dividendes qui lui sont servis par une filiale étrangère soumise à un impôt équivalent à l'IS dans l'UE ou l'EEE, qui, si elle était établie en France, remplirait les conditions pour être membre de ce groupe autres que celle d'être soumise à l'IS en France, *sauf* si la non-appartenance au groupe de la mère est uniquement due à une absence des options et des accords nécessaires à l'application de l'intégration fiscale[71].

À noter : Le Conseil d'État a saisi la Cour de justice de l'Union européenne sur le point de savoir si cette exclusion est conforme au principe de liberté d'établissement[72].

Une QPC avait été transmise par le Conseil d'État au Conseil constitutionnel sur l'inapplication du dispositif de neutralisation de la quote-part de frais et charges (aujourd'hui : quote-part pour frais et charges réduite à 1 %) lorsque les dividendes émanent de sociétés qui ne sont pas situées sur le territoire de l'UE[73], mais ce dernier a jugé que l'exclusion de la neutralisation de la quote-part est conforme à la Constitution[74].

Ainsi qu'il vient d'être précisé, la quote-part de frais et charges est calculée sur les dividendes reçus tels que majorés, le cas échéant, des crédits d'impôt accompagnant les distributions. L'inclusion dans la base imposable des crédits d'impôt a été jugée compatible avec la directive « mère-fille » du 23 juillet 1990[75]. La situation se présente notamment lorsque des dividendes de filiales étrangères ont subi une retenue à la source (V. exemple ci-après).

Le montant de la quote-part est indiqué dans une case réservée à cet effet du tableau fiscal n° 2058-A-SD (case 2A), et vient en soustraction des dividendes exonérés (ligne XA).

Exemple

Soit une société mère française qui perçoit des dividendes de filiales dans les conditions suivantes :

– dividendes d'une filiale française : 50 000 € ;

– dividendes d'une filiale étrangère : 20 000 € – retenue à la source (15 % × 20 000 €) = 17 000 €.

Quote-part de frais et charges (tableau n° 2058-A-SD, case 2A) : 5 % × (50 000 € + 20 000 €) = 3 500 €.

À déduire du résultat imposable (tableau n° 2058-A-SD, ligne XA) : 67 000 € – 3 500 € = 63 500 €.

(71) L. fin. 2019, n° 2018-1317, 28 déc. 2018, art. 32. Disposition applicable aux exercices ouverts à compter du 1er janvier 2019.

(72) CE, 14 juin 2022, n° 458579, *SA Bricolage Investissement France* ; n° 454107, *SA Manitou BF : Dr. fisc.* 2022, n° 41, comm. 362, concl. K. Ciavaldini, note M.-P. Hôo et A. Baudart.

(73) CE, 24 janv. 2018, n° 415726, *Sté Life Sciences Holdings France : Dr. fisc.* 2018, n° 6, comm. 175, concl. E. Bokdam-Tognetti ; *Dr. fisc.* 2018, n° 14, comm. 248, note F. Locatelli.

(74) Cons. const., 13 avr. 2018, n° 2018-699 QPC : *Dr. fisc.* 2018, n° 20, act. 187, obs. R. Schneider et R. Daguzan ; *Dr. fisc.* 2018, n° 20, comm. 277, note L. Nayberg et N. Vergnet.

(75) CJCE, 3 avr. 2008, aff. C-27/07, *Banque fédérative du Crédit mutuel : Dr. fisc.* 2008, n° 29, comm. 413, note J.-L. Pierre.

2° Le régime des titres de participation et assimilé

708. - Présentation. À la suite d'une évolution législative que nous avons retracée dans le cadre du régime général des plus-values professionnelles (V. *supra*, n° 641), les plus-values à long terme sur cession de titres de participation (sur cette notion, V. *supra*, n° 700) sont exonérées d'IS, moyennant la réintégration d'une quote-part de frais et charges de 12 % (CGI, art. 219-I, a quinquies) (*a*). Les plus-values à long terme sur cession de titres de participation dans des sociétés immobilières cotées sont imposées au taux de 19 % (CGI, art. 219-I, *a*, al. 3) (*b*). Les plus-values sur cession de titres de capital-risque suivent un régime « hybride » qui combine exonération et imposition au taux de 15 % (CGI, art. 219-I, *a* sexies) (*c*).

a) Cas général : exonération des plus-values nettes à long terme

709. - Domaine. Pour bénéficier du régime d'exonération des plus-values à long terme de cession de titres de participation, les titres cédés doivent, d'une part, avoir été acquis ou souscrits depuis au moins deux ans et, d'autre part, constituer des titres de participation[76].

La durée de détention des titres de participation est décomptée, jour par jour, à partir de la date à laquelle ils sont entrés dans l'actif, et non à partir de leur date d'inscription au bilan[77]. Lorsque les titres cédés ont été souscrits et non pas acquis, c'est à partir de la création qu'il faut décompter le délai de deux ans, même au cas d'accord antérieur[78]. Lorsque la cession porte sur les titres reçus par une société en échange de l'apport d'éléments assimilés à une branche complète d'activité (apport de participations portant sur plus de 50 % du capital social), la société apporteuse est réputée détenir les titres remis en contrepartie de l'apport depuis la date à laquelle celle-ci a acquis les éléments apportés (CGI, art. 210 B, 1 bis)[79].

Les titres bénéficiant du régime de faveur sont :

« les titres de participation revêtant ce caractère sur le plan comptable, les actions acquises en exécution d'une offre publique d'achat ou d'échange par l'entreprise qui en est l'initiatrice et les titres ouvrant droit au régime des sociétés mères à condition de détenir au moins 5 % des droits de vote de la société émettrice, si ces actions ou titres sont inscrits en comptabilité au compte de titres de participation ou à une subdivision spéciale d'un autre compte du bilan correspondant à leur qualification comptable, à l'exception des titres des sociétés à prépondérance immobilière définis au troisième alinéa du *a* » (CGI, art. 219-I, *a* quinquies, al. 3).

S'agissant des titres ouvrant droit au régime des sociétés mères, il est nécessaire que cette dernière détienne au moins 5 % du capital de sa filiale et qu'elle conserve ses titres pendant deux ans (V. *supra*, n°s 704 et 705). Selon le Conseil d'État, la participation de 5 % s'apprécie à la date de la cession, et non de manière continue sur une période de deux ans[80]. Il n'est donc pas nécessaire que les titres cédés aient représenté au moins 5 % du capital de la société émettrice durant l'intégralité de la période de deux années précédant leur cession.

(76) CE, 25 janv. 2017, n° 391057, *Sté C2M : Dr. fisc.* 2017, n° 12, comm. 212, concl. R. Victor, note O. Fouquet.
(77) CE, 23 déc. 2016, n° 375746, *Sté Cap Gemini*, préc. (V. *supra*, n° 596).
(78) TA Montreuil, 2 nov. 2017, n° 1605931, *Sté Total : Dr. fisc.* 2018, n° 42-43, comm. 425, note S. Humbert.
(79) L. fin. 2019, n° 2018-1317, 28 déc. 2018, art. 35.
(80) CE, 26 janv. 2018, n° 408219, *SAS EBM : Dr. fisc.* 2018, n° 15, comm. 254, concl. R. Victor, note J.-C. Leon Aguirre.

D'une façon générale, pour les titres qui ne répondent pas à la définition comptable des titres de participation, l'entreprise peut choisir de les assimiler à des titres de participation au plan fiscal, en les inscrivant à un sous-compte spécial du bilan (« Titres relevant du régime d'exonération des plus-values à long terme »). Selon l'administration fiscale elle-même, dès lors que les titres ouvrent droit au régime des sociétés mères, l'inscription dans un tel compte constitue une présomption irréfragable qui matérialise une décision de gestion de l'entreprise[81]. Elle peut se faire après l'acquisition des titres, mais dans ce cas la plus-value sera soumise à l'IS au taux normal lors de la cession des titres (V. *infra*, dernier al.).

Selon l'administration fiscale, les mêmes règles devaient s'appliquer aux titres de participation qui remplissent les conditions pour ouvrir droit au régime des sociétés mères ou ont été acquis en exécution d'une offre publique d'achat ou d'échange par l'entreprise qui en est l'initiatrice, mais qui sont inscrits en comptabilité dans un simple compte de titres de participation ; la présomption selon laquelle les titres en cause relèvent du régime d'imposition séparé est irréfragable[82]. Toutefois, le Conseil d'État a annulé la doctrine qualifiant de décision de gestion opposable l'inscription dans un simple compte de titres de participation de titres ouvrant droit au régime des sociétés mères ; l'écriture peut donc être corrigée si elle s'avère être erronée[83]. Quant à l'affectation en titres de participation des autres titres, elle ne constitue qu'une présomption simple de leur exacte qualification[84].

Il convient toutefois de noter que, pour la détermination des résultats des exercices ouverts depuis le 1er janvier 2017, la présomption fiscale de titres de participation ne joue que si la société mère possède au moins 5 % des droits de vote de la société émettrice (CGI, art. 219-I, a quinquies, al. 3, préc.)[85]. En l'absence de droit de vote, la question se pose alors de savoir si les titres concernés sont nécessairement exclus du régime de faveur. L'administration pense que oui, mais le Conseil d'État a annulé la doctrine administrative[86] qui exclut du régime des plus-values à long terme de l'article 219, I du CGI les titres d'autocontrôle mentionnés à l'article L. 233-31 du Code de commerce, au seul motif que les droits de vote attachés à ces titres ne peuvent être exercés en l'assemblée générale, alors qu'aucune disposition du Code général des impôts ne conditionne le bénéfice de ce régime à l'exercice du droit de vote[87]. À sa suite, l'administration a modifié sa doctrine et admet que de tels titres peuvent néanmoins revêtir la qualification de titres de participation lorsqu'ils s'inscrivent dans des détentions qui correspondent à la situation particulière d'une société détenant une participation durable dans le capital d'une société sœur[88]. Elle admet également que les titres dépourvus du droit de vote qu'une société détient par ailleurs sur la filiale (telles des

(81) *BOFiP*, BOI-BIC-PVMV-30-10, n° 270.
(82) *BOFIP*, BOI-BIC-PVMV-30-10, nos 140 et 270.
(83) CE, 29 mai 2017, n° 405083, *Sté Vivendi : Dr. fisc.* 2017, n° 24, act. 340, obs. O. Fouquet ; *Dr. fisc.* 2017, n° 27, comm. 382, concl. R. Victor. L'erreur suppose que l'entreprise ait commis, *dès l'origine*, une mauvaise interprétation de ses propres intentions (CE, 28 déc. 2012, n° 393623 : *FRC* 3/18, inf. 1).
(84) *BOFIP*, BOI-BIC-PVMV-30-10, n° 130.
(85) L. n° 2016-1918 du 29 décembre 2016, de finances rectificative pour 2016, art. 91. Cette nouvelle exigence fait suite à l'évolution du régime des sociétés mères qui ne fait plus de la détention de 5 % des droits de vote de la société émettrice des titres une condition de son application (V. *supra*, n° 674).
(86) *BOFIP*, BOI-BIC-PVMV-30-10, 12 sept. 2012, n° 190.
(87) CE, 20 oct. 2016, n° 397537, *Sté Compagnie du Cambodge : Dr. fisc.* 2017, n° 5-6, comm. 151, note O. Fouquet.
(88) *BOFIP*, BOI-BIC-PVMV-30-10, n° 190.

actions de préférence) sont éligibles au régime de faveur si la société participante détient des titres représentant 5 % du capital et des droits de vote[89].

Sont clairement exclus du régime des plus-values à long terme, notamment : les titres de sociétés non cotées à prépondérance immobilière (sur cette notion, V. *infra*, n° 712), les titres immobilisés de l'activité de portefeuille, les valeurs mobilières de placement ou les titres inscrits en stocks sur le plan comptable, les parts ou actions de sociétés de gestion de portefeuille, ou les parts ou actions d'organismes de placements collectifs (OPCVM)[90].

Depuis les exercices clos à compter du 31 décembre 2006, sont aussi exclus du régime des plus-values à long terme les titres dont le prix de revient est au moins égal à 22,8 M€ qui remplissent les conditions ouvrant droit au régime des sociétés mères autres que la détention de 5 % du capital. Sont visés les titres de placement qui n'entrent pas dans le champ d'application de l'article 219-I, *a* quinquies, alinéa 3 précité (CGI, art. 219-I, *a* sexies-0).

Sont également exclus du régime de faveur, les titres de sociétés implantées sur le territoire d'un État ou territoire « non coopératif » au sens de l'article 238-0 A du CGI, à l'exclusion de ceux visés au 2° du 2 bis de cette disposition[91] (V. *supra*, n° 543), détenus depuis deux ans au moins, *sauf* si la société détentrice de ces titres apporte la preuve que les opérations de la société établie hors de France dans laquelle est prise la participation correspondent à des opérations réelles qui n'ont ni pour objet ni pour effet de permettre, dans un but de fraude fiscale, la localisation de bénéfices dans un tel État ou territoire[92].

Le régime spécial s'applique aux cessions de titres qui entraînent une sortie d'actif. De façon particulière, les transferts entre comptes (compte de titres de participation, ou assimilé, vers un autre compte de titres, ou inversement) constituent le fait générateur d'un résultat de cession dont le régime fiscal est encadré par la loi (CGI, art. 219-I, *a* ter, al. 5 à 12)[93]. Le résultat de transfert (calculé en fonction de la valeur des titres à la date du transfert) n'est pas compris dans le résultat fiscal de l'exercice concerné, mais dans celui de l'exercice de cession, en appliquant le régime fiscal qui aurait été appliqué lors du transfert des titres (régime de droit commun ou régime de faveur des plus-values à long terme), selon le sens du transfert. Ainsi, deux plus-values, obéissant à deux régimes différents, doivent être calculées en fiscalité.

710. - Calcul de la plus-value. L'article 219-I, *a* quinquies du Code général des impôts est muet, mais le principe est connu : la plus-value est égale à la différence entre la valeur comptable nette pour laquelle l'élément cédé figure au bilan à la date

(89) *BOFIP*, BOI-BIC-PVMV-30-10, n° 255.

(90) *BOFiP*, BOI-IS-BASE-20-20-10-10, n°s 40 et s.

(91) L. n° 2018-898, 23 oct. 2018, relative à la lutte contre la fraude, art. 31.

(92) L. fin. rect. 2016, n° 2016-1918, 29 déc. 2016, art. 91. Une même « clause de sauvegarde » avait été adoptée en ce qui concerne le régime des sociétés mères (V. *supra*, n° 702).

(93) Ce régime ne s'applique pas au reclassement de titres rendus nécessaire par le changement de régime fiscal des titres de participation introduit par l'article 22 de la loi de finances pour 2007 (TA Montreuil, 2 nov. 2017, n° 1610054, *Sté Dexia : Dr. fisc.* 2018, n° 37, comm. 384, note S. Humbert ; confirmé par CAA Versailles, 3 oct. 2019, n° 17VE03939 : *Dr. fisc.* 2020, n° 9, comm. 164, concl. I. Danielian ; confirmé par CE, 13 oct. 2021, n° 436627 : *Dr. fisc.* 2022, n° 5, comm. 107, concl. C. Guibé. – C. Acard, *Fiscalité financière : Dr. fisc.* 2022, n° 5, chron. 104, n° 4). Il ne s'applique pas non plus à l'échange de titres comptabilisés en « titres de participation » contre des titres qui sont comptabilisés en « titres de placement » (CAA Versailles, 12 avr. 2018, n° 15VE02067, *Sté Barclays Bank Plc : Dr. fisc.* 2019, n° 4, chron. 120, obs. Cl. Acard, n° 6).

de la cession et le produit effectivement retiré de la cession, net de frais et taxes qui ont pu grever l'opération de cession elle-même. Corrélativement, les frais ainsi déduits du prix de cession ne sont pas admis en déduction[94]. Le taux auquel cette plus-value est imposée, y compris lorsqu'il est nul, est sans incidence, et il ne peut non plus être tiré argument de la réintégration d'une quote-part de frais et charges ayant pour objet de neutraliser la déduction des charges pour les admettre en déduction[95].

L'entreprise qui a incorporé les frais d'acquisition des titres de participation dans leur coût de revient et qui a déduit ces mêmes frais sur une période de cinq ans (CGI, art. 209-VII ; V. *supra*, n° 413) doit minorer le prix de revient des titres du montant ainsi déduit (*NB :* si la cession survient au cours de la période de cinq ans, la fraction des frais non encore déduite est perdue, mais l'entreprise peut pratiquer une déduction complémentaire pour tenir compte de la période écoulée entre la date d'ouverture de l'exercice et la date de cession des titres)[96].

Si les titres cédés ont fait l'objet d'une provision pour dépréciation, celle-ci n'est pas prise en compte pour le calcul de la plus-value de cession. Par contre, elle doit être reprise au titre de l'exercice de cession (sur le régime fiscal applicable à cette reprise, V. *infra*, n° 711).

Lorsque les titres cédés ont été acquis à des prix et des dates différents, les cessions de titres sont réputées porter par priorité sur les titres de même nature acquis ou souscrits à la date la plus ancienne (CGI, art. 39 duodecies-6, al. 1er). Il n'est pas fait de distinction selon que la cession porte ou non sur des titres de participation. Par exception, l'administration admet que les titres de participation peuvent être évalués à leur coût unitaire moyen pondéré[97].

Dans l'hypothèse d'une société qui cède sa participation dans une filiale ayant procédé à un « coup d'accordéon » (augmentation du capital suivie d'une réduction du capital de même montant par imputation des pertes et annulation des titres, ou à l'inverse réduction du capital suivie de l'émission de nouveaux titres), le prix de revient des titres cédés doit être majoré du montant de la souscription, ou des souscriptions, à l'augmentation de capital. Dans une telle hypothèse, la cession des titres doit être regardée comme portant à la fois sur des titres détenus depuis plus de deux ans et sur des titres détenus depuis moins de deux ans[98].

À l'inverse, le prix d'acquisition des titres doit être minoré des remboursements d'apports postérieurs à leur acquisition et prélevés sur les capitaux propres de la filiale[99].

Au cas d'apport à une société en difficulté d'une créance détenue contre elle pour sa valeur nominale, alors que cette créance avait d'abord été acquise auprès d'un tiers pour une valeur décotée, l'apporteur constate dans ses comptes un profit imposable. Fiscalement toutefois, ce profit doit être déterminé en tenant compte de la valeur

(94) *BOFiP*, BOI-BIC-PVMV-10-20-10, n° 10.

(95) CE, 12 oct. 2018, n° 419221, *Sté Vinci : Dr. fisc.* 2018, nos 42-43, act. 464.

(96) *BOFiP*, BOI-IS-BASE-30-10, n° 260.

(97) *BOFiP*, BOI-BIC-PVMV-30-30-10, nos 140 et s.

(98) CE, 26 mars 2008, n° 301413, *SA Financière Fauvernier : RJF* 6/08, n° 637 (augmentation du capital suivie d'une réduction). – CE, 22 janv. 2010, n° 311339, *Sté Prédica : RJF* 4/10, n° 320 (réduction du capital suivie d'une augmentation).

(99) CAA Versailles, 5 déc. 2013, n° 11VE08122, *Sté MAAF Assurance : RJF* 5/14, n° 431 (sommes prélevées sur le capital social). – CAA Versailles, 17 oct. 2019, n° VE00741, *Sté CGG et Sté Sercel Holding : Dr. fisc.* 2020, n° 9, comm. 163, concl. I. Danielian (sommes prélevées sur un poste « *additional paid-in-capital* »).

réelle des titres reçus en contrepartie de l'apport (CGI, art. 209, VII bis)[100]. Un retraitement extra-comptable est alors nécessaire (V. l'exemple qui suit).

À noter : la cession future des titres peut entraîner l'application du dispositif spécifique de plafonnement de la moins-value de sortie (V. *infra*, n° 719).

Exemple

Soit une société X soumise à l'IS au capital social de 100 000 € divisé en 1 000 actions d'une valeur nominale de 100 €, alors que sa valeur réelle est de 60 000 € (60 € en valeur nominale par titre).

Une société Y a acquis 15 000 € une créance sur la société X dont la valeur nominale est de 35 000 €.

La société Y augmente au profit de X son capital par compensation avec sa dette. L'opération, réalisée d'après la valeur nominale de la créance, donne lieu à l'émission de 350 titres de 100 €.

En comptabilité, le profit réalisé par Y est de : 35 000 € – 15 000 € = 20 000 €.

Fiscalement, sous réserve que les titres X détenus par Y constituent des titres de participation, le profit imposable sera calculé par rapport à la valeur réelle des titres remis, soit : 60 € × 350 = 21 000 €.

- Le profit imposable est limité à : 21 000 € – 15 000 € = 6 000 €.
- À déduire sur le tableau n° 2058-A SD (ligne XG) : 20 000 € – 6 000 € = 14 000 €.

711. – Régime fiscal de la plus-value. Les plus-values sur cession de titres de participation détenus depuis au moins deux ans par l'entreprise font l'objet d'une taxation séparée à « 0 % » (CGI, art. 219-I, *a* quinquies, al. 1er), moyennant l'imposition d'une quote-part de frais et charges égale à 12 % du montant brut des plus-values (CGI, art. 219-I, a quinquies, al. 2).

Cette situation est analysée en jurisprudence comme signifiant que le régime des plus-values à long terme n'est pas un régime d'exonération à 100 %, moyennant la réintégration de la quote-part de 12 %, mais une exonération à 88 % seulement[101]. La même analyse a été faite au sujet de la réintégration de la quote-part de frais et charges de 5 % dans le cadre du régime mère-fille (V. *supra*, n° 707).

La plus-value exonérée est déduite du résultat imposable, de manière extra-comptable (tableau fiscal n° 2058-A-SD, ligne WH). De son côté, la quote-part de frais et charges est réintégrée sur le même imprimé (case M8, ligne WQ). La société devra également renseigner le tableau fiscal n° 2059-A-SD relatif à l'ensemble des plus et moins-values de l'exercice.

(100) L. fin. 2013, n° 2012-1509, 29 déc. 2012, art. 24. Ce dispositif s'applique à l'impôt dû par les sociétés sur les résultats des exercices clos à compter du 31 décembre 2012. Il ne doit pas y avoir de liens de dépendance entre le créancier initial et la société apporteuse. En principe également, il ne doit pas y avoir de liens de dépendance entre le créancier initial et la société débitrice, *sauf* lorsque l'augmentation de capital est effectuée dans le cadre d'un protocole de conciliation constaté ou homologué dans les conditions prévues à l'article L. 611-8 du Code de commerce, ou d'un plan de sauvegarde ou de redressement (L. fin. 2021, n° 2020-1721, art. 32 ; exception qui s'applique aux exercices clos à compter du 31 décembre 2020).

(101) CE, 15 nov. 2021, n° 454105, *Sté Air Liquide : Dr. fisc.* 2022, comm. 147, concl. K. Ciavaldini. Pour l'application des conventions fiscales internationales, il est jugé qu'une double imposition est ainsi constatée et qu'une imputation de l'impôt étranger éventuellement acquitté au titre de la plus-value réalisée peut être effectuée.

La référence au montant « brut » des plus-values pour le calcul de la quote-part de frais et charges de 12 % (et non plus de 10 % du résultat « net » des plus-values)[102] indique que l'assiette de ladite quote-part ne tient plus compte des moins-values de cession. Détachant encore un peu plus les règles d'assiette de la quote-part des règles d'imposition de la plus-value, l'administration fiscale avait indiqué que la quote-part de frais et charges devrait être réintégrée, quel que soit le résultat net d'ensemble (plus ou moins-value)[103]. Cette doctrine paraît toutefois contraire à l'intention du législateur telle qu'elle a été exprimée au cours des travaux parlementaires[104]. Elle a été annulée par le Conseil d'État[105].

Les moins-values nettes à long terme sont perdues pour l'entreprise[106] ; elles doivent être réintégrées dans le résultat imposable (tableau fiscal n° 2058-A-SD, ligne ZN).

Les provisions pour dépréciation des titres admis au régime des plus-values à long terme n'ont aucune incidence sur le résultat imposable ; elles ne sont pas déductibles fiscalement (corrélativement leur reprise au moment de la cession n'est pas imposable). En revanche, les provisions pour dépréciation des titres exclus du régime des plus-values à long terme suivent le régime général des provisions pour dépréciation.

Les plus et moins-values nettes à court terme sur cession de titres de participation sont comprises dans les résultats imposables au taux de droit commun. Par exception, afin de lutter contre l'utilisation abusive des moins-values à court terme[107], il a été décidé que les moins-values à court terme constatées à la suite d'une cession[108] de titres de participation à une société liée au sens de l'article 39-12 du Code général des impôts (V. *infra*, n° 746), sont obligatoirement placées en report de déduction jusqu'à la fin d'un délai de deux ans décompté depuis l'acquisition des titres par la société cédante (CGI, art. 219-I, *a* septies)[109]. À l'issue de ce délai, la perte est traitée comme une moins-value à long terme, sauf si entre-temps les conditions d'application du texte ont cessé.

b) Cas des titres de sociétés à prépondérance immobilières cotées

712. - Domaine. Les sociétés à prépondérance immobilières sont celles,

> « dont l'actif est, à la date de la cession de ces titres ou a été à la clôture du dernier exercice, constitué, pour plus de 50 % de sa valeur réelle par des immeubles, des droits portant sur des immeubles, des droits afférents à un contrat de crédit-bail conclu dans les conditions prévues au 2 de l'article L. 313-7 du Code monétaire et financier ou par des titres d'autres sociétés à prépondérance immobilières » (CGI, art. 219-I, a sexies-0 bis).

(102) L. fin. 2013, n° 2012-1509, 29 déc. 2012, art. 22.
(103) *BOFiP*, BOI-IS-BASE-20-20-10-20, n° 125.
(104) En ce sens : *FR* 7/13, inf. 2.
(105) CE, 14 juin 2017, n° 400855, *Sté Orange Participations : Dr. fisc.* 2017, n° 39, comm. 480, concl. B. Bohnert.
(106) Une telle exclusion n'est pas contraire au principe de liberté d'établissement sur le territoire de l'Union européenne (CJUE, 10 juin 2015, aff. C-686/13, *X AB : Dr. fisc.* 2015, n° 25, act. 367).
(107) Schéma d'optimisation fiscale dans les groupes de sociétés qui, au lieu de constater des provisions pour dépréciation non déductibles, cédaient leurs titres à une autre société du groupe dans les deux ans.
(108) La cession s'entend largement ; tel est le cas d'un échange de titres lors d'une opération de fusion (CAA Marseille, 1er juin 2017, n° 15MA04108, *SA Highco : Dr. fisc.* 2018, n° 23, chron. 294, obs. Cl. Acard, n° 4 ; confirmée par CE, 9e et 10e ch., 10 juill. 2019, n° 412964, *SA Highco : Dr. fisc.* 2019, n° 29, act. 355).
(109) L. fin. 2011, n° 2010-1657, 29 déc. 2010, art. 13, mod. L. fin. rect. 2011, n° 2011-1978, 28 déc. 2011, art. 41. La modification vise à restreindre le report aux seules moins-values de cession ; elle s'applique aux exercices ouverts depuis le 1er janvier 2012. Le texte est conforme à la Constitution et au droit de l'UE (CE, 30 mai 2018, n° 412964, *Sté HighCo : Dr. fisc.* 2018, n° 42-43, comm. 426, concl. E. Bokdam-Tognetti, note S. Espasa-Mattei, J.-Ph. Renaudin et N. Dragutini.

Les immeubles ou droits principalement affectés par la société à sa propre exploitation industrielle, commerciale, agricole ou à l'exercice d'une profession non commerciale ne sont pas pris en compte pour l'appréciation du pourcentage de 50 %, qu'ils soient inscrits à son actif ou qu'ils soient détenus par l'intermédiaire d'une société qui est elle-même à prépondérance immobilière[110]. Ne doivent pas non plus figurer au numérateur du rapport de prépondérance immobilière les créances que détient une société résultant du dépôt de fonds chez un notaire entre la promesse de vente d'un bien immobilier et la réitération de l'acte authentique chez le notaire[111].

En ce qui concerne la date d'appréciation de la prépondérance immobilière, l'administration fiscale estimait que les règles posées à l'article 219-I, *a* sexies-0 bis précité (date de cession des titres ou date de clôture du dernier exercice) ne s'appliquaient qu'au cas de cession des titres[112]. Si les titres n'ont pas été cédés mais font l'objet d'une provision pour dépréciation (CGI, art. 39-1, 5°, al. 19), la prépondérance immobilière devait s'apprécier à la date de clôture de l'exercice de l'entreprise qui détient les titres[113]. Le Conseil d'État a annulé cette dernière doctrine sans néanmoins préciser les règles qui s'appliquent désormais[114]. À l'occasion d'un avis concernant le régime de la provision pour dépréciation des titres de sociétés à prépondérance immobilière *non cotées* (lesquelles sont imputables sur les bénéfices imposables au taux plein de l'IS puisque le régime du long terme ne leur est pas applicable, V. *supra*, n° 641), le Conseil d'État a ensuite précisé que la prépondérance immobilière s'apprécie : soit à la date de clôture du dernier exercice précédant la constitution de cette provision de la société dont les titres sont détenus, soit à la date à laquelle cette provision est constituée, c'est-à-dire à la date de clôture de l'exercice de la société qui détient les titres[115].

713. – Régime. Les plus-values sur cession de titres de sociétés à prépondérance immobilière cotées détenus depuis au moins deux ans sont imposées au taux de 19 %, après compensation avec les moins-values de même nature de l'exercice de cession ou restant à reporter. Le retraitement s'effectue de manière extra-comptable (tableau fiscal n° 2058-A-SD, ligne WP).

Les moins-values nettes à long terme ne sont pas déductibles, mais s'imputent sur les plus-values nettes à long terme imposées à 15 % ou 19 % des dix exercices suivants. Pour cela, l'entreprise doit les réintégrer de manière extra-comptable (tableau fiscal n° 2058-A-SD, ligne I8).

Les provisions pour dépréciation de titres de sociétés à prépondérance immobilière cotées sont traitées comme des moins-values à long terme (et leur reprise comme des plus-values à long terme). Si la société à prépondérance immobilière n'est pas cotée, les provisions ainsi que leur reprise suivent le régime de droit commun de l'IS. Ces règles s'appliquent après application, le cas échéant, du dispositif de plafonnement spécifique (V. *supra*, n° 443).

(110) *BOFiP*, BOI-IS-BASE-20-20-10-30, n° 80 à 120.

(111) TA Lyon, 7 mai 2018, n° 1605561, *SARL Europe Immobilier : Dr. fisc.* 2018, n° 38, comm. 395, note L. Chesneau.

(112) *BOFiP*, BOI-IS-BASE-20-20-10-30, n° 60.

(113) *BOFiP*, BOI-IS-BASE-20-20-10-30, n° 70.

(114) CE, 14 oct. 2015, n° 387249, *Sté d'assurance mutuelle L'auxiliaire : Dr. fisc.* 2016, n° 6, comm. 161, concl. B. Bohnert (annulation du § 70 du *BOFiP* préc.).

(115) CE, avis, 22 nov. 2019, n° 432053, *Sté l'Auxiliaire : Dr. fisc.* 2019, n° 51-52, comm. 487, concl. K. Ciavaldini, note L. Pouille.

c) Cas des titres de capital-risque

714. – Plus ou moins-values de cession. Les plus-values de cession de parts de fonds communs de placement à risque (FCPR), de fonds professionnels de capital investissement et d'actions de sociétés de capital-risque (SCR) ou de parts de sociétés de libre partenariat (SLP)[116] détenues depuis au moins cinq ans sont *exonérées,* sans réintégration d'une quelconque quote-part de frais et charges, *dans la proportion de l'actif du fonds ou de la société représenté par des titres de participation détenus depuis au moins deux ans* (CGI, art. 219-I *a*, sexies, 2). La fraction qui excède ce montant est imposée au taux de droit commun du long terme (15 %). Au cas de moins-value, celle-ci est imputable sur toutes les plus-values à long terme soumises à un taux réduit[117]. Quant aux cessions de titres détenus depuis moins de cinq ans, elles sont soumises au régime des plus et moins-values à court terme.

715. – Répartitions et distributions. Les sommes réparties ou distribuées par ces mêmes fonds ou sociétés *sont exonérées pour la fraction des distributions afférentes aux cessions de titres détenus depuis deux ans au moins* (CGI, art. 39 terdecies et 219-I a, sexies, 1). Selon l'administration « en pratique, l'intégralité de la répartition ouvre droit au régime du long terme dès lors que les apports ont été effectués depuis au moins deux ans, quelle que soit la date à laquelle les parts correspondantes ont été acquises »[118].

Attention : s'agissant des répartitions d'actifs, comme ces dernières sont d'abord présumées correspondre à un remboursement d'apport non imposable, ce n'est que pour le surplus qu'elles suivent le régime des plus-values à long terme susvisé. *Les autres répartitions ou distributions sont soumises à l'impôt au taux de droit commun.*

Par exception, le régime de faveur ne s'applique pas lorsque les titres cédés sont des titres de sociétés établies dans un *État ou territoire « non coopératif »*[119] (V. *supra,* n° 543), sauf si la société de capital-risque apporte la preuve que les opérations de la société établie hors de France dans laquelle est prise la participation correspondent à des opérations réelles qui ont principalement un objet et un effet autres que de permettre la localisation de bénéfices dans un État ou territoire non coopératif (CGI, art. 39 terdecies, 5, préc.).

716. – Provision pour dépréciation. Les provisions pour dépréciation de ces mêmes titres de capital-risque sont traitées comme des moins-values à long terme relevant du secteur soumis au taux de 15 %, quelle que soit la durée de détention des titres

(116) Ces sociétés ont été instituées par la loi n° 2015-990 du 6 août 2015 pour la croissance, l'activité et l'égalité des chances (loi « Macron »). À l'image des *limited partnerships* anglo-saxons, ces nouvelles entités ont pour but de permettre l'association d'investisseurs français ou étrangers ayant des responsabilités pécuniaires différentes, et ce dans un cadre fiscal particulièrement avantageux. À cet effet, les sociétés de libre partenariat empruntent le statut juridique des sociétés en commandite simple (C. mon. fin., art. L. 214-162-1), mais elles suivent le régime fiscal des fonds professionnels de capital investissement (FPCI) (CGI, art. 1655 sexies A).

(117) *BOFiP*, BOI-IS-BASE-20-20-30-10, n° 280.

(118) *BOFiP*, BOI-IS-BASE-20-20-30-10, n° 80. Le Conseil d'État a annulé le § 120 qui, en contradiction avec le § 80 précité, indique que : « L'excédent des sommes perçues par le porteur des parts demeure imposé selon le régime des plus-values à long terme s'il a acquis ses parts depuis au moins deux ans » (CE, 31 mars 2022, n° 461406, *Sté Financière Investissement Azur [FIA] : Dr. fisc.* 2022, n° 27, comm. 269 concl. K. Ciavaldini).

(119) Autres que ceux mentionnés à l'article 238-0 A, 2 bis, 2° du CGI.

(CGI, art. 39-1, 5°, al. 17). À l'inverse, la reprise de la provision est traitée comme une plus-value à long terme.

3° Le portefeuille-titres des entreprises à l'IR

717. - Spécificité des entreprises à l'IR. Contrairement aux sociétés soumises à l'IS, les entreprises qui relèvent de l'IR ne sont pas exonérées à raison de leurs plus-values à long terme sur cession de titres de participation. Au plan fiscal, il n'est d'ailleurs pas fait de distinction entre les titres de participation et les titres de placement ; les deux catégories de titres peuvent prétendre au régime des plus-values à long terme, quel que soit leur classement comptable, si tant est qu'ils puissent être considérés comme des actifs immobilisés (*a*).

Le régime des plus-values professionnelles s'applique, sous réserve des effets liés à l'abandon de la « théorie du bilan » (V. *supra*, n° 629). L'administration fiscale devra dire dans quelle mesure le régime des titres en portefeuille est affecté par l'abandon de la théorie du bilan, aussi bien pour les titres de placement que pour les titres de participation[120].

En pratique, il est rare de trouver des participations dans les bilans des entreprises individuelles. La situation peut néanmoins se présenter lorsqu'un professionnel exerce son activité dans une société dont il détient des parts (par ex., médecin qui exerce son activité libérale dans une clinique privée). Le législateur a dans ce cas prévu un régime optionnel de report d'imposition de la plus-value d'échange au cas d'apport des titres à une autre société (*b*).

a) Cession de titres par un exploitant

718. - Actifs immobilisés. Conformément aux principes généraux (V. *supra*, n° 625), les cessions de titres de placement ou de participation ne suivent le régime des plus-values professionnelles que s'ils peuvent être considérés comme des éléments de l'actif immobilisé. À défaut, le résultat de cession doit être traité comme un bénéfice ou une perte ordinaire.

La distinction entre les titres immobilisés et les titres traités comme des actifs circulants, elle, ne résulte pas de l'application des critères habituels. En effet, alors qu'aucun texte ne le prévoit, l'administration se fonde sur la durée de détention des titres (celle qui est habituellement utilisée pour faire la différence entre le long terme et le court terme).

Ainsi, selon l'administration[121], doivent être considérées comme faisant partie de l'actif immobilisé, les deux catégories de titres suivantes : 1) les titres détenus en portefeuille depuis plus de deux ans ; 2) les titres détenus en portefeuille depuis moins de deux ans lorsque le portefeuille comprend des titres de même nature détenus depuis plus de deux ans.

C'est une différence notable avec la comptabilité dans la mesure où, en cette matière, seules les cessions de titres de participation produisent des plus ou moins-va-

(120) Elle semble adopter une position extrêmement restrictive puisqu'elle considère que ne sont pas utilisés pour l'exercice de l'activité professionnelle les produits de placement de la trésorerie professionnelle quelle que soit leur forme, ou les titres détenus par l'exploitant dans une société ayant une activité complémentaire à la sienne (commercialisation de ses produits) dans laquelle il ne participe pas activement (*BOFiP*, BOI-BIC-BASE-90, n° 210).

(121) *BOFiP*, BOI-BIC-PVMV-30-30-10, n° 1.

lues ; les cessions de titres de placement génèrent seulement des profits ou des pertes ordinaires[122].

719. - Traitement fiscal. Le régime fiscal applicable aux plus-values ou aux moins-values à court terme ou à long terme est celui du droit commun (V. *supra*, nos 638 et s.).

La distinction entre le court terme et le long terme est cette fois classiquement fondée sur la durée de détention des titres ; les résultats de cessions de titres détenus depuis moins de deux ans doivent être traités comme des bénéfices ou pertes d'exploitation[123].

Par exception, la moins-value à court terme consécutive à la cession de titres de participation ayant rémunéré un apport à une filiale en difficulté et qui ont été inscrits pour une valeur supérieure à leur valeur réelle n'est pas déductible, dans la limite du montant résultant de la différence entre la valeur d'inscription en comptabilité de ces titres et leur valeur réelle à la date de leur émission (CGI, art. 39 quaterdecies-2 bis)[124].

Lorsque les titres cédés ont été acquis à des dates et pour des prix différents, la durée de détention aussi bien que le calcul de la plus-value sont déterminés en partant du principe que la cession porte en priorité sur les titres les plus anciens (CGI, art. 39 duodecies-6, al. 1er). La numérotation des parts dans l'acte de cession est sans incidence, sauf à établir que ces parts sont d'une autre nature et confèrent d'autres droits que les plus anciennes[125].

Les provisions pour dépréciation des titres de participation ou de placement sont traitées fiscalement comme des moins-values à long terme (même si les titres sont détenus depuis moins de deux ans). Elles doivent donc être réintégrées dans le résultat imposable, de manière extra-comptable (tableau fiscal n° 2058-A-SD, ligne I8). Elles ont vocation à s'imputer sur les plus-values à long terme de l'exercice concerné et des dix exercices suivants. Il en va de même si une clause de garantie de passif vient à jouer ; cette dernière ne doit pas être traitée comme une réduction de prix. Il s'ensuit que l'indemnité perçue par le cessionnaire des titres est imposable dans les conditions du droit commun et ne peut être déduite[126].

(122) Seul le résultat de la cession est enregistré (et non plus ses deux composants : prix de cession et valeur comptable). V. *Mémento Lefebvre Comptable*, *op. cit.*, n° 36955.

(123) *BOFiP*, BOI-BIC-PVMV-30-30-10, n° 30.

(124) L. fin. rect. 2012, n° 2012-958, 16 août 2012, art. 18. Cette disposition s'applique aux cessions de titres reçus en contrepartie d'apports réalisés à compter du 19 juillet 2012 (les modalités d'entrée en vigueur de la limitation de la déductibilité de la moins-value ont été déclarées conformes à la Constitution ; Cons. const., 17 juill. 2015, n° 2015-475 DC, *SA Crédit Agricole* : *RJF* 11/15, n° 941). Toutefois, la limitation de la déductibilité des moins-values à court terme qu'elles prévoient s'applique seulement en cas de cession de titres de participation ayant fait l'objet d'une émission nouvelle en contrepartie d'un apport et non par élévation de la valeur nominale (CE, 20 avr. 2021, n° 429467, *Sté Catana Group* : *Dr. fisc.* 2021, n° 23, comm. 274, concl. E. Bokdam-Tognetti, note R. Vabres).

(125) CAA Nancy, 17 avr. 2014, n° 12NC01928 : *RJF* 8-9/14, n° 763 (cession de parts de société de personnes – CGI, art. 151 nonies). Le Conseil d'État a confirmé la décision d'appel (CE, 8 juin 2016, n° 381289, *M. Falmet* : *Dr. fisc.* 2016, n° 37, comm. 479, concl. E. Crepey, note L. Chatain. Selon le rapporteur public E. Crepey, le texte légal est parfaitement clair ; la cession n'est pas « présumée » porter sur les titres les plus anciens mais « réputée » porter sur eux en priorité).

(126) CE, 24 avr. 1981, n° 18346 : *Dr. fisc.* 1981, n° 29, comm. 1475. – CE, 24 juin 2013, n° 350451, *M. Caron* : *Dr. fisc.* 2013, n° 37, comm. 412, concl. N. Escaut, note R. Poirier. Pour une critique de cette jurisprudence, S. de Mones et A. Robert, *Traitement des « garanties de passif » chez l'acquéreur. – Quelle portée pour l'arrêt Caron du Conseil d'État du 24 juin 2013 ?* : *Dr. fisc.* 2013, n° 37, act. 484.

Réciproquement, au cas de cession des titres, la reprise de la provision est traitée comme une plus-value à long terme ; elle est déduite du résultat imposable, de manière extra-comptable (tableau fiscal n° 2058-A-SD, ligne WV), et imposée au taux réduit.

b) Apport de titres par un professionnel

720. - Domaine. Ce nouveau régime s'applique depuis le 1er janvier 2007[127] ; il permet à un ou plusieurs professionnels de regrouper leurs titres sous une structure unique avec un régime de neutralité fiscale (CGI, art. 151 octies B)[128]. Sont visées les plus-values d'échange de titres lors de l'apport à une société de l'intégralité des droits détenus par une personne physique exerçant une activité commerciale, industrielle, artisanale, agricole ou libérale à titre professionnel[129]. Les titres ainsi apportés doivent être inscrits à son actif ou au registre des immobilisations et être nécessaires[130] à son activité professionnelle[131]. Le régime fiscal de la société constituée importe peu, mais elle doit être soumise à un régime réel d'imposition et posséder plus de 50 % des droits de vote ou du capital de la société dont les titres lui ont été apportés.

721. - Régime. *Les plus-values d'échange bénéficient d'un report d'imposition* ; l'assiette est déterminée lors de l'apport, mais l'imposition se fera au taux en vigueur au jour où le report prendra fin. Le report s'achève lorsque les droits reçus en contrepartie de l'apport sont cédés, rachetés ou annulés, ou lorsque l'apporteur cesse d'exercer sa profession ou que les parts cessent d'être nécessaires à son activité. Par contre, le régime n'est pas remis en cause au cas de restructuration de la société bénéficiaire ou si les parts sont cédées à titre gratuit.

Ce régime de faveur ne peut se cumuler avec d'autres régimes d'exonération de plus-values professionnelles (CGI, art. 151 septies, 151 septies A, 151 octies, 238 quindecies).

L'apporteur doit joindre à sa déclaration de revenus de l'année de l'apport et des années suivantes un état destiné à assurer le suivi des plus-values en report d'imposition (V. CGI, ann. III, art. 41-0 A bis A). Les obligations déclaratives de la société bénéficiaire sont celles qui ont été décrites pour la mise en société d'une entreprise individuelle (CGI, art. 54 septies ; V. *supra*, n° 670).

B. – Le plafonnement des charges financières

722. - Le « mille-feuille » fiscal. Lorsqu'il s'agit de charges d'emprunt, la liberté de gestion des entreprises est étroitement surveillée.

(127) L. fin. rect. 2007, n° 2007-1824, 25 déc. 2007, art. 19.

(128) Un régime analogue s'applique au cas d'apport de l'intégralité des titres détenus par un associé exerçant son activité professionnelle dans une société de personnes (CGI, art. 151 nonies-IV bis).

(129) Le versement d'une soulte est autorisé, à condition qu'elle n'excède ni 10 % de la valeur nominale des droits sociaux attribués, ni le montant de la plus-value réalisée (CGI, art. 151 octies B-I, al. 2).

(130) Et pas seulement « utile » (V. CE, 13 juill. 2022, nos 459899 et 459900 : *Dr. fisc.* 2022, n° 38, comm. 333, concl. K. Ciavaldini, note G. Ladreydt et D. de Chantérac. La seule circonstance que les actions d'une SA exploitant une clinique apportées par un contribuable exerçant la profession d'ophtalmologiste soient inscrites à son actif professionnel ne peut suffire à établir que ces actions auraient été nécessaires, au sens de l'article 151 octies B du CGI, à l'exercice de son activité professionnelle).

(131) En pratique, l'article 151 octies B concerne surtout l'apport à une société holding de titres d'une société détenant l'immobilier de l'entreprise individuelle de l'apporteur ou de la société de personnes dans laquelle il exerce son activité.

Cherchant à prévenir les situations de surendettement et de sous-capitalisation des sociétés, particulièrement des plus importantes, qui se traduisent par une érosion significative de l'assiette taxable et du produit de l'IS, le législateur a multiplié les dispositifs de plafonnements fiscaux des charges financières[132], sans compter l'action efficace de la jurisprudence qui a parfois sanctionné sur le terrain de l'abus de droit fiscal (LPF, art. L. 64), certains schémas d'endettement intra-groupe[133].

L'impression qui se dégage de cette législation est, effectivement, celle d'un « mille-feuille fiscal », par addition de plafonds fiscaux spécifiques[134]. Une première limite générale a déjà été étudiée ; celle qui touche les intérêts de comptes courants d'associés (CGI, art. 39-1, 3°, V. *supra*, n° 590). Dans les groupes de sociétés, les intérêts servis à des entreprises « liées » font l'objet d'un plafonnement spécifique (CGI, art. 212-I) (1°), et pour l'ensemble des sociétés soumises à l'IS le législateur a fixé une limite générale à la déduction des charges financières nettes qui a été réformée par la loi de finances pour 2019 (CGI, art. 212 bis) (2°). Ce même texte a en revanche abrogé le régime de réintégration forfaitaire des charges financières liées à l'acquisition de titres de participation (CGI, art. 209-IX abr.).

Selon l'administration, chacun des dispositifs s'applique « nets » de charges financières à réintégrer en application du ou des dispositifs appliqués précédemment[135].

1° Plafonnement des intérêts servis à des entreprises liées

723. - Domaine. Le plafonnement fiscal visé à l'article 212 du CGI ne concerne que les sommes laissées ou mises à disposition par une société soumise à l'IS au profit d'une entreprise « liée » directement ou indirectement au sens de l'article 39-12 du CGI (sur cette notion, V. *infra*, n° 746). Le domaine de l'article 212 du CGI est plus large qu'il n'y paraît :

– selon l'administration fiscale, l'article 212 du CGI aurait, en application de l'article 238 bis K-I du même code, également vocation à s'appliquer pour déterminer la quote-part de résultat dont est attributaire chaque associé soumis à l'IS d'une société de personnes[136] ;

– par « sommes laissées ou mises à disposition » par des entreprises liées, il faut entendre, non seulement les apports en compte courant d'associés, mais plus généralement le montant de toute créance rémunérée par des intérêts ou assimilés[137]. Cela inclut, notamment, les bons de caisse souscrits par les associés ou dirigeants

(132) Cl. Acard et A. Loran, *Les dernières évolutions en France et dans le monde en matière de déductibilité des charges financières : Dr. fisc.* 2013, n° 15, étude 232. – L. Le Claire, *L'insécurité des entreprises engendrée par les règles fiscales de déduction des intérêts. – Ou comment « raboter » la compétitivité française : Dr. fisc.* 2013, n° 18, étude 269. – Ph. Oudenot, *Fiscalité des sociétés et des restructurations, op. cit.*, n°s 813 et s. – C. Boussion et E. Chapelier, *Panorama de jurisprudence et retours d'expérience sur la déduction fiscale des charges d'intérêts : Dr. fisc.* 2018, n° 20, étude 272.

(133) Dernièrement : CE, 3 déc. 2018, n° 406617, *Sté Manpower France Holding : Dr. fisc.* 2019, n° 4, comm. 132, concl. E. Bokdam-Tognetti, note Fl. Deboissy (réalisation concomitante d'une distribution exceptionnelle de dividendes et d'une émission d'obligations remboursables en actions – ORA – souscrites par le bénéficiaire de cette distribution dans le seul but de déduire des charges financières en France).

(134) V. *Financements intra-groupe : morceaux choisis.* - Actes du 34e colloque du CEFEP tenu le 26 juin 2023, Dossier par M. Collet et G. Blanluet : *Dr. fisc.* 2023, n° 40, études 299 à 302.

(135) *BOFiP*, BOI-IS-BASE-35-10, n° 80.

(136) *BOFiP*, BOI-IS-BASE-35-20-10, n° 20.

(137) *BOFiP*, BOI-IS-BASE-35-20-20-10, n° 1.

sociaux[138], ou le montant nominal d'obligations souscrites par les associés[139], y compris lorsque les obligations n'ont pas été souscrites et payées en numéraire à l'émission par les associés, mais correspondent aux modalités de rémunération d'un apport de titres à la société (obligations convertibles en actions)[140]. Sont toutefois écartées, notamment, les avances accordées par des entreprises liées fournisseurs ou clients dans le cadre de leurs relations commerciales normales, ou consenties par des établissements de crédit à des sociétés liées dans des conditions identiques à celles accordées à d'autres clients[141].

724. – Limites générales. Il convient d'abord de rappeler que, en application de l'article 39-1, 3°, alinéa 2 du CGI, la déduction des intérêts servis aux associés à raison des sommes ou valeurs qu'ils laissent ou mettent à la disposition de la société, en sus de leur part du capital, est subordonnée à la condition que le capital ait été entièrement libéré (V. *supra*, n° 590).

Si cette condition préalable est remplie (ou si elle ne s'applique pas, parce que l'entreprise « liée » bénéficiaire n'est pas associée), la déductibilité des intérêts versés à une entreprise liée est possible mais plafonnée à un montant d'intérêts calculé en appliquant le taux plafond visé à l'article 39-1, 3°, alinéa 1 du CGI précité (V. *supra*, n° 590), ou, s'ils sont supérieurs, d'après le taux que l'entreprise emprunteuse aurait pu obtenir d'établissements ou d'organismes financiers indépendants dans des conditions analogues (CGI, art. 212-I, a). Les juges du fond n'ont pas tardé à être interrogés sur le référentiel pertinent au sens de l'article 212-I, a précité[142]. Selon le Conseil d'État, *le taux d'intérêt auquel l'entreprise emprunteuse aurait pu s'endetter auprès d'organismes financiers indépendants doit être apprécié au regard, d'une part, des caractéristiques des prêts et, d'autre part, des caractéristiques propres de cette entreprise et non de celles du groupe de sociétés auquel elle appartient*[143].

Puis, interrogé par le tribunal administratif de Versailles sur la question de savoir si la preuve de la normalité d'un taux d'intérêt intragroupe peut être rapportée par compa-

(138) CE, 14 juin 1978, n° 1023 : *RJF* 9/78, n° 345.

(139) CE, 10 avr. 1991, n° 75553, *Bastide et Cie* : *RJF* 6/91, n° 738.

(140) CE, 7 juin 2017, n° 388133, *Sté LMG Finances* : *Dr. fisc.* 2017, n° 49, comm. 571.

(141) *BOFiP*, BOI-IS-BASE-35-20-20-10, n°s 40 et 50.

(142) V. not. TA Bordeaux, 13 nov. 2014, n° 1302599, *SNC Siblu* : *Dr. fisc.* 2015, n° 14, comm. 240 (un taux de 8,2803 % n'est pas jugé excessif). – CAA Paris, 4 nov. 2014, n° 14PA00814, *SAS Société Immobilière du 20 rue Monsieur* : *Dr. fisc.* 2015, n° 7-8, chron. 142, obs. Cl. Acard, n° 6 (preuve non rapportée par le contribuable). – TA Montreuil, 30 mars 2017, n° 1506904, *Sté BSA* : *Dr. fisc.* 2017, n° 25, comm. 358, note S. Humbert (preuve rapportée par le contribuable sur la base d'une méthode comptable). – TA Paris, 7 juin 2018, n° 1613999/2-3, *Sté Paule Ka Holding* : *Dr. fisc.* 2018, n° 39, act. 420, obs. N. Vergnet et J. Videau ; *Dr. fisc.* 2018, n° 48, comm. 483, obs. E. Lesprit et B. Conort (rejet des comparables issus du marché obligataire). – CAA Paris, 31 déc. 2018, n° 17PA03018, *WB Ambassador* : *Dr. fisc.* 2019, n° 8, comm. 165, concl. A. Mielnik-Meddah, note L. Borey, Ch. Lalloz et N. Vergneret (l'administration n'est pas fondée à exiger de l'entreprise la production d'une offre de prêt contemporaine aux opérations pour justifier de la pertinence du taux d'intérêt pratiqué, mais l'emprunteur doit démontrer que le taux est conforme à celui qu'il aurait pu obtenir non sur les marchés financiers mais auprès d'établissements ou organismes financiers indépendants dans des conditions analogues).

(143) CE, 18 mars 2019, n° 411189, *SNC Siblu* : *Dr. fisc.* 2020, n° 50, comm. 462, concl. M.-G. Merloz. Ne peuvent être retenus les taux qui correspondaient à ceux auxquels ont été signés les différents emprunts des sociétés du groupe auprès d'organismes financiers lors d'une opération de LBO. Dans cette même décision, le Conseil d'État juge également sans incidence le fait que l'emprunt à un établissement financier indépendant n'eut pas été possible en raison de l'apport de l'ensemble des actifs en nantissement, à titre de garantie, dans le cadre du contrat de financement du groupe auprès d'une banque qui bénéficie d'une situation de créancier privilégié.

raison avec des emprunts obligataires émis par des sociétés tierces, le Conseil d'État a fait la réponse suivante : « À ce titre, pour évaluer ce taux, elle peut le cas échéant tenir compte du rendement d'emprunts obligataires émanant d'entreprises se trouvant dans des conditions économiques comparables, lorsque ces emprunts constituent, dans l'hypothèse considérée, une alternative réaliste à un prêt intragroupe »[144]. Dans le prolongement de cette décision, le tribunal de Versailles a jugé qu'une société apporte la preuve du caractère normal du taux d'intérêt qu'elle pratique avec des sociétés liées si elle établit que ce taux « ne présente pas un caractère excessif au regard du rendement des emprunts obligataires émanant d'entreprises se trouvant dans des conditions économiques comparables à la sienne »[145]. Également, après avoir convenu qu'il était possible de comparer le taux pratiqué sur des obligations convertibles en actions (OCA) avec celui d'emprunts obligataires émanant d'entreprises se trouvant dans des conditions économiques comparables, le Conseil d'État a été amené à préciser qu'il était toutefois nécessaire de corriger le taux de référence, pour tenir compte de la valeur de l'option de conversion associée aux obligations convertibles émises[146].

La cour de Paris a jugé que la société est à même de recourir « *à* des bases de données publiques de "rating" à condition qu'[elle] justifie de termes de comparaison de taux réellement appliqués à des sociétés non liées placées dans une situation comparable à la sienne tant au regard de la nature de l'opération de financement que de ses caractéristiques stratégiques et opérationnelles, en particulier en termes de risque de crédit »[147].

Le Conseil d'État a reconnu la valeur probante d'une étude de taux réalisée à partir d'un logiciel de *scoring*[148]. Il a également retenu la comparabilité avec des sociétés relevant du secteur non financier ayant obtenu des notes de crédit voisines de celle déterminée pour le prêt intragroupe[149]. *De son côté, l'administration a publié en janvier 2021 huit fiches pratiques relatives au taux d'intérêt des emprunts auprès d'entreprises liées*[150].

La société qui verse les intérêts devra également, à la demande de l'administration, démontrer que l'entreprise qui a mis les sommes à sa disposition est, au titre de l'exercice en cours, assujettie à raison de ces mêmes intérêts à un impôt sur les

(144) CE, avis, 10 juill. 2019, n°s 429426 et 429428, *Sté Wheelabrator Group : Dr. fisc.* 2019, n° 29, act. 341, note V. Restino ; *Dr. fisc.* 2019, n° 36, comm. 353, note K. Ciavaldini, note C. Lalloz et N. Vergnet.

(145) TA Versailles, 6 déc. 2019, n°s 1607393 et 1806803, *SAS Wheelabrator Group : Dr. fisc.* 2019, n° 51-52, act. 530. Le fait que la société n'a pu produire une offre de prêt similaire contemporaine, mais qu'elle a dû avoir recours à une étude menée *a posteriori* n'a pas d'incidence sur la solution du litige.

(146) CE, 20 sept. 2022, n°s 455651 et 455655, *SASU HCL Me Pierre et SAS HGFI Saint-Martin : Dr. fisc.* 2022, n° 47, comm. 401, concl. R. Victor.

(147) CAA Paris, 17 déc. 2021, n° 20PA00565, *SAS Trocadéro Participations : Dr. fisc.* 2022, n° 10, comm. 133, concl. B. Sibilli ; *Dr. fisc.* 2022, n° 10, chron. 129, obs. Th. Jouno, O. Lemaire et J. Jimenez, spéc. n° 7.

(148) CE, 11 déc. 2020, n° 433723, *SA BSA : Dr. fisc.* 2021, n° 9, comm. 157, concl. K. Ciavaldini. Sur renvoi et dans le même sens : CAA Versailles, 29 déc. 2021, n° 20VE03249 : *Dr. fisc.* 2022, n° 15, comm. note S. Lambert, G. Vincent du Laurier, F. Locatelli et L. Leclercq. – CE, 22 déc. 2022, n° 446669, *SAS Willink : Dr. fisc.* 2023, n° 9, comm. 144, concl. M.-G. Merloz ; *Dr. fisc.* 2023, n° 9, act. 74, obs. J. Serfati et T. Jaegle.

(149) CE, 29 déc. 2021, n° 441357, *Sté Apex Tool Group : Dr. fisc.* 2022, n° 7-8, concl. C. Guibé, note V. Lepaul et P.-O. Mathieu ; *Dr. fisc.* 2022, n° 20, chron. 225, obs. Cl. Acard, spéc. n° 6.

(150) Impots.gouv.fr, actualité, 27 janv. 2021 : *Dr. fisc.* 2021, n° 9, comm. 156, obs. M.-P. Antoni, É. Lesprit et B. Conort ; *Adde* G. Vincent du Laurier et S. Lambert, *Des dernières décisions jurisprudentielles aux huit fiches pratiques publiées par l'administration fiscale, le long parcours de la reconnaissance du taux d'intérêt « de marché » : Dr. fisc.* 2021, n° 9, étude 155.

bénéfices dont le montant est au moins égal au quart de l'impôt sur les bénéfices déterminé *dans les conditions de droit commun* (CGI, art. 212-I, b, al. 1)[151] et *calculé au taux normal*[152] (en 2018 : 33 1/3 % / 4 = 8 1/3 %)[153]. Selon l'administration[154], la comparaison doit s'effectuer par rapport à un *taux d'imposition minimal des produits bruts versés* et non par rapport à un impôt minimal[155].

Cette nouvelle restriction à la déduction des intérêts a pour objectif de lutter contre l'endettement artificiel d'une entreprise française au profit d'un prêteur appartenant au même groupe qu'elle et qui est installé sur le territoire d'un pays à fiscalité allégée. Si la condition d'imposition minimale n'est pas remplie, les intérêts ne sont pas du tout déductibles. *Mais, dans la mesure où l'article 212-I, b du CGI présente un risque d'incompatibilité avec le droit de l'Union européenne, la loi de finances pour 2020 a prévu son abrogation*[156].

Les intérêts non déductibles en application de ces limites seront réintégrés dans le résultat imposable (tableau fiscal n° 2058-A-SD, case SU, ligne WQ).

2° Limitation générale de la déductibilité des charges financières nettes

725. - Ancien régime (« rabot fiscal »). En 2012, le législateur a institué une limitation générale de la déductibilité des charges financières (CGI, art. 212 bis)[157] qui repose sur plusieurs constats. D'abord, paradoxalement, celui de l'attractivité fiscale de la France qui a incité de nombreux groupes internationaux à localiser en France une grande partie de leur endettement, sans réel profit pour l'économie nationale. Ensuite, celui d'une disparité de traitement entre les petites entreprises et les grandes entreprises, dans la mesure où les premières subissent une pression fiscale plus forte que celle qui s'exerce sur les secondes en raison d'une capacité d'endettement plus faible. Enfin, refrain économique traditionnel, la déduction des charges financières

(151) Disposition applicable aux exercices clos à compter du 25 septembre 2013 (L. fin. 2014, n° 2013-1278, 29 déc. 2013, art. 22). Dans l'hypothèse où l'entreprise prêteuse est domiciliée ou établie à l'étranger, l'impôt sur les bénéfices déterminé dans les conditions de droit commun s'entend de celui dont elle aurait été redevable en France sur les intérêts perçus, si elle y avait été domiciliée ou établie (CGI, art. 212-I, b, al. 2).

(152) L. fin. 2018, n° 2017-1837, 30 déc. 2017, art. 84. Cette précision législative fait échec à la doctrine de l'administration fiscale selon laquelle le taux d'IS doit être majoré, le cas échéant, des contributions additionnelles (*BOFiP*, BOI-IS-BASE-35-50, n° 40 mod.). Également, il a été jugé que le dispositif d'exclusion de la déduction des intérêts prévu à l'article 212 – I, b du CGI ne trouve pas à s'appliquer lorsque la société créancière est assujettie à l'impôt à raison des intérêts qu'elle perçoit, quand bien même elle ne se trouve pas effectivement imposée parce qu'elle se trouve en situation déficitaire (CAA Paris, 17 mars 2023, n° 21PA04211, *SARL Malakoff Paris 16 : Dr. fisc.* 2023, n° 21, comm. 199, concl. C. Lescaut, note Th. Trancart).

(153) Compte tenu de la baisse de l'IS entre 2018 et 2022, le montant d'IS minimum frappant les intérêts sera de : 7,75 % en 2019 ; 7 % en 2020 ; 6,625 % en 2021 et 6,25 % à compter de 2022.

(154) *BOFiP*, BOI-IS-BASE-35-50. Pour un commentaire, V. A. Lagarrigue et Br. Hardeck, *Dispositif anti-hybrides : retour sur les difficultés d'application à la lumière des premiers commentaires de l'administration : Dr. fisc.* 2014, n° 22, étude 352.

(155) *BOFiP*, BOI-IS-BASE-35-50, n° 60. Ainsi, le seul fait que l'entreprise créancière ait un résultat nul ou déficitaire n'est pas susceptible de rendre non déductibles les charges financières chez la société débitrice (*BOFiP*, BOI-IS-BASE-35-50, n° 70).

(156) L. Leclercq et S. Gibon, *Abrogation de l'article 212, I, b du CGI : « L'aveu » d'incompatibilité : Dr. fisc.* 2019, n° 51-52, étude 485. Le Conseil d'État a toutefois jugé que la restriction n'est pas contraire à la liberté de circulation des capitaux (CE, 13 juill. 2022, n° 451533, *SASU Thai France Union 2 : Dr. fisc.* 2022, n° 29, act. 301).

(157) L. fin. 2013, n° 2012-1509, 29 déc. 2012, art. 23.

incite les entreprises à s'endetter plutôt qu'à renforcer leurs fonds propres. La technique mise en œuvre s'inspire de dispositifs ayant cours dans certains pays de l'UE, et notamment en l'Allemagne. L'idée est de créer une « barrière d'intérêts » pour les entreprises dont les charges financières atteignent un certain niveau. Ainsi, à compter des exercices clos depuis le 31 décembre 2012, les sociétés ne pouvaient déduire que 85 % de leurs charges financières nettes, puis 75 % pour les exercices ouverts à compter du 1er janvier 2014. Afin de ne pas pénaliser les PME, seules les entreprises dont le montant de ces charges atteint 3 M€ sont concernées par le plafonnement (V. CGI, art. 212 bis ancien).

726. - Nouveau régime (en fonction de « l'Ebitda fiscal »). Ce nouveau régime de plafonnement des charges financières s'applique à compter des exercices ouverts depuis le 1er janvier 2019[158]. Désormais, *les entreprises soumises à l'IS ne peuvent déduire leurs charges financières nettes que dans une limite égale à 30 % du résultat avant impôts, amortissements et provisions* (« *l'Ebitda fiscal* » qui, à la base, est un agrégat comptable). Outre la règle de plafonnement qui est différente de celle retenue dans le « rabot fiscal », le nouveau régime présente aussi la singularité d'intégrer en son sein le dispositif spécifique de plafonnement des intérêts versés à des entreprises liées qui a pour effet de durcir sensiblement le plafond de déduction de droit commun. Ce nouveau dispositif (CGI, art. 212 bis nouveau) ne fait en définitive que transposer l'article 4 de la directive du 12 juillet 2016[159]. Un décret du 14 juin 2019 fixe les obligations déclaratives liées à la mise en place du nouveau dispositif[160].

727. - Domaine d'application. Les dispositions de l'article 212 bis du CGI s'appliquent aux entreprises soumises à l'IS, de plein droit ou sur option, lorsqu'elles ne sont pas membres d'un groupe fiscal au sens de l'article 223 A du CGI (CGI, art. 212 bis-I)[161]. Elles sont également susceptibles de s'appliquer aux sociétés de personnes à l'IR dont l'un au moins des associés est soumis à l'IS, pour la détermination de la quote-part de résultat qui lui revient[162].

Le montant des charges financières nettes se comprend comme étant celui des seules charges déductibles après application des deux limites traditionnelles tenant au taux plafond et à l'imposition minimum de la société bénéficiaire (V. *supra*, n° 724 les limites générales).

Sont visés les « intérêts sur toutes les formes de dettes » ainsi que « tous les autres coûts ou produits équivalents à des intérêts » (CGI, art. 212 bis, III, 2). Ceci concerne notamment : les paiements effectués dans le cadre de prêts participatifs ou d'emprunts obligataires, les financements participatifs, voire même l'amortissement des intérêts ayant été inclus dans le coût d'origine d'une immobilisation (option comptable et fiscale). Par ailleurs, comme dans le cadre de l'ancien « rabot fiscal », et afin d'éviter que les entreprises n'échappent au plafonnement des charges financières par le biais

(158) L. fin. 2019, n° 2018-1317, 28 déc. 2018, art. 34. – P. Fumenier, *Réforme des dispositifs de limitation des charges financières : Dr. fisc.* 2019, n° 1-2, comm. 33. – Ph. Oudenot, *Le nouveau dispositif de plafonnement de déduction des charges financières : Dr. fisc.* 2019, n° 24, étude 295.

(159) Directive « Atad » (pour *anti-tax avoidance directive*), directement inspirée des travaux menés dans le cadre du projet « Beps », en instituant un mécanisme général de limitation des charges financières nettes des sociétés, en fonction de « l'Ebitda » (pour *Earnings before interest, taxes, depreciation, and amortization*).

(160) D. n° 2019-594, 14 juin 2019 : *Dr. fisc.* 2019, n° 26, act. 312.

(161) Un dispositif analogue est applicable dans les groupes intégrés (V. CGI, art. 223 B bis).

(162) *BOFiP*, BOI-IS-BASE-35-40, n° 230 (ancien régime).

de contrats de crédit-bail ou de locations de longue durée notamment, il convient également de retenir une quote-part des loyers versés ou reçus en exécution de ces contrats, censés représenter le montant des charges financières facturées par le bailleur au preneur (fraction à communiquer par le bailleur au preneur).

728. – Plafond de déduction. *Le plafond de déduction des charges financières nettes est égal au montant le plus élevé entre :* ***30 %*** *du résultat fiscal avant impôts, intérêts, dépréciations et amortissements (« Ebitda fiscal »),* ***ou 3 M€*** *par exercice, le cas échéant ramené à 12 mois* (par ex. : 1,5 M€ pour un exercice de 6 mois et 4,5 M€ pour un exercice de 18 mois) (CGI, art. 212 bis, II).

À noter : Le résultat fiscal correspond au résultat imposable qui sera soumis à l'IS, avant imputation des déficits et application du dispositif de plafonnement des charges financières nettes, mais il tient compte des divers abattements et déductions fiscales le résultat fiscal[163].

Ce résultat ainsi défini doit être majoré : des charges financières entrant dans le calcul des charges financières nettes, des dotations aux amortissements et aux dépréciations déductibles et des plus-values de cession d'actifs soumises au taux réduit de 15 % ou de 19 %.

Ce même résultat doit être minoré : des produits financiers entrant dans le calcul des charges financières nettes, des reprises sur dépréciations ou amortissements imposables, de la fraction d'amortissement comprise dans les plus ou moins-values de cession d'actifs, et des moins-values de cession d'actifs soumises au taux réduit de 15 % ou de 19 %.

Exemple

En N, une entreprise enregistre :

– 6 M€ d'amortissements ;

– 4 M€ de dépréciations ;

– 1 M€ de reprises de dépréciations ;

– 9 M€ de charges financières ;

– 2 M€ de produits financiers ;

– 4 M€ de résultat fiscal.

Ses charges financières nettes sont de : 9 M€ – 2 M€ = 7 M€.

Son Ebitda fiscal est de : 4 M€ + (6 M€ + 4 M€ – 1 M€ + 7 M€) = 20 M€.

Les charges financières nettes sont déductibles dans la limite de : 30 % × 20 M€ = 6 M€.

6 M€ > 3 M€

L'entreprise doit réintégrer : 7 M€ – 6 M€ = 1 M€.

729. – Complément de déduction. L'entreprise bénéficie d'un complément de déduction lorsqu'elle fait partie d'un groupe consolidé au sens de la réglementation comptable (*i.e.* : qui publie des comptes consolidés selon les normes IFRS) et que le ratio entre ses fonds propres et l'ensemble de ses actifs est égal ou supérieur à ce même ratio déterminé au niveau du groupe consolidé (CGI, art. 212 bis, VI). *La déduction*

(163) CGI, art. 212 bis II mod. L. fin. 2020, n° 2019-1479, 28 déc. 2019, préc., art. 45.

complémentaire est égale à 75 % du montant des charges financières nettes qui n'ont pu être déduites en application du plafond fiscal.

À noter : Ce dispositif n'est pas applicable lorsque l'entreprise est sous-capitalisée.

Les entreprises « autonomes » bénéficient aussi d'une déduction supplémentaire[164]. Il s'agit de celles qui ne sont pas membres d'un groupe consolidé, qui ne disposent d'aucun établissement hors de France et qui ne possèdent pas d'entreprises « associées » au sens de la directive 2016-1164 du 12 juillet 2016 (entités dans lesquelles le contribuable détient une participation de 25 % au moins, ou à l'inverse de personnes physiques ou d'entités qui détiennent une participation de 25 % au moins dans le contribuable). Comme c'est déjà le cas pour les entreprises membres d'un groupe consolidé, *la déduction supplémentaire sera alors de 75 % des charges nettes non admises en déduction après application du premier plafond.*

Exemple

Suite de l'exemple précédent :si l'entreprise démontre que le ratio entre ses fonds propres et l'ensemble de ses actifs est égal ou supérieur à ce même ratio déterminé au niveau du groupe consolidé auquel elle appartient, elle pourra déduire en plus : 75 % × 1 M€ = 0,75 M€.

730. – Plafond réduit en situation de sous-capitalisation. Les règles de plafonnement des charges financières nettes sont durcies si l'entreprise est sous-capitalisée (CGI, art. 212 bis, VII). Une société est considérée comme étant « sous-capitalisée » lorsque le montant moyen de ses dettes vis-à-vis d'entreprises « liées » au sens de l'article 39-12 du CGI (V. *infra*, n° 746), excède une fois et demie le montant de ses fonds propres (CGI, art. 212 bis-VII, 1).

Pour la caractérisation de la situation de sous-capitalisation, les fonds propres peuvent être appréciés, au choix de l'entreprise, soit à l'ouverture soit à la clôture de l'exercice.

Le dispositif spécifique en cas de sous-capitalisation ne s'applique pas si l'entreprise fait partie d'un groupe consolidé *et* si elle peut établir que son ratio d'endettement (dettes / fonds propres) est inférieur ou égal au ratio d'endettement de son groupe.

Lorsque le dispositif de sous-capitalisation s'applique, l'entreprise doit calculer la part respective des dettes qui sont liées à la sous-capitalisation et de celles qui n'y sont pas liées. Ceci explique que *deux plafonds de déduction doivent être calculés* (le montant maximal des charges financières déductibles étant égal à la somme des deux). *Le premier plafond* est égal aux intérêts afférents à la dette vis-à-vis des entreprises non liées et à celle vis-à-vis des entreprises liées qui n'excèdent pas 1,5 fois les fonds propres, à hauteur de 30 % de l'Ebitda fiscal tel que réparti proportionnellement entre les deux plafonds (ou 3 M€ répartis proportionnellement entre les deux plafonds). *Le second plafond* est égal aux intérêts afférents à la dette vis-à-vis d'entreprises liées qui excèdent 1,5 fois les fonds propres, à hauteur de 10 % de l'Ebitda fiscal tel que réparti proportionnellement entre les deux plafonds (ou 1 M€ réparti proportionnellement entre les deux plafonds) (CGI, art. 212 bis-VII, préc.).

(164) L. fin. 2020, n° 2019-1479, 28 déc. 2019, préc., art. 45.

Exemple

En N, une entreprise constate :
- fonds propres : 100 M€ ;
- dettes moyennes vis-à-vis d'entreprises liées : 200 M€ ;
- dettes moyennes vis-à-vis d'entreprises non liées : 180 M€ ;
- Ebitda fiscal : 30 M€ ;
- charges financières nettes : 20 M€.

L'entreprise est sous-capitalisée car : 100 M€ × 1,5 = 150 M€ < 200 M€.

1er plafond : 30 % × 30 M€ × [180 M€ + (1,5 × 100 M€)] / 380 M€ = 7,815 789 M€.

2nd plafond : 10 % × 30 M€ × [200 M€ – (1,5 × 100 M€)] / 380 M€ = 0,394 737 M€.

L'entreprise peut déduire au titre de N : 7,815 789 M€ + 0,394 737 M€ = 8,210 526 M€.

731. - **Report de déduction.** La loi prévoit deux mécanismes de report de déduction (CGI, art. 212 bis, VIII). Le premier permet à une entreprise touchée par le plafonnement de ses charges financières de reporter celles qui n'ont pas été admises en déduction (CGI, art. 212 bis, VIII, 1). Le second permet à une entreprise n'ayant pas employé toutes ses capacités de déduction de reporter sa capacité de déduction inemployée (CGI, art. 212 bis, VIII, 2).

Le montant des charges financières nettes à réintégrer après application du plafond de droit commun, du complément de déduction en faveur des entreprises membres d'un groupe consolidé et des deux plafonds au cas de sous-capitalisation, peut être reporté sans limitation de durée (et sans décote) sur les exercices suivants.

À noter : Les charges financières nettes non admises en déduction en application du second plafond prévu pour les entreprises sous-capitalisées ne sont reportables qu'à hauteur d'un tiers seulement de leur montant.

Exemple

Suite de l'exemple précédent :

Charges financières nettes soumises au premier plafond : 20 M€ × [(180 M€ + (1,5 × 100 M€)] / 380 M€ = 17,368 421 M€.

Charges financières nettes soumises au second plafond : 20 M€ – 17,368 421 M€ = 2,631 579 M€.

Report au titre du 1er plafond : 17,368 421 M€ – 7,815 789 M€ = 9,552 632 M€.

Report au titre du 2nd plafond : 2,631 579 M€ – 0,394 737 M€ = 2,236 842 M€ / 3 = 0,745 614 M€.

La capacité de déduction inemployée au titre d'un exercice peut être utilisée pendant cinq ans. Elle s'entend comme l'excédent du plafond de droit commun (*i.e.* : 30 % de l'Ebitda ou 3 M€) sur les charges financières nettes admises en déduction en application de la règle de droit commun, du complément de déduction en faveur des entreprises membres d'un groupe consolidé ou du report des charges financières non déduites. *Elle ne peut donc être ultérieurement utilisée pour déduire les charges financières en report.* En outre, au cas de sous-capitalisation, aucun report de la capacité de déduction inemployée n'est possible.

§ 2. – Les opérations liées à la recherche

732. - **Les avantages fiscaux de la recherche.** Ils sont fort nombreux et concernent la plupart des branches du droit fiscal. Ainsi, les cessions de brevets sont enregistrées au droit fixe de 125 € (CGI, art. 732), et les droits de la propriété industrielle étaient exonérés d'ISF chez l'inventeur (CGI, art. 885 I, al. 3 ancien). Dans le domaine de l'imposition des résultats, il a déjà été fait état du crédit d'impôt recherche (CGI, art. 244 quater B ; V. *supra*, n° 232), et du régime de faveur dont profitent les frais de recherche et de développement (CGI, art. 236-I ; V. *supra*, nos 396 et s.) ainsi que les logiciels et les sites Internet (CGI, art. 236-II ; V. *supra*, nos 399 et s.).

Le Code général des impôts prévoit encore des régimes spécifiques en ce qui concerne l'imposition des subventions d'équipement et des aides publiques (A), ainsi que des plus-values de cessions de brevets ou des produits qui en sont issus (B).

A. – Les subventions d'équipement et les aides publiques

733. - **Approche comptable.** Bien qu'elles ne soient pas reprises par le nouveau Plan comptable général, les anciennes définitions du Plan comptable de 1982 restent d'actualité[165].

• *La subvention d'exploitation* est celle dont bénéficie l'entreprise pour lui permettre de compenser l'insuffisance de certains produits d'exploitation ou de faire face à certaines charges d'exploitation (PCG 1982, p. I.42). Elle est portée en produits, au compte n° 74.

• *La subvention d'équilibre* est celle dont bénéficie l'entreprise pour compenser, en tout ou partie, la perte globale qu'elle aurait constatée si cette subvention ne lui avait pas été accordée (PCG 1982, p. I.41). Elle est portée en produits, au compte n° 7715 en principe.

• *La subvention d'investissement* est celle dont bénéficie l'entreprise en vue d'acquérir ou de créer des valeurs immobilisées (subvention d'équipement) ou de financer des activités à long terme (autres subventions d'investissement) (PCG 1982, p. I.42). Elle est portée en produits (subdivision du compte n° 77) pour un rattachement immédiat aux résultats, ou en compte de capitaux (subdivision du compte n° 13) si l'entreprise choisit de l'étaler sur plusieurs exercices (en ce qui concerne les modalités de l'étalement, V. PCG, art. 312-1).

734. - **Régime fiscal.** Quels que soient leur origine et leur objet, les subventions constituent des produits imposables pour les entreprises (CGI, art. 38-2 ; V. *supra*, n° 6). Toutefois, les subventions publiques d'équipement peuvent, en fiscalité comme en comptabilité, faire l'objet d'un étalement dans les conditions prévues par la loi (CGI, art. 42 septies) (1°). Il en va de même pour les aides publiques à la recherche (CGI, art. 236-I, bis), mais comme l'option n'est pas prévue par le Plan comptable général, un retraitement extra-comptable est nécessaire (2°). Également parfois, en période de crise, le législateur prévoit le versement d'aides qui, afin de ne pas en reprendre une partie sous forme d'impôt, sont exonérées d'IR ou d'IS[166].

(165) *Mémento Lefebvre Comptable*, *op. cit.*, n° 56640.

(166) Par ex., la loi de finances rectificative pour 2020 du 25 avril 2020 avait prévu l'exonération des aides reçues du fonds de solidarité institué en faveur des entreprises victimes des mesures sanitaires prises dans le cadre de la crise du Covid-19 en 2020 (L. n° 2020-473, 25 avr. 2020, art. 1er). En dernier lieu, la première loi de finances rectificative pour 2021 (L. n° 2021-953, 19 juill. 2021, art. 1er) précise le régime

1° L'étalement des subventions d'équipement

735. - **Conditions de l'étalement.** Les subventions d'équipement qui peuvent faire l'objet d'un étalement sont celles qui sont accordées aux entreprises par l'Union européenne (ou par les organismes créés par les institutions de l'Union européenne), l'État, les collectivités publiques, ou tout autre organisme public à raison de la création ou de l'acquisition d'immobilisations déterminées (CGI, art. 42 septies-1). L'option est également possible lorsque la subvention est allouée à une entreprise ayant acquis un bien pour le donner en crédit-bail, ou si la subvention est directement accordée au crédit-preneur.

736. - **Modalités de l'étalement.** Elles dépendent du caractère amortissable ou non de l'immobilisation acquise ou créée. Si l'immobilisation est amortissable, la subvention doit être rapportée aux bénéfices imposables au rythme de son amortissement, à proportion du rapport existant entre la dotation annuelle aux amortissements pratiquée et le prix de revient de l'immobilisation (V. exemple ci-après). Si l'immobilisation n'est pas amortissable, la subvention doit être réintégrée par parts égales sur les années pendant lesquelles elle est inaliénable ou, à défaut de clause d'inaliénabilité, sur une période de dix ans suivant l'année de l'attribution.

Au cas de biens décomposés, l'entreprise devrait normalement rapporter à ses résultats la subvention selon le rythme applicable aux différents éléments. Toutefois, l'administration admet que l'imposition des subventions soit répartie sur la durée moyenne pondérée d'amortissement de l'immobilisation concernée, cette durée étant elle-même calculée à partir de la durée d'amortissement fiscale de chacun des composants et de la structure, pondérée en fonction de la valeur de chaque composant dans la valeur totale de l'immobilisation[167].

Lorsque la subvention d'équipement est allouée au bailleur d'un contrat de crédit-bail sous condition de diminution de loyer ou de prix de levée de l'option, le crédit-bailleur peut aussi opter pour le régime de l'étalement. Si, en revanche, la subvention est allouée au crédit-preneur d'un tel contrat, c'est ce dernier qui pratiquera l'étalement, par parts égales, tout au long de la période couverte par le contrat de crédit-bail (CGI, art. 42 septies-1, al. 4).

L'étalement s'achève à la fin de la période légale susvisée ou, avant ce terme, si le bien est cédé ; la fraction de la subvention non encore réintégrée est alors comprise dans les résultats de l'exercice de cession et imposée dans les conditions du droit commun. La même règle s'applique au cas de cession ou de résiliation d'un contrat de crédit-bail portant sur une subvention donnant lieu à étalement chez le crédit-preneur (CGI, art. 42 septies-1, al. 5).

737. - **Traitement comptable et fiscal.** Le choix de l'étalement est une décision de gestion opposable au contribuable. La même option, dans les mêmes conditions, est prévue par le Plan comptable général (« Subvention d'investissement », PCG, art. 312-1). Ainsi, l'option fiscale résulte directement du traitement retenu en comptabilité et ne nécessite aucune correction extra-comptable. Au cas d'option pour l'étalement, les subventions d'investissement sont comptabilisées en capitaux propres (compte n° 131 « Subvention d'équipement »). La subvention est rattachée aux résultats, dans les conditions susvisées, en créditant le compte n° 777 « Quote-

fiscal et social applicable à certaines aides accordées par l'État dans le cadre de la crise sanitaire liée au Covid-19.

(167) *BOFiP*, BOI-BIC-PDSTK-10-30-10-20, n° 100.

part de subventions d'investissement virées au résultat de l'exercice », par le débit du compte n° 139 « Subventions d'investissement inscrites au compte de résultat ». À l'issue de la période d'étalement, les comptes n° 131 et n° 139 sont soldés l'un par l'autre[168].

Exemple

(Hors TVA)

Soit une subvention publique d'équipement allouée à une entreprise dans les conditions suivantes :

– montant : 10 000 € ;
– date d'attribution officielle : 30 mai N ;
– date de paiement effectif : 25 août N.

Cette subvention a permis l'achat d'un nouveau matériel dans les conditions suivantes :

– prix du matériel : 20 000 € ;
– date de l'achat : 30 juin N ;
– date de paiement : 30 août N ;
– mise en service : immédiate ;
– amortissement : linéaire sur cinq ans.

Écritures en N :

– l'annuité d'amortissement sera de : 20 000 € × 20 % × 180/360 = 2 000 € ;
– la reprise de la subvention sera donc de : 10 000 € × 20 % × 180/360 = 1 000 €.

N° DU COMPTE	LIBELLÉ DU COMPTE	DÉBIT	CRÉDIT
	30 mai N		
4411	État, subvention d'investissement à recevoir	10 000	
131	Subvention d'équipement		10 000
	30 juin N		
2154	Matériel industriel	20 000	
404	Fournisseurs d'immobilisations		20 000
	25 août N		
512	Banque	10 000	
4411	État, subvention d'investissement à recevoir		10 000
	30 août N		
404	Fournisseurs d'immobilisations	20 000	
512	Banque		20 000
	31 décembre N		
681	Dotations aux amortissements	2 000	
2815	Amortissements du matériel industriel		2 000

(168) *BOFiP*, BOI-BIC-PDSTK-10-30-10-20, n° 180.

N° DU COMPTE	LIBELLÉ DU COMPTE	DÉBIT	CRÉDIT
139	Subventions d'investissement inscrites au compte de résultat	1 000	
777	Quote-part des subventions d'investissement virée au résultat de l'exercice		1 000

Écritures de N+1 à N+4 :

– l'annuité d'amortissement sera de : 20 000 € × 20 % = 4 000 € ;

– la reprise de la subvention sera donc de : 10 000 € × 20 % = 2 000 €.

	31 décembre N+1 à N+4		
681	Dotations aux amortissements	4 000	
2815	Amortissements du matériel industriel		4 000
139	Subventions d'investissement inscrites au compte de résultat	2 000	
777	Quote-part des subventions d'investissement virée au résultat de l'exercice		2 000

Écritures en N+5 :

– l'annuité d'amortissement sera de : 20 000 € × 20 % × 180/360 = 2 000 € ;

– la reprise de la subvention sera donc de : 10 000 € × 20 % × 180/360 = 1 000 € ;

– solde des comptes de capitaux propres, à hauteur de : 10 000 €.

	31 décembre N+5		
681	Dotations aux amortissements	2 000	
2815	Amortissements du matériel industriel		2 000
139	Subventions d'investissement inscrites au compte de résultat	1 000	
777	Quote-part des subventions d'investissement virée au résultat de l'exercice		1 000
131	Subvention d'équipement	10 000	
139	Subventions d'investissement inscrites au compte de résultat		10 000

2° L'étalement des aides publiques à la recherche

738. - Conditions de l'étalement. Par exception à la règle de l'imposition immédiate des subventions d'exploitation, l'article 236-I bis du Code général des impôts donne la possibilité aux entreprises d'étaler dans le temps les subventions allouées par l'Union européenne (ou par les organismes créés par les institutions de l'Union européenne), l'État, les collectivités territoriales et les établissements publics spécialisés dans l'aide à la recherche scientifique ou technique (par ex., ANVAR, ADEME…), et qui sont affectées au financement de dépenses de recherche que l'entreprise a choisi d'immobiliser conformément à l'article 236-I dudit code (V. *supra*, n°s 396 et s.).

739. – Modalités de l'étalement. Les subventions concernées sont rattachées aux résultats imposables à concurrence des amortissements du montant des dépenses de recherche qui ont été immobilisées. Si la subvention ne finance qu'une partie de ces dépenses, le rattachement s'effectue sur la durée d'amortissement retenue en comptabilité (cinq ans au maximum)[169].

Dans la mesure où le Plan comptable général ne prévoit pas un tel étalement, une correction extra-comptable est à effectuer sur l'imprimé fiscal n° 2058-A-SD. La première année ; déduction de la fraction de la subvention dont l'imposition est reportée sur les années suivantes (ligne XG). Les années suivantes ; réintégration de la fraction annuelle (ligne WQ).

B. – Les profits de la propriété industrielle

740. – Nouveau régime, nouvelle approche. Jusqu'aux exercices ouverts *avant* le 1er janvier 2019, les produits de la propriété industrielle relevaient du régime des plus-values à long terme[170]. À partir des exercices ouverts *depuis* le 1er janvier 2019, il est institué un nouveau régime de faveur optionnel détaché du régime des plus-values professionnelles, qui se caractérise par une imposition réduite à 10 % (CGI, art. 238 nouveau)[171]. L'approche du législateur est également différente. Dans le cadre d'une nouvelle approche, dite « Nexus » (elle-même issue de l'article 5 du projet « Beps »), le résultat net des cessions, concessions ou sous-concession est affecté d'un coefficient (« ratio nexus ») qui dépend de la proportion de dépenses de recherche et de développement que le contribuable réalise lui-même. Le résultat obtenu est ensuite imposé séparément au taux de 10 % (1°). Par ailleurs, la loi limite la déduction des redevances lorsqu'il existe des liens de dépendance entre le concédant et le concessionnaire lorsque le concédant est sous-imposé (CGI, art. 39-12 ter nouveau)[172] (2°).

1° L'imposition réduite des produits de la propriété industrielle

741. – Domaine d'application. Le champ d'application du régime de faveur est défini largement (CGI, art. 238, I). *Rationae personae*, sont concernées aussi bien les entreprises soumises à l'IS que celles qui relèvent de l'IR selon un mode réel d'imposition. *Rationae materiae*, le nouveau régime s'applique aux résultats nets de cession, concession ou sous-concession de licence d'exploitation de brevets, logiciels protégés par le droit d'auteur, certificats d'utilité, certificats complémentaires, certificats d'obtention végétale et procédés de fabrication. Les inventions brevetables non brevetées bénéficiaient du régime de faveur si leur brevetabilité avait été certifiée par l'INPI et si

(169) *BOFiP*, BOI-BIC-PDSTK-10-30-10-40, n° 40.

(170) Pour le détail de ce régime, V. la 1re édition de l'ouvrage, nos 709 et s.

(171) L. fin. 2019, n° 2018-1317, 28 déc. 2018, art. 37. – J.-L. Pierre, *Réforme du régime d'imposition des produits de cession ou concession de brevets : Dr. fisc.* 2019, n° 1-2, comm. 21. – C. Silberstein et R. Bricard, *Réforme des modalités d'imposition des produits de la propriété industrielle : un environnement fiscal international complexe, des opportunités pour les logiciels : Dr. fisc.* 2019, n° 9, étude 172. – P. Collin et M. Lamort, *Coopération entre créateur et distributeur de logiciel : application des régimes de faveur et appréciation du risque d'abus : Dr. fisc.* 2020, n° 6-7, étude 135. – Ph. Oudenot, *Le régime des produits et charges de la propriété industrielle : Dr. fisc.* 2020, n° 25, étude 273.

(172) L. fin. 2019, n° 2018-1317, 28 déc. 2018, préc., art. 38.

elles étaient exploitées par une PME[173] (CGI, art. 238, I, 5°), mais la loi de finances pour 2023[174] a abrogé cette disposition[175].

742. - Conditions d'application. Au cas de *cession* de droits de la propriété industrielle, ces derniers doivent figurer au bilan depuis au moins *deux ans* (mais seulement dans l'hypothèse d'une acquisition à titre onéreux), et il ne doit pas exister de lien de dépendance entre le cédant et le cessionnaire. En revanche, au cas de *concession* ou de *sous-concession* de droits, ces deux conditions ne sont pas requises, mais les redevances versées à une entreprise « liée » ne sont déductibles des résultats que dans une certaine proportion (V. *infra*, 2°).

743. - Résultat net de cession, concession ou sous-concession. Il convient de déterminer autant de résultats nets que de concessions, sous-concessions ou cessions d'actifs – ou groupes d'actifs – incorporels éligibles. Le résultat net imposable au cas de concession s'entend de la différence entre les revenus générés par un actif éligible au cours de l'exercice et les dépenses de recherche et de développement (« R&D ») afférentes à cet actif et réalisées par l'entreprise au cours du même exercice[176] (CGI, art. 238, II, 1). Notons que pour le premier exercice au titre duquel le résultat net est calculé (par ex., celui où est concédé un actif éligible), les dépenses de R&D antérieures à cet exercice peuvent être retenues, mais uniquement celles qui ont été supportées après que l'entreprise a opté pour le régime de faveur[177].

Si le résultat est négatif, il ne peut être imputé que sur les résultats nets bénéficiaires de cession, concession ou sous-concession du même actif, du même bien ou de la même famille de biens, réalisés au cours des exercices suivants (CGI, art. 238, II, 2).

À noter : Dans le régime antérieur à 2019 – fondé sur le régime des plus-values professionnelles – les moins-values à long terme étaient imputables sur les résultats ordinaires.

Si le résultat est positif, il est ensuite affecté du « ratio nexus » (V. *infra*, n° 744). Les mêmes règles s'appliquent aux résultats nets de la concession (CGI, art. 238, II), de la sous-concession (CGI, art. 238, VI), et de la cession (CGI, art. 238, VII) d'actifs éligibles.

744. - Ratio nexus. Le « ratio nexus » correspond au rapport entre, au numérateur, les dépenses éligibles, et, au dénominateur, les dépenses totales (CGI, art. 238, III, 1).

Au numérateur, ne figurent que les dépenses de R&D présentant un lien direct avec la *création* et le *développement* de l'actif incorporel (frais de personnel, de prise et de maintenance du brevet...), réalisées par le contribuable ou qui ont été externalisées auprès d'entreprises non liées (au sens de l'article 39, 12 du CGI). Par ailleurs, les dépenses figurant au numérateur sont majorées de 30 %[178] (CGI, art. 238, III, 2).

(173) Entreprises dont le chiffre d'affaires mondial du groupe auquel elle appartient n'excède pas 50 M€ et dont les revenus bruts issus de la totalité des actifs incorporels ne dépassent pas 7,5 M€ par an.

(174) L. n° 2022-1726, 30 déc. 2022, art. 72 ; *BOFiP*, BOI-BIC-BASE-110-10, § 70 ; BOI-BIC-BASE-110-20, § 150.

(175) Pour l'IR dû au titre de l'année 2022 et pour l'IS dû au titre des exercices clos à compter du 31 décembre 2022.

(176) Les dépenses de recherche et de développement (R&D) sont les mêmes que celles qui figurent au dénominateur du *ratio nexus*, mais pour ces dernières, on prend en compte les dépense de R&D depuis l'origine.

(177) Rapp. AN n° 1302, p. 485.

(178) Le rapport entre ces dépenses telles que majorées de 30 % et les dépenses figurant au dénominateur est arrondi au nombre entier supérieur, sans qu'il puisse être supérieur à 100 %.

Au dénominateur, figurent l'ensemble des dépenses éligibles au régime de faveur en lien direct avec la *création*, *l'acquisition* et le *développement* de l'actif.

Ce ratio doit être calculé tous les ans, en retenant, pour chaque actif ou groupe d'actifs éligibles au régime de faveur, les dépenses relatives à cet actif ou groupe d'actifs, réalisées par le contribuable *au cours de l'exercice concerné et des exercices antérieurs*[179].

Le contribuable peut réfuter le « ratio nexus » et le remplacer par un ratio différent qui représente la proportion de la valeur de l'actif éligible qui serait effectivement attribuable aux activités de recherche et de développement réalisées par le contribuable lui-même ou des entreprises non liées à lui. Cette proportion serait celle que lui reconnaîtraient des personnes non liées avec le contribuable qui auraient engagé, dans des conditions analogues, ces activités de recherche et de développement (CGI, art. 238 III, 3). Le contribuable doit pour cela demander un agrément (valable pour cinq exercices) qui ne lui sera accordé que si deux conditions sont réunies : 1/ le « ratio nexus » est supérieur à 32,5 % et 2/ le ratio de remplacement est significativement supérieur au « ratio nexus » du fait de circonstances exceptionnelles indépendantes de la volonté du contribuable.

745. – Imposition. Le produit du résultat net de concession, sous-concession ou cession d'actifs éligibles par le « ratio nexus » est imposé séparément au taux de 10 % (+17,2 % de prélèvements sociaux additionnels pour les entreprises qui relèvent de l'IR)[180]. Il est également possible d'imputer ce bénéfice sur le déficit d'exploitation de l'exercice[181]. Le régime de faveur est par ailleurs optionnel. L'option est formulée pour chaque actif, bien ou service, dans la déclaration de résultat de l'exercice au titre duquel elle est exercée (CGI, art. 238, IV et V, al. 1). Par exception, que ce soit pour le calcul du *résultat net* ou du *ratio nexus*, les entreprises sont autorisées à faire masse des dépenses afférentes à une famille homogène de biens ou services, à condition néanmoins qu'elles justifient de l'impossibilité pour elles d'effectuer un suivi individuel par actif et qu'elles s'astreignent au respect d'une permanence et d'une cohérence dans la méthode retenue (CGI, art. 238, IV, al. 2). Quelle que soit la méthode retenue, l'entreprise doit fournir une annexe à sa déclaration de résultat qui détaille les calculs du résultat net et du « ratio nexus ». Elle est également tenue à une obligation documentaire qui permettra à l'administration fiscale de vérifier les modalités de détermination du résultat net soumis au taux réduit (LPF, art. L. 13 BA)[182].

(179) Ces modalités ont pour effet d'obliger le contribuable à un suivi précis pour chaque actif ou groupe d'actifs, depuis l'origine de l'actif. Toutefois, il a été décidé que pour les exercices ouverts en 2019 et 2020, les entreprises sont autorisées à apprécier globalement le « ratio nexus » à leur niveau, en ne retenant que les dépenses de l'année en cours et des deux années antérieures. Et pour les exercices ouverts à compter de 2021, à ne retenir au titre des dépenses réalisées au cours des exercices antérieurs que celles réalisées au titre des exercices ouverts à compter de 2019 (mais le ratio nexus individualisé est obligatoire) (CGI, art. 238, III-2, al. 2).

(180) Le taux de 10 % s'applique aussi aux produits perçus par un inventeur personne physique et ses ayants droit au titre de la cession ou de la concession de licences d'exploitation d'un logiciel protégé par le droit d'auteur, d'une invention brevetable ou d'un actif incorporel (CGI, art. 93 quater, I). Dans l'hypothèse d'une société de personnes semi-transparente, seuls les associés soumis à l'IS ou les personnes physiques participant personnellement à l'exploitation peuvent appliquer le taux réduit sur leur quote-part de bénéfice soumis au taux réduit (L. fin. 2020, n° 2019-1479, 28 déc. 2019, art. 56).

(181) L. fin. 2020, n° 2019-1479, 28 déc. 2019, art. 50.

(182) À défaut de production dans les trente jours d'une mise en demeure, l'entreprise est passible d'une amende égale à 5 % du montant des revenus imposés au taux réduit et tirés des actifs concernés (CGI, art. 1740-0 C).

À noter : L'entreprise qui cesse d'appliquer le régime de faveur au titre d'un exercice donné en perd définitivement le bénéfice, pour chaque actif, bien ou service, ou famille de biens ou services concernés (CGI, art. 238, V, al. 4).

2° Limitation de la déduction des redevances versées à une entreprise liée

746. - **Plafonnement de déduction.** L'entreprise qui verse les produits de la propriété industrielle est elle-même affectée par une limite fiscale particulière dans la déduction de sa charge lorsque le bénéficiaire est une entreprise liée au sens de l'article 39-12 du CGI.

D'après ce texte (al. 2), des liens de dépendance sont réputés exister entre deux entreprises lorsque l'une détient directement ou par personne interposée la majorité du capital social de l'autre ou y exerce en fait le pouvoir de décision, ou lorsqu'elles sont placées l'une et l'autre sous le contrôle d'une même entreprise tierce au sens qui vient d'être indiqué.

Dans une telle situation, les redevances versées à l'entreprise « liée » sont exclues des charges déductibles, à hauteur d'une certaine fraction, si le bénéficiaire n'est pas soumis à un impôt sur le revenu ou sur les bénéfices dont le taux effectif est au moins égal à 25 %.

Cette fraction non déductible est égale au produit du montant des redevances par le rapport existant entre, au numérateur, la différence entre 25 % et le taux effectif d'imposition auquel ont été soumises les redevances et, au dénominateur, 25 % (CGI, art. 39, 12 ter, al. 1).

Lorsque les redevances sont versées à une entreprise ayant elle-même pris en concession un droit incorporel auprès d'une entreprise qui lui est liée (situation de sous-concession), les conditions de déductibilité sont appréciées au regard du taux effectif d'imposition au niveau de cette dernière entreprise (CGI, art. 39, 12 ter, al. 2).

La limitation de déduction ne s'applique toutefois que si le bénéficiaire n'est pas installé sur le territoire de l'UE ou de l'EEE et qu'il bénéficie d'un régime d'imposition des redevances considéré comme dommageable par l'OCDE (CGI, art. 39, 12 ter, al. 3).

Le résultat net des concessions de licences d'exploitation est soumis au taux réduit des plus-values à long terme (IR ou IS) si les droits concédés figurent au bilan du concédant depuis deux ans (le régime de faveur ne s'applique qu'à l'issue de ce délai).

Par « résultat net », il faut entendre la différence entre les redevances acquises au cours de l'exercice et les dépenses de gestion liées à la concession des droits incorporels (à l'exclusion des dépenses de recherche déduites du résultat et de l'amortissement des brevets).

Exemple

Acquisition du brevet en N-2 : 80 000 €.
Frais de recherche et de développement relatif à ce brevet en N-1 : 20 000 €.
Frais de recherche et de développement relatif à ce brevet en N : 30 000 €.
Redevances de concession de licence de brevet en N : 160 000 €.
La société opte pour le régime de faveur au titre de N.

Résultat net de concession en N : 160 000 € – 30 000 € = 130 000 €.

Ratio « Nexus » sur la période :
– au numérateur : 20 000 € + 30 000 € = 50 000 € × 130 % = 65 000 € ;
– au dénominateur : 80 000 € + 20 000 € + 30 000 € = 130 000 €
– soit : 65 000 / 130 000 = ***50 %.***
Imposition :
– 130 000 € × 50 % = 65 000 € (à déduire extra-comptablement) ;
– 65 000 € × 10 % = 6 500 € (montant d'IS à payer).

§ 3. – Les opérations de location et de crédit-bail

747. – Situation fiscale du bailleur et du preneur. Le Code général des impôts contient un certain nombre de dispositions qui dérogent au droit comptable dans le domaine de la location de biens. Il est ainsi prévu un système de plafonnement des amortissements constatés en comptabilité sur les biens donnés en location par les entreprises (A). La situation fiscale du preneur à bail dans le cadre d'un contrat de crédit-bail est elle-même singulière (B), tout comme celle d'une entreprise bailleresse ayant conclu un bail à construction (C).

A. – Le plafonnement de l'amortissement des biens donnés en location

748. – Règles générales. Par principe, l'amortissement des biens donnés en location, ou mis à disposition sous toute autre forme (crédit-bail notamment), est réparti sur leur durée normale d'utilisation (CGI, art. 39 C-I, al. 1er), quelle que soit la durée de la location (CGI, ann. II, art. 30). La référence à la « durée normale d'utilisation » du bien renvoie aux usages comptables. Mais de quels usages parle-t-on ? L'administration fiscale considère qu'il faut retenir les usages applicables dans la branche d'activité de l'entreprise locataire du bien[183], mais le Conseil d'État a déjà validé un taux d'amortissement conforme aux usages professionnels de la société bailleresse[184]. De manière dérogatoire, les sociétés de crédit-bail, ou celles qui donnent en location des biens avec option d'achat, peuvent, sur option, répartir l'amortissement de ces biens sur la durée des contrats (CGI, art. 39 C-I, al. 2 et 3).

749. – Biens loués par une personne physique. Afin d'éviter la création artificielle de déficits fiscaux imputables sur le revenu global des contribuables à l'IR qui pouvaient fixer le montant des loyers perçus à un niveau inférieur à celui des amortissements déduits, il a été institué une règle de plafonnement fiscal des amortissements sur des biens loués ou mis à disposition, directement ou indirectement, par une personne physique (ou par une société de personnes, V. *infra*, n° 750)[185]. Ce dispositif figure actuellement à l'article 39 C-II du Code général des impôts.

La règle est simple : l'amortissement fiscalement déductible des biens donnés en location par une personne physique ne peut excéder le montant du loyer perçu diminué des autres charges afférentes au bien loué. Donc, si l'entreprise n'a perçu aucun loyer, elle ne peut déduire aucun amortissement[186]. Quant aux charges admises en déduction des loyers, il s'agit essentiellement des frais d'entretien et de réparation

(183) *BOFiP*, BOI-BIC-AMT-20-40-10-10, n° 10.
(184) CE, 25 janv. 1984, n° 34642 : *RJF* 3/84, n° 274 (taux de 10 % pour des bureaux donnés en location).
(185) L. n° 98-546, 2 juill. 1998 portant diverses dispositions d'ordre économique et financier, art. 77.
(186) CE, 8 févr. 1984, n° 43931 : *RJF* 04/84, n° 411 (amortissement d'un brevet donné en location).

des biens donnés en location, des frais d'assurance ou d'emprunt, ainsi que des frais fiscaux qui se rapportent à ces mêmes biens.

La limite de déduction des amortissements doit être appréciée de façon globale, pour l'ensemble des biens loués, par différence entre tous les loyers perçus et toutes les charges exposées par l'entreprise. Seules les dotations normales aux amortissements, calculées sur la durée d'usage du bien loué, sont prises en compte pour l'application de la règle de plafonnement (les entreprises qui pratiquent un amortissement exceptionnel ne sont donc pas pénalisées). Si l'élément loué est un bien « somptuaire », l'amortissement à retenir pour la mise en œuvre de la règle de plafonnement fiscal est celui qui n'est pas déjà exclu par application de l'article 39-4 du Code général des impôts (véhicules de tourisme notamment, V. *supra*, n°s 577 et s.)[187].

Les amortissements excédentaires au plan fiscal sont à réintégrer de façon extra-comptable sur l'imprimé fiscal n° 2058-A-SD (case WE et ligne XE). Ces amortissements ne sont pas perdus pour autant ; ils sont déductibles des résultats des exercices suivants, de façon extra-comptable, sous les mêmes limites (CGI, art. 39 C-II, 3, al. 1er). Si le bien n'est plus loué ou mis à disposition au cours d'un exercice, la fraction reportée est imputée sur cet exercice, ou ceux des exercices suivants si le résultat n'est pas suffisant (CGI, art. 39 C-II, 3, al. 2).

750. - **Biens loués par une société de personnes.** Le risque d'une création artificielle de déficits consécutif à la location de biens amortissables, déjà souligné à propos des entreprises individuelles, est également présent dans les sociétés semi-transparentes. C'est la raison pour laquelle le législateur leur avait étendu la règle de plafonnement des amortissements. Par exception, les opérations de financement qui présentaient un intérêt économique et social significatif n'étaient pas soumises au plafond fiscal si elles obtenaient un agrément (cas des « GIE fiscaux »). Afin de prévenir la condamnation de la France pour incompatibilité de cette disposition avec les règles communautaires en matière d'aides d'État, le législateur a repris le dispositif[188]. Les nouvelles règles en matière de plafonnement des amortissements dépendent désormais de la qualité des associés et du lieu de situation des biens (CGI, art. 39 C-II, 1)[189].

La quote-part de résultat revenant aux associés personnes physiques est déterminée en appliquant le plafonnement fiscal prévu pour les locations effectuées par de tels contribuables.

Pour les associés personnes morales, la déduction fiscale des amortissements est possible, mais affectée de trois limites : 1) la déduction est réservée aux biens donnés en location ou mis à disposition qui sont situés, exploités ou immatriculés en France ou dans un autre État partie à l'accord sur l'Espace économique européen ayant conclu avec la France une convention fiscale contenant une clause d'assistance administrative destinée à lutter contre l'évasion fiscale internationale[190] ; 2) pendant les

(187) *BOFiP*, BOI-BIC-AMT-20-40-50, n° 180.

(188) L. fin. rect. 2006, n° 2006-1771, 30 déc. 2006, art. 77, applicable aux contrats conclus depuis le 1er janvier 2007.

(189) P. Fumenier, *GIE fiscaux : la loi trace les contours d'une renaissance : Dr. fisc.* 2006, n° 52, étude 72. – H. Israël et B. Knadjian, *Les nouvelles opportunités offertes par le régime des GIE fiscaux : NF* 1er juill. 2007, n° 983, p. 17 et s.

(190) Si les biens loués sont situés dans un État qui n'est pas partie à l'accord sur l'Espace économique européen ou qui n'a pas conclu avec la France une convention d'assistance administrative, la déduction fiscale des amortissements reste plafonnée au montant des loyers diminués des autres charges afférentes au bien loué, sauf pour le calcul de la quote-part des résultats qui revient à une société utilisatrice des biens (CGI, art. 39 C-II, 1, al. 3 et 4).

trente-six premiers mois qui suivent la location, la déduction est plafonnée au triple des loyers reçus ; 3) l'imputation des déficits revenant aux associés soumis à l'IS fait l'objet d'une limitation particulière : les déficits correspondant au montant des amortissements dont la déduction est autorisée sont limités au quart du bénéfice soumis à l'IS au taux normal que chaque associé retire du reste de ses activités (cette limite s'applique uniquement au titre des douze premiers mois d'amortissement).

La fraction non déductible des amortissements est reportable sur les exercices suivants dans le respect de la limite de déduction applicable à l'exercice d'imputation. Il en va de même pour la fraction de déficit non imputable ; elle peut être déduite des bénéfices des exercices suivants, dans la limite du quart des bénéfices de l'exercice d'imputation.

Si la location est consentie par une société de personnes à ses associés personnes morales utilisatrices des biens, les limites tenant au plafonnement des amortissements et des déficits ne s'appliquent pas pour le calcul de la quote-part de résultat leur revenant.

751. – **Biens loués à un dirigeant ou au personnel.** Le plafonnement des amortissements visé à l'article 39 C-II du Code général des impôts s'applique également aux biens mis par une entreprise à disposition de l'un de ses dirigeants ou d'un membre du personnel (CGI, ann. II, art. 32, al. 1er).

Dans ce cas, le loyer versé par l'intéressé est augmenté, s'il y a lieu, de la valeur déclarée à l'administration au titre de l'avantage en nature qui lui est accordé (al. 2). Les amortissements qui excèdent cette limite devront être réintégrés dans le résultat imposable.

Il n'est, cette fois, pas nécessaire que l'entreprise relève de l'IR, car la mesure obéit à un objectif différent. Il ne s'agit plus, en effet, d'empêcher l'imputation de déficits fictifs, mais d'éviter les transferts abusifs de bénéfices vers une personne intéressée à l'entreprise.

B. – Le régime fiscal des contrats de crédit-bail

752. – **Définition et régime général.** Le crédit-bail est une opération de location de biens d'équipement ou d'immeubles professionnels par une entreprise les ayant acquis à cet effet, donnant la faculté au locataire d'en acquérir tout ou partie moyennant une prime convenue à l'avance tenant compte, pour partie au moins, des loyers versés (V. C. mon. fin., art. L. 313-7).

C'est le bailleur qui est propriétaire du bien et qui a le droit de l'amortir, dans les conditions et limites susexposées (V. *supra*, nos 748 et s.). Au cas de cession des biens loués au locataire qui en avait la jouissance, les plus et moins-values réalisées sont exclues du régime du long terme et sont traitées comme des résultats ordinaires (CGI, art. 39 duodecies-7).

Quant au preneur, il peut déduire les loyers versés, acquérir le bien en fin de bail, voire céder le bail lui-même. À cet égard, si la situation du crédit-bailleur de biens mobiliers n'est guère originale (1°), celle du crédit-preneur de biens immobiliers est plus spécifique (2°).

1° Crédit-bail mobilier

753. – **Location et acquisition du bien.** Une entreprise qui acquiert un bien d'investissement au moyen d'un contrat de crédit-bail mobilier n'en est pas propriétaire mais

simplement locataire ; elle ne peut donc déduire aucun amortissement, à l'inverse du crédit-bailleur.

En revanche, les loyers versés sont déductibles selon des modalités et limites qui ont déjà été décrites (en ce qui concerne la comptabilisation des loyers inégaux, V. *supra*, n° 317 ; en ce qui concerne la déduction des loyers relatifs aux véhicules de tourisme, V. *supra*, n° 579).

NB : Pour les sociétés soumises à l'IS, les loyers de crédit-bail sont pris en compte au titre de la limitation générale de déduction des charges financières nettes (V. *supra*, n° 727).

À l'issue du contrat de crédit-bail, le preneur qui a levé l'option devient propriétaire du bien et doit l'inscrire à son bilan pour le prix convenu (cette valeur est amortissable sur une durée correspondant à la durée d'utilisation du bien appréciée à la date de la levée de l'option).

En ces matières, il n'existe pas de distorsions entre la comptabilité et la fiscalité, hormis la fraction excédentaire des loyers des véhicules de tourisme qui doit être réintégrée.

754. – **Cession et acquisition du contrat.** Avec l'accord du crédit-bailleur, le crédit-preneur peut céder le contrat de crédit-bail mobilier à un tiers qui le remplace dans ses droits. La cession du contrat suit le régime des plus-values professionnelles (CGI, art. 39 duodecies A), étant précisé que le régime du long terme est réservé aux entreprises qui relèvent de l'IR.

Pour le cédant, souscripteur initial du contrat, la plus-value est nécessairement égale au prix de cession. Si la cession a lieu moins de deux ans après la signature du contrat, la plus-value est entièrement à court terme. Si la cession a lieu plus de deux ans après, la plus-value est à court terme à concurrence de la fraction des loyers qui correspond aux amortissements que le cédant aurait pu pratiquer s'il avait été propriétaire du bien, en retenant une base de calcul égale au prix d'acquisition du bien par le bailleur tel que diminué du prix de l'option prévu au contrat et en utilisant le mode linéaire sur la durée du contrat (CGI, art. 39 duodecies A-1).

Chez le cessionnaire, le contrat de crédit-bail est traité comme une immobilisation incorporelle amortissable selon le mode linéaire, en fonction de la durée normale d'utilisation du bien restant à courir (la base d'amortissement est constituée par le prix d'acquisition du contrat de crédit-bail). Il peut également déduire le montant des loyers qu'il verse à la société de crédit-bail. S'il lève l'option à l'issue du contrat, il pourra amortir le bien acquis (dans ce cas, la base d'amortissement est constituée par le prix d'acquisition du contrat de crédit-bail, diminué du montant des amortissements pratiqués, mais majoré du prix de levée de l'option). Et s'il cède à son tour le contrat de crédit-bail, la fraction de la plus-value réalisée qui correspond aux amortissements pratiqués est à court terme (CGI, art. 39 duodecies A-2).

Il n'y a pas, en principe, de distorsion entre le régime comptable et fiscal des opérations portant sur des contrats de crédit-bail mobilier, si ce n'est, bien sûr, les plus et moins-values à long terme qui doivent être distraites du résultat fiscal imposé au taux normal (V. *supra*, n° 623).

Exemple

Soit un commerçant dont l'exercice coïncide avec l'année civile ayant acquis le 1er juin N un contrat de crédit-bail mobilier pour un prix de 90 000 €. Le 1er janvier N+3, il lève l'option pour un prix de 4 500 €.

- Le contrat acquis s'amortit de façon linéaire sur cinq ans.
- Le bien acquis s'amortit de façon linéaire sur trois ans.

Calcul des amortissements pour la période antérieure et postérieure à la levée de l'option :

- Avant la levée de l'option (amortissement du contrat) :

– N : 90 000 € × 20 % × 210/360 = 10 500 € ;
– N+1 : 90 000 € × 20 % = 18 000 € ;
– N+2 : 90 000 € × 20 % = 18 000 € ;
– total des amortissements : 46 500 €.

- Après la levée de l'option (amortissement du bien) :

– assiette : 90 000 € – 46 500 € + 4 500 € = 48 000 € ;
– amortissement annuel (N+3 à N+5) : 48 000 € / 3 = 16 000 €.

2° Crédit-bail immobilier

755. – Déduction des loyers. Pour les contrats de crédit-bail conclus avant le 1er janvier 1996, les loyers sont intégralement déductibles. Pour les contrats conclus depuis cette date, si le prix de levée de l'option est inférieur au coût d'acquisition du terrain par le bailleur, la fraction des loyers prise en compte pour la détermination du prix de vente à l'échéance et se rapportant au terrain est exclue des charges déductibles chez le preneur (CGI, art. 39-10).

Il faut en effet rappeler que le montant des loyers (ainsi que le prix de l'option) est fixé en tenant compte du prix de revient de l'immeuble loué (frais de construction et d'achat du terrain, frais d'acquisition…). La limite fiscale est parfaitement logique ; le législateur ne veut pas permettre au preneur de déduire des charges se rapportant à un bien alors qu'il fera une plus-value d'acquisition lors de la levée de l'option (celle relative à l'acquisition du terrain, alors que ce bien n'est pas amortissable pour un propriétaire). Cette quote-part de loyers consacrée au terrain doit être communiquée par le crédit-bailleur au preneur.

Dans la mesure où le loyer est réputé être affecté par priorité au financement des frais d'acquisition du bailleur, puis aux éléments amortissables, et enfin seulement aux éléments non amortissables, sa fraction non déductible est reportée sur les dernières années de la période de location[191]. La réintégration est alors inscrite au tableau fiscal n° 2058-ASD (ligne WQ).

NB : Pour les sociétés soumises à l'IS, les loyers de crédit-bail sont pris en compte au titre de la limitation générale de déduction des charges financières nettes (V. *supra*, nos 712 et s.).

756. – Levée de l'option. Le preneur doit, au titre de l'exercice de levée de l'option, procéder à certaines réintégrations de façon à le placer dans la même situation que

(191) *BOFiP*, BOI-BIC-BASE-60-30-10, n° 60.

celle qui aurait été la sienne s'il avait été propriétaire du bien depuis l'origine (CGI, art. 239 sexies et s.). Ici encore, le législateur ne veut pas que le preneur puisse déduire plus de charges qu'un propriétaire ; une fraction des loyers est donc susceptible d'être réintégrée dans les bénéfices imposables.

Le montant de ces réintégrations correspond à la différence positive entre la valeur nette comptable théorique de l'immeuble au jour du contrat[192] et le prix de l'option[193], même si le bailleur a reçu une subvention qui a permis de réduire le montant de la somme à verser par l'acheteur[194]. Le montant à réintégrer dans le résultat imposable est diminué de la fraction des loyers non déductibles en application de l'article 39-10 du Code général des impôts précité (V. *supra*, n° 738). Les réintégrations extra-comptables sont portées sur l'imprimé fiscal n° 2058-A-SD (ligne WQ).

Le prix de revient global de l'ensemble immobilier correspond au prix de l'option augmenté des sommes réintégrées sur le fondement des articles 239 sexies et 39-10 précités et, le cas échéant, du prix d'achat du contrat (CGI, art. 239 sexies C). L'entreprise pourra amortir ce bien sur cette valeur (sauf la valeur du terrain, laquelle correspond au prix d'acquisition par le bailleur). À cet égard, il convient de noter que le prix de revient comptable de l'ensemble immobilier étant inférieur au prix de revient déterminé pour le calcul de l'amortissement en fiscalité, le surplus sera comptabilisé en amortissements dérogatoires.

757. - Cession du contrat. Au cas de cession d'un contrat de crédit-bail immobilier par le souscripteur initial, la plus-value réalisée est égale au prix de cession du contrat. Simplement, les quotes-parts de loyers non déductibles sont considérées comme un élément du prix de revient du contrat, ce qui a pour effet de minorer la plus-value imposable (CGI, art. 39-10).

Lorsque le cédant est soumis à l'IS, la plus-value fait intégralement partie des résultats imposés au taux de droit commun. Si le cédant relève de l'IR et qu'il est titulaire du contrat depuis deux ans au moins, la plus-value est à court terme à hauteur de la fraction déduite des loyers pris en compte pour la détermination du prix de vente diminuée des frais d'acquisition de l'immeuble par le bailleur, et à long terme pour le surplus (CGI, art. 39 duodecies A-1).

Il convient toutefois d'observer que la plus-value sur un terrain (bien non amortissable par nature) détenu depuis au moins deux ans est à long terme, en application des principes généraux (V. *supra*, n° 640). Il apparaît donc nécessaire d'opérer une ventilation entre la fraction des droits cédés qui se rapporte aux droits sur le terrain et celle qui concerne les droits sur les constructions. C'est la loi qui fixe les modalités de cette répartition (V. alinéa suivant).

Chez le cessionnaire, les droits afférents au contrat doivent être assimilés à des éléments non amortissables de l'actif immobilisé pour la fraction du prix auquel ils ont été acquis égale à la somme de la valeur réelle du terrain lors de la cession du

(192) La valeur nette comptable théorique correspond à la différence entre la valeur d'origine diminuée des amortissements que le locataire aurait pu déduire s'il avait été propriétaire de l'immeuble.

(193) Lorsqu'un contrat de quinze ans au moins est conclu avec une SICOMI, la réintégration est limitée à la différence entre le prix d'acquisition du terrain par le bailleur et le prix de l'option (CGI, art. 239 sexies – I, al. 2), mais la sous-location entraîne la perte du régime de faveur (CE, 14 avr. 2022, n° 452251, *SCI Taffin : Dr. fisc.* 2022, n° 25, concl. R. Victor).

(194) CE, 19 juin 2017, n° 395452 : *Dr. fisc.* 2017, n° 48, comm. 559, note P. Fumenier. Selon le Conseil d'État, il n'y a pas lieu de diminuer la valeur de l'immeuble du montant de la subvention répercutée sur le crédit preneur.

contrat et des quotes-parts de loyers non déductibles en application de l'article 39-10 du Code général des impôts précité, diminuée de la valeur du terrain à la signature du contrat (CGI, art. 39 duodecies A-6, al. 1er).

Exemple

Soit une SA ayant conclu un contrat de crédit-bail immobilier avec un établissement financier afin de faire financer la construction de son siège social, dans les conditions suivantes :

• Prix de revient de l'immeuble loué : 1 650 000 €, dont :
– frais d'acquisition : 150 000 € ;
– constructions : 1 275 000 € ;
– terrain : 225 000 €.
• Durée du contrat : quinze ans.
• Loyers (annuités constantes) : 207 071 €.
• Prix de cession à la levée de l'option : 75 000 €.
• Durée d'amortissement des constructions : trente ans.

NB : Le régime est celui des contrats conclus après le 1er janvier 1996.

La société de crédit-bail n'est pas une SICOMI.

La fraction des loyers consacrée au terrain est de 150 000 € (1).

1) La SA doit réintégrer dans le résultat imposable de l'exercice de levée de l'option une somme égale à la différence entre la valeur nette comptable théorique du bien et le prix de cession :

• Valeur nette comptable théorique :
– valeur brute de l'immeuble : 1 500 000 € ;
– amortissements théoriques : 1 275 000 € / 30 × 15 = 637 500 € ;
1 500 000 € – 637 500 € = 862 500 €.
• Différence entre VNC théorique et prix de cession :
862 500 € – 75 000 € = 787 500 €.
• Loyers non déductibles (CGI, art. 39-10) : 150 000 €.
• Montant à réintégrer : 787 500 € – 150 000 € = 637 500 €.

2) La SA peut immobiliser le coût de revient global de l'ensemble immobilier correspondant au prix de l'option augmenté des réintégrations et de la fraction de loyers non déductible.

• Montant immobilisable : 75 000 € + 637 500 € + 150 000 € = 862 500 €.
• Montant amortissable : 862 500 € – 225 000 € = 637 500 €.

3) Au cas de cession du contrat de crédit-bail par le souscripteur initial pour un prix de 1 000 000 € :

• Le montant brut de la plus-value correspond au prix de cession (1 000 000 €).
• Montant net imposable, après déduction des loyers non déductibles :
1 000 000 € – 150 000 € = 850 000 €.
• S'agissant d'une société soumise à l'IS, la plus-value est imposée au taux plein (il n'est donc pas nécessaire de ventiler la fraction de la plus-value entre le terrain et les constructions).

(1) Ce montant correspond à la différence entre la fraction du financement que le crédit-bailleur peut répercuter sur le crédit-preneur (1 650 000 € – 75 000 € = 1 575 000 €), et la fraction du financement affecté à la construction et aux frais d'acquisition (1 275 000 € + 150 000 € = 1 425 000 €).

C. – Le régime fiscal du bail à construction

758. – **Présentation.** Le bail à construction est celui par lequel le preneur s'engage, à titre principal, à édifier des constructions sur un terrain appartenant au bailleur et à les conserver en bon état d'entretien pendant toute la durée du bail (CCH, art. L. 251-1, al. 1er). Il est conclu pour une durée comprise entre dix-huit ans et quatre-vingt-dix-neuf ans, et ne peut se prolonger par tacite reconduction (al. 2). Sauf si le contrat de bail en dispose autrement, le bailleur devient propriétaire des constructions à l'issue du bail (CCH, art. L. 251-2).

759. – **Régime fiscal en cours de bail.** Seul nous intéresse le cas du bail à construction conclu par des entreprises commerciales. Il n'y a guère d'originalité au niveau du traitement fiscal des loyers ; ils sont respectivement imposables et déductibles des résultats du bailleur et du preneur. La seule originalité concerne l'amortissement des constructions qui doivent revenir au bailleur en fin de bail ; le locataire peut les amortir sur la durée du bail (CGI, art. 39 D, al. 2 ; comp. *supra*, n° 426, l'amortissement des constructions sur le sol d'autrui).

760. – **Régime fiscal en fin de bail.** Si la durée du bail est comprise entre dix-huit ans et trente ans, la remise gratuite des immeubles en fin de bail constitue un supplément de loyers imposable. En revanche, lorsque la durée du bail est supérieure ou égale à trente ans, y compris au cas de prorogation du bail[195], la remise des immeubles ne donne lieu à aucune imposition (CGI, art. 33 ter, II). Le bailleur doit alors pratiquer une déduction extra-comptable du produit exceptionnel qu'il a constaté dans ses comptes. Toutefois, l'exonération est limitée au prix de revient de ces constructions ; lorsque le bailleur les a comptabilisées à leur valeur vénale, il reste imposable sur l'écart entre le prix de revient et la valeur vénale[196].

§ 4. – Les opérations liées à l'investissement

761. – **Déduction exceptionnelle et temporaire en faveur de l'investissement (régime initial ; CGI, art. 39 decies)[197].** Les biens d'équipement acquis, fabriqués ou ayant fait l'objet d'un contrat de crédit-bail ou de location avec option d'achat à

(195) La prorogation du bail reporte au nouveau terme convenu entre les parties l'imposition des constructions édifiées par le preneur ; CE, 25 janv. 2006, n° 271523, *Sté Immobilière du Parc* : *RJF* 4/06, n° 388.

(196) CE, 5 nov. 2014, n° 366231, *Sté Casino Guichard-Perrachon* : *Dr. fisc.* 2015, n° 14, comm. 239, concl. V. Daumas, note A. Carpentier.

(197) L. n° 2015-990, 6 août 2015, pour la croissance, l'activité et l'égalité des chances, préc. (loi « Macron », art. 142) ; *BOFiP*, BOI-BIC-BASE-100, 2 sept. 2015.

compter du 15 avril 2015[198] jusqu'au 14 avril 2017[199] ouvrent droit à une déduction complémentaire égale à 40 % de l'investissement.

Sont concernées par la mesure les personnes physiques ou morales soumises à l'IR selon un mode réel d'imposition exerçant une activité industrielle, commerciale, artisanale ou agricole, ainsi que l'ensemble des personnes morales passibles de l'IS[200]. Les entreprises exonérées d'impôt par une disposition particulière sont exclues du bénéfice de la mesure, mais celles exonérées partiellement ou temporairement d'IR ou d'IS peuvent en bénéficier[201].

La déduction ne s'applique en principe qu'aux biens qui peuvent être amortis selon le mode dégressif prévu à l'article 39 A du Code général des impôts[202] (V. *supra*, n° 237) et qui relèvent de l'une des catégories suivantes[203] : 1) les matériels et outillages utilisés pour des opérations industrielles de fabrication ou de transformation (à l'exclusion du matériel mobile ou roulant affecté à des opérations de transport)[204], 2) les matériels de manutention, 3) les installations destinées à l'épuration des eaux et l'assainissement de l'atmosphère, 4) les installations productrices de vapeur, de chaleur ou d'énergie à l'exception des installations de production d'énergie électrique dont la production bénéficie de tarifs réglementés d'achat (sous réserve des matériels destinés à une production d'énergie électrique bénéficiant d'un tarif réglementé), 5) les matériels et outillages utilisés à des opérations de recherche scientifique ou technique[205].

Qu'ils soient ou non amortissables selon un mode dégressif, la déduction s'applique également, jusqu'au 14 avril 2017 : 1) aux logiciels qui contribuent à des opérations industrielles de fabrication et de transformation (logiciels de conception, de simu-

(198) La date d'acquisition à retenir est celle de l'accord sur la chose et sur le prix (*BOFiP*, BOI-BIC-BASE-100, n° 70, ancien). Toutefois, en présence de transactions assorties d'une clause de réserve de propriété, la date à considérer est la date de livraison du bien et non celle du transfert de propriété (*BOFiP*, BOI-BIC-BASE-100, n° 105, ancien).

(199) Initialement fixée au 14 avril 2016, la date butoir a été repoussée d'un an par l'administration, soit jusqu'au 14 avril 2017 (*BOFiP*, BOI-BIC-BASE-100, n° 60, ancien), avant d'être légalisée (L. n° 2016-1321, 7 oct. 2016, pour une République numérique, art. 75). Le dispositif peut aussi s'appliquer aux biens ayant fait l'objet, avant le 15 avril 2017, d'une commande assortie du versement d'acomptes d'un montant au moins égal à 10 % du total de la commande (L. fin. rect. 20016, n° 2016-1918, 29 déc. 2016, art. 99).

(200) *BOFiP*, BOI-BIC-BASE-100, n° 10, ancien.

(201) *BOFiP*, BOI-BIC-BASE-100, n° 23, ancien.

(202) Mais il n'est pas nécessaire que l'amortissement dégressif soit effectivement pratiqué (*BOFiP*, BOI-BIC-BASE-100, n° 50, ancien).

(203) *BOFiP*, BOI-BIC-BASE-100, n° 40, ancien. Cette liste contient des extraits du BOI-BIC-AMT-20-20-20-10 ; elle ne présente pas un caractère exhaustif (*BOFiP*, BOI-BIC-BASE-100, n° 50, ancien). Toutefois, les catégories de biens pouvant être amortis selon le mode dégressif qui ne sont pas mentionnés dans la liste de l'article 39 decies, tels que notamment les biens de nature immobilière, les matériels de magasinage et de stockage ainsi que les matériels de transport, ne sont pas éligibles à la déduction exceptionnelle (*BOFiP*, BOI-BIC-BASE-100, n° 45, ancien).

(204) Des exemples précis sont fournis par l'administration (*BOFiP*, BOI-BIC-BASE-100, n° 40, ancien), tant en ce qui concerne les matériels éligibles à la déduction exceptionnelle (ponceuses, plateaux fourragers, nacelles et plates-formes, grues), que les matériels exclus (hélicoptères et abris de chantiers).

(205) S'agissant des logiciels, ils sont éligibles à la déduction exceptionnelle lorsqu'ils sont indissociables du matériel éligible à l'amortissement dégressif, ou lorsqu'ils contribuent aux opérations industrielles de fabrication et de transformation (par ex. : logiciels de conception ou de simulation) (*BOFiP*, BOI-BIC-BASE-100, n° 50, ancien).

lation, de pilotage ou de programmation), 2) aux remontées mécaniques[206], 3) aux équipements en fibre optique (installations, équipements, lignes et câblages) ne faisant pas l'objet d'une aide publique (biens acquis depuis le 1er janvier 2016)[207], 4) aux appareils informatiques prévus pour une utilisation au sein d'une « baie informatique » (serveurs informatiques rackables, serveurs de stockage et autres équipements de sauvegarde rackables, matériels de réseau rackables, matériel d'alimentation électrique et de secours d'alimentation rackables)[208].

La déduction exceptionnelle est égale à 40 % de la valeur d'origine des biens éligibles, hors frais financiers[209]. Pour les biens pris en crédit-bail ou en location avec option d'achat, la valeur d'origine s'entend de la valeur du bien éligible à la signature du contrat que le locataire aurait pu inscrire à l'actif de son bilan s'il en avait été propriétaire[210].

La déduction est répartie linéairement sur la durée normale d'utilisation des biens (ou celle qui aurait été appliquée si l'entreprise en avait été propriétaire)[211]. Le point de départ du calcul de la déduction est fixé au premier jour du mois de l'acquisition ou de la construction du bien, indépendamment de sa mise en service effective[212]. En cas de cession du bien avant le terme de la période d'utilisation, la déduction n'est acquise à l'entreprise qu'à hauteur des montants déjà déduits du résultat à la date de la cession, qui sont calculés *prorata temporis*[213].

Les composants d'une immobilisation décomposée sont éligibles à la déduction exceptionnelle s'ils sont eux-mêmes éligibles à l'amortissement dégressif compte tenu de leur nature ou si l'immobilisation à laquelle ils se rattachent est éligible à ce mode d'amortissement. La déduction est alors répartie en fonction de la durée d'amortissement propre à la structure et aux différents composants, mais l'administration admet qu'elle soit répartie sur la durée moyenne d'amortissement de l'immobilisation concernée lorsque l'investissement est constitué de l'ensemble de l'immobilisation décomposée[214].

Bien que parfois qualifiée de « suramortissement », la déduction exceptionnelle s'en distingue en ce sens qu'elle ne minore pas la valeur nette comptable du bien et qu'elle est donc sans incidence sur le calcul des plus-values de cession. En outre, elle n'est pas comptabilisée, mais déduite extra-comptablement (tableau n° 2058-A-SD, ligne XG, case X9).

Une mesure similaire a été instituée pour les acquisitions de poids lourds peu polluants (CGI, art. 39 decies A)[215]. Il s'agit des véhicules de plus de 3,5 tonnes fonctionnant exclusivement au gaz naturel (GNV) ou au biométhane carburant (bioGNV). Les entreprises

(206) L. fin. 2016, n° 2015-1785, 29 déc. 2015, art. 26. – V. Fr. Barque, *La fiscalité des remontées mécaniques : Dr. fisc.* 2017, n° 18-19, étude 291.
(207) L. fin. rect. 2015, n° 2015-1786, 29 déc. 2015, art. 32.
(208) *BOFiP*, BOI-BIC-BASE-100, n° 40, ancien (mesure légalisée par L. n° 2016-1321, 7 oct. 2016, pour une République numérique, art. 75, préc.).
(209) *BOFiP*, BOI-BIC-BASE-100, n° 140, ancien.
(210) *BOFiP*, BOI-BIC-BASE-100, n° 170, ancien.
(211) *BOFiP*, BOI-BIC-BASE-100, nos 150 et 180, ancien.
(212) *BOFiP*, BOI-BIC-BASE-100, n° 145, ancien.
(213) *BOFiP*, BOI-BIC-BASE-100, n° 150, ancien.
(214) Cette durée moyenne d'amortissement est calculée à partir de la durée d'amortissement fiscale de chacun des composants de la structure, pondérée en fonction de la valeur de chaque composant et de la structure dans la valeur totale de l'immobilisation (*BOFiP*, BOI-BIC-BASE-100, n° 200).
(215) L. fin. 2016, n° 2015-1785, 29 déc. 2015, art. 23.

peuvent déduire 40 % de la valeur d'origine, hors frais financiers, de ces véhicules affectés à leur activité qu'elles ont acquis entre le 1er janvier 2016 et le 31 décembre 2017.

→ Quelle économie fiscale ?

Pour un matériel éligible payé 120 000 € HT qui sera utilisé pendant quatre ans.	• L'économie d'IS au bout de quatre ans sera de : 120 000 € × 40 % × 33 1/3 % = 16 000 €. • L'économie d'IS annuelle sera de : 16 000 € / 4 = 4 000 €.

762. – Investissements susceptibles de bénéficier d'une déduction exceptionnelle (régime nouveau ; CGI, art. 39 decies A et s.)[216]. Il existe un corps de règles commun à l'ensemble des investissements concernés qui reprend globalement les principes qui avaient été fixés dans le cadre du régime primitif (V. *supra*, n° 761)[217].

Le retraitement fiscal s'effectue sur le tableau n° 2058-A-SD, ligne XG, case YA, YB, YI, YL, YH, YC, ou YD selon les investissements).

Sont concernés les investissements suivants.

• *Investissements dans les poids lourds peu polluants (CGI, art. 39 decies A)*[218]. Le dispositif s'applique, depuis le 1er janvier 2016 jusqu'au 31 décembre 2021, aux achats de véhicules de 2,6 tonnes à 3,5 tonnes (avec un taux de déduction fiscale de 20 %), de véhicules de 3,5 tonnes à 16 tonnes (avec un taux de 60 %) et de véhicules de plus de 16 tonnes (avec un taux de 40 %), lorsqu'ils fonctionnent grâce à une énergie propre : gaz naturel (GNV), biométhane carburant (bioGNV), à l'électricité ou à l'hydrogène.

• *Investissements dans la robotique et la transformation numérique réalisés par des PME soumises à l'IR ou à l'IS (CGI, art. 39 decies B)*[219]. Il s'agit des acquisitions réalisées *entre le 1er janvier 2019 et le 31 décembre 2020* d'équipements de robotique et cobotiques (robotique collaborative), de fabrication additive (impression « 3D »), logiciels utilisés pour les opérations de conception, de fabrication et de transformation (par ex. : logiciels de CAO), les machines intégrées destinées au calcul intensif (supercalculateurs), les capteurs physiques collectant ces données, les machines de production à commande programmable ou numérique, et les équipements de réalité augmentée et de réalité virtuelle. Le bien doit avoir été acquis neuf par l'entreprise (ou fabriqués par elle), ou pris en crédit-bail. La déduction, pratiquée au taux de 40 %, est répartie sur sa durée normale d'utilisation.

• *Investissements en faveur des énergies propres pour le transport fluvial et maritime (CGI, art. 39 decies C)*[220]. Les entreprises à l'IR ou à l'IS peuvent pratiquer une déduction exceptionnelle pour les achats neufs (ou les opérations de crédit-bail), entre le

(216) L. fin. 2016, n° 2015-1785, 29 déc. 2015, art. 23, mod. L. fin. 2017, n° 2016-1917, 29 déc. 2016, art. 13, mod. L. fin. 2018, n° 2017-1837, 30 déc. 2017, art. 21, mod. L. n° 2019-1428, 24 déc. 2019, d'orientation des mobilités, art. 98 et L. fin. 2020, n° 2019-1479, 28 déc. 2019, art. 61 et 62 : *BOFiP*, BOI-BIC-BASE-100.
(217) *BOFIP*, BOI-BIC-BASE-100-10.
(218) *BOFiP*, BOI-BIC-BASE-100-20.
(219) *BOFiP*, BOI-BIC-BASE-100-30.
(220) *BOFiP*, BOI-BIC-BASE-100-40.

1er janvier 2019 et le 31 décembre 2021, de navires ou de bateaux destinés au transport de personnes ou de marchandises, fonctionnant grâce à un mode d'énergie propre. La réduction est de 30 % (pour les navires ou bateaux qui utilisent l'hydrogène ou un autre mode de propulsion décarbonée), et de 25 % (pour ceux qui utilisent le gaz naturel liquéfié). En outre, il est possible de déduire 20 % du coût de certains équipements qui contribuent à une utilisation propre du bien. La déduction est répartie sur la durée normale d'utilisation du bien.

• *Investissements dans les équipements de réfrigération et traitement de l'air à moindre impact sur le climat (CGI, art. 39 decies D)*[221]. Ce dispositif est ouvert à toutes les entreprises qui acquièrent et utilisent ce type de biens à compter du 1er janvier 2019 jusqu'au 31 décembre 2022. La déduction fiscale exceptionnelle est de 40 % de la valeur d'origine du bien susréférencé et elle est répartie linéairement sur sa durée d'utilisation.

• *Acquisition de simulateurs d'apprentissage de la conduite (CGI, art. 39 decies E)*[222]. Les établissements d'enseignement de la conduite et de la sécurité routière agréés soumis à l'IS ou à l'IR peuvent déduire de leur résultat imposable une somme égale à 40 % de la valeur d'origine des simulateurs d'apprentissage de la conduite dotés d'un poste de conduite. La déduction est applicable aux biens acquis à l'état neuf entre le 9 mai 2019 et le 8 mai 2021.

• *Acquisition d'engins non routiers peu polluants (CGI, art. 39 decies F)*[223]. Il s'agit de l'acquisition ou de la prise en crédit-bail de matériel de levage ou de manutention fonctionnant au gaz naturel, à l'électricité ou à l'hydrogène par des entreprises du secteur du bâtiment et des travaux publics. La déduction exceptionnelle est égale à 40 % de la valeur d'origine, mais uniquement pour un investissement entre le 1er janvier 2020 et le 31 décembre 2022.

• *Acquisition d'installations neuves de stockage ou de matériels de manutention ou de distribution de GNR (CGI, art. 39 decies G)*[224]. Ce cas est réservé aux PME qui distribuent du gazole non routier (GNR) et qui acquièrent ou prennent en crédit-bail de tels biens. La déduction exceptionnelle est égale à 40 % de la valeur d'origine du bien susréférencé, mais uniquement pour un investissement entre le 1er janvier 2020 et le 31 décembre 2022.

SECTION 2 LES RÉGIMES FISCAUX PROPRES À CERTAINES ENTREPRISES

763. – Exonération d'impôt sur les bénéfices. Cette fois, les régimes fiscaux dérogatoires ne sont plus réservés à certaines activités, mais à certaines entreprises. La dérogation fiscale prend la forme d'une exonération d'impôt sur les bénéfices (IR ou IS) qui est affectée de deux limites : l'une tenant au montant exonéré, l'autre tenant au lieu d'implantation de l'entreprise.

(221) *BOFiP*, BOI-BIC-BASE-100-50.
(222) *BOFiP*, BOI-BIC-BASE-100-60.
(223) *BOFiP*, BOI-BIC-BASE-100-70.
(224) *BOFiP*, BOI-BIC-BASE-100-80.

Les exonérations fiscales sont presque toujours plafonnées (elles sont aussi limitées dans le temps) du fait de la réglementation communautaire relative aux aides d'État. Les projets de législation doivent en effet être notifiés à la Commission européenne afin de vérifier leur compatibilité avec les règles du marché commun[225], et pour celles qui n'y sont pas astreintes (aides *de minimis*[226], ou qui relèvent du règlement général d'exemption telles les aides à finalité régionale ou aux *PME*[227]), des plafonds sont prévus (les aides *de minimis* sont plafonnées à 200 000 € par périodes de trois ans, à l'exception des entreprises de transport routier pour lesquelles le plafond est de 100 000 €). Aujourd'hui, la plupart des avantages fiscaux sont encadrés par les limites communautaires propres aux aides publiques[228].

Une autre tendance du droit fiscal positif est liée à l'aménagement du territoire (c'est aussi une conséquence de la réglementation communautaire relative aux aides publiques). L'exonération d'IR ou d'IS est en principe réservée aux entreprises qui s'installent sur certaines zones géographiques, ce qui conduit à une forme de morcellement du territoire[229]. Les entreprises nouvelles n'échappent pas à cette contrainte (§ 1). Pour les autres, il existe un grand nombre de zones d'exonération fiscale (§ 2). Certaines entreprises bénéficient toutefois d'un statut spécial ; elles sont exonérées quel que soit leur lieu d'implantation (§ 3).

§ 1. – Les entreprises nouvelles

764. – Condition liée à l'implantation. Toutes les entreprises nouvelles créées entre le 1er octobre 1988 et le 31 décembre 1994 remplissant certaines conditions bénéficiaient d'une exonération d'impôt sur les bénéfices, quel que soit le lieu de leur implantation. Depuis le 1er janvier 1995, et jusqu'au 31 décembre 2010, les entreprises qui s'implantent sur des zones rurales ou urbaines difficiles (zones de « revitalisation rurale » ou de « redynamisation urbaine »)[230] sont exonérées d'IR ou d'IS (CGI, art. 44 sexies). Il en va de même pour les entreprises qui s'installent entre le 1er janvier 2007 et le 31 décembre 2010 sur des zones d'aides à finalité régionale

(225) Il appartient également aux juges nationaux, en application de l'effet direct du traité, de vérifier si les aides n'auraient pas dû être notifiées à la Commission européenne, indépendamment de leur compatibilité ou incompatibilité avec les règles du marché commun (Cass. com., 23 sept. 2008, n° 06-20.945, *Sté Ecomax : Dr. fisc.* 2008, n° 48, comm. 600, note A. Maitrot de La Motte).

(226) Il s'agit des aides qui, en raison de leur faible montant, peuvent être accordées sans autorisation de la Commission européenne. En dernier lieu : Règl. UE n° 1407/2013, 18 déc. 2013 : *JOUE* 24 déc. 2013, n° L 352, p. 1 (*Dr. fisc.* 2014, n° 9, comm. 181), applicable depuis le 1er janvier 2014 jusqu'au 31 décembre 2020. Ce règlement a été prolongé jusqu'au 31 décembre 2023 par le règlement (UE) n° 2020/972 du 2 juillet 2020.

(227) Règl. (UE) n° 651/2014, 17 juin 2014. V. L. Leclercq et J. du Pasquier, *Le nouveau règlement général d'exemption des aides d'État par catégories : quel impact pour les contribuables français ? : Dr. fisc.* 2014, n° 38, comm. 527. Ce règlement a été plusieurs fois modifié par les règlements n° 2017/1084 du 14 juin 2017, n° 2020/972 du 2 juillet 2020, n° 2021/452 du 15 mars 2021 et n° 2021/1237 du 23 juillet 2021.

(228) Y. Benard, *Aides d'État : le temps de l'insouciance est-il révolu ? : RJF* 3/07, p. 195 et s. ; *Les aides d'État sous forme fiscale : Dr. fisc.* 2008, n° 48, étude 595. – M.-H. Pinard-Fabro, *Plafonnement communautaire des allègements fiscaux : encore des incertitudes… : BF* 11/09, p. 863 et s.

(229) B. Plagnet, *Le régionalisme fiscal ou l'émiettement ? : BF* 11/03, p. 797 et s.

(230) Les zones de redynamisation urbaine, ainsi que les zones urbaines sensibles, ont été supprimées à partir du 1er janvier 2015 ; elles sont remplacées par les quartiers prioritaires de la politique de la ville (« QPPV », L. n° 2014-173, 21 févr. 2014, art. 5).

(zones « AFR »)[231]. À compter du 1er janvier 2011, et jusqu'au 31 décembre 2023, seules les entreprises qui s'installent sur des zones « AFR » peuvent bénéficier du régime des entreprises nouvelles (CGI, art. 44 sexies mod.)[232].

La loi prévoit que l'exonération est réservée aux entreprises qui se créent sur ces zones[233], à la condition que le siège social ainsi que l'ensemble de l'activité et des moyens d'exploitation y soient également implantés (CGI, art. 44 sexies-I, al. 2). Toutefois, pour les prestataires de services, il n'est pas nécessaire que la prestation soit réalisée sur la zone où est situé le siège de l'entreprise, pourvu que les principaux moyens d'exploitation le soient[234]. Pour les activités non sédentaires[235] (ventes ambulantes, travaux publics...), les avantages sont maintenus lorsque les opérations externes n'excèdent pas 15 % de leur chiffre d'affaires (CGI, art. 44 sexies-I, al. 3). Au cas de dépassement de ce seuil, les bénéfices réalisés sont imposés dans les conditions du droit commun, en proportion du chiffre d'affaires réalisé en dehors des zones éligibles.

NB : La condition du chiffre d'affaires s'apprécie exercice par exercice[236].

765. - Conditions liées à l'entreprise nouvelle. Sont visées les entreprises individuelles ou sociétaires, soumises à l'IS ou qui relèvent de l'IR selon un régime réel d'imposition (les micro-entreprises sont donc exclues du dispositif), lorsqu'elles remplissent trois conditions.

La première de ces conditions ne concerne que les sociétés ; le capital des sociétés nouvellement créées ne doit pas être détenu, directement ou indirectement[237], pour plus de 50 % par d'autres sociétés (CGI, art. 44 sexies-II). Cette condition s'apprécie

(231) Les zones à finalité régionale sont délimitées par décret (D. n° 2014-758, 2 juill. 2014 ; D. n° 2017-648, 26 avr. 2017 ; D. n° 2020-1790, 30 déc. 2020). Une instruction du 30 juillet 2021 précise les conditions de préparation de la future carte des zones à finalité régionale destinée à remplacer celle actuellement en vigueur jusqu'au 31 décembre 2021 (Circ. n° TERB2123757J, 30 juill. 2021 : *Dr. fisc.* 2021, n° 40, act. 491). La carte française des AFR, valable du 1er janvier 2022 au 31 décembre 2027, a été validée par l'Union européenne (UE, communiqué, 21 janv. 2022). Sur cette base, les pouvoirs publics ont élaboré une nouvelle cartographie des zones à finalité régionale applicable pour la période 2022-2027 (D. n° 2022-968, 30 juin 2022 : *Dr. fisc.* 2022, n° 28, act. 272).

(232) L. fin. 2011, n° 2010-1657, 29 déc. 2010, art. 129.

(233) La date de création est celle du début effectif de l'activité (CE, 14 avr. 1995, n° 135659, *SRGI : RJF* 6/95, n° 707). À titre de règle pratique, l'administration se réfère à la date figurant sur la déclaration d'existence pour les assujettis à la TVA, tout en se réservant la possibilité de démontrer que le début effectif de l'activité se situe à un autre moment (*BOFiP*, BOI-BIC-CHAMP-80-10-10-10, n° 90).

(234) CE, 27 juin 2008, n° 301403, *Bray : RJF* 11/08, n° 1168 (secteur de l'événementiel). – CE, 16 juin 2010, n° 325120, *ESBH : Dr. fisc.* 2010, n° 38, comm. 489 (secteur du bâtiment). – CE, 25 oct. 2010, n° 311524, *Sté Gendry Service Location : RJF* 1/11, n° 21 (entreprise de forage – condition non remplie).

(235) Le Conseil d'État a précisé ce qu'il faut entendre par activité « sédentaire ». Selon lui, une activité est : sédentaire, si elle est réalisée au sein des locaux de l'entreprise ; non sédentaire, si elle est exercée, à raison de ses caractéristiques mêmes, pour une bonne part à l'extérieur de ces locaux (CE, 22 juill. 2022, n° 454426, *Sté Soltéa : Dr. fisc.* 2022, n° 45, comm. 388, concl. E. de Moustier). En l'espèce, il juge que la vente et l'installation de systèmes d'énergie renouvelable directement dans les locaux des clients de la société, ne présentent pas de caractère sédentaire.

(236) *BOFiP*, BOI-BIC-CHAMP-80-10-10-10, n° 200.

(237) Selon la loi, l'existence d'une détention indirecte est établie dans deux situations : *a)* lorsqu'un associé exerce en droit ou en fait des fonctions de direction ou d'encadrement dans une autre entreprise dont l'activité est similaire à celle de l'entreprise nouvelle, ou lui est complémentaire, ou *b)* lorsqu'un associé détient avec les membres de son foyer fiscal 25 % au moins des droits sociaux dans une autre entreprise dont l'activité est similaire à celle de l'entreprise nouvelle, ou lui est complémentaire (CGI, art. 44 sexies-II, al. 2).

à la date à laquelle l'entreprise a effectivement commencé à exercer son activité[238]. Elle doit être remplie aussi longtemps que l'entreprise nouvelle entend bénéficier du régime de faveur[239]. Dans l'hypothèse d'une détention « indirecte » au sens de la loi fiscale, lorsque l'associé de la société nouvelle exerce des fonctions de direction ou possède une participation de 25 % au moins dans une autre société dont l'activité est similaire ou complémentaire, ce dernier caractère ne peut être constaté qu'autant que l'activité est effectivement exercée[240].

La deuxième condition concerne la nature de l'activité exercée par l'entreprise nouvelle. Il doit s'agir d'une activité industrielle, commerciale ou artisanale telle que visée à l'article 34 du Code général des impôts, ou d'une activité de location d'établissements industriels et commerciaux munis de leurs équipements telle que visée à l'article 35-I, 5° du même code (CGI, art. 44 sexies-I, al. 1er). Les activités non professionnelles (sociétés de gestion) et les activités professionnelles non commerciales sont exclues du régime de faveur (sauf, pour ces dernières, celles exercées par des sociétés soumises à l'IS qui emploient au moins trois salariés à la clôture de chaque exercice d'application du dispositif, CGI, art. 44 sexies-I, al. 5). Lorsque plusieurs activités sont exercées simultanément et que l'une n'est pas de nature commerciale, c'est l'ensemble du bénéfice qui est imposé, sauf à ce que l'activité non exonérée ne soit que l'accessoire de l'activité commerciale principale et en constitue le complément indissociable[241]. Les produits financiers ne sont l'accessoire de l'activité commerciale que s'il s'agit de la gestion de la trésorerie courante de l'entreprise nécessaire à l'exercice de son activité principale[242], ou bien si ces produits constituent le complément indissociable d'une activité exonérée[243].

La troisième condition concerne le caractère réellement nouveau de l'activité. C'est bien l'activité de l'entreprise qui doit être nouvelle, et non pas sa forme ou son statut juridique (par ex., la mise en société d'une entreprise individuelle est un cas de reprise d'activité préexistante). Compte tenu de son importance pratique et des très nombreux litiges auxquels elle a donné lieu[244], cette condition fera l'objet d'une étude spécifique au paragraphe suivant.

766. – Appréciation du caractère nouveau de l'activité. Aux termes de l'article 44 sexies-III, alinéa 1er du Code général des impôts :

> « Les entreprises créées dans le cadre d'une concentration, d'une restructuration, d'une extension d'activités préexistantes ou qui reprennent de telles activités ne peuvent pas bénéficier du régime défini au I ».

(238) CE, 6 oct. 2004, n° 248968, *SARL LC réalisation : RJF* 12/04, n° 1234. – CE, 2 mars 2005, n° 265502, *Sté Artecom : RJF* 06/05, n° 537.

(239) CE, 17 oct. 2003, nos 241128, 241128, *Sté L'Aigle Levage : RJF* 1/04, n° 20.

(240) CE, 9 avr. 2014, n° 352036, *M. Leveillé : Dr. fisc.* 2014, n° 24, comm. 375, concl. Cl. Legras, note M. Chadefaux (une société peut prétendre à l'exonération pour la période pendant laquelle son associé exerçait des fonctions de direction dans une autre société mais dont l'activité n'avait pas encore débuté).

(241) CE, 8 juill. 1998, n° 186279, *SARL SQI : RJF* 8-9/98, n° 921. – CE, 29 déc. 2004, n° 256420, *Mikolajczyk : RJF* 3/05, n° 221. – CE, 7 avr. 2006, n° 270958, *Pajani : RJF* 7/06, n° 833.

(242) CE, 9 juill. 2003, n° 230999, *SA Soprofi : RJF* 11/03, n° 1223.

(243) CE, 7 juill. 2006, n° 277455, *Mme Lemahieu : RJF* 10/06, n° 1162.

(244) H. Teissier du Cros et M. Sieraczek-Abitan, *La jurisprudence récente des entreprises nouvelles : traits caractéristiques et questions en suspens : Dr. fisc.* 2005, n° 10, étude 9.

Sont donc exclues : les entreprises créées pour reprendre une activité préexistante, les entreprises issues de restructurations d'activités préexistantes, ainsi que les entreprises créées pour étendre une activité préexistante.

• *Exclusion des entreprises créées pour reprendre une activité préexistante.* Si l'on met de côté le cas du rachat ou de la location-gérance, la reprise d'une activité préexistante suppose deux choses : que l'activité exercée par l'entreprise nouvelle soit identique à celle de l'entreprise préexistante et qu'il y ait eu un transfert de moyens d'exploitation ou, à défaut, une communauté d'intérêts[245]. Selon le Conseil d'État, la reprise de la clientèle est le critère déterminant de la reprise d'activité[246]. La jurisprudence est particulièrement fournie dans le domaine des contrats de concession automobile[247]. Après avoir exigé une stricte identité d'activité[248], la jurisprudence a admis qu'une reprise d'activité préexistante puisse résulter d'une simple identité de clientèle, même si le personnel ou les actifs ne sont pas repris[249]. En revanche, la reprise des moyens d'exploitation est nécessaire si elle intervient longtemps après l'arrêt de l'activité de l'ancien concessionnaire[250], c'est-à-dire plus d'un an après[251].

• *Exclusion des entreprises issues de restructurations d'activités préexistantes.* La restructuration d'activités préexistantes est caractérisée par la réunion de trois conditions : il faut une identité au moins partielle d'activité, des liens commerciaux ou capitalistiques privilégiés entre l'entreprise créée et l'entreprise préexistante et un transfert de moyens d'exploitation vers la nouvelle entité[252]. Le Conseil d'État ne semble pas mettre toutes ces conditions sur le même plan. Selon lui, il ne peut y avoir de restructuration d'activité préexistante faute de liens privilégiés entre les entreprises, même si une partie du personnel, des actifs et de l'activité a été reprise[253]. Alors qu'il considère que, même en l'absence d'identité d'activité, la simple externalisation de fonctions purement administratives, jusque-là exercées au sein d'entreprises préexistantes, peut caractériser une restructuration d'activité préexistante compte tenu des liens particuliers qui unissaient les différentes entreprises[254].

• *Exclusion des entreprises créées pour étendre une activité préexistante.* L'administration fiscale estimait que cette exclusion touchait les réseaux de distribution sélectifs (réseaux de franchises, de partenariat ou de distribution). Le Conseil d'État a censuré cette doctrine dans son arrêt *Pelfrene* du 8 septembre 1999, tout en réservant l'hypothèse

(245) *BOFiP*, BOI-BIC-CHAMP-80-10-10-20, n°s 170 et s.

(246) CE, 8 janv. 1997, n° 147704, *Groebli : RJF* 3/97, n° 206 (une société qui développe son activité dans les locaux et avec le matériel d'une autre société en liquidation de biens, sans reprendre la clientèle de cette entreprise, ne peut être considérée comme ayant été créée pour reprendre une activité préexistante).

(247) V. L. Olléon, *TVA, entreprises nouvelles : l'automobile fait avancer la jurisprudence : RJF* 3/04, p. 162 et s.

(248) CE, 28 oct. 1994, n° 118397, *SOCAB : Dr. fisc.* 1995, n° 9, comm. 370.

(249) CE, 1er juin 2001, n° 211391, *Sté Auto-Leader : Dr. fisc.* 2001, n° 49, comm. 1129. – CE, 13 déc. 2002, n° 224714, *SA Vérité Automobiles : Dr. fisc.* 2003, n° 29, comm. 552. – CE, 13 déc. 2002, n° 224715, *SA PGN Auto : Dr. fisc.* 2003, n° 29, comm. 555 (exonération de taxe professionnelle). Dans ces affaires, le Conseil d'État juge que la reprise d'une concession exclusive implique nécessairement le transfert de la clientèle et donc la reprise d'une activité préexistante ; il ne peut s'agir d'une entreprise nouvelle au sens de la loi.

(250) CE, 13 déc. 2002, n° 224713, *SA Garage Paty Automobiles : RJF* 3/03, n° 269.

(251) CE, 12 janv. 2004, n° 250675, *SA Automobiles de la Vallée : RJF* 4/04, n° 458.

(252) *BOFiP*, BOI-BIC-CHAMP-80-10-10-20, n° 20.

(253) CE, 3 nov. 2006, n° 285581, *Sté Alccad : RJF* 1/07, n° 14.

(254) CE, 16 oct. 2009, n° 308308, *Giraud : RJF* 1/10, n° 11.

où l'entreprise nouvelle est en situation de dépendance économique[255]. La loi de finances pour 2000[256] a consacré cette jurisprudence de la manière suivante :

« L'existence d'un contrat, quelle qu'en soit la dénomination, ayant pour objet d'organiser un partenariat, caractérise l'extension d'une activité préexistante lorsque l'entreprise nouvellement créée bénéficie de l'assistance de ce partenaire, notamment en matière d'utilisation d'une enseigne, d'un nom commercial, d'une marque ou d'un savoir-faire, de conditions d'approvisionnement, de modalités de gestion administrative, contentieuse, commerciale ou technique, dans des conditions telles que cette entreprise est placée dans une situation de dépendance » (CGI, art. 44 sexies-III, al. 2).

En l'absence de contrat de partenariat, l'extension d'une activité préexistante est caractérisée s'il peut être relevé une communauté d'intérêts entre les entreprises concernées et que l'activité de l'entreprise créée prolonge celle de l'entreprise préexistante[257]. L'administration fiscale considère que cela concerne notamment les GIE dont l'objet consiste précisément à prolonger l'activité de leurs membres[258], mais la jurisprudence semble être d'un avis différent[259].

767. - Modalités de l'exonération. L'exonération d'impôt sur les bénéfices dure cinq années, selon un mode dégressif ; à hauteur de 100 % jusqu'au terme du vingt-troisième mois suivant celui de la création de l'entreprise, puis à hauteur de 75 %, 50 % et 25 %, respectivement au titre de chacune des périodes de douze mois qui suivent la période d'exonération totale. Elle s'applique aux bénéfices ordinaires et aux plus-values de cession, à l'exclusion des plus-values constatées lors de la réévaluation des éléments d'actif (CGI, art. 44 sexies-I, al. 1er).

Pour les entreprises créées sur des zones de revitalisation rurales entre le 1er janvier 2004 et le 31 décembre 2010, l'exonération est de 100 % au titre des soixante premiers mois d'activité, puis 60 %, 40 % et 20 %, respectivement au titre des 5e, 6e et 7e, 8e et 9e périodes de douze mois suivant la période d'exonération totale (CGI, art. 44 sexies-I, al. 4).

Afin de satisfaire aux exigences communautaires en matière d'aides publiques (V. *supra*, n° 763), l'avantage fiscal (*Ndlr :* avantage en impôts) est plafonné à 200 000 € sur une période « glissante » de trois exercices fiscaux[260] (V. CGI, art. 44 sexies-IV, al. 2).

Les bénéfices exonérés en application de l'article 44 sexies du Code général des impôts sont à déduire extra-comptablement, sur l'imprimé fiscal n° 2058-A-SD (case L2 et ligne XF).

Afin de s'assurer de l'applicabilité de l'article 44 sexies précité, les entreprises peuvent s'adresser au correspondant de l'administration fiscale qui a été désigné dans chaque direction départementale ; la réponse de ce correspondant aux entreprises ayant sollicité une prise de position écrite engage l'administration dans les conditions de l'article L. 80 B du Livre des procédures fiscales.

(255) CE, 8 sept. 1999, n° 196426, *Pelfrene : Dr. fisc.* 2000, n° 8, comm. 126, concl. J. Arrighi de Casanova. - Le même jour, dans le même sens : CE, 8 sept. 1999, n° 170978, *Sté Auriane : Dr. fisc.* 2000, n° 41, comm. 760, concl. G. Goulard.

(256) L. fin. 2000, n° 99-1172, 30 déc. 1999, art. 92.

(257) *BOFiP*, BOI-BIC-CHAMP-80-10-10-20, n° 70.

(258) *BOFiP*, BOI-BIC-CHAMP-80-10-10-20, n° 100.

(259) CAA Paris, 23 déc. 2010, n° 08-5132, *Llobet : RJF* 3/11, n° 287.

(260) La période de trois exercices doit donc comprendre l'exercice en cours ainsi que les deux précédents.

§ 2. – Les zones d'exonération fiscale

768. – Les zones franches urbaines. Les zones franches urbaines (« ZFU ») ont été instituées par la loi n° 96-987 du 14 novembre 1996 relative à la mise en œuvre du pacte de relance pour la ville (CGI, art. 44 octies). À sa suite, deux nouvelles tranches de ZFU ont été créées ; d'abord par la loi n° 2003-710 du 1er août 2003 d'orientation et de programmation pour la ville et la rénovation urbaine, puis par la loi n° 2006-396 du 31 mars 2006 pour l'égalité des chances *qui a également refondu le régime applicable dans l'ensemble des ZFU* (CGI, art. 44 octies A). Les entreprises installées dans les ZFU de première et de deuxième générations continueront de bénéficier de l'ancien régime d'exonération jusqu'à son terme. La loi de finances rectificative pour 2014[261] les a rebaptisées « zones franches urbaines – territoires entrepreneurs », et a prorogé et modifié leur régime.

Nous ne décrirons que le nouveau régime issu des lois du 31 mars 2006 et du 29 décembre 2014 (CGI, art. 44 octies A, préc.)[262]. Ce régime s'applique aux entreprises *qui se créent* dans les trois générations de ZFU à compter du 1er janvier 2006, jusqu'au 31 décembre 2023, ou *qui sont déjà implantées* dans les ZFU de troisième génération au 1er janvier 2006. Il s'applique aussi, en principe, aux transferts d'activités précédemment exercées ailleurs[263], mais ne s'applique pas à la reprise d'une activité exercée sur la ZFU (sauf pour la durée d'exonération restant à courir si l'activité reprise ou transférée en bénéficiait déjà)[264].

Pour bénéficier de l'exonération, l'entreprise doit être de petite taille ; entreprise qui emploie moins de cinquante salariés[265] et dont le chiffre d'affaires ou le total de bilan est inférieur à 10 M€. S'il s'agit d'une société, son capital ou ses droits de vote ne doivent pas être détenus, directement ou indirectement, pour 25 % ou plus par une ou plusieurs entreprises de plus de deux cent cinquante salariés et dont le chiffre d'affaires est supérieur à 50 M€ ou le total de bilan supérieur à 43 M€. Seules sont exonérées les activités commerciales ou artisanales (au sens de l'article 34 du Code général des impôts), les activités professionnelles non commerciales (au sens de l'article 92-1 du même code) et les activités de locations d'immeubles professionnels munis

(261) L. fin. rect. 2014, n° 2014-1655, 29 déc. 2014, art. 48.

(262) L'ancien régime d'exonération applicable aux entreprises implantées en ZFU de première et de deuxième génération a d'ailleurs cessé de produire ses effets (V. L. fin. 2022, n° 2021-1900, 30 déc. 2021, art. 35).

(263) Dans l'hypothèse où les activités transférées étaient jusqu'alors exercées au sein d'une autre ZFU, l'article 44 octies A, I, alinéa 9 du CGI requiert que soit déduite la durée d'exonération dont le contribuable a déjà bénéficié de la durée totale de l'exonération, mais ce même article ne requiert pas que les activités reprises aient bénéficié jusque-là de l'exonération applicable dans les ZFU, ni d'ailleurs que le dirigeant de l'entreprise qui les transfère ou les reprend soit distinct de celui de l'entreprise qui les exerçait jusqu'alors (CE, 4 nov. 2020, n° 436048, *Sté AGU et associés Var : Dr. fisc.* 2021, n° 24, comm. 288, concl. K. Ciavaldini).

(264) Conformément à l'article 44 octies A du CGI, si l'exonération résultant d'une implantation en ZFU est consécutive à la reprise d'activités préexistantes qui bénéficiaient elles-mêmes du régime de faveur, l'exonération doit s'appliquer déduction faite de la durée pendant laquelle ces activités avaient déjà bénéficié de l'exonération ; CE, 10 mai 2017, n° 394826, *Kieffer : RJF* 8-9/17, n° 856, concl. M.-A. de Barmon.

(265) Cette condition doit être remplie au titre de chaque exercice (CGI, art. 44 octies A mod. L. n° 2019-486, 22 mai 2019, relative à la croissance et la transformation des entreprises, art. 12), mais il existe un dispositif de lissage au cas de dépassement de seuil, comme en matière de sécurité sociale (V. CSS, art. L. 130-1, I). Selon ce dernier texte, seul un dépassement du seuil pendant cinq années civiles consécutives entraîne la perte du dispositif.

de leurs équipements (V. CGI, art. 35-I, 5°). Le contribuable doit exercer effectivement son activité dans cette zone, y être implanté matériellement[266], et il doit disposer des moyens d'exploitation nécessaires à cette activité[267]. Lorsqu'une entreprise exerce une partie de son activité en dehors de la zone franche, le bénéfice est exonéré partiellement, en proportion du chiffre d'affaires HT réalisé sur la zone[268]. Ceux qui créent une activité sur une ZFU à compter du 1er janvier 2012 et qui emploient au moins un salarié doivent remplir les conditions pour être exonérés de cotisations sociales patronales[269].

Afin de s'assurer de l'applicabilité de l'article 44 octies A du Code général des impôts à leur situation propre, les entreprises peuvent utiliser la procédure d'accord tacite (LPF, art. L. 80 B).

L'exonération d'IR ou d'IS est d'abord totale, pendant cinq ans (selon les cas, à compter du début de l'activité ou du 1er janvier 2006), puis dégressive pour les neuf années suivantes (on applique un abattement de 60 % pendant cinq ans, réduit à 40 % pendant deux ans, et à 20 % pendant deux ans). Le montant du bénéfice exonéré ne peut excéder 100 000 € par période de douze mois, mais ce plafond est majoré de 5 000 € par nouveau salarié embauché à partir du 1er janvier 2006, à temps plein et pour six mois au moins (cette condition s'apprécie à la clôture de l'exercice au titre duquel l'exonération s'applique). En outre, désormais, les entreprises sont soumises au plafond des aides *de minimis*, soit un avantage maximum de 200 000 € par périodes de trois exercices fiscaux (CGI, art. 44 octies-II, al. 6)[270].

Pour les entreprises créant des activités en ZFU à compter du *1er janvier 2015*, la durée de l'abattement est ramenée de quatorze ans à huit ans (exonération à 100 % pendant cinq ans, puis respectivement 60 %, 40 % et 20 % pendant chacune des années suivantes). À compter de cette même date, le plafond de l'exonération par période de douze mois est abaissé à *50 000 €* (toujours majoré de 5 000 € par salarié embauché). En outre, l'avantage n'est accordé que sous la réserve d'une « clause d'embauche », en ce sens que l'entreprise doit employer au moins 50 % de salariés en CDI ou en CDD d'au moins douze mois résidant en ZFU (ou dans un quartier prioritaire de la politique de la ville) ou qu'au moins 50 % des mêmes salariés recrutés à partir du 1er janvier 2015 remplissent ce critère de résidence. Enfin, à compter du 1er janvier 2016 cette fois, l'exonération est subordonnée à l'existence d'un « contrat de ville ».

Le bénéfice exonéré en vertu des articles 44 octies et 44 octies A du Code général des impôts doit être déduit extra-comptablement, sur le tableau fiscal n° 2058-A-SD (case ØV et ligne XF).

(266) *BOFiP*, BOI-BIC-CHAMP-80-10-20-20, nos 140 et s. Une dérogation est prévue pour les activités non sédentaires (médecins, entrepreneurs du bâtiment, agents commerciaux…).

(267) Tel n'est pas le cas lorsque le siège social situé en ZFU accueille une unique salariée, secrétaire commerciale, si le stockage des marchandises et l'ensemble de l'activité logistique sont sous-traités en dehors de la zone et qu'il n'est pas démontré que le président de l'entreprise exerce son activité au siège, ni que des clients y sont accueillis (CE, 27 déc. 2019, n° 422558, *Sté Univer'sel : Dr. fisc.* 2020, n° 30-35, concl. M.-G. Merloz).

(268) *BOFiP*, BOI-BIC-CHAMP-80-10-20-20, n° 180. Des règles analogues sont prévues, mais avec des conditions spécifiques, pour les entreprises non sédentaires qui ont des locaux à la fois sur la zone et en dehors (*BOFiP*, BOI-BIC-CHAMP-80-10-20-20, n° 190). En présence d'un seul local implanté en ZFU, il n'y a pas de prorata à effectuer si la condition d'implantation en zone est remplie (*BOFiP*, BOI-BIC-CHAMP-80-10-20-40, n° 190).

(269) L. fin. 2012, n° 2011-1977, 28 déc. 2011, art. 157.

(270) L. fin. 2012, n° 2011-1977, 28 déc. 2011, art. 157, préc.

769. – Les zones de revitalisation rurale. Les entreprises *créées ou reprises* sur des zones de revitalisation rurale (« ZRR »)[271], depuis le 1er janvier 2011, jusqu'au 31 décembre 2023, peuvent opter pour ce régime codifié à l'article 44 quindecies du Code général des impôts[272]. L'option doit être prise dans les six mois suivant le début d'activité ; elle est irrévocable et emporte renonciation définitive aux autres régimes éventuellement applicables (CGI, art. 44 quindecies-IV). En principe, les contribuables qui *transfèrent* leur activité sur ces zones peuvent également opter.

En principe, le régime d'exonération ne s'applique pas aux entreprises individuelles situées dans une ZRR qui font l'objet d'une opération de reprise ou de restructuration au profit d'un membre de la famille du cédant. Par dérogation, il s'appliquera aux entreprises individuelles localisées dans une ZRR qui font l'objet d'une *première transmission* au profit d'un membre de la famille du cédant, y compris si le dispositif s'est déjà appliqué avant la reprise[273].

Pour bénéficier de l'exonération, les entreprises doivent avoir leur siège ainsi que leur activité et l'ensemble de leurs moyens d'exploitation sur la ZRR[274]. Elles doivent exercer une activité industrielle, commerciale ou artisanale (au sens de l'article 34 du Code général des impôts) ou une activité professionnelle non commerciale (au sens de l'article 92-1 du même code). Seules les entreprises qui emploient moins de onze salariés[275] et dont le capital social n'est pas détenu, directement ou indirectement, pour plus de 50 % par d'autres sociétés, peuvent bénéficier du nouveau régime.

Afin de s'assurer de l'applicabilité de l'article 44 quindecies du Code général des impôts, les entreprises peuvent utiliser la procédure d'accord tacite prévue à l'article L. 80 B du Livre des procédures fiscales.

Ce régime se caractérise par une exonération totale d'IS ou IR (à l'exclusion des micro-entreprises) pendant soixante mois, suivie d'une exonération partielle de 75 %, 50 %, puis 25 % des bénéfices, respectivement au titre de chacune des trois années suivantes. L'exonération est en outre subordonnée au respect du plafond propre aux aides *de minimis*, soit un avantage maximal de 200 000 € par périodes de trois exercices fiscaux (CGI, art. 44 quindecies-V).

À noter : Un projet de pérennisation et de refonte des ZRR a été présenté en juin 2023[276] et inséré au projet de loi de finances pour 2024[277]. Il prévoit notamment de pérenniser ce régime au-delà du 1er janvier 2024 et de fixer un nouveau zonage qui permettra de soutenir les territoires les plus fragiles avec des exonérations fiscales et sociales mieux calibrées et ciblées.

770. – Les pôles de compétitivité. Ils consistent en un « regroupement sur un même territoire d'entreprises, d'établissements d'enseignement supérieur et d'organismes

(271) Les ZRR ont été redéfinies par la loi de finances rectificative pour 2015 (L. n° 2015-1786, 29 déc. 2015, art. 45 ; CGI, art. 1465 A, II du CGI), et par la loi de finances pour 2018 (L. n° 2017-1837, 30 déc. 2017, art. 27).

(272) L. fin. 2011, n° 2010-1657, 29 déc. 2010, art. 129.

(273) L. fin. 2018, n° 2017-1837, 30 déc. 2017, art. 23.

(274) Une dérogation est prévue pour les activités non sédentaires.

(275) Cette condition doit être remplie au titre de chaque exercice (CGI, art. 44 quindecies mod. L. n° 2019-486, 22 mai 2019, relative à la croissance et la transformation des entreprises, art. 12), mais il existe un dispositif de lissage au cas de dépassement de seuil, comme en matière de sécurité sociale (V. CSS, art. L. 130-1, I).

(276) Min. Transition écologique, communiqué, 15 juin 2023 : *Dr. fisc.* 2023, n° 28, act. 262.

(277) Projet de loi de finances n° 1680, art. 7.

de recherche publics ou privés qui ont vocation à travailler en synergie pour mettre en œuvre des projets de développement économique par l'innovation »[278]. Il n'est plus possible aujourd'hui de constituer des pôles de compétitivité ; les demandes d'agrément devaient être déposées avant le 17 novembre 2009. Les entreprises qui participaient, au 16 novembre 2009, à de tels projets et qui sont implantées sur de telles zones[279] sont exonérées d'impôt sur les bénéfices (IR ou IS) pendant cinq ans, selon un mode dégressif ; 100 % pour les trois premiers exercices bénéficiaires et 50 % pour les deux premiers exercices bénéficiaires suivants (CGI, art. 44 undecies-I, 1). Les allègements fiscaux sont décomptés par périodes de douze mois qui ne sont pas nécessairement successives. En tout état de cause, néanmoins, la période d'exonération fiscale s'achève au terme du cent dix-neuvième mois suivant le début du mois au cours duquel intervient le démarrage des travaux de recherche liés au projet (CGI, art. 44 undecies-I, 2). L'avantage fiscal est par ailleurs soumis au plafond des aides *de minimis* (CGI, art. 44 undecies-IV). Les bénéfices exonérés en application de l'article 44 undecies du Code général des impôts sont déduits extra-comptablement (tableau fiscal n° 2058-A-SD, case L6 et ligne XF).

771. – Les bassins d'emploi à redynamiser. Ces zones d'exonération fiscale ont été créées par la loi de finances rectificative pour 2006 (CGI, art. 44 duodecies)[280]. Il s'agit de zones qui présentent un taux de chômage important (généralement, d'anciens sites miniers)[281].

Les contribuables *qui créent des activités* sur ces zones entre le 1er janvier 2007 et le 31 décembre 2023 sont exonérés d'IR ou d'IS à raison des bénéfices provenant des activités qui y sont implantées pendant une période de quatre-vingt-quatre mois suivant le début de l'activité (soixante mois pour les activités créées à compter du 1er janvier 2014). En principe, l'exonération s'applique également aux *transferts* d'activités sur des bassins d'emploi.

L'activité exercée doit être de nature industrielle, commerciale ou artisanale (au sens de l'article 34 du Code général des impôts). Peuvent aussi prétendre à l'exonération : les locations d'immeubles professionnels munis de leurs équipements (V. CGI, art. 35-I, 5°), et les sociétés soumises à l'IS exerçant une activité non commerciale professionnelle (au sens de l'article 92-1 du Code général des impôts).

Le bénéfice exonéré doit être diminué des avantages dont l'entreprise a bénéficié (subventions, libéralités, abandons de créance), et de certains produits lorsqu'ils ne trouvent pas leur source dans l'activité exercée sur bassin d'emploi (ce peut être le cas des produits financiers ou de la propriété industrielle). Seul le bénéfice retiré de l'activité exercée dans le bassin d'emploi est susceptible de bénéficier de l'exonération (la loi fixe des règles de calcul forfaitaires pour la détermination du rapport d'exonération) (CGI, art. 44 duodecies-II). Une dérogation est toutefois prévue pour les activités non sédentaires, sous certaines limites.

(278) L. fin. 2005, n° 2004-1484, 30 déc. 2004, art. 24.

(279) Il faut que l'entreprise participe au projet de recherche et de développement du pôle dans lequel elle est située et pas d'un autre ; TA Pau, 18 oct. 2017, n° 1502022, *Sté Isp System : Dr. fisc.* 2018, n° 7-8, comm. 179. Solution confirmée par CAA Bordeaux, 14 nov. 2019, n° 17BX04027 : *RJF* 02/20, n° 97.

(280) L. fin. rect. 2006, n° 2006-1771, 30 déc. 2006, art. 130.

(281) Ces zones sont délimitées par D. n° 2007-228, 20 févr. 2007.

Le bénéfice de l'exonération est également affecté des limites communautaires en ce qui concerne les aides d'État à finalité régionale (V. *infra*, n° 775) ou les aides *de minimis*.

Les entreprises qui ont créé des activités sur des bassins d'emploi à redynamiser en 2014 perdent le bénéfice de l'exonération à compter de l'exercice au cours duquel elles procèdent à une distribution de dividendes à leurs actionnaires (CGI, art. 44 duodecies-I)[282].

Le bénéfice ou la fraction de bénéfice exonéré en application de l'article 44 duodecies du Code général des impôts doit être déduit extra-comptablement (tableau fiscal n° 2058-A-SD, case IF et ligne XF).

772. - Les zones de restructuration de la défense. Ces nouvelles zones d'exonération fiscale ont été instituées par la loi de finances rectificative pour 2008 (CGI, art. 44 terdecies)[283]. Elles s'étendent sur le territoire de communes particulièrement touchées par le plan de modernisation de la défense (plus de quatre-vingt-trois sites ou unités fermés entre 2009 et 2016)[284].

Les contribuables *qui créent des activités* sur les zones de restructuration de la défense (« ZRD »), ou qui *transfèrent* sur de telles zones leur activité, sont exonérés d'IR ou d'IS, d'abord intégralement pendant une période de soixante mois, puis partiellement à raison des deux tiers des bénéfices pendant douze mois et d'un tiers pendant les douze mois suivants.

Cette période d'exonération est décomptée à partir du début de l'activité sur la zone, sachant que la création de l'activité doit nécessairement se situer dans les trois ans qui suivent la date de publication de l'arrêté de délimitation des ZRD (soit le 17 septembre 2009), ou le 1er janvier de l'année précédant celle au titre de laquelle le territoire est reconnu comme ZRD si cette date est postérieure à la publication de cet arrêté (CGI, art. 44 terdecies-I).

Seul le bénéfice retiré de l'activité exercée sur une zone ainsi définie peut bénéficier de l'exonération. Lorsqu'une entreprise exerce une partie de son activité à l'extérieur, le bénéfice est exonéré partiellement, en proportion du chiffre d'affaires HT réalisé sur la zone.

Les conditions tenant à la nature de l'activité exercée et au calcul du bénéfice exonéré sont celles qui s'appliquent aux bassins d'emploi à redynamiser (V. *supra*, n° 771). Le bénéfice exonéré est de la même manière affecté par les plafonds d'aides « AFR » ou *de minimis*.

773. - Bassins urbains à dynamiser. Ils ont été institués par la loi de finances rectificative pour 2017 (CGI, art. 44 sexdecies)[285]. Sont concernées les communes qui appartiennent à un ensemble d'établissements publics de coopération intercom-

(282) L. fin. rect. 2013, n° 2013-1279, 29 déc. 2013, art. 29.

(283) L. fin. rect. 2008, n° 2008-1443, 30 déc. 2008, art. 34.

(284) Les zones de restructuration de la défense sont délimitées par arrêté conjoint des ministres de l'Économie, du Budget et de l'Aménagement du territoire (V. A. 1er sept. 2009, mod. A. 2 févr. 2013 et A. 28 mai 2015 et A. 20 août 2021) « qui détermine, pour chaque zone, celle des années comprises entre 2009 et 2019 au titre de laquelle elle est reconnue » (L. n° 95-115, 4 févr. 1995 d'orientation pour l'aménagement et le développement du territoire, art. 42, 3 ter, 2°, mod. L. fin. rect. 2013, n° 2013-1279, 29 déc. 2013, art. 29).

(285) L. fin. rect. 2017, n° 2017-1775, 28 déc. 2017, art. 17. *BOFiP*, BOI-BIC-CHAMP-80-10-90-10, BOI-BIC-CHAMP-80-10-90-20 et BOI-BIC-CHAMP-80-10-90-30, 4 juill. 2018.

munale (EPCI) à fiscalité propre contigus rassemblant au moins 1 million d'habitants et dont : la densité de population est supérieure à la moyenne nationale, le revenu disponible médian par unité de consommation est inférieur à la médiane nationale des revenus médians, le taux de chômage est supérieur au taux national, 70 % de la population de chaque EPCI réside dans les communes qui répondent aux trois critères précités (CGI, art. 44 sexdecies, II). Un arrêté du 14 février 2018 fixe la liste des communes classées en bassin urbain à dynamiser[286].

Les entreprises qui se *créent entre le 1er janvier 2018 et le 31 décembre 2023* dans de telles zones sont exonérées d'IR ou d'IS, de façon dégressive, pendant cinq ans. L'exonération est totale pendant les deux premières années, puis l'entreprise bénéficie d'un abattement sur les bénéfices de 75 % la troisième année, 50 % la quatrième année et 25 % la cinquième année.

La loi de finances pour 2019 a étendu ce régime de faveur aux entreprises créées entre *le 1er janvier 2019 et le 31 décembre 2020* qui sont situées dans les *communes limitrophes* d'au moins une commune classée en bassins urbains à dynamiser, qui remplissent les mêmes conditions de densité de population, de revenu médian et de taux de chômage[287]. Un arrêté du 11 avril 2019 complète la liste des communes classées en bassins urbains à dynamiser[288].

Le bénéfice de la mesure est réservé aux PME au sens de la réglementation européenne, et dont le capital n'est pas détenu pour plus de 50 % par d'autres sociétés. Ces entreprises doivent posséder une activité industrielle, commerciale ou artisanale au sens de l'article 34 du Code général des impôts. L'exonération fiscale est en outre subordonnée à une clause d'embauche locale identique à celle qui est désormais requise pour l'application du régime des zones franches urbaines-territoires entrepreneurs (V. *supra*, n° 768).

Enfin, le bénéfice de l'exonération est subordonné au respect de la réglementation européenne des aides à finalité régionale ou des aides à l'investissement en faveur des PME, sachant que, dans les deux cas, l'avantage fiscal ne peut excéder 7,5 M€.

774. - Autres zones. Pour mémoire, on signalera l'existence de zones franches d'activités situées en Guadeloupe, en Guyane, à la Martinique ou à La Réunion ; elles offrent aux PME qui s'y implantent un abattement progressif sur les bénéfices, à la condition qu'elles réalisent certaines dépenses en faveur de la formation professionnelle (CGI, art. 44 quaterdecies).

Les PME qui réalisent des investissements en Corse entre le 1er janvier 2002 et le 31 décembre 2027 ne bénéficient plus d'une exonération d'impôt sur les bénéfices, mais d'un crédit d'impôt égal à 20 % du prix de revient HT de l'investissement (CGI, art. 244 quater E)[289].

(286) A. 14 févr. 2018 : *JO* 22 févr. 2018, texte n° 15.
(287) L. fin. 2019, n° 2018-1317, 28 déc. 2018, art. 21.
(288) A. 11 avr. 2019 : *JO* 3 mai 2019, texte n° 26.
(289) Tel que modifié, en dernier lieu, par la loi de finances pour 2023 (L. fin. 2023, n° 2022-1726, 30 déc. 2022, art. 43). Les activités de gestion et de location de meublés de tourisme sont désormais exclues (L. fin. 2019, n° 2018-1317, 28 déc. 2018, art. 22).

§ 3. – Les statuts particuliers

775. – Les sociétés créées pour la reprise d'entreprises industrielles en difficulté. La loi de finances rectificative pour 2004 a refondu le régime d'exonération des sociétés créées pour reprendre une entreprise en difficulté (CGI, art. 44 septies)[290]. Le précédent régime avait, en effet, été jugé non conforme au droit communautaire (Commission européenne, déc. 16 déc. 2003)[291]. La loi de finances rectificative pour 2006 a prorogé le dispositif et adapté le texte aux évolutions de la réglementation européenne en matière d'aides publiques[292].

Les sociétés créées jusqu'au 31 décembre 2021 pour reprendre une entreprise industrielle[293] en difficulté (au sens qui lui sera donné à l'alinéa suivant) sont exonérées d'IS à raison des bénéfices réalisés au cours de leurs vingt-quatre premiers mois d'activité.

Selon la loi, il y a reprise d'une entreprise en difficulté lorsqu'elle fait l'objet d'une cession totale ou partielle ordonnée par le tribunal dans le cadre d'une procédure de sauvegarde (C. com., art. L. 626-1) ou de redressement judiciaire (C. com., art. L. 631-22), ou lorsque la reprise concerne une branche complète et autonome d'activité dont la cession est ordonnée par le juge commissaire dans le cadre d'une liquidation judiciaire (C. com., art. L. 642-1 et s.). Il n'est toutefois pas nécessaire que l'entreprise qui est reprise fasse l'objet d'une procédure collective du moment qu'elle est « en difficulté » (la reprise peut même porter sur une ou plusieurs branches complètes et autonomes d'activité en difficulté, quelle que soit la situation économique et financière de l'entreprise dont elles dépendent). Dans ce cas, le repreneur devra être en mesure de justifier de la situation économique de l'entité reprise.

Le repreneur doit être une société soumise à l'IS qui a été spécialement constituée pour la reprise. Son capital ne doit pas être détenu par des personnes qui, à un moment quelconque de l'année précédant la reprise, ont détenu une participation directe dans l'entreprise en difficulté (quel qu'en soit le montant), ou une participation indirecte de plus de 50 % dans cette même entreprise, ou encore l'ont exploitée (cas de l'entreprise individuelle)[294].

En outre, selon l'administration fiscale, la société créée pour la reprise « ne peut exercer, au cours de l'ensemble de la période d'exonération, aucune autre activité que

(290) L. fin. rect. 2004, n° 2004-1485, 30 déc. 2004, art. 41.

(291) Dans le cadre des actions en restitution des aides irrégulières, le Conseil d'État a jugé que l'exigence d'un titre de perception suffisamment motivé est compatible avec une exécution effective et immédiate de la décision de récupération prise par la Commission puisque le titre imparfait peut être régularisé. – CE, 22 juill. 2015, *Sté Haliburton Manufactoring and Services France : Dr. fisc.* 2016, n° 10, comm. 213, concl. E. Cortot-Boucher, note L. Leclercq, G. Chavrier, F. Puel et J. du Pasquier. Par contre, une société ne peut se prévaloir du principe de confiance légitime pour obtenir la décharge des impositions litigieuses. – CE, 16 mars 2016, n° 377874, *SAS Rapa : Dr. fisc.* 2016, n° 22, comm. 354, obs. L. Leclercq et J. du Pasquier.

(292) L. fin. rect. 2006, n° 2006-1771, 30 déc. 2006, art. 87.

(293) Les activités industrielles s'entendent de celles qui remplissent les deux conditions cumulatives suivantes : 1) elles consistent en la transformation de matières premières ou de produits semi-finis en produits fabriqués ; 2) le rôle du matériel et de l'outillage y est prépondérant (*BOFiP*, BOI-IS-GEO-20-10-10, n° 40). Certains secteurs industriels sont toutefois exclus par la loi (par ex., fabrication d'automobiles, sidérurgie…).

(294) CGI, art. 44 septies-I, al. 4 et *BOFiP*, BOI-IS-GEO-20-10-10, n° 170.

l'activité reprise, dès lors qu'elle ne peut bénéficier d'une aide qu'au titre des bénéfices issus de cette seule activité »[295]. Une telle exigence est intenable en pratique[296].

L'exonération d'IS est plafonnée en application de la réglementation communautaire sur les aides d'État. Trois situations doivent être distinguées : 1) pour les entreprises qui sont implantées dans des *zones d'aide à finalité régionale* (zone AFR), l'avantage fiscal (il s'agit désormais du montant d'IS non acquitté du fait de l'exonération, V. exemple *infra*)[297] est plafonné à une limite égale aux coûts éligibles (*Ndlr :* coûts salariaux) par un taux d'aide dont le montant dépend de la localisation des investissements et de la taille des entreprises[298] ; 2) lorsque la société créée pour la reprise de l'entreprise en difficulté *est une PME et qu'elle est située hors d'une zone AFR*, le plafond d'aide est obtenu en appliquant aux coûts éligibles un taux fixe de 20 % pour les petites entreprises et de 10 % pour les moyennes entreprises ; 3) pour les autres entreprises, le plafond *de minimis* s'applique.

Pour l'application du plafond spécifique aux PME ou aux entreprises implantées sur des zones à finalité régionale, un agrément administratif est nécessaire. Ce dernier est accordé de plein droit si un certain nombre de conditions sont remplies (V. CGI, art. 44 septies-VIII).

Lorsque la société nouvellement créée interrompt l'activité reprise au cours des trois premières années d'exploitation, l'IS dont elle a été dispensée devient immédiatement exigible (CGI, art. 44 septies-IX). Il en va de même si la cessation est simplement partielle[299].

Le bénéfice, ou la fraction de bénéfice, exonéré en application de l'article 44 septies du Code général des impôts est déduit extra-comptablement (tableau fiscal n° 2058-A-SD, case K9 et ligne XF).

Selon le rapport d'évaluation prévu par la loi de finances pour 2021[300] remis au Parlement le 27 septembre 2021, le dispositif est complexe, peu utilisé et ne répond pas aux besoins des entreprises en difficulté (Rapp. AN n° 4524). ***Aussi, il a été décidé de le supprimer***[301]. *Cette suppression s'applique aux exercices ouverts à compter du 1er janvier 2022* (mais l'exonération se poursuit jusqu'à son terme pour les entreprises déjà éligibles).

Exemple

Pour une moyenne entreprise installée sur une zone AFR.

• Si les coûts éligibles sont de : 8 M€.

(295) *BOFiP*, BOI-IS-GEO-20-10-10, n° 210.

(296) V. G. Dedeurwaerder, *Les habits neufs du régime fiscal de la reprise d'une entreprise industrielle en difficulté. À propos de la réforme de l'article 44 septies du CGI : Dr. fisc.* 2015, n° 49, étude 711.

(297) L. fin. rect. 2014, n° 2014-1655, 29 déc. 2014, art. 47.

(298) Pour les *petites entreprises* (celles qui emploient moins de cinquante salariés et dont le chiffre d'affaires ou le total du bilan n'excède pas 10 M€), le taux est de 30 % (hors DOM). Pour les *moyennes entreprises* (celles qui emploient moins de 250 salariés et dont le chiffre d'affaires n'excède pas 50 M€ ou le total de bilan n'excède pas 43 M€), le taux est de 20 % (hors DOM). Pour les autres, le taux est de 10 % (hors DOM).

(299) CE, 29 avr. 2009, n° 296884, *Sté IN-LHC : Dr. fisc.* 2009, n° 23, comm. 354, concl. E. Glaser. – Dans le même sens : CE, 8 juill. 2005, n° 264641, *Sté Endupack : Dr. fisc.* 2005, n° 51, comm. 826, concl. E. Glaser (société qui avait été créée pour reprendre les activités de deux sociétés et qui en cède une).

(300) L. fin. 2021, n° 2020-1721, 29 déc. 2020, art. 144.

(301) L. fin. 2022, n° 2021-1900, 29 déc. 2021, art. 35.

- Le plafond maximal d'exonération d'IS est de : 20 % × 8 M€ = 1,6 M€.
- Ce qui correspond à un bénéfice exonéré de : 1,6 M€ × 3 = 4,8 M€.

776. - **Les jeunes entreprises innovantes.** Le statut de jeune entreprise innovante (« JEI ») a été introduit dans notre droit par la loi de finances pour 2004 (CGI, art. 44 sexies A)[302]. Les conditions d'application du régime de faveur sont précisées à l'article 44 sexies-0 A.

Seules sont concernées les PME (au sens communautaire du terme, V. *supra*, n° 775) créées depuis moins de huit ans[303] et dont le capital est détenu de manière continue pour au moins 50 % par des personnes physiques (ou des JEI ainsi définies). Ces entreprises doivent, au titre de chaque exercice concerné, réaliser des dépenses de recherche et de développement représentant au moins 15 % du total des charges fiscalement déductibles[304]. Leur activité doit en outre être réellement nouvelle (au sens de l'article 44 sexies du Code général des impôts ; V. *supra*, n° 766).

Si ces conditions sont remplies, les JEI bénéficient d'une exonération à 100 % d'impôt sur les bénéfices (IR ou IS) à raison des bénéfices réalisés au titre du premier exercice, ou de la première période d'imposition bénéficiaire, de douze mois maximum. La deuxième période bénéficiaire suivant la période d'exonération totale est exonérée à 50 % seulement.

Le bénéfice ou la fraction de bénéfice exonéré en application de l'article 44 sexies A du Code général des impôts doit être déduit de manière extra-comptable (tableau fiscal n° 2058-A-SD, case L5 et ligne XF).

Les contribuables ont la possibilité de consulter l'administration afin de s'assurer qu'ils remplissent les conditions légales pour bénéficier du statut de JEI (LPF, art. L. 80 B).

777. - **Autres statuts.** Il existe de nombreux cas d'exemption d'IS au bénéfice des sociétés d'investissement, de caractère définitif en principe, mais qui ne concernent que certains revenus (ceux qui correspondent à l'objet social, mobilier ou immobilier). Tel est le cas des SICAV, des sociétés de développement régional (SDR), des sociétés de capital-risque (SCR), ou des sociétés d'investissements immobiliers cotées (SIIC). Leur régime ne sera pas abordé, car il ne correspond pas à l'objet de notre étude centrée sur les résultats professionnels.

(302) L. fin. 2004, n° 2003-1311, 30 déc. 2003, art. 13. Ce statut dérogatoire devait normalement s'achever le 31 décembre 2013, mais il a été prorogé en faveur des entreprises créées jusqu'au 31 décembre 2016 (L. fin. 2014, n° 2013-1278, 29 déc. 2013, art. 131), jusqu'au 31 décembre 2019 (L. fin. 2017, n° 2016-1917, 29 déc. 2016, art. 73), jusqu'au 31 décembre 2022 (L. fin. 2020, n° 2019-1479, 28 déc. 2019, art. 46), et encore jusqu'au 31 décembre 2025 (L. fin. 2023, n° 2022-1726, 30 déc. 2022, art. 33).

(303) Pour les entreprises créées depuis le 1er janvier 2023 (L. fin. 2023, n° 2022-1726, 30 déc. 2022, art. 33, préc.). Cette condition d'âge est celle qui était requise avant que la loi de finances pour 2022 ne la porte à onze ans (L. fin. 2022, n° 2021-1900, 30 déc. 2021, art. 11 ; *BOFiP*, BOI-BIC-CHAMP-80-20-20-10, 3 mai 2023, § 150).

(304) Cette condition peut être remplacée par une autre ; les avantages fiscaux sont également accordés aux JEI dirigées ou détenues à hauteur de 10 % au moins par des étudiants, des personnes titulaires d'un doctorat depuis moins de cinq ans, d'un master, ou par des enseignants chercheurs, si l'activité de l'entreprise consiste à valoriser les travaux de recherche de ces dirigeants ou associés (statut de jeune entreprise universitaire [JEU]).

Annexes

Annexe 1

LIASSE FISCALE (RÉEL NORMAL)

① **BILAN – ACTIF**

DGFiP N° 2050-SD **2023**

cerfa

N° 15949 * 05

Formulaire obligatoire (article 53 A du Code général des impôts)

Désignation de l'entreprise		Néant ☐ *
Adresse de l'entreprise		
SIRET		
Durée de l'exercice en nombre de mois*		Durée de l'exercice précédent *

Exercice N clos le

				Brut 1		Amortissements, provisions 2	Net 3
Capital souscrit non appelé		TOTAL (I)	AA				
ACTIF IMMOBILISÉ *	IMMOBILISATIONS INCORPORELLES	Frais d'établissement *	AB		AC		
		Frais de développement *	CX		CQ		
		Concessions, brevets et droits similaires	AF		AG		
		Fonds commercial (1)	AH		AI		
		Autres immobilisations incorporelles	AJ		AK		
		Avances et acomptes sur immobilisations incorporelles	AL		AM		
	IMMOBILISATIONS CORPORELLES	Terrains	AN		AO		
		Constructions	AP		AQ		
		Installations techniques, matériel et outillage industriels	AR		AS		
		Autres immobilisations corporelles	AT		AU		
		Immobilisations en cours	AV		AW		
		Avances et acomptes	AX		AY		
	IMMOBILISATIONS FINANCIÈRES (2)	Participations évaluées selon la méthode de mise en équivalence	CS		CT		
		Autres participations	CU		CV		
		Créances rattachées à des participations	BB		BC		
		Autres titres immobilisés	BD		BE		
		Prêts	BF		BG		
		Autres immobilisations financières *	BH		BI		
		TOTAL (II)	BJ		BK		
ACTIF CIRCULANT	STOCKS *	Matières premières, approvisionnements	BL		BM		
		En cours de production de biens	BN		BO		
		En cours de production de services	BP		BQ		
		Produits intermédiaires et finis	BR		BS		
		Marchandises	BT		BU		
		Avances et acomptes versés sur commandes	BV		BW		
	CRÉANCES	Clients et comptes rattachés (3) *	BX		BY		
		Autres créances (3)	BZ		CA		
		Capital souscrit et appelé, non versé	CB		CC		
	DIVERS	Valeurs mobilières de placement (dont actions propres:..................)	CD		CE		
		Disponibilités	CF		CG		
COMPTES DE REGULARISATION		Charges constatées d'avances (3) *	CH		CI		
		TOTAL (III)	CJ		CK		
		Frais d'émission d'emprunt à étaler (IV)	CW				
		Primes de remboursement des obligations (V)	CM				
		Écarts de conversion actif * (VI)	CN				
		TOTAL GÉNÉRAL (I à VI)	CO		1A		

Renvois:(1) dont droit au bail :		(2) Part à moins d'1 an des immobilisations financières nettes	CP	(3) Part à plus d'1 an :	CR
Clause de réserve de propriété * :	Immobilisations :		Stocks :		Créances :

* Des explications concernant cette rubrique figurent dans la notice n° 2032-NOT-SD

② **BILAN – PASSIF avant répartition**

DGFiP N° 2051-SD **2023**
Formulaire obligatoire (article 53 A du Code général des impôts)

Désignation de l'entreprise			Néant ☐ *
			Exercice N
CAPITAUX PROPRES	Capital social ou individuel (1) * (Dont versé : ....)	DA	
	Primes d'émission, de fusion, d'apport...	DB	
	Écarts de réévaluation (2) * (dont écart d'équivalence EK)	DC	
	Réserve légale (3)	DD	
	Réserves statutaires ou contractuelles	DE	
	Réserves réglementées (3) * (dont réserve spéciale des provisions pour fluctuation des cours B1)	DF	
	Autres réserves (dont réserve relative à l'achat d'œuvres originales d'artistes vivants * EJ)	DG	
	Report à nouveau	DH	
	RÉSULTAT DE L'EXERCICE (bénéfice ou perte)	DI	
	Subventions d'investissement	DJ	
	Provisions réglementées *	DK	
	TOTAL (I)	DL	
Autres fonds propres	Produit des émissions de titres participatifs	DM	
	Avances conditionnées	DN	
	TOTAL (II)	DO	
Provisions pour risques et charges	Provisions pour risques	DP	
	Provisions pour charges	DQ	
	TOTAL (III)	DR	
DETTES (4)	Emprunts obligatoires convertibles	DS	
	Autres emprunts obligatoires	DT	
	Emprunts et dettes auprès des établissements de crédit (5)	DU	
	Emprunts et dettes financières divers (dont emprunts participatifs EI)	DV	
	Avances et acomptes reçus sur commandes en cours	DW	
	Dettes fournisseurs et comptes rattachés	DX	
	Dettes fiscales et sociales	DY	
	Dettes sur immobilisations et comptes rattachés	DZ	
	Autres dettes	EA	
Compte de régul.	Produits constatés d'avance (4)	EB	
	TOTAL (IV)	EC	
	Écart de conversion passif * **TOTAL (V)**	ED	
	TOTAL GENERAL (I à V)	EE	
RENVOIS	(1) Écart de réévaluation incorporé au capital	1B	
	(2) dont - Réserve spéciale de réévaluation (1959)	1C	
	(2) dont - Écart de réévaluation libre	1D	
	(2) dont - Réserve de réévaluation (1976)	1E	
	(3) Dont réserve spéciale des plus-values à long terme *	EF	
	(4) Dettes et produits constatés d'avance à moins d'un an	EG	
	(5) Dont concours bancaires courants, et soldes créditeurs de banques et CCP	EH	

* Des explications concernant ces rubriques figurent dans la notice n° 2032-NOT-SD

③ **COMPTE DE RÉSULTAT DE L'EXERCICE (en liste)**

DGFiP N° 2052-SD **2023**

Formulaire obligatoire (article 53 A du Code général des impôts)

Désignation de l'entreprise							Néant ☐ *
		Exercice N					
		France		Exportations et livraisons intracommunautaires			TOTAL
PRODUITS D'EXPLOITATION	Ventes de marchandises *	FA		FB		FC	
	Production vendue { Biens *	FD		FE		FF	
	Production vendue { Services *	FG		FH		FI	
	Chiffres d'affaires nets *	FJ		FK		FL	
	Production stockée *					FM	
	Production immobilisée *					FN	
	Subventions d'exploitation					FO	
	Reprises sur amortissements et provisions, transferts de charges * (9)					FP	
	Autres produits (1) (11)					FQ	
	TOTAL DES PRODUITS D'EXPLOITATION (2) (I)					FR	
CHARGES D'EXPLOITATION	Achats de marchandises (y compris droits de douane) *					FS	
	Variation de stocks (marchandises) *					FT	
	Achats de matières premières et autres approvisionnements (y compris droits de douane) *					FU	
	Variation de stocks (matières premières et approvisionnements) *					FV	
	Autres achats et charges externes (3) (6*bis*) *					FW	
	Impôts, taxes et versements assimilés *					FX	
	Salaires et traitements *					FY	
	Charges sociales (10)					FZ	
	DOTATIONS D'EXPLOITATION — Sur immobilisations { - dotations aux amortissements *					GA	
	DOTATIONS D'EXPLOITATION — Sur immobilisations { - dotations aux provisions					GB	
	DOTATIONS D'EXPLOITATION — Sur actif circulant : dotations aux provisions *					GC	
	DOTATIONS D'EXPLOITATION — Pour risques et charges : dotations aux provisions					GD	
	Autres charges (12)					GE	
	TOTAL DES CHARGES D'EXPLOITATION (4) (II)					GF	
1 – RÉSULTAT D'EXPLOITATION (I – II)						GG	
Opérations en commun	Bénéfice attribué ou perte transférée * **(III)**					GH	
	Perte supportée ou bénéfice transféré * **(IV)**					GI	
PRODUITS FINANCIERS	Produits financiers de participations (5)					GJ	
	Produits des autres valeurs mobilières et créances de l'actif immobilisé (5)					GK	
	Autres intérêts et produits assimilés (5)					GL	
	Reprises sur provisions et transferts de charges					GM	
	Différences positives de change					GN	
	Produits nets sur cessions de valeurs mobilières de placement					GO	
	TOTAL DES PRODUITS FINANCIERS (V)					GP	
CHARGES FINANCIÈRES	Dotations financières aux amortissements et provisions *					GQ	
	Intérêts et charges assimilées (6)					GR	
	Différences négatives de change					GS	
	Charges nettes sur cessions de valeurs mobilières de placement					GT	
	TOTAL DES CHARGES FINANCIÈRES (VI)					GU	
2 – RÉSULTAT FINANCIER (V – VI)						GV	
3 – RÉSULTAT COURANT AVANT IMPÔTS (I – II + III – IV + V – VI)						GW	

* Des explications concernant ces rubriques figurent dans la notice n° 2032-NOT-SD

④ **COMPTE DE RÉSULTAT DE L'EXERCICE (Suite)**

DGFiP N° 2053-SD **2023**

Formulaire obligatoire (article 53 A du Code général des impôts)

Désignation de l'entreprise			Néant ☐ *
			Exercice N
PRODUITS EXCEPTIONNELS	Produits exceptionnels sur opérations de gestion	HA	
	Produits exceptionnels sur opérations en capital *	HB	
	Reprises sur provisions et transferts de charges	HC	
	Total des produits exceptionnels (7) (VII)	HD	
CHARGES EXCEPTIONNELLES	Charges exceptionnelles sur opérations de gestion (6 *bis*)	HE	
	Charges exceptionnelles sur opérations en capital *	HF	
	Dotations exceptionnelles aux amortissements et provisions (6 *ter*)	HG	
	Total des charges exceptionnelles (7) (VIII)	HH	
4 – RÉSULTAT EXCEPTIONNEL (VII – VIII)		HI	
Participation des salariés aux résultats de l'entreprise	(IX)	HJ	
Impôts sur les bénéfices *	(X)	HK	
	TOTAL DES PRODUITS (I + III + V + VII)	HL	
	TOTAL DES CHARGES (II + IV + VI + VIII + IX + X)	HM	
5 – BÉNÉFICE OU PERTE (Total des produits – Total des charges)		HN	
RENVOIS	(1) Dont produits nets partiels sur opérations à long terme	HO	
	(2) Dont { produits de locations immobilières	HY	
	(2) Dont { produits d'exploitation afférents à des exercices antérieurs (à détailler au (8) ci-dessous)	1G	
	(3) Dont { - Crédit-bail mobilier *	HP	
	(3) Dont { - Crédit-bail immobilier	HQ	
	(4) Dont charges d'exploitation afférentes à des exercices antérieurs (à détailler au (8) ci-dessous)	1H	
	(5) Dont produits concernant les entreprises liées	1J	
	(6) Dont intérêts concernant les entreprises liées	1K	
	(6*bis*) Dont dons faits aux organismes d'intérêts général (article 238 *bis* du CGI)	HX	
	(6 *ter*) Dont { - amortissements des souscriptions dans des PME innovantes (art. 217 *octies* du CGI)	RC	
	(6 *ter*) Dont { - amortissements exceptionnels de 25% des constructions nouvelles (art. 39 *quinquies* D du CGI)	RD	
	(9) Dont transfert de charges	A1	
	(10) Dont cotisations personnelles de l'exploitant (13) (dont montant des cotisations sociales obligatoires hors CSG/CRDS A5)	A2	
	(11) Dont redevances pour concessions de brevets, de licences (produits)	A3	
	(12) Dont redevances pour concessions de brevets, de licences (charges)	A4	
	(13) Dont primes et cotisations complémentaires personnelles — Facultatives A6 — Obligatoires A9		
	dont cotisations facultatives Madelin A7		
	dont cotisations facultatives aux nouveaux plans d'épargne retraite A8		

(7) Détail des produits et charges exceptionnels (si le nombre de lignes est insuffisant, reproduire le cadre (7) et le joindre en annexe) :	Exercice N — Charges exceptionnelles	Exercice N — Produits exceptionnels

(8) Détail des produits et charges sur exercices antérieurs :	Exercice N — Charges antérieures	Exercice N — Produits antérieurs

* Des explications concernant ces rubriques figurent dans la notice n° 2032-NOT-SD

⑤ **IMMOBILISATIONS**

DGFiP N° 2054-SD **2023**

Formulaire obligatoire (article 53 A du Code général des impôts)

Désignation de l'entreprise | Néant ☐ *

CADRE A	IMMOBILISATIONS	Valeur brute des immobilisations au début de l'exercice	Augmentations : Consécutives à une réévaluation pratiquée au cours de l'exercice ou résultant d'une mise en équivalence	Augmentations : Acquisitions, créations, apports et virements de poste à poste
		1	2	3
INCORP.	Frais d'établissement et de développement TOTAL I	CZ	D8	D9
INCORP.	Autres postes d'immobilisations incorporelles TOTAL II	KD	KE	KF
CORPORELLES	Terrains	KG	KH	KI
CORPORELLES	Constructions : Sur sol propre (dont composants L9)	KJ	KK	KL
CORPORELLES	Constructions : Sur sol d'autrui (dont composants M1)	KM	KN	KO
CORPORELLES	Constructions : Installations gales, agencts*, aménagts des constructions dont composants M2)	KP	KQ	KR
CORPORELLES	Installations techniques, matériel et outillage industriels dont composants M3)	KS	KT	KU
CORPORELLES	Autres immo. corporelles : Installations générales, agencements, aménagements divers *	KV	KW	KX
CORPORELLES	Autres immo. corporelles : Matériel de transport *	KY	KZ	LA
CORPORELLES	Autres immo. corporelles : Matériel de bureau et mobilier informatique	LB	LC	LD
CORPORELLES	Autres immo. corporelles : Emballages récupérables et divers *	LE	LF	LG
CORPORELLES	Immobilisations corporelles en cours	LH	LI	LJ
CORPORELLES	Avances et acomptes	LK	LL	LM
CORPORELLES	TOTAL III	LN	LO	LP
FINANCIÈRES	Participations évaluées par mise en équivalence	8G	8M	8T
FINANCIÈRES	Autres participations	8U	8V	8W
FINANCIÈRES	Autres titres immobilisés	1P	1R	1S
FINANCIÈRES	Prêts et autres immobilisations financières	1T	1U	1V
FINANCIÈRES	TOTAL IV	LQ	LR	LS
	TOTAL GÉNÉRAL (I + II + III + IV)	ØG	ØH	ØJ

CADRE B	IMMOBILISATIONS	Diminutions : Par virement de poste à poste	Diminutions : Par cession à des tiers ou mises hors service ou résultant d'une mise en équivalence	Valeur brute des immobilisations à la fin de l'exercice	Réévaluation légale* ou évaluation par mise en équivalence : Valeur d'origine des immobilisations en fin d'exercice
		1	2	3	4
INCORP.	Frais d'établissement et de développement TOTAL I	IN	CØ	DØ	D7
INCORP.	Autres postes d'immobilisations incorporelles TOTAL II	IO	LV	LW	1X
CORPORELLES	Terrains	IP	LX	LY	LZ
CORPORELLES	Constructions : Sur sol propre	IQ	MA	MB	MC
CORPORELLES	Constructions : Sur sol d'autrui	IR	MD	ME	MF
CORPORELLES	Constructions : Inst. Générales, agencements, aménagements des constructions	IS	MG	MH	MI
CORPORELLES	Installations techniques, matériel et outillages industriels	IT	MJ	MK	ML
CORPORELLES	Autres immobilisations corporelles : Installations gales, agencements, aménagements divers	IU	MM	MN	MO
CORPORELLES	Autres immobilisations corporelles : Matériel de transport	IV	MP	MQ	MR
CORPORELLES	Autres immobilisations corporelles : Matériel de bureau et informatique, mobilier	IW	MS	MT	MU
CORPORELLES	Autres immobilisations corporelles : Emballages récupérables et divers*	IX	MV	MW	MX
CORPORELLES	Immobilisations corporelles en cours	MY	MZ	NA	NB
CORPORELLES	Avances et acomptes	NC	ND	NE	NF
CORPORELLES	TOTAL III	IY	NG	NH	NI
FINANCIÈRES	Participations évaluées par mise en équivalence	IZ	ØU	M7	ØW
FINANCIÈRES	Autres participations	IØ	ØX	ØY	ØZ
FINANCIÈRES	Autres titres immobilisés	I1	2B	2C	2D
FINANCIÈRES	Prêts et autres immobilisations financières	I2	2E	2F	2G
FINANCIÈRES	TOTAL IV	I3	NJ	NK	2H
	TOTAL GÉNÉRAL (I + II + III + IV)	I4	ØK	ØL	ØM

* Des explications concernant cette rubrique figurent dans la notice n° 2032-NOT-SD

(5 bis)

TABLEAU DES ÉCARTS DE RÉEVALUATION SUR IMMOBILISATIONS AMORTISSABLES

DGFiP N° 2054 *bis*-SD **2023**

Formulaire obligatoire (article 53 A du Code général des impôts)

Les entreprises ayant pratiqué **la réévaluation légale** de **leurs immobilisations amortissables** (art. 238 *bis* J du CGI) doivent joindre ce tableau à leur déclaration jusqu'à (et y compris) l'exercice au cours duquel la provision spéciale (col. 6) devient nulle.

Désignation de l'entreprise		Néant ☐ *
Exercice N clos le		

CADRE A	Détermination du montant des écarts (col. 1 – col. 2) (1)		Utilisation de la marge supplémentaire d'amortissement			Montant de la provision spéciale à la fin de l'exercice [(col .1– col. 2) – col. 5] (5)
	Augmentation du montant brut des immobilisations	Augmentation du montant des amortissements	Au cours de l'exercice		Montant cumulé à la fin de l'exercice (4)	
			Montant des suppléments d'amortissement (2)	Fraction résiduelle correspondant aux éléments cédés (3)		
	①	②	③	④	⑤	⑥
1 Concessions, brevets et droits similaires						
2 Fonds commercial						
3 Terrains						
4 Constructions						
5 Installations techniques mat. et out. industriels						
6 Autres immobilisations corporelles						
7 Immobilisations en cours						
8 Participations						
9 Autres titres immobilisés						
10 **TOTAUX**						

(1) Les augmentations du montant brut et des amortissements à inscrire respectivement aux colonnes 1 et 2 sont celles qui ont été apportées au montant des immobilisations amortissables réévaluées dans les conditions définies à l'article 238 *bis* J du CGI et figurent à l'actif de l'entreprise au début de l'exercice.
Le montant des écarts est obtenu en soustrayant des montants portés colonne 1, ceux portés colonne 2.

(2) Porter dans cette colonne le supplément de dotation de l'exercice aux comptes d'amortissement (compte de résultat) consécutif à la réévaluation.

(3) Cette colonne ne concerne que les immobilisations réévaluées cédées au cours de l'exercice. Il convient d'y reporter, l'année de la cession de l'élément, le solde non utilisé de la marge supplémentaire d'amortissement.

(4) Ce montant comprend :
- le montant total des sommes portées aux colonnes 3 et 4;
- le montant cumulé à la fin de l'exercice précédent, dans la mesure où ce montant correspond à des éléments figurant à l'actif de l'entreprise au début de l'exercice.

(5) Le montant total de la provision spéciale en fin d'exercice est à reporter au passif du bilan (tableau n° 2051-SD), à la ligne « Provisions réglementées ».

CADRE B	DÉFICITS REPORTABLES AU 31 DÉCEMBRE 1976 IMPUTÉS SUR LA PROVISION SPÉCIALE AU POINT DE VUE FISCAL	
1 – FRACTION INCLUSE DANS LA PROVISION SPÉCIALE AU DÉBUT DE L'EXERCICE		
2 – FRACTION RATTACHÉE AU RÉSULTAT DE L'EXERCICE	–	
3 – FRACTION INCLUSE DANS LA PROVISION SPÉCIALE EN FIN D'EXERCICE	=	

Le cadre B est servi par les seules entreprises qui ont imputé leurs déficits fiscalement reportables au 31 décembre sur la provision spéciale.

Il est rappelé que cette imputation est purement fiscale et ne modifie pas les montants de la provision spéciale figurant au bilan. De même, les entreprises en cause continuent à réintégrer chaque année dans leur résultat comptable le supplément d'amortissement consécutif à la réévaluation.

Ligne 2 : inscrire la partie de ce déficit incluse chaque année dans les montants portés aux colonnes 3 et 4 du cadre A. Cette partie est obtenue en multipliant les montants portés aux colonnes 3 et 4 par une fraction dont les éléments sont fixés au moment de l'imputation, le numérateur étant le montant du déficit imputé et le dénominateur celui de la provision.

* Des explications concernant cette rubrique figurent dans la notice n° 2032-NOT-SD

⑥ **AMORTISSEMENTS**

DGFiP N° 2055-SD **2023**

Formulaire obligatoire (article 53 A du Code général des impôts)

Désignation de l'entreprise		Néant ☐ *

CADRE A — SITUATIONS ET MOUVEMENTS DE L'EXERCICE DES AMORTISSEMENTS TECHNIQUES (OU VENANT EN DIMINUTION DE L'ACTIF) *

IMMOBILISATIONS AMORTISSABLES		Montant des amortissements au début de l'exercice	Augmentations : dotations de l'exercice	Diminutions : amortissements afférents aux éléments sortis de l'actif et reprises	Montant des amortissements à la fin de l'exercice
Frais d'établissement et de développement		CY	EL	EM	EN
Fonds commercial		RE	RF	RI	RJ
Autres immobilisations incorporelles		PE	PF	PG	PH
	TOTAL I	RK	RM	RN	RO
Terrains		PI	PJ	PK	PL
Constructions	Sur sol propre	PM	PN	PO	PQ
	Sur sol d'autrui	PR	PS	PT	PU
	Inst. Générales, agencements et aménagements des constructions	PV	PW	PX	PY
Installations techniques, matériel et outillage industriels		PZ	QA	QB	QC
Autres immobilisations corporelles	Inst. Générales, agencements, aménagements divers	QD	QE	QF	QG
	Matériel de transport	QH	QI	QJ	QK
	Matériel de bureau et informatique, mobilier	QL	QM	QN	QO
	Emballages récupérables et divers	QP	QR	QS	QT
	TOTAL II	QU	QV	QW	QX
	TOTAL GÉNÉRAL (I + II)	ØN	ØP	ØQ	ØR

CADRE B — VENTILATION DES MOUVEMENTS AFFECTANT LA PROVISION POUR AMORTISSEMENTS DÉROGATOIRES

IMMOBILISATIONS AMORTISSABLES		DOTATIONS			REPRISES			Mouvement net des amortissements à la fin de l'exercice
		Colonne 1	Colonne 2	Colonne 3	Colonne 4	Colonne 5	Colonne 6	
		Différentiel de durée et autres	Mode dégressif	Amortissement fiscal exceptionnel	Différentiel de durée et autres	Mode dégressif	Amortissement fiscal exceptionnel	
Frais d'établissement		M9	N1	N2	N3	N4	N5	N6
Fonds commercial		RP	RQ	RR	RS	RT	RU	RV
Autres immobilisations incorporelles		N7	N8	P6	P7	P8	P9	Q1
TOTAL I		RW	RX	RY	RZ	SB	SC	SD
Terrains		Q2	Q3	Q4	Q5	Q6	Q7	Q8
Constructions	Sur sol propre	Q9	R1	R2	R3	R4	R5	R6
	Sur sol d'autrui	R7	R8	R9	S1	S2	S3	S4
	Inst.gales, agenc., aménagements divers	S5	S6	S7	S8	S9	T1	T2
Installations techniques, matériel et outillage		T3	T4	T5	T6	T7	T8	T9
Autres immob. Corporelles	Inst. Gales, agenc. Et aménagements divers	U1	U2	U3	U4	U5	U6	U7
	Matériel de transport	U8	U9	V1	V2	V3	V4	V5
	Matériel de bureau et informatique, mobilier	V6	V7	V8	V9	W1	W2	W3
	Emballages, récupérations et divers	W4	W5	W6	W7	W8	W9	X1
TOTAL II		X2	X3	X4	X5	X6	X7	X8
Frais d'acquisition de titres de participations **TOTAL III**		NL			NM			NO
Total général (I + II + III)		NP	NQ	NR	NS	NT	NU	NV

Total général *non ventilé* (NP + NQ + NR)	NW	**Total général *non ventilé* (NS + NT + NU)**	NY	**Total général *non ventilé* (NW – NY)**	NZ

CADRE C — MOUVEMENTS DE L'EXERCICE AFFECTANT LES CHARGES RÉPARTIES SUR PLUSIEURS EXERCICES *

	Montant net au début de l'exercice	Augmentations	Dotations de l'exercice aux amortissements	Montant net à la fin de l'exercice
Frais d'émission d'emprunt à étaler			Z9	Z8
Primes de remboursement des obligations			SP	SR

* Des explications concernant cette rubrique figurent dans la notice n° 2032-NOT-SD

⑦ **PROVISIONS INSCRITES AU BILAN**

DGFiP N° 2056-SD **2023**

Formulaire obligatoire (article 53 A du Code général des impôts)

Désignation de l'entreprise										Néant ☐ *
	NATURE DES PROVISIONS		Montant au début de l'exercice		AUGMENTATIONS : Dotations de l'exercice		DIMINUTIONS : Reprises de l'exercice		Montant à la fin de l'exercice	
			1		2		3		4	
PROVISIONS RÉGLEMENTÉES	Provisions pour reconstitution des gisements miniers et pétroliers *		3T		TA		TB		TC	
	Provisions pour investissement (art. 237 *bis* A-II du CGI) *		3U		TD		TE		TF	
	Provisions pour hausse des prix (1) *		3V		TG		TH		TI	
	Amortissements dérogatoires		3X		TM		TN		TO	
	Dont majorations exceptionnelles de 30 %		D3		D4		D5		D6	
	Provisions pour prêts d'installation (art. 39 *quinquies* H du CGI)		IJ		IK		IL		IM	
	Autres provisions réglementées (1)		3Y		TP		TQ		TR	
	TOTAL I		3Z		TS		TT		TU	
PROVISIONS POUR RISQUES ET CHARGES	Provisions pour litiges		4A		4B		4C		4D	
	Provisions pour garanties données aux clients		4E		4F		4G		4H	
	Provisions pour pertes sur marchés à terme		4J		4K		4L		4M	
	Provisions pour amendes et pénalités		4N		4P		4R		4S	
	Provisions pour pertes de change		4T		4U		4V		4W	
	Provisions pour pensions et obligations similaires		4X		4Y		4Z		5A	
	Provisions pour impôts (1)		5B		5C		5D		5E	
	Provisions pour renouvellement des immobilisations *		5F		5H		5J		5K	
	Provisions pour gros entretien et grandes révisions		EO		EP		EQ		ER	
	Provisions pour charges sociales et fiscales sur congés à payer *		5R		5S		5T		5U	
	Autres provisions pour risques et charges (1)		5V		5W		5X		5Y	
	TOTAL II		5Z		TV		TW		TX	
PROVISIONS POUR DÉPRÉCIATION	Sur immobilisations	- incorporelles	6A		6B		6C		6D	
		- corporelles	6E		6F		6G		6H	
		- titres mis en équivalence	Ø2		Ø3		Ø4		Ø5	
		- titres de participations	9U		9V		9W		9X	
		- autres immobilisations financières (1) *	Ø6		Ø7		Ø8		Ø9	
	Sur stocks et en cours		6N		6P		6R		6S	
	Sur comptes clients		6T		6U		6V		6W	
	Autres provisions pour dépréciation (1) *		6X		6Y		6Z		7A	
	TOTAL III		7B		TY		TZ		UA	
TOTAL GÉNÉRAL (I + II + III)			7C		UB		UC		UD	
Dont dotations et reprises			- d'exploitation		UE		UF			
			- financières		UG		UH			
			- exceptionnelles		UJ		UK			
Titres mis en équivalence : montant de la dépréciation à la clôture de l'exercice calculé selon les règles prévues à l'article 39-1-5ème du CGI									10	

(1) à détailler sur feuillet séparé selon l'année de constitution de la provision ou selon l'objet de la provision

NOTA : les charges à payer ne doivent pas être mentionnées sur ce tableau mais être ventilées sur l'état détaillé des charges à payer dont la production est prévue par l'article 38 II de l'annexe III au CGI

* Des explications concernant cette rubrique figurent dans la notice n° 2032-NOT-SD

⑧ **ÉTAT DES ÉCHÉANCES DES CRÉANCES ET DES DETTES À LA CLÔTURE DE L'EXERCICE ***

DGFiP N° 2057-SD **2023**

Formulaire obligatoire (article 53 A du Code général des impôts)

Désignation de l'entreprise — Néant ☐ *

CADRE A	ÉTAT DES CRÉANCES			MONTANT BRUT 1		À 1 AN AU PLUS 2		À PLUS D'UN AN 3
DE L'ACTIF IMMOBILISÉ	Créances rattachées à des participations		UL		UM		UN	
	Prêts (1) (2)		UP		UR		US	
	Autres immobilisations financières		UT		UV		UW	
DE L'ACTIF CIRCULANT	Clients douteux ou litigieux		VA					
	Autres créances clients		UX					
	Créance représentative de titres prêtés ou remis en garantie*	(Provisions pour dépréciation antérieurement constituée* UO)	Z1					
	Personnel et comptes rattachés		UY					
	Sécurité sociale et autres organismes sociaux		UZ					
	État et autres collectivités publiques	Impôts sur les bénéfices	VM					
		Taxe sur la valeur ajoutée	VB					
		Autres impôts, taxes et versements assimilés	VN					
		Divers	VP					
	Groupe et associés (2)		VC					
	Débiteurs divers (dont créances relatives à des opérations de pension de titres)		VR					
Charges constatées d'avance			VS					
		TOTAUX	VT		VU		VV	
RENVOIS	(1) Montant des	- Prêts accordés en cours d'exercice	VD					
		- Remboursements obtenus en cours d'exercice	VE					
	(2) Prêts et avances consentis aux associés (personnes physiques)		VF					

CADRE B	ÉTAT DES DETTES		Montant brut 1	À 1 an au plus 2	À plus d'1 an et 5 ans au plus 3	À plus de 5 ans 4
Emprunts obligatoires convertibles (1)		7Y				
Autres emprunts obligatoires (1)		7Z				
Emprunts et dettes auprès des établissements de crédit (1)	à 1 an maximum à l'origine	VG				
	à plus d'1 an à l'origine	VH				
Emprunts et dettes financières divers (1) (2)		8A				
Fournisseurs et comptes rattachés		8B				
Personnel et comptes rattachés		8C				
Sécurité sociale et autres organismes sociaux		8D				
État et autres collectivités publiques	Impôts sur les bénéfices	8E				
	Taxe sur la valeur ajoutée	VW				
	Obligations cautionnées	VX				
	Autres impôts, taxes et assimilées	VQ				
Dettes sur immobilisations et comptes rattachés		8J				
Groupe et associés (2)		VI				
Autres dettes (dont dettes relatives à des opérations de pension de titres)		8K				
Dette représentative de titres empruntés ou remis en garantie *		Z2				
Produits constatés d'avance		8L				
	TOTAUX	VY		VZ		

RENVOIS					
(1)	Emprunts souscrits en cours d'exercice	VJ		(2) Montant des divers emprunts et dettes contractés auprès des associés, personnes physiques	VL
	Emprunts remboursés en cours d'exercice	VK			

* Des explications concernant cette rubrique figurent dans la notice n° 2032-NOT-SD

⑨ **DÉTERMINATION DU RÉSULTAT FISCAL**

DGFiP N° 2058-A-SD **2023**

Formulaire obligatoire (article 53 A du Code général des impôts)

Désignation de l'entreprise				Néant ☐*	Exercice N clos le
		Formulaire déposé au titre de l'IR (cocher la case ci-contre)		ET	
I. RÉINTÉGRATIONS			BÉNÉFICE COMPTABLE DE L'EXERCICE		WA
Charges non admises en déduction du résultat fiscal	Rémunération du travail de l'exploitant ou des associés (entreprises à l'IR)				WB
	Avantages personnels non déductibles* (sauf amortissements à porter ligne ci-dessous)	WD	Amortissements excédentaires (art.39-4 du CGI) et autres amortissements non déductibles	WE	XE
	Autres charges et dépenses somptuaires (art. 39-4 du CGI)	WF	Taxe sur les véhicules des sociétés (entreprises à l'IS)	WG	
	Fraction des loyers à réintégrer dans le cadre d'un crédit-bail immobilier et de levée d'option	RA	(Part des loyers dispensés de réintégration (art. 239 *sexies* D du CGI))	RB	
	Provisions et charges à payer non déductibles (cf. tableau n° 2058-B, cadre III)	WI	Charges à payer liées à des états et territoires non coopératifs non déductibles (cf. 2067-*bis*)	XX	XW
	Amendes et pénalités	WJ	Charges financières (art. 39-1-3° et 212 *bis* du CGI) *	XZ	
	Réintégrations prévues à l'article 155 du CGI *				XY
	Impôt sur les sociétés (cf. page 9 de la notice n° 2032-NOT-SD)				I7
Quote-part	Bénéfices réalisés par une société de personnes ou un GIE	WL	Résultats bénéficiaires visés à l'article 209 B du CGI	L7	K7
Régimes particuliers / impositions différées	Moins-values nettes à long terme		- imposées aux taux de 15 % ou de 19 % (12,80 % pour les entreprises à l'IR)		I8
			- imposées au taux de 0%		ZN
	Fraction imposable des plus-values réalisées au cours d'exercices antérieurs*		- Plus-values nettes à court terme		WN
			- Plus-values soumises au régime des fusions		WO
Écarts de valeurs liquidatives sur OPC * (entreprises à l'IS)					XR
Réintégrations diverses à détailler sur feuillet séparé DONT*	Intérêts excédentaires (art.39-1-3ème et 212 du CGI)	SU	Zone d'entreprises* (activité exonérée)	SW	WQ
			Quote-part de 12 % des plus-values à taux zéro	M8	
Réintégration des charges affectées aux activités éligibles au régime de taxation au tonnage					Y1
Résultat fiscal afférent à l'activité relevant du régime optionnel de taxation au tonnage					Y3
			TOTAL I		WR
II. DÉDUCTIONS			PERTE COMPTABLE DE L'EXERCICE		WS
Quote-part dans les pertes subies par une société de personne ou un G.I.E. et quote-part comptabilisée du bénéfice distribué par ces organismes *					WT
Provisions et charges à payer non déductibles, antérieurement taxées et réintégrées dans les résultats comptables de l'exercice (cf. tableau n° 2058-B-SD, cadre III)					WU
Régime d'imposition particuliers et impositions différées	Plus-values nettes à long terme		- imposées au taux de 15 % (12,80 % pour les entreprises soumises à l'IR)		WV
			- imposées au taux de 0 %		WH
			- imposées au taux de 19 %		WP
			- imputées sur les moins-values nettes à long terme antérieure		WW
			- imputées sur les déficits antérieurs		XB
	Autres plus-values imposées au taux de 19 %				I6
	Fraction des plus-values nettes à court terme de l'exercice dont l'imposition est différée *				WZ
	Régime des sociétés mères et des filiales* / Produits net des actions et parts d'intérêts		(Quote-part de frais et charges restant imposable à déduire des produits nets de participation)	2A	XA
	Produits de participations inéligibles au régime des sociétés mères déductibles à hauteur de 99 % (art. 223 B du CGI)				ZX
Mesures d'incitation	Déduction autorisée au titre des investissements réalisés dans les collectivités d'outre-mer *				ZY
	Majoration d'amortissement *				XD
Abattement sur le bénéfice et exonérations*	Reprise d'entreprises en difficulté (art.44 *septies*)	K9	Entreprises nouvelles (art.44 *sexies*)	L2	XF
			J.E.I. (art. 44 *sexies* A)	L5	
			S.I.I.C. (art. 208C)	K3	
			Zone de restructuration de la défense (art.44 *terdecies*)	PA	
	ZFU – TE (art. 44 *octies* A)	ØV	Bassin d'emploi à redynamiser (art. 44 *duodecies*)	1F	
			Zone franche d'activité nouvelle génération (art. 44 *quaterdecies*)	XC	
	Bassin urbain à dynamiser (art. 44 *sexdecies*)	PP	Zone de revitalisation rurale (art. 44 *quindecies*)	PC	
			Zone de développement prioritaire (art. 44 *septdecies*)	PB	
Écarts de valeurs liquidatives sur OPC * (entreprises à l'IS)					XS
Déductions diverses à détailler sur feuillet séparé (	dont déduction exceptionnelle (art. 39 decies)	X9	dont déduction exceptionnelle simulateur de conduite (art.39 decies E)	YH	XG
	dont déduction exceptionnelle (art.39 *decies* A)	YA	dont déduction exceptionnelle (art.39 *decies* C)	YC	
	dont déduction exceptionnelle (art.39 *decies* B)	YB	dont déduction exceptionnelle (art.39 *decies* D)	YD	
	dont déductions exceptionnelles (art. 39 decies F)	YI	Créance dégagée par le report en arrière de déficit)	ZI	
	dont déduction exceptionnelle (art. 39 decies G)	YL			
Déduction des produits affectés aux activités éligibles au régime de taxation au tonnage					Y2
III. RÉSULTAT FISCAL			**TOTAL II**		XH
Résultat fiscal avant imputation des déficits reportables			{ Bénéfice (I moins II)	XI	
			Déficit (II moins I)		XJ
Déficits de l'exercice reporté en arrière (entreprises à l'IS) *				ZL	
Déficits antérieurs imputés sur les résultats de l'exercice (entreprises à l'IS) *					XL
RÉSULTAT FISCAL			BÉNÉFICE (ligne XN) ou DÉFICIT reportable en avant (ligne XO)	XN	XO

* Des explications concernant ces rubriques figurent dans la notice n° 2032-NOT-SD

⑩ **DÉFICITS, INDEMNITÉS POUR CONGÉS À PAYER ET PROVISIONS NON DÉDUCTIBLES**

DGFiP N° 2058-B-SD **2023**

Formulaire obligatoire (article 53 A du Code général des impôts)

Désignation de l'entreprise					Néant ☐ *
I.	**SUIVI DES DÉFICITS**				
Déficits restant à reporter au titre de l'exercice précédent (1)				K4	
Déficits transférés de plein droit (art. 209-II-2 du CGI)	K4 bis		Nombre d'opérations sur l'exercice (2)	K4 ter	
Déficits imputés (total lignes XB et XL du tableau n° 2058-A-SD)				K5	
Déficits reportables (différence K4 + K4bis– K5)				K6	
Déficit de l'exercice (tableau n° 2058-A-SD, ligne XO)				YJ	
Total des déficits restant à reporter (somme K6 + YJ)				YK	
II.	**INDEMNITÉS POUR CONGÉS À PAYER, CHARGES SOCIALES ET FISCALES CORRESPONDANTES**				
Montant déductible correspondant aux droits acquis par les salariés pour les entreprises placées sous le régime de l'article 39-1. 1° *bis* al. 1er du CGI, dotations de l'exercice				ZT	

III. **PROVISIONS ET CHARGES À PAYER, NON DÉDUCTIBLES POUR L'ASSIETTE DE L'IMPÔT**				
(à détailler sur feuillet séparé)	Dotation de l'exercice		Reprises sur l'exercice	
Indemnités pour congés à payer, charges sociales et fiscales correspondantes non déductibles pour les entreprises placées sous le régime de l'article 39-1. 1° *bis* al. 2 du CGI *	ZV		ZW	
Provisions pour risques et charges *				
	8X		8Y	
	8Z		9A	
	9B		9C	
Provisions pour dépréciation *				
	9D		9E	
	9F		9G	
	9H		9J	
Charges à payer				
	9K		9L	
	9M		9N	
	9P		9R	
	9S		9T	
TOTAUX (YN = ZV à 9S) et (YO = ZW à 9T)	YN		YO	
à reporter au tableau n° 2058-A-SD :	↓ ligne WI		↓ ligne WU	

CONSÉQUENCES DE LA MÉTHODE PAR COMPOSANTS (art. 237 *septies* du CGI)			
Montant de la réintégration ou de la déduction	Montant au début de l'exercice	Imputations	Montant net à la fin de l'exercice
	L1		

* Des explications concernant ces rubriques figurent dans la notice n° 2032-NOT-SD

(1) Cette case correspond au montant porté sur la ligne YK du tableau n° 2058-B-SD déposé au titre de l'exercice précédent

(2) Indiquer, sur un feuillet séparé, l'identification, opération par opération, du nom de la société (et son n° siren) dont proviennent les déficits et le montant du transfert.

(11) **TABLEAU D'AFFECTATION DU RÉSULTAT ET RENSEIGNEMENTS DIVERS**

DGFiP N° 2058-C-SD **2023**

Formulaire obligatoire (article 53 A du Code général des Impôts)

Désignation de l'entreprise							Néant ☐*
ORIGINES	Report à nouveau figurant au bilan de l'exercice antérieur à celui pour lequel la déclaration est établie	ØC		AFFECTATIONS	Affectations aux réserves - Réserves légales	ZB	
					- Autres réserves	ZD	
	Résultat de l'exercice précédant celui pour lequel la déclaration est établie	ØD			Dividendes	ZE	
	Prélèvements sur les réserves	ØE			Autres répartitions	ZF	
					Report à nouveau	ZG	
	TOTAL I	ØF			(N.B : le total I doit être égal au total II) **TOTAL II**	ZH	

RENSEIGNEMENTS DIVERS						Exercice N :
ENGAGEMENTS	- Engagements de crédit-bail mobilier	(Précisez le prix de revient des biens pris en crédit-bail	J7	)	YQ	
	- Engagements de crédit-bail immobilier				YR	
	- Effets portés à l 'escompte et non échus				YS	
DÉTAIL DES POSTES – AUTRES ACHATS ET CHARGES EXTERNES	- Sous-traitance				YT	
	- Locations, charges locatives et de copropriété	(dont montant des loyers des biens pris en location pour une durée > 6 mois	J8	)	XQ	
	- Personnel extérieur à l'entreprise				YU	
	- Rémunérations d'intermédiaires et honoraires (hors rétrocessions)				SS	
	- Rétrocessions d'honoraires, commissions et courtage				YV	
	- Autres comptes	(dont cotisations versées aux organisations syndicales et professionnelles	ES	)	ST	
	Total du poste correspondant à la ligne FW du tableau n° 2052-SD				ZJ	
DÉTAIL DES POSTES – IMPÔTS ET TAXES	- CFE et CVAE				YW	
	- Autres impôts, taxes et versements assimilés	(dont taxe intérieure sur les produits pétroliers	ZS	)	9Z	
	Total du poste correspondant à la ligne FW du tableau n° 2052-SD				YX	
TVA	- Montant de la TVA collectée				YY	
	- Montant de la TVA déductible comptabilisée au cours de l'exercice au titre des biens et services ne constituant pas des immobilisations				YZ	
DIVERS	- Montant brut des salaires (cf. la dernière déclaration sociale nominative DSN au titre 2019) *				ØB	
	- Montant de la plus-value constatée en franchise d'impôt lors de la première option pour le régime simplifié d'imposition *				ØS	
	- Taux d'intérêt le plus élevé servi aux associés à raison des sommes mises à la disposition de la société *				ZK	%
	- Numéro de centre agréé *	XP	- Filiale et participations (Liste au tableau 2059-G-SD prévue à l'art. 38 II de l'annexe III au CGI) - Si oui, indiquer 1, sinon 0		ZR	
	- Aides perçues ayant donné droit à la réduction d'impôt prévue au 4 de l'article 238 *bis* du CGI pour l'entreprise donatrice				RG	
	- Montant de l'investissement reçu qui a donné lieu à amortissement exceptionnel chez l'entreprise investisseur dans le cadre de l'article 217 *octies* du CGI				RH	

RÉGIME DE GROUPE*								
	Société : résultat comme si elle n'avait jamais été membre du groupe	JA		Plus-values à 15 %	JK		Plus-values à 0 %	JL
				Plus-values à 19 %	JM		Imputations	JC
	Groupe : résultat d'ensemble	JD		Plus-values à 15 %	JN		Plus-values à 0 %	JO
				Plus-values à 19 %	JP		Imputations	JF
	Si vous relevez du régime de groupe : indiquer 1 si société mère ou 2 si société filiale	JH		n° SIRET de la société mère du groupe	JJ			

(12) DÉTERMINATION DES PLUS ET MOINS VALUES

DGFiP N° 2059-A-SD **2023**

Formulaire obligatoire (article 53 A du Code général des impôts)

Désignation de l'entreprise		Néant ☐ *

A – DÉTERMINATION DE LA VALEUR RÉSIDUELLE

		Nature et date d'acquisition des éléments cédés*	Valeur d'origine*	Valeur nette réévaluée*	Amortissements pratiqués en franchise d'impôt	Autres amortissements*	Valeur résiduelle
		1	2	3	4	5	6
I – IMMOBILISATIONS *	1						
	2						
	3						
	4						
	5						
	6						
	7						
	8						
	9						
	10						
	11						
	12						

B – PLUS-VALUES, MOINS-VALUES

Qualification fiscale des plus et moins-values réalisées *

		Prix de vente	Montant global de la plus-value ou de la moins-value	Court terme	Long terme			Plus-value taxable à 19% (1)
					19%	15% ou 12,80%	0%	
		7	8	9	10			11
I – IMMOBILISATIONS *	1							
	2							
	3							
	4							
	5							
	6							
	7							
	8							
	9							
	10							
	11							
	12							
II – AUTRES ÉLÉMENTS	13	Fraction résiduelle de la provision spéciale de réévaluation afférente aux éléments cédés	+					
	14	Amortissements irrégulièrement différés se rapportant aux éléments cédés	+					
	15	Amortissements afférents aux éléments cédés mais exclus des charges déductibles par une disposition légale	+					
	16	Amortissements non pratiqués en comptabilité et correspondant à la déduction fiscale pour investissement, définie par les lois de 1966, 1968 et 1975, effectivement utilisée	+					
	18	Provisions pour dépréciation des titres relevant du régime des plus ou moins-values à long terme devenues sans objet au cours de l'exercice						
	19	Dotations de l'exercice aux comptes de provisions pour dépréciation des titres relevant du régime des plus ou moins-values à long terme						
	20	Divers (détail à donner sur une note annexe) *						
		CADRE A : plus ou moins-value nette à court terme (total algébrique des lignes 1 à 20 de la colonne 9)						
		CADRE B : plus ou moins-value nette à long terme (total algébrique des lignes 1 à 20 de la colonne 10)		(A)	(B) avec une ventilation par taux			(C)
		CADRE C : autres plus-values taxables à 19 % (colonne 11)						

* Des explications concernant cette rubrique figurent dans la notice n° 2032-NOT-SD

(1) Ces plus-values sont imposables au taux de 19 % en application des articles 238 *bis* JA, 208 C du CGI.

(13) **AFFECTATION DES PLUS-VALUES À COURT TERME ET DES PLUS-VALUES DE FUSION OU D'APPORT**

DGFIP N° 2059-B-SD **2023**

Formulaire obligatoire (article 53 A du Code général des impôts)

Désignation de l'entreprise		Formulaire déposé au titre de l'IR	EU	Néant ☐ *

A – ÉLÉMENTS ASSUJETIS AU RÉGIME FISCAL DES PLUS-VALUES À COURT TERME

(à l'exclusion des plus-values de fusion dont l'imposition est prise en charge par les sociétés absorbantes) (cf. cadre B)

Origine		Montant net des plus-values réalisées*	Montant antérieurement réintégré	Montant compris dans le résultat de l'exercice	Montant restant à réintégrer
Plus-values réalisées au cours de l'exercice	Imposition répartie				
	Sur 3 ans (entreprises à l'IR)				
	Sur 10 ans				
	sur une durée différente (art. 39 *quaterdecies* 1 *ter* et 1 *quater* CGI)				
	TOTAL 1				

	Imposition répartie		Montant net des plus-values réalisées à l'origine	Montant antérieurement réintégré	Montant rapporté au résultat de l'exercice	Montant restant à réintégrer
Plus-values réalisées au cours des exercices antérieurs	Sur 3 ans au titre de	N-1				
		N-2				
	Sur 10 ans ou sur une durée différente (art. 39 *quaterdecies* 1 *ter* et 1 *quater* du CGI)	N-1				
		N-2				
		N-3				
		N-4				
		N-5				
		N-6				
		N-7				
		N-8				
		N-9				
	TOTAL 2					

B – PLUS-VALUES RÉINTÉGRÉES DANS LES RÉSULTATS DES SOCIÉTES BÉNÉFICIAIRES DES APPORTS

(Cette rubrique ne comprend pas les plus-values afférentes aux biens non amortissables ou taxées lors des opérations de fusion ou d'apport)

Plus-values de fusion, d'apport partiel ou de scission (personnes morales soumises à l'impôt sur les sociétés seulement), cochez la case ci-contre		Plus-values d'apport à une société d'une activité professionnelle exercée à titre individuel (toutes sociétés), cochez la case ci-contre	

Origine des plus-values et date des fusions ou des apports	Montant net des plus-values réalisées à l'origine	Montant antérieurement réintégré	Montant rapporté au résultat de l'exercice	Montant restant à réintégrer
TOTAL				

* Des explications concernant cette rubrique figurent dans la notice n° 2032-NOT-SD

(14) **SUIVI DES MOINS-VALUES À LONG TERME**

DGFiP N° 2059-C-SD **2023**

Formulaire obligatoire (article 53 A du Code général des impôts)

Désignation de l'entreprise		Néant ☐ *

	Rappel de la plus-value de l'exercice relevant du taux de 15 % ❶ ou de 12,8 % ❷	
❶ Entreprises soumises à l'IS ❷ Entreprises soumises à l'IR	Gains nets retirés de la cession de titre de sociétés à prépondérance immobilière non cotées exclus du régime du long terme (art. 219 I a *sexies*-0 *bis* du CGI) ❶	
	Gains nets retirés de la cession de certains titres dont le prix de revient est supérieur à 22,8 M € (art. 219 I a *sexies*-0 du CGI) ❶	

I – SUIVI DES MOINS-VALUES DES ENTREPRISES SOUMISES À L'IMPÔT SUR LE REVENU

Origine		Moins-values à 12,8 %	Imputations sur les plus-values à long terme de l'exercice imposables à 12,8 %	Solde des moins-values à 12,8 %
①		②	③	④
Moins-values nettes	N			
Moins-values nettes à long terme subies au cours des dix exercices antérieurs (montants restant à déduire à la clôture du dernier exercice)	N – 1			
	N – 2			
	N – 3			
	N – 4			
	N – 5			
	N – 6			
	N – 7			
	N – 8			
	N – 9			
	N – 10			

II – SUIVI DES MOINS-VALUES À LONG TERME DES ENTREPRISES SOUMISES À L'IMPÔT SUR LES SOCIÉTÉS *

Origine		Moins-values		Imputations sur les plus-values à long terme	Imputations sur le résultat de l'exercice	Solde des moins-values à reporter (2 + 3 – 4 – 5)
		À 19 % ou à 15 %	À 19 % ou 15 % imputables sur le résultat de l'exercice	À 15 % ou 19 %		
①		②	③	④	⑤	⑥
Moins-values nettes	N					
Moins-values nettes à long terme subies au cours des exercices antérieurs (montants restant à déduire à la clôture du dernier exercice)	N – 1					
	N – 2					
	N – 3					
	N – 4					
	N – 5					
	N – 6					
	N – 7					
	N – 8					
	N – 9					
	N – 10					

* Des explications concernant cette rubrique figurent dans la notice n° 2032-NOT-SD

(15)

RÉSERVE SPÉCIALE DES PLUS-VALUES À LONG TERME
RÉSERVE SPÉCIALE DES PROVISIONS POUR FLUCTUATION DES COURS

DGFiP N° 2059-D-SD **2023**
Formulaire obligatoire (article 53 A du Code général des impôts)

(personnes morales soumises à l'impôt sur les sociétés seulement) *

Désignation de l'entreprise		Néant ☐ *

I SITUATION DU COMPTE AFFECTÉ À L'ENREGISTREMENT DE LA RÉSERVE SPÉCIALE POUR L'EXERCICE N

			Sous-comptes de la réserve spéciale des plus-values à long terme				
			Taxées à 10 %	Taxées à 15 %	Taxées à 18 %	Taxées à 19 %	Taxées à 25 %
Montant de la réserve spéciale à la clôture de l'exercice précédent (N – 1)		1					
Réserves figurant au bilan des sociétés absorbées au cours de l'exercice		2					
TOTAL (lignes 1 et 2)		3					
Prélèvements opérés	- donnant lieu à complément d'IS	4					
	- ne donnant pas lieu à complément d'IS	5					
TOTAL (lignes 4 et 5)		6					
Montant de la réserve spéciale à la clôture de l'exercice (ligne 3 – ligne 6)		7					

II RÉSERVE SPÉCIALE DES PROVISIONS POUR FLUCTUATION DES COURS * (5ème, 6ème, 7ème alinéas de l'article 39-1-5ème du CGI)

Montant de la réserve à l'ouverture de l'exercice	Réserve figurant au bilan des sociétés absorbées au cours de l'année	Montants prélevés sur la réserve		Montant de la réserve à la clôture de l'exercice
		Donnant lieu à complément d'impôt	ne donnant pas lieu à complément d'impôt	
①	②	③	④	⑤

* Des explications concernant cette rubrique figurent dans la notice n° 2032-NOT-SD

(16) **DÉTERMINATION DES EFFECTIFS ET DE LA VALEUR AJOUTÉE**

DGFiP N° 2059-E-SD **2023**

Formulaire obligatoire (article 53 A du Code général des impôts)

Désignation de l'entreprise	Néant ☐ *	
Exercice ouvert le / / et clos le / /	Données en nombre de mois	
DÉCLARATION DES EFFECTIFS		
Effectif moyen du personnel * :	YP	
- Dont apprentis	YF	
- Dont handicapés	YG	
Effectif affectés à l'activité artisanale	RL	
CALCUL DE LA VALEUR AJOUTÉE		
I – Chiffre d'affaires de référence CVAE		
Ventes de produits fabriqués, prestations de services et marchandises	OA	
Redevances pour concessions, brevets, licences et assimilées	OK	
Plus-values de cession d'immobilisations corporelles ou incorporelles si rattachées à une activité normale et courante	OL	
Refacturations de frais inscrites au compte de transfert de charges	OT	
TOTAL 1	OX	
II – Autres produits à retenir pour le calcul de la valeur ajoutée		
Autres produits de gestion courante (hors quotes-parts de résultat sur opérations faites en commun)	OH	
Production immobilisée à hauteur des seules charges déductibles ayant concouru à sa formation	OE	
Subventions d'exploitation reçues	OF	
Variation positive des stocks	OD	
Transferts de charges déductibles de la valeur ajoutée	OI	
Rentrées sur créances amorties lorsqu'elles se rapportent au résultat d'exploitation	XT	
TOTAL 2	OM	
III – Charges à retenir pour le calcul de la valeur ajoutée (1)		
Achats	ON	
Variation négative des stocks	OQ	
Services extérieurs, à l'exception des loyers et redevances	OR	
Loyers et redevances, à l'exception de ceux afférents à des immobilisations corporelles mises à disposition dans le cadre d'une convention de location-gérance ou de crédit-bail ou encore d'une convention de location de plus de 6 mois.	OS	
Taxes déductibles de la valeur ajoutée	OZ	
Autres charges de gestion courante (hors quotes-parts de résultat sur opérations faites en commun)	OW	
Charges déductibles de la valeur ajoutée afférente à la production immobilisée déclarée	OU	
Fraction déductible de la valeur ajoutée des dotations aux amortissements afférentes à des immobilisations corporelles mises à disposition dans le cadre d'une convention de location-gérance ou de crédit-bail ou encore d'une convention de location de plus de 6 mois	O9	
Moins-values de cession d'immobilisations corporelles ou incorporelles si rattachées à une activité normale et courante	OY	
TOTAL 3	OJ	
IV – Valeur ajoutée produite		
Calcul de la valeur ajoutée (total 1 + total 2 – total 3)	OG	
V – Cotisation sur la valeur ajoutée des entreprises		
Valeur ajoutée assujettie à la CVAE (à reporter sur le formulaire n° 1330-CVAE-SD pour les multi-établissements et sur les formulaires n°s 1329-AC et 1329-DEF). Si la VA calculée est négative, il convient de reporter un montant égal à 0 au cadre C des formulaires n°s 1329-AC et 1329-DEF.	SA	

Cadre réservé au mono-établissement au sens de la CVAE				
Les entreprises effectuant uniquement des opérations à caractère agricole n'entrant pas dans le champ de la CVAE ne doivent pas compléter ce cadre.				
Si vous êtes assujettis à la CVAE et mono-établissement au sens de la CVAE (cf. notice du formulaire n° 1330-CVAE-SD), veuillez compléter le cadre ci-dessous et la case SA, vous serez alors dispensés du dépôt du formulaire n° 1330-CVAE-SD				
Mono-établissement au sens de la CVAE, cocher la case ci-contre	EV			
Chiffre d'affaires de référence CVAE (report de la ligne OX, le cas échéant ajusté à 12 mois)	GX		Effectifs au sens de la CVAE *	EY
Chiffre d'affaires du groupe économique (entreprises répondant aux conditions de détention fixées à l'article 223 A du CGI)				HX
Période de référence	GY / /	GZ / /		
Date de cessation	HR / /			

(1) ATTENTION : il ne doit pas être tenu compte dans les lignes ON à OW des charges déductibles de la valeur ajoutée, afférente à la production immobilisée déclarée ligne OE, portées en ligne OU.

* Des explications concernant ces cases sont données dans la notice n° 1330-CVAE-SD au § *Répartition des salariés* et dans la notice n° 2032-NOT-SD au § *Déclaration des effectifs*

⑰ **COMPOSITION DU CAPITAL SOCIAL** DGFiP N° 2059-F-SD **2023**

(Liste des personnes ou groupements de personnes de droit ou de fait détenant directement au moins 10 % du capital de la société)

Formulaire obligatoire (art. 38 de l'annexe III au CGI)

N° de dépôt | (1) | Néant ☐*

Exercice clos le		N° SIRET	
Dénomination de l'entreprise			
Adresse (voie)			
Code postal		Ville	
NOMBRE TOTAL D'ASSOCIES OU ACTIONNAIRES PERSONNES MORALES DE L'ENTREPRISE	P1	NOMBRE TOTAL DE PARTS OU D'ACTIONS CORRESPONDANTES	P3
NOMBRE TOTAL D'ASSOCIES OU ACTIONNAIRES PERSONNES PHYSIQUES DE L'ENTREPRISE	P2	NOMBRE TOTAL DE PARTS OU D'ACTIONS CORRESPONDANTES	P4

I – CAPITAL DÉTENU PAR LES PERSONNES MORALES :

Forme juridique | Dénomination
N° SIREN (si société établie en France) | % de détention | Nb de parts ou actions
Adresse N° | Voie
Code postal | Commune | Pays

Forme juridique | Dénomination
N° SIREN (si société établie en France) | % de détention | Nb de parts ou actions
Adresse N° | Voie
Code postal | Commune | Pays

Forme juridique | Dénomination
N° SIREN (si société établie en France) | % de détention | Nb de parts ou actions
Adresse N° | Voie
Code postal | Commune | Pays

Forme juridique | Dénomination
N° SIREN (si société établie en France) | % de détention | Nb de parts ou actions
Adresse N° | Voie
Code postal | Commune | Pays

II – CAPITAL DÉTENU PAR LES PERSONNES PHYSIQUES :

Titre (2) | Nom patronymique | Prénom(s)
Nom marital | % de détention | Nb de parts ou actions
Naissance : Date | N° Département | Commune | Pays
Adresse : N° | Voie
Code postal | Commune | Pays

Tire (2) | Nom patronymique | Prénom(s)
Nom marital | % de détention | Nb de parts ou actions
Naissance : Date | N° Département | Commune | Pays
Adresse : N° | Voie
Code postal | Commune | Pays

(1) Lorsque le nombre d'associés excède le nombre de lignes du formulaire, veuillez utiliser un ou plusieurs tableaux supplémentaires. Dans ce cas, il convient de numéroter chaque tableau en haut et à gauche de la case prévue à cet effet et de porter le nombre total de tableaux souscrits en bas à droite de cette même case.
(2) Veuillez indiquer : « M » pour Monsieur, « MME » pour Madame.

* Des explications concernant cette rubrique figurent dans la notice n° 2032-NOT-SD

(18) **FILIALES ET PARTICIPATIONS** DGFiP N° 2059-G-SD **2023**

(Liste des personnes ou groupements de personnes de droit ou de fait dont la société détient directement au moins 10 % du capital)

Formulaire obligatoire (art.38 de l'ann. III au CGI)

N° de dépôt

(1)

Néant ☐*

Exercice clos le		N° SIRET	
Dénomination de l'entreprise			
Adresse (voie)			
Code postal		Ville	
NOMBRE TOTAL DE FILIALES DÉTENUES PAR L'ENTREPRISE :	P5		

Forme juridique		Dénomination			
N° SIREN (si société établie en France)				% de détention	
Adresse	N°	Voie			
Code postal		Commune		Pays	
Forme juridique		Dénomination			
N° SIREN (si société établie en France)				% de détention	
Adresse	N°	Voie			
Code postal		Commune		Pays	
Forme juridique		Dénomination			
N° SIREN (si société établie en France)				% de détention	
Adresse	N°	Voie			
Code postal		Commune		Pays	
Forme juridique		Dénomination			
N° SIREN (si société établie en France)				% de détention	
Adresse	N°	Voie			
Code postal		Commune		Pays	
Forme juridique		Dénomination			
N° SIREN (si société établie en France)				% de détention	
Adresse :	N°	Voie			
Code postal		Commune		Pays	
Forme juridique		Dénomination			
N° SIREN (si société établie en France)				% de détention	
Adresse :	N°	Voie			
Code postal		Commune		Pays	
Forme juridique		Voie			
N° SIREN (si société établie en France)				% de détention	
Adresse	N°	Voie			
Code postal		Commune		Pays	
Forme juridique		Voie			
N° SIREN (si société établie en France)				% de détention	
Adresse	N°	Voie			
Code postal		Commune		Pays	

(1) Lorsque le nombre de filiales excède le nombre de lignes du formulaire, veuillez utiliser un ou plusieurs tableaux supplémentaires. Dans ce cas, il convient de numéroter chaque tableau en haut et à gauche de la case prévue à cet effet et de porter le nombre total de tableaux souscrits en bas à droite de cette même case.

* Des explications concernant cette rubrique figurent dans la notice n° 2032-NOT-SD

Annexe 2

NOTICE ADMINISTRATIVE N° 2032-NOT-SD (RÉEL NORMAL)

RÉPUBLIQUE FRANÇAISE
Liberté Égalité Fraternité

N° 2032-NOT-SD
2023

cerfa

N° 50446#25

NOTICE

pour remplir la liasse BIC/IS – Régime RN (tableaux n° 2050-SD à 2059-G-SD)

IMPÔT SUR LE REVENU (bénéfices industriels et commerciaux)
IMPÔT SUR LES SOCIÉTÉS

Régime du bénéfice réel

NOUVEAUTES

- **Option pour les entrepreneurs individuels d'opter pour l'impôt sur les sociétés (article 13 de la loi n°2021-1900 du 30 décembre 2021 de finances pour 2022)**

L'article 13 de la loi n°2021-1900 du 30 décembre 2021 de finances pour 2022 ouvre la possibilité aux entrepreneurs individuels d'opter pour l'assimilation à une entreprise unipersonnelle à responsabilité limitée (EURL) (1 de l'article 1655 sexies du CGI). L'option pour une telle assimilation, irrévocable, vaut option pour l'impôt sur les sociétés. Cette mesure, qui s'applique à partir du 15 mai 2022, est commentée au BOI-BIC-CHAMP-70-10. En outre, depuis le 16 février 2022, la création d'une nouvelle EIRLou la transformation d'une entreprise individuelle existante en EIRL n'est plus possible. Les entrepreneurs qui ont choisi ce statut avant cette date continuent cependant de bénéficier du régime juridique et fiscal applicable aux EIRL.

- **Renforcement des dispositifs d'exonération des plus-values de cession/transmission d'entreprises**

L'article 19 de la loi n°2021-1900 du 31 décembre 2021 de finances pour 2022 aménage le dispositif d'exonération des plus-values professionnelles de cession d'entreprise dégagées à l'occasion d'un départ à la retraite (article 151 septies A du CGI), et le dispositif d'exonération des plus-values professionnelles dégagées à l'occasion de la transmission d'entreprise en fonction de la valeur des éléments d'actif transmis (article 238 quindecies du CGI). Ainsi, pour chacun de ces dispositifs, la cession d'une activité mise en location-gérance à une personne autre que le locataire-gérant est désormais autorisée, sous conditions. Les plafonds du dispositif d'exonération prévu à l'article 238 quindecies du CGI sont rehaussés, et le délai de cession permettant de bénéficier du dispositif d'exonération de l'article 151 septies A du CGI est provisoirement allongé.

- **Jeunes entreprises innovantes**

L'article 11 de la loi n°2021-1900 de finances pour 2022 allonge de 7 à 10 ans la durée du statut de jeune entreprise innovante (JEI) défini à l'article 44 sexies – OA du CGI qui ouvre droit à une exonération d'impôt et de cotisations sociales. Ainsi une PME peut être qualifiée de JEI jusqu'au onzième anniversaire de celle-ci.

- Dispositif temporaire de déductibilité de l'amortissement constaté au titre des fonds commerciaux (loi n°2021-1900 du 30 décembre 2021 de finances pour 2022, art.23)

Le dispositif temporaire de déductibilité de l'amortissement constaté au titre des fonds commerciaux, institué par la loi de finances pour 2022, qui s'applique également, sous conditions, aux fonds artisanaux, est aménagé par l'article 7 de loi n°2022-1157 de finances rectificatives pour 2022, lequel prévoit, pour les fonds acquis à compter du 18 juillet 2022, que le dispositif précité ne s'applique pas aux fonds acquis auprès d'une entreprise liée au sens du 12 de l'article 39 du CGI ou auprès d'une entreprise, y compris une entreprise individuelle, placée, dans les conditions définies au a du même 12, sous le contrôle de la même personne physique que l'entreprise qui acquiert le fonds.

Ainsi, sont notamment exclues du champ du dispositif les opérations réalisées entre entreprises ayant un lien de dépendance (cessions à titre onéreux, fusions, etc.), ainsi que les situations dans lesquelles une personne physique apporte son entreprise individuelle, ou une branche complète d'activité, à une société qu'elle contrôle ou est amenée à contrôler à la suite de l'opération d'apport.

RAPPELS

La loi de finances pour 2022 a instauré à titre temporaire la possibilité pour une entreprise d'admettre en déduction du résultat imposable l'amortissement constaté en comptabilité au titre d'un fonds commercial lorsqu'il est acquis à compter du 1er janvier 2022 et jusqu'au 31 décembre 2025.

Le tableau n° 2055 contient une ligne afin de permettre à l'entreprise concernée de renseigner l'amortissement de son fonds commercial qui peut faire l'objet d'une déduction au plan fiscal, conformément aux dispositions du troisième alinéa du 2° du 1 de l'article 39 du CGI, lorsque ce fonds est acquis à compter du 1er janvier 2022 et jusqu'au 31 décembre 2025.

option,lors d'une opération de cession-bail d'immeuble, l'imposition de la plus-value peut être échelonnée, par parts égales, sur les exercices clos pendant la durée du contrat, dans la limite de quinze ans, lorsque ledit immeuble est affecté à l'activité économique du crédit-preneur.
Cette condition d'affectation doit être satisfaite à la date de la cession du bien immobilier, puis pendant toute la durée du contrat de crédit-bail.
Lorsque l'immeuble est acquis par l'entreprise, ou que le contrat de crédit-bail est résilié, le solde est imposé immédiatement.
Ce dispositif ne s'applique pas aux immeubles de placement, sauf lorsque ledit immeuble est loué par le crédit-preneur à une entreprise avec laquelle il entretient des liens de dépendance, et qui l'affecte à une activité économique.

L'article 238 *bis* JB du CGI, qui résulte de l'adoption de l'article 31 de la loi n°2020-1721 du 29 décembre 2020 de finances pour 2021, prévoit un dispositif temporaire de neutralisation des conséquences de la réévaluation libre des actifs sur le résultat imposable. Applicable sur option à la première opération de réévaluation libre des immobilisations corporelles et financières constatée au terme d'un exercice clos à compter du 31 décembre 2020 et jusqu'au 31 décembre 2022, ce dispositif prévoit un étalement ou un sursis d'imposition selon le caractère amortissable ou non des immobilisations réévaluées.

L'unification des déclarations sociales et fiscales permet aux entreprises individuelles de déclarer en une seule fois, via internet, leurs revenus aux administrations sociales et fiscales.
La déclaration de revenus complémentaires des professions non salariées n° 2042-C-PRO des entreprises individuelles sera préremplie de certaines informations déjà mentionnées sur la liasse BIC/IS – Régime RN.
ATTENTION : Pour permettre le report automatique des informations de la liasse BIC/IS – Régime RN sur la déclaration n° 2042-C-PRO, il convient de télédéclarer la déclaration de résultats avant la déclaration d'impôt sur le revenu.
En cas de dépôt papier de la liasse BIC/IS – Régime RN, aucun report automatique des données ne sera effectué : les données déclarées sur la liasse BIC/IS – Régime RN devront être reportées manuellement par l'entreprise sur sa déclaration n° 2042-C-PRO.

- **Dispositif de limitation de la déductibilité des charges financières nettes (article 212 bis du CGI) - Nouveau régime particulier de déduction applicable aux charges financières supportées par les entreprises autonomes.**

L'article 45 de la loi n°2019-1479 du 28 décembre 2019 de finances pour 2020 a instauré un nouveau régime particulier de déduction applicable aux charges financières nettes engagées par les entreprises qualifiées d'autonomes, c'est-à-dire les entreprises sur lesquelles aucune société n'exerce un contrôle exclusif et qui ne sont pas liées à une autre entreprise ni ne disposent d'établissement à l'étranger.
Pour les exercices clos à compter du 31 décembre 2019, les charges financières nettes qu'elles supportent au titre d'un exercice sont déductibles à hauteur du montant le plus élevé entre 30 % de leur EBITDA fiscal et trois millions d'euros. Par ailleurs, les entreprises qui relèvent de ce régime prévu au VI bis de l'article 212 bis du CGI bénéficient de plein droit d'un complément de déduction égal à 75 % du montant des charges financières nettes qui n'ont pu faire l'objet d'une déduction en application des plafonds précités. Le reliquat de charges financières nettes non admises en déduction après application des plafonds de droit commun ainsi que du complément de déduction de 75 % ne peut faire l'objet d'aucun report et est définitivement perdu.
Les contribuables qui relèvent de ce régime sont tenus de télédéclarer le formulaire n°2464-SD en même temps que la déclaration de résultats.

- **Réforme du régime de la propriété industrielle**

Pour les exercices clos à compter du 31 décembre 2019, les entreprises ont la possibilité d'imputer sur le déficit de l'exercice le résultat net bénéficiaire issu de la cession, de la concession ou de la sous-concession d'actifs incorporels éligibles au régime. Ce résultat net bénéficiaire peut ne pas être imposable s'il est utilisé pour compenser le déficit d'exploitation de l'exercice. Le déficit ainsi imputé ne peut plus être reporté sur les bénéfices des exercices ultérieurs.

- **Application du nouveau régime de la propriété industrielle aux sociétés de personnes et assimilés**

Pour les exercices clos à compter du 31 décembre 2019, lorsque les sociétés de personnes mentionnées aux articles 8 et 238 bis L du CGI, ou les groupements mentionnés aux articles 239 quater, 239 quater B et 239 quater C ne sont pas soumis à l'impôt sur les sociétés et déterminent un résultat net issu de la cession, de la concession ou de la sous-concession d'actifs incorporels éligibles au régime, leurs associés sont personnellement imposés au taux prévu au deuxième alinéa du a du I de l'article 219 pour la part de ce résultat correspondant à leurs droits dans ces sociétés ou ces groupements, à condition qu'il s'agisse de redevables de l'impôt sur les sociétés ou de personnes physiques participant à l'exploitation au sens du 1° bis du I de l'article 156.

* **Transfert de déficits sans agrément préalable en cas de fusion**
Une fusion de sociétés entraîne en principe les conséquences fiscales d'une cessation totale d'entreprise, et notamment la perte du droit au report des déficits subis par la société absorbée. Toutefois le II de l'article 209 du CGI dispose que dans certains cas de fusion, scission, apport partiel d'actif, ou d'opérations de dissolution sans liquidation, les reports déficitaires de la société absorbée ou apporteuse peuvent être transférés à la société absorbante ou bénéficiaire sur agrément.
L'article 53 de la loi n°2019-1479 du 28 décembre 2019 de finances pour 2020 a créé un dispositif permettant d'effectuer ces transferts sans agrément sous certaines conditions, notamment que le montant cumulé des déficits antérieurs, des charges financières nettes non déduites, et de la capacité de déduction inemployée transférés soient inférieurs à 200 000 €.
Une case K4 bis est ajoutée au tableau 2058-B--SD afin de distinguer le montant des déficits bénéficiant de ce nouveau dispositif. Le nombre d'opérations concernées doit être renseigné dans la nouvelle case K4 ter.

* Les tableaux n°s 2050-SD à 2059-G-SD sont regroupés dans un seul formulaire intitulé « Liasse fiscale BIC/IS-RN ». Celui-ci est accessible sur le site impots.gouv.fr en indiquant dans le moteur de recherche l'intitulé du nouveau document.

* **Réforme du régime fiscal des brevets et actifs incorporels assimilés (article 238 du CGI)**

Les entreprises non membres d'un groupe fiscal au sens de l'article 223 A du CGI, soumises de plein droit ou sur option à un régime réel d'imposition et qui ont opté pour l'application du régime prévu à l'article 238 du CGI sont tenues de souscrire au titre de chaque exercice le formulaire n° 2468-SD afin de déterminer le résultat net de cession, de concession ou de sous-concession de brevets et actifs incorporels assimilés imposable à taux réduit.

Ce formulaire, disponible sur le site impots.gouv.fr, doit être télédéclaré en même temps que la déclaration de résultat.

* **Entreprises de transport inscrites au registre électronique national des entreprises de transports par route**

Désormais, les informations contenues dans les déclarations de résultats des entreprises de transport inscrites au registre électronique national des entreprises de transport par route seront directement transmises par la DGFiP au ministère chargé des transports conformément aux articles L.3113-1 et L.3211-1 du code des transports. De ce fait, la case à cocher par les entreprises concernées pour s'identifier est supprimée de la liasse fiscale.

* **Report de la date limite de paiement**

La date limite de paiement du solde d'impôt sur les sociétés est fixée au 15 mai pour les exercices clos au 31 décembre. Le remboursement d'excédent d'impôt sur les sociétés et de contributions assimilées à l'impôt sur les sociétés demandé sur le relevé de solde n° 2572-SD est conditionné au dépôt de la déclaration de résultats.

* **Obligation de télédéclarer les déclarations de résultats**

Toutes les entreprises soumises à un régime réel d'imposition en matière de résultats ont l'obligation de déposer leur déclaration de résultats et ses annexes par voie dématérialisée.

Le non respect de cette obligation est sanctionné par l'application de la majoration prévue par l'article 1738 du CGI.

A ce titre, aucun support papier ne sera envoyé pour la campagne déclarative aux entreprises au titre de la campagne 2023.

DONNEES FISCALES : accès et transmission

En application de la loi "informatique et libertés", vous pouvez accéder aux données fiscales vous concernant et demander leur rectification auprès de votre centre des finances publiques. Les données fiscales peuvent être transmises aux organismes sociaux autorisés par la loi à les recevoir, conformément aux dispositions de l'article L152 du livre des procédures fiscales et après avis de la CNIL. Elles peuvent servir au contrôle des éléments de revenus déclarés, et en l'absence de déclaration du cotisant, au calcul des cotisations et contributions sociales des assurés sociaux relevant du RSI.

INDICATIONS GÉNÉRALES

Contribution annuelle sur les revenus locatifs (article 234 nonies à 234 quindecies du CGI)

Cette contribution est due uniquement par les personnes morales suivantes: personnes morales passibles de l'impôt sur les sociétés, organismes sans but lucratif, personnes morales non imposables et sociétés de personnes dont un membre au moins est soumis à l'impôt sur les sociétés dans les conditions de droit commun.

Les personnes physiques et les sociétés de personnes ou assimilées dont aucun associé n'est soumis à l'impôt sur les sociétés dans les conditions de droit commun ne sont pas soumises à cette contribution.

Elle s'applique aux revenus retirés de la location des locaux situés dans des immeubles achevés depuis quinze ans au moins au 1er janvier de l'année d'exploitation.

Sont notamment exonérés de la contribution sur les revenus locatifs, les revenus tirés de la location:

- dont le montant annuel n'excède pas 1 830 € par local;
- donnant lieu au paiement de la TVA;
- consentie à l'État ou aux établissements publics nationaux scientifiques, d'enseignement, d'assistance ou de bienfaisance;
- consentie en vertu des livres I et II du code de l'action sociale et des familles et exclusivement relative au service de l'aide sociale;
- des immeubles appartenant ou destinés à appartenir, dans le cadre des contrats énumérés à l'article 1048 ter du CGI, à l'État, aux collectivités territoriales, aux établissements publics qui en dépendent et aux organismes d'habitations à loyer modéré;
- des locaux d'habitation qui font partie d'une exploitation agricole ou sont annexés à celle-ci, ainsi que des locaux dont les propriétaires ont procédé au rachat du prélèvement sur les loyers;
- des immeubles appartenant aux sociétés d'économie mixte de construction ou ayant pour objet la rénovation urbaine ou la restauration immobilière dans le cadre d'opérations confiées par les collectivités publiques, ainsi que de ceux appartenant aux houillères de bassin;
- des immeubles faisant partie de villages de vacances ou de maisons familiales de vacances agréées;
- des logements appartenant aux organismes sans but lucratif ou aux unions d'économie sociale réalisant les activités mentionnées à l' article L.365-1 du code de la construction et de l'habitation , et dont les dirigeants de droit ou de fait ne sont pas rémunérés;
- de logements qui ont fait l'objet de travaux de réhabilitation définis par décret, lorsque ces travaux ont été financés à hauteur d'au moins 15 % de leur montant par une subvention versée par l'Agence Nationale de l'Habitat (ANAH), pour les quinze années suivant celle de l'achèvement des travaux;
- à vie ou à durée illimitée ;
- des logements qui ont fait l'objet, après une vacance continue de plus de douze mois, d'une mise en location assortie d'une convention conclue à compter du 1er juillet 2004 en l'application du 4° de l'article L.351-2 du code de la construction et de l'habitation (exonération temporaire s'appliquant jusqu'au 31 décembre de la troisième année suivant celle de la conclusion du bail).

Modalités déclaratives et de recouvrement

- pour les entreprises soumises à l'impôt sur les sociétés, les revenus sont déclarés sur la déclaration de résultats n° 2065-SD. La contribution est autoliquidée sur le relevé d'acompte n° 2571-SD et sur le relevé de solde n° 2572-SD, comme en matière d'impôt sur les sociétés.
- pour les personnes morales qui ne sont tenues ni de déposer une déclaration n°2065 ni de déposer une déclaration n°2072 : les revenus sont déclarés sur la déclaration n° 2582-SD ; ce formulaire est utilisé pour autoliquider la contribution sous déduction de l'acompte versé le 15 du dernier mois de l'exercice à l'aide du relevé d'acompte n° 2581-SD. Il est accompagné du paiement correspondant.

Documents à joindre à la déclaration de résultats

Les entreprises industrielles, commerciales, artisanales, ainsi que les sociétés et les entreprises soumises à l'impôt sur les sociétés, placées sous le régime du bénéfice réel, doivent fournir à l'appui de la déclaration de résultats n° 2031-SD ou n° 2065-SD:

- La liasse RN, composée des tableaux n°s 2050 à 2059-G.
- Les informations de l'annexe comptable dont seuls les éléments suivants sont joints à la déclaration de façon systématique, sur papier libre (art. 38 II de l'annexe III au CGI):
  - ☐ les dérogations aux prescriptions comptables;
  - ☐ les modifications affectant les méthodes d'évaluation et la présentation des comptes annuels;

2/18

- ☐ le détail des produits à recevoir et des charges à payer
- ☐ les produits et charges figurant au bilan sous les postes "comptes de régularisation",

La liste des filiales et participations est à déclarer au tableau n° 2059-G-SD, de même que la composition du capital qui doit être indiqué sur le tableau n° 2059-F-SD (art. 38-II de l'annexe. III au CGI).

Le cas échéant, les documents suivants doivent également être joints à la déclaration de résultats:

- l'état de suivi des plus-values suite à une opération d'échange de biens immobiliers effectués par l'État, les collectivités territoriales et les établissements publics (article 238 octies du CGI);
- la déclaration d'utilisation des factures électroniques (art. L.102 C du LPF);
- les éléments de calcul de la provision pour hausse des prix (art.10 terdecies de l'annexe III au CGI);
- les documents exigés des entreprises ayant obtenu l'agrément ouvrant droit aux provisions pour investissement à l'étranger (art. 10 GA quinquies et *sexies de l'annexe III au CGI*);
- le relevé des frais généraux n° 2067-SD ;
- le formulaire n° 3916 pour les personnes physiques, les associations, les sociétés n'ayant pas la forme commerciale, domiciliées ou établies en France, qui sont également tenues de déclarer, en même temps que leurs déclarations de revenus ou de résultats, les références des comptes ouverts, utilisés ou clos à l'étranger (art. 1649 A, al 2 du CGI);
- l'état ou attestation exigés dans le cadre de certaines opérations de crédit-bail (art. 38 quindecies E à G et 49 octies E de l'annexe III au CGI);
- l'état des plus-values en sursis ou en report d'imposition (art. 54 septies du CGI - 38 quindecies de l'annexe III au CGI);
- l'état de détermination du résultat exonéré pour les zones franches urbaines – territoires entrepreneurs (44 octies A du CGI et 49 L de l'annexe III au CGI– BOI-FORM-000072, BOI-FORM-000078 et BOI-FORM-000032). En cas de transfert d'activité dans une zone franche urbaine – territoire entrepreneur, le contribuable fournit les renseignements mentionnés à l'article 49 O de l'annexe III au CGI;
- l'état comportant des renseignements sur la situation et la composition du capital des entreprises nouvelles bénéficiant des dispositions de l'article 44 sexies du CGI et sur la situation de leurs associés personnes physiques. Cet état est établi sur papier libre, conformément au modèle fixé par l'administration (art. 44 sexies du CGI et 49 J de l'annexe III au CGI – BOI-LETTRE-000230);
- l'état récapitulatif des investissements ouvrant droit à l'aide fiscale à l'investissement outre-mer prévu au 3 du III de l'article 217 undecies du CGI pour les entreprises ayant bénéficié de la dispense d'agrément;
- un état détaillé de la provision spéciale de réévaluation (art. 238 bis-J-II du CGI, art. 171 P de l'annexe II au CGI);
- l'état de détermination du résultat exonéré pour les bassins d'emploi à redynamiser (art. 44 duodecies du CGI et 49 V de l'annexe III au CGI – BOI-FORM-000053). En cas de transfert d'activité dans un bassin d'emploi à redynamiser, le contribuable fournit les renseignements figurant au 3 de l'article 49 V de l'annexe III au CGI;
- l'état de détermination du résultat exonéré pour les zones de restructuration de la défense (art. 44 terdecies du CGI et 49 Y de l'annexe III au CGI – BOI-FORM-000085). En cas de transfert d'activité dans une zone de restructuration de la défense, le contribuable fournit les renseignements figurant au 3 de l'article 49 Y de l'annexe III au CGI ;
- Le formulaire n°2082-SD pour les entreprises qui bénéficient des dispositions de l'article 44 quaterdecies du CGI (exonération au titre des zones franches d'activité nouvelle génération).
- la déclaration spéciale en cas de fusion, scission ou apport partiel d'actif placé sous le régime de l'article 210 A du CGI au profit d'une personne morale étrangère prévue à l'article 210-0 A du CGI (formulaire n° 2260-SD) ;
- le formulaire n° 2468-SD pour la détermination du résultat net de cession, de concession ou de sous-concession de brevets et d'actifs incorporels assimilés imposable à taux réduit en application de l'article 238 du CGI.
- l'état de suivi, similaire u cadre A du tableau n°2059-B-SD, en cas d'option pour l'étalement de l'imposition des plus-values à long terme prévu à l'article 39 novodecies du CGI ;
- l'état de suivi faisant apparaître l'ensemble des renseignements nécessaires au calcul des amortissements, des provisions et des plus-values ou moins-values afférents aux immobilisations qui ont fait l'objet d'une réévaluation prévue à l'article 238 bis JB du CGI.

Pour les entreprises soumises à l'impôt sur le revenu:

- les déclarations relatives à tous les crédits d'impôt en vigueur à la date d'utilisation de la liasse (se reporter aux déclarations de revenus n° 2042 et n° 2042 C et leurs notices) ;
- la déclaration complémentaire n° 2036 *bis*-SD pour les sociétés de moyens ;
- l'état prévu en cas de report d'imposition des plus-values professionnelles constatées à l'occasion de la transmission à titre gratuit d'une entreprise individuelle (art.41.IV.d du CGI) ;
- le certificat de suivi du stage de formation et la copie du plan d'installation que doivent fournir les artisans-pêcheurs ou les pêcheurs associés d'une société de pêche artisanale pour bénéficier de l'abattement de 50% sur les bénéfices.

NB: Les contribuables ayant la qualité de commerçant sont tenus de produire, sur demande de l'administration, les éléments de l'annexe comptable qui ne sont pas énumérés ci-dessus.

Pour les entreprises passibles de l'impôt sur les sociétés:

- un état de suivi des moins-values en report d'imposition en cas de cession de titres de participation entre entreprises liées (article 219 I a septies du CGI);
- une copie de l'engagement de construction pour les cessions de terrains à bâtir (cessions réalisées à compter du 1er janvier 2018) ou de l'engagement de transformation du local commercial ou de bureau en local à usage d'habitation dont la cession est imposée au taux réduit d'impôt sur les sociétés de 19% prévu à l'article 210 F du CGI (art. 46 quater-0 ZZ bis D de l'annexe III au CGI). Les dispositions de l'article 210 F du CGI, s'appliquent aux cessions de terrains à bâtir réalisées entre le 1er janvier 2018 et le 31 décembre 2022 inclus et aux promesses unilatérales ou synallagmatiques de vente conclues soit entre le 1er janvier 2018 et le 31 décembre 2020 inclus, à condition que la cession soit réalisée au plus tard le 31 décembre 2022, soit entre le 1er janvier 2021 et le 31 décembre 2023 inclus, à condition que la cession soit réalisée au plus tard le 31 décembre 2024.
- la copie des comptes rendus et extraits des délibérations des conseils d'administration et des assemblées d'actionnaires ;
- la déclaration complémentaire n° 2038-SD concernant les personnes morales passibles de l'impôt sur les sociétés ayant pour objet de transmettre gratuitement à leurs membres la jouissance d'un bien meuble ou immeuble ;
- pour les sociétés membres d'un groupe défini aux articles 223 A à U du CGI :
  - ☐ pour chaque société du groupe: tableaux 2058 A *bis*, 2058 B *bis*, 2058 ER, 2058 ES, 2058 FC ;
  - ☐ pour la société mère: tableaux 2058 CG, 2058 DG, 2058 ER, 2058 ES, 2058 RG, 2058 SG, 2058 TS, 2901, 2902, 2058-PV ;
  - ☐ pour la société mère au titre de chaque membre du groupe: tableau 2058-PAP ;
  - ☐ le formulaire n° 2463-SD pour la détermination et le suivi des charges financières nettes non admises en déduction (**à déposer par** la société mère pour la détermination du résultat fiscal d'ensemble, **en application de l'article 223 B bis du CGI ;**
  - ☐ le formulaire n° 2467-SD pour la détermination du résultat net d'ensemble de cession, de concession ou de sous-concession de brevets et actifs incorporels assimilés imposable à taux réduit (**à déposer par** la société mère au sens de l'article 223 A du CGI au titre du résultat d'ensemble **lorsqu'elle exerce l'option pour le régime d'imposition prévu à l'article 238 du CGI, en application de l'article 223 H du CGI).**
- l'engagement de conservation des immeubles ou titres de sociétés à prépondérance immobilière en cas de réévaluation de ces biens bénéficiant de l'imposition au taux réduit de 19% (art. 171 P ter de l'annexe II au CGI) ;
- un état mentionnant la nature exacte de l'activité, la désignation complète des actionnaires ou associés, la répartition, la date d'ouverture de l'exercice, des droits de vote attachés au titre émis par la société nouvelle, ainsi que les modifications de l'exercice pour les entreprises créées en Corse (art. 208 sexies du CGI - art. 46 quater de l'annexe III au CGI) ;
- un état qui précise l'effectif salarié au cours de l'exercice au sens de l'article 208 quinquies III-3 du CGI et un état faisant la ventilation du résultat de l'exercice entre le bénéfice exonéré et les produits exclus de l'exonération et, le cas échéant, entre les déficits reportables correspondant à chaque part du résultat (art. 208 quinquies du CGI) pour les entreprises implantées en zones d'entreprises;
- le relevé délivré par la société pour le financement de la pêche artisanale pour pouvoir bénéficier de l'amortissement exceptionnel (art. 46 quindecies K annexe III au CGI) ;
- les documents prévus aux 1 à 4 du II de l'article 46 AG quaterdecies de l'annexe III au CGI en cas d'investissement outre-mer, dans le secteur locatif intermédiaire par une entreprise soumise à l'impôt sur les sociétés ;
- l'état de détermination du bénéfice relatif à la taxation au tonnage ;

- le détail des plus-values soumises à la taxation prévue au IV de l'article 219 du CGI lors de l'option des sociétés d'investissements immobiliers cotées, de leurs filiales ou des filiales de sociétés de placement à prépondérance immobilière à capital variable (SPPICAV) pour le régime prévu à l'article 208 C du CGI ou lors de la transformation en SPPICAV de sociétés d'investissements immobiliers cotées (art. 46 quater-0 ZZ bis B de l'annexe III au CGI) ;
- la liste des filiales mise à jour ainsi que l'état faisant apparaître la décomposition du résultat fiscal, celui des organismes visés à l'article 8 du CGI et les obligations de distributions y afférentes pour les sociétés d'investissements immobiliers cotées, de leurs filiales ou des filiales de sociétés de placement à prépondérance immobilière à capital variable (SPPICAV) ayant opté pour le régime fiscal prévu à l'article 208 C du CGI (art. 46 ter A de l'annexe III au CGI) ;
- pour les sociétés de placement à prépondérance immobilière à capital variable (SPPICAV), au titre du premier exercice d'application du régime d'exonération prévu au 3°*nonies* de l'article 208 du CGI, la copie de l'agrément délivré par l'Autorité des marchés financiers en application de l'article L.214-35 du code monétaire et financier, et au titre de chaque exercice, la liste de leurs filiales qui optent dans les conditions du III *bis* de l'article 208 C du CGI et un état faisant apparaître la décomposition des sommes distribuables et les obligations de distribution résultant de l'article L.214-69 du code monétaire et financier (art. 46 ter A bis de l'annexe III au CGI) ;
- la déclaration spéciale pour l'application du crédit d'impôt en faveur du logement social outre-mer prévu à l'article 244 quater X du CGI (article 49 septies ZZV de l'annexe III au CGI) ;
- le formulaire n° 2464-SD pour la détermination et le suivi des charges financières nettes non admises en déduction (entreprises non membres d'un groupe fiscal au sens de l'article 223 A du CGI) ;

Remarque: les déclarations relatives aux crédits d'impôt ou aux créances imputables sur l'impôt sur les sociétés sont à joindre au relevé de solde d'impôt sur les sociétés n° 2572-SD.

S'agissant des sociétés membres d'un groupe fiscal (CGI,art. 223 A), la société mère doit joindre toutes ces déclarations avec le relevé de solde d'impôt sur les sociétés (formulaire n° 2572-SD).

Modalités pratiques d'établissement

Présentation des liasses

La liasse RN est constituée des tableaux n°s 2050-SD à 2059-G-SD (19 tableaux).

REMARQUES IMPORTANTES

- **Utilisation exclusive des rubriques mentionnés sur les tableaux.**

  L'exploitation informatique étant effectuée à partir des codes des rubriques mentionnées sur les tableaux, ni les codes ni les rubriques ne peuvent être modifiés. Aucune accolade, flèche ou annotation en interligne ne doit être ajoutée. De plus, il convient d'utiliser des liasses appartenant au millésime 2021.
- **Indication des montants en euros**

  La comptabilité de l'entreprise doit retracer les montants exacts des opérations réalisées, avec l'indication des centimes. Par contre, les tableaux fiscaux doivent reprendre les montants des comptes annuels (y compris les totalisations) **sans mention des centimes**.
- **Montants négatifs**

  Afin d'éviter toute confusion, notamment sur les doubles des imprimés, tout montant négatif est inscrit entre parenthèses.
- **Totaux**

  Les totaux intermédiaires sont destinés à présenter le sous-total de la rubrique générale à laquelle ils correspondent. Ils ne doivent donc pas être cumulés. Seul le total général de chaque tableau cumule les différents sous-totaux.
- **Durée de l'exercice (n) et de l'exercice précédent (n-1)**

  La durée de chaque exercice est exprimée en un nombre entier de mois. Le cas échéant, la durée réelle est arrondie à l'unité la plus proche.
- **Les arrondis fiscaux**

  Les bases des impositions de toute nature sont arrondies à l'euro le plus proche. La fraction d'euro égale 0,50 est comptée pour 1. Cette règle d'arrondissement s'applique également au résultat de la liquidation desdites impositions. Il s'agit d'une **règle unique** pour tous les impôts, tant pour les bases que pour les cotisations. Les bases et les cotisations inférieures à 0,50 seront donc négligées, et celles de 0,50 € et plus seront comptées pour 1 €.
- **Case à cocher "néant"**

  Si un ou plusieurs formulaires sont déposés sans information, veuillez cocher la case "néant" située en haut à droite du(des) formulaire(s) concerné(s). Ne porter aucune mention manuscrite.

Cas particuliers

- **Activités ou établissements multiples**

  En cas de pluralité d'activités ou d'établissements, ce sont les comptes globaux de l'entreprise, considérée dans son ensemble, qui doivent être indiqués sur les imprimés. Les renseignements concernant chaque activité ou établissement peuvent être indiqués en annexe à la déclaration de résultats.
- **Siège situé hors de France**

  Les renseignements à fournir par les entreprises dont le siège est situé hors du territoire de la République française sont limités aux données afférentes aux exploitations dont les résultats sont imposables en France.
- **Sociétés soumises à l'impôt sur les sociétés: activités dont les résultats ne sont pas imposables en totalité en France**

  Les sociétés dont une partie de l'activité exercée à l'étranger ne relève pas de l'impôt sur les sociétés, déposent:

  ☐ une série de tableaux n°s 2050-SD à 2057-SD établis à partir des comptes sociaux (toutes activités réunies, indépendamment de leur localisation et de leur imposition à l'IS);

  ☐ une série de tableaux n°s 2050-SD à 2059-G-SD qui ne comportent que les informations rattachables aux activités soumises à l'IS.
- **Période d'imposition non égale à 12 mois**

  Si aucun bilan n'est dressé au cours d'une année, les tableaux sont établis pour la période écoulée depuis la fin de la dernière période imposée ou, dans le cas d'une entreprise nouvelle, depuis le commencement des opérations, jusqu'au 31 décembre de l'année considérée.

  Toutefois, pour les entreprises nouvelles, soumises à l'impôt sur les sociétés, l'impôt est établi - lorsque aucun bilan n'est dressé au cours de la première année civile d'activité - sur les bénéfices de la période écoulée depuis le commencement des opérations jusqu'à la date de clôture du premier exercice et, au plus tard, jusqu'au 31 décembre de l'année suivant celle de la création. Lorsque plusieurs bilans sont arrêtés au cours d'une même période, les résultats sont totalisés pour l'établissement des tableaux afférents à cette période.
- **Régime fiscal des indemnités de congé payé articles 39.1.1° bis**, 39.9 et 236 bis du CGI et BOI-BIC-PROV-30-20-10-10

  L'indemnité de congé payé calculée dans les conditions prévues aux articles L.3141-22 à L.3141-44 du Code du travail est déductible des résultats imposables de l'exercice au cours duquel les droits correspondants sont acquis par les salariés.

  Les entreprises créées avant le 1er janvier 1987 pouvaient cependant opter pour le maintien du régime antérieur de déductibilité des indemnités de congé payé. Dans ce cas, l'indemnité de congé payé constitue une charge normale de l'exercice au cours duquel le salarié prend le congé correspondant. Cette option, qui est irrévocable, a dû être exercée avant l'expiration du délai de dépôt de la déclaration de résultats du premier exercice clos à compter du 31 décembre 1987.

  En outre, des dispositions particulières sont prévues en cas de fusions, d'opérations assimilées ou de transfert de salariés sans rupture du contrat de travail, réalisés par des sociétés placées sous des régimes différents de déduction de l'indemnité de congé payé (cf.art. 236 bis du CGI, 49 octies à 49 octies D de l'annexe III au CGI).

  Ces règles concernent également les charges sociales et fiscales attachées aux indemnités de congé payé.

PRÉCISIONS CONCERNANT CERTAINES RUBRIQUES

BILAN - ACTIF — N° 2050

Numéro SIRET

Le numéro SIRET à mentionner est celui du siège de la direction de l'entreprise (entreprises relevant de l'impôt sur le revenu) ou du principal établissement (entreprises passibles de l'impôt sur les sociétés).

Il est indispensable que, pour chacune des rubriques utilisées, les colonnes 1 et 3 soient remplies, même lorsqu'en absence d'amortissement ou de provision pour dépréciation, la colonne 2 demeure inutilisée.

AB **Frais d'établissement**

Cette rubrique mentionne uniquement le montant des frais de constitution, de premier établissement, d'augmentation de capital et d'opérations diverses (fusions, scissions, transformations).

CX **Frais de développement**

Il convient de distinguer la phase de recherche et celle de développement. Les coûts engagés lors de la phase de recherche doivent être comptabilisés en charge. En revanche, les coûts engagés lors de la phase de développement peuvent être inscrits à l'actif du bilan à la condition qu'ils se rapportent à des projets nettement individualisés ayant de sérieuses chances de réussite technique et de rentabilité commerciale. Pour plus de précisions, se reporter à la référence BOI-BIC-CHG-20-30-30.

BH **Autres immobilisations financières**

Elles comprennent notamment les dépôts et cautionnements versés.

BJ **Actif immobilisé**

Exception faite des frais d'établissement et de développement, les immobilisations demeurent inscrites au bilan tant qu'elles subsistent dans l'entreprise, y compris dans le cas où elles sont intégralement amorties.

Les immobilisations doivent, le cas échéant, figurer au bilan pour leur valeur réévaluée (art. 238 bis I et J du CGI).

BL à BT **Stocks**

Le montant des stocks est évalué "hors TVA" et abstraction faite des amortissements dérogatoires.

Le montant des provisions pour dépréciation comprend, le cas échéant, la correction de valeur correspondant à la marge supplémentaire d'amortissement incorporée dans le coût des stocks du fait de la réévaluation légale.

Les dépenses non engagées à la date de clôture de l'exercice en vue de leur commercialisation ultérieure ne peuvent ni être retenues pour l'évaluation des stocks, ni faire l'objet d'une provisions pour perte.

BX **Clients et comptes rattachés**

Les effets à recevoir et les factures à établir à la clôture de l'exercice sont rattachés aux créances correspondantes.

CH **Charges constatées d'avance**

Sont mentionnées sur cette ligne les charges ne correspondant pas à des consommations de l'exercice.

CW **Frais d'émission d'emprunt à étaler**

Cette rubrique concerne les seuls frais d'émission d'emprunt pour lesquels l'option d'une déduction étalée sur la durée de l'emprunt a été formulée en application de l'article 39-1 quater 1° du CGI (Cf. également tableau n° 2052-SD, ligne FP). Cette rubrique ne vise plus les autres charges à répartir (frais d'acquisition d'immobilisations,...) qui doivent désormais soit être incorporés au coût de revient de l'immobilisation à laquelle ils se rattachent, soit être déduites immédiatement en charges.

CN **Écart de conversion actif**

Les pertes latentes qui résultent des variations de valeur des créances et dettes libellées en monnaies étrangères sont portées sur cette ligne (contrepartie de l'augmentation de valeur des dettes, ou de la diminution de valeur des créances).

Renvoi **Clause de réserve de propriété**

Il s'agit de la clause de réserve de propriété prévue par la loi n° 80-335 du 12 mai 1980. La valeur des biens acquis dans ces conditions, qui est comprise dans les montants inscrits sur les lignes correspondantes des rubriques "immobilisations" ou "stocks", est en outre mentionnée dans les cases "immobilisations" ou "stocks" figurant au bas de l'imprimé. Chez le vendeur, le montant des créances résultant de la vente des mêmes biens est inscrit dans la case "créances".

CS **Participations évaluées selon la méthode de mise en équivalence:**

Il s'agit des participations évaluées selon la méthode prévue à l'article L.232-5 du code du commerce pour les sociétés qui établissent des comptes consolidés.

BILAN PASSIF AVANT RÉPARTITION — N° 2051

DA **Capital social ou individuel**

Dans les entreprises individuelles le "compte de l'exploitant" tient lieu de compte "capital".

DC **Écarts de réévaluation**

Cette rubrique inclut la réserve de réévaluation, dont le montant est indiqué ligne (1E) par les entreprises ayant procédé à la réévaluation de leurs immobilisations non amortissables en application de l'art. 238 bis I du CGI. Le détail du calcul de la réserve spéciale doit être joint en annexe sur papier libre.

EK **Écart d'équivalence**

Il s'agit de l'écart positif constaté du fait de l'évaluation de participations selon la méthode de la mise en équivalence (comptes consolidés), égal à la différence entre cette évaluation et le prix d'acquisition des titres.

DF **Réserves réglementées**

Cette rubrique inclut:

- la réserve spéciale des profits de construction. Il y a lieu de joindre au tableau n° 2051-SD un état établi sur papier libre faisant ressortir le détail des sommes figurant à cette réserve, individualisées chronologiquement en fonction de l'exercice de réalisation des profits correspondants;
- la réserve spéciale des provisions pour fluctuation des cours. Cette réserve comprend, sur option de l'entreprise, les provisions pour fluctuation des cours dans la limite de 9 146 941 €. Cette réserve est par ailleurs à la rubrique B1.

DK **Provisions réglementées**

Notamment, les provisions pour hausse des prix, les provisions spéciales des entreprises de presse, les provisions pour investissement constituées en application de la réglementation concernant la participation des salariés aux résultats de l'entreprise.

Relèvent également de cette rubrique:

- la réserve spéciale constituée au titre de la déduction des dépenses d'acquisition d'œuvres originales d'artistes vivants (article 238 bis AB du CGI). Cette réserve est par ailleurs individualisée à la rubrique EJ ;
- la provision pour amortissement dérogatoire dont les mouvements sont analysés au cadre B du tableau n° 2055-SD ;
- la provision spéciale de réévaluation des immobilisations amortissables (art. 238 bis J du CGI) dont le montant total figure colonne 6 ligne 10 du formulaire n° 2054 *bis*-SD ;
- la provision pour prêts d'installation consentis aux anciens salariés (art. 39 quinquies H du CGI).

Les provisions réglementées doivent être ventilées sur le tableau n° 2056-SD.

Rappel : les provisions pour risques afférents aux opérations de crédit à moyen et long terme calculées forfaitairement (article 39-1-5°, 15ème alinéa du CGI) ne sont plus déductibles.

DETTES Sont rattachées aux dettes, en fonction de leur nature, les effets à payer et les comptes de régularisation "factures non parvenues".

ED **Écarts de conversion passif**

5/18

Les gains latents qui résultent des variations de valeur des créances et dettes libellées en monnaies étrangères sont portés sur cette ligne (contrepartie de l'augmentation de valeur des créances, ou de la diminution de valeur des dettes).

EF Réserve spéciale des plus-values à long terme

Cette rubrique concerne en principe exclusivement les entreprises dont le montant des sommes inscrites dans la réserve spéciale était supérieur à 200 millions d'€ et qui n'ont pas opté pour le virement optionnel en réserve ordinaire avant le 31 décembre 2006.

Le montant net des plus-values à long terme réalisées au cours de l'exercice ne doit pas figurer sous cette rubrique, mais dans le résultat comptable de l'exercice.

Pour la détermination des mouvements affectant la réserve, voir le formulaire n° 2059-D-SD.

EJ Cette rubrique correspond exclusivement à la réserve spéciale constituée au titre de la déduction des dépenses d'acquisition d'œuvres originales d'artistes vivants (art. 238 bis AB du CGI).

COMPTE DE RÉSULTAT DE L'EXERCICE (en liste) — N° 2052

Les produits hors taxe et les charges hors taxe déductibles sont présentés après déduction des rabais, remises et ristournes accordés aux clients ou obtenus des fournisseurs.

Les produits et charges sur exercices antérieurs sont enregistrés suivant leur nature dans les comptes concourant à la détermination des résultats d'exploitation, financier ou exceptionnel. En outre, selon leur caractère, ils peuvent être comptabilisés dans le résultat courant ou dans le résultat exceptionnel.

FC Ventes de marchandises

Cette rubrique ne concerne que les produits provenant de reventes en l'état.

FF Production vendue de biens

Il s'agit des ventes de biens produits ou transformés par l'entreprise, la fourniture de logements, les travaux effectués par les entreprises qui fournissent à la fois la main-d'œuvre, les matériaux ou matières premières entrant à titre principal dans les ouvrages exécutés, les produits résiduels accessoires.

FI Production vendue de services

Il s'agit du montant des travaux, études et prestations de services exécutés, comprenant le cas échéant les produits des activités annexes (services exploités dans l'intérêt du personnel, commissions et courtages, locations diverses, mises à disposition de personnel facturées, ports et frais accessoires facturés, boni sur reprises d'emballages consignés...).

FL Chiffre d'affaires net

Il est égal au montant HT des affaires réalisées par l'entreprise avec les tiers dans l'exercice de son activité professionnelle.

FM Production stockée

La variation globale qui affecte, entre le début et la fin de l'exercice, le niveau des stocks de biens produits par l'entreprise (produits intermédiaires, produits finis et produits résiduels) et celui des encours de production de biens et de services est portée sur cette ligne, y compris en cas de variation négative ("déstockage").

FN Production immobilisée

Il s'agit du coût de production des travaux faits par l'entreprise pour elle-même.

FP Reprises sur amortissements et provisions, transfert de charges

Notamment les réductions de provisions antérieurement constituées par des dotations d'exploitation (lignes GB à GD) et les frais d'émission des emprunts répartis conformément aux dispositions de l'article 39.1.1° quater du CGI (cf. tableau n° 2050-SD, ligne CW).

FS Achats de marchandises

Seul le montant des achats destinés à la revente en l'état est porté sur cette ligne. Les entreprises ont la faculté d'y inclure le montant des frais accessoires d'achat payé à des tiers (transports, commissions, assurances...) lorsque ces charges peuvent être affectées de façon certaine aux achats correspondants.

FT Variation de stock (marchandises)

Cette ligne mentionne le montant de la variation du stock de marchandises destinées à la revente en l'état:

- la diminution du niveau du stock vient en augmentation des charges d'exploitation;
- l'augmentation du niveau du stock vient en diminution des charges d'exploitation (montant indiqué entre parenthèses).

FU Achats de matières premières et autres approvisionnements

Il s'agit:

- des objets et substances destinés à entrer dans la composition des produits traités ou fabriqués;
- des autres approvisionnements pouvant être stockés (matières et fournitures consommables, emballages).

FV Variation de stock (matières premières et approvisionnements)

Cette ligne mentionne la variation du stock de matières premières et approvisionnements selon les mêmes modalités que celles qui sont indiquées pour la variation du stock de marchandises (ligne FT).

FW Autres achats et charges externes

Notamment:

- achats non stockés de matières et fournitures, d'études et prestations de services...;
- sous-traitance, redevances de crédit-bail, locations, entretien et réparations, primes d'assurances, études et recherches;
- personnel extérieur à l'entreprise, rémunération d'intermédiaires et honoraires, publicité, déplacements, frais postaux, services bancaires.

FX Impôts, taxes et versements assimilés

Tous les impôts, taxes et versements assimilés, déductibles ou non, figurent sous cette rubrique, à l'exception:

- de la TVA et des taxes assimilées;
- de l'impôt sur les sociétés, des contributions additionnelles mentionnés ligne HK du tableau n° 2053-SD;
- des impôts de caractère exceptionnel (rappels d'impôt, pénalités, amendes fiscales et pénales) mentionnées ligne HE du tableau n° 2053-SD.

FY Salaires et traitements

Doivent être mentionnés toutes les rémunérations allouées au personnel (à l'exception des jetons de présence qui sont à porter ligne GE) ainsi que les congés payés, des indemnités de préavis et de licenciement, des suppléments familiaux versés au personnel.

Lorsqu'elle est comptabilisée en charge, la rémunération du travail de l'exploitant ou des associés de sociétés soumises à l'impôt sur les revenu, est réintégrée ligne WB du tableau n° 2058A-SD. Il en est de même de la fraction non déductible du salaire de son conjoint, réintégrée ligne WC du tableau n° 2058 A-SD.

GA Dotations aux amortissements sur immobilisations

Les dotations aux amortissements sont pratiquées, le cas échéant, sur les valeurs réévaluées des immobilisations. L'amortissement exceptionnel et définitif ainsi que la part d'amortissement dérogatoire, doivent être mentionnés ligne HG du tableau n° 2053-SD.

GC Dotations aux provisions sur actif circulant

Sont portées sous cette rubrique les provisions pour dépréciation des créances clients, des stocks...

Les provisions pour charges exceptionnelles sont mentionnés ligne HG du tableau n° 2053-SD.

6/18

GH-GI **Opérations faites en commun**

Résultat des opérations réalisées dans le cadre de sociétés en participation soit:

- ligne GH: quote-part de perte transférée (comptabilité du gérant) et quote-part de bénéfice attribuée (comptabilité des associés non gérants)
- ligne GI: quote-part de bénéfice transférée (comptabilité du gérant) et quote-part de perte supportée (comptabilité des associés non gérants).

GQ **Dotations financières aux amortissements et provisions**

Notamment, les dotations aux provisions pour dépréciation des titres.

COMPTE DE RÉSULTAT DE L'EXERCICE (suite) N° 2053

HB **Produits exceptionnels sur opérations en capital**

Fraction des subventions d'investissement rapportée au résultat de l'exercice, produits bruts des cessions d'éléments de l'actif immobilisé notamment.

HF **Charges exceptionnelles sur opérations en capital**

Notamment, valeur nette comptable des éléments de l'actif immobilisé cédés durant l'exercice.

HK **Impôt sur les bénéfices**

Cette ligne concerne l'impôt sur les sociétés, les contributions additionnelles (montant reporté ligne I7 du tableau n° 2058 A-SD). Y figure éventuellement, le montant de la créance née du report en arrière de déficit, montant négatif à mentionner entre parenthèses (montant reporté ligne XG du tableau n° 2058 A-SD). Les montants du crédit d'impôt recherche et du crédit d'impôt en faveur de la formation des dirigeants de l'entreprise non imputé sur l'impôt sur les sociétés sont indiqués également entre parenthèses (montant reporté ligne XG du tableau n° 2058-A-SD).

HG **Dotations exceptionnelles aux amortissements et provisions**

Certains amortissements doivent être déclarés de manière distincte dans les cases RC et RD prévues à cet effet.

RC **Amortissements des souscriptions dans des PME innovantes (art. 217 octies du CGI)**

Il s'agit des amortissements des sociétés soumises à l'IS qui ont souscrit au capital de PME innovantes ou, indirectement, par la souscription de parts ou actions de certains fonds ou sociétés conformément aux dispositions de l'article 217 octies du CGI (amortissement de cinq ans). Le nouveau dispositif ne s'applique qu'aux sommes versées à compter du 3 septembre 2016 et pendant les dix années suivantes.

RD **Amortissements exceptionnels de 25 % des constructions nouvelles (art. 39 quinquies D du CGI)**

Les entreprises qui réalisent des constructions nouvelles selon les conditions visées à l'article 39 quinquies D du CGI peuvent pratiquer un amortissement exceptionnel égal à 25 % de leur prix de revient. Le dispositif ne concerne que les entreprises qui ont réalisé des constructions nouvelles avant le 1er janvier 2016.

HP **Crédit-bail**

En matière de crédit-bail sur fonds de commerce, fonds artisanaux ou sur l'un des éléments incorporels non amortissables, la quote-part des loyers, retenue pour la fixation du prix de vente convenu pour la promesse unilatérale de vente n'est pas déductible du bénéfice imposable du locataire. Cette quote-part doit figurer à l'actif au poste avances et acomptes sur immobilisations incorporelles (ligne AL du tableau n° 2050-SD).

A5 Il convient de reporter dans cette rubrique le montant des cotisations sociales obligatoires hors CSG/CRDS.

A6 Il convient de reporter dans cette rubrique le montant déductible des cotisations versées à des régimes obligatoires, de base ou complémentaires, de sécurité sociale et des autres sommes mentionnées au I de l'article 154 bis du CGI. Le montant des cotisations sociales facultatives admis en déduction du résultat imposable ou du revenu net global au titre de l'année 2020, et le cas échéant de l'année 2021, est diminué du montant du rachat total ou partiel effectué par l'assuré ou le titulaire du contrat en application de l'article 12 de la troisième loi de finances rectificative pour 2020.

A7 Il convient de reporter dans cette rubrique le montant correspondant aux cotisations facultatives Madelin.

IMMOBILISATIONS N° 2054

Les postes particuliers prévus par les plans comptables professionnels doivent être rattachés aux postes dont relèvent normalement les immobilisations, compte tenu de leur nature.

KP **Constructions: installations générales, agencements et aménagements des constructions**

Les installations, agencements et aménagements concernent aussi bien les constructions sur sol appartenant en propre à l'entreprise que celles sur sol d'autrui.

KV Le montant des installations générales, agencements et aménagements divers financés par l'entreprise est enregistré au compte "Autres immobilisations corporelles" lorsque l'entreprise n'est pas propriétaire de ces éléments, c'est à dire quand ils sont incorporés dans des immobilisations dont elle n'est pas propriétaire ou sur lesquels elle ne dispose d'aucun autre droit réel.

KY **Matériel de transport**

Les entreprises exerçant une activité ambulante doivent indiquer sur feuillet séparé le prix de revient du (ou des) véhicule(s) utilisé(s) pour cette activité.

LE **Emballages récupérables et divers**

Les emballages récupérables qui sont susceptibles d'être provisoirement conservés par la clientèle et que l'entreprise s'engage à reprendre constituent normalement des immobilisations. Toutefois, lorsqu'ils ne sont pas commodément identifiables, les emballages récupérables peuvent être assimilés à des stocks.

Cadre B **Col.4: Réévaluation légale ou évaluation par mise en équivalence**

Valeur d'origine des immobilisations en fin d'exercice: les valeurs d'origine portées dans cette colonne concourent à la fixation des bases de la cotisation foncière des entreprises.

Le montant à retenir est celui servant au calcul des amortissements, ou pour les immobilisations réévaluées en application de l'article 238 bis J du CGI, celui qui a servi au calcul des amortissements avant cette réévaluation.

AMORTISSEMENTS N° 2055

Les explications des renvois concernant des rubriques particulières sont présentées sous les mêmes rubriques du tableau n° 2054-SD auxquelles il convient de se reporter ci-dessus.

La loi de finances pour 2022 prévoit la possibilité de déduire les amortissements constatés dans la comptabilité des entreprises au titre des fonds commerciaux lorsqu'ils sont acquis à compter du 1er janvier 2022 et jusqu'au 31 décembre 2025. A cet effet , une ligne permettant le suivi de la déductibilité des amortissements a été insérée aux cadres A et B.

Une ligne permettant le suivi de la déductibilité des amortissements a été insérée aux cadres A et B.

Cadre A **Situation et mouvements de l'exercice des amortissements techniques**

Ce tableau retrace la situation des comptes d'amortissement présentés en déduction des postes d'immobilisations à l'actif du bilan.

Porter dans la première colonne le montant, le cas échéant réévalué, des amortissements pratiqués au cours des exercices antérieurs.

Cadre B **Ventilation des mouvements affectant la provision pour amortissements dérogatoires**

7/18

Ce cadre détaille le montant des amortissements dérogatoires comptabilisés par l'entreprise. Les amortissements dérogatoires correspondent à l'excédent des amortissements comptabilisés en application des règles fiscales par rapport aux amortissements techniques (colonne 2 du cadre A). Ils sont enregistrés dans un compte de provisions réglementées figurant au passif du bilan alors que l'amortissement technique destiné à enregistrer la dépréciation des immobilisations est comptabilisé en application des règles comptables (plan d'amortissement de l'entreprise en minoration de l'actif). Pour plus de précisions, se reporter à la référence BOI-BIC-PROV-60-40.

Le compte "Provision pour amortissements dérogatoires" est crédité par le débit du compte de dotation aux amortissements au cours d'une première période (dotation "fiscale" supérieure à la dotation "technique") puis débité par le crédit du compte d'amortissement correspondant au cours d'une seconde période (dotation "technique" supérieure à la dotation "fiscale").

Les colonnes 1 et 4 sont servies lorsque la dotation de l'amortissement dérogatoire ou sa reprise résulte de toute différence entre les règles comptables et fiscales, autre que l'application du mode dégressif ou d'un dispositif d'amortissement fiscal exceptionnel. En pratique, ces colonnes sont principalement servies en cas de différence entre la durée d'amortissement comptable et la durée retenue sur le plan fiscal (cf. BOI-BIC-PROV-60-40). A titre subsidiaire, ces colonnes sont également servies en cas de différence de base amortissable liée à la prise en compte, sur le plan comptable, de la valeur résiduelle de revente du bien ou de provisions pour dépréciation, ou bien encore de différence de mode d'amortissement lorsque l'amortissement en unités d'œuvre retenu sur le plan comptable n'est pas admis au plan fiscal (cf. BOI-BIC-PROV-60-40).

Cas particulier des frais d'acquisition de titres de participation: le montant des dotations et reprises d'amortissement des frais d'acquisition de titres de participation (article 209 VII du CGI) est mentionné dans les colonnes 1 et 4.

Les colonnes 2 et 5 sont servies lorsque la dotation de l'amortissement dérogatoire ou sa reprise résulte de l'application du mode d'amortissement dégressif autorisé, dans certains cas, sur le plan fiscal. Les colonnes 3 et 6 sont servies lorsque la dotation de l'amortissement dérogatoire ou sa reprise résulte de l'application d'un dispositif fiscal particulier prévoyant un régime d'amortissement exceptionnel. Sont notamment concernés les dispositifs d'amortissement exceptionnel prévus aux articles 39 AB, 39 AC, 39 AD, 39 AE, 39 AF, 39 AH, 39 quinquies D, 39 quinquies DA, 39 quinquies E, 39 quinquies F, 39 quinquies FC et 236 II du CGI.

Cas particulier: origines multiples des dotations ou reprises de provision pour amortissements dérogatoires

Lorsque les dotations ou reprises de provision pour amortissements dérogatoires trouvent leur origine dans l'application d'un dispositif d'amortissement fiscal exceptionnel, les colonnes 3 et 6 sont servies pour le montant total des dotations ou reprises, sans qu'il ne soit nécessaire d'en affecter une partie aux autres colonnes du tableau. En revanche, lorsque les dotations ou reprises de provisions pour amortissements dérogatoires trouvent à la fois leur origine dans des différences de durée (et/ou de base amortissable, et/ou de mode en cas d'unités d'œuvre) ainsi que dans l'application du mode dégressif d'amortissement sur le plan fiscal, les dotations et reprises doivent être ventilées, suivant leur origine, entre les colonnes 1, 2, 4 ou 5.

Colonne "mouvement net des amortissements dérogatoires à la fin de l'exercice": cette colonne correspond à la différence entre le montant des colonnes 1 à 3 et le montant des colonnes 4 à 6. La case NZ correspond à l'agrégation des lignes HG et HC du tableau n° 2053-SD et des cases TM et TN du tableau n° 2056-SD.

Cadre C **Mouvements de l'exercice affectant les charges réparties sur plusieurs exercices**

L'amortissement des frais d'émission d'emprunt (tableau 2055-SD, ligne Z9) et celui des primes de remboursement des obligations (tableau n° 2055-SD, ligne SP) sont imputés directement aux comptes d'actif correspondants (col.1 + col.2 - col.3 = col.4).

PROVISIONS INSCRITES AU BILAN — N° 2056

Il est rappelé que les provisions pour licenciements pour motifs économiques ne sont pas déductibles.

3T **Provisions pour reconstitution des gisements miniers et pétroliers:**

Ce dispositif n'est plus applicable aux exercices clos à compter du 31/12/2013.

3U **Provisions pour investissements:**

Les provisions pour investissements constituées par des entreprises autres que des sociétés coopératives ouvrières de production (SCOP) ne sont plus admises en déduction des résultats imposables.

3V **Provisions pour hausse des prix:**

Désormais, le montant de la dotation à la provision pour hausse de prix est plafonné dans certaines limites (article 39-1-5° 11ème alinéa du CGI).

5F **Provisions pour renouvellement des immobilisations** (art 39-1-5° du CGI)

L'article 5 de la loi de finances pour 1998 aménage le régime fiscal des provisions pour renouvellement constituées par les entreprises concessionnaires ou locataires qui doivent, en fin de concession ou de bail, remettre leurs installations en bon état à l'autorité concédante ou au bailleur, et l'étend à toutes les entreprises soumises à une obligation de renouvellement des biens et installations qu'elles exploitent (cf. BOI-BIC-PROV-30-30-20-10).

5R **Provisions pour charges sociales et fiscales sur congés à payer**

06 **6X** Leur montant est inclus dans les données figurant lignes ZT ou ZV des cadres II ou III du tableau n° 2058-B-SD.

Pour les entreprises passibles de l'impôt sur les sociétés, indiquer sur un feuillet séparé les provisions afférentes aux titres inscrits aux subdivisions spéciales regroupant les titres éligibles au régime des plus ou moins-values à long terme qui ne constituent pas des titres de participation sur le plan comptable. Ces provisions concernent les titres inscrits aux "autres immobilisations financières" et "autres provisions pour dépréciation".

ÉTAT DES ÉCHÉANCES DES CRÉANCES ET DES DETTES — N° 2057

Les créances et les dettes sont ventilées sur cet état:

- pour leur montant brut (avant provision);
- en fonction de leur échéance à la clôture de l'exercice.

Z1 **Z2** Pour les prêts et emprunts ou remises en garantie de titres dans les conditions prévues aux articles L.432-6 à L.432-10 ou L.43-7-3 du code monétaire et financier, indiquer sur papier libre la nature et le montant des titres prêtés, empruntés ou remis en garantie.

DÉTERMINATION DU RÉSULTAT FISCAL — N° 2058-A

I – RÉINTÉGRATIONS

WD **Avantages personnels non déductibles**

Notamment: dépenses personnelles des associés-dirigeants comptabilisées en charges...

WF **Autres charges et dépenses somptuaires visées à l'article 39-4 du CGI**

Notamment: charges ayant trait à l'exercice de la chasse ou de la pêche, à la disposition de résidences (sauf résidences servant d'adresse ou de siège social de l'entreprise et résidences intégrées à un établissement de production et servant à l'accueil de la clientèle – cf. BOI-BIC-CHG-30-20 n° 30,40 et 50) ou de bateaux de plaisance, à la part du loyer relatif à des opérations de crédit-bail ou de location de plus de trois mois supportée par le locataire et correspondant à l'amortissement pratiqué par le bailleur pour la fraction du prix d'acquisition des voitures particulières excédant la limite prévue à l'article 39-4 du CGI (pour 2018, le plafond de déductibilité est fixé à 30 000 € pour les véhicules émettant moins de 20 grammes de dioxyde de carbone (CO_2) par kilomètre, 20 300 € pour ceux dont le taux d'émission de CO_2 est supérieur ou égal à 20 grammes et inférieur à 60 grammes par kilomètre, 18 300 € pour ceux dont le taux d'émission de CO_2 est supérieur à 60 grammes et inférieur ou égal à 150 grammes par kilomètre et 9 900 € pour ceux dont le taux d'émission de CO_2 est supérieur à 150 grammes par kilomètre).
Le taux d'émission de CO2 applicable aux deux dernières tranches (18 300 € et 9 900 €) est ramené de 150 grammes par kilomètre en 2018 à :
- 140 grammes pour ceux acquis ou loués entre le 1er janvier 2019 et le 31 décembre 2019 ;
- 135 grammes pour ceux acquis ou loués entre le 1er janvier 2020 et le 31 décembre 2020.
-130 grammes par kilomètre, pour ceux acquis ou loués à compter du 1er janvier 2021.

8/18

Pour les véhicules relevant du nouveau dispositif d'immatriculation qui s'entendent de ceux dont la première immatriculation intervient à compter du 1er mars 2020 et qui sont acquis ou loués au titre d'exercices clos à compter de cette même date, la limite prévue à l'article 39-4 du CGI est de 30 000 € pour les véhicules émettant moins de 20 grammes de CO2 par kilomètre, 20 300 € pour ceux dont le taux d'émission de CO2 est supérieur ou égal à 20 grammes et inférieur à 50 grammes par kilomètre, 18 300 € pour ceux dont le taux d'émission de CO2 est supérieur ou égal à 50 grammes et inférieur à 165 grammes lorsqu'ils sont acquis avant le 1er janvier 2021 ou inférieur à 160 grammes pour les véhicules acquis à compter de cette date. Enfin, la limite est de 9 900 € pour les véhicules acquis avant le 1er janvier 2021 dont le taux d'émission de CO2 est supérieur à 165 grammes ou à 160 grammes pour ceux acquis à compter de cette date.

RA **Fraction des loyers à réintégrer dans le cadre d'un crédit-bail immobilier et de levée d'option**

En cas de levée d'option d'achat d'un contrat de crédit-bail immobilier, le locataire acquéreur de l'immeuble doit procéder, le cas échéant, à la réintégration d'une fraction des loyers versés en cours de contrat (art. 239 sexies du CGI).

RB **Part des loyers dispensée de réintégration (art. 239 sexies D du CGI)**

Sous certaines conditions tenant au lieu de situation de l'immeuble et de durée de contrat, les crédit-preneurs qui répondent aux conditions des a et b de l'article 39 quinquies D du CGI sont dispensés de toute réintégration au moment de la levée d'option. Indiquer ici, la fraction éventuellement dispensée de réintégration.

Remarque : ce dispositif est clos pour les opérations conclues après le 31 décembre 2015.

XE Mentionner dans la case XE, la somme des montants mentionnés dans les cases WD, WE, WF, WG et RA.

WI Les entreprises qui ont opté pour le maintien du régime antérieur de déductibilité des indemnités de congés payés doivent réintégrer le montant de la dotation qui n'est pas déductible. (Régime prévu à l'article 39.1.1° bis, 2e alinéa du CGI).

XZ **Charges financières (art. 39-1-3° et art. 212 bis du CGI)**

Il convient de réintégrer la fraction des intérêts alloués aux comptes courants d'associés (art. 39-1-3° du CGI) ou rémunérant les sommes mises à disposition par des sociétés liées (art. 212 du même code) exclue des charges déductibles et le montant des charges financières nettes correspondant au total des cases (c-1) - (f) – (m) – (o) – (p) – (q) du formulaire n° 2464-SD et à la somme des cases (g) + (h) pour les entreprises en situation de sous-capitalisation.

Pour les entreprises autonomes, le montant qu'il convient de réintégrer en application des dispositions du VI bis de l'article 212 bis du CGI correspond au montant indiqué en case (c-2) du formulaire 2464-SD.

XW Mentionner dans la case XW, la somme des montants mentionnés dans les cases WI, WJ, XX et XZ.

XY Porter les réintégrations rendues obligatoires par l'application de la suppression des effets de la théorie du bilan (article 155 du CGI).

I7 L'impôt sur les sociétés et la contribution sociale de 3,3 % (article 235 ter ZC du CGI) ne sont pas déductibles du résultat.

L7 **Bénéfices visés à l'article 209 B du CGI:**

Il s'agit des résultats bénéficiaires provenant d'une entité établie dans un pays à fiscalité privilégiée.

WL Porter la quote-part des bénéfices fiscaux réalisés par une société de personnes ou un GIE dont les titres sont inscrits à l'actif du bilan.

Corrélativement, la quote-part comptabilisée du bénéfice distribué par cet organisme doit être déduite extra-comptablement ligne WT.

WN Plus-values nettes à court terme: montant détaillé sur le formulaire n° 2059-B-SD (cadre A, total 2 de la colonne 3).

WO Plus-values soumises au régime des fusions: le montant des plus-values à réintégrer est détaillé sur le tableau n° 2059-B-SD (cadre B, total de la colonne 3) et par l'état de suivi prévu par l'article 54 septies du CGI.

XR **Écart de valeurs liquidatives sur OPC :**

En matière d'impôt sur les sociétés, l'écart entre la valeur liquidative à l'ouverture et à la clôture de l'exercice constaté lors de l'évaluation des parts ou actions d'OPC dont la liste est mentionnée au premier alinéa du 1 de l'article 209-O A du CGI (SICAV...) est compris dans le résultat imposable de l'exercice concerné. Indiquer dans la case XR, l'écart net positif de l'exercice.

WQ **Réintégrations diverses**

Cette ligne comprend notamment:

- le montant imposable à l'impôt sur les sociétés des distributions opérées par une société sur les profits immobiliers exonérés sous condition de remploi antérieurement au 1er janvier 1972 (art. 209 quater D du CGI);
- les prélèvements opérés sur la réserve spéciale des plus-values à long terme, sous déduction de l'impôt déjà acquitté au titre des plus-values correspondantes;
- les 1/5 de la majoration résultant de la première application de la méthode par composants (article 237 septies du CGI) - Cf. détail tableau n° 2058-B-SD ;
- le déficit ou, le cas échéant, les charges - y compris les amortissements et les moins-values à court terme - relatives à des activités industrielles ou commerciales exercées à titre non professionnel par les contribuables relevant de l'impôt sur le revenu et soumis aux dispositions de l'article 156-I-1 bis du CGI;
- les prélèvements opérés sur la réserve spéciale des provisions pour fluctuation des cours (cf. instruction du 9 avril 1998);
- les écarts de conversion des créances et dettes libellées en monnaies étrangères;
- le montant des intérêts d'emprunt qui ont servi de base au crédit d'impôt relatif au rachat d'une entreprise par ses salariés (art. 220 quater A du CGI);
- la fraction des intérêts alloués aux comptes courants d'associés (art. 39-1-3° du CGI) ou rémunérant les sommes mises à disposition par des sociétés liées (art. 212 du même code) exclue des charges déductibles à reporter dans le cadre SU;
- pour les sociétés créées dans les zones d'entreprises, le déficit fiscal et les moins-values à long terme, subis dans le secteur d'activité exonéré au cours d'un exercice doivent être retranchés des bénéfices suivants réalisés dans le même secteur; ils ne peuvent pas être imputés sur les bénéfices réalisés dans le secteur imposable pendant toute la période couverte par l'exonération; à reporter dans le cadre SW;
- les régularisations résultant de certaines opérations sur le marché à terme d'instruments financiers (MATIF): en cas de positions symétriques, cette ligne comprend la fraction de la perte sur une position qui n'excède pas les gains non encore imposés sur les positions prises en sens inverse. En cas d'opérations de couverture au sens de l'article 38.6.2° et 38.6.2° bis du CGI, le profit réalisé au titre de l'exercice précédent doit être mentionné sur cette ligne. Enfin, tous les profits qui auront été différés sur le plan comptable (opérations de couverture) devront également être mentionnés sur cette ligne;
- pour les reprises d'entreprises en difficulté, fraction du profit réalisé au titre du premier exercice d'activité et qui doit être rattachée à l'exercice (art. 50 de la loi 88-15 du 3 janvier 1988);
- les dons faits aux organismes d'intérêt général (art. 238 bis du CGI);
- l'indemnité de congés payés non déductible en application de l'article 236 bis du CGI;
- la fraction non déductible des redevances de concession de licences d'exploitation des droits de la propriété intellectuelle versées à une entreprise liée, établie dans un État qui n'est ni membre de l'Union européenne ni partie à l'accord sur l'Espace économique européen et bénéficiant au titre de ces redevances d'un régime fiscal considéré comme dommageable par l'Organisation de coopération et de développement économique (OCDE), et qui n'est pas, au titre de l'exercice en cours, soumise à raison de ces mêmes redevances à un impôt sur le revenu ou sur les bénéfices dont le taux effectif est au moins égal à 25 % (art. 39-12 ter du CGI).
- la fraction du profit réalisé en cas d'indemnisation par la compagnie d'assurance du préjudice économique résultant du décès lorsque l'entreprise a souscrit un contrat d'assurance "homme-clé" (art. 38 quater du CGI);
- la fraction des subventions affectées au financement des dépenses de recherche immobilisées dont l'imposition est étalée en application de l'article 236-I bis du CGI (cf. ci-après ligne XG);
- les régularisations afférentes aux produits des titres ou contrats soumis aux dispositions de l'article 238 septies E du CGI (titres ou contrats à primes) lorsque leur rattachement n'est pas effectué en comptabilité selon la méthode des intérêts composés;
- les régularisations afférentes aux charges financières des emprunts, autres que les intérêts, soumises aux dispositions de l'article 39-1-1° ter du CGI lorsque leur déduction n'est pas effectuée en comptabilité de manière actuarielle selon la méthode des intérêts composés;

9/18

- la fraction non déductible des cotisations sociales (art.154 bis du CGI);
- le montant de la réduction d'impôt sur le revenu accordée aux contribuables au titre des frais de tenue de comptabilité, lorsqu'ils sont placés sur option à un régime réel d'imposition;
- les versements effectués en faveur de l'achat des trésors nationaux dans le cadre du dispositif prévu à l'article 238 bis-0 A du CGI;
- le montant forfaitaire relatif à la taxation au tonnage;
- quote-part de frais et charges de 12 % du montant des plus-values brutes relevant du taux de 0 % (cf. ci-dessous II – DÉDUCTIONS, lignes WV à WP).
- le 1/5e de la créance constituée par le crédit d'impôt prêt à 0 % déterminés depuis l'exercice clos en 2005;
- la part des rémunérations différées versées par les sociétés cotées à leurs dirigeants qui excède le plafond de déduction prévu au 5 *bis* de l'article 39 du CGI.
- plus-values qui deviennent imposables en application de l'article 238 octies C du CGI;
- la fraction non déductible des aides de toute nature, autres qu'à caractère commercial, consenties entre entreprises (art. 39-13 du CGI).
- la moins-value résultant de la cession, moins de deux ans après leur émission, de titres de participation acquis en contrepartie d'un apport réalisé et dont la valeur réelle à la date de leur émission est inférieure à leur valeur d'inscription en comptabilité pour la part correspondant à la différence entre la valeur d'inscription en comptabilité desdits titres et leur valeur réelle à la date d'émission (article 39 quaterdecies 2 bis du CGI).
- le montant des cotisations versées au fond de garantie des dépôts et de résolution pour financer les interventions prévues aux III et IV de l'article L.312-5 du code monétaire et financier au titre de sa mission d'intervention auprès d'un établissement financier soumis à une procédure de résolution (X de l'article 209 du CGI).
- le montant des contributions prévues aux articles 69, 70 et 71 du règlement (UE) n° 806/2014 du Parlement européen et du Conseil du 15 juillet 2014 établissant des règles et une procédure uniformes pour la résolution des établissements de crédit de certaines entreprises d'investissement dans le cadre d'un mécanisme de résolution unique et d'un Fonds de résolution bancaire unique (FRU) et modifiant le règlement (UE) n° 1093/2010 (X de l'article 209 du CGI).
- la taxe annuelle sur les locaux à usage de bureaux, les locaux commerciaux, les locaux de stockage et les surfaces de stationnement perçue dans la région Île-de-France (article 231 ter du CGI).
- la taxe sur les excédents de provisions des entreprises d'assurances de dommages (article 235 ter X du CGI).
- la taxe de risque systémique (article 235 ter ZE du CGI)
- la taxe pour le financement du fonds de soutien aux collectivités territoriales (article 235 ter ZE bis du CGI)

II – DÉDUCTIONS

WT Porter la quote-part des déficits fiscaux constatés au cours de l'exercice, par une société de personnes ou un GIE dont les titres sont inscrits à l'actif du bilan. Porter également la quote-part comptabilisée du bénéfice effectivement distribué par ces organismes.

WV, WH et WP Plus-values nettes à long terme imposées au taux de 15 % ou 0 % pour les entreprises soumises à l'impôt sur les sociétés ou à 12,8 % pour les entreprises relevant de l'impôt sur le revenu (voir également le tableau n° 2059 A-SD):

- Ligne WV: inscrire le montant net des plus-values à long terme imposables au taux de 12,8 % (pour l'impôt sur le revenu) ou au taux de 15 % (pour l'impôt sur les sociétés).

  Pour les entreprises soumises à l'impôt sur les sociétés, le régime des plus-values à long terme au taux de 15 % cesse de s'appliquer aux cessions de titres de sociétés à prépondérance immobilière (SPI) non cotées (article 219 I a sexies-0 bis du CGI).
- Ligne WH: inscrire le montant net imposable des plus-values à long terme afférentes aux titres de participation, autres que les titres de SPI, ainsi que, sous certaines conditions, les produits et plus-values provenant de la détention de FCPR ou SCR au taux de 0 %. La quote-part de frais et charges égale à 12% du montant brut des plus-values de cession est réintégrée ligne WQ et inscrite ligne M8.
- Ligne WP: inscrire le montant net des plus-values à long terme afférentes aux titres de SPI cotées imposables à l'impôt sur les sociétés au taux de 19 % (article 219 I a du CGI).

I6 Il s'agit notamment du montant:

- des plus-values réalisées en cas de cession de locaux professionnels ou de terrains à bâtir lorsque le cessionnaire s'engage à les transformer en logement dans les quatre ans, ou à y faire construire des logements dans ce même délai (article 210 F du CGI);
- des plus-values sur cession de titres de sociétés cotées à prépondérance immobilière (art. 219. I a-sexies-0. bis du CGI) ou des plus-values latentes imposées lors de l'option pour le régime des sociétés d'investissements immobiliers cotées (art. 208 C du CGI) ou lors de la transformation d'une société à l'IS en sociétés de placement à prépondérance immobilière à capital variable (art. 208. 3° nonies du CGI) ;

WZ Pour les entreprises soumises à l'impôt sur le revenu, le montant des plus-values à court terme peut être réparti sur l'année de leur réalisation et sur les deux années suivantes (cf. tableau n° 2059-B-SD).

XA **Régime des sociétés-mères et des filiales: produit net des actions et parts d'intérêts**

Lorsque les conditions prévues aux articles 145 et 216 du CGI sont remplies, les produits nets des participations ouvrant droit à l'application du régime des sociétés-mères, touchés au cours d'un exercice par une société mère, peuvent être retranchés du bénéfice net total de celle-ci. Le montant à déduire correspond au montant net des produits de participation, défalcation faite d'une quote-part de frais et charges restant imposable, égale à 5 % des produits bruts et dont le montant est indiqué dans une case réservée à cet effet sur la ligne XA.

La quote-part de frais et charges est calculée au taux de 1 % dans le cas particulier des distributions réalisées entre membres d'un groupe fiscal, et des distributions que perçoit une société membre d'un groupe fiscal d'une société répondant aux conditions précisées au BOI-IS-BASE-10-10-20 §160, soumise à un impôt équivalent à l'impôt sur les sociétés dans un État membre de l'Union européenne ou dans un autre État partie à l'accord sur l'Espace économique européen et qui remplirait les conditions qui lui permettraient, si elle était établie en France, d'être membre d'un groupe auquel appartient la société bénéficiaire des produits de participations.

Pour les exercices ouverts à compter du 1er janvier 2019, sous conditions, le taux de 1 % s'applique aussi aux produits de participations provenant des mêmes sociétés établies dans un autre État membre de l'Union européenne ou dans un autre État partie à l'accord sur l'Espace économique européen lorsque la société bénéficiaire (avec laquelle elles pourraient former un groupe si elles étaient établies en France) n'est pas membre d'un groupe (sauf si cette absence d'appartenance à un groupe résulte uniquement du fait de l'absence des options et accords en ce sens).

ZX Pour les exercices ouverts à compter du 1er janvier 2019, mentionner 99 % du montant des produits de participations inéligibles au régime des sociétés mères (art. 145 et 216 du CGI) lorsqu'ils sont perçus par une société non membre d'un groupe fiscal d'une société soumise à un impôt équivalent à l'impôt sur les sociétés dans un autre État membre de l'Union européenne ou dans un autre État partie à l'accord sur l'Espace économique européen et qui remplirait les conditions lui permettant, si elle était établie en France, d'être membre d'un groupe avec la société bénéficiaire (sauf si cette dernière n'appartient pas à un groupe uniquement du fait de l'absence des options et accords en ce sens) (art. 223 B, al.2 du CGI).

ZY Porter sur cette ligne le montant des investissements productifs, des investissements réalisés dans les secteurs du logement intermédiaire, du logement social et du logement financé à l'aide de prêts sociaux de location-accession, et des souscriptions réalisés outre-mer au cours de l'exercice par les entreprises soumises à l'impôt sur les sociétés dans le cadre d'exploitations appartenant à un secteur d'activité éligible en application des articles 217 undecies ou 217 duodecies du CGI.

Corrélativement à l'instauration de la réduction d'impôt codifiée à l'article 244 quater Y nouveau du CGI, l'article 108, I-E de la loi supprime le dispositif de déduction prévue à l'article 217 duodecies du même Code à compter du 1er janvier 2022.

XD **Majoration d'amortissement**

Majoration de l'amortissement des immobilisations financées par certaines primes d'équipement (art. 39 quinquies FA du CGI).

La base de calcul de l'amortissement des immobilisations acquises ou créées au moyen de primes de développement régional ou d'aménagement du territoire, d'orientation pour les entreprises de produits agricoles et alimentaires, d'installation et de développement artisanal, d'équipement dans les départements d'outre-mer, accordées au cours des années antérieures à 2006 est majorée, pour la détermination du bénéfice imposable, de la moitié du montant de la prime. La majoration d'amortissement qui en résulte est déduite de façon extra-comptable sur cette ligne.

XF **Abattement sur le bénéfice ou exonérations particulières (cf. ci-dessous, les dispositifs concernés)**

Pour bénéficier des exonérations ou abattements, les entreprises devront produire certains renseignements sur les documents annexés à la déclaration de résultats et conformes aux modèles établis par l'administration.

10/18

Le montant porté dans la case XF comprend les montants portés dans les cases suivantes ainsi que les autres abattements et exonérations:

- case L2 Pour l'article 44 sexies du CGI (entreprises nouvelles);
- case K9 pour l'article 44 septies du CGI (sociétés créées pour la reprise d'entreprises industrielles en difficulté);
- case L5 pour l'article 44 sexies A du CGI (jeunes entreprises innovantes);
- case K3 pour l'article 208 C du CGI (sociétés d'investissements immobiliers cotées);
- case 0V Pour l'article 44 octies A du CGI (zone franche urbaine – territoire entrepreneur);
- case 1F pour l'article 44 duodecies du CGI (bassin d'emploi à redynamiser);
- case XC pour l'article 44 quaterdecies du CGI (zone franche d'activité nouvelle génération)
- case PA pour l'article 44 terdecies du CGI (zone de restructuration de la défense);
- case PC pour l'article 44 quindecies du CGI (zone de revitalisation rurale) ;
- case PP pour l'article 44 sexdecies du CGI (bassin urbain à dynamiser) ;
- case PB pour l'article 44 septdecies du CGI (zone de développement prioritaire).

XS Écarts de valeurs liquidatives sur OPC :

En matière d'impôt sur les sociétés, l'écart entre la valeur liquidative à l'ouverture et à la clôture de l'exercice constaté lors de l'évaluation des parts ou actions d'OPC dont la liste est mantionnée au premier alinéa du 1° de l'article 209-O A du CGI (SICAV...) est compris dans le résultat imposable de l'exercice concerné.

XG Déductions diverses

Porter notamment sur cette ligne:

- le bénéfice ou, le cas échéant, les recettes - y compris les plus-values à court terme - provenant d'activités industrielles ou commerciales exercées à titre non professionnel par les contribuables relevant de l'impôt sur le revenu et soumis aux dispositions de l'article 156-I-1° bis du CGI;
- les écarts de conversion des créances et dettes libellées en monnaies étrangères;
- le montant de la créance dégagée par le report en arrière des déficits à la suite de l'option prise en application de l'article 220 quinquies du CGI à mentionner cadre **ZI** ;
- la déduction spéciale effectuée au titre des dépenses d'acquisition d'œuvres originales d'artistes vivants (art. 238 bis AB du CGI);
- le montant des plus-values exonérées en application des articles 151 septies à 151 septies B du CGI ou de l'article 238 quindecies du CGI;
- les 1/5 de la minoration résultant de la première application de la méthode par composants (article 237 septies du CGI) - Cf. détail tableau n° 2058-B-SD;
- le montant du crédit d'impôt dont bénéficie la société créée pour le rachat d'une autre société dans le cadre des dispositions de l'article 220 quater A du CGI;
- les régularisations résultant de certaines opérations sur le MATIF: en cas d'opérations de couverture au sens de l'article 38-6.2° du CGI, il y a lieu de mentionner le profit reporté sur l'exercice suivant. En cas d'opérations symétriques, il convient d'indiquer les pertes différées au titre des exercices précédents pour la fraction qui excède les gains non encore imposés sur les positions de sens inverse;
- la fraction des primes, non déduite antérieurement (cf. BOI-BIC-CHG-40-20-20 n°40 à 100), de l'assurance sur la vie souscrite par une entreprises sur la tête d'un dirigeant dans le cadre d'un contrat d'assurance "homme-clé", lorsque le profit correspondant est réintégré à la ligne WQ (article 38 quater du CGI);
- la fraction des subventions allouées aux entreprises par l'État, les collectivités territoriales et les établissements publics spécialisés dans l'aide à la recherche scientifique ou technique et qui sont affectés au financement de dépenses de recherche immobilisées dans les conditions prévues à l'art. 236-I du CGI, dont l'imposition est étalée en application de l'art. 236-I bis du même code;
- les régularisations afférentes aux produits des titres ou contrats soumis aux dispositions de l'article 238 septies E du CGI (titres ou contrats à primes) lorsque leur rattachement n'est pas effectué en comptabilité selon la méthode des intérêts composés;
- les régularisations afférentes aux charges financières des emprunts, autres que les intérêts, soumises aux dispositions de l'article 39-I-1° ter du CGI lorsque leur déduction n'est pas effectuée en comptabilité de manière actuarielle selon la méthode des intérêts composés;
- le montant du résultat imposable afférent à l'activité soumise au régime de taxation au tonnage;
- les dons reçus et comptabilisés lorsqu'ils bénéficient des dispositions de l'article 237 quater du CGI (BOI-BIC-BASE-30 n° 90 à 120);
- la déduction des intérêts dont la déduction a été différée en application des dispositions de l'article 212 du CGI (ligne p du formulaire n° 2900-SD);
- les 4/5e de la créance constituée par le crédit d'impôt prêt à 0 % déterminé au titre de l'exercice clos en 2008;
- le montant de la plus-value réalisée lors de la cession d'un droit de surélévation d'immeuble en vue de construire des locaux d'habitation (article 238 octies A du CGI);
- plus-values réalisées dans le cadre d'une opération d'échanges de biens immobiliers avec l'État, les collectivités territoriales et les établissements publics, et qui sont imposables ultérieurement (article 238 octies du CGI).
- déduction exceptionnelle en faveur des investissements productifs prévue à l'article 39 decies du CGI, à mentionner dans la case X9.
- déduction exceptionnelle applicable aux simulateurs d'apprentissage de la conduite dotés d'un poste de conduite à compter du 9 mai 2019 et juqu'au 8 mai 2021 prévue à article 39 decies E du CGI à mentionner en ligne YH.
- déduction exceptionnelle applicable aux poids lourds et aux véhicules utilitaires légers utilisant des énergies propres prévue à l'article 39 decies A du CGI, à mentionner dans la case YA.
- Déduction exceptionnelle applicable aux investissements dans la transformation numérique et la robotisation réalisées par les petites et moyennes entreprises industrielles prévue à l'article 39 *decies* B du CGI à mentionner dans la case YB.
- déduction exceptionnelle applicable aux navires et bateaux de transport de marchandises ou de passagers qui utilisent de l'hydrogène ou tout autre propulsion décarbonée prévue à l'article 39 *decies* C du CGI, à mentionner dans la case YC à compter des exercices ouverts au 1er janvier 2020. L' article 25 de la loi n°2021-1900 de finances pour 2022 aménage sur plusieurs points le régime de sur-amortissement destiné à accélérer la transition énergétique des navires et bateaux de transport de passagers ou de marchandies.
- déduction exceptionnelle en faveur des investissements dans des équipements de réfrigération et de traitement de l'air n'utilisant pas d'hydrofluorocarbures prévue à l'article 39 decies D du CGI, à mentionner dans la case YD.
- Déductions exceptionnelles en faveur des investissements dans des engins non routiers de substitution à ceux fonctionnant au gazole non routier (GNR) prévues à l'article 39 decies F du CGI à mentionner dans la case YI.
- Déduction exceptionnelle en faveur de certaines entreprises de commerce de détail de gazole non routier (GNR) prévue à l'article 39 decies G du CGI à mentionner dans la case YL.
- le montant du résultat net de cession, de concession ou de sous-concession de brevets et actifs incorporels assimilés imposé à 10 % en application de l'article 238 du CGI.

ZL Déficit de l'exercice reporté en arrière:

- en application des dispositions de l'article 220 quinquies du CGI, le report en arrière d'un déficit n'est possible que sur le seul bénéfice de l'exercice précédent, et dans la limite du montant le plus faible entre le bénéfice dudit exercice précédent et un montant de 1 000 000 €;
- l'option pour le report en arrière du déficit subi au titre de l'exercice est exercé dans le délai de dépôt de la déclaration de résultats n° 2065-SD et formalisée en complétant la ligne ZL du tableau 2058-A-SD du montant du déficit reporté en arrière;
- conformément aux dispositions de l'article 46 quater-0 W de l'annexe III au CGI, le calcul de la créance de report en arrière du déficit s'effectue sur la déclaration spéciale n° 2039-SD à joindre au relevé de solde de l'exercice (formulaire n° 2572-SD).

XL Déficits antérieurs imputés sur les résultats de l'exercice:

- Les déficits subis par une société passible de l'impôt sur les sociétés ne peuvent être déduits du bénéfice d'un exercice ultérieur que dans la limite d'un montant de 1 000 000 €, majoré le cas échéant de 50 % du bénéfice excédant ce même montant;
- la fraction du déficit qui ne peut être imputée est reportable sur les exercices suivants et imputables sous les mêmes conditions et limites;

- le montant de déficit porté en XL correspond à celui déterminé après éventuelle application des mesures de plafonnement d'imputation exposées supra.

III – RÉSULTAT FISCAL

CAS PARTICULIER: Sociétés membres d'un groupe (art. 223 A à U du CGI). Les déficits subis par une société depuis son entrée dans le groupe, qui ont été retenus pour la détermination du résultat d'ensemble, ne peuvent plus être reportés sur ses propres résultats (CGI art. 223 E sauf dans les situations prévues au 2ème alinéa de l'article 223 E du CGI - déficits transmis à certaines filiales suite à une procédure collective).

DÉFICITS, INDEMNITES POUR CONGÉS À PAYER ET PROVISIONS NON DÉDUCTIBLES — N° 2058-B

I - Suivi des déficits:

Ce cadre est normalement servi par les seules entreprises relevant de l'impôt sur les sociétés.

K4 il s'agit du montant porté sur la ligne YK du tableau n° 2058-B-SD déposé au titre de l'exercice précédent.

K4 bis il s'agit du montant des déficits transférés de plein droit conformément aux dispositions de l'article 209,II-2-a du CGI.

K4 ter indiquer le nombre d'opérations impactées par les nouvelles modalités de transfert de plein droit

K5 il s'agit de la fraction des déficits imputés sur le bénéfice de l'exercice par les entreprises relevant de l'impôt sur les sociétés (art. 209 I du CGI).

K6 il s'agit de la fraction des déficits qui n'a pas pu être imputée et qui demeure reportable sans limite de durée sur les bénéfices des exercices suivants réalisés par les entreprises relevant de l'impôt sur les sociétés (art. 209 I et 220 quinquies du CGI).

YJ il s'agit du déficit réalisé au titre de l'exercice, mentionné ligne XO du tableau n° 2058-A-SD.

YK il s'agit de la somme des cases K6 et YJ.

Pour les entreprises qui relèvent de l'impôt sur le revenu, le report des déficits ne s'effectue pas sur les BIC des années suivantes mais au niveau de la déclaration d'impôt sur le revenu n° 2042, soit sur le montant du revenu global dont dispose le foyer fiscal, soit sur les revenus tirés d'activités de même nature au titre de l'année ou des six années suivantes. Ces entreprises n'ont donc pas en principe à servir le cadre I du tableau n° 2058-B-SD et doivent mentionner le montant de déficit imputé sur le bénéfice catégoriel sur la ligne "déductions diverses" du tableau n° 2058-A-SD (à détailler sur un feuillet séparé).

Exception: les entreprises relevant de l'impôt sur le revenu qui n'ont pas encore pu apurer la totalité de leur stock d'amortissements réputés différés (ARD) existant au 1er janvier 2004 (date de suppression du régime des ARD) doivent toutefois servir ce cadre I pour suivre l'imputation de ce stock. En effet, ce stock d'ARD existant au 1er janvier 2004 est reportable indéfiniment sur les seuls bénéfices des exercices ultérieurs jusqu'à épuisement: le suivi de ce stock d'ARD est effectué en remplissant les lignes K4, K5, K6 et YK. Une fois ce stock d'ARD définitivement apuré (YK=0), les entreprises concernées n'ont plus à servir le cadre I du tableau n° 2058-B-SD.

II - Indemnités de congés à payer, charges sociales et fiscales correspondantes:

Ce cadre ne concerne que les entreprises qui relèvent du régime de droit commun.

III - Provisions et charges à payer, non déductibles pour l'assiette de l'impôt:

ZV et ZW Indemnités de congés à payer, charges sociales et fiscales correspondantes.

Ces lignes devront être servies par les entreprises placées sous le régime optionnel prévu à l'article 39.1.1° bis, 1er alinéa du CGI.

- **Provisions pour risques et charges:**

La provision pour risques constituée dans le cadre de l'évaluation des participations selon la méthode de mise en équivalence n'est pas déductible.

Les provisions pour pertes afférentes à des opérations en cours à la clôture de l'exercice ne sont déductibles qu'à concurrence de la perte égale à l'excédent du coût de revient des travaux exécutés sur le prix de vente de ces travaux (éventuellement révisé) (art. 39-1-5°, 1° alinéa du CGI).

Les provisions pour pertes futures sur stocks ne sont pas déductibles (art. 39-1-5°, 1° alinéa du CGI).

- **Provisions pour dépréciation**

La dépréciation des titres évalués selon la méthode de mise en équivalence n'est retenue qu'à hauteur de son montant qui est calculé selon les règles de l'article 39-1.5° du CGI. Le solde n'est pas déductible.

Les provisions pour dépréciation afférentes à des titres précédemment transférés du compte titre de participation à un autre compte du bilan ou inversement, dont la valeur comptable est supérieure à la valeur fiscale, doivent être réintégrées à concurrence de la différence existant à la date du transfert, entre leur valeur comptable et leur valeur fiscale.

RENSEIGNEMENTS DIVERS — N° 2058-C

J7 Il s'agit d'indiquer dans cette case le prix de revient d'origine des biens mentionnés dans le contrat de crédit-bail.

J8 Préciser dans cette case le montant des loyers pris en location pour une durée supérieure à six mois.

YW Indiquer le montant de la contribution économique territoriale acquittée par l'entreprise.

Il s'agit de la cotisation d'impôt mise en recouvrement au titre de l'année civile précédant celle du dépôt de la déclaration de résultats; les dégrèvements sollicités ou obtenus ne sont pas à déduire.

0B Montant brut des salaires abstraction faite des sommes comprises dans les DSN de 2019 et versées aux apprentis sous contrat et aux handicapés.

0S Cette rubrique ne concerne que les entreprises qui ont opté pour le régime simplifié d'imposition à compter du 1er janvier 1984 et qui se sont placés sous le régime d'exonération des plus-values.

JA à JF Pour le régime de groupe, se reporter à la notice n° 2058-NOT-SD.

JH et JJ Si vous relevez du régime de groupe,en case JH, indiquer 1 pour société mère, 2 pour société filiale. En ligne JJ, mentionner le numéro SIRET de la société mère du groupe.

XP Indiquer le numéro d'identification du centre de gestion agréé attribué par l'administration lors de l'agrément (6 chiffres).

ZK **Taux d'intérêt le plus élevé servi aux associés à raison des sommes mises à la disposition de la société**

Cette ligne doit être servie que la société soit soumise à l'impôt sur le revenu ou à l'impôt sur les sociétés. Les sommes mises à disposition de la société s'entendent non seulement des comptes courants mais encore des prêts, avances, créances non réclamées, etc...

Le taux d'intérêt comprend, le cas échéant, le taux d'indexation et le taux de rémunération proprement dit.

DÉTERMINATION DES PLUS ET MOINS-VALUES — N° 2059-A

12/18

Cadre A

Col. 1 **Nature et date d'acquisition des éléments cédés**

A côté de la nature de l'immobilisation, indiquer, entre parenthèses, sa date d'acquisition.

Les plus-values réalisées à l'occasion de la cession à titre onéreux ou de l'expropriation des immobilisations sont à inscrire sur les lignes 1 à 12.

Lignes 1 à 12

Inscrire, en premier lieu les plus-values afférentes aux éléments amortissables ayant fait l'objet d'une réévaluation libre ou légale, puis les plus-values afférentes aux:

- immobilisations non amortissables, réévaluées ou non;
- immobilisations amortissables non réévaluées.

Col. 2 **Valeur d'origine**

La valeur d'origine s'entend, en principe, du coût de revient. Toutefois, lorsque le bien cédé a été reçu à l'occasion d'une fusion, la valeur d'origine dépend du régime fiscal sous lequel la fusion a été placée. Il convient de servir cette colonne en ce qui concerne les éléments non réévalués et ceux qui ont fait l'objet de la réévaluation légale (articles 238 bis I et 238 bis J du CGI).

Col. 3 **Valeur nette réévaluée**

Il s'agit de la valeur nette réévaluée à la date du 31 décembre 1976 (réévaluation effectuée en application de l'article 238 bis J du CGI précité) ou à celle de la réévaluation libre. Pour les éléments réévaluées sous le régime de la loi de 1959, il convient de porter la valeur d'origine réévaluées (cf. rubrique "autres amortissements"). En cas de cession de terrain ayant fait l'objet de la réévaluation légale (article 238 bis I du CGI précité), cette colonne n'est pas utilisée.

Col. 4 **Amortissements pratiqués en franchise d'impôt**

Ces amortissements s'entendent de ceux qui ont été inscrits en comptabilité et qui ont été admis en déduction du résultat fiscal, y compris les amortissements dérogatoires.

Col. 5 **Autres amortissements**

Il s'agit des amortissements correspondants aux plus-values d'actif réinvesties, à la déduction fiscale pour investissement définie par les lois de 1966, 1968 et 1975 ainsi que des amortissements réévalués (loi du 28 décembre 1959).

Cadre B

Col. 7 **Prix de vente**

Le prix s'entend du prix net, c'est à dire déduction faite des frais spéciaux à la charge du cédant qui s'appliquent directement à l'opération de cession (commissions ou courtages versés à un intermédiaire, par exemple).

Col. 9 et 10 Pour l'impôt sur les sociétés, le régime des plus et moins-values à long terme concerne uniquement les titres de participations et assimilés, les titres de FCPR et de SCR remplissant certaines conditions qui sont détenus depuis plus de cinq ans ainsi que certaines de leurs distributions (art. 219 I a ter du CGI). Ces plus et moins-values à long terme sont inscrites colonne 10 dans la colonne correspondant au taux d'imposition dont elles relèvent.

Les plus-values à long terme afférentes aux titres de participations et assimilés autres que les titres de sociétés à prépondérance immobilière (SPI) sont imposées au taux de 0%, sous réserve de la réintégration d'une quote-part de frais et charges égale à 12 % du montant brut des plus-values de cession dans le résultat imposable (ligne M8, tableau n° 2058-A). Peuvent également bénéficier du taux de 0 % certains profits liés aux titres de FCPR et SCR (article 219 I a sexies du CGI).

Les autres plus-values à long terme sont imposées au taux de 15%. Il est rappelé que, le régime des plus-values à long terme a cessé de s'appliquer aux titres de société dont le prix de revient est au moins égal à 22,8 M d'€ et qui remplissent les conditions ouvrant droit au régime des sociétés mères autres que la détention de 10 % au moins du capital s'ils sont inscrits dans une subdivision spéciale d'un compte du bilan autre que le compte titres de participation (article 219 I a sexies-0 du CGI).

Le montant net des plus-values à long terme afférentes à des titres de SPI cotées fait l'objet d'une imposition au taux de 19 %.

Le régime des plus et moins-values à long terme ne s'applique pas aux cessions de titres de sociétés implantées dans un État ou territoire non coopératifs au sens de l'article 238-0 A du CGI sauf si la société détentrice des titres apporte la preuve que les opérations de sa filiale étrangère sont réelles et ne poursuivent pas un but de fraude fiscale (article 219-I-a sexies-0 ter du CGI).

Les plus-values ou moins-values exclues du régime des plus ou moins-values à long terme sont soumises au régime des plus ou moins-values à court terme. Elles doivent être portées, colonne 9.

Col. 11 Il s'agit:

- du montant des plus-values nettes dégagées lors de la cession d'un local à usage de bureau ou à usae commercial ou industriel ou d'un terrain à bâtir par une personne morale soumise à l'impôt sur les sociétés au profit d'une personne morale (art.210 F du CGI).
- du montant des plus-values latentes imposées en cas d'option pour le régime des SIIC, y compris pour les filiales de SIIC ou de SPPICAV (art. 208 C du CGI).

Ligne 20 Porter les ajustements de calcul nécessaires entre les plus-values et les moins-values comptables d'une part, les déterminations de la plus-value de cession et les plus-values et moins-values fiscales d'autre part.

Inscrire notamment le montant des distributions et répartitions de FCPR, SCR, FPCI et SLP qui bénéficient, sous certaines conditions, du régime des plus-values à long terme (articles 38-5, 39 terdecies et 1655 sexies A du CGI).

Pour le calcul des plus ou moins-values réalisées dans le cadre des opérations de crédit-bail, se référer aux commentaires figurant au BOI-BIC-PVMV-40-50

Joindre une note annexe précisant le détail des ajustements opérés.

Droits attachés à un contrat de crédit-bail

- La plus-value de cession d'un contrat de crédit-bail est à court terme à concurrence de la fraction qui correspond aux amortissements que l'entreprise cédante aurait pu pratiquer selon le mode linéaire si elle avait été propriétaire du bien qui fait l'objet du contrat (amortissement calculé sur le prix d'acquisition du bien diminué du prix prévu pour l'acceptation de la promesse unilatérale de vente, et sur la durée du contrat).
- La plus-value de cession d'un tel contrat précédemment acquis est également à court terme à hauteur des amortissements pratiqués sur ces droits.
- La plus-value de cession d'un bien acquis à l'échéance d'un contrat de crédit-bail est à court terme à hauteur des amortissements pratiqués sur le bien, augmentés des amortissements que l'entreprise aurait pu pratiquer comme ci-dessus pendant la période au cours de laquelle elle a été titulaire du contrat, eux-mêmes diminués du montant des sommes réintégrées en application des articles 239 sexies, 239 sexies A et 239 sexies B du CGI.

AFFECTATION DES PLUS-VALUES A COURT TERME ET DES PLUS-VALUES DE FUSION OU D'APPORT — N° 2059-B

Cadres A et B

Col. 1 **Montant net des plus-values réalisées**

Il s'agit du montant total de la plus-value réalisée à l'origine et non du solde restant à réintégrer à la clôture de l'exercice précédent.

Le dispositif d'étalement de l'imposition des plus-values à court terme n'est pas applicable aux plus-values réalisées par les entreprises soumises à l'impôt sur les sociétés.

Les plus-values nettes à court terme afférentes à des éléments amortissables réalisées à la suite de la perception d'indemnités d'assurances ou d'expropriation d'immeubles peuvent être réparties par fractions égales à compter de l'exercice suivant la réalisation de la plus-value, sur la durée d'amortissement déjà pratiquée à raison des biens détruits ou expropriés (CGI, art 39 quaterdecies - 1 ter). Ces plus-values doivent être portées à la ligne "sur une durée différente" du cadre A.

13/18

L'article 39 quaterdecies 1 quater du CGI prévoit l'étalement de la plus-value à court terme réalisée à la suite de la cession d'un navire de pêche maritime ou de parts de copropriété d'un tel navire par des entreprises maritimes ou dont l'activité est de fréter des navires de pêche maritime. La plus-value peut, sur option de l'entreprise, être répartie par parts égales, sur les sept exercices suivant celui de la cession. L'entreprise est tenue de réinvestir dans un délai de 18 mois dans les mêmes conditions, une somme au moins égale au prix de cession (cf. BOI-BIC-PVMV-20-30-20).

Cadre B **Plus-values réintégrées dans les résultats des sociétés bénéficiaires des apports:**

Le report d'imposition des plus-values réalisées lors de l'apport en société de l'ensemble des éléments de l'actif immobilisé affectés à l'exercice d'une activité professionnelle (art. 151 octies du CGI) est maintenu en cas de transmission à titre gratuit à une personne physique des droits sociaux rémunérant l'apport, si le bénéficiaire de la transmission prend l'engagement d'acquitter l'impôt sur la plus-value à la date de la cession ou du rachat des droits sociaux, ou de la cession des immobilisations par la société si elle est antérieure.

Le tableau permet le suivi des plus-values constatées au cours de la période antérieure à l'entrée en vigueur de l'état prévu à l'article 54 septies du CGI qui n'est exigé que pour les opérations intervenues à compter du 1er août 1993 (BOI-FORM-000017).

Ce report est également maintenu en cas d'échange de droits sociaux résultant d'une opération de fusion ou de scission qui entre dans le champ d'application du régime prévu à l'article 210-0 A du CGI.

SUIVI DES MOINS-VALUES À LONG TERME — N° 2059-C

Cadre I: Moins-values nettes à long terme subies par les entreprises relevant de l'impôt sur le revenu (12,8 %).

Cadre II: Moins-values nettes à long terme subies par les entreprises relevant de l'impôt sur les sociétés (19 % ou 15 %).

Les moins-values nettes à long terme subies lors des 10 exercices antérieurs relevant des taux de 19 % ou 15 % et individualisées par année à la colonne 2 s'imputent sur les plus-values à long terme de l'exercice relevant des mêmes taux.

La colonne 3 permet le suivi du stock de moins-values à long terme reportables à 15 % ou 19 % afférent à certains éléments exclus du régime des plus-values à long terme et pour lesquels une mesure transitoire d'imputation partielle sur le bénéfice imposable est admise, sous certaines conditions: il s'agit principalement des moins-values à long terme subies au cours des exercices antérieurs afférents, d'une part, à des titres de sociétés dont le prix de revient est au moins égal à 22,8 M et qui remplissent les conditions ouvrant droit au régime des sociétés mères autres que la détention de 5% au moins du capital s'ils sont inscrits dans une subdivision spéciale d'un compte du bilan autre que le compte titres de participation pour les exercices clos avant le 31 décembre 2006 (article 219 I a sexies-0 du CGI) et, d'autre part, à des titres de sociétés à prépondérance immobilière non cotées pour les exercices clos avant le 26 septembre 2007 ou réalisées jusqu'à cette date (article 219 I A sexies-0 bis du CGI).

Les moins-values réalisées lors de la cession de titres de sociétés implantées dans un État ou territoire non coopératifs au sens de l'article 238-0 A du CGI exclues du régime des plus et moins-values à long terme en application de l'article 219-I-a sexies-0 ter du CGI s'imputent exclusivement sur les plus-values de même nature exclues dudit régime.

RÉSERVE SPÉCIALE DES PLUS-VALUES À LONG TERME - RÉSERVE SPÉCIALE DES PROVISIONS POUR FLUCTUATION DES COURS N° 2059-D

Le suivi de la réserve spéciale des plus-values à long terme concerne en principe exclusivement les entreprises dont le montant des sommes inscrites dans la réserve spéciale était supérieur à 200 millions d'euros et qui n'ont pas opté pour le virement optionnel en réserve ordinaire avant le 31 décembre 2006.

En cas de fusion ou d'opération assimilée placée sous le régime de faveur prévu à l'article 210 A du CGI, la société absorbante a l'obligation de reprendre à son bilan la réserve spéciale à laquelle la société absorbée a porté les plus-values à long terme soumises à un taux réduit de l'impôt sur les sociétés (CGI, art. 210 A-3).

Cadre I

- ligne 4 il s'agit des sommes prélevées au cours de l'exercice sur la réserve spéciale pour être distribuées aux associés, inscrites à un compte de réserve ordinaire, incorporées au capital ou imputées sur des pertes. Ces sommes doivent être rapportées aux bénéfices imposables de l'exercice en cours, sous déduction de l'impôt perçu (à reporter ligne WQ du tableau n° 2058-A-SD).
- ligne 5 il s'agit des prélèvements opérés sur la réserve spéciale en cas de dissolution de la société.
- ligne 7 ce montant figure également ligne DF et EF du tableau n° 2051-SD.

Cadre II

- col 3 il s'agit des sommes prélevées au cours de l'exercice sur la réserve spéciale pour être distribuées aux associés ou inscrites à un compte de réserve ordinaire. Ces sommes doivent être rapportées aux bénéfices imposables de l'exercice en cours (à reporter ligne WQ du tableau n° 2058-A-SD);
- col 4 il s'agit des prélèvements opérés sur la réserve spéciale en vue d'une compensation de pertes ou d'une incorporation au capital ou de prélèvements postérieurs à la dissolution de la société;
- col 5 ce montant figure également ligne DF du tableau n° 2051-SD.

DÉTERMINATION DES EFFECTIFS ET DE LA VALEUR AJOUTÉE — N° 2059-E

Les informations du formulaire n° 2059-E-SD doivent être fournies lorsque le chiffre d'affaires réalisé par l'entreprise au cours de l'exercice clos, quelle que soit sa durée et, le cas échéant, ramené à douze mois, est supérieur à 152 500 € hors taxes.

Pour les entreprises de crédit, les entreprises de gestion d'instruments financiers, les entreprises d'assurance, de capitalisation et de réassurance de toute nature, ce tableau sera adapté pour tenir compte des modalités particulières de détermination du chiffre d'affaires et de la valeur ajoutée ressortant des plans comptables professionnels (extraits de ces rubriques à joindre).

Pour plus d'informations sur la détermination du chiffre d'affaires et le calcul de la valeur ajoutée, consulter le BOFiP-Impôts, BOI-CVAE-BASE-20.

La valeur ajoutée des entreprises relevant du régime de droit commun est déterminée à partir du chiffre d'affaires comptable majoré d'autres produits et diminué de certaines charges spécifiques.

Période de référence

La période de référence correspond à **l'exercice comptable de 12 mois clos au cours de l'année d'imposition**. Dans le cas où la durée de l'exercice comptable serait inférieure ou supérieure à 12 mois, le chiffre d'affaires est corrigé pour correspondre à une année pleine.

Si plusieurs exercices sont clôturés au cours de l'année d'imposition ou si, à l'inverse, aucun exercice n'est clôturé au cours de cette même année, la période de référence est déterminée selon les modalités définies à l'article 1586 quinquies du CGI, le chiffre d'affaires demeurant corrigé pour correspondre à une année pleine.

DÉCLARATION DES EFFECTIFS

YP **Effectif moyen du personnel**

Il s'agit de l'ensemble des personnes, titulaires d'un contrat de travail, rémunérées directement par l'entreprise.

L'effectif moyen est égal à la moyenne arithmétique des effectifs à la fin de chacun des trimestres de l'exercice comptable.

YF **Dont apprentis**

Il s'agit du nombre de personnes liées à l'entreprise par un contrat d'apprentissage établi dans les conditions prévues aux articles L. 6222-1 à L. 6225-8 du code du travail.

YG **Dont handicapés**

Il s'agit du nombre de personnes handicapées reconnues comme telles par la commission départementale technique d'orientation et de reclassement professionnel (COTOREP).

RL **Effectif affecté à l'activité artisanale**

Cette donnée est utile à l'application d'une exonération ou d'une réduction de la base de la CFE.

14/18

1/ **Une exonération** de CFE sera appliquée, en vertu des dispositions de l'article 1452 du CGI, pour les ouvriers qui travaillent soit à façon pour les particuliers, soit pour leur compte, lorsqu'ils n'utilisent que le concours d'un ou plusieurs apprentis âgés de vingt ans au plus au début de l'apprentissage, et pour la veuve qui continue, avec l'aide d'un seul ouvrier et d'un ou plusieurs apprentis satisfaisant aux mêmes conditions, la profession précédemment exercée par son mari.

Nota 1 : ces personnes peuvent, sans perdre le bénéfice de l'exonération, bénéficier du concours de leur conjoint, du partenaire auquel elles sont liées par un pacte civil de solidarité, et de leurs enfants ;

Nota 2 : l'embauche d'un ou plusieurs handicapés n'a aucune incidence sur l'exonération.

Si ces conditions sont remplies, indiquer « 0 » dans le champ « Effectif affecté à l'activité artisanale ».

2/ **Une réduction** de la base de CFE sera accordée, en application des dispositions du 2° du I de l'art. 1468 du CGI, aux chefs d'entreprise immatriculés au répertoire des métiers s'ils remplissent les conditions suivantes:

- emploi au plus de trois salariés hors apprentis sous contrat et handicapés;
- réalisation à titre principal de travaux de fabrication, de transformation, de réparation ou de prestations de services;
- la rémunération du travail doit représenter plus de 50% du chiffre d'affaires global (tous droits et taxes compris).

Si ces conditions sont remplies, il convient de porter dans cette nouvelle case le nombre de salariés affecté à l'activité artisanale.

CALCUL DE LA VALEUR AJOUTÉE

I – Chiffre d'affaires de référence CVAE

Le chiffre d'affaires des entreprises relevant du régime de droit commun (autres que les titulaires de bénéfices non commerciaux n'exerçant pas l'option mentionnée à l'article 93 A du CGI et les titulaires de revenus fonciers) est égal à la somme des produits suivants :

OA Ventes de produits fabriqués, prestations de services et marchandises

Les ventes de produits fabriqués, prestations de services et marchandises s'entendent de l'ensemble des produits à comptabiliser aux comptes 701 à 709 du plan comptable général (PCG). Sont donc pris en compte en diminution du chiffre d'affaires les rabais, remises et ristournes accordés par l'entreprise à ses clients (compte 709 du PCG).

OK Redevances pour concessions, brevets, licences, marques, procédés, logiciels, droits et valeurs similaires

Les redevances pour concessions, brevets, licences, marques, procédés, logiciels, droits et valeurs similaires s'entendent de l'ensemble des produits à comptabiliser au compte 751 du PCG.

OL Plus-values de cession d'immobilisations corporelles et incorporelles, si rattachées à une activité normale et courante

Les plus-values de cession d'immobilisations corporelles et incorporelles qui se rapportent à une activité normale et courante, c'est-à-dire qui entrent dans le cycle de production de l'entreprise, ne donnent pas lieu à comptabilisation dans des comptes spécifiques. Elles sont, en principe, constituées, pour chaque cession d'immobilisation remplissant la condition précitée, par la différence positive entre le montant du compte 775 (Produits des cessions d'éléments d'actifs) et celui du compte 675 (Valeurs comptables des éléments d'actifs cédés) du PCG, à l'instar des autres plus-values réalisées sur cession d'immobilisations. Sont prises en compte dans le chiffre d'affaires les cessions d'immobilisations présentant un caractère normal et courant, c'est-à-dire qui entrent dans le cycle de production de l'entreprise.

Ne sont pas visées les cessions d'immobilisations réalisées par une entreprise parce qu'elle n'en a plus l'usage et n'entrant pas dans son cycle de production (exemples: cession d'une machine-outil devenue obsolète par une entreprise industrielle, cession du matériel informatique utilisé pour l'exercice de sa profession par une entreprise réalisant une activité d'achat-revente de biens).

Le caractère normal et courant d'une cession résulte de l'appréciation de chaque situation de fait. Les critères tenant à l'importance des plus-values en valeur (rapport entre les plus-values de cession et le montant total des produits) ne sauraient être déterminants.

OT Refacturations de frais inscrites au compte de transfert de charges

Les refacturations de frais inscrites au compte de transfert de charges s'entendent de l'ensemble des produits enregistrés aux comptes 791 à 797 du PCG correspondant à des refacturations de frais préalablement engagés par l'entreprise.

Les frais donnant lieu à refacturation sont les suivants :

- ☐ charges externes (charges comptabilisées dans les comptes 601 à 629 du PCG) ;
- ☐ impôts, taxes et versements assimilés (charges comptabilisées dans les comptes 631 à 637 du PCG) ;
- ☐ charges de personnel (charges comptabilisées dans les comptes 641 à 648 du PCG) ;
- ☐ autres charges de gestion courante (charges comptabilisées dans les comptes 651 à 658 du PCG) ;
- ☐ charges financières (charges comptabilisées dans les comptes 661 à 668 du PCG) ;
- ☐ charges exceptionnelles (charges comptabilisées dans les comptes 671 à 678 du PCG) ;
- ☐ participation des salariés et impôts sur les bénéfices et assimilés (charges comptabilisées dans les comptes 691 à 699 du PCG).

Entreprises membres d'un groupe économique

L'article 15 de la loi n° 2017-1837 du 30 décembre 2017 de finances pour 2018 modifie les règles de consolidation du chiffre d'affaires mentionnées à l'article 1586 quater du CGI et prévoit qu'à compter du 1er janvier 2018, lorsqu'une entreprise assujettie à la CVAE remplit les conditions pour être membre d'un groupe économique, le chiffre d'affaires à prendre en compte pour la détermination du taux effectif de CVAE s'entend de la somme de son chiffre d'affaire et des chiffres d'affaires des entreprises, assujetties ou non, qui remplissent les mêmes conditions pour être membres du même groupe.

La notion de groupe économique désigne l'ensemble des entreprises qui répondent aux conditions de détention fixées au I de l'article 223 A du CGI pour être membres d'un même groupe. Ainsi, même si elles n'ont pas opté pour l'intégration fiscale, ces entreprises doivent appliquer la consolidation de leurs chiffres d'affaires, sauf si la somme de ces chiffres d'affaires est inférieure à 7 630 000 €.

En cas d'opération de restructuration (apport, cession d'activité, scission d'entreprise, transmission universelle du patrimoine), et sous certaines conditions, le chiffre d'affaires utile au calcul du taux de CVAE des entreprises parties à l'opération est égal à la somme des chiffres d'affaires de ces entreprises (cf. III de l'article 1586 quater du CGI).

II – Autres produits à retenir pour le calcul de la valeur ajoutée

OH Autres produits de gestion courante, hors quotes-parts de résultat sur opérations faites en commun

Les autres produits de gestion courante à prendre en compte dans la valeur ajoutée s'entendent de l'ensemble des produits à comptabiliser dans les comptes 752 à 758 du PCG, à l'exception du compte 755 (quotes-parts de résultat sur opérations faites en commun).

Le compte 751 (redevances pour concessions) n'a pas à être pris en compte dès lors qu'il a déjà été comptabilisé dans le calcul du chiffre d'affaires à la ligne OK.

OE Production immobilisée à hauteur des seules charges déductibles ayant concouru à sa formation

La production immobilisée est comptabilisée dans les comptes 721 (Immobilisations incorporelles) et 722 (Immobilisations corporelles) du PCG.

Pour la généralité des redevables, à l'exception des entreprises de production audiovisuelle ou cinématographique et de distribution cinématographique, la production immobilisée n'est incluse dans le calcul de la valeur ajoutée qu'à hauteur des charges qui, ayant servi à déterminer le montant de la production immobilisée, peuvent être déduites de la valeur ajoutée.

Pour les entreprises de production audiovisuelle ou cinématographique et de distribution cinématographique, se reporter au BOI-CVAE-BASE-20 (paragraphes 160 et 170).

OF Subventions d'exploitation reçues

Les aides perçues au titre du fonds de solidarité sont exonérées d'impôt sur les sociétés, d'impôt sur le revenu et de toutes contributions et cotisations sociales d'origine légale ou conventionnelle. Les aides du fonds de solidarité, qui ont la nature de subventions d'exploitation, doivent néanmoins être incluses dans la valeur ajoutée. Ainsi, le montant des aides accordées dans le cadre du fonds de solidarité COVID doit être porté dans la case OF du tableau 2059-E.

15/18

Les subventions d'exploitation à prendre en compte dans la valeur ajoutée s'entendent de celles qui doivent être comptabilisées au compte 74 du PCG.

Toutefois, sont également prises en compte dans la valeur ajoutée les subventions qui seraient comptabilisées dans un autre compte (par exemple, le compte 7715 Subventions d'équilibre) dès lors qu'elles permettent à l'entreprise de compenser l'insuffisance de certains produits d'exploitation ou de faire face à certaines charges d'exploitation.

Rappel : les abandons de créances, à caractère commercial ou autre, ne sont pas à prendre en compte dans le calcul de la valeur ajoutée.

OD Variation positive des stocks

La variation positive des stocks à retenir dans la valeur ajoutée s'entend du solde créditeur, à l'issue de la période de référence, des comptes 603 et 713 (Variations des stocks) du PCG.

OI Transferts de charges déductibles de la valeur ajoutée

Les transferts de charges déductibles de la valeur ajoutée à ajouter au chiffre d'affaires s'entendent de l'ensemble des produits inscrits aux comptes 791 à 797 du PCG, à l'exception:

- des transferts de charges déjà pris en compte dans le chiffre d'affaires, c'est-à-dire ceux qui se rapportent à des refacturations de frais (case OT);
- des transferts de charges non déductibles de la valeur ajoutée (exemple: transferts de charges financières figurant au compte 796 du PCG Transferts de charges financières), lorsqu'ils ne sont pas pris en compte dans le chiffre d'affaires.

Il est précisé, au regard du droit comptable, que doivent être comptabilisés en transferts de charges les produits correspondants aux opérations suivantes:

- le remboursement par l'État ou toute autre entité de droit public de charges engagées par l'entreprise, dès lors que le remboursement est forfaitaire;
- la perception d'indemnités d'assurance à la suite d'un sinistre couvrant soit une immobilisation partiellement détruite (sont exclus les vols et les destructions totales, au titre desquels les indemnités d'assurance perçues constituent le prix de cession de l'immobilisation), soit un stock, soit un risque (exemples: assurance-vol et assurance obligatoire dommages construction) ;
- les transferts d'une catégorie de charges à une autre catégorie de charges.

Toutefois, ne sont pas admises dans un compte de transferts de charges les annulations de charges concourant à la production d'une immobilisation (utilisation du compte 72) ou à l'acquisition d'une immobilisation (utilisation de comptes de charges correspondants crédités).

XT Rentrées sur créances amorties lorsqu'elles se rapportent au résultat d'exploitation.

Lorsqu'elles se rapportent au résultat d'exploitation, les rentrées sur créances amorties sont ajoutées à la valeur ajoutée, même si elles sont comptabilisées en produit exceptionnel au compte 7714.

III - Charges à retenir pour le calcul de la valeur ajoutée

ON Achats

Les achats s'entendent de l'ensemble des charges à comptabiliser dans les comptes 601 à 609 du PCG, à l'exception du compte 603 (Variation des stocks). Ces éléments s'apprécient pour leur montant net de rabais, remises et ristournes obtenus, d'où la prise en compte du compte 609 du PCG.

OQ Variation négative des stocks

La variation négative des stocks à retenir dans la valeur ajoutée s'entend du solde débiteur, à l'issue de la période de référence, des comptes 603 et 713 (Variation des stocks) du PCG.

OR Services extérieurs, à l'exception de certains loyers et des redevances

- Les services extérieurs s'entendent de l'ensemble des charges à comptabiliser dans les comptes 611 et 613 à 629 du PCG. Sont par conséquent déductibles les frais enregistrés aux comptes:

611	Sous-traitance générale;
613	Locations;
614	Charges locatives et de copropriété;
615	Entretiens et réparations;
616	Primes d'assurances;
617	Études et recherches;
618	Divers (documentation générale, etc.);
621	Personnel extérieur à l'entreprise;
622	Rémunérations d'intermédiaires et honoraires;
623	Publicité, publications, relations publiques;
624	Transports de biens et transports collectifs du personnel;
625	Déplacements, missions et réceptions;
626	Frais postaux et frais de télécommunication;
627	Frais bancaires et assimilés;
628	Divers (frais de recrutement de personnel).

Ces éléments s'apprécient pour leur montant net de rabais, remises et ristournes obtenus (comptes 619 et 629).

OS Loyers et redevances, à l'exception de ceux afférents à des immobilisations corporelles mises à disposition dans le cadre d'une convention de location-gérance ou de crédit-bail ou encore d'une convention de location de plus de 6 mois.

- Les loyers et redevances, qui doivent être comptabilisés dans les comptes 612 et 613 du PCG, afférents aux biens corporels pris en location ou en sous-location pour une durée de plus de six mois ou en crédit-bail, ne sont pas admis en déduction de la valeur ajoutée. Il en va de même des redevances afférentes à ces biens lorsqu'elles résultent d'une convention de location-gérance. L'exclusion du droit à déduction des loyers et redevances de la valeur ajoutée de l'assujetti à la CVAE s'applique lorsque les conditions cumulatives suivantes sont remplies :

- la convention conclue par l'assujetti doit porter au moins en partie sur la mise à disposition de biens corporels ;

- elle doit avoir une durée de plus de six mois.

La qualification juridique de la convention est sans incidence sur cette analyse. Il peut s'agir notamment d'une convention de crédit-bail, de location, de sous-location, de location-gérance, de concession ou de délégation de service public. Par conséquent, lorsqu'elle remplissent ces conditions, les redevances afférentes à des délégations de service public qui ont pour contrepartie la mise à disposition de biens corporels ne sont pas déductibles de l'assiette de la CVAE.

Lorsque les biens pris en location par l'assujetti à la CVAE sont donnés en sous-location pour une durée de plus de six mois, les loyers dus sont admis en déduction de sa valeur ajoutée à concurrence du produit de cette sous-location, quelle que soit la situation de sous-locataire au regard de la CFE ou de la CVAE.

Aucune déduction n'est admise au profit de l'assujetti qui prend les biens en crédit-bail ou en location-gérance et les donne en sous-location.

OZ Taxes déductibles de la valeur ajoutée:

Les impôts, taxes et versements assimilés, autres que les impôts sur les bénéfices et autres impôts assimilés, sont comptabilisés dans les comptes 631 à 638 du PCG. Ces charges ne sont, en principe, pas déductibles de la valeur ajoutée. Par exception, sont admises en déduction de la valeur ajoutée:

16/18

- les taxes sur le chiffre d'affaires et assimilées: ces dernières désignent la taxe sur la valeur ajoutée et les taxes qui, en application des normes comptables, grèvent le prix des biens et services vendus par l'entreprise. Il s'agit des taxes qui s'ajoutent comptablement au prix de vente, c'est-à-dire que leur montant est comptabilisé dans le chiffre d'affaires de l'entreprise en sus du prix de vente net de chque bien et service (cf. BOI-CVAE-BSE-20-20) ;
- les contributions indirectes.

OW **Autres charges de gestion courante hors quotes-parts de résultat sur opérations faites en commun**

- Les autres charges de gestion courante sont comptabilisées dans les comptes 651 à 658 du PCG.
- Elles sont admises en déduction de la valeur ajoutée, à l'exception des quotes-parts de résultat sur opérations faites en commun à comptabiliser au compte 655 du PCG.

O9 **Fraction déductible de la valeur ajoutée des dotations aux amortissements afférents à des immobilisations corporelles mises à disposition dans le cadre d'une convention de location-gérance ou de crédit-bail ou encore d'une convention de location de plus de 6 mois.**

- En principe, les dotations aux amortissements pour dépréciation ne sont pas admises en déduction de la valeur ajoutée.
- Par exception, la déduction de ces charges est autorisée uniquement lorsque les biens corporels auxquels elles se rapportent sont donnés en location ou en sous-location pour une durée de plus de six mois, sont donnés en crédit-bail ou font l'objet d'un contrat de location-gérance, et ce quelle que soit la situation du locataire, du sous-locataire, du crédit-preneur ou du locataire-gérant au regard de la CFE.
- Le droit à déduction des dotations aux amortissements pour dépréciation ne s'applique qu'en proportion de la seule période de location, de sous-location, de crédit-bail ou de location-gérance. Ainsi, un prorata de déduction doit être retenu lorsque la période de location ne couvre pas l'intégralité de la période de référence.
- En pratique, cette ligne est à compléter par les entreprises qui donnent des biens corporels en crédit-bail ou en location pour une durée de plus de six mois ou qui donnent ces mêmes biens en location-gérance. Les dotations aux amortissements pour dépréciation s'entendent de celles qui doivent être comptabilisées au compte 681 du PCG. Elles ne tiennent pas compte des dotations aux amortissements de nature fiscale (exemple : amortissement dégressif), lesquelles ne constatent pas une dépréciation des immobilisations corporelles et doivent être comptabilisés dans des comptes de dotations aux amortissements dérogatoires.

OY **Moins-values de cession d'immobilisations corporelles et incorporelles, si rattachées à une activité normale et courante**

- Les moins-values de cession d'immobilisations corporelles et incorporelles qui se rapportent à une activité normale et courante ne donnent pas lieu à comptabilisation dans des comptes spécifiques. Elles sont, en principe, constituées, pour chaque cession d'immobilisation remplissant la condition précitée, par la différence positive entre le montant du compte 675 et celui du compte 775 du PCG.

IV – Valeur ajoutée produite

OG Le montant de la valeur ajoutée correspond à la somme du chiffre d'affaires de référence et des autres produits retenus pour le calcul. A cette somme, il convient de soustraire les charges retenues dans le calcul.

V – Cotisation sur la valeur ajoutée des entreprises

SA **Valeur ajoutée assujettie à la CVAE**

Ce montant correspond au montant de la valeur ajoutée calculée en ligne OG diminué des exonérations de plein droit, permanentes ou temporaires, applicables à la CFE (articles 1449 à 1463 B du CGI, à l'exception du 3° de l'article 1459 du CGI), ces exonérations s'appliquant également à la CVAE (article 1586 *ter* II du CGI). En revanche, il ne doit pas être tenu compte ici des exonérations facultatives.

Le montant mentionné à la ligne SA doit être reporté sur le formulaire n° 1330-CVAE-SD pour les multi-établissements ainsi que sur les formulaires n°s 1329-AC et 1329-DEF.

Si la valeur ajoutée calculée est négative, il convient de reporter un montant égal à 0 au cadre C du formulaire n°1329-DEF et du relevé d'acompte n°1329-AC.

Entreprises soumises au dépôt du formulaire n° 1330-CVAE-SD

Les entreprises dont le chiffre d'affaires est supérieur à 152 500 € (article 1586 ter du CGI) sont assujetties à la CVAE et soumises à l'obligation de dépôt de la déclaration n° 1330-CVAE-SD.

Toutes les entreprises assujetties à la CVAE doivent souscrire le formulaire n°1330-CVAE-SD par voie électronique.

Ce dernier doit être souscrit au plus tard le deuxième jour ouvré suivant le 1er mai de l'année qui suit celle de l'imposition.

Un délai supplémentaire de 15 jours est accordé pour les formulaires télédéclarés.

Le formulaire n° 1330-CVAE-SD et sa notice sont disponibles sur le site www.impots.gouv.fr

Cas particulier des entreprises soumises au régime micro-BIC et assujetties à la CVAE :

À la suite du relèvement des seuils d'application du régime micro-entreprise, des entreprises soumises au régime micro-BIC qui relèvent de la première catégorie (entreprises dont le commerce principal est la vente de biens et marchandises ou la fourniture de logement et dont le chiffre d'affaires est compris entre 152 500 € et le seuil maximal du régime micro-BIC, soit 176 200 €) se trouvent également assujetties à la CVAE. Dans ce cas, elles n'ont pas de cotisation à verser, car elles sont situées sous le seuil de 500 000 € de chiffre d'affaires. Toutefois, elles sont tenues de déclarer leur valeur ajoutée.

Ces entreprises n'étant pas soumises au dépôt d'une déclaration de résultats, elles ne peuvent pas bénéficier de la procédure déclarative simplifiée des entreprises mono-établissement et doivent donc déposer la déclaration n° 1330-CVAE-SD accessible en ligne. Il est admis, à titre dérogatoire, le dépôt d'une déclaration n° 1330-CVAE-SD sous format papier auprès du service des impôts des entreprises (SIE) dont elles relèvent.

Pour plus de précisions sur le sujet, voir le BOI-CVAE-BASE-20

Certaines entreprises sont dispensées du dépôt du formulaire n° 1330-CVAE-SD lorsqu'elles remplissent <u>toutes les conditions suivantes</u> :

- avoir dûment rempli le cadre intitulé « Cadre réservé au mono établissement au sens de la CVAE » de la déclaration de résultats (tableau n° 2059-E-SD) et coché notamment la case « EV » ;
- ne disposer que d'un seul établissement au sens de la CFE;
- ne pas employer des salariés exerçant leur activité plus de trois mois sur un lieu hors de l'entreprise;
- ne pas être une société civile de moyens (SCM)
- ne pas exercer plusieurs activités nécessitant des déclarations de résultat de natures différentes;
- ne pas clôturer plusieurs exercices au cours de la période de référence CVAE;
- ne pas avoir fusionné au cours de la période de référence CVAE;
- ne pas être une entreprise qui, n'employant aucun salarié en France et n'exploitant aucun établissement en France, y exerce cependant une activité de location d'immeubles ou de vente d'immeubles ;
- ne pas disposer d'un exercice de plus de 12 mois en dehors de l'exercice de création ;
- ne pas être soumises au régime des micro entreprises.

GX Report de la ligne OX

EY La détermination des effectifs au sens de la CVAE est précisée dans le BOI-CVAE-LIEU.

HX Indication du chiffre d'affaires du groupe économique pour les entreprises qui répondent aux conditions de détention fixées au I de l'article 223 A du CGI (même si elles ne sont pas effectivement membres d'une intégration fiscale).

COMPOSITION DU CAPITAL SOCIAL — N° 2059-F

Ce tableau est destiné aux personnes morales, soumises à un régime réel d'imposition, qui sont tenues de joindre à leur déclaration de résultats la liste de ceux de leurs associés qui détiennent au moins 10 % de leur capital (art. 38 de l'annexe III au CGI).

17/18

Il doit être souscrit par toutes les sociétés sans distinguer selon que leur capital est divisé en parts ou actions.

En haut du tableau, il convient d'indiquer la date de clôture de l'exercice, la dénomination, l'adresse et le numéro SIRET de l'entreprise déclarante, ainsi que, en distinguant les personnes morales (case PI) et les personnes physiques (case P2), son nombre d'associés ou d'actionnaires et le nombre total de parts ou actions correspondantes (cases P3 et P4).

Les renseignements à indiquer dans les cadres I (associés personnes morales) et II (associés personnes physiques) ne concernent que les associés ou actionnaires qui détiennent au moins 10% du capital ou des actifs de la société déclarante.

Il y a lieu d'indiquer pour chaque associé ou actionnaire le nombre de parts ou actions détenues et le taux de détention et, pour les personnes morales, leur forme juridique, leur dénomination, adresse et numéro de SIREN, ou pour les personnes physiques, leur nom, prénoms, nom marital, adresse, date et lieu de naissance.

Lorsque le nombre d'associés excède le nombre de cases du formulaire, il y a lieu d'utiliser un ou plusieurs tableaux supplémentaires et de les numéroter.

FILIALES ET PARTICIPATIONS — N° 2059-G

Ce tableau comporte l'identification des filiales et participations dont la société déclarante détient au moins 10% du capital. Il n'a pas à être servi par les entreprises individuelles (art. 38 de l'annexe III au CGI).

En haut de ce nouveau tableau, il convient d'indiquer la date de clôture de l'exercice, la dénomination, l'adresse, le numéro SIRET de l'entreprise déclarante et le nombre total de filiales détenues par l'entreprise (case P5).

Dans les cadres prévus à cet effet, il y a lieu d'indiquer, pour chaque filiale ou participation dont le taux de détention par l'entreprise déclarante est supérieur ou égal à 10% du capital, sa forme juridique, sa dénomination, son adresse, son numéro SIREN ainsi que le taux de détention.

Lorsque le nombre de filiales et de participations excède le nombre de cases du tableau, il y a lieu d'utiliser un ou plusieurs tableaux supplémentaires et de les numéroter.

RÉDUCTIONS ET CRÉDITS D'IMPÔT DE L'EXERCICE — N° 2069-RCI-SD

Les réductions et crédits d'impôt nés au titre de l'exercice sont mentionnés par les entreprises sur le tableau de suivi des réductions et crédits d'impôt (formulaire n° 2069-RCI-SD).

La majorité des réductions et crédits d'impôt ne donnent pas lieu à dépôt d'une déclaration spéciale. Il s'agit des réductions et crédits d'impôts mentionnés au I du formulaire n°2069-RCI-SD. Pour en connaître la liste, il convient de consulter ce formulaire.

Des fiches d'aide au calcul sont disponibles sur le site impots.gouv.fr pour vous permettre de calculer le montant des crédits d'impôt.

Adhérents d'un centre de gestion agréé

Conformément aux dispositions de l'article 34 de la loi de finances pour 2021, le résultat net imposable des entreprises non-adhérentes d'un OGA ou assimilé est ~~majoré~~ multiplié par un coefficient de 1,1 pour l'imposition de l'année 2022..

Le revenu brut est porté directement sur la déclaration d'ensemble des revenus n° 2042-C-PRO, à la rubrique " Régime du bénéfice réel OGA ou VISEUR ", ou, à la rubrique « Régime du bénéfice réel- SANS ».

INFORMATIONS

- **Documentation de présentation du traitement de données des déclarations de résultats**

  Dans le cadre des opérations de traitement de données à caractère personnel et afin de respecter la réglementation relative à la protection desdites données, une fiche intitulée « traitement des données des déclarations de résultat » est mise en ligne sur le site impots.gouv.fr.

- Certaines cases de la liasse fiscale vont servir pour informer la Commission européenne dans le cadre de la transparence des aides d'État :
  - **formulaire n° 2053-SD:**
    - case RD « amortissement exceptionnel de 25 % des constructions nouvelles (art. 39 *quinquies* D) »
    - case RC « amortissement des souscriptions dans des PME innovantes (art. 217 *octies*) »
  - **formulaire n° 2058-A-SD:**
    - case K9 « exonération au titre des entreprises nouvelles - reprise d'entreprises en difficulté (art. 44 *septies* du CGI) »
    - case 1F « exonération au titre des bassins d'emploi à redynamiser (art. 44 *duodecies* du CGI) »
    - case XC « exonération au titre des zones franches d'activité nouvelle génération (art. 44 quaterdecies du CGI) »
    - case PA « exonération au titre des zones de restructuration de la défense (art. 44 *terdecies* du CGI) »
    - case RB « part des loyers dispensés de réintégration à l'occasion de la levée d'option d'achat d'immeubles neufs à usage industriel et commercial (art. 239. *sexies* D du CGI) »
    - case PP « exonération au titre des bassins urbains à dynamiser (art. 44 *sexdecies* du CGI) »
    - case PB "exonération au titre des zones de développement prioritaire (art. 44 *septdecies* du CGI) ".
  - **Formulaire n° 2058-C-SD :**
    - case RG « aides perçues ayant donné droit à la réduction d'impôt prévue au 4 de l'article 238 *bis* du CGI »
    - case RH « montant de l'investissement reçu qui a donné lieu à amortissement exceptionnel chez l'entreprise investisseur dans le cadre de l'article 217 *octies* du CGI »

N'hésitez pas à contacter le service des impôts des entreprises dont vous relevez si cette notice ne vous permet pas de régler une difficulté.

Cette notice ne se substitue pas à la documentation officielle de l'administration.

18/18

Annexe 3

LIASSE FISCALE (RÉEL SIMPLIFIÉ)

① **BILAN SIMPLIFIÉ**

DGFiP N° 2033-A-SD **2023**

cerfa

N° 15948 * 05

Formulaire obligatoire (article 302 septies A du Code général des impôts)

Désignation de l'entreprise		Néant ☐*
Adresse de l'entreprise		

SIRET

Durée de l'exercice en nombre de mois * Durée de l'exercice précédent *

Exercice N clos le

		ACTIF		Brut 1		Amortissements – Provisions 2	Net 3
ACTIF IMMOBILISÉ	Immobilisations incorporelles	Fonds commercial *	010		012		
		Autres *	014		016		
	Immobilisations corporelles *		028		030		
	Immobilisations financières * (1)		040		042		
		Total I (5)	044		048		
ACTIF CIRCULANT	STOCKS	Matières premières, approvisionnements, en cours de production *	050		052		
		Marchandises *	060		062		
	Avances et acomptes versés sur commandes		064		066		
	Créances (2)	Clients et comptes rattachés *	068		070		
		Autres * (3)	072		074		
	Valeurs mobilières de placement		080		082		
	Disponibilités		084		086		
	Charges constatées d'avance *		092		094		
		Total II	096		098		
		Total général (I + II)	110		112		

	PASSIF		Exercice N NET 1
CAPITAUX PROPRES	Capital social ou individuel *	120	
	Écarts de réévaluation	124	
	Réserve légale	126	
	Réserves réglementées *	130	
	Autres réserves (dont réserve relative à l'achat d'œuvres originales d'artistes vivants) * 131)	132	
	Report à nouveau	134	
	Résultat de l'exercice	136	
	Subventions d'investissement	137	
	Provisions réglementées	140	
	Total I	142	
Provisions pour risques et charges	Total II	154	
DETTES (4)	Emprunts et dettes assimilées	156	
	Avances et acomptes reçus sur commandes en cours	164	
	Fournisseurs et comptes rattachés *	166	
	Autres dettes (dont comptes courants d'associés de l'exercice N : .... 169)	172	
	Produits constatés d'avance	174	
	Total III	176	
	Total général (I + II + III)	180	

RENVOIS							
	(1)	Dont immobilisations financières à moins d'un an	193	(4)	Dont dettes à plus d'un an	195	
	(2)	Dont créances à plus d'un an	197	(5)	Coût de revient des immobilisations acquises ou créées au cours de l'exercice *	182	
	(3)	Dont compte courant d'associés débiteurs	199		Prix de vente hors TVA des immobilisations cédées au cours de l'exercice *	184	

* Des explications concernant cette rubrique figurent dans la notice n° 2033-NOT-SD

② **COMPTE DE RÉSULTAT SIMPLIFIÉ DE L'EXERCICE (en liste)** — DGFIP N° 2033-B-SD **2023**

Formulaire obligatoire (article 302 septies A bis du Code général des impôts) — Désignation de l'entreprise — Néant ☐ * — Exercice N clos le

A – RÉSULTAT COMPTABLE	Formulaire déposé au titre de l'IR 018			
PRODUITS D'EXPLOITATION	Ventes de marchandises *	209		210
	Production vendue { Biens — dont export et livraisons intracommunautaires	215		214
	Production vendue { Services *	217		218
	Production stockée * (Variation du stock en produits intermédiaires, produits finis et en cours de production)			222
	Production immobilisée *			224
	Subventions d'exploitations reçues			226
	Autres produits			230
	Total des produits d'exploitation hors TVA (I)			232
CHARGES D'EXPLOITATION	Achats de marchandises * (y compris droits de douane)			234
	Variation de stocks (marchandises) *			236
	Achats de matières premières et autres approvisionnements * (y compris droits de douane)			238
	Variation de stock (matières premières et approvisionnements) *			240
	Autres charges externes * : (dont crédit-bail : - mobilier : .... - immobilier : ....)			242
	Impôts, taxes et versements assimilés (dont CFE et CVAE *)	243		244
	Rémunérations du personnel *			250
	Charges sociales (cf. renvoi 380)			252
	Dotations aux amortissements *			254
	Dotations aux provisions			256
	Autres charges { dont provisions fiscales pour implantations commerciales à l'étranger *	259		262
	Autres charges { dont cotisations versées aux organisations syndicales et professionnelles	260		
	Total des charges d'exploitation (II)			264
1 – RÉSULTAT D'EXPLOITATION (I – II)				270
Produits financiers (III)	280		**Charges financières (V)**	294
Produits exceptionnels (IV)				290
Charges exceptionnelles (VI) {	dont amortissements des souscriptions dans des PME innovantes (art. 217 *octies*)	347		300
	dont amortissements exceptionnels de 25 % des constructions nouvelles (art. 39 *quinquies* D)	348		
Impôt sur les bénéfices * (VII)				306
2 – BÉNÉFICES OU PERTES : Produits (I + III + IV) – Charges (II + V + VI + VII)				310
B – RÉSULTAT FISCAL	Reporter le bénéfice comptable col. 1, le déficit comptable col. 2	312		314
RÉINTÉGRATIONS	Rémunérations et avantages personnels non déductibles *	316		
	Amortissements excédentaires (art. 39-4 du CGI) et autres amortissements non déductibles	318		
	Provisions non déductibles *	322		
	Impôts et taxes non déductibles * (cf. page 7 de la notice n° 2033-NOT-SD)	324		
	Divers* dont intérêts excédentaires des cptes-cts d'associés 247 — Ecarts de valeurs liquidatives sur OPC* 248	330		
	Fraction des loyers à réintégrer dans le cadre d'un crédit-bail immobilier et de levée d'option (Part de loyers dispensée de réintégration (art. 239 *sexies* D) 249)	251		
	Charges afférentes à l'activité relevant du régime optionnel de taxation au tonnage des entreprises de transport maritime	998		
	Résultat fiscal afférent à l'activité relevant du régime optionnel de taxation au tonnage des entreprises de transport maritime	999		
DÉDUCTIONS	Produits afférents à l'activité relevant du régime optionnel de taxation au tonnage des entreprises de transport maritime			997
	Entreprises nouvelles (44 *sexies*) 986 — ZFU – TE (44 *octies* A) 987			342
	Reprise d'entreprises en difficulté (44 *septies*) 981 — JEI (44 *sexies* A) 989			
	ZRD (44 *terdecies*) 127 — ZRR (44 *quindecies*) 138			
	Bassions d'emploi à redynamiser (44 duodecies) 991 — Investissements outre-mer 344			
	ZFANG (44 *quaterdecies*) 345			
	BUD (44 sexdecies) 992 — Zone de développement prioritaire (44 *septdecies*) 993			
	Dont divers: Créance due au titre du report en arrière du déficit 346			350
	Déduction exceptionnelle (art. 39 *decies*) 655			
	Déduction exceptionnelle (art. 39 *decies* A) 643			
	Déduction exceptionnelle (art. 39 *decies* B) 645			
	Déduction exceptionnelle (art. 39 *decies* C) 647			
	Déduction exceptionnelle (art. 39 *decies* D) 648			
	Déduction exceptionnelle simulateur de conduite (art. 39 decies E) 641			
	Déductions exceptionnelles (art. 39 decies F) 990			
	Déduction exceptionnelle (art. 39 decies G) 649			
RÉSULTAT FISCAL AVANT IMPUTATION DES DÉFICITS ANTÉRIEURS	Bénéfice col.1 / Déficit col.2	352		354
Déficits	Déficit de l'exercice reporté en arrière *	356		
	Déficits antérieurs reportables *.. dont imputés sur le résultat :			360
RÉSULTAT FISCAL APRÈS IMPUTATION DES DÉFICITS	Bénéfice col.1 / Déficit col.2	370		372

* Des explications concernant ces rubriques figurent dans la notice n° 2033-NOT-SD

③ **IMMOBILISATIONS – AMORTISSEMENTS – PLUS-VALUES – MOINS-VALUES** DGFiP N° 2033-C-SD **2023**

Formulaire obligatoire (article 302 septies A bis du Code général des impôts) — Désignation de l'entreprise — Néant ☐*

I IMMOBILISATIONS — ACTIF IMMOBILISÉ		Valeur brute des immobilisations au début de l'exercice		Augmentations		Diminutions		Valeur brute des immobilisations à la fin de l'exercice	Réévaluation légale * Valeur d'origine des immobilisations en fin d'exercice
Immobilisations incorporelles — Fonds commercial	400		402		404		406		
Immobilisations incorporelles — Autres	410		412		414		416		
Immobilisations corporelles — Terrains	420		422		424		426		
Constructions	430		432		434		436		
Installations techniques, matériel et outillage industriels	440		442		444		446		
Installations générales, agencements, aménagements divers	450		452		454		456		
Matériel de transport	460		462		464		466		
Autres immobilisations corporelles	470		472		474		476		
Immobilisations financières	480		482		484		486		
TOTAL	490		492		494		496		

II AMORTISSEMENTS — IMMOBILISATIONS AMORTISSABLES		Montant des amortissements au début de l'exercice		Augmentations : dotations de l'exercice		Diminutions : amortissements afférents aux éléments sortis de l'actif et reprises		Montant des amortissements à la fin de l'exercice
Fonds commercial	495		497		498		499	
Autres immobilisations incorporelles	500		502		504		506	
Immobilisations corporelles — Terrains	510		512		514		516	
Constructions	520		522		524		526	
Installations techniques, matériel et outillage industriels	530		532		534		536	
Installations générales, agencements, aménagements divers	540		542		544		546	
Matériel de transport	550		552		554		556	
Autres immobilisations corporelles	560		562		564		566	
TOTAL	570		572		574		576	

III PLUS-VALUES, MOINS-VALUES à 19 %, 15 % et 0 % pour les entreprises à l'IS et 12,8 % pour les entreprises à l'IR (Si ce cadre est insuffisant, joindre un état du même modèle)

Nature des immobilisations cédées virées de poste à poste, mise hors service ou réintégrées dans le patrimoine privé					
	1	2	3	4	5
	6	7	8	9	10

Immobilisations	Valeur d'actif *	Amortissements*	Valeur résiduelle	Prix de cession*	Plus ou moins-values — Court terme*	Long terme		
	①	②	③	④	⑤	19 % ⑥	15 % ou 12,8 % ⑦	0 % ⑧
1								
2								
3								
4								
5								
6								
7								
8								
9								
10								
Total	578	580	582	584	586	581	587	589
Plus-values taxables à 19 % (1)			579	Régularisations	590	583	594	595
TOTAL					596	585	597	599

* Des explications concernant ces rubriques figurent dans la notice n° 2033-NOT-SD

(1) Ces plus-values sont imposables au taux de 19 % en application des articles 238 *bis* JA, 210 F et 208 C du CGI. Joindre un état établi selon le même modèle, indiquant les modalités de calcul de ces plus-values.

④ **RELEVÉ DES PROVISIONS – AMORTISSEMENTS DÉROGATOIRES – DÉFICITS**

DGFIP N° 2033-D-SD **2023**

Formulaire obligatoire (article 302 septies A bis du Code général des impôts)	Désignation de l'entreprise	Néant ☐*

I RELEVÉ DES PROVISIONS – AMORTISSEMENTS DÉROGATOIRES

A NATURE DES PROVISIONS			Montant au début de l'exercice		Augmentations : dotations de l'exercice		Diminutions : reprises de l'exercice		Montant à la fin de l'exercice
Provisions réglementées	Amortissements dérogatoires	600		602		604		606	
	Dont majorations exceptionnelles de 30 %	601		603		605		607	
	Autres provisions réglementées *	610		612		614		616	
Provisions pour risques et charges		620		622		624		626	
Provisions pour dépréciation	Sur immobilisations	630		632		634		636	
	Sur stocks et en cours	640		642		644		646	
	Sur comptes clients	650		652		654		656	
	Autres provisions pour dépréciation	660		662		664		666	
	TOTAL	680		682		684		686	

B MOUVEMENTS AFFECTANT LA PROVISION POUR AMORTISSEMENTS DEROGATOIRES

		Dotations		Reprises
Fonds commercial	681		683	
Autres immobilisations incorporelles	700		705	
Terrains	710		715	
Constructions	720		725	
Installations techniques, matériel et outillage	730		735	
Inst. générales, agencements et aménagements divers	740		745	
Matériel de transport	750		755	
Autres immobilisations corporelles	760		765	
TOTAL	770		775	

C VENTILATION DES DOTATIONS AUX PROVISIONS ET CHARGES À PAYER NON DÉDUCTIBLES POUR L'ASSIETTE DE L'IMPÔT (Si le cadre C est insuffisant, joindre un état du même modèle)

1	Indemnités pour congés à payer, charges sociales et fiscales correspondantes		
2			
3			
4			
5			
6			
7			
	TOTAL à reporter ligne 322 du tableau n° 2033-B-SD	780	

II DÉFICITS REPORTABLES

Déficits restant à reporter au titre de l'exercice précédent (1)				982	
Déficits transférés de plein droit (article 209-II-2 du CGI)	982 bis		Nombre d'opérations sur l'exercice (2)	982 ter	
Déficits imputés				983	
Déficits reportables				984	
Déficits de l'exercice				860	
Total des déficits restant à reporter				870	

III DIVERS

Primes et cotisations complémentaires facultatives	dont montant déductible des cotisations facultatives versées en application du I de l'article 154 bis du CGI dont cotisations facultatives Madelin (I de l'art. 154 bis du CGI)	325		381	
	dont cotisations facultatives aux nouveaux plans d'épargne retraite	327			
Cotisations personnelles obligatoires de l'exploitant *	dont montant déductible des cotisations sociales obligatoires hors CSG-CRDS	326		380	
N° du centre de gestion agréé				388	
Montant de la TVA collectée				374	
Montant de la TVA déductible sur biens et services (sauf immobilisations)				378	
Montant des prélèvements personnels de l'exploitant				399	
Aides perçues ayant donné droit à la réduction d'impôt prévue au 4 de l'article 238 *bis* du CGI pour l'entreprise donatrice				398	
Montant de l'investissement reçu qui a donné lieu à amortissement exceptionnel chez l'entreprise investisseur dans le cadre de l'article 217 *octies* du CGI				397	

(1) Cette case correspond au montant porté sur la ligne 870 du tableau n° 2033-D-SD déposé au titre de l'exercice précédent.

* Des explications concernant ces rubriques figurent dans la notice n° 2033-NOT-SD

(2) Indiquer, sur un feuillet séparé, l'identification, opération par opération, du nom de la société (et son n° siren) dont proviennent les déficits et le montant du transfert.

⑤ **DÉTERMINATION DES EFFECTIFS ET DE LA VALEUR AJOUTÉE** DGFiP N° 2033-E-SD **2023**

Formulaire obligatoire (article 302 septies A bis du Code général des impôts)

Désignation de l'entreprise ______ Néant ☐ *

Exercice ouvert le : .... et clos le : .... Données en nombre de mois ☐☐

DÉCLARATION DES EFFECTIFS		
Effectif moyen du personnel * :	376	
Dont apprentis	657	
Dont handicapés	651	
Effectifs affectés à l'activité artisanale	861	
CALCUL DE LA VALEUR AJOUTÉE		
I – Chiffre d'affaires de référence CVAE		
Ventes de produits fabriqués, prestations de services et marchandises	108	
Redevances pour concessions, brevets, licences et assimilées	118	
Plus-values de cession d'immobilisations corporelles ou incorporelles si rattachées à une activité normale et courante	119	
Refacturations de frais inscrites au compte de transfert de charges	105	
TOTAL 1	106	
II – Autres produits à retenir pour le calcul de la valeur ajoutée		
Autres produits de gestion courante (hors quotes-parts de résultat sur opérations faites en commun)	115	
Production immobilisée à hauteur des seules charges déductibles ayant concouru à sa formation	143	
Subventions d'exploitation reçues	113	
Variation positive des stocks	111	
Transferts de charges déductibles de la valeur ajoutée	116	
Rentrées sur créances amorties lorsqu'elles se rapportent au résultat d'exploitation	153	
TOTAL 2	144	
III – Charges à retenir pour le calcul de la valeur ajoutée [(1)]		
Achats	121	
Variation négative des stocks	145	
Services extérieurs, à l'exception des loyers et des redevances	125	
Loyers et redevances, à l'exception de ceux afférents à des immobilisations corporelles mises à disposition dans le cadre d'une convention de location-gérance ou de crédit-bail ou encore d'une convention de location de plus de 6 mois.	310	
Taxes déductibles de la valeur ajoutée	133	
Autres charges de gestion courante (hors quotes-parts de résultat sur opérations faites en commun)	148	
Charges déductibles de la valeur ajoutée afférente à la production immobilisée déclarée	128	
Fraction déductible de la valeur ajoutée des dotations aux amortissements afférentes à des immobilisations corporelles mises à disposition dans le cadre d'une convention de location-gérance ou de crédit-bail ou encore d'une convention de location de plus de 6 mois	135	
Moins-values de cession d'immobilisations corporelles ou incorporelles si rattachées à une activité normale et courante	150	
TOTAL 3	152	
IV – Valeur ajoutée produite		
Calcul de la valeur ajoutée **(Total 1 + Total 2 - Total 3)**	137	
V – Cotisation sur la valeur ajoutée des entreprises		
Valeur ajoutée assujettie à la CVAE (à reporter sur le formulaire n° 1330-CVAE-SD pour les multi-établissements et sur les formulaires n°s 1329-AC et 1329-DEF). Si la VA calculée est négative, il convient de reporter un montant égal à 0 au cadre C des formulaires n°s 1329-AC et 1329-DEF	117	

Cadre réservé au mono-établissement au sens de la CVAE

Si vous êtes assujettis à la CVAE et mono-établissement au sens de la CVAE (cf. notice du formulaire n° 1330-CVAE-SD), veuillez compléter le cadre ci-dessous et la case 117, vous serez alors dispensés du dépôt du formulaire n° 1330-CVAE-SD.

Les entreprises effectuant uniquement des opérations à caractère agricole n'entrant pas dans le champ de la CVAE ne doivent pas compléter ce cadre.

Mono-établissement au sens de la CVAE, cocher la case ci-contre	020				
Chiffre d'affaires de référence CVAE (report de la ligne 106, le cas échéant ajusté à 12 mois)	022		Effectifs au sens de la CVAE *	023	
Chiffre d'affaires du groupe économique (entreprises répondant aux conditions de détention fixées à l'article 223 A du CGI)				026	
Période de référence	024	/ /	016	/ /	
Date de cessation		/ /			

(1) Attention, il ne doit pas être tenu compte dans les lignes 121 à 148 des charges déductibles de la valeur ajoutée, afférentes à la production immobilisée déclarée ligne 143, portées en ligne 128.

* Des explications concernant ces rubriques figurent dans la notice n° 2033-NOT-SD, au § « Déclaration des effectifs » et dans la notice n° 1330-CVAE-SD, au § « Répartition des salariés »

⑥ **COMPOSITION DU CAPITAL SOCIAL** DGFiP N° 2033-F-SD **2023**

Formulaire obligatoire (article 38 de l'annexe III au CGI)

N° de dépôt

(1) Néant ☐*

Exercice clos le

SIREN

Dénomination de l'entreprise

Adresse (voie)

Code postal

Ville

NOMBRE TOTAL D'ASSOCIES OU ACTIONNAIRES PERSONNES MORALES DE L'ENTREPRISE	901		NOMBRE TOTAL DE PARTS OU D'ACTIONS CORRESPONDANTES	902	
NOMBRE TOTAL D'ASSOCIES OU ACTIONNAIRES PERSONNES PHYSIQUES DE L'ENTREPRISE	903		NOMBRE TOTAL DE PARTS OU D'ACTIONS CORRESPONDANTES	904	

I – CAPITAL DÉTENU PAR LES PERSONNES MORALES :

Forme juridique — Dénomination
N° SIREN (si société établie en France) — % de détention — Nb de parts ou actions
Adresse N° — Voie
Code postal — Commune — Pays

Forme juridique — Dénomination
N° SIREN (si société établie en France) — % de détention — Nb de parts ou actions
Adresse N° — Voie
Code postal — Commune — Pays

Forme juridique — Dénomination
N° SIREN (si société établie en France) — % de détention — Nb de parts ou actions
Adresse N° — Voie
Code postal — Commune — Pays

Forme juridique — Dénomination
N° SIREN (si société établie en France) — % de détention — Nb de parts ou actions
Adresse N° — Voie
Code postal — Commune — Pays

II – CAPITAL DÉTENU PAR LES PERSONNES PHYSIQUES :

Titre (2) — Nom patronymique — Prénom(s)
Nom marital — % de détention — Nb de parts ou actions
Naissance : Date — N° Département — Commune — Pays
Adresse : N° — Voie
Code postal — Commune — Pays

Tire (2) — Nom patronymique — Prénom(s)
Nom marital — % de détention — Nb de parts ou actions
Naissance : Date — N° Département — Commune — Pays
Adresse : N° — Voie
Code postal — Commune — Pays

(1) Lorsque le nombre d'associés excède le nombre de lignes du formulaire, veuillez utiliser un ou plusieurs tableaux supplémentaires. Dans ce cas, il convient de numéroter chaque tableau en haut et à gauche de la case prévue à cet effet et de porter le nombre total de tableaux souscrits en bas à droite de cette même case.

(2) Veuillez indiquer : « M » pour Monsieur, « MME » pour Madame.

* Des explications concernant cette rubrique figurent dans la notice n° 2033-NOT-SD

⑦

FILIALES ET PARTICIPATIONS

DGFiP N° 2033-G-SD **2023**

Formulaire obligatoire (article 38 de l'annexe III au CGI)

N° de dépôt

(Liste des personnes ou groupements de personnes de droit ou de fait dont la société détient directement au moins 10 % du capital)

(1) Néant ☐*

Exercice clos le		SIREN	
Dénomination de l'entreprise			
Adresse (voie)			
Code postal		Ville	
I – NOMBRE TOTAL DE FILIALES DÉTENUES PAR L'ENTREPRISE :	905		

Forme juridique		Dénomination			
N° SIREN (si société établie en France)				% de détention	
Adresse	N°	Voie			
Code postal		Commune		Pays	
Forme juridique		Dénomination			
N° SIREN (si société établie en France)				% de détention	
Adresse	N°	Voie			
Code postal		Commune		Pays	
Forme juridique		Dénomination			
N° SIREN (si société établie en France)				% de détention	
Adresse	N°	Voie			
Code postal		Commune		Pays	
Forme juridique		Dénomination			
N° SIREN (si société établie en France)				% de détention	
Adresse	N°	Voie			
Code postal		Commune		Pays	
Forme juridique		Dénomination			
N° SIREN (si société établie en France)				% de détention	
Adresse :	N°	Voie			
Code postal		Commune		Pays	
Forme juridique		Dénomination			
N° SIREN (si société établie en France)				% de détention	
Adresse :	N°	Voie			
Code postal		Commune		Pays	
Forme juridique		Voie			
N° SIREN (si société établie en France)				% de détention	
Adresse	N°	Voie			
Code postal		Commune		Pays	
Forme juridique		Voie			
N° SIREN (si société établie en France)				% de détention	
Adresse	N°	Voie			
Code postal		Commune		Pays	

(1) Lorsque le nombre de filiales excède le nombre de lignes du formulaire, veuillez utiliser un ou plusieurs tableaux supplémentaires. Dans ce cas, il convient de numéroter chaque tableau en haut et à gauche de la case prévue à cet effet et de porter le nombre total de tableaux souscrits en bas à droite de cette même case.

* Des explications concernant cette rubrique figurent dans la notice n° 2033-NOT-SD

Annexe 4

DÉCLARATION DE RÉSULTATS N° 2031-SD (ENTREPRISES À L'IR)

RÉPUBLIQUE FRANÇAISE
Liberté
Égalité
Fraternité

N° 2031-SD
2023
cerfa
N° 11085*25
Formulaire obligatoire
(art 53A ou 302 septies A bis du code général des impôts)

IMPÔT SUR LE REVENU

Bénéfices industriels et commerciaux

(Cocher la ou les cases correspondantes)

Exercice ouvert le		Régime "simplifié d'imposition"		ou "réel normal"	
et clos le		Option pour la comptabilité super-simplifiée		TVA	
		Option pour le régime de la taxation au tonnage			

A	IDENTIFICATION

Dénomination de l'entreprise :	Adresse du déclarant (quand celle-ci est différente de l'adresse du destinataire) et/ou adresse du domicile de l'exploitant si elle est différente de l'adresse de la direction de l'entreprise :
Adresse de l'entreprise :	
Mél :	
Téléphone :	
SIREN	Mél :
Préciser l'ancienne adresse en cas de changement :	**B DIVERS**
	Activités exercées (souligner l'activité principale) :
	Personne inscrite au répertoire des métiers (cocher la case)

C	RÉCAPITULATION DES ÉLÉMENTS D'IMPOSITION (cf. notice, page 3)			Col. 1	Col. 2
1. Résultat fiscal Bénéfice col. 1, Déficit col.2 (report XN ou XO du 2058-A-SD ou 370 ou 372 du 2033-B-SD)					
2. Revenus de valeurs et capitaux mobiliers (compris dans les résultats ci-dessus)					
	- Revenus exonérés de l'impôt sur le revenu..	a			
	à déduire : quote-part des frais et charges correspondants ❶	b			
	revenus nets exonérés (a – b)..	c			
	- Revenus soumis à l'impôt sur le revenu..	d		Total c + d..............	
3. Total					
4. Bénéfice imposable (col. 1 – col. 2) ou **Déficit déductible** (col. 2 – col. 1) ❷					
***4bis.* Résultat net de cession, concession ou sous-concession des brevets et droits de propriété industrielle assimilés taxable au taux de 10 %** ❸					

***4ter.* Revenus compris dans le bénéfice imposable mais exclus de l'assiette de l'acompte du prélèvement à la source (art. 204 G du CGI)**

- Quote-part de subvention d'équipement, d'indemnités d'assurance compensant la perte d'un élément de l'actif immobilisé et des plus-values à court terme définies à l'article 39 *duodecies* du CGI | e |
- Moins-values à court terme définies à l'article 39 *duodecies* du CGI | f |

5. Plus-values

taxées selon les règles prévues par les particuliers ❹		à court terme et à long terme exonérées❺		à long terme imposable à 12,8 % ❻	
à long terme différée de 2 ans (Art. 39 *quindecies* I-1 du CGI)❼		dont plus-value à long terme exonérées (Art. 151 *septies* A du CGI) ❺*bis*		dont plus-value à court terme exonérée (Art. 151 *septies*, 151 *septies* A et 238 *quindecies*) ❺ter	

6. Exonérations, Abattements et crédits d'impôt

Entreprise nouvelle art. 44 *sexies*		ZRR art. 44 *quindecies*		Zone franche d'activité art.44 *quaterdecies*		Autres dispositifs ❽	
ZFU – territoires entrepreneurs 44 *octies* A		Zone de restructuration de la défense art. 44 *terdecies*		Jeunes entreprises innovantes (JEI) art. 44 *sexies* A			
Bassins urbains à dynamiser (BUD) art. 44 *sexdecies*		Zone de développement prioritaire art. 44 *septdecies*					

Exonération ou abattement pratiqué ❾ ➔ sur les plus-values imposables à 12,8 % | | sur le bénéfice professionnel | |

Option pour le crédit d'impôt outre-mer dans le secteur productif (art. 244 *quater* W) | |

7.dont BIC non professionnels (2031 *Bis*-SD) ❿	a – BÉNÉFICE		b – DÉFICIT

- Revenus compris dans le bénéfice imposable mais exclus de l'assiette de l'acompte du prélèvement à la source (art. 204 G).

PV à court terme, subventions d'équipement et indemnités d'assurance pour perte d'un élément d'actif (Art. 39 *duodecies*) | | Moins-values à court terme (Art. 39 *duodecies*) | |

- Plus-values

PV nettes à long terme imposable à 12,8 % | |

- Exonération ou abattement pratiqué (art. 44 *sexies* et suivants) ❾ ➔ sur le bénéfice non professionnel | |

8. Régime des sociétés de personnes ⓫

Cadre réservé aux sociétés de personnes dont les associés sont des personnes morales soumises à l'impôt sur le revenu et d'autres à l'impôt sur les sociétés.

Résultat fiscal issu du mode de calcul de l'impôt sur les sociétés | |

9. Comptabilité informatisée

L'entreprise dispose-t-elle d'une comptabilité informatisée ?	OUI		NON		Si oui, indication du logiciel utilisé

D	CONTRIBUTION TEMPORAIRE DE SOLIDARITE (cf. notice de la déclaration n°2031-SD)

Assiette de la contribution temporaire de solidarité au taux de 33 %	

ATTENTION : toutes les entreprises soumises à un régime réel d'imposition en matière de résultats ont l'obligation de souscrire leur déclaration de résultats et ses annexes par voie dématérialisée. Le non respect de cette obligation est sanctionné par l'application de la majoration prévue par l'article 1738 du code général des impôts (CGI). Vous trouverez toutes les informations utiles pour télédéclarer sur le site www.impots.gouv.fr

La notice n° 2033-NOT-SD est également accessible sur le site www.impots.gouv.fr.

CGA/OMGA		r ou certificateur conventionné		(Cocher la case correspondante)

Nom et coordonnées du CGA/OMGA	Nom et coordonnées du viseur ou du certificateur conventionné
N° d'agrément du CGA/OMGA ou du viseur conventionné ou du certificateur conventionné	Identité du déclarant:
	Lieu: Date:
	Qualité et nom du déclarant:
	Signature:

ECF		***prestataire :***		

Les dispositions des articles 39 et 40 de la loi n° 78-17 du 6 janvier 1978 relative à l'informatique, aux fichiers et aux libertés, modifiée par la loi n° 2004-801 du 6 août 2004, garantissent les droits des personnes physiques à l'égard des traitements de données à caractère personnel.

Formulaire obligatoire
(art 53 A ou 302 *septies* A *bis* du Code général des impôts)

IMPÔT SUR LE REVENU

N° 2031 *Bis*-SD
2023

ANNEXE AU FORMULAIRE N° 2031-SD

E RÉPARTITION DES BÉNÉFICES ET DES DÉFICITS DES SOCIÉTÉS *(voir notice)*

Ce cadre ne concerne que les sociétés en nom collectif et assimilées, les sociétés en commandite simple, les sociétés en participation et les sociétés créées de fait qui n'ont pas opté pour le régime fiscal des sociétés de capitaux, les sociétés à responsabilité limitée et les sociétés en commandite simple de caractère familial ayant opté pour le régime fiscal des sociétés de personnes, ainsi que les groupements d'intérêt économique et les sociétés de copropriétaires de navires (art. 48-1 et 48-2 ann. III au CGI).

(Si le cadre est insuffisant, joindre au présent formulaire un état du même modèle).

Nom, prénoms, adresse, date et lieu de naissance, n° fiscal (facultatif pour les personnes physiques) ou SIREN, qualité des associés et personnes physiques ou morales❶	Associé ayant la qualité de gérant	BIC « B » ou BIC non professionnels « M » ❷	Quote-part du bénéfice ou du déficit ❸ à prendre en considération pour le calcul de la base d'imposition à l'impôt sur le revenu ou, éventuellement, à l'impôt sur les sociétés		Quote-part des plus-values imposables au taux réduit

Sociétés en commandite simple ❹montant des bénéfices distribués aux commanditaires au cours de l'année ______________ ______________

F RELEVÉ DE CERTAINS FRAIS GÉNÉRAUX

Cette rubrique ne concerne que les entreprises individuelles ❶, elle doit être remplie lorsque ces frais excèdent, par exercice : 3 000 € pour les cadeaux ou 6 100 € pour les frais de réception.

❶ Les autres entreprises doivent utiliser, le cas échéant, le relevé de frais généraux n° 2067-SD	Exercice
Montant des : - Cadeaux de toute nature, à l'exception des objets conçus spécialement pour la publicité, et dont la valeur unitaire ne dépasse pas 73 € par bénéficiaire (toutes taxes comprises).	
- Frais de réception, y compris les frais de restaurant et de spectacles, qui se rattachent à la gestion de l'entreprise et dont la charge lui incombe normalement.	

G DIVERS

NOM ET ADRESSE DU PROPRIETAIRE DU FONDS (en cas de gérance libre)

ADRESSES DES AUTRES ETABLISSEMENTS (si ce cadre est insuffisant, joindre un état du même modèle)

H CADRE NE CONCERNANT QUE LES ENTREPRISES PLACÉES SOUS LE RÉGIME SIMPLIFIÉ D'IMPOSITION

RÉMUNÉRATIONS	Montant brut des salaires, abstraction faite des sommes comprises dans les D.A.D.S. et versées aux apprentis sous contrat et aux handicapés, figurant sur les DSN de 2020, montant total des bases brutes fiscales inscrites dans la colonne 18 A. Ils doivent être, le cas échéant, majorés des indemnités exonérées de la taxe sur les salaires, telles notamment les sommes portées dans la colonne 20 C au titre de la contribution de l'employeur à l'acquisition des chèques-vacances par les salariés.	
	Rétrocessions d'honoraires, de commissions et de courtages..........	
	Montant des prélèvements financiers effectués à titre personnel au cours de l'exercice (*)	
	Montant des apports en capital ou des versements en compte courant faits au cours de l'exercice (*)..........	
	(*) À remplir par les entreprises passibles de l'impôt sur le revenu et dispensées de bilan.	

PLUS-VALUES ACQUISES EN FRANCHISE D'IMPÔT

Cette rubrique concerne les entreprises qui optent pour le régime simplifié d'imposition et qui entendent se placer sous le régime d'exonération des plus-values. En exerçant pour la première fois l'option pour le régime simplifié, elles peuvent déterminer, en franchise d'impôt, les plus-values acquises à la date de prise d'effet de cette option pour les éléments non amortissables de leur actif immobilisé. Dans cette hypothèse, il conviendra de joindre au formulaire n° 2031-SD une note rédigée sur papier libre portant indication détaillée de la nature et de la valeur des éléments non amortissables réévalués et de la méthode de réévaluation.

Nature des immobilisations non amortissables	Valeur réévaluée	Prix d'acquisition	Plus-value ❶

❶ Il convient de reporter chaque année le montant de la plus-value acquise en franchise d'impôt.

I BIC NON PROFESSIONNELS

Détermination du résultat de l'exercice

	Bénéfice	Déficit
Locations meublées non professionnelle soumises aux contributions sociales par les organismes de sécurité sociale		
Autres locations meublées non professionnelles		
Location-gérance		
Membre non professionnel de copropriété de cheval de course ou d'étalon		
Autres BIC non professionnels		
Résultat avant imputation des déficits antérieurs	à reporter case 7a	à reporter case 7b

NOTICE DU FORMULAIRE N° 2031-SD

NOUVEAUTÉS

- **Contribution temporaire de solidarité**

L'article 40 de la loi de finances pour 2023 instaure au titre du premier exercice ouvert à compter du 1er janvier 2022, une contribution temporaire de solidarité. Sont redevables les personnes morales ou établissements stables exerçant une activité en France ou dont l'imposition du bénéfice est attribuée à la France par une convention internationale relative aux doubles impositions et dont le chiffre d'affaires au titre de l'exercice 2022 provient, pour 75 % au moins, des secteurs de l'extraction, de l'exploitation minière, du raffinage du pétrole ou de la fabrication de produits de cokerie au sens du règlement (CE) n°1983/2006 du Parlement européen et du Conseil du 20 décembre 2006.

L'assiette de la contribution est égale à la différence positive entre le résultat imposable et 120 % du quart de la somme algébrique des résultats imposables au titre de l'ensemble des exercices ouverts à compter du 1/01/2018 et précédent l'exercice imposé, multiplié par le rapport entre 4 ans et la durée cumulée de l'ensemble des exercices. Le taux de la contribution est de 33 %. Le paiement de la contribution est effectué au plus tard à la date prévue au 2 de l'article 1668 du CGI, accompagné du dépôt d'un imprimé n°2572-SD (impôts sur les société et contributions assimilées – Relevé de solde).

- **Option des entrepreneurs individuels pour l'IS**

L'article 13 de la loi n°2021-1900 du 30 décembre 2021 de finances pour 2022 ouvre la possibilité aux entrepreneurs individuels d'opter pour l'assimilation à une entreprise unipersonnelle à responsabilité limitée (EURL) (1 de l'article 1655 sexies du CGI). L'option pour une telle assimilation, irrévocable, vaut option pour l'impôt sur les sociétés (la renonciation à l'option pour cet impôt est toutefois possible dans les conditions mentionnées au troisième alinéa du 1 de l'article 239 du CGI). Cette mesure, qui s'applique depuis le 15 mai 2022, est commentée au BOFIP BOI-BIC-CHAMP-70-10 §350 et suivants. En outre, depuis le 16 février 2022, la création d'une nouvelle EIRL ou la transformation d'une entreprise individuelle existante en EIRL n'est plus possible. Les entrepreneurs qui ont choisi ce statut avant cette date continuent cependant de bénéficier du régime juridique fiscal applicable aux EIRL.

- **Allongement de la durée du statut de jeune entreprise innovante**

L'article 11 de la loi allonge de 7 à 10 ans la durée du statut de jeune entreprise innovante (JEI) défini à l'article 44 sexies – OA du CGI qui ouvre droit à une exonération d'impôt n°2021-1900 du 31 décembre 2021 de finances pour 2022 et de cotisations sociales. La prorogation de la durée du statut de JEI s'applique aux entreprises à compter du 1er janvier 2022.

- **Renforcement des dispositifs d'exonération des plus-values de cession/transmission d'entreprises**

L'article 19 de la loi n°2021-1900 du 31 décembre 2021 de finances pour 2022 aménage les dispositifs d'exonération des plus-values professionnelles de cession d'entreprise dégagées à l'occasion d'un départ à la retraite (article 151 septies A du CGI) et le dispositif d'exonération des plus-values professionnelles dégagées à l'occasion de la transmission d'entreprise en fonction de la valeur des éléments d'actifs transmis (article 238 quindecies du CGI). Ainsi,pour chacun de ces dispositifs, la cession d'une activité mise en location-gérance à une personne autre que le locataire-gérant est désormais autorisée,sous conditions. Les plafonds du dispositif d'exonération prévu à l'article 238 quindecies du CGI sont rehaussés, et le délai de cession permettant de bénéficier du dispositif d'exonération de l'article 151 septies A du CGI est, provisoirement, allongé.

- **Allongement des délais d'option pour un régime réel et de renonciation (article 7 de la loi n°2021-1900 de finances pour 2022)**

Les nouvelles règles s'appliquent aux options et aux renonciations exercées à compter du 1er janvier 2022.

En ce qui concerne le délai d'option, il peut être exercé dans le délai de dépôt de la déclaration d'ensemble des revenus (déclaration n°2042) souscrite au titre de N-1, c'est-à-dire jusqu'en mai-juin de l'année N.

Quant au délai de renonciation à cette option, il est allongé jusqu'à jusqu'à la date limite de dépôt de la déclaration souscrite au titre des résultats (déclaration n°2031-SD) de l'année précédant celle au titre de laquelle la renonciation s'applique.

- **L'unification des déclarations sociales et fiscales permet aux entreprises individuelles de déclarer en une seule fois, via internet, leurs revenus aux administrations sociales et fiscales.**

OBSERVATIONS

Le formulaire n° 2031-SD (et l'annexe n° 2031 *bis*-SD) est servi par toutes les entreprises passibles de l'impôt sur le revenu dans la catégorie BIC, quel que soit le régime d'imposition (réel normal ou réel simplifié). Une liasse (tableaux 2050-SD à 2059-G-SD pour le réel normal ou tableau 2033-A-SD à G-SD pour le réel simplifié) sera jointe à ce formulaire ; le recours à l'un ou à l'autre de ces régimes est matérialisé par une mention portée en tête du formulaire.

L'option pour la comptabilité super simplifiée est matérialisée sur le formulaire ; elle dispense les entreprises de fournir l'annexe n°2033-A-SD (bilan).

La case TVA doit être cochée par les entreprises qui renoncent au bénéfice de la franchise en base.

Ce formulaire, obligatoirement signé et établi en un seul exemplaire, est à adresser avec les documents dont la liste est donnée ci-dessus et dans les notices nos 2032-NOT-SD ou 2033-NOT-SD et ci-après, au service des impôts des entreprises (SIE) du lieu où l'entreprise a soit le siège social de sa direction, soit son principal établissement, au plus tard le deuxième jour ouvré suivant le 1er mai. Toutefois, le formulaire est à adresser à la direction des grandes entreprises (DGE), si l'entreprise relève de ce service (cf. BOI-IS-DECLA-10-10). Dans ce cas, elle est souscrite par voie électronique (art.1649 *quarter* B *quarter* du CGI).

Le formulaire doit être souscrit par celui des époux qui exerce personnellement l'activité (art. 172-3 du CGI)

Si le formulaire est rempli au nom de la succession d'un contribuable décédé, veuillez indiquer au-dessous de votre signature (page 1) vos nom, prénoms et adresse.

RAPPELS

- L'article 238 bis JB du CGI, qui résulte de l'adoption de l'article 31 de la loi n° 2020-1721 du 29 décembre 2020 de finances pour 2021 prévoit un dispositif temporaire de neutralisation des conséquences de la réévaluation libre des actifs sur le résultat imposable. Applicable sur option à la première opération de réévaluation libre des immobilisations corporelles et financières constatée au terme d'un exercice clos à compter du 31 décembre 2020 et jusqu'au 31 décembre 2022, ce dispositif prévoit un étalement ou un sursis d'imposition selon le caractère amortissable ou non des immobilisations réévaluées.

- L'article 39 novodecies du CGI, dans sa rédaction issue de l'article 33 de la loi de finances pour 2021 précitée, prévoit que, sur option, lors d'une opération de cession-bail d'immeuble, l'imposition de la plus-value peut être échelonnée, par parts égales, sur les exercices clos pendant la durée du contrat, dans la limite de quinze ans, lorsque ledit immeuble est affecté à l'activité économique du crédit-preneur.

Cette condition d'affectation doit être satisfaite à la date de la cession du bien immobilier, puis pendant toute la durée du contrat de crédit-bail. Lorsque l'immeuble est acquis par l'entreprise, ou que le contrat de crédit-bail est résilié, le solde est imposé immédiatement.

Ce dispositif ne s'applique pas aux immeubles de placement, sauf lorsque ledit immeuble est loué par le crédit-preneur à une entreprise avec laquelle il entretient des liens de dépendance, et qui l'affecte à une activité économique.

- **Réforme du régime de la propriété industrielle**

A compter des exercices clos au 31 décembre 2019, les entreprises ont la possibilité d'imputer sur le déficit de l'exercice le résultat net bénéficiaire issu de la cession, de la concession ou de la sous-concession d'actifs incorporels éligibles au régime.Ce résultat net bénéficiaire peut ne pas être imposable s'il est utilisé pour compenser le déficit d'exploitation de l'exercice. Le déficit ainsi imputé ne peut plus être reporté sur les bénéfices des exercices ultérieurs.

- **Résultat net de cession, concession ou sous-concession des brevets et droits de propriété industrielle**

Le résultat net déterminé selon les dispositions prévues à l'article 238 du CGI ne relève plus du régime des plus-values à long terme mais est taxé séparément au taux de 10 % après compensation éventuelle avec le déficit de l'exercice.
Il doit être indiqué au niveau du cadre C-4 *bis* « Résultat fiscal » et non au niveau du cadre C-2 « Plus-values ».

La déclaration de revenus complémentaire des professions non salariées n° 2042-C-PRO des entreprises individuelles est préremplie de certaines informations déjà mentionnées sur la déclaration de revenus professionnels n° 2031-SD.

ATTENTION : pour permettre le report automatique des informations de la déclaration n° 2031-SD sur la déclaration n° 2042-C-PRO, il convient de télédéclarer la déclaration de résultats n° 2031-SD avant la déclaration d'impôt sur le revenu.

En cas de dépôt papier de la déclaration n° 2031-SD, aucun report automatique des données ne sera effectué : les données déclarées sur la déclaration de résultats n° 2031-SD devront être reportées manuellement par l'entreprise sur sa déclaration n° 2042-C-PRO.

- **Exonération pour les entreprises implantées dans les zones de développement prioritaire.**

L'exonération d'impôt sur les bénéfices pour les entreprises créées dans des zones de développement prioritaires (ZDP) a été prorogée jusqu'au 31 décembre 2023 (art. 44 *septdecies* du CGI). L'option pour bénéficier de cette exonération doit être notifiée au service des impôts des entreprises auprès duquel est souscrite la déclaration de résultats.

Les entreprises bénéficiant de cette nouvelle exonération doivent cocher la case créée à cet effet sur le formulaire n° 2065-SD (cadre C-3).

RÉCAPITULATION DES ÉLÉMENTS D'IMPOSITION (Détails de la page 1 du formulaire n° 2031-SD)

❶ A titre de règle pratique, si l'entreprise n'est pas en mesure d'établir le montant des frais réels, cette quote-part peut être estimée à 10 % du montant net des revenus du portefeuille ou à 30 % du même montant en ce qui concerne les sociétés de personnes dont les investissements en titres, en participation ou en créances ont, à la clôture de l'exercice, une valeur supérieure à la moitié du capital social.

❷ Le bénéfice de la non majoration du résultat net (prenant la forme d'une multiplication du montant de ce résultat net par 1.1 pour l'imposition des revenus de l'année 2022) est accordé aux titulaires de bénéfices industriels et commerciaux adhérents à un centre de gestion agréé ou à un organisme mixte de gestion agréé (1° du 7 de l'article 158 du CGII).

Ce dispositif est également applicable aux contribuables qui font appel aux services d'un « viseur conventionné » c'est-à-dire à un expert-comptable, une société d'expertise comptable, une association de gestion et de comptabilité ou une succursale d'expertise comptable, autorisés et conventionnés à cet effet par l'administration fiscale (art. 1649 *quater* L et 1649 *quater* M du CGI). Afin de bénéficier d'une non-majoration, le contribuable, disposant de revenus relevant des bénéfices industriels et commerciaux de source étrangère provenant d'un Etat membre de l'Union Européenne ou d'un autre Etat partie à l'accord sur l'Espace Economique Européen et ayant conclu avec la France une convention d'assistance administrative de lutter contre la fraude et l'évasion fiscale, pourra avoir recours à un certificateur à l'étranger.

Le revenu est porté directement sur la déclaration complémentaire de revenus n° 2042-C-PRO, régime du bénéfice réel, colonnes « CGA/OMGA ou viseur ou certificateur conventionné ».

❸ Le montant indiqué correspond au montant du résultat net de cession, de concession ou de sous-concession de brevets et actifs incorporels assimilés imposable à 10 % après compensation éventuelle avec le déficit de l'exercice.

❹ Le total indiqué dans ces cases, sous réserve des plus-values exonérées en application des articles 151 *septies* à 151 *septies* B et 238 *quindecies* du CGI, correspond en principe au montant de la ligne WV du formulaire n° 2058-A-SD. Toutefois, en cas de décalage entre l'exercice de réalisation des plus-values et l'exercice au titre duquel elles doivent être imposées (plus-values réalisées à la suite de la perception d'indemnités d'assurances ou d'expropriation d'immeubles), les plus-values ne sont indiquées que sur la déclaration afférente à l'exercice au titre duquel elles doivent être effectivement imposées. Il est précisé que les plus-values de cession réalisées par les loueurs en meublés non professionnels sont taxées selon les conditions prévues pour les particuliers.

❺ Le montant indiqué correspond au montant des plus-values à court terme et à long terme exonérées en application des articles 151 *septies*, 151 *septies* A, 151 *septies* B ou 238 *quindecies* et/ou à l'article 238 *octies* A du CGI, selon le cas.

❺bis Le montant indiqué correspond au montant des plus-values à long terme exonérées d'impôt sur le revenu en application de l'article 151 *septies* A du CGI et qui sont soumises aux prélèvements sociaux. Ces plus-values doivent être reportées sur la déclaration n° 2042-C-PRO, cases 5HG et 5IG.

❺ter Le montant indiqué correspond au montant des plus-values à court terme exonérées d'impôt sur le revenu en application des dispositifs prévus aux articles 151 *septies*, 151 *septies* A et 238 *quindecies* du CGI).

❻ Il s'agit notamment de l'exonération d'impôt sur le revenu à raison des bénéfices provenant des activités implantées dans un bassin d'emploi à redynamiser (art. 44 *duodecies* du CGI)

❼ Pour les BIC professionnels, le montant des bénéfices et plus-values à court terme non imposables qui correspondent aux abattements et exonérations prévus en faveur des entreprises nouvelles (art. 44 *sexies* du CGI), des entreprises innovantes (art. 44 *sexies* A), des entreprises implantées en zones franches urbaines-territoires entrepreneurs (art. 44 *octies* A), dans une zone de restructuration de la défense (art. 44 *terdecies*), dans une zone franche d'activité nouvelle génération dans les DOM (art. 44 *quaterdecies*), dans une zone de revitalisation rurale (art. 44 *quindecies*), dans un bassin d'emploi à dynamiser (art. 44 *sexdecies*) et dans une zone de développement prioritaire (art. 44 *septdecies*) doit être reporté sur la déclaration 2042-C-PRO, cases 5KB à 5MH.

❽ Les montants figurant dans ces cases seront reportés de manière automatique sur la déclaration n° 2042-C-PRO (voir notice n° 2041 GM).

❿ Pour les BIC non professionnels, le montant des bénéfices et plus-values à court terme non imposables qui correspondent aux abattements et exonérations prévus en faveur des entreprises nouvelles (art. 44 *sexies* du CGI), des entreprises innovantes (art. 44 *sexies* A), des entreprises implantées en zones franches urbaines-territoires entrepreneurs (art. 44 *octies* et *octies* A), dans une zone de restructuration de la défense (art. 44 *terdecies*), dans une zone franche d'activités dans les DOM (art. 44 *quaterdecies*), dans une zone de revitalisation rurale (art. 44 *quindecies*), dans un bassin d'emploi à dynamiser (art. 44 *sexdecies*) et dans une zone de développement prioritaire (art. 44 *septdecies*) doit être reporté sur la déclaration 2042-C-PRO, cases 5NB à 5PH.

⓫ Les sociétés de personnes dont les associés sont des personnes morales soumises à l'impôt sur le revenu et d'autres à l'impôt sur les sociétés doivent déposer un formulaire unique (formulaire n° 2031-SD) complété du résultat fiscal issu du mode de calcul de l'impôt sur les sociétés dans la case ad hoc, et deux liasses fiscales distinctes selon les différentes méthodes de détermination du résultat :

- tableaux n°s 2050-SD à 2059-G-SD pour le régime réel normal
- tableaux n°s 2033-A-SD à 2033-G-SD pour le régime réel simplifié

RÉPARTITION DES BÉNÉFICES ET DES DÉFICITS DES SOCIÉTÉS (Détails de l'annexe n° 2031 *bis*-SD)

❶ Veuillez indiquer ici les noms, prénoms, date et lieu de naissance, adresse du domicile, numéro d'identification fiscal à 13 caractères (pour les personnes physiques), numéro SIREN (pour les personnes morales). Le renseignement du numéro d'identification fiscal de chaque associé reste optionnel. Une case à cocher est ajoutée afin de désigner les associés ayant également la qualité de gérant. Indiquer également la qualité de tous les associés, gérants ou non, avec indication de leur profession, pour les sociétés en participation, de tous les associés pour les sociétés créées de fait, les sociétés en nom collectif, les sociétés en commandite simple ou à responsabilité limitée de caractère familial ayant opté pour le régime fiscal des sociétés de personnes, de tous les membres pour les groupements d'intérêt économique et les sociétés de copropriétaires de navires.

❷ Veuillez indiquer par un « M » en colonne 2, s'il s'agit de résultats provenant de BIC non professionnels. À défaut, inscrire un « B » dans cette colonne. Pour apprécier le caractère professionnel ou non professionnel de l'activité BIC, il conviendra soit de se reporter au cadre relatif aux BIC NON PROFESSIONNELS du présent formulaire, soit de consulter le BOI-BIC-DEF-10.

❸ Mentionner la part respective de chacun des associés dans le bénéfice net ou le déficit mentionné au cadre C4 et/ou C8 du formulaire n° 2031-SD compte tenu de leurs droits, non seulement sur les résultats ressortant des écritures sociales, mais aussi sur les intérêts et appointements qui ont été portés en déduction pour la détermination de ces résultats et réintégrés pour l'évaluation du bénéfice ou du déficit fiscal.

❹ Les sociétés en commandite simple doivent, en outre, remplir le cadre G du formulaire n° 2065-*bis*-SD.

NB: la part revenant à chaque associé dans le montant des revenus de valeurs et capitaux mobiliers avant déduction de la quote-part des frais et charges correspondante doit figurer sur le formulaire individuel visé à l'article 49 H de l'annexe III au CGI.

BIC NON PROFESSIONNELS

Le cadre H concerne:

1- les résultats de loueurs en meublés non professionnels qui réalisent des recettes annuelles inférieures à 23 000 € ou qui retirent de cette activité moins de 50 % de leurs revenus ; seuls sont concernés les loueurs en meublés non professionnels qui ont renoncé au bénéfice du régime micro-entreprise et des membres non professionnels de copropriété de cheval de course ou d'étalon, quelle que soit la date à laquelle les activités ont été créées ;

2- pour leur montant total, les résultats des autres activités industrielles ou commerciales exercées à titre non professionnel et créées, étendues ou adjointes à compter du 1er janvier 1996. Sont exercées à titre non professionnel les activités qui ne comportent pas la participation personnelle, continue et directe de l'un des membres du foyer fiscal à l'accomplissement des actes nécessaires à ces activités ;

3- une fraction du résultat des activités mentionnées au 2 créées, étendues ou adjointes avant le 1er janvier 1996, correspondant aux investissements réalisés à compter de cette date ;

Remarque : coexistence au sein d'une même entreprise d'une activité exercée à titre professionnel et d'une activité exercée à titre non professionnel mentionnée au 1 à 3 ci-dessus.

En cas d'activité professionnelle et non professionnelle exercées conjointement, une seule déclaration de résultat doit être déposée. Néanmoins, il convient d'effectuer une individualisation des résultats provenant des activités professionnelles et des activités non professionnelles afin de déterminer les modalités d'imputation des déficits résultant, le cas échéant, de ces activités. Le résultat de l'activité exercée à titre non professionnel est déclaré ligne C-7 du formulaire n° 2031-SD, tandis que le résultat de l'activité professionnelle figure ligne C-4 de ce formulaire. Le détail des bénéfices industriels et commerciaux est porté sur l'annexe n° 2031 *Bis*-SD.

Préciser, dans une note jointe au présent formulaire, les éléments retenus pour la détermination du résultat de l'activité non professionnelle lorsque ceux-ci ont été portés aux lignes WQ et XG du formulaire n° 2058-A-SD ou lignes 330 et 350 du formulaire n° 2033-B-SD. Une note distincte sera rédigée pour chaque activité non professionnelle.

Les membres de copropriétés de navire non professionnels doivent mentionner leur quote-part dans les résultats de la copropriété, diminuée de l'amortissement de leur part des frais financiers supportés pour cette acquisition ; un tableau d'amortissement, dont le modèle figure au BOI-FORM-000019, doit être joint au présent formulaire.

Annexe 5

DÉCLARATION DE RÉSULTATS N° 2065-SD (ENTREPRISES À L'IS)

RÉPUBLIQUE FRANÇAISE
Liberté
Égalité
Fraternité

Formulaire à déposer en double exemplaire

N° 2065-SD
2023
cerfa
N° 11084*24
Formulaire obligatoire
(art 223 du Code général des impôts)
Timbre à date du service

IMPÔT SUR LES SOCIÉTÉS

Exercice ouvert le		et clos le		Régime simplifié d'imposition	
Déclaration souscrite pour le résultat d'ensemble du groupe				Régime réel normal	
Si PME innovantes, cocher la case ci-contre					
Si option pour le régime optionnel de taxation au tonnage, art. 209-0 B (entreprises de transport maritime), cocher la case					

A	IDENTIFICATION DE L'ENTREPRISE	
Désignation de la société:		Adresse du siège social:
SIRET		**Mél :**
Adresse du principal établissement:		Ancienne adresse en cas de changement:

RÉGIME FISCAL DES GROUPES

Les entreprises placées sous le régime des groupes de sociétés doivent déposer cette déclaration en deux exemplaires (art 223 A à U du CGI)

Date d'entrée dans le groupe de la société déclarante

Pour les sociétés filiales, désignation, adresse du lieu d'imposition et n° d'identification de la société mère:

SIRET

B	ACTIVITÉ	
Activités exercées		Si vous avez changé d'activité, cochez la case

C — RÉCAPITULATION DES ÉLÉMENTS D'IMPOSITION (cf. notice de la déclaration n°2065-SD)

1. Résultat fiscal		Bénéfice imposable au taux normal		Déficit	
Bénéfice imposable à 15 %		Résultat net de cession, de concession ou de sous-concession des brevets et droits de propriété industrielle assimilés imposable au taux de 10 %			
2. Plus-values					
PV à long terme imposables à 15 %		PV à long terme imposables à 19 %		PV exonérées (art. 238 *quindecies*)	
Autres PV imposables à 19 %		PV à long terme imposables à 0%			

3. Abattements et exonérations notamment entreprises nouvelles ou implantées en zones d'entreprises ou zones franches

Entreprise nouvelle, art. 44 *sexies*		Jeunes entreprises innovantes, art. 44 *sexies*-0 A			
Entreprise nouvelle, art. 44 *septies*		Zone franche d'activité nouvelle génération, art. 44 *quaterdecies*		Zone de restructuration de la défense, art. 44 *terdecies*	
Bassins urbains à dynamiser (BUD), art. 44 *sexdecies*		Zone franche urbaine – Territoire entrepreneur, art. 44 *octies* A		Autres dispositifs	
		Zone de développement prioritaire, art. 44 *septdecies*			
Société d'investissement immobilier cotée		Bénéfice ou déficit exonéré (indiquer + ou - selon le cas)		Plus-values exonérées relevant du taux de 15%	

4. Option pour le crédit d'impôt outre-mer : dans le secteur productif, art. 244 quater W du CGI (cocher la case)

D — IMPUTATIONS (cf. notice de la déclaration n° 2065-SD)

1. Au titre des revenus mobiliers de source française ou étrangère, ayant donné lieu à la délivrance d'un certificat de crédits d'impôts
2. Au titre des revenus auxquels est attaché, en vertu d'une convention fiscale conclue avec un État étranger, un territoire ou une collectivité territoriale d'Outre-mer, un crédit d'impôt représentatif de l'impôt de cet état, territoire ou collectivité.

E — CONTRIBUTION ANNUELLE SUR LES REVENUS LOCATIFS (cf. notice de la déclaration n° 2065-SD)

Recettes nettes soumises à la contribution de 2,5%

F — CONTRIBUTION TEMPORAIRE DE SOLIDARITE (cf. notice de la déclaration n° 2065-SD)

Assiette de la contribution temporaire de solidarité au taux de 33%

G — ENTREPRISES SOUMISES OU DÉSIGNÉES AU DÉPÔT DE LA DÉCLARATION PAYS PAR PAYS CbC/DAC4 (cf. notice du formulaire n °2065-SD)

1. Si vous êtes la société tête de groupe soumise au dépôt de la déclaration n °2258-SD (art. 223 *quinquies* C-I-1 du CGI), cocher la case ci-contre
2. Si vous êtes la société tête de groupe et que vous avez désigné une autre entité du groupe pour souscrire la déclaration n° 2258-SD, indiquer le nom, adresse et numéro d'identification fiscale de l'entité désignée — Nom/Adresse — N°
3. Si vous êtes l'entreprise désignée au dépôt de la déclaration n° 2258-SD par la société tête de groupe (art. 223 *quinquies* C-I-2 du CGI), cocher la case ci-contre

Dans ce cas, veuillez indiquer le nom, adresse et numéro d'identification fiscale de la société tête de groupe — Nom/Adresse — N°

H — COMPTABILITÉ INFORMATISÉE

L'entreprise dispose-t-elle d'une comptabilité informatisée ?	OUI		NON		Si oui, indication du logiciel utilisé

Vous devez obligatoirement souscrire le formulaire n° 2065-SD par voie dématérialisée. Le non respect de cette obligation est sanctionné par l'application de la majoration de 0,2 % prévue par l'article 1738 du CGI. Vous trouverez toutes les informations utiles pour télédéclarer sur le site www.impots.gouv.fr

S'agissant des notices des liasses fiscales, elles sont accessibles uniquement sur le site www.impots.gouv.fr.

Nom et adresse du professionnel de l'expertise comptable: **Tél:**	Nom et adresse du conseil: **Tél:**
OGA/OMGA — Viseur conventionné — (Cocher la case correspondante)	Identité du déclarant:
Nom et adresse du CGA/OMGA ou du viseur ou certificateur conventionné :	Date: Lieu:
	Qualité et nom du signataire:
N° d'agrément du CGA/OMGA ou viseur ou certificateur conventionné	Signature :
Examen de conformité fiscale (ECF) — ***prestataire :***	

IMPÔT SUR LES SOCIÉTÉS

N° 2065 *bis*-SD
2023

Formulaire obligatoire
(art 223 du Code général des impôts)

ANNEXE AU FORMULAIRE N° 2065-SD

I	RÉPARTITION DES PRODUITS DES ACTIONS ET PARTS SOCIALES, AINSI QUE DES REVENUS ASSIMILÉS DISTRIBUÉS		
Montant global brut des distributions [1]	payées par la société elle-même **a** / payées par un établissement chargé du service des titres **b**		
Montant des distributions correspondant à des rémunérations ou avantages dont la société ne désigne pas le (les) bénéficiaire (s) [2]		c	
Montant des prêts, avances ou acomptes consentis aux associés, actionnaires et porteurs de parts, soit directement, soit par personnes interposées		d	
Montant des distributions autres que celles visées en (a), (b), (c) et (d) ci-dessus [3]		e	
		f	
		g	
		h	
Montant des revenus distribués éligibles à l'abattement de 40% prévu au 2° du 3 de l'article 158 du CGI [4]		i	
Montant des revenus distribués non éligibles à l'abattement de 40% prévu au 2° du 3 de l'article 158 du CGI		j	
Montant des revenus répartis [5]	*Total (a à h)*		

J RÉMUNÉRATIONS NETTES VERSÉES AUX MEMBRES DE CERTAINES SOCIÉTÉS *(si ce cadre est insuffisant, joindre un état du même modèle)*

Nom, prénoms, domicile et qualité (art. 48-1 à 6 ann. III au CGI): * SARL, tous les associés; * SCA, associés gérants; * SNC ou SCS, associés en nom ou commandités * SEP et société de copropriétaires de navires, associés, gérants ou coparticipants	Pour les SARL Nombre de parts sociales appartenant à chaque associé en toute propriété ou en usufruit.	Sommes versées, au cours de la période retenue pour l'assiette de l'impôt sur les sociétés, à chaque associé, gérant ou non, désigné col.1, à titre de traitements, émoluments, indemnités, remboursements forfaitaires de frais ou autres rémunérations de ses fonctions dans la société. Année au cours de laquelle le versement a été effectué	Montant des sommes versées: à titre de traitements, émoluments et indemnités proprement dits	à titre de frais de représentation, de mission et de déplacement Indemnités forfaitaires	 Remboursements	à titre de frais professionnels autres que ceux visés dans les colonnes 5 et 6 Indemnités forfaitaires	 Remboursements
1	*2*	*3*	*4*	*5*	*6*	*7*	*8*

K DIVERS

* NOM ET ADRESSE DU PROPRIETAIRE DU FONDS (en cas de gérance libre)

* ADRESSES DES AUTRES ETABLISSEMENTS (si ce cadre est insuffisant, joindre un état du même modèle)

L CADRE NE CONCERNANT QUE LES ENTREPRISES PLACÉES SOUS LE RÉGIME SIMPLIFIÉ D'IMPOSITION

RÉMUNÉRATIONS		MOINS-VALUES A LONG TERME IMPOSÉES À 0 %,15% ou 19 %	0%	15%	19%
Montant brut des salaires, abstraction faite des sommes comprises dans les DSN et versées aux apprentis sous contrat et aux handicapés [a]		MVLT restant à reporter à l'ouverture de l'exercice			
		MVLT imputée sur les PVLT de l'exercice			
Rétrocessions d'honoraires, de commissions et de courtages [b]		MVLT réalisée au cours de l'exercice			
		MVLT restant à reporter			

M CADRE NE CONCERNANT QUE LES ORGANISMES BENEFICIAIRES DE DONS (article 222 bis du CGI)

Montant cumulé des dons et versements mentionnés sur les reçus, attestations ou tous autres documents et perçus au titre de l'exercice	
Nombre de reçus, attestations ou tous autres documents délivrés au titre de l'exercice	

IMPÔT SUR LES SOCIÉTÉS 2023

NOTICE DU FORMULAIRE N° 2065-SD

NOUVEAUTÉS

- **Contribution temporaire de solidarité**

L'article 40 de loi de finances pour 2023 instaure au titre du premier exercice ouvert à compter du 1er janvier 2022, une contribution temporaire de solidarité. Sont redevables les personnes morales ou établissements stables exerçant une activité en France ou dont l'imposition du bénéfice est attribuée à la France par une convention internationale relative aux doubles impositions et dont le chiffre d'affaires au titre de l'exercice 2022 provient, pour 75 % au moins, des secteurs de l'extraction, de l'exploitation minière, du raffinage du pétrole ou de la fabrication de produits de cokerie au sens du règlement (CE) n°1893/2006 du Parlement européen et du Conseil du 20 décembre 2006. La contribution temporaire de solidarité est due par chaque membre d'un groupe formé en application des articles 223 A et 223 A bis du code général des impôts qui remplit individuellement la condition de chiffre d'affaires.

L'assiette de la contribution est égale à la différence positive entre le résultat imposable et 120 % du quart de la somme algébrique des résultats imposables au titre de l'ensemble des exercices ouverts à compter du 01/01/2018 et précédent l'exercice imposé, multiplié par le rapport entre 4 ans et la durée cumulée de l'ensemble des exercices. Le taux de la contribution est de 33 %. Le paiement de la contribution est effectué au plus tard à la date prévue au 2 de l'article 1668 du CGI.

- **Option des entrepreneurs individuels à l'impôt sur les sociétés**

L'article 13 de la loi n°2021-1900 du 30 décembre 2021 de finances pour 2022 ouvre la possibilité aux entrepreneurs individuels d'opter pour l'assimilation à une entreprise unipersonnelle à responsabilité limitée (EURL) (1 de l'article 1655 sexies du CGI). L'option pour une telle assimilation, irrévocable, vaut option pour l'impôt sur les sociétés (la renonciation à l'option pour cet impôt est toutefois possible dans les conditions mentionnées au troisième alinéa du 1 de l'article 239 du CGI). Cette mesure, qui s'applique depuis depuis le 15 mai 2022, est commentée au BOFIP BOI-BIC-CHAMP-70-10 § 350 et suivants. En outre, depuis le 16 février 2022, la création d'une nouvelle EIRL ou la transformation d'une entreprise individuelle existante en EIRL n'est plus possible. Les entrepreneurs qui ont choisi ce statut avant cette date continuent cependant de bénéficier du régime juridique et fiscal applicable aux EIRL.

- **Renforcement des dispositifs d'exonération des plus-values de cession/transmission d'entreprises**

L'article 19 de la loi n°2021-1900 du 31 décembre 2021 de finances pour 2022 aménage le dispositif d'exonération des plus-values professionnelles de cession d'entreprise dégagées à l'occasion d'un départ à la retraite (article 151 septies A du CGI), et le dispositif d'exonération des plus-values professionnelles dégagées à l'occasion de la transmission d'entreprise en fonction de la valeur des éléments d'actif transmis (article 238 quindecies du CGI). Ainsi, pour chacun de ces dispositifs, la cession d'une activité mise en location-gérance à une personne autre que le locataire-gérant est désormais autorisée, sous conditions. Les plafonds du dispositif d'exonération prévu à l'article 238 quindecies du CGI sont rehaussés, et le délai de cession permettant de bénéficier du dispositif d'exonération de l'article 151 septies A du CGI est, provisoirement, allongé.

- **Obligation déclarative pour les organismes bénéficiaires de dons (article 19 de la loi 2021-1109 du 24 août 2021)**

Selon les dispositions de l'article 222 bis du CGI, les organismes, à l'exception de ceux mentionnés au 3 de l'article 200, qui délivrent des reçus, attestations ou tous autres documents par lesquels ils indiquent à un contribuable qu'il est en droit de bénéficier des réductions d'impôt prévues aux articles 200, 238 bis et 978 sont tenus de déclarer chaque année à l'administration le montant global des dons et versements mentionnés sur ces documents et perçus au cours de l'année civile précédente ou au cours du dernier exercice clos s'il ne coïncide pas avec l'année civile, ainsi que le nombre de documents délivrés au cours de cette période ou de cet exercice.

- **Taux d'imposition à l'impôt sur les sociétés**

Pour les exercices ouverts du 1er janvier 2022 au 31 décembre 2022, le taux normal de l'IS est de 25 % (article 219 du CGI). Au niveau du cadre C, le montant du bénéfice taxé à 25 % doit être porté dans la case « bénéfice imposable au taux normal.»

- **Modification du taux réduit de l'impôt sur les sociétés**

Les petites et moyennes entreprises qui réalisent un chiffre d'affaires hors taxes n'excédant pas 10 millions d'euros dont le capital est entièrement libéré et détenu pour 75 % au moins par personnes physiques ou des sociétés remplissant les mêmes conditions bénéficient d'un taux réduit d'impôt sur les sociétés de 15 %. L'article 4 sexies de la loi de finances pour 2023 porte la limite de bénéfice imposable à 42 500 € (38 120 € antérieurement).

RAPPELS

La date limite de paiement du solde d'impôt sur les sociétés est fixée au 15 mai pour les exercices clos au 31 décembre étant précisé que le remboursement d'excédent d'impôt sur les sociétés et de contributions assimilées à l'impôt sur les sociétés demandé sur le relevé de solde n° 2572-SD est conditionné au dépôt de la déclaration de résultats.

Ajout d'une case ECF (examen de conformité fiscale):case à cocher si l'entreprise s'est engagée au titre de l'exercice dans le dispositif de l'examen de conformité fiscale. Il convient d'identifier le prestataire de confiance.

- **Informations sur la tenue d'une comptabilité informatisée**

Il est rappelé que les entreprises doivent préciser si leur comptabilité est informatisée. Dans l'affirmative, il convient d'indiquer le nom du logiciel utilisé (cadre G).

- **Jeunes entreprises innovantes**

La définition des charges prises en compte pour le calcul de la condition de 15 % de dépenses de recherche est modifiée : les pertes de change et les charges nettes sur cession de valeurs mobilières de placement sont exclues des charges fiscalement déductibles.

L'article 11 de la loi n°2021-1900 de financers pour 2022 allonge de 7 à 10 ans la durée du statut de jeune entreprise innovante (JEI) défini à l'article 44 sexies – OA du CGI qui ouvre droit à une exonération d'impôt et de cotisations sociales. Ainsi une PME peut être qualifiée de JEI jusqu'au onzième anniversaire de celle-ci.

- **Réforme du régime de la propriété industrielle**

À compter des exercices ouverts au 1er janvier 2019, le résultat net déterminé selon les dispositions prévues à l'article 238 du CGI ne relève plus du régime des plus-values à long terme mais est taxé séparément au taux de 10 %.

Le résultat net doit donc désormais être indiqué au niveau du cadre C-1 « Résultat fiscal » et non au niveau du cadre C-2 « Plus-values ».

- **Déclaration pays par pays n° 2258-SD (CbC / DAC4)**

Les entreprises françaises soumises au dépôt d'une déclaration pays par pays n° 2258-SD doivent remplir le cadre F du formulaire n° 2065-SD (obligation prévue à l' article 46 quater-0 YE du CGI). Ce cadre doit être rempli différemment selon la qualité de la société :

- la société française, tête de groupe, soumise à l'obligation de souscrire la déclaration pays par pays n °2258-SD (CGI art. 223 quinquies C-I-1), doit cocher la case située au paragraphe 1 du cadre F, que la déclaration n° 2258-SD soit souscrite par elle-même ou par une autre entité du groupe. Si elle est soumise au dépôt de cette déclaration mais qu'elle a désigné une autre entité du groupe (située en France ou à l'étranger) pour souscrire la déclaration, elle doit également indiquer le nom, adresse et numéro d'identification fiscale de l'entité désignée au paragraphe 2 du cadre F (a minima la ville et le pays pour l'adresse) ;

- la société française désignée par la société tête de groupe pour souscrire la déclaration n° 2258-SD doit cocher la case créée à cet effet au paragraphe 3 du cadre F. Dans ce cas, l'entité désignée doit également indiquer le nom, adresse et numéro d'identification fiscale de la société tête de groupe (a minima la ville et le pays pour l'adresse).

- **Taxation au tonnage**

En cas d'option pour le régime de taxation au tonnage pour les entreprises de transport maritime (cf. BOI-IS-BASE-60-40-20-20), cocher la case prévue à cet effet (en tête du formulaire n° 2065-SD).

OBSERVATIONS

Le formulaire n° 2065-SD et son annexe 2065 *bis*-SD sont servis par toutes les sociétés et personnes morales passibles de l'impôt sur les sociétés, quel que soit le régime d'imposition (réel normal ou réel simplifié).

Une liasse (tableaux nos 2050 à 2059 G pour le réel normal ou 2033 A à G pour le réel simplifié) sera jointe au formulaire.

Le recours à l'un ou à l'autre de ces régimes est matérialisé par une mention portée au niveau de l'en tête du formulaire.

Elle est accompagnée des documents annexes visés dans la présente notice ou dans la notice n° 2032-NOT-SD ou 2033-NOT-SD.

Elle est obligatoirement souscrite par voie électronique (CGI art. 1649 quater B quater).

RÉCAPITULATION DES ÉLÉMENTS D'IMPOSITION - Cadre C

Cadre Résultat fiscal

Le résultat fiscal doit être ventilé en fonction des différents taux applicables à l'entreprise (BOI-IS-LIQ).

Le bénéfice du taux réduit d'impôt sur les sociétés de 15 % pour les petites et moyennes entreprises, prévu au b du I de l'article 219 du CGI, est notamment conditionné à une limite de chiffre d'affaires. Pour la société mère d'un groupe fiscal, le chiffre d'affaires est apprécié en faisant la somme des chiffres d'affaires de chacune des sociétés membres de ce groupe.

Le résultat net de cession, de concession ou de sous-concession des brevets et droits de propriété industrielle assimilés est distingué en cas d'option pour le régime prévu à l'article 238 du CGI (BOI-BIC-BASE-110 et BOI-IS-GPE-20-20-120).

Cadre Plus-values

- **Plus-value à long terme imposables au taux de 15 % :**

  La case plus-values à long terme imposables à 15 % contient le montant imposable des plus-values à long terme, après les éventuelles imputations des moins-values à long terme ou des déficits.

  Le régime des plus et moins-values à long terme cesse de s'appliquer à la plus ou moins-value provenant des cessions de titres de sociétés à prépondérance immobilière réalisées à compter du 26 septembre 2007.

  Le régime des PVLT cesse de s'appliquer à la plus ou moins-value provenant des cessions de titres de participation de sociétés à prépondérance immobilière non cotées réalisées à compter du 26 septembre 2007 (article 219-I-a sexies-O bis du code général des impôts).

- **Plus-values à long terme imposables au taux de 19 % :**

  Il s'agit notamment du montant net des plus et moins-values à long terme afférentes à des titres de sociétés à prépondérance immobilière cotées réalisées au cours d'exercices ouverts à compter du 31 décembre 2007 (art. 219 I a du CGI).

- **Autres plus-values imposables au taux de 19 % :**

  Il s'agit notamment :

  * des plus-values réalisées en cas de cession de locaux professionnels ou de terrains à bâtir,situés dans certaines zones géographiques, sous condition de transformation en logements ou de construction de logements, lorsque ces cessions sont réalisées au profit d'une personne morale, indépendamment de son statut juridique et fiscal. L'amende prévue à l'article 1764 du CGI sanctionnant le non-respect de l'engagement de construction de logements par le cessionnaire est égale au montant de l'économie d'impôt réalisée par le cédant en application de l'article 210 F du CGI. Cette modalité de calcul de l'amende s'applique à compter du 1er Janvier 2021.

  * des plus-values latentes imposées lors de la transformation d'une société soumise à l'impôt sur les sociétés en société de placement à prépondérance immobilière à capital variable (art. 219 IV alinéa 2 et 208-3° nonies du CGI).

  cotées (article 208 C du CGI).

- **Plus-values à long terme imposables au taux de 0% :**

  Il s'agit des plus-values à long terme réalisées sur les titres de participation (art. 219 I a quinquies du CGI).

- **Plus-values exonérées art. 238 quindecies du CGI:**

  Il s'agit du montant des plus-values exonérées à l'occasion de la cession d'une branche complète d'activité dans les conditions prévues à l'article 238 quindecies du CGI.

Cadre Abattements et exonérations

- **Autres dispositifs**

  Il s'agit notamment de l'exonération liée aux bassins d'emploi à redynamiser art. 44 duodecies du CGI.

- **Option pour le crédit d'impôt outre-mer prévu à l'article 244 quater W du CGI**

  Les entreprises qui entendent bénéficier du crédit d'impôt outre-mer dans le secteur productif doivent formaliser leur option sur la déclaration de résultat N° 2065-SD (cf. BOI-BIC-RICI-10-160-10).

- **Bénéfice ou déficit exonéré**

  Les entreprises doivent mentionner le montant des exonérations et abattements pratiqués dans le cadre des entreprises nouvelles ou implantées en zones d'entreprises ou zones franches. Le total de ces sommes est égal aux sommes mentionnées au tableau n° 2058-A-SD, ligne XF et ventilées obligatoirement dans les cases K9, L2, L5, L6, K3, OV, 1F, XC, PA et PC ou au tableau n° 2033-B-SD, ligne 342.

  Pour bénéficier des exonérations ou abattements, les entreprises doivent joindre à leur formulaire les états mentionnés sur la notice n° 2032-NOT-SD (réel) ou n° 2033-NOT-SD (RSI). Les éléments rappelés dans la rubrique C3 ne doivent pas être retranchés des résultats figurant dans les rubriques C1 et C2, ces opérations ayant déjà été effectuées dans les tableaux n°s 2058-A-SD ou 2033-B-SD.

IMPUTATIONS - Cadre D

Vous pouvez vous reporter utilement à la notice du formulaire n° 2572-SD en vigueur au moment de l'utilisation de ce formulaire, disponible sur le site www.impots.gouv.fr.

Pour bénéficier d'imputations au titre de revenus mobiliers de source française ou étrangère, joindre au relevé de solde d'impôt sur les sociétés les certificats établis par le comptable public attestant du montant de l'impôt déjà versé ou afférents aux primes de remboursement.

Pour bénéficier d'imputations au titre de revenus auxquels sont attachés, en vertu d'une convention fiscale conclue avec un État étranger, un crédit d'impôt représentatif de l'impôt de cet état, joindre au relevé de solde d'impôt sur les sociétés les formulaires n° 2066-SD et mentionner le total figurant au cadre VII de ces formulaires.

CONTRIBUTION ANNUELLE SUR LES REVENUS LOCATIFS (art. 234 nonies à 234 quindecies du CGI) - Cadre E

Elle s'applique aux revenus retirés de la location des locaux situés dans les immeubles achevés depuis quinze ans au moins, au 1er janvier de l'année d'imposition.

Il convient de se reporter à la notice 2032-NOT-SD (réel normal) ou 2033-NOT-SD (réel simplifié d'imposition) pour de plus amples renseignements.

Le montant figurant au cadre E du présent formulaire devra être reporté sur le relevé d'acompte n° 2571-SD et sur le relevé de solde n° 2572-SD. Cette contribution est autoliquidée suivant les règles de l'impôt sur les sociétés.

RÉPARTITION DES PRODUITS DES ACTIONS ET PARTS SOCIALES, AINSI QUE DES REVENUS ASSIMILÉS - Cadre I

(1) Il s'agit notamment:

* des intérêts, dividendes, revenus et autres produits des actions et parts sociales dont le paiement donne lieu à l'établissement d'un relevé de coupons;

* des produits des parts sociales dans les sociétés à responsabilité limitée et des dividendes payés aux commanditaires dans les sociétés en commandite simple.

Les sociétés en nom collectif, les sociétés en commandite simple, les sociétés créées de fait et les sociétés en participation qui ont opté pour leur assujettissement à l'impôt par prélèvement sur les bénéfices des exercices clos avant que l'option ou la transformation ait pris effet (ou sur des réserves constituées au moyen de ces bénéfices) et qui ont supporté l'impôt sur le revenu, au nom des associés, commandités ou participants.

(2) Il convient de porter dans ce cadre le montant des sommes versées ou avantages alloués au titre de ces distributions au cours de l'exercice.

(3) Ces distributions comprennent essentiellement:

* les rémunérations allouées aux administrateurs et non déductibles pour le calcul du bénéfice;

* les distributions ne résultant pas de décisions régulières des organes compétents de la société, notamment: intérêts excédentaires des comptes courants d'associés, dons et subventions non admis dans les charges, dépenses de caractère somptuaire, rémunérations excessives ou non déclarées, exclues des charges déductibles.

Le détail de ces distributions est à préciser par nature sur les lignes e à h.

(4) Il s'agit des revenus distribués par des sociétés passibles de l'impôt sur les sociétés ou soumises sur option à cet impôt et résultant de décisions régulières des organes compétents (2° du 3 de l'article 158 du CGI).

(5) La société fournit par ailleurs les formulaires individuels visés aux articles 242 ter du CGI et 49 H de l'annexe III au même code.

RÉMUNÉRATIONS NETTES VERSÉES AUX MEMBRES DE CERTAINES SOCIÉTÉS - Cadre J

Ce cadre concerne les sociétés à responsabilité limitée (SARL) n'ayant pas opté pour le régime fiscal des sociétés de personnes, les sociétés à responsabilité limitée à associé unique (EURL) passibles de l'impôt sur les sociétés de droit ou sur option, les sociétés en commandite par actions (SCA) et les sociétés de personnes, sociétés en nom collectif (SNC), sociétés en commandite simple (SCS), sociétés créées de fait et sociétés en participation (SEP) ayant opté pour le régime fiscal des sociétés de capitaux. S'il est insuffisant, joindre à la présente déclaration un état du même modèle.

CADRE NE CONCERNANT QUE LES ENTREPRISES PLACÉES SOUS LE RÉGIME SIMPLIFIÉ D'IMPOSITION - Cadre L

- **RÉMUNÉRATIONS**

  (a) Le montant à mentionner dans cette case correspond au montant brut des salaires, abstraction faite des sommes comprises dans les DSN et versées aux apprentis sous contrat et aux handicapés, figurant sur les DSN de 2019, montant total des bases brutes fiscales. Ils doivent être majorés, le cas échéant, des indemnités exonérées de la taxe sur les salaires, telles notamment les sommes portées au titre de la contribution de l'employeur à l'acquisition des chèques-vacances par les salariés.

  (b) Rétrocessions d'honoraires, de commissions et de courtages

- **MOINS-VALUES A LONG TERME (MVLT)**

  Il s'agit des moins-values taxées au taux de 0 %,15% et 19 %.

  Pour obtenir plus d'explications, consulter la notice n° 2033-NOT-SD, Tableau n° 2033-C-SD, Cadre III.

NOUVELLE OBLIGATION DECLARATIVE DES ORGANISMES BENEFICIAIRES DE DONS – CADRE M

L'article 19 de la loi 2021-1109 du 24 août 2021 confortant le respect des principes de la République instaure une obligation pour les organismes bénéficiaires de dons. Les organismes qui perçoivent des dons et délivrent des reçus fiscaux à leurs donateurs doivent déclarer annuellement le montant cumulé des dons et versements ainsi que le nombre de reçus, attestations ou tous autres documents délivrés au titre de l'exercice (article 222 bis du CGI). Cette nouvelle obligation est applicable aux documents délivrés aux dons et versements reçus à compter du 1er janvier 2021 ou au titre des exercices ouverts à compter du 1er janvier 2021.

Annexe 6

RELEVÉ DE FRAIS GÉNÉRAUX (IMPRIMÉ N° 2067-SD)

RÉPUBLIQUE FRANÇAISE
Liberté Égalité Fraternité

cerfa
N° 11093 *24
Formulaire obligatoire (article 54 quater Du Code général des impôts)
N° 2067-SD
(2023)

RELEVÉ DE FRAIS GÉNÉRAUX

ANNÉE ________ ou exercice

Désignation de l' entreprise ______________________ du ________

Adresse ______________________ au ________

A – FRAIS ALLOUÉS DIRECTEMENT OU INDIRECTEMENT AUX PERSONNES LES MIEUX RÉMUNÉRÉS : v notice ①

	NOM, PRÉNOM ET EMPLOI OCCUPÉ	ADRESSE COMPLÈTE
1		
2		
3		
4		
5		
6		
7		
8		
9		
10		

	RÉMUNÉRATIONS DIRECTES OU INDIRECTES (dans l'ordre du tableau ci-dessus)						DÉPENSES ET CHARGES AFFÉRENTES		
	Montant des rémunérations de toute nature (v. notice ②)	Montant des indemnités et allocations diverses (v. notice ③)	Valeur des avantages en nature (v. notice ④)	Montant des remboursements de dépenses à caractère personnel (v. notice ⑤)	TOTAL DES COLONNES 1 à 4	Frais de voyages et de déplacements (v. notice ⑥)	aux véhicules et autres biens (v. notice ⑦)	aux immeubles non affectés à l'exploitation (v. notice ⑧)	TOTAL DES COLONNES 5 à 8
	1	2	3	4	5	6	7	8	9
1									
2									
3									
4									
5									
6									
7									
8									
9									
10									
**									

** TOTAUX

B – AUTRES FRAIS	10
Cadeaux de toute nature, à l'exception des objets conçus spécialement pour la publicité, et dont la valeur unitaire ne dépasse pas 73 € par bénéficiaire (toutes taxes comprises)	
Frais de réception, y compris les frais de restaurant et de spectacles, qui se rattachent à la gestion de l'entreprise et dont la charge lui incombe normalement	
Totaux	

C - ÉLÉMENTS DE RÉFÉRENCE (v. notice ①) :

Total des dépenses		Bénéfices imposables ⑨	
- de l'exercice............................(total col. 9 + total col. 10) ⑩		- de l'exercice.............. ⑩	
- de l'exercice précédent ⑩		- de l'exercice précédent ⑩	
Nom et qualité du signataire		À......................................, Le.. Signature,	

Les montants sont arrondis à l'unité la plus proche.

cerfa

NOTICE

N° 50497 * 10

ENTREPRISES CONCERNÉES

Le présent relevé de frais concerne les sociétés, exerçant une activité industrielle ou commerciale et soumises à l'impôt sur le revenu d'après un régime réel d'imposition et les sociétés ou organismes passibles de l'impôt sur les sociétés lorsque ces frais excèdent, pour une ou plusieurs desdites catégories, l'un des chiffres suivants :

- 300 000 € ou 150 000 € pour l'ensemble des rémunérations directes et indirectes versées aux dix ou cinq personnes les mieux rémunérées (suivant que l'effectif du personnel dépasse ou non 200 salariés) ou 50 000 € pour l'une d'entre elles prise individuellement (sans qu'il y ait lieu de distinguer le nombre de collaborateurs) ;
- 15 000 € pour les frais de voyage et de déplacement exposés par ces personnes ;
- 30 000 € pour le total, d'une part, des dépenses et charges afférentes aux véhicules et autres biens dont ces mêmes personnes peuvent disposer en dehors des locaux professionnels et, d'autre part, des dépenses et charges afférentes aux immeubles qui ne sont pas affectés à l'exploitation (ces frais, pris en compte globalement au regard du chiffre limite applicable, doivent être respectivement ventilés aux colonnes 7 et 8 du cadre A du présent imprimé) ;
- 3 000 € pour les cadeaux de toute nature, à l'exception des objets conçus spécialement pour la publicité et dont la valeur unitaire ne dépasse pas 73 € par bénéficiaire ;
- 6 100 € pour les frais de réception, y compris les frais de restaurant et de spectacles.

Le relevé, établi en un seul exemplaire, est destiné à être joint aux déclarations n° 2031-SD ou 2065-SD, suivant le cas. L'absence de production de ce relevé entraîne l'application des amendes prévues à l'article 1763 du Code général des Impôts.

① Les personnes les mieux rémunérées.

Il s'agit, suivant que l'effectif du personnel excède ou non 200 salariés, des dix ou cinq personnes, à l'exclusion de celles qui relèvent de l'impôt sur le revenu dans la catégorie des bénéfices industriels et commerciaux à raison de leur activité dans l'entreprise, dont les rémunérations globales, directes ou indirectes, y compris les remboursements de frais, ont été les plus importantes au cours de la période correspondante. Les personnes n'ayant pas la qualité de salarié telles que gérants majoritaires de sociétés à responsabilité limitée, gérants de sociétés en commandite, de même que les personnes qui, exerçant des activités non commerciales (avocats-conseils, conseillers techniques, etc.), prêtent leurs concours exclusif et permanent aux entreprises intéressées, doivent être comprises éventuellement parmi les personnes les mieux rémunérées. Il est admis, à titre de règle pratique, que la désignation des personnes les mieux rémunérées peut, si l'entreprise le désire, être effectuée en fonction des dépenses exposées au cours de l'exercice précédent. Mention de ce choix doit être faite dans le cadre C, sous la forme suivante : « Relevé établi en fonction des personnes les mieux rémunérées de l'exercice... ». Toutefois, si l'un des cinq ou dix collaborateurs les mieux rémunérés au titre d'un exercice donné vient à cesser ses fonctions au cours de l'exercice suivant, c'est en fonction des dépenses exposées par son successeur ou, à défaut, par le sixième ou onzième collaborateur le mieux rétribué de l'exercice précédent, qu'il y a lieu, en principe, d'établir le relevé. **Bien entendu, les frais à déclarer restent ceux qui se rapportent à l'exercice pour lequel le relevé est fourni.**

② Montant des rémunérations de toute nature.

Cette rubrique englobe le montant total des rémunérations de toute nature fixes ou proportionnelles, les commissions ou honoraires, ainsi que les indemnités ou allocations diverses, autres que les indemnités professionnelles, admis en déduction des bénéfices imposables de l'employeur. En particulier, aucun abattement ou déduction pour frais professionnels ne doit être opéré sur les sommes qui ont été allouées aux personnes dont il s'agit. Doivent être également compris dans la présente colonne les montants des indemnités, remboursements et allocations forfaitaires pour frais versés aux dirigeants salariés de sociétés, ainsi qu'aux personnes occupant un emploi salarié et dont la rémunération totale excède la plus faible des rémunérations allouées à ces dirigeants. En revanche, sont à exclure les indemnités versées à l'occasion du départ d'un collaborateur de l'entreprise sous forme d'indemnité de congédiement, de prime de mise à la retraite, d'indemnité de non-concurrence ou pour rupture de contrat.

③ Montant des indemnités et allocations diverses.

Il s'agit des indemnités et allocations professionnelles allouées aux personnes les mieux rémunérées, à l'exclusion des sommes qui doivent être mentionnées colonne 1 (cf. ②), c'est-à-dire des indemnités, remboursements et allocations forfaitaires pour frais versés aux dirigeants salariés de sociétés ainsi qu'aux personnes occupant un emploi salarié et dont la rémunération totale excède la plus faible des rémunérations allouées à ces dirigeants.

④ Valeur des avantages en nature.

Les avantages fournis doivent être évalués selon les règles fixées à l'article 82 du code général des impôts.

⑤ Montant des remboursements de dépenses de caractère personnel.

Les remboursements à déclarer concernent les dépenses de caractère strictement personnel (loyer de l'immeuble d'habitation, impôts, etc.), à l'exclusion de tous autres remboursements.

<u>Remarque concernant les rémunérations directes ou indirectes et les remboursements de frais.</u>

Le montant des sommes à déclarer sur le relevé peut différer de celui qui doit être mentionné sur la déclaration DADS-U ou DSN ou n° 2460 de l'employeur pour les 5 ou 10 personnes les mieux rémunérées. En effet, cette dernière déclaration ne fait état que des salaires, avantages et indemnités perçus par chaque bénéficiaire. Au contraire, les frais à déclarer sur le présent imprimé doivent correspondre aux charges effectivement déduites des bénéfices imposables, y compris, le cas échéant, celles restant à payer à la clôture de l'exercice.

⑥ Frais de voyages et déplacements.

Tous les frais de voyage et de déplacements engagés par les personnes les mieux rémunérées doivent figurer sous cette rubrique, qu'il s'agisse de frais habituels ou de frais exceptionnels, à l'exclusion des allocations forfaitaires attribuées pour couvrir les frais de l'espèce et qui doivent être mentionnées, selon le cas, colonne 1 ou 2 (cf. ① et ② ci-dessus). Il n'y a pas lieu de rechercher si ces dépenses sont inhérentes à l'emploi ou exposées dans le cadre de la gestion de l'entreprise, ni de distinguer suivant que leur règlement a été assuré directement par l'employeur ou sous forme de remboursement de frais.

⑦ Dépenses et charges afférentes aux véhicules et autres biens.

Les dépenses à prendre en considération à ce titre s'entendent des charges afférentes aux véhicules automobiles, avions de tourisme, bateaux ou navire de plaisance, mis par l'entreprise à la disposition des personnes les mieux rémunérées sans qu'il y ait lieu de rechercher si cette mise à la disposition comporte ou non une contrepartie. Mais il convient d'exclure de cette rubrique les dépenses qui, incombant normalement à ces personnes, ont été prises en charge par l'entreprise sous forme de rémunérations indirectes et comprises, à ce titre, dans les sommes portées dans les colonnes 2 à 4 (frais d'essence et de réparation d'un véhicule mis gratuitement à la disposition d'un dirigeant ou d'un cadre pour son usage personnel, par exemple).

⑧ Dépenses et charges afférentes aux immeubles non affectés à l'exploitation.

Il s'agit des dépenses et charges de toute nature, y compris les amortissements, afférentes aux immeubles d'habitation, mis par l'entreprise à la disposition des personnes les mieux rémunérées. Le montant de ces dépenses et charges est diminué, le cas échéant, du montant des rémunérations indirectes correspondant à l'avantage en nature résultant de la mise à la disposition de ces immeubles en faveur desdites personnes.

⑨ Notion de bénéfice.

Il s'agit du résultat fiscal déclaré par l'entreprise, abstraction faite des plus-values ou moins-values provenant de la cession des éléments de l'actif immobilisé et des déficits reportables des exercices antérieurs.

⑩ Notion d'exercice.

Les deux exercices à prendre en considération s'entendent d'une part, de celui pour lequel le relevé est fourni, d'autre part, de l'exercice immédiatement précédent. Lorsque les deux exercices ont une durée différente, les chiffres afférents à l'exercice de référence sont ajustés au prorata de la durée de l'exercice pour lequel la comparaison est effectuée.

Index alphabétique

(Les chiffres renvoient aux numéros des paragraphes)

A

D

S

W, Y, Z

Table des matières

Photocomposition et impression en octobre 2023
dans les ateliers d'Evoluprint - Groupe Sprint
Bruguières